FREDERICO AMADO

Procurador Federal/Procuradoria-Geral do INSS. Professor de Direito Previdenciário e Ambiental do Especcial Jus (www.especcialjus.com.br). Coordenador da Pós-graduação EAD em Prática Previdenciária da Faculdade Verbo em parceria com o Especcial Jus. Coordenador da Pós-graduação presencial em Salvador em Prática Previdenciária da FBB em parceria com o Especcial Jus. Coordenador da Pós-graduação presencial em Salvador em Direito Público da FBB em parceria com o Especcial Jus. Coordenador da Pós-graduação EAD em Prática Ambiental da Faculdade Verbo. Instrutor da Escola da AGU. Mestre em Planejamento Ambiental pela UCSAL. Especialista em Direito do Estado pela Unyahna. Doutorando em Planejamento Territorial e Desenvolvimento Social pela UCSAL. Palestrante.

Página pessoal: www.fredericoamado.com.br

E-mail: professorfredericoamado@gmail.com

Twitter: @FredericoAmado

Facebook: Frederico Amado

Instagram: @fredericoamado

PRÁTICA PREVIDENCIÁRIA PROCESSUAL

NOS JUIZADOS ESPECIAIS FEDERAIS

FREDERICO AMADO

PRÁTICA PREVIDENCIÁRIA PROCESSUAL

NOS JUIZADOS ESPECIAIS FEDERAIS

De acordo com a
REFORMA da PREVIDÊNCIA

3ª edição | revista, ampliada e atualizada

2020

EDITORA
jusPODIVM
www.editorajuspodivm.com.br

![] EDITORA jusPODIVM

www.editorajuspodivm.com.br

Rua Território Rio Branco, 87 – Pituba – CEP: 41830-530 – Salvador – Bahia
Tel: (71) 3045.9051
• Contato: https://www.editorajuspodivm.com.br/sac

Copyright: Edições JusPODIVM

Conselho Editorial: Dirley da Cunha Jr., Leonardo de Medeiros Garcia, Fredie Didier Jr., José Henrique Mouta, José Marcelo Vigliar, Marcos Ehrhardt Júnior, Nestor Távora, Robério Nunes Filho, Roberval Rocha Ferreira Filho, Rodolfo Pamplona Filho, Rodrigo Reis Mazzei e Rogério Sanches Cunha.

Diagramação: SBNigri Artes e Textos Ltda. *(sbnigri@centroin.com.br)*

Capa: Marcelo S. Brandão *(santibrando@gmail.com)*

ISBN: 978-85-442-2898-2

Todos os direitos desta edição reservados à Edições JusPODIVM.

É terminantemente proibida a reprodução total ou parcial desta obra, por qualquer meio ou processo, sem a expressa autorização do autor e da Edições JusPODIVM. A violação dos direitos autorais caracteriza crime descrito na legislação em vigor, sem prejuízo das sanções civis cabíveis.

Apresentação

Esta obra configura a realização de um antigo sonho: elaborar um livro que abordasse o passo a passo do exercício da prática previdenciária no âmbito dos Juizados Especiais Federais de todos os atores do processo, refletindo a experiência acumulada na minha atuação em mais de dez anos como representante judicial do INSS na condição de Procurador Federal.

Ao longo de tantos anos de magistério em cursos de especialização e de prática previdenciária, ou até mesmo nas aulas para concursos públicos, já recebi centenas de pedidos para escrever um livro prático sobre o Direito Previdenciário no processo judicial. E como a maior parte das ações previdenciárias tramita no JEF, esse foi o campo mais fértil para fazê-lo.

Poucas atitudes na vida me deixam mais zangado do que uma tentativa de fraude judicial contra a Previdência Social, como falsos depoimentos ou falsificações documentais visando à concessão de benefício previdenciário indevido.

Ao revés, poucos acontecimentos me deixam tão feliz e satisfeito quando identifico um erro administrativo do INSS e assumo a responsabilidade de propor um acordo e corrigir a falha da Administração Pública, reconhecendo o direito a quem o tem.

É nesse contexto que surge a *PRÁTICA PREVIDENCIÁRIA PROCESSUAL NOS JUIZADOS ESPECIAIS FEDERAIS*, trabalho que vem sendo idealizado há quase uma década e que finalmente pude finalizar no ano de 2017 e dar sequência a partir de 2018.

O *capítulo 1* trata de regras gerais do processo judicial previdenciário. São enfrentados temas como a competência para julgar demandas previdenciárias, a legitimidade ativa e passiva *ad causam*, o prévio requerimento administrativo como condição para a propositura da ação judicial, honorários advocatícios, custas processuais, prova pericial, pedido, sentença, tutela provisória, coisa julgada, ação rescisória, recursos repetitivos previdenciários no STF e no STJ, fase de execução e a prescrição/decadência nas ações previdenciárias.

Já o *capítulo 2* aborda exclusivamente o regramento do procedimento dos Juizados Especiais Federais, tratando de temas como a competência, a petição inicial, a citação, a contestação, o acordo, a audiência, a perícia, a sentença, a fase recursal (Turmas Recursais, Turmas Regionais, Turma Nacional, STJ e STF) e a fase de execução.

Ademais, o *capítulo 3*, que talvez seja o ponto de destaque desta obra, apresenta atos processuais simulados decorrentes de processos reais praticados pelas partes, pelo juiz, pelos peritos, pelos serventuários, por servidores do INSS, pelas Turmas Recursais, Turmas Regionais, Turma Nacional, STJ e STF, iniciando com o termo de pedido e finalizando com a certidão de arquivamento.

Ao todo, são colacionados mais de 100 atos processuais após a sua breve apresentação, com o intuito de mostrar todos os atos que são praticados pelos atores do processo judicial previdenciário no âmbito dos Juizados Especiais Federais.

Por fim, ainda há um *apêndice* bastante útil que traz o Regimento Interno da Turma Nacional, os Regimentos Internos das Turmas Regionais e até os Regimentos Gerais das Turmas Recursais aprovados pelos Tribunais Regionais Federais.

Atualizamos esta edição por meio das alterações decorrentes da reforma constitucional previdenciária e das modificações infraconstitucionais do ano de 2019, bem como pelas novidades jurisprudenciais desse ano.

Espero que, além de apreciar o texto, este seja útil no exercício da prática judicial previdenciária. Bom estudo!

FREDERICO AMADO

Siglas

AADJ	–	Agência de Atendimento a Demandas Judiciais
ADI	–	Ação Direta de Inconstitucionalidade
APS	–	Agência da Previdência Social
CAT	–	Comunicação de Acidente de Trabalho
CC	–	Código Civil
CDA	–	Certidão de Dívida Ativa
CEI	–	Cadastro Específico do INSS
CLT	–	Consolidação das Leis do Trabalho
CNAS	–	Conselho Nacional de Assistência Social
CNIS	–	Cadastro Nacional de Informações Sociais
CNPS	–	Conselho Nacional de Previdência Social
CNS	–	Conselho Nacional da Saúde
COFINS	–	Contribuição para o Financiamento da Seguridade Social
COPES	–	Cobertura Previdenciária Estimada
CP	–	Contribuição Previdenciária
CPC	–	Código de Processo Civil
CRFB	–	Constituição da República Federativa do Brasil
CRP	–	Certificado de Regularidade Previdenciária
CRSS	–	Conselho de Recursos do Seguro Social
CSLL	–	Contribuição Social sobre o Lucro Líquido
CTC	–	Certidão de Tempo de Contribuição
CTN	–	Código Tributário Nacional
CTPS	–	Carteira de Trabalho e Previdência Social
CTS	–	Certidão de Tempo de Serviço
DA	–	Data do Acidente
DAT	–	Data do Afastamento do Trabalhador
DATAPREV	–	Empresa de Tecnologia e Informações da Previdência Social
DDB	–	Data do Despacho do Benefício
DIB	–	Data de Início do Benefício
DICB	–	Data de Implementação das Condições Necessárias à Concessão do Benefício
DID	–	Data de Início da Doença
DII	–	Data de Início da Incapacidade
DIP	–	Data de Início do Pagamento

EC	–	Emenda Constitucional
FAP	–	Fator Acidentário de Prevenção
FGTS	–	Fundo de Garantia por Tempo de Serviço
GFIP	–	Guia de Recolhimento do FGTS e de Informações Previdenciárias
GILRAT	–	Grau de Incidência de Incapacidade Laborativa Decorrente dos Riscos do Ambiente de Trabalho
INPS	–	Instituto Nacional da Previdência Social
INAMPS	–	Instituto Nacional de Assistência Médica da Previdência Social
INSS	–	Instituto Nacional do Seguro Social
JA	–	Justificação Administrativa
JEF	–	Juizado Especial Federal
LB	–	Lei de Benefícios (Lei 8.213/91)
LC	–	Lei de Custeio (Lei 8.212/91)
LOAS	–	Lei Orgânica da Assistência Social (Lei 8.742/93)
LTCAT	–	laudo técnico das condições ambientais de trabalho
NIT	–	Número de Inscrição do Trabalhador
NTEP	–	Nexo Técnico Epidemiológico
OGMO	–	Órgão Gestor de Mão de Obra
PIS	–	Programa de Integração Social
PSSC	–	Plano de Seguridade Social dos Congressistas
PP	–	Pedido de Prorrogação
RAIS	–	Relatório Anual de Informações Sociais
RAT	–	Riscos Ambientais do Trabalho
RFB	–	Receita Federal do Brasil
RGPS	–	Regime Geral de Previdência Social
RITNU	–	Regimento Interno da Turma Nacional de Uniformização
RMI	–	Renda Mensal Inicial
RPPS	–	Regime Próprio de Previdência Social
RPS	–	Regulamento da Previdência Social (Decreto 3.048/99)
RPV	–	Requisição de Pequeno Valor
SAT	–	Seguro de Acidente do Trabalho
SDPA	–	Seguro-Desemprego do Pescador Profissional Artesanal
STF	–	Supremo Tribunal Federal
STJ	–	Superior Tribunal de Justiça
SUAS	–	Sistema Único de Assistência Social
SUS	–	Sistema Único de Saúde
SINPAS	–	Sistema Nacional de Previdência e Assistência Social
TNU	–	Turma Nacional de Uniformização
TR	–	Turma Recursal
TRF	–	Tribunal Regional Federal
TRU	–	Turma Regional de Uniformização

Sumário

CAPÍTULO 1 – REGRAS GERAIS SOBRE O PROCESSO JUDICIAL PREVIDENCIÁRIO............... 17

1. COMPETÊNCIA JURISDICIONAL 17
   1.1. Regra geral: competência da Justiça Federal 17
   1.2. Ações acidentárias: competência originária da Justiça Estadual 20
   1.3. Competência estadual por delegação 29
2. LEGITIMIDADE ATIVA E PASSIVA *AD CAUSAM* E FORMAÇÃO DE LITISCONSÓRCIO 34
3. AS PRERROGATIVAS DO INSS EM JUÍZO 36
4. O PRÉVIO REQUERIMENTO ADMINISTRATIVO E AS AÇÕES JUDICIAIS E A REAFIRMAÇÃO JUDICIAL DA DATA DE ENTRADA DO REQUERIMENTO 42
5. DATA DE INÍCIO DO BENEFÍCIO POR INCAPACIDADE NA DATA DE JUNTADA DO LAUDO PERICIAL OU NA CITAÇÃO 68
6. IMPENHORABILIDADE, INALIENABILIDADE E INDISPONIBILIDADE DOS BENEFÍCIOS PREVIDENCIÁRIOS 70
7. AUTORIZAÇÃO LEGAL PARA A DESISTÊNCIA DE RECURSOS E PROPOSITURA DE AÇÕES 72
8. HONORÁRIOS ADVOCATÍCIOS NAS AÇÕES PREVIDENCIÁRIAS 75
9. AÇÃO CIVIL PÚBLICA PREVIDENCIÁRIA 77
10. INTERVENÇÃO DO MINISTÉRIO PÚBLICO 83
11. CUSTAS PROCESSUAIS 84
12. COISA JULGADA NAS LIDES PREVIDENCIÁRIAS 85

13. JUROS DE MORA E CORREÇÃO MONETÁRIA NOS PROCESSOS PREVIDENCIÁRIOS 92

14. PERÍCIA JUDICIAL NAS CAUSAS PREVIDENCIÁRIAS 103
    14.1. Regras gerais 103
    14.2. Classificação Internacional de Funcionalidade, Incapacidade e Saúde (CIF) 115
    14.3. Quesitação em perícia previdenciária 122

15. PEDIDO NAS AÇÕES PREVIDENCIÁRIAS 130

16. RECURSO ESPECIAL E REPETITIVO 132

17. RECURSO EXTRAORDINÁRIO, REPERCUSSÃO GERAL E REPETITIVO 167

18. AÇÃO RESCISÓRIA PREVIDENCIÁRIA 170

19. FASE DE EXECUÇÃO NAS AÇÕES PREVIDENCIÁRIAS 177

20. REGRAS DE PRESCRIÇÃO E DECADÊNCIA NOS BENEFÍCIOS PREVIDENCIÁRIOS 187
    20.1. Prescrição quinquenal 189
    20.2. Decadência decenal para a revisão de benefícios previdenciários 199
    21.3. Decadência decenal para a impugnação de ato administrativo que indeferiu benefício previdenciário 220
    20.4. Ampliação das situações de decadência pela Medida Provisória 871/2019 convertida na Lei 13.846/2019 223

CAPÍTULO 2 – REGRAS ESPECÍFICAS SOBRE O PROCEDIMENTO DOS JUIZADOS ESPECIAIS FEDERAIS 227

1. MICROSSISTEMA JURÍDICO COM APLICAÇÃO SUPLETIVA DO CÓDIGO DE PROCESSO CIVIL DE 2015 227

2. CRITÉRIOS DE COMPETÊNCIA: VALOR DA CAUSA E OUTROS 232

3. PROPOSITURA DA AÇÃO E SUA DESISTÊNCIA 245

4. ASSISTÊNCIA JUDICIÁRIA GRATUITA 249

5. O INSS E OS SEUS REPRESENTANTES JUDICIAIS 250

6. CITAÇÃO E CONTESTAÇÃO 251

7. ABOLIÇÃO DE ALGUMAS PRERROGATIVAS DO PODER PÚBLICO EM JUÍZO 253

8. VEDAÇÃO À INTERVENÇÃO DE TERCEIROS 257

9. CONTAGEM DOS PRAZOS 257

10. AUDIÊNCIA DE CONCILIAÇÃO, INSTRUÇÃO E JULGAMENTO 258

11. CONCILIAÇÃO 265

12. PROVA PERICIAL 274

13. TUTELA PROVISÓRIA E EFEITOS DA SUA REVOGAÇÃO 276

14. CUSTAS PROCESSUAIS E HONORÁRIOS ADVOCATÍCIOS 295

15. SENTENÇA 295

16. EMBARGOS DE DECLARAÇÃO 298

17. PROCEDIMENTO NA TURMA RECURSAL (RECURSO INOMINADO, MANDADO DE SEGURANÇA, AGRAVO DE INSTRUMENTO, AGRAVO REGIMENTAL E EMBARGOS DE DECLARAÇÃO) 308

18. PROCEDIMENTO NA TURMA REGIONAL E NA TURMA NACIONAL DE UNIFORMIZAÇÃO (INCIDENTES DE UNIFORMIZAÇÃO, AGRAVO REGIMENTAL, EMBARGOS DE DECLARAÇÃO E RECLAMAÇÃO) 327

19. PROCEDIMENTO NO STJ (INCIDENTE, AGRAVO E EMBARGOS DE DECLARAÇÃO) 352

20. PROCEDIMENTO NO STF (RECURSO EXTRAORDINÁRIO, AGRAVO E EMBARGOS DE DECLARAÇÃO) 356

21. COISA JULGADA 358

22. FASE DE EXECUÇÃO 367

23. TABELA PRÁTICA DOS PRAZOS NOS JUIZADOS ESPECIAIS FEDERAIS 373

CAPÍTULO 3 – ATOS PROCESSUAIS DAS PARTES, DOS JULGADORES E DE SEUS AUXILIARES NO RITO DO JEF 375

1. PETIÇÃO INICIAL E TERMO DE PEDIDO 375
   1.1. Atermação para a concessão ou restabelecimento de benefício por incapacidade laborativa 376
   1.2. Atermação para a concessão de aposentadoria por idade ao segurado especial 380
   1.3. Atermação para o reconhecimento de tempo de contribuição especial e aposentadoria especial 382
   1.4. Atermação para a concessão do BPC/Loas ao idoso ou deficiente 384
   1.5. Atermação para a concessão de pensão por morte para companheiro(a). 388

2. DESPACHO SANEADOR 389

3. DESPACHO DE RECEBIMENTO INICIAL E DESIGNAÇÃO DE AUDIÊNCIA 390

4. DESPACHO DE RECEBIMENTO INICIAL COM DESIGNAÇÃO DE PERÍCIA E CITAÇÃO 391
5. DECISÃO QUE POSTERGA A APRECIAÇÃO DE TUTELA DE URGÊNCIA 392
6. DECISÃO DENEGATÓRIA DE TUTELA DE URGÊNCIA 392
7. DECISÃO CONCESSÓRIA DE TUTELA DE URGÊNCIA 393
8. EMBARGOS DE DECLARAÇÃO CONTRA DECISÃO INTERLOCUTÓRIA ... 394
9. DECISÃO QUE JULGA EMBARGOS DE DECLARAÇÃO CONTRA DECISÃO INTERLOCUTÓRIA 395
10. DECISÃO DECLINATÓRIA DE COMPETÊNCIA 395
11. CONTESTAÇÃO DO INSS E INSTRUÇÃO PELOS SISTEMAS PLENUS E CNIS 397
    11.1. Contestação – Pensão por morte negada por ausência de prova da qualidade de companheiro(a) 411
    11.2. Contestação – Aposentadoria por idade do segurado especial 421
    11.3. Contestação – Benefício de prestação continuada da Lei Orgânica de Assistência Social (BPC/LOAS) 427
    11.4. Contestação – Aposentadoria por tempo de contribuição do deficiente... 440
12. DECISÃO DESIGNATÓRIA DE PERÍCIA MÉDICA 452
13. DECISÃO DESIGNATÓRIA DE PERÍCIA SOCIAL COM APRESENTAÇÃO DE QUESITAÇÃO 454
14. PETIÇÃO COM APRESENTAÇÃO DE QUESITOS 455
15. LAUDO PERICIAL MÉDICO DE BENEFÍCIO POR INCAPACIDADE LABORAL 456
16. LAUDO PERICIAL MÉDICO DO BENEFÍCIO ASSISTENCIAL DE SALÁRIO-MÍNIMO DO DEFICIENTE 462
17. LAUDO DE PERÍCIA SOCIAL DO BENEFÍCIO ASSISTENCIAL DE SALÁRIO-MÍNIMO DO DEFICIENTE E IDOSO CARENTE 464
18. FORMULÁRIO DE CÁLCULOS (PARÂMETROS) 467
19. PLANILHA DE CÁLCULOS ELABORADA PELA CONTADORIA DA VARA 468
20. DECISÃO DESIGNATÓRIA DE AUDIÊNCIA 469
21. DECISÃO DE INTIMAÇÃO DO MINISTÉRIO PÚBLICO FEDERAL 470
22. PARECER DO MINISTÉRIO PÚBLICO FEDERAL 470

23. ATA DE AUDIÊNCIA COM CONCLUSÃO	471
24. ATA DE AUDIÊNCIA COM SENTENÇA	472
25. SENTENÇA TERMINATIVA (SEM ANÁLISE DE MÉRITO)	473
26. SENTENÇA DEFINITIVA (COM ANÁLISE DE MÉRITO)	474
27. EMBARGOS DE DECLARAÇÃO CONTRA A SENTENÇA	484
28. CONTRARRAZÕES AOS EMBARGOS DE DECLARAÇÃO CONTRA A SENTENÇA	485
29. DECISÃO DOS EMBARGOS DE DECLARAÇÃO CONTRA A SENTENÇA	485
30. INFORMAÇÃO DE IMPLANTAÇÃO DE BENEFÍCIO DA AADJ	487
31. PETIÇÃO DO INSS DE DISPENSA DE RECURSO INOMINADO	489
32. RECURSO INOMINADO CONTRA A SENTENÇA DEFINITIVA	490
33. RECURSO INOMINADO CONTRA A SENTENÇA DEFINITIVA COM PEDIDO DE EFEITO SUSPENSIVO AO RELATOR	492
34. DESPACHO QUE ENCAMINHA RECURSO INOMINADO CONTRA A SENTENÇA	493
35. CONTRARRAZÕES AO RECURSO INOMINADO CONTRA A SENTENÇA	494
36. MANDADO DE SEGURANÇA CONTRA SENTENÇA TERMINATIVA	495
37. DESPACHO DE CONVERSÃO EM DILIGÊNCIA DO RELATOR NA TURMA RECURSAL	498
38. JULGAMENTO MONOCRÁTICO DO RELATOR NA TURMA RECURSAL	498
39. AGRAVO REGIMENTAL CONTRA DECISÃO MONOCRÁTICA NA TURMA RECURSAL	500
40. ACÓRDÃO DA TURMA RECURSAL	504
41. ACÓRDÃO DE ADEQUAÇÃO DA TURMA RECURSAL	506
42. ACÓRDÃO DA TURMA RECURSAL QUE JULGA PREJUDICADO INCIDENTE DE UNIFORMIZAÇÃO SUSPENSO	512
43. EMBARGOS DE DECLARAÇÃO CONTRA ACÓRDÃO DA TURMA RECURSAL	514
44. DECISÃO DA TURMA RECURSAL QUE JULGA EMBARGOS DE DECLARAÇÃO	516
45. INCIDENTE DE UNIFORMIZAÇÃO PARA A TURMA REGIONAL DE UNIFORMIZAÇÃO	517

46. CONTRARRAZÕES AO INCIDENTE DE UNIFORMIZAÇÃO PARA A TURMA REGIONAL DE UNIFORMIZAÇÃO 535

47. DECISÃO DA TURMA RECURSAL QUE INADMITE O INCIDENTE PARA A TURMA REGIONAL DE UNIFORMIZAÇÃO 538

48. AGRAVO PARA DESTRANCAR INCIDENTE PARA A TURMA REGIONAL 539

49. JULGAMENTO DO AGRAVO PELA TURMA REGIONAL DE UNIFORMIZAÇÃO PARA DESTRANCAR INCIDENTE 543

50. DECISÃO DE INADMISSÃO MONOCRÁTICA DO RELATOR DO INCIDENTE DE UNIFORMIZAÇÃO NA TURMA REGIONAL 545

51. AGRAVO REGIMENTAL CONTRA INADMISSÃO MONOCRÁTICA DA TURMA REGIONAL 547

52. DECISÃO DA TURMA REGIONAL QUE JULGA AGRAVO REGIMENTAL CONTRA INADMISSÃO DO INCIDENTE PELO RELATOR 548

53. ACÓRDÃO DA TURMA REGIONAL 550

54. DECISÃO DA TURMA REGIONAL QUE JULGA EMBARGOS DE DECLARAÇÃO 556

55. INCIDENTE DE UNIFORMIZAÇÃO PARA A TURMA NACIONAL 561

56. CONTRARRAZÕES AO INCIDENTE DE UNIFORMIZAÇÃO PARA A TNU 572

57. DECISÃO DO PRESIDENTE DA TURMA RECURSAL QUE INADMITE O INCIDENTE PARA A TNU 574

58. AGRAVO PARA DESTRANCAR INCIDENTE PARA A TNU 576

59. DECISÃO DA TURMA RECURSAL DE SOBRESTAMENTO DO INCIDENTE PARA A TNU 578

60. JULGAMENTO MONOCRÁTICO DO RELATOR NA TURMA NACIONAL 578

61. AGRAVO REGIMENTAL CONTRA JULGAMENTO MONOCRÁTICO DO RELATOR NA TURMA NACIONAL 582

62. DECISÃO DE INADMISSÃO MONOCRÁTICA DO RELATOR DO INCIDENTE DE UNIFORMIZAÇÃO NA TURMA NACIONAL 583

63. AGRAVO REGIMENTAL CONTRA INADMISSÃO MONOCRÁTICA DA TURMA NACIONAL 584

64. DECISÃO DA TURMA NACIONAL QUE JULGA AGRAVO REGIMENTAL CONTRA INADMISSÃO DO INCIDENTE PELO RELATOR 585

65. DECISÃO IRRECORRÍVEL DO PRESIDENTE DA TURMA NACIONAL 596

66. ACÓRDÃO DA TURMA NACIONAL 600
67. ACÓRDÃO DA TURMA NACIONAL EM JULGAMENTO DE INCIDENTE REPRESENTATIVO DE CONTROVÉRSIA 603
68. DECISÃO DA TURMA NACIONAL QUE JULGA EMBARGOS DE DECLARAÇÃO 612
69. INCIDENTE DE UNIFORMIZAÇÃO DE JURISPRUDÊNCIA PARA O STJ.. 616
70. CONTRARRAZÕES AO INCIDENTE DE UNIFORMIZAÇÃO PARA O STJ 620
71. DECISÃO DO PRESIDENTE DA TNU QUE INADMITE O INCIDENTE PARA O STJ 622
72. PETIÇÃO PARA DESTRANCAR INCIDENTE PARA O STJ INADMITIDO PELO PRESIDENTE DA TNU 623
73. INDEFERIMENTO MONOCRÁTICO DO RELATOR NO STJ DO INCIDENTE DE UNIFORMIZAÇÃO 625
74. AGRAVO INTERNO CONTRA INDEFERIMENTO MONOCRÁTICO DO INCIDENTE PROFERIDO PELO RELATOR NO STJ 628
75. DECISÃO DO RELATOR DA 1ª SEÇÃO DO STJ QUE ADMITIU O INCIDENTE E DETERMINOU LIMINARMENTE O SOBRESTAMENTO NACIONAL DE TODOS OS PROCESSOS COM IDÊNTICA CONTROVÉRSIA 629
76. DECISÃO DA 1ª SEÇÃO DO STJ QUE APRECIOU O AGRAVO REGIMENTAL CONTRA A DECISÃO DE INADMISSÃO DO INCIDENTE PROFERIDA PELO RELATOR 636
77. ACÓRDÃO DA 1ª SEÇÃO DO STJ JULGANDO O MÉRITO DO INCIDENTE DE UNIFORMIZAÇÃO DE JURISPRUDÊNCIA 637
78. RECURSO EXTRAORDINÁRIO 639
79. CONTRARRAZÕES AO RECURSO EXTRAORDINÁRIO 661
80. DECISÃO QUE INADMITE O RECURSO EXTRAORDINÁRIO 663
81. AGRAVO PARA DESTRANCAR O RECURSO EXTRAORDINÁRIO 664
82. DECISÃO DO STF QUE JULGA AGRAVO PARA DESTRANCAR RECURSO EXTRAORDINÁRIO 668
83. DECISÃO DO STF DANDO PROVIMENTO À RECLAMAÇÃO CONTRA INADMISSÃO DE AGRAVO PARA DESTRANCAR RECURSO EXTRAORDINÁRIO 669
84. ACÓRDÃO DO STF EM RECURSO EXTRAORDINÁRIO 673
85. RECLAMAÇÃO PARA A TURMA NACIONAL DE UNIFORMIZAÇÃO 677

86. DECISÃO DA TNU JULGANDO RECLAMAÇÃO 680
87. DESPACHO DE INTIMAÇÃO DE CÁLCULOS NA EXECUÇÃO 682
88. IMPUGNAÇÃO AOS CÁLCULOS NA EXECUÇÃO 682
89. DECISÃO DO INCIDENTE NA EXECUÇÃO 683
90. MANDADO DE SEGURANÇA COMO SUCEDÂNEO RECURSAL NA EXECUÇÃO 684
91. DECISÃO LIMINAR DO RELATOR DA TURMA RECURSAL EM MANDADO DE SEGURANÇA NA EXECUÇÃO 689
92. DECISÃO COLEGIADA DA TURMA RECURSAL EM MANDADO DE SEGURANÇA NA EXECUÇÃO 691
93. REQUISIÇÃO DE PEQUENO VALOR – RPV 693
94. CERTIFICAÇÃO DE COISA JULGADA E ARQUIVAMENTO 695

APÊNDICES 697

1. REGIMENTO INTERNO DA TNU (RESOLUÇÃO CJF 345/2015 E ALTERAÇÕES) 698
2. RESOLUÇÃO CJF 347/2015 (APROVA REGRAS SOBRE OS REGIMENTOS DAS TURMAS RECURSAIS E REGIONAIS) 718
3. REGIMENTO INTERNO DAS TURMAS RECURSAIS E TRU DA 1ª REGIÃO 723
4. REGIMENTO INTERNO DAS TURMAS RECURSAIS DA 2ª REGIÃO 749
5. REGIMENTO INTERNO DA TRU DA 2ª REGIÃO 763
6. REGIMENTO INTERNO DAS TURMAS RECURSAIS E TRU DA 3ª REGIÃO 770
7. REGIMENTO INTERNO DAS TURMAS RECURSAIS E TRU DA 4ª REGIÃO 791
8. REGIMENTO INTERNO DAS TURMAS RECURSAIS E TRU DA 5ª REGIÃO 805

CAPÍTULO 1

REGRAS GERAIS SOBRE O PROCESSO JUDICIAL PREVIDENCIÁRIO

1. COMPETÊNCIA JURISDICIONAL

1.1. Regra geral: competência da Justiça Federal

O INSS tem a natureza jurídica de autarquia federal, com a função principal de gerenciar o Plano de Benefícios do RGPS. Dessa forma, em regra, as ações propostas contra o INSS serão de competência da Justiça Federal, por força do artigo 109, inciso I, da Constituição Federal[1].

Vale ressaltar que a ação poderá ser proposta contra a autarquia na Vara Federal do domicílio do beneficiário (Subseção Judiciária) ou na Vara da Capital do Estado (Seção Judiciária), cabendo ao segurado ou ao seu dependente a escolha.

> Nesse sentido, de acordo com a **Súmula 689, STF**, "o segurado pode ajuizar ação contra a instituição previdenciária perante o juízo federal do seu domicílio ou nas varas federais da Capital do Estado-Membro".

Entretanto, por se cuidar de jurisdição graciosa ou voluntária (não há lide), o STJ vem entendendo que a ação de alvará proposta contra o INSS tramitará na Justiça Estadual, mesmo se tratando de entidade federal, pois inexiste pretensão resistida.

Apenas haverá a competência da Justiça Federal se houver resistência da autarquia previdenciária no levantamento dos valores, pois configurada a demanda[2].

---

1. Art. 109. Aos juízes federais compete processar e julgar:
   I – as causas em que a União, entidade autárquica ou empresa pública federal forem interessadas na condição de autoras, rés, assistentes ou oponentes, exceto as de falência, as de acidentes de trabalho e as sujeitas à Justiça Eleitoral e à Justiça do Trabalho;
2. STJ, CC 61.612, de 23.08.2006.

O STJ também decidiu ser competente a Justiça Estadual para o processamento e julgamento de feito relativo ao reconhecimento da existência de união estável, ainda que para obtenção de benefício previdenciário[3].

Logo, para o STJ, em uma ação em que se postula a mera declaração da união estável a competência será da Justiça Estadual, mesmo que o objetivo seja a posterior concessão de pensão por morte pelo INSS.

Entretanto, o posicionamento do STF é justamente o contrário, conforme se depreende da análise do seguinte acórdão:

> "CONSTITUCIONAL. PREVIDENCIÁRIO. AGRAVO REGIMENTAL NO RECURSO EXTRAORDINÁRIO. RECONHECIMENTO DE UNIÃO ESTÁVEL. INSS COMO PARTE OU POSSUIDOR DE INTERESSE NA CAUSA. COMPETÊNCIA DA JUSTIÇA FEDERAL. 1. O Supremo Tribunal Federal firmou sua jurisprudência no sentido de que, quando o INSS figurar como parte ou tiver interesse na matéria, a competência é da Justiça Federal. Precedente. 2. Agravo regimental improvido" (RE 545.199 Agr, de 24.11.2009).

Crê-se que o STF está com a razão. Se o objetivo do reconhecimento da união estável é a concessão de benefício por parte do INSS, autarquia federal, obviamente que há flagrante interesse de agir do ente autárquico, apto a despertar a competência da Justiça Federal.

Há precedente mais recente do STJ pronunciando a incompetência da Justiça Estadual e a ineficácia da decisão contra o INSS que não foi parte na lide:

Processo

RMS 35018/MG

RECURSO ORDINÁRIO EM MANDADO DE SEGURANÇA

2011/0154822-6

Relator(a)

Ministro GURGEL DE FARIA (1160)

Órgão Julgador

5 – QUINTA TURMA

Data do Julgamento

04/08/2015

Data da Publicação/Fonte

DJe 20/08/2015

---

3. EDcl no AgRg no REsp 803.264-PE, Rel. Min. Og Fernandes, julgados em 30/6/2010.

Ementa

PROCESSUAL CIVIL E PREVIDENCIÁRIO. MANDADO DE SEGURANÇA. IMPETRAÇÃO **POR** PESSOA JURÍDICA DE DIREITO PÚBLICO. POSSIBILIDADE. AÇÃO DE RECONHECIMENTO DE **UNIÃO ESTÁVEL**. DECISÃO DO JUIZ ESTADUAL QUE DETERMINA AO INSS O PAGAMENTO DA **PENSÃO POR MORTE** À AUTORA. PROVIMENTO DE **COMPETÊNCIA** DA JUSTIÇA FEDERAL. AUTARQUIA QUE NÃO FOI PARTE NA LIDE. APLICAÇÃO DO ART. 472 DO CPC. MANIFESTA ILEGALIDADE.

1. O art. 1º da Lei n. 12.016/2009 preconiza que "conceder-se-á mandado de segurança para proteger direito líquido e certo, não amparado **por** habeas corpus ou habeas data, sempre que, ilegalmente ou com abuso de poder, qualquer pessoa física ou jurídica sofrer violação ou houver justo receio de sofrê-la **por** parte de autoridade, seja de que categoria for e sejam quais forem as funções que exerça".

2. Considerando que o texto legal expressamente assegura a impetração do remédio heroico **por** qualquer pessoa jurídica, não é possível ao Poder Judiciário vedar a sua utilização **por** entidade de direito público.

3. Compete à Justiça estadual o processamento e julgamento de demanda proposta com o escopo de obter provimento judicial declaratório de existência de vínculo familiar, para o fim de viabilizar futuro pedido de concessão de benefício previdenciário. Seara exclusiva do Direito de Família, relativa ao estado das pessoas.

4. Se a ação tem por objetivo provimento judicial constitutivo relativo à imediata concessão de benefício previdenciário, ostentando como causa de pedir o reconhecimento da união estável, deverá ser proposta perante a Justiça Federal, ante a obrigatoriedade da participação do INSS no polo passivo da lide, seja de maneira isolada, se for o caso, seja como litisconsorte passivo necessário.

5. A presença do INSS é condição que se impõe porque a instituição de benefício previdenciário constitui obrigação que atinge diretamente os cofres da Previdência Social, revelando, assim, a existência de interesse jurídico e econômico da autarquia federal responsável pela sua gestão, razão pela qual ela deve ser citada para responder à demanda judicial, sob pena de violação dos postulados da ampla defesa e do contraditório, imprescindíveis para a garantia do devido processo legal.

6. A instituição de novo beneficiário, ainda que seja para ratear pensão já concedida, também agrava a situação jurídica e econômica da Previdência, porquanto representa causa que pode repercutir em maior tempo de permanência da obrigação de pagamento do benefício.

7. Hipótese em que a sentença proferida em sede de ação judicial circunscrita ao reconhecimento de **união estável** ajuizada exclusivamente em face do alegado companheiro, representado nos autos **por** sua herdeira, a teor do art. 472 do

Código de Processo Civil, **não vincula a autarquia previdenciária que não fez parte da lide**, o que denota a manifesta ilegalidade da decisão.

8. Recurso ordinário provido.

Já no caso de pedido de concessão de pensão por morte em que a pronúncia da união estável é mero incidente processual, é indene de dúvidas que a ação a ser proposta contra o INSS tramitará na Justiça Federal, desde que não seja um benefício por acidente de trabalho.

Nesse sentido, de acordo com o STJ, "a pretensão deduzida na inicial não diz respeito ao reconhecimento da união estável, mas somente à concessão de benefício previdenciário, o que atrai a competência da Justiça Federal para o seu processamento e julgamento. Ainda que o referido Juízo tenha de enfrentar a questão referente à caracterização ou não de união estável numa ação em que pleiteia exclusivamente benefício previdenciário, como é o caso dos autos, não restará usurpada a competência da Justiça Estadual, na medida em que inexiste pedido reconhecimento de união estável, questão que deverá ser enfrentada como uma prejudicial, de forma lateral"[4].

1.2. Ações acidentárias: competência originária da Justiça Estadual

As ações acidentárias propostas contra o INSS, ou seja, com causa de pedir consistente em acidente de trabalho, moléstia ocupacional ou evento equiparado, serão de competência originária da Justiça Estadual (*ex ratione materiae*).

Isso porque a parte final do inciso I, do artigo 109, da Lei Maior, excluiu expressamente as ações decorrentes de acidente de trabalho da competência da Justiça Federal, inclusive as ações revisionais de benefícios acidentários, conforme já se pronunciou o STJ[5].

Logo, se a postulação da aposentadoria por invalidez, do auxílio-doença ou do auxílio-acidente decorrer de acidente de trabalho ou eventos equiparados, a competência material para processar e julgar a causa será da Justiça Estadual.

Nesse sentido, a posição pacificada do STF:

> **Súmula 501. "Compete à justiça ordinária estadual o processo e o julgamento, em ambas as instâncias, das causas de acidente do trabalho, ainda que promovidas contra a União, suas autarquias, empresas públicas ou sociedades de economia mista".**
>
> "EMENTA: AGRAVO REGIMENTAL NO RECURSO EXTRAORDINÁRIO. CONSTITUCIONAL E PREVIDENCIÁRIO. ACIDENTE DE TRABALHO. COMPETÊNCIA DA JUSTIÇA COMUM ESTADUAL PARA PROCESSAR E JULGAR A CAUSA. PRECEDENTES. INCIDÊNCIA DA SÚMULA 501 DO

---

4. CC126489, de 10/04/2013.
5. CC 102.459, de 12.08.2009.

SUPREMO TRIBUNAL FEDERAL. AGRAVO REGIMENTAL AO QUAL SE NEGA PROVIMENTO" (RE 540970 AgR/SP, de 20/10/2009).

Vale frisar que o INSS somente concede benefícios com código de acidente do trabalho aos segurados que possuem o pagamento da contribuição SAT em seu favor: empregado, empregado doméstico (este após a LC 150/2015), trabalhador avulso e segurado especial.

Logo, o contribuinte individual, quer autônomo, quer prestando serviços à pessoa jurídica, não terá deferido pelo INSS benefício por acidente de trabalho, e sim benefício comum, o mesmo ocorrendo com o segurado facultativo, que sequer trabalha.

No entanto, de modo atécnico, o STJ vinha pronunciando através da 3ª Seção, o direito do contribuinte individual autônomo em perceber benefício por acidente de trabalho, firmando, inclusive, a competência da Justiça Estadual para processar tais demandas previdenciárias:

> "PREVIDENCIÁRIO. COMPETÊNCIA. CONFLITO NEGATIVO. CONCESSÃO DE APOSENTADORIA POR INVALIDEZ. ACIDENTE DE TRABALHO. CARACTERIZAÇÃO. CONTRIBUINTE AUTÔNOMO. ART. 109, I, DA CONSTITUIÇÃO. VERBETE SUMULAR Nº 15/STJ. 1. O objetivo da regra do art. 109, I, da Constituição é aproximar o julgador dos fatos inerentes à matéria que lhe está sendo submetida a julgamento. 2. As ações propostas contra a autarquia previdenciária objetivando a concessão de benefícios de índole acidentária são de competência da Justiça Estadual. Verbete sumular 15/STJ. **3. Os trabalhadores autônomos assumem os riscos de sua atividade e não recolhem contribuições para custear o benefício acidentário. Tal é desinfluente no caso do autônomo que sofre acidente de trabalho e pleiteia a concessão de aposentadoria por invalidez. 4. Conflito conhecido para declarar a competência do Juízo de Direito da Vara de Acidentes do Trabalho do Distrito Federal, o suscitante**" (3ª Seção, CC 86794, de 12/12/2007).

> "PREVIDENCIÁRIO. AGRAVO REGIMENTAL NO CONFLITO NEGATIVO DE COMPETÊNCIA. JUSTIÇA ESTADUAL E JUSTIÇA FEDERAL. CONCESSÃO DE APOSENTADORIA POR INVALIDEZ OU AUXÍLIO-DOENÇA, DECORRENTES DE ACIDENTE DE TRABALHO. SÚMULAS 15/STJ E 501/STF. TRABALHADOR AUTÔNOMO. COMPETÊNCIA DA JUSTIÇA ESTADUAL. AGRAVO REGIMENTAL IMPROVIDO. I. Na linha dos precedentes desta Corte, "compete à Justiça comum dos Estados apreciar e julgar as ações acidentárias, que são aquelas propostas pelo segurado contra o Instituto Nacional do Seguro Social, visando ao benefício, aos serviços previdenciários e respectivas revisões correspondentes ao acidente do trabalho. Incidência da Súmula 501 do STF e da Súmula 15 do STJ" (STJ, AgRg no CC 122.703/SP, Rel. Ministro MAURO CAMPBELL MARQUES, PRIMEIRA SEÇÃO, DJe de 05/06/2013) II. É da Justiça Estadual a competência para o julgamento de litígios decorrentes de acidente de trabalho (Súmulas 15/STJ e 501/STF). **III. Já decidiu o STJ que "a questão referente à possibilidade de concessão de benefício acidentário a trabalhador autônomo se encerra na competência da Justiça Estadual**" (STJ, CC

82.810/SP, Rel. Ministro HAMILTON CARVALHIDO, DJU de 08/05/2007). Em igual sentido: STJ, CC 86.794/DF, Rel. Ministro ARNALDO ESTEVES LIMA, TERCEIRA SEÇÃO, DJU de 01/02/2008. IV. Agravo Regimental improvido". (1ª Seção, AGRCC 201401674626, de 23/9/2015).

Felizmente, o posicionamento foi revisto em 2017 pela 1ª Seção do STJ:

PROCESSUAL CIVIL E PREVIDENCIÁRIO. CONFLITO NEGATIVO DE COMPETÊNCIA.

AÇÃO PREVIDENCIÁRIA. BENEFÍCIO POR INCAPACIDADE. SEGURADO CONTRIBUINTE INDIVIDUAL. LEGISLAÇÃO ACIDENTÁRIA EXCLUDENTE. NATUREZA PREVIDENCIÁRIA DO BENEFÍCIO. INTELIGÊNCIA DO ARTIGO 19 DA LEI 8.213/1991. COMPETÊNCIA DA JUSTIÇA FEDERAL. JUÍZO SUSCITADO.

1. No caso, tramita ação previdenciária em que ser requer a condenação do INSS ao pagamento de benefício previdenciário por incapacidade, em que o autor ostenta a qualidade de segurado contribuinte individual.

2. O segurado contribuinte individual integra o rol dos segurados obrigatórios do Regime Geral de Previdência Social. O artigo 12, V, da Lei 8.212/1991 e o artigo 9º, V, do Decreto 3.048/1999, com a redação dada pela Lei 9.876/1999, elencam quem são os segurados contribuintes individuais. São igualmente segurados contribuintes individuais, o médico-residente, por força da Lei 6.932/1981 com a redação dada pela Lei 12.514/2011; o cônjuge ou companheiro do produtor que participe da atividade rural por este explorada; o bolsista da Fundação Habitacional do Exército, contratado em conformidade com a Lei 6.855/1980 e o árbitro de competições desportivas e seus auxiliares que atuem em conformidade com a Lei 9.615/1998.

2. Consoante artigo 19 da Lei 8.213/1991, somente os segurados empregados, incluídos os temporários, os segurados trabalhadores avulsos e os segurados especiais fazem jus aos benefícios previdenciários por acidente do trabalho. O ordenamento jurídico fez incluir o segurado empregado doméstico no rol do artigo 19, em observância à Emenda Constitucional 72 e à Lei Complementar 150/2015.

3. O artigo 109, I, da Constituição Federal de 1988, ao excetuar da competência federal as causas de acidente do trabalho, abarcou tão somente as lides estritamente acidentárias, movidas pelo segurado contra o INSS.

4. O acidente sofrido por trabalhador classificado pela lei previdenciária como segurado contribuinte individual, por expressa determinação legal, não configura acidente do trabalho, não ensejando, portanto, a concessão de benefício acidentário, apenas previdenciário, sob a jurisdição da Justiça Federal.

5. Conflito negativo de competência conhecido para declarar a competência da Justiça Federal **(CC 140943, 1ª Seção, 8/2/2017).**

No que concerne à pensão por morte decorrente de acidente de trabalho, o STJ, através da sua 3ª Seção, já se pronunciou sobre a competência da Justiça Federal, por supostamente não se tratar de um benefício acidentário:

> "PREVIDENCIÁRIO. CONFLITO NEGATIVO DE COMPETÊNCIA. JUSTIÇA ESTADUAL E JUSTIÇA FEDERAL. AÇÃO REVISIONAL DE PENSÃO POR MORTE DECORRENTE DE ACIDENTE DE TRABALHO. APLICAÇÃO DO ART. 109, I, DA CF/88. NÃO-INCIDÊNCIA DA SÚMULA 15/STJ. PRECEDENTES. COMPETÊNCIA DA JUSTIÇA FEDERAL. 1. Para verificação da competência no caso de ações previdenciárias, deve-se considerar a natureza do benefício, se acidentário ou previdenciário, bem como o procedimento adotado para a sua concessão. 2. As ações que versem sobre benefícios previdenciários são de competência da Justiça Federal, ressalvado o disposto no art. 109, § 3º, da Lei Maior. **Dessa forma, as ações que envolvam concessão e revisão de pensão por morte, independentemente da circunstância em que o segurado faleceu, devem ser processadas e julgadas na Justiça Federal**. 3. Exceção a esta regra está nas ações acidentárias típicas, envolvendo o trabalhador e a autarquia previdenciária, nas quais há necessidade de prova pericial a ser realizada pelo INSS, o que justifica a manutenção da competência da Justiça Estadual, a teor do art. 109, inciso I, in fine, da Constituição Federal. 4. Conflito conhecido para declarar competente o Juízo Federal da 1ª Vara de São Gonçalo para processar e julgar o feito (g.n.)[6]".

> CONFLITO NEGATIVO DE COMPETÊNCIA ENTRE JUÍZO ESTADUAL E JUÍZO FEDERAL – REVISÃO DE PENSÃO POR MORTE DECORRENTE DE ACIDENTE DO TRABALHO – NATUREZA PREVIDENCIÁRIA DO BENEFÍCIO – NÃO-INCIDÊNCIA DAS SÚMULAS 15/STJ E 501/STF – COMPETÊNCIA DO JUÍZO FEDERAL. **I. Na esteira dos precedentes desta Corte, a pensão por morte é benefício eminentemente previdenciário, independentemente das circunstâncias que cercaram o falecimento do segurado. II. Portanto, ainda que a morte decorra de acidente do trabalho, a pensão possui origem unicamente na condição que o cônjuge tinha de dependente do *de cujus*, mas não no motivo do falecimento, constituindo-se, portanto, em benefício previdenciário, e não acidentário**. Precedentes. III. Competência da Justiça Federal (g.n.)[7].

O STJ manteve este entendimento no ano de 2010:

> "PROCESSUAL CIVIL. PREVIDENCIÁRIO. AGRAVO REGIMENTAL NO CONFLITO DE COMPETÊNCIA. COMPETÊNCIA DA JUSTIÇA FEDERAL PARA O PROCESSAMENTO E JULGAMENTO DAS DEMANDAS QUE VERSEM SOBRE O BENEFÍCIO DE PENSÃO POR MORTE, AINDA QUE DECORRENTE DE ACIDENTE DE TRABALHO. AGRAVO REGIMENTAL DO MINISTÉRIO PÚBLICO DESPROVIDO. **1. A Terceira Seção desta Corte pacificou recentemente o entendimento de que o pedido relativo à revisão do benefício de pensão por morte, ainda que decorrente de acidente de trabalho, é da competência da Justiça Federal, por se tratar de benefício

---

6. CC 62.531, de 28.02.2007.
7. CC 89.282, de 26.09.2007.

eminentemente previdenciário (CC 62.531/RJ, Rel. Min. MARIA THEREZA DE ASSIS MOURA, DJU 26.03.2007, p. 200). 2. No presente caso, o domicílio do segurado não é sede de Vara Federal, tendo ele optado por impetrar a ação no Juízo Estadual, conforme faculdade prevista no art. 109, § 3º. da CF. 3. Estando o Juízo Estadual investido de jurisdição federal delegada, impõe-se reconhecer a competência do Tribunal Regional Federal para processar e julgar o recurso interposto contra a sentença proferida pelo Juiz de Direito. 4. Agravo Regimental do Ministério Público Federal desprovido (**3ª Seção, AGRCC 107.734, de 28.04.2010).**

No entanto, não há como concordar com o entendimento da Corte Superior, pois será da competência da Justiça Estadual o julgamento de causas contra o INSS decorrentes de acidente de trabalho, não havendo qualquer ressalva constitucional.

A pensão por morte poderá ser comum ou decorrente de acidente de trabalho, conforme enquadramento da Autarquia Previdenciária: 93 – Pensão por morte por acidente do trabalho (Lei nº 8.213/91); 21 – Pensão por morte previdenciária (Lei nº 8.213/91).

Por isso, entende-se que a competência para julgar ou revisar pensão por morte decorrente de acidente de tralho será originalmente da Justiça Estadual, **conforme posicionamento do STF:**

> "EMENTA: AGRAVO REGIMENTAL NO AGRAVO DE INSTRUMENTO. CONSTITUCIONAL E PREVIDENCIÁRIO. **PENSÃO POR MORTE DECORRENTE DE ACIDENTE DE TRABALHO. COMPETÊNCIA DA JUSTIÇA COMUM ESTADUAL PARA PROCESSAR E JULGAR A CAUSA.** PRECEDENTES. INCIDÊNCIA DA SÚMULA 501 DO SUPREMO TRIBUNAL FEDERAL. AGRAVO REGIMENTAL AO QUAL SE NEGA PROVIMENTO" **(1ª Turma, AI 722.821 Agr, de 20.10.2009).**

A partir do ano de 2012, após a alteração do seu Regimento Interno, as causas previdenciárias passaram a ser julgadas pela 1ª Seção, e não mais pela 3ª Seção do STJ, tendo ficado assentado pela 1ª Seção que a competência para julgar ação visando à concessão de pensão por morte por acidente de trabalho é da Justiça Estadual, no julgamento do CC 121.352, de 11.04.2012:

> "CONFLITO DE COMPETÊNCIA. JUSTIÇA FEDERAL E JUSTIÇA ESTADUAL. AÇÃO VISANDO A OBTER PENSÃO POR MORTE DECORRENTE DE ACIDENTE DE TRABALHO. ALCANCE DA EXPRESSÃO "CAUSAS DECORRENTES DE ACIDENTE DO TRABALHO".
>
> 1. Nos termos do art. 109, I, da CF/88, estão excluídas da competência da Justiça Federal as causas decorrentes de acidente do trabalho. **Segundo a jurisprudência firmada pelo Supremo Tribunal Federal e adotada pela Corte Especial do STJ, são causas dessa natureza não apenas aquelas em que figuram como partes o empregado acidentado e o órgão da Previdência Social, mas também as que são promovidas pelo cônjuge, ou por herdeiros ou dependentes**

do acidentado, para haver indenização por dano moral (da competência da Justiça do Trabalho – CF, art. 114, VI), ou para haver benefício previdenciário pensão por morte, ou sua revisão (da competência da Justiça Estadual).

2. É com essa interpretação ampla que se deve compreender as causas de acidente do trabalho, referidas no art. 109, I, bem como nas Súmulas 15/STJ ("Compete à justiça estadual processar e julgar os litígios decorrentes de acidente do trabalho") e 501/STF (Compete à justiça ordinária estadual o processo e o julgamento, em ambas as instâncias, das causas de acidente do trabalho, ainda que promovidas contra a união, suas autarquias, empresas públicas ou sociedades de economia mista).

3. Conflito conhecido para declarar a competência da Justiça Estadual".

Vale frisar que a competência da Justiça Estadual também abarca os benefícios decorrentes do acidente de trabalho por equiparação (artigo 21, da Lei 8.213/91), conforme correto entendimento do STJ:

> **Informativo 542 – "DIREITO PROCESSUAL CIVIL E PREVIDENCIÁRIO. COMPETÊNCIA PARA JULGAR PEDIDO DE PENSÃO POR MORTE DECORRENTE DE ÓBITO DE EMPREGADO ASSALTADO NO EXERCÍCIO DO TRABALHO.**
>
> **Compete à Justiça Estadual – e não à Justiça Federal – processar e julgar ação que tenha por objeto a concessão de pensão por morte decorrente de óbito de empregado ocorrido em razão de assalto sofrido durante o exercício do trabalho.** Doutrina e jurisprudência firmaram compreensão de que, em regra, o deslinde dos conflitos de competência de juízos em razão da matéria deve ser dirimido com a observância da relação jurídica controvertida, notadamente no que se refere à causa de pedir e ao pedido indicados pelo autor da demanda. Na hipótese, a circunstância afirmada não denota acidente do trabalho típico ou próprio, disciplinado no **caput** do art. 19 da Lei 8.213/1991 (Lei de Benefícios da Previdência Social), mas acidente do trabalho atípico ou impróprio, que, por presunção legal, recebe proteção na alínea "a" do inciso II do art. 21 da Lei de Benefícios. Nessa hipótese, o nexo causal é presumido pela lei diante do evento, o que é compatível com o ideal de proteção ao risco social que deve permear a relação entre o segurado e a Previdência Social. Desse modo, o assalto sofrido no local e horário de trabalho equipara-se ao acidente do trabalho, e o direito à pensão por morte decorrente do evento inesperado e violento deve ser apreciado pelo juízo da Justiça Estadual, nos termos do art. 109, I, parte final, da CF combinado com o art. 21, II, "a", da Lei 8.213/1991. CC 132.034-SP, **Rel. Min. Benedito Gonçalves, julgado em 28/5/2014".**

Por sua vez, entende a 3ª Seção do STJ que as demandas envolvendo benefícios previdenciários por acidente de trabalho dos segurados especiais deverão tramitar na Justiça Federal:

> "PREVIDENCIÁRIO. CONFLITO DE COMPETÊNCIA. COMPROVAÇÃO DA QUALIDADE DE SEGURADO ESPECIAL, NA CONDIÇÃO DE

TRABALHADOR RURAL, PARA FINS DE CONCESSÃO DE BENEFÍCIO ACIDENTÁRIO. PARECER DO MPF PELA COMPETÊNCIA DA JUSTIÇA ESTADUAL. COMPETÊNCIA DA JUSTIÇA FEDERAL.

1. A jurisprudência deste Tribunal Superior é assente quanto à competência residual da Justiça Estadual para processar demanda relativa a acidente de trabalho. Entretanto, a comprovação da qualidade de segurado especial, para fins de concessão de benefício perante a Autarquia Previdenciária, como no caso, é matéria estranha à competência da Justiça Estadual, devendo ser a demanda processada pela Justiça Federal, nos termos do art. 109, I da CF.

2. Somente seria possível o processamento da presente ação no Juízo Estadual, se a Comarca do domicílio do segurado não fosse sede de Vara Federal, o que, entretanto, não configura a hipótese dos autos.

3. Conflito de Competência conhecido para declarar a competência do Juízo Federal da 17ª.Vara da Subseção Judiciária de Petrolina da Seção Judiciária de Pernambuco, o suscitante, para processar e julgar a presente demanda, inobstante o parecer do MPF" (CC 86.797, de 22/08/2007).

O argumento manejado pela 3ª Seção do STJ é impertinente. Isso porque o reconhecimento da qualidade de segurado especial é questão prejudicial à concessão do benefício por acidente de trabalho, tendo a Justiça Estadual plena competência para tanto.

De efeito, a competência constitucional da Justiça Estadual para julgar as ações contra o INSS para a postulação e revisão de benefícios por acidente de trabalho é irrestrita, de modo que é de todo inaceitável essa fundamentação da 3ª Seção do STJ.

O FONAJEF, em 2017, aderiu a esse posicionamento:

Enunciado nº 187

São da competência da Justiça Federal os pedidos de benefícios ajuizados por segurados especiais e seus dependentes em virtude de acidentes ocorridos nessa condição.

No entanto, **tal posicionamento foi revisto pela 1ª Seção do STJ**, firmando tese de que os benefícios por acidente de trabalho postulados por segurados especiais e seus dependentes devem ser postulados na Justiça Estadual:

AgInt no CC 152187 / MT

S1 – PRIMEIRA SEÇÃO

13/12/2017

1. A Terceira Seção, à época em que detinha competência para matéria previdenciária, firmou entendimento de que, no caso de segurado especial, a concessão de benefícios acidentários seria de competência da Justiça Federal.

[...]

3. Considerando que a qualidade de segurado é condição sine qua non para a concessão de qualquer benefício, seja acidentário ou previdenciário, tem-se, consequentemente, que ela não serviria de critério para definir a competência, restando analisar, apenas, a causa de pedir e o pedido.

4. Diante das razões acima expostas e do teor das Súmulas 15/STJ e 501/STF, chega-se à conclusão de que deve ser alterado o entendimento anteriormente firmado pela Terceira Seção, a fim de se reconhecer a competência da Justiça estadual para a concessão de benefícios derivados de acidente de trabalho aos segurados especiais.

Vale frisar que se cuida de competência absoluta, cabendo ao juiz pronunciá-la de ofício a qualquer tempo, sob pena de nulidade dos atos decisórios, em observância ao Princípio do Juiz Natural, não se perpetuando a competência pela inércia do réu.

No entanto, a jurisprudência do STJ admite a manutenção de tutela de urgência proferida por juiz absolutamente incompetente:

> INFORMATIVO 524 – **DIREITO PROCESSUAL CIVIL. MEDIDA DE URGÊNCIA DECRETADA POR JUÍZO ABSOLUTAMENTE INCOMPETENTE.**
>
> **Ainda que proferida por juízo absolutamente incompetente, é válida a decisão que, em ação civil pública proposta para a apuração de ato de improbidade administrativa, tenha determinado, até que haja pronunciamento do juízo competente, a indisponibilidade dos bens do réu a fim de assegurar o ressarcimento de suposto dano ao patrimônio público.** De fato, conforme o art. 113, § 2º, do CPC, o reconhecimento da incompetência absoluta de determinado juízo implica, em regra, nulidade dos atos decisórios por ele praticados. Todavia, referida regra não impede que o juiz, em face do poder de cautela previsto nos arts. 798 e 799 do CPC, determine, em caráter precário, medida de urgência para prevenir perecimento de direito ou lesão grave ou de difícil reparação. REsp 1.038.199-ES, Rel. Min. Castro Meira, julgado em 7/5/2013.

Este entendimento foi reforçado pelo CPC de 2015, pois o seu artigo 64, § 4º aduz que, "**salvo decisão judicial em sentido contrário, conservar-se-ão os efeitos de decisão proferida pelo juízo incompetente até que outra seja proferida, se for o caso, pelo juízo competente**".

Todavia, na hipótese de mandado de segurança contra autoridade do INSS, mesmo que a causa de pedir seja decorrente de acidente de trabalho, a competência para o seu julgamento permanecerá na Justiça Federal, pois prevalece a competência funcional para o julgamento do *writ*.

Este, inclusive, é o posicionamento tradicional do STJ:

> "CONSTITUCIONAL. MANDADO DE SEGURANÇA. COMPETÊNCIA. CRITÉRIOS DE FIXAÇÃO. ATO DE AUTORIDADE FEDERAL. SENTENÇA PROFERIDA POR JUIZ ESTADUAL INCOMPETENTE. ANULAÇÃO. –
> **EM SEDE DE MANDADO DE SEGURANÇA, A COMPETÊNCIA PARA O**

PROCESSO E JULGAMENTO E DEFINIDA SEGUNDO A HIERARQUIA FUNCIONAL DA AUTORIDADE COATORA, NÃO ADQUIRINDO RELEVÂNCIA A MATÉRIA DEDUZIDA NA PEÇA DE IMPETRAÇÃO. – COMPETE A JUSTIÇA FEDERAL CONHECER DE MANDADO DE SEGURANÇA CONTRA O ATO DE AUTORIDADE AUTARQUIA FEDERAL, AINDA QUE SE DISCUTA MATÉRIA RELACIONADA À LEGISLAÇÃO ACIDENTARIA DE NATUREZA PREVIDENCIÁRIA. – SOMENTE NAS HIPÓTESES EM QUE O JUIZ ESTADUAL SE ENCONTRA INVESTIDO POR JURISDIÇÃO DE COMPETÊNCIA FEDERAL, CABE AO TRIBUNAL FEDERAL REEXAMINAR, EM GRAU DE APELAÇÃO, A SENTENÇA POR ELE PROLATADA, A TEOR DO INSCRITO NO ART. 108, II, AD CF/1988. – NO CASO, NÃO TENDO O TRIBUNAL DE JUSTIÇA ANULADO A SENTENÇA EMANADA DE JUIZ ESTADUAL INCOMPETENTE, E CERTO QUE ESTA CORTE, POR FORÇA DE SUA JURISDIÇÃO, DEVE DECLARAR A NULIDADE DOS ATOS DECISÓRIOS PRATICADOS POR JUIZ INCOMPETENTE, E FIXAR, DESDE LOGO, O JUÍZO COMPETENTE. – CONFLITO NÃO CONHECIDO. REMESSA DOS AUTOS AO TRIBUNAL DE JUSTIÇA DO RIO GRANDE DO SUL[8]" (g.n.).

No mesmo sentido a posição atual do STJ no julgamento do Conflito de Competência 123.518, julgado pela 1ª Seção e publicado em 19.09.2012:

"CONFLITO NEGATIVO DE COMPETÊNCIA. PREVIDENCIÁRIO. MANDADO DE SEGURANÇA. RESTABELECIMENTO DE BENEFÍCIO ACIDENTÁRIO. **OBSERVÂNCIA DA QUALIFICAÇÃO DA AUTORIDADE IMPETRADA**. ATOS DE MÉDICO PERITO E DO SUPERINTENDENTE DO INSS. **COMPETÊNCIA DO JUÍZO DA JUSTIÇA FEDERAL**"

Ademais, as ações acidentárias seguiram no passado o rito sumário, por força de determinação contida no artigo 129, inciso II, da Lei 8.213/91, tendo ainda prioridade de conclusão dos processos administrativos.

No entanto, vale frisar que com o advento do CPC de 2015 (art. 318[9]), não mais existe distinção entre o rito comum ordinário e sumário, passando a existir um único rito comum, observada a regra de transição do artigo 1.046[10].

---

8. CC 18.239, 3ª Seção, de 13.11.1996.
9. Art. 318. Aplica-se a todas as causas o procedimento comum, salvo disposição em contrário deste Código ou de lei.
   Parágrafo único. O procedimento comum aplica-se subsidiariamente aos demais procedimentos especiais e ao processo de execução.
10. Art. 1.046. Ao entrar em vigor este Código, suas disposições se aplicarão desde logo aos processos pendentes, ficando revogada a Lei nº 5.869, de 11 de janeiro de 1973.
    § 1º As disposições da Lei nº 5.869, de 11 de janeiro de 1973, relativas ao procedimento sumário e aos procedimentos especiais que forem revogadas aplicar-se-ão às ações propostas e não sentenciadas até o início da vigência deste Código.

De arremate, insta noticiar que tramita no Congresso Nacional com grande vontade política a PEC 278/2008, que objetiva retirar a competência da Justiça Estadual para julgar as ações acidentárias propostas contra o INSS, o que será bem recebido pelos segurados e seus dependentes.

A origem histórica desta competência era facilitar o acesso à Justiça quando os segurados mais necessitavam, ou seja, quando sofriam acidentes de trabalho, vez que a Justiça Federal não era dotada de uma boa interiorização.

Logo, considerando o processo de expansão da Justiça Federal no interior do país, bem como o fato de normalmente ser mais célere que a Justiça Estadual, o que é comprovado claramente no Estado da Bahia, por exemplo, não mais se justifica essa regra constitucional.

1.3. Competência estadual por delegação

A Justiça Estadual também poderá julgar causas previdenciárias não acidentárias por delegação de competência, sendo investida de jurisdição federal, quando for conveniente ao segurado ou ao seu dependente.

> De acordo com o artigo 109, § 3º, da Constituição Federal, **NA REDAÇÃO ANTERIOR AO ADVENTO DA EMENDA 103/2019,** serão processadas e julgadas na Justiça Estadual, no foro do domicílio dos segurados ou beneficiários, as causas em que forem parte instituição de previdência social e segurado, sempre que a comarca não seja sede de vara do juízo federal, e, se verificada essa condição, a lei poderá permitir que outras causas sejam também processadas e julgadas pela Justiça Estadual.

Esta hipótese de delegação de competência obviamente abarca não só as ações propostas pelos segurados contra o INSS, mas também as intentadas por seus dependentes, que se enquadram como beneficiários, se na sede da comarca inexistir vara federal[11].

Como não se trata de competência originária, mas de mera delegação, os recursos não serão direcionados ao Tribunal de Justiça, e sim ao Tribunal Regional Federal da respectiva Região.

No entanto, coube à Emenda 103/2019 alterar o artigo 109, § 3º, da Constituição, tornando a competência federal previdenciária delegada FACULTATIVA e sujeita à LEI DE REGULAMENTAÇÃO:

"Art. 109 [...]

§ 3º **Lei poderá** autorizar que as causas de competência da Justiça Federal, em que forem parte instituição de previdência social e segurado, possam ser

---

11. Nesse sentido, se pronunciou o TRF da 3ª Região, ao julgar a AC 426.661, em 19.04.2004, que "a delegação de competência à justiça estadual para processar e julgar feitos de natureza previdenciária – art. 109, § 3º, CF – abrange, igualmente, ação versando sobre o pedido de obtenção de auxílio-reclusão por pessoa não vinculada à Previdência Social, eis que o seu espírito é a facilitação do acesso à Justiça, tendo sempre em vista amparar eficazmente, e dentro dos limites legais e constitucionais, cidadãos reconhecidamente carentes, em sua grande maioria".

processadas e julgadas na justiça estadual, quando a comarca do domicílio do segurado não for sede de vara federal."

Este dispositivo trata da **competência jurisdicional federal delegada à Justiça dos estados** na situação em que o segurado, beneficiário da assistência social com benefício gerido pelo INSS ou o seu dependente de segurado reside em localidade em que a comarca não possui na sua sede uma vara da Justiça Federal, a exemplo do beneficiário que resida em Senhor do Bomfim, no Estado da Bahia.

O novo texto fala apenas do segurado. Esqueceu-se das demandas previdenciárias do seu dependente e das assistenciais do idoso e deficiente no BPC/LOAS e do seguro defeso do pescador artesanal (SDPA).

Entende-se que é necessário que haja uma **interpretação ampliativa** do novo dispositivo constitucional para abarcar todas as demandas de benefícios contra o INSS, pois o objetivo é abrir o acesso à justiça e não há justificativa para restringir a competência delegada somente em favor dos segurados do RGPS.

Antes da reforma, a competência delegada era automática. Agora depende de lei federal de regulamentação, que já existe (Lei 5.010/66):

"Art. 15. Nas Comarcas do interior onde não funcionar Vara da Justiça Federal (artigo 12), os Juízes Estaduais são competentes para processar e julgar:

III – os feitos ajuizados contra instituições previdenciárias por segurados ou beneficiários residentes na Comarca, que se referirem a benefícios de natureza pecuniária".

No entanto, já tramitava antes da EC 103/2019 no Congresso Nacional em fase avançada o PL 2.999/2019, que promoveu alteração na Lei 5.010/66 através da **Lei 13.876, de 20 de setembro de 2019:**

"Art. 15. Quando a Comarca não for sede de Vara Federal, poderão ser processadas e julgadas na Justiça Estadual:

[...]

III – as causas em que forem parte instituição de previdência social e segurado e que se referirem a benefícios de natureza pecuniária, quando a Comarca de domicílio do segurado estiver localizada a mais de 70 km (setenta quilômetros) de Município sede de Vara Federal;

[...]

§ 1º Sem prejuízo do disposto no art. 42 desta Lei e no parágrafo único do art. 237 da Lei nº 13.105, de 16 de março de 2015 (Código de Processo Civil), poderão os Juízes e os auxiliares da Justiça Federal praticar atos e diligências processuais no território de qualquer Município abrangido pela seção, subseção ou circunscrição da respectiva Vara Federal.

§ 2º Caberá ao respectivo Tribunal Regional Federal indicar as Comarcas que se enquadram no critério de distância previsto no inciso III do **caput** deste artigo."

Dessa forma, pela Lei 13.876/2019, **a competência federal delegada será extinta quando a Comarca de domicílio do beneficiário da previdência social**

distar até 70 km de alguma Vara da Justiça Federal, cabendo ao TRF editar uma lista de comarcas.

A intenção é reduzir custos administrativos do Poder Executivo e do Judiciário, mantendo a delegação de competência apenas para distâncias maiores (acima de 70 km) em que não é razoável exigir viagens do beneficiário da previdência social.

Essa norma não entrou em vigor na data da sua publicação em 23/9/2019. Sua vigência é prevista apenas para 1/1/2020. Entende-se que a nova Lei 13.876/2019 foi precoce. Isso porque deveria ter sido editada após a publicação da reforma constitucional e não antes.

Avaliando o texto constitucional originário (23/9/2019) no dia da publicação da Lei 13.876/2019 e antes da reforma constitucional, nota-se que houve uma indevida restrição à competência jurisdicional delegada, não existindo no Brasil o fenômeno da constitucionalidade superveniente.

Veja-se a posição pacífica do STF (RE 346084 / PR):

"CONSTITUCIONALIDADE SUPERVENIENTE – ARTIGO 3º, § 1º, DA LEI Nº 9.718, DE 27 DE NOVEMBRO DE 1998 – EMENDA CONSTITUCIONAL Nº 20, DE 15 DE DEZEMBRO DE 1998. **O sistema jurídico brasileiro não contempla a figura da constitucionalidade superveniente**. TRIBUTÁRIO – INSTITUTOS – EXPRESSÕES E VOCÁBULOS – SENTIDO. A norma pedagógica do artigo 110 do Código Tributário Nacional ressalta a impossibilidade de a lei tributária alterar a definição, o conteúdo e o alcance de consagrados institutos, conceitos e formas de direito privado utilizados expressa ou implicitamente. Sobrepõe-se ao aspecto formal o princípio da realidade, considerados os elementos tributários. CONTRIBUIÇÃO SOCIAL – PIS – RECEITA BRUTA – NOÇÃO – INCONSTITUCIONALIDADE DO § 1º DO ARTIGO 3º DA LEI Nº 9.718/98. A jurisprudência do Supremo, ante a redação do artigo 195 da Carta Federal anterior à Emenda Constitucional nº 20/98, consolidou-se no sentido de tomar as expressões receita bruta e faturamento como sinônimas, jungindo-as à venda de mercadorias, de serviços ou de mercadorias e serviços. É inconstitucional o § 1º do artigo 3º da Lei nº 9.718/98, no que ampliou o conceito de receita bruta para envolver a totalidade das receitas auferidas por pessoas jurídicas, independentemente da atividade por elas desenvolvida e da classificação contábil adotada".

Para corrigir o suposto vício e evitar insegurança jurídica, será necessário reproduzir a regra da Lei 13.876/2019 após a publicação da Emenda 103/2019.

Um problema ainda mais grave na Lei 13.876/2019 é que esta silenciou sobre os processos que tramitam na Justiça Estadual sob o pálio da delegação federal de competência nas Comarcas em que em 1/1/2020 haverá a extinção da delegação, pois distam até 70 Km de uma Vara da Justiça Federal.

Por certo, a fim de se livrar de um enorme acervo acumulado, os juízes estaduais irão remeter os processos ainda não sentenciados para os juízes federais. Estes, por certo, não aceitarão, e irão suscitar ao STJ milhares e milhares conflitos negativos de competência jurisdicional, entupindo ainda mais a Corte Superior.

Tudo isso seria evitado se a Lei 13.876/2019 tivesse regulado o tema. Entendo que a redistribuição de processos ajuizados na Justiça Estadual até 31/12/2019 não deve ocorrer.

Felizmente, o Conselho da Justiça Federal preveniu o problema ao editar a **Resolução 602, de 11/11/2019**, prevendo que "as ações, em fase de conhecimento ou de execução, ajuizadas anteriormente a 1º de janeiro de 2020, **continuarão a ser processadas e julgadas no juízo estadual**, nos termos em que previsto pelo § 3º do art. 109 da Constituição Federal, pelo inciso III do art. 15 da Lei n. 5.010, de 30 de maio de 1965, em sua redação original, e pelo art. 43 do Código de Processo Civil", **vedando a redistribuição**.

Ademais, para definição das comarcas dotadas de competência delegada federal deverá ser considerada a distância entre o centro urbano do Município sede da comarca estadual e o centro urbano do Município sede da vara federal mais próxima, em nada interferindo o domicílio do autor, considerando a tabela de distâncias indicada pelo Instituto Brasileiro de Geografia e Estatística – IBGE ou em outra ferramenta de medição de distâncias disponível.

Observadas as regras estabelecidas pela Lei n. 13.876, de 20 de setembro de 2019, os Tribunais Regionais Federais farão publicar, até o dia 15 de dezembro de 2019, lista das comarcas com competência federal delegada.

De acordo com o artigo 43 do CPC, "determina-se a competência no momento do registro ou da distribuição da petição inicial, **sendo irrelevantes as modificações do estado de fato ou de direito ocorridas posteriormente, salvo quando suprimirem órgão judiciário ou alterarem a competência absoluta**".

Como não há supressão de órgão jurisdicional, assim como a competência era concorrente entre a Justiça Federal (Seção ou Subseção Judiciária) e a Justiça Estadual investida de jurisdição federal quando o segurado residia em localidade que não era sede da Justiça Federal, entende-se que a determinação de competência na data da propositura da ação não deve ser modificada.

Ademais, é razoável aplicar por analogia o artigo 25 da Lei 10.259/2001, que diz que "não serão remetidas aos Juizados Especiais as demandas ajuizadas até a data de sua instalação".

Não é razoável que as Varas Federais recebam um enorme passivo da Justiça Estadual, comprometendo o seu funcionamento regular.

Entrementes, não vem se aplicando esta hipótese de competência delegada à Justiça Estadual na hipótese de o INSS figurar como autor da demanda, pois o objetivo da norma foi facilitar o acesso do segurado ao Poder Judiciário, conforme correta jurisprudência:

"PROCESSUAL CIVIL. PREVIDENCIÁRIO. COMPETÊNCIA. AÇÃO PROPOSTA PELO INSS VERSANDO O CANCELAMENTO DE BENEFÍCIO PREVIDENCIÁRIO OBTIDO MEDIANTE FRAUDE. COMPETÊNCIA ABSOLUTA

DA JUSTIÇA FEDERAL. **I – Em ação movida pelo INSS para obter o cancelamento de benefício previdenciário obtido mediante fraude, é incompetente a Justiça Estadual para o seu julgamento, por afigurar-se inviável a invocação da competência federal delegada prevista no § 3º do artigo 109 da Magna Carta, dado o seu caráter social, tese de há muito referendada pelo Colendo Superior Tribunal de Justiça, segundo o qual se trata de garantia instituída em favor do segurado e que visa garantir o acesso dos segurados à justiça, sob pena de subverter, por vias transversais, a regra geral de distribuição de competência funcional prevista no artigo 109, I, da C.F. já aventado.** II – A Súmula nº 150 do Colendo Superior Tribunal de Justiça estabelece competir à Justiça Federal decidir sobre a existência ou não de interesse jurídico da União, de tal forma que inexorável o reconhecimento da competência absoluta da Justiça Federal para o processamento da ação. III – A ação tem por objeto a desconstituição da coisa julgada, o que só se opera pela via da ação rescisória, à exceção do disposto no artigo 486 do Código de Processo Civil. A competência para o processamento da rescisória, no caso, é do Tribunal Regional Federal da 3ª Região. IV – O prazo decadencial para o ajuizamento da ação rescisória já decorreu, razão pela qual o INSS valeu-se da ação anulatória. Ainda que se admita, no caso, a ação anulatória para a desconstituição do julgado, não compete à Justiça Estadual a revisão, mesmo que pela via da ação anulatória, da coisa julgada federal, uma vez que a situação não se enquadra no disposto no § 3º do artigo 109 da Constituição Federal. V – Sentença anulada de ofício. Apelação prejudicada" **(TRF da 3ª Região, AC 1.035.246, de 31.03.2008).**

Importante destacar que **a Justiça Estadual não poderá adotar o rito dos Juizados Especiais Federais, nem poderá delegar os processos aos Juizados Estaduais**, conforme decidido pelo STJ:

"RECURSO ESPECIAL. PREVIDENCIÁRIO. APLICAÇÃO DO RITO ESPECIAL DOS JUIZADOS ESPECIAIS FEDERAIS ÀS CAUSAS JULGADAS PELO JUIZ DE DIREITO INVESTIDO DE JURISDIÇÃO FEDERAL. IMPOSSIBILIDADE. VEDAÇÃO EXPRESSA CONTIDA NO ARTIGO 20 DA LEI Nº 10.259/2001. **1. Em razão do próprio regramento constitucional e infraconstitucional, não há competência federal delegada no âmbito dos Juizados Especiais Estaduais, nem o Juízo Estadual, investido de competência federal delegada (artigo 109, parágrafo 3º, da Constituição Federal), pode aplicar, em matéria previdenciária, o rito de competência do Juizado Especial Federal, diante da vedação expressa contida no artigo 20 da Lei nº 10.259/2001.** 2. Recurso especial provido"[12] (g.n.).

Outrossim, **a criação de Juizado Especial Federal em localidade que não era dotada de Vara Federal não gera a remessa dos processos em curso, que continuarão a tramitar na Justiça Estadual, por força de determinação contida no artigo 25, da Lei 10.259/2001**, referendada pelo STJ:

"PREVIDENCIÁRIO. CONFLITO NEGATIVO DE COMPETÊNCIA. AÇÃO PREVIDENCIÁRIA. CONCESSÃO DE PENSÃO. AÇÃO AJUIZADA NO

---

12. REsp 661.482, de 05.02.2009.

JUÍZO ESTADUAL EM DATA ANTERIOR À INSTALAÇÃO DO JUIZADO ESPECIAL FEDERAL. INCIDÊNCIA DO ART. 25 DA LEI 10.259/2001. PRECEDENTE. COMPETÊNCIA DO JUÍZO ESTADUAL. 1. **A Terceira Seção desta Corte entendeu ser da Justiça Estadual a competência para o julgamento das ações ajuizadas em data anterior à instalação do Juizado Especial Federal, a teor do disposto no art. 25 da Lei nº 10.259/2001, o qual estabelece, expressamente, que tais demandas não serão remetidas aos referidos Juizados Especiais.** 2. Conflito conhecido para declarar competente o Juízo de Direito da Vara Única de Monte Santo de Minas"[13] (g.n.).

Nos termos do Enunciado 139, do FONAJEF, não serão redistribuídas a Juizado Especial Federal (JEF) recém-criado as demandas ajuizadas até a data de sua instalação, **salvo se as varas de JEFs estiverem na mesma sede jurisdicional.**

Na hipótese de pedido de indenização por danos morais contra o INSS, se esta postulação decorrer do pedido principal de concessão de benefício previdenciário, a 3ª Seção do STJ, ao julgar o CC 111.447, em 23.06.2010, pronunciou a competência delegada da Justiça Estadual:

"PROCESSUAL CIVIL E PREVIDENCIÁRIO. CONFLITO NEGATIVO DE COMPETÊNCIA. JUSTIÇA ESTADUAL E JUSTIÇA FEDERAL. CONCESSÃO DE APOSENTADORIA POR IDADE CUMULADA COM INDENIZAÇÃO POR DANOS MORAIS. ART. 109, § 3º, DA CR/88. FORO. OPÇÃO PELO SEGURADO. COMPETÊNCIA DA JUSTIÇA ESTADUAL. SUSCITADO. **1. Extrai-se dos autos que o pedido do autor consiste na concessão de aposentadoria por idade, bem como na condenação do INSS ao pagamento de indenização por danos morais. 2. O autor optou pela Justiça Estadual localizada no foro de seu domicílio, que por sua vez não possui Vara Federal instalada, nos termos do art. 109, § 3º, da CR/88. 3. Entende esta Relatoria que o pedido de indenização por danos morais é decorrente do pedido principal, e a ele está diretamente relacionado. 4. Consoante regra do art. 109, § 3º, da CR/88, o Juízo Comum Estadual tem sua competência estabelecida por expressa delegação constitucional.** 5. Conflito de competência conhecido para declarar a competência do Juízo de Direito da 1ª Vara de Registro-SP".

Vale registrar a mudança de orientação da 3ª Seção do STJ, pois no mês anterior decidiu pela competência da Justiça Federal ao julgar o CC 111.481.

Por fim, é possível que o processo de justificação contra o INSS corra na Justiça Estadual, investida de jurisdição federal, se na localidade não funcionar Vara Federal, conforme autoriza o artigo 15, II, da Lei 5.010/66.

2. LEGITIMIDADE ATIVA E PASSIVA *AD CAUSAM* E FORMAÇÃO DE LITISCONSÓRCIO

A **legitimidade ativa ordinária** para propor uma ação para a concessão ou revisão de benefício ou serviço previdenciário do RGPS será do segurado ou do seu dependente, que, acaso incapazes, deverão ser representados por seus pais, tutores ou curadores.

---

13. CC 62.373, de 11.10.2006.

Existe **legitimação extraordinária** para que a empresa requeira, em favor do segurado, benefício por incapacidade laborativa, nos termos do artigo 76-A do Regulamento da Previdência Social[14], pois possui interesse de agir para caracterizar oficialmente a incapacidade laborativa e deixar de pagar a remuneração com segurança em favor do empregado.

Logo, embora seja raro na prática previdenciária, a empresa tomadora do serviço do empregado ou mesmo do contribuinte individual possuirá legitimidade ativa para propor ação judicial contra o INSS, acaso haja indeferimento na via administrativa, salvo se o segurado não manifestar expressamente interesse no benefício.

É possível a formação de **litisconsórcio ativo** em demandas previdenciárias, embora seja sempre facultativo, pois ninguém é constitucionalmente obrigado a ingressar com ação judicial.

No entanto, nos termos do artigo 113, § 1º, do CPC de 2015, o juiz poderá limitar o litisconsórcio facultativo quanto ao número de litigantes na fase de conhecimento, na liquidação de sentença ou na execução, quando este comprometer a rápida solução do litígio ou dificultar a defesa ou o cumprimento da sentença.

O caso típico admitindo judicialmente nas lides previdenciárias de litisconsórcio ativo é na ação de concessão ou de revisão de renda mensal de pensão por morte, quando existir mais de um dependente postulando e quando houver acordo entre ambos sobre a existência do direito.

É a hipótese de esposa e filhos menores de 21 anos não emancipados do segurado falecido que buscam judicialmente o deferimento do benefício negado na via administrativa.

No caso de litisconsórcio ativo entre dependentes para a concessão de pensão por morte, o **litisconsórcio** poderá ser **unitário** quando, pela natureza da relação jurídica, o juiz tiver de decidir o mérito de modo uniforme para todos os litisconsortes.

É o caso do benefício negado pela falta da qualidade de segurado do falecido quando a condição de dependentes dos autores for incontroversa. Neste caso, ou o juiz concederá para todos os autores a pensão por morte, ou negará para todos.

Outrossim, o **litisconsórcio ativo** poderá ser **não unitário**, na hipótese de concessão para o filho menor da pensão por morte e indeferimento para a suposta

---

14. Art. 76-A. É facultado à empresa protocolar requerimento de auxílio-doença ou documento dele originário de seu empregado ou de contribuinte individual a ela vinculado ou a seu serviço, na forma estabelecida pelo INSS.
Parágrafo único. A empresa que adotar o procedimento previsto no caput terá acesso às decisões administrativas a ele relativas.

companheira, por esta não ter feito prova da união estável, ao passo que o filho comprovou a sua qualidade de dependente.

Por sua vez, é possível que haja a formação de **litisconsórcio passivo necessário**, por disposição de lei ou quando, pela natureza da relação jurídica controvertida, a eficácia da sentença depender da citação de todos que devam ser litisconsortes, nos moldes do artigo 114, do CPC de 2015.

O caso comum é a divisão do benefício de pensão por morte ou mesmo a postulação da exclusão de dependente que já percebe o benefício, a exemplo de companheira que busca a repartição do benefício com filho menor do segurado falecido, ou mesmo de esposa que vindica a exclusão da concubina do rol de habilitados ao pensionamento.

Ora, ninguém poderá ter o seu benefício de pensão por morte repartido ou cancelado sem o respeito prévio ao Princípio do Contraditório e da Ampla Defesa, devendo ser citados todos os beneficiários que já percebem o benefício, sob pena de nulidade da sentença.

Veja-se a jurisprudência uníssona:

> "PREVIDENCIÁRIO. PENSÃO POR MORTE. FILHO MAIOR INVÁLIDO. OUTROS DEPENDENTES TITULARES DO BENEFÍCIO. LITISCONSÓRCIO PASSIVO NECESSÁRIO. CPC/2015, ART. 114. CITAÇÃO. 1. Nos termos do art. 114 do NCPC/2015 (art. 47 do CPC/73), de modo similar, "o litisconsórcio será necessário por disposição de lei ou quando, pela natureza da relação jurídica controvertida, a eficácia da sentença depender da citação de todos que devam ser litisconsortes". 2. **Há litisconsórcio passivo necessário entre o autor, filho maior inválido do falecido segurado, e os demais dependentes do falecido, para os quais o benefício de pensão por morte está sendo pago integralmente.** 3. Sentença anulada. Apelação do INSS provida. Inexistência de remessa oficial, em razão do valor (TRF 1ª Região, Câmara Previdenciária da Bahia, AC 00023112320104013306, de 5/4/2016).

De efeito, pontifica o artigo 115 do CPC de 2015 que a sentença de mérito, quando proferida sem a integração do contraditório, será nula, se a decisão deveria ser uniforme em relação a todos que deveriam ter integrado o processo, ou será ineficaz nos outros casos, apenas para os que não foram citados.

3. AS PRERROGATIVAS DO INSS EM JUÍZO

O objetivo desta passagem da obra é estudar as prerrogativas processuais do INSS em juízo no procedimento comum, considerando que se trata de uma pessoa jurídica de direito público (autarquia da União) e que, portanto, se enquadra na expressão "Fazenda Pública em Juízo".

Conforme visto anteriormente, salvo no que concerne às ações de concessão, revisão ou restabelecimento de benefício previdenciário por acidente do trabalho, as ações judiciais contra o INSS serão de competência da Justiça Federal.

Nos termos do artigo 45, do CPC, tramitando o processo perante outro juízo, os autos serão remetidos ao juízo federal competente se nele intervier a União, suas empresas públicas, **entidades autárquicas** e fundações, ou conselho de fiscalização de atividade profissional, na qualidade de parte ou de terceiro interveniente, exceto as ações:

I – de recuperação judicial, falência, insolvência civil e acidente de trabalho;

II – sujeitas à justiça eleitoral e à justiça do trabalho.

Na hipótese de competência da Justiça Estadual, o juiz, ao não admitir a cumulação de pedidos em razão da incompetência para apreciar qualquer deles, não examinará o mérito daquele em que exista interesse da União, de suas entidades autárquicas ou de suas empresas públicas.

Por sua vez, o juízo estadual tem competência para produção antecipada de prova requerida em face da União, de **entidade autárquica** ou de empresa pública federal se, na localidade, não houver vara federal, na forma do artigo 381, § 4º, do CPC.

As **despesas dos atos processuais** praticados a requerimento da Fazenda Pública, do Ministério Público ou da Defensoria Pública serão pagas ao final pelo vencido. As perícias requeridas pela Fazenda Pública poderão ser realizadas por entidade pública ou, havendo previsão orçamentária, ter os valores adiantados por aquele que requerer a prova, a teor do artigo 91 do CPC.

Não havendo previsão orçamentária no exercício financeiro para adiantamento dos honorários periciais, eles serão pagos no exercício seguinte ou ao final, pelo vencido, caso o processo se encerre antes do adiantamento a ser feito pelo ente público.

Quando o pagamento da perícia for de responsabilidade de beneficiário de gratuidade da justiça, ela poderá ser paga com recursos alocados no orçamento da União, do Estado ou do Distrito Federal, no caso de ser realizada por particular, hipótese em que o valor será fixado conforme tabela do tribunal respectivo ou, em caso de sua omissão, do Conselho Nacional de Justiça[15].

Com base no artigo 85, § 3º, do CPC, nas causas em que a Fazenda Pública for parte, a **fixação dos honorários** observará os critérios do grau de zelo do profissional, do lugar de prestação do serviço, da natureza e a importância da causa e do trabalho realizado pelo advogado e o tempo exigido para o seu serviço, assim como os seguintes percentuais:

---

15. Artigo 95, §3º, do CPC.

I – mínimo de dez e máximo de vinte por cento sobre o valor da condenação ou do proveito econômico obtido até 200 (duzentos) salários-mínimos;

II – mínimo de oito e máximo de dez por cento sobre o valor da condenação ou do proveito econômico obtido acima de 200 (duzentos) salários-mínimos até 2.000 (dois mil) salários-mínimos;

III – mínimo de cinco e máximo de oito por cento sobre o valor da condenação ou do proveito econômico obtido acima de 2.000 (dois mil) salários-mínimos até 20.000 (vinte mil) salários-mínimos;

IV – mínimo de três e máximo de cinco por cento sobre o valor da condenação ou do proveito econômico obtido acima de 20.000 (vinte mil) salários-mínimos até 100.000 (cem mil) salários-mínimos;

V – mínimo de um e máximo de três por cento sobre o valor da condenação ou do proveito econômico obtido acima de 100.000 (cem mil) salários-mínimos.

Quando, conforme o caso, a condenação contra a Fazenda Pública ou o benefício econômico obtido pelo vencedor ou o valor da causa for superior ao valor previsto no inciso I, a fixação do percentual de honorários deve observar a faixa inicial e, naquilo que a exceder, a faixa subsequente, e assim sucessivamente (sistema de faixas de fixação), devendo ser considerado o salário-mínimo vigente quando prolatada sentença líquida ou o que estiver em vigor na data da decisão de liquidação.

Os limites e critérios previstos acima referidos aplicam-se independentemente de qual seja o conteúdo da decisão, inclusive aos casos de improcedência ou de sentença sem resolução de mérito[16], não sendo devidos honorários no cumprimento de sentença contra a Fazenda Pública que enseje expedição de precatório, desde que não tenha sido impugnada.

Nas causas em que for inestimável ou irrisório o proveito econômico ou, ainda, quando o valor da causa for muito baixo, o juiz fixará o valor dos honorários por apreciação equitativa. As verbas de sucumbência arbitradas em embargos à execução rejeitados ou julgados improcedentes e em fase de cumprimento de sentença serão acrescidas no valor do débito principal, para todos os efeitos legais.

Os honorários constituem direito do advogado e têm natureza alimentar, com os mesmos privilégios dos créditos oriundos da legislação do trabalho, sendo **vedada a compensação** em caso de sucumbência parcial.

O advogado poderá requerer que o pagamento dos honorários que lhe caibam seja efetuado em favor da sociedade de advogados que integra na qualidade de sócio. Os advogados públicos perceberão honorários de sucumbência, tema regulamentado no âmbito federal pela Lei 13.327/2016.

---

16. Nos casos de perda do objeto, os honorários serão devidos por quem deu causa ao processo.

Regras Gerais sobre o Processo Judicial Previdenciário

A União, os Estados, o Distrito Federal, os Municípios e suas respectivas **autarquias** e fundações de direito público gozarão de **prazo em dobro** para todas as suas manifestações processuais, cuja contagem terá início a partir da intimação pessoal por carga, remessa ou meio eletrônico[17].

A citação da União, dos Estados, do Distrito Federal, dos Municípios e de suas respectivas autarquias e fundações de direito público será realizada perante o órgão de Advocacia Pública responsável por sua representação judicial[18], sendo, no caso do INSS, através dos órgãos da Procuradoria-Geral Federal (Procuradorias Regionais Federais, Procuradorias Federais ou Procuradorias Seccionais Federais), órgão vinculado à Advocacia-Geral da União.

Os **efeitos da revelia**, acaso o INSS não conteste o feito, consistentes na presunção de veracidade das alegações de fato formuladas pelo autor, não se aplicam ao INSS, pois o interesse público é indisponível, a teor do artigo 345, inciso II, do CPC, devendo o juiz pronunciar em sentença a revelia, mas afastando os seus efeitos.

O reexame necessário das sentenças proferidas contra o INSS é tema regulado pelo artigo 496, do CPC. Deveras, está sujeita ao duplo grau de jurisdição, não produzindo efeito senão depois de confirmada pelo tribunal, a sentença:

    I – proferida contra a União, os Estados, o Distrito Federal, os Municípios e suas **respectivas autarquias** e fundações de direito público;

    II – que julgar procedentes, no todo ou em parte, os embargos à execução fiscal.

Neste caso, não interposta a apelação no prazo legal, o juiz ordenará a remessa dos autos ao tribunal, e, se não o fizer, o presidente do respectivo tribunal avocá-los-á.

Não se aplica a remessa necessária quando a condenação ou o proveito econômico obtido na causa for de valor certo e líquido inferior a:

    I – **1.000 (mil) salários-mínimos** para a União e as respectivas **autarquias** e fundações de direito público;

    II – 500 (quinhentos) salários-mínimos para os Estados, o Distrito Federal, as respectivas autarquias e fundações de direito público e os Municípios que constituam capitais dos Estados;

    III – 100 (cem) salários-mínimos para todos os demais Municípios e respectivas autarquias e fundações de direito público.

Outrossim, **não se aplicará o reexame necessário** quando a sentença estiver fundada em:

---

17. Artigo 183, do CPC.
18. Artigo 242, §3º, do CPC.

I – súmula de tribunal superior;

II – acórdão proferido pelo Supremo Tribunal Federal ou pelo Superior Tribunal de Justiça em julgamento de recursos repetitivos;

III – entendimento firmado em incidente de resolução de demandas repetitivas ou de assunção de competência;

IV – entendimento coincidente com orientação vinculante firmada no âmbito administrativo do próprio ente público, consolidada em manifestação, parecer ou súmula administrativa.

São **dispensados de preparo de recurso**, inclusive porte de remessa e de retorno, os recursos interpostos pelo Ministério Público, pela União, pelo Distrito Federal, pelos Estados, pelos Municípios, e respectivas **autarquias**, e pelos que gozam de isenção legal, com fulcro no artigo 1.007, § 1º, do CPC.

Nos moldes do artigo 534, do CPC, no **cumprimento de sentença** que impuser à Fazenda Pública o dever de pagar quantia certa, o exequente apresentará demonstrativo discriminado e atualizado do crédito contendo:

I – o nome completo e o número de inscrição no Cadastro de Pessoas Físicas ou no Cadastro Nacional da Pessoa Jurídica do exequente;

II – o índice de correção monetária adotado;

III – os juros aplicados e as respectivas taxas;

IV – o termo inicial e o termo final dos juros e da correção monetária utilizados;

V – a periodicidade da capitalização dos juros, se for o caso;

VI – a especificação dos eventuais descontos obrigatórios realizados.

O artigo 523, § 1º, do Digesto Processual, prevê que não ocorrendo pagamento voluntário no prazo, o débito será acrescido de multa de dez por cento e, também, de honorários de advogado de dez por cento, regra inaplicável ao INSS por expressa exclusão normativa.

A Fazenda Pública será intimada na pessoa de seu representante judicial, por carga, remessa ou meio eletrônico, para, querendo, no **prazo de 30 (trinta) dias** e nos próprios autos, **impugnar a execução**, podendo arguir, nos termos do art. 535 do CPC:

I – falta ou nulidade da citação se, na fase de conhecimento, o processo correu à revelia;

II – ilegitimidade de parte;

III – inexequibilidade do título ou inexigibilidade da obrigação;

IV – excesso de execução ou cumulação indevida de execuções;

V – incompetência absoluta ou relativa do juízo da execução;

VI – qualquer causa modificativa ou extintiva da obrigação, como pagamento, novação, compensação, transação ou prescrição, desde que supervenientes ao trânsito em julgado da sentença.

Considera-se **inexigível** a obrigação reconhecida em título executivo judicial fundado em lei ou ato normativo considerado inconstitucional pelo **Supremo Tribunal Federal**, ou fundado em aplicação ou interpretação da lei ou do ato normativo tido pelo Supremo Tribunal Federal como incompatível com a Constituição Federal, em controle de constitucionalidade concentrado ou difuso.

Quando se alegar que o exequente, em excesso de execução, pleiteia quantia superior à resultante do título, cumprirá ao INSS declarar de imediato o valor que entende correto, sob pena de não conhecimento da arguição. Não impugnada a execução pela autarquia previdenciária ou rejeitadas as arguições da executada (art. 535, § 3º, do CPC):

> I – expedir-se-á, por intermédio do presidente do tribunal competente, precatório em favor do exequente, observando-se o disposto na Constituição Federal;

> II – por ordem do juiz, dirigida à autoridade na pessoa de quem o ente público foi citado para o processo, o pagamento de obrigação de pequeno valor será realizado no prazo de 2 (dois) meses contado da entrega da requisição, mediante depósito na agência de banco oficial mais próxima da residência do exequente.

Tratando-se de impugnação parcial, a parte não questionada pela executada será, desde logo, objeto de cumprimento. No entanto, não poderá haver fracionamento para a fuga do regime de precatório, caso a divisão da execução recaia no rito da requisição de pequeno valor (RPV), que no caso do INSS é o valor de até sessenta salários mínimos.

Vale frisar que, por força da Lei 13.463/2017, foram cancelados os precatórios e as RPV federais expedidos e cujos valores não tenham sido levantados pelo credor e estejam depositados há mais de dois anos em instituição financeira oficial.

Uma vez cancelado o precatório ou a RPV, poderá ser expedido novo ofício requisitório, a requerimento do credor, mas o novo precatório ou a nova RPV conservará a ordem cronológica do requisitório anterior e a remuneração correspondente a todo o período.

Os efeitos da decisão do Supremo Tribunal Federal poderão ser modulados no tempo, de modo a favorecer a segurança jurídica, devendo a decisão do STF ter sido proferida antes do trânsito em julgado da decisão exequenda.

Acaso a decisão do STF mencionada tenha sido proferida após o trânsito em julgado da decisão exequenda, caberá ação rescisória para desconstituir o julgado, e não alegação de inexigibilidade do título exequendo, cujo prazo será contado do trânsito em julgado da decisão proferida pelo Supremo Tribunal Federal.

Nos termos do artigo 910, do CPC, na execução fundada **em título extrajudicial**, a Fazenda Pública será citada para opor **embargos em 30 (trinta) dias**, podendo o INSS alegar qualquer matéria que lhe seria lícito deduzir como defesa no processo de conhecimento.

Não opostos embargos ou transitada em julgado a decisão que os rejeitar, expedir-se-á precatório ou requisição de pequeno valor em favor do exequente, observando-se o disposto no art. 100 da Constituição Federal.

São raras as execuções movidas contra a autarquia previdenciária decorrentes de títulos extrajudiciais, sendo comum a execução de decisões judiciais.

Na **ação rescisória**, o artigo 968, §1º, do CPC dispensou o INSS de depositar a importância de cinco por cento sobre o valor da causa, que se converterá em multa caso a ação seja, por unanimidade de votos, declarada inadmissível ou improcedente.

4. O PRÉVIO REQUERIMENTO ADMINISTRATIVO E AS AÇÕES JUDICIAIS E A REAFIRMAÇÃO JUDICIAL DA DATA DE ENTRADA DO REQUERIMENTO

Será preciso que o segurado ou seu dependente promova o requerimento administrativo de benefício previdenciário perante o INSS antes de ingressar com ação judicial em postulação à prestação previdenciária, sob pena de falta de interesse-necessidade de agir?

Cuida-se de uma indagação que poderá inibir a instauração de milhões de processos judiciais contra a Previdência Social. Se é certo que não se afastará lesão ou ameaça a direito do crivo do Poder Judiciário, também existe a premissa de que é curial que a Previdência Social se manifeste previamente sobre o deferimento ou não de um benefício previdenciário, a fim de configurar uma lide.

É um tema que desafia até o Princípio da Separação dos Poderes, núcleo intangível da Constituição Federal de 1988, apesar de se saber que a separação de funções é relativa, havendo um sistema de freios e contrapesos, vez que o poder só é limitado pelo próprio poder.

Com efeito, compete ao Poder Judiciário controlar a legalidade dos atos comissivos e omissivos da Administração Pública, excluída a margem discricionária, nos atos não vinculados, em que existem conveniência e oportunidade na valoração do melhor caminho e momento da prática do ato administrativo.

Logo, a partir do momento que os beneficiários da previdência social passam a requerer diretamente os benefícios ao Poder Judiciário, de mero controlador de legitimidade dos atos administrativos, os juízes passam a exercer diretamente a função administrativa, o que não se coaduna com o Princípio da Separação dos Poderes.

De efeito, o caráter substitutivo da jurisdição apenas deverá se operar quando houver litígio, ou seja, pretensão dos beneficiários do RGPS resistida pelo INSS, a fim de que os atos da Administração Pública sejam validados ou revistos pelo Poder Judiciário.

De acordo com o artigo 5º, inciso XXXV, da Constituição Federal de 1988, "a lei não excluirá da apreciação do Poder Judiciário lesão ou ameaça a direito". Cuida-se de previsão constitucional das mais importantes, que consagra uma garantia fundamental em que os órgãos do Poder Judiciário funcionarão como guardiões do Estado Democrático e Social de Direito brasileiro.

Com propriedade, no ordenamento jurídico brasileiro, apenas o Poder Judiciário detém a legitimidade para exercer a jurisdição, dizendo o direito e compondo os litígios, mas que deve ser provocada pelo exercício do direito de ação (Princípio da Inércia da Jurisdição).

Entretanto, em regra, quando um beneficiário da previdência social intenta uma ação judicial contra o INSS, sem provocar previamente a autarquia previdenciária, inexiste lesão ou ameaça de lesão ao suposto direito subjetivo do proponente.

Vale frisar que incumbe ao autor da ação demonstrar concretamente a existência do direito violado ou, ao menos, uma ameaça concreta de violação mediante conduta comissiva ou omissiva do réu, sob pena de inexistir uma demanda a ser apreciada pelo Poder Judiciário.

É que quando o INSS não tem a oportunidade de se manifestar administrativamente sobre a concessão de um benefício, tomando conhecimento do desejo de proteção social do beneficiário apenas na seara judicial, a rigor, não há uma pretensão resistida a ser submetida ao crivo do Estado-juiz, pois o Estado-administrador não exerceu a função administrativa que ordinariamente lhe incumbe.

Assim sendo, a exigência do prévio requerimento administrativo de benefício não viola o Princípio do Monopólio da Jurisdição, vez que não se está defendendo o afastamento do Poder Judiciário do exercício da sua atividade política, tendo em vista a não configuração de um litígio.

Outrossim, **aqui não se sustenta a necessidade de o segurado ou do seu dependente de esgotar a instância administrativa, mas apenas instaurá-la e aguardar o posicionamento administrativo em 1º grau**, desde que haja um prazo razoável de duração do processo administrativo previdenciário.

Apenas nos casos em que inexista dilação probatória, no qual o segurado ou dependente é previamente sabedor do indeferimento do pedido pelo INSS, é que o requerimento administrativo deverá ser dispensado para a propositura da ação judicial, a exemplo da desaposentação.

Em termos de políticas públicas, os números falam por si. De acordo com o SUIB – Sistema Único de Informações de Benefícios, a esmagadora maioria dos benefícios previdenciários ativos é paga administrativamente pelo INSS, independentemente de ordem judicial.

Dos benefícios ativos, pouco mais de 90% foram implantados administrativamente, ao passo que menos de 10% foram instituídos por determinação judicial, o que demonstra que uma pequena parcela dos segurados e dependentes precisa recorrer ao Poder Judiciário.

Outrossim, em razão do enorme volume de causas previdenciárias, a não exigência do prévio requerimento administrativo coloca em risco o regular exercício da função jurisdicional, pois é certo que os órgãos judiciais não possuem estrutura para suportar a demanda que o INSS está preparado para receber, especialmente a Justiça Estadual, que normalmente é bem mais lenta que os órgãos da Justiça Federal, como ocorre visivelmente no Estado da Bahia, onde a Justiça local vem sendo apontada reiteradamente pelo Conselho Nacional de Justiça como a mais lenta do país.

Impende salientar que milhões de ações contra o INSS são propostas na Justiça Estadual, nas hipóteses em que na sede do município em que o beneficiário é domiciliado não existe órgão da Justiça Federal, ficando o juiz estadual investido de jurisdição federal, a teor do artigo 109, § 3º, da Constituição Federal.

Já as ações propostas contra o INSS que objetivam a concessão ou revisão de benefícios previdenciários decorrentes de acidente de trabalho necessariamente serão propostas na Justiça Estadual, competente absolutamente em razão da matéria, com arrimo no artigo 109, inciso I, parte final, da Constituição.

Por conseguinte, haverá um elevado acúmulo de processos desnecessários, elevando em demasia o tempo de julgamento, o que acabará atentando contra o direito fundamental à duração razoável do processo, notadamente nos Juizados Federais, que devem ser norteados pelo Princípio da Celeridade.

Por seu turno, na medida em que cresce o número de processos judiciais previdenciários, haverá uma elevação dos custos com o funcionamento da máquina judiciária, esvaziando os postos de atendimento do INSS já dimensionados para prestar o primeiro atendimento aos beneficiários do RGPS.

Vale frisar ainda que nos processos judiciais em que não houver o prévio requerimento administrativo dificilmente haverá uma proposta de conciliação por parte do INSS, pois o Procurador Federal deverá suscitar a carência de interesse de agir por ausência de requerimento administrativo.

Ademais, pelo fato de ter inexistido uma análise administrativa, o advogado público federal não terá como analisar a existência de erro de fato ou de direito para propor o acordo, a fim de corrigir o ato ilegal da autarquia previdenciária, consoante exige o artigo 3º, da Portaria 109/2007, da Advocacia-Geral da União.

Nesse sentido, dispõe o artigo 3º, § 5º, do citado ato regulamentar, que "na ausência de prévio requerimento administrativo objetivando a concessão de benefícios previdenciários ou outros direitos, o advogado ou procurador poderá solicitar ao juízo a suspensão da ação pelo prazo necessário para a administração analisar o pedido, o qual, se deferido, deve ser comunicado ao Poder Judiciário".

Realmente, o Procurador Federal que atua judicialmente em nome do INSS não poderá se tornar um servidor *ad hoc* do INSS, substituindo os servidores especializados das agências da Previdência Social, mesmo porque não integra os quadros da autarquia previdenciária, e sim da União, na condição de membros da Advocacia-Geral da União.

Da mesma forma, dificilmente o Procurador Federal terá segurança para apresentar uma proposta de conciliação sem a prévia manifestação administrativa do INSS, pois é certo que existem mazelas judiciais menos comuns no processo administrativo, a exemplo da instrução de testemunhas para faltar com a verdade de juízo.

De sua vez, no âmbito administrativo o segurado terá a chance de receber *in totum* os valores do seu benefício, sendo comum e muitas vezes necessária a contratação de advogados para a propositura e o acompanhamento das ações judiciais, com contratos de honorários que normalmente preveem o pagamento de 30% das parcelas devidas ao segurado, como é bastante comum na Seção Judiciária da Bahia.

Outra vantagem de o segurado tentar a sorte na esfera administrativa inicialmente, para, depois, se for o caso, ajuizar uma ação judicial, é que serão duas as chances de obter o benefício. Já aquele que simplesmente ignora o INSS terá apenas uma oportunidade de obtê-lo.

É que uma vez transitada em julgado a decisão judicial que indefere um benefício previdenciário, salvo alteração dos pressupostos de concessão (cláusula *rebus sic stantibus*), o INSS não irá deferi-lo na esfera administrativa, com receio de descumprir a autoridade da coisa julgada.

Nesse sentido, de acordo com artigo 36, § 6º, do Regimento Interno do Conselho de Recursos do Seguro Social, se houver decisão judicial transitada em julgado com o mesmo objeto do processo administrativo, conforme orientação da Procuradoria Federal Especializada, a coisa julgada prevalecerá sobre a decisão administrativa.

Não raras vezes o entendimento dos julgadores em ações previdenciárias é mais severo do que o entendimento do INSS, podendo ser prejudicial e arriscado aos beneficiários ajuizar uma ação antes de vindicar a prestação previdenciária na via administrativa.

Cada vez mais a União investe em melhor atendimento da população nas agências da Previdência Social, sendo fato cada vez raro a formação de grandes filas, problema considerado solucionado com o advento do Programa de Combate às Filas.

Como exemplo de significativas melhorias recentes, é possível citar a ampliação e adequação da rede de atendimento, nomeação de novos técnicos, analistas previdenciários e peritos médicos, o atendimento em 30 minutos, o extrato previdenciário, dentre inúmeras outras medidas eficazes adotadas no âmbito da autarquia previdenciária.

Neste tema andou muito bem o FONAJEF. De acordo com o seu enunciado 77, o ajuizamento da ação de concessão de benefício da seguridade social reclama prévio requerimento administrativo.

Corretamente, o FONAJEF concluiu que apenas o ajuizamento da ação revisional de benefício da seguridade social que não envolva matéria de fato dispensa o prévio requerimento administrativo, nos termos do enunciado 78, exigência que também foi flexibilizada para os juizados itinerantes (enunciado 80).

Assim sendo, caberá ao INSS apenas arguir em contestação a ausência de interesse-necessidade de agir, devendo o juiz extinguir o processo sem o julgamento do mérito. Ademais, em caráter excepcional, não deverá o representante judicial de autarquia previdenciária aplicar o Princípio da Eventualidade, não devendo entrar no mérito da causa, vez que resistir à pretensão do autor derrubará a tese da carência de ação.

Para o exercício regular do direito de ação, a fim de obter um provimento de mérito, deverão os jurisdicionados atender as condições da ação, que no Brasil são a legitimidade, o interesse de agir e a possibilidade jurídica do pedido.

Com propriedade, para ter interesse processual, é curial que o autor comprove a utilidade e a necessidade do processo judicial, sob pena de extinção terminativa da demanda (sem julgamento do mérito).

Por óbvio, o beneficiário da previdência social possui incontestável interesse-utilidade de agir, pois vindica a concessão de um benefício previdenciário, que irá dar-lhe o sustento que precisa.

Entrementes, se o autor não perpetrou o prévio requerimento administrativo, por certo será carecedor de ação, haja vista inexistir interesse-necessidade, pois havia real possibilidade de seu pedido ter sido atendido na via administrativa.

Pode-se aqui tomar de empréstimo o mesmo entendimento sobre a ação constitucional de *habeas data*, em que a ausência de recusa do fornecimento de informações pela autoridade impetrada importa em ausência de interesse de agir, conquanto neste caso haja previsão expressa no artigo 8º, da Lei 9.507/97, dispositivo que vem sendo largamente aplicado pelo Supremo Tribunal Federal[19].

Contudo, caso o INSS não se manifeste sobre o pedido administrativo do beneficiário em prazo razoável, o administrado passará a ter interesse-necessidade de agir para propor a demanda judicial.

---

19. A exemplo do julgamento do **HD 87 AgR/DF, de 25.11.2009.**

A Lei 8.213/91 não fixa expressamente um prazo para a tomada da decisão administrativa, mas apenas o lapso temporal de 45 dias para o primeiro pagamento do benefício, a contar da apresentação de toda a documentação necessária à sua concessão (artigo 41-A, § 5º).

Destarte, entende-se ser razoável o prazo de 60 dias para a deliberação da autarquia previdenciária, devendo ser suspenso o prazo toda vez que o curso processual estiver aguardando a tomada de alguma providência pelo segurado ou dependente, a exemplo da juntada de documentos pertinentes.

Ultrapassado esse período sem uma manifestação conclusiva do INSS, a omissão da Administração Pública faz nascer o interesse-necessidade de agir, porquanto o Poder Público deve ter uma atuação célere por se tratar de verba alimentar.

Vale frisar que normalmente o INSS vem decidindo em prazo razoável, conforme comprova o seguinte gráfico que reflete o tempo médio de concessão de benefícios[20]:

TEMPO MÉDIO DE CONCESSÃO DE BENEFÍCIOS – TMC – Em dias

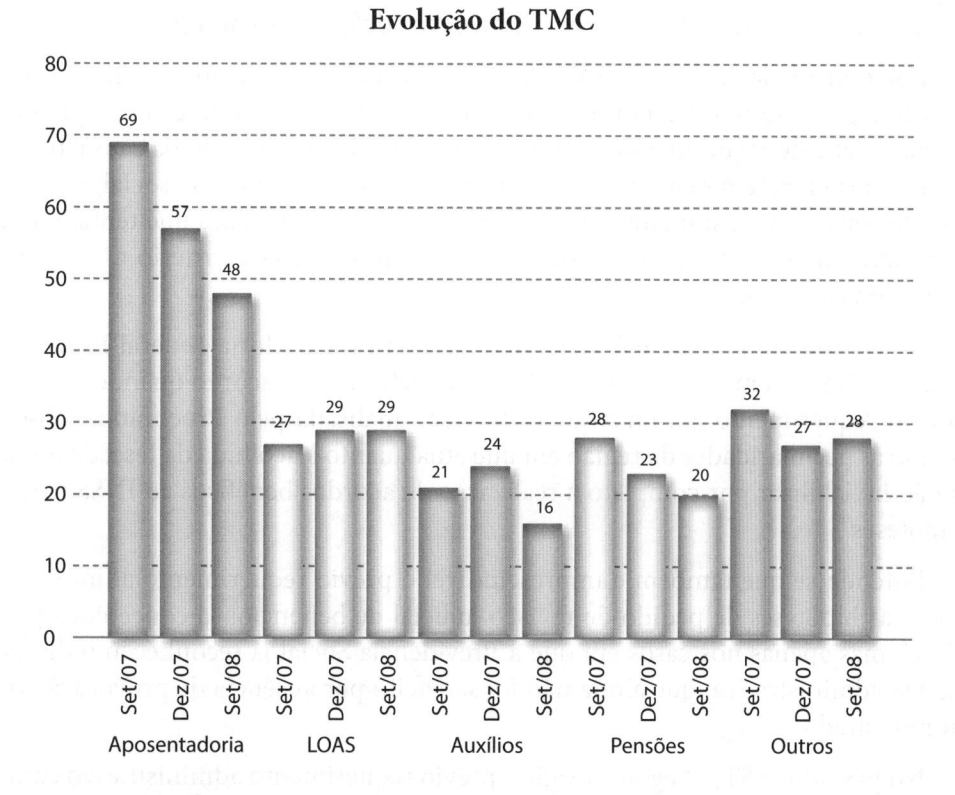

Evolução do TMC

Aposentadoria			LOAS			Auxílios			Pensões			Outros		
Set/07	Dez/07	Set/08	Set/07	Dez/07	Set/08	Set/07	Dez/07	Set/08	Set/07	Dez/07	Set/08	Set/07	Dez/07	Set/08
69	57	48	27	29	29	21	24	16	28	23	20	32	27	28

Meta: até 45 dias

---

20. Este gráfico foi apresentado oficialmente pelo INSS ao Ministro Dias Toffoli, nos memoriais do RE 549.621.

Outrossim, não será necessário o prévio requerimento administrativo nas hipóteses em que sabidamente haverá um indeferimento do INSS, como ocorre com os pedidos de desaposentação.

Deverá o INSS apenas arguir na contestação ausência de interesse-necessidade de agir por carência de requerimento administrativo, pois se entrar no mérito do pedido, resistindo à pretensão posta em juízo, cairá por terra a tese da autarquia previdenciária.

Deve-se, neste caso excepcional, ser ignorado o Princípio da Eventualidade, pois é incompatível abrir uma preliminar de falta de interesse de agir, orientando que o autor dirija-se a um posto de atendimento da Previdência Social, para, em seguida, alegar que o benefício deve ser negado pelo julgador, caso ultrapassada a arguição prévia.

Insta salientar que a participação na instrução processual, a exemplo da inquirição de testemunhas, não prejudica a tese proposta, pois não implica na resistência à pretensão posta em juízo, sendo dever funcional do advogado público federal, que, inclusive, poderá alterar a sua estratégia de defesa, caso necessário.

Por outro lado, caso o Procurador Federal tenha convicção que direito não assiste à parte autora, ficando evidente no caso concreto, é interessante que não alegue a falta de requerimento administrativo e adentre ao mérito da causa, pois o beneficiário não terá nenhum sucesso nas agências da previdência social, a exemplo da concessão de um amparo assistencial a uma pessoa idosa que tenha renda *per capita* familiar superior a ¼ de salário-mínimo, pois esse critério não é flexibilizado pelo INSS.

De acordo com o Manual de Conciliação da Procuradoria Federal Especializada do INSS (item 6.4), "a conveniência da realização de acordo quando inexiste prévio requerimento administrativo deve ser analisada pelo Procurador, observando as peculiaridades da região em que atua quanto à acolhida da tese, de modo a não inviabilizar por completo a realização de acordos benéficos ao INSS nessas hipóteses".

Entende-se que também é imprescindível o prévio requerimento administrativo nas hipóteses de pedido de revisão judicial de benefícios já concedidos pelo INSS, mas apenas nos casos em que a Previdência Social já reconheceu o direito na via administrativa, que ainda não foi satisfeito por ausência de provocação do administrado.

No passado, o STJ chegou a exigir o prévio requerimento administrativo como condição de admissão de ação judicial:

> "PROCESSUAL CIVIL. CARÊNCIA DE AÇÃO POR FALTA DE INTERESSE DE AGIR. PREVIDENCIÁRIO. PENSÃO POR MORTE. FALTA DE PEDIDO ADMINISTRATIVO. DISSIDIO COM A SUM. 89/STJ NÃO OCORRENTE.

1 - SE A INTERESSADA, SEM NENHUM PEDIDO ADMINISTRATIVO, PLEITEIA DIRETAMENTE EM JUÍZO BENEFÍCIO NÃO ACIDENTÁRIO (PENSÃO POR MORTE), INEXISTE DISSIDIO COM A SUM. 89/STJ ANTE A DESSEMELHANÇA ENTRE AS SITUAÇÕES EM COTEJO, SENDO, POIS, **CORRETO O JULGADO RECORRIDO AO FIXAR A AUSÊNCIA DE UMA DAS CONDIÇÕES DA AÇÃO - INTERESSE DE AGIR - PORQUANTO, A MINGUA DE QUALQUER OBSTÁCULO IMPOSTO PELA AUTARQUIA FEDERAL (INSS), NÃO SE APERFEIÇOA A LIDE, DOUTRINARIAMENTE CONCEITUADA COMO UM CONFLITO DE INTERESSES CARACTERIZADOS POR UMA PRETENSÃO RESISTIDA**. 2 - RECURSO ESPECIAL NÃO CONHECIDO" (REsp 147.408, de 11.12.97).

Todavia, o STJ mudou radicalmente de posicionamento através da sua 3ª Seção, pois passou a dispensar o prévio requerimento administrativo como condição da ação, sendo esta a posição prevalente na jurisprudência brasileira na atualidade:

AGRAVO REGIMENTAL NO RECURSO ESPECIAL. PREVIDENCIÁRIO. DESNECESSIDADE DE PRÉVIO REQUERIMENTO ADMINISTRATIVO COMO REQUISITO PARA O AJUIZAMENTO DE AÇÃO EM QUE SE PLEITEIA BENEFÍCIO PREVIDENCIÁRIO. **1. A teor da jurisprudência desta Corte de Justiça, a ausência de prévio requerimento administrativo não constitui óbice para que o segurado pleiteie judicialmente o benefício pretendido**. 2. Agravo regimental a que se nega provimento (REsp 1.129.201, de 02.02.2010).

Neste caso, o benefício terá como data de início o dia da citação, pois é o ato que induz em mora o devedor, na forma da jurisprudência do STJ[21], ou então na data de juntada do laudo pericial, caso se trate de benefício por incapacidade.

Contudo, o tema passou a ser controverso no âmbito do STJ. É que a 2ª Turma, em 15.05.2012, no julgamento do REsp 1.310.042 passou a decidir que é necessário, em regra, o prévio requerimento administrativo como condição para a propositura da ação judicial contra o INSS:

"PREVIDENCIÁRIO. AÇÃO CONCESSÓRIA DE BENEFÍCIO. PROCESSO CIVIL. CONDIÇÕES DA AÇÃO. INTERESSE DE AGIR (ARTS. 3º E 267, VI, DO CPC). PRÉVIO REQUERIMENTO ADMINISTRATIVO. NECESSIDADE, EM REGRA.

1. Trata-se, na origem, de ação, cujo objetivo é a concessão de benefício previdenciário, na qual o segurado postulou sua pretensão diretamente no Poder Judiciário, sem requerer administrativamente o objeto da ação.

2. A presente controvérsia soluciona-se na via infraconstitucional, pois não se trata de análise do princípio da inafastabilidade da jurisdição (art. 5º, XXXV, da CF). Precedentes do STF.

---

21. AGREsp 1.049.242, de 16.10.2008.

3. O interesse de agir ou processual configura-se com a existência do binômio necessidade-utilidade da pretensão submetida ao Juiz. A necessidade da prestação jurisdicional exige a demonstração de resistência por parte do devedor da obrigação, já que o Poder Judiciário é via destinada à resolução de conflitos.

4. Em regra, não se materializa a resistência do INSS à pretensão de concessão de benefício previdenciário não requerido previamente na esfera administrativa.

5. O interesse processual do segurado e a utilidade da prestação jurisdicional concretizam-se nas hipóteses de a) recusa de recebimento do requerimento ou b) negativa de concessão do benefício previdenciário, seja pelo concreto indeferimento do pedido, seja pela notória resistência da autarquia à tese jurídica esposada.

6. A aplicação dos critérios acima deve observar a prescindibilidade do exaurimento da via administrativa para ingresso com ação previdenciária, conforme Súmulas 89/STJ e 213/ex-TFR.

7. Recurso Especial não provido".

No entanto, a 1ª Turma do STJ dispensa o prévio requerimento como condição para a propositura da ação judicial contra o INSS:

"PREVIDENCIÁRIO. PROCESSUAL CIVIL. AGRAVO REGIMENTAL NO AGRAVO EM RECURSO ESPECIAL. REPERCUSSÃO GERAL RECONHECIDA NO RE 631.240/MG. SOBRESTAMENTO INCABÍVEL EM SEDE DE RECURSO ESPECIAL. TRABALHADOR RURAL. DESNECESSIDADE DE PRÉVIO REQUERIMENTO ADMINISTRATIVO. NOTÓRIA RESISTÊNCIA DA AUTARQUIA. AGRAVO NÃO PROVIDO.

1. É cediço que "o reconhecimento de repercussão geral pelo Excelso Pretório, com fulcro no art. 543-B do CPC, não tem o condão de sobrestar o julgamento dos recursos especiais em tramitação nesta Corte" (EDcl no AgRg no REsp 1.137.447/RS, Rel. Min. OG FERNANDES, Sexta Turma, DJe 7/2/13).

2. O entendimento predominante no Superior Tribunal de Justiça é no sentido da dispensa de prévio requerimento administrativo para o ingresso na via judicial que objetive a percepção de benefício previdenciário, afastando-se a alegação de ausência de interesse de agir.

3. Não se olvida que a Segunda Turma possui compreensão de que "o interesse processual do segurado e a utilidade da prestação jurisdicional concretizam-se nas seguintes hipóteses: recusa de recebimento do requerimento; negativa de concessão do benefício previdenciário, seja pelo concreto indeferimento do pedido, seja pela notória resistência da autarquia à tese jurídica esposada" (AgRg no AREsp 283.743/AL, Rel. Min. CASTRO MEIRA, Segunda Turma, DJe 26/4/13).

4. A compreensão adotada pela Segunda Turma em nada altera a conclusão acolhida nestes autos, porquanto é sabido que o INSS indefere benefício a trabalhador rural sem início de prova material, cujo reconhecimento ora se postula" (AgRg no AREsp 304348, de 28/05/2013).

Assim sendo, embora houvesse controvérsia interna, era prevalente no STJ (1ª, 5ª e 6ª Turma) a desnecessidade do prévio requerimento administrativo, vencida a 2ª Turma do STJ, até o julgamento do tema pelo Supremo Tribunal Federal.

No que concerne ao pedido de prorrogação do auxílio-doença, a TNU tem entendido ser desnecessário o prévio requerimento de renovação do benefício como condição para a propositura da ação judicial, em razão de dificuldades operacionais, a exemplo da decisão tomada no processo 2009.72.64.002377-9, de 14.06.2011:

> "AÇÃO DE RESTABELECIMENTO DE AUXÍLIO-DOENÇA. INTERESSE DE AGIR. PEDIDO DE PRORROGAÇÃO NA ESFERA ADMINISTRATIVA. DESNECESSIDADE. As dificuldades operacionais do pedido de prorrogação do benefício de auxílio-doença, com seguidas cessações de prestação previdenciária por incapacidade nada obstante formulados os pedidos de manutenção do benefício, tornam incensurável o entendimento uniformizado pela TNU, no sentido da desnecessidade de prévio requerimento administrativo de prorrogação de auxílio-doença para ação de restabelecimento do benefício. Rel. Juiz José Antonio Savaris".

No entanto, a respeito do tema, colaciona-se Enunciado divergente aprovado no XII FONAJEF:

Grupo 6

Enunciado nº 4 (ATUAL ENUNCIADO 165 FONAJEF)

Ausência de pedido de prorrogação de auxílio-doença configura a falta de interesse processual equivalente à inexistência de requerimento administrativo (Aprovado no XII FONAJEF).

No âmbito da Procuradoria Regional Federal da 1ª Região/Divisão de Benefício, a estratégia de defesa do INSS foi muito bem traçada na Orientação Recursal 05/2010, da lavra dos Procuradores Federais Lucas Louzada e Fabiana Souza, com as seguintes orientações:

> "3. Orientações
>
> Tendo em vista a estratégia acima descrita passamos às orientações específicas:
>
> 1. Caso o procurador oficiante não identifique questões de mérito a serem validamente suscitadas, orienta-se seja suscitada apenas a preliminar; se, por outro lado, for tomada a decisão de tratamento do mérito, que não se alegue a preliminar;
>
> 2. Proceda-se a uma análise da viabilidade da preliminar em vista da plausibilidade do indeferimento administrativo e dos argumentos de defesa tradicionalmente utilizados, nos termos acima expostos;
>
> 3. Proceda-se a uma análise acerca da efetiva existência de manifestação do INSS quanto ao mérito do direito pleiteado, ainda que de forma reflexa, nos termos acima expostos;

4. Não se abstenha de participar da instrução nas causas em que a defesa se restringir à preliminar de falta de interesse de agir, nem mesmo em sendo decretada a revelia;

5. Não se proponha acordo em causas versando benefícios que não foram objeto de prévio requerimento administrativo, afora as hipóteses acima colocadas, e tendo em vista as ponderações ali tratadas;

6. Não se interponha agravo de instrumento contra decisões que afastarem a preliminar de mérito no curso do processo, mas apenas em casos de liminares;

7. Não se insista na preliminar caso a questão concernente à falta de interesse de agir já tenha transitado em julgado, nos termos acima expostos;

6. Proceda-se a uma injunção perante os magistrados no sentido de não determinar a comprovação do indeferimento ou de suspender o processo, extinguindo os feitos por sentença, de preferência após sua instrução.

No mais, indicamos alguns subsídios que fizemos a respeito das questões pontuadas.

Conforme posto acima, caso o procurador oficiante não identifique questões de mérito a serem validamente suscitadas, basta suscitar a preliminar (AUSÊNCIA DE PRÉVIO REQUERIMENTO ADMINISTRATIVO).

Caso se trate de benefício diverso de outro que foi indeferido, cujos motivos não tenham repercussão sobre o que então se pleiteia, aplica-se AUSÊNCIA DE PRÉVIO REQUERIMENTO ADMINISTRATIVO II. No caso específico de pedido de auxílio-doença, quando já indeferido LOAS/DEFICIENTE, particularmente em se tratando de benefício rural, aplica-se AUSÊNCIA DE PRÉVIO REQUERIMENTO ADMINISTRATIVO I.

Se não foram atendidas exigências legítimas para a concessão do benefício, aplica-se AUSÊNCIA DE PRÉVIO REQUERIMENTO ADMINISTRATIVO III. Se a exigência disser respeito a documento que só veio a ser apresentado em juízo, combina-se com RETROAÇÃO.

Caso se alegue a existência de indeferimento informal, aplica-se AUSÊNCIA DE PRÉVIO REQUERIMENTO ADMINISTRATIVO IV.

Em se tratando de benefício por incapacidade, quando a doença daquele que se pleiteia for diversa nem estiver relacionada àquela que foi objeto de indeferimento anterior, por parecer contrário da Perícia Médica, aplica-se AUSÊNCIA DE PRÉVIO REQUERIMENTO V.

Na hipótese de se tentar suprir a falta de interesse de agir por meio de formalização de agendamento, quando este for inferior a quarenta e cinco dias, aplica-se AUSÊNCIA DE PRÉVIO REQUERIMENTO ADMINISTRATIVO VI. Caso se trate de auxílio-doença cessado pelo COPES, em não tendo o segurado ingressado com Pedido de Prorrogação, aplica-se AUSÊNCIA DE PRÉVIO REQUERIMENTO ADMINISTRATIVO IX.

Em sendo decretada a revelia, aplica-se REVELIA. Se, por outro lado, se valer o magistrado ou a *ex adversa* do argumento segundo o qual a capacidade de transacionar implica a livre-disponibilidade, para fins de aplicação dos efeitos, aplica-se REVELIA III.

Contra a concessão de antecipação de tutela em casos de ausência de prévio requerimento administrativo, cabível INTERESSE DE AGIR III".

Vê-se, pois, que a Procuradoria-Geral Federal vem se preocupando em definir a sua estratégia de defesa para melhor atender aos interesses da Previdência Social, mediante a exigência do prévio requerimento administrativo de benefício.

Por fim, vale salientar que a questão foi sacramentada pelo STF, pois o INSS vinha provocando a análise da questão em inúmeros recursos extraordinários.

> Finalmente a questão foi decidida pelo Supremo Tribunal Federal no dia 27 de abril de 2014, quando o Plenário julgou o Recurso Extraordinário 631.240. Adotou-se a mesma linha de raciocínio sustentada nesta obra a fim de exigir, em regra, o prévio requerimento administrativo como condição de procedibilidade da ação judicial, sob pena de carência de interesse de agir e extinção do processo sem o julgamento do mérito.

Veja-se notícia publicada no site do STF:

"Quarta-feira, 27 de agosto de 2014

Ação judicial sobre concessão de benefício deve ser precedida de requerimento ao INSS

O Supremo Tribunal Federal (STF), em sessão plenária nesta quarta-feira (27), deu parcial provimento ao Recurso Extraordinário (RE) 631240, com repercussão geral reconhecida, em que o Instituto Nacional do Seguro Social (INSS) defendia a exigência de prévio requerimento administrativo antes de o segurado recorrer à Justiça para a concessão de benefício previdenciário. Por maioria de votos, o Plenário acompanhou o relator, ministro Luís Roberto Barroso, no entendimento de que a exigência não fere a garantia de livre acesso ao Judiciário, previsto no artigo 5º, inciso XXXV, da Constituição Federal, pois sem pedido administrativo anterior, não fica caracterizada lesão ou ameaça de direito.

Em seu voto, o ministro Barroso considerou não haver interesse de agir do segurado que não tenha inicialmente protocolado seu requerimento junto ao INSS, pois a obtenção de um benefício depende de uma postulação ativa. Segundo ele, nos casos em que o pedido for negado, total ou parcialmente, ou em que não houver resposta no prazo legal de 45 dias, fica caracterizada ameaça a direito.

'Não há como caracterizar lesão ou ameaça de direito sem que tenha havido um prévio requerimento do segurado. O INSS não tem o dever de conceder o benefício de ofício. Para que a parte possa alegar que seu direito foi desrespeitado é preciso que o segurado vá ao INSS e apresente seu pedido', afirmou o ministro.

O relator observou que prévio requerimento administrativo não significa o exaurimento de todas as instâncias administrativas. Negado o benefício, não há impedimento ao segurado para que ingresse no Judiciário antes que eventual recurso seja examinado pela autarquia. Contudo, ressaltou não haver necessidade de formulação de pedido administrativo prévio para que o segurado ingresse judicialmente com pedidos de revisão de benefícios, a não ser nos casos em que seja necessária a apreciação de matéria de fato. Acrescentou ainda que a exigência de requerimento prévio também não se aplica nos casos em que a posição do INSS seja notoriamente contrária ao direito postulado.

No caso concreto, uma trabalhadora ingressou na Justiça pedindo a concessão de aposentadoria rural por invalidez alegando preencher os requisitos legais exigidos para se obter a concessão do benefício. O processo foi extinto, sem exame do mérito, porque o juiz entendeu que havia necessidade de requerimento inicial junto ao INSS. O Tribunal Regional Federal da 1ª Região (TRF-1) reformou a decisão, o que motivou a interposição do recurso extraordinário pelo INSS.

Ficaram vencidos o ministro Marco Aurélio, que abriu a divergência, e a ministra Cármen Lúcia, que entenderam que a exigência de prévio requerimento junto ao INSS para o ajuizamento de ação representa restrição à garantia de acesso universal à Justiça.

Na tribuna, representante da Procuradoria-Geral Federal apresentou sustentação em nome do INSS e argumentou haver ofensa aos artigos 2º e 5º, inciso XXXV, da Constituição Federal, porque no caso teria sido garantido o acesso ao Judiciário, independentemente de ter sido demonstrado o indeferimento da pretensão no âmbito administrativo. Representantes da Defensoria Pública Geral da União e do Instituto Brasileiro de Direito Previdenciário (IBDP), admitidos no processo como *amici curiae*, bem como o advogado da recorrida manifestaram-se pelo desprovimento do recurso e enfatizaram, entre outros pontos, que as dificuldades de acesso ao INSS para uma parcela dos trabalhadores, especialmente os rurais, tornam desnecessário o prévio requerimento administrativo do benefício para o ajuizamento de ação previdenciária.

Propostas

Na sessão desta quinta-feira (28), o Plenário deverá discutir uma proposta de transição para os processos que estão sobrestados, pelo menos 8.600 segundo as informações enviadas pelas instâncias inferiores, em decorrência do reconhecimento da repercussão geral. O ministro Barroso considera importante formular uma proposta que resguarde o momento de ingresso em juízo como o marco de início do benefício, nos casos em que houver o direito, e desobrigue o segurado de propor nova ação se seu direito não for reconhecido pelo INSS.

Segundo a proposta apresentada pelo relator para discussão em Plenário, a parte autora da ação deverá ser intimada para dar entrada em pedido administrativo junto ao INSS em 30 dias e a autarquia, por sua vez, deverá ter 90 dias para se pronunciar.

PR/AD

De efeito, excluiu-se da exigência do prévio requerimento administrativo pedidos em que seja notório o indeferimento pelo INSS (tese jurídica), pois nestes casos é certo que a autarquia previdenciária vai indeferir o pedido.

Outrossim, as ações de revisão de benefício previdenciário também dispensam o prévio requerimento, pois cabe ao INSS promover a revisão de ofício no exercício do dever-poder de autotutela, salvo quando haja a necessidade de alguma apreciação fática que seja ônus do segurado ou do seu dependente, a exemplo de revisão com base em decisão da Justiça do Trabalho.

Por sua vez, na sessão do dia 03 de setembro de 2014, definiu-se uma regra de transição para as ações judiciais já ajuizadas sem o prévio requerimento administrativo até o dia deste julgamento, fruto de acordo entre a Defensoria Pública da União e a Procuradoria Geral Federal:

"Quarta-feira, 03 de setembro de 2014

Plenário define regras de transição no julgamento de recurso sobre benefícios do INSS

Foram definidas pelo Supremo Tribunal Federal (STF) as regras de transição a serem aplicadas aos processos judiciais sobrestados que envolvem pedidos de concessão de benefício ao Instituto Nacional do Seguro Social (INSS) nos quais não houve requerimento administrativo prévio. A definição foi tomada na conclusão do julgamento do Recurso Extraordinário (RE) 631240, com repercussão geral reconhecida, ao qual foi dado parcial provimento ao pedido do INSS na semana passada.

Na sessão desta quarta-feira (3), foi acolhida a proposta apresentada pelo relator do recurso, ministro Luís Roberto Barroso, relativa ao destino das ações judiciais atualmente em trâmite, sem a precedência de processo administrativo junto à autarquia federal. O ministro ressaltou que os critérios são resultado de proposta de consenso apresentada em conjunto pela Defensoria Pública da União e pela Procuradoria Geral Federal.

Regras de transição

A proposta aprovada divide-se em três partes. Em primeiro lugar, ficou definido que, para aquelas ações ajuizadas em juizados itinerantes, a ausência do pedido administrativo não implicará a extinção do feito. Isso se dá porque os juizados se direcionam, basicamente, para onde não há agência do INSS.

Em segundo lugar, nos casos em que o INSS já apresentou contestação de mérito no curso do processo judicial fica mantido seu trâmite. Isso porque a contestação caracteriza o interesse em agir do INSS, uma vez que há resistência ao pedido.

Em terceiro lugar, ficou definido que as demais ações judiciais deverão ficar sobrestadas. Nesses casos, o requerente do benefício deve ser intimado pelo juízo para dar entrada no pedido junto ao INSS, no prazo de 30 dias, sob pena de extinção do processo. Uma vez comprovada a postulação administrativa, a autarquia também será intimada a se manifestar, no prazo de 90 dias.

Uma vez acolhido administrativamente o pedido, ou nos casos em que ele não puder ser analisado por motivo atribuível ao próprio requerente, a ação é extinta. Do contrário, fica caracterizado o interesse em agir, devendo ter seguimento o pedido judicial da parte. A data do início da aquisição do benefício, salientou o ministro Roberto Barroso, é computada do início do processo judicial".

Deveras, dispensou-se o prévio requerimento nas ações intentadas em Juizados Itinerantes, justamente porque buscam segurados e dependentes em localidades mais distantes e que não possuem agência do INSS.

Ademais, nas hipóteses em que o INSS apresentou contestação resistindo à pretensão posta em juízo, negando o direito do autor, dispensou-se o prévio requerimento administrativo, devendo as ações judiciais tramitar normalmente.

Nos demais casos, à exceção de teses notoriamente negadas pelo INSS e ações revisionais, o processo judicial será suspenso, sendo intimado o segurado (ou dependente) para requerer na via administrativa no prazo de 30 dias, sob pena de extinção do processo judicial sem julgamento do mérito.

Uma vez formulado o pedido administrativo em 30 dias, o INSS terá 90 dias para julgá-lo, devendo este prazo ser suspenso se o segurado for notificado para juntar documentação (carta de exigências). Se negado o pleito pela autarquia previdenciária, a ação judicial voltará a correr. Caso concedido o benefício, a ação judicial será extinta sem a análise do mérito.

Na hipótese de o INSS, administrativamente, conceder parcialmente a prestação previdenciária, a ação judicial voltará a correr apenas no que concerne ao pedido controverso, devendo ser extinta sem o julgamento do mérito da parte incontroversa.

Vale frisar que será considerada como data de início do benefício à data do processo judicial, existindo controvérsia não apreciada pelo STF se será a data do ajuizamento da ação ou a data da citação.

Eis o Acórdão do STF publicado:

"RE N. 631.240-MG

RELATOR: MIN. ROBERTO BARROSO

Ementa: RECURSO EXTRAORDINÁRIO. REPERCUSSÃO GERAL. PRÉVIO REQUERIMENTO ADMINISTRATIVO E INTERESSE EM AGIR.

1. A instituição de condições para o regular exercício do direito de ação é compatível com o art. 5º, XXXV, da Constituição. Para se caracterizar a presença de interesse em agir, é preciso haver necessidade de ir a juízo.

2. A concessão de benefícios previdenciários depende de requerimento do interessado, não se caracterizando ameaça ou lesão a direito antes de sua apreciação e indeferimento pelo INSS, ou se excedido o prazo legal para sua análise. É bem de ver, no entanto, que a exigência de prévio requerimento não se confunde com o exaurimento das vias administrativas.

3. A exigência de prévio requerimento administrativo não deve prevalecer quando o entendimento da Administração for notória e reiteradamente contrário à postulação do segurado.

4. Na hipótese de pretensão de revisão, restabelecimento ou manutenção de benefício anteriormente concedido, considerando que o INSS tem o dever legal de conceder a prestação mais vantajosa possível, o pedido poderá ser formulado diretamente em juízo – salvo se depender da análise de matéria de fato ainda não levada ao conhecimento da Administração –, uma vez que, nesses casos, a conduta do INSS já configura o não acolhimento ao menos tácito da pretensão.

5. Tendo em vista a prolongada oscilação jurisprudencial na matéria, inclusive no Supremo Tribunal Federal, deve-se estabelecer uma fórmula de transição para lidar com as ações em curso, nos termos a seguir expostos.

6. Quanto às ações ajuizadas até a conclusão do presente julgamento (03.09.2014), sem que tenha havido prévio requerimento administrativo nas hipóteses em que exigível, será observado o seguinte: (i) caso a ação tenha sido ajuizada no âmbito de Juizado Itinerante, a ausência de anterior pedido administrativo não deverá implicar a extinção do feito; (ii) caso o INSS já tenha apresentado contestação de mérito, está caracterizado o interesse em agir pela resistência à pretensão; (iii) as demais ações que não se enquadrem nos itens (i) e (ii) ficarão sobrestadas, observando-se a sistemática a seguir.

7. Nas ações sobrestadas, o autor será intimado a dar entrada no pedido administrativo em 30 dias, sob pena de extinção do processo. Comprovada a postulação administrativa, o INSS será intimado a se manifestar acerca do pedido em até 90 dias, prazo dentro do qual a Autarquia deverá colher todas as provas eventualmente necessárias e proferir decisão. Se o pedido for acolhido administrativamente ou não puder ter o seu mérito analisado devido a razões imputáveis ao próprio requerente, extingue-se a ação. Do contrário, estará caracterizado o interesse em agir e o feito deverá prosseguir.

8. Em todos os casos acima – itens (i), (ii) e (iii) –, tanto a análise administrativa quanto a judicial deverão levar em conta a data do início da ação como data de entrada do requerimento, para todos os efeitos legais.

9. Recurso extraordinário a que se dá parcial provimento, reformando-se o acórdão recorrido para determinar a baixa dos autos ao juiz de primeiro grau, o qual deverá intimar a autora – que alega ser trabalhadora rural informal – a dar entrada no pedido administrativo em 30 dias, sob pena de extinção. Comprovada a postulação administrativa, o INSS será intimado para que, em 90 dias, colha as provas necessárias e profira decisão administrativa, considerando como data de entrada do requerimento a data do início da ação, para todos os

efeitos legais. O resultado será comunicado ao juiz, que apreciará a subsistência ou não do interesse em agir".

Com a pacificação do tema pelo STF, o STJ unificou o seu entendimento para se alinhar à Suprema Corte:

"PREVIDENCIÁRIO. AGRAVO REGIMENTAL EM AGRAVO EM RECURSO ESPECIAL. DESNECESSIDADE DE PRÉVIO REQUERIMENTO ADMINISTRATIVO COMO REQUISITO PARA O AJUIZAMENTO DE AÇÃO EM QUE SE PLEITEIA REVISÃO, MANUTENÇÃO E/OU RESTABELECIMENTO DE BENEFÍCIO PREVIDENCIÁRIO. ORIENTAÇÃO EM CONSONÂNCIA COM O ENTENDIMENTO DO STF (RE 631.240/MG). AGRAVO REGIMENTAL DO INSS DESPROVIDO.

1. A análise de matéria de cunho constitucional é, por força do art. 102, III da Carta Maior, exclusiva da Suprema Corte, sendo, portanto, vedado a este Superior Tribunal de Justiça conhecer da suposta infringência, ainda que para fins de prequestionamento.

2. Esta Corte Superior já manifestou em diversos julgados o entendimento de que a ausência de prévio requerimento administrativo não constitui óbice para que o segurado pleiteie judicialmente a manutenção, revisão ou restabelecimento de seu benefício previdenciário.

4. Orientação confirmada pelo Supremo Tribunal Federal, ao analisar o RE 631.240/MG, da relatoria do douto Ministro ROBERTO BARROSO (DJe de 10.11.2014), reconheceu a repercussão geral da questão constitucional nele suscitada e, no mérito, fixou o entendimento de que o acesso à justiça depende de prévio requerimento administrativo, tão somente, nas ações de concessão de benefício previdenciário, ressalvadas as hipóteses de pretensão de revisão, restabelecimento ou manutenção de benefício anteriormente concedido, considerando que o INSS tem o dever legal de conceder a prestação mais vantajosa possível, o pedido poderá ser formulado diretamente em juízo.

5. Destaque-se que nas hipóteses de pretensão de revisão, restabelecimento ou manutenção de benefício anteriormente concedido, o pedido poderá ser formulado diretamente em juízo, salvo se depender da análise de matéria de fato ainda não levada ao conhecimento da Administração.

6. No caso dos autos, como depreende-se da leitura da peça inaugural, o segurado propôs ação ordinária requerendo o restabelecimento de benefício assistencial, o que torna desnecessária a prévia postulação administrativa, uma vez que, nesses casos, a conduta do INSS já configura o não acolhimento ao menos tácito da pretensão, uma vez que determinou a suspensão do pagamento de benefício já concedido.

7. Agravo Regimental do INSS desprovido" **(1ª Turma, AgRg no AREsp 299351, de 18/11/2014).**

"PREVIDENCIÁRIO. AÇÃO DE CONCESSÃO DE BENEFÍCIO. PROCESSUAL CIVIL. CONDIÇÕES DA AÇÃO. INTERESSE DE AGIR (ARTS. 3º E 267, VI,

DO CPC). PRÉVIO REQUERIMENTO ADMINISTRATIVO. APLICAÇÃO DO ENTENDIMENTO EXARADO PELO PLENO DO STF NO RE 631.240/MG.

1. Hipótese em que, na origem, o segurado postulou ação com escopo de obter benefício previdenciário sem ter requerido administrativamente o objeto de sua pretensão.

2. O Plenário do Supremo Tribunal Federal julgou, em 3.9.2014, o Recurso Extraordinário 631.240/MG – relativo à mesma controvérsia verificada no presente caso –, sob o regime da Repercussão Geral (Relator Ministro Roberto Barroso).

3. A ementa do citado acórdão, publicado em 10.11.2014, assim dispõe quanto ao prévio requerimento administrativo como condição da ação de concessão de benefício previdenciário: "1. A instituição de condições para o regular exercício do direito de ação é compatível com o art. 5º, XXXV, da Constituição. Para se caracterizar a presença de interesse em agir, é preciso haver necessidade de ir a juízo. 2. A concessão de benefícios previdenciários depende de requerimento do interessado, não se caracterizando ameaça ou lesão a direito antes de sua apreciação e indeferimento pelo INSS, ou se excedido o prazo legal para sua análise. É bem de ver, no entanto, que a exigência de prévio requerimento não se confunde com o exaurimento das vias administrativas. 3. A exigência de prévio requerimento administrativo não deve prevalecer quando o entendimento da Administração for notória e reiteradamente contrário à postulação do segurado. 4. Na hipótese de pretensão de revisão, restabelecimento ou manutenção de benefício anteriormente concedido, considerando que o INSS tem o dever legal de conceder a prestação mais vantajosa possível, o pedido poderá ser formulado diretamente em juízo – salvo se depender da análise de matéria de fato ainda não levada ao conhecimento da Administração –, uma vez que, nesses casos, a conduta do INSS já configura o não acolhimento ao menos tácito da pretensão." (documento disponível em http://www.stf.jus.br/portal/antenticacao/sob o número 6696286)

4. Em seguida, a Corte Suprema entendeu por modular os efeitos da decisão com relação aos processos ajuizados até a data do julgamento (3.9.2014). Cito trecho da ementa relacionado ao tema: "5. Tendo em vista a prolongada oscilação jurisprudencial na matéria, inclusive no Supremo Tribunal Federal, deve-se estabelecer uma fórmula de transição para lidar com as ações em curso, nos termos a seguir expostos. 6. Quanto às ações ajuizadas até a conclusão do presente julgamento (03.09.2014), sem que tenha havido prévio requerimento administrativo nas hipóteses em que exigível, será observado o seguinte: (i) caso a ação tenha sido ajuizada no âmbito de Juizado Itinerante, a ausência de anterior pedido administrativo não deverá implicar a extinção do feito; (ii) caso o INSS já tenha apresentado contestação de mérito, está caracterizado o interesse em agir pela resistência à pretensão; (iii) as demais ações que não se enquadrem nos itens (i) e (ii) ficarão sobrestadas, observando-se a sistemática a seguir. 7. Nas ações sobrestadas, o autor será intimado a dar entrada no pedido administrativo em 30 dias, sob pena de extinção do processo. Comprovada a postulação administrativa, o INSS será intimado a se manifestar acerca do pedido em até 90 dias, prazo dentro do qual a Autarquia deverá colher todas as provas eventualmente necessárias e proferir decisão. Se o pedido for acolhido administrativamente ou não puder ter o seu mérito analisado devido a razões imputáveis ao próprio requerente, extingue-se a ação. Do contrário, estará caracterizado o interesse em agir e o feito deverá prosseguir. 8. Em todos os casos acima – itens (i), (ii) e (iii) –, tanto a análise administrativa quanto a judicial deverão levar em conta a data do início da ação como data de entrada do requerimento, para todos os efeitos legais. 9. Recurso extraordinário a que se dá parcial provimento, reformando-se o acórdão recorrido para determinar a baixa dos autos ao juiz de primeiro grau, o qual deverá intimar a autora – que alega ser trabalhadora rural informal – a dar entrada no pedido administrativo em 30 dias, sob pena de extinção. Comprovada a postulação administrativa, o INSS será intimado para que, em 90 dias, colha as provas necessárias e profira decisão administrativa, considerando como data de entrada do requerimento a data do início da ação, para todos os efeitos legais. O resultado será comunicado ao juiz, que apreciará a subsistência ou não do interesse em agir." (documento disponível em http://www.stf.jus.br/portal/antenticacao/sob o número 6696286)

5. O interesse de agir ou processual configura-se com a existência do binômio necessidade-utilidade da pretensão submetida ao Juiz. A prestação jurisdicional exige demonstração de resistência por parte do devedor da obrigação, já que o Poder Judiciário é via destinada à resolução de conflitos.

6. A adoção da tese irrestrita de prescindibilidade do prévio requerimento administrativo impõe grave ônus ao Poder Judiciário, que passa a figurar como órgão administrativo previdenciário, ao INSS, que arcará com os custos inerentes da sucumbência processual, e aos próprios segurados, que terão parte de seus ganhos reduzidos pela remuneração contratual de advogado.

7. Imprescindível solução jurídica que prestigie a técnica e, ao mesmo tempo, resguarde o direito de ação dos segurados da Previdência Social em hipóteses em que a lesão se configura independentemente de requerimento administrativo.

8. Em regra, portanto, não se materializa a resistência do INSS à pretensão de concessão de benefício previdenciário não requerido previamente na esfera administrativa.

9. O interesse processual do segurado e a utilidade da prestação jurisdicional concretizam-se, por sua vez, nas hipóteses de a) recusa de recebimento do requerimento ou b) negativa de concessão do benefício previdenciário pelo concreto indeferimento do pedido, pela notória resistência da autarquia à tese jurídica esposada ou pela extravasão da razoável duração do processo administrativo, em consonância com a retrorreferida decisão da Corte Suprema.

10. A aplicação dos critérios acima deve observar a prescindibilidade do exaurimento da via administrativa para ingresso com ação previdenciária, conforme as Súmulas 89/STJ e 213/ex-TFR.

11. No caso dos autos, a ora recorrida deixou de requerer administrativamente a concessão do benefício previdenciário e não há demonstração de resistência, conforme os parâmetros acima.

12. O entendimento aqui exarado está em consonância com a decisão proferida pelo STF em Repercussão Geral, devendo ser observadas, no caso, as regras de modulação de efeitos instituídos naquela decisão, pois a presente ação foi ajuizada antes da data do julgamento na Corte Suprema (3.9.2014).

13. Recurso Especial do INSS parcialmente provido para determinar o retorno dos autos ao juiz de primeiro grau para que aplique as regras de modulação estipuladas pelo Supremo Tribunal Federal no julgamento do RE 631.240/MG" (2ª Turma, REsp 1488940, de 18/11/2014).

Por todo o exposto, pacificou-se o tema no sentido de exigir, em regra, o prévio requerimento administrativo como condição para a propositura da ação judicial contra o INSS, sob pena de extinção do processo sem o julgamento do mérito por carência de interesse-necessidade de agir.

De outro giro, **dispensou-se o prévio requerimento administrativo nas seguintes hipóteses**:

A) Tese jurídica notoriamente rejeitada pelo INSS;

B) Negativa comprovada de protocolo do pedido administrativo;

C) Nas ações de revisão de benefício previdenciário, salvo se depender de dilação probatória a cargo do segurado ou de seu dependente;

D) Apresentação de contestação de mérito pelo INSS resistindo à pretensão deduzida em Juízo (na regra de transição);

E) Extrapolação do prazo para tomada da decisão administrativa na Agência do INSS (45 dias para a Lei 8.213/91 e 90 dias na decisão do STF);

F) Ações judiciais propostas nos Juizados Itinerantes (na regra de transição).

A respeito do tema, colaciona-se Enunciado aprovado no XII FONAJEF:

> **Grupo 6**
>
> **Enunciado nº 3 (ATUAL ENUNCIADO 166 FONAJEF)**
>
> A conclusão do processo administrativo por não comparecimento injustificado à perícia ou à entrevista rural equivale à falta de requerimento administrativo (Aprovado no XII FONAJEF).

Isso porque o segurado que requer na via administrativa e não comparece à entrevista (benefício do trabalhador rural) ou à perícia médica (benefício por incapacidade) sem se justificar desistiu tacitamente do pedido.

No entanto, a TNU manteve o seu entendimento de que é desnecessário o pedido de prorrogação como condição para a propositura de ação contra o INSS, mesmo após a decisão tomada pelo STF no julgamento do Recurso Extraordinário 631.240, posição que aumenta a litigiosidade judicial previdenciária:

Sexta-feira, dia 11 de Setembro de 2015

Prévio requerimento administrativo de prorrogação de benefício é desnecessário para ajuizamento de ação judicial quando se tratar de alta programada

O Colegiado da Turma Nacional de Uniformização dos Juizados Especiais Federais, reunido no dia 19 de agosto, em Brasília, confirmou o entendimento de que, para o ajuizamento de ação de restabelecimento de auxílio-doença, cessado em razão de alta programada, não é necessário que o segurado formule pedido de prorrogação na esfera administrativa.

De acordo com os autos, a requerente da ação, portadora de câncer de mama, após passar por perícia do Instituto Nacional de Seguridade Social (INSS), teve o seu pedido de auxílio-doença concedido até 20 de outubro de 212. Porém, após essa data, a autarquia cancelou o benefício com o fundamento de que ela não havia pedido a prorrogação do auxílio junto à autarquia.

Diante da negativa do INSS, a autora entrou na Justiça para tentar reaver o benefício cancelado. Contudo, ela também teve o pedido negado em primeiro e segundo graus pela Turma Recursal do Paraná. Inconformada com as decisões, a autora entrou com pedido de uniformização de jurisprudência junto à TNU contra o acórdão da Turma paranaense que, ao manter a sentença de primeiro grau, julgou extinto o processo sem resolução de mérito por falta de interesse processual da requerente.

À TNU, a interessada sustentou que a decisão diverge da jurisprudência do Superior Tribunal de Justiça (STJ) e da própria Turma Nacional, segundo a qual é inexigível a prévia prorrogação do requerimento administrativo para postulação judicial de benefício previdenciário.

Segundo o relator do processo, juiz federal Douglas Gonzales, é cabível o pedido de uniformização nacional, pois foi comprovada divergência. Quanto ao mérito, o magistrado explicou que o Supremo Tribunal Federal (STF) julgou em sede de repercussão geral o RE nº 631.240/MG, no qual se discutia a constitucionalidade da exigência de prévio requerimento administrativo como condição para propor ações judiciais previdenciárias.

"No caso dos autos, na esteira do entendimento consolidado do STF, tratando-se de pedido de restabelecimento de benefício de auxílio-doença cessado em razão de alta programada, é desnecessário o prévio ingresso do pedido na esfera administrativa, haja vista que a alta programada já é, por si só, uma resposta da Administração no sentido de que em determinada data o fato gerador do benefício, qual seja, a incapacidade, não mais existirá", afirmou o juiz federal Douglas Gonzales.

Dessa forma, o colegiado da TNU determinou o retorno dos autos à Turma Recursal de origem para adequação do julgado.

Processo nº 5006414-91.2012.4.04.7005

Fonte: CJF

A TNU vem estendo a reafirmação da DER às ações judiciais, aduzindo que "deve ser reconhecido o direito do segurado mesmo que os pressupostos para a concessão do benefício sejam cumpridos após o indeferimento do processo administrativo e ainda que em momento posterior o ajuizamento da ação" (reafirmação da DER) (processo 0001590-32.2010.4.03.6308, de 16/3/2016).

O STJ também tem admitido a tese da reafirmação judicial da DER:

"PREVIDENCIÁRIO. APOSENTADORIA ESPECIAL. FATO SUPERVENIENTE. ART. 462 DO CPC/1973. REAFIRMAÇÃO DA DER. POSSIBILIDADE. 1. Hipótese em que o Tribunal de origem consignou que "para a reafirmação da DER, somente é possível o cômputo de tempo de contribuição, especial ou comum, até a data do ajuizamento da ação." 2. O STJ firmou orientação de que "o fato superveniente contido no artigo 462 do CPC deve ser considerado no momento do julgamento a fim de evitar decisões contraditórias e prestigiar os princípios da economia processual e da segurança jurídica" (EDcl no AgRg nos EDcl no REsp 621.179/SP, Terceira Turma, Relator Ministro Ricardo Villas Bôas Cueva, DJe 5/2/2015). 3. Especificamente no que se refere ao cômputo de tempo de contribuição no curso da demanda, a Primeira Turma do STJ, ao apreciar situação semelhante à hipótese dos autos, concluiu ser possível a consideração de contribuições posteriores ao requerimento administrativo e ao ajuizamento da ação, reafirmando a DER para a data de implemento das contribuições necessárias à concessão do benefício. No mesmo sentido: REsp 1.640.903/PR, de relatoria do Ministro Mauro Campbell Marques, DJe 15.2.2017. 4. Recurso Especial provido para determinar o retorno dos autos à origem para que sejam contabilizadas as contribuições realizadas até o momento da entrega da prestação jurisdicional". **(REsp 1640310/RS, Rel. Ministro HERMAN BENJAMIN, SEGUNDA TURMA, julgado em 07/03/2017, DJe 27/04/2017).**

Entende-se que este entendimento é equivocado, pois viola a exigência do prévio requerimento administrativo como condição para a propositura da ação judicial (tese firmada pelo STF), considerando que se os pressupostos para a concessão do benefício se realizarem após o indeferimento administrativo, isso significa que a negativa do INSS foi correta e que o segurado deve entrar como novo requerimento administrativo após implementar os requisitos.

Ademais, o INSS será condenado judicialmente (com ônus de sucumbência) a conceder um benefício, embora tenha sido acertado o indeferimento na DER administrativa, o que acaba sendo deveras esdrúxulo.

Outrossim, a tese amplia o número de demandas judiciais, pois muitos destes casos culminariam com o reconhecimento administrativo do pedido, acaso ofertado novo requerimento administrativo após o preenchimento dos requisitos.

Por outro lado, **a reafirmação judicial da DER deve ser admitida** quando o juiz reforma a decisão do INSS parcialmente, sendo razoável neste caso computar tempo de contribuição ou período de carência após a DER **quando há erro da autarquia.**

Suponha-se que um segurado requereu em 1/2/2014 uma aposentadoria por tempo de contribuição no INSS e a autarquia apurou somente 31 anos de tempo de contribuição, indeferidno o benefício.

Após ingressar judicialmente em 2017, o magistrado reconheceu 33 anos de tempo de contribuição até 1/2/2014 (DER), 2 anos a mais que o INSS, mas ainda insuficiente para a concessão do benefício desde o requerimento administrativo.

Assim, considerando que o segurado continuou vertendo contribuições previdenciárias após o pedido administrativo, na data da citação da ação judicial já possuía mais de 35 anos de contribuição, embora na DER administrativa possuísse apenas 33 anos no cômputo judicial (31 anos na contagem do INSS).

Nesta situação, pode o juiz reafirmar judicialmente a DER, somando aos 33 anos de tempo de contribuição apurados na DER administrativa o período contributivo situado após essa data até a data da citação judicial.

Ao revés, considere que neste caso posto tanto o juiz quanto o INSS tenham apurado 31 anos de tempo de contribuição da DER administrativa, inexistindo erro da autarquia. Nesta hipótese, o juiz não deve reafirmar judicialmente a DER, cabendo ao segurado ofertar novo requerimento administrativo após implementar os 35 anos de contribuição.

Desta forma, o posicionamento firmado nesta obra deve ser **bipartido em duas correntes de pensamento**:

a) **Inadmissão da tese da reafirmação judicial da DER**, com extinção do processo judicial sem julgamento do mérito por falta de novo requerimento administrativo, quando o tempo de contribuição ou período de carência apurado judicialmente até a data do requerimento administrativo for o mesmo contado pelo INSS, pois inexiste erro da autarquia apto a gerar condenação nesta hipótese;

b) **Admissão da tese da reafirmação judicial da DER**, quando o cômputo judicial do tempo de contribuição ou período de carência apurado pelo INSS até o pedido administrativo for inferior ao cálculo judicial, posto que neste caso existe um erro administrativo passível de correção pelo Poder Judiciário.

Na hipótese da letra b, ainda é necessário enfrentar outro ponto controvertido: deve ser utilizado tempo de contribuição após o pedido administrativo até qual termo final?

OPÇÕES:
1. Data do ajuizamento ação;
2. Data da citação;
3. Data do implemento das condições (dia da formação do direito);
4. Data da sentença.

Não existe nenhuma uniformidade na jurisprudência a respeito, existindo decisões judiciais que reafirmaram a DER para a data do ajuizamento da ação judicial, citação, data da formação do direito ou mesmo para o dia da prolação da sentença.

Certo é que o tema (ao menos em parte) será julgado pelo STJ no rito dos recursos repetitivos:

RECURSOS REPETITIVOS – AFETAÇÃO	
PROCESSO	ProAfR no REsp 1.727.063-SP, Rel. Min. Mauro Campbell Marques, Primeira Seção, por unanimidade, julgado em 14/08/2018, DJe 22/08/2018 (Tema 995)
RAMO DO DIREITO	DIREITO PREVIDENCIÁRIO
TEMA	A Primeira Seção acolheu a proposta de afetação do recurso especial ao rito dos recursos repetitivos, conjuntamente com o os REsp 1727063/SP, REsp 1727064/SP e REsp 1727069/SP de sorte a definir o alcance da tese firmada no tema repetitivo n. 995/STJ, em que se trata sobre a **possibilidade de se considerar o tempo de contribuição posterior ao ajuizamento da ação, reafirmando-se a data de entrada do requerimento-DER- para o momento de implementação dos requisitos necessários à concessão de benefício previdenciário: (i) aplicação do artigo 493 do CPC/2015 (artigo 462 do CPC/1973); (ii) delimitação do momento processual oportuno para se requerer a reafirmação da DER, bem assim para apresentar provas ou requerer a sua produção.**

Alguns magistrados entendem que se o beneficiário da Previdência Social ofertar mais de um requerimento administrativo, **o requerimento seguinte importa em desistência tácita do pedido anterior**.

Essa tese faz com que os atrasados entre o primeiro e o segundo requerimento administrativo não seja alvo de condenação judicial.

Nesse sentido, vejam-se decisões da Turma Recursal do Maranhão e de São Paulo:

"PREVIDENCIÁRIO. APOSENTADORIA POR IDADE. TRABALHADOR RURAL. AUSÊNCIA DE INTERESSE PROCESSUAL. CONCESSÃO DO BENEFÍCIO EM SEDE ADMINISTRATIVA. NOVO REQUERIMENTO ADMINISTRATIVO DO BENEFÍCIO. CONCORDÂNCIA OU DESISTÊNCIA TÁCITA COM O INDEFERIMENTO DO PRIMEIRO REQUERIMENTO. PARCELAS RETROATIVAS INDEVIDAS. I – Concessão do benefício em sede administrativa. Ausência de interesse processual quanto ao pedido de aposentadoria por idade, o que impõe a extinção do processo sem exame do mérito. II – Indevidas as parcelas do benefício previdenciário retroativas ao primeiro requerimento administrativo, pois, a concessão da aposentadoria por idade decorreu de um novo requerimento administrativo. III – **Demonstração de concordância com a decisão de indeferimento do benefício, ou mesmo, desistência tácita do primeiro requerimento, quando se formula novo requerimento**, desde que, exaurida a via administrativa, a obtenção do benefício tão-somente mostra-se possível em sede judicial. IV - Inexistência de provas de que a aposentadoria foi indeferida indevidamente. Aplicação do CPC 333 I. V - Honorários advocatícios indevidos, eis que se trata de Recorrente vencedor (Lei 9.099/95, art. 55, caput). VI - Recurso a que se dá provimento". **(Processo 102207420054013, JOSÉ CARLOS DO VALE MADEIRA - 1ª Turma Recursal - MA)**.

"1 00074624320104036303 - **1ª TURMA RECURSAL DE SÃO PAULO. DATA PUBLICAÇÃO: 04/06/2012** - e-DJF3 Judicial DATA: 01/06/2012 - SEM ACÓRDÃO. INTEIRO TEOR: PODER JUDICIÁRIO JUIZADO ESPECIAL FEDERAL DA 3ª REGIÃO 1ª Subseção Judiciária do Estado de São Paulo Av. Paulista, 1345 - Bela Vista - CEP 01311-200 São Paulo/SP Fone: (11) 2927-0150 TERMO Nr: 6301174298/2012 PROCESSO Nr: 0007462-43.2010.4.03.6303 AUTUADO EM 18/10/2010 ASSUNTO: 040102 - APOSENTADORIA POR IDADE (ART. 48/51) - BENEF. EM ESPÉCIE/CONCESSÃO/CONVERSÃO/RESTABELECIMENTO/COMPLEMENTAÇÃO CLASSE: 1 - PROCEDIMENTO DO JUIZADO ESPECIAL CÍVEL AUTOR (Segurado): LUIS CARLOS ELEODORO MERINO ROMAN ADVOGADO(A)/DEFENSOR(A) PÚBLICO(A): SP273492 - CLEA SANDRA MALFATTI RAMALHO RÉU: INSTITUTO NACIONAL DO SEGURO SOCIAL - I.N.S.S. (PREVID) ADVOGADO(A): SP999999 - SEM ADVOGADO |JEF_PROCESSO_JUDICIAL_CADASTRO#DAT_DISTRI| JUIZ(A) FEDERAL: ADRIANA PILEGGI DE SOVERAL I - Relatório A parte autora requereu a concessão do benefício da Aposentadoria por Idade, sustentando possuir todos os requisitos legais, com contribuições pelo período exigido pelo artigo 142 da Lei n. 8.213/91, possuindo, ainda, idade superior a 60 anos, indispensável à concessão do benefício. O feito foi julgado extinto, sem resolução do mérito, em relação ao pedido de concessão do benefício de aposentadoria por invalidez, já que concedido administrativamente, e julgado improcedente o pedido de retroação da data de início do benefício (DIB) a data do primeiro requerimento administrativo. Inconformada, a parte autora interpôs recurso, no qual requer a reforma da sentença com a concessão da DIB na data de entrada do primeiro requerimento administrativo. É o relatório. II - Voto Defiro os benefícios da Assistência Judiciária Gratuita, se ainda não o foi, nos moldes do artigo 2º, parágrafo único, da Lei n. 1.060/50, diante da comprovação documental da condição de hipossuficiente da parte autora. No caso dos autos, a parte autora alega que a data do início do benefício (DIB) deve ser fixada na data em que implementou todos os requisitos necessários à sua concessão, muito embora a data de entrada do requerimento administrativo (DER) tenha sido posterior. Não assiste razão à parte autora. De acordo com o artigo 49 da Lei 8.213/1991, a DIB será fixada na data do requerimento administrativo, exceto para os empregados, cito: Art. 49. A aposentadoria por idade será devida: I - ao segurado empregado, inclusive o doméstico, a partir: a) da data do desligamento do emprego, quando requerida até essa data ou até 90 (noventa) dias depois dela; ou b) da data do requerimento, quando não houver desligamento do emprego ou quando for requerida após o prazo previsto na alínea "a"; II - para os demais segurados, da data da entrada do requerimento. (grifei). **No entanto, no presente** caso, a autora apresentou dois requerimentos administrativos, sendo o segundo considerado como desistência do primeiro, conforme consta na i. sentença prolatada. Não vejo motivos para alterar tal entendimento: de fato, o autor desistiu do primeiro recurso, não o impugnando na esfera administrativa ou judicial, o que implica em ter concordado com o resultado. Desta forma, correta a fixação da DIB na data de entrada do segundo requerimento administrativo. Ante o exposto, nego provimento ao recurso da parte autora, confirmando a sentença por seus próprios e jurídicos fundamentos, nos termos do artigo 46 da Lei n. 9.099/1995 combinado com a Lei n. 10.259/2001. Condeno a parte autora ao pagamento de honorários advocatícios, que fixo em R$ 500,00 (quinhentos reais), nos termos do artigo 20, §4º, do Código de Processo Civil e do artigo 55 da Lei 9.099/95, considerando a baixa complexidade do tema e o pequeno valor da causa. O pagamento ocorrerá desde que possa efetuá-lo sem prejuízo do sustento próprio ou da família, nos termos dos artigos 11 e 12 da Lei n. 1.060/1950. Dispensada a ementa na forma da lei. É o voto. III – Acórdão Visto, relatado e discutido este processo, em que são partes as acima indicadas, decide a Primeira Turma Recursal do Juizado Especial Federal Cível da Terceira Região – Seção Judiciária de São Paulo, por unanimidade, negar provimento ao recurso da parte autora, nos termos do voto da Juíza Relatora. Participaram do julgamento a Senhora Juíza Federal Adriana Pileggi de Soveral, a Senhora Juíza Federal Elídia Aparecida de Andrade Correa e o Senhor Juiz Federal Fábio Rubem David Müzel. São Paulo, 21 de maio de 2012 (data do julgamento)".

Permissa venia, entende-se que essa tese é equivocada, pois não é possível presumir que a renovação do requerimento administrativo importa em desistência do anterior, posto que qualquer ato de disposição patrimonial exige manifestação expressa e induvidosa de vontade.

Na verdade, a renovação do requerimento administrativo decorre da necessidade urgente da concessão do benefício previdenciário ao beneficiário, que em algumas oportunidades tem direito ao benefício, e em outras não tem.

Logo, comprovado que desde a DER administrativa originária o segurado ou seu dependente já preenchia os requisitos para o deferimento do benefício, a DIB deve ser a primeira DER administrativa, respeitada apenas a prescrição quinquenal.

Nesse sentido, de acordo com o TRF da 1ª Região, "comprovados os requisitos para a obtenção do benefício postulado desde o primeiro requerimento formulado na órbita administrativa, o benefício deve ser concedido desde então, sendo desarrazoada a tese de que o ingresso de novo requerimento administrativo implica em desistência tácita do requerimento anterior"[22].

Por fim, o **indeferimento administrativo forçado** pelo beneficiário da Previdência Social também poderá ensejar a **falta de interesse-necessidade de agir**

---

22. AC 0008528-13.2010.4.01.3814 / MG, de 14/10/2015.

para propor demanda judicial. Isso ocorre quando o segurado ou o dependente não apresenta a documentação necessária para o deferimento do benefício pelo INSS, embora notificado por carta de exigências, culminando com o indeferimento administrativo.

Um exemplo é o segurado que busca o reconhecimento de tempo especial em período em que é necessária a apresentação do formulário (PPP ou outros mais antigos) e não o faz, mesmo após receber carta de exigências do INSS.

Após a negativa administrativa, ingressa com ação judicial desta feita com a petição inicial instruída com o devido formulário PPP, que não havia sido juntado no processo administrativo previdenciário.

Eis a jurisprudência:

"PREVIDENCIÁRIO. PROCESSO CIVIL. AUSÊNCIA DE INTERESSE DE AGIR DA PARTE AUTORA. ABANDONO DA VIA ADMINISTRATIVA SEM QUALQUER JUSTIFICAÇÃO E SEM A APRESENTAÇÃO DA DOCUMENTAÇÃO SOLICITADA PELO ENTE AUTÁRQUICO. CONTESTAÇÃO NA QUAL ALEGADA APENAS A CARÊNCIA DE AÇÃO AUTORAL. AUSÊNCIA DE PRETENSÃO RESISTIDA. – **Carece a parte autora de interesse de agir, tal qual assentado pelo Ilustre Magistrado sentenciante, quando ingressa em juízo tendo antes apresentado requerimento administrativo no qual o ente previdenciário solicitou documentação para a análise da questão vindicada e o interessado simplesmente deixou escoar o prazo assinado sem qualquer manifestação (sequer de solicitação de prorrogação de prazo para cumprimento da diligência).** – Contestação apresentada nesta demanda na qual apenas se alega a falta de interesse de agir da parte autora, donde se conclui a ausência de pretensão resistida, de modo que impossível a relevação da extinção anômala da relação processual. – Negado provimento ao recurso de apelação da parte autora". **(TRF 3ª Região, SÉTIMA TURMA, APELREEX – APELAÇÃO/REMESSA NECESSÁRIA – 2124550 – 0002703-92.2013.4.03.6121, Rel. DESEMBARGADOR FEDERAL FAUSTO DE SANCTIS, julgado em 21/08/2017, e-DJF3 Judicial 1 DATA:01/09/2017).**

5. DATA DE INÍCIO DO BENEFÍCIO POR INCAPACIDADE NA DATA DE JUNTADA DO LAUDO PERICIAL OU NA CITAÇÃO

Foi visto que a esmagadora maioria dos benefícios previdenciários terá data de início o dia que se efetivar o risco social a ser coberto ou a data de entrada do requerimento administrativo, quando transcorrido o período previsto na legislação.

Nas hipóteses em que o INSS indefere administrativamente a concessão de um benefício por incapacidade laborativa, a exemplo do auxílio-doença, é possível que judicialmente não seja possível se identificar a data de início da incapacidade.

É que a perícia judicial nem sempre tem elementos seguros para definir a data de início da incapacidade, conquanto constate a sua existência. Exemplo comum são enfermidades que progridem ao longo do tempo.

Nestes casos, como não há elementos para a retroação da data da incapacidade, o benefício deverá ser pago desde a data de juntada do laudo pericial ao processo, pois o Poder Judiciário precisa de elementos para desconstituir a presunção de veracidade e legitimidade dos atos administrativos, a exemplo do correto entendimento do Tribunal Regional Federal da 1ª Região[23].

Ademais, de acordo com o STJ, "o termo inicial do benefício pretendido de aposentadoria por invalidez será da data da apresentação do laudo pericial em juízo, quando inexistir requerimento administrativo"[24].

No entanto, observou-se uma mudança de posicionamento na jurisprudência da Corte Superior[25], dominando, na atualidade, o entendimento de que a data de início da aposentadoria por invalidez será a data da citação, e não a data da juntada do laudo pericial judicial, quando não possível retroagir ao requerimento administrativo:

> "PREVIDENCIÁRIO. RECURSO ESPECIAL. APOSENTADORIA POR INVALIDEZ. TERMO INICIAL DO BENEFÍCIO. AUSÊNCIA DE REQUERIMENTO ADMINISTRATIVO. CITAÇÃO VÁLIDA. MATÉRIA JÁ DECIDIDA SOB O RITO DO ART. 543-C DO CPC. 1. O tema relativo ao termo inicial de benefício proveniente de incapacidade laborativa já foi exaustivamente debatido nesta Corte, a qual, **após oscilações, passou a rechaçar a fixação da Data de Início do Benefício – DIB a partir do laudo pericial, porquanto a prova técnica prestar-se-ia unicamente para nortear o convencimento do juízo quanto à pertinência do novo benefício, mas não para atestar o efetivo momento em que a moléstia incapacitante se instalou.**
>
> 2. Atualmente a questão já foi decidida nesta Corte sob o rito dos recursos repetitivos (art. 543-C do CPC), restando pacificada a jurisprudência no sentido que *"A citação válida informa o litígio, constitui em mora a autarquia previdenciária federal e deve ser considerada como termo inicial para a implantação da aposentadoria por invalidez concedida na via judicial quando ausente a prévia postulação".* (REsp 1.369.165/SP, Rel. Ministro BENEDITO GONÇALVES, Primeira Seção, DJe 7/3/2014)".

Nesse sentido, o STJ publicou em 22 de julho de 2016 a Súmula 576 em decorrência do julgamento do Recurso Especial representativo de controvérsia 1.369.165, de 26/2/2014:

---

23. AC 2004.01.99.026576-9, de 26.01.2009.
24. AGA 1.045.599, de 17.02.2009.
25. RECURSO ESPECIAL Nº 1.311.665 – SC, 1ª Turma, de 02/09/2014.

Súmula 576 – "Ausente requerimento administrativo no INSS, o termo inicial para a implantação da aposentadoria por invalidez concedida judicialmente será a data da citação válida".

Entende-se que o STJ cometeu um grave equívoco ao aprovar esta súmula com a redação que foi posta, pois anteriormente o STF já havia firmado no julgamento do Recurso Extraordinário 631.240, de 27 de abril de 2014, que é necessário o prévio requerimento administrativo como condição de propositura de ação judicial contra o INSS, sob pena de extinção do processo sem o julgamento do mérito.

Ao analisar o conteúdo do REsp 1.369.165 verificou-se que o prévio requerimento sequer foi debatido pelos Ministros, que simplesmente ignoraram o entendimento do STF, que, aliás, é seguido pelo STJ em outros precedentes.

Desta forma, a Súmula 576 terá apenas uma aplicação residual, ou seja, quando for desnecessária a decisão administrativa de indeferimento da aposentadoria por invalidez, a exemplo da omissão do INSS em dar uma resposta dentro do prazo normativo ou a recusa de protocolo do requerimento administrativo.

No entanto, a TNU ainda vem fixando a DIB na data da realização da perícia, quando não houver elementos de retroação:

Informativo 12, de 15/12/2016

Processo n. 0516602-59.2014.4.05.8013

"A data de início do benefício de incapacidade deve coincidir com aquela em que foi realizada a perícia judicial se não houver elementos probatórios que permitam identificar fundamentadamente o início da incapacidade em data anterior".

6. IMPENHORABILIDADE, INALIENABILIDADE E INDISPONIBILIDADE DOS BENEFÍCIOS PREVIDENCIÁRIOS

De acordo com o artigo 114, da Lei 8.213/91, salvo quanto a valor devido à Previdência Social e a desconto autorizado por esta Lei, ou derivado da obrigação de prestar alimentos reconhecida em sentença judicial, **o benefício não pode ser objeto de penhora, arresto ou sequestro, sendo nula de pleno direito a sua venda ou cessão, ou a constituição de qualquer ônus sobre ele, bem como a outorga de poderes irrevogáveis ou em causa própria para o seu recebimento**.

Essa proteção legal do benefício previdenciário decorre do seu caráter alimentar, não se admitindo penhora para débitos previdenciários, conforme a jurisprudência:

"PROCESSUAL CIVIL E TRIBUTÁRIO – AGRAVO REGIMENTAL – EXECUÇÃO FISCAL -BENEFÍCIO DA APOSENTADORIA – PENHORA – IMPOSSIBILIDADE. NATUREZA ALIMENTAR – ARTIGO 649, VI, DO CPC. ART. 114 E 115, II, DA LEI 8.213/91 – AGRAVO IMPROVIDO. **1. Os valores recebidos a título de aposentadoria são impenhoráveis, posto que necessários** à manutenção do beneficiário e sua família, até mesmo para garantir a restituição ao erário de valores indevidamente recebidos, se esses débitos, embora de natureza previdenciária, referem-se a outro benefício suspenso por irregularidades na sua concessão. A penhora prevista no art. 114 da Lei 8.213/91 apenas se aplica para garantia de débitos do mesmo benefício. 2. Conforme se depreende do documento de fl. 63, o débito em questão é de natureza não previdenciária, de forma que o caso em tela não se subsume ao disposto no art. 115, da Lei 8.213/91. 3. A penhora pretendida na base de (30%) por cento, advém do benefício de aposentadoria da executada, destinada ao seu sustento e de seus familiares, motivo pelo qual, nos exatos termos do art. 649, do CPC, é insuscetível de penhora. 4. Agravo Regimental improvido[26]".

Essa proteção é reforçada pelo Código de Processo Civil, que em seu artigo 649, inciso IV, declara como **absolutamente impenhoráveis** os proventos de aposentadoria, pensões, pecúlios e montepios, salvo no que concerne ao pagamento de prestação alimentícia.

O CPC de 2015 no artigo 833 aduz que são impenhoráveis os vencimentos, os subsídios, os soldos, os salários, as remunerações, **os proventos de aposentadoria, as pensões**, os pecúlios e os montepios, bem como as quantias recebidas por liberalidade de terceiro e destinadas ao sustento do devedor e de sua família, os ganhos de trabalhador autônomo e os honorários de profissional liberal, salvo no caso de penhora para pagamento de prestação alimentícia.

No entanto, em descumprimento aos preceitos legais acima estabelecidos, é comum que a Justiça do Trabalho oficie ao INSS determinando a penhora de benefício previdenciário na ânsia da satisfação dos seus créditos.

Nesta situação, cabe ao segurado adotar as medidas cabíveis, pois o TST não reconhece legitimidade ativa à autarquia previdenciária para se opor à ilegítima penhora:

"**TST – INSS não tem legitimidade para ajuizar ação contra penhora de aposentadoria de terceiros**

Apesar de a penhora de proventos de aposentadoria não ser permitida pelo art. 649 do Código de Processo Civil (CPC), um aposentado terá 20% da sua aposentadoria retida mensalmente para pagamento de uma dívida trabalhista, até o limite de R$ 16.436,55. A decisão foi tomada pela Subseção II Especializada em Dissídios Individuais do Tribunal Superior do Trabalho, por unanimidade, por que o impetrante do recurso contra a penhora foi o INSS e não o aposentado.

"No ordenamento pátrio, o exercício do direito de ação se encontra subordinado à possibilidade jurídica do pedido, à legitimidade das partes e ao interesse de agir, devendo o julgador, ao detectar, de ofício, a ausência destes elementos, declarar extinto o processo sem adentrar o mérito da controvérsia. Assim, não figurando o Instituto Nacional do Seguro Social como titular do direito

---

26. TRF da 1ª Região, AGA 2008.01.00.012900-4, de 22.02.2010.

vilipendiado ou prejudicado pela ordem judicial, faz-se clara a ausência de condições da ação", sentenciou o relator do processo no TST, ministro Alberto Luiz Brescinani de Fontan Pereira.

A mesma decisão já havia sido tomada pela a 1ª Seção de Dissídios Individuais do TRT da 4ª Região (RS). De acordo com acórdão regional, "entendo necessário tornar claro que considero ilegal — e desta forma tenho me posicionado nesta Seção em julgamentos que envolvem a questão – a penhora que recai sobre benefício previdenciário ou sobre salário. Desta forma, fosse impetrante o devedor (que enfrenta, passivamente, ao que se sabe, os efeitos do ato apontado como coator), não tenho dúvida de que me posicionaria favoravelmente à pretensão. Aqui, contudo, o impetrante é o INSS, que não tem nenhuma relação com a ação subjacente, salvo o dever que lhe foi atribuído pelo Juízo dito coator de proceder no desconto mensal de 20% dos proventos de aposentadoria do lá executado, até a integral satisfação da dívida".

Em sua defesa, o INSS alegou que possui interesse e legitimidade para defender suas funções, finalidades institucionais, bem como o princípio da legalidade, a que está adstrito. Além disso, argumentou que somente são autorizados os descontos de benefícios para pagamento de tributos, restrições de valores pagos a maior, pensão, empréstimos e mensalidades de associações e entidades de aposentados, e destacou a dificuldade operacional no cumprimento da medida judicial. "Na condição de mero executor da ordem judicial, o INSS não está autorizado a agir em nome do executado (na ação subjacente), suscitando proteções legais que somente a ele incumbe suscitar. Além disso, concluo ser possível ao sistema informatizado da Previdência incluir o desconto sem maior dificuldade e lembro que, por complexa que seja tal operação, trata-se do cumprimento de ordem judicial. Não parece demasia lembrar a quantidade de descontos em folha que o INSS processa, por exemplo, em favor de financeiras", sentenciou ainda o órgão colegiado regional.

Na opinião do ministro Brescinani, no caso é flagrante a ilegitimidade do INSS para impetrar o recurso e que, sendo assim, fica indeferida da petição e mantida a penhora da aposentadoria.

Processo: RO-7197-53.2012.5.04.0000"

Fonte: www.tst.jus.br – 20/02/2014

7. AUTORIZAÇÃO LEGAL PARA A DESISTÊNCIA DE RECURSOS E PROPOSITURA DE AÇÕES

Na forma do artigo 131, da Lei 8.213/91, o Ministro da Previdência Social poderá autorizar o INSS a formalizar a desistência ou abster-se de propor ações e recursos em processos judiciais sempre que a ação versar matéria sobre a qual haja declaração de inconstitucionalidade proferida pelo Supremo Tribunal Federal – STF, súmula ou jurisprudência consolidada do STF ou dos tribunais superiores.

Vale ressaltar que a formalização de desistência ou transigência judiciais, por parte de procurador da Previdência Social, será sempre precedida da anuência,

Regras Gerais sobre o Processo Judicial Previdenciário

por escrito, do Procurador-Geral do Instituto Nacional do Seguro Social, ou do presidente dessa entidade, quando os valores em litígio ultrapassarem os limites definidos pelo Conselho Nacional de Previdência – CNP.

A autonomia do Procurador Federal representante do INSS foi extremamente ampliada com o advento da Portaria AGU 488/2016, que estabeleceu os procedimentos a serem observados pelos Procuradores Federais para reconhecimento da procedência do pedido, abstenção de contestação e de recurso e desistência de recurso já interposto, nos casos em que especifica.

O que chama a atenção é que, até então, se desconhecia autorização de não apresentação de contestação, o que se concretizou com o aludido ato normativo. Na hipótese de não apresentação de contestação, os Procuradores Federais deverão peticionar no feito no prazo da defesa.

De efeito, os Procuradores Federais poderão reconhecer a procedência do pedido, não contestar, não recorrer e desistir dos recursos já interpostos quando a pretensão deduzida ou a decisão judicial estiver de acordo com:

> I – súmula da Advocacia-Geral da União ou parecer aprovado nos termos dos artigos 40 ou 41 da Lei Complementar nº 73, de 10 de fevereiro de 1993;
>
> II – súmula vinculante do Supremo Tribunal Federal;
>
> III – acórdão transitado em julgado, proferido em sede de controle concentrado de constitucionalidade;
>
> IV – acórdão transitado em julgado, proferido em sede de recurso extraordinário representativo de controvérsia, processado nos termos do artigo 1.036 do CPC;
>
> V – acórdão transitado em julgado, proferido pelo Supremo Tribunal Federal em sede de recurso extraordinário em incidente de resolução de demandas repetitivas, processado nos termos do artigo 987 do CPC;
>
> VI – acórdão transitado em julgado, proferido pelo Supremo Tribunal Federal em sede de incidente de assunção de competência, processado nos termos do artigo 947 do CPC; e
>
> VII – acórdão transitado em julgado proferido pelo plenário e súmula do Supremo Tribunal Federal, caso a controvérsia sobre matéria constitucional seja atual.

Demais disso, o Procurador-Geral Federal, poderá orientar os Procuradores Federais a reconhecer a procedência do pedido, a não contestar, a não recorrer e a desistir dos recursos já interpostos, quando a pretensão deduzida ou a decisão judicial estiver de acordo com:

> I – acórdão transitado em julgado proferido pelo Superior Tribunal de Justiça em sede de recurso especial representativo de controvérsia, processado nos termos do artigo 1.036 do CPC;

II – acórdão transitado em julgado, proferido pelo Superior Tribunal de Justiça em sede de recurso especial em incidente de resolução de demandas repetitivas, processado nos termos do artigo 987 do CPC;

III – acórdão transitado em julgado, proferido pelo Superior Tribunal de Justiça em sede de incidente de assunção de competência, processado nos termos do artigo 947 do CPC;

IV – acórdão transitado em julgado proferido pela Corte Especial e súmula do Superior Tribunal de Justiça, caso a controvérsia sobre matéria infraconstitucional seja atual;

V – acórdão transitado em julgado, proferido pelo Tribunal Superior do Trabalho em sede de recurso de revista representativo de controvérsia, processado nos termos do art. 896-C da Consolidação das Leis do Trabalho (CLT);

VI – acórdão transitado em julgado, proferido pelo Tribunal Superior do Trabalho em sede de recurso de revista em incidente de resolução de demandas repetitivas, processado nos termos do artigo 987 do CPC, conforme o artigo 8º da Instrução Normativa nº 39/2016, aprovada pela Resolução nº 203, de 15 de março de 2016, do Pleno do TST;

VII – acórdão transitado em julgado, proferido pelo Tribunal Superior do Trabalho em sede de incidente de assunção de competência, processado nos termos do artigo 947 do CPC, conforme o artigo 3º, XXV, da Instrução Normativa nº 39/2016, aprovada pela Resolução nº 203, de 15 de março de 2016, do Pleno do Tribunal Superior do Trabalho;

VIII – acórdão transitado em julgado proferido pelo Pleno e súmula do Tribunal Superior do Trabalho, caso a controvérsia sobre matéria infraconstitucional seja atual;

IX – acórdão transitado em julgado, proferido pela Turma Nacional de Uniformização dos Juizados Especiais Federais em sede de incidente representativo de controvérsia, processado nos termos do art. 7º, VII, a, do Regimento Interno da Turma Nacional de Uniformização, nos processos que tramitam nos Juizados Especiais Federais.

Os Procuradores Federais deverão justificar a não apresentação de contestação e a não interposição ou desistência de recurso previstas nesta Portaria no Sistema Integrado de Controle das Ações da União (SICAU) ou no Sistema AGU de Inteligência Jurídica (SAPIENS), indicando, conforme o caso, o artigo e o inciso aplicados, bem como a súmula da AGU ou o parecer aprovado nos termos dos artigos 40 ou 41 da Lei Complementar nº 73/1993, ou a súmula vinculante ou o acórdão do STF, ou o acórdão do STJ, do TST ou da TNU.

Por força da Portaria AGU 377/2011, "os órgãos da Procuradoria-Geral Federal ficam autorizados a não efetuar a inscrição em dívida ativa, a não propor ações, a não interpor recursos, assim como a desistir das ações e dos respectivos recursos, quando o valor total atualizado de créditos das autarquias e fundações públicas federais, relativos a um mesmo devedor, for igual ou inferior a R$ 5.000,00 (cinco mil reais)".

8. HONORÁRIOS ADVOCATÍCIOS NAS AÇÕES PREVIDENCIÁRIAS

De acordo com a **Súmula 111, do STJ**, "os honorários advocatícios, nas ações previdenciárias, não incidem sobre prestações vincendas após a sentença".

Assim, a base de cálculo sobre a qual incidirá o percentual fixado pelo julgador a título de honorários advocatícios, deverá se limitar às parcelas devidas até a data de prolação da decisão, com exclusão das posteriores.

Impende salientar que a Súmula 111, do STJ, não tem fundamento expresso na legislação processual previdenciária, pois inexiste norma que determine a exclusão da base de cálculo dos honorários de sucumbência das parcelas de benefício previdenciário devidas após a prolação da sentença, especialmente nos casos em que a sentença é alvo de recurso pelo INSS.

É bom lembrar que as condenações perpetradas em 1º grau nos Juizados Federais não abarcarão os honorários advocatícios, mas apenas as de 2º grau, por força do artigo 55, da Lei 9.099/05.

De acordo com o Enunciado 99 do FONAJEF, "o provimento, ainda que parcial, de recurso inominado afasta a possibilidade de condenação do recorrente ao pagamento de honorários de sucumbência".

Ademais, de acordo com a **Súmula 421**, do STJ, **"os honorários advocatícios não são devidos à Defensoria Pública quando ela atua contra a pessoa jurídica de direito público à qual pertença"**.

Logo, a Defensoria Pública da União não terá direito aos honorários advocatícios de sucumbência em processo ajuizado contra o INSS, por se tratar de autarquia federal.

Ainda de acordo com o STJ, "os valores pagos administrativamente devem ser compensados na fase de liquidação do julgado, entretanto, tal compensação não deve interferir na base de cálculo dos honorários sucumbenciais, que deverá ser composta pela totalidade dos valores devidos"[27].

Logo, no caso de compensação de pagamento administrativo de benefício feito pelo INSS com a condenação judicial da autarquia, não haverá abatimento da base de cálculo dos honorários advocatícios.

Nesse sentido, a **Súmula AGU 66**, de 03.12.2012 (alterada pela Súmula nº 73, de 18 de dezembro de 2013):

---

27. AgRg no REsp 1250945, de 28.06.2011.

Súmula 66 – "Nas ações judiciais movidas por servidor público federal contra a União, as autarquias e as fundações públicas federais, o cálculo dos honorários de sucumbência deve levar em consideração o valor total da condenação, conforme fixado no título executado, sem exclusão dos valores pagos na via administrativa."

É comum que os segurados e os seus dependentes celebrem contratos de honorários com os advogados fixando-os em um percentual dos atrasados, acaso vendida a demanda. Neste caso, julgando avença que envolvia ação previdenciária contra o INSS, o STJ pronunciou a invalidade de ajuste que os fixou em 50% das parcelas vencidas, admitindo como válidos, no máximo, o patamar de 30% a título de honorários advocatícios:

"DIREITO CIVIL. CONTRATO DE HONORÁRIOS QUOTA LITIS. REMUNERAÇÃO AD EXITUM FIXADA EM 50% SOBRE O BENEFÍCIO ECONÔMICO. LESÃO. 1. A abertura da instância especial alegada não enseja ofensa a Circulares, Resoluções, Portarias, Súmulas ou dispositivos inseridos em Regimentos Internos, por não se enquadrarem no conceito de lei federal previsto no art. 105, III, "a", da Constituição Federal. Assim, não se pode apreciar recurso especial fundamentado na violação do Código de Ética e Disciplina da OAB. 2. O CDC não se aplica à regulação de contratos de serviços advocatícios. Precedentes. 3. Consubstancia lesão a desproporção existente entre as prestações de um contrato no momento da realização do negócio, havendo para uma das partes um aproveitamento indevido decorrente da situação de inferioridade da outra parte. 4. O instituto da lesão é passível de reconhecimento também em contratos aleatórios, na hipótese em que, ao se valorarem os riscos, estes forem inexpressivos para uma das partes, em contraposição àqueles suportados pela outra, havendo exploração da situação de inferioridade de um contratante. **5. Ocorre lesão na hipótese em que um advogado, valendo-se de situação de desespero da parte, firma contrato quota litis no qual fixa sua remuneração *ad exitum* em 50% do benefício econômico gerado pela causa. 6. Recurso especial conhecido e provido, revisando-se a cláusula contratual que fixou os honorários advocatícios para o fim de reduzi-los ao patamar de 30% da condenação obtida**" (3ª Turma, RECURSO ESPECIAL 1.155.200, de 22/02/2011).

De acordo com o artigo 85 do novo CPC, os honorários serão fixados entre o mínimo de dez e o máximo de vinte por cento sobre o valor da condenação, do proveito econômico obtido ou, não sendo possível mensurá-lo, sobre o valor atualizado da causa, atendidos o grau de zelo do profissional; o lugar de prestação do serviço; a natureza e a importância da causa e o trabalho realizado pelo advogado e o tempo exigido para o seu serviço.

No entanto, nas causas em que a Fazenda Pública for parte, a fixação dos honorários observará os aludidos critérios e os seguintes percentuais:

I – mínimo de dez e máximo de vinte por cento sobre o valor da condenação ou do proveito econômico obtido até 200 (duzentos) salários-mínimos;

II – mínimo de oito e máximo de dez por cento sobre o valor da condenação ou do proveito econômico obtido acima de 200 (duzentos) salários-mínimos até 2.000 (dois mil) salários-mínimos;

III – mínimo de cinco e máximo de oito por cento sobre o valor da condenação ou do proveito econômico obtido acima de 2.000 (dois mil) salários-mínimos até 20.000 (vinte mil) salários-mínimos;

IV – mínimo de três e máximo de cinco por cento sobre o valor da condenação ou do proveito econômico obtido acima de 20.000 (vinte mil) salários-mínimos até 100.000 (cem mil) salários-mínimos;

V – mínimo de um e máximo de três por cento sobre o valor da condenação ou do proveito econômico obtido acima de 100.000 (cem mil) salários-mínimos.

No mais, vem sendo admitida a apresentação judicial do contrato de honorários para destaque quando da expedição da requisição de pequeno valor ou do precatório, desde que fixado em percentual não abusivo.

Isso porque se trata de direito do advogado previsto no artigo 22 do Estatuto da OAB:

> "§ 4º Se o advogado fizer juntar aos autos o seu contrato de honorários antes de expedir-se o mandado de levantamento ou precatório, **o juiz deve determinar que lhe sejam pagos diretamente**, por dedução da quantia a ser recebida pelo constituinte, salvo se este provar que já os pagou".

Caso seja em percentual acima de 30%, deve o juiz limitar o destaque. Nesse sentido, o enunciado 125 do FONAJEF:

> **Enunciado FONAJEF 125 – "É possível realizar a limitação do destaque dos honorários em RPV ou precatório".**

9. AÇÃO CIVIL PÚBLICA PREVIDENCIÁRIA

Tema dos mais controversos é definir se é possível a propositura de ação civil pública contra o INSS veiculando objeto ligado aos benefícios previdenciários, especialmente a sua concessão e revisão, tendo em vista o constante ajuizamento de ações dessa natureza pelo Ministério Público Federal.

De acordo com o artigo 5º, da Lei 7.347/85, são **legitimados ativos** para a propositura da ação civil pública:

- O Ministério Público (inclusive com previsão constitucional, no art. 129, inciso III);
- A Defensoria Pública (por força da Lei 11.448/2007);
- As entidades políticas, inclusive o Distrito Federal, agora com previsão expressa na Lei 11.448/2007;

– As entidades da Administração Pública Indireta, ou seja, as autarquias, fundações, empresas públicas e sociedades de economia mista.

A legitimação ativa é *concorrente e disjuntiva*, sendo também extraordinária, operando-se uma verdadeira substituição processual, exceção à regra do artigo 6º, do Código de Processo Civil (artigo 18 do CPC de 2015), pois se demanda em nome próprio direito de outrem, sendo possível o litisconsórcio ativo ou, quando já em curso o processo, a assistência litisconsorcial.

Todavia, parte da doutrina chega a sustentar a legitimidade ordinária dos autores de uma ação civil pública, pois em defesa dos seus próprios interesses institucionais.

Há permissivo legal expresso pela possibilidade de formação de litisconsórcio ativo pelo Ministério Público da União, dos Estados e do Distrito Federal.

Por seu turno, as associações constituídas há pelo menos um ano também poderão propor ação civil pública ambiental, desde que haja pertinência temática, podendo ser dispensado esse prazo a critério do julgador.

De acordo com o artigo 1º, da Lei 7.347/85, todos os interesses/direitos difusos ou coletivos em sentido estrito poderão ser tutelados por meio da ação civil pública, sendo o rol legal meramente exemplificativo.

A definição legal dos interesses/direitos difusos e coletivos consta do artigo 81, par. único, incisos I e II, da Lei 8.078/1990:

> "I – **interesses ou direitos difusos**, assim entendidos, para efeitos deste código, os transindividuais, de natureza indivisível, de que sejam titulares pessoas indeterminadas e ligadas por circunstâncias de fato;
>
> II – **interesses ou direitos coletivos**, assim entendidos, para efeitos deste código, os transindividuais, de natureza indivisível de que seja titular grupo, categoria ou classe de pessoas ligadas entre si ou com a parte contrária por uma relação jurídica base".

Trata-se de direitos coletivos em sentido amplo, metaindividuais, de índole indivisível. A diferença é que nos *interesses difusos* os titulares são pessoas indeterminadas e indetermináveis porquanto ligadas por meras circunstâncias de fato, enquanto nos *coletivos em sentido estrito* os titulares formam um grupo determinável em razão da existência de relação jurídica prévia.

Em síntese, **nos interesses difusos não há possibilidade de determinar com precisão os titulares do direito violado, justamente em virtude da inexistência de relação jurídica base preexistente entre si ou com a parte contrária, ao contrário dos interesses coletivos em sentido estrito.**

A sua **natureza indivisível** decorre do bem jurídico lesado, pois basta uma única ofensa para prejudicar uma coletividade, ao passo que a reparação ou inibição do dano a todos beneficiará.

Após a Lei 8.078/1990, em linhas gerais, também é possível a tutela de interesses individuais homogêneos em sede de ação civil pública, porquanto previsto e definido no inciso III, par. único, do artigo 81, do CDC, aplicável por força do artigo 21, da LACP:

> "III – interesses ou direitos individuais homogêneos, assim entendidos os decorrentes de origem comum".

Os *interesses ou direitos individuais homogêneos* são os titularizados por um grupo já determinado ou determinável, sendo apenas formalmente coletivos para fins de proteção (interesses individuais com feição coletiva). Ou seja, são morfologicamente individuais, mas com tutela coletiva. Essa ação coletiva é similar a *class action for damages* do sistema jurídico dos Estados Unidos da América.

A similitude entre os direitos coletivos em sentido estrito e os individuais homogêneos está na determinabilidade dos titulares dos direitos, em face da existência de relação jurídica que possibilita essa identificação. Contudo, o traço diferencial está na indivisibilidade do bem jurídico lesado, presente nos direitos coletivos em sentido estrito, o que não ocorre com os individuais homogêneos.

No entanto, em alguns casos, é comum a confusão entre os direitos coletivos em sentido estrito e os individuais homogêneos, uma vez que em ambos há um grupo identificável titular do direito, sendo necessário analisar a causa de pedir e o pedido da ação coletiva para a correta classificação e aplicação do regime jurígeno adequado.

No caso deste último (interesses individuais homogêneos), o vínculo jurídico que nasce da lesão é individualizável para cada um dos prejudicados, seja em ação individual, seja na liquidação da sentença coletiva.

Entrementes, por força do artigo 127, da Constituição Federal de 1988, o Ministério Público apenas poderá veicular ação civil pública com o desiderato de proteger direitos individuais homogêneos indisponíveis. Nesse sentido, já decidiu o STF:

> "*Constitucional. Ação civil pública: Ministério Público: direitos individuais homogêneos. Lei 7.374/1985, art. 1º, II, e art. 21, com a redação do art. 117 da Lei 8.078/1990 (Código do Consumidor); Lei 8.625/1993, art. 25 da C.F, artigos 127 e 129, III.*
>
> **I – Ação civil pública que tem por objeto direitos individuais homogêneos: legitimidade ativa do Ministério Público: questão que se situa no campo infraconstitucional: Lei 7.374/1985, art. 1º, II, art. 21, redação do art. 117 e arts. 81 e 82 da Lei 8.078/1990 (Código do Consumidor); Lei 8.625/1993, art. 25.**
>
> II – Questão constitucional do art. 129, III, não invocada.
>
> **III – Direitos individuais homogêneos, decorrentes de contratos de compromisso de compra e venda que não se identificam com 'interesses sociais e individuais indisponíveis'** (CF, art. 127)" (RE-AGR 204.200, *DJ* 08.11.2002).

Daí o correto entendimento de que não é possível a propositura de ação civil pública contra o INSS pelo Ministério Público, por veicular direitos individuais homogêneos disponíveis, inexistindo relação de consumo.

Todavia, uma ação civil pública poderá gerar grande economia processual e evitar a propositura de milhares ou milhões de ações contra o INSS, sendo este o objetivo da norma, que busca a tutela molecular do direito e não atômica.

Em 01.12.2009, entendeu a 5ª Turma do STJ pela ilegitimidade ativa do órgão ministerial para propor ação civil pública previdenciária:

"PREVIDENCIÁRIO. AÇÃO REVISIONAL. AÇÃO CIVIL PÚBLICA (ACP). MATÉRIA PREVIDENCIÁRIA. ILEGITIMIDADE ATIVA DO MINISTÉRIO PÚBLICO. DIREITOS PATRIMONIAIS DISPONÍVEIS. RELAÇÃO DE CONSUMO DESCARACTERIZADA. PRECEDENTES DO STJ. ARTS. 174, II E III, DO CÓDIGO CIVIL DE 1916 E 203 DO ATUAL. INAPLICABILIDADE. AJUIZAMENTO DE EXECUÇÃO INDIVIDUAL PROVISÓRIA DA SENTENÇA DA ACP. QUEBRA DA INÉRCIA. INTERRUPÇÃO DA PRESCRIÇÃO. CITAÇÃO VÁLIDA NOS AUTOS DA EXECUÇÃO. ARTS. 219, § 1º, E 617 DO CPC. RECURSO IMPROVIDO.

1. O Ministério Público não detém legitimidade ad causam para a propositura de ação civil pública que verse sobre benefícios previdenciários, uma vez que se trata de direitos patrimoniais disponíveis e inexistente relação de consumo. Precedentes do STJ.

2. *In casu*, o ato da segurada de ajuizar a execução provisória da sentença prolatada nos autos da ação civil pública, embora com posterior reconhecimento em instância especial da ilegitimidade ativa do Ministério Público, caracteriza indiscutível quebra da inércia da interessada, nos termos do art. 617 do CPC.

3. "O que releva notar, em tema de prescrição, é se o procedimento adotado pelo titular do direito subjetivo denota, de modo inequívoco e efetivo, a cessação da inércia em relação ao seu exercício. Em outras palavras, se a ação proposta, de modo direto ou virtual, visa a defesa do direito material sujeito à prescrição" (REsp 23.751/GO, Quarta Turma, Rel. Min. SÁLVIO DE FIGUEIREDO TEIXEIRA, DJ 8/3/93).

4. É pacífico neste Tribunal que a citação válida, operada em processo extinto sem resolução, é meio hábil para interromper a prescrição, a teor do art. 219, § 1º, do CPC.

5. Recurso especial improvido" (REsp 766.541).

Entretanto, em 07.12.2010, a 5ª Turma do STJ mudou inteiramente de posicionamento, conforme noticiado pelo Informativo 459:

"ACP. LEGITIMIDADE ATIVA. MP. BENEFÍCIO PREVIDENCIÁRIO.

Ministério Público (MP) possui legitimidade para propor ação civil pública (ACP) com o objetivo de proteger os interesses de segurados de benefícios previdenciários. Ressalta a Min. Relatora que, com esse entendimento, foi

restabelecida antiga jurisprudência, após os julgamentos sobre a matéria terem oscilado ultimamente; em várias decisões, inclusive na Terceira Seção, vinha-se recusando a legitimidade *ad causam* do MP em ACPs com o objetivo de discutir questões ligadas à seguridade social, como direitos relativos à concessão de benefício assistencial a idosos e portadores de deficiência, revisão de benefícios previdenciários e equiparação de menores sob guarda judicial a filhos de segurados para fins previdenciários. No entanto, segundo a Min. Relatora, deve haver nova reflexão sobre o tema em razão, sobretudo, do relevante interesse social envolvido no ajuizamento da ACP de natureza previdenciária, pois o reconhecimento da legitimidade do MP, além do interesse social, traz inegável economia processual, evitando-se a proliferação de demandas individuais idênticas com resultados divergentes e com o consequente acúmulo de feitos nas instâncias do Judiciário, o que, certamente, não contribui para uma prestação jurisdicional eficiente, célere e uniforme. Observa que o STF já vinha reconhecendo a legitimidade do MP para a ACP destinada à proteção de direitos sociais, tais como a moradia e a educação, e agora, em julgado mais recente, afirmou aquela Corte que certos direitos individuais homogêneos podem ser classificados como interesses ou direitos coletivos, ou identificar-se com interesses sociais e individuais indisponíveis, esclarecendo que, nesses casos, a ACP presta-se à defesa deles, legitimando o MP para a causa (art. 127, *caput*, e art. 129, III, da CF/1988). **Desse modo, concluiu que o MP detém legitimidade para propor ACP na defesa de interesses individuais homogêneos (arts. 127, § 1º, e 129, II e III, da CF/1988). Assim, assevera a Min. Relatora, entre outras considerações, que, para fins de legitimidade do *Parquet* para a ACP quando se tratar de direitos individuais homogêneos, ainda que disponíveis, o que deve ser observado é a presença do relevante interesse social de que se reveste o direito a ser tutelado**. Diante do exposto, a Turma negou provimento ao REsp interposto pelo Instituto Nacional do Seguro Social (INSS). No recurso, este buscava a extinção do feito sem julgamento do mérito, alegando a ilegitimidade do MPF para promover ACP pertinente a reajustes e revisões de benefícios previdenciários concedidos a partir de março de 1994, com inclusão da variação integral do IRSM de fevereiro de 1994 (39,67%) nos salários de contribuição integrantes do período básico de cálculo antes da conversão em URV. Anotou-se que o tribunal de origem entendeu ser cabível a revisão, confirmando a sentença de primeiro grau que também restringiu os efeitos do julgado à subseção judiciária em que proposta a ação, na forma do art. 16 da Lei n. 7.347/1985. Precedentes citados do STF: RE 163.231-SP, DJ 29/6/2001; RE 195.056-PR, DJ 30/5/2003; AgRg no RE 514.023-RJ, DJe 5/2/2010; RE 228.177-MG, DJe 5/3/2010; AgRg no RE 472.489-RS, DJe 29/8/2008; AgRg no AI 516.419-PR, DJe 30/11/2010; RE 613.044-SC, DJe 25/6/2010; do STJ: EREsp 644.821-PR, DJe 4/8/2008; AgRg nos EREsp 274.508-SP, DJ 10/4/2006; AgRg no REsp 938.951-DF, DJe 10/3/2010; REsp 413.986-PR, DJ 11/11/2002, e AgRg no AgRg no Ag 422.659-RS, DJ 5/8/2002. REsp 1.142.630-PR, Rel. Min. Laurita Vaz, julgado em 7/12/2010".

Vale ressaltar que a 6ª Turma do STJ tem decidido pela impossibilidade de propositura de ação civil pública previdenciária:

AGRAVO REGIMENTAL. RECURSO ESPECIAL. PREVIDENCIÁRIO. BENEFÍCIO ASSISTENCIAL AÇÃO CIVIL PÚBLICA. ILEGITIMIDADE DO MINISTÉRIO PÚBLICO FEDERAL.

1 – Não merece reparos a decisão agravada que se apoiou na mais recente jurisprudência desta Corte acerca do tema, alinhada no sentido de que o Ministério Público não possui legitimidade para ajuizar ação civil pública visando a reajuste de benefício previdenciário, por se caracterizar direito individual disponível.

2 – Agravo regimental a que se nega provimento (AgRg no REsp 901.572, de 22.09.2009).

Por tudo isso, é preciso que a 3ª Seção do STJ, composta pela reunião da 5ª e da 6ª Turma, uniformize o posicionamento da Corte Superior, pois é o órgão especializado em Direito Previdenciário.

Certamente o que motivou a mudança de entendimento da 5ª Turma do STJ foi a decisão tomada pela 2ª Turma do STF, ao julgar o agravo regimental no agravo de instrumento 516.419, em 16.11.2010, de relatoria do Ministro Gilmar Mendes, em que a Suprema Corte reconheceu a legitimidade ativa do Ministério Público para propor ação para concessão/revisão de benefício previdenciário contra o INSS, por se tratar de interesse individual homogêneo com evidente relevo social.

O mesmo posicionamento foi tomado pela 1ª Turma do STF, no julgamento do RE 475.010 AGR, de 02.08.2011, que admitiu uma ação civil pública proposta pelo Ministério Público Federal para a concessão de aposentadorias em favor de rurícolas:

"EMENTA Agravo regimental no recurso extraordinário. Ação civil pública. Interesses individuais homogêneos de relevância social. Legitimidade ativa do Ministério Público para seu ajuizamento reconhecida. 1. Em ações civis públicas em que se discutem interesses individuais homogêneos, dotados de grande relevância social, reconhece-se a legitimidade ativa do Ministério Público para seu ajuizamento. 2. Jurisprudência do Supremo Tribunal Federal pacífica, nesse sentido. 3. Agravo regimental não provido".

Vale registrar que a propositura de ação civil pública não induz litispendência com as ações individuais. Contudo, uma vez cientificado do trâmite de ação coletiva com o mesmo objeto, cabe ao segurado ou ao dependente postular a suspensão do processo individual em 30 dias a contar do ajuizamento da ação coletiva, caso deseje se beneficiar da coisa julgada no processo coletivo.

Nesse sentido, dispõe o artigo 104, da Lei 8.078/90:

"Art. 104. As ações coletivas, previstas nos incisos I e II e do parágrafo único do art. 81, não induzem litispendência para as ações individuais, **mas os efeitos da coisa julgada** erga omnes ou ultra partes a que aludem os incisos II e III do artigo anterior **não beneficiarão os autores das ações individuais, se não for requerida sua suspensão no prazo de trinta dias, a contar da ciência nos autos do ajuizamento da ação coletiva**".

De acordo com o STJ, no julgamento do Recurso Especial Repetitivo nº 1.243.887/PR, "a liquidação e a **execução individual** de sentença genérica proferida em ação civil coletiva pode ser ajuizada no **foro do domicílio do beneficiário**, porquanto os efeitos e a eficácia da sentença não estão circunscritos a lindes geográficos, mas aos limites objetivos e subjetivos do que foi decidido, levando-se em conta, para tanto, sempre a extensão do dano e a qualidade dos interesses metaindividuais postos em juízo (arts. 468, 472 e 474, CPC e 93 e 103, CDC)".

Em decorrência disto, a PGF editou o Parecer Referencial 11/2017/NOEJ/DEP-CONT/PGF/AGU:

> "EMENTA: Recurso especial repetitivo nº 1.243.887/PR. Processual civil. Ação civil pública. Execução individual da sentença coletiva. Foro competente. Domicílio do beneficiário. Sugestão de divulgação de memorando-circular orientando a atuação dos órgãos de execução da PGF, nos termos da Portaria AGU nº 488, de 2016".

10. INTERVENÇÃO DO MINISTÉRIO PÚBLICO

Em regra, o Ministério Público não terá competência para intervir em processo judicial previdenciário, pois se trata de direito patrimonial disponível.

Nesse sentido, o STJ:

> "PREVIDENCIÁRIO. AGRAVO REGIMENTAL CONTRA DECISÃO QUE NEGOU SEGUIMENTO AO RECURSO ESPECIAL. AUTORA DEVIDAMENTE REPRESENTADA POR ADVOGADO CONSTITUÍDO NOS AUTOS. AÇÃO QUE VERSA SOBRE BENEFÍCIO PREVIDENCIÁRIO. DIREITO INDIVIDUAL DISPONÍVEL. ILEGITIMIDADE DA INTERVENÇÃO DO MINISTÉRIO PÚBLICO. INCIDÊNCIA DA SÚMULA 7/STJ. AGRAVO REGIMENTAL DO MINISTÉRIO PÚBLICO FEDERAL DESPROVIDO.
>
> 1. A legitimidade a que se refere a Súmula 99/STJ não autoriza o Ministério Público a recorrer no presente caso, uma vez que a autora encontra-se devidamente representada por advogado constituído nos autos.
>
> **2. As Turmas que compõem a Terceira Seção desta Corte firmaram entendimento de que o Ministério Público não possui legitimidade para atuar em ações que versem sobre benefício previdenciário, por se tratar de direito individual disponível, suscetível, portanto, de renúncia pelo respectivo titular.**
>
> 3. Além disso, as instâncias ordinárias, com base no conjunto fático probatório dos autos, especialmente no estudo social que concluiu que a família possui renda mensal per capita superior a cinco salários mínimos, julgaram improcedente o pedido com fundamento na ausência de situação de miserabilidade.
>
> 4. A alteração dessa conclusão, na forma pretendida, demandaria necessariamente a incursão no acervo fático-probatório dos autos, o que, entretanto, encontra óbice na Súmula 7 do STJ, segundo a qual a pretensão de simples reexame de prova não enseja Recurso Especial.
>
> 5. Agravo Regimental desprovido" (AgRg no Ag 1.132.889, de 15.04.2010).

Entretanto, deverá o órgão ministerial intervir nos processos judiciais previdenciários quando for parte um absoluta ou relativamente incapaz, na condição de *custos legis*, nos termos do artigo 178, inciso II, do CPC de 2015.

De acordo com o artigo 178, do CPC de 2015, o Ministério Público será intimado para, no prazo de 30 (trinta) dias, intervir como fiscal da ordem jurídica nas hipóteses previstas em lei ou na Constituição Federal e nos processos que envolvam interesse de incapaz.

Por sua vez, na forma da **Súmula 226, do STJ**, "o Ministério Público tem legitimidade para recorrer na ação de acidente do trabalho, ainda que o segurado esteja assistido por advogado", ou seja, nas ações em que são postulados benefícios previdenciários decorrentes de acidente de trabalho o *parquet* poderá interpor recurso.

Ainda de acordo com a Corte Superior, "o só fato de ser pessoa idosa não denota parâmetro suficiente para caracterizar a relevância social a exigir a intervenção do Ministério Público. Deve haver comprovação da situação de risco, conforme os termos do artigo 43 da Lei nº 10.741/2003, sob pena de obrigatória intervenção do Ministério Público, de forma indiscriminada, como *custos legis* em toda em qualquer demanda judicial que envolva idoso".[28]

11. CUSTAS PROCESSUAIS

Nos processos em trâmite da Justiça Federal, por se tratar de autarquia da União, o INSS goza de isenção no pagamento das custas processuais (taxas), nos termos do artigo 46, Lei 5.010/1966.

Por se tratar de uma autarquia federal, o INSS se enquadra como entidade integrante do Poder Público, razão pela qual o STJ editou a Súmula 483:

> Súmula 483 – O INSS não está obrigado a efetuar depósito prévio do preparo por gozar das prerrogativas e privilégios da Fazenda Pública.

Contudo, tendo em vista a proibição constitucional de uma pessoa política conceder isenção a tributos de outras entidades políticas (vedação à isenção heterônoma), o INSS deverá pagar as custas processuais nos processos que tramitam na Justiça Estadual, mas apenas deverá pagá-las ao final do processo, se vencido[29], **salvo isenção concedida pelo legislador estadual**.

> Nesse sentido, dispõe a Súmula 178, do STJ, que "o INSS não goza de isenção no pagamento de custas e emolumentos, nas ações acidentárias e de benefícios, propostas na Justiça Estadual".

---

28. Passagem do julgamento do REsp 1.235.375, de 12.04.2011.
29. STJ, REsp 988.468, de 13.11.2007.

Regras Gerais sobre o Processo Judicial Previdenciário

Entretanto, no Distrito Federal, o INSS terá direito à isenção, pois o Poder Judiciário é organizado pela União, conforme reconhecimento pelo STJ, no julgamento do recurso especial 1039752, de 26.06.2008:

> "PREVIDENCIÁRIO E PROCESSUAL CIVIL. APELAÇÃO DO INSS INTERPOSTA PERANTE O TRIBUNAL DE JUSTIÇA DO DISTRITO FEDERAL E TERRITÓRIOS. PREPARO. INCIDÊNCIA DAS DISPOSIÇÕES DA LEI FEDERAL 8.620/93, QUE GARANTE A ISENÇÃO DO PAGAMENTO DE CUSTAS PARA O INSS. SÚMULA 178/STJ. INAPLICABILIDADE.
>
> 1. Esta Corte Superior, partindo da premissa de que a lei federal somente tem o condão de isentar o INSS das custas federais, sumulou o entendimento de que, não havendo lei local em sentido contrário, o INSS não goza de isenção do pagamento de custas e emolumentos, nas ações acidentárias e de benefícios, propostas na Justiça Estadual (Súmula 178/STJ).
>
> **2. Entretanto, tal entendimento não tem incidência no âmbito do Poder Judiciário do Distrito Federal, custeado por recursos orçamentários do Tesouro Nacional e regulamentado por normas federais.**
>
> **3. Dessa forma, deve ser aplicada a Lei federal 8.620/93, que garante a isenção do pagamento de custas para o INSS, às ações em trâmite perante à Justiça do Distrito Federal, como no caso.**
>
> 4. Recurso Especial do INSS conhecido e provido".

12. COISA JULGADA NAS LIDES PREVIDENCIÁRIAS

A coisa julgada é a intangibilidade que alcança o dispositivo de uma decisão judicial final, operando-se quando não mais existe recurso para a impugnação do julgado, quer pelo exaurimento, quer pelo não uso.

É um instituto que decorre do Princípio da Segurança Jurídica, a fim de não eternizar os litígios, não se permitindo a propositura de ação idêntica, assim considerada a que possui as mesmas partes, pedido e causa de pedir.

De acordo com o artigo 502, do CPC de 2015, denomina-se coisa julgada material a autoridade que torna imutável e indiscutível a decisão de mérito não mais sujeita a recurso, não fazendo coisa julgada os motivos, ainda que importantes para determinar o alcance da parte dispositiva da sentença, assim como a verdade dos fatos, estabelecida como fundamento da sentença.

Nos termos do artigo 503, do CPC, a decisão que julgar total ou parcialmente o mérito tem força de lei nos limites da questão principal expressamente decidida, aplicando-se esta regra à resolução de questão prejudicial, decidida expressa e incidentemente no processo, se:

I – dessa resolução depender o julgamento do mérito;

II – a seu respeito tiver havido contraditório prévio e efetivo, não se aplicando no caso de revelia;

III – o juízo tiver competência em razão da matéria e da pessoa para resolvê-la como questão principal.

No caso da concessão de pensão por morte de companheiro na Justiça Federal (pensão não decorrente de acidente de trabalho), é questão prejudicial à demonstração da união estável, mas não haverá coisa julgada material sobre o reconhecimento do companheirismo, pois a competência para tanto é do juiz estadual de família, e não do juiz federal (inciso III, *suso* transcrito).

Por outro lado, a questão prejudicial não fará coisa julgada se no processo houver restrições probatórias ou limitações à cognição que impeçam o aprofundamento da análise da questão prejudicial.

No entanto, nos termos do artigo 505, do CPC de 2015, em se tratando de relação jurídica de trato continuado, como ocorre nas relações previdenciárias, se sobreveio modificação no estado de fato ou de direito, a parte poderá pedir a revisão do que foi estatuído na sentença, ante a cláusula *rebus sic stantibus*.

No sistema ainda individualista do Código de Processo Civil, adota-se o regime da coisa julgada *pro et contra*, limitada às partes do processo, ou seja, haverá coisa julgada material independentemente da fundamentação da decisão, não importando o sucesso ou a derrota das partes por inexistência de direito ou por insuficiência de provas.

No entanto, em 16 de dezembro de 2015, ao julgar Recurso Especial representativo de controvérsia, a 1ª Seção do STJ flexibilizou o regime jurídico da coisa julgada, admitindo a extinção do processo sem o julgamento do mérito quando o segurado não possuir documentos para a prova da atividade rural, o que permitirá a repropositura da ação com novos documentos, pois não restará formada coisa julgada material:

"DIREITO PREVIDENCIÁRIO. RECURSO ESPECIAL REPRESENTATIVO DA CONTROVÉRSIA. ART. 543-C DO CPC. RESOLUÇÃO Nº 8/STJ. APOSENTADORIA POR IDADE RURAL. AUSÊNCIA DE PROVA MATERIAL APTA A COMPROVAR O EXERCÍCIO DA ATIVIDADE RURAL. CARÊNCIA DE PRESSUPOSTO DE CONSTITUIÇÃO E DESENVOLVIMENTO VÁLIDO DO PROCESSO. EXTINÇÃO DO FEITO SEM JULGAMENTO DO MÉRITO, DE MODO QUE A AÇÃO PODE SER REPROPOSTA, DISPONDO A PARTE DOS ELEMENTOS NECESSÁRIOS PARA COMPROVAR O SEU DIREITO. RECURSO ESPECIAL DO INSS DESPROVIDO. 1. Tradicionalmente, o Direito Previdenciário se vale da processualística civil para regular os seus procedimentos, entretanto, não se deve perder de vista as **peculiaridades das demandas previdenciárias, que justificam a flexibilização da rígida metodologia civilista**, levando-se em conta os cânones constitucionais atinentes à Seguridade Social, que tem como base o contexto social adverso em que se inserem os que buscam judicialmente os benefícios previdenciários. 2. As normas previdenciárias devem ser interpretadas de modo a favorecer os valores morais da Constituição Federal/1988, que prima pela proteção do Trabalhador Segurado da Previdência Social, motivo pelo qual os pleitos previdenciários devem ser julgados no sentido de amparar a parte hipossuficiente e que, por esse motivo, possui proteção legal que lhe garante a flexibilização dos rígidos institutos processuais. Assim, deve-se procurar encontrar na **hermenêutica previdenciária** a solução que mais se aproxime do caráter social da Carta Magna, a fim de que as normas processuais não venham a obstar a concretude do direito fundamental à prestação previdenciária a que faz jus o segurado. 3. Assim como ocorre no Direito Sancionador, em que se afastam as regras da processualística civil em razão do especial garantismo conferido por suas normas ao indivíduo, deve-se dar prioridade ao princípio da busca da verdade real, diante do interesse social que envolve essas demandas. 4. A concessão de benefício devido ao trabalhador rural configura direito subjetivo individual garantido constitucionalmente, tendo a CF/88 dado primazia à função social do RGPS ao erigir como direito fundamental de segunda geração o acesso à Previdência do Regime Geral; sendo certo que o trabalhador rural, durante o período de transição, encontra-se constitucionalmente dispensado do recolhimento das contribuições, visando à universalidade da cobertura previdenciária e a inclusão de contingentes desassistidos por meio de distribuição de renda pela via da assistência social. 5. **A ausência de conteúdo probatório eficaz a instruir a inicial, conforme determina o art. 283 do CPC, implica a carência de pressuposto de constituição e desenvolvimento válido do processo, impondo a sua extinção sem o julgamento do mérito (art. 267, IV do CPC) e a consequente possibilidade de o autor intentar novamente a ação (art. 268 do CPC), caso reúna os elementos necessários** à tal iniciativa. 6. Recurso Especial do INSS desprovido". (REsp 1.352.721/SP, Rel. Ministro Napoleão Nunes Maia Filho, Corte Especial, julgado em 16/12/2015, DJe 28/04/2016)."

Da lavra da Procuradoria-Geral Federal, órgão de representação judicial do INSS, o **Parecer Referencial nº 00022/2017/GEOR/PREV/DEPCONT/PGF/AGU** versa sobre a abstenção de apresentação de recurso e a desistência dos recursos já interpostos, quando a decisão judicial estiver em conformidade com a jurisprudência do STJ fixada no **REsp Repetitivo n. 1.352.721/SP**, no sentido de que: "as peculiaridades das demandas previdenciárias justificam a flexibilização dos rígidos institutos do processo civil, sobretudo para garantir a concretude do direito fundamental à prestação previdenciária a que faz jus o segurado, motivo pelo qual, nas ações previdenciárias, a ausência de conteúdo probatório eficaz à instrução da petição inicial, relativo à prova documental (conforme determina o art. 320 do CPC), resulta na falta de pressuposto de constituição e desenvolvimento válido e regular do processo, cuja consequência é a sua extinção sem resolução do mérito (art. 485, IV, do CPC) e, portanto, a possibilidade de o autor intentar novamente a ação (art. 486 do CPC), caso reúna os elementos necessários à tal iniciativa".

Ainda pelo Código de Processo Civil, a desconstituição da coisa julgada é medida excepcional, admitida nas hipóteses taxativas de enquadramento da ação rescisória, dentro do biênio decadencial após a coisa julgada, bem como quando o título judicial for prolatado contra lei ou ato normativo reputados inconstitucionais pelo STF ou fundado em lei ou ato normativo tidos pelo STF como incompatíveis com a CRFB.

Vale lembrar que, conforme determina o artigo 5º, inciso XXXVI, da Constituição, "a lei não prejudicará o direito adquirido, o ato jurídico perfeito e a coisa julgada", razão pela qual a coisa julgada é uma garantia fundamental do Estado brasileiro imune ao novo regramento, desde que não haja alteração na situação fática considerada pelo comando do Poder Judiciário.

Nas lides individuais previdenciárias, especialmente nas hipóteses em que se postula um benefício por incapacidade laborativa, não é tarefa nada fácil identificar a ocorrência da *res judicata*, em razão da possibilidade de alteração da causa de pedir, pois a configuração da coisa julgada parte da premissa de que as coisas não mudaram (*rebus sic stantibus*).

Veja-se agora uma situação muito comum no foro previdenciário. Suponha-se que Aneilton tenha ingressado com uma ação judicial visando à concessão do auxílio-doença por se julgar incapaz para o trabalho habitual por mais de 15 dias consecutivos.

Aneilton alega estar com lesões na coluna que o impedem de desenvolver o seu trabalho. Designada a perícia judicial, o *expert* atesta uma leve lesão, mas afirma que inexiste incapacidade para o trabalho, podendo ser feito o tratamento de saúde sem o afastamento da atividade laboral.

O magistrado, por sua vez, acolheu os argumentos do laudo pericial judicial e julgou improcedente o pedido, decisão que transitou em julgado no dia 1º de junho de 2011, pois o segurado não interpôs recurso inominado.

Sucede que, no dia 30 de junho de 2011, Aneilton ajuizou outra ação postulando novamente o auxílio-doença. Diante do caso dado, pergunta-se: A ação ajuizada no dia 30.06.2011 deverá ser extinta sem o julgamento do mérito em razão da coisa julgada? Depende.

Para que a segunda ação proposta seja extinta sem a análise meritória, é preciso que ela traga as mesmas partes, pedido e causa de pedir. As partes são as mesmas (Aneilton x INSS), o pedido é o mesmo (concessão de auxílio-doença), mas a causa de pedir poderá não ser a mesma.

Certamente será necessária uma nova perícia judicial para verificar se há tentativa de ofensa à *res judicata*. Se o novo perito atestar que a situação clínica de Aneilton não sofreu alteração (mesma lesão leve que não gera incapacidade laboral), o segundo processo realmente terá extinção terminativa (sem o julgamento do mérito).

Contudo, se restar comprovado que a lesão de Aneilton evoluiu, ou ele desenvolveu outro tipo de moléstia, a causa de pedir do auxílio-doença será outra, devendo o juiz entrar no mérito da causa e proferir sentença de procedência ou improcedência do pedido no segundo processo.

Essa situação cotidiana nos mostra a complexidade da análise da existência ou não de coisa julgada nos casos em que se postula benefício por incapacidade laboral, posto que comumente as petições iniciais narram uma evolução de enfermidade ou o aparecimento de novo problema clínico para justificar que se cuida de uma nova ação.

A respeito do tema, colaciona-se Enunciado aprovado no XII FONAJEF:

Grupo 6

Enunciado nº 2 (ATUAL ENUNCIADO 164 FONAJEF)

Julgado improcedente pedido de benefício por incapacidade, no ajuizamento de nova ação, com base na mesma doença, deve o segurado apresentar novo requerimento administrativo, demonstrando, na petição inicial, o agravamento da doença, juntando documentos médicos novos (Aprovado no XII FONAJEF).

Vale frisar que, caso haja a concessão judicial transitada em julgado de benefício por incapacidade, deverá o INSS cessar o benefício quando o segurado recuperar a sua capacidade laboral, independentemente de nova ordem judicial, uma vez atestada pela perícia médica da autarquia previdenciária.

Esse, inclusive, é o entendimento da jurisprudência:

"PROCESSUAL CIVIL – RESTABELECIMENTO DO BENEFÍCIO PREVIDENCIÁRIO – POSSIBILIDADE DO INSS INTERROMPER O AUXÍLIO-DOENÇA. **I – Julgamento concessivo de auxílio-doença, acobertado pela coisa julgada, tem caráter *rebus sic stantibus*. II – O INSS pode cassar o benefício do auxílio-doença, caso a perícia administrativa constate a capacidade laborativa, ainda que a implantação decorra de ordem judicial.** III Agravo de Instrumento a que se dá provimento" (TRF da 3ª Região, AG 199903000564168, DJ 30.01.2004).

No entanto, não poderá a autarquia previdenciária cancelar o benefício se não houver melhora na situação clínica do segurado, devendo analisar o caso com base nas premissas postas pela perícia judicial, sob pena de violação da ordem do Poder Judiciário.

No caso de revisão administrativa de aposentadoria por invalidez, no entanto, prevalece no STJ que o INSS não poderá cancelar unilateralmente o benefício através de perícia administrativa, sendo necessária a propositura de nova ação judicial:

"AGRAVO REGIMENTAL. RECURSO ESPECIAL. PREVIDENCIÁRIO. AUXÍLIO-DOENÇA. CONCESSÃO ATRAVÉS DE DECISÃO JUDICIAL. CANCELAMENTO ADMINISTRATIVO. INADMISSIBILIDADE. NECESSIDADE DE AÇÃO JUDICIAL. RECURSO NÃO PROVIDO.

1. É pacífico o entendimento desta Corte no sentido de somente ser possível a revisão da aposentadoria por invalidez concedida judicialmente através de outra ação judicial" (5ª Turma, AgRg no REsp 1218879, de 18/9/2014).

A Lei 13.457/2017 alterou o artigo 43, § 4º, da Lei 8.213/91, ao dispor que o segurado aposentado por invalidez poderá ser convocado a qualquer momento para avaliação das condições que ensejaram o afastamento ou a aposentadoria, concedida **judicial** ou administrativamente, observado o disposto no artigo 101 da Lei de Benefícios.

Outra dificuldade para delimitar a ocorrência da coisa julgada nas causas judiciais previdenciárias é a continuidade da relação jurídico-obrigacional, pois o INSS deverá pagar o benefício previdenciário por meses, anos ou mesmo décadas, podendo existir situações posteriores que afetem a decisão judicial transitada em julgado e que evidentemente não foram consideradas na decisão porque não existiam na época da forma da *res judicata*.

Sobre o tema, vale transcrever passagem de bom julgado do TRF da 2ª Região sobre a relação previdenciária: "Em se tratando de relação jurídica continuativa, mutável no prolongamento do tempo, a sentença que dela cuide, denominada em doutrina como "sentença determinativa", traz em si, implicitamente, a cláusula *rebus sic stantibus*, vez que, ao promover o acertamento definitivo da lide, leva em consideração a situação de fato e de direito existente, prevalecendo enquanto este contexto perdurar. – Se, por um lado, a sentença transitada em julgado que cuide de relação jurídica continuativa ostenta, sim, "eficácia" de coisa julgada, por outro lado, não tem o condão de impedir as variações dos elementos constitutivos daquela relação continuativa, vale dizer, não obsta que lei nova regule diferentemente os fatos ocorridos a partir de sua vigência"[30].

Um ótimo caso a ser analisado são os juros de mora nas condenações contra o INSS. Até o advento da Lei 11.960/2009, que alterou a redação do artigo 1º-F, da Lei 9.494/97, as condenações contra a autarquia previdenciária fixavam os juros de mora em 1% ao mês a partir da citação.

Sucede que desde a Lei 11.960/09, nas condenações impostas à Fazenda Pública, independentemente de sua natureza e para fins de atualização monetária, remuneração do capital e compensação da mora, haverá a incidência uma única vez, até o efetivo pagamento, dos índices oficiais de remuneração básica e juros aplicados à caderneta de poupança, e não mais de 1% ao mês.

Assim, entende-se que a lei nova deverá incidir para os processos em curso e os transitados em julgado mesmo antes de 30.06.2009, mas apenas a contar dessa data, pois se trata de uma relação continuada e a sentença transitada em julgado não analisou o caso, pois inexistia a Lei 11.960/09 na data da sua prolação.

---

30. AC – APELAÇÃO CÍVEL – 323.067, de 07.05.2003.

Nesse sentido decidiu a Corte Especial do STJ:

> "EREsp 1207197/RS EMBARGOS DE DIVERGÊNCIA EM RECURSO ESPECIAL 2011/0028141-3 Relator(a) Ministro CASTRO MEIRA (1125) Órgão Julgador CE – CORTE ESPECIAL Data do Julgamento 18/05/2011 Data da Publicação/Fonte DJe 02/08/2011 Ementa PROCESSUAL CIVIL. EMBARGOS DE DIVERGÊNCIA. JUROS MORATÓRIOS. DIREITO INTERTEMPORAL. PRINCÍPIO DO *TEMPUS REGIT ACTUM*. ARTIGO 1º-F, DA LEI Nº 9.494/97. MP 2.180-35/2001. LEI nº 11.960/09. APLICAÇÃO AOS PROCESSOS EM CURSO.
>
> 1. A maioria da Corte conheceu dos embargos, ao fundamento de que divergência situa-se na aplicação da lei nova que modifica a taxa de juros de mora, aos processos em curso. Vencido o Relator.
>
> **2. As normas que dispõem sobre os juros moratórios possuem natureza eminentemente processual, aplicando-se aos processos em andamento, à luz do princípio *tempus regit actum*. Precedentes.**
>
> **3. O art. 1º-F, da Lei 9.494/97, modificada pela Medida Provisória 2.180-35/2001 e, posteriormente pelo artigo 5º da Lei nº 11.960/09, tem natureza instrumental, devendo ser aplicado aos processos em tramitação. Precedentes.**
>
> 4. Embargos de divergência providos".

Vale salientar que a Corte Superior, seguindo o STF, considerou que a nova lei sobre os juros de mora é processual, e não material, aplicando-se aos processos em curso quando da sua entrada em vigor.

Outro tema pouco tratado e certamente polêmico é a possibilidade de o INSS "descumprir" a coisa julgada em favor do segurado ou dependente, caso o Poder Judiciário negue o direito e a autarquia previdenciária posteriormente o reconheça.

Entende-se que é plenamente possível, caso o INSS admita o erro administrativo posteriormente chancelado por ordem judicial transitada em julgado, pois o Poder Público deve anular os seus atos ilegais de ofício, com arrimo no interesse público primário.

Essa situação não é rara, sendo bastante plausível em determinadas ações revisionais em que o INSS indefere o pedido, posteriormente também denegado no Judiciário, mas que por um reconhecimento posterior da Previdência Social (normalmente após decisão do STF) é estendido a todos os segurados, mesmo aqueles que perderam judicialmente com decisão transitada em julgado, como ocorreu agora em agosto de 2011 na readequação dos tetos das Emendas 20/1998 e 41/2003.

Deveras, a eficácia da coisa julgada determina que o direito reconhecido judicialmente seja satisfeito pelo devedor, mas não impede que o direito não declarado pelo Judiciário seja ulteriormente efetivado, caso o réu (INSS) altere o seu posicionamento de acordo com o interesse público.

13. JUROS DE MORA E CORREÇÃO MONETÁRIA NOS PROCESSOS PREVIDENCIÁRIOS

A condenação do INSS para pagar as parcelas vencidas do benefício previdenciário alvo do processo judicial deve ser acompanhada da correção monetária e dos juros de mora, estes a contar da citação da autarquia previdenciária.

Até o advento da Lei 11.960/2009, o INSS era condenado nos juros de mora à razão de 1% ao mês. Sucede que a referida norma jurídica alterou o artigo 1º-F, da Lei 9.494/97, que passou a contar com a seguinte redação:

> "Art. 1º-F. Nas condenações impostas à Fazenda Pública, independentemente de sua natureza e para fins de atualização monetária, remuneração do capital e compensação da mora, haverá a incidência uma única vez, até o efetivo pagamento, dos índices oficiais de remuneração básica e juros aplicados à caderneta de poupança."

Logo, a contar de 30.06.2009, data da publicação da Lei 11.960, passaram a ser utilizados os índices oficiais de remuneração básica e juros aplicados à caderneta de poupança a título de juros e correção monetária nas condenações contra a autarquia previdenciária.

Vale frisar que os juros de mora nas ações relativas a benefícios previdenciários incidem a partir da citação válida, nos termos da **Súmula 204 do STJ**.

Trata-se de súmula aprovada pela Corte Especial do STJ na sessão de 11/3/1998. Isso porque é a citação válida o ato que demonstra a mora do INSS.

Mesmo após o CPC/2015, a súmula continua válida, pois prevê o seu artigo 240 que a citação válida, ainda quando ordenada por juízo incompetente, induz litispendência, torna litigiosa a coisa e constitui em mora o devedor.

De sua vez, surgiu uma controvérsia acerca do caráter intertemporal de aplicação da Lei 11.960/2009 aos processos que já tramitavam antes da sua vigência e especialmente nos casos em que já havia se operado a coisa julgada antes no dia 30.06.2009.

Após superar divergência interna, a Corte Especial do STJ decidiu pela aplicação imediata da Lei 11.960/2009, a exemplo do julgamento do recurso especial 1.205.946, de 19.10.2011, mesmo para os processos em curso no início da sua vigência, recepcionado o entendimento da aplicabilidade imediata do novo regramento, por se tratar de regra processual:

> "PROCESSUAL CIVIL E ADMINISTRATIVO. RECURSO ESPECIAL. SERVIDOR PÚBLICO. VERBAS REMUNERATÓRIAS. CORREÇÃO MONETÁRIA E JUROS DE MORA DEVIDOS PELA FAZENDA PÚBLICA. LEI 11.960/09, QUE ALTEROU O ARTIGO 1º-F DA LEI 9.494/97. NATUREZA PROCESSUAL. APLICAÇÃO IMEDIATA AOS PROCESSOS EM CURSO QUANDO

DA SUA VIGÊNCIA. EFEITO RETROATIVO. IMPOSSIBILIDADE.

1. Cinge-se a controvérsia acerca da possibilidade de aplicação imediata às ações em curso da Lei 11.960/09, que veio alterar a redação do artigo 1º-F da Lei 9.494/97, para disciplinar os critérios de correção monetária e de juros de mora a serem observados nas "condenações impostas à Fazenda Pública, independentemente de sua natureza", quais sejam, "os índices oficiais de remuneração básica e juros aplicados à caderneta de poupança".

2. A Corte Especial, em sessão de 18.06.2011, por ocasião do julgamento dos EREsp n. 1.207.197/RS, entendeu por bem alterar entendimento até então adotado, firmando posição no sentido de que a Lei 11.960/2009, a qual traz novo regramento concernente à atualização monetária e aos juros de mora devidos pela Fazenda Pública, deve ser aplicada, de imediato, aos processos em andamento, sem, contudo, retroagir a período anterior à sua vigência.

3. Nesse mesmo sentido já se manifestou o Supremo Tribunal Federal, ao decidir que a Lei 9.494/97, alterada pela Medida Provisória n. 2.180-35/2001, que também tratava de consectário da condenação (juros de mora), devia ser aplicada imediatamente aos feitos em curso.

4. Assim, os valores resultantes de condenações proferidas contra a Fazenda Pública após a entrada em vigor da Lei 11.960/09 devem observar os critérios de atualização (correção monetária e juros) nela disciplinados, enquanto vigorarem. Por outro lado, no período anterior, tais acessórios deverão seguir os parâmetros definidos pela legislação então vigente.

5. No caso concreto, merece prosperar a insurgência da recorrente no que se refere à incidência do art. 5º da Lei n. 11.960/09 no período subsequente a 29/06/2009, data da edição da referida lei, ante o princípio do *tempus regit actum*.

6. Recurso afetado à Seção, por ser representativo de controvérsia, submetido ao regime do artigo 543-C do CPC e da Resolução 8/STJ.

7. Cessam os efeitos previstos no artigo 543-C do CPC em relação ao Recurso Especial Repetitivo n. 1.086.944/SP, que se referia tão somente às modificações legislativas impostas pela MP 2.180-35/01, que acrescentou o art. 1º-F à Lei 9.494/97, alterada pela Lei 11.960/09, aqui tratada.

8. Recurso especial parcialmente provido para determinar, ao presente feito, a imediata aplicação do art. 5º da Lei 11.960/09, a partir de sua vigência, sem efeitos retroativos".

Com o mesmo entendimento, a TNU publicou a Súmula 61:

"**Súmula 61** – As alterações promovidas pela Lei n. 11.960/2009 têm aplicação imediata na regulação dos juros de mora em condenações contra a Fazenda Pública, inclusive em matéria previdenciária, independentemente da data do ajuizamento da ação ou do trânsito em julgado".

No entanto, a Súmula 61 foi cancelada na sessão de 09 de outubro de 2013, no julgamento do processo 0003060-22.2006.4.03.6314, voltando a incidir 1% de juros de mora por mês acrescida de correção monetária pelo INPC.

Isso porque, no julgamento do julgamento da ADI 4.425, de 14/03/2013, o STF supostamente pronunciou a invalidade do artigo 1º-F, da Lei 9.494/97, com redação dada pela Lei 11.960/2009.

De acordo com o STF, "a atualização monetária dos débitos fazendários inscritos em precatórios segundo o índice oficial de remuneração da caderneta de poupança viola o direito fundamental de propriedade (CF, art. 5º, XXII) na medida em que é manifestamente incapaz de preservar o valor real do crédito de que é titular o cidadão. A inflação, fenômeno tipicamente econômico-monetário, mostra-se insuscetível de captação apriorística (ex ante), de modo que o meio escolhido pelo legislador constituinte (remuneração da caderneta de poupança) é inidôneo a promover o fim a que se destina (traduzir a inflação do período)".

Assim, considerando que a Lei 11.960/2009 também previu a remuneração de juros e correção pelos índices da caderneta de poupança, o artigo 1º-F supostamente também foi invalidado. Isso porque "o art. 1º-F da Lei nº 9.494/97, com redação dada pela Lei nº 11.960/09, ao reproduzir as regras da EC nº 62/09 quanto à atualização monetária e à fixação de juros moratórios de créditos inscritos em precatórios incorre nos mesmos vícios de juridicidade que inquinam o art. 100, § 12, da CF, razão pela qual se revela inconstitucional por arrastamento, na mesma extensão dos itens 5 e 6 supra".

Vale registrar que pendia de julgamento no STF pedido de modulação da pronúncia de inconstitucionalidade dos índices de poupança, razão pela qual o STF vinha determinando a aplicação da sistemática invalidada (Rcl 16.705/MC, Min. Luiz Fux, de 12/12/2013).

Finalmente o tema foi apreciado em caráter conclusivo pelo STF. E a Suprema Corte pronunciou a inconstitucionalidade da TR como índice de correção monetária por não refletir a inflação (Informativo 878):

REPERCUSSÃO GERAL

Condenação contra a Fazenda Pública e índices de correção monetária – 4

O art. 1º-F da Lei 9.494/1997 (1), com a redação dada pela Lei 11.960/2009, na parte em que disciplina os juros moratórios aplicáveis a condenações da Fazenda Pública, é inconstitucional ao incidir sobre débitos oriundos de relação jurídico-tributária, aos quais devem ser aplicados os mesmos juros de mora pelos quais a Fazenda Pública remunera seu crédito tributário, em respeito ao princípio constitucional da isonomia [CF, art. 5º, "caput" (2)]; quanto às condenações oriundas de relação jurídica não-tributária, a fixação dos juros moratórios segundo o índice de remuneração da caderneta de poupança é constitucional, permanecendo hígido, nesta extensão, o disposto no art. 1º-F da Lei nº 9.494/1997 com a redação dada pela Lei nº 11.960/2009.

O art. 1º-F da Lei nº 9.494/1997, com a redação dada pela Lei nº 11.960/2009, na parte em que disciplina a atualização monetária das condenações impostas à Fazenda Pública segundo a remuneração oficial da caderneta de poupança, revela-se inconstitucional ao impor restrição desproporcional ao direito de propriedade [CF, art. 5º, XXII (3)], uma vez que não se qualifica como medida adequada a capturar a variação de preços da economia, sendo inidônea a promover os fins a que se destina.

Com base nessas orientações, o Plenário, em conclusão de julgamento e por maioria, deu parcial provimento a recurso extraordinário em que discutida a validade da utilização dos índices oficiais de remuneração básica da caderneta de poupança para a correção monetária e a fixação de juros moratórios incidentes sobre condenações impostas à Fazenda Pública, conforme determina o art. 1º-F da Lei 9.494/1997, com a redação dada pela Lei 11.960/2009.

Na espécie, o ora recorrido ajuizou ação ordinária em face do INSS com pedido de concessão do benefício assistencial previsto no art. 203, V, da CF (4). O juízo de primeiro grau, então, julgou procedente o pedido e determinou que o INSS instituísse, em favor do autor, benefício de prestação continuada, na forma do art. 20 da Lei 8.742/1993 – LOAS (5). O pagamento das prestações vencidas deveria ser acrescido de correção monetária pelo IPCA, a partir de cada parcela, e juros de mora de acordo com o índice oficial de remuneração básica da caderneta de poupança. Interposta apelação pela autarquia previdenciária, a sentença foi mantida. (Informativos 811 e 833).

O Colegiado assentou a natureza assistencial da relação jurídica em exame (caráter não-tributário); manteve a concessão de benefício de prestação continuada (LOAS, art. 20) ao ora recorrido, atualizado monetariamente segundo o IPCA-E desde a data fixada na sentença; e fixou os juros moratórios segundo a remuneração da caderneta de poupança, na forma do art. 1º-F da Lei 9.494/1997 com a redação dada pela Lei 11.960/2009.

O Tribunal destacou, inicialmente, que as decisões proferidas pelo STF na ADI 4.357/DF (DJe de 26.9.2014) e na ADI 4.425/DF (DJe de 19.12.2013) não fulminaram por completo o art. 1º-F da Lei 9.494/1997, na redação dada pela Lei 11.960/2009. Nesses julgados foi declarada a inconstitucionalidade da correção monetária pela TR apenas quanto ao intervalo de tempo compreendido entre a inscrição do crédito em precatório e o efetivo pagamento. Isso porque a norma constitucional impugnada nas ADIs [CF, art. 100, § 12, incluído pela EC 62/2009 (6)] referia-se apenas à atualização do precatório e não à atualização da condenação após a conclusão da fase de conhecimento.

A redação do art. 1º-F da Lei 9.494/1997, como fixada pela Lei 11.960/2009, é, porém, mais ampla, englobando tanto a atualização de precatórios quanto a atualização da própria condenação. Não há, contudo, qualquer motivo para aplicar critérios distintos de correção monetária de precatórios e de condenações judiciais da Fazenda Pública.

A finalidade básica da correção monetária é preservar o poder aquisitivo da moeda diante da sua desvalorização nominal provocada pela inflação. Esse estreito nexo entre correção monetária e inflação exige, por imperativo de adequação lógica, que os instrumentos destinados a realizar a primeira sejam capazes de capturar a segunda. Índices de correção monetária devem ser, ao menos em tese, aptos a refletir a variação de preços que caracteriza o fenômeno inflacionário, o que somente é possível se consubstanciarem autênticos índices de preços. Os índices criados especialmente para captar o fenômeno inflacionário são sempre obtidos em momentos posteriores ao período de referência e guardam, por definição, estreito vínculo com a variação de preços na economia.

Assim, no caso, está em discussão o direito fundamental de propriedade do cidadão (CF, art. 5º, XXII) e a restrição que lhe foi imposta pelo legislador ordinário ao fixar critério específico para a correção judicial das condenações da Fazenda Pública (Lei 9.494/1997, art. 1º-F). Essa restrição é real na medida em que a remuneração da caderneta de poupança não guarda pertinência com a variação de preços na economia, sendo manifesta e abstratamente incapaz de mensurar a variação do poder aquisitivo da moeda. Nenhum dos componentes da remuneração da caderneta de poupança guarda relação com a variação de preços de determinado período de tempo, como disciplinado pelo art. 12 da Lei 8.177/1991

Desse modo, a remuneração da caderneta de poupança prevista no art. 1º-F da Lei 9.494/1997, na redação dada pela Lei 11.960/2009, não consubstancia índice constitucionalmente válido de correção monetária das condenações impostas à Fazenda Pública.

Vencidos, em parte, os ministros Teori Zavascki, Dias Toffoli, Cármen Lúcia (Presidente) e Gilmar Mendes, que deram provimento total ao recurso. Vencido, também, o ministro Marco Aurélio, que negou provimento ao recurso. **RE 870947/SE, rel. Min. Luiz Fux, julgamento em 20.9.2017. (RE-870947).**

Dessa forma, atualmente, nas demandas previdenciárias o cálculo dos atrasados deve considerar:

A) Correção monetária pelo IPCA-E;

B) Juros de mora pelos índices da Caderneta de Poupança.

Os juros de mora nos índices da Caderneta de Poupança são os seguintes:

a) 0,5% ao mês, enquanto a meta da taxa Selic ao ano for superior a 8,5%; ou

b) 70% da meta da taxa Selic ao ano, mensalizada, vigente na data de início do período de rendimento, enquanto a meta da taxa Selic ao ano for igual ou inferior a 8,5%.

Assim, invalidade da Lei 11.960/2009 se limita à correção monetária, tendo sido mantido incólume o regramento dos juros de mora de acordo com os índices da

Caderneta de Poupança. Também nesse sentido, de acordo com o tese repetitiva do STJ (tema 905), "o art. 1º-F da Lei n. 9.494/1997 (com redação dada pela Lei 11.960/2009), na parte em que estabelece a incidência de **juros de mora** nos débitos da Fazenda Pública com base no índice oficial de remuneração da caderneta de poupança, **aplica-se às condenações impostas à Fazenda Pública**, excepcionadas as condenações oriundas de relação jurídico-tributária (REsp 1.495.146-MG, Rel. Min. Mauro Campbell Marques, Primeira Seção, por unanimidade, julgado em 22/02/2018, DJe 02/03/2018).

Vale registrar que nos autos do RE 870.947 ainda pendem de julgamento embargos de declaração da Fazenda Pública buscando a modulação da pronúncia de inconstitucionalidade do STF. Existe já voto do Ministro Fux para aceitar a aplicação da TR **até 24/3/2015**, véspera dos efeitos da pronúncia de invalidade perpetrada no julgamento das ADI's 4.425 e 4.357:

> **Informativo 926 – Condenações judiciais da Fazenda Pública: correção monetária e modulação de efeitos** – O Plenário iniciou julgamento conjunto de quatro embargos de declaração opostos de acórdão que deu parcial provimento a recurso extraordinário, com repercussão geral reconhecida (Tema 810), e declarou a inconstitucionalidade do índice previsto no art. 1º-F, da Lei 9.494/1997, com redação dada pela Lei 11.960/2009 (1).
>
> No julgamento do recurso extraordinário, o Colegiado fixou as seguintes teses: (i) o art. 1º-F da Lei 9.494/1997, com a redação dada pela Lei 11.960/2009, na parte em que disciplina os juros moratórios aplicáveis a condenações da Fazenda Pública, é inconstitucional ao incidir sobre débitos oriundos de relação jurídico-tributária, aos quais devem ser aplicados os mesmos juros de mora pelos quais a Fazenda Pública remunera seu crédito tributário, em respeito ao princípio constitucional da isonomia (CF, art. 5º, caput); quanto às condenações oriundas de relação jurídica não tributária, a fixação dos juros moratórios segundo o índice de remuneração da caderneta de poupança é constitucional, permanecendo hígido, nesta extensão, o disposto no art. 1º-F da Lei 9.494/1997 com a redação dada pela Lei 11.960/2009; (ii) o art. 1º-F da Lei 9.494/1997, com a redação dada pela Lei 11.960/2009, na parte em que disciplina a atualização monetária das condenações impostas à Fazenda Pública segundo a remuneração oficial da caderneta de poupança, revela-se inconstitucional ao impor restrição desproporcional ao direito de propriedade (CF, art. 5º, XXII), uma vez que não se qualifica como medida adequada a capturar a variação de preços da economia, sendo inidônea a promover os fins a que se destina.
>
> Os embargantes alegam omissão e contradição do citado acórdão por ausência de modulação de seus efeitos. Sustentam que a imediata aplicação dessa decisão criaria um cenário de insegurança jurídica, com risco de dano grave ao erário, diante da possibilidade do pagamento de valores a maior pela Fazenda Pública.
>
> **O ministro Luiz Fux (relator) acolheu parcialmente os embargos de declaração interpostos por Estados-membros e pelo Instituto Nacional do Seguro**

Social (INSS), para conferir eficácia prospectiva à declaração de inconstitucionalidade do índice previsto no art. 1º-F da Lei 9.494/1997, com a redação dada pela Lei 11.960/2009, proferida no leading case.

Em relação aos provimentos judiciais que não transitaram em julgado, o relator estabeleceu, como marco temporal inicial dos efeitos do acórdão embargado, o dia 25 de março de 2015, consoante o que decidido na questão de ordem formulada na **ADI 4.425** e na **ADI 4.357**.

O ministro Luiz Fux afastou a modulação de efeitos quanto aos débitos fazendários que, mesmo antes de 2015, já foram atualizados pelo Índice de Preços ao Consumidor Amplo Especial (IPCA-E). Asseverou que o acórdão embargado não alcança os provimentos judiciais condenatórios transitados em julgado, cujos critérios de pagamentos serão mantidos.

Para o relator, trata-se de uma questão não só de segurança jurídica, mas também de repercussão econômica e social.

Em seguida, o ministro Alexandre de Moraes pediu vista dos autos. RE 870947 ED/SE, RE 870947 Segundos-ED/SE, RE 870947 Terceiros-ED/SE, RE 870947 Quartos-ED/SE, rel. Min. Luiz Fux, julgamento em 6.12.2018. (RE-870947).

Nessa decisão, o Ministro Fux concedeu **efeito suspensivo aos embargos de declaração**, conforme noticiado no próprio sítio do STF:

Quarta-feira, 26 de setembro de 2018

Ministro suspende efeitos de acórdão sobre índices de correção de dívidas da Fazenda Pública

O ministro Luiz Fux, do Supremo Tribunal Federal (STF), **suspendeu a aplicação da decisão da Corte tomada no Recurso Extraordinário (RE) 870947**, acerca da correção monetária de débitos da fazenda pública, **aos processos sobrestados nas demais instâncias, até que Plenário aprecie pedido de modulação de efeitos do acordão daquele julgado**. O ministro, relator do RE, acolheu requerimento de diversos estados que alegaram danos financeiros decorrentes da decisão que alterou o índice de correção monetária aplicada aos débitos fazendários no período anterior à expedição dos precatórios. O Plenário adotou o Índice de Preços ao Consumidor Amplo Especial (IPCA-E) em substituição à Taxa de Referência (TR).

Na decisão, o relator atribuiu efeito suspensivo a embargos de declaração apresentados por vários estados e levou em conta haver fundamentação relevante e demonstração de risco de dano financeiro ao Poder Público. Segundo explicou Fux, a modulação se volta exatamente à acomodação entre a nulidade das leis inconstitucionais e outros valores relevantes, como a segurança jurídica e a proteção da confiança legítima.

O ministro entendeu que ficou demonstrada, no caso, a efetiva existência de risco de dano grave ao erário em caso de não concessão do efeito suspensivo. Isso porque, segundo o relator, a jurisprudência do STF entende que, para a aplicação da sistemática da repercussão geral, não é necessário aguardar o trânsito em julgado do acórdão paradigma. Logo, o impacto da decisão proferida em plenário, em julgamento encerrado em 2017, pode ser imediato.

Ainda segundo o relator, a aplicação imediata da decisão pelas demais instâncias do Judiciário, antes da apreciação, pelo STF, do pedido de modulação dos efeitos da orientação estabelecida "pode realmente dar ensejo à realização de pagamentos de consideráveis valores, em tese, a maior pela Fazenda Pública, ocasionando grave prejuízo às já combalidas finanças públicas".

Por outro lado, considerando que o caso julgado pelo STF envolveu benefício assistencial e não previdenciário, o STJ em tese repetitiva afastou a correção monetária pelo IPCA-E, adotando o INPC:

PROCESSO	REsp 1.495.146-MG, Rel. Min. Mauro Campbell Marques, Primeira Seção, por unanimidade, julgado em 22/02/2018, DJe 02/03/2018 (Tema 905)
RAMO DO DIREITO	DIREITO PROCESSUAL CIVIL
TEMA	Aplicação do art. 1º-F da Lei n. 9.494/1997 (com redação dada pela Lei n. 11.960/2009). Condenações impostas à Fazenda Pública. Índices aplicáveis a depender da natureza da condenação. Condenações judiciais de natureza previdenciária.

DESTAQUE
As condenações impostas à Fazenda Pública de natureza previdenciária sujeitam-se à incidência do INPC, para fins de correção monetária, no que se refere ao período posterior à vigência da Lei n. 11.430/2006, que incluiu o art. 41-A na Lei n. 8.213/1991. Quanto aos juros de mora, no período posterior à vigência da Lei n. 11.960/2009, incidem segundo a remuneração oficial da caderneta de poupança.

INFORMAÇÕES DO INTEIRO TEOR
No tocante às condenações judiciais de natureza previdenciária, para fins de correção monetária, no período anterior à vigência da Lei 11.430/2006, devem ser aplicados os índices previstos no Manual de Cálculos da Justiça Federal. Nesse sentido: REsp 1.103.122-PR, Rel. Min. Jorge Mussi, DJe 03/08/2009. Ressalte-se que no período posterior à vigência da Lei n. 11.430/2006, que incluiu o art. 41-A na Lei n. 8.213/91, a correção monetária de condenações judiciais impostas à Fazenda Pública de natureza previdenciária deve ser calculada segundo a variação do INPC, apurado pela Fundação Instituto Brasileiro de Geografia e Estatística – IBGE. **Cumpre registrar que a adoção do INPC não configura afronta ao que foi decidido pelo Supremo Tribunal Federal, em sede de repercussão geral (RE 870.947-SE). Isso porque, naquela ocasião, determinou-se a aplicação do IPCA-E para fins de correção monetária de benefício de prestação continuada (BPC), o qual se trata de benefício de natureza assistencial, previsto na Lei n. 8.742/1993. Assim, é imperioso concluir que o INPC, previsto no art. 41-A da Lei n. 8.213/1991, abrange apenas a correção monetária dos benefícios de natureza previdenciária.** Por outro lado, é legítima a fixação dos juros de mora segundo o índice de remuneração da caderneta de poupança, na forma prevista no art. 1º-F, da Lei n. 9.494/1997, com a redação dada pela Lei n. 11.960/2009. Em relação ao tema, destacam-se: REsp 1.272.239-PR, Rel. Min. Ari Pargendler, DJe 01/10/2013 e AgRg no REsp 1.455.195-TO, Rel. Min. Mauro Campbell Marques, DJe 19/08/2014. Já no período anterior à vigência da Lei n. 11.960/2009, os juros de mora equivalem a 1% (um por cento) ao mês, sujeitos à capitalização simples (art. 3º do Decreto-Lei n. 2.322/87). Nesse sentido: AgRg no AgRg no REsp 929.339-SP, Rel. Min. Maria Thereza de Assis Moura, DJe 22/11/2010 e EREsp 230.222/CE, Rel. Min. Felix Fischer, DJ 16/10/2000.

A TNU segue a linha do STJ e vem utilizando o INPC como índice de correção monetária (Informativo 25/2018): PUIL n. 0002462-54.2009.4.03.6317/SP – "A TNU firmou o entendimento de que, a partir da data de vigência da Lei n. 11.960/2009, o INPC é o índice de atualização das parcelas vencidas de benefícios previdenciários".

Mas o STF rejeitou o pedido de modulação da União, confirmado a inconstitucionalidade da TR:

Quinta-feira, 03 de outubro de 2019

Concluído julgamento de recursos sobre correção monetária nas condenações contra a Fazenda Pública

O Plenário do Supremo Tribunal Federal (STF), em sessão nesta quinta-feira (3), concluiu que o Índice de Preços ao Consumidor Amplo Especial (IPCA-E) para a atualização de débitos judiciais das Fazendas Públicas (precatórios) aplica-se de junho de 2009 em diante. A decisão foi tomada no julgamento de embargos de declaração no Recurso Extraordinário (RE) 870947, com repercussão geral reconhecida.

Nos embargos, o Instituto Nacional do Seguro Social (INSS) e diversos estados defendiam a possibilidade de a decisão valer a partir de data diversa do julgamento de mérito do RE, ocorrido em 2017, para que a decisão, que considerou inconstitucional a utilização da Taxa Referencial (TR) na correção dessas dívidas, tivesse eficácia apenas a partir da conclusão do julgamento.

Prevaleceu, por maioria, o entendimento de que não cabe a modulação, ressaltando-se que, caso a eficácia da decisão fosse adiada, haveria prejuízo para um grande número de pessoas. Segundo dados do Conselho Nacional de Justiça (CNJ), há pelo menos 174 mil processos no país sobre o tema aguardando a aplicação da repercussão geral.

Voto-vista

O julgamento dos embargos começou em dezembro de 2018. Na ocasião, o relator do RE, ministro Luiz Fux, acolheu os embargos e votou no sentido de que a decisão no RE passasse a ter eficácia apenas a partir de março de 2015, quando o Plenário julgou questões de ordem nas Ações Diretas de Inconstitucionalidade (ADIs) 4425 e 4357, conhecidas como ADIs dos precatórios.

Após pedido de vista do ministro Alexandre de Moraes, o julgamento foi retomado na sessão de 20 de março. Em seu voto, o ministro Alexandre se manifestou contra a modulação. Segundo ele, seria configurada uma afronta ao direito de propriedade dos jurisdicionados, pois teriam seus débitos corrigidos por uma regra que o próprio Supremo considerou inconstitucional. À época, o ministro destacou que a modulação dos efeitos de uma decisão do STF, para que continue a produzir efeitos mesmo após ser declarada inconstitucional, é medida técnica excepcional, já que a regra é que a inconstitucionalidade não se prolongue no tempo. Esse entendimento foi seguido pelos ministros Edson

Fachin, Rosa Weber, Ricardo Lewandowski, Marco Aurélio e Celso de Mello, formando a maioria.

Hoje, a análise foi retomada com o voto-vista do ministro Gilmar Mendes, que acompanhou o relator pela modulação dos efeitos da decisão. Segundo ele, sem que se adote essa técnica, haveria quebra de isonomia entre credores da mesma demanda, pois poderiam ser aplicados índices diferenciados, dependendo da demora na fase de cumprimento de sentença. O ministro Dias Toffoli, presidente do STF, também votou pela modulação da decisão.

PR/CR

De seu turno, haverá a incidência de Imposto de Renda sobre os juros de mora decorrentes de parcelas atrasadas de benefícios previdenciários, haja vista a previsão expressa da Lei 4.506/64. Nesse sentido, transcreve-se passagem do Informativo 514 do STJ:

> **"DIREITO TRIBUTÁRIO. INCIDÊNCIA DE IMPOSTO DE RENDA DA PESSOA FÍSICA SOBRE JUROS DE MORA DECORRENTES DE BENEFÍCIOS PREVIDENCIÁRIOS PAGOS EM ATRASO.**
>
> **Incide imposto de renda da pessoa física sobre os juros moratórios decorrentes de benefícios previdenciários pagos em atraso.** Conforme o art. 16, parágrafo único, da Lei n. 4.506/1964, "serão também classificados como rendimentos de trabalho assalariado os juros de mora e quaisquer outras indenizações pelo atraso no pagamento das remunerações previstas neste artigo". Assim, os juros moratórios, apesar de terem a natureza jurídica de lucros cessantes, amoldam-se à hipótese de incidência do imposto de renda prevista no inciso II do art. 43 do CTN (proventos de qualquer natureza). Nesse contexto, há duas exceções à regra da incidência do imposto de renda sobre os juros de mora. Nos termos do art. 6º, V, da Lei n. 7.713/1988, na situação excepcional em que o trabalhador perde o emprego, os juros de mora incidentes sobre as verbas remuneratórias ou indenizatórias que lhe são pagas são isentos de imposto de renda. Além disso, não incide o referido tributo sobre os juros de mora decorrentes de verba principal isenta ou fora do seu campo de incidência (tese do acessório que segue o principal). Por outro lado, não há regra isentiva para os juros de mora incidentes sobre verbas previdenciárias remuneratórias pagas a destempo, o que acarreta a aplicação da regra geral do art. 16, parágrafo único, da Lei n. 4.506/1964. Precedentes citados: REsp 1.089.720-RS, DJe 28/11/2012, e REsp 1.227.133-RS, DJe 19/10/2011.AgRg no **AREsp 248.264-RS**, Rel. Min. Mauro Campbell Marques, julgado em 27/11/2012".

No entanto, **"no caso de benefício previdenciário pago em atraso e acumuladamente, não é legítima a cobrança de imposto de renda com parâmetro no montante global pago extemporaneamente.** Isso porque a incidência do imposto de renda deve observar as tabelas e alíquotas vigentes na época em que os valores deveriam ter sido adimplidos, devendo ser observada a renda auferida mês a mês pelo segurado" (AgRg no AREsp 300.240-RS, Rel. Min. Humberto Martins, julgado em 9/4/2013. – Informativo 519 do STJ).

Vale registrar que a Lei 12.919, de 24 de dezembro de 2013, que dispõe sobre as diretrizes para a elaboração e execução da Lei Orçamentária de 2014, já previu no seu artigo 27 que a atualização monetária dos precatórios, determinada no § 12 do art. 100 da Constituição Federal, inclusive em relação às causas trabalhistas, previdenciárias e de acidente do trabalho, observará, no exercício de 2014, a variação do Índice Nacional de Preços ao Consumidor Amplo – Especial – IPCA-E do IBGE.

De acordo com o STF, é devida a incidência de juros da mora no período compreendido entre a data da realização dos cálculos e a da requisição ou do precatório:

RE 579431 / RS – RIO GRANDE DO SUL
RECURSO EXTRAORDINÁRIO
Relator(a): Min. MARCO AURÉLIO
Julgamento: 19/04/2017 Órgão Julgador: Tribunal Pleno
JUROS DA MORA – FAZENDA PÚBLICA – DÍVIDA – REQUISIÇÃO OU PRECATÓRIO. Incidem juros da mora entre a data da realização dos cálculos e a da requisição ou do precatório.

Com base no **PARECER n. 00087/2018/NOEJ/DEPCONT/PGF/AGU,** os órgãos da AGU estão **acatando a decisão do STF,** pois o Departamento de Contencioso, com fundamento no art. 2º, inciso IV, da Portaria 488/2016 da Advocacia-Geral da União, orientou as unidades de contencioso da PGF a reconhecer a procedência do pedido, a abster-se de contestar e de recorrer e a desistir dos recursos já interpostos, nos casos em que se discuta a **incidência de juros da mora no período compreendido entre a data da realização dos cálculos e a da requisição ou do precatório**, consoante o que restou decidido pelo Supremo Tribunal Federal no RE/RG nº 579.431/RS – TEMA 96, ressalvadas as hipóteses elencadas no art. 12 da referida Portaria 488/2016.

Por sua vez, a Corte Especial adequou o entendimento do STJ ao posicionamento do STF:

Informativo 617- CORTE ESPECIAL	
PROCESSO	EREsp 1.150.549-RS, Rel. Min. Og Fernandes, por unanimidade, julgado em 29/11/2017, DJe 12/12/2017
RAMO DO DIREITO	DIREITO PROCESSUAL CIVIL
TEMA	Execução contra a Fazenda Pública. RPV. Juros de mora. Período compreendido entre a data da elaboração da conta de liquidação e a expedição do requisitório. Incidência. Julgamento proferido pelo STF no RE n. 579.431/RS, em regime de repercussão geral. Art. 1.030, II, do CPC/2015. Juízo de retratação.
DESTAQUE	
Em adequação ao entendimento do Supremo Tribunal Federal, a Corte Especial do STJ adota orientação jurisprudencial no sentido de que incidem juros da mora no período compreendido entre a data da realização dos cálculos e a da requisição ou do precatório.	

> **INFORMAÇÕES DO INTEIRO TEOR**
>
> A Corte Especial do Superior Tribunal de Justiça vislumbrou a necessidade de readequar a jurisprudência por ela firmada no julgamento do recurso especial repetitivo n. 1.143.677-RS, tendo em vista entendimento oposto consolidado pelo Supremo Tribunal Federal, no momento em que apreciado o RE 579.431-RS, por meio do qual fixou-se a incidência de juros de mora para o período compreendido entre a data da realização dos cálculos e a da requisição ou do precatório. Dessa forma – e com fundamento no art. 1.030, II, do CPC/2015 – conclui-se pela inteira aplicação da norma legal ao caso em exame.

14. PERÍCIA JUDICIAL NAS CAUSAS PREVIDENCIÁRIAS

14.1. Regras gerais

O uso do meio de prova pericial através de exames é muito comum em diversas causas previdenciárias, sendo adequada quando a prova do fato depender de conhecimento especial de técnico, sendo tratada pelos artigos 464 *usque* 480 do CPC de 2015.

Sendo pertinente e necessária à produção da prova pericial, de ofício ou a requerimento das partes, o juiz nomeará o perito, fixando de imediato o prazo para a entrega do laudo, podendo as partes indicar assistentes técnicos e quesitos no prazo de quinze dias da intimação judicial, ou arguir o impedimento ou a suspeição do perito, se for o caso.

Ciente da nomeação, o perito apresentará em cinco dias a proposta de honorários; o currículo, com comprovação de especialização e os contatos profissionais, em especial o endereço eletrônico, para onde serão dirigidas as intimações pessoais.

Em seguida, as partes serão intimadas da proposta de honorários para, querendo, manifestar-se no prazo comum de cinco dias, após o que o juiz arbitrará o valor, intimando-se as partes.

Nos termos do artigo 473 do CPC de 2015, o laudo pericial deverá conter:

   I – a exposição do objeto da perícia;

   II – a análise técnica ou científica realizada pelo perito;

   III – a indicação do método utilizado, esclarecendo-o e demonstrando ser predominantemente aceito pelos especialistas da área do conhecimento da qual se originou;

   IV – resposta conclusiva a todos os quesitos apresentados pelo juiz, pelas partes e pelo órgão do Ministério Público.

Caso se trate de perícia complexa, que abranja mais de uma área de conhecimento especializado, o juiz poderá nomear mais de um perito e a parte indicar mais de um assistente técnico.

A perícia médica é ato privativo do médico, não podendo ser realizada por outros profissionais. Nesse sentido, disciplina a Lei 12.842/2013 que são atividades privativas do médico a realização de perícia médica e exames médico-legais, excetuados os exames laboratoriais de análises clínicas, toxicológicas, genéticas e de biologia molecular.

No entanto, o título de **especialista em medicina legal e perícia médica** somente pode ser apresentado pelo médico que participou com êxito do Programa de Residência Médica em Medicina Legal e Perícia Médica, que possui duração de três anos, nos termos da Resolução CFM 1.973/2011, embora qualquer médico possa promover a perícia previdenciária.

De efeito, aos médicos que prestam assistência médica ao trabalhador, independentemente de sua especialidade ou local em que atuem, cabe:

I – assistir ao trabalhador, elaborar seu prontuário médico e fazer todos os encaminhamentos devidos;

II – fornecer atestados e pareceres para o afastamento do trabalho sempre que necessário, considerando que o repouso, o acesso a terapias ou o afastamento de determinados agentes agressivos faz parte do tratamento;

III – fornecer laudos, pareceres e relatórios de exame médico e dar encaminhamento, sempre que necessário, para benefício do paciente e dentro dos preceitos éticos, quanto aos dados de diagnóstico, prognóstico e tempo previsto de tratamento. Quando requerido pelo paciente, deve o médico por à sua disposição tudo o que se refira ao seu atendimento, em especial cópia dos exames e prontuário médico[31].

São atribuições e deveres do perito-médico judicial e assistentes técnicos:

I – examinar clinicamente o trabalhador e solicitar os exames complementares necessários;

II – o perito-médico judicial e assistentes técnicos, ao vistoriarem o local de trabalho, devem fazer-se acompanhar, se possível, pelo próprio trabalhador que está sendo objeto da perícia, para melhor conhecimento do seu ambiente de trabalho e função;

III – estabelecer o nexo causal, se for o caso[32].

Ademais, nos termos do artigo 2º da Resolução CFM 1.488/98, para o estabelecimento do nexo causal entre os transtornos de saúde e as atividades do trabalhador, além do exame clínico (físico e mental) e os exames complementares, quando necessários, deve o médico considerar:

---

31. Art. 1º da Resolução CFM nº 1.488/1998.
32. Art. 10 da Resolução CFM nº 1.488/1998.

I - a história clínica e ocupacional, decisiva em qualquer diagnóstico e/ou investigação de nexo causal;

II - o estudo do local de trabalho;

III - o estudo da organização do trabalho;

IV - os dados epidemiológicos;

V - a literatura atualizada;

VI - a ocorrência de quadro clínico ou subclínico em trabalhador exposto a condições agressivas;

VII - a identificação de riscos físicos, químicos, biológicos, mecânicos, estressantes e outros;

VIII - o depoimento e a experiência dos trabalhadores;

IX - os conhecimentos e as práticas de outras disciplinas e de seus profissionais, sejam ou não da área da saúde.

Outrossim, deve o perito-médico judicial fornecer cópia de todos os documentos disponíveis para que os assistentes técnicos elaborem seus pareceres. Caso o perito-médico judicial necessite vistoriar a empresa (locais de trabalho e documentos sob sua guarda), ele deverá informar oficialmente o fato, com a devida antecedência, aos assistentes técnicos das partes (ano, mês, dia e hora da perícia)[33].

No entanto, o médico de empresa, o médico responsável por qualquer programa de controle de saúde ocupacional de empresa e o médico participante do serviço especializado em Segurança e Medicina do Trabalho não podem atuar como peritos judiciais, securitários, previdenciários ou assistentes técnicos, nos casos que envolvam a firma contratante e/ou seus assistidos (atuais ou passados)[34].

De acordo com a Portaria INSS/AGU 04, de 10 de setembro de 2014, no âmbito da Previdência Social, a **assistência técnica** é a função desempenhada pelos Peritos Médicos e Assistentes Sociais do INSS de assessoria aos órgãos de execução da Procuradoria-Geral Federal (PGF) com representação judicial do INSS sempre que a matéria por sua natureza demandar conhecimentos técnicos específicos, particularmente por sua participação nos atos preparatórios da defesa e na perícia judicial em processos de benefícios previdenciários e assistenciais de prestação continuada.

Compete aos servidores que integram as carreiras da área de Perito Médico Previdenciário, na sua atuação como assistente técnico em ações judiciais:

I - comparecer ao local designado para acompanhamento da perícia, munido de informações prévias obtidas nos sistemas informatizados sobre a vida laborativa

---

33. Art. 11 da Resolução CFM nº 1.488/1998.
34. Art. 12 da Resolução CFM nº 1.488/1998.

do segurado, benefícios previdenciários ou assistenciais postulados e perícias médicas anteriores;

II – participar do exame clínico designado, se entender necessário, solicitando ao autor esclarecimentos e informando ao Perito Judicial acerca dos dados colhidos nos sistemas informatizados do INSS;

III – realizar assessoramento técnico em processos de aposentadoria especial;

IV – elaborar parecer médico conclusivo sobre a perícia judicial acompanhada ou manifestar concordância com a conclusão explicitada pelo Perito Judicial, respondendo, quando solicitado, aos quesitos do Juízo e das partes e fixando, fundamentadamente, a data de início da incapacidade;

V – comunicar imediatamente ao órgão de execução da PGF que atue no feito qualquer espécie de constrangimento a que for submetido no exercício das suas atribuições, para que sejam tomadas as devidas providências; e

VI – comunicar ao órgão de execução da PGF que atue no feito, em manifestação fundamentada, eventual impedimento, suspeição ou conduta parcial do médico nomeado pelo juízo.

Por sua vez, compete aos servidores que integram as carreiras de Assistente Social e Analista do Seguro Social com formação em Serviço Social, na sua atuação como assistente técnico em ações judiciais:

I – acompanhar a perícia judicial e participar de procedimentos técnicos, quando solicitado;

II – elaborar parecer social ou parecer técnico conclusivo sobre a perícia social acompanhada ou manifestar concordância com a conclusão explicitada pelo profissional designado pelo Juízo, respondendo, quando solicitado, aos quesitos judiciais e das partes;

III – comunicar imediatamente ao órgão de execução da PGF que atue no feito qualquer espécie de constrangimento a que for submetido no exercício das suas atribuições, para que sejam tomadas as devidas providências; e

IV – comunicar ao órgão de execução da PGF que atue no feito, em manifestação fundamentada, eventual impedimento, suspeição ou conduta parcial do profissional designado pelo juízo.

De efeito, o Perito Médico e o Assistente Social do INSS serão comunicados previamente da data, horário e local da perícia judicial pelo órgão de execução da PGF que atue no feito ou diretamente pelo Poder Judiciário, quando previamente acertado com o juízo competente e o órgão de execução da PGF com atribuição para atuar no processo judicial.

Ademais, o parecer do assistente técnico deverá empregar linguagem acessível, esclarecendo siglas e evitando abreviaturas, sem prejuízo do conteúdo que envolve.

Outrossim, o Serviço de Saúde do Trabalhador (SST) deverá indicar servidor(es) da área médico-pericial/serviço social da Previdência Social para atender a demanda de serviço junto ao órgão de execução da PGF, devendo ainda compatibilizar a agenda do(s) servidor(es), quando no exercício da assistência técnica.

Ademais, poderão as partes apresentar, durante a diligência, quesitos suplementares a serem respondidos pelo *expert*.

Vale registrar que o juiz não está adstrito ao laudo pericial, podendo formar a sua convicção com outros elementos ou fatos provados nos autos. No entanto, na esfera previdenciária é raro o não acolhimento judicial do laudo pericial.

O juiz poderá determinar, de ofício ou a requerimento da parte, a realização de nova perícia, quando a matéria não lhe parecer suficientemente esclarecida.

Isso normalmente se verifica na seara judicial quando o primeiro perito judicial indica médico com formação diversa para avaliar de outro prisma a existência de incapacidade laborativa, a exemplo da realização da primeira perícia por médico ortopedista e da segunda por psiquiatra.

Outra situação em que se faz necessária nova perícia se dá quando o primeiro laudo pericial possuir deficiências insanáveis, não conferindo o mínimo de elementos para a prolação da sentença pelo julgador.

A segunda perícia tem por objeto os mesmos fatos sobre que recaiu a primeira e destina-se a corrigir eventual omissão ou inexatidão dos resultados a que esta conduziu. Contudo, a segunda perícia não substitui a primeira, cabendo ao juiz apreciar livremente o valor de uma e outra.

Na prática previdenciária é típica a designação de perícia judicial para a concessão ou restabelecimento da aposentadoria por invalidez e do auxílio-doença (benefícios por incapacidade laboral), pois nestes casos cabe ao perito médico judicial avaliar a existência de incapacidade laborativa.

Abaixo são colacionadas informações técnicas extraídas do **Manual de Perícia Médica do INSS** disponível no sítio da CGU[35]:

> "5.1 – O exame médico-pericial tem como finalidade a avaliação laborativa do examinado, para fins de enquadramento na situação legal pertinente, sendo que o motivo mais freqüente é a habilitação a um benefício por incapacidade.
>
> 5.2 – Os dados obtidos nesse exame devem ser registrados no Laudo Médico Pericial (LPM), que é a peça médico-legal básica do processo, quanto à sua parte técnica. O servidor da área médico-pericial do INSS, ao preencher um laudo de

---

35. http://www.consultaesic.cgu.gov.br/busca/dados/Lists/Pedido/Attachments/438067/RESPOSTA_RECURSO_2_manualpericiamedica%20(1).pdf

perícia médica, terá sempre em mente que este é um documento decisivo para o interessado e para o INSS, destinado a produzir um efeito, podendo transitar na via recursal da previdência ou mesmo em juízo, com caráter de documento médico legal. Não basta examinar bem e nem chegar a uma conclusão correta. É preciso registrar, no Laudo de Perícia Médica, com clareza e exatidão, todos os dados fundamentais e os pormenores importantes, de forma a permitir à autoridade competente que deva manuseá-lo, inteirar-se dos dados do exame e conferir a conclusão emitida.

O Laudo Médico Pericial compõem-se de duas partes:

I – Relatório de Exame Médico-Pericial (meramente descritivo com registro das informações colhidas):

Rotina de preenchimento :

a) O anverso do LMP é igual ao da Conclusão da Perícia Médica e é preenchido conforme o descrito no subitem 5.2, inciso II.

b) O verso do LMP corresponde ao Relatório de Exame Médico-Pericial, que se destina ao registro do exame médico-pericial e é preenchido em uma só via pelo profissional da área médica (servidor, credenciado ou conveniado) que examinar o segurado e permanecerá em poder do Setor de Perícias Médicas. Todo o conteúdo do exame médico-pericial deve ser registrado de forma legível. A linguagem deve ser clara e objetiva, com todos os espaços do relatório preenchidos. Quando nada de anormal for encontrado, deverão ser anotadas as expressões que traduzem o dado normal encontrado. É expressamente vedado preencher espaços do relatório com simples traço, que nenhum valor encerra e nem pressupõem exame feito.

Os dados de identificação serão registrados da forma mais minuciosa e completa possível. Podem-se usar abreviações para estado civil, sexo e cor, com a primeira letra, a exemplo: Solteiro – "S". No quadro situação funcional, "E" significa empregado; "D", desempregado; e "A", autônomo. No local de exame, " I " é instituto; "C", consultório; "D" domicílio; e "E", empresa. Coloca-se um "X" no quadro correspondente conforme o caso. Todas as datas constantes do laudo serão preenchidas com oito dígitos (dd/mm/aaaa). No quadro "Exames Diversos" assinalar os itens "A" ou "B", conforme o caso, sendo que os do quadro "B" deverão ser transcritos no relatório do quadro abaixo de forma a permitir um diagnóstico e uma conclusão clara e precisa.

Nas considerações sobre a capacidade laborativa deverá sempre estar justificada adequadamente a existência ou não da incapacidade laboral frente a atividade declarada.

Deve constar local, data, assinatura e carimbo do profissional da área médica que examinou o segurado.

O Laudo de Perícia Médica (LPM) é utilizado para o registro da observação clínica em qualquer espécie de benefício por incapacidade.

II – Conclusão da Perícia-Médica – tem cunho nitidamente pericial e é onde se registra o parecer médico-pericial através de respostas a quesitos:

a) preenchimento do formulário de conclusão de perícia médica: destina-se à identificação do segurado, à conclusão médico-pericial e à comunicação dos elementos necessários à concessão, manutenção ou cessação dos benefícios por incapacidade, na área urbana e rural.

b) a emissão será efetuada pelo setor de perícias médicas, ou pelo setor administrativo das empresas conveniadas.

Significado das abreviaturas: DME (Data da Marcação do Exame); DN (Data Nascimento); DIB (Data do Início do Benefício); DER (Data da Entrada do Requerimento); DAT (Data do Afastamento do Trabalho); DUT (Data do Último dia trabalhado); DRE (Data de Realização do Exame); os demais estão escritos por extenso e são preenchidos da mesma forma.

A identificação do segurado deve ser de forma completa.

O código da profissão deve ser registrado no campo próprio da CPM, no exame inicial pela perícia médica que verificará também se o segurado exerce mais de uma profissão. Documento de Identidade: registrar o número, série e órgão expedidor do documento de identidade oficial. Convênio: registrar o número do código da empresa conveniada, ou inutilizar o campo com um traço, se não for convênio.

Os impressos destinados à Conclusão Médico-Pericial e ao Laudo Médico são emitidos e têm os cabeçalhos preenchidos pelo Sistema informatizado, de forma precisa, atendendo ao contido no programa PRISMA-SUB, Módulo Perícia Médica; os dados da Conclusão de Perícia Médica ficam armazenados na memória do computador.

III – Outros anexos:

Comunicação de Acidente de Trabalho (CAT) – No impresso constam os elementos necessários para o preenchimento da Comunicação de Acidente de Trabalho – CAT e do Atestado Médico. O preenchimento da CAT deve ser feito pelo empregador ou sindicato ou ainda por autoridade pública, pelo médico assistente, pelo acidentado ou seus familiares. Todos os campos da CAT devem estar preenchidos para que ela seja aceita e registrada.

O Atestado Médico é preenchido pelo médico que examinou ou atendeu o segurado. No caso de acidente com morte, o preenchimento é dispensável, devendo ser apresentada a certidão de óbito e, quando houver, o laudo de necropsia. Nestes documentos devem constar a assinatura do médico e o seu carimbo com o número da sua inscrição no Conselho Regional de Medicina –CRM.

5.3 – Critérios para a realização de exames médico-periciais:

5.3.1– O LPM é um documento que, além de ser objeto de análise por parte de médicos peritos pode, eventualmente, ser requisitado pelo Poder Judiciário ou

Conselho Federal/Regional de Medicina, devendo permitir leitura fluente em grafia clara e sem abreviaturas.

5.3.2 – Em todos os exames médico-periciais, deve ser exigida a dupla identificação do examinado, ou seja, a exigência de um documento com foto e a aposição de sua assinatura ou impressão digital na margem lateral do LPM. O profissional da área médico-pericial não realizará exame algum sem ter previamente apurado, conferido e anotado a prova de identidade do examinado, através de documento legal, de preferência a Carteira de Trabalho de Previdência Social.

5.3.3 – O registro da data do nascimento e idade é elemento indispensável para a conclusão médico-pericial, devendo ser corretamente preenchido . Registrar dia, mês e ano de nascimento do examinado, no formato dd/mm/aaaa.

5.3.4 – A Data do Afastamento do Trabalho (DAT) deve ser assinalada em todos os exames e corresponde ao dia seguinte ao do último dia trabalhado, ou seja o DUT.

5.3.5 – A anotação da profissão ou ocupação do examinado deve ser feita de forma a caracterizar adequadamente o tipo de atividade por ele exercido à época do afastamento do trabalho. Devem ser evitadas expressões genéricas como "ajudante". Faz-se necessário especificar: que tipo de ajudante, nunca usar expressões vagas ou genéricas, como operário, servente, bancário, comerciário. Procurar caracterizar a atividade específica , tecelão, servente de serviços gerais, caixa de banco, vendedor balconista etc. No caso do segurado estar desempregado, essa situação deverá ser anotada no local indicado e merecerá do médico toda a atenção, visto constituir problema social importante, muitas vezes motivador exclusivo do requerimento do benefício. O perito necessita investigar cuidadosamente o tipo de atividade, as condições em que é exercida, se em pé, se sentado, se exigindo prolongados e ou grandes esforços físicos, atenção continuada, etc. As condições do ambiente em que o trabalho é exercido podem, também, fornecer subsídios importante à avaliação.

5.3.6 – Tempo de profissão – utilizando-se os registros da Carteira Profissional do examinado, anotar o tempo de atividade na ocupação atual, e não se valer apenas das informações do examinado ou do acompanhante.

5.3.7– Deve ser anotada a causa real de afastamento do trabalho, por exemplo: Doença ou Acidente. Se houve demissão, além da palavra desemprego deve constar, também, a queixa que motivou o requerimento. Na verdade o segurado pode estar afastado por desemprego ou por outro motivo e vir a contrair, posteriormente, a doença incapacitante.

5.3.8 – Assinalar a situação funcional do trabalhador, anotando se, empregado (E), desempregado (D), ou autônomo (A).

5.3.9 – Marcar o local em que foi realizado o exame correspondendo " I " (no INSS); "C" (consultório de credenciado); "D" (domicílio); e "E" (Empresa).

5.3.10 – Registrar a existência ou não de benefício anterior ao pleiteado.

5.3.11 – Os sintomas ou doenças informados como sendo a causa do afastamento do trabalho devem ser minuciosamente caracterizados, pois a simples listagem dos mesmos não permite, na maioria das vezes, chegar a uma hipótese diagnóstica fidedigna. Os sintomas devem ser caracterizados com respeito à localização, intensidade, freqüência, fatores de exacerbação ou atenuantes. Deve-se registrar, ainda, a evolução da doença, tratamentos realizados, internações hospitalares, etc. As informações documentais, além de anotadas, devem ser anexadas aos antecedentes médico-periciais.

5.3.12 – Registrar todos os antecedentes mórbidos pessoais que tenham significado para a abordagem Médico-Pericial situando-os no tempo/evolução.

5.3.13 – A pressão arterial, pulso, peso e altura devem ser registrados em campo próprio, bem como o aspecto geral, com termos claros e objetivos.

5.3.14 – Devem ser descritos os dados pertinentes à observação por palpação, percussão e ausculta referentes aos aparelhos e sistemas afetados. Sempre que possível esses dados devem ser qualificados/quantificados. Deve ser dada a ênfase principalmente aos elementos que guardam relação direta com a atividade laborativa.

5.3.15 – Ao término de um exame clínico cuidadoso e bem conduzido, o profissional da área médico-pericial, quase sempre tem condições de firmar um diagnóstico provável, pelo menos genérico ou sindrômico, de modo a lhe permitir uma avaliação de capacidade funcional e de capacidade laborativa. Quando o resultado do exame clínico não for convincente e as dúvidas puderem ser aclaradas por exames subsidiários, poderão estes ser requisitados, mas restritos ao mínimo indispensável à avaliação da capacidade laborativa. Requisições desnecessárias geram despesas inúteis, atrasam conclusões e acarretam prejuízos aos examinados e à Previdência Social. Somente serão solicitados quando indispensáveis para a conclusão médico-pericial. Os Sistemas PRISMA/SABI não permitem a solicitação de exames/pareceres na perícia inicial. Entendendo-se que, cabe ao segurado o ônus da prova de sua doença, o qual no momento da solicitação do requerimento inicial deverá ter um diagnóstico e tratamento devidamente instituído com os exames complementares que comprovam sua causa mórbida, fica a Perícia Médica dispensada das solicitações dos respectivos exames. Nos exames subseqüentes, no estrito objetivo de dirimir dúvidas quanto a manutenção do benefício, poderão ser solicitados os exames complementares indispensáveis.

5.3.16 – Registrar o diagnóstico da patologia que motivou o afastamento do trabalho, procurando usar termos precisos.

5.3.17 – Anotar o diagnóstico de outra patologia que possa ter significado para a abordagem médico-pericial.

5.3.18 – A capacidade laborativa deve ser definida o mais precisamente possível, considerando-se os dados clínicos da história, exame físico apresentado e a atividade exercida.

5.3.19 – A fixação da Data do Início da Doença (DID), deve ser obrigatoriamente feita no exame inicial para concessão do benefício por incapacidade (Ax-1), bem como nos pedidos de recursos à JR/CRPS bem como em todos os casos de sugestão de limite indefinido.

5.3.20 – A Data do Início da Incapacidade (DII) deve ser obrigatória e corretamente fixada nas mesmas situações assinaladas para a DID. É a data em que as manifestações da doença provocaram um volume de alterações morfopsicofisiológicas que impedem o desempenho das funções específicas de uma profissão, obrigando ao afastamento do trabalho. Deve ser fixada em todos os casos de exame inicial para concessão de benefício por incapacidade, bem como nos pedidos de recursos à JR/CRPS desde que exista incapacidade para o trabalho, isto é, nas conclusões tipo 2 ou tipo 4.

Esses dois dados são fundamentais para decisões em caso de benefícios com dispensa de período de carência, ou em casos de doenças com inicio anterior ao ingresso na Previdência Social.

5.4 – Preenchimento da Conclusão de Perícia Médica (CPM):

5.4.1 – A Conclusão do exame Médico-pericial resultará das respostas aos quesitos da CPM.

5.4.2 – As datas, prazos ou limites deverão sempre ser expressas na CPM com oito algarismos (dd/mm/aaaa).

5.4.3 – Os quesitos com respostas prejudicadas terão as quadrículas correspondentes inutilizadas com traço horizontal.

5.4.4 – São terminantemente vedadas rasuras ou emendas nas vias da CPM que vão gerar os efeitos legais e administrativos.

5.4.5 – Após a execução do exame médico-pericial e o preenchimento dos quesitos da CPM a cargo do profissional da área médico-pericial que realizou o exame, fica dispensada a sua homologação, cabendo ao médico do quadro a revisão quando for julgada necessária prevalecendo nesse caso a conclusão após novo exame médico.

5.4.5.1 – A resposta ao quesito "isenção de carência" é obrigatória em todos os exames iniciais bem como em todos os casos de conclusão com Limite Indefinido (LI).

5.4.5.2 – Nos casos de concessão de Limite Indefinido (LI) é obrigatória a resposta ao quesito que indica majoração da Aposentadoria por Invalidez (25%).

5.4.5.3 – Nos exames iniciais é obrigatório resposta aos quesitos de DID e DII quando o parecer for favorável (E-21, E-31, E-91).

5.4.5.4 – Nos casos iniciais de Acidentes de Trabalho/Doença Ocupacional ou do Trabalho, obrigatoriamente, se deverá responder o quesito referente ao Nexo Técnico.

5.5 – Códigos Especiais para exames médico-periciais:

5.5.1 – A conclusão médico-pericial com Limite Indefinido (LI) será codificada com seis dígitos "88 88 88", permanecendo a codificação "99 99 99", quando da inexistência de incapacidade laborativa".

Os Tipos de Conclusão Médico-Pericial, nos casos de benefícios previdenciários por incapacidade, resultarão das respostas aos quesitos:

Tipo 1	Contrária	Tipo 3	Contrária (gravidez fisiológica)
Tipo 2	Data de Cessação do Benefício (DCB)	Tipo 4	Data da Comprovação da Incapacidade (DCI)

Ainda de acordo com o **Manual de Perícia Médica do INSS,** a conclusão será contrária nos casos de exames iniciais (AX-1) em que for verificada a inexistência de incapacidade para o trabalho (Tipo 1) ou nos casos de gravidez fisiológica (Tipo 3).

Ademais, a conclusão será com DCB – data de cessação do benefício (Tipo 2) em AX1 nos casos de:

a) inexistência de incapacidade atual, mas existência de incapacidade anterior já cessada (DCB em data anterior ou na DRE – data de realização do exame);

b) existência de incapacidade de duração previsível (data da provável cessação – doenças auto limitadas)

c) em caso de retorno antecipado ao trabalho, no dia imediatamente anterior à data do retorno.

Já a conclusão com DCB nos exames de prorrogação de auxílio-doença (AX-n), ocorrerá nos casos em que for verificada a recuperação da capacidade do beneficiário/segurado para o seu trabalho e será fixada na Data de Realização do Exame (DRE), ou até cinco dias após, ou ainda, na data do óbito, quando for o caso.

A conclusão com DCB nos reexames de segurados aposentados por invalidez poderá ocorrer nas hipóteses de determinação legal ou quando houver solicitação por parte do aposentado, visando a verificação da re-aquisição da capacidade parcial ou total para o exercício de sua ou de outra atividade.

Por fim, a conclusão com DCI – data de cessação da incapacidade (Tipo 4) nos exames iniciais (AX-1) e nos de prorrogação (AX-n) ocorrerá nos casos em que for verificada a existência de incapacidade atual que presumivelmente persistirá por um determinado prazo, ao final do qual o segurado deverá ser reexaminado.

Nos termos do **Manual de Perícia Médica do INSS**, de acordo com as datas fixadas, três situações podem se apresentar:

SITUAÇÃO	PARECER MÉDICO-PERICIAL	SOLUÇÃO ADMINISTRATIVA
A	DID – antes da 1a contribuição DII – antes da 12a contribuição	Doença pré-existente. Indeferimento do benefício. Incapacidade laborativa anterior à carência.
B	DID – antes ou depois da 1a contribuição DII – depois da 12a contribuição	Procedimento cabível se houver agravamento da patologia anterior à filiação
C	DID – depois da 1a contribuição DII – antes da 12a contribuição	não caberá a concessão do benefício, ressalvadas as hipóteses a seguir: - se é doença que isenta de carência; - se é acidente de qualquer natureza ou causa; Obs.: 1 – se a DII recaiu no 2º dia do 12º mês de carência, tendo em vista que um dia trabalhado no mês, vale como contribuição para aquele mês, para qualquer categoria de segurado 2 – se a doença for isenta de carência, a DID e DII devem recair no 2º dia do 1º mês da filiação.

A data de início da doença – DID e a data de início da incapacidade – DII serão fixadas utilizando-se, além do exame objetivo, exames complementares, atestado de internação e outras informações de natureza médica.

De posse desses elementos, a perícia médica poderá, com relativa segurança, fixar as datas prováveis da DID e da DII, que deverão ser expressas em 8 (oito) algarismos (dd/mm/aaaa)

Quando se tratar de segurado acometido de doença de segregação compulsória a exemplo da hanseníase, a DID será fixada na Data da Verificação do Mal (DVM); quando o segurado, em alta definitiva de tratamento, vier a sofrer reativação da moléstia, a DID será fixada na nova DVM.

A fixação da DII e da DID nas patologias de evolução crônica em um segurado em pleno exercício de suas atividades e que tenha completado a carência, quando a incapacidade decorre de um agravamento ou complicação da doença ou lesão pré-existente, é mais adequado que a DID seja fixada na data do início das manifestações da complicação.

Na fixação da DII e da DID em doenças que independem de período de carência para a concessão do benefício, em geral, a Data do Afastamento do Trabalho (DAT) é considerada a própria DII.

Em se tratando de segurado desempregado, a DII deve ser minuciosamente pesquisada, pois poderá não ter relação com a DAT.

Na fixação da DII e da DID em processos de natureza aguda, na maioria dos casos, em afastamento do trabalho determinado por um processo de natureza aguda, como traumatismos, cirurgias, enfarte do miocárdio, etc, a DID será igual à DII.

14.2. Classificação Internacional de Funcionalidade, Incapacidade e Saúde (CIF)

Na atualidade o **modelo de aferição de incapacidade laboral** nas perícias médicas previdenciárias vem seguindo a **CIF – Classificação Internacional de Funcionalidade, Incapacidade e Saúde**, que adota um padrão de avaliação **biopsicossocial** e **multidimensional**, pois mescla a avaliação médica e a social.

Isso porque, além da avaliação do indivíduo isolado no que concerne aos efeitos laborais decorrentes de lesão ou doença, é necessário avaliá-lo no seu contexto social, somando-se os fatores intrínsecos e extrínsecos.

De acordo com a OMS, ao apresentar os antecedentes da Classificação, a CIF pertence à "família" das classificações internacionais desenvolvida pela Organização Mundial da Saúde para aplicação em vários aspectos da saúde. A família de classificações internacionais da OMS proporciona um sistema para a codificação de uma ampla gama de informações sobre saúde (e.g. diagnóstico, funcionalidade e incapacidade, motivos de contato com os serviços de saúde) e utiliza uma linguagem comum padronizada que permite a comunicação sobre saúde e cuidados de saúde em todo o mundo, entre várias disciplinas e ciências.

Nas classificações internacionais da OMS, os estados de saúde (doenças, perturbações, lesões, etc.) são classificados principalmente na CID-10 (abreviatura da Classificação Internacional de Doenças, Décima Revisão), que fornece uma estrutura de base etiológica.

A funcionalidade e a incapacidade associados aos estados de saúde são classificados na CIF. Portanto, a **CID-10 e a CIF são complementares**, e os utilizadores são estimulados a usar em conjunto esses dois membros da família de classificações internacionais da OMS. A CID-10 proporciona um "diagnóstico" de doenças, perturbações ou outras condições de saúde, que é complementado pelas informações adicionais fornecidas pela CIF sobre funcionalidade. Em conjunto, as informações sobre o diagnóstico e sobre a funcionalidade, dão uma imagem mais ampla e mais significativa da saúde das pessoas ou da população, que pode ser utilizada em tomadas de decisão.

A família de classificações internacionais da OMS constitui uma ferramenta valiosa para a descrição e a comparação da saúde das populações num contexto internacional. As informações sobre a mortalidade (facultadas pela CID-10) e sobre as consequências na saúde (proporcionadas pela CIF) podem ser combinadas de forma a obter medidas sintéticas da saúde das populações. Isto permite seguir a saúde das populações e a sua distribuição, bem como avaliar a parte atribuída às diferentes causas.

A CIF transformou-se, de uma classificação de "consequência da doença" (versão de 1980) numa classificação de "componentes da saúde". Os "componentes da saúde" identificam o que constitui a saúde, enquanto que as "consequências" se referem ao impacto das doenças na condição de saúde da pessoa.

Deste modo, a CIF assume uma posição neutra em relação à etiologia de modo que os investigadores podem desenvolver inferências causais utilizando métodos científicos adequados. De maneira similar, esta abordagem também é diferente de uma abordagem do tipo "determinantes da saúde" ou "fatores de risco". Para facilitar o estudo dos determinantes ou dos fatores de risco, **a CIF inclui uma lista de fatores ambientais** que descrevem o contexto em que o indivíduo vive.

Nesse sentido, transcreve-se passagem do Manual da CIF produzido pela OMS:

> "A Classificação Internacional de Funcionalidade, Incapacidade e Saúde (CIF) é um modelo para a organização e documentação de informações sobre funcionalidade e incapacidade (OMS 2001). Ela conceitualiza a funcionalidade como uma '**interação dinâmica** entre a **condição de saúde** de uma pessoa, **os fatores ambientais e os fatores pessoais.**'
>
> A CIF oferece **uma linguagem padronizada** e **uma base conceitual** para a definição e mensuração da incapacidade, e ela fornece classificações e códigos. Ela integra os principais modelos de incapacidade – o modelo médico e o modelo social – como uma "**síntese biopsicossocial**". Ela reconhece o papel dos fatores ambientais na criação da incapacidade, além do papel das condições de saúde (Üstün et al. 2003).
>
> **Funcionalidade** e **incapacidade** são entendidas como **termos abrangentes** que denotam os **aspectos** positivos e negativos da funcionalidade sob uma perspectiva biológica, individual e social. Deste modo, a CIF oferece uma abordagem biopsicossocial com múltiplas perspectivas que se reflete no **modelo multidimensional**. As definições e categorias da CIF são elaboradas em **linguagem neutra**, sempre que possível, de forma que a classificação possa ser usada para **registrar os aspectos positivos e negativos da funcionalidade**.
>
> Na classificação da funcionalidade e incapacidade, não há uma distinção explícita ou implícita entre as diferentes condições de saúde. A incapacidade não é diferenciada por etiologia. A CIF esclarece que nós não podemos, por exemplo, inferir a participação na vida do dia a dia apenas com base no diagnóstico médico. Neste sentido, a CIF é **neutra em termos de etiologia:** se uma pessoa não puder andar ou ir para o trabalho, isto pode estar relacionado a qualquer uma de várias condições de saúde distintas. Ao mudar o foco das condições de saúde para a funcionalidade, a CIF coloca todas as condições de saúde em posição de igualdade, permitindo que elas sejam comparadas, em termos da sua funcionalidade relacionada, através de um modelo comum. Por exemplo, constatou-se que a artrite tem uma frequência muito alta entre as pessoas na Austrália com uma condição de saúde e com uma incapacidade, isto é, a artrite é responsável por grande parte da incapacidade na população. Em comparação, condições como autismo, demência, síndrome de Down e paralisia cerebral são classificadas muito mais alto em termos da probabilidade de grave incapacidade (AIHW 2004).

A CIF cobre **todo o ciclo de vida**. Um processo contínuo de atualização da CIF é gerenciado pela OMS e sua rede de classificações para aumentar a relevância da CIF para a população em todas as idades".

A CIF permite descrever situações relacionadas com a funcionalidade do ser humano e as suas restrições e serve como enquadramento para organizar esta informação. Ela estrutura a informação de maneira útil, integrada e facilmente acessível. A CIF organiza a informação em **duas partes**:

(1) Funcionalidade e Incapacidade;

(2) Fatores Contextuais.

Cada parte tem dois componentes:

1. Componentes da Funcionalidade e da Incapacidade:

O componente **Corpo** inclui duas classificações, uma para as funções dos sistemas orgânicos e outra para as estruturas do corpo. Nas duas classificações os capítulos estão organizados de acordo com os sistemas orgânicos.

O componente **Atividades e Participação** cobre a faixa completa de domínios que indicam os aspectos da funcionalidade, tanto na perspectiva individual como social.

2. Componentes dos Fatores Contextuais:

O primeiro componente dos Fatores Contextuais é uma lista de **Fatores Ambientais**. Estes têm um impacto sobre todos os componentes da funcionalidade e da incapacidade e estão organizados de forma sequencial, do ambiente mais imediato do indivíduo até ao ambiente geral.

Os Fatores Pessoais também são um componente dos Fatores Contextuais, mas eles não estão classificados na CIF devido à grande variação social e cultural associada aos mesmos.

Os componentes de Funcionalidade e da Incapacidade da CIF podem ser expressos de duas maneiras. Por um lado, eles podem ser utilizados para **indicar problemas** (e.g. incapacidade, limitação da atividade ou restrição de participação designadas pelo termo genérico deficiência); por outro lado, eles podem **indicar aspectos não problemáticos** (i.e. neutros) da saúde e dos estados relacionados com a saúde resumidos sob o termo funcionalidade).

Estes componentes da funcionalidade e da incapacidade são interpretados utilizando-se três constructos separados, mas relacionados. Estes constructos são operacionalizados com o uso de qualificadores. As funções e as estruturas do corpo podem ser interpretadas através das alterações dos sistemas fisiológicos ou das estruturas anatômicas. Para o componente Atividades e Participação estão disponíveis dois constructos: **capacidade e desempenho**.

A funcionalidade e a incapacidade de uma pessoa são concebidas como uma interação dinâmica entre os estados de saúde (doenças, perturbações, lesões, traumas, etc.) e os fatores contextuais. Como já foi indicado anteriormente, os Fatores Contextuais englobam fatores pessoais e ambientais. A CIF inclui uma lista abrangente de fatores ambientais que são considerados como um componente essencial da classificação. Os fatores ambientais interagem com todos os componentes da funcionalidade e da incapacidade. O constructo básico do componente dos Fatores Ambientais é o impacto facilitador ou limitador das características do mundo físico, social e atidudinal.

No **contexto da saúde**, a CIF utiliza as seguintes definições:

> **Funcionalidade** é um termo abrangente para funções do corpo, estruturas do corpo, atividades e participação. Ela denota os aspectos positivos da interação entre um indivíduo (com uma condição de saúde) e os fatores contextuais daquele indivíduo (fatores ambientais e pessoais).
>
> **Incapacidade** é um termo abrangente para deficiências, limitações de atividade e restrições de participação. Ela denota os aspectos negativos da interação entre um indivíduo (com uma condição de saúde) e os fatores contextuais daquele indivíduo (fatores ambientais e pessoais).
>
> **Funções do corpo** – As funções fisiológicas dos sistemas do corpo (inclusive funções psicológicas). **Estruturas do corpo** – Partes anatômicas do corpo como órgãos, membros e seus componentes. **Deficiências** – Problemas nas funções ou estruturas do corpo como um desvio significativo ou perda. **Atividade** – A execução de uma tarefa ou ação por um indivíduo.
>
> **Participação** – Envolvimento em situações da vida diária.
>
> **Limitações de atividade** – Dificuldades que um indivíduo pode encontrar na execução de atividades.
>
> **Restrições de participação** – Problemas que um indivíduo pode enfrentar ao se envolver em situações de vida.
>
> **Fatores ambientais** – O ambiente físico, social e de atitude no qual as pessoas vivem e conduzem sua vida. Estes são barreiras ou facilitadores para a funcionalidade de uma pessoa.

Vale registrar que a identificação de incapacidade no caso concreto é uma atividade extremamente complexa e com enorme subjetividade, podendo variar de país para país ou mesmo entre regimes previdenciários da mesma nação.

Tome-se, por exemplo, a verificação de incapacidade para a aposentadoria por invalidez no RGPS e no RPPS. No Regime Geral, trata-se de invalidez omniprofissional, pois apenas será deferido o benefício se o segurado não estiver apto a ser reabilitado para outra profissão que lhe garanta a subsistência.

Por outro lado, no Regime Próprio, em razão da trava do concurso público, que não permite o desempenho de funções de outro cargo efetivo, a invalidez será uniprofissional, avaliando-se apenas a incapacidade total e permanente para as funções do cargo ocupado pelo servidor efetivo.

A CIF apenas apresenta elementos científicos para essa definição. De acordo com o Manual da CIF produzido pela OMS, "a CIF fornece definições para funcionalidade e incapacidade. No entanto, a CIF não dita quem é 'normal' e quem é 'incapaz'. O uso da CIF permite que uma pessoa ou um grupo possa ser identificado como tendo 'incapacidade' dentro de cada contexto ou uso. O que é universal e padronizado são o conceito subliminar e as dimensões de funções; os limiares podem mudar de acordo com o objetivo do caso de uso. Por exemplo, os limiares para uma intervenção clínica para visão podem diferir daqueles de um programa de suporte social.

Neste sentido, há algumas diretrizes; por exemplo, 'incapacidade' para fins de política e pesquisa pode ser definida, usando a CIF, a priori (por ex. definindo um grupo alvo para uma intervenção) ou post facto (p.ex. selecionando um subgrupo estabelecendo um limiar em conjuntos de dados baseados na população). A 'incapacidade' definida para fins específicos consequentemente se aplicará apenas às pessoas que corresponderem a esta definição. Portanto, o termo 'incapacidade' pode se referir a diferentes características em diferentes setores políticos ou países. No uso da CIF, as diferenças das definições podem ser reconhecidas e as pessoas com incapacidades que foram excluídas ou forem subrepresentadas nos termos de uma definição específica podem ser identificadas.

Vale registrar que o leitor não pode confundir os conceitos de deficiência e incapacidade. De acordo com a obra de Cláudio Trezub e Keti Patsis[36], **deficiência** é a perda da função fisiológica ou de estrutura anatômica, ao passo que **incapacidade** é a aptidão reduzida de atingir exigências ocupacionais como resultado de debilidade e outros fatores associados.

Desta forma, a deficiência poderá ou não conduzir a uma incapacidade laborativa, a exemplo de pequena perda auditiva ou de visão que não impacte de modo significativo a capacidade do segurado para o trabalho habitual, não gerando a concessão de benefício por incapacidade laborativa.

Outras vezes, mesmo que configurada a incapacidade para o trabalho habitual por mais de quinze dias, não é cerca a concessão de auxílio-doença, pois poderá ser fixada (DII) anteriormente à filiação previdenciária ou antes do cumprimento do período de carência, se exigido (doença não ocupacional e não grave).

Registre-se que tanto a concessão do benefício de salário mínimo assistencial do deficiente carente (BPC/LOAS) quanto à aposentadoria por tempo de contribuição

---

36. Perícia Médica Previdenciária, p. 32, Ed. JusPodivm, 2017.

do segurado deficiente exigem a configuração de **deficiência de longo prazo**, com duração mínima de **dois anos** para a concessão dos citados benefícios, tomando como lastro a CIF.

Ademais, ainda com fulcro na CIF, acaso existência a deficiência de longo prazo, na aposentadoria do deficiente ainda deverá ser graduado o grau de deficiência para identificar o tempo de contribuição pertinente para concessão do benefício: deficiência leve, média (ou moderada) e grave.

Um critério interessante a ser utilizado para definir se há ou não incapacidade laborativa do segurado é o **critério do risco**. Se houver risco de agravamento da doença ou lesão, acaso o segurado persista no desenvolvimento do labor habitual, configurar-se-á a incapacidade, até como forma de preservação da saúde do segurado.

Outrossim, se o exercício do labor habitual do segurado gerar risco não tolerável para si ou para terceiros, deve ser reconhecida a incapacidade e concedido o benefício adequado.

Suponha-se que dois segurados com 45 anos de idade possuam problemas de controle da pressão arterial e que estejam em um período de crises semanais em que perdem parte dos sentidos, mas conseguem se recuperar em poucos minutos com a medicação adequada.

O primeiro deles é auxiliar de escritório e trabalha sentado. Quando a crise aparece três vezes por semana ele repousa na própria cadeira, pede a medicação a um colega de trabalho e, minutos após, regulariza a pressão arterial e retorna ao labor, sendo que a natureza do seu trabalho em nada prejudica o seu tratamento, não sendo necessário o afastamento.

O segundo deles é motorista profissional de ônibus de transporte intermunicipal de passageiros. Acaso a crise se estabeleça no momento em que estiver na direção do veículo coletivo, é plenamente possível e provável que cause grave acidente com risco de inúmeras mortes.

Pelo critério do risco, embora a situação clínica seja idêntica, certamente o primeiro caso não gerará a concessão do auxílio-doença, ao passo que a segunda hipótese dará ensejo à concessão do benefício por incapacidade laborativa.

É por isso que se adota o modelo pericial de avaliação **biopsicossocial** e **multidimensional**, não podendo ser mensurado apenas o impacto da doença sobre o segurado, sendo imprescindível ainda avaliar os aspectos externos gerados pela enfermidade.

Há casos ainda em que a perícia médica previdenciária, manejando apenas a avaliação médica, conclui pela inexistência de incapacidade laborativa, a exemplo do portador do vírus HIV que está com a doença totalmente sob controle e com plena capacidade laboral.

No entanto, se demonstrado no caso concreto significativo estigma social, como inúmeras despedidas e vínculos curtos motivados pela descoberta da doença, será possível a concessão de benefício por incapacidade utilizando o critério social.

Nesse sentido, no que concerne aos portadores do vírus HIV, a TNU aprovou a Súmula 78 na sessão de 12 de setembro de 2014:

> "**Súmula 78** – Comprovado que o requerente de benefício é portador do vírus HIV, cabe ao julgador verificar as condições pessoais, sociais, econômicas e culturais, de forma a analisar a incapacidade em sentido amplo, em face da elevada estigmatização social da doença".

Logo, conforme noticiado no sítio da Justiça Federal, no entendimento já pacificado na Turma Nacional, no caso dos portadores do HIV, mesmo os assintomáticos, a incapacidade transcende a mera limitação física, e repercute na esfera social do requerente, segregando-o do mercado de trabalho. "Nessas situações – em que a doença por si só gera um estigma social –, para a caracterização da incapacidade/deficiência, faz-se necessária a avaliação dos aspectos pessoais, econômicos, sociais e culturais. Por outro lado, importante deixar claro que a doença por si só não acarreta a incapacidade ou deficiência que a Legislação exige para o gozo do benefício", pontuou Kyu Soon Lee.

Outro ponto destacado pela juíza foi o caráter de complementaridade dessa súmula com relação a de nº 77 (O julgador não é obrigado a analisar as condições pessoais e sociais quando não reconhecer a incapacidade do requerente para a sua atividade habitual). "Pode parecer uma contradição, mas, na verdade, a súmula 78 vem complementar a anterior, posto que, na praxe, a Jurisprudência já considerava que a ausência de incapacidade clínica ou física nos casos de doenças de elevada estigma social não era suficiente para a negativa do benefício previdenciário ou assistencial", explicou a magistrada[37].

A respeito do tema, colaciona-se Enunciado aprovado no XI FONAJEF:

Grupo 5 – Benefícios por Incapacidade

Enunciado 1 (ATUAL ENUNCIADO FONAFEJ 141)

> A Súmula 78 da TNU, que determina a análise das condições pessoais do segurado em caso de ser portador de HIV, é extensível a outras doenças igualmente estigmatizantes. **(Aprovado por contraste)**

Por tudo isso, conclui-se que talvez a atividade mais complexa do processo administrativo e judicial previdenciário seja a produção de um justo laudo pericial, devendo sempre o expert ser pessoa honesta e com grande conhecimento científico e sensibilidade social, preferencialmente com especialidade em perícia médica.

---

37. http://www.cjf.jus.br/cjf/noticias-do-cjf/2014/setembro/tnu-aprova-sumula-78.

14.3. Quesitação em perícia previdenciária

Colaciona-se, abaixo, um rol de quesitos que podem ser apresentados pelas partes ou pelo juiz ao perito judicial para resposta em ação em que se busca um benefício por incapacidade laborativa:

QUESITOS – AUXÍLIO DOENÇA OU APOSENTADORIA POR INVALIDEZ

1. Diante dos exames realizados pode-se afirmar que a parte autora é incapaz para o trabalho habitual? Deverá o expert indicar os exames em que fundamentou o seu diagnóstico indicando o(s) CID(s) respectivo (s). É possível estimar a data provável de recuperação do segurado na hipótese de incapacidade temporária? (COPES judicial).

2. Caso o (a) periciando(a) esteja incapacitado(a), essa incapacidade é temporária ou permanente? Total ou parcial? É passível de melhora com tratamento adequado? O Sr. Perito deverá explicitar os limites da incapacidade.

3. A incapacidade, se existente, é decorrente de alguma doença ou lesão ou do agravamento ou progressão destes? Descrever como ocorreu a incapacidade da parte autora.

4. Trata-se de doença degenerativa?

5. Em caso de incapacidade parcial, em que medida os problemas de saúde prejudicam a parte autora especificamente no exercício de seu trabalho ou suas atividades habituais? Exemplificar situações.

6. A incapacidade, se existente, é para qualquer atividade laboral ou apenas para a atividade habitual do(a) periciando(a)? É possível a reabilitação para outra atividade que lhe garanta a subsistência em razão das condições do(a) periciando(a), tais como idade, grau de instrução, facilidade de inserção no mercado de trabalho etc.?

7. Em sendo possível a reabilitação, nos termos supra, o perito poderia informar se o tratamento necessário ao restabelecimento da saúde da parte autora é disponibilizado pela rede pública/SUS próximo à residência da pericianda? Nesta hipótese, o tratamento disponibilizado pelo SUS/rede pública é eficaz apenas para o restabelecimento da saúde da parte autora ou serve efetivamente à sua reabilitação para a atual atividade? E para as demais atividades laborais?

8. Caso o autor seja considerado incapaz, é possível precisar a data de início da incapacidade?

9. Em sendo negativa a resposta ao quesito anterior, esclarecer se é possível, por meio da realização e outros exames, aferir a data de início da incapacidade e, nesta hipótese, indicar os exames necessários.

10. A doença do(a) periciando(a) pode ser enquadrada como uma daquelas descritas na Portaria Interministerial MPAS nº 2.998, de 23.08.01, e alterações seguintes acaso existentes? Em caso afirmativo, qual delas?

11. A parte autora apresentou documentos necessários à realização da perícia, a exemplo de receitas médicas, exames médicos e (ou) atestados médicos?

12. Há nexo de causalidade entre a doença da parte autora e a atividade laborativa (acidente de trabalho ou doença ocupacional), nos termos dos arts. 19, 20 e 21, da Lei 8.213/91? Em que medida?

13. Tendo em vista a condição clínica do(a) autor(a), é possível afirmar que o(a) mesmo(a) necessita de assistência permanente de outra pessoa para as atividades habituais? Deve o perito justificar sua resposta expondo quais as limitações causadas pela enfermidade do(a) autor(a) e quais as atividades habituais que está impedido(a) de praticar em virtude de sua incapacidade.

14. Em caso de perícia psiquiátrica, a patologia alegada pela parte autora a impede de manifestar a sua própria vontade e de responder pelos seus próprios atos necessitando de assistência de terceiros?

15. Caso a parte autora possua doença controlada com estigma social, a exemplo da AIDS e da hanseníase, é possível indicar com base nas informações disponíveis se o meio social em que vive está discriminando-a no mercado de trabalho?

16. Informe o Sr. Perito quaisquer esclarecimentos que entender pertinentes ao deslinde do feito.

Certamente a resposta ao **quesito 01** é a mais importante. Isso porque se o perito negar a existência de incapacidade laborativa para o trabalho habitual não caberá à concessão de benefício por incapacidade.

Caso haja afirmação da existência de incapacidade laborativa o benefício possivelmente será concedido, desde que presentes os demais pressupostos legais (qualidade de segurado e carência, se couber).

No que concerne ao **quesito 02**, este permite que o julgador identifique o benefício por incapacidade cabível, se aposentadoria por invalidez ou auxílio-doença.

Quando a incapacidade é meramente temporária para o trabalho habitual, sendo parcial ou total, é caso de auxílio-doença, o mesmo ocorrendo com incapacidade permanente em que é cabível a reabilitação profissional.

Já na hipótese de incapacidade total e permanente para qualquer atividade laborativa sem possibilidade de reabilitação profissional será adequada à concessão da aposentadoria por invalidez.

Por sua vez, a resposta ao **quesito 03** permite que o julgador conheça a incapacidade laborativa através da doença ou lesão que a originou, devendo o *expert* descrever os seus detalhes.

No **quesito 04** o perito deverá apontar a existência ou não de doença degenerativa, já que as mesmas não são consideradas como acidente de trabalho, na forma do artigo 20, § 1º, da Lei 8.213/91.

Acaso haja incapacidade laborativa parcial, deverá o perito em resposta ao **quesito 05** descrever até que ponto a sua existência irá prejudicar o exercício das atividades habituais do segurado, pois somente restringindo de alguma forma o exercício da sua profissão será devido o auxílio-doença.

Na hipótese da constatação da existência de incapacidade laboral, será no **quesito 06** que será atestada a sua extensão. Se o perito apontar incapacidade laborativa permanente para o trabalho habitual do segurado e, avaliando as condições pessoais e sociais, entender pela impossibilidade de reabilitação profissional, certamente o juiz condenará o INSS na concessão da aposentadoria por invalidez.

De acordo com o artigo 101, da Lei 8.213/91, o segurado em gozo de auxílio-doença, aposentadoria por invalidez e o pensionista inválido estão obrigados, sob pena de suspensão do benefício, a submeter-se a exame médico a cargo da Previdência Social, processo de reabilitação profissional por ela prescrito e custeado, e tratamento dispensado gratuitamente, exceto o cirúrgico e a transfusão de sangue, que são facultativos.

Logo, o **quesito 07** pede que o perito defina se o tratamento de saúde necessário ao segurado é disponibilizado no SUS, por ser ele é obrigatório, salvo cirurgia e transfusão de sangue, que são sempre facultativos, sob pena de suspensão do benefício.

Desta forma, caso a recuperação da capacidade laborativa ou a reabilitação profissional não obtiveram sucesso por negligência do segurado ao não se submeter ao tratamento do SUS disponível na sua localidade, estará o INSS ou o juiz autorizado a suspender o benefício por incapacidade.

A resposta ao **quesito 08** é extremamente importante. Caso tenha havido incapacidade laboral, caberá ao perito fixar a data de início da incapacidade (DII). Logo, é na DII que o deve ser avaliada a existência da qualidade de segurado e o cumprimento do período de carência, salvo os casos de dispensa legal.

Na hipótese da DII ser anterior à filiação do segurado à Previdência Social, o benefício por incapacidade certamente será judicialmente negado, haja vista se tratar de incapacidade preexistente à filiação.

Entretanto, conquanto ateste a existência de incapacidade laboral, há situações em que o perito judicial não possui elementos para fixar a DII, mormente em se tratando de moléstias progressivas.

Neste caso, a DII deverá ser fixada na data da elaboração do laudo judicial (posição da TNU) ou da juntada desse laudo (posição do STJ), vez que inexistem elementos para elidir a presunção de veracidade do ato administrativo (perícia do INSS).

No entanto, muitas vezes a DII não é fixada pelo *expert* por ausência de exames médicos. Nesta situação, com base no **quesito 09**, poderá o autor ser intimado para apresentar os exames complementares.

O **quesito 10** indaga ao perito se o segurado é portador de doença grave listada na Portaria Interministerial MPAS 2.998, de 23.08.01 (atual artigo 151 da Lei 8.213/91, com redação dada pela Lei 13.135/2015, que inseriu a esclerose múltipla no rol de doenças graves). Isto porque nestes casos a carência do benefício por incapacidade é legalmente dispensada:

> "PORTARIA INTERMINISTERIAL MPAS/MS N° 2.998, DE 23 DE AGOSTO DE 2001
>
> OS MINISTROS DE ESTADO DA PREVIDÊNCIA E ASSISTÊNCIA SOCIAL E DA SAÚDE, no uso da atribuição que lhes confere o art. 87, parágrafo único, inciso II, da Constituição Federal de 1998, e tendo em vista o inciso II do art. 26 da Lei n° 8.213, de 24 de julho de 1991, e o inciso III do art. 30 do Regulamento da Previdência Social – RPS, aprovado pelo Decreto n° 3.048, de 06 de maio de 1999, resolvem:
>
> Art. 1° As doenças ou afecções abaixo indicadas excluem a exigência de carência para a concessão de auxílio-doença ou de aposentadoria por invalidez aos segurados do Regime Geral de Previdência Social – RGPS:
>
> I – tuberculose ativa;
>
> II – hanseníase;
>
> III- alienação mental;
>
> IV- neoplasia maligna;
>
> V – cegueira
>
> VI – paralisia irreversível e incapacitante;
>
> VII- cardiopatia grave;
>
> VIII – doença de Parkinson;
>
> IX – espondiloartrose anquilosante;
>
> X – nefropatia grave;
>
> XI – estado avançado da doença de Paget (osteíte deformante);
>
> XII – síndrome da deficiência imunológica adquirida – Aids;
>
> XIII – contaminação por radiação, com base em conclusão da medicina especializada; e
>
> XIV – hepatopatia grave.
>
> Art. 2° O disposto no artigo 1° só é aplicável ao segurado que for acometido da doença ou afecção após a sua filiação ao RGPS".

No **quesito 11** busca-se saber se todos os exames e receitas médicas foram apresentados pelo segurado ao perito, pois pode haver negligência ou dolo em sua não exibição ao *expert*.

O **quesito 12** investiga a ocorrência de acidente de trabalho ao indagar ao perito se há nexo de causalidade entre a doença da parte autora e a atividade laborativa com importantes efeitos jurídicos.

Já o **quesito 13** se refere ao auxílio-acompanhante (acréscimo de 25%) pago juntamente com a aposentadoria por invalidez apenas no caso de segurado que necessite da assistência permanente de outra pessoa.

De seu turno, o **quesito 14** investiga o grau de consciência do segurado do ponto de vista psiquiátrico, pois pode ser necessária à sua assistência ou representação judicial caso não tenha condições de exprimir a sua vontade de maneira consciente.

Por fim, o **quesito 15** é aberto, sendo a oportunidade de o *expert* tecer alguma consideração relevante não contida nos quesitos anteriores.

A concessão do amparo assistencial de um salário-mínimo ao idoso ou deficiente carente também demandará a produção do meio de prova pericial.

Isso porque será necessária a perícia social para atestar a situação de miserabilidade do idoso ou deficiente, em visita na residência promovida por assistente social.

No caso do deficiente, ainda será necessária perícia médica para verificar se o requerente possui deficiência de longo prazo, assim considerada aquela que produza efeitos pelo prazo mínimo de 02 anos.

Considera-se pessoa com deficiência aquela que tem impedimentos de longo prazo de natureza física, mental, intelectual ou sensorial, os quais, em interação com diversas barreiras, podem obstruir sua participação plena e efetiva na sociedade em igualdade de condições com as demais pessoas.

Colaciona-se, abaixo, um rol de quesitos para a perícia social e para a perícia medica que podem ser apresentados pelas partes ou pelo juiz ao perito judicial para resposta em ação em que se busca um benefício assistencial:

QUESITOS – PERÍCIA SOCIAL – AMPARO ASSISTENCIAL

1. Com que pessoas reside a parte autora? Indicar os nomes, idade, CPF, data de nascimento e grau de parentesco dos residentes;

2. A parte autora necessita da presença constante de outra pessoa para realização dos atos da vida cotidiana? Em caso negativo, em que medida? (o perito deve explicitar a necessidade da companhia de outra pessoa em relação às atividades desenvolvidas pela autora);

3. Dentre as pessoas que convivem na residência com a autora, qual ou quais são responsáveis pela manutenção do grupo? Qual a profissão e/ou atividade laborativa?

4. Informar a renda líquida mensal individual e do grupo, incluídas doações de terceiros. Existindo doações ou qualquer outro tipo de renda, devem ser

indicados o tipo, quantidade, valores e a frequência das mesmas (por exemplo, cestas básicas, bolsa-escola);

5. Informar a atividade laboral da parte autora e renda percebida a qualquer título, caso existente;

6. Indicar o valor aproximado das despesas da parte autora e do grupo familiar, discriminando os itens de maior relevância, tais como: valor do aluguel (se houver), água, luz, vestuário, alimentação, remédios, transporte etc.;

7. Informar o grau de escolaridade da parte autora e das pessoas que com ela residem;

8. Descrever a residência da parte autora;

9. Comentários e complementações pertinentes, a critério do perito.

10. Informar se o autor faz uso de medicamentos e, em caso afirmativo, esclarecer se os medicamentos são fornecidos pelo SUS.

QUESITOS – PERÍCIA MÉDICA– AMPARO ASSISTENCIAL

1. Diga o Sr Perito se a parte autora apresenta alguma debilidade que a enquadre legalmente como deficiente e a sua natureza.

2. Em caso positivo, diga o Sr Perito se é de longo prazo (ao menos 2 anos), ao menos por estimativa.

3. O exame pericial para a avaliação da deficiência foi constituído pelos componentes, baseados na Classificação Internacional de Funcionalidade, Incapacidade e Saúde – CIF: I – Fatores Ambientais; II – Funções e Estruturas do Corpo; e III – Atividades e Participação?

4. Diga o Sr Perito se a parte autora pode exercer alguma atividade laborativa.

5. Diga o Sr Perito, se possível, a data do início da deficiência de longo prazo.? Se nada data do requerimento administrativo ou da citação desta ação judicial é possível afirmar que já existia a deficiência.

6. Diga o Sr Perito em que exames se baseou para formular o laudo pericial.

Por força da Lei Complementar 142/2013, o deficiente de grau leve, moderado ou grave faz jus a regras diferenciadas para a concessão da aposentadoria por tempo de contribuição de deficiente.

Neste caso, acaso o INSS negue o enquadramento do suposto deficiente, ou o faça em categoria distinta da que o segurado entenda fazer jus, ou então fixe o termo inicial da deficiência em data em que o segurado não concorde, o julgamento de ação judicial demandará a produção do meio de prova pericial, podendo ser usados os seguintes quesitos:

QUESITOS – PERÍCIA MÉDICO/SOCIAL – APOSENTADORIA DO DEFICIENTE

1. Considerando que se considera pessoa com deficiência aquela que tem impedimentos de longo prazo de natureza física, mental, intelectual ou sensorial, os quais, em interação com diversas barreiras, podem obstruir sua participação plena e efetiva na sociedade em igualdade de condições com as demais pessoas, é possível enquadrar deficiência de longa duração (ao menos dois anos)? Justifique.

2. Considerando a Portaria Interministerial SDH/MPS/MF/MOG/AGU Nº 1, DE 27 DE JANEIRO DE 2014, que aprovou o instrumento destinado à avaliação do segurado da Previdência Social e à identificação dos graus de deficiência, bem como definiu impedimento de longo prazo, indica que a avaliação funcional será realizada com base no conceito de funcionalidade disposto na Classificação Internacional de Funcionalidade, Incapacidade e Saúde – CIF, da Organização Mundial de Saúde, e mediante a aplicação do Índice de Funcionalidade Brasileiro Aplicado para Fins de Aposentadoria – IFBrA, conforme o instrumento anexo da referida Portaria Interministerial, qual a pontuação alcançada pelo autor deste processo?

– Deficiência Grave quando a pontuação for menor ou igual a 5.739.

– Deficiência Moderada quando a pontuação total for maior ou igual a 5.740 e menor ou igual a 6.354.

– Deficiência Leve quando a pontuação total for maior ou igual a 6.355 e menor ou igual a 7.584.

– Pontuação Insuficiente para Concessão do Benefício quando a pontuação for maior ou igual a 7.585.

3. Caso tenha sido identifica deficiência, qual o termo inicial? Qual o fundamento usado para apontá-la?

Insta destacar que a prova pericial ainda será necessária para a resolução de outras demandas, a exemplo da concessão do auxílio-acidente.

Isto porque neste caso caberá ao *expert* avaliar a redução da capacidade funcional para o trabalho habitual do segurado em decorrência da consolidação de sequela oriunda de acidente de qualquer natureza ou causa.

Outrossim, a manutenção da pensão por morte para dependente com mais de 21 anos de idade também demanda a produção do meio de prova pericial, pois caberá ao *expert* atestar a invalidez.

É possível que a ação previdenciária necessite de perícia para reavaliação do ambiente de trabalho para fins de exposição de agentes nocivos à saúde, acaso o segurado questione LTCAT e/ou PPP. Eis uma quesitação pertinente que elaboramos:

Quesitos de perícia judicial de tempo especial:

1) Sem fazer referência ao laudo, dê o enquadramento legal à atividade (ou atividades); bem como adequação, detalhando os períodos, as atividades

desempenhadas pela parte autora e o local de prestação de serviços na (s) empresa (s).

2) O layout e as condições de trabalham apuradas na data da perícia permanecem as mesmas da época do período trabalhado? Por quê?

3) No caso de empresas avaliadas por similaridade, apresente os critérios utilizados para a escolha, descrevendo aspectos semelhantes ou diferentes para:

a) Ambiente de trabalho;

b) Agentes nocivos à saúde presentes nos ambientes;

c) Descrição das atividades do autor e paradigma;

d) Efetiva exposição do autor e paradigma.

4) Durante a vistoria puderam ser identificados E.P.C.'s eficazes? Descrever todos.

5) A empresa forneceu E.P.I.'s eficazes para neutralizar ou atenuar exposições a agentes nocivos?

6) Se positivo o item 5, descrever os E.P.I.'s, se os mesmos apresentam certificado de aprovação (C.A.) e o período de efetiva utilização pela parte autora.

7) Para todas as dosagens contidas no laudo, indicar a fonte das informações, métodos utilizados, datas das medições e responsáveis técnicos pelos trabalhos.

8) Se positivo o enquadramento, a parte autora efetivamente esteve exposta a agentes nocivos à saúde acima dos limites de tolerância ou existe somente presunção desta exposição? Desde quando? Até quando?

9) Para cada período de enquadramento, descrever as situações que comprovem exposição habitual e permanente, indicando sempre a fonte dos dados utilizados.

10) Se a resposta for afirmativa, quais os agentes nocivos e por quanto tempo a parte autora ficava exposta aos agentes insalubres?

11) No caso de ausência de dados objetivos, relatar se houve necessidade de utilizar dados subjetivos informados pela parte autora ou pelo responsável pela empresa periciada;

12) Em caso de resposta afirmativa, indicar tais dados no laudo.

13) Tratando-se de estabelecimento de saúde, o autor TRABALHAVA DE MODO PERMANENTE com pacientes portadores de doenças infectocontagiosas, segregado em áreas ou ambulatórios específicos? O autor manuseava EXCLUSIVAMENTE materiais contaminados provenientes dessas áreas?

14) Há alguma nota digna de registro que o Senhor Perito queira fazer?

15. PEDIDO NAS AÇÕES PREVIDENCIÁRIAS

Cabe ao autor da demanda previdenciária formular adequadamente o(s) pedido(s) na petição inicial a fim de permitir que o INSS e o julgador identifiquem a utilidade que se postula com a ação judicial.

Sabe-se que é regra comezinha do Direito Processual brasileiro, nas demandas individuais, que o juiz não poderá conceder, de ofício, pedido diverso do formulado pelo autor ou além do que vindicado pelo requerente.

No entanto, considerando o caráter alimentar do benefício previdenciário, esse regramento é extremamente mitigado nas causas previdenciárias, sendo comum no foro que os juízes concedam benefícios diversos dos requeridos na petição inicial.

Pedido de aposentadoria por invalidez e concessão de auxílio-doença. Requerimento de auxílio-doença e deferimento de aposentadoria por invalidez. Pedido de auxílio-doença e concessão de auxílio-acidente. Requerimento de aposentadoria especial e deferimento de aposentadoria por tempo de contribuição. Pedido de aposentadoria integral e concessão de aposentadoria proporcional. Estes são apenas alguns exemplos comuns no cotidiano judicial.

Essa flexibilização também decorre de um espelhamento do processo administrativo previdenciário. De acordo com a Súmula 05, do Conselho de Recursos do Seguro Social, "a Previdência Social deve conceder o melhor benefício a que o segurado fizer jus, cabendo ao servidor orientá-lo nesse sentido," entendimento repetido no artigo 687, da Instrução Normativa INSS 77/2015.

Nesse sentido, coaliciona-se passagem do Informativo 522 do STJ:

> "**INFORMATIVO 522 – DIREITO PREVIDENCIÁRIO E PROCESSUAL CIVIL. CONCESSÃO DE BENEFÍCIO PREVIDENCIÁRIO DIVERSO DO REQUERIDO NA INICIAL.**
>
> **O juiz pode conceder ao autor benefício previdenciário diverso do requerido na inicial, desde que preenchidos os requisitos legais atinentes ao benefício concedido.** Isso porque, tratando-se de matéria previdenciária, deve-se proceder, de forma menos rígida, à análise do pedido. **Assim, nesse contexto, a decisão proferida não pode ser considerada como extra petita ou ultra petita.** AgRg no REsp 1.367.825-RS, Rel. Min. Humberto Martins, julgado em 18/4/2013".

Sobre o assunto, transcreve-se Enunciado aprovado no XI FONAJEF:

> **Grupo 5 – Benefícios por Incapacidade**
>
> **Enunciado 4 (ATUAL ENUNCIADO 143 FONAJEF)**
>
> Não importa em julgamento extra petita a concessão de benefício previdenciário por incapacidade diverso daquele requerido na inicial. (**Aprovado por maioria**)

Contudo, em determinadas situações o julgador deverá ter a cautela de ouvir previamente o segurado ou o seu dependente acerca do interesse na concessão de benefício em condição diversa do pedido na petição inicial.

Isso porque, em tese, é possível que um segurado que tenha postulado a aposentadoria por invalidez não se contente ou não tenha interesse na concessão de um auxílio-doença ou auxílio-acidente, o mesmo ocorrendo com o deferimento de aposentadoria proporcional, quando apenas a integral foi vindicada judicialmente.

A respeito do tema, colaciona-se Enunciado aprovado no XII FONAJEF:

Grupo 6

Enunciado nº 1 (ATUAL ENUNCIADO 163 FONAJEF)

Não havendo pedido expresso na petição inicial de aposentadoria proporcional, o juiz deve se limitar a determinar a averbar os períodos reconhecidos em sentença, na hipótese do segurado não possuir tempo de contribuição para concessão de aposentadoria integral (Aprovado no XII FONAJEF).

No entanto, de acordo com a TNU (Informativo 13/2017 – processo n. 0509267--44.2013.4.05.8103), na apreciação de demandas envolvendo a concessão de benefícios por incapacidade é aplicável o princípio da fungibilidade, sendo possível a concessão de prestação diversa da inicialmente requerida desde que estejam configuradas a suficiência do conjunto probatório e a observância do princípio do contraditório. **Assim, inviável acolher o pedido de concessão de benefício diverso quando formulado após o encerramento da instrução probatória, sem que existam nos autos elementos suficientes para sua apreciação**".

Entretanto, em sede de reexame necessário, caso não tenha havido recurso do segurado ou dependente, o tribunal não poderá reformar a decisão do juiz de 1º grau para agravar a situação do INSS, pois é vedada a *reformatio in pejus*.

Nesse sentido, o STJ:

"**INFORMATIVO 528 – DIREITO PREVIDENCIÁRIO E PROCESSUAL CIVIL. *REFORMATIO IN PEJUS* EM REEXAME NECESSÁRIO.**

O Tribunal, em remessa necessária, inexistindo recurso do segurado, não pode determinar a concessão de benefício previdenciário que entenda mais vantajoso ao segurado. É certo que o juiz pode conceder ao autor benefício previdenciário diverso do requerido na inicial, desde que preenchidos os requisitos legais atinentes ao benefício concedido, sem que isso configure julgamento *extra petita* ou *ultra petita*. Esse entendimento, ressalte-se, leva em consideração os fins sociais das normas previdenciárias, bem como a hipossuficiência do segurado. Contudo, a referida possibilidade não se estende à hipótese de julgamento da remessa necessária (art. 475 do CPC), tendo em vista sua específica devolutividade, restrita à confirmação da sentença e à consequente promoção da maior segurança possível para a Fazenda Pública, evitando-se que esta seja indevidamente condenada. Nesse contexto, a concessão de benefício mais vantajoso ao beneficiário no julgamento de remessa necessária importaria verdadeira *reformatio in pejus*, situação que não pode ser admitida (Súmula 45 do STJ). Precedentes citados: EDcl no REsp 1.144.400-SC, Sexta Turma, DJe 27/8/2012;

e REsp 1.083.643-MG, Quinta Turma, DJe 3/8/2009. REsp 1.379.494-MG, Rel. Min. Sérgio Kukina, julgado em 13/8/2013".

16. RECURSO ESPECIAL E REPETITIVO

O recurso especial é cabível no rito comum e tem o objetivo de uniformizar a interpretação da legislação federal pelo STJ, tendo prazo de interposição de 15 dias.

Por outro lado, não é cabível no rito no JEF, conforme já estudado, por falta de previsão constitucional, sendo cabível incidente de uniformização de jurisprudência ao STJ.

Nos termos do artigo 105, inciso III, da Constituição, compete ao STJ julgar, em recurso especial, as causas decididas, em única ou última instância, pelos Tribunais Regionais Federais ou pelos tribunais dos Estados, do Distrito Federal e Territórios, quando a decisão recorrida contrariar tratado ou lei federal, ou negar-lhes vigência; julgar válido ato de governo local contestado em face de lei federal ou der a lei federal interpretação divergente da que lhe haja atribuído outro tribunal.

Nos termos do artigo 1.029 do CPC/2015, o recurso especial deve ser interposto perante o presidente ou o vice-presidente do tribunal recorrido, contendo a exposição do fato e do direito, a demonstração do cabimento do recurso interposto e as razões do pedido de reforma ou de invalidação da decisão recorrida.

Ademais, quando o recurso fundar-se em dissídio jurisprudencial, o recorrente fará a prova da divergência com a certidão, cópia ou citação do repositório de jurisprudência, oficial ou credenciado, inclusive em mídia eletrônica, em que houver sido publicado o acórdão divergente, ou ainda com a reprodução de julgado disponível na rede mundial de computadores, com indicação da respectiva fonte, devendo-se, em qualquer caso, mencionar as circunstâncias que identifiquem ou assemelhem os casos confrontados.

Quando, por ocasião do processamento do incidente de resolução de demandas repetitivas, o presidente do STJ receber requerimento de suspensão de processos em que se discuta questão federal infraconstitucional, poderá, considerando razões de segurança jurídica ou de excepcional interesse social, estender a suspensão a todo o território nacional, até ulterior decisão do recurso extraordinário ou do recurso especial a ser interposto.

O pedido de concessão de efeito suspensivo a recurso especial poderá ser formulado por requerimento dirigido ao STJ, no período compreendido entre a publicação da decisão de admissão do recurso e sua distribuição, ficando o relator designado para seu exame prevento para julgá-lo; ao relator, se já distribuído o recurso; ao presidente ou ao vice-presidente do tribunal recorrido, no período compreendido entre a interposição do recurso e a publicação da decisão de admissão do recurso, assim como no caso de o recurso ter sido sobrestado.

Nos termos do artigo 1.030 do CPC/2015, recebida a petição do recurso especial pela secretaria do tribunal, o recorrido será intimado para apresentar contrarrazões no prazo de 15 (quinze) dias, findo o qual os autos serão conclusos ao presidente ou ao vice-presidente do tribunal recorrido, que deverá negar seguimento a recurso especial interposto contra acórdão que esteja em conformidade com entendimento do Superior Tribunal de Justiça exarado no regime de julgamento de recursos repetitivos.

Outrossim, deverá encaminhar o processo ao órgão julgador para realização do juízo de retratação, se o acórdão recorrido divergir do entendimento do Superior Tribunal de Justiça exarado em sede de recursos repetitivos.

Poderá ainda sobrestar o recurso especial que versar sobre controvérsia de caráter repetitivo ainda não decidida pelo Superior Tribunal de Justiça em matéria infraconstitucional.

Caberá ainda ao presidente ou ao vice-presidente do tribunal recorrido selecionar o recurso como representativo de controvérsia infraconstitucional, se for o caso.

Por sua vez, deverá realizar o juízo de admissibilidade e, se positivo, remeter o feito ao Superior Tribunal de Justiça, desde que o recurso ainda não tenha sido submetido ao regime de julgamento de recursos repetitivos; o recurso tenha sido selecionado como representativo da controvérsia o tribunal recorrido tenha refutado o juízo de retratação.

Na hipótese de interposição conjunta de recurso extraordinário e recurso especial, os autos serão remetidos ao Superior Tribunal de Justiça e, uma vez concluído o julgamento do recurso especial, os autos serão remetidos ao Supremo Tribunal Federal para apreciação do recurso extraordinário, se este não estiver prejudicado.

No entanto, se o relator do recurso especial considerar prejudicial o recurso extraordinário, em decisão irrecorrível, sobrestará o julgamento e remeterá os autos ao Supremo Tribunal Federal. Mas se o relator do recurso extraordinário, em decisão irrecorrível, rejeitar a prejudicialidade, devolverá os autos ao Superior Tribunal de Justiça para o julgamento do recurso especial.

Nos termos do artigo 1.036 do CPC/2015, sempre que houver multiplicidade de recursos especiais com fundamento em idêntica questão de direito, haverá afetação para julgamento como **repetitivo**, observado o disposto no Regimento Interno do STJ.

O presidente ou o vice-presidente de tribunal de justiça ou de tribunal regional federal selecionará dois ou mais recursos representativos da controvérsia, que serão encaminhados ao STJ para fins de afetação, determinando a suspensão do trâmite de todos os processos pendentes, individuais ou coletivos, que tramitem no Estado ou na região, conforme o caso, somente podendo ser selecionados recursos admissíveis que contenham abrangente argumentação e discussão a respeito da questão a ser decidida.

Uma vez selecionados os recursos especiais, o relator, no STJ, constatando a presença de multiplicidade de recursos com fundamento em idêntica questão de direito, proferirá decisão de afetação, na qual identificará com precisão a questão a ser submetida a julgamento; **determinará a suspensão do processamento de todos os processos pendentes, individuais ou coletivos, que versem sobre a questão e tramitem no território nacional** e poderá requisitar aos presidentes ou aos vice-presidentes dos tribunais de justiça ou dos tribunais regionais federais a remessa de um recurso representativo da controvérsia.

O relator poderá solicitar ou admitir manifestação de pessoas, órgãos ou entidades com interesse na controvérsia, considerando a relevância da matéria e consoante dispuser o regimento interno *(amicus curiae)*; fixar data para, em audiência pública, ouvir depoimentos de pessoas com experiência e conhecimento na matéria, com a finalidade de instruir o procedimento e requisitar informações aos tribunais inferiores a respeito da controvérsia e, cumprida a diligência, intimará o Ministério Público para manifestar-se.

Decididos os recursos afetados, os órgãos **colegiados declararão prejudicados os demais recursos versando sobre idêntica controvérsia ou os decidirão aplicando a tese firmada.**

Uma vez publicado o acórdão paradigma, o presidente ou o vice-presidente do tribunal de origem negará seguimento aos recursos especiais sobrestados na origem, se o acórdão recorrido coincidir com a orientação do tribunal superior.

Ademais, o órgão **que proferiu o acórdão recorrido, na origem, reexaminará o processo de competência originária, a remessa necessária ou o recurso anteriormente julgado, se o acórdão recorrido contrariar a orientação do tribunal superior.**

Por sua vez, os processos suspensos em primeiro e segundo graus de jurisdição retomarão o curso para julgamento e aplicação da tese firmada pelo tribunal superior.

Acaso mantido o acórdão divergente pelo tribunal de origem, o recurso especial será remetido ao respectivo tribunal superior. Por outro lado, realizado o juízo de retratação, com alteração do acórdão divergente, o tribunal de origem, se for o caso, decidirá as demais questões ainda não decididas cujo enfrentamento se tornou necessário em decorrência da alteração.

Com base em pesquisa promovida no site do STJ, são apresentados dentro da temática desta obra recursos especiais repetitivos destacados pelo autor da parte dos benefícios previdenciários **já julgados** pela Corte Superior, **divididos por temas:**

Regras Gerais sobre o Processo Judicial Previdenciário

APOSENTADORIA POR INVALIDEZ

Tema	Situação do Tema	Trânsito em Julgado	Ramo do Direito	DIREITO PREVIDENCIÁRIO	Assuntos ☐
6 2 6					

Questão submetida a julgamento	Questão referente ao termo inicial do benefício aposentadoria por invalidez, deferido na via judicial e sem requerimento administrativo anterior, deve ser fixado na data do laudo médico-pericial.
Tese Firmada	A citação válida informa o litígio, constitui em mora a autarquia previdenciária federal e deve ser considerada como termo inicial para a implantação da aposentadoria por invalidez concedida na via judicial quando ausente a prévia postulação administrativa.
Súmula Originada do Tema	Súmula 576/STJ

Processo	Tribunal de Origem	RRC	Órgão Julgador	Relator	Data de Afetação	Julgado em	Acórdão Publicado em	Embargos de Declaração	Trânsito em Julgado
REsp 1369165/SP	TRF3	Sim	1ª Seção	BENEDITO GONÇALVES	25/03/2013	26/02/2014	07/03/2014	02/06/2014	08/08/2014

ATIVIDADE ESPECIAL

Tema	Situação do Tema	Trânsito em Julgado	Ramo do Direito	DIREITO PREVIDENCIÁRIO	Assuntos
5 3 4					☐

Questão submetida a julgamento	Discute-se a possibilidade de configuração do trabalho exposto ao agente perigoso eletricidade, exercido após a vigência do Decreto 2.172/1997, como atividade especial, para fins do artigo 57 da Lei 8.213/1991.
Tese Firmada	As normas regulamentadoras que estabelecem os casos de agentes e atividades nocivos à saúde do trabalhador são exemplificativas, podendo ser tido como distinto o labor que a técnica médica e a legislação correlata considerarem como prejudiciais ao obreiro, desde que o trabalho seja permanente, não ocasional, nem intermitente, em condições especiais (art. 57, § 3º, da Lei 8.213/1991).
Anotações Nugep	É cabível o enquadramento como atividade especial do trabalho exposto ao agente perigoso eletricidade, exercido após a vigência do Decreto nº 2.172/1997, para fins de aposentadoria especial, desde que a atividade exercida esteja devidamente comprovada pela exposição aos fatores de risco de modo permanente, não ocasional, nem intermitente, em condições especiais.

Processo	Tribunal de Origem	RRC	Órgão Julgador	Relator	Data de Afetação	Julgado em	Acórdão Publicado em	Embargos de Declaração	Trânsito em Julgado
REsp 1306113/SC	TRF4	Sim	1ª Seção	HERMAN BENJAMIN	21/03/2012	14/11/2012	07/03/2013	21/05/2013	26/06/2013

AUXÍLIO-ACIDENTE

Tema	Situação do Tema	Trânsito em Julgado	Ramo do Direito	DIREITO PREVIDENCIÁRIO	Assuntos	☐
5 5 5						

Questão submetida a julgamento	Discute-se a possibilidade de cumular auxílio-acidente com aposentadoria, diante do art. 86, § 3º, da Lei 8.213/91, com a redação dada pela Medida Provisória 1.596-14/97 (D.O.U. 11.11.1997), posteriormente convertida na Lei n. 9.528/97.
Tese Firmada	A acumulação do auxílio-acidente com proventos de aposentadoria pressupõe que a eclosão da lesão incapacitante, apta a gerar o direito ao auxílio-acidente, e a concessão da aposentadoria sejam anteriores à alteração do art. 86, §§ 2º e 3º, da Lei 8.213/1991, promovida em 11.11.1997 pela Medida Provisória 1.596-14/1997, posteriormente convertida na Lei 9.528/1997.
Repercussão Geral	Tema 599/STF – Acumulação da aposentadoria por invalidez com o benefício suplementar, previsto no art. 9º da Lei 6.367/76, incorporado pela normatização do atual auxílio-acidente, a teor do que dispunha o art. 86 Lei 8.213/91, na sua redação primitiva.
Súmula Originada do Tema	Súmula 507/STJ

Processo	Tribunal de Origem	RRC	Órgão Julgador	Relator	Data de Afetação	Julgado em	Acórdão Publicado em	Embargos de Declaração	Trânsito em Julgado
REsp 1296673/MG	TJMG	Não	1ª Seção	HERMAN BENJAMIN	15/06/2012	22/08/2012	03/09/2012	-	04/10/2012

Tema	Situação do Tema	Trânsito em Julgado	Ramo do Direito	DIREITO PREVIDENCIÁRIO	Assuntos □
556					

Questão submetida a julgamento	Discute-se a possibilidade de cumular auxílio-acidente com aposentadoria, diante do art. 86, § 3º, da Lei 8.213/91, com a redação dada pela Medida Provisória 1.596-14/97 (D.O.U. 11.11.1997), posteriormente convertida na Lei n. 9.528/97.
Tese Firmada	Para fins de fixação do momento em que ocorre a lesão incapacitante em casos de doença profissional ou do trabalho, deve ser observada a definição do art. 23 da Lei 8.213/1991, segundo a qual 'considera-se como dia do acidente, no caso de doença profissional ou do trabalho, a data do início da incapacidade laborativa para o exercício da atividade habitual, ou o dia da segregação compulsória, ou o dia em que for realizado o diagnóstico, valendo para este efeito o que ocorrer primeiro'.

Processo	Tribunal de Origem	RRC	Órgão Julgador	Relator	Data de Afetação	Julgado em	Acórdão Publicado em	Embargos de Declaração	Trânsito em Julgado
REsp 1296673/MG	TJMG	Não	1ª Seção	HERMAN BENJAMIN	15/06/2012	22/08/2012	03/09/2012	-	04/10/2012

Tema	416	Situação do Tema		Trânsito em Julgado		Ramo do Direito	DIREITO PREVIDENCIÁRIO	Assuntos	☐
Questão submetida a julgamento		Discute-se a possibilidade de concessão de auxílio-acidente independe do grau da incapacidade, sendo de rigor o deferimento, ainda que mínima a redução da capacidade laborativa.							
Tese Firmada		Exige-se, para concessão do auxílio-acidente, a existência de lesão, decorrente de acidente do trabalho, que implique redução da capacidade para o labor habitualmente exercido. O nível do dano e, em consequência, o grau do maior esforço não interferem na concessão do benefício, o qual será devido ainda que mínima a lesão.							
Anotações Nugep		Para a concessão de auxílio-acidente, é necessário verificar, apenas, se existe lesão decorrente da atividade laboral e que acarrete, no fim das contas, incapacidade (ainda que mínima) para o trabalho regularmente exercido.							
Processo	Tribunal de Origem	RRC	Órgão Julgador	Relator	Data de Afetação	Julgado em	Acórdão Publicado em	Embargos de Declaração	Trânsito em Julgado
REsp 1109591/SC	TJSC	Sim	3ª Seção	CELSO LIMONGI (DESEMBARGADOR CONVOCADO DO TJ/SP)	14/05/2010	25/08/2010	08/09/2010	-	11/10/2010

Tema	18	Situação do Tema	Trânsito em Julgado	Ramo do Direito	DIREITO PREVIDENCIÁRIO		Assuntos	□
Questão submetida a julgamento			Questão referente à possibilidade de aplicação da majoração do percentual do auxílio-acidente, estabelecida pela Lei nº 9.032/95, independentemente da legislação em vigor à época de sua concessão.					
Tese Firmada			A majoração do auxílio-acidente, estabelecida pela Lei 9.032/95 (lei nova mais benéfica), que alterou o § 1º, do art. 86, da Lei nº 8.213/91, deve ser aplicada imediatamente, atingindo todos os segurados que estiverem na mesma situação, seja referente aos casos pendentes de concessão ou aos benefícios já concedidos.					
Repercussão Geral			Tema 165/STF – Revisão da pensão por morte concedida antes do advento da Lei nº 9.032/95. Tema 388/STF – Revisão de auxílio-acidente concedido antes do advento da Lei nº 9.032/95.					
Processo STF			RE 613008 – Baixado					
Processo		Tribunal de Origem	RRC	Órgão Julgador	Relator	Data de Afetação	Julgado em	Acórdão Publicado em	Embargos de Declaração	Trânsito em Julgado
REsp 1096244/SC		TJSC	Sim	3ª Seção	MARIA THEREZA DE ASSIS MOURA	19/02/2009	22/04/2009	08/05/2009	03/09/2009	16/08/2010

Regras Gerais sobre o Processo Judicial Previdenciário

Tema	Situação do Tema	Trânsito em Julgado	Ramo do Direito	DIREITO PREVIDENCIÁRIO		Assuntos ☐
1 5 6						
Questão submetida a julgamento	Questão referente à alegação de impossibilidade de condicionamento da concessão do benefício acidentário à irreversibilidade da moléstia incapacitante.					
Tese Firmada	Será devido o auxílio-acidente quando demonstrado o nexo de causalidade entre a redução de natureza permanente da capacidade laborativa e a atividade profissional desenvolvida, sendo irrelevante a possibilidade de reversibilidade da doença.					
Processo	Tribunal de Origem	RRC	Órgão Julgador	Relator	Data de Afetação	Julgado em	Acórdão Publicado em	Embargos de Declaração	Trânsito em Julgado
REsp 1112886/SP	TJSP	Sim	3ª Seção	NAPOLEÃO NUNES MAIA FILHO	25/05/2009	25/11/2009	12/02/2010	-	22/03/2010

Tema	Situação do Tema 2 1 3	Trânsito em Julgado	Ramo do Direito	DIREITO PREVIDENCIÁRIO	Assuntos ☐
Questão submetida a julgamento				AUXÍLIO-ACIDENTE. ART. 86 DA LEI 8.213/91. REQUISITO PARA A CONCESSÃO DO BENEFÍCIO. ALEGAÇÃO DE NECESSIDADE DE COMPROVAÇÃO DA EFETIVA REDUÇÃO DA CAPACIDADE LABORATIVA DO SEGURADO.	
Tese Firmada				Para a concessão de auxílio-acidente fundamentado na perda de audição (...), é necessário que a sequela seja ocasionada por acidente de trabalho e que acarrete uma diminuição efetiva e permanente da capacidade para a atividade que o segurado habitualmente exercia.	

Processo	Tribunal de Origem	RRC	Órgão Julgador	Relator	Data de Afetação	Julgado em	Acórdão Publicado em	Embargos de Declaração	Trânsito em Julgado
REsp 1108298/SC	TJSC	Sim	3ª Seção	NAPOLEÃO NUNES MAIA FILHO	10/08/2009	12/05/2010	06/08/2010	-	08/09/2010

BENEFÍCIO ASSISTENCIAL

Tema	Situação do Tema	Trânsito em Julgado	Ramo do Direito	DIREITO PREVIDENCIÁRIO	Assuntos ☐
185					

Questão submetida a julgamento	BENEFÍCIO ASSISTENCIAL. POSSIBILIDADE DE DEMONSTRAÇÃO DA CONDIÇÃO DE MISERABILIDADE DO BENEFICIÁRIO POR OUTROS MEIOS DE PROVA, QUANDO A RENDA PER CAPITA DO NÚCLEO FAMILIAR FOR SUPERIOR A 1/4 DO SALÁRIO-MÍNIMO.
Tese Firmada	A limitação do valor da renda per capita familiar não deve ser considerada a única forma de se comprovar que a pessoa não possui outros meios para prover a própria manutenção ou de tê-la provida por sua família, pois é apenas um elemento objetivo para se aferir a necessidade, ou seja, presume-se absolutamente a miserabilidade quando comprovada a renda per capita inferior a 1/4 do salário-mínimo.
Anotações Nugep	Para concessão do benefício assistencial de prestação continuada à pessoa portadora de deficiência ou idoso, o preceito contido no art. 20, § 3º, da Lei 8.742/1993 (renda familiar per capita inferior a 1/4 do salário-mínimo) não é o único critério válido para comprovar a condição de miserabilidade preceituada no art. 203, V, da Constituição Federal.
Repercussão Geral	Tema 185/STF – Incidência do imposto de renda sobre os resultados financeiros verificados na liquidação de contratos de swap para fins de hedge.

Processo	Tribunal de Origem	RRC	Órgão Julgador	Relator	Data de Afetação	Julgado em	Acórdão Publicado em	Embargos de Declaração	Trânsito em Julgado
REsp 1112557/MG	TRF1	Sim	3ª Seção	NAPOLEÃO NUNES MAIA FILHO	19/06/2009	28/10/2009	20/11/2009	-	21/03/2014

Tema	6 4 0	Situação do Tema	Trânsito em Julgado	Ramo do Direito	DIREITO PREVIDENCIÁRIO	Assuntos	□
Questão submetida a julgamento					Discute-se a possibilidade de concessão de benefício previdenciário ou benefício assistencial, no valor de um salário-mínimo, recebido por idoso ou deficiente que faça parte do núcleo familiar, não deve ser considerado na aferição da renda per capita prevista no artigo 20, § 3º, da Lei n. 8.742/93 ante a interpretação do que dispõe o artigo 34, parágrafo único, da Lei n. 10.741/03 (Estatuto do Idoso).		
Tese Firmada					Aplica-se o parágrafo único do artigo 34 do Estatuto do Idoso (Lei n. 10.741/03), por analogia, a pedido de benefício assistencial feito por pessoa com deficiência a fim de que benefício previdenciário recebido por idoso, no valor de um salário-mínimo, não seja computado no cálculo da renda per capita prevista no artigo 20, § 3º, da Lei n. 8.742/93.		
Repercussão Geral					Tema 807/STF – Preenchimento dos requisitos para concessão do benefício assistencial previsto no art. 203, V, da Constituição Federal.		

Processo	Tribunal de Origem	RRC	Órgão Julgador	Relator	Data de Afetação	Julgado em	Acórdão Publicado em	Embargos de Declaração	Trânsito em Julgado
REsp 1355052/ SP	TRF3	Sim	1ª Seção	BENEDITO GONÇALVES	23/04/2013	25/02/2015	05/11/2015	-	16/12/2015

BENEFÍCIO ESPECIAL DE RENDA CERTA

Tema	Situação do Tema	Trânsito em Julgado	Ramo do Direito	DIREITO PREVIDENCIÁRIO	Assuntos
650					☐

Questão submetida a julgamento	Questão relativa ao pagamento do "Benefício Especial de Renda Certa" exclusivamente para os aposentados que, no período de atividade, completaram o mínimo de 360 contribuições.
Tese Firmada	O benefício especial de renda certa, instituído pela Caixa de Previdência dos Funcionários do Banco do Brasil – PREVI, é devido exclusivamente aos assistidos que, no período de atividade, contribuíram por mais de 360 meses (30 anos) para o plano de benefícios.

Processo	Tribunal de Origem	RRC	Órgão Julgador	Relator	Data de Afetação	Julgado em	Acórdão Publicado em	Embargos de Declaração	Trânsito em Julgado
REsp 1331168/RJ	TJRJ	Sim	2ª Seção	MARIA ISABEL GALLOTTI	14/05/2013	12/11/2014	19/11/2014	-	09/02/2015

BENEFÍCIOS PREVIDENCIÁRIOS

Tema	6 6 0			
	Situação do Tema	Trânsito em Julgado	Ramo do Direito	Assuntos
			DIREITO PROCESSUAL CIVIL E DO TRABALHO	☐
Questão submetida a julgamento			O feito em que se busca a concessão de benefício previdenciário deve ser extinto sem julgamento do mérito, por falta de interesse processual, sempre que não houver prévio requerimento ou comunicação desse pedido ao INSS na via administrativa.	
Tese Firmada			"(...) a concessão de benefícios previdenciários depende de prévio requerimento administrativo", conforme decidiu o Plenário do Supremo Tribunal Federal, no julgamento do RE 631.240/MG, sob o rito do artigo 543-B do CPC, observadas "as situações de ressalva e fórmula de transição a ser aplicada nas ações já ajuizadas até a conclusão do aludido julgamento (03/9/2014)"	
Anotações Nugep			Sessão de 24/09/2014 – "a Seção, por unanimidade, deu parcial provimento ao recurso especial para que o juiz de 1º grau aplique as regras de modulação estipuladas pelo Supremo Tribunal Federal no julgamento do Recurso Extraordinário 631.240/MG e decidiu cancelar a submissão do presente recurso ao rito do art. 543-C do Código de Processo Civil, nos termos do voto do Sr. Ministro Relator, que retificou seu voto" Sessão de 22/10/2014 – "a Seção, por unanimidade, aprovou a questão de ordem, no sentido de o presente recurso voltar a tramitar sob o rito do art. 543-C do CPC, nos termos apresentados pelo Sr. Min. Relator [...]"	
Informações Complementares			"(...) adesão à tese estabelecida no RE 631.240/MG, julgado pelo Supremo Tribunal Federal sob regime da repercussão geral", em que decidido: "RECURSO EXTRAORDINÁRIO. REPERCUSSÃO GERAL. PRÉVIO REQUERIMENTO ADMINISTRATIVO E INTERESSE EM AGIR. 1. A instituição de condições para o regular exercício do direito de ação é compatível com o art. 5º, XXXV, da Constituição. Para se caracterizar a presença de interesse em agir, é preciso haver necessidade de ir a juízo. 2. A concessão de benefícios previdenciários depende de requerimento do interessado, não se caracterizando ameaça ou lesão a direito antes de sua apreciação e indeferimento pelo INSS, ou se excedido o prazo legal para sua análise. É bem de ver, no entanto, que a exigência de prévio requerimento não se confunde com o exaurimento das vias administrativas. 3. A exigência de prévio requerimento administrativo não deve prevalecer quando o entendimento da Administração for notória e reiteradamente contrário à postulação do segurado. 4. Na hipótese de pretensão de revisão, restabelecimento ou manutenção de benefício anteriormente concedido, considerando que o INSS tem o dever legal de conceder a prestação mais vantajosa possível, o pedido poderá ser formulado diretamente em juízo – salvo se	

Regras Gerais sobre o Processo Judicial Previdenciário

Tema	Situação do Tema	Trânsito em Julgado	Ramo do Direito	DIREITO PROCESSUAL CIVIL E DO TRABALHO	Assuntos
660				depender da análise de matéria de fato ainda não levada ao conhecimento da Administração –, uma vez que, nesses casos, a conduta do INSS já configura o não acolhimento ao menos tácito da pretensão. 5. Tendo em vista a prolongada oscilação jurisprudencial na matéria, inclusive no Supremo Tribunal Federal, deve-se estabelecer uma fórmula de transição para lidar com as ações em curso, nos termos a seguir expostos. 6. Quanto às ações ajuizadas até a conclusão do presente julgamento (03.09.2014), sem que tenha havido prévio requerimento administrativo nas hipóteses em que exigível, será observado o seguinte: (i) caso a ação tenha sido ajuizada no âmbito de Juizado Itinerante, a ausência de anterior pedido administrativo não deverá implicar a extinção do feito; (ii) caso o INSS já tenha apresentado contestação de mérito, está caracterizado o interesse em agir pela resistência à pretensão; (iii) as demais ações que não se enquadrem nos itens (i) e (ii) ficarão sobrestadas, observando-se a sistemática a seguir. 7. Nas ações sobrestadas, o autor será intimado a dar entrada no pedido administrativo em 30 dias, sob pena de extinção do processo. Comprovada a postulação administrativa, o INSS será intimado a se manifestar acerca do pedido em até 90 dias, prazo dentro do qual a Autarquia deverá colher todas as provas eventualmente necessárias e proferir decisão. Se o pedido for acolhido administrativamente ou não puder ter o seu mérito analisado devido a razões imputáveis ao próprio requerente, extingue-se a ação. Do contrário, estará caracterizado o interesse em agir e o feito deverá prosseguir. 8. Em todos os casos acima – itens (i), (ii) e (iii) –, tanto a análise administrativa quanto a judicial deverão levar em conta a data do início da ação como data de entrada do requerimento, para todos os efeitos legais.(...)"	☐

Repercussão Geral	Tema 350/STF – Prévio requerimento administrativo como condição para o acesso ao Judiciário.							
Processo	Tribunal de Origem	RRC	Órgão Julgador	Relator	Data de Afetação	Julgado em	Acórdão Publicado em	Embargos de Declaração	Trânsito em Julgado
REsp 1369834/SP	TRF3	Sim	1ª Seção	BENEDITO GONÇALVES	04/06/2013 22/10/2014	24/09/2014	02/12/2014	-	04/03/2015
REsp 1302307/TO	TRF1	Não	-	ELIANA CALMON	26/06/2012				

Tema	6 9 2	Situação do Tema		Acórdão Publicado		Ramo do Direito	DIREITO PREVIDENCIÁRIO		Assuntos	☐
Questão submetida a julgamento		Questiona se deve o litigante beneficiário do Regime Geral da Previdência Social – RGPS devolver os valores percebidos do INSS em virtude de decisão judicial precária, que venha a ser posteriormente revogada.								
Tese Firmada		A reforma da decisão que antecipa a tutela obriga o autor da ação a devolver os benefícios previdenciários indevidamente recebidos.								
Repercussão Geral		Tema 799/STF – Possibilidade da devolução de valores recebidos em virtude de tutela antecipada posteriormente revogada.								
Processo		Tribunal de Origem	RRC	Órgão Julgador	Relator	Data de Afetação	Julgado em	Acórdão Publicado em	Embargos de Declaração	Trânsito em Julgado
REsp 1401560/MT		TRF1	Não	1ª Seção	SÉRGIO KUKINA	03/09/2013	12/02/2014	13/10/2015	02/05/2016	

Regras Gerais sobre o Processo Judicial Previdenciário

Tema	Situação do Tema	Trânsito em Julgado	Ramo do Direito	Assuntos
216			DIREITO TRIBUTÁRIO	☐
Questão submetida a julgamento		Questão referente à forma de cálculo da contribuição previdenciária incidente sobre a gratificação natalina.		
Tese Firmada		A Lei n. 8.620/93, em seu art. 7º, § 2º autorizou expressamente a incidência da contribuição previdenciária sobre o valor bruto do 13º salário, cuja base de cálculo deve ser calculada em separado do salário-de-remuneração do respectivo mês de dezembro.		
Anotações Nugep		É legal o cálculo, em separado, da contribuição previdenciária sobre a gratificação natalina em relação ao salário do mês de dezembro, a partir da edição da Lei nº 8.620/93.		
Repercussão Geral		Tema 215/STF – Forma de cálculo de contribuição previdenciária incidente sobre o 13º salário.		

Processo	Tribunal de Origem	RRC	Órgão Julgador	Relator	Data de Afetação	Julgado em	Acórdão Publicado em	Embargos de Declaração	Trânsito em Julgado
REsp 1066682/SP	TRF3	Não	1ª Seção	LUIZ FUX	08/09/2009	09/12/2009	01/02/2010	-	08/03/2010

CONVERSÃO DE TEMPO DE SERVIÇO ESPECIAL EM COMUM

Tema	Situação do Tema	Trânsito em Julgado	Ramo do Direito	DIREITO PREVIDENCIÁRIO	Assuntos
4 2 2					☐

Questão submetida a julgamento	PREVIDENCIÁRIO. APOSENTADORIA. CONVERSÃO DE TEMPO DE SERVIÇO ESPECIAL EM COMUM. FATOR MULTIPLICADOR PREVISTO NA LEGISLAÇÃO EM VIGOR À ÉPOCA DA ATIVIDADE. TERMO FINAL PARA CONVERSÃO EM 28/5/1998. NECESSIDADE DE EXPOSIÇÃO PERMANENTE E HABITUAL. VIOLAÇÃO DOS ARTS. 57, § 3º, LEI N. 8.213/1991 E 63, I, DO DECRETO N. 611/1992. CONTAGEM DE TEMPO DE SERVIÇO POSTERIOR À EMENDA CONSTITUCIONAL N. 20/1998.
Tese Firmada	Permanece a possibilidade de conversão do tempo de serviço exercido em atividades especiais para comum após 1998, pois a partir da última reedição da MP n. 1.663, parcialmente convertida na Lei 9.711/1998, a norma tornou-se definitiva sem a parte do texto que revogava o referido § 5º do art. 57 da Lei n. 8.213/1991.

Processo	Tribunal de Origem	RRC	Órgão Julgador	Relator	Data de Afetação	Julgado em	Acórdão Publicado em	Embargos de Declaração	Trânsito em Julgado
REsp 1151363/MG	TRF1	Não	3ª Seção	JORGE MUSSI	21/06/2010	23/03/2011	05/04/2011	-	10/05/2011

Regras Gerais sobre o Processo Judicial Previdenciário

Tema	Situação do Tema	Trânsito em Julgado	Ramo do Direito	DIREITO PREVIDENCIÁRIO	Assuntos
4 2 3					☐

Questão submetida a julgamento	PREVIDENCIÁRIO. APOSENTADORIA. CONVERSÃO DE TEMPO DE SERVIÇO ESPECIAL EM COMUM. FATOR MULTIPLICADOR PREVISTO NA LEGISLAÇÃO EM VIGOR À ÉPOCA DA ATIVIDADE. TERMO FINAL PARA CONVERSÃO EM 28/5/1998. NECESSIDADE DE EXPOSIÇÃO PERMANENTE E HABITUAL. VIOLAÇÃO DOS ARTS. 57, § 3º, LEI N. 8.213/1991 E 63, I, DO DECRETO N. 611/1992. CONTAGEM DE TEMPO DE SERVIÇO POSTERIOR À EMENDA CONSTITUCIONAL N. 20/1998.
Tese Firmada	A adoção deste ou daquele fator de conversão depende, tão somente, do tempo de contribuição total exigido em lei para a aposentadoria integral, ou seja, deve corresponder ao valor tomado como parâmetro, numa relação de proporcionalidade, o que corresponde a um mero cálculo matemático e não de regra previdenciária.
Anotações Nugep	Questão referente ao fator de conversão a ser adotado na conversão para fins de aposentadoria comum: se o fator da época da prestação de serviço ou da data do requerimento administrativo.

Processo	Tribunal de Origem	RRC	Órgão Julgador	Relator	Data de Afetação	Julgado em	Acórdão Publicado em	Embargos de Declaração	Trânsito em Julgado
REsp 1151363/MG	TRF1	Não	3ª Seção	JORGE MUSSI	21/06/2010	23/03/2011	05/04/2011	-	10/05/2011

Tema	Situação do Tema	Sobrestado	Ramo do Direito	DIREITO PREVIDENCIÁRIO	Assuntos □
5 4 6					
Questão submetida a julgamento		Discute-se a possibilidade de conversão de tempo de serviço especial em comum, e vice-versa, no período anterior à vigência da Lei 6.887/1980, que alterou a Lei 5.890/1973 (art. 9º, § 4º).			
Tese Firmada		A lei vigente por ocasião da aposentadoria é a aplicável ao direito à conversão entre tempos de serviço especial e comum, independentemente do regime jurídico à época da prestação do serviço.			
Anotações Nugep		1. É possível a conversão entre tempo especial e comum para as aposentadorias cujas exigências foram satisfeitas sob a égide da alteração da Lei 5.890/1973, imposta pela Lei 6.887/1980, independentemente do período em que as atividades especial ou comum foram exercidas. 2. O mesmo raciocínio vale para as aposentadorias submetidas ao regime jurídico da Lei 8.213/1991, pois há previsão expressa da possibilidade de conversão.			
Repercussão Geral		Grupo de Representativos 3 – Controvérsia referente à possibilidade de conversão de tempo de serviço comum em especial para fins de obtenção de aposentadoria especial, relativamente a atividades prestadas anteriormente à vigência da Lei nº 9.032/1995, ainda que o segurado tenha preenchido os requisitos para o benefício somente após a edição da referida lei.			

Processo	Tribunal de Origem	RRC	Órgão Julgador	Relator	Data de Afetação	Julgado em	Acórdão Publicado em	Embargos de Declaração	Trânsito em Julgado
REsp 1310034/PR	TRF4	Não	1ª Seção	HERMAN BENJAMIN	10/05/2012	24/10/2012	19/12/2012	1) 02/02/2015 2) 16/11/2015	-

PENSÃO POR MORTE

Tema	21	Situação do Tema		Trânsito em Julgado		Ramo do Direito	DIREITO PREVIDENCIÁRIO		Assuntos	☐
Questão submetida a julgamento		Questiona-se a imprescindibilidade do requisito "condição de segurado do *de cujus*" para os dependentes fazerem jus ao benefício de pensão por morte, situação somente excetuada no caso daquele ter preenchido em vida os requisitos necessários ao deferimento de qualquer uma das aposentadorias previstas no Regime Geral de Previdência Social – RGPS.								
Tese Firmada		É devida a pensão por morte aos dependentes do segurado que, apesar de ter perdido essa qualidade, preencheu os requisitos legais para a obtenção de aposentadoria até a data do seu óbito.								
Súmula Originada do Tema		Súmula 416/STJ								
Processo	Tribunal de Origem	RRC	Órgão Julgador	Relator	Data de Afetação	Julgado em	Acórdão Publicado em	Embargos de Declaração	Trânsito em Julgado	
REsp 1110565/SE	TRF5	Sim	3ª Seção	FELIX FISCHER	05/03/2009	27/05/2009	03/08/2009	-	04/09/2009	

Tema			Situação do Tema	Trânsito em Julgado	Ramo do Direito	DIREITO PREVIDENCIÁRIO	Assuntos □
6	4	3					

Questão submetida a julgamento	Discussão acerca da possibilidade de manutenção de pensão por morte a filho maior de 21 anos e não inválido.
Tese Firmada	Não há falar em restabelecimento da pensão por morte ao beneficiário, maior de 21 anos e não inválido, diante da taxatividade da lei previdenciária, porquanto não é dado ao Poder Judiciário legislar positivamente, usurpando função do Poder Legislativo.
Anotações Nugep	Hipótese: Filho maior de 21 anos, não inválido, estudante universitário.

Processo	Tribunal de Origem	RRC	Órgão Julgador	Relator	Data de Afetação	Julgado em	Acórdão Publicado em	Embargos de Declaração	Trânsito em Julgado
REsp 1369832/SP	TRF3	Sim	1ª Seção	ARNALDO ESTEVES LIMA	07/05/2013	12/06/2013	07/08/2013	-	16/09/2013
REsp 1111220/PB	TRF5	Sim	-	ARNALDO ESTEVES LIMA	07/05/2009				

RENDA MENSAL INICIAL

Tema	Situação do Tema	Trânsito em Julgado	Ramo do Direito	DIREITO PREVIDENCIÁRIO	Assuntos
704					☐

Questão submetida a julgamento	Discussão acerca da forma de cálculo da aposentadoria por invalidez oriunda da conversão do auxílio-doença, previsto no art. 29, II e § 5º, da Lei 8.213/91, com a redação dada pela Lei 9.876/99.
Tese Firmada	A aposentadoria por invalidez decorrente da conversão de auxílio-doença, sem retorno do segurado ao trabalho, será apurada na forma estabelecida no art. 36, § 7º, do Decreto 3.048/99, segundo o qual a renda mensal inicial – RMI da aposentadoria por invalidez oriunda de transformação de auxílio-doença será de cem por cento do salário-de-benefício que serviu de base para o cálculo da renda mensal inicial do auxílio-doença, reajustado pelos mesmos índices de correção dos benefícios em geral.
Súmula Originada do Tema	Súmula 557/STJ

Processo	Tribunal de Origem	RRC	Órgão Julgador	Relator	Data de Afetação	Julgado em	Acórdão Publicado em	Embargos de Declaração	Trânsito em Julgado
REsp 1410433/MG	TRF1	Sim	1ª Seção	ARNALDO ESTEVES LIMA	24/10/2013	11/12/2013	18/12/2013	-	05/03/2014
REsp 1114423/MG	TJMG	Sim	-	LAURITA VAZ	06/08/2009				

Tema	Situação do Tema	Trânsito em Julgado	Ramo do Direito	DIREITO PREVIDENCIÁRIO	Assuntos
2 1 4					☐

Questão submetida a julgamento	REVISÃO DA RENDA MENSAL INICIAL. INCIDÊNCIA DO PRAZO DE DECADÊNCIA INSTITUÍDO PELO ART. 103 DA LEI 8.213/91, COM A REDAÇÃO DADA PELA LEI 9.528/97, AOS BENEFÍCIOS CONCEDIDOS EM DATA ANTERIOR À SUA VIGÊNCIA.
Tese Firmada	Os atos administrativos praticados antes da Lei 9.784/99 podem ser revistos pela Administração a qualquer tempo, por inexistir norma legal expressa prevendo prazo para tal iniciativa. Somente após a Lei 9.784/99 incide o prazo decadencial de 5 anos nela previsto, tendo como termo inicial a data de sua vigência (01.02.99). (...) Antes de decorridos 5 anos da Lei 9.784/99, a matéria passou a ser tratada no âmbito previdenciário pela MP 138, de 19.11.2003, convertida na Lei 10.839/2004, que acrescentou o art. 103-A à Lei 8.213/91 (LBPS) e fixou em 10 anos o prazo decadencial para o INSS rever os seus atos de que decorram efeitos favoráveis a seus beneficiários.
Anotações Nugep	Estando em curso o prazo decadencial para a revisão da RMI – Renda Mensal Inicial dos benefícios previdenciários concedidos em data anterior à vigência da Lei 9.784/1999, quando entrou em vigor o art. 103-A da Lei 8.213/91 (acrescentado por medida provisória convertida na Lei 10.839/2004), o prazo decadencial passa a ser de 10 anos porque regulado pela lei nova.

Processo	Tribunal de Origem	RRC	Órgão Julgador	Relator	Data de Afetação	Julgado em	Acórdão Publicado em	Embargos de Declaração	Trânsito em Julgado
REsp 1114938/AL	TRF5	Sim	3ª Seção	NAPOLEÃO NUNES MAIA FILHO	04/09/2009	14/04/2010	02/08/2010	-	02/09/2010

REVISÃO DE BENEFÍCIO

Tema	544	Situação do Tema	Sobrestado	Ramo do Direito	DIREITO PREVIDENCIÁRIO	Assuntos	☐
Questão submetida a julgamento			Discute a aplicação da decadência prevista no art. 103 da Lei 8.213/1991, com a redação dada pela MP 1.523/1997, sobre o direito do segurado de revisar benefício concedido antes da publicação deste último preceito legal.				
Tese Firmada			O suporte de incidência do prazo decadencial previsto no art. 103 da Lei 8.213/1991 é o direito de revisão dos benefícios, e não o direito ao benefício previdenciário. Incide o prazo de decadência do art. 103 da Lei 8.213/1991, instituído pela Medida Provisória 1.523-9/1997, convertida na Lei 9.528/1997, no direito de revisão dos benefícios concedidos ou indeferidos anteriormente a esse preceito normativo, com termo *a quo* a contar da sua vigência (28.6.1997).				
Repercussão Geral			Tema 313/STF – Aplicação do prazo decadencial previsto na Medida Provisória nº 1.523/97 a benefícios concedidos antes da sua edição.				

Processo	Tribunal de Origem	RRC	Órgão Julgador	Relator	Data de Afetação	Julgado em	Acórdão Publicado em	Embargos de Declaração	Trânsito em Julgado
REsp 1309529/PR	TRF4	Não	1ª Seção	HERMAN BENJAMIN	07/05/2012	28/11/2012	04/06/2013	-	-
REsp 1326114/SC	TRF4	Sim	1ª Seção	HERMAN BENJAMIN	11/10/2012	28/11/2012	13/05/2013	30/10/2014	09/12/2014

SALÁRIO-DE-BENEFÍCIO

Tema	148	Situação do Tema		Trânsito em Julgado		Ramo do Direito		DIREITO PREVIDENCIÁRIO		Assuntos	☐
Questão submetida a julgamento		Questão referente à restrição do valor do benefício previdenciário de prestação continuada ao limite máximo do salário-de-benefício na data de início do benefício.									
Tese Firmada		O Plano de Benefícios da Previdência Social – PBPS, dando cumprimento ao art. 202, caput, da Constituição Federal (redação original), definiu o valor mínimo do salário-de-benefício, nunca inferior ao salário-mínimo, e seu limite máximo, nunca superior ao limite máximo do salário-de-contribuição.									
Processo	Tribunal de Origem	RRC	Órgão Julgador	Relator		Data de Afetação	Julgado em	Acórdão Publicado em	Embargos de Declaração	Trânsito em Julgado	
REsp 1112574/MG	TRF1	Sim	3ª Seção	FELIX FISCHER		11/05/2009	26/08/2009	11/09/2009	-	14/10/2009	

Última atualização: 15/02/2016

TRABALHO RURAL

Tema	Situação do Tema	Trânsito em Julgado	Ramo do Direito	Assuntos
6 4 4			DIREITO PREVIDENCIÁRIO	☐

Questão submetida a julgamento	Discussão acerca da possibilidade ou não de concessão de aposentadoria por tempo de serviço/contribuição a trabalhador urbano mediante o cômputo de atividade rural com registro em carteira profissional em período anterior ao advento da Lei 8.213/1991 para efeito da carência exigida no art. 142 da Lei de Benefícios.
Tese Firmada	APOSENTADORIA POR TEMPO DE SERVIÇO. AVERBAÇÃO DE TRABALHO RURAL COM REGISTRO EM CARTEIRA PROFISSIONAL PARA EFEITO DE CARÊNCIA. POSSIBILIDADE. (...) Mostra-se incontroverso nos autos que o autor foi contratado por empregador rural, com registro em carteira profissional desde 1958, razão pela qual não há como responsabilizá-lo pela comprovação do recolhimento das contribuições.
Anotações Nugep	É possível a concessão de aposentadoria por tempo de serviço/contribuição a trabalhador urbano mediante o cômputo de atividade rural com registro em carteira profissional em período anterior ao advento da Lei 8.213/1991 para efeito da carência exigida no art. 142 da Lei de Benefícios. - Hipótese: o pedido de aposentadoria por tempo de serviço foi indeferido administrativamente por insuficiência de carência, tendo em vista constar apenas 90 (noventa) contribuições até janeiro de 1998, e não os 102 (cento e dois) recolhimentos necessários.

Processo	Tribunal de Origem	RRC	Órgão Julgador	Relator	Data de Afetação	Julgado em	Acórdão Publicado em	Embargos de Declaração	Trânsito em Julgado
REsp 1352791/SP	TRF3	Sim	1ª Seção	ARNALDO ESTEVES LIMA	07/05/2013	27/11/2013	05/12/2013	-	25/02/2014

Tema	Situação do Tema	Trânsito em Julgado	Ramo do Direito	DIREITO PROCESSUAL CIVIL E DO TRABALHO	Assuntos ☐
554					

Questão submetida a julgamento	Discute-se a possibilidade de admitir prova exclusivamente testemunhal (art. 55, § 3º, da Lei 8.213/1991) para configurar tempo de serviço rural para fins previdenciários no caso do trabalhador denominado 'boia-fria'.
Tese Firmada	Aplica-se a Súmula 149/STJ ('A prova exclusivamente testemunhal não basta à comprovação da atividade rurícola, para efeitos da obtenção de benefício previdenciário') aos trabalhadores rurais denominados 'boias-frias', sendo imprescindível a apresentação de início de prova material. Por outro lado, considerando a inerente dificuldade probatória da condição de trabalhador campesino, a apresentação de prova material somente sobre parte do lapso temporal pretendido não implica violação da Súmula 149/STJ, cuja aplicação é mitigada se a reduzida prova material for complementada por idônea e robusta prova testemunhal.
Anotações Nugep	1. Controvérsia: se a informalidade do trabalho como "boia-fria" induz à mitigação das exigências de provas. 2. Para configurar o tempo de serviço rural para fins previdenciários, no caso do trabalhador denominado "boia-fria" e dos demais segurados especiais, é prescindível a apresentação de prova documental de todo o período pretendido, desde que o início de prova material seja consubstanciado por robusta prova testemunhal.

Processo	Tribunal de Origem	RRC	Órgão Julgador	Relator	Data de Afetação	Julgado em	Acórdão Publicado em	Embargos de Declaração	Trânsito em Julgado
REsp 1321493/PR	TRF4	Não	1ª Seção	HERMAN BENJAMIN	15/06/2012	10/10/2012	19/12/2012	-	05/03/2013

Tema	Situação do Tema	Trânsito em Julgado	Ramo do Direito	DIREITO PREVIDENCIÁRIO	Assuntos	☐
297						

Questão submetida a julgamento	Questiona-se a inexistência do início de prova material a corroborar os testemunhos apresentados, impossibilitando, desta forma, o reconhecimento do trabalho rural, nos termos da Súmula 149 do STJ.
Tese Firmada	A prova exclusivamente testemunhal não basta à comprovação da atividade rurícola, para efeito da obtenção de benefício previdenciário.
Anotações Nugep	A prova exclusivamente testemunhal não basta, para o fim de obtenção de benefício previdenciário, à comprovação do trabalho rural, devendo ser acompanhada, necessariamente, de um início razoável de prova material.
Referência Sumular	Súmula 149/STJ

Processo	Tribunal de Origem	RRC	Órgão Julgador	Relator	Data de Afetação	Julgado em	Acórdão Publicado em	Embargos de Declaração	Trânsito em Julgado
REsp 1133863/RN	TRF5	Sim	3ª Seção	CELSO LIMONGI (DESEMBARGADOR CONVOCADO DO TJ/SP)	27/10/2009	13/12/2010	15/04/2011	-	18/05/2011

Tema	Situação do Tema	Trânsito em Julgado	Ramo do Direito	DIREITO PREVIDENCIÁRIO	Assuntos
5 3 2					☐

Questão submetida a julgamento	Discute-se a repercussão de atividade urbana do cônjuge na pretensão de configuração jurídica de trabalhador rural previsto no art. 143 da Lei 8.213/1991.
Tese Firmada	O trabalho urbano de um dos membros do grupo familiar não descaracteriza, por si só, os demais integrantes como segurados especiais, devendo ser averiguada a dispensabilidade do trabalho rural para a subsistência do grupo familiar, incumbência esta das instâncias ordinárias (Súmula 7/STJ).
Informações Complementares	Súmula 41/Turma Nacional de Uniformização dos Juizados Especiais Federais. A circunstância de um dos integrantes do grupo familiar desempenhar atividade urbana não implica, por si só, a descaracterização do trabalhador rural como segurado especial, situação que deve ser analisada no caso concreto.

Processo	Tribunal de Origem	RRC	Órgão Julgador	Relator	Data de Afetação	Julgado em	Acórdão Publicado em	Embargos de Declaração	Trânsito em Julgado
REsp 1304479/SP	TRF3	Não	1ª Seção	HERMAN BENJAMIN	21/03/2012	10/10/2012	19/12/2012	-	05/03/2013

Tema	Situação do Tema	Trânsito em Julgado	Ramo do Direito	DIREITO PREVIDENCIÁRIO	Assuntos
533					☐

Questão submetida a julgamento	Discute-se a repercussão de atividade urbana do cônjuge na pretensão de configuração jurídica de trabalhador rural prevista no art. 143 da Lei 8.213/1991.
Tese Firmada	Em exceção à regra geral (...), a extensão de prova material em nome de um integrante do núcleo familiar a outro não é possível quando aquele passa a exercer trabalho incompatível com o labor rurícola, como o de natureza urbana.
Anotações Nugep	Hipótese: o cônjuge da recorrida exerceu trabalho urbano, o que contamina a extensão da prova material concernente às certidões de casamento e de óbito.

Processo	Tribunal de Origem	RRC	Órgão Julgador	Relator	Data de Afetação	Julgado em	Acórdão Publicado em	Embargos de Declaração	Trânsito em Julgado
REsp 1304479/SP	TRF3	Não	1ª Seção	HERMAN BENJAMIN	21/03/2012	10/10/2012	19/12/2012	-	05/03/2013

Tema	Situação do Tema	Trânsito em Julgado	Ramo do Direito	DIREITO PREVIDENCIÁRIO	Assuntos
638					☐

Questão submetida a julgamento	Controvérsia acerca da possibilidade de reconhecimento do período de trabalho rural anterior ao documento mais antigo juntado como início de prova material.
Tese Firmada	Mostra-se possível o reconhecimento de tempo de serviço rural anterior ao documento mais antigo, desde que amparado por convincente prova testemunhal, colhida sob contraditório.
Súmula Originada do Tema	Súmula 577/STJ

Processo	Tribunal de Origem	RRC	Órgão Julgador	Relator	Data de Afetação	Julgado em	Acórdão Publicado em	Embargos de Declaração	Trânsito em Julgado
REsp 1348633/SP	TRF3	Sim	1ª Seção	ARNALDO ESTEVES LIMA	17/04/2013	28/08/2013	05/12/2014	-	04/03/2015
REsp 1348130/SP	TRF3	Sim	-	REGINA HELENA COSTA	17/04/2013	-	-	-	-

Processo desafetado em 11/10/2013.
Observação: Julgado como recurso repetido.

| REsp 1348382/SP | TRF3 | Sim | - | ARNALDO ESTEVES LIMA | 17/04/2013 | | | | |

Tema	Situação do Tema	Trânsito em Julgado	Ramo do Direito	DIREITO PREVIDENCIÁRIO	Assuntos □
642					

Questão submetida a julgamento	Questão referente à atividade rural deve ser comprovada no período imediatamente anterior ao requerimento.
Tese Firmada	O segurado especial tem que estar laborando no campo, quando completar a idade mínima para se aposentar por idade rural, momento em que poderá requerer seu benefício. Ressalvada a hipótese do direito adquirido, em que o segurado especial, embora não tenha requerido sua aposentadoria por idade rural, preenchera de forma concomitante, no passado, ambos os requisitos carência e idade.

Processo	Tribunal de Origem	RRC	Órgão Julgador	Relator	Data de Afetação	Julgado em	Acórdão Publicado em	Embargos de Declaração	Trânsito em Julgado
REsp 1354908/SP	TRF3	Sim	1ª Seção	MAURO CAMPBELL MARQUES	02/05/2013	09/09/2015	10/02/2016	15/06/2016	08/09/2016

Tema	Situação do Tema	Acórdão Publicado	Ramo do Direito	DIREITO PROCESSUAL CIVIL E DO TRABALHO	Assuntos ☐
6 2 9					

Questão submetida a julgamento	Argumento de que a parte autora deixou de instruir seu pedido inicial com documentos que comprovassem o exercício de atividade rural em momento imediatamente anterior ao ajuizamento da ação, consoante exigência legal prevista no art. 143 da Lei 8.213/91, motivo pelo qual o feito deveria ter sido extinto nos termos do art. 269, I do CPC, com a decretação de improcedência do pedido.
Tese Firmada	A ausência de conteúdo probatório eficaz a instruir a inicial, conforme determina o art. 283 do CPC, implica a carência de pressuposto de constituição e desenvolvimento válido do processo, impondo sua extinção sem o julgamento do mérito (art. 267, IV do CPC) e a consequente possibilidade de o autor intentar novamente a ação (art. 268 do CPC), caso reúna os elementos necessários à tal iniciativa.
Informações Complementares	Na sessão de julgamento realizada em 12/08/2015 a Primeira Seção, "por maioria, em questão de ordem, decidiu manter a submissão deste recurso ao rito do art. 543-C do CPC. Decidiu, ainda, por unanimidade, submetê-lo ao julgamento da Corte Especial".

Processo	Tribunal de Origem	RRC	Órgão Julgador	Relator	Data de Afetação	Julgado em	Acórdão Publicado em	Embargos de Declaração	Trânsito em Julgado
REsp 1352721/SP	TRF3	Sim	Corte Especial	NAPOLEÃO NUNES MAIA FILHO	04/04/2013	16/12/2015	28/04/2016	-	
REsp 1352875/SP	TRF3	Sim	-	NAPOLEÃO NUNES MAIA FILHO	04/04/2013				

No prazo de 15 dias, cabe agravo contra decisão do presidente ou do vice-presidente do tribunal recorrido que inadmitir recurso especial, salvo quando fundada na aplicação de entendimento firmado em regime de julgamento de recursos repetitivos.

17. RECURSO EXTRAORDINÁRIO, REPERCUSSÃO GERAL E REPETITIVO

Nos termos do artigo 1.029 do CPC/2015, o recurso extraordinário deve ser interposto perante o presidente ou o vice-presidente do tribunal recorrido, contendo a exposição do fato e do direito, a demonstração do cabimento do recurso interposto e as razões do pedido de reforma ou de invalidação da decisão recorrida, tendo prazo de interposição de 15 dias.

Ademais, quando o recurso fundar-se em dissídio jurisprudencial, o recorrente fará a prova da divergência com a certidão, cópia ou citação do repositório de jurisprudência, oficial ou credenciado, inclusive em mídia eletrônica, em que houver sido publicado o acórdão divergente, ou ainda com a reprodução de julgado disponível na rede mundial de computadores, com indicação da respectiva fonte, devendo-se, em qualquer caso, mencionar as circunstâncias que identifiquem ou assemelhem os casos confrontados.

Quando, por ocasião do processamento do incidente de resolução de demandas repetitivas, o presidente do STF receber requerimento de suspensão de processos em que se discuta questão federal constitucional, poderá, considerando razões de segurança jurídica ou de excepcional interesse social, estender a suspensão a todo o território nacional, até ulterior decisão do recurso extraordinário ou do recurso especial a ser interposto.

O pedido de concessão de efeito suspensivo a recurso extraordinário poderá ser formulado por requerimento dirigido ao STF, no período compreendido entre a publicação da decisão de admissão do recurso e sua distribuição, ficando o relator designado para seu exame prevento para julgá-lo; ao relator, se já distribuído o recurso; ao presidente ou ao vice-presidente do tribunal recorrido, no período compreendido entre a interposição do recurso e a publicação da decisão de admissão do recurso, assim como no caso de o recurso ter sido sobrestado.

Nos termos do artigo 1.030 do CPC/2015, recebida a petição do recurso pela secretaria do tribunal, o recorrido será intimado para apresentar contrarrazões no prazo de 15 (quinze) dias, findo o qual os autos serão conclusos ao presidente ou ao vice-presidente do tribunal recorrido, que deverá negar seguimento a recurso extraordinário que discuta questão constitucional à qual o Supremo Tribunal Federal não tenha reconhecido a existência de repercussão geral ou a recurso extraordinário interposto contra acórdão que esteja em conformidade com entendimento do Supremo Tribunal Federal exarado no regime de repercussão geral.

Deverá ainda negar seguimento a recurso extraordinário interposto contra acórdão que esteja em conformidade com entendimento do Supremo Tribunal Federal exarado no regime de julgamento de recursos repetitivos.

Caberá ainda ao presidente ou ao vice-presidente do tribunal recorrido encaminhar o processo ao órgão julgador para realização do juízo de retratação, se o acórdão recorrido divergir do entendimento do Supremo Tribunal Federal exarado no regime de repercussão geral ou sobrestar o recurso que versar sobre controvérsia de caráter repetitivo ainda não decidida pelo Supremo Tribunal Federal em matéria constitucional.

Caberá ainda ao presidente ou ao vice-presidente do tribunal recorrido selecionar o recurso como representativo de controvérsia inconstitucional, se for o caso.

Por sua vez, deverá realizar o juízo de admissibilidade e, se positivo, remeter o feito ao STF, desde que o recurso ainda não tenha sido submetido ao regime de repercussão geral; o recurso tenha sido selecionado como representativo da controvérsia o tribunal recorrido tenha refutado o juízo de retratação.

Se o Supremo Tribunal Federal considerar como reflexa a ofensa à Constituição afirmada no recurso extraordinário, por pressupor a revisão da interpretação de lei federal ou de tratado, remetê-lo-á ao Superior Tribunal de Justiça para julgamento como recurso especial (conversão de recurso extraordinário em recurso especial).

O Supremo Tribunal Federal, em decisão irrecorrível, não conhecerá do recurso extraordinário quando a questão constitucional nele versada não tiver repercussão geral, devendo ser considerada a existência ou não de questões relevantes do ponto de vista econômico, político, social ou jurídico que ultrapassem os interesses subjetivos do processo, cabendo ao recorrente a demonstração.

Haverá repercussão geral sempre que o recurso impugnar acórdão que contrarie súmula ou jurisprudência dominante do Supremo Tribunal Federal; ou tenha reconhecido a inconstitucionalidade de tratado ou de lei federal, nos termos do art. 97 da Constituição Federal.

Reconhecida a repercussão geral, o relator no Supremo Tribunal Federal determinará a suspensão do processamento de todos os processos pendentes, individuais ou coletivos, que versem sobre a questão e tramitem no território nacional.

O recurso que tiver a repercussão geral reconhecida deverá ser julgado no prazo de 1 ano e terá preferência sobre os demais feitos, ressalvados os que envolvam réu preso e os pedidos de *habeas corpus*.

Nos termos do artigo 1.036 do CPC/2015, sempre que houver multiplicidade de recursos extraordinários com fundamento em idêntica questão de direito, haverá afetação para julgamento como **repetitivo**, observado o disposto no Regimento Interno do Supremo Tribunal Federal.

O presidente ou o vice-presidente de tribunal de justiça ou de tribunal regional federal selecionará dois ou mais recursos representativos da controvérsia, que serão encaminhados ao STF para fins de afetação, determinando a suspensão do trâmite de todos os processos pendentes, individuais ou coletivos, que tramitem no Estado ou na região, conforme o caso, somente podendo ser selecionados recursos admissíveis que contenham abrangente argumentação e discussão a respeito da questão a ser decidida.

Uma vez selecionados os recursos extraordinários, o relator, no STF, constatando a presença de multiplicidade de recursos com fundamento em idêntica questão de direito, proferirá decisão de afetação, na qual identificará com precisão a questão a ser submetida a julgamento; **determinará a suspensão do processamento de todos os processos pendentes, individuais ou coletivos, que versem sobre a questão e tramitem no território nacional** e poderá requisitar aos presidentes ou aos vice-presidentes dos tribunais de justiça ou dos tribunais regionais federais a remessa de um recurso representativo da controvérsia.

O relator poderá solicitar ou admitir manifestação de pessoas, órgãos ou entidades com interesse na controvérsia, considerando a relevância da matéria e consoante dispuser o regimento interno *(amicus curiae)*; fixar data para, em audiência pública, ouvir depoimentos de pessoas com experiência e conhecimento na matéria, com a finalidade de instruir o procedimento e requisitar informações aos tribunais inferiores a respeito da controvérsia e, cumprida a diligência, intimará o Ministério Público para manifestar-se.

Decididos os recursos afetados, os órgãos **colegiados declararão prejudicados os demais recursos versando sobre idêntica controvérsia ou os decidirão aplicando a tese firmada.**

No entanto, acaso negada a existência de repercussão geral no recurso extraordinário afetado, serão considerados automaticamente inadmitidos os recursos extraordinários cujo processamento tenha sido sobrestado.

Uma vez publicado o acórdão paradigma, o presidente ou o vice-presidente do tribunal de origem negará seguimento aos recursos extraordinários sobrestados na origem, se o acórdão recorrido coincidir com a orientação do tribunal superior.

Ademais, o órgão que proferiu o acórdão recorrido, na origem, reexaminará o processo de competência originária, a remessa necessária ou o recurso anteriormente julgado, se o acórdão recorrido contrariar a orientação do tribunal superior.

Por sua vez, os processos suspensos em primeiro e segundo graus de jurisdição retomarão o curso para julgamento e aplicação da tese firmada pelo tribunal superior.

Acaso mantido o acórdão divergente pelo tribunal de origem, o recurso extraordinário será remetido ao respectivo tribunal superior. Por outro lado, realizado o juízo de retratação, com alteração do acórdão divergente, o tribunal de origem, se for o caso, decidirá as demais questões ainda não decididas cujo enfrentamento se tornou necessário em decorrência da alteração.

A parte poderá desistir da ação em curso no primeiro grau de jurisdição, antes de proferida a sentença, se a questão nela discutida for idêntica à resolvida pelo recurso representativo da controvérsia e, se a desistência ocorrer antes de oferecida contestação, a parte ficará isenta do pagamento de custas e de honorários de sucumbência.

No prazo de 15 dias, cabe agravo contra decisão do presidente ou do vice-presidente do tribunal recorrido que inadmitir recurso extraordinário, salvo quando fundada na aplicação de entendimento firmado em regime de repercussão geral.

18. AÇÃO RESCISÓRIA PREVIDENCIÁRIA

A ação rescisória busca desconstituir a coisa julgada material nas hipóteses admitidas pelo artigo 485 do antigo Código de Processo Civil:

"Art. 485. A sentença de mérito, transitada em julgado, pode ser rescindida quando:

I – se verificar que foi dada por prevaricação, concussão ou corrupção do juiz;

II – proferida por juiz impedido ou absolutamente incompetente;

III – resultar de dolo da parte vencedora em detrimento da parte vencida, ou de colusão entre as partes, a fim de fraudar a lei;

IV – ofender a coisa julgada;

V – violar literal disposição de lei;

VI – se fundar em prova, cuja falsidade tenha sido apurada em processo criminal ou seja provada na própria ação rescisória;

VII – depois da sentença, o autor obtiver documento novo, cuja existência ignorava, ou de que não pôde fazer uso, capaz, por si só, de lhe assegurar pronunciamento favorável;

VIII – houver fundamento para invalidar confissão, desistência ou transação, em que se baseou a sentença;

IX – fundada em erro de fato, resultante de atos ou de documentos da causa";

No entanto, o direito de propor ação rescisória se extingue em 02 anos, contados do trânsito em julgado da decisão, sendo um prazo decadencial.

Trata-se de **ação de competência originária de Tribunal**. Em não havendo a interposição de recursos extraordinários, o Tribunal de Justiça ou o Tribunal Regional Federal terá a competência para o julgamento.

De acordo com o STJ, "a competência para a ação rescisória não é do Supremo Tribunal Federal, quando a questão federal, apreciada no recurso extraordinário ou no agravo de instrumento, seja diversa da que foi suscitada no pedido rescisório". Súmula n. 515/STF. Compete ao Tribunal a quo o julgamento da ação rescisória na hipótese em que o acórdão proferido pelo Superior Tribunal de Justiça julgue questão federal diversa da suscitada no pedido rescisório (EREsp 1297878, Corte Especial, de 07/08/2013).

A propositura da ação rescisória exige do autor o depósito da importância de 5% sobre o valor da causa, a título de multa, caso a ação seja, por unanimidade de votos, declarada inadmissível, ou improcedente.

Mas no caso do INSS, por se tratar de autarquia federal, não se exige o referido depósito por força da Súmula 175, do STJ ("Descabe o depósito prévio nas ações rescisórias propostas pelo INSS").

A petição inicial deverá cumular ao pedido de rescisão, se for o caso, o de novo julgamento da causa, quando cabível. Na ação rescisória por violação de coisa julgada, por exemplo, o pedido se limitará à rescisão da sentença.

Nos demais casos o Tribunal competente deverá proferir novo julgamento. Isso porque "a ação rescisória é ação desconstitutiva ou, como diz parte da doutrina, constitutiva negativa, na medida em que seu objeto precípuo é o desfazimento de anterior coisa julgada. Ao julgar a ação rescisória, o tribunal deverá, caso procedente o pedido de rescisão por uma das hipóteses taxativamente elencadas no art. 485 do Código de Processo Civil, proferir novo julgamento em substituição ao anulado, se houver pedido nesse sentido" (AR 3536, de 23/06/2010).

Vale registrar que "a existência de interpretação controvertida de texto legal nos Tribunais não viabiliza a ação rescisória interposta pelo INSS em face de acórdão do TRF da 5ª Região, com fundamento no art. 485, V, do CPC" (STJ, AgRg no REsp 847130, de 12/03/2013).

É relativamente comum o ajuizamento de ações rescisórias pelo INSS por violação à coisa julgada, pois, não raro, correm paralelamente processos idênticos na Justiça Federal e na Justiça Estadual investida de jurisdição federal não identificados pela Previdência Social.

Na esfera previdenciária, as hipóteses mais usadas para o manejo da ação rescisória tanto em favor do segurado quanto do INSS são a obtenção de documento novo e o erro de fato.

A norma processual exige que o documento novo tenha sido obtido pelo autor depois da sentença, cuja existência era de sua ignorância ou que não pôde fazer uso.

Todavia, a jurisprudência do STJ vem flexibilizando esta regra no caso de ação rescisória proposta por trabalhador rural, em aplicação ao Princípio do *In*

Dubio Pro Misero, admitindo até a rescisão com base em documentos já existentes antes da propositura da ação originária:

> "PROCESSUAL CIVIL E PREVIDENCIÁRIO. AÇÃO RESCISÓRIA. DEPÓSITO PRÉVIO. BENEFICIÁRIO DA JUSTIÇA GRATUITA. DISPENSA. DOCUMENTO NOVO. ADMISSIBILIDADE. ERRO DE FATO. OCORRÊNCIA. ATIVIDADE RURAL. INÍCIO DE PROVA MATERIAL. CERTIDÃO DE NASCIMENTO DOS FILHOS. QUALIFICAÇÃO DO MARIDO COMO LAVRADOR. EXTENSÃO À ESPOSA.
>
> 1. Os beneficiários da justiça gratuita estão dispensados do depósito prévio de que trata o art. 488, II, do Código de Processo Civil.
>
> **2. Ainda que o documento apresentado seja anterior à ação originária, esta Corte, nos casos de trabalhadores rurais, tem adotado solução *pro misero* para admitir sua análise, como novo, na rescisória.**
>
> **3. O erro de fato a autorizar a procedência da ação, com fundamento no artigo 485, inciso IX, do Código de Processo Civil e orientando-se pela solução *pro misero*, consiste no reconhecimento da desconsideração de prova constante dos autos (AR n. 2.544/MS, Relatora Ministra Maria Thereza de Assis Moura, Revisor Ministro Napoleão Nunes Maia Filho, Terceira Seção, DJe 20/11/2009).**
>
> 4. Os documentos apresentados constituem início de prova material apto para, juntamente com os testemunhos colhidos no processo originário, comprovar o exercício da atividade rural pelo período da carência.
>
> 5. A qualificação do marido, na certidão de nascimento dos filhos, como lavrador estende-se à esposa, conforme precedentes desta Corte a respeito da matéria.
>
> 6. Ação rescisória procedente" (AR 3.921, de 24/04/2013).

De acordo com o STJ, em ação rescisória proposta pelo INSS que versava sobre aposentadoria por idade rural, "não se conhece do pedido de rescisão com fulcro no inciso V do artigo 485 do Código de Processo Civil, dado que a violação de lei, na rescisória fundada no citado dispositivo, deve ser aferida *primo oculi* e evidente, de modo a dispensar o reexame das provas da ação originária" (AR 3029, de 11/05/2011).

Ademais, **o STJ vem admitindo a propositura de ações rescisórias para desconstituir decisões contrárias ao entendimento pacificado ulteriormente pelo STF**, como nos casos de revisão de pensão por morte para 100% do salário de benefício e de auxílio-acidente de 50% do salário de benefício, em que a Suprema Corte negou a tese revisional:

> "PREVIDENCIÁRIO. PROCESSUAL CIVIL E CONSTITUCIONAL. AÇÃO RESCISÓRIA. PENSÃO POR MORTE. ELEVAÇÃO PARA 100% (CEM POR CENTO) DO SALÁRIO DE BENEFÍCIO. IMPOSSIBILIDADE. INCIDÊNCIA DA NORMA VIGENTE NO MOMENTO DO ÓBITO DO INSTITUIDOR.

INAPLICABILIDADE DA SUPERVENIENTE LEI Nº 9.032/1995. VIOLAÇÃO DO ATO JURÍDICO PERFEITO. MATÉRIA PACIFICADA NO STF E NESTA CORTE. NÃO INCIDÊNCIA DA SÚMULA 343/STF.

1. O Supremo Tribunal Federal, ao reconhecer a repercussão geral da matéria, afirmou que os benefícios previdenciários devem ser regulados pela norma vigente na data em que forem concedidos, sendo indevida, em decorrência, a aplicação da Lei 9.032/1995 aos benefícios que foram concedidos antes de sua edição, não cabendo aplicar ao caso o critério da lei que seja mais benéfica.

2. Este Tribunal, revendo o entendimento sobre o tema, em sintonia com a orientação do Supremo Tribunal Federal, passou a decidir a questão com o emprego de semelhante exegese, segundo a qual é incabível a aplicação retroativa do art. 75 da Lei nº 8.213/1991, com a redação que lhe conferiu a Lei nº 9.032/1995, que elevou a pensão por morte a 100% do salário de benefício.

3. A jurisprudência iterativa desta Corte enuncia que os valores que foram pagos pelo INSS aos segurados por força de decisão judicial transitada em julgado, a qual, posteriormente, vem a ser rescindida, não são passíveis de devolução, ante o caráter alimentar dessa verba.

4. A vedação inscrita na Súmula 343/STF, no sentido de que "não cabe ação rescisória por ofensa a literal dispositivo de lei, quando a decisão rescindenda se tiver baseado em texto legal de interpretação controvertida nos tribunais", não se aplica ao caso em apreciação, porque a questão controversa está vinculada à interpretação de matéria de natureza constitucional.

5. Ação rescisória julgada procedente, indeferido o pedido de devolução de valores" (AR 3926, de 11/09/2013).

"PREVIDENCIÁRIO. PROCESSUAL CIVIL E CONSTITUCIONAL. AÇÃO RESCISÓRIA. AUXÍLIO-ACIDENTE. ELEVAÇÃO PARA 50% (CINQUENTA POR CENTO) DO SALÁRIO DE BENEFÍCIO. IMPOSSIBILIDADE. APLICAÇÃO DA NORMA VIGENTE NO MOMENTO DOS FATOS QUE AMPARAM A CONCESSÃO DO BENEFÍCIO. INAPLICABILIDADE NA ESPÉCIE DA LEI Nº 9.032/95. VIOLAÇÃO DO ATO JURÍDICO PERFEITO. MATÉRIA PACIFICADA NO STF E NESTA CORTE. SÚMULA 343/STF. NÃO INCIDÊNCIA.

1. O Instituto Nacional do Seguro Social – INSS ajuizou ação rescisória com a finalidade de rescindir acórdão que, proferido em agravo regimental em recurso especial, desconstituiu julgado pelo qual o Tribunal Regional da 4ª Região reconheceu ilegal a aplicação retroativa do art. 86, § 1º, da Lei nº 8.213/91, com a redação conferida pela Lei nº 9.032/95, que elevou o auxílio-acidente para 50% do salário de benefício.

2. O Supremo Tribunal Federal, reconhecendo a repercussão geral da matéria, afirmou que os benefícios previdenciários devem ser regulados pela norma vigente na data dos fatos que ampararam a concessão do benefício, sendo indevida, em decorrência, a aplicação da Lei 9.032/95 aos benefícios previdenciários que foram concedidos antes de sua edição.

3. O Superior Tribunal de Justiça, revendo o entendimento sobre o tema, em sintonia com a orientação do Supremo Tribunal Federal, passou a decidir a questão com o emprego de semelhante exegese, segundo a qual é incabível a aplicação retroativa do art. 86, § 1º, da Lei nº 8.213/91, com a redação que lhe conferiu a Lei nº 9.032/95, a qual fixou o valor do auxílio-acidente em percentual único de 50% do salário de benefício.

4. Na espécie, o acórdão recorrido, proferido pelo Tribunal Regional da 4ª Região e reformado pelo acórdão rescindendo, ao julgar o reexame necessário e o recurso de apelação do INSS, declarou expressamente que as alterações promovidas pela Lei nº 9.032/85 na Lei nº 8.213/91, não poderiam ser aplicadas retroativamente na majoração de percentual de auxílio-acidente, entendimento que está em sintonia com a consolidada jurisprudência do Supremo e desta Corte.

5. A vedação inscrita na Súmula 343/STF, no sentido de que "não cabe ação rescisória por ofensa a literal dispositivo de lei, quando a decisão rescindenda se tiver baseado em texto legal de interpretação controvertida nos tribunais", não se aplica ao caso em apreciação, porque a questão controversa está vinculada à interpretação de matéria de natureza constitucional.

6. A jurisprudência iterativa desta Corte enuncia que os valores que foram pagos pelo INSS aos segurados por força de decisão judicial transitada em julgado, a qual, posteriormente, vem a ser rescindida, não são passíveis de devolução, ante o caráter alimentar dessa verba.

7. Ação rescisória julgada procedente, indeferido o pedido de devolução de valores" (AR 4193, de 11/09/2013).

Já no âmbito dos Juizados Especiais Federais, vem prevalecendo o entendimento do não cabimento da ação rescisória em razão da vedação do artigo 59, da Lei 9.099/95. Nesse sentido, o Enunciado 44 do FONAJEF:

> Enunciado 44 – Não cabe ação rescisória no JEF. O artigo 59 da Lei nº 9.099/95 está em consonância com os princípios do sistema processual dos Juizados Especiais, aplicando-se também aos Juizados Especiais Federais.

Nesse sentido, o entendimento de diversas Turmas Recursais:

> "PROCESSO DOS JUIZADOS ESPECIAIS FEDERAIS. PREVIDENCIÁRIO. BENEFÍCIO. AGRAVO LEGAL. ARTIGO 557, § 1º, DO CÓDIGO DE PROCESSO CIVIL. CABIMENTO. IMPUGNAÇÃO QUANTO À MANUTENÇÃO INTEGRAL DA DECISÃO MONOCRÁTICA QUE NEGOU SEGUIMENTO À AÇÃO RESCISÓRIA. NÃO CABIMENTO. ARTIGO 59, LEI Nº 9.099/1995 E ENUNCIADO Nº 44/FONAJEF. DECISÃO CLARA E BEM FUNDAMENTADA. 1. Ação rescisória em pedido de revisão de benefício previdenciário. 2. Decisão que negou seguimento à ação. 3. Interposição do agravo legal. 4. O recurso de agravo, previsto no artigo 557, § 1º, do Código de Processo Civil, é compatível com o rito dos Juizados Especiais Federais. 5. Conhecimento do recurso ante o preenchimento dos requisitos de admissibilidade. 6. Decisão

recorrida que encontra respaldo no artigo 59, da Lei nº 9.099/1995 c/c artigo 1º, da Lei nº 10.259/2001 e no Enunciado nº 44/FONAJEF. 7. Agravo legal a que se nega provimento, com a manutenção da decisão monocrática que, com fundamento no artigo 557, do Código de Processo Civil, negou seguimento à ação rescisória proposta pela parte ré, uma vez que todos os pontos aventados pelo recorrente já foram abordados na decisão recorrida, que se encontra suficientemente clara e bem fundamentada" (5ª Turma Recursal de São Paulo, Processo 00295650320124039301, de 15/05/2013).

"PROCESSO CIVIL. JUIZADOS ESPECIAIS FEDERAIS. AÇÃO RESCISÓRIA. IMPOSSIBILIDADE. ART. 59 da LEI Nº 9.099/95. AÇÃO INADMITIDA. I – Nos termos do art. 59 da Lei 9.099/95, não se admite ação rescisória das demandas afetas à competência dos juizados especiais, pois se mostra incompatível processamento dessa natureza com a sistemática processual adotada neste juízo, além da vedação expressa em lei. II – Ação rescisória não conhecida em razão da impossibilidade jurídica do pedido. Sentença mantida. III – Honorários advocatícios fixados em 10% sobre o valor atualizado da causa, nos moldes do art. 55, caput, da Lei nº 9.099/95" (1ª Turma Recursal do DF, Processo 389248520094013, de 10/09/2009).

"EMENTA-VOTO PROCESSUAL CIVIL. AÇÃO RESCISÓRIA NO ÂMBITO DO JUIZADO ESPECIAL FEDERAL. IMPOSSIBILIDADE. PREVISÃO EXPRESSA DO ART. 59 da LEI Nº. 9.099/95, APLICAÇÃO SUBSIDIÁRIA EM DECORRÊNCIA DO TEOR DO ART. 1º. da LEI Nº. 10.259/01. INEXISTÊNCIA de INCONSTITUCIONALIDADE. LIMITAÇÃO DOS MEIOS DE IMPUGNAÇÃO EM FACE DO PEQUENO VALOR ECONÔMICO DAS CAUSAS. COMPATIBILIDADE COM OS PRINCÍPIOS CONSTITUCIONAIS DO DEVIDO PROCESSO LEGAL E da AMPLA DEFESA. PETIÇÃO INICIAL QUE SE INDEFERE. PROCESSO EXTINTO SEM APRECIAÇÃO DE SEU MÉRITO. 1) Nos termos do art. 59 da Lei nº. 9.099/95, combinado com o art. 1º. da Lei nº. 10.259/01, não cabe ação rescisória no âmbito do Juizado Especial Federal. 2) Tal disposição legal é conforme a Constituição, especialmente as cláusulas do devido processo legal e da ampla defesa, já que é perfeitamente possível a restrição dos meios de impugnação das decisões judiciais à conta do pequeno valor econômico em disputa. 3) Eventual injustiça da sentença meramente extintiva pode ser reparada mediante nova propositura da ação. 4) Petição inicial indeferida. Processo extinto sem resolução de seu mérito, nos termos dos arts. 267, inciso I, e 295, inciso I, e parágrafo único, inciso III, do Código de Processo Civil. 5) Sem custas e sem honorários, já que não se trata de recurso. 6) Julgamento na forma do art. 46 da Lei nº. 9.099/95" (2ª Turma Recursal de Minas Gerais, Processo 849302220064013, de 01/06/2007).

Assim, entende-se que deve ser manejada ação anulatória para desconstituir a coisa julgada material formada no JEF, nas hipóteses do artigo 485, do CPC, conquanto este instrumento também não seja admitido pela jurisprudência dominante.

Caso se entenda pelo cabimento da ação rescisória no JEF, não caberá ao Tribunal Regional Federal julgá-la, e sim à respectiva Turma Recursal, a quem caberá avaliar a viabilidade da ação no rito dos Juizados Federais:

"Constitucional. Previdenciário. Ação Rescisória. Sentença proferida em sede de Juizado Especial Federal. Para reexame do decisum, a inicial deveria ser ajuizada perante Turma Recursal, que possui competência legalmente instituída para julgar o feito. Lei nº 10.259/2001. Incompetência deste Tribunal Regional. Autor beneficiário da gratuidade de justiça. Extinção da rescisória sem resolução de mérito" (TRF 5ª Região, AR 7091, de 24/07/2013).

"PROCESSUAL CIVIL ADMINISTRATIVO. AÇÃO RESCISÓRIA. DESCONSTITUIÇÃO DE SENTENÇA PROFERIDA EM SEDE DE JUIZADO ESPECIAL FEDERAL. INCOMPETÊNCIA DO TRIBUNAL REGIONAL FEDERAL. COMPETÊNCIA DECLINADA PARA UMA DAS TURMAS RECURSAIS DO JUIZADO ESPECIAL FEDERAL. – Os Juizados Especiais e suas respectivas Turmas Recursais exibem um regimento funcional próprio e específico, com sede no art. 98, inciso I, da Constituição Federal, representando, por assim dizer, um seguimento judiciário autônomo e especial, forjado para imprimir celeridade e dinamismo aos tradicionais modelos que até então vigoravam no seio do Poder Judiciário, sendo certo que, à luz da estrutura formal prevista nas Leis nºs. 10.259/2001 e 9.099/95, as sentenças proferidas pelos Juízes dos Juizados Especiais somente podem ser revistas no âmbito de suas respectivas Turmas Recursais. – O Tribunal Regional Federal, embora situado no ápice judiciário da pirâmide organizacional regional, não possui vinculação jurisdicional com os Juizados Especiais ou suas Turmas Recursais, não dispondo, por decorrência lógica, de qualquer competência originária ou recursal ligada aos referidos Órgãos. – Embora não se desconheça a disposição contida no art. 59 da Lei nº 9.099/95, que veda a proposição de ação rescisória nos Juizados Especiais, *in casu*, em se tratando de desconstituição de sentença proferida em sede de Juizado Especial, quem possui competência para afirmar o cabimento, ou não, da presente ação rescisória é a respectiva Turma Recursal. – Trata-se de hipótese de competência absoluta (art. 3º, § 3º, da Lei nº 10.259/01), que consabidamente pode ser declarada mesmo de ofício, devendo os autos ser remetidos ao juízo competente, consoante reza o art. 113, § 2º, do CPC. Declarou-se a incompetência absoluta desta Corte para processar e julgar a presente demanda e, por conseguinte, declinou-se da competência em favor de uma das Turmas Recursais da Seção Judiciária do Estado do Rio de Janeiro" (TRF 2ª Região, AR 3843, de 17/07/2013).

"PROCESSUAL CIVIL. AÇÃO RESCISÓRIA PARA DESCONSTITUIR SENTENÇA PROFERIDA POR ÓRGÃO SINGULAR DE JUIZADO ESPECIAL FEDERAL. INCOMPETÊNCIA DO TRF. 1. De acordo com reiterada jurisprudência desta Corte, compete à Turma Recursal do Juizado Especial o exame da ação rescisória que visa à desconstituição de sentença ou acórdão proferidos no âmbito do Juizado Especial Federal, uma vez que não há vinculação entre os Juizados Especiais Federais e a Justiça Federal comum. 2. Competência que se declina para uma das Turmas Recursais do Juizado Especial Federal da Seção Judiciária de Roraima" (TRF 1ª Região, AR 200901000772751, de 19/03/2013).

O CPC de 2015 trata do tema no artigo 966:

"Art. 966. A decisão de mérito, transitada em julgado, pode ser rescindida quando:

I – se verificar que foi proferida por força de prevaricação, concussão ou corrupção do juiz;

II – for proferida por juiz impedido ou por juízo absolutamente incompetente;

III – resultar de dolo ou coação da parte vencedora em detrimento da parte vencida ou, ainda, de simulação ou colusão entre as partes, a fim de fraudar a lei;

IV – ofender a coisa julgada;

V – violar manifestamente norma jurídica;

VI – for fundada em prova cuja falsidade tenha sido apurada em processo criminal ou venha a ser demonstrada na própria ação rescisória;

VII – obtiver o autor, posteriormente ao trânsito em julgado, prova nova cuja existência ignorava ou de que não pôde fazer uso, capaz, por si só, de lhe assegurar pronunciamento favorável;

VIII – for fundada em erro de fato verificável do exame dos autos".

Foi mantida a extinção do direito à rescisão em 2 (dois) anos contados do trânsito em julgado da última decisão proferida no processo.

De efeito, agora não é mais necessário que o documento seja novo para fundamentar a rescisão da sentença, podendo ser prova velha cuja existência se ignorava ou de que não pôde fazer uso, capaz, por si só, de inverter o comando judicial, a exemplo de um documento rural antigo que possa servir de prova material contemporânea, mas somente restou descoberto após a formação da coisa julgada, cuja sentença indeferiu o benefício rural justamente pela ausência de prova documental contemporânea.

19. FASE DE EXECUÇÃO NAS AÇÕES PREVIDENCIÁRIAS

A fase de execução nas demandas previdenciárias movidas contra o INSS poderá ser provisória, na hipótese de deferimento judicial de tutela de urgência, ou definitiva, quando já formada a coisa julgada.

Deverão ser adotadas as regras processuais do CPC nas ações que correm sob o rito ordinário (Justiça Federal) ou sumário (Justiça Estadual, nas ações por acidente de trabalho). Caso se trate de execução nos Juizados Especiais Federais, caberá a aplicação da Lei 10.259/2001, com incidência supletiva da Lei 9.099/95 e do CPC, nesta ordem, no que for compatível.

No entanto, vale frisar que com o advento do CPC de 2015 (art. 318[38]), não mais existe distinção entre o rito comum ordinário e sumário, passando a existir um único rito comum.

De acordo com o artigo 16, da Lei 10.259/2001, o cumprimento do acordo ou da sentença, com trânsito em julgado, que imponham obrigação de fazer, não fazer ou entrega de coisa certa, será efetuado mediante ofício do Juiz à autoridade citada para a causa, com cópia da sentença ou do acordo.

Por sua vez, dispõe o artigo 17 da Lei do JEF que, tratando-se de **obrigação de pagar quantia certa**, após o **trânsito em julgado da decisão**, o pagamento será efetuado no prazo de sessenta dias, contados da entrega da requisição, por ordem do Juiz, à autoridade citada para a causa, na agência mais próxima da Caixa Econômica Federal ou do Banco do Brasil, independentemente de precatório.

Caso o valor da execução das parcelas vencidas nos Juizados Especiais Federais ultrapasse a 60 salários mínimos, faculta-se à parte exequente a renúncia ao crédito do valor excedente, para que possa optar pelo pagamento do saldo sem o precatório.

Trata-se de novo ato de renúncia, não se confundindo com a renúncia que poderá ser necessária no processo de conhecimento para manter a competência do JEF para julgar a causa com valor de até 60 salários mínimos (parcelas vencidas acrescidas das 12 vincendas). Sobre o tema, colaciona-se o Enunciado 71 do FONAJEF:

> Enunciado 71 – "A parte autora deverá ser instada, na fase da execução, a renunciar ao excedente à alçada do Juizado Especial Federal, para fins de pagamento por Requisições de Pequeno Valor, não se aproveitando, para tanto, a renúncia inicial, de definição de competência".

É bastante comum no foro previdenciário a concessão de antecipação dos efeitos da tutela jurisdicional em sede de decisão interlocutória ou de sentença, devendo ser executada provisoriamente mesmo que haja recurso pendente de julgamento interposto pela autarquia previdenciária.

A tutela antecipada, no entanto, deve se limitar a situações urgentes e dotadas de alegações verossímeis, a exemplo da concessão de benefícios por incapacidade laborativa, amparo assistencial dos idosos e deficientes, pensões por morte e aposentadorias em geral, pois nestes casos o beneficiário da Previdência Social necessita urgentemente da verba alimentar que precisa ser implantada imediatamente, pois haverá danos irreversíveis no aguardo da coisa julgada.

---

38. Art. 318. Aplica-se a todas as causas o procedimento comum, salvo disposição em contrário deste Código ou de lei.
    Parágrafo único. O procedimento comum aplica-se subsidiariamente aos demais procedimentos especiais e ao processo de execução.

Por outro lado, entende-se que em ações de revisão de benefícios previdenciários, máxime nas situações controversas e que pendem de julgamento nos Tribunais Superiores, em regra, é descabida a concessão da antecipação de tutela, pois nestes casos o beneficiário já goza de benefício previdenciário, buscando apenas a revisão para majorar a renda, inexistindo *periculum in mora* suficiente para o seu deferimento.

A antecipação de tutela, quando cabível provisoriamente, deve se limitar à obrigação de fazer (implantação do benefício previdenciário ou sua revisão) ou de não fazer (abstenção de cessar um benefício ou sustar descontos administrativos). Isso porque a execução das parcelas vencidas devidas pelo INSS requer a formação da coisa julgada, pois se cuida de pessoa jurídica de direito público, cuja execução dos atrasados encontra-se sob o regime dos precatórios ou requisições de pequeno valor (parcelas vencidas de até 60 salários mínimos).

Nesse sentido, o Enunciado 35 do FONAJEF:

> Enunciado 35 – "A execução provisória para pagar quantia certa é inviável em sede de juizado, considerando outros meios jurídicos para assegurar o direito da parte".

Nesse sentido, o STF:

> "RECURSO EXTRAORDINÁRIO COM REPERCUSSÃO GERAL. DIREITO CONSTITUCIONAL FINANCEIRO. SISTEMÁTICA DOS PRECATÓRIOS (ART. 100, CF/88). EXECUÇÃO PROVISÓRIA DE DÉBITOS DA FAZENDA PÚBLICA. OBRIGAÇÃO DE FAZER. SENTENÇA COM TRÂNSITO EM JULGADO. EMENDA CONSTITUCIONAL 30/2000. **1. Fixação da seguinte tese ao Tema 45 da sistemática da repercussão geral: "A execução provisória de obrigação de fazer em face da Fazenda Pública não atrai o regime constitucional dos precatórios." 2. A jurisprudência do STF firmou-se no sentido da inaplicabilidade ao Poder Público do regime jurídico da execução provisória de prestação de pagar quantia certa, após o advento da Emenda Constitucional 30/2000. Precedentes.** 3. A sistemática constitucional dos precatórios não se aplica às obrigações de fato positivo ou negativo, dado a excepcionalidade do regime de pagamento de débitos pela Fazenda Pública, cuja interpretação deve ser restrita. Por consequência, a situação rege-se pela regra legal de que toda decisão não autossuficiente pode ser cumprida de maneira imediata, na pendência de recursos não recebidos com efeito suspensivo. 4. Não se encontra parâmetro constitucional ou legal que obste a pretensão de execução provisória de sentença condenatória de obrigação de fazer relativa à implantação de pensão de militar, antes do trânsito em julgado dos embargos do devedor opostos pela Fazenda Pública. 5. Há compatibilidade material entre o regime de cumprimento integral de decisão provisória e a sistemática dos precatórios, haja vista que este apenas se refere às obrigações de pagar quantia certa. 6. Recurso extraordinário a que se nega provimento". **(RE 573872, Relator(a): Min. EDSON FACHIN, Tribunal Pleno, julgado em 24/05/2017, PROCESSO ELETRÔNICO DJe-204 DIVULG 08-09-2017 PUBLIC 11-09-2017).**

No âmbito da organização administrativa do INSS, cumpre a APS/ADJ (Agência da Previdência Social de Atendimento de Demandas Judiciais) ou o SADJ (Setor de Atendimento de Demandas Judiciais) o cumprimento da implantação do benefício previdenciário ou assistencial (BPC/LOAS) nos sistemas da Previdência Social ou da sua revisão.

O tema é tratado pela Portaria Conjunta PGF/INSS Nº 83/2012, que define atribuições e estabelece procedimentos administrativos para atendimento de decisões judiciais em matéria de benefícios e para fornecimento dos subsídios necessários à defesa judicial do Instituto Nacional do Seguro Social.

Compete à Agência da Previdência Social de Atendimento de Demandas Judiciais ou ao Setor de Atendimento de Demandas Judiciais:

I – receber as intimações que tenham natureza de cumprimento de obrigação de fazer e não fazer;

II – realizar, nas ações em que o INSS figure como interessado ou parte, conforme parâmetros fornecidos pela Procuradoria ou pelo Poder Judiciário, o atendimento das determinações judiciais, tais como: implantação, restabelecimento, revisão e cessação dos benefícios previdenciários, assistenciais e acidentários, bem como emissão de Certidão de Tempo de Contribuição – CTC, averbação de tempo especial/rural, atualização de informações de dados cadastrais, vínculos, remunerações, contribuições e atividade no Cadastro Nacional de Informações Sociais – CNIS;

III – realizar o cálculo do tempo de contribuição do segurado e simulação de nova Renda Mensal Inicial – RMI, quando solicitado pela Procuradoria;

IV – conferir a RMI nova ou alterada calculada pelo Poder Judiciário, confrontando-a com aquela apresentada pela parte contrária e a fixada inicialmente pelo INSS, nos casos em que a Procuradoria determinar, opinando acerca das análises realizadas;

V – prestar, nas hipóteses de concessão judicial, esclarecimentos sobre o modo como foram realizados os cálculos que originaram a RMI, a forma de correção dos salários de contribuição, a legislação aplicada na concessão e nos reajustes da renda mensal informada, quando assim solicitado pela Procuradoria;

VI – proceder à análise de processos administrativos com vistas a subsidiar a defesa judicial e, principalmente, viabilizar a realização de eventuais acordos judiciais, se solicitado, a APSADJ/SADJ deverá elaborar despacho em resposta aos questionamentos objetivamente apontados pela Procuradoria;

VII – processar os cálculos de indenização, por meio de sistema próprio, referentes ao reconhecimento do tempo de atividade por sentença judicial, cujo período não exigia filiação obrigatória à Previdência Social, bem como nos casos de segurados contribuintes individuais, relativos aos períodos anteriores ou posteriores à inscrição, nas hipóteses de solicitação da Procuradoria;

VIII – propor, em caso de dúvida, consulta formal à Procuradoria ou ao Serviço/ Divisão de Benefícios da Gerência-Executiva do INSS, observadas as respectivas competências, quanto à forma de atendimento das decisões;

IX – proceder à reativação e reemissão dos créditos nos casos em que a decisão seja cumprida pela APSADJ/SADJ e posteriormente, o benefício venha a ser suspenso/cessado por não saque dos valores;

X – requisitar à APS responsável pela concessão do benefício cópia de processos administrativos ou outros elementos solicitados pelo Poder Judiciário ou pela Procuradoria, que, no mesmo ato também deverão ser informados da providência adotada, bem como os nomes da agência responsável pela guarda do processo requisitado e do seu respectivo gerente;

XI – encaminhar à APS mantenedora do benefício as determinações judiciais nos casos de manutenção por empresas conveniadas e nos acordos internacionais em que haja remessa de pagamento para o exterior, comunicando à Procuradoria e ao Poder Judiciário a agência responsável pelo atendimento e seu respectivo gerente;

XII – encaminhar à APS que funcione como Organismo de Ligação responsável as determinações judiciais nos casos de acordos internacionais em que não haja remessa de pagamento para o exterior e as concessões de benefícios com tempo de trabalho no exterior, comunicando à Procuradoria e ao Poder Judiciário o setor com atribuições para o atendimento e seu respectivo gestor;

XIII – solicitar, por meio de sistema próprio, pesquisas externas necessárias à conclusão do processo judicial;

XIV – fazer uso dos sistemas informatizados de gerenciamento e controle, definidos pela Direção Central do INSS;

XV – organizar suas atribuições internas de forma a, sempre que possível, especializar as atividades operacionais dos servidores em exercício na unidade, visando à melhoria do atendimento das demandas judiciais; e

XVI – comunicar à Gerência-Executiva os casos de violação ao disposto neste ato normativo.

Por sua vez, foi aprovado o Manual de Atendimento de Demandas Judiciais – Procedimentos e Gestão, que dispõe sobre os procedimentos a serem adotados pelos servidores no atendimento de tais demandas, proporcionando-lhes mais segurança em relação ao cumprimento das determinações originárias do Poder Judiciário, através da Resolução nº 496 PRES/INSS de 22/09/2015.

O Conselho Nacional de Justiça, através da sua Corregedoria, editou a Recomendação 04/2012, que dispõe sobre os elementos mínimos a serem inseridos nas sentenças previdenciárias para facilitar o seu cumprimento na fase de execução pelo INSS na concessão ou revisão de benefícios previdenciários ou assistenciais. Colaciona-se o seu Anexo:

Anexo da Recomendação nº 04, de 17 de maio de 2012:

1. Para implantação sem pedido prévio na via administrativa

1. número do CPF;

2. nome da mãe;

3. número do PIS/PASEP;

4. endereço do segurado;

5. nome do segurado;

6. benefício concedido;

7. renda mensal inicial – RMI, fixada judicialmente ou "a calcular pelo INSS", quando for o caso;

8. renda mensal atual, fixada judicialmente ou "a calcular pelo INSS", quando for o caso;

9. data de início do benefício – DIB;

10. data do início do pagamento administrativo.

2. Para implantação com pedido prévio na via administrativa, restabelecimento e revisão do benefício

1. nome do segurado;

2. benefício concedido;

3. número do benefício;

4. renda mensal inicial – RMI, fixada judicialmente ou "a calcular pelo INSS", quando for o caso;

5. renda mensal atual, fixada judicialmente ou "a calcular pelo INSS", quando for o caso;

6. data de início do benefício – DIB;

7. data do início do pagamento administrativo.

3. Informações Condicionais

1. nos casos de conversão de tempo especial em comum ou averbação de tempo rural ou urbano – o(s) período(s) acolhido(s) judicialmente;

2. se efetuado cálculo do tempo de serviço pelo Poder Judiciário – encaminhar o cálculo ou tabela de tempo de serviço;

3. nas hipóteses de benefícios concedidos à pessoa incapaz – o nome do representante legal autorizado a receber o benefício do INSS;

4. nas hipóteses de pensão por morte – identificação do instituidor e dados da certidão de óbito ou cópia da certidão.

5. nas hipóteses de salário maternidade – dados da certidão de nascimento ou cópia da certidão de nascimento.

O cumprimento da obrigação de fazer (v.g., implantação ou revisão do benefício) ou de não fazer (v.g., vedação de cessação ou de descontos no benefício) pelo INSS, quer em sede de antecipação de tutela ou em decisão definitiva, será promovida pela Agência da Previdência Social de Atendimento de Demandas Judiciais ou pelo Setor de Atendimento de Demandas Judiciais, não necessitando mais passar pela Procuradoria Federal do INSS, cabendo a intimação direta do órgão administrativo.

Caberá ao magistrado inserir no final da decisão os comandos básicos de implantação, como a data de início do benefício (DIB), a renda mensal (salvo se delegado ao INSS o seu cálculo) e a data de início do pagamento (DIP).

A data do início do pagamento é o termo inaugural do pagamento das parcelas na via administrativa com depósito em conta do beneficiário, normalmente sendo o dia seguinte ao último dia do horizonte do cálculo das parcelas vencidas, sendo o marco divisor entre a obrigação de fazer e de pagar as parcelas vencidas.

É importante que não haja falha neste ponto, sob pena de pagamento em duplicidade de determinado período (prejuízo para o INSS) ou de não pagamento em algum período (prejuízo para o beneficiário).

Suponha-se que uma sentença tenha condenado o INSS em implantar uma aposentadoria por tempo de contribuição, com DIB (data de início do benefício) em 02/01/2012 (data do requerimento administrativo) e data do início do pagamento (DIP) em 01/01/2015.

Neste caso, o INSS irá implantar o benefício com efeitos financeiros a partir de 01/01/2015, pagos mensalmente na conta do segurado (obrigação de fazer). Já as parcelas vencidas (de 02/01/2012 até 31/12/2014) serão pagos em sede de execução no próprio processo judicial, através de precatório ou de requisição de pequeno valor, a depender do montante do crédito.

Nesta linha, o Enunciado 72 do FONAJEF:

> Enunciado 72 – "As parcelas vencidas após a data do cálculo judicial podem ser pagas administrativamente, por meio de complemento positivo".

Vale frisar que o pagamento das parcelas vencidas deve ser feito, necessariamente, conforme o caso, por requisição de pequeno valor ou precatório, sob pena de violação do artigo 100, da Constituição. A respeito veja-se o STF:

> "RE 902802/SP – SÃO PAULO
> RECURSO EXTRAORDINÁRIO

Relator(a): Min. TEORI ZAVASCKI

Julgamento: 05/10/2015

Publicação

PROCESSO ELETRÔNICO

DJe-202 DIVULG 07/10/2015 PUBLIC 08/10/2015

Partes

RECTE.(S) : INSTITUTO NACIONAL DO SEGURO SOCIAL - INSS

PROC.(A/S)(ES) : PROCURADOR-GERAL FEDERAL

RECDO.(A/S) : LUIS FERNANDO DE OLIVEIRA

ADV.(A/S) : MARLEI MAZOTI

Decisão

Decisão: 1. Trata-se de recurso extraordinário interposto contra acórdão da Turma Recursal de Juizado Especial Federal que, em recurso inominado, manteve sentença que determinara o pagamento das parcelas vencidas por "complemento positivo".

No recurso extraordinário, a autarquia recorrente sustenta, preliminarmente, a existência de repercussão geral da matéria, conforme estabelece o art. 543-A, § 2º, do CPC.

Aponta ofensa ao art. 100, caput, e §§ 1º, 2º, 3º e 4º, da Carta Magna.

Sem contrarrazões.

2. Quanto à apontada violação ao art. 100, caput, §§ 1º, 2º, 3º e 4º, da Constituição, razão assiste à recorrente, nos termos dos precedentes a seguir:

CONSTITUCIONAL. FRACIONAMENTO DE EXECUÇÃO. REQUISIÇÃO DE PEQUENO VALOR. COMPLEMENTO POSITIVO. IMPOSSIBILIDADE.

1. Esta Corte possui o entendimento de não ser possível o fracionamento da execução.

2. Agravo regimental improvido. (RE 501.840-AgR, Rel. Min. ELLEN GRACIE, Segunda Turma, DJe 9/10/09) TRIBUTÁRIO. AGRAVO REGIMENTAL EM AGRAVO DE INSTRUMENTO. PAGAMENTO DEVIDO PELA FAZENDA PÚBLICA. SISTEMA DE PRECATÓRIO. MANDADO DE SEGURANÇA. OBSERVÂNCIA. AGRAVO IMPROVIDO.

I – A jurisprudência da Corte é no sentido de que todo pagamento devido pela Fazenda Pública está adstrito ao sistema de precatórios estabelecido na Constituição, o que não exclui, portanto, a situação de ser derivado de sentença concessiva de mandado de segurança. Precedentes.

II – Agravo improvido. (AI 712.216-AgR, Rel. Min. RICARDO LEWANDOWSKI, Primeira Turma, DJe 18/9/09) **Esse entendimento foi recentemente**

Regras Gerais sobre o Processo Judicial Previdenciário

reafirmado na apreciação do ARE 723.307-RG (Rel. Min. GILMAR MENDES, julgado em 9/8/2014, Tema 755), submetido ao regime do art. 543-B do CPC, ocasião em que se assentou "a vedação do fracionamento da execução pecuniária contra a Fazenda Pública, com o efeito de afastar o pagamento mediante Complemento Positivo".

Em contrariedade a esse entendimento, portanto, a sentença proferida neste processo, que, mantida inteiramente pelo acórdão recorrido, estabeleceu o seguinte: "Observo que o pagamento das parcelas vencidas deverá ser efetuado por meio de complemento positivo, depois do trânsito em julgado da sentença, no prazo de 60 (sessenta) dias" (Peça 21, fl. 3).

3. Registre-se que o requisito da repercussão geral está atendido em face do que prescreve o art. 543-A, § 3º, do CPC: "Haverá repercussão geral sempre que o recurso impugnar decisão contrária a súmula ou jurisprudência dominante do Tribunal".

4. Ante o exposto, com base no art. 557, § 1º-A, do CPC, dou provimento ao recurso extraordinário.

Publique-se. Intime-se.

Brasília, 5 de outubro de 2015.

Ministro Teori Zavascki

Relator

Documento assinado digitalmente"

No procedimento dos Juizados Especiais Federais, regido pelos Princípios da Simplicidade e Celeridade, não é cabível a propositura da ação de embargos de execução, devendo as impugnações ser conhecidas por simples petição nos autos, que, no entanto, deverão respeitar os capítulos de sentença transitados em julgado. Veja-se o enunciado 13 do FONAJEF:

> Enunciado 13 – "Não são admissíveis embargos de execução nos JEFs, devendo as impugnações do devedor ser examinadas independentemente de qualquer incidente".

No caso do rito comum, nos termos do artigo 535 do CPC de 2015, o INSS poderá intimado na pessoa de seu representante judicial, por carga, remessa ou meio eletrônico, para, querendo, no prazo de 30 (trinta) dias e nos próprios autos, impugnar a execução, podendo arguir:

> I – falta ou nulidade da citação se, na fase de conhecimento, o processo correu à revelia;
>
> II – ilegitimidade de parte;
>
> III – inexequibilidade do título ou inexigibilidade da obrigação;
>
> IV – excesso de execução ou cumulação indevida de execuções;

V – incompetência absoluta ou relativa do juízo da execução;

VI – qualquer causa modificativa ou extintiva da obrigação, como pagamento, novação, compensação, transação ou prescrição, desde que supervenientes ao trânsito em julgado da sentença.

Ademais, considera-se também inexigível a obrigação reconhecida em título executivo judicial fundado em lei ou ato normativo considerado inconstitucional pelo Supremo Tribunal Federal, ou fundado em aplicação ou interpretação da lei ou do ato normativo tido pelo Supremo Tribunal Federal como incompatível com a Constituição Federal, em controle de constitucionalidade concentrado ou difuso.

Para o Superior Tribunal de Justiça, caso haja a concessão de benefício previdenciário decorrente de ação judicial pendente de julgamento de recurso, mas, neste interregno, se o INSS conceder administrativamente benefício com melhor renda, será possível optar pelo melhor benefício (administrativo), assegurado o recebimento judicial das parcelas atrasados de menor benefício (judicial):

> "PROCESSUAL CIVIL E PREVIDENCIÁRIO. RECURSO ESPECIAL. EXECUÇÃO DE VALORES DECORRENTES DE BENEFÍCIO RECONHECIDO EM JUÍZO, NA EXISTÊNCIA DE DEFERIMENTO DE BENEFÍCIO MAIS VANTAJOSO RECONHECIDO PELO INSS. POSSIBILIDADE. INTERPRETAÇÃO DOS ARTIGOS 794 E 795 DO CPC. JURISPRUDÊNCIA FIRME DO SUPERIOR TRIBUNAL DE JUSTIÇA. RECURSO CONHECIDO E NÃO PROVIDO. 1. Ao segurado é dado optar pelo benefício previdenciário mais vantajoso. 2. O direito previdenciário é direito patrimonial disponível. 3. O segurado pode renunciar ao benefício previdenciário, para obter um mais vantajoso. 4. Não há necessidade de o segurado devolver valores do benefício renunciado. **5. Reconhecido o direito de opção pelo benefício mais vantajoso concedido administrativamente, no curso da ação judicial em que se reconheceu benefício menos vantajoso, sendo desnecessária a devolução de valores decorrentes do benefício renunciado, afigura-se legítimo o direito de execução dos valores compreendidos entre o termo inicial fixado em juízo para concessão do benefício e a data de entrada do requerimento administrativo. Precedentes.** 6. Recurso conhecido e não provido" (STJ, RECURSO ESPECIAL Nº 1.397.815 – RS, de 18/09/2014).

Implicitamente, dentre outros aspectos, trata-se de tese que acolhe a renúncia da aposentadoria (desaposentação indireta), pois se acaba abrindo mão de menor benefício conservando o direito às parcelas vencidas.

No mesmo sentido, a TNU (Informativo 25/2018):

> PUIL n. 5049371-20.2015.4.04.7000/PR – "A TNU, na esteira de precedentes do c. Superior Tribunal de Justiça, reconheceu o direito de o segurado optar pela manutenção de benefício mais vantajoso, concedido administrativamente no curso da demanda, afigurando-se legítima a execução dos valores compreendidos entre a data de entrada do pedido de aposentadoria, cujo direito foi

reconhecido judicialmente, e a data de início daquele segundo benefício, concedido na via administrativa".

No entanto, mais recentemente, a TNU admitiu incidente representativo de controvérsia para reavaliar a tese à luz da decisão de desaposentação do STF (Informativo 31/2018):

> REPRESENTATIVO DE CONTROVÉRSIA – AFETAÇÃO – TEMA N. 197 – PUIL n. 0001327-11.2012.4.03.6314/SP A Turma Nacional de Uniformização decidiu afetar o tema como representativo da controvérsia, com a seguinte questão controvertida: Tendo em vista o julgamento do tema 503 pelo STF (desaposentação), definir se é possível receber valores atrasados, alusivos a benefício concedido judicialmente, nos casos em que, durante o trâmite do processo, a parte obtém, administrativamente, benefício mais vantajoso.

Por sua vez, o TRF da 3ª Região rejeitou a tese da desaposentação indireta por violação ao posicionamento do STF:

> **"Sendo vedada expressamente a desaposentação por julgamento do Plenário do C. STF, tem-se que ou o autor opta pela manutenção da aposentadoria por idade, sem direito a qualquer valor anterior à data de sua concessão, em 13.10.2008, ou opta pela aposentadoria por tempo de serviço deferida judicialmente, com DIB em 25.02.2002, quando então fará jus ao recebimento dos valores atrasados, descontando-se, contudo, o quanto já recebido a título de aposentadoria por idade desde 13.10.2008, sob pena de "bis in idem" em desfavor da União e enriquecimento sem causa do segurado"** (EMBARGOS INFRINGENTES Nº 0063870-24.2005.4.03.0000/SP, de 8/3/2018).

20. REGRAS DE PRESCRIÇÃO E DECADÊNCIA NOS BENEFÍCIOS PREVIDENCIÁRIOS

É bastante conhecido o vetusto brocardo latino que diz que "o direito não socorre a quem dorme" (*dormientibus non succurrit jus*). É que não basta ser titular de um direito, sendo necessário exercê-lo no prazo máximo previsto na legislação, pois muitas vezes ele não poderá ser efetivado a qualquer tempo, a depender da sua natureza.

A prescrição e a decadência são institutos jurídicos que se concretizam com a inércia de um titular de direito que não o exercita no prazo máximo fixado em lei, existindo secular divergência doutrinária na sua diferenciação.

No Brasil, coube ao professor Agnelo Amorim Filho nos apontar um critério seguro para diferenciar os citados institutos[39], que inclusive foi adotado pelo legislador na edição do Código Civil de 2002.

---

39. Através da publicação do artigo intitulado "Critério Científico para Distinguir a Prescrição da Decadência e para Identificar as Ações Imprescritíveis".

De efeito, conquanto haja considerável divergência doutrinária, é possível classificar os direitos em subjetivos e potestativos. Os direitos subjetivos, também conhecidos como prestacionais, precisam de uma atuação do devedor em favor do credor para serem adimplidos, através de uma prestação de dar, fazer ou não fazer.

O direito de crédito é um exemplo típico de direito subjetivo, pois o credor só terá o seu direito realizado mediante o pagamento a ser feito pelo devedor.

Por outro lado, os direitos potestativos serão realizados independentemente de uma atuação da outra parte da relação jurídica, pois é facultada a sua efetivação independentemente da vontade do outro, que nada precisa fazer ou deixar de fazer para o seu adimplemento, pois basta uma mera declaração de vontade do titular.

Nesse sentido, os direitos potestativos não poderão ser infringidos, pois a eles não corresponde uma prestação positiva ou negativa. São exemplos de direitos potestativos o direito de se divorciar e o de anular um contrato por violação de cláusula, pois há uma potestade da pessoa de intervir na esfera jurídica do outro, independentemente de uma atuação deste.

Na anulação de um contrato ou em um divórcio nada há de se fazer para o aperfeiçoamento do ato jurídico, tanto que inexiste típica execução nesses processos judiciais.

Com base nessa diferenciação, o professor Amorim identificou a prescrição com os direitos subjetivos, de modo que a prescrição fulmina a pretensão que exsurge de um direito subjetivo violado pelo devedor.

Nesse sentido, dispõe o artigo 189, do novo Código Civil, que violado o direito, nasce para o titular a pretensão, a qual se extingue, pela prescrição.

Assim, uma ação condenatória veicula a pretensão de realizar um direito prestacional positivo ou negativo (direito subjetivo), que se não for exercido no prazo legal conduzirá à prescrição da pretensão.

Já a decadência foi vinculada aos direitos potestativos, fulminando o próprio direito não exercido no prazo legal, se fixado, através de uma ação constitutiva. Contudo, se a lei não fixar um prazo para o exercício do direito potestativo, este poderá ser exercido a qualquer tempo, sendo classificada como perpétua a ação.

Em síntese, esse é o critério adotado no novo Código Civil para diferenciar a prescrição (direito subjetivo) da decadência (direito potestativo). Contudo, em outros ramos jurídicos não houve a clara adoção dessa linha científica, a exemplo do Direito Tributário, conquanto possa ser aplicada.

Com propriedade, na esfera tributária, a decadência fulmina o direito de o Fisco de constituir o crédito tributário mediante o processo administrativo de lançamento, ao passo que a prescrição traga a pretensão do direito de cobrança do crédito tributário já constituído, ambos os institutos operando-se em cinco anos.

É possível identificar o lançamento como um direito potestativo do Fisco, pois neste momento ainda não há uma pretensão a ser realizada pelo devedor, sendo uma potestade que independe de uma atuação do administrado devedor do tributo.

Já a prescrição tributária fulmina a pretensão que decorre do direito subjetivo creditício do Poder Público não exercido no prazo legal. É que após o lançamento é declarado e constituído o crédito tributário, passando a ser reconhecido um direito subjetivo.

Em termos de benefícios previdenciários, será promovida uma análise dos dispositivos da Lei 8.213/91 que tratam da prescrição quinquenal e da decadência decenal referentes a essas prestações previdenciárias.

20.1. Prescrição quinquenal

A prescrição alcança a pretensão que nasce do direito subjetivo não realizado, após transcorrido *in albis* o lapso temporal legal. Em termos de Regime Geral de Previdência Social, o INSS tem o dever de deferir os benefícios previdenciários requeridos por seus segurados e dependentes, desde que tenha se realizado a hipótese legal de concessão.

Tradicionalmente, no Brasil, a prescrição das parcelas devidas pelo Poder Público ocorre em cinco anos. O lustro prescricional já era previsto desde o vetusto e vigente Decreto 20.910/1932, sendo esse prazo mantido para a Previdência Social, nos termos do artigo 103, parágrafo único, da Lei 8.213/91:

> "Parágrafo único. Prescreve em cinco anos, a contar da data em que deveriam ter sido pagas, toda e qualquer ação para haver prestações vencidas ou quaisquer restituições ou diferenças devidas pela Previdência Social, salvo o direito dos menores, incapazes e ausentes, na forma do Código Civil".

Veja-se que esse dispositivo precisa ser interpretado à luz do novo Código Civil, pois superada a tese de que a prescrição fulmina a ação, pois alcança a pretensão que nasce do direito subjetivo violado.

Entretanto, para uma melhor explicação do tema, convém diferenciar a prescrição do fundo do direito da prescrição progressiva.

A prescrição do fundo do direito ocorre depois de transcorridos cinco anos contados do direito subjetivo violado, pois há uma única prestação devida pelo sujeito passivo da obrigação.

Suponha-se que um segurado se julgue vilipendiado em sua honra por uma suposta agressão de um servidor do INSS ocorrida no dia 01.02.2004. Neste caso, se devida, a indenização por danos morais a ser paga pela autarquia previdenciária é obrigação instantânea, não se prorrogando no tempo.

Logo, se a reparação não for requerida administrativa ou judicialmente até o dia 01.02.2009, terá se operado a prescrição do fundo do direito da pretensão reparatória.

Já a prescrição progressiva, também conhecida como de trato sucessivo, é prevista no artigo 3º, do Decreto 20.910/32, ao dispor que "quando o pagamento se dividir por dias, meses ou anos, a prescrição atingirá progressivamente as prestações à medida que completarem os prazos estabelecidos pelo presente decreto".

A prescrição de trato sucessivo normalmente é aplicável aos benefícios previdenciários, e não a de fundo de direito, pois a relação jurídica previdenciária geralmente é continuada, renovando-se mês a mês a obrigação da Previdência Social de pagar a parcela do benefício.

Nesse sentido, vale colacionar precedente do Tribunal Regional Federal da 5ª Região:

> "PREVIDENCIÁRIO E PROCESSUAL CIVIL. EMBARGOS DE DECLARAÇÃO. APOSENTADORIA RURAL POR IDADE. REGIME ECONOMIA FAMILIAR. CONCESSÃO. PRESCRIÇÃO DO FUNDO DE DIREITO. OMISSÃO. EXISTÊNCIA. PRESCRIÇÃO QUINQUENAL. OMISSÃO. INEXISTÊNCIA. PREQUESTIONAMENTO. **1. O benefício previdenciário, por representar direito de trato sucessivo (de regra), e repercutir diretamente na esfera da dignidade da pessoa humana, não admite a prescrição do fundo do direito. É que as prestações previdenciárias têm finalidades que lhes emprestam características de direito indisponíveis, atendendo a uma necessidade de índole eminentemente alimentar. Daí que o direito ao benefício previdenciário em si não prescreve, mas tão-somente as prestações não reclamadas dentro de certo tempo, que vão prescrevendo, uma a uma, em virtude da inércia do beneficiário. 2. A jurisprudência desta Turma consolidou entendimento no sentido de que os direitos previdenciários obedecem à prescrição progressiva, posto que, nas prestações de natureza alimentar, o direito se adquire e se extingue progressivamente, sendo, portanto, imprescritível quanto ao fundo do direito, alcançando, portanto, apenas as parcelas abrangidas pelo prazo de 05 (cinco) anos.** Omissão suprida apenas neste ponto. 3. Ao contrário do que sustenta o INSS, **o acórdão vergastado reconheceu a ocorrência da prescrição das parcelas anteriores ao quinquênio que antecedeu o ajuizamento da presente demanda. Inexistência de omissão sobre a presente matéria.** 4. Acerca do prequestionamento, a matéria suscitada pelo embargante se encontra analisada nas próprias razões do presente recurso e do acórdão embargado, o que atende a seu objetivo para fins de interposição de recurso para as instâncias superiores. 5. Precedentes desta egrégia Corte. 6. Embargos de declaração providos em parte, sem, contudo, imprimir-lhes efeitos infringentes" (EDAC – Embargos de Declaração na Apelação Cível – 513991/01, de 22.03.2011).

No mesmo sentido, para o TRF da 3ª Região, "o fundo de direito, em matéria de direito previdenciário não prescreve, prescrevendo-se apenas, as parcelas qüinqüenais anteriores à propositura da ação, quando inexistir qualquer causa interruptiva ou suspensiva do curso da prescrição"[40].

Logo, em termos de benefícios previdenciários, incidirá o entendimento da Súmula 85, do STJ, que dispõe que "nas relações jurídicas de trato sucessivo em que a Fazenda Pública figure como devedora, quando não tiver sido negado o próprio direito reclamado, a prescrição atinge apenas as prestações vencidas antes do qüinqüênio anterior à propositura da ação".

Suponha-se que João tenha requerido uma aposentadoria por idade em 10.05.2003, indeferida no mesmo dia pelo INSS. Contudo, apenas no dia 15.05.2011 João intentou ação judicial postulando a condenação da autarquia previdenciária na implantação do benefício e no pagamento das parcelas vencidas desde a data do requerimento administrativo.

Nesse caso, na hipótese de vitória de João, as parcelas anteriores a 15.05.2006 terão a pretensão fulminada pela prescrição quinquenal, que não atingirá o fundo do direito, por se cuidar de relação jurídica de trato sucessivo.

Tradicionalmente, o STJ reconhece que as demandas previdenciárias no RGPS se submetem ao regime da prescrição quinquenal de trato sucessivo, não prescrevendo o fundo do direito:

"Processo

REsp 1483177/CE

RECURSO ESPECIAL

2014/0242998-7

Relator(a)

Ministro HERMAN BENJAMIN (1132)

Órgão Julgador

T2 – SEGUNDA TURMA

Data do Julgamento

17/03/2015

Data da Publicação/Fonte

DJe 06/04/2015

Ementa

PROCESSUAL CIVIL E PREVIDENCIÁRIO. PRESCRIÇÃO. ART. 103, PARÁGRAFO ÚNICO, DA LEI 8.213/1991. INDEFERIMENTO DE BENEFÍCIO. NEGATIVA EXPRESSA DO INSS. INTERPRETAÇÃO DO ART. 103 DA LEI 8.213/1991.

---

40. Passagem da APELAÇÃO CÍVEL 827323, de 24.11.2003.

1. A interpretação contextual do caput e do parágrafo único do art. 103 da Lei 8.213/1991 conduz à conclusão de que o prazo que fulmina o direito de revisão do ato de concessão ou indeferimento de benefício previdenciário é o decadencial de dez anos (caput), e não o lapso prescricional quinquenal (parágrafo único) que incide apenas sobre as parcelas sucessivas anteriores ao ajuizamento da ação.

2. Não fosse assim, a aplicação do entendimento de que a prescrição quinquenal prevista no parágrafo único do art. 103 da Lei 8.213/1991 pode atingir o fundo de direito tornaria inócuo o instituto da decadência previsto no caput do mesmo artigo, que prevê prazo de dez anos para o exercício do direito de revisão de ato de indeferimento ou de concessão de benefício previdenciário".

De acordo com o saudoso Câmara Leal, são elementos da prescrição: "1º – existência de uma ação exercitável (*actio nata*); 2º -inércia do titular da ação pelo seu não-exercício; 3º – continuidade dessa inércia durante um certo lapso de tempo; 4º – ausência de algum fato ou ato a que a lei atribua eficácia impeditiva, suspensiva ou interruptiva do curso prescricional."[41]

De efeito, caso o beneficiário da Previdência Social não permaneça inerte na realização da pretensão do suposto direito subjetivo violado, é possível que ocorra algum fato suspenda ou interrompa o curso do lapso prescricional.

Entende-se que o requerimento administrativo de benefício previdenciário tem o condão de suspender o curso prescricional, caso já iniciado, pois sinaliza a perseguição do direito prestacional violado, afastando a suposta contumácia do segurado ou do seu dependente.

Nesse sentido, dispõe o artigo 4º, do Decreto 20.910/32, que "não corre a prescrição durante a demora que, no estudo, ao reconhecimento ou no pagamento da dívida, considerada líquida, tiverem as repartições ou funcionários encarregados de estudar e apurá-la".

De seu turno, os artigos 8º e 9º, do referido Decreto, ainda dispõem que a prescrição **somente poderá ser interrompida uma vez** e, após a interrupção, **recomeçará a correr pela metade** do prazo da data do ato que a interrompeu ou do último ato ou termo do respectivo processo.

Assim sendo, o requerimento administrativo para a concessão de benefício previdenciário irá suspender o curso da prescrição, **que voltará a correr pelo período remanescente após a comunicação final do indeferimento do benefício.**

Este é o posicionamento que passou a ser adotado pela TNU, através da Súmula 74:

---

41. Da Prescrição e da Decadência, 3ª ed., RJ, Forense, 1978, p. 11.

Súmula 74 – O prazo de prescrição fica suspenso pela formulação de requerimento administrativo e volta a correr pelo saldo remanescente após a ciência da decisão administrativa final.

Outrossim, dispõe o artigo 202, inciso I, do Código Civil, que a interrupção da prescrição, que somente poderá ocorrer uma vez, dar-se-á por despacho do juiz, mesmo incompetente, que ordenar a citação, se o interessado a promover no prazo e na forma da lei processual.

Contudo, é curial que ambos os prazos prescricionais (antes e depois da interrupção), somados, atinjam ao menos cinco anos, pois não é admissível um prazo inferior. Este, inclusive, é o entendimento do STF, cristalizado na Súmula 383, que preceitua que "a prescrição em favor da Fazenda Pública recomeça a correr, por dois anos e meio, a partir do ato interruptivo, mas não fica reduzida aquém de cinco anos, embora o titular do direito a interrompa durante a primeira metade do prazo".

Assim, o despacho de citação prolatado pelo juiz, mesmo que incompetente, terá a eficácia jurídica de interromper a marcha do lapso prescricional, retroagindo à data da propositura da ação, nos moldes do artigo 240, § 1º, do CPC/2015.

Sobre o tema, vale transcrever julgado do TRF da 4ª Região (REOAC 2008.72.01.002614-3, de 21.10.2009):

> "PREVIDENCIÁRIO. PAGAMENTO DE PARCELAS A TÍTULO DE BENEFÍCIO PREVIDENCIÁRIO COMPREENDIDAS ENTRE A DATA DO REQUERIMENTO ADMINISTRATIVO E A DATA DO INÍCIO DO PAGAMENTO. PRESCRIÇÃO. 1. Havendo requerimento administrativo, a aposentadoria por tempo de serviço é devida a contar daquela data, nos termos do art. 54 c/c art. 49, II, da Lei n. 8.213/91, ainda que o reconhecimento, pelo INSS, da implementação dos requisitos à concessão tenha ocorrido em momento posterior. 2. São devidas à parte autora as diferenças a título de benefício previdenciário compreendidas entre a data do requerimento administrativo e a data do início do pagamento, acrescidas de juros de mora e de correção monetária a contar da data em que cada uma delas passou a ser devida face à natureza alimentar dos proventos. Súmula nº 9 desta Corte. **3. *O requerimento administrativo é causa suspensiva da prescrição.* A suspensão mantém-se durante o período de tramitação do processo administrativo, *até a comunicação da decisão ao interessado.* 4. Consoante as disposições do art. 219 do CPC, a citação válida interrompe a prescrição, e a interrupção, segundo o § 1º, retroagirá à data da propositura da ação.** *Interrompida a prescrição em favor da Fazenda Pública, tem-se que o prazo prescricional volta a fluir, pela metade, apenas após o último ato ou termo daquela demanda* (Decreto nº 20.910/32, art. 9º; Decreto-Lei nº 4.597/42, art. 3º)" [...]

Contudo, há jurisprudência no sentido de que o requerimento administrativo de benefício não suspende o curso da prescrição, e sim o interrompe, voltando a correr pela metade após a comunicação do indeferimento. Esse é o posicionamento do TRF da 5ª Região:

"PREVIDENCIÁRIO E PROCESSO CIVIL. EMBARGOS DE DECLARAÇÃO. SALÁRIO-MATERNIDADE. PRESCRIÇÃO DE PARTE DAS PARCELAS. OMISSÃO. EXISTÊNCIA. SÚMULA Nº. 383/STF. EMBARGOS ACOLHIDOS. 1. A prescrição em favor da Fazenda Pública recomeça a correr, por dois anos e meio, a partir do ato interruptivo, mas não fica reduzida aquém de 05 (cinco) anos, embora o titular o direito a interrompa durante a primeira metade do prazo. (Súmula nº 383/STF). 2. Quando o titular do direito a interrompa durante a primeira metade do prazo, a prescrição recomeça a corre pelo prazo restante, de forma que se totalizem 05 (cinco) anos. Caso, entretanto, a interrupção tenha ocorrido quando já ultrapassados mais de dois anos e meio, aí recomeça a correr pelo prazo de dois anos e meio. 3. Para o salário-maternidade, aplica-se o prazo de prescrição de 05 (cinco) anos a partir do nascimento do menor. Tal benefício é de trato sucessivo, vez que seu recebimento não se esgota numa única prestação, mas renova-se mês a mês, enquanto se der a continuidade do pagamento das parcelas que, *in casu*, é o período de 120 (cento e vinte) dias a contar do nascimento do rebento. Precedente: TRF-5ª R, AC nº. 406.864, Rel. Des. Fed. Francisco Wildo, 1ª Turma, DJ. 30.03.2007, pág. 1.128, nº. 62 4. No caso, sendo o nascimento do filho em 23.03.97, a última parcela do salário-maternidade seria paga em 23.07.97 (120 dias). Deste modo, no momento do requerimento administrativo (28.06.2002), já estavam prescritas as 03 (três) primeiras parcelas do benefício. **Todavia, quanto à última parcela que prescreveria em 23.07.2002,** *houve a interrupção da prescrição pelo requerimento* **(28.06.2002) que foi indeferido pelo INSS em 15.07.2002.** Destarte, a autora, ora apelada, teria até 15.01.2005 para interpor a presente demanda. Ora, como a ação foi ajuizada em 12.12.2002, não ocorreu a prescrição do fundo de direito, restando devido apenas o pagamento da última parcela do salário-maternidade. Omissão suprida. 5. Embargos de declaração acolhidos, sem, contudo, imprimir-lhes efeitos infringentes, tendo em vista a manutenção do acórdão embargado que deu provimento à apelação do particular" (Embargos de Declaração na Apelação Cível – 512554/01, de 15.03.2011).

De acordo com o STJ, "a citação válida no processo coletivo interrompe o prazo prescricional para propositura da Ação individual. Ademais, a presente Ação Individual é autônoma e independente da Ação Coletiva, sobretudo porque, in casu, não se tem notícia de que houve o pedido de suspensão no prazo de trinta dias, a contar da ciência nos autos do ajuizamento da Ação Coletiva, conforme dispõe o artigo 104 do CDC. Assim, a prescrição atinge as prestações vencidas antes do quinquênio anterior à propositura da presente Ação Individual, nos termos da Súmula 85/STJ. Nesse sentido: AgRg no REsp 1.559.883/RJ, Rel. Ministro Herman Benjamin, Segunda Turma, DJe 23/5/2016. 12. Recurso Especial parcialmente provido." **(REsp 1656512/RJ, Rel. Ministro HERMAN BENJAMIN, SEGUNDA TURMA, julgado em 18/04/2017, DJe 02/05/2017):**

"No que se refere à interrupção da prescrição por força de Ação Civil Pública, o STJ tem entendido que a propositura de ação coletiva interrompe a prescrição apenas para a propositura da ação individual. Em relação ao pagamento de parcelas vencidas, a prescrição quinquenal tem como marco inicial o ajuizamento da ação individual. A propósito: REsp 1.740.410/RS, Rel. Ministra Assusete Magalhães, Segunda Turma, julgado em 5/6/2018; EDcl no REsp 1.669.542/ES, Rel. Ministro Herman Benjamin, Segunda Turma, julgado em 3/10/2017; AgInt no REsp 1.645.952/RJ, Rel. Ministro Sérgio Kukina, Primeira Turma, julgado em 8/5/2018".

Dessa forma, para que a citação na ação coletiva interrompa o curso do lapso prescricional na ação individual, é necessário que haja pedido de suspensão da ação individual, no prazo de trinta dias, a contar da ciência nos autos do ajuizamento da Ação Coletiva.

A TNU segue a mesma linha do STJ (Informativo 30/2018):

REPRESENTATIVO DE CONTROVÉRSIA – DEFINIÇÃO DE TESE – TEMA N. 166 – PUIL n. 5010000-21.2012.4.04.7205/SC – Apreciando o pedido sob o regime dos representativos de controvérsia, a TNU fixou a seguinte tese: "**A propositura da ação coletiva não interrompe a prescrição da pretensão condenatória na ação individual, salvo se parte autora tiver requerido a suspensão do processo, nos termos do art. 104, da Lei n. 8.078/90, ou esteja se valendo do título judicial formado na ação coletiva para execução individual**".

REPRESENTATIVO DE CONTROVÉRSIA – DEFINIÇÃO DE TESE – TEMA N. 184 – PUIL n. 5003633-94.2016.4.04.7122/RS – Apreciando o pedido sob o regime dos representativos de controvérsia, a TNU fixou a seguinte tese: "**A propositura de Ação Coletiva interrompe a prescrição apenas para o ajuizamento da ação individual, não interrompendo os efeitos da prescrição das parcelas pretéritas cujo marco inicial deve ser o da propositura da ação individual respectiva, ressalvando-se as hipóteses do art. 104 do CDC**".

Entende-se que o requerimento administrativo suspende o prazo prescricional, e não o interrompe, na esteira do previsto no artigo 4º, do Decreto 20.910/32.

Vale frisar que, de acordo com o artigo 219, § 5º, do CPC, com redação dada pela Lei 11.280/06, "o juiz pronunciará, **de ofício**, a prescrição", ao contrário do que ocorria anteriormente.

Em termos de prescrição quinquenal durante o trâmite de processo judicial, há ainda a prescrição intercorrente da pretensão executória, que se opera pela inércia do credor do título judicial em promover a sua execução, cujo termo inicial é a coisa julgada.

Ou seja, após a *res judicata*, o credor terá cinco anos para promover a execução da sentença, sob pena de concretização da prescrição executória intercorrente.

Caso haja o pagamento apenas parcial por precatório ou requisição de pequeno valor, dar-se-á a interrupção do curso prescricional, restando ao beneficiário da Previdência Social o prazo remanescente de dois anos e meio para vindicar a quantia residual, conforme já se pronunciou o Tribunal Regional Federal da 5ª Região:

"EMBARGOS À EXECUÇÃO COMPLEMENTAR. PRESCRIÇÃO INTERCORRENTE. – Apelação de sentença que julgou procedentes os embargos à execução manejados pelo INSS – INSTITUTO NACIONAL DO SEGURO SOCIAL, contra a execução complementar que lhe moveram segurados da Previdência que tiveram os seus benefícios revisados. O MM. Juiz Federal sentenciante acolheu a alegação de que a obrigação decorrente da sentença condenatória que determinou a revisão do benefício já fora satisfeita, e que a pretensão executória complementar se encontra atingida pela prescrição intercorrente, na forma prevista pela Súmula nº 383 do STF. – **O trânsito em julgado da sentença exeqüenda ocorreu em 17/02/1994, e o depósito dos valores estabelecidos na condenação se deu em 19/04/1996, 02 (dois anos), 02 (dois) meses e 02 (dois) dias depois, devendo ser contado a partir de então o prazo prescricional remanescente pela metade, desde que o mesmo no total não fique inferior a 5 (cinco) anos. Assim, a parte apelante poderia ter manejado a execução complementar até 21/06/1999, quando decorridos 03 (três) anos, 02 (dois) meses e 02 (dois) dias da realização do pagamento. Assim, havendo a execução sido manejada em 2001, encontra-se prescrita a pretensão executória**. – Precedente da Turma: AC nº 325833/RN, Rel. Des. Federal ÉLIO WANDERLEY DE SIQUEIRA, julg. 07/04/2005, publ. DJ 05/05/2005, pág. 470. – Apelação improvida" (Apelação Cível 305.315, de 28.09.2006).

Ademais, vale frisar que a prescrição não correrá contra os absolutamente incapazes, conforme previsto no artigo 103, parágrafo único, da Lei 8.213/91, combinado com o artigo 198, do Código Civil, bem como contra os ausentes do País em serviço público da União, dos Estados ou dos Municípios e os que se acharem servindo nas Forças Armadas, em tempo de guerra.

De efeito, enquadram-se como absolutamente incapazes os menores de dezesseis anos; os que, por enfermidade ou deficiência mental, não tiverem o necessário discernimento para a prática desses atos e os que, mesmo por causa transitória, não puderem exprimir sua vontade, a teor do artigo 3º, do Código Civil.

No entanto, com a Lei 13.146/2015, que alterou o artigo 3º do Código Civil, somente os menores de 16 anos de idade se enquadram como absolutamente incapazes:

"Art. 3º São absolutamente incapazes de exercer pessoalmente os atos da vida civil os menores de 16 (dezesseis) anos". (Redação dada pela Lei nº 13.146, de 2015)

Por outro lado, aqueles que, por causa transitória ou permanente, não puderem exprimir sua vontade, passaram a ser enquadrados no artigo 4º do Código Civil como relativamente incapazes, mesmo que não possuam exprimir a sua vontade em nenhum grau de modo definitivo.

Não houve regra de transição na Lei 13.146/2015 na mudança das pessoas que não podem exprimir a sua vontade de absoluta para relativamente incapazes, tendo agora como efeitos jurídicos previdenciários (assim como no Direito Civil) o início do curso do prazo prescricional.

A questão intertemporal de transição inexiste legalmente, mas precisa ser construída pela doutrina e jurisprudência para decidir os inúmeros casos reais do dia a dia.

Propõe-se nesta obra que o termo inicial da prescrição se dê apenas em 3/1/2016, data da vigência da Lei 13.146/2016, não sendo constitucional que o prazo prescricional corra em período em que a pessoa sem capacidade de exprimir a sua vontade era absolutamente incapaz.

Suponha-se que José é interditado desde o ano de 2005 e não possui nenhum discernimento para manifestar a sua vontade, possuindo um representante legal judicialmente nomeado (curador). Com a advento da Lei 13.146/2015, a partir de 3/1/2016 (data da sua vigência) ele passou de absoluta para relativamente incapaz, devendo o curso do prazo prescricional ser iniciado somente nesta data.

Até o momento, desconhece-se ato da Previdência Social que tenha sido editado para regular a questão intertemporal de transição posta acima.

Especificamente falando do benefício de pensão por morte ou auxílio-reclusão, em que deve ser aplicada a legislação em vigor no dia do óbito ou prisão do segurado, acaso o fato gerador dos benefícios se dê até 2/1/2016 deve ser afastada a prescrição, pois o beneficiário era absolutamente incapaz na época.

Uma questão que vem gerando polêmica há alguns anos, desde o advento do Código Civil de 2002, é qual o prazo prescricional a ser adotado contra o Poder Público nas ações de indenização.

É que o artigo 206, § 3º, inciso V, do novo Código Civil, prevê que a pretensão de reparação civil prescreve em três anos, lapso temporal anteriormente fixado em vinte anos pelo Código Civil de 1916.

Entende-se que esse menor prazo deverá ser aplicado também para o Poder Público, em razão do disposto no artigo 10, do Decreto 20.910/32:

> "Art. 10. O disposto nos artigos anteriores não altera as prescrições de menor prazo, constantes das leis e regulamentos, as quais ficam subordinadas às mesmas regras".

Assim, não poderia o Poder Público ter um prazo prescricional superior aos administrados, justamente em razão da ressalva do referido artigo, que aduziu que a prescrição quinquenal não altera os lapsos prescricionais inferiores.

Essa tese passou a ser acolhida pela 1ª Seção (formada pela 1ª e 2ª Turma) do Superior Tribunal de Justiça:

> "PROCESSUAL CIVIL E ADMINISTRATIVO. RECURSO ESPECIAL. RESPONSABILIDADE CIVIL DO ESTADO. ANÁLISE DO CONJUNTO FÁTICO-PROBATÓRIO DOS AUTOS. IMPOSSIBILIDADE. SÚMULA N. 7/STJ. PRETENSÃO INDENIZATÓRIA. PRESCRIÇÃO. INCIDÊNCIA, NA ESPÉCIE, DO ART. 206, § 3º, INC. V, DO NOVO CÓDIGO CIVIL. PRAZO

TRIENAL. PRECEDENTES DO STJ. 1. Na hipótese dos autos, o recorrente defende que a Comarca de Ibiá é o juízo competente para análise dessa ação com base no documento de fls. 90/92, que demonstra que o objeto dos autos está relacionado ao contrato administrativo firmado entre as partes. 2. Ocorre que não é possível, em sede de recurso especial, aferir qual é o juízo competente para essa ação com base no exame de provas, face ao óbice preconizado na Súmula 7/STJ. **3. O entendimento jurisprudencial da 1ª Seção do STJ é no sentido de que se aplica o art. 206, § 3º, inc. V, do CC/02, nos casos em que se requer a condenação de entes públicos ao pagamento de indenização por danos materiais/morais.** Nesse sentido: EREsp 1.066.063/RS, 1ª Seção, Rel. Min. Herman Benjamin, DJe 22.10.2009; REsp 1.137.354/RJ, 2ª Turma, Rel. Min. Castro Meira, DJe 18.9.2009. 4. Considerando que o evento danoso ocorreu em 5.8.2002 e a demanda foi ajuizada em 29.9.2006, é possível verificar que já transcorreram mais de três anos, ocorrendo a prescrição no que se refere ao pedido de indenização por danos morais promovido pelo ora recorrido. 5. Recurso especial parcialmente conhecido e, nessa parte, provido (REsp 1.215.385, de 15.12.2010).

Destarte, por esta linha, o segurado ou o seu dependente terão três anos para exercer qualquer pretensão de indenização por danos materiais ou morais contra o INSS, a contar do fato, e não cinco anos.

Entretanto, o tema ainda não havia sido pacificado no âmbito da Corte Superior, existindo decisões pela aplicação do lustro prescricional contra o Poder Público nas ações de reparação civil mesmo após o novo Código Civil:

"ADMINISTRATIVO E PROCESSUAL CIVIL. ART. 535, INCISO II, DO CÓDIGO DE PROCESSO CIVIL. AUSÊNCIA DE CONTRARIEDADE. SERVIDOR PÚBLICO ESTADUAL. ADICIONAL NOTURNO. **PRESCRIÇÃO TRIENAL. INAPLICABILIDADE. DÍVIDAS DA FAZENDA PÚBLICA. INCIDÊNCIA DO DECRETO 20.910/32.** PRECEDENTES. APRECIAÇÃO DE MATÉRIA CONSTITUCIONAL. IMPOSSIBILIDADE. 1. A alegada ofensa ao art. 535, inciso II, do Código de Processo Civil não subsiste, tendo em vista que o acórdão hostilizado solucionou a *quaestio juris* de maneira clara e coerente, apresentando todas as razões que firmaram o seu convencimento. **2. É pacífica jurisprudência desta Corte no sentido de que deve ser aplicada a prescrição qüinqüenal, prevista no Decreto 20.910/32, a todo qualquer direito ou ação contra a Fazenda federal, estadual ou municipal, seja qual for a natureza.** 3. A via do apelo nobre, destinada à uniformização da interpretação do direito federal, não se presta à análise de matéria constitucional, ainda que para fins de prequestionamento. 4. Agravo regimental desprovido" (AGREsp 1.027.259, de 15.04.2008).

Posteriormente, a 1ª Seção do STJ reverteu o seu posicionamento, passando a adotar a tese da prescrição quinquenal:

"RESPONSABILIDADE CIVIL DO ESTADO. PRAZO DE PRESCRIÇÃO. **As ações propostas contra a Fazenda Pública estão sujeitas ao prazo prescricional** de cinco anos. Agravo regimental não provido" (AgRg nos EREsp 1241640, de 10/04/2013).

20.2. Decadência decenal para a revisão de benefícios previdenciários

A legislação previdenciária instituiu um prazo supostamente decadencial para a revisão de ato de concessão de benefício previdenciário, a teor do artigo 103, primeira parte, da Lei 8.213/91 (**texto anterior à vigência da MP 871/2019, convertida na Lei 13.846/19**):

> "Art. 103. **É de dez anos o prazo de decadência de todo e qualquer direito ou ação do segurado ou beneficiário para a revisão do ato de concessão de benefício, a contar do dia primeiro do mês seguinte ao do recebimento da primeira prestação** ou, quando for o caso, do dia em que tomar conhecimento da decisão indeferitória definitiva no âmbito administrativo".

Logo, foi instituída a **decadência decenal para a revisão de benefício concedido**, *a contar do dia primeiro do mês seguinte ao do recebimento da primeira parcela*, aplicável tanto na esfera administrativa quanto na judicial.

Esta hipótese foi inserida no artigo 103, da Lei 8.213/91, através da Medida Provisória 1.523-9, de 27.06.1997, convertida na Lei 9.528/97. Posteriormente, a Lei 9.711/98 reduziu o prazo para 05 anos, que novamente foi fixado em 10 anos, através da Lei 10.839/2004.

Entretanto, conquanto a lei tenha designado esse prazo de decadencial, nota-se que o direito de revisão do segurado não é potestativo, e sim subjetivo, pois exige uma obrigação de fazer (rever a renda mensal) e de pagar as parcelas vencidas a ser cumprida pela Previdência Social.

Logo, entende-se que teria sido mais adequado ter se chamado de prescrição do fundo do direito, e não de decadência, à luz do critério científico proposto pelo professor Agnelo Amorim, positivado no Código Civil de 2002.

Uma questão de difícil enfrentamento é definir o que é "revisão do ato de concessão do benefício", pois apenas os pedidos administrativos e judiciais de revisão de benefício previdenciário estarão sujeitos a este prazo decadencial.

A despeito da omissão legal e do raro tratamento doutrinário deste tema, entende-se que uma **ação revisional de benefício previdenciário** é aquela que objetiva o recálculo da renda do benefício, normalmente a renda mensal inicial.

Destarte, são ações revisionais as que buscam majorar o salário de benefício, através da inserção ou alteração dos índices de atualização monetária dos salários de contribuição, da inclusão de novos salários de contribuição no período básico de cálculo ou da majoração dos já existentes.

Outrossim, uma ação que vindica a elevação do percentual do salário de benefício também se enquadra como revisional, quer majorando a renda mensal inicial, quer elevando a renda mensal posteriormente.

Por essa razão, uma ação judicial que tem o propósito de apenas obter o pagamento de parcelas de correção monetária de benefício previdenciário pago em atraso não possui a natureza revisional, haja vista não se pedir o recálculo da renda mensal inicial ou atual do benefício.

Da mesma forma, uma ação que busque o reajustamento da renda de um benefício por um índice de correção monetária também não se trata de ação revisional, pois não haverá recálculo do salário de benefício e consequentemente da renda mensal, mas apenas elevação posterior da renda pelo índice inflacionário vindicado.

Inicialmente, o STJ (2ª Turma) estava interpretando de maneira ampliativa o artigo 103, da Lei 8.213/91, aplicando-o não apenas às ações revisionais propriamente ditas, como também à renúncia da aposentadoria (desaposentação).

No entanto, este entendimento não foi sufragado pela 1ª Seção do STJ em sede de recurso repetitivo em 28 de novembro de 2013, conforme notícia publicada no sítio da Corte Superior:

RECURSO REPETITIVO

Primeira Seção define em repetitivo que desaposentação não tem prazo de decadência

O prazo decadencial previsto no artigo 103 da Lei de Benefícios da Previdência Social (**Lei 8.213/91**) não se aplica aos casos de desaposentação. A decisão é da Primeira Seção do Superior Tribunal de Justiça (STJ), em julgamento de recurso repetitivo interposto pelo Instituto Nacional do Seguro Social (INSS) contra acórdão do Tribunal Regional Federal da 4ª Região (TRF4).

O referido artigo dispõe que "é de dez anos o prazo de decadência de todo e qualquer direito ou ação do segurado ou beneficiário para a revisão do ato de concessão de benefício, a contar do dia primeiro do mês seguinte ao do recebimento da primeira prestação ou, quando for o caso, do dia em que tomar conhecimento da decisão indeferitória definitiva no âmbito administrativo".

No caso julgado, o segurado postulou a declaração do direito de renúncia e o consequente desfazimento de sua aposentadoria por tempo de contribuição, com a averbação do tempo de serviço prestado após a inativação, para aferir aposentadoria mais vantajosa no mesmo regime de previdência.

Doze anos

O INSS suscitou preliminar de decadência do direito de agir, argumentando que a ação fora ajuizada 12 anos depois da concessão da aposentadoria, ocorrida em 13 de agosto de 1997, e após o advento da Medida Provisória 1.523-9, de 28 de junho de 1997, que fixou o prazo decadencial de dez anos para revisão de ato de aposentação.

O TRF4 rejeitou o argumento do INSS, afirmando que o prazo decadencial é apenas para revisão de ato de concessão ou de indeferimento do benefício, o que não inclui a pretensão do autor da ação, que desejava a desaposentação.

O relator do recurso do INSS no STJ, ministro Arnaldo Esteves Lima, confirmou o entendimento do TRF4. "Com efeito, o artigo 103, caput, da Lei de Benefícios, tido por ofendido pela autarquia e cerne da controvérsia repetitiva, dispõe ser de dez anos o prazo para a revisão de ato de concessão ou indeferimento de benefício", reconheceu o ministro.

No entanto, ressaltou, o pedido formulado pelo segurado em juízo não consiste em rever a aposentadoria, pura e simplesmente, para rediscutir os critérios adotados no ato que a constituiu, já que não há nenhuma menção a erro na apuração da renda mensal inicial do benefício ou pedido de incorporação de reajuste não observado pelo INSS.

Mais vantajoso

Segundo o ministro, a pretensão do autor é o desfazimento de sua aposentadoria, a fim de acrescentar o novo período de contribuição ao tempo de serviço computado antes, o que possibilitará um benefício mais vantajoso, "no que a doutrina e a jurisprudência têm denominado de desaposentação".

Para Arnaldo Esteves Lima, a desaposentação indica o exercício do direito de renúncia ao benefício a fim de desconstituir o ato original e, por conseguinte, obter uma nova aposentadoria, incrementada com as recentes contribuições vertidas pelo segurado.

"A partir dessa premissa, a meu ver, a norma extraída do caput do artigo 103 da Lei 8.213 não se aplica às causas que buscam o reconhecimento do direito de renúncia à aposentadoria, mas estabelece prazo decadencial para o segurado postular a revisão do ato de concessão do benefício, o qual, se modificado, importará em pagamento retroativo, diferentemente do que se dá na desaposentação", enfatizou o ministro em seu voto.

Interpretação restritiva

Para o relator, a interpretação a ser dada ao instituto da decadência previsto no artigo 103 da Lei 8.213 deve ser restritiva, pois as hipóteses de decadência decorrem de lei ou de ato convencional – o que não é o caso do processo julgado.

"Ademais, a possibilidade de cabimento da desaposentação foi albergada pela jurisprudência desta Corte com base no entendimento de que os benefícios previdenciários são direitos patrimoniais disponíveis e, por isso, suscetíveis de desistência por seus titulares", disse o relator.

Assim, concluiu o ministro, sendo certo que o segurado pode dispor de seu benefício e, ao fazê-lo, encerra a aposentadoria que percebia, não há na decisão do TRF4 nenhuma afronta aos artigos 18, parágrafo 2º, e 103, caput, da Lei 8.213. Seu voto foi acompanhado por maioria, vencido o ministro Herman Benjamin.

O entendimento na 1ª Seção do STJ foi correto, pois a renúncia da aposentadoria não é pedido de revisão de benefício previdenciário, porquanto não questionado o ato de sua concessão, não devendo se dar interpretação ampliativa contrária aos segurados e seus dependentes do artigo 103, da Lei 8.213/91.

Vale frisar também que o artigo 103, da Lei 8.213/91, não trata da suspensão ou interrupção do prazo decadencial para o exercício do direito de postular a revisão dos benefícios previdenciários.

Neste ponto, conquanto entenda-se não se tratar morfologicamente de decadência, pois o direito é subjetivo, e não potestativo, vale chamar o artigo 207, do Código Civil, que reza que "salvo disposição legal em contrário, não se aplicam à decadência as normas que impedem, suspendem ou interrompem a prescrição".

Mais adiante, o artigo 208, do Estatuto Civil, manda aplicar à decadência o disposto no artigo 198, inciso I, que pontifica que a prescrição não corre contra os absolutamente incapazes.

Dessarte, conquanto o artigo 103, da Lei 8.213/91, seja omisso, entende-se que a decadência decenal revisional não correrá contra os absolutamente incapazes. A despeito da omissão legal, entende-se também que o requerimento administrativo de revisão de benefício previdenciário irá suspender o curso do prazo decadencial, que voltará a correr com a notificação de indeferimento recebida pelo beneficiário.

O entendimento adotado nesta obra já foi seguido corretamente pelo STJ:

> "PREVIDENCIÁRIO. PENSÃO POR MORTE DE PAI. FILHO MAIOR **ABSOLUTAMENTE INCAPAZ. REVISÃO DA RENDA MENSAL INICIAL. AUSÊNCIA DE DECADÊNCIA OU PRESCRIÇÃO**. 1. Na hipótese em exame, extrai-se da decisão objurgada que a questão envolve pedido de revisão de benefício previdenciário para assegurar o direito de pessoa **absolutamente incapaz, não havendo falar, por conseguinte, em aplicação do prazo decadencial**. 2. Agravo Regimental não provido" (STJ, AGRESP 1437248, de 15/05/2014).

Outrossim, a propositura de ação judicial que objetive revisar o benefício previdenciário deverá, por óbvio, interromper o transcurso da decadência, tal qual ocorre com a prescrição, retroagindo os seus efeitos à data da propositura da ação.

Por se tratar de decadência legal, e não convencional, uma vez consumada, deverá o juiz pronunciá-la de ofício, na esteira do quanto estipulado no artigo 210, do Código Civil, aplicável ao caso.

Existe precedente da lavra do STJ considerando como termo inicial da decadência decenal a coisa julgada trabalhista, quando a ação revisional se fundar em decisão da Justiça do Trabalho:

> "DECADÊNCIA PARA O SEGURADO REVISAR BENEFÍCIO PREVIDENCIÁRIO. VIOLAÇÃO DO ART. 535 DO CPC. FALTA DE INTERESSE EM

RECORRER. PARCELAS REMUNERATÓRIAS RECONHECIDAS PERANTE A JUSTIÇA DO TRABALHO. TERMO INICIAL PARA CONTAGEM DO PRAZO DECADENCIAL PREVISTO NO ART. 103 CAPUT DA LEI 8.213/1991. TRÂNSITO EM JULGADO DA SENTENÇA TRABALHISTA. ENTENDIMENTO QUE VEM SE FIRMANDO NO SUPERIOR TRIBUNAL DE JUSTIÇA. RECURSO ESPECIAL DO INSS CONHECIDO EM PARTE E NESSA PARTE NÃO PROVIDO. 1. Acerca da aplicação do prazo decadencial para o segurado revisar seu benefício, a tese foi analisada pela Primeira Seção do Superior Tribunal Justiça, no julgamento dos Recursos Especiais 1.309.529/PR, DJe de 4/6/2013 e 1.326.114/SC, DJe de 13/5/2013, ambos submetidos ao rito do recurso especial repetitivo, de Relatoria do Ministro Herman Benjamin. 2. No julgamento dos representativos da controvérsia, o STJ assentou que incide o prazo decadencial do art. 103 caput da Lei 8.213/1991, instituído pela Medida Provisória 1.523-9/1997, convertida na Lei 9.528/1997, também aos benefícios concedidos anteriormente a esse preceito normativo. 3. Há dois termos iniciais para contagem do prazo decadencial previsto no caput do art. 103 da Lei 8.213/1991: o primeiro a contar do dia primeiro do mês seguinte ao do recebimento da primeira prestação, o segundo, quando for o caso de requerimento administrativo, do dia em que tomar conhecimento da decisão indeferitória definitiva no âmbito administrativo. **4. Na hipótese de existir reclamação trabalhista em que se reconhece parcelas remuneratórias, como a do presente caso, o STJ vem sedimentando entendimento no sentido de que o prazo de decadência do direito à revisão do ato de concessão do benefício flui a partir do trânsito da sentença trabalhista.** 5. Recurso especial do INSS conhecido em parte e nessa parte não provido". (STJ, REsp 1440868, de 24/04/2014).

Permissa venia, a decisão do STJ é juridicamente equivocada. Isso porque a Justiça do Trabalho não possui competência para determinar a revisão de benefício previdenciário, razão pela qual a formação da coisa julgada trabalhista não pode ser considerada como o marco inaugural da decadência.

De efeito, independentemente da propositura de ação trabalhista, cabe ao segurado postular a revisão do benefício na Agência do INSS, demonstrando, por exemplo, que as parcelas salariais registradas no CNIS pelo empregador são inferiores às realmente devidas.

A mesma apreciação feita pela Justiça do Trabalho, para fins trabalhistas e de arrecadação das contribuições previdenciárias, é feita pelo INSS para fins de revisão do benefício previdenciário.

Considerando que somente a partir de 27.06.97 foi instituído o prazo decadencial de 10 anos para que os segurados e seus dependentes postulem a revisão dos benefícios já deferidos, a contar o primeiro dia do mês subsequente ao do primeiro pagamento, a controvérsia atual é saber se o prazo também será aplicado aos benefícios concedidos anteriormente.

A posição prevalente era a do STJ, que entendia que apenas os benefícios concedidos a partir de 27.06.97 terão o prazo de 10 anos para a postulação de sua revisão, pois a norma não deverá retroagir, conforme entendimento da 5ª Turma (EDREsp 527.331, de 24.04.2008) e da 6ª Turma (AGA 847.451, de 23.10.2007).

> Contudo, no dia 14 de março de 2012, o tema tomou uma reviravolta no STJ no julgamento do Recurso Especial 1.303.988. Tendo em vista que no ano de 2012 a competência para julgar processos previdenciários passou da 3ª para a 1ª Seção, esta acolheu a tese do INSS por unanimidade no sentido de que a decadência decenal revisional se aplica aos benefícios concedidos antes do dia 27.06.97, a contar desta data:

"PREVIDÊNCIA SOCIAL. REVISÃO DO ATO DE CONCESSÃO DE BENEFÍCIO PREVIDENCIÁRIO. DECADÊNCIA. PRAZO. ART. 103 DA LEI 8.213/91. BENEFÍCIOS ANTERIORES. DIREITO INTERTEMPORAL.

1. Até o advento da MP 1.523-9/1997 (convertida na Lei 9.528/97), não havia previsão normativa de prazo de decadência do direito ou da ação de revisão do ato concessivo de benefício previdenciário. Todavia, com a nova redação, dada pela referida Medida Provisória, ao art. 103 da Lei 8.213/91 (Lei de Benefícios da Previdência Social), ficou estabelecido que "É de dez anos o prazo de decadência de todo e qualquer direito ou ação do segurado ou beneficiário para a revisão do ato de concessão de benefício, a contar do dia primeiro do mês seguinte ao do recebimento da primeira prestação ou, quando for o caso, do dia em que tomar conhecimento da decisão indeferitória definitiva no âmbito administrativo".

2. **Essa disposição normativa não pode ter eficácia retroativa para incidir sobre o tempo transcorrido antes de sua vigência. Assim, relativamente aos benefícios anteriormente concedidos, o termo inicial do prazo de decadência do direito ou da ação visando à sua revisão tem como termo inicial a data em que entrou em vigor a norma fixando o referido prazo decenal** (28/06/1997). Precedentes da Corte Especial em situação análoga (v.g.: MS 9.112/DF Min. Eliana Calmon, DJ 14/11/2005; MS 9.115, Min. César Rocha (DJ de 07/08/06, MS 11123, Min. Gilson Dipp, DJ de 05/02/07, MS 9092, Min. Paulo Gallotti, DJ de 06/09/06, MS (AgRg) 9034, Min. Félix Ficher, DL 28/08/06).

3. Recurso especial provido".

No final do ano de 2012, a 1ª Seção do STJ confirmou o referido entendimento da 2ª Turma, consolidando a mudança da jurisprudência da Corte Superior:

"29/11/2012- 15h16

RECURSO REPETITIVO

Seção aplica decadência de dez anos para revisão de benefícios concedidos antes de 1997

Por maioria de cinco votos a três, a Primeira Seção do Superior Tribunal de Justiça (STJ) decidiu que o prazo de dez anos para decadência do direito à revisão de benefícios previdenciários, criado pela Medida Provisória 1.523-9/97, que entrou em vigor em 28 de junho de 1997, também se aplica aos benefícios concedidos antes dessa data.

Seguindo o voto do relator, ministro Herman Benjamin, a Seção definiu ainda que, nesses casos, o prazo decadencial deve ser contado a partir da edição da MP, e não a partir da concessão do benefício.

Para a maioria dos ministros da Primeira Seção, a aplicação do prazo previsto na MP (que alterou o artigo 103 da Lei 8.213/91) sobre os atos de concessão de benefício praticados antes de 28 de junho 1997 não viola o direito adquirido e o ato jurídico perfeito.

A decisão é favorável à tese do INSS, que ingressou no STJ com o Recurso Especial 1.309.529 para aplicar o prazo decadencial ao direito de um segurado do Paraná que pedia a revisão de benefícios concedidos em agosto de 1996 (antes, portanto, da MP), mas só ajuizou a ação revisional em agosto de 2009, mais de dez anos depois da alteração legislativa.

O INSS, cujo recurso foi provido, alegava a decadência do direito à revisão, em razão do transcurso de mais de dez anos entre a entrada em vigor da MP e o ajuizamento da ação. O segurado, por sua vez, sustentava que os benefícios concedidos antes da MP não se submeteriam ao prazo decadencial, sendo possível a revisão a qualquer tempo"[42].

Este posicionamento da 1ª Seção do STJ foi adotado pelo STF no julgamento do RE 626.489, julgado em 16 de outubro de 2013, consoante notícia publicada no site da Suprema Corte:

"Quarta-feira, 16 de outubro de 2013

STF reconhece prazo de dez anos para revisão de benefícios do INSS anteriores a MP de 1997

O Supremo Tribunal Federal (STF) decidiu nesta quarta-feira (16) que o prazo de dez anos para a revisão de benefícios previdenciários é aplicável aos benefícios concedidos antes da Medida Provisória (MP) 1.523-9/1997, que o instituiu. Por unanimidade, o Plenário deu provimento ao Recurso Extraordinário (RE) 626489, interposto pelo Instituto Nacional do Seguro Social (INSS), para reformar acórdão de Turma Recursal dos Juizados Especiais Federais da Seção Judiciária do Estado de Sergipe que entendeu inaplicável o prazo decadencial para benefícios anteriores à vigência da MP. A decisão estabeleceu também que, no caso, o prazo de dez anos para pedidos de revisão passa a contar a partir da vigência da MP, e não da data da concessão do benefício.

A matéria discutida no RE 626489 teve repercussão geral reconhecida, e a decisão tomada pelo STF servirá como parâmetro para os processos semelhantes em todo o país, que estavam com a tramitação suspensa (sobrestados) à espera da conclusão do julgamento.

---

42. http://www.stj.gov.br/portal_stj/publicacao/engine.wsp?tmp.area=398&tmp.texto=107890

O acórdão recorrido assentou como fundamento o entendimento "de que o prazo decadencial previsto artigo 103 (*caput*) da Lei de Benefícios, introduzido pela Medida Provisória 1.523-9/1997, convertida na Lei 9.528/1997, por se tratar de instituto de direito material, surte efeitos apenas sobre as relações jurídicas constituídas a partir de sua entrada em vigor". Como, naquele caso, o benefício previdenciário foi concedido à segurada antes da vigência da Medida Provisória 1.523-9/1997, a conclusão foi a de que estaria "imune à incidência do prazo decadencial".

O INSS argumentava que, ao vedar a incidência do prazo instituído pela lei nova aos benefícios concedidos antes de sua publicação, o acórdão violava frontalmente a garantia do artigo 5º, inciso XXXVI, da Constituição Federal, que trata do direito adquirido. Dessa forma, pedia que fosse restabelecida a sentença de primeiro grau que reconhecia a decadência. A segurada, por sua vez, alegava que, como o benefício foi concedido antes da vigência da lei, havia direito adquirido de ingressar com o pedido de revisão de seu benefício a qualquer tempo.

O relator do processo, ministro Luiz Roberto Barroso, destacou que o direito a benefício previdenciário deve ser considerado como uma das garantias fundamentais previstas na Constituição Federal, pois "se assenta nos princípios da dignidade da pessoa humana e da solidariedade e nos valores sociais do trabalho". Segundo ele, a competência para estabelecer as regras infraconstitucionais que regem este direito fundamental é do Congresso, e apenas se a legislação desrespeitar o núcleo essencial desse direito é que haverá invalidade da norma. "O fato de que, ao tempo da concessão, não havia limite temporal para futuro pedido de revisão não quer dizer que o segurado tenha direito adquirido a que tal prazo nunca venha a ser estabelecido."

O ministro explicou que, em relação ao requerimento inicial de benefício previdenciário, que constitui o direito fundamental do cidadão, a legislação não introduziu nenhum prazo. E frisou que a concessão do benefício não prescreve ou decai, podendo ser postulada a qualquer tempo.

Segundo o voto do relator, o prazo decadencial introduzido pela Lei 9.528/1997 atinge somente a pretensão de rever o benefício, ou seja, de discutir a graduação econômica do benefício já concedido. "A instituição de um limite temporal máximo destina-se a resguardar a segurança jurídica, facilitando a previsão do custo global das prestações sociais", afirmou. Em rigor, esta é uma exigência relacionada à manutenção do equilíbrio atuarial do sistema previdenciário, propósito que tem motivado sucessivas emendas constitucionais e medidas legislativas. Em última análise, é desse equilíbrio que depende a própria continuidade da previdência, para esta geração e outras que virão", sustentou.

De acordo com o ministro, não há inconstitucionalidade na criação de prazo decadencial razoável para a revisão dos benefícios já reconhecidos. Ele lembrou que a lei passou a prever o mesmo prazo para eventuais pretensões revisionais da administração pública que, depois de dez anos, também fica impedida de anular atos administrativos que gerem efeitos favoráveis para seus beneficiários.

"Considero que o prazo de dez anos é inequivocamente razoável. É tempo mais do que suficiente para a resolução de eventuais controvérsias interpretativas e para que o segurado busque as informações relevantes" afirmou em seu voto".

Assim, com o posicionamento do STF, o tema foi pacificado no ordenamento jurídico brasileiro, sendo válido artigo 103, da Lei 8.213/91, que atende ao Princípio da Segurança Jurídica ao fixar prazo razoável de 10 anos para a propositura das ações revisionais, a fim de se prevenir a eternização dos litígios, sendo aplicável aos benefícios anteriores ao advento da MP 1.523/97, cujo decêndio apenas começou a correr com a publicação do citado ato normativo.

Demais disso, o referido prazo é necessário para facilitar a previsão do custo global das prestações devidas pela Previdência Social, bem como não existir prazo decadencial para a postulação de um benefício previdenciário pela primeira vez.

Conforme passagem do Informativo STF 724, acresceu-se que o regime geral de previdência social seria sistema de seguro na modalidade de repartição simples, a significar que todas as despesas seriam diluídas entre os segurados. Não se cuidaria de um conjunto de contas puramente individuais, mas de sistema baseado na solidariedade, a aumentar a interdependência entre os envolvidos. Diante disso, haveria maior razão para se estipular prazo para a revisão de atos de concessão, a conciliar os interesses individuais com o imperativo de manutenção do equilíbrio financeiro e atuarial do sistema. Nesse sentido, asseverou-se que o lapso de dez anos seria razoável, inclusive porque também adotado quanto a eventuais previsões revisionais por parte da Administração (Lei 8.213/91, art. 103-A)".

Mencionou-se que a Corte teria precedentes no sentido de que a lei aplicável para a concessão e benefício, bem como para fixar os critérios de seu cálculo, seria aquela em vigor no momento em que os pressupostos da prestação previdenciária teriam se aperfeiçoado, de acordo com a regra *tempus regitactum*. Assim, não haveria direito subjetivo à prevalência de norma posterior mais favorável, tampouco poderia ser utilizada para esse fim eventual lei superveniente mais gravosa. No caso, sublinhou-se não se incorporar ao patrimônio jurídico de beneficiário suposto direito à aplicação de regra sobre decadência para eventuais pedidos revisionais. Frisou-se que a decadência não integraria o espectro de pressupostos e condições para a concessão do benefício, de maneira a não se poder exigir a manutenção de seu regime jurídico. Portanto, a ausência de prazo decadencial para a revisão no momento em que deferido o benefício não garantiria ao beneficiário a manutenção do regime jurídico pretérito, no qual existente a prerrogativa de pleitear a revisão da decisão administrativa a qualquer tempo. Pontuou-se que a lei poderia criar novos prazos de decadência e prescrição, ou alterar os já existentes, de modo que, ressalvada a hipótese de prazos antigos já aperfeiçoados, não haveria direito adquirido a regime jurídico prévio.

Para o INSS, a decadência decenal também será aplicada aos benefícios concedidos antes de 27.06.97, mas o prazo começará a correr na referida data, a teor do artigo 568, da Instrução Normativa INSS 77/2015.

Mas há um detalhe. O STF firmou correta tese que a decadência restou iniciada em 1º de agosto de 1997 (primeiro dia do mês seguinte ao primeiro pagamento), e não em 27/6/1997:

"EMENTA: RECURSO EXTRAORDINÁRIO. DIREITO PREVIDENCIÁRIO. REGIME GERAL DE PREVIDÊNCIA SOCIAL (RGPS). REVISÃO DO ATO DE CONCESSÃO DE BENEFÍCIO. DECADÊNCIA. 1. O direito à previdência social constitui direito fundamental e, uma vez implementados os pressupostos de sua aquisição, não deve ser afetado pelo decurso do tempo. Como consequência, inexiste prazo decadencial para a concessão inicial do benefício previdenciário. 2. É legítima, todavia, a instituição de prazo decadencial de dez anos para a revisão de benefício já concedido, com fundamento no princípio da segurança jurídica, no interesse em evitar a eternização dos litígios e na busca de equilíbrio financeiro e atuarial para o sistema previdenciário. 3. **O prazo decadencial de dez anos, instituído pela Medida Provisória 1.523, de 28.06.1997, tem como termo inicial o dia 1º de agosto de 1997**, por força de disposição nela expressamente prevista. Tal regra incide, inclusive, sobre benefícios concedidos anteriormente, sem que isso importe em retroatividade vedada pela Constituição. 4. Inexiste direito adquirido a regime jurídico não sujeito a decadência. 5. Recurso extraordinário conhecido e provido" **(RE 626489, Relator(a): Min. ROBERTO BARROSO, Tribunal Pleno, julgado em 16/10/2013, ACÓRDÃO ELETRÔNICO REPERCUSSÃO GERAL – MÉRITO DJe-184 DIVULG 22-09-2014 PUBLIC 23-09-2014).**

No caso de revisão de pensão por morte oriunda de aposentadoria, a TNU possuía entendimento de que o prazo revisional contava-se a partir da concessão da pensão por morte, e não da aposentadoria[43].

Reputava-se correto o posicionamento da TNU. Considerava-se que, muito embora a pensão por morte seja do mesmo valor da aposentadoria do instituidor, tratava-se de outro benefício previdenciário, não podendo o dependente se prejudicar da inércia do aposentado que deixou transcorrer o prazo de 10 anos sem postular a revisão do seu benefício:

"EMENTA/VOTO PROCESSUAL CIVIL. PREVIDENCIÁRIO. AGRAVO REGIMENTAL. PRESENÇA DE SIMILITUDE FÁTICO-JURÍDICA E DE DIVERGÊNCIA ENTRE OS JULGADOS CONFRONTADOS. PROVIMENTO. ENFRENTAMENTO DO MÉRITO DO INCIDENTE DE UNIFORMIZAÇÃO. REVISÃO DE BENEFÍCIO. PENSÃO POR MORTE DERIVADA DE APOSENTADORIA. DECADÊNCIA. CÔMPUTO DO PRAZO APLICÁVEL.

---

43. Pedido de Uniformização nº 2008.50.51.001325-4/ES, publicado em 27.07.2012.

INCIDENTE IMPROVIDO. 1. Trata-se de Agravo Regimental contra decisão proferida pelo em. Presidente desta Turma Nacional, que inadmitiu o Incidente de Uniformização de Jurisprudência formulado por Zuleide da Silva Guizzo em face de acórdão prolatado pela 2ª Turma Recursal dos Juizados Especiais Federais de Santa Catarina. O julgado da Turma Recursal deu provimento ao recurso inominado interposto pelo INSS, reconhecendo a decadência do direito à revisão pretendida. O incidente foi inadmitido na origem, decisão mantida pela Presidência desta Turma Nacional, ao fundamento de inexistência de similitude fático-jurídica entre os acórdãos em cotejo e de ausência de prequestionamento. Inconformada, a Agravante insiste na presença dos requisitos necessários ao conhecimento de seu Pedido de Uniformização. 2. Considero que a decisão guerreada merece, data maxima venia, reparos. Isto porque a despeito de uma certa impropriedade técnica constante no voto condutor do acórdão paradigma, que torna relativamente confusa a compreensão do objeto daquele julgamento, verifico, com um certo esforço, que afasta a decadência do direito à revisão de pensão por morte derivada de aposentadoria por considerar que os benefícios são atrelados. Adentro, pois, o conhecimento e julgamento do Pedido de Uniformização manejado pela agravante. 3. O objeto deste recurso é peculiar. Adianto que caso lhe seja negado provimento, nenhum sentido tem a suspensão do feito por força da repercussão geral reconhecida sobre o tema "decadência do direito à revisão de benefício previdenciário", uma vez que se trata de pensão por morte concedida após a alteração do art. 103 da Lei nº 8.213/91, que instituiu prazo decenal para que o segurado a promova. 4. Lembro que até junho de 1997, inexistia, no ordenamento jurídico pátrio, disposição legal que fixasse prazo decadencial para revisão de concessão de benefício previdenciário. Apenas após a publicação da Medida Provisória nº 1.523-9/97, hoje convertida na Lei nº 9.528/97, é que essa pretensão passou a sujeitar-se a prazo decadencial decenal, nos termos da modificada redação do art. 103 da Lei nº 8.213/91. **5. Considero que a pensão por morte e a aposentadoria da qual deriva são, de fato, benefícios atrelados por força do critério de cálculo de ambos, tão-somente. Mas são benefícios autônomos, titularizados por pessoas diversas que, de forma independente, possuem o direito de requerer a revisão de cada um deles, ainda que através de sucessores (pois a pensão por morte pressupõe, logicamente, o falecimento de seu instituidor). Certo que os sucessores de segurado já falecido podem requerer, judicialmente, o reconhecimento de parcelas que seriam devidas àquele por força de incorreto cálculo de seu benefício. Mas não é este o tema discutido nestes autos, já que a autora não postulou diferenças sobre a aposentadoria de seu falecido marido, mas tão-somente diferenças sobre a pensão por morte que percebe. 6. Considero que existe a decadência do direito de revisão da aposentadoria propriamente dita, concedida ao falecido esposo da autora em 1983, tema, como já dito, suspenso por repercussão geral (benefício concedido antes de 1997); e considero que existe prazo autônomo, diferenciado, relativo ao direito de revisão da pensão por morte percebida pela autora, que lhe foi concedida em 14/09/1998, quando já vigente, no ordenamento jurídico, a regra da decadência do direito à revisão de benefício**

previdenciário. 7. O fato é que a autora começou a perceber benefício em 1998, quando já existente, no ordenamento jurídico, a clara regra prevista na atual redação do art. 103 da Lei nº 8.213/91, que não exige grande esforço interpretativo para a sua aplicação, pois o prazo decadencial, regularmente instituído por lei, começa a correr a partir do primeiro dia do mês subsequente ao do recebimento da primeira prestação. Como somente ajuizou esta ação em 2009, o fez quando caduco o direito de revisão. 8. Anoto que o prazo decadencial não atinge o direito em si, senão de forma reflexa, fulminando apenas o direito da revisão de um ato de concessão. Em outras palavras – o direito potestativo de obter revisão do ato de concessão não se confunde com o direito subjetivo às diferenças eventualmente postuladas. 9. Assim, caso a autora tivesse ajuizado a competente ação em prazo inferior ao consignado no mencionado art. 103, poderia alcançar a revisão de seu benefício, ainda que com recálculo do benefício anterior, já que atrelados, repito, apenas na forma de cálculo. Mas como ajuizou esta ação mais de 10 anos após o início da percepção de pensão por morte, não possui mais o direito de revisá-la (independentemente de a aposentadoria de seu ex-cônjuge poder sê-lo, caso decida o eg. Supremo Tribunal Federal pela inaplicabilidade de prazo decadencial a benefícios concedidos antes de 1997). Registro, apenas por cautela, que esta segunda pretensão já estaria, de toda forma, atingida pela prescrição quinquenal, por força da data do óbito. 10. Assim entendo por bem dar provimento a este Agravo Regimental e, prosseguindo no conhecimento e julgamento do Incidente de Uniformização, nego-lhe provimento. É como voto". **TNU, PEDIDO 200972540039637, de 29.03.2012.**

No entanto, após refletir melhor sobre o tema, passou-se a adotar outro posicionamento. Isso porque, admitir a revisão de pensão por morte derivada de aposentadoria com revisão fulminada pela decadência decenal, seria, de maneira injustificada, atribuir tratamento diferenciado ao dependente em detrimento do segurado.

Ademais, a relação de proteção previdenciária do dependente é acessória ao segurado, de modo que o dependente faz jus à pensão por morte oriunda de conversão de aposentadoria no mesmo valor desta, e não em valor superior.

Ora, se o segurado, titular da relação previdenciária e pagador da contribuição, quedou-se inerte por mais de dez anos no pedido de revisão da sua aposentadoria, não é direito do dependente fazê-lo na pensão por morte, vez que, para revisar este benefício, necessariamente se faz necessário rever o ato de concessão da aposentadoria.

Imagine-se que um segurado aposentado há mais de dez anos consulta um advogado sobre a possibilidade da revisão da sua aposentadoria. O causídico, por sua vez, identifica erro na concessão e o suposto direito à revisão, mas comunica ao aposentado que o direito foi tragado pela decadência decenal. Mas, com base em julgado da TNU, o advogado faz um alerta ao aposentado para que a viúva, após o seu falecimento, o procure imediatamente após o óbito.

Isso porque, como a pensão por morte é novo benefício, o prazo decadência voltaria a correr do marco zero. Após tomar conhecimento de um caso desta natureza é que se refletiu melhor e mudou-se de posição a respeito deste complexo tema.

Ademais, o objetivo do legislador ao instituir um prazo de dez anos para a postulação da revisão dos benefícios previdenciários foi atender ao Princípio da Segurança Jurídica, pois a Previdência Social não poderá ficar a mercê de revisão de renda a qualquer tempo, sob pena de instabilidade na relação previdenciária.

Até a operacionalização é deveras difícil, pois, não raro, os processos administrativos antigos não são localizados, pois já descartados, vez que a Administração Pública não é obrigada a guardá-los *ad eternum*.

Desta forma, aplicar um novo prazo de decadência para as pensões por morte oriundas de aposentadorias irá atentar contra a intenção do legislador, que foi justamente estabilizar as relações jurídicas e impedir discussões sobre concessões que já ultrapassaram os dez anos, a contar do primeiro dia do mês seguinte ao primeiro pagamento.

Nesse sentido, colaciona-se julgado acertado do TRF da 3ª Região que aplicou a decadência à revisão de pensão por morte oriunda de aposentadoria, a contar deste benefício:

"PROCESSUAL CIVIL. AGRAVO LEGAL. ART. 557, § 1º, CPC. PREVIDENCIÁRIO. REVISÃO. DECADÊNCIA. OCORRÊNCIA. DECISÃO SUPEDANEADA NA JURISPRUDÊNCIA DO C. STJ E DESTA CORTE. AGRAVO DESPROVIDO.- A decisão agravada está em consonância com o disposto no artigo 557 do Código de Processo Civil, visto que supedaneada em jurisprudência consolidada do Colendo Superior Tribunal de Justiça e desta Corte.- O C. Superior Tribunal de Justiça no julgamento do REsp 1326114/SC, submetido ao regime do art. 543-C do CPC, firmou entendimento de que incide o prazo de decadência do art. 103 da Lei 8.213/1991, instituído pela Medida Provisória 1.523-9/1997, convertida na Lei 9.528/1997, no direito de revisão dos benefícios concedidos ou indeferidos anteriormente a esse preceito normativo, com termo a quo a contar da sua vigência (28.6.1997).- Para os benefícios deferidos antes de 27 de junho de 1997 o prazo decadencial de dez anos será contado da data em que entrou em vigor a norma fixando o prazo decadencial decenal, qual seja, 28.06.1997, de modo que o direito do segurado de pleitear a sua revisão expirou em 28.06.2007.- Para os benefícios deferidos a partir de 28.06.1997 o prazo decadencial de dez anos será contado do dia primeiro do mês seguinte ao do recebimento da primeira prestação ou, quando for o caso, do dia em que tomar conhecimento da decisão indeferitória definitiva no âmbito administrativo.- **No caso dos autos, visto que a demandante percebe pensão por morte derivada de aposentadoria especial – benefício cuja renda mensal inicial seria alterada em caso de procedência do pedido, com a inclusão das gratificações natalinas no salário-de-benefício, concedido em 09.01.1993, e a presente ação foi** ajuizada em 27/09/2010, não tendo havido pedido de revisão na seara administrativa, efetivamente operou-se a decadência de seu direito de pleitear o recálculo da renda mensal do benefício de que é titular.- As razões recursais não contrapõem tais fundamentos a ponto de demonstrar o desacerto do decisum, limitando-se a reproduzir argumento visando a rediscussão da matéria nele contida.- Agravo desprovido" (AC – APELAÇÃO CÍVEL – 1693203, de 11/11/2013).

Em 22 de agosto de 2016, o STF adotou precedente favorável ao INSS em julgado monocrático da lavra do Ministro Roberto Barroso, iniciando o cômputo da decadência a contar da aposentadoria que ensejou a pensão por morte, e não a contar da concessão desta:

RE 963728/SC – SANTA CATARINA

RECURSO EXTRAORDINÁRIO

Relator(a): Min. ROBERTO BARROSO

Julgamento: 22/08/2016

Decisão

DECISÃO:

Trata-se de recurso extraordinário interposto contra acórdão do Tribunal Regional Federal da 4ª Região, assim ementado:

"PROCESSUAL CIVIL. AUSÊNCIA DE PEDIDO DE RECONHECIMENTO DE TEMPO ESPECIAL NA VIA ADMINISTRATIVA. CARÊNCIA DE AÇÃO. INOCORRÊNCIA. PREVIDENCIÁRIO. ATIVIDADE ESPECIAL. CONVERSÃO DO TEMPO ESPECIAL EM COMUM. FATOR DE CONVERSÃO. CLPS. MAJORAÇÃO DE RMI DE APOSENTADORIA POR TEMPO DE SERVIÇO.

[...]."

O Tribunal de origem deu parcial provimento a embargos de declaração para, sem alterar o resultado do julgamento, agregar o seguinte fundamento: "assim, tendo em vista que o benefício originário foi concedido antes da publicação da Lei n. 9.528/97, inexiste prazo decadencial para que a parte autora pleiteie a revisão da renda mensal inicial do benefício".

O recurso extraordinário busca fundamento no art. 102, III, a, da Constituição Federal. A parte recorrente alega violação ao art. 5º, XXXV, XXXVI, LIV e LV, da Constituição.

O recurso deve ser provido. O Plenário do Supremo Tribunal Federal, ao apreciar o mérito do RE 626.489, com repercussão geral reconhecida, (Tema 313 – Aplicação do prazo decadencial previsto na Medida Provisória nº 1.523/97 a benefícios concedidos antes da sua edição), decidiu que o prazo decadencial de dez anos, instituído pela Medida Provisória nº 1.523, de 28.06.1997, tem como termo inicial o dia 1º de agosto de 1997, por força de disposição nela expressamente prevista. Tal regra incide, inclusive, sobre benefícios concedidos anteriormente, sem que isso importe em retroatividade vedada pela Constituição.

No caso, o ato de concessão do <u>benefício originário</u> (aposentadoria por tempo de contribuição) ocorreu em 21.03.1981, antes, portanto, do advento da mencionada MP 1.523. Desse modo, conta-se o prazo de 10 (dez) anos a partir de 1º.08.1997. No entanto, a ação revisional da qual decorre o presente recurso foi ajuizada em 17.10.2007, quando o direito pleiteado já se encontrava extinto.

Diante do exposto, com base no art. 21, § 2º, do RI/STF, dou provimento ao recurso extraordinário. Ficam invertidos os ônus de sucumbência, ressalvado eventual concessão do benefício da justiça gratuita.

Publique-se.

Brasília, 22 de agosto de 2016.

Ministro Luís Roberto Barroso

Relator

De seu turno, caso adotada a tese da TNU, o INSS poderia fazer o mesmo para fins de incidência do artigo 103-A, que criou um prazo idêntico de dez anos para o exercício do poder-dever de autotutela, abrindo-se novo prazo decadencial para as pensões por morte oriundas de aposentadoria.

Vale frisar que o STJ também já adotou o atual posicionamento atualmente sustentado nesta obra. Após verticalizada pesquisa, identificou o julgamento do AgRg no REsp 1222079 de 09/09/2013 pela 6ª Turma do STJ, em que se buscou uma revisão de pensão por morte oriunda de aposentadoria especial. A Corte Superior aplicou a decadência decenal revisional a contar da aposentadoria, e não da pensão por morte:

> "PREVIDENCIÁRIO, CIVIL E PROCESSUAL CIVIL. RECONHECIMENTO DE REPERCUSSÃO GERAL, PELO STF. SOBRESTAMENTO DO JULGAMENTO DO RECURSO ESPECIAL. INAPLICABILIDADE. PRETENSÃO DE APRECIAÇÃO DE DISPOSITIVOS CONSTITUCIONAIS. INVIABILIDADE, NA VIA DE RECURSO ESPECIAL. DECADÊNCIA. MEDIDA PROVISÓRIA 1.523-9, DE 27/06/1997. INCIDÊNCIA. POSSIBILIDADE. PRECEDENTE DA 1ª SEÇÃO DO STJ, EM SEDE DE RECURSO REPRESENTATIVO DA CONTROVÉRSIA. AGRAVO REGIMENTAL IMPROVIDO.
>
> I. Consoante a jurisprudência do Superior Tribunal de Justiça (STJ, AgRg no REsp 1.140.018/SP, Rel. Ministro Paulo de Tarso Sanseverino, TERCEIRA TURMA, DJe de 04/02/2013; STJ, AgRg no REsp 1.239.474/PR, Rel. Ministra MARIA THEREZA DE ASSIS MOURA, SEXTA TURMA, DJe de 19/12/2012), o reconhecimento da repercussão geral, no Supremo Tribunal Federal, da matéria ora em apreciação não acarreta o sobrestamento do exame do presente Recurso

Especial, sobrestamento que se aplica somente aos Recursos Extraordinários interpostos contra acórdãos do Superior Tribunal de Justiça, em consonância com o disposto no art. 543-B do Código de Processo Civil.

II. A análise de suposta ofensa a dispositivos constitucionais compete exclusivamente ao Supremo Tribunal Federal, nos termos do art. 102, inciso III, da Constituição da República, sendo defeso o seu exame, no âmbito do Recurso Especial, sob pena de usurpação da competência da Suprema Corte. Precedentes do STJ.

III. Conforme ficou decidido pela 1ª Seção desta Corte, em 28/11/2012, no julgamento do Recurso Especial 1.326.114/SC, admitido como representativo da controvérsia (art. 543-C do CPC), o prazo decadencial de que trata a Medida Provisória 1.523-9, de 27/06/1997, de 10 (dez) anos, tem incidência nos pedidos de revisão de benefícios concedidos antes da entrada em vigor da Medida Provisória 1.523-9, de 27/06/1997, adotando-se, nesses casos, como marco inicial, a data da vigência da referida Medida Provisória, no dia 28/06/1997 (STJ, REsp 1.326.114/SC, Rel. Ministro HERMAM BENJAMIN, PRIMEIRA SEÇÃO, julgado em 28/11/2012, DJe de 13/05/2013).

IV. Na espécie, cuida-se de pensão por morte decorrente de aposentadoria por tempo de serviço, aposentadoria com data de início em 14/03/1994, estando sujeita ao prazo decadencial, cujo termo inicial é o dia 28/06/1997. A presente ação, porém, somente foi protocolada no dia 10/11/2008, quando já havia decaído o direito à revisão".

Por tudo isto, não obstante reconhecer se tratar de tema com argumentos razoáveis em ambos os lados, optou-se em seguir por convicção pessoal um novo posicionamento a partir da edição 2015 desta obra.

Posteriormente, a própria TNU reviu a sua posição, alinhando-se ao posicionamento aqui sustentado, decidindo que a decadência será contada da aposentadoria, e não da pensão por morte derivada (processo 504235-69.2015.4.05.8400, julgado em 16/6/2016). Curioso que até 18/2/2016 a TNU tinha precedente que contava a decadência a partir da concessão da pensão por morte (PEDILEF 50142612820134047000).

No entanto, existe precedente mais recente do STJ seguindo o antigo posicionamento da TNU:

"O prazo decadencial do direito de revisar o valor do salário de benefício da pensão previdenciária por morte mediante o recálculo da renda mensal inicial do benefício originário de aposentadoria conta-se após o deferimento do ato de pensionamento. Isso porque, em decorrência do princípio da actio nata, a legitimidade do pensionista para propositura de ação de revisão advém apenas com o óbito do segurado, já que, por óbvio, aquele não era titular do benefício originário, direito personalíssimo. REsp 1.529.562-CE, Rel. Min. Herman Benjamin, julgado em 20/8/2015, DJe 11/9/2015, 2ª Turma" (Informativo 568).

Mas a 1ª Turma do STJ possui precedente que computa o prazo decadência a partir da aposentadoria, e não da pensão derivada:

> AgRg no RECURSO ESPECIAL Nº 1.425.316 – RS (2013/0409369-0). RELATOR: MINISTRO SÉRGIO KUKINA AGRAVANTE: OTTÍLIA LEONI SCHNEIDER KIEKOW ADVOGADO: ÂNGELO ASSMANN – RS043332 AGRAVADO: INSTITUTO NACIONAL DO SEGURO SOCIAL ADVOGADO: PROCURADORIA-GERAL FEDERAL – PGF – "PREVIDENCIÁRIO. PENSÃO DERIVADA DE APOSENTADORIA OBTIDA JUNTO AO INSS. DECADÊNCIA DECENAL. VIÚVA TITULAR DE PENSÃO POR MORTE DE MARIDO APOSENTADO. MAJORAÇÃO DA PENSÃO MEDIANTE A REVISÃO DA RENDA MENSAL INICIAL (RMI) DA PRETÉRITA APOSENTAÇÃO. INVIABILIDADE NO CASO CONCRETO. CONSUMAÇÃO DA DECADÊNCIA DECENAL RELATIVAMENTE AO PEDIDO DE REVISÃO DA RMI DA APOSENTADORIA. EXEGESE DO ART. 103, CAPUT, DA LEI Nº 8.213/91, COM A REDAÇÃO DADA PELA MP 1.523-9/1997. 1. No caso concreto, a viúva autora tornou-se pensionista do INSS em 08/11/1994, tendo, quase quinze anos depois (23/10/2009), ajuizado ação revisional em busca da majoração dos valores de seu benefício, solicitando, para tanto, a prévia revisão da renda mensal inicial (RMI) da aposentadoria de seu falecido esposo, concedida cerca de dezessete anos antes (20/07/1992). 2. Em tal contexto cronológico, o pedido de revisão da RMI da mencionada aposentadoria, com a consequente majoração da pensão da viúva, acha-se inviabilizado, eis que, a teor do decidido em repetitivo no REsp 1.309.529/PR, Rel. Ministro Herman Benjamin, DJe 04/06/2013, "Incide o prazo de decadência do art. 103 da Lei 8.213/1991, instituído pela Medida Provisória 1.523-9/1997, convertida na Lei 9.528/1997, no direito de revisão dos benefícios concedidos ou indeferidos anteriormente a esse preceito normativo, com termo a quo a contar da sua vigência (28.6.1997)". **3. Logo, na hipótese em exame, a possibilidade de revisão da RMI da aposentadoria do finado marido da pensionista quedou fulminada pela decadência de dez anos ainda em 2007, enquanto que a presente ação foi ajuizada somente em 2009.** 4. Agravo regimental improvido".

O tema foi sacramentado pelo STJ em tese repetitiva em favor da tese do INSS, computando a decadência a partir da aposentadoria que ensejou a pensão por morte:

> STJ – Prazo decadencial para revisão de benefício originário não é renovado na concessão de pensão
>
> A Primeira Seção do Superior Tribunal de Justiça (STJ) definiu que a concessão da pensão por morte, embora legitime o pensionista a pedir a revisão da aposentadoria do falecido, não tem como efeito reabrir o prazo decadencial para essa discussão. Assim, caso já tenha decorrido o prazo de dez anos para a revisão do benefício originário, a contagem não pode ser reaberta para a parte dependente, beneficiária da pensão. A tese foi fixada no julgamento de embargos de divergência e pacificou entendimentos distintos ainda existentes entre a Primeira Turma – com julgados no sentido de que a instituição da pensão não reabre o

prazo – e a Segunda Turma – com decisões no sentido de que a concessão da pensão daria início a novo prazo para pedir a revisão do benefício. Por maioria de votos, o colegiado concluiu que, apesar de o princípio actio nata renovar, para o titular da pensão por morte, o prazo prescricional para o ajuizamento da ação de revisão, o fundamento não pode servir de justificativa legal para atingir direito já alcançado pelo decurso de prazo decadencial. Realmente, o direito de revisar o benefício originário pertencia ao falecido segurado, que não o exerceu. Por conseguinte, considerando que o direito decaiu, não poderá, posteriormente, ser invocado pela titular da pensão por morte, a quem restará, tão somente, em sendo o caso, o direito de revisar os critérios utilizados no cálculo da renda mensal inicial da própria pensão, por exemplo, se inobservados os parâmetros estabelecidos no artigo 75 da Lei 8.213/91, apontou a ministra Assusete Magalhães, cujo voto prevaleceu no julgamento. Reflexos financeiros. No caso analisado pela seção, a titular da pensão por morte buscava aumentar os valores do benefício. Alegava direito adquirido de seu falecido pai à aposentadoria mais vantajosa, com renda mensal inicial calculada nos termos da Lei 6.950/81, diferentemente da aposentação concedida pelo Instituto Nacional do Seguro Social (INSS) em 1991. Ao julgar o recurso especial, a Primeira Turma entendeu que, embora o pedido fosse de revisão da pensão por morte, o objetivo da autora era, na verdade, revisar a renda mensal da aposentadoria que deu origem à pensão, o que geraria reflexos financeiros no benefício derivado. Como o benefício de aposentadoria que antecedeu a pensão por morte foi concedido em julho de 1991, mas a ação de revisão foi proposta apenas em setembro de 2011, a Primeira Turma – com base na tese fixada pelo STJ ao julgar o Tema 544 dos recursos repetitivos – entendeu que a possibilidade de revisão foi atingida pelo prazo decadencial de dez anos. Por meio de embargos de divergência, a autora do recurso apontou entendimento da Segunda Turma no sentido de que o início do prazo decadencial do direito de revisão da pensão por morte, ancorado na revisão de benefício originário recebido pelo segurado em vida, é a partir da concessão da pensão. Como a pensão foi concedida em 2008, a recorrente alegava que não teria havido a decadência. Actio nata. No voto apresentado à seção, o relator dos embargos de divergência, ministro Mauro Campbell Marques, defendeu a tese segundo a qual o prazo decadencial deve ter como marco inicial a data da concessão da pensão por morte. Segundo o ministro, em razão do princípio actio nata, a concessão do benefício derivado inaugura nova relação jurídica e, por consequência, um novo prazo decadencial, pois apenas neste momento nasce a legitimidade do pensionista para o pleito de revisão. Por isso, para o relator, não incidiria a decadência em relação à pretensão de revisão de pensão por morte, se proposta antes de decorridos dez anos do ato de sua concessão, ainda que o ato revisional implique a revisão do benefício originário. Direito material. Todavia, no voto que foi acompanhado pela maioria do colegiado, a ministra Assusete Magalhães apresentou uma distinção entre o direito de ação – vinculado ao prazo prescricional para exercê-lo – e o direito material em si, que pode, caso não seja exercido em certo prazo, ser atingido pela decadência. O prazo decadencial, explicou a ministra, é fixado em relação ao direito, não em relação à pessoa, de forma que nem mesmo os incapazes escapam dos seus efeitos. Por isso, segundo Assusete Magalhães, a morte do pai da autora e a concessão da pensão não interferem na decadência do direito de revisão do beneficiário originário – decadência essa que, no caso dos autos, já havia ocorrido antes mesmo do óbito. Nesse panorama, se já havia decaído, para o instituidor da pensão, o direito de revisão de sua aposentadoria, o titular da pensão por morte não mais poderá exercê-lo, porquanto ele já perecera – situação que, a meu ver, não pode ser mitigada, por força do princípio da actio nata, que, como acima se destacou, diz respeito ao direito de ação, não fazendo ressurgir o direito material correspondente, apontou. Segundo a ministra, no caso analisado, o pedido de revisão da pensão por morte exige, como pressuposto necessário, a revisão da renda mensal inicial da aposentadoria que a originou. Se o direito de revisão não mais existia – quando ocorrido o óbito, em 2008, e concedida a pensão –, em face da inércia do falecido titular, instituidor da pensão, não é possível reconhecê-lo, posteriormente, para os seus dependentes, afirmou Assusete Magalhães. A morte do titular do benefício originário e a consequente concessão da pensão por morte não podem reabrir o prazo decadencial já exaurido, sob pena de violação ao citado dispositivo legal, de modo que o pedido de revisão – no caso, para a titular da pensão – está limitado à graduação econômica da própria pensão, não podendo alcançar o cálculo do benefício que a originou, se, como no caso em julgamento, está o respectivo direito fulminado pela decadência, concluiu a ministra ao decidir conforme o entendimento da Primeira Turma. processo(s): **EREsp 1605554 Fonte: Superior Tribunal de Justiça.**

A TNU entende que não incide a decadência decenal no que concerne aos temas não apreciados pelo INSS no ato de concessão:

> Súmula 81 – "Não incide o prazo decadencial previsto no art. 103, caput, da Lei nº 8.213/91, nos casos de indeferimento e cessação de benefícios, bem como em relação às questões não apreciadas pela Administração no ato da concessão".

Entende-se que posicionamento da TNU é equivocado, pois não existe ressalva no artigo 103, *caput*, da Lei 8.213/91.

Mas vale frisar que a 1ª Turma do STF possui precedente favorável ao INSS, em que foi rechaçada a tese encampada pela TNU e STJ, mantendo a incidência da decadência decenal mesmo quando a ação revisional veicula tema não apreciado administrativamente pela Previdência Social:

> 09/12/2014 – PRIMEIRA TURMA
>
> A G .REG. NO RECURSO EXTRAORDINÁRIO COM AGRAVO 845.209 PARANÁ
>
> RELATOR : MIN. MARCO AURÉLIO
>
> AGTE.(S) : MARIA DO ROCIO GUSSO FERNANDES ADV.(A/S) : WILLYAN ROWER SOARES AGDO.(A/S) : INSTITUTO NACIONAL DO SEGURO SOCIAL – INSS PROC.(A/S)(ES) : PROCURADOR -GERAL FEDERAL

"DECADÊNCIA – PRAZO – BENEFÍCIO PREVIDENCIÁRIO – REVISÃO. É constitucional a fixação de prazo decadencial por meio de medida provisória. Precedente: Recurso Extraordinário nº 626.489/SE, Pleno, relator ministro Luís Roberto Barroso".

Na fundamentação, aduziu o Ministro Marco Aurélio que "o agravante, na minuta do regimental, sustenta a inaplicabilidade da decadência ao caso. **Afirma que o prazo decadencial não impede o reconhecimento do novo tempo de serviço ou de contribuição ainda não analisado na via administrativa.** Evoca precedente do Superior Tribunal de Justiça".

No entanto, a tese do STJ foi rechaçada pelo STF

> **"Não prosperam as alegações do embargante. Passados mais de dez anos entre a vigência de Lei nº 9.528/97, decorrente da conversão da Medida Provisória nº 1.523/97, e o pedido de revisão, impõe-se a aplicação da decadência... Nesse sentido, uma vez assentado pelo Colegiado local tratar-se de revisão de aposentadoria, descabe a diferenciação pleiteada pelo embargante, visto que o precedente evocado não excepcionou qualquer situação de revisão da regra da decadência".**

Por sua vez, a 2ª Turma do Superior Tribunal de Justiça passou a promover uma interpretação restritiva do artigo 103, da Lei 8.213/91, afastando a decadência decenal revisional em razão de pontos não analisados na concessão administrativa.

Assim, por exemplo, se o INSS concedeu um benefício de aposentadoria sem analisar a existência de tempo de contribuição especial, a revisão poderá se dar a qualquer tempo.

Veja-se a posição do STJ que é da mesma natureza que o entendimento da TNU:

> "Processo
>
> REsp 1429312/SC
>
> RECURSO ESPECIAL
>
> 2014/0005659-6
>
> Relator(a)
>
> Ministro MAURO CAMPBELL MARQUES (1141)
>
> Órgão Julgador
>
> T2 – SEGUNDA TURMA
>
> Data do Julgamento
>
> 21/05/2015

Data da Publicação/Fonte

DJe 28/05/2015

Ementa

PREVIDENCIÁRIO. RECURSO ESPECIAL. APOSENTADORIA POR TEMPO DE SERVIÇO/CONTRIBUIÇÃO. REVISÃO DA RENDA MENSAL INICIAL. CÔMPUTO DE TEMPO RURAL. DECADÊNCIA. NÃO OCORRÊNCIA. TEMA NÃO APRECIADO PELA ADMINISTRAÇÃO PREVIDENCIÁRIA QUANDO CONCEDIDO O BENEFÍCIO. RECURSO ESPECIAL CONHECIDO E NÃO PROVIDO.

1. De acordo com os Recursos Especiais Repetitivos 1.309.529/PR e 1.326.114/SC, incide o prazo de decadência do artigo 103 caput da Lei 8.213/1991, instituído pela Medida Provisória 1.523-9/1997, convertida na Lei 9.528/1997, ao benefício concedido anteriormente a esse preceito normativo, com termo a quo a contar da sua vigência, isto é, 28/6/1997.

2. É possível afirmar que por ato de concessão deve ser entendida toda matéria relativa aos requisitos e critérios de cálculo do benefício submetida ao INSS no requerimento do benefício, do que pode resultar o deferimento ou indeferimento do pleito.

3. No presente caso, a pretensão veiculada consiste na revisão da renda mensal inicial do benefício em razão de tempo rural não computado, tema não apreciado pela Administração. Por isso não há falar em decadência.

4. Recurso especial conhecido e não provido.

Processo

EDcl no REsp 1491868/RS

EMBARGOS DE DECLARAÇÃO NO RECURSO ESPECIAL

2014/0282620-7

Relator(a)

Ministro HERMAN BENJAMIN (1132)

Órgão Julgador

T2 – SEGUNDA TURMA

Data do Julgamento

24/02/2015

Data da Publicação/Fonte

DJe 23/03/2015

Ementa

PROCESSUAL CIVIL E PREVIDENCIÁRIO. EMBARGOS DE DECLARAÇÃO NO AGRAVO REGIMENTAL NO RECURSO ESPECIAL. BENEFÍCIO

PREVIDENCIÁRIO. REVISÃO DA RMI. DECADÊNCIA. RECURSOS ESPECIAIS REPETITIVOS 1.309.529/PR E 1.326.114/SC. DECADÊNCIA AFASTADA NO CASO. TEMA NÃO SUBMETIDO À ADMINISTRAÇÃO PREVIDENCIÁRIA. EMBARGOS DE DECLARAÇÃO ACOLHIDOS PARA SANAR OMISSÃO COM EFEITO MODIFICATIVO AO JULGADO.

1. Há decadência do direito de o segurado do INSS revisar seu benefício previdenciário concedido anteriormente ao prazo previsto no caput do art. 103 da Lei 8.213/1991, instituído pela Medida Provisória 1.523-9/1997 (D.O.U 28.6.1997), posteriormente convertida na Lei 9.528/1997, se transcorrido o decênio entre a publicação da citada norma e o ajuizamento da ação, conforme orientação reafirmada nos Recursos Especiais Repetitivos 1.309.529/PR e 1.326.114/SC.

2. No caso, não tendo sido discutida certa questão jurídica quando da concessão do benefício (reconhecimento do tempo de serviço especial), não ocorre decadência para essa questão. Efetivamente, o prazo decadencial não pode alcançar questões que não se aventaram por ocasião do deferimento do benefício e que não foram objeto de apreciação pela Administração".

Entende-se pelo desacerto do posicionamento do STJ, pois permite a revisão do benefício a qualquer tempo, atentando contra a segurança jurídica e esvaziando indevidamente o artigo 103, da Lei 8.213/91, que não fez a ressalva dos pontos não apreciados pela Administração Pública.

Vale registrar que o artigo 209 do Código Civil aduz que "é nula a renúncia à decadência fixada em lei", razão pela qual o INSS não poderá renunciar ao prazo decadência de que trata o artigo 103, da Lei 8.213/91, sob pena de ofensa ao Princípio da Legalidade Administrativa.

No entanto, a TNU firmou entendimento em sentido contrário no julgamento do processo 5004459-91.2013.4.04.7101, em 12 de maio de 2016, fixando tese no sentido de que o reconhecimento administrativo de direito importa em renúncia à decadência decenal.

21.3. Decadência decenal para a impugnação de ato administrativo que indeferiu benefício previdenciário

Além do prazo decadencial de 10 anos para postular a revisão de benefício previdenciário, o artigo 103, parte final, da Lei 8.213/91, ainda previu a **decadência decenal para impugnar ato administrativo que indeferiu requerimento de benefício**, *a contar do dia da cientificação.*

Esta hipótese também foi inserida no artigo 103, da Lei 8.213/91, através da Medida Provisória 1.523-9, de 27.06.1997, convertida na Lei 9.528/97. Posteriormente, a Lei 9.711/98 reduziu o prazo para 05 anos, que novamente foi fixado em 10 anos, através da Lei 10.839/2004.

Logo, se o INSS indeferiu um benefício previdenciário, terá o requerente o prazo de dez anos para solicitar a revisão judicial desse ato, a contar do dia da notificação do indeferimento, **caso permaneça a mesma situação fática original**.

Isso porque se o segurado ou o seu dependente postularem o mesmo benefício, mas com novos fundamentos, não se realizará a decadência decenal, pois serão demandas diversas.

Suponha-se que um trabalhador rural requereu a aposentadoria por idade na condição de segurado especial em 2000, indeferida administrativamente pelo INSS. Caso ele tenha continuado exercendo a atividade campesina após o ano de 2000, haverá uma nova situação fática em 2011, razão pela qual nada impede o requerimento de novo benefício, pois houve alteração da situação fática.

A TNU entendia que a decadência de 10 anos também se aplicava ao caso de ato de indeferimento de benefício previdenciário, a teor do revogada Súmula 64[44]. No entanto, em 2015, foi alterado o entendimento, tendo se afastado a decadência para ato de indeferimento de benefício:

> Súmula 81 – "Não incide o prazo decadencial previsto no art. 103, caput, da Lei nº 8.213/91, nos casos de indeferimento e cessação de benefícios, bem como em relação às questões não apreciadas pela Administração no ato da concessão".

Esta Súmula 81 da TNU também afastou a decadência na revisão de benefícios nos casos em que as questões de fato ou de direito objeto de revisão não foram enfrentadas pelo INSS na concessão do benefício na via administrativa, existindo posicionamento do STJ no mesmo sentido.

Entende-se que o novo posicionamento da TNU é equivocado, pois é nítida a existência de decadência para a impugnação de indeferimento de benefício previdenciário na parte final do artigo 103, *caput*, da Lei 8.213/91.

Inclusive, a 2ª Turma do STJ adota este posicionamento:

> "Processo
>
> AgRg no REsp 1371313/PR
>
> AGRAVO REGIMENTAL NO RECURSO ESPECIAL
>
> 2013/0057740-0
>
> Relator(a)
>
> Ministro HERMAN BENJAMIN (1132)
>
> Órgão Julgador

---

44. Súmula 64 – O direito à revisão do ato de indeferimento de benefício previdenciário ou assistencial sujeita-se ao prazo decadencial de dez anos.

T2 - SEGUNDA TURMA

Data do Julgamento

16/06/2015

Data da Publicação/Fonte

DJe 05/08/2015

Ementa

PROCESSUAL CIVIL E PREVIDENCIÁRIO. **ART.** 103, **PARÁGRAFO ÚNICO, DA LEI 8.213/1991.** INDEFERIMENTO DE BENEFÍCIO. NEGATIVA EXPRESSA DO INSS. DECADÊNCIA.

1. Hipótese em que o autor apresentou o primeiro requerimento administrativo em 15.5.1996. A 16ª Junta de Recursos da Previdência Social, por meio da Resolução 7472/96, de 8.8.1996, negou provimento ao recurso contra decisão do INSS que **indeferiu o pedido de aposentadoria especial** protocolizado pelo recorrido. Assim, **transformou-se em definitiva a decisão indeferitória do** benefício **previdenciário em âmbito administrativo**, uma vez que não se conheceu do recurso interposto para a Turma do Conselho de Recursos da Previdência Social protocolizado em 15.4.1997, por ter sido intempestivo (fls. 41-43, e-STJ).

2. Cinge-se a controvérsia à decadência do direito de revisão do ato de concessão pelo segurado. Segundo dispõe o art. 103, caput, da Lei 8.213/1991: "É de dez anos o prazo de decadência de todo e qualquer direito ou ação do segurado ou beneficiário para a revisão do ato de concessão de benefício, a contar do dia primeiro do mês seguinte ao do recebimento da primeira prestação ou, quando for o caso, do dia em que tomar conhecimento da decisão indeferitória definitiva no âmbito administrativo".

3. Aplica-se o prazo de decadência instituído pela Medida Provisória 1.523-9/1997, convertida na Lei 9.528/1997, ao direito de revisão dos benefícios a contar do dia em que a parte tomar conhecimento da decisão indeferitória definitiva no âmbito administrativo, com termo a quo a contar da sua vigência (28.6.1997). Precedente: Resp 1.309.529/PR, Rel. Ministro Herman Benjamin, Primeira Seção, Dje 4.6.2013, submetido ao rito dos recursos repetitivos.

4. O benefício **previdenciário objeto de revisão foi indeferido em definitivo administrativamente antes de 28.6.1997, o que torna esta a data inicial da contagem do prazo. Já a presente ação, visando à sua revisão, somente veio a ser ajuizada em 5.11.2007, quando, portanto, já configurada a** decadência".

Conforme será visto no próximo item, essa questão foi superada com o advento da MP 871/2019 - Lei 13.846/2019, sendo nítido que agora consta mais claramente do artigo do artigo 103 da Lei 8.213/1991 a existência de decadência de 10 anos para questionar o ato de indeferimento de benefício previdenciário, ficando a discussão apenas para questões intertemporais.

20.4. Ampliação das situações de decadência pela Medida Provisória 871/2019 convertida na Lei 13.846/2019

Desde 18 de janeiro de 2019, o texto do artigo 103 da Lei 8.213/1991 foi alterado pela MP 871/2019 para ampliar as situações de decadência decenal:

> "Art. 103. O prazo de decadência do direito ou da ação do segurado ou beneficiário para a revisão do ato de concessão, indeferimento, cancelamento ou cessação de benefício, do ato de deferimento, indeferimento ou não concessão de revisão de benefício é de dez anos, contado:
>
> I – do dia primeiro do mês subsequente ao do recebimento da primeira prestação ou da data em que a prestação deveria ter sido paga com o valor revisto; ou
>
> II – do dia em que o segurado tomar conhecimento da decisão de indeferimento, cancelamento ou cessação do seu pedido de benefício ou da decisão de deferimento ou indeferimento de revisão de benefício, no âmbito administrativo".

O texto possui um excesso de núcleos no novo *caput* e péssima técnica legislativa, com sete situações reguladas para a incidência da decadência decenal:

a) revisão do ato de concessão;

b) (revisão do ato de) indeferimento;

c) (revisão do ato de) cancelamento;

d) (revisão do ato de) cessação de benefício;

e) ato de deferimento;

f) (ato de) indeferimento;

g) (ato de) não concessão de revisão de benefício.

A **primeira dúvida** na interpretação da nova redação é saber se a expressão "revisão" se aplica apenas ao ato de concessão ou se estende aos demais núcleos do dispositivo (e quais seriam), que também parece ser repetitivo. Acaso a expressão "revisão" somente se conecte ao ato de concessão, a extensão do artigo é plena e acaba com qualquer pretensão contra o INSS após consumado o prazo decenal de decadência.

A **segunda dúvida** é identificar os pontos de inovação do dispositivo em comparação ao regramento anterior para fins intertemporais, pois as novidades farão com que o prazo de dez anos de decadência somente se inicie em 18/1/2019, data de vigência da MP 871, embora se apliquem aos benefícios anteriores, na linha do quando definido pelo STF anteriormente (RE 626.489, julgado em 16 de outubro de 2013).

Já os pontos que não constituam inovação não estarão sujeitos ao regramento intertemporal, seguindo normalmente o seu curso com termo inicial anterior à vigência da MP 871/2019.

É certo que a situação da incidência da decadência sobre o ato de concessão de benefício previdenciário objetivando a revisão da renda mensal já estava disciplinada na redação anterior. Contudo, conforme item anterior, é controverso se incidia decadência decenal nos casos de indeferimento de benefício pelo INSS, sendo este ponto de necessário enfrentamento para a identificação do critério intertemporal.

Isso porque, se for uma inovação (posição da TNU, Súmula 81, que restringia), o termo inicial do prazo decadencial para questionar o ato do INSS que indeferiu benefício para as concessões anteriores ao advento da MP 871/2019 será a sua vigência, operada em 18/1/2019. E isso se estende aos benefícios cancelados ou cessados.

A decadência decenal para questionar ato de deferimento de benefício nitidamente é uma novidade **nas situações de teses não revisionais**, a exemplo da tese da readequação do salário de benefício pelos novos tetos inaugurados pelas Emendas 20/1998 e 41/2003.

Isso porque, pelo texto anterior, somente incidia decadência para questionar ato de concessão visando a aplicação de tese para a revisão de renda mensal, não englobando pedidos que não importassem em reforma do ato de concessão, a exemplo da tese (atualmente rejeitada pelo STF) da desaposentação, que é um ato de renúncia da aposentadoria, e não uma revisional de renda mensal.

Um ponto de **inovação legal**, sem dúvida, é a fixação do termo inicial da decadência de dez anos na **"data em que a prestação deveria ter sido paga com o valor revisto"**, que busca alcançar situações de revisões de renda e afins decorrentes de fato superveniente à época da concessão, a exemplo de elevação de renda de benefício decorrente de lei posterior que preveja efeitos retroativos.

Um **ponto que permanece controvertido**, pois não tratado nem antes e nem depois da MP 871/2019, é a extensão ou não da decadência de dez anos aos benefícios da assistência social. Tanto a redação anterior quanto a atual se referem a "segurado ou beneficiário" e a "benefício".

A expressão benefício é ampla, podendo ser previdenciários ou assistenciais. Já segurado é termo previdenciário pela contributividade. Já a palavra "beneficiário", por sua amplitude, também pode abarcar a assistência social.

Diante do silencio normativo que persiste e considerando que a Lei 8.213/91 dispõe sobre "os Planos de Benefícios da Previdência Social", e não da Assistência Social, entende-se que a extensão da decadência decenal aos benefícios assistenciais precisaria de expressão previsão legal, pois é regra restritiva de direitos, o que ainda não existe.

Aliás, a própria MP 871/2019, quando quis estender regra previdenciária ao benefício assistencial, o fez de modo expresso, através da modificação no texto do artigo 115, inciso II, da Lei 8.213/91, que passou a permitir descontos nos benefícios para pagamento administrativo ou judicial de **benefício previdenciário ou assistencial** indevido, ou além do devido, inclusive na hipótese de cessação do benefício pela revogação de decisão judicial, nos termos do disposto no Regulamento.

Enfim, peço desculpas aos leitores por ter levantado neste tópico mais dúvidas do que certezas, mas estou certo de que muitas vezes a grande função da doutrina construtiva é apresentar um senso crítico para induzir o profissional previdenciarista a uma reflexão plena.

CAPÍTULO 2

REGRAS ESPECÍFICAS SOBRE O PROCEDIMENTO DOS JUIZADOS ESPECIAIS FEDERAIS

Neste segundo capítulo iremos apresentar as regras processuais do rito do Juizado Especial Federal mesclada com o direito material previdenciário no que for necessário à boa compreensão, desde a instauração do processo até a fase de execução.

Este procedimento é regido pelos princípios a oralidade, celeridade e informalidade, sendo necessário adaptar ou afastar certas regras inerentes ao procedimento comum.

1. MICROSSISTEMA JURÍDICO COM APLICAÇÃO SUPLETIVA DO CÓDIGO DE PROCESSO CIVIL DE 2015

A esmagadora maioria das ações que tramitam contra o INSS na Justiça Federal é de competência dos Juizados Especiais Federais, que possui regramento específico dado pela Lei 10.259/2001, aplicando-se supletivamente, no que for compatível, a Lei 9.099/95 (Lei dos Juizados Estaduais).

A aplicação do CPC/2015 ao rito do JEF será supletiva e apenas no que houver compatibilidade, pois temos um microssistema jurídico processual federal.

Nesse sentido, dispõe o Enunciado 151 do FONAJEF que o CPC/2015 só é aplicável nos Juizados Especiais naquilo que não contrariar os seus princípios norteadores e a sua legislação específica.

Demais disso, pontifica o Enunciado 152 do FONAJEF que a conciliação e a mediação nos juizados especiais federais permanecem regidas pelas Leis 10.259/2001 e 9.099/1995, mesmo após o advento do novo Código de Processo Civil.

De sua vez, a regra do art. 489, parágrafo primeiro[1], do NCPC deve ser mitigada nos juizados por força da primazia dos princípios da simplicidade e informalidade que regem o JEF (Enunciado 153 FONAJEF).

---

1. § 1º Não se considera fundamentada qualquer decisão judicial, seja ela interlocutória, sentença ou acórdão, que:
    I – se limitar à indicação, à reprodução ou à paráfrase de ato normativo, sem explicar sua relação com a causa ou a questão decidida;

Ainda entende o FONAJEF que o artigo 46[2], da Lei 9099/1995, não foi revogado pelo novo CPC, a teor do Enunciado 154.

Ademais, pontifica o FONAJEF que não se aplica aos juizados especiais a técnica de julgamento não unânime (art. 942[3], CPC/2015), na forma do Enunciado 156.

Com base no Enunciado 159, do FONAJEF, "nos termos do enunciado nº 1 do FONAJEF e à luz dos princípios da celeridade e da informalidade que norteiam o processo no JEF, vocacionado a receber demandas em grande volume e repetitivas, interpreta-se o rol do art. 332[4] como exemplificativo".

O objetivo é continuar a aplicar a regra de sentença de improcedência *prima facie* para questões jurídicas em que o Juízo *a quo* já entende pela impertinência, mesmo que não haja súmula ou acórdão repetitivo do STF/STJ ou decisão em incidente de resolução de demandas repetitivas ou de assunção de competência.

Por seu turno, a teor do Enunciado 160, do FONAJEF, não causa nulidade a não aplicação do art. 10[5] do NCPC e do art. 487, parágrafo único[6], do NCPC nos juizados, tendo em vista os princípios da celeridade e informalidade.

II – empregar conceitos jurídicos indeterminados, sem explicar o motivo concreto de sua incidência no caso;

III – invocar motivos que se prestariam a justificar qualquer outra decisão;

IV – não enfrentar todos os argumentos deduzidos no processo capazes de, em tese, infirmar a conclusão adotada pelo julgador;

V – se limitar a invocar precedente ou enunciado de súmula, sem identificar seus fundamentos determinantes nem demonstrar que o caso sob julgamento se ajusta àqueles fundamentos;

VI – deixar de seguir enunciado de súmula, jurisprudência ou precedente invocado pela parte, sem demonstrar a existência de distinção no caso em julgamento ou a superação do entendimento.

2. Art. 46. O julgamento em segunda instância constará apenas da ata, com a indicação suficiente do processo, fundamentação sucinta e parte dispositiva. Se a sentença for confirmada pelos próprios fundamentos, a súmula do julgamento servirá de acórdão.

3. Art. 942. Quando o resultado da apelação for não unânime, o julgamento terá prosseguimento em sessão a ser designada com a presença de outros julgadores, que serão convocados nos termos previamente definidos no regimento interno, em número suficiente para garantir a possibilidade de inversão do resultado inicial, assegurado às partes e a eventuais terceiros o direito de sustentar oralmente suas razões perante os novos julgadores.

4. Art. 332. Nas causas que dispensem a fase instrutória, o juiz, independentemente da citação do réu, julgará liminarmente improcedente o pedido que contrariar:

I – enunciado de súmula do Supremo Tribunal Federal ou do Superior Tribunal de Justiça;

II – acórdão proferido pelo Supremo Tribunal Federal ou pelo Superior Tribunal de Justiça em julgamento de recursos repetitivos;

III – entendimento firmado em incidente de resolução de demandas repetitivas ou de assunção de competência;

IV – enunciado de súmula de tribunal de justiça sobre direito local.

5. Art. 10. O juiz não pode decidir, em grau algum de jurisdição, com base em fundamento a respeito do qual não se tenha dado às partes oportunidade de se manifestar, ainda que se trate de matéria sobre a qual deva decidir de ofício.

6. Parágrafo único. Ressalvada a hipótese do § 1º do art. 332, a prescrição e a decadência não serão reconhecidas sem que antes seja dada às partes oportunidade de manifestar-se.

Ademais, na forma do Enunciado 176, do FONAJEF, "a previsão contida no art. 51, § 1º, da Lei 9.099/1995 afasta a aplicação do art. 317 do CPC/2015 no âmbito dos juizados especiais" (Aprovado no XIII FONAJEF) por se tratar de regra especial, razão pela qual continua sendo aplicável no rito do JEF a regra que prevê que a extinção do processo independerá, em qualquer hipótese, de prévia intimação pessoal das partes.

Nos termos do Enunciado 19, do FONAJEF, "aplica-se o parágrafo único do art. 46 do CPC [§§ 1º e 2º, do art. 113 do CPC/2015] em sede de Juizados Especiais Federais (Aprovado no II FONAJEF).". Assim, o juiz poderá limitar o litisconsórcio facultativo quanto ao número de litigantes na fase de conhecimento, na liquidação de sentença ou na execução, quando este comprometer a rápida solução do litígio ou dificultar a defesa ou o cumprimento da sentença, ao passo que o requerimento de limitação interrompe o prazo para manifestação ou resposta, que recomeçará da intimação da decisão que o solucionar.

Por sua vez, a litispendência deverá ser alegada e provada, nos termos do CPC/2015 (art. 337, VI), pelo réu, sem prejuízo dos mecanismos de controle desenvolvidos pela Justiça Federal[7].

Ao adaptar o artigo 1.013, do CPC[8], ao rito do JEF e ao recurso inominado, o FONAJEF o interpreta de modo ampliativo:

> **Enunciado 54** – "O artigo 515 e parágrafos do CPC [artigo 1.013 e parágrafos do CPC/2015] interpretam-se ampliativamente no âmbito das Turmas Recursais, em face dos princípios que orientam o microssistema dos Juizados Especiais Federais".

---

7. Enunciado 46, FONAJEF.
8. Art. 1.013. A apelação devolverá ao tribunal o conhecimento da matéria impugnada.
§ 1º Serão, porém, objeto de apreciação e julgamento pelo tribunal todas as questões suscitadas e discutidas no processo, ainda que não tenham sido solucionadas, desde que relativas ao capítulo impugnado.
§ 2º Quando o pedido ou a defesa tiver mais de um fundamento e o juiz acolher apenas um deles, a apelação devolverá ao tribunal o conhecimento dos demais.
§ 3º Se o processo estiver em condições de imediato julgamento, o tribunal deve decidir desde logo o mérito quando:
I – reformar sentença fundada no art. 485;
II – decretar a nulidade da sentença por não ser ela congruente com os limites do pedido ou da causa de pedir;
III – constatar a omissão no exame de um dos pedidos, hipótese em que poderá julgá-lo;
IV – decretar a nulidade de sentença por falta de fundamentação.
§ 4º Quando reformar sentença que reconheça a decadência ou a prescrição, o tribunal, se possível, julgará o mérito, examinando as demais questões, sem determinar o retorno do processo ao juízo de primeiro grau.
§ 5º O capítulo da sentença que confirma, concede ou revoga a tutela provisória é impugnável na apelação.

Ademais, "aplica-se analogicamente nos Juizados Especiais Federais a inexigibilidade do título executivo judicial, nos termos do disposto nos arts. 475-L, par. 1º e 741, par. único, ambos do CPC [arts. 525, §§ 12⁹, 14¹⁰, 15¹¹; 535, §§ 7.º¹², 8.º¹³; 1.057¹⁴, todos do CPC/2015]", nos termos do **Enunciado 56 do FONAJEF**.

Dessa forma, compatível com o rito do JEF o reconhecimento em incidente na execução da tese da coisa julgada inconstitucional, quando a obrigação reconhecida em título executivo judicial fundado em lei ou ato normativo considerado inconstitucional pelo Supremo Tribunal Federal, ou fundado em aplicação ou interpretação da lei ou do ato normativo tido pelo Supremo Tribunal Federal como incompatível com a Constituição Federal, em controle de constitucionalidade concentrado ou difuso, desde que a decisão do STF seja anterior ao trânsito em julgado da decisão exequenda.

Se posterior à formação da coisa julgada a data da decisão do STF, cabível a ação rescisória de acordo com o CPC. Mas como é prevalente o equivocado entendimento do não cabimento da ação rescisória no rito do JEF, deve ser estendido ao incidente na execução a tese da coisa julgada inconstitucional mesmo na hipótese de a decisão do STF ser posterior à *res iudicata*.

Não cabe multa pessoal ao procurador *ad judicia* do ente público, seja com base no art. 14, seja no art. 461, ambos do CPC [art. 77, seja nos arts. 497 ou 536, todos do CPC/2015] **(Enunciado FONAJEF 64)**, ao passo que não cabe a prévia limitação do valor da multa coercitiva (astreintes), que também não se sujeita ao limite de alçada dos Juizados Especiais Federais, ficando sempre assegurada a possibilidade de reavaliação do montante final a ser exigido na forma do parágrafo

---

9. § 12. Para efeito do disposto no inciso III do § 1º deste artigo, considera-se também inexigível a obrigação reconhecida em título executivo judicial fundado em lei ou ato normativo considerado inconstitucional pelo Supremo Tribunal Federal, ou fundado em aplicação ou interpretação da lei ou do ato normativo tido pelo Supremo Tribunal Federal como incompatível com a Constituição Federal, em controle de constitucionalidade concentrado ou difuso.
10. § 14. A decisão do Supremo Tribunal Federal referida no § 12 deve ser anterior ao trânsito em julgado da decisão exequenda.
11. 15. Se a decisão referida no § 12 for proferida após o trânsito em julgado da decisão exequenda, caberá ação rescisória, cujo prazo será contado do trânsito em julgado da decisão proferida pelo Supremo Tribunal Federal.
12. § 7º A decisão do Supremo Tribunal Federal referida no § 5º deve ter sido proferida antes do trânsito em julgado da decisão exequenda.
13. § 8º Se a decisão referida no § 5º for proferida após o trânsito em julgado da decisão exequenda, caberá ação rescisória, cujo prazo será contado do trânsito em julgado da decisão proferida pelo Supremo Tribunal Federal.
14. Art. 1.057. O disposto no art. 525, §§ 14 e 15, e no art. 535, §§ 7º e 8º, aplica-se às decisões transitadas em julgado após a entrada em vigor deste Código, e, às decisões transitadas em julgado anteriormente, aplica-se o disposto no art. 475-L, § 1º, e no art. 741, parágrafo único, da Lei nº 5.869, de 11 de janeiro de 1973.

6º do artigo 461 do CPC [parágrafo 1º do artigo 537 do CPC/2015]. (**Enunciado FONAJEF 65**).

Isso porque cabe ao Procurador Federal instar o INSS a cumprir a decisão judicial, não podendo ser punido com multa pessoa por uma omissão da Administração Pública.

No entanto, nos termos do Enunciado FONAJEF 149, é cabível, com fundamento no art. 14, p. único, do CPC [art. 77, IV, §§ 1º a 5º[15] do CPC/2015], a aplicação de multa pessoal à autoridade administrativa responsável pela implementação da decisão judicial.

A multa diária é comumente fixada contra o INSS (em média, R$ 50,00 por dia de atraso) nos casos de determinação de obrigação de fazer, a exemplo da implantação de benefício previdenciário.

Caso a multa global tenha se revelado vultosa, desproporcional ao objeto principal do processo, a jurisprudência tem admitido a sua revisão na fase de execução.

Sobre o tema, o Superior Tribunal de Justiça assentou o entendimento de que a multa prevista no art. 461 do Código de Processo Civil [arts. 497 a 207, do CPC/2015] não faz coisa julgada material e pode ser revista a qualquer tempo,

---

15. Art. 77. Além de outros previstos neste Código, são deveres das partes, de seus procuradores e de todos aqueles que de qualquer forma participem do processo:

    I – expor os fatos em juízo conforme a verdade;

    II – não formular pretensão ou de apresentar defesa quando cientes de que são destituídas de fundamento;

    III – não produzir provas e não praticar atos inúteis ou desnecessários à declaração ou à defesa do direito;

    IV – cumprir com exatidão as decisões jurisdicionais, de natureza provisória ou final, e não criar embaraços à sua efetivação;

    V – declinar, no primeiro momento que lhes couber falar nos autos, o endereço residencial ou profissional onde receberão intimações, atualizando essa informação sempre que ocorrer qualquer modificação temporária ou definitiva;

    VI – não praticar inovação ilegal no estado de fato de bem ou direito litigioso.

    § 1º Nas hipóteses dos incisos IV e VI, o juiz advertirá qualquer das pessoas mencionadas no caput de que sua conduta poderá ser punida como ato atentatório à dignidade da justiça.

    § 2º A violação ao disposto nos incisos IV e VI constitui ato atentatório à dignidade da justiça, devendo o juiz, sem prejuízo das sanções criminais, civis e processuais cabíveis, aplicar ao responsável multa de até vinte por cento do valor da causa, de acordo com a gravidade da conduta.

    § 3º Não sendo paga no prazo a ser fixado pelo juiz, a multa prevista no § 2º será inscrita como dívida ativa da União ou do Estado após o trânsito em julgado da decisão que a fixou, e sua execução observará o procedimento da execução fiscal, revertendo-se aos fundos previstos no art. 97.

    § 4º A multa estabelecida no § 2º poderá ser fixada independentemente da incidência das previstas nos arts. 523, § 1º, e 536, § 1º.

    § 5º Quando o valor da causa for irrisório ou inestimável, a multa prevista no § 2º poderá ser fixada em até 10 (dez) vezes o valor do salário-mínimo.

quando se modificar a situação em que foi cominada. Nesse sentido: AgRg no AREsp 627.474/RJ, Rel. Min. LUIS FELIPE SALOMÃO, DJe 17.4.2015, e REsp. 1.333.988/SP, Rel. Min. PAULO DE TARSO SANSEVERINO, DJe 11.4.2014.

Entende o FONAJEF que a multa derivada de descumprimento de antecipação de tutela com base no artigo 461, do CPC [artigos 301, 536 e 537, do CPC/2015], aplicado subsidiariamente, é passível de execução mesmo antes do trânsito em julgado da sentença (Enunciado 150).

Acredita-se que este enunciado fira a Constituição Federal, pois se sabe que a execução de quantia certa contra a Fazenda Pública exige a formação de coisa julgada, sendo descabida a execução provisória.

2. CRITÉRIOS DE COMPETÊNCIA: VALOR DA CAUSA E OUTROS

As pessoas jurídicas de direito público não poderão ser autoras no rito dos Juizados Especiais Federais por expressa vedação normativa (art. 8º, § 1º, da Lei 9.099/95).

Nesse sentido, dispõe o Enunciado FONAJEF 121 que os entes públicos, suas autarquias e empresas públicas não têm legitimidade ativa nos Juizados Especiais Federais.

O seu principal critério de competência é o valor da causa, fixado em até 60 salários mínimos, *que tem natureza absoluta*, assim considerado o valor do salário-mínimo em vigor na data da propositura da ação, nos termos do enunciado 15, do FONAJEF – Fórum Nacional dos Juizados Federais.

Veja-se o texto da Lei 10.259/2001:

> "Art. 3º Compete ao Juizado Especial Federal Cível processar, conciliar e julgar causas de competência da Justiça Federal até o valor de sessenta salários mínimos, bem como executar as suas sentenças.
>
> ...
>
> **§ 3º No foro onde estiver instalada Vara do Juizado Especial, a sua competência é absoluta".**

Trata-se de critério discutível, pois se o segurado deseja optar pelo rito comum deveria ter este direito, pois lá há mais segurança jurídica, embora a tramitação seja mais demorada, em tese.

Na prática previdenciária os advogados vêm postulando pedido de moral para superar o valor de sessenta salários mínimos a fim de tramitar a ação na vara federal que opera pelo rito comum.

Ademais, onde não houver Vara Federal, a causa poderá ser proposta no Juizado Especial Federal mais próximo do foro do segurado, vedada a aplicação da Lei 10.259/2001 no juízo estadual.

Outrossim, não serão remetidas aos Juizados Especiais as demandas ajuizadas até a data de sua instalação.

Desta forma, o segurado ou dependente domiciliado em sede de município que não possuir vara do JEF instalada poderá ajuizar a ação na Vara do JEF mais próxima, considerando a composição territorial da Seção Judiciária (Varas da capital do estado) ou das Subseções Judiciárias (interior do estado).

Outra solução é ajuizar a ação não acidentária na vara estadual, que estará investida de jurisdição federal, nos termos do artigo 109, §§ 3º e 4º da Constituição Federal.

Como exemplo, eis a competência territorial das Varas Federais instaladas no Estado da Bahia[16]:

Varas Federais	Municípios
Salvador	Salvador, Aratuípe, Cachoeira, Camaçari, Candeias, Cruz das Almas, Dias d'Ávila, Dom Macedo Costa, Itaparica, Jaguaripe, Lauro de Freitas, Madre de Deus, Mata de São João, Muniz Ferreira, Muritiba, Nazaré, Salinas da Margarida, Santo Amaro, Santo Antônio de Jesus, São Felipe, São Francisco do Conde, Saubara, Simões Filho, Valença e Vera Cruz.
Alagoinhas	Acajutiba, Água Fria, Araçás, Aporá, Aramari, Cardeal da Silva, Catu, Cipó, Conde, Crisópolis, Entre Rios, Esplanada, Inhambupe, Irará, Itanagra, Itapicuru, Jandaíra, Nova Soure, Olindina, Ouriçangas, Pojuca, Pedrão, Ribeira do Amparo, Ribeira do Pombal, Rio Real, São Sebastião do Passé, Sátiro Dias e Teodoro Sampaio.
Barreiras	Barreiras, Angical, Baianópolis, Brejolândia, Buritirama, Canápolis, Catolândia, Cocos, Coribe, Correntina, Cotegipe, Cristópolis, Feira da Mata, Formosa do Rio Preto, Ibotirama, Jaborandi, Luís Eduardo Magalhães, Mansidão, Muquém do São Francisco, Riachão das Neves, Santa Maria da Vitória, Santa Rita de Cássia, Santana, São Desidério, São Félix do Coribe, Serra do Ramalho, Serra Dourada, Sítio do Mato, Tabocas do Brejo Velho, Wanderley.
Bom Jesus da Lapa	Bom Jesus da Lapa, Boquira, Brotas de Macaúbas, Canápolis, Cocos, Coribe, Feira da Mata, Ibipitanga, Ibotirama Igaporã, Ipupiara, Jaborandi, Macaúbas, Morpará, Oliveira dos Brejinhos, Paratinga, Riacho de Santana, Santa Maria da Vitória, São Félix do Coribe, Serrado Ramalho, Serra Dourada, Sítio do Mato e Tabocas do Brejo Velho.
Campo Formoso	Campo Formoso, Andorinha, Antônio Gonçalves, Caém, Caldeirão Grande, Cansanção, Capela do Alto Alegre, Capim Grosso, Filadélfia, Gavião, Itiúba, Jacobina, Jaguarari, Mairi, Miguel Calmon, Mirangaba, Monte Santo, Nordestina, Nova Fátima, Ourolândia, Pindobaçu, Ponto Novo, Queimadas, Quixabeira, Retirolândia, Santaluz, São Domingos, São José do Jacuípe, Saúde, **Senhor do Bonfim**, Serrolândia, Umburanas, Valente, Várzea da Roça, Várzea do Poço, Várzea Nova.

---

16. https://portal.trf1.jus.br/sjba/institucional/competencia/competencia.htm

Varas Federais	Municípios
Eunápolis	Eunápolis, Belmonte, Guaratinga, Itabela, Itagimirim, Itapebi, Jucuruçu, Porto Seguro, Santa Cruz Cabrália.
Feira de Santana	Feira de Santana, Amélia Rodrigues, Anguera, Antônio Cardoso, Araci, Baixa Grande, Barrocas, Biritinga, Cabaceiras do Paraguaçu, Candeal, Castro Alves, Conceição da Feira, Conceição do Almeida, Conceição do Coité, Conceição do Jacuípe, Coração de Maria, Elísio Medrado, Governador Mangabeiras, Ichu, Ipecaetá, Ipirá, Itaberaba, Itatim, Lamarão, Macajuba, Maragogipe, Mundo Novo, Pé de Serra, Pintadas, Piritiba, Rafael Jambeiro, Riachão do Jacuípe, Ruy Barbosa, Santa Bárbara, Santa Terezinha, Santanópolis, Santo Estevão, São Félix, São Gonçalo dos Campos, Sapeaçu, Serra Preta, Serrinha, Tanquinho, Tapiramutá, Teofilândia, Terra Nova, Varzedo.
Guanambi	Guanambi, Abaíra, Bom Jesus da Lapa, Boquira, Botuporã, Brotas de Macaúbas, Caculé, Caetité, Candiba, Carinhanha, Caturama, Érico Cardoso, Ibiassucê, Ibipitanga, Ibitiara, Igaporã, Ipupiara, Iuiú, Jacaraci, Jussiape, Lagoa Real, Licínio de Almeida, Livramento de Nossa Senhora, Macaúbas, Malhada, Matina, Morpará, Mortugaba, Novo Horizonte, Oliveira dos Brejinhos, Palmas de Monte Alto, Paramirim, Paratinga, Pindaí, Riacho de Santana, Rio de Contas, Rio do Antônio, Rio do Pires, Sebastião Laranjeiras, Tanque Novo, Urandi.
Ilhéus	Ilhéus, Aurelino Leal, Cairu, Camamu, Canavieiras, Gandu, Ibirapitanga, Igrapiúna, Itacaré, Ituberá, Maraú, Nilo Peçanha, Piraí do Norte, Presidente Tancredo Neves, Taperoá, Teolândia, Ubaitaba, Una, Uruçuca, Wenceslau Guimarães.
Irecê	Irecê, América Dourada, Andaraí, Barra, Barra do Mendes, Barro Alto, Boninal, Bonito, Cafarnaum, Canarana, Central, Gentio do Ouro, Ibipeba, Ibititá, Iraquara, Itaguaçu da Bahia, João Dourado, Jussara, Lapão, Lençóis, Morro do Chapéu, Mucugê, Mulungu do Morro, Nova Redenção, Palmeiras, Presidente Dutra, São Gabriel, Seabra, Souto Soares, Uibaí, Utinga, Wagner, Xique-Xique.
Itabuna	Itabuna, Almadina, Arataca, Barro Preto, Buerarema, Camacan, Coaraci, Firmino Alves, Floresta Azul, Ibicaraí, Ibicuí, Iguaí, Itajú do Colônia, Itajuípe, Itapé, Itapitanga, Itororó, Jussari, Mascote, Nova Canaã, Pau Brasil, Potiraguá, Santa Cruz da Vitória, Santa Luzia, São José da Vitória.
Jequié	Jequié, Aiquara, Amargosa, Apuarema, Barra do Rocha, Boa Vista do Tupim, Brejões, Contendas do Sincorá, Cravolândia, Dário Meira, Gongoji, Iaçu, Ibicoara, Ibiquera, Ibirataia, Ipiaú, Irajuba, Iramaia, Itaetê, Itagi, Itagibá, Itamari, Itaquara, Itiruçu, Jaguaquara, Jiquiriçá, Jitaúna, Lafaiete Coutinho, Laje, Lajedinho, Lajedo do Tabocal, Manoel Vitorino, Maracás, Marcionílio Souza, Milagres, Mutuípe, Nova Ibiá, Nova Itarana, Piatã, Planaltino, Santa Inês, São Miguel das Matas, Ubaíra, Ubatã.
Juazeiro	Juazeiro, Campo Alegre de Lourdes, Casa Nova, Curaçá, Pilão Arcado, Remanso, Sento Sé, Sobradinho, Uauá.
Paulo Afonso	Paulo Afonso, Abaré, Adustina, Antas, Banzaê, Canudos, Chorrochó, Cícero Dantas, Coronel João Sá, Euclides da Cunha, Fátima, Glória, Heliópolis, Jeremoabo, Macururé, Novo Triunfo, Paripiranga, Pedro Alexandre, Quijingue, Rodelas, Santa Brígida, Sítio do Quinto, Tucano.

Regras Específicas sobre o Procedimento dos Juizados Especiais Federais

Varas Federais	Municípios
Teixeira de Freitas	Teixeira de Freitas, Alcobaça, Caravelas, Ibirapuã, Itamaraju, Itanhém, Lajedão, Medeiros Neto, Mucuri, Nova Viçosa, Prado, Vereda.
Vitória da Conquista	Vitória da Conquista, Anagé, Aracatu, Barra da Estiva, Barra do Choça, Belo Campo, Boa Nova, Bom Jesus da Serra, Brumado, Caatiba, Caetanos, Cândido Sales, Caraíbas, Condeúba, Cordeiros, Dom Basílio, Encruzilhada, Guajeru, Itambé, Itapetinga, Itarantim, Ituaçu, Macarani, Maetinga, Maiquinique, Malhada de Pedras, Mirante, Piripá, Planalto, Poções, Presidente Jânio Quadros, Ribeirão do Largo, Tanhaçu, Tremedal.

Assim, um segurado residente em Senhor do Bonfim poderá ajuizar ação previdenciária não decorrente de acidente de trabalho no JEF da Subseção Judiciária de Campo Formoso ou na vara estadual de Senhor do Bonfim, que ficará investida de jurisdição federal.

De seu turno, existe forte controvérsia se a **Súmula 689, do STF** ("o segurado pode ajuizar ação contra a instituição previdenciária perante o juízo federal do seu domicílio ou nas varas federais da Capital do Estado-Membro") se aplica ao JEF ou não.

A mencionada súmula foi editada com base neste precedente:

RE 287351 AgR/RS – RIO GRANDE DO SUL

AG.REG.NO RECURSO EXTRAORDINÁRIO

Relator(a): Min. MAURÍCIO CORRÊA

Julgamento: 02/08/2001 Órgão Julgador: Tribunal Pleno

Publicação

DJ 22-03-2002 PP-00043 EMENT VOL-02062-05 PP-01036

Parte(s)

AGTE.: INSTITUTO NACIONAL DO SEGURO SOCIAL – INSS

ADVDOS.: VÍVIAN BARBOSA CALDAS E OUTROS

AGDO.: CARLOS ALBERTO MARTINS DA SILVA E OUTROS

ADVDOS.: DAISSON SILVA PORTANOVA E OUTROS

Ementa

EMENTA: AGRAVO REGIMENTAL EM RECURSO EXTRAORDINÁRIO. CONSTITUCIONAL. COMPETÊNCIA. BENEFICIÁRIO DA PREVIDÊNCIA SOCIAL. PROPOSITURA DE AÇÃO. FORO. Beneficiário da previdência social. Foro. Competência. Propositura de ação contra o Instituto Nacional do Seguro Social tanto no domicílio do segurado como no da Capital do Estado-membro. Faculdade que lhe foi conferida pelo artigo 109, § 3º, da Constituição Federal. Agravo regimental não provido.

A polêmica decorre do fato de que os precedentes da Súmula STF 683 decorreram de ações que tramitaram pelo rito comum e são anteriores ao advento da Lei 10.259/2001, que prevê a natureza absoluta da competência do JEF.

Entende-se que quando o segurado residir em localidade que possua Vara do JEF instalada, este terá competência absoluta para julgar a demanda, se o valor for de até sessenta salários mínimos.

Isto porque o próprio STF possui precedente pelo afastamento da competência concorrente de que dispõe o artigo 109, § 3º, da Constituição em situação análoga:

> RE 227132 AgR/RS – RIO GRANDE DO SUL
>
> AG.REG.NO RECURSO EXTRAORDINÁRIO
>
> Relator(a): Min. MARCO AURÉLIO
>
> Julgamento: 22/06/1999 Órgão Julgador: Segunda Turma
>
> Publicação
>
> DJ 27-08-1999 PP-00059 EMENT VOL-01960-03 PP-00510
>
> Parte(s)
>
> AGTE.: ORLANDO FERNANDES
>
> ADVDOS.: DAISSON SILVA PORTANOVA E OUTROS
>
> AGDO.: INSTITUTO NACIONAL DO SEGURO SOCIAL – INSS
>
> Ementa
>
> **COMPETÊNCIA – BENEFÍCIO PREVIDENCIÁRIO – INSS. Cuidando a ação de benefício previdenciário e havendo no domicílio do segurado ou beneficiário vara federal, descabe o ajuizamento da ação em juízo diverso, a teor do disposto no § 3º do artigo 109 da Constituição Federal.**

A 5ª Turma Recursal de São Paulo possui precedente aplicando a Súmula 689 do STF ao JEF, ao menos quando o segurado resida em localidade que não possua Vara do JEF instalada, havendo competência concorrente entre a Vara do JEF da Subseção Judiciária e a Vara do JEF da capital do estado:

> "Preambularmente, verifico que o autor é domiciliado na cidade de Araras e ingressou com a ação em 13/06/2013 perante o Juizado Especial Federal de São Paulo, constato que o Provimento nº 416, de 16 de maio de 2014, dispôs: § 1º A Subseção Judiciária de Limeira terá jurisdição, quanto aos feitos do Juizado Especial Federal, sob os municípios de Aguaí, Araras, Conchal, Cordeirópolis, Engenheiro Coelho, Estiva Gerbi, Iracemápolis, Leme, Limeira e Mogi Guaçu. (grifei). **Logo, inexiste vara federal/juizado especial federal no município de domicílio do autor, razão pela qual deve ser aplicada a súmula 689 do E. STF**: o segurado pode ajuizar ação contra a instituição previdenciária perante o juízo federal do seu domicílio ou nas varas federais da capital do estado-membro. No

mesmo sentido é a jurisprudência colacionada: PROCESSUAL CIVIL. CONFLITO DE COMPETÊNCIA. ENTRE JUÍZO FEDERAL E JUIZADO ESPECIAL. COMPETÊNCIA CONCORRENTE. COMPETÊNCIA TERRITORIAL. COMPETÊNCIA RELATIVA. MANIFESTAÇÃO EX OFFICIO. IMPOSSIBILIDADE. SÚMULA 33. I. Nos casos em que a demanda apresentar valor da causa que não ultrapasse 60 (sessenta) salários mínimos, salvo as exceções promovidas pela Lei, e instalada Vara do Juizado, deste será a competência para processar e julgar o feito. II. Diversa é a situação que se vislumbra no presente feito, visto que o autor é domiciliado em Araras, comarca que não é sede da Justiça Federal, situando-se sob a jurisdição da comarca de Piracicaba, onde a ação foi originariamente ajuizada, e que igualmente não possui Vara do Juizado Especial Federal, donde se conclui que a competência é concorrente entre o Juízo Federal de Piracicaba, cuja jurisdição abrange o local de seu domicílio, e o Juizado Especial Federal mais próximo, nos termos do artigo 20, da Lei 10.259/01, podendo o jurisdicionado optar pelo foro no momento da propositura da ação. III. Trata-se, assim, de competência territorial, ou seja, relativa, pois pautada no interesse privado, que depende de alegação da parte, por meio de exceção de incompetência, sob pena de prorrogar-se, não podendo, assim, ser declinada de ofício, como o fez o Juízo suscitante, ao arrepio da lei e do disposto na Súmula 33, do egrégio Superior Tribunal de Justiça. IV. Considerando que tanto na comarca de Araras, domicílio do autor, quanto na de Piracicaba, onde a ação foi intentada, não houve a instalação de Vara do Juizado Especial Federal, não há que se falar em competência absoluta, nos termos do que dispõe o artigo 3º, § 3º, da Lei 10.259/01, razão pela qual, por tratar-se de competência relativa, que não pode ser modificada de ofício, deve o presente feito ser processado e julgado pelo Juízo suscitante (TRF3, CC 00153376320074030000, primeira seção, Rel.: DESEMBARGADOR FEDERAL BAPTISTA PEREIRA, DJU DATA: 06/09/2007) (grifei) Dessa forma, é facultado à parte autora propor ação que tem por objeto benefício previdenciário na capital do Estado, como de fato o fez, assim, a sentença deve ser reformada" (**RI 00311953920134036301, de 30/3/2015**).

Outrossim, a Turma Recursal do Amazonas vem aplicando a Súmula 683 do STF ao JEF:

"VOTO-EMENTA PROCESSUAL CIVIL. COMPETÊNCIA RELATIVA. SÚMULA 689 DO STF. SENTENÇA ANULADA. 1. O autor, assistido pela DPU, ajuizou ação pleiteando a concessão de benefício assistencial. O juízo a quo extinguiu o processo sem resolução do mérito sob o argumento de que o requerente é domiciliado em Coari/AM, sujeito, portanto, à jurisdição da subseção judiciária de Tefé/AM. 2. Foi interposto recurso inominado no qual se alega que ¿a competência que se define pelo domicílio da parte deve ser classificada como territorial e, como regra, possui natureza relativa, devendo ser argüida pelas partes¿. Em virtude disso, pugna pela anulação da sentença. 3. Assiste razão ao recorrente. De fato, a criação e instalação de subseções judiciárias no interior do país atendeu razões de melhor otimização da prestação jurisdicional. Mesmo assim, trata-se de um critério territorial sendo, portanto, caso de competência relativa. 4. Não bastasse isso, o pleito do recorrente encontra amparo na jurisprudência do STF e do STJ. Nesse sentido: Súmula 689-STF: O segurado pode ajuizar ação contra a instituição previdenciária perante o juízo federal do seu domicílio ou nas varas federais da capital do estado-membro. 5. No STJ, confira precedente idêntico ao apreciado nos autos: PREVIDENCIÁRIO. CONFLITO de COMPETÊNCIA. AÇÃO CONTRA O INSS AJUIZADA PERANTE A VARA FEDERAL da CAPITAL DO ESTADO-MEMBRO EM DATA POSTERIOR À INSTALAÇÃO da SUBSEÇÃO JUDICIÁRIA COM JURISDIÇÃO SOBRE O MUNICÍPIO de DOMICÍLIO DO SEGURADO. COMPETÊNCIA RELATIVA. SÚMULA 689/STF. PARECER DO MPF PELA COMPETÊNCIA da SUBSEÇÃO JUDICIÁRIA. 1. O segurado pode ajuizar ação contra a Instituição Previdenciária perante o Juízo Federal do seu domicílio ou em qualquer das Varas Federais da Capital do Estado-Membro, a teor da Súmula 689/STF. 2. Nessa hipótese, trata-se de competência territorial relativa, que não pode, portanto, ser declinada de ofício, nos termos do art. 112 e 114 do CPC e do enunciado da Súmula 33/STJ. 3. Conflito de Competência conhecido para declarar a competência do Juízo Federal da 35ª Vara da Seção Judiciária do Rio de Janeiro para processar e julgar a presente demanda, não obstante o parecer do MPF. (CC 87.962/RJ, Rel. Ministro NAPOLEÃO NUNES MAIA FILHO, TERCEIRA SEÇÃO, julgado em 28/03/2008, DJe 29/04/2008) 6. Sentença anulada, devendo o curso processual ser retomado com a citação do requerido. 7. Sem condenação em honorários advocatícios por não se enquadrar na hipótese do art. 55 da Lei 9.099/95. 8. Recurso do autor conhecido e provido" (Processo 655291201540132, de 29/1/2016).

Por outro lado, a Turma Recursal de Goiás afasta a aplicação da Súmula 683 ao rito dos Juizados Especiais Federais:

"PREVIDENCIÁRIO. BENEFÍCIO ASSISTENCIAL. RECLAMANTE DOMICILIADO EM CIDADE NÃO ABRANGIDA PELA SUBSEÇÃO JUDICIÁRIA de ANÁPOLIS. ART. 109, § 3º da CONSTITUIÇÃO FEDERAL. INTERPOSIÇÃO NA CAPITAL DO ESTADO, SEDE da SEÇÃO JUDICIÁRIA. **1. Considerando que a residência do autor localiza-se em município não abrangido pela subseção judiciária de Anápolis, deve a ação interposta em desfavor da autarquia previdenciária processar-se na sede da Seção Judiciária, ou seja, na Capital do Estado, haja vista a competência funcional absoluta.** 2. Recurso conhecido e improvido. ...INTEIRO TEOR: I – RELATÓRIO Cuida se de recurso interposto por GABRIEL MATOS RIBEIRO, representado por seu genitor Ervando Machado Ribeiro, contra sentença que extinguiu o processo, sem apreciação do mérito, em face da incompetência absoluta do Juizado Especial Federal Adjunto da Subseção Judiciária de Anápolis, haja vista a residência do autor na cidade de Petrolina, município não abrangido por aquela Subseção. Alega que na cidade de Petrolina não se encontra instalada Vara do Juizado Especial Federal, não havendo que se falar em competência absoluta. Destaca que a Lei nº 10.259/2001 estabelece em seu 20, § 4º, inciso I, a possibilidade de interposição da ação no foro do domicílio do réu, tendo o INSS gerência executiva na cidade de Anápolis. Ressalta que a resolução que estabelece a competência das subseções judiciárias (nº 600-17/2005) não deve prevalecer em contraposição às leis que regem os procedimentos nos Juizados Especiais. Por fim, colaciona julgado relativo ao art. 109, § 3º, da CF/88, que deve ser aplicado em benefício do segurado, sendo que este lhe faculta propor ação no domicílio do réu ou em foro do Juizado Especial Federal mais próximo de seu domicílio. A autarquia recorrida não apresentou contra-razões. O Ministério Público Federal exarou parecer às fls. 52/55, manifestando-se pelo improvimento do recurso. II – VOTO Presentes os pressupostos de admissibilidade, conheço do recurso. O art. 109, § 3º, da CF/88 estabelece: Art. 109. (...) § 3º Serão processadas e julgadas na justiça estadual, no foro do domicílio dos segurados ou beneficiários, as causas em que forem parte instituição de previdência social e segurado, sempre que a comarca não seja sede de vara do juízo federal, e, se verificada essa condição, a lei poderá permitir que outras causas sejam também processadas e julgadas pela justiça estadual. Essa faculdade não se reveste de extensão ilimitada, já que a previsão do legislador foi no sentido de beneficiar o segurado que porventura tivesse dificultado o acesso à tutela jurisdicional em face de questões de organização da estrutura judiciária federal. Contudo, não lhe foi concedido o direito de ingressar com ação previdenciária em qualquer lugar do país, em atenção apenas aos seus interesses pessoais. Não utilizando o segurado da opção de ingressar com ação no foro da justiça estadual da comarca onde reside, deve fazê-lo onde haja sede de vara da justiça federal no Estado em que tem o seu domicílio, consoante remansosa jurisprudência. **No caso sob exame, o Reclamante reside na cidade de Petrolina-GO, município próximo à Goiânia e não abrangido por sede de subseção judiciária federal. Assim sendo, se o município do domicílio do autor não é abrangido pela área de competência de determinada Subseção da Seção Judiciária de Goiás, no caso a Subseção de Anápolis, não há de se cogitar da incidência da delegação constitucional prevista no § 3º do art. 109 da Constituição da República a autorizar o exercício da competência federal pelo Juízo da referida Subseção.** Nesse sentido, recente julgado do eg. Tribunal Regional Federal da 1ª Região, abaixo colacionado:

AGRAVO REGIMENTAL EM AGRAVO de INSTRUMENTO. EXCEÇÃO de INCOMPETÊNCIA. ART. 109, § 2º, da CF/88. ATOS JURÍDICOS QUE DERAM CAUSA À DEMANDA E O DOMICÍLIO DO AUTOR SOB A JURISDIÇÃO da SUBSEÇÃO JUDICIÁRIA de RIO VERDE/GO. COMPETÊNCIA FUNCIONAL ABSOLUTA. 1. O excepto não propôs a ação onde é domiciliado nem onde ocorreu o negócio jurídico nem no Distrito Federal. 2. Tanto o município no qual o autor tem domicílio, quanto aquele onde houve a realização dos atos jurídicos que deram causa à instauração da lide estão sob a jurisdição da Subseção Judiciária de Rio Verde/GO, portanto, não há razão para que a ação de prestação de contas, que possui a União como terceira interessada, seja processada em uma das varas federais da capital do Estado de Goiás, em face da competência funcional absoluta da aludida Subseção Judiciária. Precedentes desta Corte Regional. 3. "As causas intentadas contra a União Federal serão aforadas na seção judiciária em que for domiciliado o autor, naquela onde houver ocorrido o ato ou fato que deu origem à demanda ou onde esteja situada a coisa ou, ainda, no Distrito Federal." (Artigo 109, § 2º, da CF). 4. Agravo regimental do autor improvido. (TRF – PRIMEIRA REGIÃO Classe: AGA – AGRAVO REGIMENTAL NO AGRAVO de INSTRUMENTO – 200701000159034 Processo: 200701000159034 UF: GO Órgão Julgador: QUINTA Turma Data da decisão: 22/8/2007 Documento: TRF100256558 Fonte DJ DATA: 6/9/2007 PAGINA: 129 Relator(a) DESEMBARGADORA FEDERAL SELENE MARIA de ALMEIDA).Verifica-se que o julgado citado apresenta situação diversa, mas que serve como referência na presente hipótese. Ali a Subseção abrange o município em que é domiciliado o demandante, por isso a ação tem que ser proposta naquela subseção e não na Capital do Estado. Aqui, a Subseção não abrange o município em que reside o autor, por isso a ação deve ser proposta na capita do Estado, sede da Seção Judiciária. Nesse sentido, precedente desta Turma, de minha Relatoria, julgado por unanimidade em 27/02/2008 – rc nº 2007.35.00.709907-6. Também sobre o tema posicionou-se o eminente Juiz Federal Juliano Taveira Bernardes, que em voto vista vencedor sobre a matéria (rc nº 2007.35.00.713860-9, julgado em 12/03/2008), assim se manifestou: **De fato, a Súmula 689 do STF favorece a interpretação de que o segurado tem a faculdade de optar entre propor a reclamação ou no JEF da Subseção em que está domiciliado ou no JEF da Seção Judiciária respectiva.** Veja-se o teor do enunciado sumulado: "O segurado pode ajuizar ação contra a instituição previdenciária perante o juízo federal do seu domicílio ou nas varas federais da capital do estado-membro." Como se sabe, a súmula se baseou na interpretação do § 3º do art. 109 da Constituição: "§ 3º – Serão processadas e julgadas na justiça estadual, no foro do domicílio dos segurados ou beneficiários, as causas em que forem parte instituição de previdência social e segurado, sempre que a comarca não seja sede de vara do juízo federal, e, se verificada essa condição, a lei poderá permitir que outras causas sejam também processadas e julgadas pela justiça estadual." **Todavia, como se vê do teor dos julgamentos dos precedentes que deram ensejo à súmula, a questão dessa suposta "faculdade" do segurado foi mal posta pelo STF.** Inicialmente, nos julgamentos do AgRg no AI 208.834, do AgRg no AI 207.462 e do AgRg no AI 208.833, o problema do STF era saber se se tratava o § 3º do art. 109 de regra de incompetência absoluta ou relativa. O STF entendeu que a hipótese era de incompetência relativa, de modo que o juiz a quem fosse distribuída a ação não poderia declinar a competência ex officio. Já nos RR. EE. 223.139 e 239.594, o STF decidiu caso diverso, que tratava de saber se havia opção entre ajuizar o feito no foro da justiça estadual ou no foro da seção judiciária (portanto, Justiça Federal). A Suprema Corte reputou, então, que a regra do § 3º do art. 109 da CF/88 era norma que beneficiava o segurado e que, por isso, não poderia ser interpretada contra seu próprio beneficiário. Até aí, nada a opor. **Porém, é preciso deixar claro que a faculdade constitucional assegurada ao segurado-autor só existe quanto à opção entre as duas hipóteses previstas no § 3º do art. 109 da Constituição, i.e., entre a justiça estadual, sempre que a comarca não seja sede de vara do juízo federal, e a Justiça Federal da seção judiciária em que for domiciliado o autor. Fora daí, a Constituição não autoriza outro tipo** de privilégio de foro concedido em razão do domicílio do segurado (art. 19, III). A hipótese do § 3º do art. 109 é norma excepcional que privilegia com opção de foro os segurados cujo domicílio recaia em comarca que não seja sede de vara do juízo federal, sem que isso pudesse implicar a extensão do mesmo direito de escolha aos segurados domiciliados em municípios sedes de vara federal. Todavia, sem o devido cuidado a respeito, a partir do RE 224.799/RS (rel. Min. NELSON JOBIM, DJU de 7-5-99), o STF deu por certo que os acórdãos antes mencionados tivessem firmado uma facultatividade que incluiria até dois juízes federais localizados dentro da mesma unidade federativa, faculdade que, como visto, nunca existiu na Constituição! Pelo contrário. Segundo julgado do próprio STF: "Cuidando a ação de benefício previdenciário e havendo no domicílio do segurado ou beneficiário vara federal, descabe o ajuizamento da ação em juízo diverso, a teor do disposto no § 3º do artigo 109 da Constituição Federal" (**AgRg no RE 227.132/RS**, 2ª Turma, rel. Min. MARCO AURÉLIO, DJU de 27-8-99). Aliás, do **voto vencedor**, nesse precedente, acatado por unanimidade, lê-se: "Ora, conforme explicitado na decisão do Juízo Federal de folhas 13 e 14, confirmada pelo acórdão impugnado mediante o extraordinário, o ora Agravante não tem domicílio em Porto Alegre. Portanto, bem andou o Juízo da capital em declinar da competência. Ao fazê-lo, obstaculizou a possibilidade de o próprio jurisdicionado escolher o órgão competente para julgar a demanda. **O que o dispositivo constitucional [§ 3º do art. 109] prevê é a atuação da Justiça comum quando não se conta, no domicílio do segurado ou beneficiário, com vara federal. Logo, havendo esta** última, **não pode ele optar pelo ajuizamento da ação em juízo diverso.** Daí não se poder ter o extraordinário enquadrado na alínea 'a' do inciso III do art. 102 da Carta da República. A existência de varas especializadas na capital não implica o deslocamento da competência, sob pena de olvidar-se a regra constitucional". Mas, infelizmente, essa confusão que principiou no RE 224.799/RS se difundiu nos demais precedentes dados como paradigmas da súmula: RE 232.275/RS (rel. Min. NELSON JOBIM, DJU de 12-3-99), RE 231.771/RS (rel. Min. NELSON JOBIM, DJU de 18-6-99), RE 224.101/RS (rel. Min. ILMAR GALVÃO, DJU de 13-8-99), RE 223.146/RS (rel. Min. ILMAR GALVÃO, DJU de 13-8-99), RE 251.617/RS (rel. Min. MOREIRA ALVES, DJU de 17-9-99) e RE 293.244/RS (rel. Min. SEPÚLVEDA PERTENCE, DJU de 6-4-2001). Do exposto, percebe-se que o STF, ao editar a Súmula 689, procedeu não só à criação de regra de competência judicial facultativa como também estabeleceu privilégio discriminatório quanto aos segurados residentes em município incluído na esfera de jurisdição da seção judiciária, os quais, diferentemente dos que residam em município abrangido pela jurisdição de alguma subseção judiciária, não disporiam da mesma faculdade de escolher o juízo natural. **Contudo, noves fora a circunstância de não ser vinculante essa equivocada súmula, radica na Lei 10.259/2001 o argumento mais forte para se rebater a tese da facultatividade, entre dois juízes federais da mesma seção judiciária. Veja-se art. 20 da lei, verbis: "Art. 20. Onde não houver Vara Federal, a causa poderá ser proposta no Juizado Especial Federal mais próximo do foro definido no art. 4º da Lei nº 9.099, de 26 de setembro de 1995, vedada a aplicação desta Lei** no juízo estadual." Correto o legislador ao deixar aí claro a impertinência da invocação tanto do § 3º do art. 109 da Constituição quanto da Súmula 689 do STF. Isso porque, se a sistemática dos JEFs não se aplica ao juízo estadual, foi preciso evidenciar que nem o segurado domiciliado em comarca que não conta com vara federal dispõe da prerrogativa de eleição de foro. E nem se alegue a inconstitucionalidade desse artigo da Lei 10.259/2001. A Súmula 689 do STF surgiu da interpretação do § 3º do art. 109 da Constituição; já a disciplina legal da competência dos JEFs se fundamenta em dispositivo constitucional diverso (§ 1º incluído no art. 98 pela EC 22/99). **Ademais, embora tenha sido editada em outubro de 2003, todos os procedentes que ensejaram tal súmula foram julgados antes da Lei 10.259/2001. Logo, a opção de foro de que trata o § 3º do art. 109 da Constituição, ainda que ampliada pela Súmula 689 do STF, restringe-se** às **ações previdenciárias excluídas da sistemática especial dos JEFs previstos no § 1º incluído no art. 98 da Constituição pela EC 22/99.** Daí a razão de se aplicar a regra especial de competência prevista no art. 20 da Lei 10.259/2001. De resto, não há como retirar da Lei 10.259/2001 a mesma facultatividade reconhecida pela Súmula 689 do STF, pois isso violaria o caput e o inciso I do art. 5º, bem como o inciso III do art. 19 da Constituição. Em outras palavras, tal como o segurado domiciliado em município abrangido por seção judiciária, o segurado com domicílio no município sede de subseção judiciária em que já instalado JEF não dispõe do privilégio para propor a reclamação em foro diverso, sob pena de inconstitucional hipótese de criação judicial e discriminatória do direito de escolha do juízo natural. Assim, por força do princípio da isonomia, que determina não só a obrigação de tratamento igual quanto a proibição de tratamento desigual, em supostos assemelhados, trata-se de hipótese de competência absoluta. Do contrário, estar-se-ia a chancelar inconstitucional privilégio de foro de eleição baseado no inadequado critério da simples fixação do domicílio. Por fim, por economia processual, a despeito da decisão de fls. 30-31, é de se remeter os autos ao juízo competente. Assim, tenho que a sentença combatida não merece reparo. Contudo, considerando a necessidade de observância do princípio da economia processual e estando a parte autora devidamente representada por causídico constituído, entendo que os autos devem ser remetidos a uma das Varas dos Juizados Especiais Federais desta Seção Judiciária, para prosseguimento do feito. Do exposto, NEGO PROVIMENTO ao recurso. Determino o encaminhamento dos autos à Seção de Protocolo para fins de distribuição a uma das Varas dos Juizados Especiais Federais para prosseguimento do feito. Deixo de condenar o recorrente ao pagamento de honorários advocatícios em face da ausência de contra-razões. É como voto" (recurso 2008.35.00.700953-0, de 1/10/2008).

Como se trata de questão de natureza processual, descabe uniformização pela TNU, que se limita a uniformizar questões de direito material, cabendo ao STF debater novamente o tema e fixar a tese no âmbito dos Juizados Especiais Federais.

Quando o valor da causa for superior a 60 salários mínimos, os Juizados Federais serão absolutamente incompetentes para o julgamento do feito. Se pretender ver o seu processo tramitando nesse rito, deverá o autor renunciar expressamente ao excedente ao valor da alçada, sob pena de extinção do processo, sem o julgamento do mérito, a teor do artigo 51, III, da Lei 9.099/95[17].

Com propriedade, de acordo com a **Súmula 17, da TNU**, "não há renúncia tácita no Juizado Especial Federal, para fins de competência", bem como "não cabe renúncia sobre parcelas vincendas para fins de fixação de competência nos Juizados Especiais Federais", nos moldes do enunciado 17, do FONAJEF.

Isso porque a renúncia é ato de disposição patrimonial, não podendo ser presumida, exigindo, ainda, poderes especiais do advogado para ser validamente realizada.

Na hipótese de benefícios previdenciários, em que normalmente são postuladas parcelas vencidas e vincendas por tempo indeterminado, o valor da causa deverá ser calculado de acordo com o artigo 260, do antigo CPC, sendo somadas as parcelas vencidas com doze vincendas.

A mesma sistemática foi conservada no novo CPC (Lei 13.105/2015), ao aduzir no artigo 292 que quando se pedirem prestações vencidas e vincendas, considerar-se-á o valor de umas e outras, sendo que o valor das prestações vincendas será igual a uma prestação anual, se a obrigação for por tempo indeterminado ou por tempo superior a 1 (um) ano, e, se por tempo inferior, será igual à soma das prestações.

Eis o posicionamento da TNU:

> "PEDIDO DE UNIFORMIZAÇÃO DE INTERPRETAÇÃO DE LEI FEDERAL. PREVIDENCIÁRIO. JUIZADO ESPECIAL FEDERAL. VALOR DA CAUSA ABRANGE AS PARCELAS VENCIDAS SOMADAS A DOZE PARCELAS VINCENDAS NA DATA DO AJUIZAMENTO DA AÇÃO. ACÓRDÃO RECORRIDO EM CONFORMIDADE COM A JURISPRUDÊNCIA DA TNU. QUESTÃO DE ORDEM 13. INCIDENTE NÃO CONHECIDO" (TNU, processo 0018864-70.2013.4.01.3200, de 24/11/2016).
>
> **Enunciado 123 FONAJEF** – "O critério de fixação do valor da causa necessariamente deve ser aquele especificado nos arts. 259 e 260 do CPC [no artigo 292, §§ 1º e 2º, do CPC/2015], pois este é o elemento que delimita as competências dos JEFs e das Varas (a exemplo do que foi feito pelo art. 2º, § 2º, da Lei 12.153/09)"

De acordo com o Enunciado 20 do FONAJEF, "não se admite, para firmar competência dos juizados especiais federais, o fracionamento de parcelas vencidas, ou de vencidas e vincendas, decorrentes da mesma relação jurídica material" (Revisado no XIII FONAJEF).

---

17. Enunciado FONAJEF 24 – Reconhecida a incompetência do JEF é cabível a extinção do processo, sem julgamento de mérito, nos termos do art. 1º da Lei n. 10.259/2001 e do art. 51, III, da Lei n. 9.099/95.

Nos termos da TNU, "a renúncia apresentada para definição de competência dos Juizados Especiais Federais, ressalvada manifestação expressa da parte autora, somente abrange o valor excedente a 60 salários mínimos, considerando-se as parcelas vencidas somadas a doze parcelas vincendas na data do ajuizamento da ação – e não na data da sentença" (processo 0007984-43.2005.4.03.6304, de 14/4/2016).

De acordo com o Superior Tribunal de Justiça, no julgamento do AgRg no REsp 1.209.914, de 03/02/2011, "nos casos de litisconsórcio ativo, o valor da causa para fixação da competência é calculado dividindo-se o valor total pelo número de litisconsorte".

Existem situações em que o segurado ou o seu dependente não deseja tramitar o seu processo sob o rito do JEF, haja vista a busca por uma produção de prova mais aprofundada, abrindo mão da celeridade e economicidade em nome da segurança jurídica.

Neste caso, considerando que a competência do JEF pelo valor da causa possui natureza absoluta, o instrumento que vem sendo utilizado para fugir dos Juizados é o pedido de dano moral contra o INSS, a fim de fazer elevar o valor da causa para além de 60 salários mínimos.

Nos termos do Enunciado 114 do FONAJEF, "havendo cumulação de pedidos, é ônus da parte autora a identificação expressa do valor pretendido a título de indenização por danos morais, a ser considerado no valor da causa para fins de definição da competência dos Juizados Especiais Federais".

Na desaposentação, o valor da causa deve considerar a diferença mensal entre a aposentadoria renuncianda e a renda da nova aposentadoria, calculando valores vencidos, se houver prévio requerimento administrativo, somando às prestações vincendas referentes a um ano após o ajuizamento da demanda.

Assim, se a aposentadoria a renunciar possui renda mensal de R$ 2.000,00 e a nova terá renda mensal de R$ 3.000,00, o proveito econômico mensal será de R$ 1.000,00, sendo o valor da causa de R$ 13.000,00 (já considerando o abono anual), caso inexistam atrasados por falta de requerimento administrativo.

Este, inclusive, é o entendimento do STJ (REsp 1.522.102, de 15/9/2015):

> "PROCESSUAL CIVIL E PREVIDENCIÁRIO. RECURSO ESPECIAL. DESAPOSENTAÇÃO. VALOR DA CAUSA. ARTIGO 260 DO CPC. PROVEITO ECONÔMICO. DIFERENÇA APURADA ENTRE A APOSENTADORIA RENUNCIADA E A NOVA APOSENTADORIA A SER DEFERIDA. RECURSO ESPECIAL CONHECIDO E PROVIDO.
>
> 1. A questão recursal gira em torno do conceito jurídico de proveito econômico para fins de valor da causa relativa à ação previdenciária de desaposentação, e,

por conseguinte, delimitação da competência, se do juizado especial federal ou do juízo da vara federal, nos moldes do artigo 260 do CPC.

2. O Tribunal a quo entendeu que, tratando-se de pedido de desaposentação, o proveito econômico corresponde à soma das parcelas vincendas da nova aposentadoria a ser deferida, concluindo pela competência da vara federal.

3. A desaposentação, técnica protetiva previdenciária, é a renúncia a uma modalidade de aposentadoria, já implementada, para aproveitamento do respectivo tempo de serviço ou de contribuição, com cômputo do tempo posterior à jubilação, para obtenção de nova e melhor aposentadoria.

4. Para a jurisprudência do STJ o proveito econômico corresponde à expressão monetária do pedido, o valor da causa deve refletir o proveito econômico pretendido pela parte ao propor a ação.

5. Nos casos de desaposentação, o proveito econômico da causa é a diferença entre a aposentadoria objeto de renúncia e a nova pleiteada".

Independentemente do valor, também não terão os Juizados Federais competência para julgar as causas arroladas no artigo 3º, § 1º, da Lei 10.259/2001.

"§ 1º Não se incluem na competência do Juizado Especial Cível as causas:

I – referidas no art. 109, incisos II, III e XI, da Constituição Federal, as ações de mandado de segurança, de desapropriação, de divisão e demarcação, populares, execuções fiscais e por improbidade administrativa e as demandas sobre direitos ou interesses difusos, coletivos ou individuais homogêneos;

II – sobre bens imóveis da União, autarquias e fundações públicas federais;

III – para a anulação ou cancelamento de ato administrativo federal, salvo o de natureza previdenciária e o de lançamento fiscal;

IV – que tenham como objeto a impugnação da pena de demissão imposta a servidores públicos civis ou de sanções disciplinares aplicadas a militares".

Destaque-se que o mandado de segurança não irá deflagrar demanda no JEF, mesmo que o valor da causa seja de até 60 salários mínimos, devendo ser interposto na Vara que opera pelo rito comum, pois, como será visto, somente se admite neste rito o *mandamus* como sucedâneo recursal.

3. PROPOSITURA DA AÇÃO E SUA DESISTÊNCIA

Nos termos do artigo 14, da Lei 9.099/95, compatível com o rito do JEF, o processo instaurar-se-á com a apresentação do pedido, escrito ou oral, à Secretaria do Juizado, sendo que do pedido constarão, de forma simples e em linguagem acessível:

I – o nome, a qualificação e o endereço das partes;

II – os fatos e os fundamentos, de forma sucinta;

III – o objeto e seu valor.

Ademais, é lícito formular pedido genérico quando não for possível determinar, desde logo, a extensão da obrigação, sendo o pedido oral reduzido a escrito pela Secretaria do Juizado, podendo ser utilizado o sistema de fichas ou formulários impressos.

O segurado ou o seu dependente poderá ajuizar a ação através de advogado particular constituído, da Defensoria Pública da União ou por atermação promovida por servidor do próprio Poder Judiciário, vez que a assistência por advogado é facultativa no rito do JEF em 1º grau.

É raro que uma petição inicial seja pronunciada inepta no rito dos Juizados Especiais Federais, mas, em determinadas situações extremas, especialmente quando a parte estiver representada por advogado, poderá o juiz avaliar o preenchimento dos requisitos mínimos.

Nesse sentido, o enunciado 130 do FONAJEF:

> Enunciado FONAJEF 130 – "O estabelecimento pelo Juízo de critérios e exigências para análise da petição inicial, visando a evitar o trâmite de ações temerárias, não constitui restrição do acesso aos JEFs".

É requisito de admissibilidade da petição inicial a indicação precisa dos períodos e locais de efetivo exercício de atividade rural que se pretende reconhecer, sob pena de indeferimento, a teor do **Enunciado 186, do FONAJEF**.

Vale registrar que, além dos casos de segredo de justiça e de sigilo judicial, os documentos digitalizados em processo eletrônico somente serão disponibilizados aos sujeitos processuais, vedado o acesso à consulta pública fora da secretaria do juizado, nos termos do Enunciado 119 do FONAJEF.

Nos termos do artigo 11, da Lei 10.259/2001, a entidade pública ré deverá fornecer ao Juizado a documentação de que disponha para o esclarecimento da causa, apresentando-a até a instalação da audiência de conciliação.

Todavia, o disposto no art. 11 da lei 10.259/2001, não desobriga a parte autora de instruir seu pedido com a documentação que lhe seja acessível junto às entidades públicas rés (Enunciado FONAJEF 113), assim como o dever processual, previsto no art. 11 da Lei 10.259/2001, não implica automaticamente a inversão do ônus da prova.

Cabe ao autor, de logo, apresentar todos os documentos pertinentes para que o juiz avalie o recebimento da petição inicial, tais como a carta de indeferimento do benefício, exames médicos (ações que versem sobre benefícios por incapacidade), perfil profissiográfico previdenciário (ações sobre tempo especial), documentos contemporâneos de atividade rural/pesqueira (ações do segurado especial) e documentos para atestar a prova da união estável (ações para concessão de pensão por morte ou auxílio-reclusão aos companheiros).

Ademais, especialmente quando representado por advogado ou defensor público, cabe ao autor apresentar planilha demonstrando que o valor da causa não supera a sessenta salários mínimos, para fins de verificação do valor de alçada para a competência absoluta do JEF (até sessenta salários mínimos).

Embora inexista previsão legal expressa, é prevalente que no procedimento do JEF a parte autora poderá desistir da ação antes da prolação de sentença e sem a necessidade de aquiescência do INSS, mesmo que o feito já esteja contestado:

"TERMO Nr: 9301003574/2016 PROCESSO Nr: 0000923-86.2015.4.03.6335 AUTUADO EM 20/07/2015. ASSUNTO: 040101 – APOSENTADORIA POR INVALIDEZ (ART.42/7) CLASSE: 16 – RECURSO INOMINADO. RECTE: INSTITUTO NACIONAL DO SEGURO SOCIAL – I.N.S.S. (PREVID). ADVOGADO(A)/DEFENSOR(A) PÚBLICO(A): SP999999 – SEM ADVOGADO. RECDO: PEDRO PAULO DE SOUZA MENEZES. ADVOGADO(A): SP250484 – MARCO ANTÔNIO BARBOSA DE OLIVEIRA. DISTRIBUIÇÃO POR SORTEIO EM 24/11/2015 14:54:41 VOTO-EMENTA 1. Trata-se de recurso interposto pelo Instituto Nacional da Seguridade Social – INSS de sentença que extinguiu o feito sem julgamento do mérito, nos termos do art. 267, III, do Código de Processo Civil, tendo em vista pedido de desistência promovido pelo autor. 2. Embora o art. 267, parágrafo 4º, do Código de Processo Civil, preveja que, depois de decorrido o prazo para resposta e, obviamente, quando respondida a demanda, o autor não poderá, sem o consentimento do réu, desistir da ação, entendo que essa norma não se aplica aos procedimentos diferenciados dos Juizados Especiais. **Nesse sentido, a propósito, é o enunciado da Súmula nº 1 da Turma Regional de Uniformização do JEF (v.g. "A homologação do pedido de desistência da ação independe da anuência do réu."), mostrando-se dispensáveis maiores considerações a respeito;** 3. Mantida sentença de primeiro grau pelos seus próprios fundamentos, nos termos do art. 46, da Lei 9.099/95, e NEGO PROVIMENTO AO RECURSO; 4. Condeno a parte ré ao pagamento de honorários advocatícios, que fixo, por equidade, em R$ 500,00 (quinhentos reais), tendo em vista que a Fazenda Pública foi vencida em grande parte das suas alegações, bem como por não ter natureza complexa a presente causa, nos termos do art. 20, § 4º do Código de Processo Civil e art. 55 da Lei 9099/95.5. É o voto. ACÓRDÃO Visto, relatado e discutido este processo, em que são partes as acima indicadas, decide a Sétima Turma Recursal do Juizado Especial Federal da 3ª Região Seção Judiciária do Estado de São Paulo, por unanimidade, negar provimento ao recurso, nos termos do voto do Relator. Participaram do julgamento o(a)s Sr(a)s. Juíze(a)s Federais: Jairo da Silva Pinto,

Douglas Camarinha Gonzales e Roberto Santoro Facchini. São Paulo, 26 de janeiro de 2015 (data do julgamento)". **(3ª Turma Recursal de São Paulo, processo 00009238620154036335, de 27/1/2016).**

Vale ressaltar que o CPC/2015, tal qual fazia o CPC/1973, exige a aquiescência da parte ré para a desistência da ação, quando já estabilizada subjetivamente a demanda.

Estende-se que quando a demanda já estiver instruída, é descabida a desistência da ação, salvo quando o INSS aquiescer, pois pode ser uma tentativa ilícita de fuga de uma sentença de improcedência, a exemplo da desistência de ação após a realização de perícia medica desfavorável ao autor.

Nesse sentido, o correto posicionamento da 9ª Turma Recursal de São Paulo, no processo 00030558120164036303, de 14/12/2016:

"TERMO Nr: 9301185269/2016. PROCESSO Nr: 0003055-81.2016.4.03.6303 AUTUADO EM 17/05/2016. ASSUNTO: 040101 – APOSENTADORIA POR INVALIDEZ (ART.42/7) CLASSE: 16 – RECURSO INOMINADO. RECTE: MARIA JOSE BRASIL DO NASCIMENTO ADVOGADO(A)/DEFENSOR(A) PÚBLICO(A): SP280755 – ANA CRISTINA DOS SANTOS. RECDO: INSTITUTO NACIONAL DO SEGURO SOCIAL – I.N.S.S. (PREVID). ADVOGADO(A): SP999999 – SEM ADVOGADO. DISTRIBUIÇÃO POR SORTEIO EM 28/11/2016, 14:00:30. JUIZ(A) FEDERAL: MARISA REGINA AMOROSO QUEDINHO CASSETTARI. VOTO VENCEDOR. Inicialmente, ressalto a estima e admiração que nutro pela Eminente Relatora, Juíza Federal Alessandra de Medeiros Nogueira Reis, a quem peço vênia para divergir no presente feito. Adoto o relatório oferecido por Sua Excelência. Cuida-se de recurso inominado interposto pela parte autora em face da sentença que deixou de homologar o pedido de desistência formulado pela autora, e julgou improcedente o pedido exordial, resolvendo o mérito, nos termos do art. 487, inciso I, do Código de Processo Civil, tendo em vista que o laudo médico pericial elaborado em juízo não constatou a existência de incapacidade laboral. No presente caso, analisando cuidadosamente os autos virtuais, concluo, com o devido respeito ao entendimento externado pela Eminente Relatora, ser o caso de manter integralmente a sentença recorrida. **Compulsando os autos, verifico que a autora protocolizou pedido de desistência do presente feito em 11/07/2016, após o encerramento da instrução processual, em especial após a apresentação do laudo médico pericial que concluiu pela inexistência de incapacidade para o exercício de atividade laborativa, anexado aos autos em 24/06/2016.** O juízo sentenciante indeferiu o pedido, nos seguintes termos:(...) Após a instrução processual, a parte autora pleiteou a desistência da ação (Anexo n. 19). **Malgrado seja possível a desistência no JEF sem oitiva da parte contrária, entendo que, no caso em apreço, o pedido da demandante não deve ser acolhido. Com efeito, o novo CPC se preocupa com a primazia da análise do mérito e toda a máquina judicial foi movimentada para alcançar tal desiderato, havendo inclusive a realização de perícia médica, a qual foi desfavorável a** parte autora e, possivelmente, foi o ato motivador do pleito de julgamento sem resolução de mérito. Diante disso, indefiro o pleito da acionante e passo a analisar a questão meritória. Ocorre que o art. 485 do Código de Processo Civil estabelece, em seu parágrafo 4º, que oferecida a contestação, o autor não poderá, sem o consentimento do réu, desistir da ação. No caso em análise, observo que o INSS apresentou sua contestação em 23/05/2016, de forma que o acolhimento do pedido da parte autora dependeria, necessariamente, da anuência da autarquia ré, o que não se verificou nos autos. Correto, portanto, o indeferimento do pedido, bem com o decreto de improcedência do pedido, ante o teor do laudo pericial. Ante o exposto, voto no sentido de negar provimento ao recurso interposto pela parte autora, mantendo integralmente a sentença, nos termos do art. 46 da Lei nº 9.099/95, combinado com o art. 1º da Lei nº 10.259/01. Condeno a recorrente ao pagamento de honorários advocatícios, que arbitro em 10% (dez por cento) do valor da causa, nos termos do artigo 55 da Lei federal nº 9.099/1995 (aplicado subsidiariamente), cujo montante deverá ser corrigido monetariamente desde a data do presente julgamento colegiado (artigo 1º, § 1º, da Lei federal nº 6.899/1981), de acordo com os índices da Justiça Federal (Manual de Orientação de Procedimentos para Cálculos na Justiça Federal, aprovado pela Resolução nº 134/2010, com as alterações da Resolução nº 267/2013, ambas do Conselho da Justiça Federal CJF). Na hipótese, enquanto a parte autora for beneficiária de assistência judiciária gratuita, o pagamento dos valores mencionados ficará suspenso, nos termos do artigo 98, § 3º, do Novo Código de Processo Civil. É como voto. II EMENTA. PROCEDIMENTO COMUM DOS JUIZADOS ESPECIAIS FEDERAIS. BENEFÍCIO POR INCAPACIDADE. SENTENÇA DE IMPROCEDÊNCIA DO PEDIDO. RECURSO PELA PARTE AUTORA. PEDIDO DE DESISTÊNCIA NÃO HOMOLOGADO. PEDIDO APRESENTADO APÓS A CONTESTAÇÃO E O ENCERRAMENTO DA INSTRUÇÃO PROCESSUAL. NECESSIDADE DE ANUÊNCIA DA PARTE CONTRÁRIA. ART. 485, § 4º DO CPC. SENTENÇA MANTIDA. INCIDÊNCIA DO ART. 46 DA LEI Nº. 9.099/95. NÃO PROVIMENTO DO RECURSO. HONORÁRIOS ADVOCATÍCIOS. III – ACÓRDÃO Visto, relatado e discutido este processo, em que são partes as acima indicadas, decide a Nona Turma Recursal do Juizado Especial Federal da Terceira Região – Seção Judiciária de São Paulo, por maioria, negar provimento ao recurso da parte autora, nos termos do presente voto, vencida a Excelentíssima Juíza Federal Relatora, que vota pelo provimento do recurso, para anular a sentença proferida e homologar o pedido de desistência deduzido pela parte autora. Participaram do julgamento os Excelentíssimos Juízes Federais Marisa Regina Amoroso Quedinho Cassettari, Alessandra de Medeiros Nogueira Reis e Danilo Almasi Vieira Santos. São Paulo, 13 de dezembro de 2016 (data do julgamento)".

4. ASSISTÊNCIA JUDICIÁRIA GRATUITA

Nos termos da **Resolução CJF 305/2014**, que dispõe sobre o cadastro e a nomeação de profissionais e o pagamento de honorários a advogados dativos, curadores, peritos, tradutores e intérpretes, em casos de assistência judiciária gratuita, no âmbito da Justiça Federal e da jurisdição federal delegada e dá outras providências, gozarão dos benefícios da assistência judiciária gratuita os brasileiros e estrangeiros residentes no País, em estado de pobreza, que necessitem de representação processual em processo ou procedimento, cível ou criminal, em tramitação na Justiça Federal ou juízo estadual no exercício de jurisdição federal delegada.

Considera-se em estado de pobreza aquele que se encontra em situação econômica que não lhe permita pagar as custas do processo e os honorários de advogado, sem prejuízo do sustento próprio ou da família, sendo comprovado mediante declaração subscrita pelo interessado ou por procurador com poder especial para sua realização, podendo constar na própria petição inicial.

Ademais, **a assistência judiciária gratuita** é **integral**, compreendendo a isenção do pagamento de custas, despesas processuais, emolumentos, honorários de peritos e advogados e depósitos previstos em lei para interposição de recurso, ajuizamento de ação e demais atos processuais inerentes ao exercício da ampla defesa e do contraditório.

Por seu turno, considera-se beneficiário da assistência judiciária gratuita, independentemente de decisão judicial, quem é representado pela Defensoria Pública em processo ou procedimento cível, salvo se na condição de curatelado especial, pois, neste caso, a pessoa representada pela Defensoria Pública somente fará jus à assistência judiciária gratuita se cumpridos os requisitos do estado de pobreza.

De acordo com o **Enunciado FONAJEF 38**, a qualquer momento poderá ser feito o exame de pedido de gratuidade com os critérios dos artigos 98 e seguintes do CPC/2015. Presume-se necessitada a parte que perceber renda até o valor do limite de isenção do imposto de renda.

5. O INSS E OS SEUS REPRESENTANTES JUDICIAIS

Poderão ser réus no JEF a União, suas autarquias e fundações, bem como as empresas públicas federais. Sendo o Instituto Nacional do Seguro Social (INSS) uma autarquia federal, poderá figurar como parte ré no JEF.

O artigo 10 da Lei 10.259/2001 prevê que "as partes poderão designar, por escrito, representantes para a causa, advogado ou não", sendo, portanto, permitida a utilização de prepostos em audiência nos Juizados Especiais Federais.

A situação ideal é que o INSS seja representado por seu procurador legal natural que é o Procurador Federal, membro da Procuradoria-Geral Federal, órgão da Advocacia-Geral da União. No entanto, diante dos milhões de processos previdenciários em curso na Justiça Federal e dos estados, nem sempre haverá um Procurador Federal em cada localidade com disponibilidade, especialmente para a participação em audiências.

Nestes casos é possível a nomeação de preposto servidor do INSS, preferindo-se os formados em Direito. Sua utilização, entretanto, deve ser excepcional, justificada pela realidade da unidade local e, restrita às audiências de conciliação.

Nesta hipótese, há de ser observado artigo 2º da Portaria Conjunta nº 83/2012 do INSS e da Procuradoria-Geral Federal:

> "Art. 2º Compete aos órgãos de execução da PGF com atribuição para a representação judicial do INSS:
>
> (...)
>
> IX – designar, em conjunto com o Gerente-Executivo responsável pela APSADJ/SADJ, servidores para atuarem como prepostos, representando a Autarquia em juízo, nos termos do parágrafo único do art. 4º do Decreto nº 4.250, de 27 de maio de 2002, e art. 10 da Lei nº 10.259, de 12 de julho de 2001;
>
> X – orientar a atuação dos servidores designados como prepostos;"

Nos moldes do Decreto federal 4.250/2002, que disciplina a representação judicial da União, autarquias, fundações e empresas públicas federais perante os Juizados Especiais Federais, os Procuradores-Gerais, os Chefes de procuradorias ou de departamentos jurídicos, no âmbito das respectivas autarquias e fundações, e os dirigentes das empresas públicas poderão designar servidores para examinar e emitir pareceres técnicos e participar das respectivas audiências nos processos em trâmite nos Juizados Especiais Federais. O ato de designação deverá conter, quando pertinentes, poderes expressos para conciliar, transigir e desistir, inclusive de recurso, se interposto.

6. CITAÇÃO E CONTESTAÇÃO

Com base no artigo 7º da Lei 10.259/2001, as citações e intimações da União serão feitas na forma prevista nos artigos 35 a 38 da Lei Complementar nº 73, de 10 de fevereiro de 1993.

Já a citação das autarquias, fundações e empresas públicas será feita na pessoa do representante máximo da entidade, no local onde proposta a causa, quando ali instalado seu escritório ou representação; se não, na sede da entidade.

O INSS será representado judicialmente pela Procuradoria-Geral Federal, órgão da Advocacia-Geral da União, através dos Procuradores Federais lotados nas Procuradorias Regionais Federais (onde houver tribunais federais), nas Procuradorias Federais (capitais onde não há sede de tribunal regional federal) e nas Procuradorias Seccionais (interior dos estados).

Nos termos do artigo 9º, da Lei 10.259/2001, **deve a citação para audiência de conciliação ser efetuada com antecedência mínima de trinta dias**. Nas demandas em que não há audiência vem se aplicando o prazo de 30 dias para a contestação por analogia à citada regra.

Desta forma, não é possível a realização de audiência em prazo inferior a 30 dias da data da efetivação da citação do INSS.

Ademais, pontifica o artigo 18 da Lei 9.099/95 que a citação far-se-á:

I – por correspondência, com aviso de recebimento em mão própria;

II – tratando-se de pessoa jurídica ou firma individual, mediante entrega ao encarregado da recepção, que será obrigatoriamente identificado;

III – sendo necessário, por oficial de justiça, independentemente de mandado ou carta precatória.

Não será possível a citação por edital no Juizado Especial Federal, ante a expressa vedação do artigo 18, § 2º, da Lei 9.099/95, razão pela qual se a citação por Correios ou por Oficial de Justiça não for possível, a exemplo do desconhecimento do endereço do pensionista corréu, deverá o processo ser remetido à Vara que opera pelo rito comum, mesmo que a causa tenha valor de até sessenta salários mínimos.

Neste sentido, veja-se o STJ:

"PROCESSUAL CIVIL. CONFLITO NEGATIVO. AÇÃO DECLARATÓRIA DE AUSÊNCIA. PERCEPÇÃO DE BENEFÍCIO PREVIDENCIÁRIO. CITAÇÃO POR EDITAL. RITO DA LEI N. 9.099/1995. INCOMPATIBILIDADE. COMPETÊNCIA DA JUSTIÇA COMUM FEDERAL. I. **A ação declaratória de ausência, em que a citação somente pode ocorrer pela via editalícia, não é compatível com o rito da Lei n. 9.099/1995, art. 18, § 2º, que não admite seu uso, aplicável à espécie por força do art. 1º da Lei n. 10.259/2001.** II. Conflito conhecido, para declarar competente o Juízo Federal da 1ª Vara de São Gonçalo, RJ, o suscitado" (CC 47936, de 8/11/2006).

Nos moldes do Enunciado 2, do FONAJEF, nos casos de julgamentos de procedência de matérias repetitivas, é recomendável a utilização de contestações depositadas na Secretaria, a fim de possibilitar a imediata prolação de sentença de mérito (Aprovado no II FONAJEF).

Na atualidade – salvo onde o processo judicial ainda não é eletrônico – como nas Varas Federais da 1ª Região, que adora o processo eletrônico nas varas das capitais, a citação tem se perpetrado pelo sistema eletrônico (sistema E-Cint na 1ª Região).

A contestação, que será oral ou escrita, conterá toda matéria de defesa, exceto arguição de suspeição ou impedimento do Juiz, que se processará na forma da legislação em vigor.

Regras Específicas sobre o Procedimento dos Juizados Especiais Federais

Nos termos do artigo 146 do CPC/2015, no prazo de quinze dias, a contar do conhecimento do fato, a parte alegará o impedimento[18] ou a suspeição[19], em petição específica dirigida ao juiz do processo, na qual indicará o fundamento da recusa, podendo instruí-la com documentos em que se fundar a alegação e com rol de testemunhas.

Acaso reconheça o impedimento ou a suspeição ao receber a petição, o juiz ordenará imediatamente a remessa dos autos a seu substituto legal, caso contrário, determinará a autuação em apartado da petição e, no prazo de quinze dias, apresentará suas razões, acompanhadas de documentos e de rol de testemunhas, se houver, ordenando a remessa do incidente ao tribunal.

7. ABOLIÇÃO DE ALGUMAS PRERROGATIVAS DO PODER PÚBLICO EM JUÍZO

No rito dos Juizados Federais, em favor do Poder Público, **não haverá prazos diferenciados nem reexame necessário das decisões proferidas contra as pessoas jurídicas de direito público.**

---

18. Art. 144. Há impedimento do juiz, sendo-lhe vedado exercer suas funções no processo:

    I – em que interveio como mandatário da parte, oficiou como perito, funcionou como membro do Ministério Público ou prestou depoimento como testemunha;

    II – de que conheceu em outro grau de jurisdição, tendo proferido decisão;

    III – quando nele estiver postulando, como defensor público, advogado ou membro do Ministério Público, seu cônjuge ou companheiro, ou qualquer parente, consanguíneo ou afim, em linha reta ou colateral, até o terceiro grau, inclusive;

    IV – quando for parte no processo ele próprio, seu cônjuge ou companheiro, ou parente, consanguíneo ou afim, em linha reta ou colateral, até o terceiro grau, inclusive;

    V – quando for sócio ou membro de direção ou de administração de pessoa jurídica parte no processo;

    VI – quando for herdeiro presuntivo, donatário ou empregador de qualquer das partes;

    VII – em que figure como parte instituição de ensino com a qual tenha relação de emprego ou decorrente de contrato de prestação de serviços;

    VIII – em que figure como parte cliente do escritório de advocacia de seu cônjuge, companheiro ou parente, consanguíneo ou afim, em linha reta ou colateral, até o terceiro grau, inclusive, mesmo que patrocinado por advogado de outro escritório;

    IX – quando promover ação contra a parte ou seu advogado.

19. Art. 145. Há suspeição do juiz:

    I – amigo íntimo ou inimigo de qualquer das partes ou de seus advogados;

    II – que receber presentes de pessoas que tiverem interesse na causa antes ou depois de iniciado o processo, que aconselhar alguma das partes acerca do objeto da causa ou que subministrar meios para atender às despesas do litígio;

    III – quando qualquer das partes for sua credora ou devedora, de seu cônjuge ou companheiro ou de parentes destes, em linha reta até o terceiro grau, inclusive;

    IV – interessado no julgamento do processo em favor de qualquer das partes.

Desta forma, o trânsito em julgado não estará sujeito à devolução da matéria à Turma Recursal, existindo apenas o recurso voluntário por parte da autarquia previdenciária.

As partes serão intimadas da sentença, quando não proferida esta na audiência em que estiver presente seu representante, por aviso de recebimento em mão própria.

As demais intimações das partes serão feitas na pessoa dos advogados ou dos procuradores que oficiem nos respectivos autos, pessoalmente ou por via postal.

Vale registrar que já existe a possibilidade de intimações via *Whatsapp* no rito dos Juizados Especiais Federais, tendo o FONAJEF editado em 2017 enunciados sobre o tema:

> **Enunciado 193** – Para a validade das intimações por *Whatsapp* ou congêneres, caso não haja prévia anuência da parte ou advogado, faz-se necessário certificar nos autos a visualização da mensagem pelo destinatário, sendo suficiente o recibo de leitura, ou recebimento de resposta à mensagem enviada.
>
> **Enunciado 194** – Existindo prévio termo de adesão, a intimação por *Whatsapp* ou congênere é válida independentemente de visualização da mensagem pelo destinatário ou resposta à mensagem enviada, bastando certificação de envio nos autos.
>
> **Enunciado 195** – Existindo prévio termo de adesão, o prazo da intimação por *Whatsapp* ou congênere conta-se do envio da mensagem, cuja data deve ser certificada nos autos; em não havendo prévio termo de adesão, o termo inicial corresponde à data da leitura da mensagem ou do recebimento da resposta, que deve ser certificada nos autos.
>
> **Enunciado 196** – Existindo prévio termo de adesão à intimação por *Whatsapp* ou congêneres, cabe à parte comunicar eventuais mudanças de número de telefone, sob pena de se considerarem válidas as intimações enviadas para o número constante dos autos.
>
> **Enunciado 197** – O termo de adesão a intimação por *Whatsapp* ou congêneres subscrito pela parte ou seu advogado pode ser geral, para todos os processos em tramitação no Juízo, que será arquivado em Secretaria.

Na **3ª Região** já há regulamentação através da Resolução 10/2016 da lavra da Coordenadoria dos Juizados Especiais Federais da 3ª Região:

> **Art. 1º** Instituir nos Juizados Especiais Federais e Turmas Recursais da 3ª Região o procedimento de intimação de decisões judiciais pelo *WhatsApp*.
>
> **Art. 2º** As intimações por aplicativo de mensagens serão encaminhadas a partir dos números de telefone celular, utilizados exclusivamente pelos JEFs e Turmas Recursais de JEFs, os quais serão divulgados no site do JEF.
>
> **Art. 3º** No setor de atendimento do JEF, no momento do protocolo do pedido inicial, o autor assinará o termo de recebimento das intimações via *WhatsApp*.

Art. 4º Os jurisdicionados que cadastrarem o pedido inicial pelo sistema de Atermação Online – SAO, sem o comparecimento pessoal, ou aqueles que tiverem processos em andamento, nos JEFs e Turmas Recursais, serão intimados via aplicativo de mensagens sempre que tiverem cadastrado no sistema, número de celular com aplicativo *WhatsApp* instalado.

Art. 5º Caberá à parte manifestar-se expressamente nos autos caso não tenha interesse em ser intimada pelo *WhatsApp*, o que poderá ser feito no pedido inicial ou em manifestação avulsa, no curso do processo.

Art. 6º Ao assinar o termo de adesão por aplicativo de mensagens a parte estará ciente:

I – de que deve possuir o aplicativo *WhatsApp* instalado em seu celular, *table class=tabela t* ou computador, e que manterá ativa, nas opções de privacidade, a opção de recibo e confirmação de leitura;

II – do(s) número(s) que será(ão) utilizado(s) pela Secretaria para o envio das intimações;

III – que o *WhatsApp* somente será utilizado para o envio das intimações por parte do JEF ou Turma Recursal, as quais não deverão ser respondidas via *WhatsApp*, em hipótese alguma;

IV – que manifestações ou documentos não devem ser enviados via *WhatsApp*, mas somente apresentadas por protocolo via sistema de Atermação Online – SAO ou pelo atendimento pessoal, no JEF ou na Turma Recursal;

V – de que as dúvidas referentes à intimação deverão ser tratadas por manifestação nos autos ou pessoalmente, no atendimento do JEF;

VI – de que cabe a ela notificar a mudança do número do telefone ao juízo.

VII – de que deverá informar por pedido no processo que não pretende mais receber as intimações pelo *WhatsApp*.

Art. 7º Deverá constar da mensagem enviada pelo JEF ou Turma Recursal a identificação da Justiça Federal, número do processo e nome das partes.

Art. 8º Considerar-se-á realizada a intimação no momento em que o aplicativo de mensagens indicar que a mensagem foi lida, ou quando, por qualquer outro meio idôneo, for possível identificar que a parte tomou ciência, devendo o servidor certificar nos autos.

§ 1º A contagem dos prazos obedecerá ao estabelecido na legislação em vigor.

§ 2º Se não houver a leitura da mensagem pela parte no prazo de 48 (quarenta e oito) horas, a serventia providenciará a intimação por outro meio previsto em lei, conforme o caso.

Art. 9º As partes que não aderirem ao procedimento de intimação por meio do aplicativo *WhatsApp* serão intimados pelos demais meios previstos em lei.

Art. 10 Os advogados e defensores públicos serão intimados pelos demais meios de intimação previstos no ordenamento jurídico.

Art. 11 O setor de suporte à informática do JEF ou da Turma Recursal deverá diligenciar para manter o constante acesso dos telefones institucionais à rede sem fio e ao aplicativo *WhatsApp*.

Art. 12 Quando, por qualquer motivo, o aplicativo de mensagens estiver indisponível, as intimações dar-se-ão pelos demais meios previstos em lei.

Art. 13 É vedado aos JEFs e Turmas Recursais prestar informações, mesmo que gerais, bem como receber qualquer manifestação ou documento pelo *WhatsApp*.

ANEXO I
TERMO DE ADESÃO

PROCESSO:

AUTOR(A):

REU(S):

A parte _____ da ação em epígrafe adere ao sistema de intimação por aplicativo de envio de mensagem eletrônica – *Whatsapp*, na forma deste termo de adesão.

O número de telefone da parte a ser cadastrado no sistema informatizado é (_____) _____.

Por este termo de adesão a parte fica ciente, conforme artigo 5º desta resolução:

I – de que deve possuir o aplicativo *WhatsApp* instalado em seu celular, table class=tabela t ou computador, e que manterá ativa, nas opções de privacidade, a opção de recibo e confirmação de leitura;

II – do(s) número(s) que será(ão) utilizado(s) pela Secretaria para o envio das intimações;

III – que o *WhatsApp* somente será utilizado para o envio das intimações por parte do JEF ou Turma Recursal e que não deverão ser respondidas via *WhatsApp*, em hipótese alguma;

IV – que manifestações ou documentos não devem ser enviados via *WhatsApp*, mas somente apresentadas por protocolo via sistema de Atermação Online – SAO ou pelo atendimento pessoal, no JEF ou na Turma Recursal;

V – de que as dúvidas referentes à intimação deverão ser tratadas por manifestação nos autos ou pessoalmente, no atendimento do JEF;

VI – de que cabe a ela notificar a mudança do número do telefone ao juízo.

VII – de que deverá informar por pedido no processo que não pretende mais receber as intimações pelo *WhatsApp*.

E fica ciente, ainda:

O JEF ou a Turma Recursal, em hipótese alguma, solicita dados pessoais, bancários ou qualquer outro para que seja informado via mensagem de celular, limitando-se o procedimento descrito nesta resolução para a realização de atos de intimação;

As dúvidas referentes à intimação deverão obtidas, exclusivamente, na Seção responsável pala informação processual à parte sem advogado.

> Se houver mudança do número do telefone, deverá informá-lo de imediato, por manifestação nos autos, ao Juizado ou Turma Recursal em que tramitar o processo. A correção do número posteriormente às intimações enviadas para o número desatualizado pode ocasionar o atraso no processamento do feito.
>
> São Paulo/SP, _____
>
> Assinatura da parte: _____
>
> **Atenção:**
>
> As intimações por *WhatsApp* serão encaminhadas a partir dos números de telefones: _____

Os tribunais poderão organizar serviço de intimação das partes e de recepção de petições por meio eletrônico, sendo comum na Justiça Federal o manejo do processo eletrônico.

No entanto, nem mesmo a intimação pessoal dos Procuradores Federais vem se aplicando ao rito do JEF, embora garantida pela Lei 10.910/2004.

De acordo com o STF, "o espírito da Lei nº 10.259/01, que rege o procedimento dos Juizados Especiais Federais, é inequivocamente o de afastar a incidência de normas que alberguem prerrogativas processuais para a Fazenda Pública, máxime em razão do que dispõe o seu art. 9º, *verbis*: 'Não haverá prazo diferenciado para a prática de qualquer ato processual pelas pessoas jurídicas de direito público, inclusive a interposição de recursos'. **Não se aplica aos Juizados Especiais Federais a prerrogativa de intimação pessoal dos ocupantes de cargo de Procurador Federal**, prevista no art. 17 da Lei nº 10.910/2004, na medida em que neste rito especial, ante a simplicidade das causas nele julgadas, particular e Fazenda Pública apresentam semelhante, se não idêntica, dificuldade para o adequado exercício do direito de informação dos atos do processo, de modo que não se revela razoável a incidência de norma que restringe a paridade de armas, além de comprometer a informalidade e a celeridade do procedimento" (ARE N. 648.629-RJ).

8. VEDAÇÃO À INTERVENÇÃO DE TERCEIROS

Em razão da celeridade do procedimento, não será cabível a intervenção de terceiros ou a assistência, a teor do enunciado 14, do FONAJEF.

Isso porque prevê o artigo 10 da Lei 9.099/95 que não se admitirá, no processo, qualquer forma de intervenção de terceiro nem de assistência, salvo o litisconsórcio.

9. CONTAGEM DOS PRAZOS

Com o advento do CPC/2015, vem se entendendo de modo prevalente que a nova sistemática dos **prazos processuais contados em dias** úteis **se estendeu ao rito do JEF**, tanto que a Portaria CJF 393/2016, de 19/4/2016, previu que "na contagem de prazo em dias, computar-se-ão somente os dias úteis" (art. 6º-A).

No mesmo sentido o FONAJEF:

> **Enunciado nº 175** – Por falta de previsão legal específica nas leis que tratam dos juizados especiais, aplica-se, nestes, a previsão da contagem dos prazos em dias úteis (CPC/2015, art. 219) (Aprovado no XIII FONAJEF).

Para espancar qualquer dúvida a respeito, coube à Lei 13.728/2018 inserir na Lei 9.099/95 o artigo 12-A:

> "Art. 12-A. Na contagem de prazo em dias, estabelecido por lei ou pelo juiz, para a prática de qualquer ato processual, inclusive para a interposição de recursos, **computar-se-ão somente os dias úteis**."

10. AUDIÊNCIA DE CONCILIAÇÃO, INSTRUÇÃO E JULGAMENTO

Prevê o artigo 28 da Lei 9.099/95 que na audiência de instrução e julgamento serão ouvidas as partes, colhida a prova e, em seguida, proferida a sentença, sendo decididos de plano todos os incidentes que possam interferir no regular prosseguimento da audiência.

Já as demais questões serão decididas na sentença. Sobre os documentos apresentados por uma das partes, manifestar-se-á imediatamente a parte contrária, sem interrupção da audiência.

Ademais, as testemunhas, **até o máximo de três para cada parte**, comparecerão à audiência de instrução e julgamento levadas pela parte que as tenha arrolado, independentemente de intimação, ou mediante esta, se assim for requerido.

O requerimento para intimação das testemunhas será apresentado à Secretaria no mínimo cinco dias antes da audiência de instrução e julgamento e, não comparecendo a testemunha intimada, o Juiz poderá determinar sua imediata condução, valendo-se, se necessário, do concurso da força pública.

Por outro lado, a teor do Enunciado 180, do FONAJEF, o intervalo entre audiências de instrução (CPC/2015, art. 357, § 9º) é incompatível com o procedimento sumaríssimo (CF, art. 98, I) e com os critérios de celeridade, informalidade, simplicidade e economia processual dos juizados (Lei 9.099/1995, art. 2º).

A audiência poderá ser designada já na distribuição do processo ou posteriormente pelo juiz, acaso necessária à produção do meio de prova testemunhal.

O maior volume de audiências no JEF se verifica para a prova da condição de segurado especial ou para a demonstração da existência de união estável para fins de pensão por morte.

Na prática previdenciária têm sido designadas audiências unas no JEF, pois normalmente a conciliação somente se torna possível após a colheita da prova testemunhal, salvo em situações em que o Procurador Federal, de logo, constata erro de direito na interpretação administrativa do INSS, quando já pode propor a conciliação no início da audiência.

Nos termos do artigo 362, do CPC/2015, a audiência poderá ser adiada:

I – por convenção das partes;

II – se não puder comparecer, por motivo justificado, qualquer pessoa que dela deva necessariamente participar;

III – por atraso injustificado de seu início em tempo superior a 30 (trinta) minutos do horário marcado.

O juiz federal tomará o depoimento da parte autora e em seguida passará a palavra ao Procurador Federal para a formulação de perguntas inerentes ao objeto da lide.

No entanto, nos termos do artigo 388, do CPC/2015, a parte não é obrigada a depor sobre fatos:

I – criminosos ou torpes que lhe forem imputados;

II – a cujo respeito, por estado ou profissão, deva guardar sigilo;

III – acerca dos quais não possa responder sem desonra própria, de seu cônjuge, de seu companheiro ou de parente em grau sucessível;

IV – que coloquem em perigo a vida do depoente ou das pessoas referidas no item III.

A prova testemunhal é sempre admissível, não dispondo a lei de modo diverso, na forma do artigo 442, do CPC/2015, a exemplo da tarifação de prova existente no artigo 55, § 3º, da Lei 8.213/91.

Ademais, o juiz indeferirá a inquirição de testemunhas sobre fatos já provados por documento ou confissão da parte ou que só por documento ou por exame pericial puderem ser provados.

Por determinação do artigo 447, do CPC/2015, podem depor como testemunhas todas as pessoas, exceto as incapazes[20], impedidas[21] ou suspeitas[22].

---

20. § 1º São incapazes:

    I – o interdito por enfermidade ou deficiência mental;

    II – o que, acometido por enfermidade ou retardamento mental, ao tempo em que ocorreram os fatos, não podia discerni-los, ou, ao tempo em que deve depor, não está habilitado a transmitir as percepções;

    III – o que tiver menos de 16 (dezesseis) anos;

    IV – o cego e o surdo, quando a ciência do fato depender dos sentidos que lhes faltam.

21. § 2º São impedidos:

    I – o cônjuge, o companheiro, o ascendente e o descendente em qualquer grau e o colateral, até o terceiro grau, de alguma das partes, por consanguinidade ou afinidade, salvo se o exigir o interesse público ou, tratando-se de causa relativa ao estado da pessoa, não se puder obter de outro modo a prova que o juiz repute necessária ao julgamento do mérito;

    II – o que é parte na causa;

Demais disso, a testemunha não é obrigada a depor sobre fatos que lhe acarretem grave dano, bem como ao seu cônjuge ou companheiro e aos seus parentes consanguíneos ou afins, em linha reta ou colateral, até o terceiro grau ou a cujo respeito, por estado ou profissão, deva guardar sigilo.

No âmbito do JEF, é muito comum a realização de mutirões em determinadas Subseções Judiciárias do interior dos estados da federação para reduzir o elevado número de processos acumulados decorrentes da escassez de magistrados e servidores.

De acordo com a Recomendação 05/2012, da lavra da Corregedoria do CNJ, restou recomendado aos Coordenadores dos Juizados Especiais Federais e aos magistrados que exerçam competência constitucional delegada, que o planejamento e execução dos mutirões de instrução, conciliação e julgamento, em matéria previdenciária, tendo como parte o Instituto Nacional do Seguro Social, que promovam reuniões preparatórias com a participação efetiva da Procuradoria Federal Especializada do INSS.

Na mencionada reunião preparatória serão disciplinadas as regras do mutirão, de tal sorte a conciliar celeridade e segurança jurídica, observando os seguintes procedimentos:

I. número máximo de audiências por dia e por juiz;

II. intervalo mínimo entre as audiências;

III. início do prazo recursal;

IV. antecedência mínima para a carga dos autos ao INSS;

V. suspensão da remessa ordinária de processos durante o mutirão ou juizado itinerante;

VI. prazo para cumprimento das sentenças ou decisões;

VII. periodicidade dos próximos mutirões.

Nos termos do artigo 16, da Lei 12.153/2009, cabe ao conciliador, **sob a supervisão do juiz**, conduzir a audiência de conciliação, podendo o conciliador, para fins de encaminhamento da composição amigável, ouvir as partes e testemunhas sobre os contornos fáticos da controvérsia.

Não obtida a conciliação, caberá ao juiz presidir a instrução do processo, podendo dispensar novos depoimentos, se entender suficientes para o julgamento

---

III – o que intervém em nome de uma parte, como o tutor, o representante legal da pessoa jurídica, o juiz, o advogado e outros que assistam ou tenham assistido as partes.

22. § 3º São suspeitos:

I – o inimigo da parte ou o seu amigo íntimo;

II – o que tiver interesse no litígio.

da causa os esclarecimentos já constantes dos autos, e não houver impugnação das partes.

Assim, é possível que o conciliador instrua validamente o processo desde que:

A) Haja supervisão do juiz;

B) Não haja impugnação das partes.

Se estes requisitos não forem observados, a sentença deverá ser anulada, a exemplo do juiz que está ausente do fórum e delega a realização de audiência de instrução a conciliador.

Veja-se a jurisprudência do JEF:

Processo

Recursos 05000617720164058304

Recursos

Relator(a)

Joaquim Lustosa Filho

Sigla do órgão

TRF3

Órgão julgador

TERCEIRA TURMA RECURSAL

Fonte

Creta – Data::27/06/2016 – Página N/I

Decisão

Unanimidade.

Ementa

PREVIDENCIÁRIO E PROCESSUAL CIVIL. APOSENTADORIA POR IDADE RURAL. AUDIÊNCIA DE INSTRUÇÃO REALIZADA POR CONCILIADOR. IMPOSSIBILIDADE. INTELIGÊNCIA DA LEI 12.153/2009. OFENSA AOS PRINCÍPIOS DO CONTRADITÓRIO E DA AMPLA DEFESA. SENTENÇA ANULADA. Trata-se de recurso inominado interposto pelo autor contra sentença que julgou improcedente o pedido de aposentadoria por idade. No caso, a audiência de instrução foi conduzida pelo conciliador, sem a presença do magistrado. A Lei 12.153/2009 (que dispõe sobre os Juizados Especiais da Fazenda Pública no âmbito dos Estados, do Distrito Federal, dos Territórios e Municípios) assim dispõe, em seu art. 16, aplicável aos Juizados Especiais Federais por força do art. 26: "Art. 16. Cabe ao conciliador, sob a supervisão do juiz, conduzir a audiência de conciliação. § 1º Poderá o conciliador, para fins de encaminhamento da composição amigável, ouvir as partes e testemunhas sobre os contornos fáticos da controvérsia. § 2º Não obtida a conciliação, caberá ao juiz presidir a instrução do processo, podendo dispensar novos depoimentos, se entender suficientes para o julgamento da causa os esclarecimentos já constantes dos autos, e não houver impugnação das partes. Art. 26. O disposto no art. 16 aplica-se aos Juizados Especiais Federais instituídos pela Lei no 10.259, de 12 de julho de 2001." Depreende-se que o conciliador pode ouvir as partes e testemunhas, "para fins de encaminhamento da composição amigável", isto é, com o objetivo precípuo de, conhecendo melhor os fatos, buscar a composição amigável da lide. Não havendo acordo, não pode o conciliador substituir-se ao juiz, presidindo a audiência de instrução e julgamento. O §2º do art. 16 da Lei 12.153/2009 determina que, não obtida conciliação, cabe ao juiz presidir a instrução. Este poderá dispensar novos depoimentos, valendo-se das informações colhidas na audiência de conciliação se não houver impugnação das partes. Exige-se a cumulação desses dois requisitos: 1) a suficiência dos esclarecimentos trazidos pelas partes para o julgamento da demanda; e 2) ausência de impugnação das partes. A previsão da possibilidade do conciliador ouvir partes e testemunhas se destina ao aperfeiçoamento da própria conciliação, fornecendo àquele incumbido de buscar a composição amigável os elementos necessários para dali extrair uma possibilidade de acordo. É oportunizar ao conciliador um melhor conhecimento das circunstâncias, para que possa conduzir o ato a uma solução conciliada, capaz de atender aos interesses de ambas as partes. Se não há acordo, não pode o conciliador instaurar audiência de instrução e julgamento, tomando depoimentos das partes e inquirindo as testemunhas. Este procedimento fere o devido processo legal, consistindo em especial ofensa ao contraditório, em sua acepção substancial. Para o cumprimento desta garantia constitucional, não basta seja concedida oportunidade de manifestação à parte. É imprescindível que lhe seja dada a oportunidade de influir no convencimento do magistrado que decidirá a causa. Requerida a realização da prova oral, a parte tem o direito de ser ouvida pelo magistrado, para que este possa extrair suas conclusões, acolhendo ou rejeitando o pedido do autor. No caso, as partes não anuíram à utilização dos depoimentos colhidos pelo conciliador. Toda a audiência de instrução foi presidida pelo analista judiciário, sem a presença do magistrado e sem consulta às partes sobre seu interesse em, frustrada a conciliação, produzir a prova oral mediante a realização de audiência de instrução e julgamento. Em suma, é indispensável que o juiz presida a audiência de instrução, não apenas por estar este investido de prerrogativas que possibilitarão o melhor aproveitamento dos atos que serão praticados naquele momento (exempli gratia, tomar compromisso da(s) testemunha(s), advertindo-as de que, se faltarem com a verdade, estarão praticando conduta criminosa), mas, especialmente, como forma de garantir às partes o contraditório substancial, transmitindo-lhes a certeza de que, independentemente do deslinde do feito, tiveram a oportunidade de influenciarem no convencimento do magistrado.

Isso posto, voto pela anulação da sentença, determinando o retorno dos autos ao juízo de origem, para que se realize audiência de instrução e julgamento pelo magistrado. Em seguida, deverá ser proferida nova sentença. Sentença anulada. Recurso da autora prejudicado. Sem condenação em honorários ou custas, diante da inexistência de recorrente vencido.

Data da Decisão

27/06/2016

Data da Publicação

27/06/2016

Referência Legislativa

LEI-12153-2009 ART-00000 PAR-00000 INC-00000

Inteiro Teor

05000617720164058304

Processo

Processo 142972920054013700

RECURSO CONTRA SENTENÇA CÍVEL

Relator(a)

CLEMÊNCIA MARIA ALMADA LIMA de ÂNGELO

Sigla do órgão

TRP

Órgão julgador

PRIMEIRA Turma Recursal – MA

Fonte

DJMA

Decisão

Vistos, relatados e discutidos os autos, em que são partes as acima indicadas. Acordam os Juízes da Turma Recursal do Juizado Especial Federal da Seção Judiciária do Maranhão, por unanimidade, DAR PROVIMENTO AO RECURSO, na conformidade do relatório e voto constantes dos autos, que ficam fazendo parte integrante do presente julgado. Além do signatário, participaram do julgamento os Excelentíssimos Senhores Juízes Federais José Carlos Madeira e José Magno Linhares Moraes.

Ementa

PROCESSUAL CIVIL. PROCEDIMENTO NOS JEF. AUDIÊNCIA de INSTRUÇÃO CONDUZIDA POR CONCILIADOR. INADMISSIBILIDADE.

RECUSA da PARTE EM PARTICIPAR. CERCEAMENTO de DEFESA. PRELIMINAR ACOLHIDA. SENTENÇA ANULADA. Audiência de instrução conduzida por Conciliador importa em nulidade, notadamente quando esta é argüida por uma das partes a tempo, por afronta às garantias do juiz natural, do contraditório e do due process of law (art. 5º, LIV e LIII). II. Predominância do princípio da oralidade e ausência de investidura do condutor dos trabalhos de instrução maculam o ato, tornado-o nulo. II. Prejuízo à parte que não formulou perguntas às testemunhas ou depoente, em razão de manifesta nulidade do ato. IV. Recurso a que se dá provimento. Sentença anulada. ..INTEIRO TEOR: RELATÓRIO Inconformado com a sentença de fls. 37/38, que julgou procedente a ação, o INSTITUTO NACIONAL de SEGURO SOCIAL – INSS interpôs recurso, invocando, em preliminar, nulidade da sentença por ofensa ao princípio do devido processo legal e da identidade física do juiz, sob o argumento de que a condução da audiência de instrução é ato privativo do juiz, não havendo, como lhe parece, possibilidade de se considerar válida a realização do ato por conciliador. No mérito, aduziu que não há, nos autos, elementos suficientes a comprovar a atividade rural da autora, durante o lapso de tempo necessário. Contra-razões, às fls. 57/59. É o relatório. VOTO de início, em análise da preliminar de nulidade levantada no recurso, tenho que a sentença deve ser anulada. Com efeito, em que pese a observância aos princípios da celeridade, economia processual e informalidade, que devem nortear as atividades desenvolvidas nos Juizados Especiais Federais, cumpre observar, antes, certas garantias processuais de interesse público às partes. **Não se pode admitir, a qualquer pretexto, a delegação de função jurisdicional a quem não dispõe de investidura para desempenhá-la, sob pena de malferir o princípio constitucional do juiz natural. Além disso, temerária é a situação dos autos, em que os trabalhos de instrução de ação previdenciária – em que o início de prova material exige conjugação com prova testemunhal – foram desenvolvidos por pessoa diversa da que proferiu a sentença, restando conspurcado, dentre outros, o princípio da identidade física do juiz, em desconformidade com o estabelecido por norma de ordem pública e com a própria lógica dos Juizados Especiais, em que, não raro, o magistrado estabelece relações mais próximas com as partes, havendo predominância da palavra falada sobre a escrita.** Bem verdade, ainda, que o prejuízo do recorrente, em razão de não ter formulado perguntas às testemunhas e à depoente, recusando-se, assim, em participar da audiência de instrução, é manifesto pela eiva de nulidade que se vicia o ato, o que implica em evidente cerceamento de defesa. Com estas considerações, voto no sentido de conhecer do recurso e, acolhendo a preliminar de nulidade levantada, DAR-LHE PROVIMENTO, para anular a sentença, devendo instalar-se nova audiência de instrução e, observados os trâmites legais, outra ser proferida. Sem honorário. Sem custas. É o voto.

Data da Decisão

08/06/2005

11. CONCILIAÇÃO

Vale ressaltar que os representantes judiciais da União, autarquias, fundações e empresas públicas federais, ficam autorizados a **conciliar, transigir ou desistir**, nos processos da competência dos Juizados Especiais Federais, com base no artigo 10, da Lei 10.259/2001.

No âmbito da Advocacia-Geral da União, o tema foi regulamentado pela Portaria 109/2007, especialmente em seu artigo 3º:

> "Art. 3º A transação ou a não interposição ou desistência de recurso poderá ocorrer quando:
>
> I – houver erro administrativo reconhecido pela autoridade competente ou, quando verificável pela simples análise das provas e dos documentos que instruem a ação, pelo advogado ou procurador que atua no feito, mediante motivação adequada; e
>
> II – inexistir controvérsia quanto ao fato e ao direito aplicado".

Logo, quando o Procurador Federal representante do INSS verificar, de maneira indubitável, após a análise processual, a falha administrativa da autarquia federal, poderá propor conciliação ou não interpor recurso contra a decisão.

Há, ainda, a **Portaria AGU 488/2016**, que autorizou os Procuradores Federais a reconhecer a procedência do pedido, a abster-se de contestar e de recorrer e a desistir dos recursos já interpostos quando a pretensão deduzida ou a decisão judicial estiver de acordo com:

> I – súmula da Advocacia-Geral da União ou parecer aprovado nos termos dos artigos 40 ou 41 da Lei Complementar nº 73, de 10 de fevereiro de 1993;
>
> II – súmula vinculante do Supremo Tribunal Federal;
>
> III – acórdão transitado em julgado, proferido em sede de controle concentrado de constitucionalidade;
>
> IV – acórdão transitado em julgado, proferido em sede de recurso extraordinário representativo de controvérsia, processado nos termos do artigo 1.036 do CPC;
>
> V – acórdão transitado em julgado, proferido pelo Supremo Tribunal Federal em sede de recurso extraordinário em incidente de resolução de demandas repetitivas, processado nos termos do artigo 987 do CPC;
>
> VI – acórdão transitado em julgado, proferido pelo Supremo Tribunal Federal em sede de incidente de assunção de competência, processado nos termos do artigo 947 do CPC; e
>
> VII – acórdão transitado em julgado proferido pelo plenário e súmula do Supremo Tribunal Federal, caso a controvérsia sobre matéria constitucional seja atual.

Outrossim, a Procuradoria-Geral Federal poderá orientar os Procuradores Federais a reconhecer a procedência do pedido, a abster-se de contestar e de recorrer e a desistir dos recursos já interpostos, quando a pretensão deduzida ou a decisão judicial estiver de acordo com:

I – acórdão transitado em julgado proferido pelo Superior Tribunal de Justiça em sede de recurso especial representativo de controvérsia, processado nos termos do artigo 1.036 do CPC;

II – acórdão transitado em julgado, proferido pelo Superior Tribunal de Justiça em sede de recurso especial em incidente de resolução de demandas repetitivas, processado nos termos do artigo 987 do CPC;

III – acórdão transitado em julgado, proferido pelo Superior Tribunal de Justiça em sede de incidente de assunção de competência, processado nos termos do artigo 947 do CPC;

IV – acórdão transitado em julgado proferido pela Corte Especial e súmula do Superior Tribunal de Justiça, caso a controvérsia sobre matéria infraconstitucional seja atual;

V – acórdão transitado em julgado, proferido pelo Tribunal Superior do Trabalho em sede de recurso de revista representativo de controvérsia, processado nos termos do art. 896-C da Consolidação das Leis do Trabalho (CLT);

VI – acórdão transitado em julgado, proferido pelo Tribunal Superior do Trabalho em sede de recurso de revista em incidente de resolução de demandas repetitivas, processado nos termos do artigo 987 do CPC, conforme o artigo 8º da Instrução Normativa nº 39/2016, aprovada pela Resolução nº 203, de 15 de março de 2016, do Pleno do TST;

VII – acórdão transitado em julgado, proferido pelo Tribunal Superior do Trabalho em sede de incidente de assunção de competência, processado nos termos do artigo 947 do CPC, conforme o artigo 3º, XXV, da Instrução Normativa nº 39/2016, aprovada pela Resolução nº 203, de 15 de março de 2016, do Pleno do Tribunal Superior do Trabalho;

VIII – acórdão transitado em julgado proferido pelo Pleno e súmula do Tribunal Superior do Trabalho, caso a controvérsia sobre matéria infraconstitucional seja atual;

IX – acórdão transitado em julgado, proferido pela Turma Nacional de Uniformização dos Juizados Especiais Federais em sede de incidente representativo de controvérsia, processado nos termos do art. 7º, VII, a, do Regimento Interno da Turma Nacional de Uniformização, nos processos que tramitam nos Juizados Especiais Federais.

Os Procuradores Federais poderão abster-se de interpor e a desistir de recurso interposto, em casos específicos e concretos, desde que demonstrado, conjunta ou isoladamente, o prejuízo à estratégia recursal definida pela Procuradoria-Geral

Federal para a tese discutida ou que o valor em discussão não compensa o custo da tramitação do processo ou que a condenação da entidade representada pode ser substancialmente majorada em razão da sucumbência recursal prevista no art. 85, §§ 1º e 11 do CPC.

A caracterização das hipóteses previstas não afasta o dever de recorrer e manter a irresignação recursal quando o objeto da demanda tenha potencial para gerar relevante multiplicação de processos judiciais idênticos ou semelhantes que prejudique a análise individual da relação entre o valor em discussão e o custo da tramitação do processo e a majoração da condenação da entidade representada em razão da sucumbência recursal.

Por outro lado, a caracterização das hipóteses da Portaria AGU 488/2016 não afasta o dever de contestar, recorrer ou impugnar especificamente nos seguintes casos:

I – incidência de qualquer das hipóteses elencadas no art. 337 do CPC;

II – prescrição ou decadência;

III – existência de controvérsia acerca da matéria de fato;

IV – ocorrência de pagamento administrativo;

V – verificação de outras questões ou incidentes processuais que possam implicar a extinção da ação;

VI – existência de acordo entre as partes, judicial ou extrajudicial;

VII – verificação de circunstâncias específicas do caso concreto que possam modificar ou extinguir a pretensão da parte adversa;

VIII – discordância quanto a valores ou cálculos apresentados pela parte ou pelo juízo, observadas as regulamentações internas já existentes a respeito da não interposição de recursos ou desistência daqueles já interpostos nesse tema;

IX – situação fática distinta ou questão jurídica não examinada nos precedentes dos Tribunais Superiores e da Turma Nacional de Uniformização que imponha solução jurídica diversa;

X – superação dos precedentes judiciais fixados nesta portaria ou por decisão judicial posterior, hipótese em que deverão ser consideradas as especificidades dos parágrafos 3º e 4º do art. 927 do CPC, ou por alteração legislativa que modifique total ou parcialmente o ato normativo objeto da interpretação fixada pelos Tribunais Superiores e pela Turma Nacional de Uniformização.

Por sua vez, a audiência de conciliação é um bom momento para se chegar a um acordo nos casos em que o Procurador Federal ou o preposto verificar erro na avaliação administrativa do INSS.

Em outras oportunidades a proposta de acordo poderá ser oferecida por petição nos autos, quer pelo INSS, quer pelo autor, podendo o juiz fomentar esse procedimento.

O artigo 16, da Lei 12.153/2009, que dispõe sobre os Juizados Especiais da Fazenda Pública no âmbito dos Estados, do Distrito Federal, dos Territórios e dos Municípios possui aplicabilidade no Juizado Especial Federal por força do seu artigo 26.

Este dispositivo prevê que cabe ao conciliador, sob a supervisão do juiz, conduzir a audiência de conciliação, podendo, para fins de encaminhamento da composição amigável, ouvir as partes e testemunhas sobre os contornos fáticos da controvérsia.

Acaso não obtida à conciliação, caberá ao juiz presidir a instrução do processo, podendo dispensar novos depoimentos, se entender suficientes para o julgamento da causa os esclarecimentos já constantes dos autos, e não houver impugnação das partes.

Algumas Varas do JEF vêm adotando um procedimento de mediação antes da distribuição da ação, sendo necessária uma atuação acertada com a Procuradoria Federal, que é o órgão que representa o INSS judicialmente.

Nesse sentido, de acordo com o Enunciado 169, do FONAJEF, "a solução de controvérsias pela via consensual, pré-processual, pressupõe a não distribuição da ação", assim como "aos conciliadores que atuarem na fase pré-processual não se aplicam as exigências previstas no art. 11[23] da Lei 13.140/2015" (Enunciado 170 FONAJEF) e, "sempre que possível, as sessões de mediação/conciliação serão realizadas por videoconferência, a ser efetivada por sistema de livre escolha" (Enunciado 171 FONAJEF).

Vale salientar que a apresentação de proposta de acordo pelo réu não induz em confissão, nos moldes do enunciado 76, do FONAJEF.

No que concerne aos **benefícios por incapacidade laboral**, o tema era disciplinado pela **Portaria PGF 258/2016**, que orienta a atuação dos órgãos de execução da Procuradoria-Geral Federal em relação aos processos que tratem da concessão ou restabelecimento de benefícios previdenciários por incapacidade de que trata a Lei nº. 8.213/91 e estabelece diretrizes para a celebração de acordos judiciais e atuação recursal. Atualmente, coube à **Portaria PGF 24/2018** tratar do tema.

De efeito, a celebração de acordos judiciais tem como princípios e objetivos:

> I – Assegurar a manutenção da decisão administrativa do INSS, evitando a concessão indevida de benefícios previdenciários;
>
> II – Contribuir para a celeridade da prestação jurisdicional e para a observância do princípio constitucional da razoável duração dos processos;

---

23. Art. 11. Poderá atuar como mediador judicial a pessoa capaz, graduada há pelo menos dois anos em curso de ensino superior de instituição reconhecida pelo Ministério da Educação e que tenha obtido capacitação em escola ou instituição de formação de mediadores, reconhecida pela Escola Nacional de Formação e Aperfeiçoamento de Magistrados – ENFAM ou pelos tribunais, observados os requisitos mínimos estabelecidos pelo Conselho Nacional de Justiça em conjunto com o Ministério da Justiça.

III – Zelar pela observância de critérios uniformes para a manutenção dos benefícios, em homenagem ao princípio da isonomia;

IV – Aprimorar a instrução dos processos judiciais e da atuação processual, incrementando a taxa de sucesso judicial da PGF;

V – Estimular a integração entre o INSS, a Advocacia-Geral da União e o Poder Judiciário, por meio de adoção de procedimentos comuns que assegurem maior celeridade e uniformidade à atuação.

Nas hipóteses em que o Procurador Federal oficiante entender viável a propositura de acordo judicial para a concessão ou restabelecimento de auxílio-doença, a proposta de acordo deverá prever DCB compatível com o prazo estimado no laudo pericial para a recuperação da capacidade laboral do segurado, e a possibilidade de prorrogação do benefício por meio de Pedido de Prorrogação (PP) junto ao INSS.

Quando o laudo pericial for omisso quanto à duração da incapacidade, o Procurador Federal poderá propor a concessão ou o restabelecimento de auxílio-doença pelo prazo de 120 dias, a contar da implantação do benefício, assim entendida a data do despacho do benefício (DDB) no âmbito do INSS, em conformidade com o disposto no § 9º do art. 60 da Lei nº 8.213/91, com a redação dada pela Lei nº 13.457/2017.

Na hipótese em que o prazo entre a data da intimação para cumprimento da sentença ou decisão que determine a implantação do benefício e a DCB prevista na decisão inviabilizar o Pedido de Prorrogação, deverá ser estabelecido prazo adicional necessário e suficiente para a observância do procedimento de prorrogação.

No termo de acordo, sempre que cabível, deverá constar a DCB e a informação de que o segurado terá a opção de solicitar administrativamente a prorrogação do benefício nos 15 (quinze) dias que antecederem sua cessação, caso subsista estado de incapacidade laboral, devendo ainda constar do termo de acordo que:

I – se não for solicitada a prorrogação do benefício, o mesmo será cessado na data prevista;

II – se for solicitada a prorrogação pelo segurado, serão observadas as regras e procedimentos administrativos que disciplinam a manutenção e cessação de benefícios;

III – no caso de o segurado retornar voluntariamente ao trabalho, ou na ocorrência de comprovada recusa injustificável ao tratamento ou à reabilitação profissional, o benefício por incapacidade poderá ser suspenso ou cessado, conforme as regras administrativas de manutenção dos benefícios pelo INSS independentemente da DCB ou de realização de nova perícia, sem necessidade de qualquer consulta ou comunicação aos órgãos da PGF;

IV – nas hipóteses em que for indicada a possibilidade de reabilitação profissional, a explicitação de que o ingresso no programa dependerá de análise de admissibilidade à cargo da equipe técnica da Autarquia.

V – se restar comprovada a existência de incapacidade apenas pretérita, ou seja, se a implantação do benefício não ensejar pagamento futuro, a informação será inserida nos sistemas do INSS, apenas para fins de registro, não cabendo oportunizar o Pedido de Prorrogação – PP;

Os órgãos de execução da PGF deverão diligenciar junto ao Poder Judiciário, inclusive com a inclusão de cláusula específica, quando for o caso, que a Secretaria do Juízo providenciará a intimação da parte autora para ciência dos termos constantes no Ofício de cumprimento da determinação judicial pela APSADJ, em especial da data em que será facultado o Pedido de Prorrogação, se for o caso, tão logo seja juntado aos autos.

Nos processos judiciais em que haja recursos pendentes de julgamento e que versem sobre concessão ou restabelecimento dos benefícios por incapacidade, havendo decisão judicial total ou parcialmente favorável ao segurado, o Procurador Federal oficiante poderá avaliar o oferecimento de acordo judicial para encerramento da lide.

Nos casos de auxílio-doença, o acordo deverá levar em consideração a data provável da recuperação da capacidade para a cessação do benefício indicado no laudo pericial, em decisão interlocutória ou na sentença, informando-se, posteriormente, a DCB fixada à Agência da Previdência Social para Atendimento de Demandas Judiciais – APSADJ ou órgão equivalente.

Se a decisão ou sentença recorrida tiver concedido auxílio-doença com fixação da DCB, e se esta já estiver vencida, o Procurador Federal oficiante analisará a ausência de interesse processual no prosseguimento da lide e a perda superveniente do objeto do recurso, requerendo ao Tribunal ou à Turma Recursal, se for o caso, a extinção do processo com resolução de mérito, nos termos da decisão ou sentença recorrida.

Neste caso, o Procurador Federal oficiante analisará, à luz dos elementos constantes dos autos, a possibilidade de determinar ao INSS a imediata cessação do benefício, a manutenção do benefício por um período adicional máximo de 120 dias a contar da data da proposta do acordo, para fins de negociação, ou o prazo necessário para o exercício do pedido de prorrogação,

Caberá ao Procurador Federal oficiante avaliar, observado o disposto no art. 9º[24] da Portaria AGU nº 488, de 2016, a necessidade de interposição de recurso

---

24. Art. 9º. Os Procuradores Federais poderão abster-se de interpor e a desistir de recurso interposto, em casos específicos e concretos, desde que demonstrado, conjunta ou isoladamente, o prejuízo à estratégia recursal definida pela Procuradoria-Geral Federal para a tese discutida ou que o valor em discussão não compensa o custo da tramitação do processo ou que a condenação da entidade representada pode ser substancialmente majorada em razão da sucumbência recursal prevista no art. 85, §§ 1º e 11 do CPC.

nos casos em que a DCB fixada pelo juízo seja superior à indicada no laudo do perito judicial.

Fica **dispensada a interposição de recurso** de decisão judicial que:

a) fixar a DCB de acordo com o prazo de recuperação de capacidade laboral estimado pelo perito judicial; ou

b) embora não fixe a DCB, não afaste a aplicação do § 9º do art. 60 da Lei nº 8.213/91, com a redação dada pela Lei nº 13.457/2017.

Sem prejuízo da observância da prerrogativa do art. 9º da Portaria AGU nº 488/2016, **caberá ao Procurador Federal oficiante interpor recurso em face de decisão judicial que condicione a cessação do auxílio-doença à realização de perícia pelo INSS**, sem o prévio requerimento administrativo de prorrogação do benefício por iniciativa do segurado, em contrariedade ao disposto no §9º do art. 60 da Lei nº 8.213/91.

A interposição de recurso não impede a convocação do segurado, a qualquer tempo, para avaliação das condições que ensejaram concessão ou manutenção do benefício, nos termos do § 10 do art. 60 da Lei nº 8.213/91.

Nas ações que tenham por objeto a concessão ou a reativação de benefício por incapacidade em que tenha havido mais de um requerimento administrativo, o Procurador Federal oficiante poderá concordar com o pagamento dos atrasados desde a data do início da incapacidade (DII) indicada no laudo pericial, limitado à data do primeiro requerimento administrativo do benefício previdenciário e observada a prescrição quinquenal, além dos demais requisitos legais.

Nestes casos, em sede de acordo judicial, para os efeitos da Portaria AGU 488/2016, o Procurador Federal oficiante poderá oferecer proposta de pagamento de atrasados com **deságio**[25] **de até 20%** do valor devido em caso de condenação, considerando as peculiaridades do caso concreto.

Nas hipóteses em que forem observadas, na condução do processo judicial, as recomendações previstas na Recomendação Conjunta CNJ/AGU/MTPS nº 01, de 15 de dezembro de 2015, **o percentual de deságio não deverá superar o índice de 5%.**

A **Recomendação Conjunta CNJ/AGU/MTPS nº 01, de 15 de dezembro de 2015** recomendou aos Juízes Federais e aos Juízes de Direito com competência previdenciária ou acidentária, nas ações judiciais que visem à concessão de benefícios de aposentadoria por invalidez, auxílio-doença e auxílio-acidente e dependam de prova pericial médica, que:

---

25. Não se considera deságio, para os fins deste artigo, a diferença decorrente da fixação de parâmetros para cálculos de atrasados, tais como a fixação de início da incapacidade na data da perícia ou da citação válida.

I – ao despacharem a inicial, considerem a possibilidade de, desde logo, determinarem a realização de prova pericial médica, com nomeação de perito do Juízo e ciência à parte Autora dos quesitos a ele dirigidos, facultando-se às partes a apresentação de outros quesitos e indicação de assistentes técnicos, e, se possível, designando data, horário e local para o ato;

II – a citação do Instituto Nacional do Seguro Social (INSS) seja realizada acompanhada de laudo da perícia judicial, possibilitando a apresentação de proposta de acordo ou resposta pela Procuradoria-Geral Federal;

III – priorizem a concentração das perícias, viabilizando a participação da assistência técnica das partes;

IV – também ao despachar a inicial, intimem o INSS para, sempre que possível, fazer juntar aos autos cópia do processo administrativo (incluindo eventuais perícias administrativas) e/ou informes dos sistemas informatizados relacionados às perícias médicas realizadas.

Recomendou, ainda, aos Juízes Federais, aos Juízes de Direito com competência previdenciária ou acidentária, ao INSS e aos Procuradores Federais que atuam na representação judicial do INSS, que nas ações judiciais que visem à concessão de benefícios de aposentadoria por invalidez, auxílio-doença e auxílio-acidente e dependam de prova pericial médica, no quanto respectivamente couber, que:

I – incluam nas propostas de acordo e nas sentenças a Data da Cessação do Benefício (DCB) e a indicação de eventual tratamento médico, sempre que o laudo pericial apontar período para recuperação da capacidade laboral, sem prejuízo de eventual requerimento administrativo para prorrogação do benefício, de cuja análise dependerá a sua cessação, ou de novo requerimento administrativo para concessão de outro benefício;

II – a apresentação de proposta de acordo ou resposta se dê preferencialmente por ocasião da audiência;

III – adotem os quesitos unificados previstos no Anexo, sem prejuízo da indicação de quesitos pelas partes ou pelo juiz da causa.

O Procurador Federal oficiante não é obrigado a juntar os cálculos aos autos judiciais nem precisa apresentá-los à parte adversa, podendo apresentar tão somente o valor global a ser pago, desde que não ultrapassado o valor total devido no caso de condenação.

Excepcionalmente, nos casos em que a unidade ofereça um elevado volume de acordos judiciais ou que o órgão responsável pela realização dos cálculos não tenha condições de efetuá-los para fins de acordo, poderá ser proposto acordo ilíquido, desde que indicados os parâmetros básicos para concessão e cessação do benefício, devendo ser descontados os benefícios inacumuláveis.

Oferecida a proposta de acordo, sobre esse valor incidirá, **exclusivamente, correção monetária.** Se a sentença já tiver fixado o percentual ou valor dos honorários, o acordo não poderá oferecer valor maior ao previsto na sentença ou acórdão.

Não devem ser estipulados honorários em favor da parte autora no acordo judicial se o segurado for representado pela Defensoria Pública ou nas causas dos Juizados Especiais Federais que ainda estejam em primeira instância.

Por fim, não se reconhecerá o pedido e nem se proporá acordo judicial se o segurado não tiver feito o **prévio requerimento administrativo**, assim considerado:

a) a falta completa de pedido administrativo ou o não cumprimento de exigências formuladas pelo INSS;

b) o pedido de reativação de benefício cessado nos termos do §9º do art. 60 da Lei nº 8.213/91, por ausência do pedido de prorrogação do benefício;

c) a situação em que a patologia indicada não foi objeto de análise pela perícia médica do INSS; ou

d) a situação em que há incapacidade superveniente à data da cessação ou do indeferimento do requerimento, ou seja, quando não houver comprovação de que a parte se encontrava incapaz para o trabalho na data da análise administrativa.

Eis uma proposta de acordo aceita pelo requerente elaborada pelo autor da obra na condição de Procurador Federal para o benefício BPC/LOAS:

EXMO(A). SR(A). DR(A). JUIZ(A) FEDERAL DA xx VARA DO JUIZADO ESPECIAL FEDERAL DA SEÇÃO JUDICIÁRIA DA BAHIA

Processo nº: xxxxxxxxx

Autor(a): **GERFSON xxxxxxxx**

Réu: **INSTITUTO NACIONAL DO SEGURO SOCIAL – INSS**

Objeto do Pedido: **87 – Benefício Assistencial ao Portador de Deficiência.**

O INSS vem, respeitosamente, à presença de Vossa Excelência, apresentar a seguinte PROPOSTA DE ACORDO:

a) O INSS se compromete a **conceder** o benefício postulado, **desde 22/09/2017 (DIB), com data do início do pagamento (DIP) em 01/01/2018.**

b) A implantação, caso ainda não realizada, será feita no prazo de até 30 dias, contados da intimação da decisão homologatória do acordo, se for o caso;

c) Serão pagos, a título de atrasados, 80% (oitenta por cento) do total apurado com correção monetária e sem juros de mora. O pagamento dos atrasados será realizado, exclusivamente, por meio de Requisição de Pequeno Valor – RPV, no limite de até 60 (sessenta) salários mínimos.

d) A parte autora renuncia a eventuais direitos perante a Previdência Social decorrentes do mesmo fato ou fundamento jurídico que deu origem à presente demanda;

e) O acordo não representa reconhecimento expresso ou tácito do direito cuja existência é alegada nesta demanda, apenas objetiva que o processo termine mais rapidamente, favorecendo a todos os que litigam em Juízo, inclusive por propiciar a mais célere concessão/restabelecimento/revisão do benefício e o pagamento de atrasados em demandas como esta;

f) Constatada, a qualquer tempo, a existência de litispendência, coisa julgada ou duplo pagamento, no todo ou em parte, referente ao objeto da presente ação, a parte autora concorda, desde já, que seja a presente demanda extinta e, caso tenha sido efetuado duplo pagamento, que haja desconto parcelado em seu benefício, até a completa quitação do valor pago a maior, monetariamente corrigido;

g) A parte autora, por sua vez, com a realização da implantação/revisão do benefício e do pagamento, nos moldes acima, dará plena e total quitação do principal (obrigação de fazer e diferenças devidas) e dos acessórios (correção monetária, juros, honorários de sucumbência, etc.) da presente ação.

Diante disso, requer: a) seja intimada a parte autora para se manifestar sobre a presente proposta; b) se houver a concordância, seja homologado o presente acordo; c) na eventualidade de não oferecimento ou não ser aceita a proposta retro, requer o prosseguimento do feito, com a análise dos regramentos legais que regem a matéria previdenciária, **UMA VEZ QUE NÃO SERÁ ACEITA CONTRAPROPOSTA**.

Salvador – BA, 24 / 01 / 2018.

FREDERICO AUGUSTO DI TRINDADE AMADO

Procurador Federal

12. PROVA PERICIAL

Para efetuar o exame técnico necessário à conciliação ou ao julgamento da causa, o Juiz nomeará pessoa habilitada, que apresentará o laudo até cinco dias antes da audiência, independentemente de intimação das partes.

Por sua vez, nas ações previdenciárias e relativas à assistência social, havendo designação de exame, serão as partes intimadas para, em dez dias, apresentar quesitos e indicar assistentes.

As perícias no JEF normalmente são designadas nas seguintes demandas:

a) perícia médica para benefícios por incapacidade laboral;

b) perícia médica para o BPC/LOAS de deficiente e aposentadoria por tempo de contribuição do deficiente;

c) perícia médica para beneficiário de pensão por morte inválido para o trabalho ou com deficiência;

d) perícia social para atestar as condições do núcleo familiar para o BPC/LOAS.

Sobre as perícias médicas no JEF, colacionam-se dois enunciados do FONAJEF:

> Enunciado 126 – "Não cabe a presença de advogado em perícia médica, por ser um ato médico, no qual só podem estar presentes o próprio perito e eventuais assistentes técnicos".
>
> Enunciado 127 – "Para fins de cumprimento do disposto no art. 12, § 2º, da L. n. 10.259/01, é suficiente intimar o INSS dos horários preestabelecidos para as perícias do JEF".

Logo, não se admite pelo entendimento do FONAJEF que a parte autora esteja acompanhada de advogado por ocasião do exame pericial judicial, devendo, se quiser, ser acompanhada do seu assistente técnico.

Vale registrar que a vedação à participação do advogado à perícia não possui base legal e acaba impedimento a formulação de quesitos complementares *in loco*.

Outrossim, considerando que é comum a existência de salas periciais nos edifícios dos Juizados Especiais Federais, será bastante que o INSS seja previamente intimado dos horários pré-determinados para a sua realização.

Ainda é necessário transcrever outros três enunciados do FONAJEF:

> Enunciado 117 – "A perícia unificada, realizada em audiência, é válida e consentânea com os princípios informadores dos juizados especiais".
>
> Enunciado 118 – "É válida a realização de prova pericial antes da citação, desde que viabilizada a participação das partes".
>
> Enunciado 122 – "É legítima a designação do oficial de justiça, na qualidade de *longa manus* do juízo, para realizar diligência de constatação de situação socioeconômica".

A perícia unificada consiste na concentração do meu dia ou turno da audiência, a fim de facilitar o deslocamento do segurado, que muitas vezes mora em local distante e não possui recursos disponíveis para mais de um traslado.

Nos Juizados vigoram os Princípios da Celeridade, Economicidade e da Concentração dos Atos Processuais, razão pela qual é válida a unificação de audiência e perícia judicial, que, inclusive, facilitará a celebração de acordo.

Já a perícia prévia, antes da citação, facilita a prolação de sentenças de improcedência *prima face* (perícia desfavorável ao autor) e a proposta de acordo pelo INSS (perícia favorável ao autor).

Algumas Varas Federais adotam a chamada "perícia prévia", em que o INSS somente é citado após a realização da perícia judicial, justamente para viabilizar a celebração de acordos nos benefícios por incapacidade laborativa. Tal procedimento é válido, desde que as partes sejam intimadas antes da produção deste meio de prova.

Ademais, caso não seja possível a designação de perícia perpetrada por assistente social para aferir as condições sociais do lar para fins do BPC/LOAS idoso ou deficiente, caberá ao oficial de justiça fazê-lo através de auto de constatação.

Nos termos do Enunciado 155, do FONAJEF, as disposições do CPC/2015 referentes às provas não revogam as disposições específicas da Lei 10259/2001, sobre perícias (art. 12), e nem as disposições gerais da Lei 9099/1995.

Dizia o Enunciado 84 do FONAJEF que não era causa de nulidade nos juizados especiais federais a mera falta de intimação das partes da entrega do laudo pericial, tendo sido cancelado no XIII FONAJEF em 2016.

Com este cancelamento, presume-se que a falta de intimação da juntada de laudo pericial poderá ser considerada como causa de nulidade no rito do JEF, especialmente se restar demonstrado prejuízo à parte.

Por conseguinte, foi editado o Enunciado 179, do FONAJEF, prevendo que "cumpre os requisitos do contraditório e da ampla defesa a concessão de vista do laudo pericial pelo prazo de cinco dias, por analogia ao caput do art. 12 da Lei 10.259/2001" (Aprovado no XIII FONAJEF).

De acordo com o Enunciado 112 do FONAJEF, "não se exige médico especialista para a realização de perícias judiciais, salvo casos excepcionais, a critério do juiz".

As despesas periciais são arcadas pela Justiça Federal na situação de concessão da assistência judiciária gratuita, cabendo a condenação do INSS ao ressarcimento acaso seja perdedor da demanda:

> FONAJEF, ENUNCIADO 52 – É obrigatória a expedição de Requisição de Pequeno Valor – RPV em desfavor do ente público para ressarcimento de despesas periciais quando este for vencido (Aprovado no III FONAJEF).

Por fim, "os Juizados Especiais Federais são incompetentes para julgar causas que demandem perícias complexas ou onerosas que não se enquadrem no conceito de exame técnico (art. 12 da Lei 10.259/2001)", a teor do Enunciado 91 do FONAJEF, a exemplo de perícia sobre o meio ambiente do trabalho para afastar laudo ambiental.

13. TUTELA PROVISÓRIA E EFEITOS DA SUA REVOGAÇÃO

No rito do JEF, o Juiz poderá, de ofício ou a requerimento das partes, deferir **medidas cautelares** no curso do processo, para evitar dano de difícil reparação, impugnáveis via **recurso inominado** no prazo de 10 dias.

Na prática, normalmente não são concedidas liminares cautelares, e sim satisfativas, inclusive de ofício, que se consubstanciam em tutela provisória.

Vale registrar que na sistemática do CPC/2015 a **tutela provisória** pode fundamentar-se em urgência ou evidência. A **tutela de urgência** será concedida quando houver elementos que evidenciem a probabilidade do direito e o perigo de dano ou o risco ao resultado útil do processo.

Já a **tutela da evidência** será concedida, independentemente da demonstração de perigo de dano ou de risco ao resultado útil do processo, quando:

I – ficar caracterizado o abuso do direito de defesa ou o manifesto propósito protelatório da parte;

II – as alegações de fato puderem ser comprovadas apenas documentalmente e houver tese firmada em julgamento de casos repetitivos ou em súmula vinculante;

III – se tratar de pedido reipersecutório fundado em prova documental adequada do contrato de depósito, caso em que será decretada a ordem de entrega do objeto custodiado, sob cominação de multa;

IV – a petição inicial for instruída com prova documental suficiente dos fatos constitutivos do direito do autor, a que o réu não oponha prova capaz de gerar dúvida razoável.

Nos termos do Enunciado 178, do FONAJEF, a tutela provisória em caráter antecedente não se aplica ao rito dos juizados especiais federais, porque a sistemática de revisão da decisão estabilizada (art. 304[26] do CPC/2015) é incompatível com os arts. 4º e 6º da Lei nº 10.259/2001 (Aprovado no XIII FONAJEF).

Assim, no rito do JEF, a tutela antecipada não se torna estável se da decisão que a conceder não for interposto o respectivo recurso, não sendo obrigatória para evitar a sua estabilização a interposição de recurso inominado contra a decisão interlocutória que antecipou os efeitos da tutela jurisdicional, vez que o artigo 304 do CPC/2015 não possui aplicabilidade ao rito dos Juizados Especiais Federais.

---

26. Art. 304. A tutela antecipada, concedida nos termos do art. 303, torna-se estável se da decisão que a conceder não for interposto o respectivo recurso.
§ 1º No caso previsto no caput, o processo será extinto.
§ 2º Qualquer das partes poderá demandar a outra com o intuito de rever, reformar ou invalidar a tutela antecipada estabilizada nos termos do caput.
§ 3º A tutela antecipada conservará seus efeitos enquanto não revista, reformada ou invalidada por decisão de mérito proferida na ação de que trata o § 2º.
§ 4º Qualquer das partes poderá requerer o desarquivamento dos autos em que foi concedida a medida, para instruir a petição inicial da ação a que se refere o § 2º, prevento o juízo em que a tutela antecipada foi concedida.
§ 5º O direito de rever, reformar ou invalidar a tutela antecipada, previsto no § 2º deste artigo, extingue-se após 2 (dois) anos, contados da ciência da decisão que extinguiu o processo, nos termos do § 1º.
§ 6º A decisão que concede a tutela não fará coisa julgada, mas a estabilidade dos respectivos efeitos só será afastada por decisão que a revir, reformar ou invalidar, proferida em ação ajuizada por uma das partes, nos termos do § 2º deste artigo.

O normal no JEF é a concessão de tutela provisória em sede de sentença, sendo incomum o seu deferimento anterior à sentença em sede de decisão interlocutória.

De resto, as restrições de liminares contra o Poder Público, previstas na Lei 8.437/92, validadas pelo STF no julgamento de ação declaratória de constitucionalidade nº 04, não são aplicáveis em demandas previdenciárias, na forma da **Súmula 729, da Suprema Corte**:

> "Súmula 729 – A decisão na ADC-4 não se aplica à antecipação de tutela em causa de natureza previdenciária".

A 3ª Seção do STJ entendia que as parcelas recebidas em processo judicial, a título de benefício previdenciário, em decorrência de antecipação de tutela posteriormente revogada, eram irrepetíveis, em nome do Princípio da Segurança Jurídica e da Boa-fé:

> PREVIDENCIÁRIO. PROCESSUAL CIVIL. EMBARGOS DE DECLARAÇÃO NO RECURSO ESPECIAL. POSTULAÇÃO DE EFEITOS INFRINGENTES. PENSÃO POR MORTE. VALORES RECEBIDOS POR FORÇA DE TUTELA ANTECIPADA POSTERIORMENTE REVOGADA. DEVOLUÇÃO. IMPOSSIBILIDADE. ENTENDIMENTO DA TERCEIRA SEÇÃO. DISPOSITIVOS DA LEI DE BENEFÍCIOS QUE REGEM HIPÓTESES DIVERSAS. PRECEDENTES DA QUINTA E SEXTA TURMAS. ALEGADA OFENSA À CLÁUSULA DE RESERVA DE PLENÁRIO (CF, ART. 97). NÃO-OCORRÊNCIA. PRECEDENTES DO STF E STJ. EMBARGOS ACOLHIDOS. **1. A Terceira Seção do Superior Tribunal de Justiça, à unanimidade, sedimentou o entendimento sobre o tema para assentar que, em se tratando de verba alimentar percebida por força de tutela antecipada, posteriormente revogada, aplicável a jurisprudência consagrada por este Tribunal, pautado pelo princípio da irrepetibilidade dos alimentos.** 2. O "art. 115 da Lei nº 8.213/91 regulamenta a hipótese de desconto administrativo, sem necessária autorização judicial, nos casos em que a concessão a maior se deu por ato administrativo do Instituto agravante, não agraciando os casos majorados por força de decisão judicial" (AgRg no REsp 1.054.163/RS, Sexta Turma, Rel. Min. MARIA THEREZA DE ASSIS MOURA, DJe 30/6/08). 3. Não caracteriza ofensa à reserva de plenário a interpretação dispensada por órgão fracionário de Tribunal a dispositivo de lei que, mediante legítimo processo hermenêutico, tem sua incidência limitada a determinadas hipóteses. 4. Embargos de declaração acolhidos, com excepcionais efeitos infringentes, para negar provimento ao recurso especial (EDREsp 996.850, de 04.11.2008)".

Nesse sentido, a antiga posição da TNU, quando vigorava a Súmula 51:

> "**Súmula 51**- Os valores recebidos por força de antecipação dos efeitos de tutela, posteriormente revogada em demanda previdenciária, são irrepetíveis em razão da natureza alimentar e da boa-fé no seu recebimento" (SÚMULA CANCELADA EM 2017).

Este entendimento foi revertido pela 1ª Seção do STJ em 12 de junho de 2013, tendo sido determinada a devolução de parcelas ao INSS de benefício previdenciário cuja antecipação de tutela foi posteriormente revogada.

Isso porque a antecipação de tutela é precária, correndo à custa e risco do autor, assim como com arrimo no Princípio da Boa-fé Objetiva:

> "INFORMATIVO 524- DIREITO PROCESSUAL CIVIL E PREVIDENCIÁRIO. DEVOLUÇÃO DE BENEFÍCIO PREVIDENCIÁRIO RECEBIDO EM RAZÃO DE ANTECIPAÇÃO DOS EFEITOS DA TUTELA POSTERIORMENTE REVOGADA.
>
> **O segurado da Previdência Social tem o dever de devolver o valor de benefício previdenciário recebido em antecipação dos efeitos da tutela (art. 273 do CPC) a qual tenha sido posteriormente revogada.** Historicamente, a jurisprudência do STJ, com fundamento no princípio da irrepetibilidade dos alimentos, tem isentado os segurados do RGPS da obrigação de restituir valores obtidos por antecipação de tutela que posteriormente tenha sido revogada. Já os julgados que cuidam da devolução de valores percebidos indevidamente por servidores públicos evoluíram para considerar não apenas o caráter alimentar da verba, mas também a boa-fé objetiva envolvida na situação. Nestes casos, o elemento que evidencia a boa-fé objetiva consiste na legítima confiança ou justificada expectativa de que os valores recebidos sejam legais e de que passem a integrar definitivamente o seu patrimônio. **Nas hipóteses de benefícios previdenciários oriundos de antecipação de tutela, não há dúvida de que existe boa-fé subjetiva, pois, enquanto o segurado recebe os benefícios, há legitimidade jurídica, apesar de precária. Do ponto de vista objetivo, todavia, não há expectativa de definitividade do pagamento recebido via tutela antecipatória, não podendo o titular do direito precário pressupor a incorporação irreversível da verba ao seu patrimônio. Efetivamente, não há legitimidade jurídica para o segurado presumir que não terá de devolver os valores recebidos, até porque, invariavelmente, está o jurisdicionado assistido por advogado e, conforme o disposto no art. 3º da LINDB – segundo o qual ninguém se escusa de cumprir a lei, alegando que não a conhece –, deve estar ciente da precariedade do provimento judicial que lhe é favorável e da contraposição da autarquia previdenciária quanto ao mérito. Ademais, em uma escala axiológica, evidencia-se a desproporcionalidade da hipótese analisada em relação aos casos em que o próprio segurado pode tomar empréstimos de instituição financeira e consignar descontos em folha, isto é, o erário "empresta" – via antecipação de tutela posteriormente cassada – ao segurado e não pode cobrar sequer o principal. Já as instituições financeiras emprestam e recebem, mediante desconto em folha, não somente o principal como também os juros remuneratórios.** REsp 1.384.418-SC, Rel. Min. Herman Benjamin, julgado em 12/6/2013".

No que concerne ao *modus operandi* da devolução, a 1ª Seção do STJ estabeleceu como regras a declaração judicial da dívida e o desconto do débito mensalmente sobre o benefício previdenciário em até 10% do seu valor:

"INFORMATIVO 524 – DIREITO PROCESSUAL CIVIL E PREVIDENCIÁRIO. FORMA DE DEVOLUÇÃO DE BENEFÍCIO PREVIDENCIÁRIO RECEBIDO EM ANTECIPAÇÃO DOS EFEITOS DE TUTELA POSTERIORMENTE REVOGADA.

Na devolução de benefício previdenciário recebido em antecipação dos efeitos da tutela (art. 273 do CPC) a qual tenha sido posteriormente revogada, devem ser observados os seguintes parâmetros: a) a execução de sentença declaratória do direito deverá ser promovida; e b) liquidado e incontroverso o crédito executado, o INSS poderá fazer o desconto em folha de até 10% da remuneração dos benefícios previdenciários em manutenção até a satisfação do crédito. Isso porque o caráter alimentar dos benefícios previdenciários está ligado ao princípio constitucional da dignidade da pessoa humana, de forma que as imposições obrigacionais sobre os respectivos proventos não podem comprometer o sustento do segurado". REsp 1.384.418-SC, Rel. Min. Herman Benjamin, julgado em 12/6/2013.

Contudo, nota-se que na grande maioria dos casos em que a antecipação de tutela é cassada, inexiste benefício previdenciário ativo para a efetivação dos descontos, o que vai tornar necessária a execução judicial da dívida.

Por tudo isto, nota-se que existia uma **divergência interna não superada no STJ**, vez que a 1ª Seção entende pela devolução, ao passo que a 3ª Seção pela não devolução das parcelas percebidas de benefício previdenciário com antecipação de tutela revogada.

O tema foi apreciado pela Corte Especial do STJ em 20 de novembro de 2013, tendo se adotado uma posição intermediária entre os entendimentos da 1ª e da 3ª Seção do Superior Tribunal de Justiça.

Nesse diapasão, se a reversão da antecipação de tutela se der nas instâncias ordinárias (em sede sentença ou acórdão proferido em sede de julgamento de recurso de apelação ou recurso inominado do JEF pelo Tribunal ou Turma Recursal), dever-se-á devolver à Previdência Social as parcelas já percebidas.

Por outro lado, se a revogação da tutela antecipada se operar nas instâncias extraordinárias (STF e STJ, em sede de recurso extraordinário ou especial) não haverá a restituição ao INSS, ao argumento de que já havia se criado a legítima expectativa de vitória ao segurado ou dependente, em razão de se tratar de recurso julgado em via não ordinária.

Veja-se o decisivo julgado:

> PROCESSO CIVIL. EMBARGOS DE DIVERGÊNCIA EM RECURSO ESPECIAL. SENTENÇA QUE DETERMINA O RESTABELECIMENTO DE PENSÃO POR MORTE. CONFIRMAÇÃO PELO TRIBUNAL DE ORIGEM. DECISÃO REFORMADA NO JULGAMENTO DO RECURSO ESPECIAL. DEVOLUÇÃO DOS VALORES RECEBIDOS DE BOA-FÉ. IMPOSSIBILIDADE. PRECEDENTES DO STJ.

1. A dupla conformidade entre a sentença e o acórdão gera a estabilização da decisão de primeira instância, de sorte que, de um lado, limita a possibilidade de recurso do vencido, tornando estável a relação jurídica submetida a julgamento; e, de outro, cria no vencedor a legítima expectativa de que é titular do direito reconhecido na sentença e confirmado pelo Tribunal de segunda instância.

2. Essa expectativa legítima de titularidade do direito, advinda de ordem judicial com força definitiva, é suficiente para caracterizar a boa-fé exigida de quem recebe a verba de natureza alimentar posteriormente cassada, porque, no mínimo, confia – e, de fato, deve confiar – no acerto do duplo julgamento.

3. Por meio da edição da súm. 34/AGU, a própria União reconhece a irrepetibilidade da verba recebida de boa-fé, por servidor público, em virtude de interpretação errônea ou inadequada da Lei pela Administração. Desse modo, e com maior razão, assim também deve ser entendido na hipótese em que o restabelecimento do benefício previdenciário dá-se por ordem judicial posteriormente reformada.

4. Na hipótese, impor ao embargado a obrigação de devolver a verba que por anos recebeu de boa-fé, em virtude de ordem judicial com força definitiva, não se mostra razoável, na medida em que, justamente pela natureza alimentar do benefício então restabelecido, pressupõe-se que os valores correspondentes foram por ele utilizados para a manutenção da própria subsistência e de sua família. Assim, a ordem de restituição de tudo o que foi recebido, seguida à perda do respectivo benefício, fere a dignidade da pessoa humana e abala a confiança que se espera haver dos jurisdicionados nas decisões judiciais.

5. Embargos de divergência no recurso especial conhecidos e desprovidos" (EREsp 1086154, Corte Especial, de 20/11/2013).

A 1ª Seção do STJ reafirmou o seu posicionamento em sede de Recurso Especial Repetitivo:

> "INFORMATIVO 570- DIREITO PREVIDENCIÁRIO E PROCESSUAL CIVIL. REPETIÇÃO DE BENEFÍCIOS PREVIDENCIÁRIOS INDEVIDAMENTE RECEBIDOS POR FORÇA DE TUTELA ANTECIPADA. RECURSO REPETITIVO (ART. 543-C DO CPC E RES. 8/2008-STJ). TEMA 692.
>
> **A reforma da decisão que antecipa a tutela obriga o autor da ação a devolver os benefícios previdenciários indevidamente recebidos.** O grande número de ações, e a demora que disso resultou para a prestação jurisdicional, levou o legislador a prever a antecipação da tutela judicial naqueles casos em que, desde logo, houvesse, a partir dos fatos conhecidos, uma grande verossimilhança no direito alegado pelo autor. Nesse contexto, o pressuposto básico do instituto é a reversibilidade da decisão judicial. Havendo perigo de irreversibilidade, não há tutela antecipada (art. 273, § 2º, do CPC). Por isso, quando o juiz antecipa a tutela, está anunciando que seu decisum não é irreversível. Sendo assim, se acabou por ser mal sucedida a demanda na qual houvera antecipação da tutela judicial, o autor da ação responde pelo que recebeu indevidamente. Além do mais, não prospera

o argumento de que o autor não seria obrigado a devolver benefícios advindos da antecipação por ter confiado no juiz, porquanto esta fundamentação ignora o fato de que a parte, no processo, está representada por advogado, o qual sabe que a antecipação de tutela tem natureza precária. Há, ainda, o reforço do direito material. Um dos princípios gerais do direito é o de que não pode haver enriquecimento sem causa. Sendo um princípio geral, ele se aplica ao direito público, e com maior razão neste caso porque o lesado é o patrimônio público. Ademais, o art. 115, II, da Lei 8.213/1991 é expresso no sentido de que os benefícios previdenciários pagos indevidamente estão sujeitos à repetição. Uma decisão do STJ que viesse a desconsiderá-lo estaria, por via transversa, deixando de aplicar norma legal que, a contrario sensu, o STF declarou constitucional, uma vez que o art. 115, II, da Lei 8.213/1991 exige o que dispensava o art. 130, parágrafo único na redação originária, declarado inconstitucional na ADI 675 (Tribunal Pleno, DJ 20/6/1997).**REsp 1.401.560-MT, Rel. Min. Sérgio Kukina, Rel. para acórdão Min. Ari Pargendler, Primeira Seção, julgado em 12/2/2014, DJe 13/10/2015".**

Nesse sentido, a edição 67 da Jurisprudência em Teses publicada pelo próprio STJ em 5 de outubro de 2016 traz a mesma conclusão proposta nesta obra:

"**15) Os valores de benefícios previdenciários recebidos por força de tutela antecipada posteriormente revogada devem ser devolvidos, haja vista a reversibilidade da medida antecipatória, a ausência de boa-fé objetiva do beneficiário e a vedação do enriquecimento sem causa.**

Acórdãos

AgInt nos EDcl no AREsp 444197/PR, Rel. Ministro GURGEL DE FARIA, PRIMEIRA TURMA, Julgado em 14/06/2016, DJE 09/08/2016

AgInt no REsp 1566724/PR, Rel. Ministro SÉRGIO KUKINA, PRIMEIRA TURMA, Julgado em 23/06/2016, DJE 30/06/2016

AgRg no REsp 1574367/MG, Rel. Ministro HERMAN BENJAMIN, SEGUNDA TURMA, Julgado em 19/04/2016, DJE 27/05/2016

EDcl no REsp 1401560/MT, Rel. Ministro MAURO CAMPBELL MARQUES, PRIMEIRA SEÇÃO, Julgado em 27/04/2016, DJE 02/05/2016

EDcl no AgRg no AgRg no REsp 1199904/RJ, Rel. Ministro NAPOLEÃO NUNES MAIA FILHO, PRIMEIRA TURMA, Julgado em 24/11/2015, DJE 09/12/2015

REsp 1057817/RS, Rel. Ministro NEFI CORDEIRO, Julgado em 03/11/2015, DJE 10/12/2015

REsp 1401560/MT, Rel. Ministro SÉRGIO KUKINA, Rel. p/ Acórdão Ministro ARI PARGENDLER, PRIMEIRA SEÇÃO, Julgado em 12/02/2014, DJE 13/10/2015

16) Não é necessária a devolução de valores concedidos ao segurado por sentença confirmada em 2ª instância (dupla conformidade), que, posteriormente, é reformada em sede de Recurso Especial.

Acórdãos

AgRg no REsp 1584052/RS, Rel. Ministro MARCO AURÉLIO BELLIZZE, TERCEIRA TURMA, Julgado em 10/05/2016, DJE 19/05/2016

EREsp 1086154/RS, Rel. Ministra NANCY ANDRIGHI, CORTE ESPECIAL, Julgado em 20/11/2013, DJE 19/03/2014

Decisões Monocráticas

REsp 1592456/RS, Rel. Ministra REGINA HELENA COSTA, PRIMEIRA TURMA, Julgado em 03/06/2016, Publicado em 08/06/2016

AREsp 549596/RS, Rel. Ministro NAPOLEÃO NUNES MAIA FILHO, PRIMEIRA TURMA, Julgado em 07/08/2015, Publicado em 27/08/2015".

Vale registrar que o posicionamento aqui consolidado já foi utilizado em julgado da TNU com a seguinte transcrição desta obra:

> "9. Especificamente no âmbito do Superior Tribunal de Justiça e desta Turma Nacional de Uniformização a matéria apresenta o perfil e evolução jurisprudencial pesquisada por Frederico Amado, a seguir retratada: O PODER JUDICIÁRIO CONCEDEU UM BENEFÍCIO PREVIDENCIÁRIO ATRAVÉS DE ANTECIPAÇÃO DE TUTELA. DEPOIS, OPEROU-SE A SUA REVOGAÇÃO. É NECESSÁRIO DEVOLVER AO INSS O QUE FOI RECEBIDO – CONHEÇA A POSIÇÃO DA CORTE ESPECIAL DO STJ: Vale ressaltar que o STJ vinha divergindo sobre a possibilidade de devolução das parcelas pagas a título de benefícios previdenciários em consequência de decisões judiciais precárias posteriormente revertidas. A 3ª Seção do STJ Atualmente, o STJ (3ª Seção) entende que as parcelas recebidas em processo judicial, a título de benefício previdenciário, em decorrência de antecipação de tutela posteriormente revogada, são irrepetíveis, em nome do Princípio da Segurança Jurídica e da Boa-fé... Este entendimento foi confirmado pela 1ª Seção do STJ em 12 de junho de 2013, tendo sido determinada a devolução de parcelas ao INSS de benefício previdenciário cuja antecipação de tutela foi posteriormente revogada. Isso porque a antecipação de tutela é precária, correndo à custa e risco do autor, assim como com arrimo no Princípio da Boa-fé Objetiva... O tema foi apreciado pela Corte Especial do STJ em 20 de novembro de 2013, tendo se adotado uma posição intermediária entre os entendimentos da 1ª e da 3ª Seção do Superior Tribunal de Justiça. Nesse diapasão, se a reversão da antecipação de tutela se der nas instâncias ordinárias (em se de sentença ou acórdão proferido em sede de julgamento de recurso de apelação ou recurso inominado do JEF pelo Tribunal ou Turma Recursal), dever-se-á devolver à Previdência Social as parcelas já percebidas. Por outro lado, se a revogação da tutela antecipada se operar nas instâncias extraordinárias (STF e STJ, em sede de recurso extraordinário ou especial) não haverá a restituição ao INSS, ao argumento de que já havia se criado a legítima expectativa de vitória ao segurado ou dependente, em razão de se tratar de recurso julgado em via não ordinária. Veja-se o decisivo julgado: "PROCESSO CIVIL. EMBARGOS DE DIVERGÊNCIA EM RECURSO ESPECIAL. SENTENÇA

QUE DETERMINA O RESTABELECIMENTO DE PENSÃO POR MORTE. CONFIRMAÇÃO PELO TRIBUNAL DE ORIGEM. DECISÃO REFORMADA NO JULGAMENTO DO RECURSO ESPECIAL. DEVOLUÇÃO DOS VALORES RECEBIDOS DE BOA-FÉ. IMPOSSIBILIDADE. PRECEDENTES DO STJ. 1. A dupla conformidade entre a sentença e o acórdão gera a estabilização da decisão de primeira instância, de sorte que, de um lado, limita a possibilidade de recurso do vencido, tornando estável a relação jurídica submetida a julgamento; e, de outro, cria no vencedor a legítima expectativa de que é titular do direito reconhecido na sentença e confirmado pelo Tribunal de segunda instância. 2. Essa expectativa legítima de titularidade do direito, advinda de ordem judicial com força definitiva, é suficiente para caracterizar a boa-fé exigida de quem recebe a verba de natureza alimentar posteriormente cassada, porque, no mínimo, confia – e, de fato, deve confiar – no acerto do duplo julgamento. 3. Por meio da edição da súm. 34/AGU, a própria União reconhece a irrepetibilidade da verba recebida de boa-fé, por servidor público, em virtude de interpretação errônea ou inadequada da Lei pela Administração. Desse modo, e com maior razão, assim também deve ser entendido na hipótese em que o restabelecimento do benefício previdenciário dá-se por ordem judicial posteriormente reformada. 4. Na hipótese, impor ao embargado a obrigação de devolver a verba que por anos recebeu de boa-fé, em virtude de ordem judicial com força definitiva, não se mostra razoável, na medida em que, justamente pela natureza alimentar do benefício então restabelecido pressupõe-se que os valores correspondentes foram por ele utilizados para a manutenção da própria subsistência e de sua família. Assim, a ordem de restituição de tudo o que foi recebido, seguida à perda do respectivo benefício, fere a dignidade da pessoa humana e abala a confiança que se espera haver dos jurisdicionados nas decisões judiciais. 5. Embargos de divergência no recurso especial conhecidos e desprovidos" (EREsp 1086154, Corte Especial, de 20/11/2013). [grifei]". (PEDILEF 50190790520134047200, de 11/12/2014).

Logo, **a tese repetitiva firmada pelo STJ é pela devolução dos valores à Previdência Social quando da revogação da tutela provisória, salvo no caso de dupla conformidade** (sentença e acórdão favoráveis ao segurado ou dependente), quando o INSS somente reverteu à tese nas instâncias extraordinárias.

Nesse sentido, o julgamento do AgInt no REsp 1540492, em 20 de junho de 2017

"PROCESSUAL CIVIL E ADMINISTRATIVO. AGRAVO INTERNO NO RECURSO ESPECIAL. EXIGIBILIDADE DA DEVOLUÇÃO DE VALORES RECEBIDOS POR FORÇA DE DECISÃO JUDICIAL POSTERIORMENTE MODIFICADA. ENTENDIMENTO FIRMADO PELA PRIMEIRA SEÇÃO NO JULGAMENTO DO RECURSO ESPECIAL REPRESENTATIVO DA CONTROVÉRSIA 1.401.560/MT. INAPLICABILIDADE AO CASO CONCRETO, TENDO EM VISTA A DUPLA CONFORMIDADE ENTRE SENTENÇA E ACÓRDÃO, ESTE MODIFICADO SOMENTE EM SEDE DE RECURSO ESPECIAL. BOA-FÉ DE QUEM RECEBE A VERBA DE NATUREZA ALIMENTAR, PORQUE CONFIA NO ACERTO DO DUPLO JULGAMENTO. AGRAVO INTERNO DA UNIÃO A QUE SE NEGA PROVIMENTO.

1. Cinge-se a questão em examinar a possibilidade de restituição de valores recebidos em decorrência de acórdão do Tribunal que reconheceu o direito a determinado benefício a Servidor Público, com posterior modificação e exclusão desse direito em sede de Recurso Especial.

2. A Primeira Seção desta Corte no julgamento do Recurso Especial Representativo da Controvérsia 1.401.560/MT, julgado em 12.2.2014, consolidou o entendimento de que é necessária a devolução dos valores recebidos a título de tutela antecipada posteriormente revogada, apesar da natureza alimentar dos benefícios previdenciários e da boa-fé dos segurados.

3. Entretanto, referido precedente se distingue daquela situação em que o demandante obtém um pronunciamento jurisdicional que lhe reconhece o direito em sentença e acórdão, gerando uma estabilização da questão discutida nos autos, tendo em vista a dupla conformidade do julgamento.

4. Em virtude dessa dupla conformidade, o demandante tem a legítima expectativa de titularidade do direito e, por isso, pode executar a sentença após a confirmação do acórdão, passando a receber de boa-fé os valores declarados em pronunciamento judicial com força definitiva. Precedentes: AgRg no AgRg no REsp. 1.473.789/PE, Rel. Min. ASSUSETE MAGALHÃES, DJe 24.6.2016; AgInt no REsp. 1.592.456/RS, Rel. Min. REGINA HELENA COSTA, DJe 18.10.2016.

5. A hipótese dos autos se amolda perfeitamente ao citado precedente do Órgão Especial desta Corte Superior, uma vez que o ora recorrido teve seu pedido liminar concedido em março de 2001, tendo a demanda sido julgada procedente e confirmada pelo Tribunal Regional Federal da 5a. Região. Posteriormente, no ano de 2010, em sede de Recurso Especial, houve provimento à insurgência para excluir a condenação do erário, sendo certo que, até então, havia dupla conformidade da sentença e acórdão que reconhecia direitos ao Servidor Público.

6. Desse modo, tendo o Tribunal de origem assentado ser descabida a restituição ao erário de valores indevidamente pagos ao servidor, se ele os percebeu de boa-fé, entendida esta como a ausência de conduta dolosa que tenha contribuído para a ocorrência do fato antijurídico, presunção esta não desqualificada por provas em contrário (fls. 531), a conclusão se mostra convergente ao entendimento desta Corte Superior, não merecendo, portanto, reparos".

Vale registrar que no julgamento do PEDILEF 0004955-39.2011.4.03.6315, em 30/08/2017, a TNU promoveu o cancelamento da Súmula 51 a fim de se adequar ao posicionamento do STJ:

"A Turma Nacional de Uniformização dos Juizados Especiais Federais (TNU), por maioria, nos termos do voto do juiz federal Frederico Augusto Leopoldino Koehler, cancelou o enunciado da Súmula nº 51, que dispõe que "Os valores recebidos por força de antecipação dos efeitos de tutela, posteriormente revogada em demanda previdenciária, são irrepetíveis em razão da natureza alimentar e da boa-fé no seu recebimento". A decisão foi tomada na sessão do dia 30 de agosto, realizada na sede do Tribunal Regional Federal da 4ª Região (TRF4), em Porto Alegre.

De acordo com os autos, ao realizar a superação de seu entendimento anterior, a TNU entendeu que o tema objeto do incidente foi uniformizado no âmbito do Superior Tribunal de Justiça (STJ) – Tema 692 – por ocasião do julgamento do REsp nº 1.401.560 (Relator p/ Acórdão Ministro ARI PARGENDLER, PRIMEIRA SEÇÃO, julgado em 12/02/2014, DJe 13/10/2015).

Nesse contexto, o Colegiado considerou que o Supremo Tribunal Federal (STF), no julgamento do ARE-RG 722421, de relatoria do ministro Ricardo Lewandowski, já se pronunciou no sentido de que não existe repercussão geral quando a matéria versar sobre a possibilidade de devolução de valores recebidos em virtude de tutela antecipada posteriormente revogada (Tema n. 799), considerando-se que a solução da controvérsia envolve o exame de legislação infraconstitucional, a configurar apenas ofensa indireta ou reflexa ao texto constitucional.

Koehler destacou que, "cumpre registrar que, no âmbito do STJ, em recente decisão (Pet nº 10.996, DJe 26/06/2017), da lavra do eminente ministro Mauro Campbell Marques, presidente desta Turma Nacional de Uniformização, acolheu-se incidente de uniformização da jurisprudência interposto pelo INSS, concluindo que o entendimento deste Colegiado Nacional, assentado no enunciado de sua Súmula 51 contraria frontalmente o entendimento firmado por aquela Corte Superior no julgamento do TEMA 692 dos recursos repetitivos".

Processo nº 0004955-39.2011.4.03.6315

Fonte: Imprensa CJF"

A TNU se alinhou ao STJ. Postergou o que pôde, mas cedeu. O que a Turma Nacional não decidiu expressamente foi sobre a aplicação da dupla conformidade ao rito do JEF, haja vista que o STJ firmou tese no sentido de que a revogação de tutela provisória em instância superior em recursos tarifados não enseja a devolução.

Eis julgados recentes do STJ:

AgInt no REsp 1540492, 1ª Turma, de 20/6/2017

"PROCESSUAL CIVIL E ADMINISTRATIVO. AGRAVO INTERNO NO RECURSO ESPECIAL. EXIGIBILIDADE DA DEVOLUÇÃO DE VALORES RECEBIDOS POR FORÇA DE DECISÃO JUDICIAL POSTERIORMENTE MODIFICADA. ENTENDIMENTO FIRMADO PELA PRIMEIRA SEÇÃO NO JULGAMENTO DO RECURSO ESPECIAL REPRESENTATIVO DA CONTROVÉRSIA 1.401.560/MT. INAPLICABILIDADE AO CASO CONCRETO, TENDO EM VISTA A DUPLA CONFORMIDADE ENTRE SENTENÇA E ACÓRDÃO, ESTE MODIFICADO SOMENTE EM SEDE DE RECURSO ESPECIAL. BOA-FÉ DE QUEM RECEBE A VERBA DE NATUREZA ALIMENTAR, PORQUE CONFIA NO ACERTO DO DUPLO JULGAMENTO. AGRAVO INTERNO DA UNIÃO A QUE SE NEGA PROVIMENTO.

1. Cinge-se a questão em examinar a possibilidade de restituição de valores recebidos em decorrência de acórdão do Tribunal que reconheceu o direito a determinado benefício a Servidor Público, com posterior modificação e exclusão desse direito em sede de Recurso Especial.

2. A Primeira Seção desta Corte no julgamento do Recurso Especial Representativo da Controvérsia 1.401.560/MT, julgado em 12.2.2014, consolidou o entendimento de que é necessária a devolução dos valores recebidos a título de tutela antecipada posteriormente revogada, apesar da natureza alimentar dos benefícios previdenciários e da boa-fé dos segurados.

3. Entretanto, referido precedente se distingue daquela situação em que o demandante obtém um pronunciamento jurisdicional que lhe reconhece o direito em sentença e acórdão, gerando uma estabilização da questão discutida nos autos, tendo em vista a dupla conformidade do julgamento.

4. Em virtude dessa dupla conformidade, o demandante tem a legítima expectativa de titularidade do direito e, por isso, pode executar a sentença após a confirmação do acórdão, passando a receber de boa-fé os valores declarados em pronunciamento judicial com força definitiva. Precedentes: AgRg no AgRg no REsp. 1.473.789/PE, Rel. Min. ASSUSETE MAGALHÃES, DJe 24.6.2016; AgInt no REsp. 1.592.456/RS, Rel. Min. REGINA HELENA COSTA, DJe 18.10.2016.

5. A hipótese dos autos se amolda perfeitamente ao citado precedente do Órgão Especial desta Corte Superior, uma vez que o ora recorrido teve seu pedido liminar concedido em março de 2001, tendo a demanda sido julgada procedente e confirmada pelo Tribunal Regional Federal da 5a. Região. Posteriormente, no ano de 2010, em sede de Recurso Especial, houve provimento à insurgência para excluir a condenação do erário, sendo certo que, até então, havia dupla conformidade da sentença e acórdão que reconhecia direitos ao Servidor Público.

6. Desse modo, tendo o Tribunal de origem assentado ser descabida a restituição ao erário de valores indevidamente pagos ao servidor, se ele os percebeu de boa-fé, entendida esta como a ausência de conduta dolosa que tenha contribuído para a ocorrência do fato antijurídico, presunção esta não desqualificada por provas em contrário (fls. 531), a conclusão se mostra convergente ao entendimento desta Corte Superior, não merecendo, portanto, reparo".

REsp 1669438, 2ª Turma, de 20/6/2017

"PROCESSUAL CIVIL. PREVIDENCIÁRIO. VALORES DE ÍNDOLE ALIMENTAR RECEBIDOS EM RAZÃO DE SENTENÇA JUDICIAL DE MÉRITO, CONFIRMADA PELO TRIBUNAL DE ORIGEM. VALORES RECEBIDOS DE BOA-FÉ. DESCONTOS. IMPOSSIBILIDADE.

1. Na hipótese dos autos, extrai-se do acórdão vergastado que o entendimento do Sodalício a quo está em consonância com a orientação do Superior Tribunal de Justiça.

2. A Corte Especial do STJ, em hipótese análoga à dos autos, entendeu descabida a restituição de valores de índole alimentar, recebidos de boa-fé, por

força de sentença de mérito, confirmada em 2º Grau ainda que posteriormente alterada em Recurso Especial. Isso porque "a dupla conformidade entre a sentença e o acórdão gera a estabilização da decisão de primeira instância, de sorte que, de um lado, limita a possibilidade de recurso do vencido, tornando estável a relação jurídica submetida a julgamento; e, de outro, cria no vencedor a legítima expectativa de que é titular do direito reconhecido na sentença e confirmado pelo Tribunal de segunda instância. Essa expectativa legítima de titularidade do direito, advinda de ordem judicial com força definitiva, é suficiente para caracterizar a boa-fé exigida de quem recebe a verba de natureza alimentar posteriormente cassada, porque, no mínimo, confia – e, de fato, deve confiar – no acerto do duplo julgamento. E essa confiança, porque não se confunde com o mero estado psicológico de ignorância sobre os fatos ou sobre o direito, é o que caracteriza a boa-fé objetiva" (STJ, EREsp 1.086.154/RS, Rel. Ministra Nancy Andrighi, Corte Especial, DJe de 19/03/2014). No mesmo sentido: STJ, AgRg no AREsp 405.924/CE, Rel. Ministra Regina Helena Costa, Primeira Turma, DJe de 14/12/2015. Com igual compreensão, em decisão monocrática: STJ, REsp 1.421.530/CE, Rel. Ministro Mauro Campbell Marques, DJe de 28/4/2014".

Entende-se que, ao adaptar a posição do STJ ao rito do JEF, que a revogação da tutela provisória em incidentes de uniformização de jurisprudência (TRU, TNU e STJ) não enseja a devolução dos valores, pois são recursos tarifados excepcionais (são tarifados apenas para uniformizar questões de direito material em divergência de Turmas do JEF ou contra decisão dominante do STJ e não devolvem o reexame direto da matéria de fato).

Também não cabe devolução das parcelas percebidas a título de benefício previdenciário quando o INSS consegue êxito em ação rescisória, pois neste caso já havia se formado a coisa julgada com a expectativa consolidada do beneficiário da Previdência Social.

Nesse sentido, a edição 67 da Jurisprudência em Teses publicada pelo próprio STJ em 5 de outubro de 2016:

> 17) Os valores relativos a benefícios previdenciários pagos a maior ao segurado por força de decisão judicial transitada em julgado, que venha a ser rescindida, não são passíveis de devolução.
>
> **Acórdãos**
>
> AgRg no AREsp 820594/SP, Rel. Ministro MAURO CAMPBELL MARQUES, SEGUNDA TURMA, Julgado em 23/02/2016, DJE 01/03/2016
>
> AR 004160/SP, Rel. Ministro REYNALDO SOARES DA FONSECA, TERCEIRA SEÇÃO, Julgado em 23/09/2015, DJE 29/09/2015
>
> AR 004186/SP, Rel. Ministro GURGEL DE FARIA, TERCEIRA SEÇÃO, Julgado em 24/06/2015, DJE 04/08/2015
>
> AR 004194/MG, Rel. Ministro NEFI CORDEIRO, TERCEIRA SEÇÃO, Julgado em 25/02/2015, DJE 05/03/2015

AR 003926/RS, Rel. Ministro MARCO AURÉLIO BELLIZZE, TERCEIRA SEÇÃO, Julgado em 11/09/2013, DJE 18/09/2013

AR 003816/MG, Rel. Ministro OG FERNANDES, TERCEIRA SEÇÃO, Julgado em 11/09/2013, DJE 26/09/2013

Vale frisar que o texto original do artigo 130, parágrafo único, da Lei 8.213/91, anterior à Lei 9.528/97, previa que os recursos interpostos pela Previdência Social em processos que envolvam prestações desta lei, serão recebidos exclusivamente no efeito devolutivo, cumprindo-se, desde logo, a decisão ou sentença, através de processo suplementar ou carta de sentença, sendo que ocorrendo a reforma da decisão, será suspenso o benefício e exonerado o beneficiário de restituir os valores recebidos por força da liquidação condicionada.

Veja-se que existia regra expressa que desonerava a restituição de parcelas recebidas de benefício previdenciário por força de decisão posteriormente reformada. Mas este artigo foi suspenso pelo STF na ADI/MC 675, julgada em 6/10/1994:

> "Previdência Social: L. 8.213/91 (Plano de Benefícios): suspensão cautelar, em ação direta, por despacho do Presidente do STF, no curso das férias forenses, da parte final do caput do art. 130 (que determina o cumprimento imediato de decisões relativas a prestações previdenciárias, ainda que na pendência de recursos) e do seu parágrafo único que, na hipótese da reforma da decisão, exonera o beneficiário de "restituir os valores recebidos por força da liquidação condicional": referendum, por voto de desempate, do despacho presidencial".

Na visão da maioria dos ministros do STF, o *caput* violou o regime de precatório, pois permitia a execução provisória de obrigação de pagar com recurso pendente de julgamento, vez que o regime de precatórios do artigo 100 da CF exige a coisa julgada.

Demais disso, o parágrafo único ofendia o duplo grau de jurisdição, pois tornava inócuo o recurso ao dispensar a restituição das parcelas percebidas de benefício previdenciário.

Note-se que com este estudo histórico da Lei 8.213/91 e da jurisprudência do STF pode se concluir que a atual jurisprudência do STJ apenas se coadunou com a posição do STF tomada no ano de 1994.

Vale registrar que as decisões mais recentes da **1ª Turma do STJ** não têm permitido que a reversão de tutela provisória revogada em instância ordinária se dê através de desconto administrativo pelo INSS, embora haja precedente anterior da 1ª Seção que expressamente autorizou o desconto em folha limitado a 10% do valor do benefício:

> "PREVIDENCIÁRIO. RECURSO ESPECIAL. OFENSA AO ART. 115, II, DA LEI N. 8.213/1991. ATO DO GERENTE EXECUTIVO DE BENEFÍCIOS DO

INSS QUE DETERMINOU O DEVOLUÇÃO DE VALORES RECEBIDOS POR PENSIONISTA, A TÍTULO DE TUTELA ANTECIPADA, POSTERIORMENTE REVOGADA. IMPOSSIBILIDADE. NORMATIVO QUE NÃO AUTORIZA, NA VIA ADMINISTRATIVO-PREVIDENCIÁRIA, A COBRANÇA DE VALORES ANTECIPADOS EM PROCESSO JUDICIAL. 1. Os recursos interpostos com fulcro no CPC/1973 sujeitam-se aos requisitos de admissibilidade nele previstos, conforme diretriz contida no Enunciado Administrativo n. 2 do Plenário do STJ. 2. Na origem, cuida-se de mandado de segurança impetrado por beneficiária de pensão por morte contra ato de Gerente Executivo de Benefícios do INSS que determinou o desconto, no benefício, de valores recebidos a título de tutela antecipada posteriormente cassada. **3. O normativo contido no inciso II do artigo 115 da Lei n. 8.213/1991 não autoriza o INSS a descontar, na via administrativa, valores concedidos a título de tutela antecipada, posteriormente cassada com a improcedência do pedido. Nas demandas judicializadas, tem o INSS os meios inerentes ao controle dos atos judiciais que por ele devem ser manejados a tempo e modo. 4. Recurso especial não provido"** (REsp 1338912, 1ª Turma, de 23/5/2017).

Logo, essa linha entende que deve a execução ser invertida no próprio processo judicial, pois o retorno do *status quo ante* é competência funcional do juiz natural do processo em que a tutela provisória foi concedida e revogada, descabendo o ajuizamento de ação autônoma.

Por outro lado, a 2ª Turma do STJ permite o desconto administrativo limitado a 10% do valor do benefício, se existir prestação ativa:

"PREVIDENCIÁRIO E PROCESSUAL CIVIL. ANTECIPAÇÃO DA TUTELA. REVOGAÇÃO. RESTITUIÇÃO DOS VALORES. VERBA DE NATUREZA ALIMENTAR RECEBIDA DE BOA-FÉ PELA PARTE SEGURADA. REPETIBILIDADE. APOSENTADORIA POR IDADE. TRABALHADOR RURAL. AUSÊNCIA DE INÍCIO DE PROVA MATERIAL. IMPOSSIBILIDADE DE DEFERIMENTO DO BENEFÍCIO. PREVIDENCIÁRIO. RECURSO ESPECIAL DO INSS 1. A controvérsia gira em torno da possibilidade de ressarcimento do valor pago indevidamente à segurada em razão de tutela antecipada. Todavia, a Primeira Seção, no julgamento do REsp 1.384.418/SC, realinhou o entendimento jurisprudencial, assentando que é dever do titular de benefício previdenciário, isto é, de direito patrimonial, devolver valores recebidos por força de tutela antecipada posteriormente revogada. **Neste caso, o INSS poderá fazer o desconto em folha de até dez por cento do salário de benefício percebido pelo segurado, até a satisfação do crédito.** Cumpre asseverar, que a Primeira Seção, ao julgar o REsp 1.401.560/MT, reafirmou o cabimento da restituição de parcelas previdenciárias recebidas em razão de tutela antecipada posteriormente revogada. AGRAVO EM RECURSO ESPECIAL DE JOÃO MIRANDA DA SILVA 2. Hipótese em que o Tribunal local consignou: "os documentos que em regra são admitidos como início de prova material do labor rural alegado, passam a ter afastada essa serventia, quando confrontados com outros documentos que lidem a condição campesina outrora demandada. (...) Impossível o deferimento do benefício almejado com base em prova exclusivamente testemunhal.

(fl. 126, e-STJ)". 3. Dessa feita, à margem do alegado pelo agravante, rever o entendimento da Corte regional somente seria possível por meio do reexame do acervo fático-probatório existente nos autos, o que não se permite em Recurso Especial, ante o óbice da Súmula 7/STJ. 4. Com relação ao dissídio jurisprudencial, a divergência deve ser comprovada, cabendo a quem recorre demonstrar as circunstâncias que identificam ou assemelham os casos confrontados, com indicação da similitude fática e jurídica entre eles. CONCLUSÃO 5. Recurso Especial do INSS provido e Agravo em Recurso Especial de João Miranda da Silva não provido" (REsp 1612805, de 13/12/2016).

Mas tudo indica que a 1ª Seção do STJ irá rever esta tese, pois admitiu questão de ordem para a sua revisão e determinou a suspensão de todos os processos sem coisa julgada que versem sobre o tema 692:

Tema/ Repetitivo	692	Situação do Tema	Afetado – Possível Revisão de Tese	Órgão Julgador	PRIMEIRA SEÇÃO	Assuntos
Questão submetida a julgamento		Proposta de Revisão de Entendimento firmado em tese repetitiva firmada pela Primeira Seção relativa ao Tema 692/STJ, quanto à devolução dos valores recebidos pelo litigante beneficiário do Regime Geral da Previdência Social – RGPS em virtude de decisão judicial precária, que venha a ser posteriormente revogada.				
Tese Firmada		Tese firmada pela Primeira Seção no julgamento do REsp 1.401.560/MT, acórdão publicado no DJe de 13/10/2015, que se propõe a revisar: A reforma da decisão que antecipa a tutela obriga o autor da ação a devolver os benefícios previdenciários indevidamente recebidos.				
Anotações Nugep		**Importante** No voto condutor do acórdão de afetação da matéria ao rito dos repetitivos, o Ministro relator ressalta a necessidade de ampliação do debate das variações a respeito da questão. No ponto, lista as seguintes situações que, dentre outras, poderão ser analisadas pelo Superior Tribunal de Justiça na presente afetação: **a)** tutela de urgência concedida de ofício e não recorrida; **b)** tutela de urgência concedida a pedido e não recorrida; **c)** tutela de urgência concedida na sentença e não recorrida, seja por agravo de instrumento, na sistemática processual anterior do CPC/1973, seja por pedido de suspensão, conforme o CPC/2015; **d)** tutela de urgência concedida *initio litis* e não recorrida; **e)** tutela de urgência concedida *initio litis*, cujo recurso não foi provido pela segunda instância; **f)** tutela de urgência concedida em agravo de instrumento pela segunda instância; **g)** tutela de urgência concedida em primeiro e segundo graus, cuja revogação se dá em razão de mudança superveniente da jurisprudência então existente; **h)** tutela de urgência concedida e cassada, a seguir, seja em juízo de reconsideração pelo próprio juízo de primeiro grau, ou pela segunda instância em agravo de instrumento ou mediante pedido de suspensão; **i)** tutela de urgência cassada, mesmo nas situações retratadas anteriormente, mas com fundamento expresso na decisão de que houve má-fé da parte ou afronta clara a texto de lei, como no caso das vedações expressas de concessão de medida liminar ou tutela antecipada. Vide **Controvérsia 51/STJ** – Aplicação, revisão ou distinção do Tema n. 692/STJ.				

Informações Complementares	Há determinação de suspensão do processamento de todos os processos ainda sem trânsito em julgado, individuais ou coletivos, que versem acerca da questão submetida à revisão pertinente ao Tema n. 692/STJ e tramitem no território nacional, com a ressalva de incidentes, questões e tutelas, que sejam interpostas a título geral de provimentos de urgência nos processos objeto do sobrestamento (acórdão publicado no DJe de 3/12/2018, questão de ordem nos REsps n. 1.734.627/SP, 1.734.641/SP, 1.734.647/SP, 1.734.656/SP, 1.734.685/SP e 1.734.698/SP).
Repercussão Geral	Tema 799/STF – Possibilidade da devolução de valores recebidos em virtude de tutela antecipada posteriormente revogada.
Ramo do Direito	DIREITO PREVIDENCIÁRIO

Processo	Tribunal de Origem	RRC	Relator	Data de Afetação	Julgado em	Acórdão Publicado em	Embargos de Declaração	Trânsito em Julgado
Pet 12482/DF	STJ	Não	OG FERNANDES	03/12/2018	-	-	-	-
REsp 1401560/MT	TRF1	Não	SÉRGIO KUKINA	03/09/2013	12/02/2014	13/10/2015	02/05/2016	03/03/2017

Coube à **Portaria Conjunta PGF/INSS 2, de 16.1.2018**, dispor sobre a cobrança de valores pagos a título de benefício previdenciário concedido por decisão provisória que é posteriormente revogada ou reformada, decisão transitada em julgado que venha a ser rescindida, conforme será detalhado.

A cobrança dos valores pagos a título de benefício previdenciário concedido por decisão judicial provisória que é posteriormente revogada ou reformada, ou por decisão transitada em julgado que venha a ser rescindida, deverá ser processada, preferencialmente:

I – nos próprios autos do processo judicial em que proferida a decisão provisória que é posteriormente revogada ou reformada;

II – nos autos do processo da ação rescisória, quando se tratar de desconstituição de decisão com trânsito em julgado.

Nos casos em que restar obstaculizado ou infrutífero o procedimento previsto acima, o INSS deverá promover a cobrança dos valores de forma administrativa, salvo se houver decisão judicial que a proíba.

A cobrança administrativa consistirá na notificação do segurado para promover a devolução dos valores recebidos indevidamente, instruída com a respectiva Guia de Recolhimento da União – GRU, preenchida com o valor apurado/a ser parcelado.

Transcorrido o prazo para pagamento ou parcelamento da GRU remetida juntamente com a notificação de cobrança, sem que tenha havido êxito no pagamento ou parcelamento espontâneo do valor cobrado, deverá o INSS promover a operacionalização de desconto em benefício ativo do segurado.

Não haverá instrução, nem a necessidade de oportunizar prazo para defesa no âmbito do processo administrativo de cobrança, resguardando-se a eficácia preclusiva da coisa julgada formada pelo processo judicial já transitado em julgado, no bojo do qual o segurado já pôde exercer o seu direito à ampla defesa e ao contraditório, em feito conduzido pelo Poder Judiciário de acordo com a legislação processual civil, que culminou na formação de um título executivo judicial apto a ser exigido, na forma do art. 515, I, do Código de Processo Civil/2015.

Não sendo possível ou restando infrutífera a cobrança nas duas formas previstas acima, será promovida a inscrição do débito em Dívida Ativa por meio da Equipe Nacional de Cobrança – ENAC, da Coordenação Geral de Cobrança da Procuradoria Geral Federal – CGCOB/PGF, com a consequente adoção das demais medidas previstas na legislação para a cobrança do débito, **salvo se houver decisão judicial que impeça o ressarcimento**.

O cálculo do débito, para restituição dos valores pagos nas hipóteses previstas na citada Portaria, observará os seguintes parâmetros de atualização:

> I – nos casos em que a cobrança for realizada no processo judicial, o valor devido será corrigido desde a data do recebimento indevido até a data do vencimento do crédito, pelo mesmo índice utilizado para os reajustes dos benefícios do Regime Geral de Previdência Social – RGPS, de acordo com o art. 31 da Lei nº 10.741/2003 – Estatuto do Idoso, c/c o art. 41-A da Lei nº 8.213/1991, e o art. 175 do Decreto nº 3.048/1999;
>
> II – nos casos em que restar infrutífera a cobrança judicial, para determinação do montante a ser cobrado via GRU, os valores apurados na forma do inciso I serão acrescidos dos encargos decorrentes da mora, conforme o previsto no art. 37-A, da Lei nº 10.522/2002, a partir do dia seguinte ao vencimento, na forma abaixo:
>
> a) juros de mora: para créditos com vencimento após 4 de dezembro de 2008, aplica-se a Taxa SELIC – taxa referencial atualmente aplicada a todos os créditos públicos federais, de acordo com o disposto na Lei nº 11.941/2009;
>
> b) multa de mora: para todos os créditos vencidos a partir de 4 de dezembro de 2008, incidirá multa de mora calculada à taxa de 0,33% (trinta e três centésimos por cento) por dia de atraso, aplicada a partir do primeiro dia subsequente ao dia do vencimento até o dia em que ocorrer o seu pagamento, limitada a 20% (vinte por cento);
>
> c) para créditos com vencimentos anteriores à data de 4 de dezembro de 2008, será aplicável correção e juros estabelecidos nas normas anteriores. Nesse

período, os juros de mora e a correção monetária eram calculados de forma "independente". Os juros de mora eram calculados em 1% (um por cento) ao mês (art. 16 do DL nº 2.323, de 1987, c/c art. 54, § 2º da Lei nº 8.383/1994). Já a correção monetária seguia a aplicação da UFIR (art. 54 da Lei nº 8.383/1991) e, a partir de 27 de outubro de 2000, era aplicado o IPCA (de acordo com a decisão nº 1122/2000 – TCU). Somente em 4 de dezembro de 2008 é que passou-se a aplicar a Taxa referencial SELIC; e

d) no caso de inscrição em dívida ativa, acresce-se a cobrança de encargo legal, conforme previsto no art. 37-A, § 1º, da Lei nº 10.522/2002;

Nas hipóteses previstas nesta Portaria está **dispensada a cobrança de valores** que, após a atualização monetária dos créditos consolidados de um mesmo devedor, não alcancem o montante previsto no art. 3º-A da Portaria AGU nº 377, de 25 de agosto de 2011, incluído pela Portaria AGU nº 193, de 10 de junho de 2014, observadas eventuais atualizações futuras (**for igual ou inferior a R$ 10.000, 00**).

Questão controvertida é quando a sentença revoga tutela provisória, **mas é omissa quanto à necessidade ou não de devolução das verbas pagas pelo INSS ao beneficiário da previdência social**, transitando em julgado com essa omissão.

Por força de **decisão proferida na Ação Civil Pública 0005906-07.2012.403.6183 de âmbito nacional,** ficou o INSS **obrigado a abster-se de cobrar, administrativamente,** valores atinentes aos benefícios previdenciários e assistenciais concedidos por meio de decisão liminar, tutela antecipada e sentença, reformadas por outra e ulterior decisão judicial, **excetuadas as hipóteses** de execução judicial quanto à possibilidade de pedido de liquidação **e cobrança expresso nos próprios autos do processo judicial**[27].

> **ATENÇÃO**
>
> A novidade sobre o tema foi a alteração normativa promovida pela MP 871/2019 e mantida na Lei 13.846/19, pois agora a Lei 8.213/91 prevê expressamente que é devido o desconto administrativo no benefício previdenciário **ou assistencial** decorrente de recebimento de parcela indevida, **inclusive na hipótese de cessação do benefício pela revogação de decisão judicial.**

Agora existe um elemento novo para a jurisprudência avaliar este tema: existe previsão legal expressa para descontar do benefício na via administrativa parcelas decorrentes de tutela provisória revogada.

A inserção de **benefícios assistenciais** no texto também constitui uma novidade, pois anteriormente os descontos administrativos existiam apenas para os previdenciários.

---

27. Memorando-Circular Conjunto nº 48 /DIRBEN/PFE/INSS.

14. CUSTAS PROCESSUAIS E HONORÁRIOS ADVOCATÍCIOS

O acesso ao Juizado Especial independerá, em primeiro grau de jurisdição, do pagamento de custas, taxas ou despesas, nos termos do artigo 54, da Lei 9.099/95.

Ademais, o preparo do recurso compreenderá todas as despesas processuais, inclusive aquelas dispensadas em primeiro grau de jurisdição, ressalvada a hipótese de assistência judiciária gratuita.

De sua vez, a sentença de primeiro grau não condenará o vencido em custas e honorários de advogado, ressalvados os casos de litigância de má-fé. Em segundo grau, o recorrente, vencido, pagará as custas e honorários de advogado, que serão fixados entre dez por cento e vinte por cento do valor de condenação ou, não havendo condenação, do valor corrigido da causa.

Nos termos do Enunciado 145, do FONAJEF, o valor dos honorários de sucumbência será fixado nos termos do artigo 55, da Lei nº 9.099/95, podendo ser estipulado em valor fixo quando for inestimável ou irrisório o proveito econômico ou, ainda, quando o valor da causa for muito baixo, observados os critérios do artigo 85, § 2º, CPC/2015.

15. SENTENÇA

A sentença mencionará os elementos de convicção do Juiz, com breve resumo dos fatos relevantes ocorridos em audiência, sendo legalmente dispensado o relatório.

Normalmente, as sentenças nas ações previdenciárias conterão dois capítulos principais:

a) Obrigação de fazer ou não fazer (implantar o benefício ou a sua revisão de renda mensal, determinação de cessação de descontos administrativos, podendo ser concedida tutela provisória);

b) Obrigação de pagar (pagamento das parcelas vencidas em atraso, exigindo a coisa julgada).

Ademais, **as sentenças serão necessariamente líquidas no JEF**, conforme exige o artigo 52, inciso I, da Lei 9.099/95, sob pena de nulidade, consoante já se pronunciou a TNU:

> "JUIZADOS ESPECIAIS FEDERAIS. FGTS. SENTENÇA ILÍQUIDA. ANULAÇÃO. ART. 38, PARÁGRAFO ÚNICO DA LEI Nº 9.099/95. **1 – Não basta que a sentença seja exeqüível, uma vez que o procedimento aqui adotado exige que a sentença já consigne o valor da condenação, no que se refere ao valor do benefício concedido e das parcelas vencidas e vincendas, se for o caso, pois não haverá a fase de liquidação do julgado. 2 – Recurso do INSS provido. 3 – Sentença anulada.** 4 – V.V. da Juíza Federal MARIA EDNA FAGUNDES VELOSO, entendendo que a falta de menção do valor da

condenação na sentença, que ensejariam meros cálculos matemáticos, não levam à sua anulação[28]".

Admitir a prolação de sentenças ilíquidas nos Juizados Federais é atentar contra texto expresso de lei, bem como violar o Princípio da Celeridade. Demais disso, muitas vezes apenas na liquidação se descobre que a causa era, de fato, superior a 60 salários mínimos, não devendo tramitar sob o rito "sumaríssimo".

A respeito do tema, coleciona-se Enunciado aprovado no XI FONAJEF:

Tema – Sentenças em ações previdenciárias

Recomendação 1

Recomenda-se que a administração dote as Varas de Juizado Especial de contadoria própria para que os juízes possam proferir sentenças contendo os valores exatos, a fim de evitar alongamento demasiado da fase de cumprimento e discussão sobre cálculo após o trânsito em julgado. **(Aprovada por contraste)**

Deverá ser proferida sentença com a extinção do processo sem o julgamento do mérito nas seguintes hipóteses arroladas no artigo 51, da Lei 9.099/95:

I – quando o autor deixar de comparecer a qualquer das audiências do processo;

II – quando inadmissível o procedimento instituído por esta Lei ou seu prosseguimento, após a conciliação;

III – quando for reconhecida a incompetência territorial;

IV – quando sobrevier qualquer dos impedimentos previstos no art. 8º desta Lei;

V – quando, falecido o autor, a habilitação depender de sentença ou não se der no prazo de trinta dias;

VI – quando, falecido o réu, o autor não promover a citação dos sucessores no prazo de trinta dias da ciência do fato.

Prevê ainda o artigo 39 da Lei 9.099/95 que é ineficaz a sentença condenatória na parte que exceder a alçada estabelecida nesta Lei.

No entanto, no JEF, considerando que a competência em razão do valor da causa possui natureza absoluta, é causa de nulidade, salvo se houver expressa renúncia do excedente ao valor de sessenta salários mínimos pela parte autora.

A sentença de primeiro grau não condenará o vencido em custas e honorários de advogado, ressalvados os casos de litigância de má-fé, nos moldes do artigo 55, da Lei 9.099/95.

---

28. PEDILEF 2003.38.00.702046-2, de 05.04.2003.

As sentenças e antecipações de tutela devem ser registradas tão-somente em meio eletrônico (Enunciado 5, do FONAJEF).

O Conselho Nacional de Justiça, através da sua Corregedoria, editou a Recomendação 04/2012, que dispõe sobre os elementos mínimos a serem inseridos nas sentenças previdenciárias para facilitar o seu cumprimento na fase de execução pelo INSS na concessão ou revisão de benefícios previdenciários ou assistenciais. Colaciona-se o seu Anexo:

Anexo da Recomendação nº 04, de 17 de maio de 2012:

1. Para implantação sem pedido prévio na via administrativa

1. número do CPF;

2. nome da mãe;

3. número do PIS/PASEP;

4. endereço do segurado;

5. nome do segurado;

6. benefício concedido;

7. renda mensal inicial – RMI, fixada judicialmente ou "a calcular pelo INSS", quando for o caso;

8. renda mensal atual, fixada judicialmente ou "a calcular pelo INSS", quando for o caso;

9. data de início do benefício – DIB;

10. data do início do pagamento administrativo.

2. Para implantação com pedido prévio na via administrativa, restabelecimento e revisão do benefício

1. nome do segurado;

2. benefício concedido;

3. número do benefício;

4. renda mensal inicial – RMI, fixada judicialmente ou "a calcular pelo INSS", quando for o caso;

5. renda mensal atual, fixada judicialmente ou "a calcular pelo INSS", quando for o caso;

6. data de início do benefício – DIB;

7. data do início do pagamento administrativo.

3. Informações Condicionais

1. nos casos de conversão de tempo especial em comum ou averbação de tempo rural ou urbano – o(s) período(s) acolhido(s) judicialmente;

2. se efetuado cálculo do tempo de serviço pelo Poder Judiciário – encaminhar o cálculo ou tabela de tempo de serviço;

3. nas hipóteses de benefícios concedidos à pessoa incapaz – o nome do representante legal autorizado a receber o benefício do INSS;

4. nas hipóteses de pensão por morte – identificação do instituidor e dados da certidão de óbito ou cópia da certidão.

5. nas hipóteses de salário maternidade – dados da certidão de nascimento ou cópia da certidão de nascimento.

O cumprimento da obrigação de fazer (v.g., implantação ou revisão do benefício) ou de não fazer (v.g., vedação de cessação ou de descontos no benefício) pelo INSS, quer em sede de antecipação de tutela ou em decisão definitiva, será promovida pela Agência da Previdência Social de Atendimento de Demandas Judiciais ou pelo Setor de Atendimento de Demandas Judiciais, não necessitando mais passar pela Procuradoria Federal do INSS, cabendo a intimação direta do órgão administrativo.

16. EMBARGOS DE DECLARAÇÃO

O CPC de 2015 continua prevendo que os embargos de declaração não possuem efeito suspensivo e **interrompem o prazo** para a interposição de recurso (art. 1.026), assim como **estendeu este regramento aos Juizados Especiais** a partir da sua vigência, ao alterar os artigos 50 e 83 da Lei 9.099/95:

> Art. 1.065. O art. 50 da Lei nº 9.099, de 26 de setembro de 1995, passa a vigorar com a seguinte redação:
>
> "Art. 50. Os embargos de declaração interrompem o prazo para a interposição de recurso." (NR)
>
> Art. 1.066. O art. 83 da Lei nº 9.099, de 26 de setembro de 1995, passam a vigorar com a seguinte redação:
>
> "Art. 83. Cabem embargos de declaração quando, em sentença ou acórdão, houver obscuridade, contradição ou omissão.
>
> [...]
>
> § 2º Os embargos de declaração interrompem o prazo para a interposição de recurso.

Desta forma, desde a vigência do CPC/2015, a interposição de embargos de declaração não mais suspende o prazo para o recurso inominado, e sim interrompe o prazo, voltando a correr do zero o prazo de 10 dias.

A TNU vem afastando a aplicação da Súmula 418 do STJ[29] nos Juizados Especiais Federais, salvo quando o julgamento dos embargos declaratórios prejudicar o recurso interposto.

Nesse sentido, a Questão de Ordem 37, publicada em 13 de março de 2015:

QUESTÃO DE ORDEM Nº 37

DOU 13/03/2015

PG: 00252

A Súmula 418 do Superior Tribunal de Justiça somente se aplica aos Juizados Especiais Federais quando o julgamento dos embargos declaratórios prejudicar o recurso interposto. (Aprovada na 2ª Sessão Ordinária da Turma Nacional de Uniformização do dia 11.03.2015).

No entanto, com a entrada em vigor do CPC/2015, o STJ acabou revogando a Súmula 418 na sessão realizada em 1/7/2016.

Para ilustrar o procedimento em 1º grau no âmbito dos Juizados Especiais Federais, colaciona-se passagem de organograma que consta do Manual de Rotinas e Procedimentos Internos da 2ª Região[30]:

---

29. Súmula 418. É inadmissível o recurso especial interposto antes da publicação do acórdão dos embargos de declaração, sem posterior ratificação.
30. Disponível em http://www.trf2.jus.br/corregedoria/documentos/procedimentos_cartorarios/ManualJEFCompiladoCR.pdf

PARTE II – FLUXOGRAMAS
I – ANÁLISE DE PREVENÇÃO*

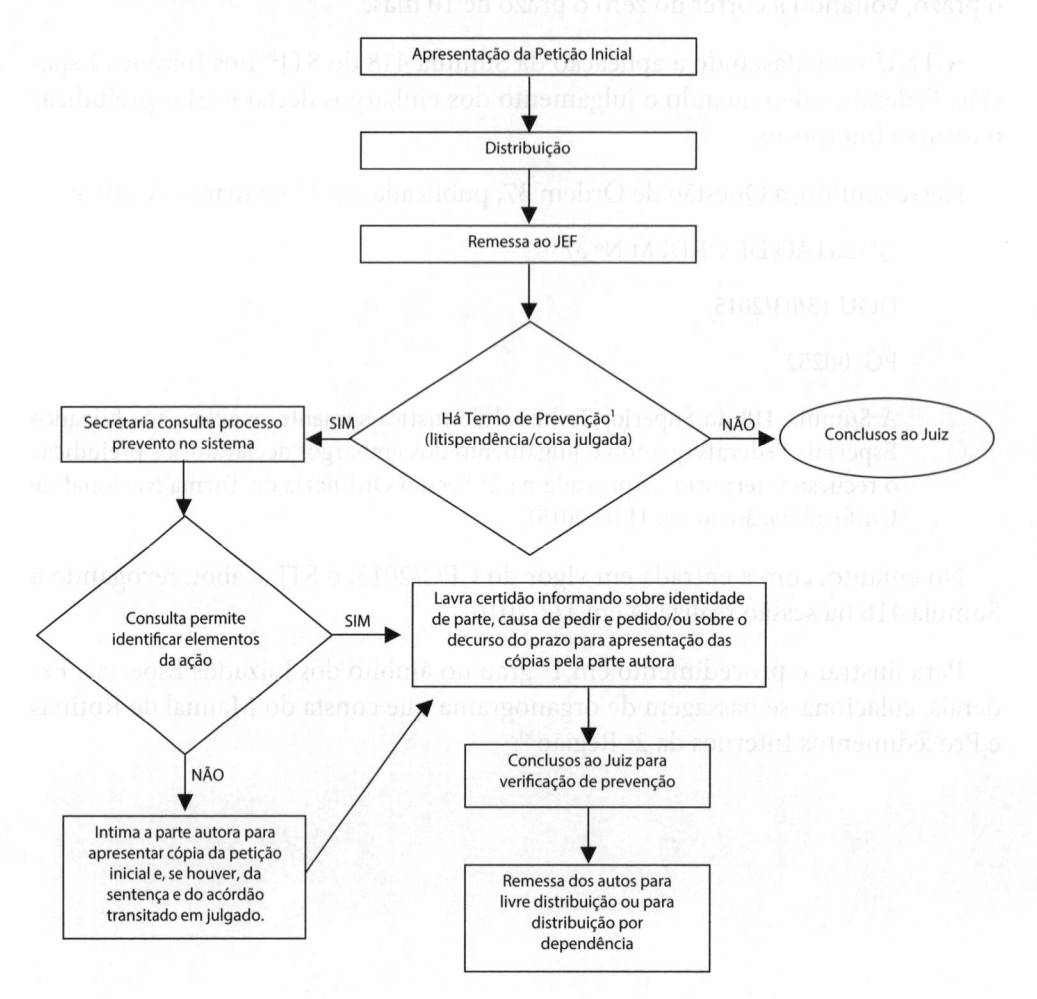

```
Apresentação da Petição Inicial
            │
            ▼
       Distribuição
            │
            ▼
       Remessa ao JEF
            │
            ▼
  Há Termo de Prevenção¹
  (litispendência/coisa julgada)
      │SIM           │NÃO
      ▼              ▼
Secretaria consulta          Conclusos ao Juiz
processo prevento
no sistema
      │
      ▼
Consulta permite
identificar elementos ──SIM──► Lavra certidão informando sobre identidade
da ação                         de parte, causa de pedir e pedido/ou sobre o
      │                         decurso do prazo para apresentação das
     NÃO                        cópias pela parte autora
      ▼                                   │
Intima a parte autora                     ▼
para apresentar cópia             Conclusos ao Juiz para
da petição inicial e,             verificação de prevenção
se houver, da sentença                    │
e do acórdão transitado                   ▼
em julgado.                       Remessa dos autos para
                                  livre distribuição ou para
                                  distribuição por
                                  dependência
```

* Termo de Prevenção não se confunde com Termo de Informação de Prevenção. O primeiro é emitido para ser encaminhado ao Juízo que, necessariamente, terá que analisar a prevenção. O segundo é mera indicação de processos em tramitação em outros Juízos com possível relação de identidade com os elementos da ação e é emitido após a distribuição do processo.

II – SENTENÇA DE IMPROCEDÊNCIA DE PLANO – ART. 285-A/CPC (REMISSÃO AO ANTIGO CPC)

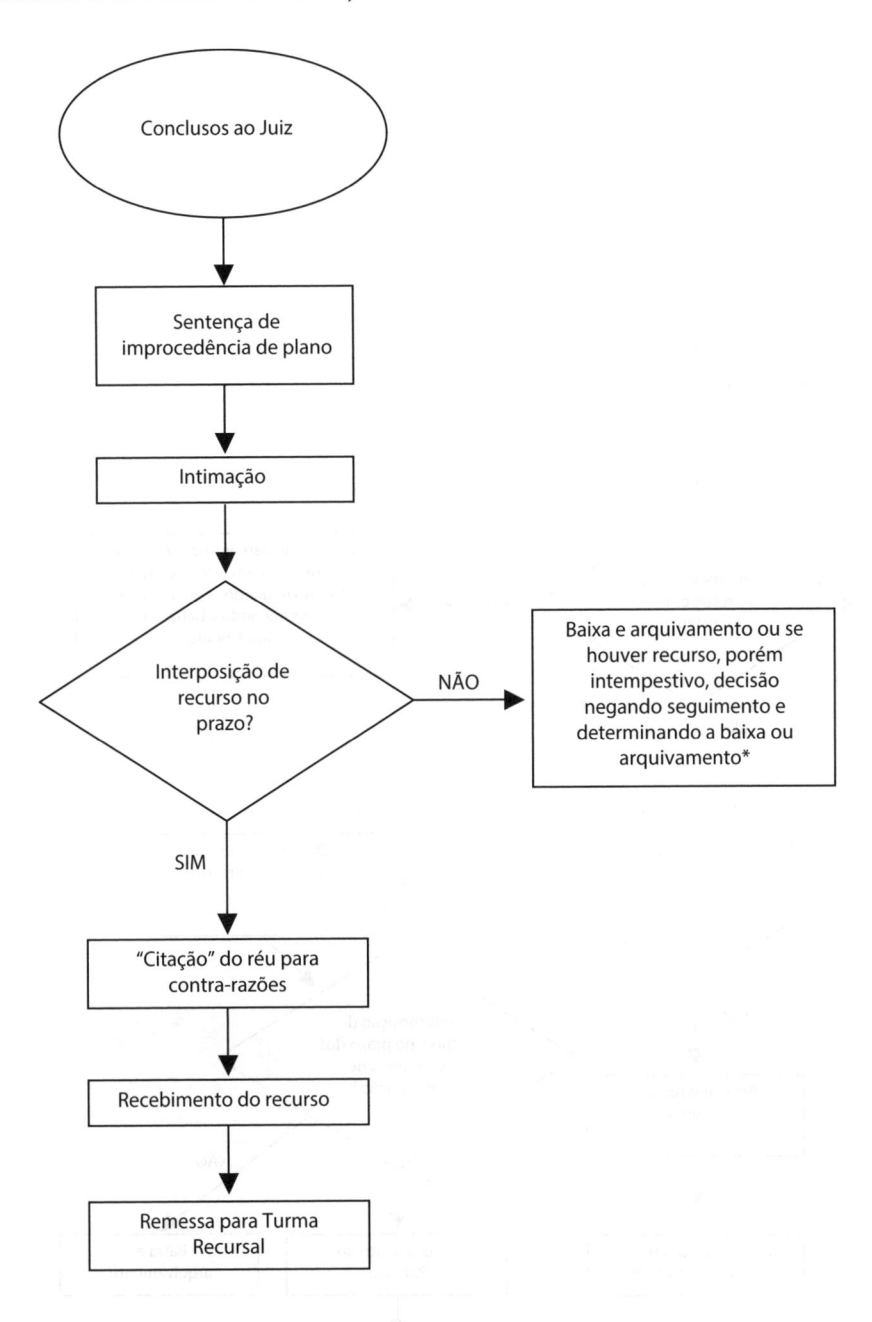

```
                    ┌─────────────────┐
                    │ Conclusos ao Juiz │
                    └─────────────────┘
                             │
                             ▼
                ┌──────────────────────┐
                │     Sentença de      │
                │ improcedência de plano│
                └──────────────────────┘
                             │
                             ▼
                      ┌─────────────┐
                      │  Intimação  │
                      └─────────────┘
                             │
                             ▼
                   ◇ Interposição de ◇          ┌──────────────────────────┐
                   ◇    recurso no   ◇ ── NÃO ─▶│ Baixa e arquivamento ou se│
                   ◇      prazo?    ◇           │  houver recurso, porém    │
                             │                   │  intempestivo, decisão    │
                            SIM                  │  negando seguimento e     │
                             │                   │  determinando a baixa ou  │
                             ▼                   │       arquivamento*       │
                ┌──────────────────────┐         └──────────────────────────┘
                │ "Citação" do réu para│
                │     contra-razões    │
                └──────────────────────┘
                             │
                             ▼
                ┌──────────────────────┐
                │ Recebimento do recurso│
                └──────────────────────┘
                             │
                             ▼
                ┌──────────────────────┐
                │  Remessa para Turma  │
                │       Recursal       │
                └──────────────────────┘
```

III – SENTENÇA TERMINATIVA DE PLANO – ART. 267/CPC (REMISSÃO AO ANTIGO CPC)

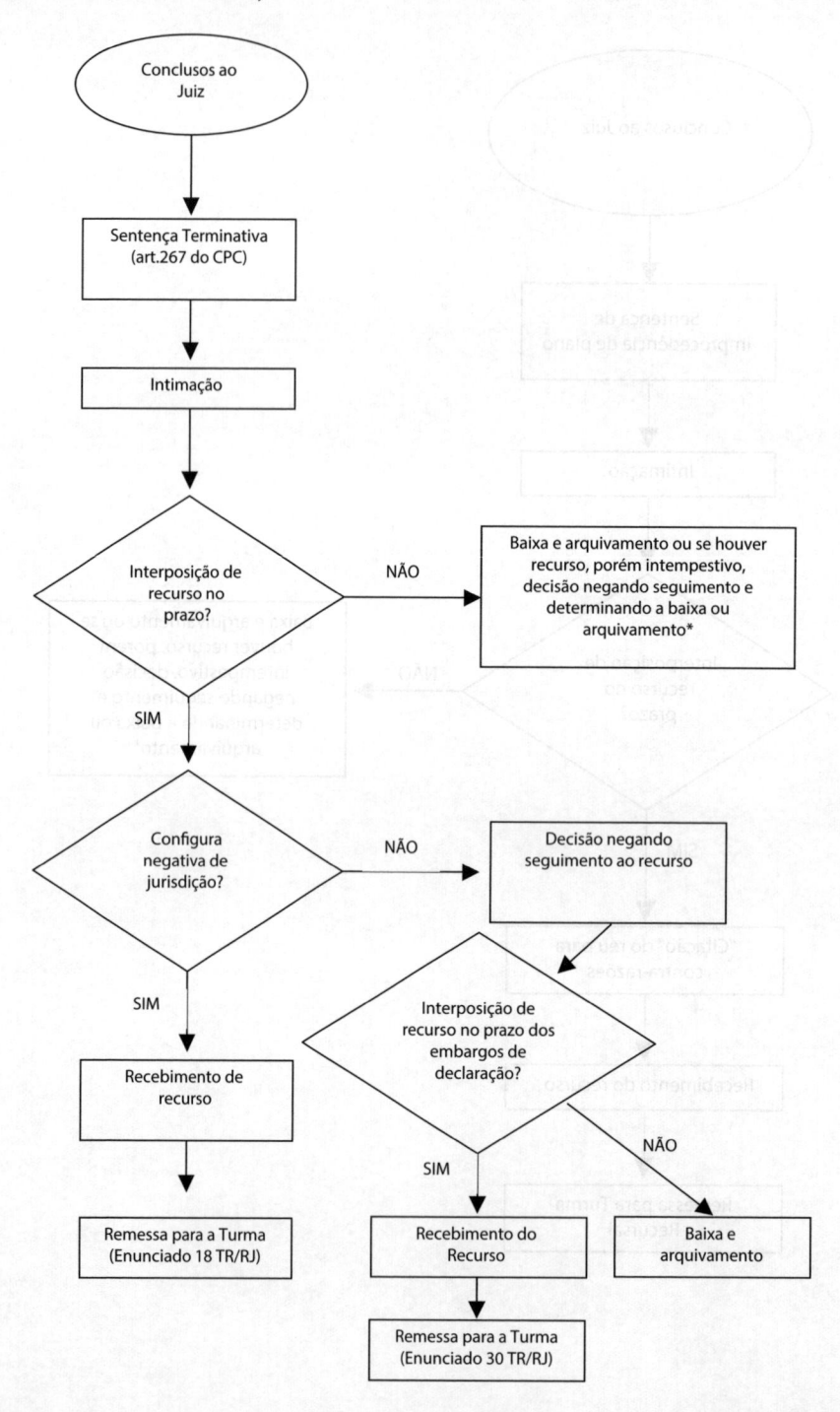

```
Conclusos ao Juiz
        ↓
Sentença Terminativa (art.267 do CPC)
        ↓
Intimação
        ↓
Interposição de recurso no prazo?
   ├─ NÃO → Baixa e arquivamento ou se houver recurso, porém intempestivo, decisão negando seguimento e determinando a baixa ou arquivamento*
   └─ SIM ↓
Configura negativa de jurisdição?
   ├─ NÃO → Decisão negando seguimento ao recurso
   │           ↓
   │       Interposição de recurso no prazo dos embargos de declaração?
   │           ├─ SIM → Recebimento do Recurso → Remessa para a Turma (Enunciado 30 TR/RJ)
   │           └─ NÃO → Baixa e arquivamento
   └─ SIM ↓
Recebimento de recurso
        ↓
Remessa para a Turma (Enunciado 18 TR/RJ)
```

Regras Específicas sobre o Procedimento dos Juizados Especiais Federais

IV – DESPACHO INICIAL/DECISÃO

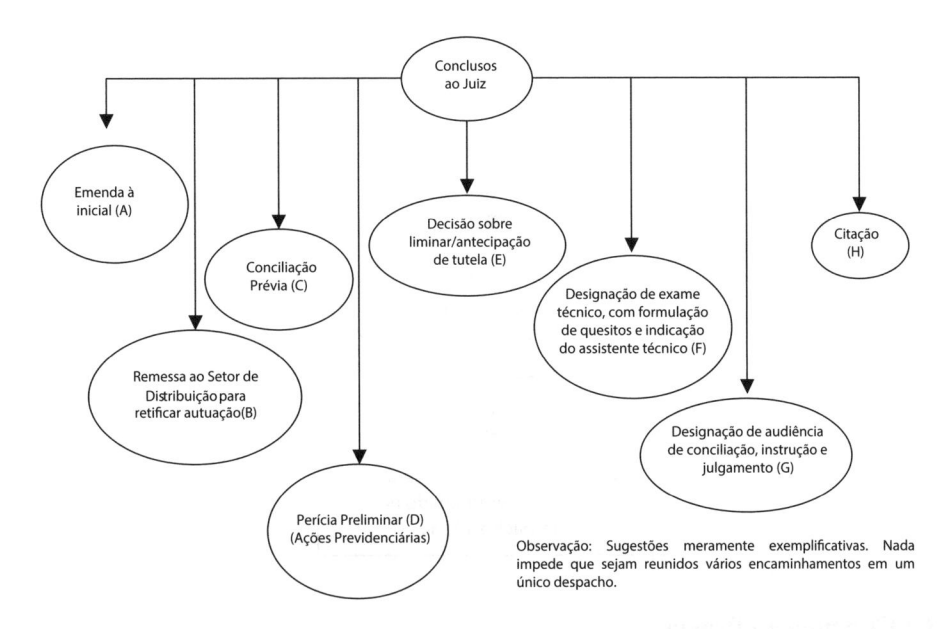

Conclusos ao Juiz:
- Emenda à inicial (A)
- Remessa ao Setor de Distribuição para retificar autuação (B)
- Conciliação Prévia (C)
- Perícia Preliminar (D) (Ações Previdenciárias)
- Decisão sobre liminar/antecipação de tutela (E)
- Designação de exame técnico, com formulação de quesitos e indicação do assistente técnico (F)
- Designação de audiência de conciliação, instrução e julgamento (G)
- Citação (H)

Observação: Sugestões meramente exemplificativas. Nada impede que sejam reunidos vários encaminhamentos em um único despacho.

A) Emenda à Inicial

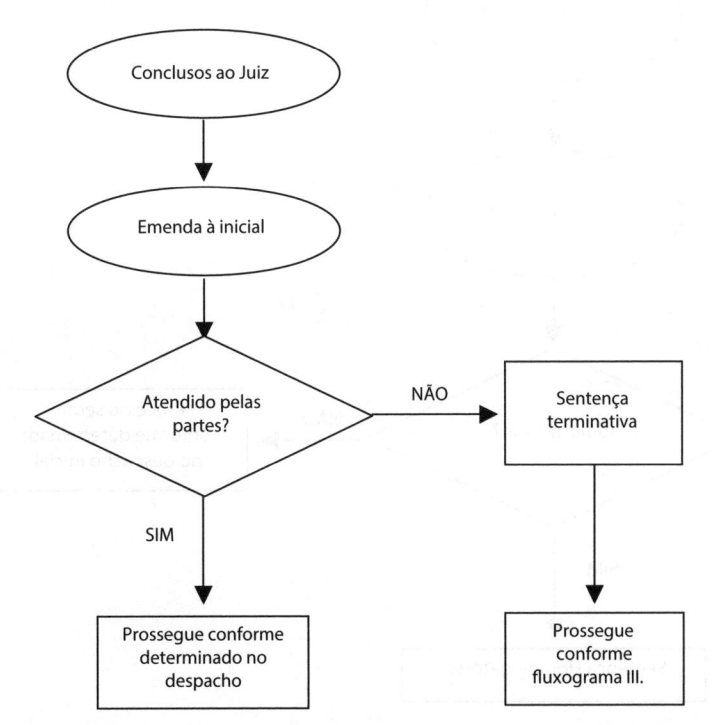

Conclusos ao Juiz → Emenda à inicial → Atendido pelas partes?
- SIM → Prossegue conforme determinado no despacho
- NÃO → Sentença terminativa → Prossegue conforme fluxograma III.

B) Remessa ao Setor de Distribuição para Retificar Autuação

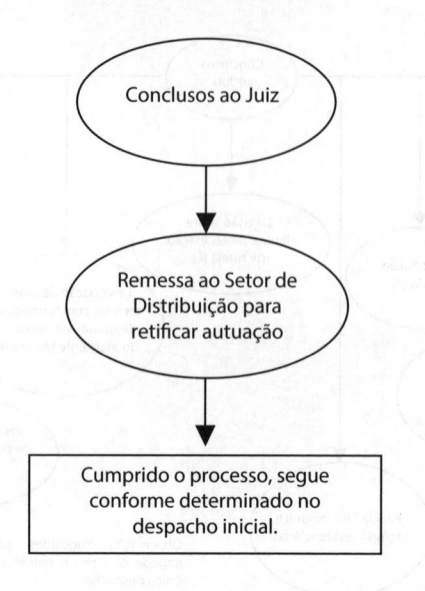

- Conclusos ao Juiz
- Remessa ao Setor de Distribuição para retificar autuação
- Cumprido o processo, segue conforme determinado no despacho inicial.

C) Conciliação Prévia

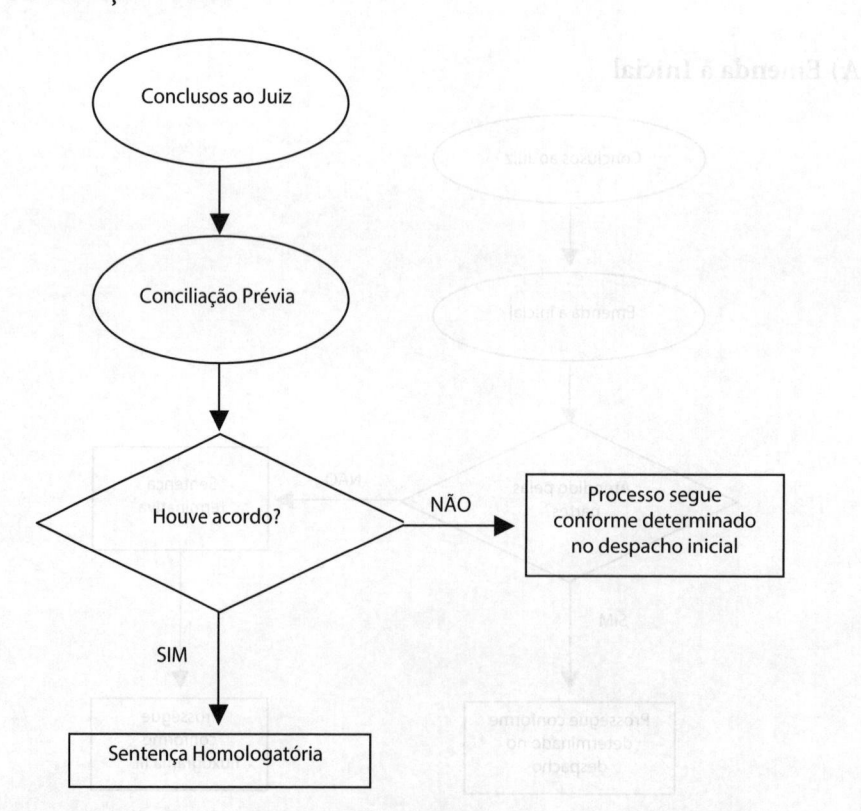

- Conclusos ao Juiz
- Conciliação Prévia
- Houve acordo?
  - NÃO → Processo segue conforme determinado no despacho inicial
  - SIM → Sentença Homologatória

Regras Específicas sobre o Procedimento dos Juizados Especiais Federais

D) Perícia Preliminar em Ações Previdenciárias

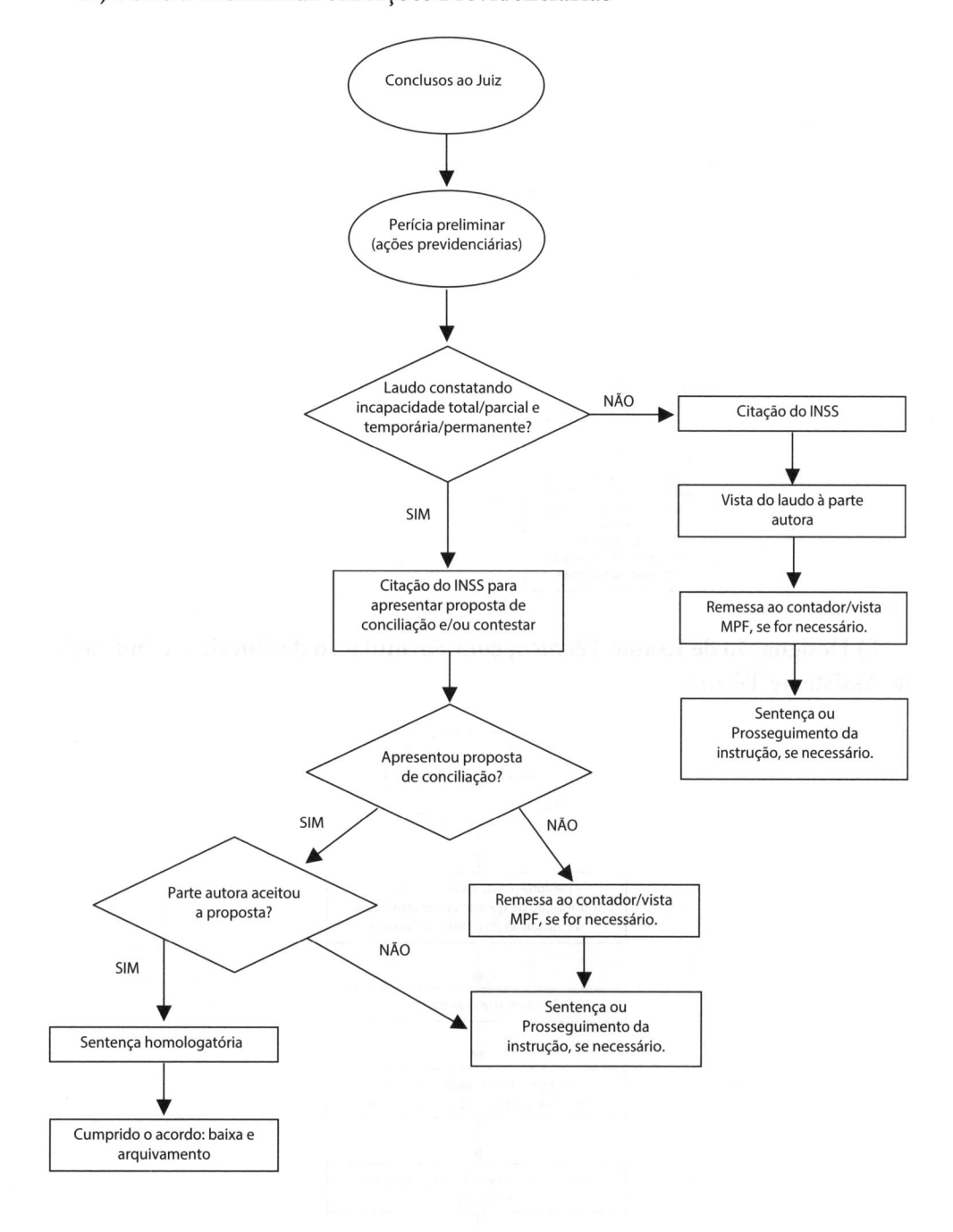

```
                    ( Conclusos ao Juiz )
                             │
                             ▼
                    ( Perícia preliminar  )
                    ( (ações previdenciárias) )
                             │
                             ▼
              ◇ Laudo constatando incapacidade
                total/parcial e temporária/permanente? ◇ ──NÃO──► [ Citação do INSS ]
                             │                                          │
                            SIM                                         ▼
                             │                                [ Vista do laudo à parte autora ]
                             ▼                                          │
                 [ Citação do INSS para                                 ▼
                   apresentar proposta de                    [ Remessa ao contador/vista
                   conciliação e/ou contestar ]                MPF, se for necessário. ]
                             │                                          │
                             ▼                                          ▼
                ◇ Apresentou proposta                         [ Sentença ou
                  de conciliação? ◇                            Prosseguimento da
                   │           │                               instrução, se necessário. ]
                  SIM         NÃO
                   │           │
                   ▼           ▼
         ◇ Parte autora      [ Remessa ao contador/vista
           aceitou a           MPF, se for necessário. ]
           proposta? ◇                │
           │       │                  ▼
          SIM     NÃO       [ Sentença ou
           │       └───►     Prosseguimento da
           ▼                 instrução, se necessário. ]
  [ Sentença homologatória ]
           │
           ▼
  [ Cumprido o acordo: baixa e
    arquivamento ]
```

E) Decisão sobre Liminar/Antecipação de Tutela

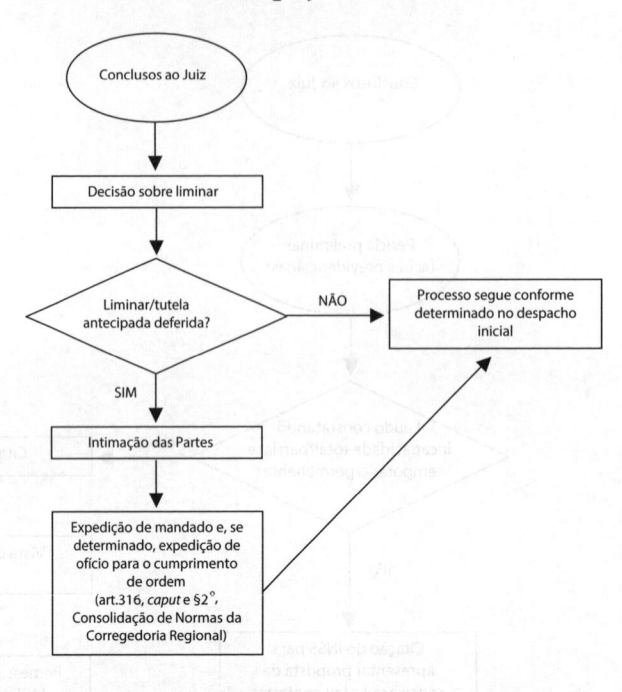

```
        ( Conclusos ao Juiz )
                 │
                 ▼
     [ Decisão sobre liminar ]
                 │
                 ▼
        < Liminar/tutela          NÃO    ┌─────────────────────────┐
          antecipada deferida? > ──────▶ │ Processo segue conforme │
                 │                       │ determinado no despacho │
                SIM                      │        inicial          │
                 │                       └─────────────────────────┘
                 ▼                                    ▲
     [ Intimação das Partes ]                         │
                 │                                    │
                 ▼                                    │
  ┌──────────────────────────────┐                    │
  │ Expedição de mandado e, se   │                    │
  │ determinado, expedição de    │                    │
  │ ofício para o cumprimento    │────────────────────┘
  │         de ordem             │
  │ (art.316, caput e §2°,       │
  │  Consolidação de Normas da   │
  │    Corregedoria Regional)    │
  └──────────────────────────────┘
```

F) Designação de Exame Técnico, com Formulação de Quesitos e Indicação de Assistente Técnico

```
           ( Conclusos ao Juiz )
                    │
                    ▼
   ┌────────────────────────────────────┐
   │  Designação de exame técnico,      │
   │  formulação de quesitos e          │
   │  determinação de indicação de      │
   │  assistente técnico                │
   └────────────────────────────────────┘
                    │
                    ▼
      [ Vista do laudo às partes ]
                    │
                    ▼
   ┌────────────────────────────────────┐
   │  Complementação do laudo, se       │
   │  necessário, com renovação         │
   │  da vista.                         │
   └────────────────────────────────────┘
                    │
                    ▼
   ┌────────────────────────────────────┐
   │  Remessa ao Contador/vista MPF,    │
   │  se necessário.                    │
   └────────────────────────────────────┘
                    │
                    ▼
   ┌────────────────────────────────────┐
   │  Sentença ou prosseguimento da     │
   │  instrução, se necessário.         │
   └────────────────────────────────────┘
```

Regras Específicas sobre o Procedimento dos Juizados Especiais Federais

G) Designação de Audiência de Conciliação, Instrução e Julgamento

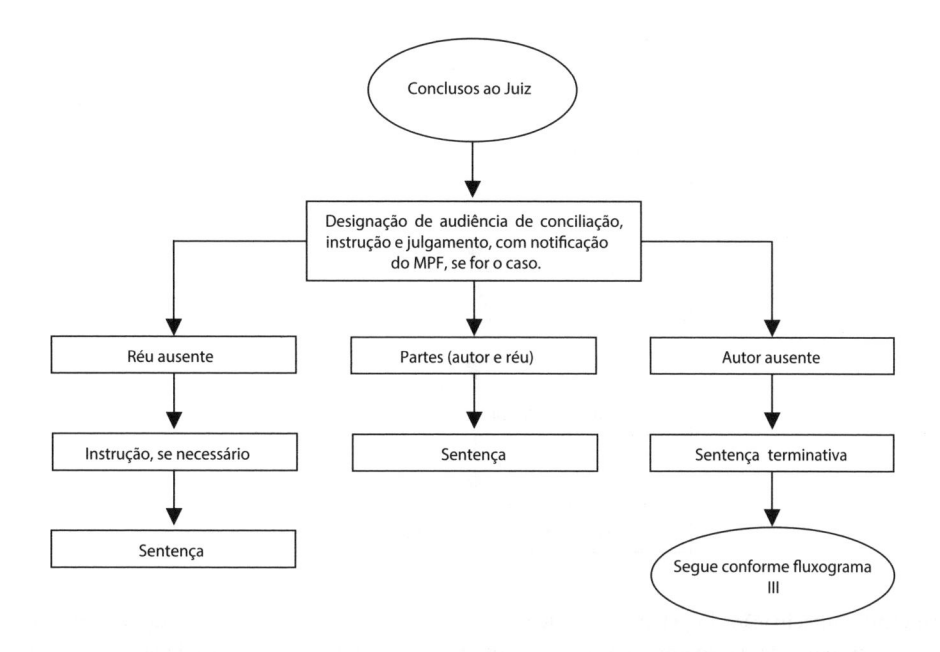

```
                    ┌─────────────────┐
                    │ Conclusos ao Juiz│
                    └────────┬────────┘
                             ▼
        ┌──────────────────────────────────────────┐
        │ Designação de audiência de conciliação,  │
        │ instrução e julgamento, com notificação  │
        │         do MPF, se for o caso.           │
        └──────────────────────────────────────────┘
           │                  │                  │
           ▼                  ▼                  ▼
    ┌────────────┐   ┌──────────────────┐   ┌────────────┐
    │ Réu ausente│   │Partes(autor e réu)│  │Autor ausente│
    └─────┬──────┘   └────────┬─────────┘   └──────┬─────┘
          ▼                   ▼                    ▼
  ┌──────────────────┐   ┌──────────┐    ┌──────────────────┐
  │Instrução, se     │   │ Sentença │    │Sentença terminativa│
  │necessário        │   └──────────┘    └────────┬─────────┘
  └────────┬─────────┘                            ▼
           ▼                              ┌──────────────────┐
      ┌──────────┐                        │Segue conforme    │
      │ Sentença │                        │fluxograma III    │
      └──────────┘                        └──────────────────┘
```

H) Citação

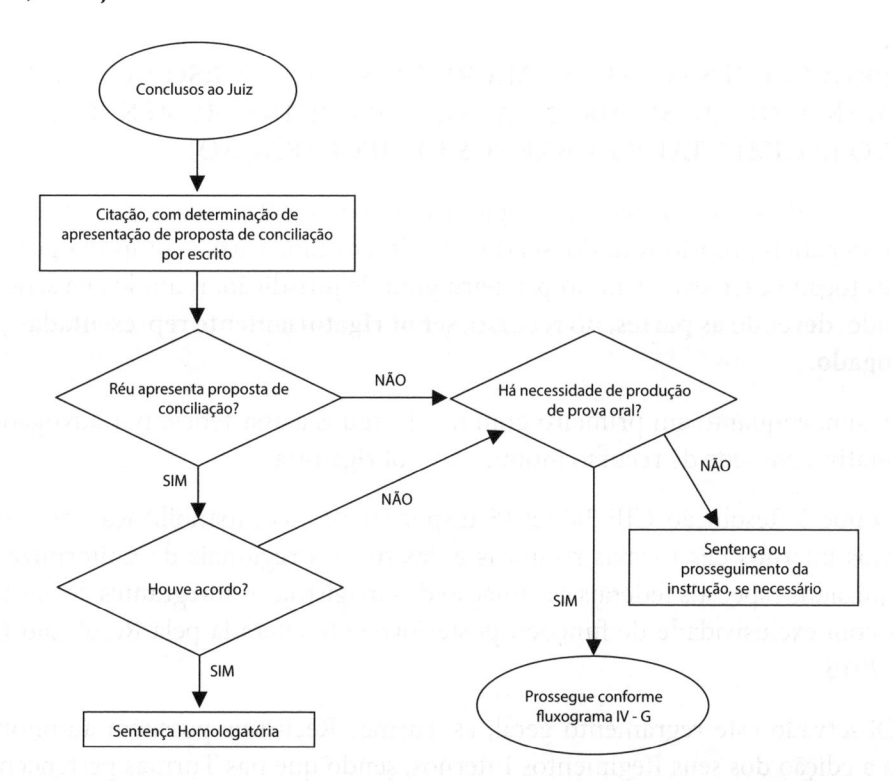

```
              ┌─────────────────┐
              │ Conclusos ao Juiz│
              └────────┬────────┘
                       ▼
        ┌──────────────────────────────────┐
        │ Citação, com determinação de     │
        │ apresentação de proposta de      │
        │ conciliação por escrito          │
        └────────────────┬─────────────────┘
                         ▼
         ┌──────────────────────────┐   NÃO    ┌──────────────────────┐
         │ Réu apresenta proposta de├─────────▶│ Há necessidade de    │
         │ conciliação?             │          │ produção de prova oral?│
         └────────────┬─────────────┘          └──────┬───────────┬───┘
                  SIM │                               │NÃO        │SIM
                      ▼                               ▼           ▼
              ┌──────────────┐  NÃO          ┌────────────────┐  ┌──────────────┐
              │ Houve acordo?├──────────────▶│Sentença ou     │  │Prossegue conforme│
              └──────┬───────┘               │prosseguimento da│ │fluxograma IV - G │
                 SIM │                       │instrução, se   │  └──────────────┘
                     ▼                       │necessário      │
           ┌────────────────────┐            └────────────────┘
           │Sentença Homologatória│
           └────────────────────┘
```

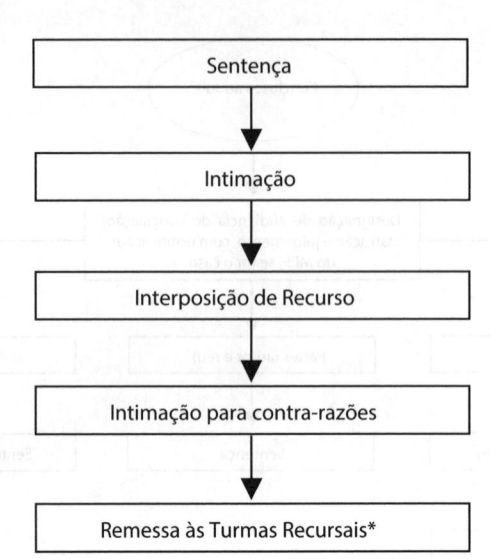

V - PROCEDIMENTO NO RECEBIMENTO DE RECURSO

```
Sentença
   ↓
Intimação
   ↓
Interposição de Recurso
   ↓
Intimação para contra-razões
   ↓
Remessa às Turmas Recursais*
```

* Havendo antecipação dos efeitos da tutela na sentença, o réu deve ser intimado a comprovar o cumprimento da obrigação antes da remessa dos autos à Turma Recursal, caso haja interposição de recurso.

17. PROCEDIMENTO NA TURMA RECURSAL (RECURSO INOMINADO, MANDADO DE SEGURANÇA, AGRAVO DE INSTRUMENTO, AGRAVO REGIMENTAL E EMBARGOS DE DECLARAÇÃO)

De acordo com o artigo 41 e seguintes da Lei 9.099/95, da sentença, caberá recurso para o próprio Juizado, sendo julgado por uma turma composta por três Juízes togados, em exercício no primeiro grau de jurisdição, reunidos na sede do Juizado, **devendo as partes, no recurso, ser obrigatoriamente representadas por advogado.**

Assim, enquanto em primeiro grau nos Juizados a assistência por advogado é facultativa, em sede de recurso inominado é obrigatória.

Coube à Resolução CJF 347/2015 dispor sobre a compatibilização dos regimentos internos das turmas recursais e das turmas regionais de uniformização dos juizados especiais federais e à atuação dos magistrados integrantes dessas turmas com exclusividade de funções, posteriormente alterada pela Resolução CJF 393/2016.

Observado este regramento geral, as Turmas Recursais possuem autonomia para a edição dos seus Regimentos Internos, sendo que nas Turmas pertencentes à 1ª Região existe o regramento geral da Resolução PRESI 17/2014, da lavra do Presidente do Tribunal Regional Federal da 1ª Região.

O recurso será interposto no prazo de **dez dias**, contados da ciência da sentença, por petição escrita, da qual constarão as razões e o pedido do recorrente.

De efeito, a sentença de mérito proferida nos Juizados Especiais poderá ser impugnada por recurso inominado, quando antes não forem cabíveis os embargos de declaração, nas hipóteses de omissão, contradição ou obscuridade, cuja interposição **interrompe** o prazo de interposição do recurso inominado, a teor do artigo 50, da Lei 9.099/95, alterado pelo CPC/2015, conforme será visto.

Nos termos do Enunciado 59, do FONAJEF, **não cabe recurso adesivo** nos Juizados Especiais Federais por ser incompatível com a sua principiologia, de modo que descabe aderência ao recurso interposto pela parte ex-adversa, caso vencido o seu prazo recursal.

Pela literalidade do texto da Lei 10.259/2001, o recurso inominado somente é cabível no rito do JEF em duas situações:

a) contra decisões interlocutórias que deferiram medidas cautelares (art. 4º, Lei 10.259/2001);

b) contra sentenças de mérito (definitivas) (art. 5º, Lei 10.259/2001).

Na primeira hipótese, deverá ser interposto o recurso com a formação do instrumento diretamente na Turma Recursal, pois deverão ser formados autos apartados para julgamento do recurso enquanto os autos principais tramitam em 1º grau, podendo ser denominado *recurso inominado na modalidade instrumento*, sendo similar ao agravo de instrumento previsto pelo rito comum.

Inclusive, algumas turmas recursais aplicam as regras do CPC sobre o agravo de instrumento ao recurso inominado interposto contra decisão interlocutória por analogia. Veja-se, por exemplo, decisão da 1ª Turma Recursal do Distrito Federal:

> "PROCESSUAL CIVIL. RECURSO. APLICAÇÃO ANALÓGICA DAS REGRAS QUE DISCIPLINAM O AGRAVO de INSTRUMENTO. JUNTADA AO PROCESSO de CÓPIA da PETIÇÃO INICIAL DO RECURSO. NECESSIDADE. Não tendo o INSS, ora agravante, dado cumprimento à norma do art. 526 do CPC (cf. documentos de fls. 80/82), regra que possui aplicação analógica quando se trata de recurso inominado oferecido contra decisão de antecipação de tutela, há de se afirmar a inadmissibilidade do agravo. Recurso não conhecido" (processo 2003.34.00.712522-9, de 12/11/2003).

Nesse caminho, de acordo com o artigo 1.017 do CPC/2015, a petição de agravo de instrumento será instruída:

> I – obrigatoriamente, com cópias da petição inicial, da contestação, da petição que ensejou a decisão agravada, da própria decisão agravada, da certidão da respectiva intimação ou outro documento oficial que comprove a tempestividade e das procurações outorgadas aos advogados do agravante e do agravado;

II – com declaração de inexistência de qualquer dos documentos referidos no inciso I, feita pelo advogado do agravante, sob pena de sua responsabilidade pessoal;

III – facultativamente, com outras peças que o agravante reputar úteis.

Já o artigo 1.018 do CPC/2015 prevê que o agravante **poderá** requerer a juntada, aos autos do processo, de cópia da petição do agravo de instrumento, do comprovante de sua interposição e da relação dos documentos que instruíram o recurso.

Mas se não forem eletrônicos os autos, o agravante tomará a providência no prazo de **três dias** a contar da interposição do agravo de instrumento, sendo que o seu descumprimento, desde que arguido e provado pelo agravado, importa inadmissibilidade do agravo de instrumento.

Logo, nos processos físicos a providência acima referida é obrigatória, podendo prejudicar o conhecimento do recurso, sendo facultativa nos processos eletrônicos, de fácil acesso pelo julgador.

Por sua vez, se o juiz comunicar que reformou inteiramente a decisão, o relator considerará prejudicado o agravo de instrumento.

Já quando interposto contra a sentença de mérito, será encaminhado em simples petição ao juiz de 1º grau, inexistindo a formação de novos autos, pois os autos subirão à Turma Recursal.

Vale registrar que não há previsão legal para a interposição de recurso inominado contra sentença que extingue o processo sem o julgamento do mérito (sentença terminativa), devendo, neste caso, ser manejado o mandado de segurança como supedâneo recursal.

Os recursos contra a sentença serão julgados pela Turma Recursal respectiva, formada por três juízes federais, que poderão manter a sentença, reformá-la ou anulá-la, total ou parcialmente.

Trata-se do **recurso inominado contra sentença definitiva** (não é recurso de apelação), a ser interposto no prazo de 10 dias para desafiar sentença que adentou ao mérito da causa, sendo o prazo de contrarrazões igualmente de dez dias.

Até o advento da Resolução CJF 417, de 28 de outubro de 2016, o recurso inominado interposto contra sentença definitiva possuía o juízo de admissão provisório promovido pelo juiz de primeiro grau.

Esta regra, no entanto, foi modificada pela Resolução CJF 417/2016, passando a ser da **atribuição exclusiva da Turma Recursal o juízo de admissão**, cabendo apenas ao juiz de 1º grau fazer subir o recurso inominado, acompanhado das respectivas contrarrazões, se apresentadas pela parte ex-adversa em igual prazo de 10 dias.

Desta forma, descabe ao juiz de primeiro grau receber ou deixar de receber o recurso inominado, devendo se limitar a intimar a parte contrária para, querendo, apresentar contrarrazões, para posteriormente fazer subir o processo, cabendo à Turma Recursal avaliar os pressupostos normativos de admissão recursal.

Nesse sentido, nos termos do **Enunciado FONAJEF 182**, o juízo de admissibilidade do recurso inominado deve ser feito na turma recursal, aplicando-se subsidiariamente o art. 1.010, § 3º, do CPC/2015.

Vale frisar que descabe recurso inominado contra sentença terminativa, por força do artigo 5º da Lei 10.259/2001[31], sendo cabível mandado de segurança como sucedâneo recursal contra a sentença que extingue o processo sem o julgamento do mérito, que deve ser interposto em 120 dias, conquanto algumas Turmas Recursais entendam que também deverá ser observado o prazo de 10 dias neste caso, sendo um tema deveras controverso.

Aduz ainda o Enunciado 144, do FONAJEF, ser cabível recurso inominado contra sentença terminativa se a extinção do processo obstar que o autor intente de novo a ação ou quando importe negativa de jurisdição.

Nos termos do Enunciado 108, do FONAJEF, "não cabe recurso para impugnar decisões que apreciem questões ocorridas após o trânsito em julgado", razão pela qual é cabível o mandado de segurança como sucedâneo recursal.

Caso haja a interposição de recurso inominado contra sentença terminativa é possível que a Turma Recursal o aceite, através da correta aplicação do Princípio da Fungibilidade.

No entanto, existe uma linha jurisprudencial que aqui se julga equivocada que nega a recorribilidade das sentenças terminativas e demais decisões interlocutórias no JEF, descabendo até o mandado de segurança, a exemplo de decisão proferida pela **1ª Turma Recursal de Pernambuco**:

> "Trata-se de mandado de segurança impetrado contra ato indigitado como coator, oriundo de Juiz Federal com atuação no 1º grau dos JEFs de Pernambuco, nos autos do processo nº 0501866-41.2016.4.05.8312. – De acordo com os arts. 4º e 5º da Lei 10.259/01, nos JEFs somente cabe recurso contra as decisões relativas a provimentos de urgência ou contra sentenças definitivas. **O intuito do legislador foi de somente permitir impugnação nos limitados casos que mencionou, tornando inimpugnável qualquer outra decisão, dentre elas aquelas extintivas do feito sem resolução do mérito. Tal intenção, aliás, compatibiliza-se perfeitamente com a Constituição Federal, não só com o seu art. 5º, LXXVIII, que estabelece a razoável duração do processo, mas principalmente com o seu art. 98, I, que estatui o procedimento sumaríssimo para os Juizados, ciente o constituinte de que o custo do processo nas causas de pequeno valor, aliado**

---

31. Art. 5º Exceto nos casos do art. 4º, somente será admitido recurso de sentença definitiva.

à **demora na solução, implicaria muito mais prejuízo que eventual equívoco judicial cometido. – Pelo mesmo motivo, é absolutamente descabida a impetração de mandado de segurança em tais casos.** Se a lei, seguindo o ditame constitucional, não desejou impugnação recursal de inúmeras decisões, é óbvio que o contrário não pode ocorrer por via transversa. Ressalvam-se apenas as difíceis hipóteses de decisões teratológicas, aferidas sem nenhum esforço intelectual, que caracterizem manifesta ilegalidade. Não se pode perder de vista que a irrecorribilidade de determinadas decisões jurisdicionais, prevista na legislação própria dos JEFs visa a emprestar maior celeridade às demandas submetidas ao seu crivo. Em consequência, o manejo da ação mandamental, com o fito de imprimir-lhe o condão de sucedâneo de recurso é incompatível com este propósito, não havendo, pois, como se admitir que toda e qualquer decisão, somente porque contrária aos interesses da parte, possa vir a ser combatida através do remédio constitucional." (processo 0501866-41.2016.4.05.8312, de 31/8/2016).

Por outro lado, a **3ª Turma Recursal de Pernambuco** admite o mandado de segurança como sucedâneo recursal contra sentença terminativa:

"MANDADO DE SEGURANÇA CONTRA SENTENÇA QUE NÃO APRECIA O MÉRITO. POSSIBILIDADE. NEGATIVA DE PRESTAÇÃO JURISDICIONAL. CABIMENTO. SEGURANÇA CONCEDIDA. VOTO Trata-se de mandado de segurança impetrado por LUZINETE MARIA VASCONCELOS contra ato judicial praticado pelo Juízo Federal da 15ª Vara Federal da Seção Judiciária de Pernambuco nos autos do processo nº. 0516388-46.2015.4.05.8300. A decisão atacada extinguiu o processo, sem resolução do mérito, por reconhecer a existência de coisa julgada em relação ao processo anterior nº 0521622-14.2012.4.05.8300. A sentença teve o seguinte teor, verbis: "Vistos, etc. Cuida a hipótese de coisa julgada na qual, consoante informação prestada pela secretaria, observa-se parte, objeto e causa de pedir idênticos ao de demanda com sentença transitada em julgado nestes Juizados Especiais (Proc. n. 0521622-14.2012.4.05.8300), o que caracteriza coisa julgada. Observe-se que no feito anterior foi realizada perícia médica, que concluiu ser a autora portadora de incapacidade parcial e definitiva. Com base em tal laudo o pedido de prestação continuada foi julgado improcedente. Entendeu o juiz sentenciante que a autora, inobstante a limitação de que portadora, tinha condições de exercer atividade que lhe garantisse a subsistência. Nos presentes autos se noticia a mesma patologia, sem qualquer notícia de agravamento, tanto que se pede a utilização do laudo médico pericial elaborado no processo anterior como prova emprestada. Trata-se, pois, de nítida hipótese de coisa julgada material. Diante do exposto, extingo o feito sem resolução de mérito nos termos do art. 267, V, do Código de Processo Civil." (...) O art. 5º da Lei nº 10.259/2001 é claro em dispor que somente será admitido recurso de sentença definitiva. Contudo, tratando-se de sentenças terminativas com caráter definitivo, admite-se o conhecimento do recurso, pois a negativa implicaria a denegação da prestação jurisdicional, tornando algumas decisões irrecorríveis e incorrigíveis. Esse caráter definitivo a que me refiro são aquelas sentenças que impedem o reajuizamento da causa, como ocorre nos casos de reconhecimento da coisa julgada, perempção e litispendência, por exemplo. Os casos de extinção por falta de documentos, inépcia, falta de pressupostos, dentre outros, tornam incabíveis a via recursal, porquanto não existe prejuízo no ajuizamento de uma nova ação. Neste caso, o writ deve ser conhecido, tendo em vista que a matéria não poderá ser conhecida em outra oportunidade, em virtude da coisa julgada material reconhecida pela sentença atacada. Tenho por caracterizada a plausibilidade das alegações deduzidas pela autora desde a petição inicial do processo originário, no sentido do agravamento de seu estado de saúde. A tese é corroborada pelos vários atestados médicos apresentados (vide anexos 12/14 do processo originário), todos datados a partir do ano de 2014, ou seja, após a extinção da primeira ação, nº 0521622-14.2012.4.05.8300, transitada em julgado em 23/04/2013. Diante desse cenário, entendo que foi prematura a extinção do feito, sem resolução do mérito, antes mesmo da instauração do contraditório que permitisse aferir a veracidade, ou não, das alegações deduzidas na inicial – as quais, a essas alturas, mostram-se ainda mais verossímeis. Deste modo, conclui-se que, no caso, a extinção do feito, sem resolução de mérito, implicou negativa de prestação jurisdicional a autorizar o manejo do mandamus e, por conseguinte, a concessão da ordem. Diante do exposto, CONCEDO A SEGURANÇA para anular a sentença do processo n. 0516388-46.2015.4.05.8300, determinando ainda que a referida ação retome o seu regular processamento. Sem honorários advocatícios (art. 25 da Lei nº. 12.016/09). ACÓRDÃO Decide a 3ª Turma Recursal dos Juizados Especiais de Pernambuco, por unanimidade, CONCEDER SEGURANÇA, nos termos da fundamentação supra. Recife/PE, data do julgamento. JOAQUIM LUSTOSA FILHO Juiz Federal Relator" **(processo 0500078-94.2016.4.05.9830, de 15/3/2016).**

Já **Turma Recursal de Sergipe** vem ampliando o texto normativo para aceitar recurso inominado contra sentença terminativa:

"**PREVIDENCIÁRIO. SEGURADO ESPECIAL. AUXÍLIO-DOENÇA. SENTENÇA TERMINATIVA. MANDADO DE SEGURANÇA RECEBIDO COMO RECURSO INOMINADO. COISA JULGADA MATERIAL NÃO EVIDENCIADA. CAUSA DE PEDIR DIVERSA DA AÇÃO ANTERIOR. NOVO INDEFERIMENTO ADMINISTRATIVO DE BENEFÍCIO. INSTRUÇÃO DEFICIENTE. SENTENÇA ANULADA.** 1. Cuida-se de Mandado de Segurança recebido como recurso inominado em virtude do entendimento assentado por este Colegiado na Súmula 14, porquanto impetrado em face de sentença que extinguiu o processo sem resolução do mérito, por acolhimento da coisa julgada, cujo caráter de definitividade para a parte autora é inequívoco. 2. Em suas razões, alega o recorrente que o pedido administrativo que ensejou a presente demanda é diverso daquele apresentado no processo anterior, evidenciando-se causa de pedir diversa, suficiente a afastar a incidência da coisa julgada. 3. De fato, não há que se falar em coisa julgada, notadamente quanto se observa que o requerimento administrativo que instruiu o processo nº 0500323-91.2011.4.05.8501 (NB nº 540478501-9, com DER em 16.04.2010 – anexo 9) é diferente do que instrui a presente demanda (NB nº 602204913-3, com DER 18.06.2013 – anexo 2), tratando-se, portanto, de causa de pedir diversa da anterior. 4. Além disso, é de se notar que o autor apresentou novos relatórios médicos, com data posterior ao julgamento da primeira demanda ajuizada, e, portanto, não analisados, a exemplo daqueles que constam dos anexos 7/9. 5. Esse Colegiado, inclusive, tem precedentes favoráveis à tese do autor, a exemplo dos precedentes: processo nº 0500062-85.2013.4.05.9850, relator Juiz Federal Marcos Antônio Garapa de Carvalho, julgado em 30/08/2013 e 0502176-33.2014.4.05.8501, Relator Fernando Escrivani Stefaniu, julgado em 19.11.2014. 6. Superada a preliminar de inexistência de coisa julgada e como a instrução processual ainda não foi concluída devem os autos retornar ao Juízo de origem para, após ampla produção probatória, se analisar o mérito do pedido, caso não se identifique outro empeço de ordem processual diverso do que ora se aprecia. 7. Ante todo o exposto, CONHEÇO do(s) recurso(s), mas para ANULAR a sentença que extinguiu o feito, sem resolução do mérito, determinando o retorno dos autos ao juízo de 1º grau para continuidade da instrução. Sem custas e sem honorários advocatícios. É como voto. ACÓRDÃO: Vistos, relatados e discutidos estes autos, decide a Turma Recursal dos Juizados Especiais Federais da Seção Judiciária de Sergipe: por unanimidade, ANULAR a sentença de primeiro grau, nos termos do voto-ementa constantes dos autos, que ficam fazendo parte integrante do presente julgado. Participaram do julgamento os Juízes Federais: Edmilson da Silva Pimenta (Suplente da 1ª Relatoria), Fábio Cordeiro de Lima (Presidente e Relator), Marcos Antonio Garapa de Carvalho (Titular da 3ª Relatoria). FÁBIO CORDEIRO DE LIMA Juiz Federal – 2ª Relatoria da TRSE" (processo 05033111720134058501, de 27/8/2015).

As **Turmas Recursais de São Paulo vêm rejeitando o mandado de segurança em qualquer situação** e ampliando o manejo do recurso inominado:

"Trata-se de mandado de segurança impetrado pelo INSS face a decisão proferida por Juiz Federal do Juizado Especial Federal de Botucatu – SP, nos autos do processo nº 0001706-02.2014.4.03.6307, que não conheceu do requerimento de restituição das contribuições previdenciárias pagas no período em que é devido auxílio-doença, por não ser objeto deste processo, e homologou os cálculos da contadoria judicial. Sustenta que é necessário desconsiderar o cálculo dos atrasados, pois a parte autora, contribuinte individual, possui contribuições em todo o período. É o relatório. II VOTO Inicialmente saliento que, no âmbito dos Juizados Especiais Cíveis, os recursos e as respectivas hipóteses de interposição são apenas aqueles que o legislador instituiu expressamente (numerus clausus) nas Leis nº 9.099/1995 e 10.259/2001. Nesse contexto, a Lei nº 10.259/2001, somente prevê 04 (quatro) espécies de recursos no âmbito cível, a saber: a) o recurso contra decisão que defere ou indefere medidas cautelares (artigo 4º); b) o recurso inominado de sentença definitiva (artigo 5º); c) o pedido de uniformização de jurisprudência (artigo 14) e d) o recurso extraordinário (artigo 15).Além desses tipos e, aplicando-se subsidiariamente a Lei nº 9.099/1995, desde que não conflite com a Lei nº 10.259/2001 (artigo 1º), admitem-se os embargos de declaração (artigos 48 a 50, daquela lei).Entendo particularmente que a sistemática do Juizado Especial Federal não permite a impugnação de decisões judiciais por meio de recursos impróprios como o mandado de segurança, ressalvada a sua utilização apenas aos casos em que seu manuseio permite assegurar direito líquido e certo constitucionalmente previsto, não defensável por recurso próprio. Embora, a Lei N. 10.259/2001 contemple entre as hipóteses de ações não cabíveis no âmbito dos Juizados o mandado de segurança, esta ali a se referir a ações originárias, e não das impetradas em face das decisões judiciais proferidas no âmbito dos Juizados. De outro lado, sempre entendi que questões não analisadas na fase de conhecimento, poderiam ser objeto de recurso em face de decisão terminativa após o trânsito em julgado. Assim, o mandado de segurança, até por se constituir em ação constitucional, restringia-se às hipóteses limitadas ao seu cabimento, como demonstração de direito líquido e certo e prazo restrito de impetração. Contudo, a 5ª Turma Recursal havia pacificado a questão para afastar a hipótese do recurso em fase de execução, com aceitação do mandado de segurança. A composição em temática de adequação recursal é fundamental para evitar que a insegurança jurídica acabe por refletir no direito das partes. **No entanto, as Turmas Recursais de São Paulo decidiam cada qual com um entendimento, ocasionando uma roleta russa quanto à aceitação ou não do mandado de segurança ou do recurso pós o trânsito em julgado. Por essa razão, as Turmas Recursais de São Paulo se reuniram e pacificaram a questão, não sendo mais admitido mandado de segurança como forma heterônoma de impugnação de decisão judicial no âmbito dos Juizados Especiais Federais. Dessa forma, revejo meu posicionamento e passo a adotar o entendimento adotado pela Turma Regional de Uniformização da 3ª Região, que editou a Súmula nº 20 com o seguinte teor: Não cabe mandado de segurança no âmbito dos juizados especiais federais. Das decisões que põem fim ao processo, não cobertas pela coisa julgada, cabe recurso inominado. Essa uniformização foi necessária para evitar a insegurança jurídica gerada pelas decisões conflitantes nas turmas recursais de São Paulo, em prejuízo dos autores. Assim, restou pacificado que o recurso cabível, e somente para questões ainda não tratadas no curso do processo, será o recurso inominado das decisões que põem fim ao processo.** Ante o exposto, nego conhecimento ao Mandado de Segurança interposto. Dê-se ciência ao Ministério Público Federal. É o voto. III EMENTA. MANDADO DE SEGURANÇA. NÃO CABIMENTO DO ÂMBITO DOS JUIZADOS ESPECIAIS FEDERAIS. CABIMENTO DE RECURSO INOMINADO DAS DECISÕES QUE PÕEM FIM AO PROCESSO. MATÉRIA PACIFICADA PELA TRU 3ª REGIÃO. MANDADO DE SEGURANÇA A QUE SE NEGA CONHECIMENTO. IV – ACÓRDÃO Visto, relatado e discutido este processo, em que são partes as acima indicadas, ACORDAM os Juízes Federais da Quinta Turma Recursal da Subseção Judiciária de São Paulo, por unanimidade, negar conhecimento ao Mandado de Segurança, nos termos do relatório e voto da Juíza Federal Relatora. Participaram do julgamento os(as) Excelentíssimos(as) Juízes Federais Kyu Soon Lee, Omar Chamon e Luciana Ortiz Tavares Costa Zanoni. São Paulo, **18 de maio de 2016".** **(MS 00017785720164039301).**

Por tudo isto, nota-se que o âmbito de cabimento do recurso inominado e do mandado de segurança no JEF é tema extremamente polêmico e recomenda-se que o leitor adira ao posicionamento local para prevenir graves problemas, pois descabe incidente de uniformização de jurisprudência para a TRU, TNU e STJ para discutir apenas questões processuais.

Nos termos do Enunciado 100, do FONAJEF, "no âmbito dos Juizados Especiais Federais, a Turma Recursal poderá conhecer diretamente das questões não examinadas na sentença que acolheu prescrição ou decadência, estando o processo em condições de imediato julgamento".

Ademais, nos termos do Enunciado 131, do FONAJEF, a Turma Recursal, analisadas as peculiaridades do caso concreto, pode conhecer documentos juntados na fase recursal, desde que não implique apreciação de tese jurídica não questionada no primeiro grau.

Conforme a Resolução CJF 393/2016, **ao relator compete negar seguimento a recurso** manifestamente inadmissível, improcedente, prejudicado ou em confronto com súmula ou com jurisprudência dominante da Turma Nacional de Uniformização, do Superior Tribunal de Justiça ou do Supremo Tribunal Federal, ou em confronto com tese firmada em julgamento em incidente de resolução de demandadas repetitivas.

Desta forma, foram majorados os poderes do relator e afastado, *a priori*, o Princípio da Colegialidade, pois nas situações acima cabe o julgamento monocrático do recurso inominado, embora a questão possa ser devolvida ao colegiado por intermédio de agravo, conforme será visto.

O **incidente de resolução de demandas repetitivas** é criação do CPC/2015, sendo cabível com atuação obrigatória do Ministério Público quando houver, simultaneamente:

I – efetiva repetição de processos que contenham controvérsia sobre a mesma questão unicamente de direito;

II – risco de ofensa à isonomia e à segurança jurídica.

No entanto, é incabível o incidente de resolução de demandas repetitivas quando um dos tribunais superiores, no âmbito de sua respectiva competência, já tiver afetado recurso para definição de tese sobre questão de direito material ou processual repetitiva.

O pedido de instauração do incidente será dirigido ao presidente de tribunal:

I – pelo juiz ou relator, por ofício;

II – pelas partes, por petição;

III – pelo Ministério Público ou pela Defensoria Pública, por petição.

Admitido o incidente, o relator:

I – suspenderá os processos pendentes, individuais ou coletivos, que tramitam no Estado ou na região, conforme o caso;

II – poderá requisitar informações a órgãos em cujo juízo tramita processo no qual se discute o objeto do incidente, que as prestarão no prazo de 15 (quinze) dias;

III – intimará o Ministério Público para, querendo, manifestar-se no prazo de 15 (quinze) dias.

O relator ouvirá as partes e os demais interessados, inclusive pessoas, órgãos e entidades com interesse na controvérsia, que, no prazo comum de 15 (quinze) dias, poderão requerer a juntada de documentos, bem como as diligências necessárias para a elucidação da questão de direito controvertida, e, em seguida, manifestar-se-á o Ministério Público, no mesmo prazo.

Julgado o incidente, a tese jurídica será aplicada:

I – a todos os processos individuais ou coletivos que versem sobre idêntica questão de direito e que tramitem na área de jurisdição do respectivo tribunal, **inclusive** àqueles **que tramitem nos juizados especiais do respectivo Estado ou região;**

II – aos casos futuros que versem idêntica questão de direito e que venham a tramitar no território de competência do tribunal, salvo revisão na forma do art. 986.

Do julgamento do mérito do incidente caberá recurso extraordinário ou especial, conforme o caso, tendo o recurso efeito suspensivo, presumindo-se a repercussão geral de questão constitucional eventualmente discutida.

Uma vez apreciado o mérito do recurso, a tese jurídica adotada pelo Supremo Tribunal Federal ou pelo Superior Tribunal de Justiça será aplicada no território nacional a todos os processos individuais ou coletivos que versem sobre idêntica questão de direito.

Estas são as regras gerais do CPC que precisam ser adaptadas ao rito do JEF, especialmente nas Seções Judiciárias que possuem mais de uma Turma Recursal, devendo ser definido um órgão especial para julgar o incidente em comento, acaso se entenda pela extensão às Turmas Recursais, o que ainda precisa ser construído pela jurisprudência, pois, a rigor, o CPC/2015 apenas previu o IRDR no âmbito dos Tribunais.

De acordo com o Enunciado FONAJEF 181, "**admite-se o IRDR nos juizados especiais federais**, que deverá ser julgado por órgão colegiado de uniformização do próprio sistema".

Veja-se que o artigo o artigo 2º, § 6º, da Resolução CJF 347/2015 inserido pela Resolução CJF 393/2016, prevê que "a admissão de incidente de resolução de demandas repetitivas por tribunal regional federal suspende o processamento de pedido de uniformização regional, no âmbito de sua jurisdição", o que indica que os TRF's passarão a uniformizar as demandas repetitivas nos Juizados Especiais Federais.

Outrossim, **ao relator compete dar provimento ao recurso** se a decisão recorrida estiver em manifesto confronto com súmula ou com jurisprudência dominante da Turma Nacional de Uniformização, do Superior Tribunal de Justiça ou do Supremo Tribunal Federal, ou com tese firmada em julgamento em incidente de resolução de demandadas repetitivas.

Mais uma vez o relator poderá julgar monocraticamente o recurso nas situações acima, desta feita para dar provimento.

Da decisão do relator e do presidente da turma recursal caberá agravo regimental no prazo de quinze dias (eram 5 dias até o advento da Resolução CJF 393/2016). Se não houver retratação, o prolator da decisão apresentará o processo em mesa, proferindo voto.

Desta forma, a decisão monocrática do relator poderá ser submetida ao colegiado através do manejo do recurso do **agravo regimental**, a ser interposto no prazo de 15 dias.

No entanto, por força do Enunciado 30 do FONAJEF, "a decisão monocrática referendada pela Turma Recursal, por se tratar de manifestação do colegiado, não é passível de impugnação por intermédio de agravo interno" (Revisado no XIII FONAJEF).

Cada Seção Judiciária deverá possuir um **Regimento Interno** para definir os procedimentos na(s) sua(s) Turma(s) Recursal(is), devendo o advogado, o procurador ou o defensor conhecê-lo, haja vista a existência de variações de região para região, pois aqui estão indicados quais os recursos cabíveis em detalhes.

Cita-se, como exemplo, o Regimento Interno da Turma Recursal da Seção Judiciária de Sergipe, pertencente à 5ª Região, que foi aprovado pela Resolução 1, de 19 de novembro de 2014.

No caso da Turma Recursal da Seção Judiciária do Sergipe, será de sua competência processar e julgar:

I – em matéria cível, o recurso de sentença e o de decisão que defere ou indefere medidas cautelares ou antecipatórias dos efeitos da tutela;

II – em matéria criminal, a apelação de sentença e a de decisão de rejeição da denúncia ou queixa;

III – os embargos de declaração opostos aos seus acórdãos;

IV – os mandados de segurança contra ato de juiz federal no exercício da competência dos Juizados Especiais Federais e contra os seus próprios atos e decisões;

V – os *habeas corpus* contra ato de juiz federal no exercício da competência dos Juizados Especiais Federais e de juiz federal integrante da própria Turma Recursal;

VI – os conflitos de competência entre juízes federais dos Juizados Especiais Federais vinculados à Turma Recursal;

VII – as revisões criminais de julgados seus ou dos juízes federais no exercício da competência dos Juizados Especiais Federais vinculados à Turma Recursal.

Nesta parte se trata de mera reprodução do artigo 2º da Resolução CJF 347/2015, que disciplina a competência das turmas recursais dos juizados especiais federais.

Ademais, não serão admitidos na Turma Recursal da Seção Judiciária do Sergipe:

I – recursos de sentença que extinguirem o processo sem resolução do mérito, exceto quando a decisão nela veiculada for definitiva para a parte autora e impedir uma nova propositura da mesma demanda perante o mesmo Juizado Especial Federal, a exemplo dos casos de reconhecimento de coisa julgada, litispendência, incompetência, ausência de condições da ação e outras semelhantes;

II – recursos de sentença homologatória de conciliação ou laudo arbitral;

III – recursos de decisão interlocutória de juizado especial federal, exceto a que defere ou indefere medidas cautelares ou antecipatórias dos efeitos da tutela, e aquela que negar seguimento a recurso de sentença;

IV – agravo regimental da decisão monocrática que apreciar o pedido de antecipação de tutela recursal[32].

Por sua vez, chama a atenção na Turma Recursal do Sergipe do cabimento de **agravo de instrumento** para desafiar decisão do juízo singular em impugnação ao cumprimento de sentença, quando a decisão que transitou em julgado não contiver o valor exato da condenação, em razão da alteração legislativa implementada no antigo Código de Processo Civil, art. 475-M, § 3º, pela Lei nº 11.232/2005, posterior à Lei nº 10.259/2001, bem como contra a decisão que negar seguimento a recurso contra sentença definitiva para a parte autora.

E não se trata de posicionamento isolado, sendo necessário que o leitor conheça previamente o entendimento da Turma Recursal local, quer o regimento Interno, quer a sua jurisprudência.

Nesse sentido, a 1º Turma Recursal do Distrito Federal também admite o manejo do agravo de instrumento na hipótese:

"PROCESSO CIVIL. EXTINÇÃO de EXECUÇÃO POR CUMPRIMENTO de OBRIGAÇÃO CUMPRIDA. DECISÃO IMPUGNÁVEL POR AGRAVO. INVIABILIDADE de APLICAÇÃO da REGRA da FUNGIBILIDADE Recursal. DECISÃO MANTIDA. AGRAVO IMPROVIDO. **Agravo é o recurso cabível para o fim de impugnar decisão proferida no âmbito do Juizado Especial**

---

32. No entanto, da decisão do relator que negar seguimento a recurso e do Presidente da Turma Recursal caberá agravo regimental no prazo de 5 (cinco) dias. Se não houver retratação, o prolator da decisão apresentará o processo em mesa, proferindo voto.

Federal, tendo como fundamento extinção da execução por cumprimento do julgado (art. 4º da Lei n. 10.259/2001 c/c arts. 522, segunda parte, e 524, ambos do Código de Processo Civil), não se admitindo a aplicação da regra da fungibilidade recursal na hipótese de interposição de Recurso Ordinário, por absoluta incompatibilidade entre os ritos estabelecidos para um e outro desses recursos. Agravo improvido." (Recurso 2007.34.00.903912-6, de 26/8/2008).

Em relação às **Turmas Recursais da 1ª Região**, coube à Resolução PRESI 17, de 19 de setembro de 2014, da lavra do Presidente do Tribunal Regional Federal aprovar sobre o Regimento Interno dos Juizados Especiais Federais, das Turmas Recursais e da Turma Regional de Uniformização de Jurisprudência dos Juizados Especiais Federais da 1ª Região.

Competirá ao Presidente de Turma Recursal integrante da 1ª Região:

I – representar a turma;

II – presidir as reuniões do respectivo órgão, com direito a voto;

III – convocar as sessões da turma, ordinárias e extraordinárias;

IV – manter a ordem nas sessões, adotando, para isso, todas as providências necessárias;

V – executar e fazer executar as ordens e as decisões da turma;

VI – resolver as dúvidas que se suscitarem na classificação de feitos e de papéis registrados na secretaria da turma, baixando as instruções necessárias;

VII – submeter questões de ordem à turma;

VIII – proclamar o resultado do julgamento;

IX – presidir e supervisionar a distribuição dos feitos aos membros da turma e assinar a ata respectiva, quando for o caso;

X – mandar expedir e subscrever comunicações e intimações;

XI – velar pela exatidão e regularidade das publicações do quadro estatístico mensal dos feitos, que será elaborado pela secretaria;

XII – organizar e orientar a secretaria quanto aos atos praticados nos processos em andamento na turma;

XIII – receber processos por distribuição na qualidade de relator;

XIV – superintender os serviços administrativos da turma;

XV – integrar a Turma Regional de Uniformização na condição de membro titular, por indicação do presidente do Tribunal, conforme disposto no art. 96 deste Regimento;

XVI – apreciar a admissibilidade do incidente regional de uniformização de jurisprudência, do incidente nacional de uniformização de jurisprudência e do recurso extraordinário;

XVII – determinar o sobrestamento dos incidentes de uniformização e recursos extraordinários que tratarem de matéria sob apreciação da Turma Regional ou da Turma Nacional de Uniformização e do Superior Tribunal de Justiça – STJ, bem como dos que versarem matéria cuja repercussão geral tenha sido reconhecida pelo Supremo Tribunal Federal – STF ou decidida em recursos repetitivos pelo STJ, a fim de aguardar a decisão a ser proferida; *(Redação do inciso XVII dada pela Resolução Presi 30 de 18/12/2014)*

XVIII – remeter ao relator os autos dos processos em que houver pedido de uniformização ou recursos extraordinários, se a decisão da turma recursal estiver em confronto com a proferida pela Turma Regional de Uniformização e pela Turma Nacional de Uniformização ou pelo STF, a fim de que a turma proceda à adequação do julgado à decisão superior;

XIX – apreciar a prejudicialidade do pedido de uniformização ou recursos extraordinários, se a decisão superior veicular tese não acolhida pelo STF e/ou pelo Superior Tribunal de Justiça – STJ;

XX (Revogado.)

XXI (Revogado.)

XXII – negar seguimento aos pedidos de uniformização sobrestados e recursos extraordinários, julgando-os prejudicados, quando a decisão da turma recursal estiver em conformidade com o entendimento das Turmas Regional ou Nacional de Uniformização, do Superior Tribunal de Justiça ou do Supremo Tribunal Federal; *(Redação do inciso XXII dada pela Resolução Presi 30 de 18/12/2014)*

XXIII – apreciar a admissibilidade de recurso extraordinário ao Supremo Tribunal Federal interposto contra decisão proferida pela turma recursal, quando, concomitantemente, não houver pedido de uniformização de interpretação de lei federal dirigido à Turma Regional;

XXIV – definir a escala anual da inspeção, na forma das normas da Corregedoria Regional;

XXV – executar, por ocasião da inspeção anual, o exame das atividades administrativas da secretaria da turma recursal, bem como dos processos afetos à sua relatoria;

XXVI – exercer outras atribuições não reservadas ao coordenador de turmas.

Ademais, nas seções judiciárias em que houver mais de uma turma recursal, a exemplo da Seção Judiciária do Estado da Bahia, caberá ao coordenador da secretaria única o exercício das competências previstas nos incisos V, VI, IX, X, XI, XII, XIV, XV, XVI, XVII, XVIII, XIX, XXII, XXIII, XXIV e XXV.

Outrossim, competirá ao relator de processo que tramita em Turma Recursal integrante da 1ª Região:

I – ordenar e dirigir o processo;

II – submeter questões de ordem à turma;

III – submeter à turma medidas cautelares necessárias à proteção de direito suscetível de grave dano de incerta reparação ou ainda destinadas a garantir a eficácia da ulterior decisão da causa;

IV – determinar, em caso de urgência, as medidas do inciso anterior *ad referendum* do colegiado;

V – homologar a desistência ou a transação, ainda que o feito se ache em mesa ou em pauta para julgamento;

VI – determinar a inclusão dos feitos que lhe couberem por distribuição em pauta para julgamento, apresentando voto;

VII – colocar em mesa, para julgamento, os feitos que independem de pauta, apresentando voto;

VIII – redigir ementa ou acórdão, quando seu voto for o vencedor no julgamento;

IX – determinar a correção da autuação, quando for o caso;

X – decretar a extinção da punibilidade nos casos previstos em lei;

XI – relatar os agravos regimentais interpostos de suas decisões, proferindo voto;

XII – determinar a remessa dos autos ao juízo competente em caso de manifesta incompetência da turma recursal;

XIII – julgar, de plano, o conflito de competência quando houver jurisprudência dominante da turma, do Tribunal Regional Federal da 1ª Região, do Superior Tribunal de Justiça ou do Supremo Tribunal Federal sobre a questão suscitada;

XIV – julgar prejudicado pedido ou recurso que haja perdido o objeto;

XV – dar efeito suspensivo a recurso ou suspender o cumprimento da decisão recorrida, a requerimento do interessado, até o pronunciamento definitivo da turma, nos casos dos quais possa resultar lesão grave e de difícil reparação, sendo relevante a fundamentação, e deferir, em antecipação de tutela, total ou parcialmente, a pretensão recursal (art. 527, III, do Código de Processo Civil);

XVI – elaborar e assinar os acórdãos dos processos de sua relatoria que tiverem sido julgados;

XVII – julgar a habilitação incidente, quando esta depender de decisão;

XVIII – determinar às autoridades judiciárias e administrativas providências relativas ao andamento e à instrução do processo;

XIX – apreciar pedido de medida cautelar em feitos de natureza criminal;

XX – rejeitar de plano embargos de declaração quando manifestamente incabíveis;

XXI – requisitar informações;

XXII – determinar o sobrestamento dos recursos que tratarem de matéria sob apreciação da Turma Regional ou da Turma Nacional de Uniformização, bem como daqueles que versarem matéria cuja repercussão geral tenha sido reconhecida pelo Supremo Tribunal Federal ou decidida em recursos repetitivos pelo Superior Tribunal de Justiça; *(redação do inciso XXII dada pela Resolução Presi 30 de 18/12/2014)*

XXIII – negar seguimento a recurso manifestamente inadmissível, improcedente, prejudicado ou em confronto com súmula ou com jurisprudência dominante da Turma Nacional de Uniformização de Jurisprudência, do Superior Tribunal de Justiça ou do Supremo Tribunal Federal;

XXIV – dar provimento ao recurso, se a decisão recorrida estiver em manifesto confronto com súmula ou com jurisprudência dominante da Turma Nacional de Uniformização, do Superior Tribunal de Justiça ou do Supremo Tribunal Federal;

XXV – executar, por ocasião da inspeção anual, o exame dos feitos afetos à sua relatoria;

XXVI – baixar os autos em diligência quando verificar nulidade suprível, ordenando a remessa dos autos ao Juizado Especial Federal para os fins de direito;

XXVII – proceder à adequação do julgado após decisão dos pedidos de uniformização de jurisprudência e recurso extraordinário;

XXVIII – analisar e decidir pedido de assistência judiciária;

XXIX – outras deliberações em processos de sua relatoria.

As turmas recursais da 1ª Região reunir-se-ão, ordinariamente, ao menos uma vez por semana e, extraordinariamente, quando se fizer necessário, por convocação de seu presidente, com antecedência mínima de 48 horas, com a presença de três juízes.

É facultada a sustentação oral no julgamento dos recursos de sentenças, nos *habeas corpus* e mandado de segurança, devendo o pedido ser apresentado ao secretário da sessão com antecedência mínima de 10 minutos de seu início.

Após anunciado o julgamento, se houver inscrição para sustentação oral, o presidente da turma recursal dará a palavra, pelo prazo de 15 minutos, sucessivamente, ao autor, recorrente ou impetrante, e ao réu, recorrido ou impetrado.

O Ministério Público Federal terá prazo igual ao das partes. Nas ações em que for apelante, terá a palavra para sustentação oral antes do réu. Nos *habeas corpus*, fará a sustentação oral depois do impetrante. Nos demais feitos, só quando atuar, exclusivamente, como fiscal da lei, poderá proferir sustentação oral depois dos advogados das partes.

Havendo litisconsortes não representados pelo mesmo advogado, o prazo será contado em dobro e dividido igualmente entre os advogados do mesmo grupo, se diversamente não o convencionarem.

Se não houver sustentação oral, ou após o término dos debates, o presidente da turma recursal tomará os votos do relator e dos juízes que se lhe seguirem na ordem de antiguidade na turma.

O julgamento dos processos seguirá a seguinte ordem, observada a antiguidade dos relatores na respectiva turma recursal:

I – processos apresentados em mesa;

II – processos com pedidos de sustentação oral, observando-se a precedência de requerimento;

III – processos cujo julgamento se tenha iniciado na sessão anterior;

IV – pedidos de preferência apresentados até o início da sessão de julgamento;

V – demais processos incluídos em pauta.

Após o voto do relator, os demais membros da turma recursal poderão, excepcionalmente, sem nenhuma manifestação de mérito, solicitar esclarecimentos sobre fatos e circunstâncias relativas às questões em debate que não possam aguardar o momento do seu voto. Surgindo questão nova, o próprio relator poderá pedir a suspensão do julgamento.

Não se considerando habilitado a proferir imediatamente seu voto, a qualquer relator é facultado pedir vista dos autos, devendo colocar em mesa o processo até a quarta sessão ordinária subsequente. O julgamento prosseguirá independentemente de nova publicação em pauta e computando-se o voto já proferido pelo relator, mesmo que não compareça ou haja deixado o exercício do cargo.

As questões preliminares serão julgadas antes do mérito e poderão ser suscitadas independentemente da obediência à ordem de votação, após o que se devolverá a palavra ao relator e ao juiz que, eventualmente, já tenha votado, para que se pronunciem sobre a matéria. Ademais, s processos conexos poderão ser objeto de um só julgamento.

Encerrada a votação, o presidente proclamará o resultado do julgamento, cabendo ao secretário da turma recursal registrará em ata resumidamente os atos essenciais da sessão de julgamento.

Por sua vez, a intimação dos julgados das turmas recursais poderá ser realizada:

I – mediante a publicação da ementa ou do acórdão;

II – pela publicação da ata de julgamento, com o respectivo resultado proclamado durante a sessão de julgamento, desde que disponibilizado o acórdão correspondente;

III – na própria sessão de julgamento, quando constar do ato de intimação previsão expressa nesse sentido;

IV – por qualquer outro meio idôneo de comunicação dos atos processuais.

O requerimento de assistência judiciária gratuita nas turmas recursais poderá ser apresentado ao presidente ou ao relator, conforme o estado da causa, na forma da lei.

Em segundo grau, o recorrente, vencido, pagará as custas e honorários de advogado, que serão fixados entre dez por cento e vinte por cento do valor de condenação ou, não havendo condenação, do valor corrigido da causa, a teor do artigo 55 da Lei 9.099/95.

Nas Turmas Recursais da 1ª Região, cabia agravo regimental, no prazo de cinco dias, das decisões dos juízes da turma recursal que:

I – negar seguimento a recurso manifestamente inadmissível, improcedente, prejudicado ou em confronto com súmula ou com jurisprudência dominante da Turma Nacional de Uniformização de Jurisprudência, do Superior Tribunal de Justiça ou do Supremo Tribunal Federal;

II – der provimento ao recurso se a decisão recorrida estiver em manifesto confronto com súmula ou com jurisprudência dominante da Turma Nacional de Uniformização, do Superior Tribunal de Justiça ou do Supremo Tribunal Federal;

III – indeferir liminarmente pedido de *habeas corpus* ou de mandado de segurança;

IV – decidir liminarmente conflito de competência.

Mas **este prazo de agravo regimental foi modificado para 15 dias através da Resolução CJF 393/2016.**

No entanto, caso a decisão do relator tenha sido submetida à turma recursal e por ela confirmada, não será cabível a interposição de agravo regimental. Interposto o agravo regimental, o relator poderá revogar a decisão recorrida (retratação), hipótese na qual o feito retomará sua tramitação.

Acaso não haja retratação, o relator apresentará o processo em mesa, podendo a turma julgadora, conhecendo do agravo regimental:

I – confirmar a decisão agravada, por seus próprios fundamentos;

II – cassar a decisão agravada, restabelecendo a tramitação do recurso inominado, do *habeas corpus* ou do mandado de segurança, conforme o caso.

De acordo com o enunciado 29, do FONAJEF, "cabe ao Relator, monocraticamente, atribuir efeito suspensivo a recurso, não conhecê-lo, bem assim lhe negar ou dar provimento nas hipóteses tratadas no artigo 932, IV, 'c', do CPC, e quando a matéria estiver pacificada em súmula da Turma Nacional de Uniformização, enunciado de Turma Regional ou da própria Turma Recursal" (Revisado no XIII FONAJEF). Por sua vez, conforme o Enunciado 101 do FONAJEF, "a Turma Recursal tem poder para complementar os atos de instrução já realizados pelo juiz do Juizado Especial Federal, de forma a evitar a anulação da sentença".

Da mesma forma, "sempre que julgar indispensável, a Turma Recursal, sem anular a sentença, baixará o processo em diligências para fins de produção de prova testemunhal, pericial ou elaboração de cálculos" (Enunciado 103 FONAJEF).

No caso de mandado de segurança julgado pela Turma Recursal no que concerne à competência jurisdicional do JEF, o posicionamento tradicional do STJ é de que é cabível recurso ordinário em mandado de segurança para o respectivo Tribunal Regional Federal:

"PROCESSUAL CIVIL. RECURSO ORDINÁRIO EM MANDADO DE SEGURANÇA. ATO DE MEMBRO DE TURMA RECURSAL DEFININDO COMPETÊNCIA PARA JULGAMENTO DE DEMANDA. CONTROLE PELO TRIBUNAL DE JUSTIÇA. IMPETRAÇÃO DO WRIT. POSSIBILIDADE.

1. A questão posta nos autos cinge-se ao cabimento do Recurso em Mandado de Segurança para os Tribunais de Justiça controlarem atos praticados pelos membros ou presidente das Turmas Recursais dos Juizados Especiais Cíveis e Criminais.

2. O entendimento do Superior Tribunal de Justiça é pacífico no sentido de que a Turma Recursal dos Juizados Especiais deve julgar Mandados de Segurança impetrados contra atos de seus próprios membros.

3. Em que pese a jurisprudência iterativa citada, na hipótese sub judice, o Mandado de Segurança não visa à revisão meritória de decisão proferida pela Justiça especializada, mas versa sobre a competência dos Juizados Especiais para conhecer da lide.

4. Inexiste na Lei 9.099/1995 previsão quanto à forma de promover o controle da competência dos órgãos judicantes ali referidos.

5. As decisões que fixam a competência dos Juizados Especiais – e nada mais que estas – não podem ficar absolutamente desprovidas de controle, que deve ser exercido pelos Tribunais de Justiça e Tribunais Regionais Federais e pelo Superior Tribunal de Justiça.

6. A Corte Especial do STJ, no julgamento do RMS 17.524/BA, firmou o posicionamento de que é possível a impetração de Mandado de Segurança com a finalidade de promover controle da competência dos Juizados Especiais.

7. Recurso Ordinário provido" (RMS 26.665, de 26.05.2009).

Competirá, ainda, à Turma Recursal o julgamento dos **embargos de declaração** opostos contra os seus acórdãos com omissão, obscuridade ou contradição, sendo cabível no prazo de **cinco dias**.

Uma grande utilidade dos aclaratórios na hipótese é pré-questionar a matéria para fins de interposição de incidentes de uniformização e de recurso extraordinários, pontos que serão enfrentados nesta obra.

18. PROCEDIMENTO NA TURMA REGIONAL E NA TURMA NACIONAL DE UNIFORMIZAÇÃO (INCIDENTES DE UNIFORMIZAÇÃO, AGRAVO REGIMENTAL, EMBARGOS DE DECLARAÇÃO E RECLAMAÇÃO)

Caso a decisão tomada pela Turma Recursal referente ao **direito material** divirja de outra Turma Recursal, poderá a parte prejudicada oferecer **pedido de uniformização de jurisprudência** sobre a aplicabilidade de lei federal, sendo descabido quando versar sobre questão de natureza processual, a exemplo de condições da ação e pressupostos processuais.

Eis a Súmula 43 da TNU:

> **Súmula 43**: "Não cabe incidente de uniformização que verse sobre matéria processual."

Nesse sentido, "a discussão a respeito da competência dos Juizados Especiais Federais para processar e julgar a demanda é de índole processual, o que impede o conhecimento do incidente de uniformização nacional, incidindo a Súmula n. 43 da TNU: "Não cabe incidente de uniformização que verse sobre matéria processual" (Informativo 24/2018 – PUIL n. 0035839-25.2013.4.03.6301/SP).

Ademais, "PUIL n. 0001597-25.2009.4.01.3815/MG – "Não se conhece de incidente no qual se discute questões de índole eminentemente processual, como documentos indispensáveis à propositura da ação e distribuição do ônus da prova" (Informativo 27/2018).

O regime jurídico normativo dos pedidos de uniformização de lei federal (PEDILEF) é dado pelo artigo 14, da Lei 10.259/2001:

> "Art. 14. Caberá pedido de uniformização de interpretação de lei federal quando houver divergência entre decisões sobre questões de direito material proferidas por Turmas Recursais na interpretação da lei.
>
> § 1º O pedido fundado em divergência entre Turmas da mesma Região será julgado em reunião conjunta das Turmas em conflito, sob a presidência do Juiz Coordenador.
>
> § 2º O pedido fundado em divergência entre decisões de turmas de diferentes regiões ou da proferida em contrariedade a súmula ou jurisprudência dominante do STJ será julgado por Turma de Uniformização, integrada por juízes de Turmas Recursais, sob a presidência do Coordenador da Justiça Federal.
>
> § 3º A reunião de juízes domiciliados em cidades diversas será feita pela via eletrônica.
>
> § 4º Quando a orientação acolhida pela Turma de Uniformização, em questões de direito material, contrariar súmula ou jurisprudência dominante no Superior Tribunal de Justiça – STJ, a parte interessada poderá provocar a manifestação deste, que dirimirá a divergência.
>
> § 5º No caso do § 4º, presente a plausibilidade do direito invocado e havendo

fundado receio de dano de difícil reparação, poderá o relator conceder, de ofício ou a requerimento do interessado, medida liminar determinando a suspensão dos processos nos quais a controvérsia esteja estabelecida.

§ 6º Eventuais pedidos de uniformização idênticos, recebidos subseqüentemente em quaisquer Turmas Recursais, ficarão retidos nos autos, aguardando-se pronunciamento do Superior Tribunal de Justiça.

§ 7º Se necessário, o relator pedirá informações ao Presidente da Turma Recursal ou Coordenador da Turma de Uniformização e ouvirá o Ministério Público, no prazo de cinco dias. Eventuais interessados, ainda que não sejam partes no processo, poderão se manifestar, no prazo de trinta dias.

§ 8º Decorridos os prazos referidos no § 7º, o relator incluirá o pedido em pauta na Seção, com preferência sobre todos os demais feitos, ressalvados os processos com réus presos, os habeas corpus e os mandados de segurança.

§ 9º Publicado o acórdão respectivo, os pedidos retidos referidos no § 6º serão apreciados pelas Turmas Recursais, que poderão exercer juízo de retratação ou declará-los prejudicados, se veicularem tese não acolhida pelo Superior Tribunal de Justiça.

§ 10. Os Tribunais Regionais, o Superior Tribunal de Justiça e o Supremo Tribunal Federal, no âmbito de suas competências, expedirão normas regulamentando a composição dos órgãos e os procedimentos a serem adotados para o processamento e o julgamento do pedido de uniformização e do recurso extraordinário".

Nos termos do artigo 3º da Resolução CJF 347/2015, os pedidos de uniformização de jurisprudência serão interpostos no prazo de **15 dias**, a contar da publicação do acórdão recorrido, sendo o requerido intimado perante o juízo local para, no mesmo prazo, apresentar **contrarrazões**.

O exame da admissibilidade dos pedidos de uniformização e dos recursos extraordinários compete ao presidente ou ao vice-presidente da turma recursal ou a outro membro designado pelo tribunal regional federal ou mediante previsão no regimento interno das turmas recursais diretamente afetadas pela medida.

Ademais, o juiz responsável pelo juízo preliminar de admissibilidade devolverá o feito à turma recursal para eventual **adequação**, caso o acórdão recorrido esteja em manifesto confronto com súmula ou jurisprudência dominante da Turma Nacional de Uniformização, do Superior Tribunal de Justiça ou do Supremo Tribunal Federal, devendo ser devolvido também quando o acórdão recorrido contrariar julgamento proferido em incidente de resolução de demandas repetitivas, para aplicação da tese firmada.

O incidente de uniformização dirigido à Turma Regional de Uniformização ou à Turma Nacional de Uniformização será suscitado por petição endereçada ao presidente da turma recursal, no prazo de quinze dias, contados da publicação do acórdão recorrido, cabendo ao recorrente fazer a prova da divergência mediante cópia dos julgados divergentes, mencionando as circunstâncias que identifiquem ou assemelhem os casos confrontados.

Recebida a petição do incidente de uniformização pela secretaria da turma recursal, o presidente mandará intimar o recorrido para responder no prazo de quinze dias. Findo o prazo para a resposta, o presidente da turma recursal apreciará a admissibilidade do incidente.

Não será admitido o incidente que versar matéria já decidida pela Turma Regional de Uniformização ou pela Turma Nacional de Uniformização. Isso porque, neste caso, a uniformização já foi promovida.

Com fulcro no artigo 4º, da Resolução CJF 347/2015, compete à turma regional de uniformização processar e julgar:

I – o incidente regional de uniformização de jurisprudência;

II – os embargos de declaração opostos aos seus acórdãos; e

III – o agravo regimental da decisão do relator ou do presidente.

Ademais, competirá ao presidente da turma regional de uniformização a apreciação da admissibilidade de pedidos de uniformização nacional de jurisprudência e de recursos extraordinários interpostos contra seus acórdãos.

Competirá, ainda, à TRU julgar os conflitos de competência entre Turmas Recursais pertencentes à mesma Região. Eis decisão dessa natureza da lavra da Turma Regional de Uniformização da Quarta Região:

> "CONFLITO DE COMPETÊNCIA. COMPETÊNCIA TERRITORIAL ABSOLUTA. PERPETUATIO JURISDICTIONIS. ALTERAÇÃO DE DOMICÍLIO DA PARTE APÓS O AJUIZAMENTO DA AÇÃO. IRRELEVÂNCIA. COMPETÊNCIA DO JUÍZO SUSCITADO. 1. A norma do art. 3º, § 3º, da Lei nº 10.259/2001 apenas afasta a possibilidade de escolha, pelo autor, entre o sistema dos Juizados Especiais e o sistema das Varas Comuns. Não atribui ao foro do domicílio do autor, entretanto, competência territorial absoluta em relação a outras subseções judiciárias. 2. A competência do foro do domicílio do autor nas ações ajuizadas em face da União ou de suas autarquias, prevista no § 2º do art. 109 da Constituição, prevalece sobre outras eventuais regras de competência previstas na legislação infraconstitucional. E embora discipline a chamada competência de foro (ou territorial), possui natureza absoluta, conforme reconhece a jurisprudência do TRF da 4ª Região. 3. A exceção prevista na parte final do art. 43 do CPC somente é aplicável às modificações no estado de direito que importem supressão de órgão judiciário ou alteração de competência absoluta, mas não nos casos de modificação no estado de fato, e especialmente na hipótese de alteração de domicílio da parte. Entendimento contrário implicaria conferir a uma das partes a prerrogativa de, por vontade própria, derrogar a competência

do juízo no qual tramita sua demanda, caso se sinta, por exemplo, descontente com sua atuação, o que vai de encontro às noções mais elementares ligadas ao princípio do juiz natural e do devido processo legal. 4. Conflito solucionado para reconhecer a competência do juízo suscitado". **(IUJEF n.º 5049707-04.2017.4.04.000/RS – Rel. Juiz Federal Nicolau Konkel Junior)**

Por sua vez, por força da Resolução CJF 417, de 28 de outubro de 2016, **não caberá incidente regional se a decisão da turma recursal estiver em consonância com súmula ou jurisprudência dominante do Superior Tribunal de Justiça ou da Turma Nacional de Uniformização.**

Acaso admitidos, os autos do incidente admitido serão enviados à secretaria da Turma Regional de Uniformização ou da Turma Nacional de Uniformização, conforme o caso.

Quando houver multiplicidade de incidentes de uniformização com fundamento em idêntica controvérsia, caberá ao presidente da turma recursal selecionar até três feitos representativos da divergência e encaminhá-los à Turma Regional de Uniformização ou à Turma Nacional de Uniformização, sobrestando os demais até o pronunciamento definitivo pelo respectivo órgão julgador, nos termos do artigo 87 do Regimento Interno das Turmas Recursais da 1ª Região.

Em caso de **inadmissão preliminar** dos pedidos de uniformização de jurisprudência, a parte poderá interpor **agravo** nos próprios autos, no prazo de **quinze dias** (eram 10 dias até o advento da Resolução CJF 393/2016), a contar de sua intimação, fundamentando-se no equívoco da decisão recorrida, a ser julgado pela TRU ou TNU conforme o caso.

Outra novidade trazida pela Resolução CJF 393/2016 foi o agravo interno, no prazo de 15 dias, contra decisão de inadmissão de pedido de uniformização regional fundada em julgamento do STF ou em súmula da TRU, a ser julgado pela Turma Recursal em decisão irrecorrível.

Da mesma forma, caberá agravo interno, no prazo de 15 dias, contra decisão de inadmissão de pedido de uniformização nacional fundada em julgamento do STF, proferido em repercussão geral, ou em súmula ou representativo de controvérsia da TNU, a ser julgado pela Turma Recursal em decisão irrecorrível.

Assim, nestes dois casos, o processo não será julgado pela TNU, cabendo à própria Turma Recursal ser a última instância do rito do JEF.

Curioso notar a inexistência de previsão de cabimento do mencionado agravo interno contra as decisões que contrariarem o entendimento do STJ firmado em recurso especial repetitivo.

De acordo com a TNU, "os Juizados Especiais orientam-se pela simplicidade e celeridade processual nas vertentes da lógica e da política judiciária de abreviar os procedimentos e reduzir os custos. Diante da divergência entre decisões de Turma Recursais de regiões diferentes, o pedido de uniformização tem a natureza jurídica de recurso, cujo julgado, portanto, modificando ou reformando, substitui a decisão ensejadora do pedido. A decisão constituída pela Turma de Uniformização servirá para fundamentar o juízo de retratação das ações com o processamento sobrestado ou para ser declarada a prejudicialidade dos recursos interpostos"[33].

Ainda de acordo com a TNU, "em decorrência de julgamento em pedido de uniformização, poderá a Turma Nacional aplicar o direito ao caso concreto decidindo o litígio de modo definitivo, desde que a matéria seja de direito apenas, ou, sendo de fato e de direito, não necessite reexaminar o quadro probatório definido pelas instâncias anteriores, podendo para tanto, restabelecer a sentença desconstituída por Turma Recursal ou Regional"[34].

Caso o acórdão paradigma seja oriundo de Turma Recursal da mesma Região, competirá à **Turma Regional de Uniformização** unificar a jurisprudência. Caso contrário, o pedido de uniformização será julgado pela Turma Nacional de Uniformização.

Suponha-se que a Turma Recursal da Bahia (1ª Região) divirja em questão de direito material da Turma Recursal do Distrito Federal (1ª Região). Neste caso, caberá a interposição do incidente de uniformização para a Turma Regional de Uniformização da 1ª Região.

No entanto, caso a Turma Recursal da Bahia em questão de direito material possua entendimento divergente da Turma Recursal de Pernambuco (5ª Região), o incidente será interposto perante da **Turma Nacional de Uniformização**, haja vista se tratarem de Turmas de Regiões distintas.

> Nos termos da **Questão de Ordem 32, da TNU**, "o prazo para a interposição dos incidentes de uniformização nacional e regional é único e inicia-se com a intimação do acórdão proferido pela turma recursal, sendo incabível incidente nacional contra acórdão proferido por turma regional quando este mantiver o acórdão de turma recursal pelos mesmos fundamentos".

A Turma de Uniformização, em âmbito nacional, é presidida pelo Ministro Coordenador-Geral da Justiça Federal, compõe-se de dez juízes federais como membros efetivos[35] e tem a designação de Turma Nacional de Uniformização de Jurisprudência dos Juizados Especiais Federais.

---

33. Questão de Ordem 01, de 12.11.2002.
34. Questão de Ordem 38, de 11.3.2015.
35. Os membros efetivos são indicados pelos Tribunais Regionais Federais, sendo dois juízes federais de cada Região, escolhidos dentre os integrantes de Turmas Recursais, com mandato de dois anos, passando a ser admitida uma recondução com o advento da Resolução CJF 345, de 2 de junho de 2015.

Aduz o artigo 6º, do seu Regimento Interno, que compete à Turma Nacional processar e julgar o incidente de uniformização de interpretação de lei federal em questões de direito material:

> I – fundado em divergência entre decisões de Turmas Recursais de diferentes Regiões;
>
> II – em face de decisão de Turma Recursal proferida em contrariedade à súmula ou jurisprudência dominante do Superior Tribunal de Justiça; ou
>
> III – em face de decisão de Turma Regional de Uniformização proferida em contrariedade à súmula ou jurisprudência dominante do Superior Tribunal de Justiça.

O PUIL (pedido de uniformização de interpretação de lei federal) não tem por objetivo a uniformização de tema constitucional, pois neste caso há o recurso extraordinário para o STF. Dessa forma, se o fundamento do incidente por questão constitucional, este não deve ser admitido, em regra.

Em 2018, a TNU aprovou a Súmula 86:

> **Súmula n. 86. "Não cabe incidente de uniformização que tenha como objeto principal questão controvertida de natureza constitucional que ainda não tenha sido definida pelo STF em sua jurisprudência dominante".**

Interpretando o citado enunciado de súmula a *contrario sensu*, nota-se que o PUIL pode versar sobre tema constitucional em duas hipóteses:

a) Quando a questão constitucional for objeto secundário da lide, sendo a questão principal infraconstitucional;

b) Quando a questão constitucional de direito material alvo de uniformização no PUIL já tiver sido pacificada pelo STF ou, ao menos, possuir jurisprudência com dominância.

Embora tenha sido editada pela TNU, evidente que este posicionamento pode ser estendido às Turmas Regionais, pois a *ratio legis* é a mesma;

Entende-se nesta obra que a hipótese indicada na letra b afronta texto normativo, pois mesmo que o tema seja constitucional e pacificado pelo STF seria hipótese de recurso extraordinário, e não de PUIL à TNU.

O incidente de uniformização dirigido à Turma Nacional será submetido ao Presidente da Turma Recursal ou ao Presidente da Turma Regional, adotando-se anteriormente o prazo de dez dias, a contar da publicação, com cópia dos julgados divergentes e a demonstração do dissídio.

No entanto, em 29 de setembro de 2014 o Regimento Interno da TNU foi alterado (art. 13), passando-se a adotar o prazo de 15 dias para a interposição do

incidente de uniformização de jurisprudência, prazo extensível aos incidentes para as turmas regionais de uniformização.

Posteriormente, coube à Resolução CJF 345, de 2 de junho de 2015 aprovar o novo Regimento Interno da TNU com algumas alterações pontuais, conforme noticiado no sítio da Justiça Federal em 27 de maio de 2015:

> "**Conselho da Justiça Federal aprova alterações no Regimento Interno da TNU**
>
> Publicação: 27/05/2015 11:20
>
> O Plenário do Conselho da Justiça Federal aprovou, por unanimidade, na sessão de 25 de maio, a revisão do Regimento Interno da Turma Nacional de Uniformização dos Juizados Especiais Federais (TNU). O desembargador federal Poul Erik Dyrlund, que havia pedido vista da minuta apresentada em abril, pelo então corregedor-geral e relator, ministro Humberto Martins, trouxe o processo ao Colegiado e acompanhou na íntegra a proposta, que foi elaborada por uma comissão formada por cinco membros efetivos da TNU, sendo um de cada região, com o objetivo de consolidar as melhores práticas nacionais e regionais, respeitados os limites legais.
>
> Entre as principais alterações, estão a possibilidade de um membro efetivo ser reconduzido, por mais dois anos, a critério do respectivo tribunal regional federal e a previsão de juízo de admissibilidade de pedido de uniformização e de recursos extraordinários ser realizado pelo presidente ou vice-presidente da turma recursal (com fulcro no art. 541 do Código de Processo Civil), bem como por outro membro do colegiado, designado pelo tribunal regional federal ou indicado no regimento interno da própria turma, a exemplo do que já ocorre em algumas regiões.
>
> Também, a partir desta aprovação pelo CJF, o magistrado responsável pelo juízo preliminar de admissibilidade poderá devolver o feito à Turma Recursal ou Regional para eventual adequação, caso o acórdão recorrido esteja em manifesto confronto com súmula ou jurisprudência dominante da TNU, do Superior Tribunal de Justiça (STJ) ou do Supremo Tribunal Federal (STF). As mudanças promovem, ainda, a regulamentação (na linha do art. 543-B do Código de Processo Civil) do pedido de uniformização de jurisprudência representativo de controvérsia; a fixação em 15 dias do prazo para o incidente de uniformização de jurisprudência dirigido ao STJ, uniformizando-o àquele do recurso extraordinário e dos pedidos dirigidos às Turmas Nacional e Regionais de Jurisprudência, nos termos das Resoluções CJF nºs 311 e 312, ambas de 14/10/2014; e a regulamentação do procedimento da reclamação.
>
> **Compatibilização de regimentos internos das turmas**
>
> Com as mudanças no Regimento Interno da TNU, o Colegiado aprovou, na mesma sessão, duas alterações na Resolução CJF n. 61/2009. O processo também aguardava a apresentação do voto vista do desembargador federal Poul Erik Dyrlund, que acompanhou integralmente o texto proposto pelo ministro Humberto Martins na sessão anterior. Foram estabelecidas regras para compatibilização

dos regimentos internos das turmas recursais e turmas regionais de uniformização dos juizados especiais federais:

1ª) previsão do cabimento de agravo da decisão que inadmite na origem pedido de uniformização de jurisprudência, abolindo a referência ao pedido de submissão, não mais cabível desde a entrada em vigor da Resolução CJF n. 163/2011;

2ª) previsão de juízo de admissibilidade de pedido de uniformização e de recursos extraordinários ser realizado pelo presidente ou vice-presidente da turma recursal, com fulcro no art. 541 do Código de Processo Civil, bem como por outro membro do colegiado, designado pelo tribunal regional federal ou indicado no regimento interno da própria turma, a exemplo do que já ocorre em algumas regiões.

No mais, o regramento anterior foi mantido, tendo sofrido algumas poucas alterações formais.

Processos: CF-PPN-2014/00046 e CF-PPN-2014/00045".

O objetivo foi tornar mais fácil o controle dos prazos pelas turmas recursais e pelas turmas regionais, já que os prazos do pedido de uniformização e do recurso extraordinário poderão ser contados conjuntamente nos 15 dias.

Posteriormente, o Regimento Interno da TNU foi novamente alterado pela Resolução CJF 392/2016 especialmente para adequá-lo as novas regras do CPC de 2015.

Por sua vez, o requerido será intimado pela Turma de origem para, no mesmo prazo de quinze dias, apresentar contrarrazões.

Ademais, o juízo preliminar de admissibilidade do pedido de uniformização será exercido pelo Presidente ou Vice-Presidente da Turma que prolatou o acórdão recorrido. Em se tratando de Turma Recursal, a competência poderá ser outorgada a membro, que não o Presidente, mediante ato do Tribunal Regional Federal ou previsão no regimento interno das turmas recursais diretamente afetadas pela medida.

O magistrado responsável pelo juízo preliminar de admissibilidade irá (não era impositivo até a Resolução CJF 392/2016) devolver o feito à Turma Recursal ou Regional para eventual adequação, caso o acórdão recorrido esteja em manifesto confronto com súmula ou jurisprudência dominante da Turma Nacional de Uniformização, do Superior Tribunal de Justiça ou do Supremo Tribunal Federal (artigo 14, do Regimento Interno da TNU), assim como quando a decisão contrariar julgamento proferido em incidente de resolução de demandas repetitivas.

Nos termos do artigo 15, do Regimento Interno da TNU, alterado e aditado pela Resolução CJF 392/2016, **o pedido de uniformização será inadmitido** quando não preenchidos todos os requisitos de admissibilidade recursal, notadamente se:

I – não demonstrada existência de dissídio jurisprudencial, com cotejo analítico dos julgados e a identificação do processo em que proferido o acórdão paradigma;

II – não juntada cópia do acórdão paradigma, salvo quando proferido pelo Superior Tribunal de Justiça, na sistemática dos recursos repetitivos, ou pela própria Turma Nacional de Uniformização, na sistemática dos representativos de controvérsia;

III – estiver em manifesto confronto com súmula ou jurisprudência dominante da Turma Nacional de Uniformização, ou com súmula, jurisprudência dominante ou entendimento do Superior Tribunal de Justiça em julgamento de recurso repetitivo ou de incidente de uniformização;

IV – estiver em manifesto confronto com súmula, jurisprudência dominante ou entendimento do STF firmado em repercussão geral;

V – estiver fundado em orientação que não reflita a jurisprudência adotada pela TNU, à época o exame de admissibilidade, exceto quando contrária à jurisprudência dominante do STJ *(Inserido pela Resolução CJF 392/2016)*;

VI – o acórdão recorrido da Turma Recursal estiver fundado em incidente de resolução de demandas repetitivas *(Inserido pela Resolução CJF 392/2016)*.

Caberá ao Presidente da Turma Recursal ou o Presidente da Turma Regional decidir preliminarmente sobre a admissibilidade do incidente de uniformização.

Em caso de inadmissão preliminar do incidente nacional de uniformização, a parte poderá interpor **agravo nos próprios autos, no prazo de quinze dias (prazo elevado de 10 para 15 dias pela Resolução CJF 392/2016)**, a contar da publicação da decisão recorrida, devendo fundamentar o pleito, demonstrando o equívoco da decisão recorrida e a circunstância de se encontrar em confronto com súmula e jurisprudência dominante da TNU, do STJ e do STF.

Contra a decisão de inadmissão de pedido de uniformização fundada em representativo de controvérsia ou súmula da Turma Nacional de Uniformização, caberá **agravo interno, no prazo de quinze dias** a contar da respectiva publicação, o qual, após o decurso de igual prazo para contrarrazões, será julgado pela Turma Recursal ou Regional, conforme o caso, **mediante decisão irrecorrível**, sendo também novidade inserida pela Resolução CJF 392/2016.

No entanto, conforme a Questão de Ordem 40 da TNU, de 2018, o agravo contra a decisão de inadmissão do Incidente de Uniformização com base nas Súmulas 42[36] e 43[37], que não importam aplicação de regra de direito material, deve ser dirigido à TNU e não à Turma de origem como agravo interno.

---

36. **Súmula 42** – Não se conhece de incidente de uniformização que implique reexame de matéria de fato.
37. **Súmula 43** – Não cabe incidente de uniformização que verse sobre matéria processual.

Assim, se o Presidente de Turma Recursal ou Regional inadmitir o pedido de uniformização para TNU com fundamento em não caber uniformização que verse sobre reexame de matéria de fato ou processual, o agravo deverá ser encaminhado e julgado pela Turma Nacional.

Reconsiderada a decisão que inadmitiu o pedido de uniformização, o agravo será considerado prejudicado, devendo os autos ser remetidos à Turma Nacional de Uniformização.

Caso haja a interposição simultânea de incidentes de uniformização dirigidos à Turma Regional de Uniformização e à Turma Nacional, será julgado, em primeiro lugar, o incidente dirigido à Turma Regional.

Nos termos do artigo 100, do Regimento Interno da Turma Regional de Uniformização da 1ª Região, competirá ao Presidente da TRU:

I – distribuir os incidentes de uniformização regional;

II – julgar o agravo interposto de decisão que inadmite pedido de uniformização de jurisprudência dirigido à Turma Regional de Uniformização; *(redação do inciso II dada pela Resolução Presi 33 de 30/09/2015)*

III – julgar prejudicados os incidentes de uniformização regional não distribuídos que versarem matéria já julgada;

IV – sobrestar os incidentes de uniformização ainda não distribuídos quando tratarem de questão sob apreciação da turma regional ou estiverem aguardando julgamento de incidente de uniformização nacional distribuído à Turma Nacional de Uniformização ou ao Superior Tribunal de Justiça ou for reconhecida a existência de repercussão geral pelo Supremo Tribunal Federal, na forma da lei processual;

V – dar vista ao Ministério Público Federal, quando for o caso, antes da distribuição do incidente ao relator;

VI – designar data e horário das sessões ordinárias e extraordinárias;

VII – mandar incluir em pauta os processos e assinar as atas das sessões;

VIII – presidir a sessão para edição de súmula da Turma Regional de Uniformização;

IX – manter a ordem nas sessões;

X – submeter à Turma Regional questões de ordem;

XI – proferir voto de desempate;

XII – proclamar o resultado dos julgamentos;

XIII – assinar e mandar expedir as comunicações e intimações;

XIV – apreciar a admissibilidade de incidentes e recursos dirigidos à Turma Nacional de Uniformização e recursos extraordinários dirigidos ao Supremo

Tribunal Federal interpostos contra decisões e acórdãos proferidos pela Turma Regional de Uniformização;

XV – selecionar um ou mais incidentes ou recursos representativos de controvérsia e determinar o encaminhamento à Turma Nacional de Uniformização, ao Superior Tribunal de Justiça e ao Supremo Tribunal Federal, sobrestando-se os demais, na forma da lei processual;

XVI – devolver os processos à origem, na hipótese dos incisos IV e XV, após o julgamento de mérito pela Turma Nacional de Uniformização, pelo Superior Tribunal de Justiça e pelo Supremo Tribunal Federal, para adequação do julgado;

XVII – julgar prejudicados, nas hipóteses dos incisos IV e XV, os incidentes de uniformização e recursos extraordinários interpostos de acórdãos que tenham seguido a mesma orientação adotada no julgamento de mérito proferido pela Turma Nacional de Uniformização, pelo Superior Tribunal de Justiça e pelo Supremo Tribunal Federal.

Nos julgamentos, o Presidente da TRU, após a leitura do relatório, dará a palavra, se for o caso, sucessivamente, ao autor do incidente e ao réu para sustentação de suas alegações, tendo o representante do Ministério Público terá prazo igual ao das partes.

Cada integrante da TRU poderá falar duas vezes sobre o assunto em discussão e mais uma vez, se for o caso, para explicar eventual modificação de voto. Concluído o debate oral, o presidente tomará os votos do relator e dos outros juízes que se lhe seguirem na ordem de antiguidade na turma.

Após o voto do juiz mais novo na ordem de antiguidade, proferirá voto o juiz mais antigo, prosseguindo-se o julgamento. Se o relator for vencido, será designado para redigir a ementa o primeiro juiz que tiver proferido o voto prevalecente.

Ademais, a Turma Nacional de Uniformização poderá responder a **consulta**, sem efeito suspensivo, formulada pelos coordenadores dos Juizados Especiais Federais, pelas Turmas Recursais ou Regionais sobre **matéria processual**, quando verificada divergência no processamento dos feitos.

Em **decisão irrecorrível**, nos termos do artigo 16 do Regimento Interno da TNU, antes da distribuição do pedido de uniformização de jurisprudência, o **Presidente da Turma Nacional de Uniformização** poderá:

I – negar-lhe seguimento quando manifestamente inadmissível, improcedente, prejudicado ou em confronto com súmula ou jurisprudência dominante da Turma Nacional de Uniformização, do Superior Tribunal de Justiça ou do Supremo Tribunal Federal; ou deduzir pretensão contrária à tese firmada em julgamento de incidente de resolução de demandas repetitivas;

II – determinar o retorno dos autos à origem para adequação ou dar provimento ao pedido de uniformização quando o acórdão recorrido estiver em manifesto confronto com súmula ou jurisprudência dominante da Turma Nacional de Uniformização, do Superior Tribunal de Justiça ou do Supremo Tribunal Federal, ou em confronto com tese firmada em julgamento de incidente de resolução de demandas repetitivas pelo STJ ou STF;

III – sobrestar ou devolver às Turmas de origem para sobrestamento os feitos que versem sobre tema que estiver pendente de apreciação na Turma Nacional de Uniformização, no Supremo Tribunal Federal, em regime de repercussão geral, ou no Superior Tribunal de Justiça, em incidente de uniformização ou recurso repetitivo, de forma que promovam a posterior confirmação do acórdão recorrido ou sua adaptação à decisão que vier a ser proferida nos recursos indicados;

IV – devolver às Turmas de origem os processos suspensos em face de incidente de resolução de demandas repetitivas.

Os prazos na Turma Nacional de Uniformização correrão da publicação dos atos na imprensa oficial, da intimação pessoal ou da ciência por outro meio eficaz previsto em lei, sendo que, na contagem de prazo em dias, **computar-se-ão somente os dias** úteis.

Para espancar qualquer dúvida a respeito, coube à Lei 13.728/2018 inserir na Lei 9.099/95 o artigo 12-A:

"Art. 12-A. Na contagem de prazo em dias, estabelecido por lei ou pelo juiz, para a prática de qualquer ato processual, inclusive para a interposição de recursos, **computar-se-ão somente os dias úteis.**"

De acordo com a TNU, no julgamento do pedido de uniformização 0017298-58.2007.4.04.7195, de 06.09.2011, "a circunstância de o acórdão recorrido contrariar, ao mesmo tempo, decisões de Turmas da mesma Região e decisões de Turmas de Regiões diversas, bem como a jurisprudência do STJ, impõe a interposição simultânea dos Incidentes de Uniformização Regional e Nacional, cujos prazos são simultâneos. A interposição do Incidente de Uniformização Nacional apenas após o julgamento do Regional impõe o reconhecimento de sua intempestividade".

Também competirá à TNU o julgamento de divergência de entendimento sobre questão de direito material entre Turmas Recursais da mesma região, caso se trate de decisão proferida em contrariedade a súmula ou jurisprudência dominante do STJ.

Também entende a TNU que, "tendo a recorrente indicado como paradigma acórdão de Turma Recursal de Minas Gerais, integrante de Região distinta da do acórdão recorrido, considero-o imprestável à demonstração de divergência jurisprudencial, eis que meramente colado no corpo do recurso ou juntado por íntegra sem a indicação da sua fonte. Em se tratando de divergência jurisprudencial entre decisões emanadas de Turmas de diferentes Regiões, impõe a Questão de Ordem nº 3 desta Turma Nacional a obrigatoriedade da juntada das cópias dos arestos paradigmas, a teor do seguinte verbete: A cópia do acórdão paradigma somente é obrigatória quando se tratar de divergência entre Turmas Recursais de diferentes Regiões."

Prossegue a TNU aduzindo que "a interpretação sistemática do conjunto normativo regulador da espécie impõe a conclusão de que o recorrente possui o inarredável ônus de carrear aos autos a íntegra dos julgados apontados como paradigmas, podendo dele se desincumbir através da juntada de certidão, cópia autenticada, citação do repositório de jurisprudência ou reprodução de página da internet, com indicação da respectiva fonte (endereço URL). Trata-se de exigência formal que, para além de permitir a verificação da divergência apontada, visa a assegurar a autenticidade do conteúdo das decisões reportadas. Nesse sentido, a mera transcrição, no corpo do recurso, do inteiro teor dos julgados paradigmas, ou mesmo a sua juntada na íntegra não é suficiente à demonstração da divergência apontada, se não há a indicação do repositório no qual foi publicado ou da fonte de onde foi extraído"[38].

Por tudo isso, questões meramente processuais não serão objeto de pedido de uniformização. Pontifica a **Súmula 07, da TNU, que "descabe incidente de uniformização versando sobre honorários advocatícios por se tratar de questão de direito processual"**, embora saibamos que discutir o valor dos honorários **é** nítida questão de direito material.

Ademais, quando a orientação acolhida pela Turma Nacional de Uniformização, em questões de direito material, contrariar súmula ou jurisprudência dominante no Superior Tribunal de Justiça, a parte interessada poderá provocar a manifestação deste, que dirimirá a divergência.

Um precedente do Superior Tribunal de Justiça é suficiente para o conhecimento do pedido de uniformização, desde que o relator nele reconheça a jurisprudência predominante naquela Corte[39].

Nos termos da Questão de Ordem 09, entende a TNU que deferindo ou indeferindo, monocraticamente, o pedido de uniformização, a decisão do Relator poderá ser submetida, nos próprios autos, ao Presidente da Turma Nacional de Uniformização de Jurisprudência dos Juizados Especiais Federais, no prazo de dez dias.

Ademais, não cabe Pedido de Uniformização quando a jurisprudência da Turma Nacional de Uniformização de Jurisprudência dos Juizados Especiais Federais se firmou no mesmo sentido do acórdão recorrido, nos moldes da Questão de Ordem 13.

---

38. PEDILEF 0501964-27.2009.4.05.8100, de 29.03.2012.
39. Questão de Ordem 05, de 30.08.2004.

Por sua vez, "é incabível incidente de uniformização que impugna acórdão de turma recursal que, para fins de concessão de benefício assistencial (Lei 8.742/93, art. 20), entendeu estar ausente o requisito da 'miserabilidade', porque é inviável a análise de provas ou de situação fática por turma de uniformização de interpretação de lei" (TNU, processo 0500300-15.2015.4.05.8402, sessão de 18/2/2016).

Ainda de acordo com a TNU, "por constituir matéria de natureza processual, é incabível incidente de uniformização que busca reconhecimento da possibilidade de impugnação, pela via do mandado de segurança, de decisão monocrática na fase de cumprimento da sentença" (processo 0015699-25.2012.4.03.9301, de 16/3/2016).

Ademais, "por constituir matéria de natureza processual, é incabível incidente de uniformização que busca reconhecimento da possibilidade de impugnação, pela via do mandado de segurança, de decisão monocrática na fase de cumprimento da sentença" (TNU, processo 0015699-25.2012.4.03.9301, de 16/3/2016).

Outrossim, "não cabe incidente de uniformização para discussão de questões processuais, como aquelas relacionadas ao alcance da coisa julgada ou possibilidade de sua rescisão" (processo 0503294-66.2013.4.05.8311, de 20/10/2016).

Ainda de acordo com a TNU, "**inexiste questão material apta a ser examinada pela TNU em incidente a respeito da possibilidade de flexibilização do critério legal para aferição da condição de baixa renda necessária à concessão do benefício de auxílio-reclusão**. Assim, acaso não enquadrado o último salário de benefício recebido pelo segurado no parâmetro adotado pelo ordenamento jurídico, não há de se falar em averiguação, pela TNU, da viabilidade de deferimento da benesse, já que isso implicaria emissão de juízo de valor extremamente subjetivo, incompatível com a função da Turma de Uniformização, a quem, igualmente, não cabe assumir o papel de legislador (Informativo 14/2017, processo 0002602-60.2014.4.03.6302).

Ademais, em conformidade com o art. 14, § 9º, da Lei n. 10.259/2001, cabe ao colegiado da Turma Recursal rejulgar o feito após a decisão de adequação de Tribunal Superior ou da TNU, nos termos do Enunciado 132, do FONAJEF.

Já a Questão de Ordem 10 pontifica que não cabe o incidente de uniformização quando a parte que o deduz apresenta tese jurídica inovadora, não ventilada nas fases anteriores do processo e sobre a qual não se pronunciou expressamente a Turma Recursal no acórdão recorrido. Neste caso o descabimento decorre da falta do pré-questionamento.

Dentre outras atribuições, **compete ao Presidente da TNU**:

- proferir o voto de desempate em feitos cíveis;

- decidir, a requerimento da parte, sobre a admissibilidade do incidente indeferido pelo Presidente da Turma Recursal ou pelo Presidente da Turma Regional;

- antes da distribuição, devolver às Turmas de origem os feitos que versarem sobre questão já julgada pela Turma Nacional de Uniformização, pelo Superior Tribunal de Justiça em incidente de uniformização ou recurso repetitivo e pelo Supremo Tribunal Federal em regime de repercussão geral, para que a Turma Recursal proceda à confirmação ou adaptação do acórdão recorrido, conforme o caso;

- antes da distribuição, devolver às Turmas de origem para sobrestamento os feitos sobre o mesmo tema que estiverem pendentes de apreciação na Turma Nacional de Uniformização, no Supremo Tribunal Federal, em regime de repercussão geral, ou no Superior Tribunal de Justiça, em incidente de uniformização ou recurso repetitivo, de forma que promovam a posterior confirmação do acórdão recorrido ou sua adaptação à decisão que vier a ser proferida nos recursos indicados;

- antes da distribuição, negar seguimento ao incidente de uniformização manifestamente inadmissível ou em confronto evidente com súmula ou jurisprudência dominante da Turma Nacional de Uniformização, do Superior Tribunal de Justiça ou do Supremo Tribunal Federal;

- antes da distribuição, reformar a decisão de inadmissão do incidente de uniformização quando o recorrente demonstrar o equívoco no qual incidiu o prolator e quando o pedido de uniformização for interposto contra acórdão em manifesto confronto com súmula ou jurisprudência dominante da Turma Nacional de Uniformização, do Superior Tribunal de Justiça ou do Supremo Tribunal Federal;

- determinar o sobrestamento dos feitos que já tiverem sido julgados pela TNU, nos quais tenha sido interposto incidente dirigido ao Superior Tribunal de Justiça e/ou recurso para o Supremo Tribunal Federal, até decisão final da instância superior para posterior adequação ou manutenção do aresto;

- decidir sobre a admissibilidade do incidente de uniformização dirigido ao Superior Tribunal de Justiça ou de recurso extraordinário ao STF;

- julgar o agravo interposto de decisão que inadmite pedido de uniformização de jurisprudência dirigido à Turma Nacional de Uniformização.

O **sobrestamento de processos**, a fim de aguardar julgado do Supremo Tribunal Federal, do Superior Tribunal de Justiça ou da Turma Nacional de Uniformização, nos termos deste Regimento, precederá o juízo de admissibilidade, salvo quanto à tempestividade[40].

Nos termos do **Enunciado 184, do FONAJEF**, durante a suspensão processual decorrente do IRDR e de recursos repetitivos pode haver produção de provas no juízo onde tramita o processo suspenso, em caso de urgência, com base no art. 982, § 2º, do CPC.

Ainda entende o FONAJEF que os mecanismos processuais de suspensão de processos não impedem a realização de atos processuais necessários para o exame ou efetivação da tutela de urgência **(Enunciado 185)**.

Competirá ao **relator do processo**:

- conceder medidas liminares ou cautelares em feitos de natureza civil ou penal, na forma da lei processual;

- determinar a devolução dos feitos às Turmas de origem para sobrestamento, quando a matéria estiver pendente de apreciação na Turma Nacional de Uniformização, no Superior Tribunal de Justiça, em regime de recurso representativo de controvérsia ou pedido de uniformização ou no Supremo Tribunal Federal, em repercussão geral, de forma que promovam a confirmação ou adaptação do julgado após o julgamento dos recursos indicados; quando suspenso o processo por decisão do STJ ou STF, em sede de incidente de resolução de demandas repetitivas;

- negar seguimento ao incidente manifestamente inadmissível, improcedente, prejudicado ou em confronto com súmula ou jurisprudência dominante da Turma Nacional de Uniformização, do Superior Tribunal de Justiça ou do Supremo Tribunal Federal; ou ainda contrário à tese firmada em julgamento de incidente de demandas repetitivas do STJ ou do STF;

- dar provimento ao incidente se a decisão recorrida estiver em manifesto confronto com súmula ou jurisprudência dominante da Turma Nacional de Uniformização, do Superior Tribunal de Justiça ou do Supremo Tribunal Federal, podendo determinar o retorno dos autos à origem para a devida adequação.

Caberá agravo regimental da decisão do relator no prazo de quinze dias (o prazo era de 5 tendo sido elevado para 15 dias pela Resolução CJF 392/2016). Se não houver retratação, o prolator da decisão apresentará o processo em mesa, proferindo voto.

---

40. Artigo 52, do Regimento Interno da TNU.

Há uma grande dificuldade de um incidente de uniformização ser conhecido, quando se trata de questões concretas peculiares. É que será preciso demonstrar a divergência entre Turmas Recursais apontando um julgado paradigma, que muitas vezes considera questões específicas do caso.

De efeito, a TNU vem sendo muito rígida (até demais) na admissão dos incidentes de uniformização, exigindo identidade de situações fáticas, o que em alguns casos é impossível, a exemplo da aposentadoria por idade rural e dos benefícios por incapacidade, nas hipóteses em que é preciso verificar os documentos comprobatórios do início de prova material e as peculiaridades da suposta incapacidade, respectivamente.

De acordo com a TNU, "é possível o não conhecimento do pedido de uniformização por decisão monocrática quando o acórdão recorrido não guarda similitude fática e jurídica com o acórdão paradigma"[41].

O incidente de uniformização tem cabimento quando fundado em divergência entre decisões de Turmas Recursais de diferentes Regiões ou em face de decisão de Turma Recursal ou de Turma Regional de Uniformização proferida em contrariedade a súmula ou jurisprudência dominante da TNU ou do Superior Tribunal de Justiça. **A petição do incidente conterá obrigatoriamente a demonstração do dissídio, o seu cotejo analítico em duas etapas: primeiro, pela comparação entre as questões de fato tratadas no acórdão impugnado e no paradigma, com reprodução dos fundamentos de ambos; depois, pelo confronto das teses jurídicas em conflito, evidenciando a diversidade de interpretações para a mesma questão de direito.**

Mas não se conhecia do incidente quando a parte apresenta tese jurídica sobre a qual não se pronunciou expressamente o acórdão recorrido (Questão de Ordem nº 10). Para configuração do questionamento prévio era imprescindível que no aresto recorrido a questão tivesse sido discutida e decidida fundamentadamente, sob pena de não preenchimento do requisito, indispensável para o conhecimento dos chamados recursos especiais, inclusive o pedido de uniformização[42].

No entanto, com o advento da aprovação da Questão de Ordem 36, em 09 de outubro de 2013, foi facilitada a prova do pré-questionamento, bastando que a matéria seja veiculada nos embargos de declaração:

> Questão de Ordem 36 – "A mera interposição dos embargos de declaração supre o requisito do pré-questionamento, em razão dos princípios informadores dos Juizados".

---

41. Questão de Ordem 22, de 26.10.2006.
42. PEDILEF 00040128920064036317, Rel. JUIZ FEDERAL JANILSON BEZERRA DE SIQUEIRA, DOU 08/06/2012.

Na sessão de 08 de outubro de 2014 passou a ter a seguinte redação:

> **Questão de Ordem 36** – "A interposição dos embargos de declaração para fins de prequestionamento faz-se necessária somente quando a matéria não tenha sido apreciada, a despeito de previamente suscitada".

Nos termos da Questão de Ordem 35, "o conhecimento do pedido de uniformização pressupõe a efetiva apreciação do direito material controvertido por parte da Turma de que emanou o acórdão impugnado".

Deverá o pedido de uniformização ser instruído com a cópia do julgado divergente, cuja autenticidade deve ser comprovada mediante a apresentação de certidão, cópia autenticada ou citação do repositório de jurisprudência oficial ou credenciado em que foi publicada a decisão divergente, sendo que a TNU admite a reprodução de julgado disponível na página do respectivo órgão judicial na internet, desde que com indicação da respectiva fonte ou *link* que remeta o interessado diretamente ao acórdão apontado como paradigma[43].

Vale ressaltar que o incidente de uniformização é descabido para mera reapreciação de questões fáticas, a exemplo da reavaliação de provas para o questionamento da configuração de união estável, porquanto o seu objetivo é uniformizar teses jurídicas divergentes em questões de direito material.

Nesse sentido, dispõe a TNU:

> **Súmula 42:** "Não se conhece de incidente de uniformização que implique reexame de matéria de fato".

Por outro lado, nos termos do Enunciado 97, do FONAJEF, "cabe incidente de uniformização de jurisprudência quando a questão deduzida nos autos tiver reflexo sobre a competência do juizado especial federal".

A TNU vem pronunciando a nulidade de acórdãos genéricos que podem ser manejados em vários processos, pois não adentram as peculiaridades do caso concreto:

> "EMENTA/VOTO PROCESSUAL CIVIL. CONSTITUCIONAL. ACÓRDÃO PADRÃO E GENÉRICO. VIOLAÇÃO DO DEVER DE FUNDAMENTAÇÃO. AUSÊNCIA DE ADEQUADA DEVOLUÇÃO DA PRESTAÇÃO JURISDICIONAL. ANULAÇÃO DA DECISÃO RECORRIDA. INCIDENTE PROVIDO. 1. Este Colegiado possui entendimento consolidado no sentido de que a parte litigante possui o constitucional direito de ver a sua pretensão acolhida ou rechaçada pelo Poder Judiciário através de manifestação jurisdicional que veicule adequada fundamentação, nos termos do inciso IX do art. 93 da Carta Constitucional. Esse direito não sofre relativização pela circunstância de se tratar de feito em curso perante os Juizados Especiais Federais, regido, por conseqüência, pelos princípios da celeridade, informalidade, simplicidade e informalidade. Decisões concisas e objetivas não prescindem de ser adequadamente

---

43. ORIENTAÇÃO JUDICIAL Nº 05/2013 DO DEPARTAMENTO DE CONTENCIOSO/PGF

fundamentadas, de forma a possibilitar a devolução da prestação jurisdicional aos litigantes. 2. Decisão genérica equivale a decisão não fundamentada e implica negativa de prestação jurisdicional, sendo que a sua chancela caracteriza o afastamento da possibilidade de controle da atividade jurisdicional. 3. Confirmação de entendimento desta TNU veiculado no acórdão prolatado nos autos do Pedilef 0502440-02.2008.4.05.8100, de 30/09/2011, Relator Juiz Federal Paulo Ricardo Arena Filho, ao qual se imprimiu a sistemática prevista no art. 7 do Regimento Interno desta Turma, que determina a devolução às Turmas de origem dos feitos congêneres, para manutenção ou adaptação dos julgados conforme a orientação pacificada. 4. Incidente provido, para anulação do acórdão recorrido, com determinação de retorno dos autos à Turma Recursal de origem para prolação de outro" (PEDILEF 0506479-67.2007.4.05.8103, de 29.02.2012).

No entanto, de acordo com o STF no julgamento do AI-AgR 749969, de 15/09/2009, "não viola a exigência constitucional de motivação a fundamentação de turma recursal que, em conformidade com a Lei nº 9.099/95, adota os fundamentos contidos na sentença recorrida".

Reconhecida a divergência, a Turma Nacional de Uniformização de Jurisprudência editará a súmula correspondente, se for aprovada pela maioria dos membros exigida pelo Regimento Interno[44], exigindo a maioria absoluta dos seus membros.

De acordo com o artigo 36 do Regimento Interno da TNU, a jurisprudência firmada pela Turma Nacional de Uniformização poderá ser compilada em **súmula**, cuja aprovação dar-se á pelo voto de pelo menos **sete de seus membros**, cabendo ao relator propor-lhe o enunciado.

Para a Questão de Ordem 39 da TNU, a aprovação, cancelamento e alteração de Enunciado de Súmula de Jurisprudência será julgada como Questão de Ordem, de forma apartada do dispositivo da decisão, mediante votação nominal.

Os enunciados da súmula prevalecem sobre jurisprudência anterior, aplicando-se a casos não definitivamente julgados. Durante o julgamento do incidente de uniformização, qualquer dos membros poderá propor a revisão da jurisprudência compendiada em súmula, caso a maioria dos presentes admita a proposta de revisão, procedendo-se ao sobrestamento do feito, se necessário, sendo que a alteração ou o cancelamento do enunciado de súmula será aprovado pelo voto de pelo menos sete membros da Turma.

A Turma Nacional de Uniformização reunir-se-á com a presença de, no mínimo, sete juízes, além do Presidente, e deliberará por maioria simples.

Na sessão de julgamento do incidente de uniformização na TNU, é facultado às partes, por seus advogados, **apresentar memoriais e produzir sustentação oral, por dez minutos**, prorrogáveis por igual prazo, a critério do Presidente.

---

44. Questão de Ordem 15, de 25.04.2005.

A exclusivo critério do Presidente, eventuais interessados que não sejam partes no processo poderão fazer sustentação oral por ocasião do julgamento, sendo uma espécie de intervenção *amicus curiae* ou de terceiros interessados.

Na forma do artigo 27 do Regimento Interno da TNU, nos pedidos de uniformização representativos de controvérsia, poderão fazer sustentação oral as quatro primeiras pessoas, órgãos ou entidades que tenham formulado requerimento nesse sentido, ficando a critério do Presidente assegurar a outros interessados o direito de fazê-la. As sustentações orais serão realizadas nesta ordem: parte requerente, parte requerida, terceiros interessados e Ministério Público Federal na condição de fiscal da lei.

Por força do Provimento STJ 1/2018, os pedidos de sustentação oral por videoconferência para as sessões de julgamentos da Turma Nacional de Uniformização deverão ser realizados até às 16 horas do dia anterior à data da sessão de julgamentos, a fim de viabilizar a solicitação prévia de providências às Seções Judiciárias da localidade do domicílio profissional do advogado solicitante.

Uma vez recebido o pedido de sustentação oral por videoconferência, a Secretaria da Turma Nacional de Uniformização comunicará ao setor competente da Seção Judiciária para adoção das providências necessárias à realização da videoconferência, dispensada a expedição de carta precatória.

A Seção Judiciária do domicílio profissional do advogado solicitante deverá efetuar as providências necessárias à realização da sustentação oral por videoconferência, inclusive com a convocação de servidores para a realização do atendimento presencial dos advogados e para o manuseio dos equipamentos de videoconferência, na data e no horário previstos para a sessão de julgamento.

Ademais, a Turma Nacional de Uniformização poderá converter o julgamento em diligência, quando necessário à decisão da causa, cabendo ao relator fará a exposição do caso e proferirá o seu voto, seguido pelos demais juízes, em ordem decrescente de antiguidade.

Demais disso, o acolhimento do pedido de uniformização gera dois efeitos: a reforma da decisão da Turma Recursal e a consequente estipulação de honorários advocatícios, se for o caso, bem assim a prejudicialidade do recurso extraordinário, se interposto, na forma da Questão de Ordem 02, da TNU.

Após o julgamento do incidente de uniformização, caberão **embargos de declaração, no prazo de cinco dias**, a contar da publicação da decisão, em petição dirigida ao relator, na qual será indicado o ponto obscuro, contraditório ou omisso cuja declaração se imponha.

Se os embargos forem manifestamente incabíveis, o relator os rejeitará de plano. O relator apresentará os embargos em mesa para julgamento na primeira sessão subsequente, proferindo voto. Se houver possibilidade de emprestar efeito modificativo à súmula aprovada ou acórdão em pedido de uniformização representativo de controvérsia, os embargos de declaração serão incluídos em pauta, a teor do artigo 33 do Regimento Interno da TNU.

Convém ainda tratar do instituto da **adequação dos julgados**. Cabe ao Presidente da Turma Recursal ou da Turma Regional decidir preliminarmente sobre a admissibilidade do incidente de uniformização.

No caso de incidentes de uniformização idênticos recebidos nas Turmas Recursais ou Regionais estes ficarão sobrestados antes de ser realizado o juízo preliminar de admissibilidade se, sobre o mesmo tema, outro incidente já tiver sido apresentado ou estiver em vias de apresentação na Turma Nacional de Uniformização.

Por sua vez, **a decisão proferida pela Turma Nacional de Uniformização, no incidente que versar sobre a questão discutida, deve ser adotada pela turma de origem para fins de adequação ou manutenção do acórdão recorrido.**

Logo, uma decisão proferida pela TNU em sentido contrário ao entendimento da Turma Recursal ou Turma Regional de Uniformização fará com que todos os processos com incidentes de uniformização sobrestados tenham a decisão reavaliada pela Turma, para adequá-la ao entendimento da TNU.

A mesma adequação dos julgados pode ser feita pela própria TNU em razão de decisão do STF ou do STJ. Isso porque compete ao Presidente da TNU determinar o sobrestamento dos feitos que já tiverem sido julgados pela TNU, nos quais tenha sido interposto incidente dirigido ao Superior Tribunal de Justiça e/ou recurso para o Supremo Tribunal Federal, até decisão final da instância superior para posterior adequação ou manutenção do aresto.

Nesse sentido, colaciona-se a **Questão de Ordem 33**, da TNU:

> Questão de Ordem 33 – **"Se as premissas jurídicas de acórdão da Turma Nacional de Uniformização forem reformadas pelo Supremo Tribunal Federal, em sede de julgamento de recurso extraordinário com repercussão geral, ou pelo Superior Tribunal de Justiça, em sede de recurso repetitivo, o Presidente da TNU fará a adequação do julgado, prejudicados eventuais recursos interpostos"** (Aprovada na 5ª Sessão Ordinária da Turma Nacional de Uniformização do dia 12.6.2013).

De acordo com o artigo 17 do Regimento Interno da TNU, quando houver **multiplicidade de pedidos com fundamento em idêntica questão de direito**, o pedido de uniformização de jurisprudência será processado com observância deste procedimento (**Representativo de Controvérsia**):

> I – poderá ser admitido um ou mais pedidos representativos da controvérsia, os quais serão encaminhados à Turma Nacional de Uniformização, ficando sobrestados os demais enquanto não julgado o caso-piloto;

II – não adotada a providência descrita no inciso I deste artigo, o Presidente da Turma Nacional de Uniformização ou o relator, identificando que sobre a controvérsia já existe jurisprudência dominante ou que a matéria já está afeta ao colegiado, poderá determinar o sobrestamento, nas Turmas Recursais ou Regionais, dos pedidos nos quais a controvérsia esteja estabelecida;

III – será publicado edital para que pessoas, órgãos ou entidades com interesse na controvérsia possam apresentar memorais escritos no prazo de dez dias;

IV – o relator poderá solicitar informações, a serem prestadas no prazo de quinze dias, às Turmas Recursais e Regionais a respeito da controvérsia;

V – antes do julgamento, o Ministério Público Federal terá vista dos autos pelo prazo de dez dias;

VI – transcorrido o prazo para o Ministério Público Federal e remetida cópia do relatório e voto do relator aos demais juízes, o processo será incluído em pauta, devendo ser julgado com preferência sobre os demais feitos, ressalvados os que envolvam réu preso e os pedidos *habeas corpus*;

VII – publicado o acórdão da Turma Nacional de Uniformização, os pedidos de uniformização sobrestados na origem:

a) terão seguimento denegado na hipótese de o acórdão recorrido coincidir com a orientação da Turma Nacional de Uniformização; ou

b) serão novamente examinados pela Turma de origem na hipótese de o acórdão recorrido divergir da orientação da Turma Nacional de Uniformização;

VIII – na hipótese prevista na alínea "b" do inciso VII deste artigo, mantida a decisão divergente pela Turma de origem, examinar-se-á a admissibilidade do pedido de uniformização de jurisprudência.

Logo, **o julgamento pela TNU de incidente processado como o rito de representativo de controvérsia terá efeito vinculante perante as Turmas Recursais e Turmas Regionais de Uniformização**, pois gerará a necessidade de adequação do julgado (se a decisão recorrida sobrestada for contrária à decisão da TNU) ou de negativa de seguimento do pedido de uniformização (se a decisão rechaçada estiver de acordo com a decisão da TNU).

De acordo com o **Enunciado 183, do FONAJEF**, "O magistrado, ao aplicar ao caso concreto a *ratio decidendi* contida no precedente vinculante, não precisa enfrentar novamente toda a argumentação jurídica que já fora apreciada no momento de formação do precedente, sendo suficiente que demonstre a correlação fática e jurídica entre o caso concreto e aquele já apreciado."

Segue, abaixo, quadro oficial publicado pela TNU contendo a lista e os temas dos incidentes representativos de controvérsia já julgados[45]:

---

45. http://www.cjf.jus.br/cjf/tnu/QuadroInformativo-art7-7marco.pdf/view

A Turma Nacional de Uniformização dos Juizados Especiais Federais – TNU, com o objetivo de divulgar o resultado do julgamento de matérias controvertidas, disponibiliza, a seguir, quadro informativo, do qual constam os processos que foram julgados conforme o rito repetitivo.

O julgamento dos incidentes resulta na devolução dos demais recursos que versem sobre o mesmo objeto às Turmas de origem, a fim de que mantenham a decisão recorrida ou promovam a sua adequação às premissas jurídicas firmadas no âmbito da TNU.

Para acessar os incidentes representativos de controvérsia da TNU classificados por temas, tantos os julgados quanto os pendentes de julgamento, basta acessar o seguinte link: ***https://www.cjf.jus.br/cjf/corregedoria-da-justica-federal/turma--nacional-de-uniformizacao/temas-representativos***

Ademais, não são devidas custas pelo processamento do pedido de uniformização e jurisprudência dirigido à Turma Nacional de Uniformização, na forma do artigo 54 do Regimento Interno da TNU.

Por determinação do Presidente da Turma Nacional de Uniformização, poderá ser obrigatória a utilização de sistema informatizado para prática e comunicação de atos processuais, nos termos da lei, a teor do artigo 53 do Regimento Interno da TNU.

De acordo com a Resolução CJF 392/2016, que alterou o Regimento Interno da TNU, "a admissão de incidente de resolução de demandas repetitivas por tribunal regional federal não impede o regular processamento de pedido de uniformização já admitido pela Turma de origem, exceto quando a suspensão abranger todo o território nacional".

Veja-se que de acordo com o artigo 313, IV, do CPC de 2015, é causa de suspensão do processo a admissão de incidente de resolução de demandas repetitivas.

Na Turma Nacional de Uniformização de Jurisprudência dos Juizados Especiais Federais, admitia-se reclamação contra decisão da turma recursal que se recusava a adaptar acórdão à jurisprudência consolidada[46].

No entanto, a Questão de Ordem 16 restou revogada na sessão de 22/2/2018, por afrontar o Regimento Interno atual da TNU: A Turma Nacional de Uniformização dos Juizados Especiais Federais, na Primeira Sessão Ordinária, de 22 de fevereiro de 2018, deliberou, por unanimidade, pela revogação da Questão de Ordem nº 16, por estar em confronto com o inciso I[47], artigo 46, do Regimento

---

46. Questão de Ordem 16, de 06.06.2005.
47. **Art. 46.** Não cabe reclamação, sendo a inicial desde logo indeferida quando:
    I – fundamentada em decisões proferidas em outros autos;

Interno da Turma Nacional de Uniformização, instituído pela Resolução n. 345, de 02 de junho de 2015.

De acordo com a TNU, "o disposto no art. 17, inciso VII, do Regimento Interno da Turma Nacional de Uniformização, abrange a **eficácia obstativa e persuasiva** do precedente formado em julgamento de representativo de controvérsia, **o que não é suficiente para conferir-lhe efeito vinculante**, conforme orientação adotada pelo Colegiado ao cancelar a sua Questão de Ordem n. 16" (Informativo 28/2018 – RECLAMAÇÃO n. 0000005-49.2018.4.90.0000/DF).

Para preservar a competência da Turma Nacional de Uniformização ou garantir a autoridade das suas decisões, caberá reclamação da parte interessada ou do Ministério Público, **no prazo de quinze dias**, a contar da intimação da decisão nos autos de origem.

De acordo com o artigo 46 do Regimento Interno da TNU, não cabe reclamação, sendo a inicial desde logo indeferida quando:

I – fundamentada em decisões proferidas em outros autos;

II – fundamentada em negativa de admissibilidade de incidente nacional por parte do juiz responsável pela admissibilidade;

III – fundamentada em negativa de seguimento, pelo Presidente da TNU ou pelo seu colegiado, de incidente de uniformização manifestamente inadmissível ou em confronto evidente com súmula ou jurisprudência dominante;

IV- impugnar decisão do Presidente da TNU que devolve à turma de origem os processos suspensos e os para sobrestamento;

V – impugnar decisão de sobrestamento em juízo provisório de admissibilidade, em aguardo à decisão de processo paradigmático ou representativo de controvérsia;

VI – impugnar decisão do magistrado responsável pelo juízo preliminar de admissibilidade nos casos previstos no art. 14, §§ 2º e 3º48, do Regimento Interno da TNU.

A reclamação, dirigida ao Presidente da Turma Nacional de Uniformização e instruída com as provas documentais pertinentes, será autuada e distribuída ao relator da causa principal, sempre que possível único.

---

48. § 2º O magistrado responsável pelo juízo preliminar de admissibilidade encaminhará o processo à Turma Recursal ou Regional para juízo de retratação, caso o acórdão recorrido esteja em manifesto confronto com súmula ou jurisprudência dominante da Turma Nacional de Uniformização, do Superior Tribunal de Justiça ou do Supremo Tribunal Federal.

§ 3º O feito deverá ser devolvido à Turma de origem quando o acórdão recorrido contrariar julgamento proferido em incidente de resolução de demandas repetitivas, para aplicação da tese firmada.

Ademais, não caberá reclamação fundada em descumprimento de decisão proferida pela Turma Nacional de Uniformização em outro processo. Ao despachar a reclamação, o relator:

> I – requisitará informações da autoridade a quem foi imputada a prática do ato impugnado, as quais deverão ser prestadas no prazo de dez dias;
>
> II – determinará a suspensão do processo ou do ato impugnado, caso seja necessário para evitar dano irreparável.

Ademais, o Ministério Público, nas reclamações que não houver formulado, terá vista do processo, por cinco dias, após o decurso do prazo para informações.

De acordo com a TNU, "não se conhece de reclamação interposta nos próprios autos principais, como se recurso fosse, cuja apresentação nestes moldes é manifestamente equivocada, não sendo caso de aplicação de fungibilidade, pela existência de erro grosseiro" (Informativo 27/2018 – Reclamação n. 5011435-67.2011.4.04.7107/RS).

Por fim, julgando procedente a reclamação, a Turma Nacional de Uniformização cassará a decisão impugnada, no todo ou em parte, ou determinará medida adequada à preservação de sua competência, cabendo ao Presidente da Turma determinara o imediato cumprimento da decisão, lavrando-se o acórdão posteriormente.

O STJ vem restringindo o uso da reclamação no Juizado Especial Federal, pois existem instrumentos específicos de uniformização de jurisprudência, como o incidente ao próprio STJ quando a decisão da TNU violar súmula ou jurisprudência dominante da Corte Superior.

Nesse sentido, pontificou que "a reclamação teve o seu seguimento obstado pela decisão agravada com suporte na aplicação da iterativa jurisprudência da Primeira Seção desta Corte, que se tem posicionado no sentido do não cabimento da reclamação contra decisões proferidas pelas Turmas Recursais em demandas que tramitam no Juizado Especial da Fazenda Pública (Lei 10.253/2009) ou nos Juizados Especiais Federais (Lei 10.259/2001), tendo em vista a existência de mecanismos próprios para a solução das alegadas divergências jurisprudenciais" (AgRg na Rcl 30485, de 8/6/2016).

O mesmo instituto pode ser previsto no Regimento Interno das Turmas Regionais. Curioso notar que o Regimento interno da TRU da 4ª Região não prevê a reclamação, embora seja um instituto extremamente necessário.

Em situações desta natureza, acredita-se ser cabível a dedução da tese por simples petição para assegurar o cumprimento da decisão da Turma Regional.

19. PROCEDIMENTO NO STJ (INCIDENTE, AGRAVO E EMBARGOS DE DECLARAÇÃO)

Quando a orientação acolhida pela TNU, em questões de direito material, contrariar súmula ou jurisprudência dominante STJ, a parte interessada poderá provocar a manifestação deste, que dirimirá a divergência.

Considera-se **jurisprudência dominante** o entendimento jurídico adotado reiteradamente em decisões idênticas proferidas em casos semelhantes, nos termos do artigo 51 do Regimento Interno da TNU.

De efeito, nos termos do artigo 34 do Regimento Interno da TNU, quando o acórdão da Turma Nacional de Uniformização for proferido em contrariedade à súmula ou jurisprudência dominante do Superior Tribunal de Justiça, o incidente de uniformização de jurisprudência será suscitado, nos próprios autos, no prazo de **quinze dias**, perante o Presidente da Turma Nacional de Uniformização.

Destarte, é necessário chegar à TNU para interpor incidente de interpretação de lei federal ao STJ, se cabível:

> "PREVIDENCIÁRIO. PROCESSUAL CIVIL. AGRAVO REGIMENTAL. ACÓRDÃO RECORRIDO PROFERIDO POR TURMA RECURSAL DO JUIZADO ESPECIAL FEDERAL. NÃO CABIMENTO DA RECLAMAÇÃO. SUCEDÂNEO RECURSAL. IMPOSSIBILIDADE.
>
> 1. Nos termos dos arts. 105, I, f, da CF e 187 do RISTJ, a reclamação destina-se a preservar a competência deste Tribunal ou garantir a autoridade das suas decisões. É um meio de impugnação de manejo limitado, que não pode ter seu espectro cognitivo ampliado, sob pena de se tornar um sucedâneo recursal.
>
> **2. No âmbito dos Juizados Especiais Federais, não é cabível reclamação diretamente contra decisão de turma recursal com a finalidade de discutir contrariedade à jurisprudência do STJ.**
>
> 3. Há previsão legal de recurso específico contra acórdão da Turma Recursal do Juizado Especial Federal, qual seja, o incidente de uniformização dirigido à Turma Nacional.
>
> **4. Ao STJ somente competirá, em momento posterior, a análise de eventual divergência entre o acórdão da Turma Nacional de Uniformização com a sua jurisprudência dominante ou sumulada, acerca de questões de direito material"** (STJ, AgInt na Rcl 32968/SP, 1ª Seção, de 22/2/2047).

Desde a Resolução CJF 392/2016, caberá, também, incidente de uniformização para o STJ quando o acórdão proferido pela Turma Nacional de Uniformização estiver em contrariedade à tese firmada em julgamento de incidente de resolução de demandas repetitivas.

Inadmitido o incidente, a parte poderá requerer, nos próprios autos, no prazo de **dez dias**, que o feito seja remetido ao Superior Tribunal de Justiça, a teor do artigo 34 do Regimento Interno da TNU.

Coube à **Resolução 10/2007** da lavra da Presidência do STJ regular o processamento de incidente de uniformização da jurisprudência dos Juizados Especiais Federais.

Admitido o incidente ou, se inadmitido, houver requerimento da parte, o pedido de uniformização será distribuído no Superior Tribunal de Justiça a relator integrante da Seção competente.

Se o relator indeferir o pedido, dessa decisão caberá agravo à Seção respectiva, que proferirá julgamento irrecorrível.

No STJ, é possível o indeferimento liminar do incidente de uniformização com base no artigo 34, inciso XVIII, do Regimento Interno do STJ. Para desafiar esta decisão monocrática é cabível **agravo regimental** no prazo de cinco dias, nos termos do artigo 258 do RI/STJ, que neste caso será julgado pela 1ª Seção:

> Art. 258. A parte que se considerar agravada por decisão do Presidente da Corte Especial, de Seção, de Turma ou de relator, à exceção do indeferimento de liminar em procedimento de habeas corpus e recurso ordinário em habeas corpus, poderá requerer, dentro de cinco dias, a apresentação do feito em mesa relativo à matéria penal em geral, para que a Corte Especial, a Seção ou a Turma sobre ela se pronuncie, confirmando-a ou reformando-a. (Redação dada pela Emenda Regimental n. 24, de 2016)

O agravo regimental será submetido ao prolator da decisão, que poderá reconsiderá-la ou submeter o agravo ao julgamento da Corte Especial, da Seção ou da Turma, conforme o caso, computando-se também o seu voto.

No entanto, nos termos do artigo 4º da Resolução STJ 10/2007, "será de 10 (dez) dias o prazo para agravar das decisões proferidas pelo relator", devendo prevalecer este prazo por se tratar de regra especial.

Admitido o incidente, o relator:

> I – poderá, de ofício ou a requerimento da parte, presentes a plausibilidade do direito invocado e o fundado receio de dano de difícil reparação, deferir medida liminar para suspender a tramitação dos processos nos quais tenha sido estabelecida a mesma controvérsia (**contra esta decisão cabe agravo** à **Seção**);

> II – oficiará ao Presidente da Turma Nacional de Uniformização e aos Presidentes das Turmas Recursais, comunicando o processamento do incidente e solicitando informações;

> III – ordenará a publicação de edital no Diário da Justiça, com destaque no noticiário do STJ na internet, para dar ciência aos interessados sobre a instauração do incidente, a fim de que se manifestem, querendo, no prazo de 30 (trinta) dias;

> IV – decidir o que mais for necessário à instrução do feito.

Cumpridos os prazos, com ou sem manifestação das partes, do Ministério Público ou de eventuais terceiros interessados, o feito será incluído na pauta da sessão, com preferência sobre os demais, ressalvados os processos com réu preso, os habeas corpus e mandados de segurança.

Ademais, as partes, o representante do Ministério Público e, por decisão do Presidente da Seção, os terceiros interessados poderão produzir sustentação oral na conformidade do que dispõe o art. 160 do Regimento Interno do Superior Tribunal de Justiça.

Por fim, o acórdão do julgamento do incidente conterá, se houver, súmula sobre a questão controvertida, e dele será enviada cópia ao Presidente da Turma Nacional de Uniformização.

Os incidentes eram julgados pela 1ª Seção do STJ sob a sigla PET. No entanto, com a Emenda Regimental 22/2016, foi constituída a classe Pedido de Uniformização de Interpretação de Lei (**PUIL**), que compreende a medida interposta contra decisão da Turma Nacional de Uniformização no âmbito da Justiça Federal que, em questões de direito material, contrarie súmula ou jurisprudência dominante no Superior Tribunal de Justiça.

Ademais, é condição de conhecimento do incidente que a questão de direito material tenha sido pré-questionada nas instâncias inferiores:

> "PROCESSUAL CIVIL. AGRAVO REGIMENTAL NA PETIÇÃO. INCIDENTE DE UNIFORMIZAÇÃO DE JURISPRUDÊNCIA. ART. 14, § 4º, DA LEI Nº 10.259/2001. AUSÊNCIA DE MANIFESTAÇÃO DA TURMA NACIONAL DE UNIFORMIZAÇÃO DE JURISPRUDÊNCIA DOS JUIZADOS ESPECIAIS FEDERAIS (TNU) SOBRE A QUESTÃO DE DIREITO MATERIAL. **1. Nos termos do art. 14, § 4º, da Lei 10.259/2001, o Superior Tribunal de Justiça examinará divergência entre acórdão proferido pela Turma Nacional de Uniformização de Jurisprudência dos Juizados Especiais Federais e a sua jurisprudência quando for analisada questão de direito material por aquele colegiado, o que não ocorreu no caso dos autos.** 2. Agravo regimental não provido" (STJ, AgRg na Pet 10964/PB, de 10/8/2016).

Ademais, é necessário que exista decisão da TNU sobre direito material que viole súmula ou jurisprudência dominante do STJ, sob pena de não conhecimento do incidente:

> "PREVIDENCIÁRIO. EMBARGOS DE DECLARAÇÃO NA PETIÇÃO RECEBIDO COMO AGRAVO REGIMENTAL. FUNGIBILIDADE RECURSAL. INCIDENTE DE UNIFORMIZAÇÃO DE JURISPRUDÊNCIA. AUSÊNCIA DE DECISÃO DA TURMA NACIONAL SOBRE QUESTÃO DE DIREITO MATERIAL EM CONFRONTO COM SÚMULA OU JURISPRUDÊNCIA DOMINANTE DO STJ. INCIDENTE DE UNIFORMIZAÇÃO DE JURISPRUDÊNCIA INADMITIDO. AGRAVO REGIMENTAL DESPROVIDO. 1. As pretensões veiculadas nos Embargos de Declaração ora sob exame, típicas de

Agravo Regimental, devem ser assim examinadas, diante dos princípios da fungibilidade economia processual. **2. Na presente demanda, a Turma Nacional, com base em fundamentos exclusivamente processuais, não admitiu o incidente de uniformização, razão pela qual não proferiu juízo acerca da questão de direito material suscitada. Dessa forma, ausentes os pressupostos do art. 14, § 4o. da Lei 10.259/2001, inadmissível o presente incidente.** 3. Verifica-se, ademais, que as teses jurídicas manifestadas na sentença e nos paradigmas não são divergentes, sendo certo que a solução adotada por eles é diversa em virtude da dessemelhança entre os suportes fáticos de cada um. 4. Com efeito, a sentença julgou improcedente o pedido de conversão do labor exercido entre 1.8.1982 a 30.7.1994 e 1.9.1994 a 30.9.1997 uma vez que nesses períodos o ora suscitante exerceu as atividades não enquadradas como insalubres (gerente administrativo e contribuinte individual – sócio de empresa). Por sua vez, os acórdãos paradigmas versam sobre a inexigibilidade de comprovação da efetiva exposição a agentes nocivos para o período em que a atividade enquadrada como especial foi desenvolvida antes da edição da Lei 9.032/1995. **5. O que se constata, nesse caso,** é **que as soluções adotadas pelo acórdão embargado e os paradigmas são diversas em virtude da dessemelhança entre os suportes fáticos de cada um**, o que impede a admissão e o processamento do incidente. 6. Agravo Regimental desprovido" (STJ, EDcl na Pet 9712, de 10/8/2016).

Nos termos do artigo 263, do RI/STJ, alterado pela Emenda Regimental 22/2016, cabem **embargos de declaração** contra qualquer decisão judicial, a serem opostos no prazo legal, para:

I – esclarecer obscuridade ou eliminar contradição;

II – suprir omissão de ponto ou questão sobre a qual devia pronunciar-se o Órgão Julgador de ofício ou a requerimento; ou

III – corrigir erro material.

Como se trata de procedimento do JEF entende-se que o prazo para interposição dos aclaratórios será de **cinco dias**.

O embargado será intimado para, querendo, manifestar-se, no prazo legal, sobre os embargos opostos, caso seu eventual acolhimento possa implicar a modificação da decisão embargada.

Demais disso, se os embargos de declaração forem opostos contra decisão de relator ou outra decisão unipessoal, o Órgão Julgador da decisão embargada decidi-los-á monocraticamente.

Quando manifestamente protelatórios os embargos de declaração, na forma do § 4º do art. 1.026 do Código de Processo Civil de 2015, condenar-se-á o embargante, em decisão fundamentada, a pagar ao embargado multa não excedente a 2% sobre o valor atualizado da causa.

Cumpre ressaltar que os embargos de declaração interrompem o prazo para a interposição de recursos por qualquer das partes, salvo quando manifestamente protelatórios, na forma do § 4º do artigo 1.026 do CPC/2015.

De arremate, frise-se que não será cabível a interposição de recurso especial no rito do JEF por carência de previsão constitucional, conforme pacificado pelo STJ:

> "AGRAVO DE INSTRUMENTO. RECURSO ESPECIAL CONTRA DECISÃO DE TURMA RECURSAL DE JUIZADO ESPECIAL – SÚMULA N. 203/STJ. É incabível recurso especial das decisões proferidas por órgãos recursais dos juizados especiais, sendo pacífica a jurisprudência desta Corte no sentido de que esta hipótese não se enquadra no inciso III do artigo 105 da Constituição Federal. Agravo Regimental improvido" (AGA 1194435, de 17.11.2009).

20. PROCEDIMENTO NO STF (RECURSO EXTRAORDINÁRIO, AGRAVO E EMBARGOS DE DECLARAÇÃO)

Ressalte-se que as decisões tomadas pelas Turmas Recursais também poderão ser vergastadas através do **recurso extraordinário**, uma vez demonstrada a sua repercussão geral e umas das hipóteses de conhecimento contidas no artigo 102, incido III, da Constituição.

O recurso extraordinário poderá ser interposto contra a decisão de Turma Recursal, da TRU ou TNU.

Nos termos do artigo 35 do Regimento Interno da TNU, o recurso extraordinário poderá ser interposto, no prazo de **15 dias**, perante o Presidente da Turma Nacional de Uniformização, sendo a parte contrária será intimada para apresentar contrarrazões no mesmo prazo, findo o qual os autos serão conclusos ao Presidente da Turma Nacional de Uniformização para juízo de admissibilidade, observado o disposto na Constituição da República, na lei processual e no Regimento Interno do Supremo Tribunal Federal.

Admitido o recurso, os autos serão encaminhados ao Supremo Tribunal Federal; inadmitido, pode a parte interpor agravo nos próprios autos, respeitadas as regras processuais pertinentes.

Pontifica o Enunciado 157 do FONAJEF que se aplica o artigo 1.030, par. único, do CPC/2015 (regramento anterior à Lei 13.256/2016) aos recursos extraordinários interpostos nas Turmas Recursais do JEF, devendo o recurso ser remetido ao STF independentemente do juízo de admissão.

No entanto, com o advento da Lei 13.256/2016, este enunciado restou prejudicado, pois foi repristinado o juízo de admissão do recurso extraordinário pelo juízo *a quo*.

Registre-se que **o STF decidiu ser incabível a interposição conjunta de incidente de uniformização e recurso extraordinário**, pois antes do julgamento do incidente não há decisão única definitiva a desafiar o recurso extraordinário:

"AGRAVO REGIMENTAL NO RECURSO EXTRAORDINÁRIO COM AGRAVO. APLICAÇÃO DA SISTEMÁTICA DA REPERCUSSÃO GERAL PELO TRIBUNAL DE ORIGEM. INTERPOSIÇÃO DO AGRAVO PREVISTO NO ART. 544 DO CPC. NÃO CABIMENTO. PRINCÍPIO DA FUNGIBILIDADE RECURSAL. DEVOLUÇÃO DOS AUTOS AO TRIBUNAL DE ORIGEM. CABIMENTO SOMENTE PARA OS RECURSOS INTERPOSTOS ANTES DE 19/11/2009. INTERPOSIÇÃO SIMULTÂNEA DE INCIDENTE DE UNIFORMIZAÇÃO E RECURSO EXTRAORDINÁRIO CONTRA DECISÃO DE TURMA RECURSAL DE JUIZADO ESPECIAL FEDERAL. SUPRESSÃO DE INSTÂNCIA. AGRAVO A QUE NEGA PROVIMENTO.

I – Não é cabível agravo para a correção de suposto equívoco na aplicação da repercussão geral, consoante firmado no julgamento do AI 760.358-QO/SE, Rel. Min. Gilmar Mendes.

II – A aplicação do princípio da fungibilidade recursal, com a devolução dos autos para julgamento pelo Tribunal de origem como agravo regimental, só é cabível nos processos interpostos antes de 19/11/2009.

III – A jurisprudência desta Corte considera inadmissível o recurso extraordinário interposto contra decisão proferida por Turma Recursal dos Juizados Especiais Federais antes do julgamento de pedido de uniformização interposto concomitantemente contra essa mesma decisão.

IV – Diante da existência do incidente, pendente de julgamento, não há decisão de única ou última **instância, o que daria ensejo a abertura da via extraordinária, circunstância que atrai a incidência da Súmula 281 do STF. Precedentes de ambas as Turmas desta Corte.**

V – Agravo regimental a que se nega provimento (STF, ARE 911.738 AgR, Min. RICARDO LEWANDOWSKI, Pleno, DJe 16/12/2015).

No prazo de 15 dias, cabe agravo contra decisão do presidente ou do vice-presidente do tribunal recorrido que inadmitir recurso extraordinário, salvo quando fundada na aplicação de entendimento firmado em regime de repercussão geral ou em julgamento de recursos repetitivos, nos termos do artigo 1.042 do CPC/2015.

O agravado será intimado, de imediato, para oferecer resposta no prazo de 15 (quinze) dias. Após o prazo de resposta, não havendo retratação, o agravo será remetido ao STF.

O agravo poderá ser julgado, conforme o caso, conjuntamente com o recurso extraordinário, assegurada, neste caso, sustentação oral, observando-se, ainda, o disposto no regimento interno do STF.

Cabe ao Presidente da Turma Recursal, da TRU ou da TNU encaminhar ao STF o agravo de instrumento para destrancar recurso extraordinário, não podendo obstar a remessa.

Nesse sentido, a Súmula 727 do STF dispõe que *"não pode o magistrado deixar de encaminhar ao Supremo Tribunal Federal o agravo de instrumento interposto da decisão que não admite recurso extraordinário, ainda que referente a causa instaurada no âmbito dos juizados especiais".*

Desta forma, é cabível reclamação para o STF para fazer subir o agravo de instrumento:

"AGRAVO DE INSTRUMENTO – JUÍZO PRIMEIRO DE ADMISSIBILIDADE – INADEQUAÇÃO. O agravo de instrumento protocolado visando à sequência de recurso extraordinário não passa por crivo de admissibilidade na origem, cabendo a remessa automática ao Supremo" (Rcl 4.484/SP, Rel. Min. Marco Aurélio, Tribunal Pleno, DJ 23.11.2007).

Por fim, nos termos do artigo 337, do RI/STF, cabem embargos de declaração, quando houver no acórdão obscuridade, dúvida, contradição ou omissão que devam ser sanadas.

Como se trata de procedimento do JEF entende-se que o prazo para interposição dos aclaratórios será de **cinco dias**.

21. COISA JULGADA

De acordo com a Súmula 44, do FONAJEF, o manejo da ação rescisória é incompatível com o rito do JEF:

Enunciado nº 44 – Não cabe ação rescisória no JEF. O artigo 59 da Lei n 9.099/95 está em consonância com os princípios do sistema processual dos Juizados Especiais, aplicando-se também aos Juizados Especiais Federais (Aprovado no II FONAJEF).

Acredita-se que é necessário existir um instrumento processual para rescindir decisões teratológicas no JEF, ou decisões que violem teses repetitivas firmadas pelo STF, STJ e TNU, sendo a melhor opção a adoção da ação rescisória, pois se limita o prazo de propositura a dois anos após a formação da coisa julgada.

No entanto, aderindo ao posicionamento do FONAJEF, as Turmas Recursais não vêm aceitando a propositura de ação rescisória no JEF:

"PROCESSO CIVIL. JUIZADOS ESPECIAIS FEDERAIS. AÇÃO RESCISÓRIA. IMPOSSIBILIDADE. ART. 59 da LEI Nº 9.099/95. AÇÃO INADMITIDA. I – Nos termos do art. 59 da Lei 9.099/95, não se admite ação rescisória das demandas afetas à competência dos juizados especiais, pois se mostra incompatível processamento dessa natureza com a sistemática processual adotada neste juízo, além da vedação expressa em lei. II – Ação rescisória não conhecida em razão da impossibilidade jurídica do pedido. Sentença mantida. III – Honorários advocatícios fixados em 10% sobre o valor atualizado da causa, nos moldes do art. 55, caput, da Lei nº 9.099/95. INTEIRO TEOR: RELATÓRIO

O EXMO. SR. JUIZ ALYSSON MAIA FONTENELE (RELATOR): Trata-se de ação rescisória proposta com escopo de rescindir sentença prolatada no âmbito de juizado especial federal, sob o argumento de que o julgado rescindendo teria violado literal disposição de lei (art. 485, V, do Código de Processo Civil).VOTO Quanto ao cabimento de ação rescisória nas demandas afetas à competência dos juizados especiais federais, o autor citou precedente do Tribunal Regional Federal da 1ª Região, prolatado nos termos seguintes: PROCESSUAL CIVIL. AÇÃO RESCISÓRIA PARA DESCONSTITUIR ACÓRDÃO PROFERIDO PELA Turma Recursal DO JUIZADO ESPECIAL FEDERAL. INCOMPETÊNCIA DESTE TRIBUNAL Regional FEDERAL – 1ª REGIÃO. COMPETÊNCIA DECLINADA. 1. Compete à Turma Recursal do Juizado Especial o exame da ação rescisória que visa à desconstituição de acórdão proferido pela Turma Recursal do Juizado Especial Federal, uma vez que não há vinculação entre os Juizados Especiais Federais e a Justiça Federal comum e, portanto, não há que se falar em desconstituição de julgado de um órgão por outro. 2. Precedentes do Superior Tribunal de Justiça, do Tribunal Regional Federal da 4ª Região e deste Tribunal. 3. Competência declinada para a Turma Recursal do Juizado Especial Federal Cível da Seção Judiciária do Distrito Federal. Observe-se, porém, que a Lei nº 10.259/2001 instituiu os juizados especiais no âmbito da Justiça Federal, determinando, por força de seu art. 1º, a aplicação supletiva dos preceitos dispostos na Lei nº 9.099/95 nesta esfera. Ora, nos termos do art. 59 da Lei 9.099/95, não se admite ação rescisória das demandas afetas aos procedimentos dos juizados especiais. Nesse sentido, o 2º Fórum Nacional dos Juizados Especiais Federais, realizados em 2005, aprovou o Enunciado nº 44 nos seguintes termos: "Não cabe ação rescisória no JEF. O art. 59 da Lei n 9.099/95 está em consonância com os princípios do sistema processual dos Juizados Especiais, aplicando-se também aos Juizados Especiais Federais." Assim, o processamento de feitos dessa natureza importaria menosprezo à sistemática processual insculpida no art. 98, I, da Constituição Federal. O precedente jurisprudencial citado pelo autor esclarece que aquele órgão é incompetente para examinar ação rescisória que vise a desconstituir sentença prolatada no âmbito dos juizados especiais federais. As conclusões do julgado, contudo, não conduzem ao entendimento de que seria cabível a interposição da rescisória no âmbito dos juizados especiais federais, pois apenas se decidiu que, em tese, a ação deveria ser dirigida à Turma Recursal – órgão que detém a competência funcional para examinar a admissibilidade da demanda, inclusive. Inexiste, portanto, incongruência de entendimento entre o precedente citado e os fundamentos aqui defendidos. RAZÕES PELAS QUAIS INADMITO A AÇÃO RESCISÓRIA". **(1ª Turma Recursal do Distrito Federal, processo 2009.34.00.700249-5, de 10/9/2009).**

"PROCESSUAL CIVIL. AÇÃO RESCISÓRIA. IMPOSSIBILIDADE. ART. 59 da LEI 9.099/95; ENUNCIADO 44 DO FONAJEF. IMPOSSIBILIDADE JURÍDICA DO PEDIDO. ART. 267, VI, DO CPC. AÇÃO RESCISÓRIA NÃO CONHECIDA. INTEIRO TEOR: I – RELATÓRIO Não obstante a distribuição dos presentes autos como Mandado de Segurança, conforme despacho de fl. 50, trata-se de Ação Rescisória contra acórdão desta Turma Recursal. A sentença negou a aposentadoria por idade à autora, por falta de início de prova material. A autora alega que possui documento novo, qual seja a concessão de aposentadoria rural ao marido, que vive nas mesmas condições, além de outros que reputa relevantes. Requer a reforma do acórdão e concessão da aposentadoria por idade rural, como segurado especial. A presente ação foi processada na classe de mandado de segurança, pela falta de classe apropriada no sistema processual (fl. 50). Foi concedida a assistência judiciária (fl. 52). Citado, o INSS não apresentou resposta. O MPF manifestou-se pela ausência de interesse processual. II – VOTO. Não se encontram presentes nos autos todos os pressupostos processuais e condições da ação. O art. 59 da Lei 9.099/95 estabelece o seguinte: "Art. 59. Não se admitirá ação rescisória nas causas sujeitas ao procedimento instituído por esta Lei". O art. 59 da Lei 9.099/95, aplicável subsidiariamente na forma do art. 1º da Lei 10.259/2001, veda, expressamente, a utilização da ação rescisória perante os Juizados Especiais Federais. A questão já foi objeto de deliberação no enunciado 44 do FONAJEF (Fórum Nacional dos Juizados Especiais Federais), nos seguintes termos: "Enunciado 44. Não cabe ação rescisória no JEF. O artigo 59 da Lei nº 9.099/95 está em consonância com os princípios do sistema processual dos Juizados Especiais, aplicando-se também aos Juizados Especiais Federais." Esta colenda Turma Recursal também já se manifestou a respeito da matéria no julgamento do Recurso 2005.35.00.722574-1 (Mandado de Segurança) na sessão de julgamento do dia 22/03/2006. Na oportunidade o voto condutor do Exmo. Juiz Fed. Euler de Almeida Silva Júnior, pela impossibilidade de julgamento da Ação Rescisória no âmbito dos juizados foi acompanhado, a unanimidade, pelo colegiado, nos seguintes termos, verbis: No âmbito doutrinário, é cogitada a utilização da ação anulatória, em substituição à ação rescisória, mediante a aplicação do art. 486 do CPC. Contudo, duvidosa é a possibilidade de utilização nos Juizados Especiais Federais da ação anulatória para obter o efeito de desconstituição da sentença transitada em julgada, pelos seguintes motivos: 1) se no JEF não é possível sequer o ajuizamento de ação anulatória contra simples ato administrativo (art. 3º, § 1º da Lei 10.259/2001), com mais razão poderia se argumentar que não seria possível a anulação de sentença transitada em julgado (ato de natureza mais estável, com os efeitos dos arts. 467 a 474 do CPC); 2) nem no regime disciplinado pelo Código de Processo Civil não é possível a anulação de sentença de mérito (não-homologatória); 3) enquanto nos procedimentos regulados pela legislação processual encontra-se prevista a possibilidade de ajuizamento de ação anulatória contra sentença meramente homologatória (art. 486 do CPC), nos procedimentos dos JEF foi vedado o uso do próprio recurso contra sentença homologatória, na forma do art. 41 da Lei 9.099/95, que estabelece o seguinte: "Art. 41. Da sentença, excetuada a homologatória de conciliação ou laudo arbitral, caberá recurso para o próprio Juizado"; 4) a permissão de utilização de ações distintas para a desconstituição do julgado poderia implicar violação aos critérios da "oralidade, simplicidade, informalidade, economia processual e celeridade" (previstos no art. 2º da Lei 9.099/95). Assim, não é cabível no JEF o ajuizamento da ação rescisória com a finalidade de desconstituir sentença de mérito transitada em julgado, pela impossibilidade jurídica do pedido (art. 59

da Lei 9.099/95 c/c art. 267, VI do CPC). Ainda que assim não fosse, no caso dos presentes autos, nota-se que não consta dos documentos acostados aos autos cópia do acórdão a ser rescindido. Ainda que suprida a ausência dos referidos documentos, a petição inicial deve ser indeferida pela impossibilidade jurídica de desconstituição de julgado do Juizado Especial Federal, via ação rescisória (art. 59 da Lei 9.099/95 c/c art. 1º da Lei 10.259/2001). Ante o exposto, NÃO CONHEÇO da AÇÃO RESCISÓRIA. Sem custas e honorários de advogado, em face da gratuidade da assistência judiciária concedida. Após o trânsito em julgado, arquive-se os presentes autos, tendo em vista que os autos onde foi prolatada a decisão recorrida já encontram-se arquivados. É como voto". **(1ª Turma Recursal de Goiás, processo 2006.35.00.719503-0, de 21/3/2007).**

"1. A legislação de regência dos Juizados Especiais Federais só prevê alguns tipos de recursos, não cogitando da existência de ação rescisória. Transitado em julgado o acórdão, não há mais qualquer outra chance de revisão do acórdão, especialmente quando não se localizam os vícios apontados pela suplicante/recorrente. 2. Agride o sistema processual dos Juizados Especiais Federais Cíveis, a interposição anômala de recursos, mesmo sob a égide de aparente ação anulatória. A inadequação procedimental e a precariedade da tese rescindenda arrostam a petição ao indeferimento por falta de interesse de agir da parte. 3.A legislação específica dos Juizados Especiais Federais não prevê o manejo da ação rescisória ou da ação anulatória de sentença ou acórdão. Trata-se de sistema processual de regramento fechado que não admite inserções não cogitadas pelo legislador. Não bastasse isso, a lei não deferiu competência originária à Turma Recursal dos Juizados Especiais Federais. 4. Inicial indeferida" **(1ª Turma Recursal da Bahia, processo 2004.33.00.766360-6, de 31/1/2005).**

Por sua vez, os Tribunais Regionais Federal vêm se declarando incompetentes para apreciar ações rescisórias contra decisões transitadas em julgado no JEF:

"PROCESSUAL CIVIL. AÇÃO RESCISÓRIA. DESCONSTITUIÇÃO DE JULGADO DE JUIZADO ESPECIAL FEDERAL. INCOMPETÊNCIA DESTA CORTE REGIONAL FEDERAL DA PRIMEIRA REGIÃO. COMPETÊNCIA DA TURMA RECURSAL RESPECTIVA. 1. A jurisprudência da Primeira Seção desta Corte firmou entendimento no sentido de que compete à Turma Recursal do Juizado Especial Federal o exame da ação rescisória que objetiva a rescisão de sentenças ou acórdãos proferidos na esfera do Juizado Especial Federal. 2. Competência que se declina para uma das Turmas Recursais do Juizado Especial Federal da Seção Judiciária do Maranhão" **(TRF da 1ª Região, PROCESSO: – 0049354-38.2014.4.01.0000, de 27/9/2016).**

"PREVIDENCIÁRIO. AGRAVO. AÇÃO RESCISÓRIA. SENTENÇA DO JUIZADO ESPECIAL CIVIL. INCOMPETÊNCIA DO TRIBUNAL REGIONAL FEDERAL. DECISÃO FUNDAMENTADA. 1. Entendimento pacificado nesta Egrégia Corte de que não deve o Colegiado modificar o entendimento adotado pelo Relator quando a decisão estiver bem fundamentada, notadamente quando não for possível aferir qualquer ilegalidade ou abuso de poder. 2. Consolidado posicionamento de que compete às respectivas Turmas Recursais o processamento e julgamento de ações rescisórias propostas em face de julgados proferidos pelos Juizados Especiais Federais, bem como pelas próprias Turmas Recursais. 3. A rescisão da sentença de mérito prolatada por Juiz Federal vinculado a Juizado Especial Federal incumbe à Turma Recursal do Juizado Especial Federal Previdenciário 4. Agravo a que se nega provimento". **(TRF da 3ª Região, AR 10106, de 27/10/2016).**

Nestes casos, para desconstituir a coisa julgada em substituição à ação rescisória, ou mesmo para desfazer acordo por erro ou dolo, o INSS ou mesmo os beneficiários da Previdência Social vem se socorrendo da **ação anulatória**, muito embora não haja uniformidade sobre o seu cabimento.

Mas alguns Tribunais Regionais Federais vêm pronunciando a sua incompetência para julgar ação anulatória de coisa julgada, em que pese as pessoas jurídicas de direito público não poderem figurar como parte autora no JEF:

"PROCESSO CIVIL E PREVIDENCIÁRIO. APELAÇÃO. AÇÃO DE QUERELA NULITATIS. DECISÃO PROFERIDA PELA TURMA RECURSAL DO JUIZADO ESPECIAL. INCOMPETÊNCIA ABSOLUTA DO TRIBUNAL REGIONAL FEDERAL PARA O JULGAMENTO DA CAUSA. 1. O objeto desta ação anulatória (querela nulitatis), fundamentada no art. 486 do CPC de 1973 (atual art. 966 do NCPC) é desconstituir a coisa julgada material proferida nos autos do Processo nº 0009552-18.2011.8.26.0191 (Apelação Cível nº 0027574-86.2013.4.03.9999), pela Quinta Turma Recursal do Juizado Especial Federal da Terceira Região – Seção Judiciária de São Paulo (fls. 133/137) e, em consequência, obter novo julgamento de mérito do pedido, deduzido na ação subjacente, de desaposentação. 2. Nos termos do art. 98, I, da CF, compete às respectivas Turmas Recursais o processamento e julgamento de ações anulatórias propostas em face de julgados proferidos pelos Juizados Especiais Federais, bem como pelas próprias Turmas Recursais. 3. Com fundamento no art. 64, caput, do CPC e no art. 33, XIII, do Regimento Interno deste Tribunal Regional Federal, declaro a incompetência absoluta deste Tribunal para processar e julgar a presente ação de "querela nulitatis", devendo os autos serem encaminhados à Turma Recursal do Juizado Especial Federal da Terceira Região, competente para o processamento e julgamento desta demanda. Prejudicada a apelação do INSS" (TRF da 3ª Região, AC 2152564, de 18/10/2016).

Frise-se que o Tribunal Regional Federal da 1ª Região vem pronunciando que a vara federal que opera pelo rito comum é a competente para julgar ação anulatória de sentença proferida pelo JEF:

"PROCESSUAL CIVIL. PREVIDENCIÁRIO. CONFLITO NEGATIVO DE COMPETÊNCIA. JUIZADO FEDERAL CÍVEL E JUÍZO FEDERAL DE SUBSEÇÃO JUDICIÁRIA. AÇÃO ANULATÓRIA DE SENTENÇA PROFERIDA POR JUIZADO ESPECIAL FEDERAL CÍVEL. NECESSIDADE DE DILAÇÃO

PROBATÓRIA. 1. A Lei n. 10.259/2001, que instituiu os Juizados Especiais Federais Cíveis no âmbito da Justiça Federal, em seu art. 6º, II, apenas prevê a hipótese de a Fazenda Pública (União, autarquias, fundações e empresas públicas federais) demandar perante o Juizado Especial na condição de ré. 2. Ainda que se pudesse mitigar a impossibilidade de a Fazenda Pública comparecer aos Juizados Federais na posição de demandante, no caso concreto, em razão da complexidade do tema (anulação de sentença judicial), que provavelmente exigirá intricada dilação probatória, com o que se deve concluir, à similitude do disposto no art. 3º, § 1º, III, da lei 10.259/2001, pela impossibilidade da demanda (anulação de ato jurisdicional), que não se compadece com o rito célere do Juizado Especial. 3. Além disso, a decisão se suporta em jurisprudência do STJ. 4. Conflito de competência que se conhece, para declarar a competência do Juízo Federal da 1ª Vara da Seção Judiciária de Cuiabá/MT" (CONFLITO 0061716-77.2011.4.01.0000, de 30/10/2012).

No entanto, a 2ª Seção do STJ decidiu o JEF é que detém a competência para julgar a ação anulatória dos seus próprios julgados:

"CONFLITO NEGATIVO DE COMPETÊNCIA. PROCESSUAL CIVIL. AÇÃO ANULATÓRIA. ART. 486 DO CPC. ALEGADOS VÍCIOS DE CONSENTIMENTO. PEDIDO DE ANULAÇÃO DE ACORDO EXTRAJUDICIAL HOMOLOGADO NO ÂMBITO DE JUIZADO ESPECIAL. COMPETÊNCIA DO JUÍZO PROLATOR DA SENTENÇA HOMOLOGATÓRIA QUE SE PRETENDE ANULAR. ART. 108 DO CPC. RECONHECIMENTO DA COMPETÊNCIA DE JUÍZO ESTRANHO AO CONFLITO. 1. Na ação principal, o autor pretende a declaração de nulidade do acordo celebrado no Juizado Especial Cível, tendo como causa de pedir os alegados vícios de consentimento. Vê-se, portanto, que são questões afetas exclusivamente à seara civilista, ainda que, remotamente, as verbas acordadas digam respeito à relação laboral. 2. O reconhecimento da competência de Juízo estranho ao conflito suscitado é perfeitamente possível ante a ausência de vedação legal, sendo procedimento adotado por esta Corte Superior em muitas oportunidades, garantindo-se, assim, a celeridade na tramitação do processo. Precedentes. **3. Compete ao Juizado Especial Cível processar e julgar as demandas anulatórias de seus próprios julgados.** 4. Conflito conhecido para declarar a competência do Juízo do Juizado Especial da Comarca de Iguatu/CE, terceiro estranho ao conflito, para processar e julgar a ação anulatória". (CC 120556, de 9/10/2013).

A TNU abriu um precedente perigoso para flexibilizar a coisa julgada no Juizado Especial Federal com na base em prova velha em favor do segurado, admitindo a propositura de ação judicial idêntica mesmo após a formação de coisa julgada material, desde que haja novo requerimento administrativo, adotando, na verdade, o regime da coisa julgada *secundum eventum probationis*. Veja-se a notícia:

"Terça-feira, dia 12 de Maio de 2015

TNU decide que reapreciação de julgamento de ação previdenciária é possível quando há nova prova e novo requerimento administrativo

A Turma Nacional de Uniformização dos Juizados Especiais Federais (TNU) decidiu, por maioria de votos, que cabe nova apreciação da coisa julgada previdenciária, quando amparada em nova prova e em novo requerimento administrativo. O pedido de uniformização analisado pelo Colegiado, na sessão de 7 de maio, questionava acórdão de Turma Recursal de São Paulo, que negou provimento ao recurso da parte autora para confirmar a sentença que reconheceu a existência de coisa julgada quanto ao pedido de concessão de benefício por incapacidade, impossibilitando o reexame da demanda.

Na sentença recorrida, o magistrado da Turma paulista observou que a requerente já havia ajuizado ação com o mesmo pedido de benefício em decorrência de leucemia mieloide aguda. A ação protocolizada, em 2011, objeto de análise da TNU, foi instruída com a Carteira de Trabalho e Previdência Social (CTPS) da postulante, documento que não integrou o conjunto probatório da primeira lide, ajuizada, em 2008, cuja sentença, transitada em julgado, amparou-se apenas nas informações de carnês e dados do Cadastro Nacional de Informações Sociais (CNIS) para julgar improcedente o pleito.

O relator do pedido de uniformização, juiz federal João Batista Lazzari, admitiu que existem precedentes da própria Turma Nacional no sentido de que a discussão a respeito da coisa julgada é matéria de cunho processual e não pode ser conhecida, nos termos da Súmula 43 do Colegiado. Todavia, afirmou que o caso em questão comporta aplicação de entendimento diverso, "sob pena de impossibilitar que a parte autora possa postular a concessão de benefício por incapacidade". Ele registrou em seu voto tratar-se de ação movida por segurada inválida, de baixa escolaridade, com CTPS contendo anotação de vínculo como doméstica, o qual não constou no CNIS, o que motivou a improcedência do primeiro pedido.

Para Lazzari, considerado o fato de que na renovação do pedido administrativo a autora levou à apreciação do INSS outras provas, inclusive com relação à continuidade do tratamento da doença, não há impedimento para a apreciação de novos documentos, citando o art. 485, VII, do Código de Processo Civil, que permite que uma sentença transitada em julgado seja rescindida quando o autor obtiver documento novo, "capaz, por si só, de lhe assegurar pronunciamento favorável". O relator acrescentou que "interpretação diversa implicaria obstáculo ao princípio do acesso à Justiça ao hipossuficiente, o que representa um contrassenso ao princípio da instrumentalidade das formas".

Na conclusão de seu voto, João Batista Lazzari conheceu e deu parcial provimento ao pedido de uniformização da segurada para afastar a coisa julgada, determinando o retorno dos autos ao juízo de origem para reabertura da instrução probatória, a fim de se averiguar a idoneidade do registro em carteira de trabalho. No caso de procedência, o magistrado determinou que os efeitos financeiros devem retroagir à data do segundo requerimento.

Processo: 0031861-11.2011.4.03.6301

Fonte: CJF".

No caso em apreço, não se cuida de prova nova, pois a CTPS já existia e estava anotada, mas não havia sido juntada no processo da primeira ação para provar a qualidade de segurado, o que gerou o indeferimento do auxílio-doença.

Este tema precisa ser melhor debatido, pois também poderá o INSS fazer o mesmo. Em que pese a questão social das ações previdenciárias, a lides poderão se perpetuar, na medida em que após a coisa julgada material o segurado/dependente ou o INSS se lembre que existia algum documento importante não juntado aos autos e busque o ajuizamento de ação idêntica.

A mesma linha de jurisprudência vem sendo adotada por algumas Turmas de Tribunais Regionais Federais:

"CONSTITUCIONAL. PREVIDENCIÁRIO. APOSENTADORIA POR IDADE. RURÍCOLA. INEXISTÊNCIA DE RAZOÁVEL INÍCIO DE PROVA MATERIAL. IMPROCEDÊNCIA DO PEDIDO. 1. Remessa oficial, tida por interposta. Sentença sujeita à remessa oficial, vez que de valor incerto a condenação imposta ao INSS. 2. A comprovação da qualidade de trabalhador rural ocorre mediante início de prova material devidamente corroborada pela prova testemunhal produzida em juízo, bem assim a implementação do requisito etário exigido. 3. Na hipótese, a parte-autora cumpriu o requisito etário, eis que completou 55 anos em 2005 (nascimento 24.12.1950) cuja carência é de 144 meses (1993 a 2005). Todavia, a prova material apresentada não serviu para a comprovação da atividade rural no período de carência, uma vez que os documentos juntados não possuem a robustez necessária para se prestarem como início de prova material, sobretudo, porque na certidão de casamento (fl. 12) consta fazendeiro como qualificação profissional do cônjuge e os demais documentos (fls 13/25) apenas demonstram a propriedade de imóvel rural, sem comprovação alguma do exercício de campesina em regime de economia familiar, mormente em razão da qualificação de fazendeiro no documento de fl. 12. 4. Diante da ausência de documentos que demonstrem atividade rural da parte-autora não se reconhece o direito ao benefício de aposentadoria rural por idade, eis que não é admitida prova exclusivamente testemunhal para tal fim (Súmula 27 do TRF/1ª Região e 149/STJ). **5. Considerado o caráter social que permeia o Direito Previdenciário, a coisa julgada opera *secundum eventum litis* ou *secundum eventum probationis*, permitindo a renovação do pedido, ante novas circunstâncias ou novas provas. Precedentes.** 6. Apelação do INSS e remessa oficial, tida por interposta, providas para reformar a sentença e julgar improcedente o pedido" **(TRF 1ª Região, AC 00635797720154019199, de 24/2/2016).**

"PROCESSO CIVIL. PREVIDENCIÁRIO. PRELIMINAR DE COISA JULGADA AFASTADA. PENSÃO POR MORTE. PREENCHIMENTO DOS REQUISITOS DEPENDÊNCIA ECONÔMICA E QUALIDADE DE SEGURADO DO FALECIDO. CRITÉRIOS DOS JUROS DE MORA E CORREÇÃO MONETÁRIA. APELAÇÃO NÃO PROVIDA. 1. **A parte autora apresentou acervo probatório bastante robusto e baseou seu pedido em novo requerimento administrativo, motivo pelo qual não há de prevalecer a preliminar arguida,** devendo ser observada coisa julgada *secundum eventum probationis* no Direito Previdenciário. 2. A Pensão por Morte é um benefício de prestação continuada, de caráter substitutivo, com o fim de suprir a falta de quem provia as necessidades econômicas dos beneficiários, concedida aos dependentes do segurado que vier a falecer, sendo aposentado ou não, como dispõe o art. 74 da Lei nº 8.213, de 24 de julho de 1991. 3. Para a concessão da pensão por morte faz-se necessária a reunião de dois requisitos, quais sejam, a qualidade de dependente e a condição de segurado do falecido. 4. O autor demonstrou a sua condição de dependente em relação à falecida, por meio de cópia da certidão de casamento. 5. É meramente exemplificativo o rol de documentos constante do art. 106, da Lei 8.213/91, daí se poder aceitar qualquer outro início de prova material, revelador da realidade e típicos da cultura rural. Foi demonstrada a atividade rurícola através da apresentação de início de prova material, consistindo em: certidão de casamento realizado em 1975 em que consta a profissão dos nubentes como agricultores, declaração da proprietária das terras trabalhadas, certidões de nascimento de filhos em que consta a profissão dos pais como agricultores, requerimento de matrícula do ano de 1998, em que consta que os pais da criança são agricultores, ficha odontológica ambulatorial de 2003 em que consta a ocupação de agricultora, além dos testemunhos prestados em juízo que demonstram, satisfatoriamente, a qualidade de Trabalhadora Rural da falecida. 6. Juros de mora e correção monetária mantidos nos termos da sentença. 7. Apelação não provida" (**TRF 5ª Região, Apelação Cível – 579143, de 14/4/2015**).

O grande dilema em se adotar este regime da coisa julgada será a perpetuação das lides, pois, em tese, o mesmo benefício poderá ser postulado judicialmente diversas vezes, acaso apareça uma nova prova. Por isso também há firme jurisprudência que o rejeita:

"PREVIDENCIÁRIO. PROCESSUAL CIVIL. AÇÃO RESCISÓRIA. OFENSA A COISA JULGADA. VIOLAÇÃO DE LITERAL DISPOSIÇÃO DE LEI. ART. 485, INCISO IV. 1. Consoante estabelece o Código de Processo Civil em seu artigo 333, I, o ônus da prova, no que toca aos fatos constitutivos do direito, é do autor. Assim, havendo rejeição do pedido, ainda que por reputar o julgador que a prova mostrou-se insuficiente à comprovação do que alegado, a extinção do feito se dá com resolução do mérito (art. 269, I, do CPC). 2. A sentença que julgar total ou parcialmente a lide, tem força de lei nos limites da lide e das questões decididas (art. 468 do CPC), e, quando não mais sujeita a recurso, faz coisa julgada material, ou seja, adquire eficácia que a torna imutável e indiscutível (art. 467 do CPC). **3. Conquanto em direito previdenciário muitas vezes o rigor processual deva ser mitigado, não podem ser ignorados os limites expressamente estabelecidos pela legislação processual e, mais do que isso, ditados pelos princípios que informam o direito processual e o próprio ordenamento, sendo certo que coisa julgada goza de expressa proteção constitucional (art. 5º, inciso XXXVI) a bem da segurança jurídica, pilar fundamental do estado de direito. Inviável, assim, se entenda pela formação de coisa julgada *secundum eventum probationemem*** todas as situações nas quais a sentença considere frágil ou inconsistente a prova documental do alegado trabalho rural. 4. Hipótese em que a demandada, tanto na primeira como na segunda ação judicial, questionou indeferimento de benefício previdenciário ocorrido em 1995, de modo que na espécie houve clara repetição de ação anterior, na qual o direito da parte havia sido negado. 5. Rescisória acolhida, uma vez que violada a coisa julgada (art. 485, IV, do CPC), desconstituindo-se a segunda decisão, que apreciou novamente o mérito da pretensão" (**TRF 4ª Região, AR 200604000385490, de 05/11/2009**).

22. FASE DE EXECUÇÃO

A execução provisória no JEF é possível no que concerne às obrigações de fazer ou não fazer, desde que tenha sido deferida tutela provisória antes da formação da coisa julgada.

Já a execução das parcelas vencidas (obrigação de pagar quantia certa) exige a formação da coisa julgada, pois o INSS ostenta a natureza jurídica de pessoa jurídica de direito público.

Veja-se nesse sentido o posicionamento do FONAJEF:

> Enunciado nº 35 – A execução provisória para pagar quantia certa é inviável em sede de juizado, considerando outros meios jurídicos para assegurar o direito da parte (Aprovado no II FONAJEF).

Após a formação da coisa julgada, quando o processo é baixado para o juiz de primeiro grau, que possui competência funcional para presidir a fase executória, o primeiro passo é diligenciar o cumprimento da obrigação de fazer ou não fazer, se for o caso.

Eis alguns exemplos:

a) implantação de benefício previdenciário (fazer);

b) revisão de renda de benefício (fazer);

c) averbação de tempo de contribuição (fazer);

d) manter ativo um auxílio-doença por seis meses ao menos (não fazer);

e) cessar descontos administrativos perpetrados em benefício (não fazer).

Após requerimento da parte autora, o INSS deverá ser intimado para atestar o cumprimento da obrigação de fazer ou não fazer, cabendo à Procuradoria Federal abrir tarefa administrativa para Agência da Previdência Social de Atendimento às Demandas Judiciais (APS/AADJ) da localidade.

O ideal é que os detalhes da obrigação já constem do título judicial transitado em julgado. Mas, infelizmente, isso não ocorre em muitos casos, especialmente na concessão e revisão de renda mensal de benefício com valor acima de um salário-mínimo.

Neste caso, é possível que haja fase cognitiva na execução no que concerne ao valor da renda mensal. Há casos, inclusive, que se verifica que a execução é vazia, pois a determinação judicial não se amolda ao caso concreto, o que na verdade configura uma anomalia judicial.

A fase seguinte – se cabível, pois há demandas previdenciárias que não possuem o pagamento de parcelas vencidas, a exemplo do simples pedido de averbação de tempo de contribuição – consiste no pagamento das parcelas vencidas, que se referem ao período anterior à DIP (data de início do pagamento administrativo), pois a partir da DIP as parcelas pecuniárias são pagas administrativamente pelo INSS.

Caberá ao magistrado inserir no final da decisão os comandos básicos de implantação, como a data de início do benefício (DIB), a renda mensal (salvo se delegado ao INSS o seu cálculo) e a data de início do pagamento (DIP).

A data do início do pagamento é o termo inaugural do pagamento das parcelas na via administrativa com depósito em conta do beneficiário, normalmente sendo o dia seguinte ao último dia do horizonte do cálculo das parcelas vencidas, sendo o marco divisor entre a obrigação de fazer e de pagar as parcelas vencidas.

É importante que não haja falha neste ponto, sob pena de pagamento em duplicidade de determinado período (prejuízo para o INSS) ou de não pagamento em algum período (prejuízo para o beneficiário).

Suponha-se que uma sentença tenha condenado o INSS em implantar uma aposentadoria por tempo de contribuição, com DIB (data de início do benefício) em 02/01/2012 (data do requerimento administrativo) e data do início do pagamento (DIP) em 01/01/2015.

Neste caso, o INSS irá implantar o benefício com efeitos financeiros a partir de 01/01/2015, pagos mensalmente na conta do segurado (obrigação de fazer). Já as parcelas vencidas (de 02/01/2012 até 31/12/2014) serão pagos em sede de execução no próprio processo judicial, através de precatório ou de requisição de pequeno valor, a depender do montante do crédito.

O ideal é que a decisão transitada em julgado no JEF já consigne o valor dos valores atrasados a serem pagos ao beneficiário da Previdência Social, pois neste caso caberá apenas a sua atualização.

Caso contrário, é possível que haja uma fase de discussão sobre esse valor, o que atrasa o curso do processo e pode exigir nova atuação da Turma **Recursal**.

De acordo com o Enunciado 13, do FONAJEF, não são admissíveis embargos de execução nos JEFs, devendo as impugnações do devedor ser examinadas independentemente de qualquer incidente.

Logo, as partes poderão impugnar os cálculos judiciais ou o cálculo da parte ex-adversa por simples petição dirigida ao juiz.

Quando as decisões não são impugnáveis via recurso, a exemplo da decisão de incidente processual na execução do julgado, deverá a parte prejudicada interpor **mandado de segurança** para a respectiva Turma Recursal (órgão *ad quem*), conforme entendimento consolidado do STJ[49], sendo este também o posicionamento do STF (RE 586.789, de 16.11.2011).

Também nesse sentido a Súmula 376 do STJ:

> **Súmula 376** – "Compete a turma recursal processar e julgar o mandado de segurança contra ato de juizado especial".

No entanto, conforme visto acima, o tema é polêmico e o leitor deve avaliar o Regimento Interno da Turma Recursal da sua localidade e a jurisprudência local, pois descabe incidente de uniformização sobre questões processuais.

Conforme vimos, para exemplificar, chama a atenção na Turma Recursal do Sergipe do cabimento de **agravo de instrumento** para desafiar decisão do juízo singular em impugnação ao cumprimento de sentença, quando a decisão que transitou em julgado não contiver o valor exato da condenação, em razão da alteração legislativa implementada no antigo Código de Processo Civil, art. 475-M, § 3º, pela Lei nº 11.232/2005, posterior à Lei nº 10.259/2001, bem como contra a decisão que negar seguimento a recurso contra sentença definitiva para a parte autora.

Nesse sentido, a 1º Turma Recursal do Distrito Federal também admite o manejo do agravo de instrumento na hipótese:

> "PROCESSO CIVIL. EXTINÇÃO de EXECUÇÃO POR CUMPRIMENTO de OBRIGAÇÃO CUMPRIDA. DECISÃO IMPUGNÁVEL POR AGRAVO. INVIABILIDADE de APLICAÇÃO da REGRA da FUNGIBILIDADE Recursal. DECISÃO MANTIDA. AGRAVO IMPROVIDO. **Agravo é o recurso cabível para o fim de impugnar decisão proferida no âmbito do Juizado Especial Federal, tendo como fundamento extinção da execução por cumprimento do julgado (art. 4º da Lei n. 10.259/2001 c/c arts. 522, segunda parte, e 524, ambos do Código de Processo Civil), não se admitindo a aplicação da regra da fungibilidade recursal na hipótese de interposição de Recurso Ordinário**, por absoluta incompatibilidade entre os ritos estabelecidos para um e outro desses recursos. Agravo improvido." (Recurso 2007.34.00.903912-6, de 26/8/2008).

Nos termos do artigo 17, da Lei 10.259/2001, tratando-se de obrigação de pagar quantia certa, após o trânsito em julgado da decisão, o pagamento será efetuado no prazo de sessenta dias, contados da entrega da requisição, por ordem do Juiz, à autoridade citada para a causa, na agência mais próxima da Caixa Econômica Federal ou do Banco do Brasil, independentemente de precatório.

---

49. EDROMS 200501035527, de 09.02.2010.

Desta forma, os valores exequendos de até sessenta salários mínimos serão pagos via RPV (requisição de pequeno valor), ao passo que valores acima deste serão honrados no regime do precatório, salvo se a parte na fase de execução renunciar ao excedente a sessenta salários mínimos para fugir do precatório.

De efeito, dispõe o § 4º do artigo 17 da Lei 10.259/2001 que se o valor da execução ultrapassar o estabelecido no § 1º (60 salários mínimos), o pagamento far-se-á, sempre, por meio do precatório, sendo facultada à parte exequente a renúncia ao crédito do valor excedente, para que possa optar pelo pagamento do saldo sem o precatório, da forma lá prevista.

Trata-se de **novo ato de renúncia**, não se confundindo com a renúncia que poderá ser necessária no processo de conhecimento para manter a competência do JEF para julgar a causa com valor de até 60 salários mínimos (parcelas vencidas acrescidas das 12 vincendas). Sobre o tema, colaciona-se o Enunciado 71 do FONAJEF:

> Enunciado 71- "A parte autora deverá ser instada, na fase da execução, a renunciar ao excedente à alçada do Juizado Especial Federal, para fins de pagamento por Requisições de Pequeno Valor, não se aproveitando, para tanto, a renúncia inicial, de definição de competência".

Após a coisa julgada, é precluso buscar rediscutir sobre a competência pelo valor da causa no JEF, acaso realmente o valor fosse acima de 60 salários mínimos sem ato de renúncia. Veja-se a TNU:

Tipo

Acórdão

Número

200733007130723

200733007130723

Relator(a)

JUIZ FEDERAL ALCIDES SALDANHA LIMA

Data

11/10/2011

Data da publicação

25/11/2011

Fonte da publicação

DOU 25/11/2011

Ementa

PEDIDO DE UNIFORMIZAÇÃO. MANDADO DE SEGURANÇA IMPETRADO PELO INSS. REDUÇÃO DO VALOR DA CONDENAÇÃO NA FASE

DE EXECUÇÃO. INCOMPETÊNCIA ABSOLUTA. VALOR DA CAUSA NO MOMENTO DA PROPOSITURA DA AÇÃO SUPERIOR AO LIMITE DE SESSENTA SALÁRIOS MÍNIMOS. RENÚNCIA TÁCITA. IMPOSSIBILIDADE. SÚMULA 17 DA TNU. PRECLUSÃO. GARANTIA CONSTITUCIONAL DA COISA JULGADA. IMPROVIMENTO. 1 – No âmbito dos Juizados Especiais Federais, não há renúncia tácita para fins de fixação de competência, nos termos do enunciado da Súmula 17 da TNU. Desse modo, a renúncia deve ser expressa, sendo o momento processual mais adequado para manifestá-la o do ajuizamento da ação. Na hipótese, inexiste manifestação expressa à renúncia ao excedente a sessenta salários mínimos na data da propositura da ação. 2 – Não suscitada a incompetência absoluta do JEF em decorrência do valor da causa no momento da propositura da ação exceder o limite de sessenta salários mínimos durante toda a fase de conhecimento consuma-se a preclusão. 3 – **A limitação, após o trânsito em julgado, do valor do título executivo ao limite de sessenta salários mínimos à data do ajuizamento da ação, implica, por via oblíqua, o reconhecimento da possibilidade de renúncia tácita, por via direta, afronta à garantia constitucional da intocabilidade da coisa julgada. 4 – O art. 39 da Lei nº.. 9.099/95 – "É ineficaz a sentença condenatória na parte que exceder a alçada estabelecida nesta Lei" – não se aplica ao microssistema dos Juizados Especiais Federais, em face da regra contida no art. 17, § 4º, da Lei nº. 10.259/2001 – "Se o valor da execução ultrapassar o estabelecido no § 1o, o pagamento far-se-á, sempre, por meio do precatório, sendo facultado à parte exeqüente a renúncia ao crédito do valor excedente, para que possa optar pelo pagamento do saldo sem o precatório, da forma lá prevista". Precedentes desta TNU (PEDILEF 200770950152490, Juíza Federal Jacqueline Michels Bilhalva, DJ 13.5.2010; PEDILEF 200833007122079, Juiz Federal José Eduardo do Nascimento, DJ 11.3.2011).** 5 – Pedido de uniformização improvido.

Ademais, são vedados o fracionamento, repartição ou quebra do valor da execução, de modo que o pagamento se faça, em parte via RPV, e, em parte, mediante expedição do precatório, e a expedição de precatório complementar ou suplementar do valor pago.

Na execução dos julgados no JEF cabe à parte autora apresentar a planilha de crédito ou, supletivamente, a contadoria da Vara deverá fazê-lo, se a parte for hipossuficiente.

No entanto, forma-se uma jurisprudência no sentido de que o INSS pode ser compelido a apresentar os cálculos de liquidação, o que aparentemente afronta as regras processuais.

Nesse sentido, o enunciado 129 do FONAJEF:

> **Enunciado FONAJEF 129 – "Nos Juizados Especiais Federais, é possível que o juiz determine que o executado apresente os cálculos de liquidação".**

Para o Enunciado 177, do FONAJEF, "é medida contrária à boa-fé e ao dever de cooperação, previstos nos arts. 5º e 6º do CPC/2015, a impugnação genérica a cálculos, sem a indicação concreta dos argumentos que justifiquem a divergência" (Aprovado no XIII FONAJEF).

Há situações em que a parte autora queda-se inerte na execução e o seu crédito é alvo de prescrição intercorrente quinquenal por estar paralisado por mais de cinco anos:

"PROCESSO CIVIL. EMBARGOS À EXECUÇÃO. PREVIDENCIÁRIO. PRESCRIÇÃO INTERCORRENTE. INOCORRÊNCIA. INCLUSÃO DE EXPURGOS INFLACIONÁRIOS. MERA RECOMPOSIÇÃO DA MOEDA. SENTENÇA MANTIDA. 1. Nos termos da Súmula nº 150 do Supremo Tribunal Federal, a prescrição da execução ocorre no mesmo prazo da pretensão. **2. Em se tratando de título judicial constituído contra a Fazenda Pública, a pretensão executiva prescreve no prazo de 5 (cinco) anos, contando-se do trânsito em julgado da sentença proferida na ação de conhecimento.** 3. A jurisprudência deste Tribunal já firmou o entendimento de que somente ocorre a prescrição intercorrente quando o processo de execução ficar paralisado por mais de cinco anos sem que a parte exequente promova efetivamente a execução, conforme precedentes declinados no voto. 4. Na hipótese dos autos, não se consumou a prescrição da pretensão executória, já que o trânsito em julgado da sentença exequenda se deu em 15/09/1998, tendo sido requerida a intimação do INSS, pelo exequente, em julho de 2000, para apresentar elementos de cálculos para a elaboração da conta, que restou apresentada em outubro de 2000. E em 09/12/2003, requereu a citação do INSS para os fins do art. 730 do CPC. 5. As jurisprudências do STJ e deste Tribunal já consolidaram o entendimento no sentido de que são devidos os expurgos inflacionários na fase de liquidação de sentença, mesmo que a matéria não seja tratada na decisão exequenda. Considera-se que não há, no caso, ofensa à coisa julgada, visto que os expurgos são mera aplicação de índices de correção monetária, visando à recomposição do valor da moeda. Precedentes. 6. A Súmula n. 41 deste Tribunal prevê a inclusão dos expurgos inflacionários na execução de sentença condenatória de benefícios previdenciários, ainda que nela não haja previsão expressa. 7. Apelação do INSS desprovida (**TRF da 1ª Região, processo 2004.38.00.028865-9, de 17/5/2016**).

"PROCESSO CIVIL. EMBARGOS À EXECUÇÃO. PREVIDENCIÁRIO. PRESCRIÇÃO INTERCORRENTE. INOCORRÊNCIA. EXECUÇÃO COMPLEMENTAR. SENTENÇA MANTIDA. 1. Nos termos da Súmula nº 150 do Supremo Tribunal Federal, a prescrição da execução ocorre no mesmo prazo da pretensão. 2. No que concerne ao pagamento de prestações vencidas relativas a benefícios previdenciários, deve ser observada a prescrição quinquenal, conforme art. 103, parágrafo único, da Lei n. 8.213, de 1991, e Súmula 85 do STJ. **3. A jurisprudência deste Tribunal já firmou o entendimento de que somente ocorre a prescrição intercorrente quando o processo de execução ficar paralisado por mais de cinco anos sem que a parte exequente promova efetivamente a execução, conforme precedentes declinados no voto.** 4. Na hipótese dos autos, não ocorreu a prescrição da execução, tendo em vista que os presentes embargos referem-se a execução complementar, relativa a verbas remanescentes, cujo trânsito em julgado da sentença se deu em 25/05/2007, com a execução sendo ajuizada em 15/02/2001. 5. Apelação do INSS desprovida" **(TRF da 3ª Região, PROCESSO 0011690-69.2011.4.01.3300, de 19/8/2015).**

"PREVIDENCIÁRIO – PROCESSUAL CIVIL – EXECUÇÃO – AGRAVO PREVISTO NO ART. 557, § 1º, DO CPC – REVISÃO DE BENEFÍCIO – PRESCRIÇÃO INTERCORRENTE – REFLEXOS POSTERIORES – PARCELAS VENCIDAS – PRAZO. I – Tratando-se de revisão de renda mensal inicial, cujos reflexos permanecem até a data da implantação administrativa do valor revisado na forma fixada do título judicial, **a prescrição intercorrente atinge, tão-somente, as prestações vencidas anteriormente ao quinquênio que precedeu o ato processual que de início** à execução, a teor da Súmula n. 85 do E. STJ. II – Agravo do INSS, previsto no art. 557, § 1º, do CPC, improvido" **(TRF da 3ª Região, PROCESSO 00403584120124039999, de 13/8/2013).**

De acordo com o STJ, "a lei não impõe prazo para habilitação dos sucessores do autor e, por isso, não há que falar em prescrição intercorrente, sendo certo que não se deve conferir interpretação restritiva às regras que versem sobre prazos prescricionais" (RESP 201200421995, ELIANA CALMON, STJ – SEGUNDA TURMA, DJE 06/09/2013).

23. TABELA PRÁTICA DOS PRAZOS NOS JUIZADOS ESPECIAIS FEDERAIS

PRAZOS EM DIAS ÚTEIS	ATO PROCESSUAL
5 DIAS	Embargos de Declaração (interrupção desde o CPC/2015)
10 DIAS	Agravo regimental contra decisão monocrática do STJ que indefere incidente de uniformização
10 DIAS	Apresentar quesitos e indicar assistentes na perícia judicial
10 DIAS	Recurso Inominado contra sentença de mérito e decisão interlocutória sobre cautelar no processo de conhecimento
10 DIAS	Requerimento para destrancar incidente de uniformização ao STJ inadmitido pela TNU
15 DIAS	Agravo Regimental contra a decisão de Relator na TNU
15 DIAS	Agravo contra a decisão de inadmissão do Incidente de Uniformização para a TNU da lavra do Presidente da Turma Recursal ou da Turma Regional de Uniformização
15 DIAS	Agravo interno contra decisão de inadmissão de pedido de uniformização regional fundada em julgamento do STF ou em súmula da TRU, a ser julgado pela Turma Recursal em decisão irrecorrível
15 DIAS	Agravo interno contra decisão de inadmissão de pedido de uniformização nacional fundada em julgamento do STF, proferido em repercussão geral, ou em súmula ou representativo de controvérsia da TNU, a ser julgado pela Turma Recursal em decisão irrecorrível

PRAZOS EM DIAS ÚTEIS	ATO PROCESSUAL
15 DIAS	Agravo regimental contra a decisão do Relator e do Presidente da Turma Recursal que dar ou negar provimento a Recurso Inominado monocraticamente
15 DIAS	Incidentes de Uniformização de Jurisprudência (TRU, TNU e STJ)
15 DIAS	Recurso Extraordinário (STF)
15 DIAS	Agravo para destrancar recurso extraordinário inadmitido, salvo quando fundada na aplicação de entendimento firmado em regime de repercussão geral ou em julgamento de recursos repetitivos
15 DIAS	Reclamação para a TNU
30 DIAS	Contestação (se houver audiência, poderá ser apresentada até este dia)
60 DIAS	Pagamento de requisição de pequeno valor
120 DIAS	Mandado de segurança contra decisão que não caiba recurso (algumas Turmas Recursais adotam o prazo de 10 dias por analogia – verifique a jurisprudência local)
IRRECORRÍVEIS	Decisões monocráticas do Presidente da TNU (art. 16, do Regimento interno da TNU)

CAPÍTULO 3

ATOS PROCESSUAIS DAS PARTES, DOS JULGADORES E DE SEUS AUXILIARES NO RITO DO JEF

O objetivo deste Capítulo 3 é apresentar os atos processuais praticados no procedimento dos Juizados Especiais Federais, tanto pelas partes, quanto pelo juiz de 1º e seus auxiliares (serventuários e peritos), assim como as decisões exaradas pelos órgãos colegiados revisores (Turmas Recursais, Turmas Regionais de Uniformização, Turma Nacional de Uniformização, STJ e STF).

Nesse sentido, foram inseridas pelo autor peças simuladas decorrentes da sua experiência profissional no exercício do cargo de Procurador Federal, estimando já ter atuado em mais de cinquenta mil processos previdenciários no JEF ao longo de mais de dez anos representando judicialmente o INSS.

Buscou-se observar uma ordem cronológica na prática dos atos processuais, desde o termo de pedido até o despacho de arquivamento do processo, sendo apresentados **104 atos no total**, repartidos em **94 espécies distintas**.

1. PETIÇÃO INICIAL E TERMO DE PEDIDO

A petição inicial no rito do JEF pode ser ajuizada diretamente pelo beneficiário da Previdência Social, sendo facultativa a representação por advogado em 1º grau.

Funciona na Justiça Federal um serviço de atendimento ao jurisdicionado em que um servidor da Justiça Federal reduz a termo as alegações do segurado ou de seu dependente, cabendo ao Termo de Pedido deflagrar a ação.

Conforme enunciado no sítio do TRF da 4ª Região[1], a parte comparece pessoalmente na sede do juizado federal correspondente a sua cidade. No local, haverá um funcionário disponível para ouvir a sua reclamação. A parte comparecendo

---

1. http://www2.trf4.jus.br/trf4/controlador.php?acao=pagina_visualizar&id_pagina=jefs_aterm

pessoalmente, após breve análise e sendo possível o ajuizamento da causa, será feita a coleta de todas as informações importantes para o início da ação.

O funcionário providenciará a identificação do(s) autor(es), do(s) réu(s), do tipo de ação, do objetivo da ação, fará a lista dos documentos necessários a após os recolherá para juntá-los ao processo, fará o pré-cálculo do valor da causa (até 60 salários mínimos), preencherá formulários, efetivará a habilitação de procurador ou auxiliar, fará o cadastramento para utilizar o processo eletrônico, e, se for o caso, requererá prioridade de tramitação, cautelar/antecipação de tutela (pedidos de urgência), justiça gratuita, etc. Estas providências iniciais são chamadas de ATERMAÇÃO, e substituem a petição inicial subscrita por advogado.

1.1. Atermação para a concessão ou restabelecimento de benefício por incapacidade laborativa

Para a concessão dos benefícios de aposentadoria por invalidez ou auxílio-doença, é necessário comprovar a incapacidade laborativa via perícia médica judicial, devendo a data de início da incapacidade ser posterior à filiação previdenciária e após o cumprimento do período de carência, salvo as situações normativas em que a carência é dispensada no artigo 26, da Lei 8.213/91, pois neste caso bastará que a incapacidade seja posterior à filiação previdenciária.

Caberá ao segurado promover a juntada de todos os exames e documentação médica que possui para instruir o processo. Apresenta-se, abaixo, termo de pedido utilizado pela Justiça Federal do Estado da Bahia.

Seção Judiciária da Bahia
JUIZADO ESPECIAL FEDERAL CÍVEL
Seção de Atendimento e Atermação – SAA

EXMO (A) SR (A) DR (A) JUIZ (A) FEDERAL DO JUIZADO ESPECIAL FEDERAL CÍVEL DA BAHIA

TERMO DE PEDIDO
(Concessão de Auxílio Doença/Aposentadoria por Invalidez e acrescido 25% de acompanhante)

ORTOPEDICO

Pedido de antecipação de tutela – urgente

QUALIFICAÇÃO DA PARTE AUTORA			
Nome	**CREMILDA SANTOS DE JESUS**		
Nacionalidade	Brasileira	Estado Civil	Solteira
Profissão	Pesca Artesanal		
RG	02.277.111-57 SSP/BA	CPF	380.264.145-00
PIS/PASEP	200.26697496		
Endereço / CEP	Rua do porto de baixo 9 Casa Centro Acupe Santo Amaro-Bahia (Ao do Bar canoa)		
Telefone	(71) 986223364	E-MAIL	

A parte autora, acima qualificada, vem à presença de V. Exa. Ajuizar **AÇÃO DE CONCESSÃO DE BENEFÍCIO DE AUXÍLIO-DOENÇA** em face do **INSS**, ou, uma vez constatada sua incapacidade permanente para as atividades laborais, subsidiariamente, a **CONVERSÃO EM APOSENTADORIA POR INVALIDEZ,acrescido 25% de acompanhante** pelos fatos e fundamentos a seguir expostos.

A parte autora é segurado da Previdência Social e atualmente se encontra acometida por doença que a torna incapaz de exercer suas atividades laborais. Por conseqüência, não tem condições de prover seu próprio sustento, uma vez que sobrevive do benefício.

Cabe informar foi negado pela autarquia INSS,a concessão do beneficio auxilio doença **NB 6026877642 em 29/07/2013.**

Saliente-se que a autora satisfaz os requisitos legais necessários, tanto no tocante a qualidade de segurado, quanto em relação a sua incapacidade para o trabalho. Senão, vejamos:

Segundo, relatório médico apresenta problemas ortopédicos CID M75.1+M22.9

Diante disso, **a parte autora não tem condições de arcar com as despesas processuais e honorárias advocatícios, sem prejuízo do próprio sustento e de sua família.**

Isto posto, revela-se inequívoco o direito e a extrema necessidade da parte autora em obter **o benefício de auxílio-doença**, ou, no caso de constatação de incapacidade total e definitiva, **a conversão em aposentadoria por invalidez**, com fulcro nos arts., 42 e 59, todos da Lei nº 8.213/91.

As alegações aqui expostas, no que se refere ao quadro clínico relatado, podem ser comprovadas em **perícia médica** a ser determinada por esse Juízo.

DA TUTELA ANTECIPADA

Pleiteia a tutela antecipada, nos termos do art. 273 do CPC, uma vez que "O juiz poderá, a requerimento da parte, antecipar, total ou parcialmente, os efeitos da tutela pretendida no pedido inicial, desde que, existindo prova inequívoca da verossimilhança da alegação e:

I – haja fundado receio de dano irreparável ou de difícil reparação."

No caso que se apresenta, além dos documentos anexados nesta oportunidade demonstrarem de forma inequívoca a **verossimilhança do direito pretendido**, a parte autora comprova sua incapacidade para o trabalho e, por conseqüência, **a impossibilidade de sustentar-se sem o benefício de auxílio doença** em apreço.

Apreciado e demonstrado o primeiro requisito legal (verossimilhança da alegação), evidencia-se o **risco de irreparabilidade do dano ou dificuldade de sua reparação**, em vista da necessidade de prosseguir com o tratamento, sob pena de agravamento do estado clínico da autora.

Pelas mesmas razões, em face da **natureza alimentar** de que se reveste o benefício do auxílio doença, **faz-se necessário a concessão imediata do benefício previdenciário negado**, o que desde já, **requer de forma antecipada**.

DOS PEDIDOS

Em conformidade com tudo o que foi exposto, requer:

1) **A antecipação dos efeitos da tutela**, tendo em vista a natureza alimentar de que se reveste o benefício e a urgência da necessidade da prestação jurisdicional, **com a imediata concessão do benefício**, sob pena de aplicação de multa diária no valor a ser fixado por este Juízo.

2) **Seja julgado procedente o pedido para condenar o INSS a conceder o benefício previdenciário de auxílio-doença ou, subsidiariamente, aposentadoria por invalidez,** com o pagamento das prestações vencidas e vincendas, monetariamente corrigidas e acrescidas de juros legais moratórios, incidentes até a data do efetivo pagamento.

3) **A citação do INSS, bem como sua intimação para que junte aos autos o respectivo processo administrativo**, bem assim para apresentar resposta a presente ação, sob pena de ser-lhe decretada revelia.

4) **Realização de perícia médica** a ser designada por este Juízo com a finalidade de comprovar o caráter definitivo de sua incapacidade para o exercício das atividades laborais.

5) **O benefício da assistência judiciária gratuita** por ser a autora pobre na acepção legal do termo.

A parte autora renuncia o valor que exceder a 60(sessenta) salários mínimos na data do ajuizamento da ação.

Dá-se à causa o valor de 60 (sessenta) salários mínimos para fins de fixação de competência destes Juizados.

> Salvador, 03 de maio de 2016.
>
> PARTE AUTORA
>
> SERVIDOR DA JUSTIÇA FEDERAL
>
> **ADVERTÊNCIAS**
>
> O autor declara estar ciente de que:
>
> 1. A parte autora declara estar ciente que o valor da causa é o valor de 60 (sessenta) salários mínimos, refere-se, tão somente, ao valor máximo das ações Juizados Especiais Federais;
>
> 2. A ausência da parte autora na data designada para audiência de instrução e julgamento, importará no arquivamento do processo;
>
> 3. Qualquer alteração no endereço ou telefone deverá ser comunicada ao Juízo para possibilitulteriores intimações;
>
> 4. Havendo interesse na oitiva de testemunhas, a parte autora deverá indicar o rol máximo de três pessoas;
>
> 5. É vedada a alteração da verdade dos fatos ou o uso do processo para conseguir objetivo ilegal, sob pena de ser condenado ao pagamento de custas processuais e honorários de advogado, por litigância de má-fé (Lei nº 9.099/95, artigo 55);
>
> 6. Os originais dos documentos anexados à inicial, por cópia, deverão ser trazidos pelas partes na data designada para audiência de instrução e julgamento;
>
> 7. Não é necessáio o acompanhamento do processo por advogado até a data da prolação da sentença.

1.2. Atermação para a concessão de aposentadoria por idade ao segurado especial

A concessão da aposentadoria por idade ao segurado especial requer o cumprimento de idade mínima (60 anos para o homem e 55 anos para a mulher), desde que cumprido o período de carência de 15 anos, contínuos ou alternados, no exercício de atividade campesina ou pesqueira de subsistência.

Não é necessária a prova de efetivo recolhimento de contribuição previdenciária, mas é curial a apresentação de documentos contemporâneos à carência, não se prestando ao cumprimento da tarifação legal a exibição de documentos novos.

Eis alguns exemplos de documentos contemporâneos para fazer essa prova, podendo ser utilizados os documentos de membro do grupo familiar:

a) certidão de casamento que consta a profissão lavrador ou pescador;

b) certidão de nascimento com inteiro teor que consta a profissão lavrador ou pescador;

c) documentação da terra;

d) declaração de ITR;

e) cadastro no INCRA;

f) declaração de sindicato;

g) notas fiscais de aquisição de produtos agrícolas;

h) comprovante de residência do meio rural.

Uma vez realizado o início de prova material contemporâneo, cabe a complementação por testemunhas, devendo ser designada audiência. Apresenta-se, abaixo, termo de pedido disponibilizado no sítio da Justiça Federal do Estado do Ceará[2].

Excelentíssimo(a) Senhor(a) Doutor(a) Juiz(a) Federal dos Juizados Especiais Federais da Seção Judiciária de Fortaleza-CE				
OBJETO: CONCESSÃO DE APOSENTADORIA POR IDADE A SEGURADO ESPECIAL VALOR DA CAUSA: R$				
1.1. Nome:				
1.2. Estado Civil				
1.3. Endereço	Logradouro:		Nº:	
	Bairro:		Complemento:	
	Cidade:			UF:
	Ponto de referência:			Tel:
1.4. Data em que completou 60 ou 55 anos				
1.5. Período em que exerceu atividade rural/ pesca artesanal (carência)				
1.6. Localidade e município				
1.7. Número do requerimento administrativo				
1.8. Data do requerimento administrativo				
1.9. Razões do Indeferimento				

---

2. https://www.jfce.jus.br/servicos-publicos/modelos-de-peticao.html

O(A) Autor(a) supra qualificado(a) vem à presença de V. Exa. propor a presente AÇÃO ESPECIAL CÍVEL PREVIDENCIÁRIA em face do INSS – INSTITUTO NACIONAL DO SEGURO SOCIAL, pelos seguintes fatos e fundamentos:

Afirma o(a) Autor(a) que requereu, junto à Autarquia Previdenciária, a concessão do **benefício de aposentadoria**, sendo este indeferido, conforme documento anexo.

Informa que se enquadra na hipótese do art. 11, VII, da Lei 8.213/91 e, ainda, que já completou a idade necessária à concessão do benefício, nos termos do art. 48, § 1º, da mesma lei. Salienta que à época do requerimento administrativo já possuía tempo de serviço suficiente para percepção do benefício pretendido, porquanto aplicável à hipótese a regra de transição do art. 142 da Lei 8.213/91. No que se refere à data de início do benefício, deverá reger-se pelo disposto no art. 49, II, da citada lei.

Restando preenchidos os requisitos legais, requer:

1. Que seja citado o INSS, a fim de responder aos termos da presente demanda;
2. Que seja condenado o INSS a conceder ao(à) Autor(a) o benefício de aposentadoria, bem como a pagar as parcelas vencidas e vincendas monetariamente corrigidas desde o respectivo vencimento e acrescidas de juros legais moratórios até a data do efetivo pagamento;
3. **A renúncia ao que exceder à soma de 60 (sessenta) salários mínimos;**
4. A concessão do benefício da assistência judiciária gratuita por ser o(a) Autor(a) pobre na forma legal;
5. A produção de todas as provas admitidas em Direito, inclusive a oitiva das testemunhas ora arroladas:

Fortaleza, _____/_____/_____.

Assinatura do(a) Autor(a)

1.3. Atermação para o reconhecimento de tempo de contribuição especial e aposentadoria especial

A prova do tempo de contribuição especial, quer para a concessão de aposentadoria especial, quer para a conversão do tempo de contribuição especial em comum, requer a aplicação da lei em vigor no momento da prestação da atividade.

Deverá ser utilizada como lastro a seguinte tabela de regimes jurídicos, adotada pela Previdência Social e com amparo na jurisprudência:

Período trabalhado	Enquadramento
Até 28/4/1995	Quadro Anexo ao Decreto nº 53.831, de 1964. Anexos I e II do RBPS, aprovado pelo Decreto nº 83.080, de 1979. Formulário; CP/CTPS; LTCAT, obrigatoriamente para o agente físico ruído.
De 29/4/1995 a 13/10/1996	Código 1.0.0 do Quadro Anexo ao Decreto nº 53.831, de 1964. Anexo I do RBPS, aprovado pelo Decreto nº 83.080, de 1979. Formulário; LTCAT ou demais Demonstrações Ambientais, obrigatoriamente para o agente físico ruído.
De 14/10/1996 a 5/3/1997	Código 1.0.0 do Quadro Anexo ao Decreto nº 53.831, de 1964. Anexo I do RBPS, aprovado pelo Decreto nº 83.080, de 1979. Formulário; LTCAT ou demais Demonstrações Ambientais, para todos os agentes nocivos

Período trabalhado	Enquadramento
De 6/3/1997 a 31/12/1998	Anexo IV do RBPS, aprovado pelo Decreto nº 2.172, de 1997. Formulário; LTCAT ou demais Demonstrações Ambientais, para todos os agentes nocivos.
De 1º/1/1999 a 6/5/1999	Anexo IV do RBPS, aprovado pelo Decreto nº 2.172, de 1997. Formulário; LTCAT ou demais Demonstrações Ambientais, para todos os agentes nocivos, que deverão ser confrontados com as informações relativas ao CNIS para homologação da contagem do tempo de serviço especial, nos termos do art. 19 e § 2º do art. 68 do RPS, com redação dada pelo Decreto nº 4.079, de 2002.
De 7/5/1999 a 31/12/2003	Anexo IV do RPS, aprovado pelo Decreto nº 3.048, de 1999. Formulário; LTCAT ou demais Demonstrações Ambientais, para todos os agentes nocivos, que deverão ser confrontados com as informações relativas ao CNIS para homologação da contagem do tempo de serviço especial, nos termos do art. 19 e § 2º do art. 68 do RPS, com redação dada pelo Decreto nº 4.079, de 2002.
A partir de 1º/1/2004	Anexo IV do RPS, aprovado pelo Decreto nº 3.048, de 1999. Formulário, que deverá ser confrontado com as informações relativas ao CNIS para homologação da contagem do tempo de serviço especial, nos termos do art. 19 e § 2º do art. 68 do RPS, com redação dada pelo Decreto nº 4.079, de 2002.

Salvo o regime de presunção normativa do tempo especial por categoria profissional, que vigorou até o advento da Lei 9.032/95, é necessário que o segurado apresente o formulário atualmente denominado de PPP (perfil profissiográfico previdenciário).

Apresenta-se, abaixo, termo de pedido disponibilizado no sítio da Justiça Federal do Estado do Ceará[3].

Excelentíssimo(a) Senhor(a) Doutor(a) Juiz(a) Federal dos Juizados Especiais Federais da Seção Judiciária de Fortaleza-CE			
OBJETO: CONCESSÃO DE APOSENTADORIA ESPECIAL VALOR DA CAUSA: R$			
1.1. Nome			
1.2. Estado Civil			
1.3. Endereço	Logradouro:		Nº:
	Bairro:		
	Complemento:		
	Cidade:		UF:
	Ponto de referência:		Tel:

---

3. https://www.jfce.jus.br/servicos-publicos/modelos-de-peticao.html

1.4. Atividade especial	
1.5. Período de exercício da atividade	
1.6. Número do requerimento administrativo	
1.7. Data do requerimento administrativo	
1.8. Razões do indeferimento	

O(A) Autor(a) supra qualificado(a) vem à presença de V. Exa. propor a presente **AÇÃO ESPECIAL CÍVEL PREVIDENCIÁRIA** em face do **INSS – INSTITUTO NACIONAL DO SEGURO SOCIAL**, pelos seguintes fatos e fundamentos:

Afirma o(a) Autor(a) preencher todos os requisitos que autorizam a concessão aposentadoria especial, uma vez que trabalhou em atividade prejudicial a sua saúde e integridade física, durante 15 (quinze), 20 (vinte) ou 25 (vinte e cinco) anos, conforme documentos em anexo.

A pretensão do(a) Autor(a) encontra-se amparada nos artigos 57 e 58 da Lei 8.213/91.

Dessa forma, requer:

1. Que seja **citado o INSS**, a fim de responder aos termos da presente demanda;
2. A condenação do INSS a conceder ao(à) Autor(a) o benefício de aposentadoria especial, bem como a pagar as diferenças vencidas e vincendas, monetariamente corrigidas desde o respectivo vencimento e acrescidas de juros legais moratórios, incidentes até a data do efetivo pagamento;
3. **A renúncia ao que exceder** à **soma de 60 (sessenta) salários mínimos**;
4. A concessão do benefício da assistência judiciária gratuita por ser o(a) Autor(a) pobre na forma legal;
5. A produção de todas as provas admitidas em Direito.

Fortaleza, _____/_____/_____.

_____
Assinatura do(a) Autor(a)

1.4. Atermação para a concessão do BPC/Loas ao idoso ou deficiente

É comum a propositora de ação judicial contra o INSS para a concessão do BPC/Loas em favor de idoso ou deficiente carente, sendo necessária a demonstração da deficiência de longo prazo ou a idade mínima de 65 anos para homens ou mulheres.

Ademais, é necessário que renda per capita familiar seja inferior a ¼ do salário-mínimo, embora este critério ainda utilizado na via administrativa já tenha sido repelido pelo STF, mas o legislador ainda não editou nova sistemática.

Nestas demandas, é necessária a produção de perícia médica para atestar a deficiência de longo prazo e a perícia social para certificar a miserabilidade do grupo familiar.

Apresenta-se, abaixo, termo de pedido utilizado pela Justiça Federal do Estado da Bahia.

TERMO DE PEDIDO
(Benefício de Assistência Social - <u>LOAS</u>)
Deficiente Físico

EXMO(A) SR(A) DR(A) JUIZ(A) FEDERAL DO JUIZADO ESPECIAL FEDERAL CÍVEL DA BAHIA

QUALIFICAÇÃO DA PARTE AUTORA			
Nome			
Nacionalidade	Brasileira	Estado Civil	Solteiro
Profissão	Pintor		
Identidade		CPF	
PIS/PASEP			
Endereço / CEP			
Telefone		E-MAIL	

	Registros do Conferente
Anexos	(x) RG (x) CPF (x) Comprovante de residência (x) Comunicado de Decisão do INSS, negando concessão de benefício (x) Relatórios Médicos comprovando a moléstia e conseqüente deficiência
Observação(ões)	
Conferente	

VALOR DA CAUSA: 60 salários mínimos (refere-se unicamente ao limite legal para processamento perante o Juizado)
RÉU: INSS - INSTITUTO NACIONAL DO SEGURO SOCIAL

A parte autora, acima qualificada, vem à presença de V. Exa. propor **AÇÃO DE CONCESSÃO DE BENEFÍCIO ASSITENCIAL** em desfavor do INSTITUTO NACIONAL DO SEGURO SOCIAL, pelos seguintes fatos e fundamentos:

A parte autora teve indeferidos vários dos requerimentos administrativos, objetivando a concessão do benefício assistencial de prestação continuada (LOAS), embora preencha os requisitos necessários à sua concessão.

Esse benefício está previsto no art. 203, V, da CF, que garante o pagamento de um salário mínimo de benefício mensal à pessoa portadora de deficiência e ao idoso que comprovem não possuir meios de prover à própria manutenção ou de tê-la provida por sua família.

O **INSS indeferiu o último pedido em 25/05/2008**, sob a alegação de que o autor não encontra-se enquadrada nos termos do art. 20, parágrafo 2º da Lei 8.742/1993.

Seção de Atendimento e Atermação – NAJ

Entretanto, a verdade é que o autor satisfaz o primeiro requisito exigido por lei, já que se trata de paciente com Deficiência Física decorrente de uma lesão por arma de fogo, necessitando, inclusive, de tratamento médico contínuo e acompanhamento constante, visto que a enfermidade em comento requer constante cuidado, conforme comprova a vasta documentação ora juntada, por cópia.

Tal condição pode ser facilmente constatável, ainda, mediante realização de perícia médica a ser realizada por esse Juízo em data oportuna.

O segundo requisito encontra-se, de igual modo, satisfeito, uma vez presentes os elementos que deixam exime de dúvidas sua condição de miserabilidade e a vulnerabilidade social dela decorrente, no moldes da súmula 29 da TNU doa JEF's.

Com efeito, o autor reside em uma casa com sua companheira e 2 filhos menores. A sua companheira trabalha como diarista, recebendo em torno de R$150,00 para todo o grupo familiar. Portanto, o estado de miserabilidade do autor é incontestável e pode ser facilmente comprovado, mediante realização de perícia sócio-econômica, já que o autor depende da caridade alheia para sobreviver.

O autor faz prova de tudo que foi alegado, mediante a juntada de relatórios médicos, atestados, laudo médico, prontuário de atendimento e acompanhamento, decisões de indeferimento de requerimento administrativo, além de RG, CPF, comprovante de residência, tudo por cópia.

Diante do exposto, revela-se inequívoco o direito do autor a perceber o benefício assistencial de prestação continuada ora pretendido, independentemente de contribuição a Seguridade Social, vez que preenche os requisitos dispostos no art. 20 da Lei nº 8742/96.

Da tutela antecipada

A tutela pleiteada nesta demanda deverá ser concedida de forma antecipada, nos termos do art. 273 do CPC, pelas razões que passa a expor:

Consoante norma expressa do Código de Processo Civil:

> " O juiz poderá, a requerimento da parte, antecipar, total ou parcialmente, os efeitos da tutela pretendida no pedido inicial, desde que, existindo prova inequívoca da verossimilhança da alegação e:
> I – haja fundado receio de dano irreparável ou de difícil reparação."

Na espécie, além dos documentos anexados nesta oportunidade demonstrarem, sem sombras de dúvidas, a verossimilhança do direito postergado, a parte autora aguarda realização da perícia sócio-econômica necessária para evidenciar sua condição de miserabilidade, já que conta apenas com a ajuda de terceiros para a mantença do próprio sustento e de seus familiares.

Seção de Atendimento e Atermação – NAJ

Apreciado e demonstrado o primeiro requisito legal (verossimilhança da alegação), necessário se faz que se evidencie a satisfação da segunda exigência, ou seja, a irreparabilidade do dano ou dificuldade de sua reparação.

Pelas mesmas razões, ou seja, por tratar-se de paciente em tratamento da Deficiência Física, que vive em estado de extrema pobreza, a antecipação dos efeitos da tutela possibilitará a sobrevivência da parte autora de forma digna em obediência as *maximes* constitucionais de preservação do direito a vida e a dignidade da pessoa humana.

Assim, pelos motivos acima indicados, desde já, **requer a antecipação dos efeitos da tutela**, sob pena de comprometer ainda mais o estado lastimável em que se encontra, dada a natureza alimentar de que se reveste o pedido.

Do pedido

Em conformidade com tudo o que foi exposto, requer:

1) **A antecipação dos efeitos da tutela**, logo após a apresentação dos laudos periciais, tendo em vista a natureza alimentar de que se reveste o benefício e a urgência da necessidade da prestação jurisdicional, com a implantação imediata do benefício eventualmente concedido, sob pena de aplicação de multa diária no valor a ser fixado por este Juízo.

2) **Seja julgado procedente o pedido para condenar o INSS a conceder-lhe o benefício assistencial de prestação continuada(art. 203, V da CF/88)**, pagando as parcelas vencidas e vincendas, monetariamente corrigidas, a contar do primeiro requerimento administrativo e acrescidas de juros legais e moratórios, incidentes até a data do efetivo pagamento.

3) **A citação do INSS, bem como a sua intimação, para que junte aos autos o processo administrativo**, bem assim para, querendo, contestar a presente ação, sob pena de ser-lhe decretada revelia;

4) **A realização antecipada das perícias sócio-econômica e médica**, para atestar, tanto a deficiência do autor, quanto sua condição de miserabilidade;

5) A concessão do benefício da assistência judiciária gratuita por ser o(a) autor(a) pobre na acepção legal do termo.

_____
ASSINATURA DA PARTE AUTORA

_____
ASSINATURA DA ESTAGIÁRIA DO NAJ

Seção de Atendimento e Atermação – NAJ

ADVERTÊNCIAS

O autor declara estar ciente de que:

1. O valor da causa é o valor estimado do pedido, calculado a partir de critérios legais, não podendo ser superior a 60 (sessenta) salários mínimos;
2. A ausência da parte autora na data designada para audiência de instrução e julgamento, importará no arquivamento do processo;
3. Qualquer alteração no endereço ou telefone deverá ser comunicada ao Juízo para possibilitul teriores intimações;
4. Havendo interesse na oitiva de testemunhas, a parte autora deverá indicar o rol máximo de três pessoas;
5. É vedada a alteração da verdade dos fatos ou o uso do processo para conseguir objetivo ilegal, sob pena de ser concdenado ao pagamento de custas processuais e honorários de advogado, por litigância de má-fé (Lei nº 9.099/95, artigo 55);
6. Os originais dos documentos anexados à inicial, por cópia, deverão ser trazidos pelas partes na data designada para audiência de instrução e julgamento;
7. Não é necessário o acompanhamento do processo por advogado até a data da prolação da sentença.

1.5. Atermação para a concessão de pensão por morte para companheiro(a)

Talvez o maior índice de indeferimento administrativo do benefício de pensão por morte seja a ausência de prova da união estável. Para o Decreto 3.048/99, é necessária prova material (arts. 142 e 143), mas a jurisprudência da TNU e do STJ admitem a prova exclusivamente por testemunhas, desde que firmes e claras.

Trata-se de ação que necessita de audiência para a oitiva das testemunhas. Apresenta-se, abaixo, termo de pedido disponibilizado no sítio da Justiça Federal do Estado do Ceará[4].

Excelentíssimo(a) Senhor(a) Doutor(a) Juiz(a) Federal dos Juizados Especiais Federais da Seção Judiciária de Fortaleza-CE				
OBJETO: CONCESSÃO DE PENSÃO POR MORTE – COMPANHEIRO(A) **VALOR DA CAUSA: R$**				
1.1. Nome				
1.2. Estado Civil				
1.3. Endereço	Logradouro:		Nº:	
	Bairro:			
	Complemento:			
	Cidade:		UF:	
	Ponto de referência:		Tel.:	

---

4. https://www.jfce.jus.br/servicos-publicos/modelos-de-peticao.html

1.4. Relação com o segurado falecido	
1.5. Nº benefício segurado falecido	
1.6. Número do requerimento administrativo	
1.7. Data do requerimento administrativo	
1.8. Razões do indeferimento	

O(A) Autor(a) supra qualificado(a) vem à presença de V. Exa. propor a presente **AÇÃO ESPECIAL CÍVEL PREVIDENCIÁRIA** em face do **INSS – INSTITUTO NACIONAL DO SEGURO SOCIAL**, pelos seguintes fatos e fundamentos:

Afirma o(a) Autor(a) que se enquadra na hipótese do artigo 16, § 3º, da Lei 8.213/91, fazendo jus ao benefício ora postulado, em conformidade com os artigos 74 a 79 do mesmo diploma legal.

Dessa forma, requer:

1. Que seja **citado o INSS**, a fim de responder aos termos da presente demanda;
2. A condenação do INSS a conceder ao(à) Autor(a) o benefício de pensão por morte, bem como a pagar as diferenças vencidas e vincendas, monetariamente corrigidas desde o respectivo vencimento e acrescidas de juros legais moratórios, incidentes até a data do efetivo pagamento;
3. **A renúncia ao que exceder à soma de 60 (sessenta) salários mínimos;**
4. A concessão do benefício de assistência judiciária gratuita por ser o(a) Autor(a) pobre na forma da lei;
5. A produção de todas as provas admitidas em Direito, inclusive a oitiva das testemunhas a seguir arroladas:
   a. _____
   b. _____
   c. _____
   Fortaleza, _____/_____/_____.

_____
Assinatura do(a) Autor(a)

2. DESPACHO SANEADOR

Em algumas situações o juiz não receberá de plano a petição inicial por julgar que há pendências processuais a serem satisfeitas pelo autor. Eis alguns exemplos:

a) juntada de planilha para demonstrar o cálculo do valor da causa;

b) juntada de carta de indeferimento do benefício;

c) juntada de formulários para a demonstração de tempo especial;

d) juntada de exames médicos.

Assim, antes de receber a petição inicial, sob pena de extinção do processo sem o julgamento do mérito, o magistrado profere despacho saneador.

> **DECISÃO**
>
> PROCESSO: xxxxxxxxxx
> PARTE AUTORA: xxxxxxxxxxx
> PARTE RÉ: INSTITUTO NACIONAL DO SEGURO SOCIAL – INSS
>
> Trata-se de ação em que a parte autora requer a revisão da renda mensal do benefício previdenciário, assim como o pagamento das parcelas vencidas desde a data da concessão do benefício.
>
> A parte autora atribuiu o valor da causa em sessenta salários mínimos, mas sem demonstrar como foi feito o cálculo, apesar de a competência do rito do JEF ser absoluta pelo critério do valor de alçada.
>
> Considerando que o benefício possui renda mensal superior a um salário mínimo e que os atrasados, se devidos, atingem a cinco anos, já considerando a potencial incidência de prescrição quinquenal, intime-se a parte autora para apresentar planilha de cálculos indicando o valor da renda mensal e das parcelas em atraso, sob de indeferimento da petição inicial.
>
> Acaso o valor apresentado para a demanda supere a sessenta salários mínimos, já considerando o artigo 292 do CPC/2015, manifeste-se o autor se renuncia ao excedente para manter este processo no rito do JEF.
>
> Prazo de 10 dias. Intime-se a parte autora.
>
> **JUIZ FEDERAL**

3. DESPACHO DE RECEBIMENTO INICIAL E DESIGNAÇÃO DE AUDIÊNCIA

Quando a petição inicial ou o termo do pedido preencher os requisitos normativos (pressupostos do processo e condições da ação), o juiz o receberá e determinará a citação do INSS para, querendo, contestar os termos do pedido, no prazo de 30 dias.

Ademais, quando necessária à produção de prova testemunhal o despacho irá designar a audiência de conciliação, instrução e julgamento, podendo o INSS apresentar a contestação até o momento da realização da assentada.

> Processo **XXXXXXX**
> Autor XXXXX
> Réu **INSTITUTO NACIONAL DO SEGURO SOCIAL – INSS**
> Juiz Federal XXXXXX
>
> **DESPACHO**
>
> **Cite-se**.
>
> Na mesma oportunidade, deverá a parte ré, apresentar relatórios do CNIS e *PLENUS*, além dos documentos que estejam em seu poder, necessários ao julgamento da causa, nos termos do art. 11 da Lei 10.259/01, no prazo de 30 (trinta) dias.
>
> Tendo em vista a necessidade de comprovação da dependência econômica da parte autora, designo audiência de conciliação, instrução e julgamento.
>
> Reservo-me para apreciar pedido de gratuidade da justiça e tutela provisória após a fase de contestação, quando reunidos maiores elementos probatórios para a adequada convicção.
>
> SALVADOR (BA), 1 de agosto de 2016.
>
> **Juiz Federal**

4. DESPACHO DE RECEBIMENTO INICIAL COM DESIGNAÇÃO DE PERÍCIA E CITAÇÃO

Quando a petição inicial ou o termo do pedido preencher os requisitos normativos (pressupostos do processo e condições da ação), o juiz o receberá e determinará a citação do INSS para, querendo, contestar os termos do pedido, no prazo de 30 dias.

Ademais, quando necessária à produção de prova pericial o despacho irá designar a prova pericial nomeando *expert* médico de sua confiança e intimando as partes para apresentar quesitos e nomear assistente técnico, se conveniente.

PROCESSO
PARTE AUTORA:
PARTE RÉ: INSTITUTO NACIONAL DO SEGURO SOCIAL - INSS

ATO ORDINATÓRIO (art. 203, §4º do CPC)

De ordem do(a) MM. Juiz(íza) Federal da   tendo em vista o disposto na Portaria   da   Vara Federal:

1. O pedido de antecipação da tutela formulado nos presentes autos será apreciado por ocasião da prolação da sentença, ante a necessidade de realização de prova pericial para a formação do convencimento do Juízo.

2. Fica designado exame técnico médico, a ser realizado pelo(a) perito(a) do Juízo, **Dr(a).   , no dia 09/08/2016, às 11:00h**, no prédio dos Juizados Especiais Federais, situado na 4ª Avenida do CAB, nesta Capital, sendo referência o fim de linha de ônibus do CAB, em frente à Embasa. Na oportunidade, as partes deverão apresentar diretamente ao(à) perito(a) os documentos necessários à realização da prova.

3. Fica facultada às partes a formulação de quesitos e indicação de assistente técnico, os quais deverão ser apresentados diretamente ao(à) perito(a).

4. Os honorários periciais são fixados em R$200,00 (duzentos reais), nos termos da Resolução nº 305/2014 do CJF.

5. **O(A) perito(a) deverá responder**, no prazo de sete dias a contar da data da realização do exame, **aos quesitos do Juízo, constantes do Anexo I da Portaria   em relação ao pedido de concessão/manutenção do benefício de auxílio-doença e respectiva conversão em aposentadoria por invalidez**, podendo, para tanto, proceder a quaisquer diligências que se fizerem necessárias ao fiel desempenho de sua função, nos termos do artigo 473, §3º, do CPC/2015, inclusive remarcação do exame, devendo facilitar a presença de assistentes técnicos eventualmente trazidos pelas partes.

6. A parte autora fica ciente de que deve se apresentar na data da perícia indicada acima, levando a cópia do Termo de Pedido/Petição Inicial, quesitos do Juízo constantes desta decisão e de todos os documentos necessários à realização da perícia, tais como relatórios médicos, resultados de exames, receitas de remédios, atestados etc. O não comparecimento da parte autora à perícia designada acarretará a extinção do processo sem resolução do mérito, na forma do artigo 485, do CPC/2015.

> 7. Cite-se o INSS para apresentar resposta, no prazo legal, instruindo o feito com os documentos necessários ao deslinde da questão, especialmente o HISME – Histórico de Perícia Médica em nome do segurado e o processo administrativo do(a) indeferimento/suspensão do benefício da parte autora.
>
> 8. Intime-se a parte autora.
>
> 9. Fica o INSTITUTO NACIONAL DO SEGURO SOCIAL intimado da designação da perícia, na forma da Portaria nº.
>
> 10. Fica o(a) PERITO(A) intimado da presente designação, na forma da Portaria Conjunta

Salvador, 05/07/2016

5. DECISÃO QUE POSTERGA A APRECIAÇÃO DE TUTELA DE URGÊNCIA

Há situações de pedido de tutela de urgência *initio litis* que o juiz não tem elementos para formar o entendimento da existência do direito, mesmo que de modo não exauriente, pois será necessária a produção de prova, a exemplo da prova pericial (benefícios por incapacidade laboral) ou da prova testemunhal (benefícios do segurado especial).

> **DECISÃO**
>
> **PROCESSO:** xxxxxxxxxx
> **PARTE AUTORA:** xxxxxxxxxxx
> **PARTE RÉ: INSTITUTO NACIONAL DO SEGURO SOCIAL – INSS**
>
> Trata-se de ação em que a parte autora requer a concessão de aposentadoria rural indeferido pelo INSS.
>
> Dado o rito simplificado específico do Juizado Especial Federal, prudente a decisão da tutela aguardar o contraditório, com a oferta de contestação pelo réu, oportunidade em que se terá maiores elementos para a formação do juízo de convencimento.
>
> Ademais, quando se trata de ação para concessão de benefício especial a trabalhador(a) rural, tornam-se ainda mais essenciais os princípios da oralidade e da identidade física do Juiz, posto que a jurisprudência já relativiza bastante a força da prova documental necessária, restando ao julgador, em audiência, tanto a análise do aspecto físico da parte (pele compatível com quem exerce atividade a céu aberto; mãos compatíveis com o trato com a terra e enxada; etc.); como, também, uma inquirição mais detida sobre sua atividade no campo, a qual, por isso mesmo, necessita ser feita diretamente pelo Juiz que sentenciará o feito.
>
> Assim, entendo inoportuna a apreciação da tutela, pelo que a analisarei quando da sentença.
>
> Intime-se as partes para, querendo, no prazo do art. 34 da Lei n. 9.099/1995, apresentar rol de testemunhas, devendo informar se elas comparecerão independente de intimação.
>
> Intimem-se.
>
> **JUIZ FEDERAL**

6. DECISÃO DENEGATÓRIA DE TUTELA DE URGÊNCIA

É comum que o autor peça a concessão de tutela de urgência especialmente para o restabelecimento de benefício por incapacidade laborativa. No entanto, salvo situações mais raras, os juízes vêm indeferindo o pedido antes da produção de prova pericial médica.

> **DECISÃO**
>
> **PROCESSO:** xxxxxxxxxx
> **PARTE AUTORA:** xxxxxxxxxxx
> **PARTE RÉ: INSTITUTO NACIONAL DO SEGURO SOCIAL – INSS**
>
> Trata-se de ação em que a parte autora requer o restabelecimento de auxílio-doença cessado pelo INSS, requerendo a concessão de tutela provisória de urgência sem a oitiva da parte contrária para reativar o benefício.
>
> Apresenta inúmeros exames e relatórios médicos atestando a persistência da incapacidade laborativa.
>
> No que concerne à qualidade de segurado, esta é incontroversa, pois o autor se encontra dentro do período de graça.
>
> Por outro lado, inexiste segurança para atestar a persistência da incapacidade laborativa, pois o autor obteve a cessação do benefício sem sequer postular a sua prorrogação administrativo, medida que poderia ter sido tomada antes de quinze dias da data da cessação.
>
> Aliado a isto, o ato de cessação do auxílio-doença, por ostentar a natureza de administrativo, goza da presunção de veracidade e legitimidade.
>
> Desta forma, ao menos até que seja realizada a perícia judicial, NEGO o pedido de restabelecimento do auxílio-doença.
>
> Intimem-se.
>
> **JUIZ FEDERAL**

7. DECISÃO CONCESSÓRIA DE TUTELA DE URGÊNCIA

Quando presentes os pressupostos normativos necessários à tutela de urgência, poderá o magistrado concedê-la antes da prolação da sentença, especialmente em situações emergenciais.

> **PROCESSO** xxxxxxxxx
> **AUXÍLIO-DOENÇA**
> xxxxxxxxxxxxxxx
> *VERSUS*
> **INSTITUTO NACIONAL DO SEGURO SOCIAL – INSS**
> **DECISÃO**
>
> À vista da fumaça do bom direito que se extrai do laudo médico pericial e dos relatórios médicos do SUS, atestando a incapacidade laboral (transtorno misto depressivo e ansioso – CID F41.2), bem como da incontroversa qualidade de segurada da autora (não-impugnada e atestada à vista do CNIS), e diante do patente perigo da demora, consubstanciado no caráter alimentar do benefício almejado, **DEFIRO A TUTELA**, a fim de que seja restabelecido, no prazo de 30 dias, o benefício de **AUXÍLIO-DOENÇA NB** xxxxxxxxxxxxxxx, com DIB em 29/10/2010 (dia seguinte à cessação indevida) e DIP de hoje, sob pena de multa diária de 10% da RMI. **Encaminhe-se, com urgência, à AADJ, para fins de implantação do benefício.** Após, **remetam-se os autos** à **Contadoria**, para fins de apuração do valor das parcelas retroativas, com atualização pelos índices oficiais de remuneração da poupança. Com os cálculos, venham os autos conclusos para sentença.
>
> **SALVADOR (BA),** xxxxxxxxxxx.
>
> **JUIZ FEDERAL**

8. EMBARGOS DE DECLARAÇÃO CONTRA DECISÃO INTERLOCUTÓRIA

No prazo de 5 dias, vem se admitindo no rito do JEF o recurso de embargos de declaração a ser julgado pelo juiz prolator da decisão interlocutória a fim de sanar omissão, contradição ou erro material do julgado.

EXCELENTÍSSIMO SENHOR. JUIZ FEDERAL DA VARA – JUIZADO ESPECIAL FEDERAL CÍVEL – DA SEÇÃO JUDICIÁRIA DO ESTADO DA BAHIA.

PROCESSO XXXXXXXXXXXX.

O **INSTITUTO NACIONAL DO SEGURO SOCIAL – INSS**, já qualificado no processo em epígrafe, por intermédio do procurador infrafirmado, mandato *ex lege*, intimado da sentença, vem, tempestivamente, apresentar **EMBARGOS DE DECLARAÇÃO CONTRA DECISÃO INTERLOCUTÓRIA**, conforme se segue:

A decisão liminar rechaçada acolheu a postulação autoral, no sentido da concessão da aposentadoria especial da parte autora em sede de antecipação de tutela.

Contudo, **entende o Embargante que a liminar foi OMISSA, pois não houve fundamentação no que concerne ao PPP juntado pela parte autora.**

Deveras, o PPP juntado em 10/04/2012 é irregular:

16-RESPONSÁVEL PELOS REGISTROS AMBIENTAIS			
16.1 Período	16.2 NIT	16.3 Registro Conselho de Classe	16.4 Nome do Profissional Legalmente Habilitado
/ / a / /			
/ / a / /			
/ / a / /			
/ / a / /			

III SEÇÃO DE RESULTADOS DE MONITORAÇÃO BIOLÓGICA

Conforme se demonstra na imagem acima, inexiste responsável pelo registro ambiental, o que faz deduzir que inexiste laudo técnico.

Chama a atenção o fato do PPP ter sido produzido em 02/04/2012 pela TRANSUR em estado de liquidação, apenas após a intimação para juntá-lo.

Ademais, em nenhum momento na decisão liminar rechaçada foi analisado nenhum argumento da CONTESTAÇÃO ESPECÍFICA do INSS, no que concerne ao item 07, demonstrando uma violação ao contraditório.

ISTO POSTO, REQUER SEJAM SANADAS AS OMISSÕES *SUSO* APONTADAS, IMPRIMINDO-SE OS RESPECTIVOS EFEITOS INFRINGENTES AO JULGADO RECHAÇADO, REJEITANDO-SE O PPP E REVOGANDO-SE A MEDIDA LIMINAR.

SUPLETIVAMENTE, CASO NÃO ACOLHIDO O PEDIDO SUPRA, REQUER SEJA INTEGRADA A LIMINAR PARA DETERMINAR QUE O AUTOR COMPROVE O AFASTAMENTO DA SUPOSTA ATIVIDADE ESPECIAL, EM RAZÃO DA VEDAÇÃO DO ARTIGO 57, § 8º, DA LEI 8.213/91.

Pede deferimento.

FREDERICO AUGUSTO DI TRINDADE AMADO.
Procurador Federal.

9. DECISÃO QUE JULGA EMBARGOS DE DECLARAÇÃO CONTRA DECISÃO INTERLOCUTÓRIA

Após a interposição dos aclaratórios, caberá ao magistrado tomar uma das seguintes decisões:

a) Não conhecer os embargos, por ausência de omissão ou contradição do julgado rechaçado;

b) Conhecer dos embargos, mas negar provimento;

c) Conhecer dos embargos e dar provimento.

PROCESSO Nº xxxxxxxxxxxxx
PARTE AUTORA: xxxxxxxxxxxxx
PARTE RÉ: INSTITUTO NACIONAL DO SEGURO SOCIAL – INSS

DECISÃO

1. O INSS, nos autos nº xxxxxxxxxxxxxxxxx, em que figura como réu, tendo como autor FULANO DE TAL, opõe embargos de declaração à decisão que antecipou os efeitos da tutela para implantação imediata do benefício de aposentadoria especial, alegando a existência de omissões no julgado.

Alega, para tanto, que não houve fundamentação no que concerne ao PPP juntado pela parte autora, pois o mesmo é irregular, pois não faz referência ao profissional responsável pelo registro ambiental, *"o que faz deduzir que inexiste laudo técnico. Chama a atenção o fato do PPP ter sido produzido em 02/04/2012 pela TRANSUR em estado de liquidação, apenas após a intimação para juntá-lo".*

2. Com razão, o Embargante.

O PPP colacionado, de fato, não faz referência ao profissional legalmente habilitado a efetuar registros ambientais.

Assim, considerando que o apontado vício torna o referido documento inábil à comprovação da exposição ao agente nocivo ruído acima dos imites legais toleráveis, **revogo a decisão exarada em XX/XX/XXXX.**

3. Intime-se a parte autora para que junte aos autos PPP ou laudo técnico atualizados, em que constem todos os requisitos exigidos para validade dos aludidos documentos, notadamente o(s) nome(s) do(s) profissional(is) responsável(is) pelas medições, com o(s) respectivo(s) número(s) de registro no conselho de classe a que pertence(m), assim como os níveis de ruído a que esteve exposto.

Intimem-se.

Juiz Federal

---

10. DECISÃO DECLINATÓRIA DE COMPETÊNCIA

No curso do processo, é possível que o juiz federal verifique que a demanda não é de competência do rito do JEF, devendo pronunciar de ofício a sua incompetência. Eis alguns exemplos:

a) O valor da causa supera a 60 salários mínimos e a parte autora não deseja renunciar;

b) A demanda versa sobre concessão ou revisão de benefício por acidente do trabalho (aposentadoria por invalidez, auxílio-doença, auxílio-acidente ou pensão por morte decorrente do acidente do trabalho);

c) Citação por edital, incabível no JEF;

d) Produção de prova pericial complexa, incabível no JEF.

Seção Judiciária do Estado da Bahia

PROCESSO Nº
PARTE AUTOR (A)
PARTE RÉ

- DECISÃO -

Cuida-se de ação em que pretende a parte autora a revisão de benefício previdenciário, aplicando como limitador máximo da renda mensal reajustada, após dezembro de 1998, o valor fixado em R$ 1.200,00 e, a partir de janeiro de 2004, o teto de R$ 2.400,00, de acordo com as Emendas Constitucionais nº. 20/1998 e nº. 41/2003, respectivamente. Pleiteia, ainda, o pagamento das diferenças advindas dessa correção, desde a data em que as referidas revisões fossem consideradas devidas.

Tendo sido considerada a possibilidade de a demanda ser julgada procedente, com base nos cálculos constantes dos autos, intimou-se a parte autora a fim de saber se renunciaria ao valor excedente a 60 salários mínimos, limitador da competência deste Juizado, conforme cálculos elaborados pelo SECAJ, em planilhas registradas em 30/08/2016.

Todavia, a **parte autora não renunciou** ao crédito excedente ao teto deste Juizado, consoante se constata da peça registrada em 29/09/2016.

Nota-se, portanto, que o valor da causa alcança o importe de **R$ 60.451,40**, considerando as parcelas vencidas até a data da propositura da ação, acrescidas das 12 vincendas, nos termos do art. 292, § 1º, do NCPC, que assim dispõe:

> Art. 292. O valor da causa constará da petição inicial ou da reconvenção e será:
>
> § 1º - Quando se pedirem prestações vencidas e vincendas, considerar-se-á o valor de umas e outras.

Tal montante, como se percebe, extrapola a competência absoluta do Juizado Especial Federal, a teor do art. 3º, *caput*, e § 2º, da Lei 10.259/2001, *in verbis*:

> Art. 3º. Compete ao Juizado Especial Federal Cível processar, conciliar e julgar causas de competência da Justiça Federal até o valor de sessenta salários mínimos, bem como executar as suas sentenças.
>
> (...)
>
> § 2º- Quando a pretensão versar sobre obrigações vincendas, para fins de competência do Juizado Especial, a soma de 12 (doze) parcelas não poderá exceder o valor referido no art. 3º, caput. (Grifo nosso)

Diante do exposto, a teor do art. 64, § 1º, do NCPC, **DECLARO A INCOMPETÊNCIA ABSOLUTA DO JUIZADO ESPECIAL FEDERAL** para processar e julgar o feito. Determino o encaminhamento dos autos à livre distribuição, para remessa a uma das Varas Federais Cíveis desta Seção Judiciária, competentes para o julgamento da causa.

Intimem-se.

SALVADOR (BA)

Juiz Federal Titular da 5ª Vara

11. CONTESTAÇÃO DO INSS E INSTRUÇÃO PELOS SISTEMAS PLENUS E CNIS

No procedimento do JEF o INSS será citado para, convindo-lhe, contestar os termos da demanda no prazo de 30 dias, salvos nas situações em que for designada a audiência, hipótese na qual a peça contestatória poderá ser apresentada até o momento designado para a assentada.

Além da apreciação fática e jurídica da demanda, as contestações da autarquia previdenciária habitualmente vêm acompanhadas das pesquisas dos seguintes sistemas da Previdência Social: PLENUS e CNIS (Cadastro Nacional de Informações Sociais).

Ademais, a Procuradoria Federal requisita que o INSS junte o processo administrativo aos autos judiciais, quando é necessário para a instrução processual.

Conforme pontifica o seu Manual, o Aplicativo PLENUS CV3 é o principal banco de dados da Previdência Social. Nele estão armazenadas praticamente todas as informações dos benefícios mantidos pelo sistema previdenciário no Brasil. O aplicativo fornece um leque variado de opções de consultas sobre benefícios. Dentre as informações mais solicitadas no âmbito da Procuradoria Federal Especializada podemos citar: data do início do benefício (DIB), data da cessação do benefício (DCB), dados do titular do benefício, dependentes, históricos de créditos, Agência concessora e mantenedora, espécie do benefício, histórico de perícias médicas, motivos de cessão, suspensão, reativação ou indeferimento do benefício, Renda Mensal Inicial (RMI), histórico de revisões do benefício, identificação de benefícios (pesquisa por nome, por CPF, por NIT), etc.

Conforme extraído do **Manual do Plenus**, de autoria do **facilitador Carlos Antônio Maciel Meneses**, na defesa do INSS em juízo, as ferramentas mais utilizadas pela Procuradoria Federal no SISBEN são as seguintes:

No módulo Concessão:

- CONSIT – consulta de situação de benefícios, se ativo, cessado, suspenso, indeferido, etc.

- CONINF – consulta a dados básicos, informação de indeferimento ou encerramento de benefícios, movimento de concessão, valores atrasados gerados na concessão, etc.

- REVISÃO – consulta de informações de revisão de benefícios, histórico de revisões, discriminativo de diferenças de revisão, situação de revisão de benefícios, revisão do IRSM e ORTN, revisão de redução de renda, revisão de benefício de prestação continuada, etc.

- HISCAL – consulta de memórias de cálculos de concessão e revisão.

- CONREAJ – simula reajustes de benefícios desde a data de início.

No módulo Atualização:

- RELAC – consulta de benefícios relacionados como: pensão alimentícia e pensões desdobradas além de consultas de dependentes de pensões.

No módulo Básicos:

- PESNOM – consulta para identificação do benefício por nome do segurado, data de nascimento e nome da mãe.

- PESNIT – consulta para identificação do benefício por NIT (número de identificação do trabalhador).

- PARTIC – consulta de composição do benefício, dados do titular, informações de dependentes, dados do representante legal, dados do instituidor do benefício, dados do benefício desdobrado, dados de pensão alimentícia, dados de benefício derivado, consulta de benefício por CPF do titular.

- INFBEN – informações de benefícios.

No módulo Históricos:

- HISATU – consulta aos históricos de atualização do benefício: cessação, reativação, suspensão, complementos positivos, consignações, revisão de Mensalidade Reajustada, etc.

- HISCNS – consulta de históricos de consignações.

- HISMED – consulta de histórico de perícias médicas.

- HISCRE – consulta ao histórico de créditos e detalhamentos.

- HIST – consulta de outros históricos: complementos positivos, ocorrências.

No módulo Aplicativos:

- PERÍCIA – tabela de CID (Código Internacional de Doenças).
- PAB – consulta de emissão e cancelamentos de Pagamentos Alternativos de Benefício e Créditos a Analisar.
- SCO – consultas de certidões de óbitos emitidas.
- CTC – consultas de certidões de tempo de contribuição emitidas.

A identificação dos benefícios concedidos ou negados pelo INSS no SISBEN utiliza estas três principais ferramentas:

- PESNOM – Nome, data de nascimento e nome da mãe;
- PESCPF – Pesquisa por CPF;
- PESNITV – Pesquisa por NIT Vinculado – Número de Identificação do Trabalhador

Eis as **siglas** utilizadas no PLENUS:

OL – Órgão Local

RMI – Renda Mensal Inicial

AP Base – Aposentadoria Base

MR – Mensalidade Reajustada

Trat. – Tratamento

Esp. – Espécie do benefício

NB – Número do Benefício

DAT – Data do Afastamento do Trabalho

DER – Data da Entrada do Requerimento

DRD – Data da Regularização da Documentação

DIB – Data do Início do Benefício

DO/DR – Data do Óbito/Data da Reclusão

DIP – Data do Início do Pagamento

DDB – Data do Despacho do Benefício

DIC – Data do Início da Correção

DCI – Data da Comprovação da Incapacidade

DCB – Data da Cessação do Benefício

Desp. – Despacho

AB – Atualização de Benefício

ADC – Atualização de Dados Cadastrais

OP – Órgão Pagador

CP – Complemento Positivo

DID – Data do Início da Doença

DII – Data do Início da Incapacidade

Dt. Acid. – Data do Acidente

Por sua vez, apresenta-se a **tabela de motivos de cessação de benefícios** no PLENUS:

12 – Limite Médico

13 – Óbito Titular do Benefício

16 – Casamento

19 – Cess. PA p/Cess. do instituidor

20 – Desistência escrita do titular

22 – Prorrogação do benef. Anterior

28 – Transformação p/outra espécie

29 – Conces. de outra esp. de benef.

30 – Constatação de fraude

31 – Irregularidade/Erro Administr.

32 – Decisão de Cessação p/recurso

33 – Decisão Judicial

34 – Volta ao trabalho

35 – Benefício s/dependente válido

36 – Acumulação indevida de benef.

38 – Cess. de abono permanência em serviço, devido a conces. de aposent.

39 – Não atendimento convocação Inspetoria

40 – Cess. p/recuperação total da capac. laborativa dentro de 5 anos

41 – Cess. p/recuperação parcial da capacidade laborativa após 5 anos

42 – Cessação pelo SISOBI

43 – Cess. de auxílio-reclusão por cumprimento de pena, liberdade condicional, início de prisão albergue

44 – Cess. de auxílio-doença por não comparecimento do titular a perícia

45 – Cess. de abono permanência por emissão de CTS recíproca

46 – Cess. de benef. estatutário por transferência para órgão de origem

47 – Cess. de benef. por perda de qualidade de depend. Por cessação de pensão a depend. Preferencial

48 – Cess. de benef. no sistema antigo

49 – Óbito informado pela Auditoria

50 – Cess. p/conces. Auxílio-funeral

51 – Cessação pela revisão rural

52 – Erro administrativo informado pela Auditoria

53 – Fraude informada pela Auditoria

54 – Limite médico p/perícia médica

55 – Irregular./erro médico pericial

56 – Recuperação de lesão com descaracterização do BI

57 – Cess. de auxílio-reclusão p/fuga

58 – Benef. c/DCI com + de 60 dias

59 – Cess., divergência dados CNIS

60 – Cess. benef. fora do cadastro

61 – Recusa ao programa de reabilitação profissional

62 – Cessação pela revisão LOAS.

64 – Óbito instituidor aux. Reclusão

65 – Benef. Suspenso + de 6 meses

66 – Volta ao trabalho em atividade insalubre

67 – Cessação por concessão de B80

68 – Remuneração após a DIB

69 – Alta médica

70 – Retorno voluntário ao trabalho

71 – Erro técnico

72 – Não comparecimento

73 – Retorno/Permanência atividade condições especiais

74 – Cancelamento por fraude/Auditoria

75 – Cancelamento erro administrativo/Auditoria

76 – Cancelamento erro médico/Auditoria

77 – Manutenção irregular PM/Auditorias

78 – Cess. B/80 c/contrato temporário

79 – Cessação de B80 (120/134 dias)

80 – Aborto não criminoso

81 – Óbito informado pela REVBPC

82 – Cessação de B-80 (60 dias)

83 – Cessação de B-80 (30 dias)

84 – Opção por recebimento pelo Ministério do Exército

85 – Benefício concedido com NIT errado

86 – Cess. de B/94 e 95 p/Parecer Médico Contrário

87 – Acumulação Indevida – Rev./03

89 – Cessação Amparo Lei 10559/02.

90 – Cessação PA por data limite

93 – Cessação Batimento FUNASA

94 – Alta voluntária

95 – Não comparecimento a RP

96 – Transferência para Órgão de Origem – (Lei 8.878/94)

Ademais, apresenta-se a **tabela com os motivos para a reativação do benefício** do PLENUS:

01 – Prorrogação de benefício

02 – Decisão judicial

03 – Revisão administrativa/recurso

04 – Cessação ou suspensão indevida

05 – Reativação de PA por reativação do benefício de origem

06 – Reativação de benefícios por reativação de dependente

07 – Inclusão de tutor

08 – Restabelecimento de emissão de créditos do benefício

09 – Inclusão de curador

10 – Inclusão de dependente como novo titular do benefício

11 – Comparecimento do titular para perícia médica com parecer favorável

12 – Atendimento do titular à convocação da APS/Inspetoria

13 – Reativação do Abono de Permanência em Serviço por desistência da aposentadoria

14 – Constatação de incapacidade do dependente titular

15 – Reativação por apresentação da declaração do cárcere

16 – Reativação de dependente único que completou 16 anos

17 – Reativação comandada pela Auditoria por JR/CRPS

18 – Reativação comandada pela Auditoria por Ação Judicial

19 – Reativação comandada pela Auditoria por suspensão indevida

20 – Reativação por TBM comandada para benefício suspenso pelo CONPAG

21 – Prorrogação do B-80 por mais 14 dias

22 – Comparecimento ao recadastramento do procurador

23 – Prorrogação do administrador provisório

24 – Reativação pela Revisão LOAS

25 – Restabelecimento aposentadoria Lei 9528/97

26 – Restabelecimento benefício acidentário/doença

27 – Reativação de homônimo pela Auditoria

28 – Reativação de homônimo

29 – Reativação pela Revisão Rural

30 – Apresentação da fé de vida

31 – Prorrogação contrato temporário B-80

32 – Validação do NIT do titular

33 – CPF informado

34 – Restabelecimento de acumulação devida

35 – Apresentação de conta corrente

36 – Reativação por cessação indevida pelo SISOBI

37 – Reativação por cessação indevida pelo SISOBI com troca de titularidade

38 – Reativação de B-36/94/95 decorrente de outro acidente

39 – Inclusão de Procurador

40 – Comparecimento para atualizar o cadastro de dependentes

Há também a tabela com os códigos utilizados pelo PLENUS para a **suspensão de benefícios:**

21 – Devolução de cupom sem pagamento

23 – Benef. irregular com ocorrência de pagamento

25 – Inexist. de Tutor/Curador

26 – Inexistência de Curador

37 – Falta de saque por cartão magnético por mais de 60 dias

39 – Susp. de PA por suspensão do benefício do instituidor

45 – Susp. pela Revisão Rural/Urbana

46 – Não existe dependente com nome cadastrado para troca de titularidade automática

47- Não comparec. do titular p/revisão médica bienal

48 – Não atendimento à convocação ao posto de benefícios

52- Susp. p/não apres. da decl. cárcere

53 – Suspensão por marca de erro

54- Fraude detectada p/Auditoria

55- Erro adm. detectado p/Auditoria

56 – Suspensão por duplicidade

57 – Susp. pela revisão rural (96)

58 – Susp. pelo SISOBI

59 – Não comparecimento do titular p/recadastram. de procurador (PROAP)

60 – Não apresent. Curatela/tutela

61 – Suspensão pela revisão LOAS

62- Recusa ao Progr. Reabilit. Profiss.

63 – Susp. Aposent. Lei 9528/97

64 – Suspensão B94/95 por restabelecimento B91

67 – Indício irregularidade Auditoria

68 – Benef. não localizado – REVBPC

69 – Renda per capita >= ¼ SM – REVBPC

70 – Óbito informado pela REVBPC

71 – Novo titular sem NIT validado

72 – Concessão de novo benefício para mesmo NIT do titular

73 – Benefício sem CPF

74 – Determinação Judicial

75 – Acumulação indevida de benefício

76 – Suspenso pelo batimento com o TRE

77 – Não apresentação de Conta Corrente

78 – Benefício de Acordo sem procurador

Com fulcro no artigo 29-A, da Lei 8.213/91, o INSS utilizará as informações constantes no **Cadastro Nacional de Informações Sociais – CNIS** sobre os vínculos e as remunerações dos segurados, para fins de cálculo do salário de benefício, comprovação de filiação ao Regime Geral de Previdência Social, tempo de contribuição e relação de emprego.

O CNIS é um banco de dados previdenciários mantidos pela DATAPREV[5], sendo abastecido pela GFIP – Guia de Recolhimento do FGTS e de Informações Previdenciárias e pelo RAIS – Relatório Anual de Informações Sociais, dentre outras fontes.

É uma ferramenta indispensável para boa presentação judicial do INSS promovida pelos Procuradores Federais, pois traz subsídios para a defesa.

Havendo dúvida sobre a regularidade do vínculo incluído no CNIS e inexistência de informações sobre remunerações e contribuições, o INSS exigirá a apresentação dos documentos que serviram de base à anotação, sob pena de exclusão do período.

O novo modelo de CNIS (Portal CNIS) já apresenta o significado das marcas, se houver, possuindo um novo formato, conforme tela abaixo:

---

5. A Empresa de Tecnologia e Informações da Previdência Social é uma empresa pública federal instituída pela Lei 6.125/74.

INSS
CNIS – Cadastro Nacional de Informações Sociais
Extrato Previdenciário - Portal CNIS

Página 5 de 6
13/11/2016 10:38:04

Identificação do Filiado
Nit:
Data de Nascimento:
CPF:
Nome:
Nome da Mãe:

Seq. 3	NIT	Origem do Vínculo PERÍODO DE ATIVIDADE DE SEGURADO ESPECIAL		Tipo Filiado Vínculo Segurado Especial		Data Início 31/12/2007	Data Fim 22/06/2008	Indicadores PSE-PEN
Períodos								
	NIT	Data Início 31/12/2007	Data Fim	Fonte CAFIR	Situação Pendente			Indicadores PSE-PEN
Seq. 4	NIT	Origem do Vínculo PERÍODO DE ATIVIDADE DE SEGURADO ESPECIAL		Tipo Filiado Vínculo Segurado Especial		Data Início 23/06/2008	Data Fim	Indicadores PSE-NEG ISE-CVU
Períodos								
	NIT	Data Início 31/12/2007	Data Fim	Fonte CAFIR	Situação Pendente			Indicadores PSE-PEN
Seq. 5	NIT	Origem do Vínculo RECOLHIMENTO		Tipo Filiado Vínculo Contribuinte Individual		Data Início 01/03/2009	Data Fim 31/03/2009	Indicadores
Contribuições								
Compet. 03/2009	Data Pgto. 17/04/2009	Contribuição 643,78	Salário Contrib. 3.218,90	Indicadores				

O INSS poderá rever a qualquer tempo as informações constantes deste extrato, conforme artigo 19, § 3º do Decreto 3.048/99.

Neste exemplo acima, o **indicador PSE-PEN** no vínculo de segurado especial entre 31.12.2007 e 22.6.2008 indica que os períodos obtidos de bases governamentais com marcador pendente de confirmação para o segurado especial.

Atualmente, em ordem alfabética crescente, é possível apontar a existência dos seguintes indicadores mais importantes de vínculos no CNIS (listagem exemplificativa) extraídos da prática previdenciária:

INDICADOR DO CNIS	SIGNIFICADO
AEXT-IND	ACERTO DE VÍNCULO EXTEMPORÂNEO INDEFERIDO
AEXT-VP	ACERTO DE VÍNCULO EXTEMPORÂNEO DEFERIDO PARCIALMENTE
AEXT-VT	ACERTO DE VÍNCULO EXTEMPORÂNEO DEFERIDO TOTALMENTE
ASEF-DEF	PERÍODO DE SEGURADO ESPECIAL INDÍGENA
GFIP	INDICADOR DE REMUNERAÇÃO DE CI PRESTADOR DE SERVIÇO DECLARADA EM GFIP
IEAN (15), IEAN (20) ou IEAN (25)	INDICADOR DE REMUNERAÇÕES QUE POSSUEM INDICAÇÃO DE EXPOSIÇÃO A AGENTE NOCIVO
IGFIP-INF	Indicador de GFIP meramente informativa (depende de comprovação da atividade)
ILEI123	Indicador de contribuição recolhida com fundamento na Lei Complementar 123
IMEI	RECOLHIMENTO DE CONTRIBUIÇÃO PREVIDENCIÁRIA NA CONDIÇÃO DE MICRO EMPREENDEDOR INDIVIDUAL

INDICADOR DO CNIS	SIGNIFICADO
IREC-CIRURAL	Recolhimento com código de Contribuinte Individual Rural sem homologação
IREC-FBR	Recolhimento de segurado facultativo de baixa renda
IREC-INDPEND	Recolhimentos com indicadores e/ou pendências
IREC-LC123 ou IRECOL(ILEI123)	RECOLHIMENTO PELA LEI COMPLEMENTAR 123
IREC-LC123-SUP	RECOLHIMENTO PELA LEI COMPLEMENTAR 123 EM VALOR SUPERIOR AO SALÁRIO MÍNIMO
IRECOL/GFIP	INDICADOR DE SOMATÓRIO DE CONTRIBUIÇÕES FEITAS EM GUIA DE RECOLHIMENTO E GUIA GFIP
IRECOl	RECOLHIMENTO DE CONTRIBUIÇÃO PREVIDENCIÁRIA POR MEIO DA GUIA DE RECOLHIMENTO
ISALMIN	CONTRIBUIÇÃO LIMITADA AO SALÁRIO MÍNIMO
PADM-EMPR	VÍNCULO COM DATA DE ADMISSÃO ANTERIOR AO INÍCIO DA ATIVIDADE DO EMPREGADOR
PDT-NASC-FIL-INV	IDADE DO FILIADO MENOR QUE A PERMITIDA E PDT-NASC-FIL-MENOR-INV – IDADE DO FILIADO MENOR APRENDIZ MENOR QUE A PERMITIDA
PEMP-IDINV	TIPO EMPREGADOR INVÁLIDO
PEMP-CAD	FALTA DE INFORMAÇÕES CADASTRAIS DO CNPJ OU CEI
PREC-COD1821	Recolhimento com código de pagamento 1821 – Titular de Mandato Eletivo
PREC-CSE	Recolhimento GPS de Segurado Especial Pendente Comprovação
PREC-FACULTCONC	RECOLHIMENTO OU ATIVIDADE DE CONTRIBUINTE FACULTATIVO FACULTATIVO CONCOMITANTE COM OUTRO TIPO DE FILIAÇÃO
PREC-FBR	RECOLHIMENTO FACULTATIVO BAIXA RENDA NÃO VALIDADO
PREC-FBR-ANT	Recolhimento facultativo baixa renda anterior a comp. 09/2011
PREC-LC123-ANT	Recolhimento com código da LC 123 anterior à competência 04/2007
PREC-MENOR-MIN	RECOLHIMENTO ABAIXO DO VALOR MÍNIMO
PREC-PMIG-DOM	RECOLHIMENTO DE EMPREGADO DOMÉSTICO SEM REGISTRO DE VÍNCULO
PREM-EMPR	Remuneração antes do início da atividade do empregador
PREM-EXT	REMUNERAÇÃO DE CONTRIBUINTE INDIVIDUAL PRESTADOR DE SERVIÇO INFORMADA EXTEMPORANEAMENTE
PREM-FVIN	Remunerações posteriores ao fim do vínculo de trabalho
PREM-RET	Remuneração de prestador de serviço declarada em GFIP mas que não é considerada para previdência por ser anterior a 04/2003 ou não possui a declaração do campo "valor retido" se posterior a esse período

INDICADOR DO CNIS	SIGNIFICADO
PRES-EMPR	DATA DE RESCISÃO ANTERIOR AO INÍCIO DA ATIVIDADE DO EMPREGADOR
PEXT	PENDÊNCIA DE VÍNCULO EXTEMPORÂNEO NÃO TRATADO
PRPPS	REGIME PREVIDENCIÁRIO RPPS
PSE-NEG	PERÍODO NEGATIVO DE SEGURADO ESPECIAL
PSE-PEN	PERÍODO PENDENTE DE SEGURADO ESPECIAL
PSE-POS	PERÍODO POSITIVO DE SEGURADO ESPECIAL
PVIN-IRREG	VÍNCULO IRREGULAR
PVIN-MIL	VÍNCULO COM AFASTAMENTO PARA PRESTAÇÃO DE SERVIÇO MILITAR
PVIN-OBITO	DATA DE INICIO DO VINCULO EMPREGATÍCIO POSTERIOR À DATA DE ÓBITO DO SEGURADO

O acesso ao CNIS para o público externo é fornecido atualmente por meio do sistema Meu INSS, disponível em http://servicos.inss.gov.br/. Esta plataforma disponibiliza o acesso a vários serviços do INSS, através de uma senha de uso pessoal.

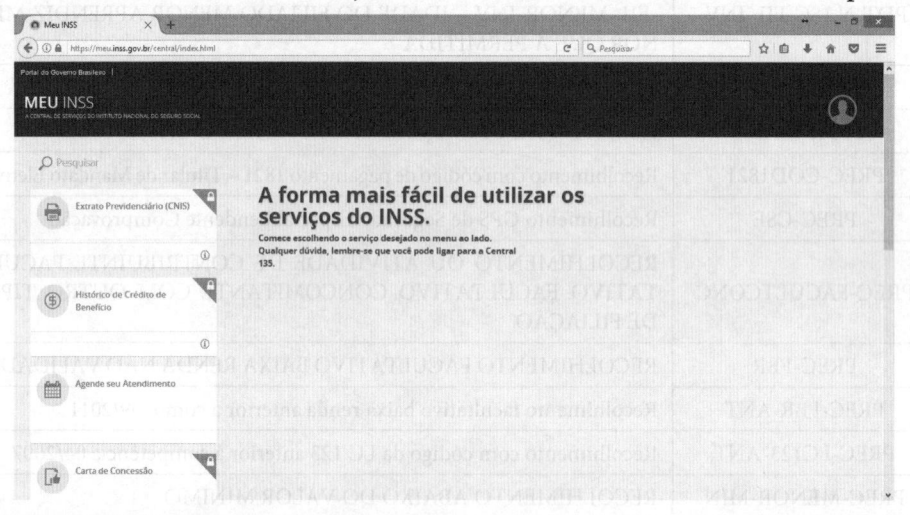

A senha do site Meu INSS permite acesso restrito às informações de interesse do segurado, não permitindo acesso às informações de terceiros. Ademais, a senha só é fornecida caso inexistam pendências cadastrais em nome do segurado. Caso haja incorreções cadastrais como erro no nome, data de nascimento ou CPF, o segurado deve realizar a retificação presencialmente no INSS.

O fornecimento da senha do Meu INSS é realizado presencialmente, nas agências do INSS, bem como nos canais remotos, como internet e central 135. Para fornecimento da senha via internet, o usuário deve usar a funcionalidade "fazer login":

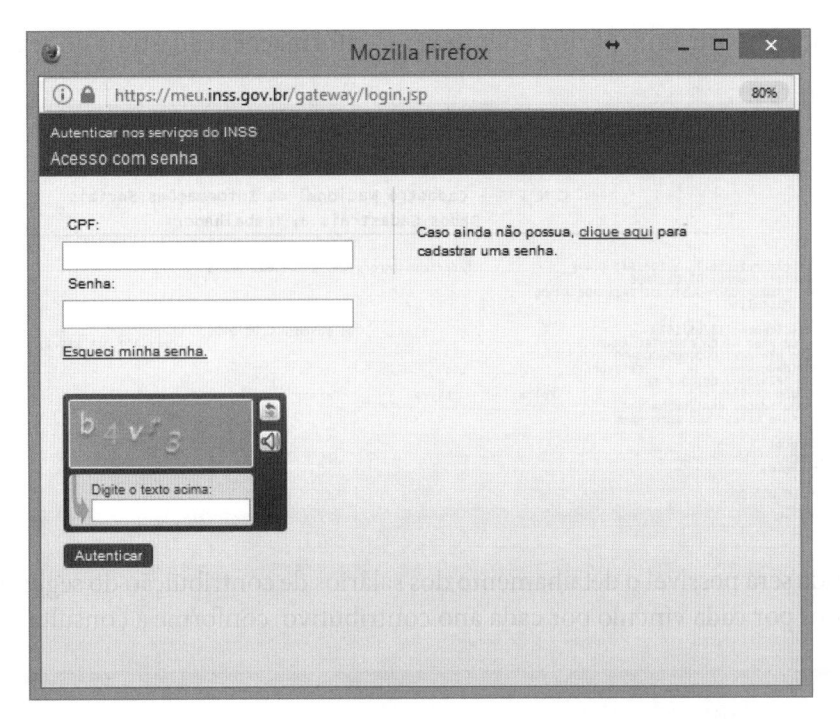

Atos Processuais das Partes, dos Julgadores e de seus Auxiliares no Rito do JEF

Logo, é necessário que o usuário do CNIS saiba interpretar as suas informações, para que não sejam utilizados indevidamente vínculos não confirmados ou irregulares.

A pesquisa pode ser promovida pelo nome do segurado, CPF ou PIS. Na página inaugural do CNIS estão listados os vínculos previdenciários do segurado com empresas, na condição de segurado especial, como contribuinte individual por conta própria ou na condição de segurado facultativo, com indicação do termo inicial e final, caso esteja cessado. Veja-se um exemplo real:

Também existe uma página com todas as informações cadastrais do segurado:

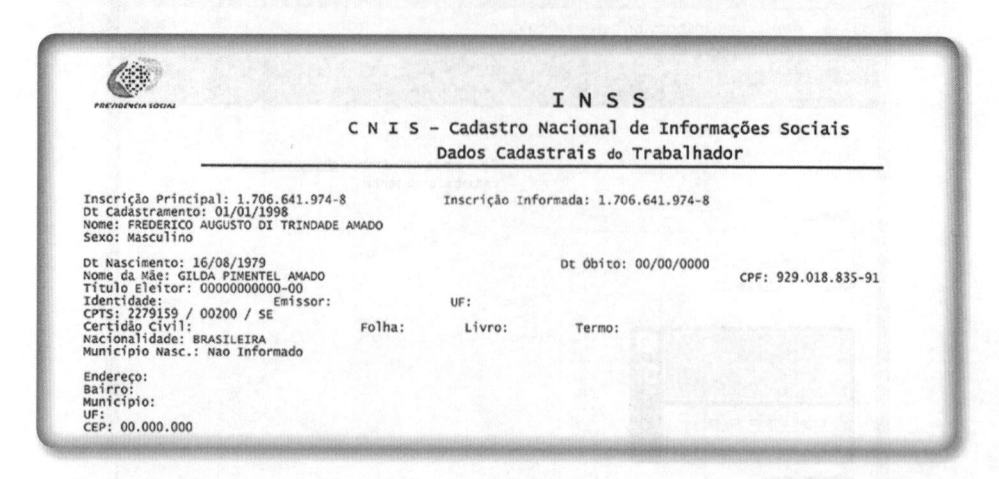

```
                              I N S S
              C N I S - Cadastro Nacional de Informações Sociais
                        Dados Cadastrais do Trabalhador

Inscrição Principal: 1.706.641.974-8      Inscrição Informada: 1.706.641.974-8
Dt Cadastramento: 01/01/1998
Nome: FREDERICO AUGUSTO DI TRINDADE AMADO
Sexo: Masculino

Dt Nascimento: 16/08/1979                  Dt Óbito: 00/00/0000
Nome da Mãe: GILDA PIMENTEL AMADO                                  CPF: 929.018.835-91
Título Eleitor: 00000000000-00
Identidade:                Emissor:        UF:
CPTS: 2279159 / 00200 / SE
Certidão Civil:                Folha:     Livro:      Termo:
Nacionalidade: BRASILEIRA
Município Nasc.: Nao Informado

Endereço:
Bairro:
Município:
UF:
CEP: 00.000.000
```

Ainda será possível o detalhamento dos salários de contribuição do segurado registrados por cada vínculo por cada ano contributivo, conforme a consulta abaixo:

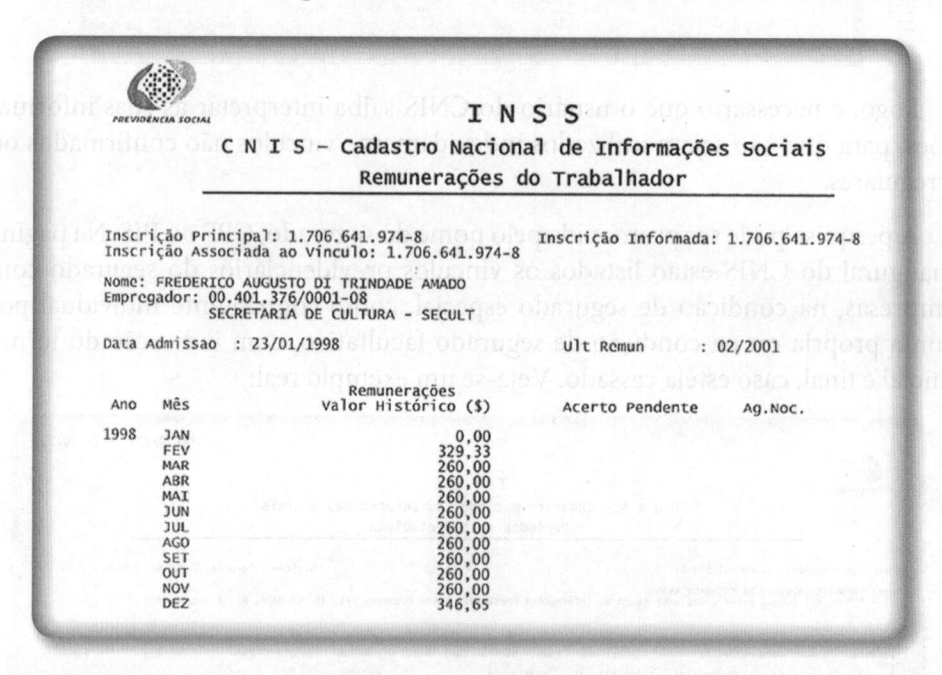

```
                              I N S S
              C N I S - Cadastro Nacional de Informações Sociais
                          Remunerações do Trabalhador

Inscrição Principal: 1.706.641.974-8      Inscrição Informada: 1.706.641.974-8
Inscrição Associada ao Vínculo: 1.706.641.974-8

Nome: FREDERICO AUGUSTO DI TRINDADE AMADO
Empregador: 00.401.376/0001-08
            SECRETARIA DE CULTURA - SECULT

Data Admissao  : 23/01/1998                 Ult Remun    : 02/2001

                          Remunerações
Ano    Mês            Valor Histórico ($)    Acerto Pendente    Ag.Noc.
1998   JAN                    0,00
       FEV                  329,33
       MAR                  260,00
       ABR                  260,00
       MAI                  260,00
       JUN                  260,00
       JUL                  260,00
       AGO                  260,00
       SET                  260,00
       OUT                  260,00
       NOV                  260,00
       DEZ                  346,65
```

É direito dos segurados o acesso às informações do CNIS, o que pode ser feito diretamente pela internet, no sítio da DATAPREV, após o cadastramento de uma senha pessoal[6].

---

6. http://www1.dataprev.gov.br/conweb/sp2cgi.exe?sp2application=conweb

11.1. Contestação – Pensão por morte negada por ausência de prova da qualidade de companheiro(a)

A concessão do benefício de pensão por morte requer a manutenção da qualidade de segurado no dia do óbito (salvo quando já preenchia os requisitos para se aposentar – Súmula 416, do STJ) e a existência de dependente previsto no artigo 16, da Lei 8.213/91.

Na peça apresentada, trata-se de defesa do indeferimento administrativo do benefício por ausência de demonstração da qualidade de dependente na condição de companheiro.

Veja-se que a contestação está instruída com as telas do Plenus e do CNIS para verificação dos dados de indeferimento e da inscrição do segurado falecido e seus vínculos.

EXMO(A). SR(A). DR(A). JUIZ(A) FEDERAL DA ª VARA DO JUIZADO ESPECIAL FEDERAL DA SEÇÃO JUDICIÁRIA DA BAHIA.

PROCESSO Nº
AUTOR (A):

O **INSTITUTO NACIONAL DO SEGURO SOCIAL – INSS**, pessoa jurídica de direito público interno, criado pela Lei nº 8.029/90, sob a forma de autarquia federal, aqui representado pela Procuradoria Federal no Estado da Bahia, com endereço indicado no cabeçalho, vem, perante V. Exa., nos autos supra-epigrafados, oferecer **CONTESTAÇÃO**, na forma das razões de fato e de direito a seguir expostas.

I – DA LIDE.

Pretende a parte autora, por meio da presente ação, a concessão do benefício previdenciário de pensão por morte, com pagamento das parcelas vencidas e vincendas desde o requerimento administrativo, corrigidas monetariamente e acrescidas de juros moratórios; alegando, para tanto, que conviveu maritalmente com o(a) Sr(a)   , cujo óbito ocorreu no dia 03/09/2014.

Sua pretensão, todavia, não pode prosperar, como adiante restará demonstrado.

II – DA PRESCRIÇÃO

Como prejudicial de mérito argúi o INSS a prescrição das parcelas vencidas anteriormente ao qüinqüênio que precede o ajuizamento da ação, nos termos do art. 103, parágrafo único, da Lei n. 8.213/91.

III – DO MÉRITO.
III.1 - DOS REQUISITOS LEGAIS EXIGIDOS PARA A CONCESSÃO DO BENEFÍCIO PREVIDENCIÁRIO DE PENSÃO POR MORTE.

A pensão por morte é o benefício previdenciário pago aos dependentes do segurado, que falecer, aposentado ou não, conforme previsão do art. 201, V, da Constituição Federal, regulamentada pelo art. 74 da Lei 8.213/91. Diz o referido dispositivo legal, *in verbis*:

> "Art. 74. A pensão por morte será devida ao conjunto dos dependentes do segurado que falecer, aposentado ou não..."

Três são, portanto, os requisitos para a concessão da pensão por morte: a) o óbito; b) a qualidade de segurado daquele que faleceu; c) a dependência econômica em relação ao segurado falecido.

No caso em apreço, não restou comprovada a condição de dependente econômica (companheira).

III.2 – DA AUSÊNCIA DE COMPROVAÇÃO DA CONDIÇÃO DE DEPENDENTE – COMPANHEIRA.

A dependência econômica do companheiro(a) é presumida. Entretanto, a relação de companheirismo deve ser comprovada.

Para a comprovação da relação de companheirismo, o § 3º do art. 16 da Lei 8.213/91 prevê:

"Art. 16. (...)

§ 3º Considera-se companheira ou companheiro a pessoa que, sem ser casada, **mantém união estável** com o segurado ou com a segurada, de acordo com o § 3º do art. 226 da Constituição Federal". (G.N.)

O § 3º do art. 226 da CF/88 foi regulamentado pela Lei 9.728/96, que assim dispôs:

"Art. 1º – É reconhecida como entidade familiar a **convivência duradoura pública e contínua**, de um homem e uma mulher, estabelecida com o **objetivo de constituição de família"**. (G.N.).

O referido diploma legal definiu quais são os requisitos necessários para o efetivo reconhecimento do que seja uma união estável: convivência duradoura, pública e contínua, entre um homem e uma mulher, com o objetivo de constituição de uma família.

O Decreto 3.048/99, em seu art. 22, mantendo as exigências dos antigos Decretos 2.172/97 e 611/92, enumera quais são as provas materiais hábeis para comprovar a existência de vida em comum, bem como a dependência econômica.

"Art. 22. **A inscrição do dependente do segurado será promovida quando do requerimento do benefício a que tiver direito, mediante a apresentação dos seguintes documentos**:
(...);
§ 3º **Para comprovação do vínculo e da dependência econômica, conforme o caso, devem ser apresentados no mínimo três dos seguintes documentos**:
I – certidão de nascimento de filho havido em comum;
II – certidão de casamento religioso;

III – declaração do imposto de renda do segurado, em que conste o interessado como seu dependente;

IV – disposições testamentárias;

V – anotação constante na Carteira Profissional e/ou na Carteira de Trabalho e Previdência Social, feita pelo órgão competente;

VI – declaração especial feita perante tabelião;

VII – prova de mesmo domicílio;

VIII – prova de encargos domésticos evidentes e existência de sociedade ou comunhão nos atos da vida civil;

IX – procuração ou fiança reciprocamente outorgada;

X – conta bancária conjunta;

XI – registro em associação de qualquer natureza, onde conste o interessado como dependente do segurado;

XII – anotação constante de ficha ou livro de registro de empregados;

XIII – apólice de seguro da qual conste o segurado como instituidor do seguro e a pessoa interessada como sua beneficiária;

XIV – ficha de tratamento em instituição de assistência médica, da qual conste o segurado como responsável;

XV – escritura de compra e venda de imóvel pelo segurado em nome do dependente;

XVI – declaração de não emancipação do dependente menor de vinte e um anos;

XVII – **quaisquer outros que possam levar à convicção do fato a comprovar**.

Frise-se que, embora o art. 22, § 3º, do Decreto 3.048/99 indique uma série de documentos hábeis a comprovar a relação de companheirismo, o inciso XVII, com o intuito de facilitar a comprovação, possui uma cláusula em aberto, ao possibilitar a apresentação de quaisquer outros documentos que possam levar à convicção do fato a comprovar.

Destarte, ao contrário do que é alegado muitas vezes, o Decreto 3.048/99 não dificulta a comprovação da união estável.

Na verdade, o Regulamento da Previdência Social apenas explica o conteúdo da Lei 8.213/91, indicando os documentos necessários à comprovação da relação de companheirismo, os quais não precisam ser, necessariamente, aqueles contidos nos incisos I a XVI do § 3º do art. 22, mas quaisquer documentos que possam levar à convicção do fato a comprovar.

III.3 – DO CASO CONCRETO.

In casu, não restou comprovada a condição de dependente econômica da autora (companheira).

Alega a parte autora ter convivido maritalmente com o Sr. , que faleceu no dia 03/09/2014, com 69 anos de idade, no Hospital Tereza de Lisieux. A autora tinha 46 anos de idade na época.

Para fazer jus ao benefício pleiteado, **a acionante deveria ter apresentado documentação contemporânea ao óbito do segurado**, a fim de comprovar a existência de união estável pelo período alegado, o que não ocorreu.

Observa-se que a autora não apresentou documentos contemporâneos, comprovando a existência da união estável, nem mesmo comprovante de residência comum, contemporâneo ao óbito.

Ressalte-se ainda que a parte autora não foi a declarante do óbito, mas sim o filho do instituidor, Sr

Nesse diapasão, **considerando a ausência de documentos suficientes para comprovar a convivência** *more uxorio*, **em número mínimo exigido pela legislação previdenciária, não se configura o início razoável de prova material que justifique a concessão do benefício previdenciário pleiteado, sendo defeso a comprovação da união estável por prova exclusivamente testemunhal**.

Isto porque o art. 143 do Decreto 3.048/99 dispõe que:

> "Art. 143. **A justificação administrativa ou judicial, no caso de prova exigida pelo art. 62, dependência econômica, identidade e de relação de parentesco, somente produzirá efeito quando baseada em início de prova material, não sendo admitida prova exclusivamente testemunhal**".

Portanto, não restou comprovada a condição de dependente do autor (companheiro).

Por todo o exposto, **em face da ausência de início razoável e contemporâneo de prova material a comprovar a alegada relação de companheirismo, bem como de sua manutenção até o óbito do segurado**, nos termos exigidos pelo § 3º do art. 22 do Decreto 3.048/99, não preenche a parte autora um dos requisitos legais exigidos para concessão do benefício previdenciário postulado, mostrando-se correto, assim, o indeferimento administrativo.

Diante do panorama exposto, não restou comprovada a condição de dependente econômico da falecida (companheiro), motivo pelo qual a autora não tem direito ao benefício de pensão por morte.

Assim, esta Autarquia pugna pela improcedência do pedido.

IV – PEDIDO.

No mérito, pugna que o pedido seja julgado **totalmente improcedente**, condenando-se a parte autora nas obrigações decorrentes da sucumbência, por imperativo de direito e de justiça.

Protesta provar o alegado por todos os meios de prova em direito admitidos, em especial a documental e o depoimento pessoal da parte autora, o que, desde já, requer.

Pede deferimento.

Salvador, 11 de outubro de 2016.

Procuradora Federal

```
              MPAS/INSS Sistema Unico de Beneficios DATAPREV
                    PESCPF  -  Pesquisa por CPF
   Acao
          Inicio  Anterior  Origem  Desvio  Restaura  Fim

   CPF:

                             A T E N C A O

                 O CPF deve ser informado com o Digito Verificador.

                 Se  forem  encontrados   muitos   beneficios,
                 esta  pesquisa  podera demorar  um  pouco mais.
                 Nestes  casos,  a  cada  150  beneficios,  voce
                 precisara  esperar  que  os  proximos 150  sejam
                 disponibilizados. Por favor, aguarde a  resposta
                                       e
                 NAO  TRANSMITA  DUAS   VEZES  A  MESMA  TELA.


NAO EXISTE BENEFICIO PARA ESTE CPF

                    Window SISBEN/1 at DTPRJCV3

              MPAS/INSS Sistema Unico de Beneficios DATAPREV
                    PESNOM  -  Pesquisa por Nome
   Acao
          Inicio  Origem  Desvio  Restaura  Fim

   Nome:                                              NIT:
   Mae :                                              CPF:
   Data Nasc.:  07/03/1968  DIB.:         Esp.:       OL.:
   Munic./UF.:                      /                 NB.:

   Nome:                                              NIT:
   Mae :                                              CPF:
   Data Nasc.:              DIB.:         Esp.:       OL.:
   Munic./UF.:                      /                 NB.:

   Nome:                                              NIT:
   Mae :                                              CPF:
   Data Nasc.:              DIB.:         Esp.:       OL.:
   Munic./UF.:                      /                 NB.:

   Sequencia:    1     Encontrados:    1
                                 FIM                        (+/-/F)  F



                    Window SISBEN/1 at DTPRJCV3

              MPAS/INSS Sistema Unico de Beneficios DATAPREV
                    CONIND  -  Informacoes de Indeferimento
   Acao
          Inicio  Origem  Desvio  Restaura  Fim

   NB                                     Situacao: Beneficio indeferido
                       Dt. Processamento:
   OL Concessao :
   OL Indefer.  :

   Despacho     :  35 INDEFERIMENTO ON-LINE
   Especie      :  21 PENSAO POR MORTE PREVIDENCIARIA
   DER          :  24/09/2014
   Motivo       :  12 FALTA DE QUALIDADE DE DEPENDENTE - COMPANHEIRO(A)



   Observacao   :



                    Window SISBEN/1 at DTPRJCV3

              MPAS/INSS Sistema Unico de Beneficios DATAPREV  16/09/2016  14:05:35
                    PESCPF  -  Pesquisa por CPF                 Pag:   01
   Acao
          Inicio  Origem  Desvio  Restaura  Fim
```

```
Nome:                                                 NIT.:
Mae  :                                                CPF.:
Data Nasc.:  01/11/1944   DIB.:   03/03/2011  Esp.:  41   OL .:
Munic./UF.:  SALVADOR              / BA               NB.:

Nome:                                                 NIT.:
Mae  :                                                CPF.:
Data Nasc.:              DIB.:                Esp.:       OL .:
Munic./UF.:                        /                  NB.:

Nome:                                                 NIT.:
Mae  :                                                CPF.:
Data Nasc.:              DIB.:                Esp.:       OL .:
Munic./UF.:                        /                  NB.:

Sequencia:       1       Encontrados:    1                  FIM
                    Proxima Pagina (Nova Pesquisa ou Finalizar com 99)   99


                    Window SISBEN/1 at DTPRJCV3
            MPAS/INSS Sistema Unico de Beneficios DATAPREV
                    INFBEN - Informacoes do Beneficio
    Acao
            Inicio   Origem   Desvio   Restaura   Fim
NB                                      Situacao: Cessado
CPF:                NIT:                Ident.:

    OL Mantenedor:               Posto  : APS SALVADOR-BONFIM PRISMA
    OL Mant. Ant.:               Banco  :
    OL Concessor :               Agencia:

    Nasc.:                      Trat.: 13    Procur.: NAO   RL: NAO
    Esp.:  41 APOSENTADORIA POR IDADE       Qtd. Dep. Sal.Fam.: 00
    Ramo Atividade: COMERCIARIO             Qtd. Dep. I. Renda: 00
    Forma Filiacao: CONTRIBUINTE INDIVID    Qtd. Dep.Informada: 00
    Meio Pagto: CMG - CARTAO MAGNETICO      Dep. para Desdobr.: 00/00
    Situacao: CESSADO PELO SISOBI EM 22/10/2014  Dep. valido Pensao: 00
    Motivo : 42 CESSADO P/ SIST. DE OBITOS(SISOBI)
    APR.   :           0,00 Compet : 10/2014   DAT  : 00/00/0000   DIB: 03/03/2011
    MR.BASE:         638,63 MR.PAG.:    724,00 DER  : 03/03/2011   DDB: 15/04/2011
    Acompanhante:    NAO   Tipo IR: PADRAO   DIB ANT: 00/00/0000   DCB: 03/09/2014


                    Window SISBEN/1 at DTPRJCV3
            MPAS/INSS Sistema Unico de Beneficios DATAPREV
                    CONBAS - Dados Basicos da Concessao
    Acao
            Inicio   Origem   Desvio   Restaura   Fim
NB                                      Situacao: Cessado
    OL Concessor    :           Renda Mensal Inicial - RMI.:        545,00
    OL Conc. Ant1   :           Salario  de  Beneficio     :        545,00
    OL Conc. Ant2   :           Base Calc. Apos. - A.P.Base:
    OL Conc. Ant3   :           RMI/Antiga Legislacao.... :
    OL Executor     :           Valor Calculo Acid. Trab. :
    OL Manutencao   :           Valor Mens.Reajustada - MR :        638,63
    Origem Proc.   : CONCESSAO ON-LINE
    Trat.: 13    Sit.credito : 02 VALOR CREDITO COMPET NAO PRECISA SER AUD
    CNIS:  21 INC. DADOS BASICOS  ALT. VINCULOS    NB. Anterior   :
    Esp.: 41 APOSENTADORIA POR IDADE               NB. Origem     :
    Ramo atividade: 2 COMERCIARIO                  NB. Benef. Base:
    Forma Filiacao: 8 CONTRIBUINTE INDIVID                Local Trabalho:  41
    Ult.empregador:                         DAT:              DIP: 03/03/2011
    Indice  Reaj. Teto:                     DER: 03/03/2011   DDB: 15/04/2011
    Grupo Contribuicao: 16                  DRD: 03/03/2011   DIC:
    TP.Calculo     : CALCULO NA DIB SEM FATOR    DIB: 03/03/2011 DCI:
    Desp: 00 CONCESSAO NORMAL              DO/DR:             DCB: 03/09/2014
    Tempo Servico   : 16A 7M 3D     DPE:  A    M    D    DPL:  A   M   D


                    Window SISBEN/1 at DTPRJCV3
            MPAS/INSS Sistema Unico de Beneficios
                    CONBAS - Dados Basicos da Concessao
    Acao    D DERIVA
            Inicio   Origem   Desvio   Restaura   Fim
NB                                      Situacao: Cessado
    OL Concessor    :           Renda Mensal Inicial - RMI.:        545,00
    OL Conc. Ant1   :           Salario  de  Beneficio     :        545,00
    OL Conc. Ant2   :           Base Calc. Apos. - A.P.Base:
    OL Conc. Ant3   :           RMI/Antiga Legislacao.... :
    OL Executor     :           Valor Calculo Acid. Trab. :
```

```
OL Manutencao :                       Valor Mens.Reajustada - MR :         638,63
Origem Proc.   : CONCESSAO ON-LINE
Trat.: 13      Sit.credito : 02 VALOR CREDITO COMPET NAO PRECISA SER AUD
CNIS:  21 INC. DADOS BASICOS    ALT. VINCULOS    NB. Anterior    :
Esp.: 41 APOSENTADORIA POR IDADE                 NB. Origem      :
Ramo atividade: 2 COMERCIARIO                    NB. Benef. Base:
Forma Filiacao: 8 CONTRIBUINTE INDIVID                    Local Trabalho: 41
Ult.empregador:                            DAT:              DIP: 03/03/2011
Indice  Reaj. Teto:                        DER: 03/03/2011 DDB: 15/04/2011
Grupo Contribuicao: 16                     DRD: 03/03/2011 DIC:
TP.Calculo        : CALCULO NA DIB SEM FATOR  DIB: 03/03/2011 DCI:
Desp: 00 CONCESSAO NORMAL                  DO/DR:             DCB: 03/09/2014
Tempo Servico    : 16A   7M   3D      DPE:  A   M   D     DPL:  A   M   D
BENEFICIO NAO TEM DERIVADOS

                    Window SISBEN/1 at DTPRJCV3
```

CNIS - Cadastro Nacional de Informações Sociais   Página 1 de 1

Identificar Filiado - Consultar Extrato

Dados Cadastrais			
NIT	Fonte do NIT	PIS	
Administrador do NIT: PIS	Fonte Cadastramento: PIS		
Ano da administração: 1992	Data de Cadastramento: 17/02/1987	Data de Atualização: 22/08/2015	

Dados Básicos			
Nome			
Nome da Mãe			
Nome do Pai			
Sexo: FEMININO	Estado Civil: SOLTEIRO (A)	Grau de Instrução: FUNDAMENTAL COMPLETO	
Data Nascimento: 07/03/1968	Data de Óbito		
Nacionalidade: BRASILEIRA	País de Origem: BRASIL	Data de chegada	
Município de Nascimento: SALVADOR	UF de Nascimento: BA		

Documentos	
CPF	
Identidade	Número: 2995551 Orgão Emissor: SSP UF: BA Data de Emissão: Número: 0299555135 Orgão Emissor: SSP UF: BA Data de Emissão: 21/07/2009
CTPS	Número: 83732 Série: 21 UF: BA Data de Emissão:
Título de Eleitor	Número: 8933910507 Data de Emissão:
CNH	
Doc. Estrangeiro	
Carteira de Marítimo	
Passaporte	
Certidões Civis	

Contato			
Endereço principal	Tipo Logradouro:, Logradouro: CURUZU, SALVADOR - BA, CEP:	, Número: , Complemento: , Bairro:	
Endereço Secundário			
Telefone 1		Telefone 2	Celular
Email			

Lista de Elos			
NIT	Fonte Origem	CPF	Nome

Página 1 de 1

INSS
CNIS - Cadastro Nacional de Informações Sociais
Relações Previdenciárias - Portal CNIS

Identificação do Filiado
Nit: CPF: Nome:
Data de Nascimento: Nome da Mãe:

Relações Previdenciárias

Seq.	NIT	CNPJ/CEI/CPF/NB	Origem do Vínculo	Tipo Filiado no Vínculo	Data Início	Data Fim	Últ. Remun.	Indicadores
1			DISTRIBUIDORA DE LIVROS	Empregado	09/02/1987	09/04/1987	03/1987	
2			LIGA	Empregado	01/07/1988	22/09/1988	09/1988	
3			21 - PENSAO POR MORTE PREVIDENCIARIA	Não Informado				

O INSS poderá rever a qualquer tempo as informações constantes deste extrato, conforme art. 19, § 3° do Decreto 3.048/99.

CNIS - Cadastro Nacional de Informações Sociais   Página 1 de 1

Identificar Filiado - Consultar Extrato

Dados Cadastrais

NIT	Fonte do NIT	PREVIDÊNCIA
Administrador do NIT	Fonte Cadastramento	CI_ANTIGO
Ano da administração	Data de Cadastramento 01/03/1976	Data de Atualização 22/05/2015

Dados Básicos

Nome
Nome da Mãe
Nome do Pai

Sexo	MASCULINO	Estado Civil	DIVORCIADO (A)	Grau de Instrução	ENS. MEDIO COMPLETO
Data Nascimento	01/11/1944	Data de Óbito	03/09/2014		
Nacionalidade	BRASILEIRA	País de Origem	BRASIL	Data de chegada	
Município de Nascimento	SALVADOR	UF de Nascimento	BA		

Documentos

CPF
Identidade Número: Orgão Emissor: SSP UF: BA Data de Emissão: 26/11/2010
CTPS Número: Série: 9 UF: BA Data de Emissão:
Título de Eleitor
CNH
Doc. Estrangeiro
Carteira de Marítimo
Passaporte
Certidões Civis Tipo:Certidão de Casamento, UF:BA, Município: SALVADOR, Cartório: SUBDISTRITO DE PENHA, Folha: , Livro: , Termo: , Data do Evento: 21/11/1978 Data do Registro: 21/11/1978 Data de Emissão de 2ª via: 24/11/2010 Data de Divórcio: 05/10/2010
Tipo:Certidão de Óbito, UF:BA, Município: SALVADOR, Cartório: SUBDISTRITO DE BROTAS, Folha: , Livro: , Termo: , Data do Evento: 03/09/2014 Data do Registro: 04/09/2014

Contato

Endereço principal Tipo Logradouro: Logradouro: Número: , Complemento: CASA,
Bairro: , SALVADOR - BA, CEP:
Endereço Secundário
Telefone 1   Telefone 2   Celular
Email

Lista de Elos

NIT	Fonte Origem	CPF	Nome

INSS
CNIS - Cadastro Nacional de Informações Sociais
Relações Previdenciárias - Portal CNIS

Página 1 de 2

Identificação do Filiado
Nit: CPF: Nome:
Data de Nascimento: Nome da Mãe:

Relações Previdenciárias

Seq.	NIT	CNPJ/CEI/CPF/NB	Origem do Vínculo	Tipo Filiado no Vínculo	Data Início	Data Fim	Últ. Remun.	Indicadores
1			AUTÔNOMO	Autônomo	01/01/1985	31/10/1985		
2			AUTÔNOMO	Autônomo	01/12/1985	31/12/1985		
3			AUTÔNOMO	Autônomo	01/02/1986	31/03/1987		
4			AUTÔNOMO	Autônomo	01/06/1987	30/11/1988		
5			AUTÔNOMO	Autônomo	01/01/1989	30/06/1990		
6			AUTÔNOMO	Autônomo	01/08/1990	31/05/1991		
7			RECOLHIMENTO	Contribuinte Individual	01/01/2003	30/06/2004		
8			RECOLHIMENTO	Contribuinte Individual	01/08/2004	30/06/2006		IREC-INDPEND
9			RECOLHIMENTO	Contribuinte Individual	01/08/2006	31/03/2009		IREC-INDPEND
10			RECOLHIMENTO	Contribuinte Individual	01/05/2009	30/04/2011		IREC-INDPEND
11			41 - APOSENTADORIA POR IDADE	Não Informado	03/03/2011	03/09/2014		
12			RECOLHIMENTO	Contribuinte Individual	01/07/2013	28/02/2014		IREC-INDPEND

Legenda de Indicadores

Indicador	Descrição	Indicador	Descrição
IREC-INDPEND	Recolhimentos com indicadores/pendências		

Microficha

Competência Emissão	Competência Contribuição
07/73 a 06/78	07/73 a 06/78
05/82	05/78 a 12/81
06/84	05/81 a 12/84

O INSS poderá rever a qualquer tempo as informações constantes deste extrato, conforme art. 19, § 3° do Decreto 3.048/99.

Página 2 de 2

INSS
CNIS - Cadastro Nacional de Informações Sociais
Relações Previdenciárias - Portal CNIS

16/09/2016 14:03:51

Identificação do Filiado
Nit: CPF: Nome:
Data de Nascimento: Nome da Mãe:

Microficha

Competência Emissão	Competência Contribuição
04/85	05/81 a 12/84

11.2. Contestação – Aposentadoria por idade do segurado especial

É comum a propositura de ação judicial contra o INSS para a implantação do benefício de aposentadoria por idade do segurado especial e condenação ao pagamento de parcelas vencidas desde a data de entrada do requerimento administrativo.

Quando indefere, o típico motivo administrativo aplicado pela autarquia previdenciária é a inexistência de prova material contemporânea ao período de carência de 15 anos, quer pela insuficiência da prova documental, quer pela apresentação de vínculos urbanos mais largos dentro da carência.

EXMO. SR. DR. JUIZ DA <u>VARA</u> DO JUIZADO ESPECIAL FEDERAL SEÇÃO JUDICIÁRIA DO ESTADO DA BAHIA
Proc. nº: **2010.33.00.XXXXX**.
Autor(a): **JOSÉ XXXXXX**.
Réu: **INSS**

O **INSTITUTO NACIONAL DO SEGURO SOCIAL – INSS**, por seu procurador "*ex lege*", abaixo assinado, nos autos da ação interposta, vem perante V. Exa. apresentar sua **CONTESTAÇÃO**, e o faz nos termos seguintes:

01- DOS FATOS.

Trata-se de ação na qual o autor postula a concessão de sua aposentadoria por idade, na condição de segurado especial – trabalhador rural, desde o requerimento administrativo perpetrado em XX/XX/XXXX, tendo o INSS negado o benefício por ausência de prova da qualidade de segurado especial na carência do benefício.

02- Da Decadência.

Sabe-se que o art. 103 da Lei nº 8.213/1991 cuida do prazo decadencial de dez anos para impugnação da decisão administrativo-previdenciária, nos seguintes termos:

> "*Art. 103. É de dez anos o prazo de decadência de todo e qualquer direito ou ação do segurado ou beneficiário para a revisão do ato de concessão de benefício, a contar do dia primeiro do mês seguinte ao do recebimento da primeira prestação **ou, quando for o caso, do dia em que tomar conhecimento da decisão indeferitória definitiva no** âmbito **administrativo**.*".

Observe-se que a parte autora foi notificada do indeferimento administrativo há mais de 10 anos, portanto deve-se observar a decadência decenal.

03- Da Prescrição Qüinqüenal.

A Autarquia Previdenciária argüi, em seu favor, a ocorrência de prescrição das parcelas anteriores aos cinco anos que antecedem a propositura da ação, com supedâneo no art. 3º do Decreto nº. 20.910/32, c/c o art. 103, da Lei nº. 8.213/91.

04- DO MÉRITO.

A) DA CONDIÇÃO LEGAL DO SEGURADO ESPECIAL.

O inciso VII do artigo 11 da Lei 8213/91 define segurado especial:

> VII – como segurado especial: a pessoa física residente no imóvel rural ou em aglomerado urbano ou rural próximo a ele que, individualmente ou em regime de economia familiar, ainda que com o auxílio eventual de terceiros, na condição de: (Redação dada pela Lei nº 11.718, de 2008)
>
> a) produtor, seja proprietário, usufrutuário, possuidor, assentado, parceiro ou meeiro outorgados, comodatário ou arrendatário rurais, que explore atividade: (Incluído pela Lei nº 11.718, de 2008)
>
> 1. agropecuária em área de até 4 (quatro) módulos fiscais; (Incluído pela Lei nº 11.718, de 2008)
>
> 2. de seringueiro ou extrativista vegetal que exerça suas atividades nos termos do inciso XII do caput do art. 2º da Lei nº 9.985, de 18 de julho de 2000, e faça dessas atividades o principal meio de vida; (Incluído pela Lei nº 11.718, de 2008)
>
> b) pescador artesanal ou a este assemelhado que faça da pesca profissão habitual ou principal meio de vida; e (Incluído pela Lei nº 11.718, de 2008)
>
> c) cônjuge ou companheiro, bem como filho maior de 16 (dezesseis) anos de idade ou a este equiparado, do segurado de que tratam as alíneas a e b deste inciso, que, comprovadamente, trabalhem com o grupo familiar respectivo. (Incluído pela Lei nº 11.718, de 2008)

O artigo em referência garante a qualidade de segurado especial ao cidadão que comprovar o exercício de atividade rural em **regime de economia familiar**.

Atos Processuais das Partes, dos Julgadores e de seus Auxiliares no Rito do JEF

O § 1º da legislação referida conceitua o "regime de economia familiar" nos seguintes termos:

§ 1º Entende-se como regime de economia familiar a atividade em que o trabalho dos membros da família é indispensável à própria subsistência e ao desenvolvimento socioeconômico do núcleo familiar e é exercido em condições de mútua dependência e colaboração, sem a utilização de empregados permanentes. (Redação dada pela Lei nº 11.718, de 2008)

Verifica-se, portanto, ser condição precípua para a caracterização do segurado especial que a atividade rural exercida seja essencial para o próprio sustento e para o sustento de sua família.

Neste sentido coleciona-se entendimento adotado pela Exma Marina Vasquez Duarte:

"É que para ser considerado segurado especial, como acima mencionado, não pode haver exploração de empregados, bem como a renda advinda da atividade rural deve ser indispensável ao sustento da família. **Se esta tinha outros meios de subsistência, como renda proveniente de arrendamentos, ou mesmo trabalho urbano de outros membros da família, sendo a atividade rural mero complemento da renda familiar ou nem isso, descaracterizado está o alegado regime de economia familiar.**" (grifo nosso)

Como bem destacou o Desembargador Federal do Tribunal Regional Federal Nylson Paim de Abreu (artigo publicado na Revista nº 36, do TRF/4), para adquirir a condição de segurado especial em razão do labor em regime de economia familiar é preciso:

a) labor de todos os presentes no grupo familiar;

b) **trabalho deve ser indispensável à própria subsistência;**

c) mútua colaboração, sem auxílio de empregados, ressalvado o auxílio de terceiros;

d) área total do imóvel não superior a dois módulos rurais das respectivas microrregiões ou zonas típicas, de acordo com o tipo de exploração. (grifo nosso)

Corroborando a tese ora esposada a jurisprudência dominante:

"PREVIDENCIÁRIO. RECURSO ESPECIAL. SERVIDORA APOSENTADA. MAGISTÉRIO MUNICIPAL. APOSENTADORIA RURAL POR IDADE. CUMULAÇÃO. IMPOSSIBILIDADE. REGIME DE ECONOMIA FAMILIAR. DESCARACTERIZAÇÃO. SEGURADO ESPECIAL. CONDIÇÃO INEXISTENTE.

1. Nos termos do artigo 6º, § 10, do Decreto nº 2.172/97, **não é considerado segurado especial "o membro de grupo familiar que possui fonte de rendimento decorrente do exercício de atividade remunerada ou aposentadoria de qualquer regime."**

2. **Para caracterização do regime de economia familiar, é exigência inexorável que o labor rurícola seja indispensável à subsistência do trabalhador.**

3. Na hipótese em apreço, a circunstância de a Autora perceber outra fonte de rendimento que não provenha do trabalho agrícola – aposentadoria pelo exercício do magistério municipal –, afasta a indispensabilidade do labor rurícola para a sua subsistência, o que impossibilita o reconhecimento de sua condição de segurada especial.

5. Recurso especial não conhecido. STJ – SUPERIOR TRIBUNAL DE JUSTIÇA Classe: RESP – RECURSO ESPECIAL – 412187

Processo: 200200130615 UF: RS Órgão Julgador: QUINTA TURMA Data da decisão: 23/11/2004 Documento: STJ000583467"

"PREVIDENCIÁRIO. CONCESSÃO DE APOSENTADORIA RURAL POR IDADE. INATIVAÇÃO PRECEDENTE. DESCARACTERIZAÇÃO DO REGIME DE ECONOMIA FAMILIAR.

- Resta descaracterizado o trabalho agrícola em regime de economia familiar, nos termos do artigo 11, VII, § 1º da Lei nº 8.213/91, quando a agricultura não é o meio exclusivo de subsistência da família. Origem: TRIBUNAL – QUARTA REGIÃO

Classe: EIAC - EMBARGOS INFRINGENTES NA APELAÇÃO CIVEL - 16009 Processo: 200104010112400 UF: RS Órgão Julgador: TERCEIRA SEÇÃO Data da decisão: 12/06/2002 Documento: TRF400085040"

Recentemente, foi editada a **Lei 11.718/2008**, que alterou as Leis 8212/91 e 8213/91, no que concerne ao segurado especial do RGPS.

Com efeito, **o segurado especial que explore atividade agropecuária deverá ter o imóvel rural de até 04 módulos fiscais, sob pena de ser considerado contribuinte individual.**

Por sua vez, **para serem considerados segurados especiais, o cônjuge ou companheiro e os filhos maiores de 16 (dezesseis) anos ou os a estes equiparados deverão ter participação ativa nas atividades rurais do grupo familiar.**

Outrossim, **a contratação de empregados não poderá extrapolar 120 pessoas/dia no ano civil.**

Não descaracteriza a condição de segurado especial (§9º, do artigo 12, da Lei 8212/91):

"I - a outorga, por meio de contrato escrito de parceria, meação ou comodato, de até 50% (cinqüenta por cento) de imóvel rural cuja área total não seja superior a 4 (quatro) módulos fiscais, desde que outorgante e outorgado continuem a exercer a respectiva atividade, individualmente ou em regime de economia familiar;

II - a exploração da atividade turística da propriedade rural, inclusive com hospedagem, por não mais de 120 (cento e vinte) dias ao ano;

III - a participação em plano de previdência complementar instituído por entidade classista a que seja associado, em razão da condição de trabalhador rural ou de produtor rural em regime de economia familiar;

IV - ser beneficiário ou fazer parte de grupo familiar que tem algum componente que seja beneficiário de programa assistencial oficial de governo;

V - a utilização pelo próprio grupo familiar, na exploração da atividade, de processo de beneficiamento ou industrialização artesanal, na forma do § 11 do art. 25 desta Lei; e

VI - a associação em cooperativa agropecuária."

Descaracterizará a condição de segurado especial a percepção de outro rendimento, exceto:

I - benefício de pensão por morte, auxílio-acidente ou auxílio-reclusão, cujo valor não supere o do menor benefício de prestação continuada da Previdência Social;

II - benefício previdenciário pela participação em plano de previdência complementar instituído nos termos do inciso IV do § 9º deste artigo;

III - exercício de atividade remunerada em período de entressafra ou do defeso, não superior a 120 (cento e vinte) dias, corridos ou intercalados, no ano civil, observado o disposto no § 13 deste artigo;

IV - exercício de mandato eletivo de dirigente sindical de organização da categoria de trabalhadores rurais;

V - exercício de mandato de vereador do município onde desenvolve a atividade rural, ou de dirigente de cooperativa rural constituída exclusivamente por segurados especiais, observado o disposto no § 13 deste artigo;

VI - parceria ou meação outorgada na forma e condições estabelecidas no inciso I do § 9º deste artigo;

VII - atividade artesanal desenvolvida com matéria-prima produzida pelo respectivo grupo familiar, podendo ser utilizada matéria-prima de outra origem, desde que a renda mensal obtida na atividade não exceda ao menor benefício de prestação continuada da Previdência Social; e

VIII – atividade artística, desde que em valor mensal inferior ao menor benefício de prestação continuada da Previdência Social

B) DO PERÍODO COMO TRABALHADOR RURAL (AUSÊNCIA DE PROVAS)

A parte autora pretende o reconhecimento do seu direito ao amparo no art. 143, da Lei 8.213/91, conforme abaixo:

*"Art. 143. O trabalhador rural ora enquadrado como segurado obrigatório no Regime Geral de Previdência Social, na forma da alínea a do inciso I, ou do inciso IV ou VII do art. 11 desta Lei, pode requerer aposentadoria por idade, no valor de 1 (um) salário mínimo, durante 15 (quinze) anos, contados a partir da data de vigência desta Lei, **desde que comprove o exercício de atividade rural, ainda que descontínua, no período imediatamente anterior ao requerimento do benefício, em número de meses idêntico à carência do referido benefício.**"* (Grifo nosso)

Cabe investigar qual foi a natureza do serviço que a autora alega ter exercido no campo. O simples fato de alguém haver trabalhado no campo não o torna segurado especial. O segurado pode exercer atividades rurícolas como empregado, como contribuinte individual e como avulso, que devem obrigatoriamente contribuir.

Tendo trabalhado no meio rural, mas não se enquadrando nos parâmetros legais que definem o segurado especial art. 11, VII, da lei 8.213/91, para poder aposentar por idade a autora deveria obrigatoriamente recolher contribuições para o INSS para poder aposentar-se por idade.

Outra questão que deve ser esclarecida é a comprovação de tempo de serviço.

Para a comprovação do tempo de serviço devem ser cumpridos os termos do art. 55, § 3º, da Lei 8213/1991, que assim determina:

"§ 3º – A comprovação do tempo de serviço para os efeitos desta Lei, inclusive mediante justificação administrativa ou judicial, conforme o disposto no art. 108, só produzirá efeito quando baseada em início de prova material, não sendo admitida prova exclusivamente testemunhal, salvo na ocorrência de motivo de força maior ou caso fortuito, conforme disposto no Regulamento."

Já o art. 106, da mesma Lei, estipula os documentos necessários para que seja admitido tempo rural, para efeito de comprovação da condição de trabalhador rural, quais sejam: contrato de trabalho ou Carteira de Trabalho; contrato de arrendamento, parceria ou comodato rural; declaração do sindicato dos trabalhadores, desde que homologada pelo INSS; cadastro no INCRA para produtores em regime de economia familiar; bloco de notas de produtor rural.

E, por sua vez, o Decreto 3.048:

"Art. 62. A prova de tempo de serviço, considerado tempo de contribuição na forma do art. 60, observadas, no que couber, as peculiaridades do trabalhador autônomo e do segurado facultativo, é feita mediante documentos que comprovem o exercício de atividade nos períodos a serem contados, devendo esses documentos ser contemporâneos dos fatos a comprovar e mencionar as datas de início e término e, quando se tratar de trabalhador avulso, a duração do trabalho e a condição em que foi prestado."

Portanto, não admite nossa legislação a prova meramente testemunhal, desacompanhada de início de prova material, contemporânea aos fatos alegados. Este entendimento se encontra inclusive sumulado pelo Eg. TRF da 1ª Região:

"Súmula nº 27: Não é admissível prova exclusivamente testemunhal para reconhecimento de tempo de exercício de atividade urbana e rural (Lei nº 8213/91, art. 55, parágrafo 3º)."

Assim, o início de prova material a que se refere a legislação previdenciária só pode ser entendido como aquele que guarde relação de pertinência com o exercício da atividade que se pretende comprovar ou, melhor dizendo, aquele produzido em decorrência do exercício da atividade.

Note-se a Súmula 149 do Superior Tribunal de Justiça.

"A prova exclusivamente testemunhal não basta à comprovação da atividade rurícola, para efeito da obtenção de benefício previdenciário"

Frise-se, ainda, que a prova deve ser contemporânea ao período que se pretende comprovar.

Nesse sentido a Súmula 34 da Turma Nacional de Uniformização de Jurisprudência dos Juizados Especiais Federais:

"SÚMULA N. 34

Para fins de comprovação do tempo de labor rural, o início de prova material deve ser contemporâneo à época dos fatos a provar."

Com efeito, não há provas em nome da autora contemporâneas ao período da carência.

Documentos que apenas façam referência à profissão do interessado são imprestáveis para o efeito aqui perseguido, isto porque o conteúdo neles inserido não decorre de verificações efetuadas pelos seus subscritores, mas, basicamente, das informações e declarações emanadas das pessoas interessadas na sua confecção, não lhes sendo exigida qualquer comprovação dos dados fornecidos.

Ainda que se considere este tipo de documento como hábil a comprovar o alegado, somente em relação ao ano de emissão é que se poderia entender como exercício efetivo da atividade rural.

Ressalte-se que os documentos anexados pela autora de forma alguma suprem a necessidade de início de prova material para o reconhecimento da atividade rural durante o período de carência exigido à concessão do benefício.

Na realidade, a parte autora não anexou aos autos nenhum documento que possa servir de prova material de que ela realmente tenha exercido atividade rural na qualidade de segurada especial.

ALIÁS, PARA DEMONSTRAR A VALIDADE DO ATO DO INSS, FORAM CONSTADOS INÚMEROS SALÁRIOS DE CONTRIBUIÇÃO NO CNIS, ACIMA DOS VALORES MÍNIMOS, ENTRE 07/1992 E 02/1994, SENDO CADASTRADO NO INSS COMO CONTRIBUINTE INDIVIDUAL.

No caso *"sub examine"*, considerando a resistência ora oposta pelo INSS aos fundamentos de fato e de direito em que se baseia a pretensão judicialmente deduzida pela autora, impera destacar que, por via de conseqüência, todo o ônus probatório recai sobre a mesma, o que, da análise dos autos judiciais, inclusive quanto aos documentos juntados, verifica-se que a parte autora se limitou a alegar a sua existência, deixando de produzir qualquer prova no sentido da veracidade de sua alegação, descurando-se do ônus da prova (art. 333, I, CPC).

Pelo exposto, não se encontrando comprovada a qualidade de segurado especial e a atividade rural durante o período declarado, conclui-se que não houve tempo de serviço suficiente para a concessão do benefício.

05. DO PEDIDO.

Isto posto, requer seja julgado totalmente improcedente o pedido de restabelecimento da aposentadoria por idade do segurado especial.

Supletivamente, requer seja observado o lustro progressivo prescricional.

Por fim, requer o prazo de 30 dias para a juntada do respectivo processo administrativo.

Pede e espera deferimento.

Salvador, xxxxx

FREDERICO AUGUSTO DI TRINDADE AMADO.

Procurador Federal

11.3. Contestação – Benefício de prestação continuada da Lei Orgânica de Assistência Social (BPC/LOAS)

É comum a propositora de ação judicial contra o INSS para a concessão do BPC/LOAS em favor de idoso ou deficiente carente, sendo os principais motivos do indeferimento os seguintes:

a) não demonstração da deficiência de longo prazo;

b) renda per capita familiar que atinge ou supera ¼ do salário-mínimo.

Nestas demandas, é necessária a produção de perícia médica para atestar a deficiência de longo prazo e a perícia social para certificar a miserabilidade do grupo familiar.

EXMO(A). SR(A). DR(A). JUIZ(A) FEDERAL DA ___ VARA DO JUIZADO ESPECIAL FEDERAL DA SEÇÃO JUDICIÁRIA DA BAHIA.

PROCESSO Nº
AUTOR(A):

O **INSTITUTO NACIONAL DO SEGURO SOCIAL – INSS**, pessoa jurídica de direito público interno, criado pela Lei nº 8.029/90, sob a forma de autarquia federal, aqui representado pela Procuradoria Federal   , com endereço indicado no cabeçalho, vem, perante V. Exa., nos autos supra-epigrafados, oferecer **CONTESTAÇÃO**, na forma das razões de fato e de direito a seguir expostas.

I – DA LIDE.

Pretende a parte autora, por meio da presente ação, a concessão de amparo assistencial ao deficiente, com pagamento das parcelas vencidas e vincendas desde a data do requerimento administrativo, corrigidas monetariamente e acrescidas de juros moratórios.

II - MÉRITO.

II.1 - DA LEGALIDADE DO INDEFERIMENTO ADMINISTRATIVO.

Para a concessão de amparo assistencial ao deficiente, exige-se, de acordo com o art. 20, *caput*, e parágrafos 1º, 2º e 3º, da Lei 8.742/93, na redação dada pela Lei 12.435/2011 e pela Lei 12.470/2011:

a) que o requerente seja portador de deficiência, entendida como impedimentos de longo prazo de natureza física, mental e intelectual ou sensorial, os quais, em interação com diversas barreiras, podem obstruir sua participação plena e efetiva na sociedade em igualdade de condições com as demais pessoas;

b) que o requerente seja incapaz de prover a própria manutenção e nem tê-la provida por seus familiares (art. 20, *caput*, da Lei 8.742/93).

Na hipótese em apreço, a análise dos documentos anexos comprova que o requerimento administrativo da parte autora foi indeferido em razão de parecer contrário da perícia médica.

Nesse diapasão, incumbe à parte autora afastar a presunção de legitimidade e veracidade que milita em favor dos atos administrativos, comprovando, por meio de prova inequívoca, seu enquadramento no parágrafo 2º do art. 20 da Lei 8.742/93.

Para esse desiderato, não são suficientes os relatórios médicos acostados aos autos, uma vez que se trata de documentos particulares, emitidos unilateralmente, contrapondo ato administrativo com presunção de veracidade e legitimidade.

Além disso, deve o requerente comprovar o preenchimento do requisito previsto no parágrafo 3º do art. 20 da Lei 8.742/93, ou seja, que é incapaz de prover a própria subsistência ou de tê-la provida por sua família; o que, *in casu*, não ocorreu.

Com efeito, observe-se que a parte autora sequer informa a composição de seu grupo familiar.

II.2 – DA NECESSIDADE DE OBSERVÂNCIA DOS CRITÉRIOS DA CIF NA AVALIAÇÃO DO ENQUADRAMENTO DO REQUERENTE COMO PESSOA PORTADORA DE DEFICIÊNCIA.

Em 09/07/2008, o Congresso Nacional ratificou a Convenção sobre os Direitos das Pessoas com Deficiência firmada pelo Brasil, a qual se incorporou no direito interno como emenda constitucional, conforme assegura o art. 5º, § 3º, da Constituição Federal.

O art. 1º do referido diploma legal anuncia:

> "O propósito da presente Convenção é promover, proteger e assegurar o exercício pleno e eqüitativo de todos os direitos humanos e liberdades fundamentais por todas as pessoas com deficiência e promover o respeito pela sua dignidade inerente.
> Pessoas com deficiência são aquelas que têm impedimentos de longo prazo de natureza física, mental, intelectual ou sensorial, os quais, em interação com diversas barreiras, podem obstruir sua participação plena e efetiva na sociedade em igualdades de condições com as demais pessoas." (grifamos)

Segundo o preceito ora transcrito, essa forma de caracterização da deficiência altera o requisito da incapacidade para o trabalho e para a vida independente, introduzindo no ordenamento jurídico outro conceito, de acordo com os seguintes elementos:

- os impedimentos de longo prazo de natureza física, mental, intelectual ou sensorial; e,
- interação com barreiras que possam obstruir a participação plena e efetiva na sociedade, em igualdade de condições com as demais pessoas.

É de se observar, porém, que a Convenção não estabelece a metodologia de aplicação da norma no direito interno dos Estados Partes, o que autoriza ao intérprete buscá-la nas *fontes materiais* do Direito Internacional Público: os costumes e os princípios gerais do direito, que ostentam juridicidade, conforme reconhecido pelo Art. 38 do Estatuto da Corte Internacional de Justiça (*in* MAZZUOLI, Valério de Oliveira. Curso de Direito Internacional Público. São Paulo: Revista dos Tribunais, 3ª Edição, 2008).

Assim, em relação ao critério científico de análise das pessoas com deficiência, é importante registrar que a Organização Mundial da Saúde – OMS promoveu a revisão da Classificação Internacional de Deficiências, Incapacidades e Limitações (ICIDH) e, na 54ª Assembléia Mundial de Saúde, aprovou a criação de uma nova linguagem unificada, padronizada e uma estrutura que descreva a saúde e os estados relacionados à saúde: a Classificação Internacional de Funcionalidade, Incapacidade e Saúde – CIF (*in* CIF: Classificação Internacional de Funcionalidade, Incapacidade e Saúde/[Centro Colaborador da Organização Mundial da Saúde para a Família de Classificações Internacionais, org.; coordenação da tradução Cássia Maria Buchalla].- São Paulo: Editora da Universidade de São Paulo, 2003). Trata-se de estudos e práticas internacionais, portanto compreendidos como fonte material do Direito Internacional Público.

A CIF, que complementa a CID – Classificação Internacional de Doenças, utiliza os *domínios* da saúde e *domínios* relacionados à saúde, descrevendo-os no que toca à análise das funções e estruturas do corpo, e atividades e participação, bem como a interação desses *domínios* com uma relação de Fatores Ambientais, os quais são avaliados na forma das referidas barreiras, que se destinam a avaliar as medidas que devem ser adotadas pelos Estados Partes para assegurar a acessibilidade das pessoas portadoras de deficiência, cuja proteção encontra fundamento no art. 9º da referida Convenção.

> "ART. 9 – ACESSIBILIDADE.
> 1. A fim de possibilitar às pessoas com deficiência viver com autonomia e participar plenamente de todos os aspectos da vida, os Estados Partes deverão tomar as medidas apropriadas para assegurar-lhes o acesso, em igualdade de oportunidades com as demais pessoas, ao meio físico, ao transporte, à infor-

mação e comunicação, inclusive aos sistemas e tecnologias da informação e comunicação, bem como a outros serviços e instalações
abertos ou propiciados ao público, tanto na zona urbana como na rural. Estas medidas, que deverão incluir a identificação e a eliminação de obstáculos e barreiras à acessibilidade, deverão ser aplicadas, entre outras, a:

a. Edifícios, rodovias, meios de transporte e outras instalações internas e externas, inclusive escolas, moradia, instalações médicas e local de trabalho; e

b. Informações, comunicações e outros serviços, inclusive serviços eletrônicos e serviços de emergência; (...)"

A CIF, com efeito, instaura novos termos, que substituem aqueles utilizados previamente, como "deficiência", "incapacidade" e "limitação", ampliam o escopo da classificação para permitir a descrição de experiências positivas (*Ibid.*, p. 13).

Nesse sentido, os referidos estudos formaram definições (**Funções do corpo** são as funções fisiológicas dos sistemas do corpo [inclusive funções psicológicas]. **Estruturas do corpo** são as partes anatômicas do corpo como órgãos, membros e seus componentes. **Deficiência** são problemas nas funções ou nas estruturas do corpo como um desvio significativo ou uma perda. **Atividade** é a execução de uma tarefa ou ação por um indivíduo. **Participação** é o envolvimento em situação de vida diária. **Limitações de atividade** são dificuldades que um indivíduo pode encontrar na execução de atividades. **Restrição de participação** são problemas que um indivíduo pode enfrentar ao se envolver em situações de vida. **Fatores ambientais** compõem o ambiente físico, social e de atitude no qual as pessoas vivem e conduzem sua vida.) e descreveram perspectivas do corpo, do indivíduo e da sociedade, com estudo de três listas básicas: Funções e Estruturas do Corpo; Atividade e Participação e Fatores Ambientais, que podem ter uma influência negativa sobre seu desempenho enquanto membro da sociedade, sobre a capacidade do indivíduo de executar ações ou tarefas, ou sobre a função ou estrutura do corpo do indivíduo.

Assim, os Fatores Ambientais se referem ao ambiente físico, social e de atitudes nas quais as pessoas vivem e conduzem sua vida:

a) **Individual:** no ambiente imediato do indivíduo, inclusive espaços como o domicílio, o local de trabalho e a escola. Esse nível inclui as características físicas e materiais do ambiente em que o indivíduo se encontra, bem como o contato direto com os outros indivíduos como família, conhecido, colegas e estranhos.

b) **Social:** estruturas formais e informais, regras de conduta ou sistemas predominantes na comunidade ou sociedade que têm um impacto sobre os indivíduos. Este nível inclui organizações e serviços relacionados ao ambiente de trabalho, atividades comunitárias, órgãos governamentais, serviços de comunicação e de transporte e redes sociais informais bem como leis, regulamentações, regras formais e informais, atitudes e ideologias.

Dessa forma, os ambientes em que o indivíduo se encontra interagem com os domínios das Funções e Estruturas do Corpo e de Atividades e Participação, na forma de análise quanto à existência de barreiras. O critério analítico consiste em examinar o indivíduo a partir de unidades de classificação específicas e qualificá-las, tendo, ao final, o resultado de cada um dos citados domínios e a conclusão sobre deficiência.

Convém ressaltar que as unidades de classificação – circunstâncias a serem analisadas - estão já previstas na CIF, são internacionais e devem ser conhecidos por toda a comunidade científica de médicos e assistentes sociais, da mesma forma os qualificadores *"que especificam a extensão ou magnitude da funcionalidade ou incapacidade naquela categoria, ou a extensão na qual um fator ambiental é um facilitador ou uma barreira" (in* CENTRO BRASILEIRO DE CLASSIFICAÇÃO DE DOENÇAS, 2003, p. 22).

Assim é que a Convenção e os critérios da CIF estão sendo aplicados à luz da realidade brasileira.

De logo, a União promoveu estudos da CIF na análise do benefício assistência à pessoa com deficiência. Nesse sentido, foi constituído Grupo de Trabalho Interministerial (GTI) pela Portaria 1, de 15 de junho de 2005, expedida pelo Ministério do Desenvolvimento Social e Combate à Fome e do Ministério da Previdência Social (MPS).

Posteriormente, o Decreto 6.214/2007 disciplinou a incapacidade como critério autônomo, nos seguintes termos:

> "Art. 4º Para os fins do reconhecimento do direito ao benefício, considera-se:
> (...)
> II - pessoa com deficiência: aquela cuja deficiência a incapacita para a vida independente e para o trabalho;
> III - incapacidade: fenômeno multidimensional que abrange limitação do desempenho de atividade e restrição da participação, com redução efetiva e acentuada da capacidade de inclusão social, em correspondência à interação entre a pessoa com deficiência e seu ambiente físico e social;
> (...)" (grifamos)

> "Art. 16. A concessão do benefício à pessoa com deficiência ficará sujeita à avaliação da deficiência e do grau de incapacidade, com base nos princípios da Classificação Internacional de Funcionalidades, Incapacidade e Saúde - CIF, estabelecida pela Resolução da Organização Mundial da Saúde nº 54.21, aprovada pela 54ª Assembléia Mundial da Saúde, em 22 de maio de 2001.
> § 1º A avaliação da deficiência e do grau de incapacidade será composta de avaliação médica e social.
> § 2º A avaliação médica da deficiência e do grau de incapacidade considerará as deficiências nas funções e nas estruturas do corpo, e a avaliação social considerará os fatores ambientais, sociais e pessoais, e ambas considerarão a limitação do desempenho de atividades e a restrição da participação social, segundo suas especificidades." (grifamos)

Em face da realidade brasileira, foram identificadas quais poderiam ser as unidades de classificação dos domínios, procedimentos e instrumentos de avaliação das pessoas com deficiência para acesso ao Benefício de Prestação Continuada da Assistência Social (BPC), a serem utilizados em uma avaliação médica e social[6].

Diante disso, a autarquia previdenciária já não mais avalia a incapacidade para a vida independente apenas quando o usuário é incapaz de desempenhar as atividades relacionadas ao autocuidado, focalizando apenas a capacidade em vestir-se, comer e fazer a higiene pessoal e evitar riscos. A nova avaliação inclui o indivíduo no contexto biopsiquicossocial. A incapacidade passa a ser vista não como um atributo da pessoa, mas uma sequência de um conjunto complexo de situações, das quais um número razoável decorre do ambiente social.

Na prática, a análise consiste em avaliar os domínios, que estão representados em três listas básicas: funções e estruturas do corpo; atividades e participação; e fatores ambientais.

Em cada um desses domínios, são avaliadas as unidades de classificação, que se referem às circunstâncias que foram identificadas na CIF como de conhecimento necessário à avaliação da pessoa com deficiência. Essa avaliação ocorre pela pontuação dos qualificadores, que especificam a extensão ou magnitude da funcionalidade ou incapacidade em cada um dos domínios, sob a forma da extensão de grau de deficiência, dificuldade e extensão de barreiras (0 a 4% - nenhuma -1; 5 a 24%- leve -2; 25 a 49% - moderada – 3; 50 a 95% - grave - 4 e 9 a 100% - completa - 5). Ao final, a conjugação do grau e das circunstâncias analisadas, de caráter experimental, permite identificar ou não a deficiência (*in* AVALIAÇÃO DE PESSOAS COM DEFICIÊNCIA PARA ACESSO AO BENEFÍCIO DE PRESTAÇÃO CONTINUADA DA ASSISTÊNCIA SOCIAL. UM NOVO INSTRUMENTO BASEADO NA CLASSIFICAÇÃO INTERNACIONAL DE FUNCIONALIDADE, INCAPACIDADE E SAÚDE. Brasília: Ministério do Desenvolvimento Social e Combate à Fome Ministério da Previdência Social, 2007.).

A pontuação de cada uma das unidades de classificação e, ao final, dos domínios, demonstra a lógica e a clareza dos fundamentos científicos. É compreensível que, muito embora sejam utilizados códigos e números para definir as unidades de classificação e o respectivo qualificador, na realidade, os profissionais analisam o grau de afetação e várias circunstâncias, assim estabelecem uma avaliação conclusiva quanto à deficiência.

A título de exemplo, no domínio FUNÇÕES DO CORPO, caso as Funções Mentais sejam afetadas, as circunstâncias Funções da consciência são classificadas internacionalmente pelo código (b110). Ao ser inserido um ponto seguido do qualificador (0 a 4), significa informar a todos da comunidade científica que, nessa unidade de classificação, o resultado b110.4 avalia o indivíduo com deficiência completa nas Funções da consciência, com perda de 95 a 100% dessa função. É de se observar que, sobre funções de consciência são analisadas outras tantas unidades de classificação (nível de consciência, continuidade de consciência, qualidade da consciência etc), bem como, sobre Funções Mentais, além das funções de consciência, são analisadas funções da orientação, funções intelectuais, funções psicossociais globais, funções do temperamento e da personalidade, etc.

Trata-se, sobretudo, de avaliação científica e complexa de médico e assistente social, uma vez que cabe ao primeiro examinar as funções e estruturas do corpo, e a atividade e participação, quanto ao grau de deficiência e dificuldade. Já ao assistente social cabe examinar a atividade e participação, e os fatos ambientais, quanto ao grau de dificuldade e extensão de barreiras.

Neste sentido, seguem os qualificadores utilizados pela CIF, que permitem avaliar cada unidade de classificação, domínios e o resultado final:

%	Funções do corpo	Atividades e participação	Fatores contextuais
0 a 4	Nenhuma deficiência (0)	Nenhuma dificuldade (0)	Nenhuma barreira (0)
5 a 24	Deficiência leva (1)	Dificuldade leve (1)	Barreira leve (1)
25 a 49	Deficiência moderada (2)	Dificuldade moderada (2)	Barreira moderada (2)
50 a 95	Deficiência grava (3)	Dificuldade grave (3)	Barreira grave (3)
96 a 100	Deficiência completa (4)	Dificuldade completa (4)	Barreira completa (4)

Nada obstante, é importante também ressaltar que a nova emenda bem como a CIF não vulnera nem se sobrepõe à valorização social do trabalho, fundamento da República Federativa do Brasil (art. 1º, IV, c/c art. 193 da CF/88). Antes o protege e o revigora, como se depreende dos seguintes dispositivos:

"ARTIGO 24 - EDUCAÇÃO.
1. Os Estados Partes reconhecem o direito das pessoas com deficiência à educação. Para realizar este direito sem discriminação e com base na igualdade de oportunidades, os Estados Partes deverão assegurar um sistema educacional inclusivo em todos os níveis, bem como o aprendizado ao longo de toda a vida, com os seguintes objetivos:

a. O pleno desenvolvimento do potencial humano e do senso de dignidade e autoestima, além do fortalecimento do respeito pelos direitos humanos, pelas liberdades fundamentais e pela diversidade humana;

b. O desenvolvimento máximo possível personalidade e dos talentos e criatividade das pessoas com deficiência, assim de suas habilidades físicas e intelectuais;

c. A participação efetiva das pessoas com deficiência em uma sociedade livre.
(...)"

"ARTIGO 27 - TRABALHO E EMPREGO.

1. Os Estados Partes reconhecem o direito das pessoas com deficiência de trabalhar, em igualdade de oportunidades com as demais pessoas. Este direito abrange o direito à oportunidade de se manter com um trabalho de sua livre escolha ou aceito no mercado laboral em ambiente de trabalho que seja aberto, inclusivo e acessível a pessoas com deficiência. Os Estados Partes deverão salvaguardar e promover a realização do direito ao trabalho, inclusive daqueles que tiverem adquirido uma deficiência no emprego, adotando medidas apropriadas, incluídas na legislação, com o fim de, entre outros: (...)"

É preciso deixar bem claro que Assistência não é incompatível com o trabalho, daí por que se pode observar a necessidade de que os impedimentos da pessoa com deficiência sejam de longo prazo. Por outro lado, também se observa que não interessa à comunidade internacional tutelar os direitos humanos excluindo a pessoa com deficiência da construção de uma sociedade justa e democrática (art. 3º, I, CF/88). A proteção social adequada deve ser conferida pelas medidas inclusivas do poder público, haja vista o caráter analítico e programático das normas constitucionais que devem se harmonizar com os dispositivos da Convenção sobre os Direitos das Pessoas com Deficiência (a igualdade de oportunidades e a plena e efetiva participação e inclusão na sociedade são princípios gerais previstos no art. 3º da Convenção), e não simplesmente serem desconsideradas.

A avaliação dessa deficiência, regulamentada pela Portaria Conjunta MDS/INSS 01/2009, é realizada levando em consideração todas essas nuances, com nítida evolução conceitual de outrora, exigindo-se conhecimento médico e de assistente social.

> "(...)
> A adoção deste novo modelo de avaliação da deficiência e do grau de incapacidade não se limita à análise centrada no autocuidado e considera vida independente mais abrangente do que somente a capacidade de se vestir, higienizar, alimentar, locomover e outros atos da vida cotidiana.
> A avaliação da deficiência e do grau de incapacidade é composta de avaliação médica e social, obedecendo à codificação dos componentes e domínios da CIF."

Nesse diapasão, podemos concluir que o indeferimento administrativo encontra respaldo científico e jurídico, haja vista que a autarquia-ré aplicou os critérios conformados pelo sistema jurídico internacional de tutela dos direitos humanos, ao analisar e qualificar os *domínios* da saúde e *domínios* relacionados à saúde.

Utilizou de parâmetros, procedimentos e instrumentos, no que toca à análise das funções e estruturas do corpo, e atividades e participação, bem como a interação desses *domínios* com uma relação de Fatores Ambientais (barreiras), levando a efeito os princípios da CIF disciplinados pelo art. 1º da multicitada Convenção, que se constituem fundamentos do ato administrativo (*Ibid.*, p. 31 "A CIF foi aceita como uma das classificações sociais da Organização das Nações Unidas (ONU), e incorpora Normas Uniformes sobre a Igualdade de Oportunidades para Pessoas com Deficiência. É adotada por 191 países, entre os quais o Brasil, como nova norma internacional para descrever e avaliar a funcionalidade, a incapacidade e a saúde, constituindo, portanto, um instrumento apropriado para implementar normas internacionais relativas aos direitos humanos, assim como as legislações nacionais."…. " Foram analisados os procedimentos da Bolívia (*Concepto de Minusvalía y su Valoración*), Colômbia, Cuba, Equador (*Regulamento de la Ley de Discapacidades*), Espanha e outros países da Europa (*Definition of Disability in Europe. A Comparative Analysis – Social Security & Social Integration, Employment & Social Affairs – European Commission*).

Por tais razões, a análise fático-jurídica dos elementos constantes no art. 1º dessa Convenção deve seguir metodologia própria à CIF, de modo que a realização da prova técnica deve recair em profissionais habilitados: o perito médico e o assistente social, os quais estão incumbidos de conhecer, descrever e aplicar os critérios próprios da CIF, sob pena de manifesta inconstitucionalidade.

III – PREQUESTIONAMENTO.

O julgamento procedente do pedido sem observância da metodologia própria da Classificação Internacional de Funcionalidade, Incapacidade e Saúde – CIF, fonte material da Convenção sobre os Direitos das Pessoas com Deficiência pessoas, viola o art. 5º, §3º, da Constituição Federal.

IV – PEDIDO.

Em face das razões expendidas, pugna o acionado que o pedido seja julgado **totalmente improcedente**, condenando-se a parte autora nas obrigações decorrentes da sucumbência, por imperativo de direito e de justiça.

Protesta provar o alegado por todos os meios em direito admitidos, em especial a pericial e a documental.

Pugna, outrossim, que, sob pena de violação às garantias constitucionais do contraditório e da ampla defesa (CF/88, art. 5º, LV), lhe seja concedida vista dos autos após a juntada do laudo pericial e do relatório socioeconômico, a fim de que possa se manifestar sobre a prova destinada à solução do litígio e analisar a possibilidade de transação.

Pede deferimento.

Salvador, 27 de junho de 2014.

FREDERICO AMADO
Procurador Federal

```
                                                                                    27/06/2014 - 10:00:22
                                                                                           Pág.: 1 de 1

                                          I N S S
                             C N I S – Cadastro Nacional de Informações Sociais
                                         Períodos de Contribuição

Inscrição principal:                                                      Inscrição Informada:
Nome: *** O INSS poderá rever a qualquer tempo as informações constantes deste extrato, art. 19, §3 Decr. Nr. 3.048/99. ***

Rec1         Empregador/        Inscrição    Admissão/   Rescisão/   Comp.       Tipo         Identificação   Acerto
Seq Tipo     Informações SE     Cadastrada   Comp. Inicial Comp. Final Ult Remun Vínculo      CBO  da obra    Pendente
Trab
001 BEN      BENEFICIO DA PREVIDENCIA SOCIAL

002 BEN      BENEFICIO DA PREVIDENCIA SOCIAL

                                  *** Fim da pesquisa de Vínculos ***
```

```
            MPAS/INSS Sistema Unico de Beneficios DATAPREV
                   CONIND - Informacoes de Indeferimento
Acao
            Inicio   Origem   Desvio   Restaura   Fim

NB                                                Situacao: Beneficio indeferido
                           Dt. Processamento:  29/07/2013
OL Concessao :
OL Indefer.  :

Despacho     : 35 INDEFERIMENTO ON-LINE
Especie      : 87 AMP. SOCIAL PESSOA PORTADORA DEFICIENCIA
DER          : 19/07/2013
Motivo       : 141 NAO HA INCAPACIDADE PARA A VIDA E PARA O TRABALHO.




Observacao   :



                    Window SISBEN/1 at DTPRJCV3




            MPAS/INSS  Sistema Unico de Beneficios DATAPREV
                    HISMED - Historico de Pericia Medica
Acao
          Inicio   Origem   Desvio   Restaura   Fim
NB ....:                Nome:
DER ...:  19/07/2013    DIB :  19/07/2013       DAT ....:
DID ...:                DII :                   Dt Acid.:
Especie:  87            Profissao:
APS Realizacao...:                  DCA .............:  00/00/0000
Ordem ...........:  01              Dt. Marcacao Exame:
Conclusao .......:  1 - CONTRARIA   Dt. Limite .......:
Diagnostico .....:  C509            Diag. Secundario  :  M969
Local do Exame ..:  INSTITUTO       Codigo da Fase ...:  00
Cod. do Perito ..:  0401501         Cod. perito quadro:  0401501
Dt. Realizacao ..:  29/07/2013      Percentual Reducao:  00
Dt. Proximo Exame:                  Isento Carencia ..:  NAO
Acrescimo .......:  NAO             Nexo Tecnico .....:  NAO
Transf. Especie .:  NAO             Enquad. LOAS .....:  SIM
Exame Requisitado:  NAO             Diligencia .......:  NAO
Pericia Convenio :  NAO             Retroacao da DII .:  NAO
Dt. Digitacao ...:  29/07/2013      Dt. Alteracao ....:  29/07/2013
CRM Medico ......:  0000000000      Antecipa Parto ...:  NAO


                    Window SISBEN/1 at DTPRJCV3
```

11.4. Contestação – Aposentadoria por tempo de contribuição do deficiente

A Lei Complementar 142/2013 assegurou a concessão de aposentadoria por tempo de contribuição com regramento especial em favor de segurados deficientes, desde que a deficiência seja de longo prazo e se enquadre como leve, moderada ou grave no sistema de pontuação.

Normalmente, nestas ações o ponto controverso é a verificação da deficiência e o seu grau, assim como o termo inicial da deficiência, se existente.

EXMO. SR. JUIZ DA VARA DO JUIZADO ESPECIAL FEDERAL CÍVEL DA SEÇÃO JUDICIÁRIA DO ESTADO DA BAHIA

Autor:

Réu: INSS

PROCESSO xxxxxxx.

O **INSTITUTO NACIONAL DO SEGURO SOCIAL – INSS**, Autarquia Federal com sede em Brasília/DF e Gerência Regional situada na Rua da Polônia nº 01, 5º andar, Comércio, Nesta Capital, regularmente citado para responder aos termos da ação em epígrafe, vem, pela Procuradora Federal infra firmada, apresentar **CONTESTAÇÃO**, pelas razões de fato e de direito adiante expendidas:

01- DA LIDE

O Autor ingressou com a presente demanda a fim de obter, junto à Autarquia Previdenciária, a concessão DA APOSENTADORIA POR TEMPO DE CONTRIBUIÇÃO DO DEFICIENTE.

O INSS, por sua vez, indeferiu o benefício, após perícia médica e social, ao argumento de que o autor "falta de tempo de contribuição e não comprovação da condição de segurado com deficiência junto à perícia do INSS".

02- DA APOSENTADORIA DO DEFICIENTE

A aposentadoria com regras especiais em favor dos segurados deficientes passou a ter previsão na Constituição de 1988 somente com o advento da Emenda 47/2005. Coube à **Lei Complementar 142, de 08 de maio de 2013**, regulamentar a concessão de aposentadoria com critérios especiais aos referidos segurados, mas que apenas entrou em vigor após transcorridos seis meses da sua publicação, perpetrada no dia 09/05/2013.

Por sua vez, o Decreto 8.145, de 03 de dezembro de 2013, publicado nesse mesmo dia, promoveu a sua regulamentação, através da inserção no Regulamento da Previdência Social dos artigos 70-A *usque* 70-I.

Inicialmente, há de se advertir que o INSS não instituiu um código de aposentadoria especial para este benefício, que é tratado como uma espécie de aposentadoria por tempo de contribuição com redutor do segurado com deficiência pelo Decreto 8.145/2013.

Reputa-se tal interpretação regulamentar como equivocada. Isso porque o artigo 201, **§1º**, da Constituição, ressalvou duas hipóteses de regras especiais de aposentadoria no RGPS: segurados expostos a agentes nocivos à saúde e deficientes. Destarte, partindo de uma interpretação constitucional, entende-se que se cuida de uma segunda modalidade de aposentadoria especial.

A aposentadoria especial do deficiente dependerá do **grau de deficiência** (grave, moderada ou leve), cabendo ao Regulamento da Previdência Social defini-las e ao INSS atestar o grau de deficiência por sua perícia médica, observada a seguinte tabela:

	DEFICIÊNCIA GRAVE	DEFICIÊNCIA MODERADA	DEFICIÊNCIA LEVE
HOMENS	25 anos de contribuição	29 anos de contribuição	33 anos de contribuição
MULHERES	20 anos de contribuição	24 anos de contribuição	28 anos de contribuição

É possível que o grau de deficiência seja alterado ao longo do tempo. Uma deficiência leve pode progredir e se tornar moderada ou grave, ou vice-versa.

Neste caso, se o segurado, após a filiação ao RGPS, tornar-se pessoa com deficiência, ou tiver seu grau de deficiência alterado, os parâmetros serão proporcionalmente ajustados, considerando-se o número de anos em que o segurado exerceu atividade laboral sem deficiência e com deficiência, observado o grau de deficiência correspondente.

A existência de deficiência anterior à data da vigência da LC 142/2013 deverá ser certificada, inclusive quanto ao seu grau, por ocasião da **primeira avaliação no INSS**, sendo obrigatória a fixação da data provável do início da deficiência.

De seu turno, a comprovação de tempo de contribuição na condição de segurado com deficiência em período anterior à entrada em vigor da LC 142/2013 **não será admitida por meio de prova exclusivamente testemunhal**, sendo excepcionado o Princípio do Livre Convencimento Motivado.

Para efeito de concessão da aposentadoria da pessoa com deficiência, compete à perícia própria do INSS, nos termos de ato conjunto do Ministro de Estado Chefe da Secretaria de Direitos Humanos da Presidência da República, dos Ministros de Estado da Previdência Social, da Fazenda, do Planejamento, Orçamento e Gestão e do Advogado-Geral da União:

I – avaliar o segurado e fixar a data provável do início da deficiência e o seu grau; e

II – identificar a ocorrência de variação no grau de deficiência e indicar os respectivos períodos em cada grau.

Nesse sentido, foi editada a Portaria Interministerial SDH/MPS/MF/MOG/AGU Nº 1, DE 27 DE JANEIRO DE 2014, que aprovou o instrumento destinado à avaliação do segurado da Previdência Social e à identificação dos graus de deficiência, bem como definiu impedimento de longo prazo.

De efeito, compete à perícia própria do INSS (perícia médica e serviço social), por meio de avaliação médica e funcional, para efeito de concessão da aposentadoria da pessoa com deficiência, avaliar o segurado e fixar a data provável do início da deficiência e o respectivo grau, assim como identificar a ocorrência de variação no grau de deficiência e indicar os respectivos períodos em cada grau.

Por sua vez, a avaliação funcional indicada no caput será realizada com base no conceito de funcionalidade disposto na **Classificação Internacional de Funcionalidade, Incapacidade e Saúde – CIF**, da Organização Mundial de Saúde, e mediante a aplicação do Índice **de Funcionalidade Brasileiro Aplicado para Fins de Aposentadoria – IFBrA**, conforme o instrumento anexo da referida Portaria Interministerial.

Seguindo-se a sistemática da Lei Orgânica de Assistência Social, considerou-se **impedimento de longo** prazo, para os efeitos do Decreto n° 3.048, de 1999, aquele que produza efeitos de natureza física, mental, intelectual ou sensorial, pelo **prazo mínimo de 02 (dois) anos**, contados de forma ininterrupta.

Adotou-se um sistema de pontuação similar à caracterização do deficiente para fins do benefício assistencial de um salário mínimo:

Quadro 1: Escala de Pontuação do IF-Br

Escala de Pontuação para o IF-Br:
25: Não realiza a atividade ou é totalmente dependente de terceiros para realizá-la. Não participa de nenhuma etapa da atividade. Se é necessário o auxílio de duas ou mais pessoas o escore deve ser **25: totalmente dependente**.
50: Realiza a atividade com o auxílio de terceiros. O indivíduo participa de alguma etapa da atividade. Inclui preparo e supervisão. Nesta pontuação sempre há necessidade do auxílio de outra

pessoa para a atividade ser realizada: quando alguém participa em alguma etapa da atividade, ou realiza algum preparo necessário para a realização da atividade ou supervisiona a atividade. Nessa pontuação o indivíduo que está sendo avaliado deve participar de alguma etapa da atividade. Supervisão: quando há necessidade da presença de terceiros sem a necessidade de um contato físico. Por exemplo: a pessoa necessita de incentivo, de pistas para completar uma atividade, ou a presença de outra pessoa é necessária como medida de segurança. Preparo: quando há necessidade de um preparo prévio para a atividade ser realizada. Por exemplo, a colocação de uma adaptação para alimentação, colocar pasta na escova de dente.

75: Realiza a atividade de forma adaptada, sendo necessário algum tipo de modificação ou realiza a atividade de forma diferente da habitual ou mais lentamente. Para realizar a atividade necessita de algum tipo de modificação do ambiente ou do mobiliário ou da forma de execução como por exemplo, passar a fazer uma atividade sentado que antes realizava em pé; ou de alguma adaptação que permita a execução da atividade por exemplo uma lupa para leitura ou um aparelho auditivo. Com as adaptações e modificações não depende de terceiros para realizar a atividade: tem uma independência modificada. Nessa pontuação o indivíduo deve ser independente para colocar a adaptação necessária para a atividade, não dependendo de terceiros para tal.

100: Realiza a atividade de forma independente, sem nenhum tipo de adaptação ou modificação, na velocidade habitual e em segurança. Não tem nenhuma restrição ou limitação para realizar a atividade da maneira considerada normal para uma pessoa da mesma idade, cultura e educação. Realiza a atividade sem nenhuma modificação, realizando-a da forma e velocidade habitual.

As atividades estão divididas em **sete domínios**. Cada domínio tem um número variável de **atividades**, que totalizam **41**. A Pontuação Total é soma da pontuação dos domínios que, por sua vez, é a soma da pontuação das atividades.

A pontuação final será a soma das pontuações de cada domínio aplicada pela medicina pericial e serviço social, observada a aplicação do modelo Fuzzy. Dessa forma conforme demonstra o quadro 2:

- **A Pontuação Total mínima** é **de 2.050**: 25 (pontuação mínima) multiplicado por 41 (número total de atividades em todos os domínios) vezes 2 (número de aplicadores);
- **A Pontuação Total máxima** é **de 8.200**: 100 (pontuação mínima) multiplicado por 41 (número total de atividades em todos os domínios) vezes 2 (número de aplicadores).

Quadro 2: Condições do modelo linguístico Fuzzy

	Auditiva	Intelectual Cognitiva/ Mental	Motora	Visual
Domínios	Comunicação / Socialização	Vida Doméstica / Socialização	Mobilidade / Cuidados Pessoais	Mobilidade / Vida Doméstica
Questão Emblemática	A surdez ocorreu antes dos 6 anos	Não pode ficar sozinho em segurança	Desloca-se exclusivamente em cadeira de rodas	A pessoa já não enxerga ao nascer

Para a aferição dos graus de deficiência previstos pela Lei Complementar no 142, de 08 de maio de 2.013, o critério é:
- **Deficiência Grave** quando a pontuação for menor ou igual a 5.739.
- **Deficiência Moderada** quando a pontuação total for maior ou igual a 5.740 e menor ou igual a 6.354.

- **Deficiência Leve** quando a pontuação total for maior ou igual a 6.355 e menor ou igual a 7.584.
- **Pontuação Insuficiente para Concessão do Benefício** quando a pontuação for maior ou igual a 7.585.

Logo, quanto menor a pontuação maior será o grau de deficiência fixado pela perícia do INSS, não existindo deficiência quando a pontuação for igual ou maior a 7.585.

A perícia do INSS deverá observar os seguintes **aspectos metodológicos do IF-BRa**:

Seleção de itens de Atividades e Participações da Classificação Internacional de Funcionalidade (CIF), que resulta em 41 Atividades divididas em sete Domínios (Sensorial, Comunicação, Mobilidade, Cuidados Pessoais, Vida Doméstica, Educação, Trabalho e Vida Econômica, Socialização e Vida Comunitária).

Determinação de pontuação do nível de independência para cada Atividade, baseada no modelo da **Medida de Independência Funcional – MIF**, com os níveis de dependência de terceiros agrupados em quatro níveis de pontuação (25, 50, 75 e 100 pontos), visando à facilitação do emprego do instrumento.

Identificação das Barreiras Externas, a partir de fatores externos definidos pela CIF: Produtos e Tecnologia; Ambiente Natural e Mudanças Ambientais feitas pelo ser humano; Apoio e Relacionamentos; Atitudes; Serviços, Sistemas e Políticas.

Elaboração da Folha de Identificação, por meio de um formulário que contempla, a partir das necessidades formais do instrumento e levando em consideração as possibilidades de análise de identificação, com informações sobre Identificação da avaliação; Identificação do avaliado; Identificações da deficiência; Modelo da deficiência.

Elaboração da História Clínica e História Social, a ser preenchida pela perícia médica e a História Social a ser preenchida pelo serviço social têm o objetivo de produzir, de forma consubstanciada, um parecer resumido dos principais elementos relevantes de cada uma das pessoas com deficiência avaliadas. O objetivo é deixar espaço para os profissionais se posicionarem diante da avaliação realizada, utilizando-se de análise técnica dos elementos mais relevantes do ponto de vista da perícia médica e do serviço social.

Elaboração da Matriz do Índice de Funcionalidade Brasileiro (IFBrA), composta por uma planilha que associa a pontuação para cada atividade à identificação das barreiras externas, e registra a soma dessa pontuação.

Classificação do Grau de Deficiência em Leve, Moderado e Grave, a partir da definição da escala determinada pelo intervalo entre as pontuações mínima e máxima, estipuladas pela aplicação da matriz.

1. Identificação da Avaliação

1.a Data da avaliação:

- dia, mês e ano.

1.b Nome completo do avaliador

1.c Local da avaliação:

- nome do local ou instituição (por exemplo: hospital, posto de saúde, residência, escola, consultório).
- município
- estado

1.d Assinalar quem prestou as informações

- a própria pessoa: quando é o próprio indivíduo que fornece as informações.
- pessoa de convívio próximo: quando é alguém que, de alguma forma, convive e participa da vida desse indivíduo. Neste caso identificar o informante (exemplo: mãe, irmão, cuida

dor, amigo). – ambos: quando tanto o próprio como alguém de convívio próximo trazem informações de uma forma equitativa. Quando a maioria das informações é dada por um deles assinalar esta pessoa como o informante.

- outros: quando não ocorrer nenhuma das situações descritas acima. Neste caso também identificar o informante.

2. Identificação e Caracterização do Avaliado

2.a Nome completo

2.b Assinalar o sexo

2.c Idade

- Idade em anos completos.

2.d Cor ou Raça

Leia as opções de cor ou raça para a pessoa e considere aquela que for declarada pelo informante. Caso a declaração não corresponda a uma das alternativas enunciadas, esclareça as opções para que a pessoa se classifique na que julgar mais adequada.

Branca: pessoa que se declarar branca; -

Preta: pessoa que se declarar preta;

Amarela: pessoa de origem japonesa, chinesa, coreana, etc.;

Parda: pessoa que se declarar como mulata, cabocla, cafuza, mameluca ou mestiça de preto com pessoa de outra cor ou raça;

Indígena – pessoa que se declarar indígena ou índia.

Atenção: Quando a pessoa é incapaz de autodeclarar a sua cor ou raça, o informante deve fazê-lo.

2.e Diagnóstico Médico (a ser preenchido pelo perito médico)

CID etiologia: código correspondente da *Classificação Internacional de Doenças* (CID 10) da causa principal que acarreta as alterações das funções e estruturas corporais.

Quando não houver diagnóstico etiológico, assinalar o campo: sem diagnóstico etiológico.

CID sequela: código correspondente da CID 10 que descreve a(s) sequela(s) ou impedimento(s).

2.f Tipo de Deficiência (a ser preenchido pelo perito médico)

Assinalar o tipo de deficiência pertinente (lista abaixo). Em caso de associações de deficiências poderão ser assinalados mais de um tipo.

- Deficiência (sensorial) Auditiva
- Deficiência Intelectual/Cognitiva
- Deficiência Física/Motora
- Deficiência (sensorial) Visual
- Deficiência Mental

2. g – Alterações das Funções Corporais (a ser preenchido pelo perito medico)

Assinalar na lista fornecida a função ou funções corporais acometidas no quadro.

3. História clínica e social

3.a História Clínica

3.b História Social

4. Aplicação do Instrumento (Matriz)

4.a Pontuação do nível de independência das atividades funcionais

As atividades são descritas da seguinte forma:

- Título da Atividade.

- Descrição da Atividade e dos 4 níveis de independência com exemplos.

- O avaliador deverá ler a descrição e os exemplos das atividades e das opções de respostas. Essa descrição foi feita para o examinador compreender todo o escopo da atividade com todas as suas etapas.

- A partir da descrição e dos exemplos o avaliador deverá investigar, com suas próprias palavras, o nível de independência do indivíduo naquela atividade.

- Ele poderá utilizar exemplos para explicar a atividade ao avaliado.

- A pontuação deverá se basear na informação disponível mais confiável (do avaliado, de uma pessoa de convívio próximo, de um profissional de saúde, do prontuário).

- A pontuação dos níveis de independência de cada atividade deverá refletir o desempenho do indivíduo e não a sua capacidade.

O desempenho é **o que ele faz em seu ambiente habitual**, e não o que ele é capaz de fazer em uma situação ideal ou eventual.

- Se o nível de independência varia em função do ambiente, da hora do dia, pontue o escore mais baixo (o nível de maior dependência).

- A única exceção a essa regra é se a pessoa responder que não realiza a atividade por um motivo pessoal.

Atenção: Todas as atividades deverão ser pontuadas.

Nesse sentido, conforme o item 5 do anexo Portaria Interministerial SDH/MPS/MF/MOG/AGU Nº 1, DE 27 DE JANEIRO DE 2014, a perícia do INSS deverá preencher quatro formulários de avaliação do segurado:

5. Formulários:

5.a Formulário 1: Identificação do Avaliado e da Avaliação (a ser preenchido pela perícia médica e pelo serviço social)

Dados Pessoais do Avaliado:
Nome: _____ NIS/NIT _____
Sexo: F( ) M( ) Idade: _____
Cor/Raça: Branca ( ) Preta ( ) Amarela ( ) Parda ( ) Indígena ( )
Diagnóstico Médico: CID Causa: _____ Sem diagnóstico etiológico
CID Sequela: _____
Tipo de Deficiência: Auditiva( ) Intelectual/Cognitiva( ) Física/Motora( ) Visual( ) Mental( )
Data do Início do Impedimento: _____/_____/_____.
Data da avaliação: _____/_____/_____
Nome do avaliador (SERVIÇO SOCIAL): _____ SIAPE: _____
Local da avaliação (Código da APS): _____
Quem prestou as informações:
( ) própria pessoa ( ) pessoa de convívio próximo ( ) ambos ( ) outros: _____

Data da avaliação: ____/____/_____
Nome do avaliador (MEDICINA PERICIAL): _____ SIAPE: _____
Local da avaliação (Código da APS): _____
Quem prestou as informações:
( ) própria pessoa ( ) pessoa de convívio próximo ( ) ambos ( ) outros: _____

5.b Formulário 2: Funções corporais acometidas (a ser preenchido pelo perito médico)

1. Funções Mentais:
( ) **Funções Mentais Globais:** consciência, orientação (tempo, lugar, pessoa), intelectuais (inclui desenvolvimento cognitivo e intelectual), psicossociais globais(inclui autismo), temperamento e personalidade, energia e impulsos, sono
( ) **Funções Mentais Específicas:** atenção, memória, psicomotoras, emocionais, percepção, pensamento, funções executivas, linguagem, cálculo, sequenciamento de movimentos complexos (inclui apraxia), experiência pessoal e do tempo
2. Funções Sensoriais e Dor
( ) **Visão e Funções Relacionadas:** acuidade visual, campo visual, funções dos músculos internos e externos do olho, da pálpebra, glândulas lacrimais
( ) **Funções Auditivas:** detecção, descriminação, localização do som e da fala
( ) **Funções Vestibulares:** relacionadas à posição, equilíbrio e movimento
( ) **Dor:** sensação desagradável que indica lesão potencial ou real em alguma parte do corpo. Generalizada ou localizada.
( ) **Funções Sensoriais adicionais**: gustativa, olfativa, proprioceptiva, tátil, à dor, temperatura
3. Funções da Voz e da Fala
( ) **Voz, articulação, fluência, ritmo da fala**
4. Funções dos Sistemas Cardiovascular, Hematológico, Imunológico e Respiratório
( ) **Funções do Sistema Cardiovascular:** funções do coração, vasos sanguíneos, pressão arterial
( ) **Funções do Sistema Hematológico:** produção de sangue, transporte de oxigênio e metabólitos e de coagulação
( ) **Funções do Sistema Imunológico:** resposta imunológica, reações de hipersensibilidade, funções do sistema linfático
( ) **Funções do Sistema Respiratório:** respiratórias, dos músculos respiratórios, de tolerância aos exercícios
5. Funções dos Sistemas Digestivo, Metabólico e Endócrino
( ) **Funções do Sistema Digestivo:** ingestão, deglutição, digestivas, assimilação, defecação, manutenção de peso
( ) **Funções do Metabolismo e Sistema Endócrino:** funções metabólicas gerais, equilíbrio hídrico, mineral e eletrolítico, termorreguladoras, das glândulas endócrinas

6. Funções Genitourinárias e Reprodutivas
( ) **Funções Urinárias:** funções de filtragem, coleta e excreção de urina
( ) **Funções Genitais e Reprodutivas:** funções mentais e físicas/motoras relacionadas ao ato sexual, da menstruação, procriação
7. Funções Neuromusculoesqueléticas e relacionadas ao movimento
( ) **Funções das Articulações e dos Ossos:** mobilidade, estabilidade das articulações e ossos
( ) **Funções Musculares:** força, tônus e resistência muscular
( ) **Funções dos Movimentos:** reflexo motor, movimentos involuntários, controle dos movimentos voluntários, padrão de marcha, sensações relacionadas aos músculos e funções do movimento
8. Funções da Pele e Estruturas Relacionadas
( ) **Funções da Pele, pelos e unhas:** protetora, reparadora, sensação relacionada à pele, pelos e unhas

5.c Formulário 3: Aplicação do Instrumento (Matriz) – (a ser preenchido pela perícia médica e pelo serviço social)

Br: Domínios e Atividades	Pontuação (INSS)		Barreira Ambiental*				
	Serviço Social	Medicina Pericial	P e T	Amb	A e R	At	SS e P
1. Domínio Sensorial							
1.1 Observar							
1.2 Ouvir							
2. Domínio Comunicação							
2.1 Comunicar-se / Recepção de mensagens							
2.2 Comunicar-se / Produção de mensagens							
2.3 Conversar							
2.4 Discutir							
2.5 Utilização de dispositivos de comunicação à distância							
3. Domínio Mobilidade							
3.1 Mudar e manter a posição do corpo							
3.2 Alcançar, transportar e mover objetos							
3.3 Movimentos finos da mão							
3.4 Deslocar-se dentro de casa							

3.5 Deslocar-se dentro de edifícios que não a própria casa						
3.6 Deslocar-se fora de sua casa e de outros edifícios						
3.7 Utilizar transporte coletivo						
3.8 Utilizar transporte individual como passageiro						
4. Domínio Cuidados Pessoais						
4.1 Lavar-se						
4.2 Cuidar de partes do corpo						
4.3 Regulação da micção						
4.4 Regulação da defecação						
4.5 Vestir-se						
4.6 Comer						
4.7 Beber						
4.8 Capacidade de identificar agravos à saúde						
5. Domínio Vida Doméstica						
5.1 Preparar refeições tipo lanches						
5.2 Cozinhar						
5.3 Realizar tarefas domésticas						
5.4 Manutenção e uso apropriado de objetos pessoais e utensílios da casa						
5.5 Cuidar dos outros						
6. Domínio Educação, Trabalho e Vida Econômica						
6.1 Educação						
6.2 Qualificação profissional						
6.3 Trabalho remunerado						
6.4 Fazer compras e contratar serviços						
6.5 Administração de recursos econômicos pessoais						
7. Domínio Socialização e Vida Comunitária						
7.1 Regular o comportamento nas interações						

7.2 Interagir de acordo com as regras sociais						
7.3 Relacionamentos com estranhos						
7.4 Relacionamentos familiares e com pessoas familiares						
7.5 Relacionamentos íntimos						
7.6 Socialização						
7.7 Fazer as próprias escolhas						
7.8 Vida Política e Cidadania						
Total da Pontuação dos Aplicadores						
Pontuação Total						

(*) Legenda:

P e T – Produtos e Tecnologia

Amb – Ambiente

A e R – Apoio e Relacionamentos

At – Atitudes

S S e P – **Serviços, Sistemas e Políticas**

Instruções básicas:

O IF-BrA gradua a funcionalidade do indivíduo, sinalizando a possível influência de barreiras externas nas incapacidades identificadas. Pontue o nível de independência das atividades e participações listadas, nos sete Domínios.

Níveis de Independência e Pontuação das Atividades:

Cada atividade deve ser pontuada levando em consideração o nível de independência na sua realização.

A pontuação deve refletir o desempenho do indivíduo e não a sua capacidade.

O desempenho é o que ele faz em seu ambiente habitual.

A única exceção será quando o indivíduo não realizar a atividade por uma opção pessoal (e não por incapacidade ou barreira externa). Neste caso pontua-se pela capacidade.

Atenção:

Se alguma atividade pontuar 25 por causa de uma barreira externa, a(s) barreira (s) deverá(ao) ser assinalada(s)

A pontuação do domínio é a soma da pontuação das atividades deste domínio, atribuídas pelo perito médico e pelo profissional do serviço social do INSS.

A Pontuação Total é a soma dos 7 domínios

Formulário 4: Aplicação do Modelo Linguístico Fuzzy (a ser preenchido pela perícia médica e pelo serviço social)

Assinale ao lado da afirmativa quando a condição for preenchida:

Deficiência Auditiva
( ) Houve pontuação 25 ou 50 em alguma atividade do Domínio Comunicação ou Socialização; OU Houve pontuação 75 em todas as atividades dos Domínios Comunicação ou Socialização
( ) A surdez ocorreu antes dos 6 anos.
( ) Não dispõe do auxílio de terceiros sempre que necessário.

Deficiência Intelectual- Cognitiva e Mental
( ) Houve pontuação 25 ou 50 em alguma atividade do Domínio Vida Doméstica ou Socialização; OU Houve pontuação 75 em todas as atividades dos Domínios Vida Doméstica ou Socialização
( ) Não pode ficar sozinho em segurança.
( ) Não dispõe do auxílio de terceiros sempre que necessário.

Deficiência Motora
( ) Houve pontuação 25 ou 50 em alguma atividade do Domínio Mobilidade ou Cuidados Pessoais; OU Houve pontuação 75 em todas as atividades dos Domínios Mobilidade ou Cuidados Pessoais; OU
( ) Desloca-se exclusivamente em cadeira de rodas.
( ) Não dispõe do auxílio de terceiros sempre que necessário.

Deficiência Visual
( ) Houve pontuação 25 ou 50 em alguma atividade do Domínio Mobilidade ou Vida Doméstica; OU Houve pontuação 75 em todas as atividades dos Domínios Mobilidade ou Vida Doméstica
( ) A pessoa já não enxergava ao nascer.
( ) Não dispõe do auxílio de terceiros sempre que necessário.

03- DOS PEDIDOS

Isto posto, requer:

A) O prazo de 30 dias para a juntada do processo administrativo;

B) A improcedência dos pedidos.

Por fim, o INSS apresenta dos seguintes QUESITOS a serem respondidos pelo PERITO:

A) Considerando que se considera pessoa com deficiência aquela que tem impedimentos de longo prazo de natureza física, mental, intelectual ou sensorial, os quais, em interação com diversas barreiras, podem obstruir sua participação plena e efetiva na sociedade em igualdade de condições com as demais pessoas, é possível enquadrar deficiência de longa duração (ao menos dois anos)? Justifique.

B) Considerando a Portaria Interministerial SDH/MPS/MF/MOG/AGU Nº 1, DE 27 DE JANEIRO DE 2014, que aprovou o instrumento destinado à avaliação do segurado da Previdência Social e à identificação dos graus de deficiência, bem como definiu impedimento de longo prazo, indica que a avaliação funcional será realizada com base no conceito de funcionalidade disposto na Classificação Internacional de Funcionalidade, Incapacidade e Saúde – CIF, da Organização Mundial de Saúde, e mediante a aplicação do Índice de Funcionalidade Brasileiro Aplicado para Fins de Aposentadoria – IFBrA, conforme o instrumento anexo da referida Portaria Interministerial, qual a pontuação alcançada pelo autor deste processo?

- Deficiência Grave quando a pontuação for menor ou igual a 5.739.

- Deficiência Moderada quando a pontuação total for maior ou igual a 5.740 e menor ou igual a 6.354.

- Deficiência Leve quando a pontuação total for maior ou igual a 6.355 e menor ou igual a 7.584.

- Pontuação Insuficiente para Concessão do Benefício quando a pontuação for maior ou igual a 7.585.

C) Caso tenha sido identifica deficiência, qual o termo inicial ? Qual o fundamento usado para apontá-la?

Nestes termos, pede deferimento.

FREDERICO AUGUSTO DI TRINDADE AMADO.

Procurador Federal.

12. DECISÃO DESIGNATÓRIA DE PERÍCIA MÉDICA

O meio de prova pericial médico é necessário para a resolução das seguintes demandas previdenciárias:

a) Concessão ou restabelecimento de aposentadoria por invalidez, auxílio-acidente e auxílio-doença;

b) Concessão do benefício de prestação continuado ao deficiente hipossuficiente (benefício assistencial);

c) Concessão de aposentadoria por tempo de contribuição ao segurado deficiente;

d) Concessão de pensão por morte a dependente inválido ou deficiente.

Desta forma, nestas demandas, cumpre ao juiz federal designar a prova pericial nomeando *expert* médico de sua confiança e intimando as partes para apresentar quesitos e nomear assistente técnico, se conveniente.

Processo
CLASSE: CÍVEL / PREVIDENCIÁRIO / CONCESSÃO DE BENEFÍCIO / JEF
AUTOR (A):
RÉU: INSTITUTO NACIONAL DO SEGURO SOCIAL - INSS

DESPACHO

CONVERTO O JULGAMENTO EM DILIGÊNCIA.

Considerando-se a necessidade de averiguar o enquadramento da parte autora na condição de portador de doença cardiológica, reputo necessária a realização de novo exame pericial com médico cardiologista a fim de que sejam feitos os esclarecimentos dos quesitos do juízo.

Diligencie a Secretaria a designação de PERÍCIA MÉDICA **(Clínico Geral)** nos termos da Portaria   . Após, intimem-se as partes do perito designado, data, hora e local da perícia.

A parte autora fica ciente que deverá se apresentar na data da perícia indicada, levando os quesitos porventura apresentados em Juízo e todos os documentos necessários à realização da avaliação pericial, tais como relatórios médicos, resultados de exames, receitas de remédios, atestados, entre outros, sob pena de extinção do feito sem resolução do mérito.

Salvador, 28 de setembro de 2016.

JUIZ FEDERAL

13. DECISÃO DESIGNATÓRIA DE PERÍCIA SOCIAL COM APRESENTAÇÃO DE QUESITAÇÃO

O meio de prova pericial social é necessário para a resolução das ações assistenciais para a concessão de benefício de salário-mínimo ao idoso ou deficiente carente.

O seu objetivo é avaliar a renda familiar e as condições do lar, para atestar ou não a existência de miserabilidade;

Desta forma, nestas demandas, cumpre ao juiz federal designar a prova pericial nomeando *expert* assistente social de sua confiança e intimando as partes para apresentar quesitos e nomear assistente técnico, se conveniente.

PROCESSO Nº.
PARTE AUTORA:

PARTE RÉ: INSTITUTO NACIONAL DO SEGURO SOCIAL - INSS

ATO ORDINATÓRIO

De ordem do(a) MM. Juiz(íza) Federal da   e tendo em vista o disposto na Portaria nº.01, de 23/01/2015, publicada no E-DJF1 de 28/01/2015, da   Vara Federal:

1. fica designado estudo socioeconômico, a ser realizado pelo(a) perito(a) do Juízo, **Sr(a).**   , com endereço conhecido da Secretaria deste Juizado (constante do SIAP).

2. Os honorários periciais são fixados em **R$200,00 (duzentos reais) para as perícias realizadas na capital e região metropolitana, e R$250,00 (duzentos e cinquenta reais) caso o autor resida no interior do estado da Bahia**, atendendo ao disposto na Resolução nº. 305/2014 do Conselho da Justiça Federal.

3. O(A) perito(a) deverá, no prazo de 20 (vinte) dias, realizar o estudo e apresentar o respectivo laudo socioeconômico, após visitar a residência da parte autora (o endereço será fornecido no momento da intimação), elaborando relatório individual e respondendo aos quesitos em anexo, que lhe serão fornecidos pela Secretaria da Vara.

4. Deve, ainda, a(o) perita(o) indicar os documentos que lhe foram apresentados como comprovantes das informações recebidas. A parte autora fica ciente de que deve facilitar a visita do(a) perito(a), apresentando-lhe, inclusive, a cópia do Termo de Pedido e de todos os documentos necessários à realização da perícia, tais como contas, receitas médicas, e cópia de RG E CPF DE CADA UM DOS MEMBROS FAMILIARES.

5. Intimem-se.

Diretora de Secretaria da 2

QUESITOS DO JUÍZO PARA ESTUDO SÓCIOECONÔMICO

1. Com que pessoas reside a parte autora? Indicar os nomes, idade e grau de parentesco dos residentes;

2. A parte autora necessita da presença constante de outra pessoa para realização dos atos da vida cotidiana? Em caso negativo, em que medida? (o perito deve explicitar a necessidade da companhia de outra pessoa em relação às atividades desenvolvidas pela autora);

3. Dentre as pessoas que convivem na residência com a autora, qual ou quais são responsáveis pela manutenção do grupo? Qual a profissão e/ou atividade laborativa?

4. Informar a renda líquida mensal individual e do grupo, incluídas doações de terceiros.

5. Existindo doações ou qualquer outro tipo de renda, devem ser indicados o tipo, quantidade, valores e a freqüência das mesmas (por exemplo, cestas básicas, bolsa-escola);

6. Informar a atividade laboral da parte autora e renda percebida a qualquer título, caso existente;

7. Indicar o valor aproximado das despesas da parte autora e do grupo familiar, discriminando os itens de maior relevância, tais como: valor do aluguel (se houver), água, luz, vestuário, alimentação, remédios, transporte etc;

8. Informar o grau de escolaridade da parte autora e das pessoas que com ela residem;

9. Descrever a residência da parte autora;

10. Comentários e complementações pertinentes, a critério do perito.

11. Informar se o autor faz uso de medicamentos e, em caso afirmativo, esclarecer se os medicamentos são fornecidos pelo SUS.

12. Informe o Sr. Perito o endereço atualizado da parte autora, indicando todos os elementos necessários à sua localização, bem como telefones próprios ou para contatos.

---

14. PETIÇÃO COM APRESENTAÇÃO DE QUESITOS

Após a designação da prova pericial, as partes serão intimadas para apresentar quesitos e indicar assistentes técnicos no prazo de dez dias, salvo se já o fizeram por ocasião da petição inicial e da contestação.

EXMO. SR. JUIZ DA <u>VARA</u> DO JUIZADO ESPECIAL FEDERAL CÍVEL DA SEÇÃO JUDICIÁRIA DO ESTADO DA BAHIA.

Processo nº: XXXXXX

Autor (a): XXXXX.

Réu: INSTITUTO NACIONAL DO SEGURO SOCIAL – INSS.

O **INSTITUTO NACIONAL DO SEGURO SOCIAL – INSS**, já qualificado nos autos em epígrafe, por intermédio do Procurador Federal infrafirmado, vem, diante V. Exa., **apresentar os seguintes quesitos a serem respondidos pelo experto durante a realização da perícia designada por esse Juízo para averiguar a especialidade do tempo de contribuição:**

1. O autor exerceu em períodos anteriores a 28/04/1995 atividades que permitissem ao setor administrativo fazer o enquadramento pelo exercício de alguma atividade profissional contemplada no Anexo III, do Decreto 53.831/64 ou no Anexo II, do Decreto 83.080/79? (Especificar o período e a categoria profissional)

2. No exercício da função **todas as atividades desempenhadas** pelo requerente, em sua jornada de trabalho, ocorreram com **exposição permanente** a Agentes Nocivos, que prejudiquem a saúde ou a integridade física, previstos na Legislação vigente no período trabalhado?

3. Ao requerer o benefício em questão, o autor apresentou documentos (Formulário DIRBEN 8030 e/ou Perfil Profissiográfico Previdenciário – PPP) para comprovação da efetiva exposição, com todas as informações necessárias, conforme exigências legais?

4. A empresa dispõe de Laudo Técnico de Condições Ambientais de Trabalho – LTCAT, emitido conforme especificações legais, com as devidas análises qualitativas e quantitativas dos Agentes Nocivos existentes em seus ambientes, para fundamentar a emissão dos documentos Formulário DIRBEN 8030 e/ou Perfil Profissiográfico Previdenciário – PPP?

5. Existe informação sobre a utilização de Equipamentos de Proteção Individual – EPI para períodos posteriores a 14/12/1998, conforme determina a Lei 9.732/98?

6. A Perícia Médica do INSS reconheceu, conforme Legislação, a existência de exposição habitual e permanente aos Agentes Nocivos contemplados nos Decretos vigentes nos períodos trabalhados? (Anexar cópia da Análise e Decisão Técnica de Atividade Especial).

7. Conforme determina o CPC, queira o Sr. Perito Médico do Juízo indicar a Bibliografia Médica que respalda a sua conclusão, bem como a metodologia de avaliação utilizada?

Pede deferimento.

FREDERICO AUGUSTO DI TRINDADE AMADO

Procurador Federal

15. LAUDO PERICIAL MÉDICO DE BENEFÍCIO POR INCAPACIDADE LABORAL

Cabe ao perito médico nomeado pelo juiz apresentar o laudo pericial no prazo fixado com as respostas aos quesitos do magistrado e das partes, que deverá indicar se o autor está ou não incapaz para o trabalho na hipótese de benefícios por incapacidade laboral.

Nome: **Idade:** 39
Profissão: Balconista/Farmácia   Sexo: Feminino
Grau de instrução: Ensino médio
Benefício:
Processo: **Vara:**
Assistente técnico INSS:

LAUDO PERICIAL

História da doença/ Tempo de Evolução:
Refere dor no corpo todo e diagnostico de fibromialgia. Refere também tratamento psiquiátrico devido a depressão (secundário a tragédia familiar). Relatório médico de 14/04/2016 com os CID M50.1/M51.1 e de 03/05/2016 informa os CID M51.1 e M79.9, em tratamento a base de tricíclicos/tratamento psiquiátrico.
Apresentou cartão de frequência do CAPS (psicologia e psiquiatria) e receitas de analgésico (sem data).
Antecedentes Médicos:
Cirurgia Bariátrica (refere que pesava 127 kg e agora pesa 65 kg). Refere complicação (Estenose).
Antecedentes Profissionais:
CTPS - Balconista, Gerente e Balconista (empregada).
Exame Físico:
Bom estado geral e nutricional, humor rebaixado. Marcha e postura sem anormalidade em uso de imobilização em punho direito. Membros com trofismo muscular mantido. Dor à palpação para vertebral cervical à esquerda e em trapézio superior esquerdo. Mobiliza membros sem limitações ou bloqueios. Testes irritativos: Palm up/ Jobe/ Lasegue negativos; Milgran fracamente positivo; Tínel positivo à esquerda e Phalen negativo.
Exames Complementares:
RNMG da coluna lombar (10/09/2015) Hipo-hidratação dos discos lombares. Mínimo abaulamento difuso do contorno posterior discal em L3-L4 e L4-L5. Pequena hérnia póstero-mediana com discreta migração caudal no disco L5-S1. **RNMG da coluna cervical** (10/09/2015) Mínimo abaulamento difuso do contorno posterior discal em C5-C6. **ENMG** (16/09/2015). Não há evidencias de envolvimento de nervo periférico e /ou afecção das fibras radiculares ventrais.
Considerações: A pericianda é portadora de distúrbio vertebro-discal, conforme exames de imagem apresentados, com queixas álgicas generalizadas. Trata-se de condição passível de controle com tratamento adequado, enquanto sintomática, e os dados objetivos de exame físico e complementares não indicam comprometimento musculoesquelético, significativamente incapacitante para as suas atividades referidas.
CID M79.1.

Observação: Apresenta ênfase para queixas não ortopédicas de doença psiquiátrica, sugestiva de depressão/reação ao estresse que, a critério, pode ser considerada para investigação e perícia especializada.

ANEXO I
QUESITOS UNIFICADOS
(PEDIDO DE CONCESSÃO/RESTABELECIMENTO DE AUXÍLIODOENÇA
OU APOSENTADORIA POR INVALIDEZ)

Nome:
Processo:

1. Diante dos exames realizados pode-se afirmar que a parte autora é incapaz para o trabalho? Deverá o *expert* indicar os exames em que fundamentou o seu diagnóstico indicando o(s) CID(s) respectivo (s).

Do ponto de vista ortopédico, não. Considerando os dados objetivos de exame físico e complementares não indica comprometimento musculoesquelético, significativamente incapacitante para as suas atividades referidas.
CID M79.1.

2. Caso o (a) periciando(a) esteja incapacitado(a), essa incapacidade é temporária1 ou permanente2? Total3 ou parcial4? É passível de melhora com tratamento adequado? O Sr. Perito deverá explicitar os limites da incapacidade.

Não se aplica.

3. A incapacidade, se existente, é decorrente de alguma doença ou lesão ou do agravamento ou progressão destes? Descrever como ocorreu a incapacidade da parte autora.

Não se aplica.

4. Trata-se de doença degenerativa?

Exames complementares de imagem revelam alterações de caráter degenerativo.

5. Em caso de incapacidade parcial, em que medida os problemas de saúde prejudicam a parte autora especificamente no exercício de seu trabalho ou suas atividades habituais? Exemplificar situações.

Não se aplica.

6. A incapacidade, se existente, é para qualquer atividade laboral ou apenas para a atividade habitual do(a) periciando(a)? É possível a reabilitação para outra atividade que lhe garanta a subsistência em razão das condições do(a) periciando(a), tais como idade, grau de instrução, facilidade de inserção no mercado de trabalho etc.?

Não se aplica.

7. Em sendo possível a reabilitação, nos termos supra, o perito poderia informar se o tratamento necessário ao restabelecimento da saúde da parte autora é disponibilizado pela rede pública/SUS próximo à residência da pericianda? Nesta hipótese, o tratamento disponibilizado pelo SUS/rede pública é eficaz apenas para o restabelecimento da saúde da parte autora ou serve efetivamente à sua reabilitação para a atual atividade? E para as demais atividades laborais?

Não se aplica.

8. Caso o autor seja considerado incapaz, é possível precisar a data de início da incapacidade?

Não se aplica.

9. Em sendo negativa a resposta ao quesito anterior, esclarecer se é possível, por meio da realização e outros exames, aferir a data de início da incapacidade e, nesta hipótese, indicar os exames necessários.

Não se aplica.

10. A doença do(a) periciando(a) pode ser enquadrada como uma daquelas descritas na Portaria Interministerial MPAS nº2.998, de 23.08.01, e alterações seguintes acaso existentes? Em caso afirmativo, qual delas?

Não se aplica.

11. A parte autora apresentou documentos necessários à realização da perícia, a exemplo de receitas médicas, exames médicos e (ou) atestados médicos?

Sim.

12. Há nexo de causalidade entre a doença da parte autora e a atividade laborativa (acidente de trabalho ou doença ocupacional), nos termos dos arts. 19, 20 e 21, da Lei 8.213/91? Em que medida?

Não há indicação.

13. Tendo em vista a condição clínica do(a) autor(a), é possível afirmar que o(a) mesmo(a) necessita de assistência permanente de outra pessoa para as atividades habituais? Deve o perito justificar sua resposta expondo quais as limitações causadas pela enfermidade do(a) autor(a) e quais as atividades habituais que está impedido(a) de praticar em virtude de sua incapacidade.

Não.

14. Em caso de perícia psiquiátrica, a patologia alegada pela parte autora a impede de manifestar a sua própria vontade e de responder pelos seus próprios atos necessitando de assistência de terceiros?

Não se aplica.

15. Informe o Sr. Perito quaisquer esclarecimentos que entender pertinentes ao deslinde do feito.

Ver Laudo Pericial.
Observou-se ênfase para queixas não ortopédicas de doença psiquiátrica, sugestiva de depressão/reação ao estresse que, a critério, pode ser considerada para investigação e perícia especializada.

QUESITOS DO INSS
(INCAPACIDADE LABORATIVA)

Nome:
Processo:

01. Diante do exame realizado e do diagnóstico estabelecido, o Sr. Perito considera ser a patologia do Autor causa de incapacidade para o trabalho? Queira informar o CID.

Não. CID M79.1.

02. Quais os achados objetivos de Exame Físico que subsidiaram sua conclusão?

Ver dados de Exame Físico em Laudo Pericial.

03. Trata-se de incapacidade total ou parcial? Definitiva ou temporária passível de melhora com tratamento adequado?

Não se aplica.

04. A incapacidade, se existente, é para qualquer atividade laboral ou apenas para a atividade habitual do Autor? É possível reabilitação para outra atividade que lhe garanta subsistência?

Não se aplica.

05. A patologia do Autor tem ao longo do tempo períodos sintomáticos intercalados por períodos de acalmia, que possibilite em um determinado momento a recuperação da capacidade laborativa? É possível o agravamento e/ou progressão da patologia pelo não cumprimento do tratamento prescrito?

Sim e Sim.

06. Autor comprova estar cumprindo tratamento médico específico para o diagnóstico estabelecido? Queira o Sr. Perito indicar os documentos analisados.

Apresentou receitas médica de analgésico.

07. O afastamento do trabalho é necessário para recuperação da capacidade? Ou pode o Autor retornar ao trabalho desde que sejam respeitadas as limitações impostas pela sua patologia e observado o disposto no Parágrafo 1º, do Artigo 19, da Lei 8.213/91?

Pode o Autor retornar ao trabalho desde que seja observado o disposto no Parágrafo 1º, do Artigo 19, da Lei 8.213/91.

08. Caso o Autor seja considerado incapaz, é possível precisar a data de inicio da incapacidade para o trabalho? Por quê?

Não se aplica.

09. A patologia do Autor está contemplada na Portaria Interministerial MPAS/MS Nº 2.998 de 23/08/2001, sendo portanto doença que exclui a exigência de carência?

Não se aplica.

10. Existe nexo entre a doença incapacitante e a atividade laboral exercida habitualmente pelo Autor?

Não há indicação.

Salvador,

Drº FULANO DE TAL
MÉDICO ORTOPEDISTA
CREMEB

16. LAUDO PERICIAL MÉDICO DO BENEFÍCIO ASSISTENCIAL DE SALÁRIO-MÍNIMO DO DEFICIENTE

Cabe ao perito médico nomeado pelo juiz apresentar o laudo pericial no prazo fixado com as respostas aos quesitos do magistrado e das partes, que deverá indicar se o autor é deficiente de longo prazo para fins de concessão do BPC/LOAS.

Perícia Médica
LOAS
VARA

PROCESSO Nº
AUTOR:
Profissão: Nunca trabalhou
Idade: 34 anos
Escolaridade: Não Alfabetizada

Exame Psíquico: Exame Psíquico: Chega acompanhada dos pais. Bem cuidada da aparência, com bom cuidado da higiene. Lúcida. Desorientada no tempo e no espaço. Afeto embotado.. Claros déficits volitivo e cognitivo. Inteligência aquém do esperado para a idade e contexto sócio cultural.

QUESITOS DO JUÍZO

1o) O(A) periciando(a) é ou foi portador(a) de doença ou lesão? Em caso afirmativo, especifique o nome e o CID respectivo.

Resposta: Sim. Retardo Mental Moderado (F 71 - CID 10).

2o) A doença ou lesão torna o(a) periciando(a) incapaz para o exercício de atividades laborativas, considerando suas condições pessoais, a exemplo da idade e do grau de instrução?

Resposta: Sim. Apresenta déficit cognitivo global, principalmente no que tange a inteligência. Trata-se de desenvolvimento mental retardado ou deficiência mental.

3o) O(A) periciando(a) apresenta perda ou anormalidade de alguma estrutura ou função psicológica, fisiológica ou anatômica que gere incapacidade para o desempenho de atividade, dentro do padrão considerado normal para o ser humano (deficiência)?

Resposta: Sim. Trata-se de transtorno mental incapacitante, que causa déficit cognitivo global, principalmente no que tange a inteligência, que prejudica a sua inserção social em igualdade de condições com os seus pares.

4o) Esse impedimento de natureza física, mental, intelectual ou sensorial pode ser considerado de longa duração (mínimo de 2 (dois) anos)?

Resposta: Sim. O quadro é irreversível.

5o) É possível a reversão de seu estado de incapacidade ou a diminuição de suas limitações, mediante tratamento médico adequado, de modo a restabelecer sua capacidade laborativa para a função habitual ou para o exercício de outras funções possíveis de serem desempenhadas pelo(a) periciando(a)?

Resposta: O quadro é irreversível.

6o) O tratamento mencionado está disponível no SUS e/ou rede pública? Em caso afirmativo, tal tratamento é eficaz apenas para o restabelecimento da saúde do(a) periciando(a) ou serve efetivamente à sua (re) inserção no mercado de trabalho?

Resposta: Prejudicada.

7o) O(A) periciando(a) tem dificuldades para execução de tarefas relacionadas à higiene pessoal, alimentação, vestuário? O(A) periciando(a) necessita de cuidados permanentes de médicos, de enfermagem ou de terceiros?

Resposta: Sim. Necessita da ajuda de terceiros para alimentação, cuidados de higiene, entre outras atividades.

8o) O(A) periciando(a) tem dificuldades de interação social, capaz de impedir ou restringir sua participação na sociedade? Explicitar adequadamente os limites da deficiência, acaso existente, considerando as peculiaridades bio-psico-social do(a) periciando(a).

Resposta: Sim. Déficit cognitivo global irreversível.

9o) Com base na documentação, exames, relatórios apresentados, literatura médica ou experiência pessoal ou profissional, qual a data estimada do início (mês/ano) da deficiência ou do impedimento de longo prazo, se for o caso?

Resposta: Início desde o nascimento ou de muito precocemente na infância, já que a etiologia dos Retardos Mentais está associada a fatores genéticos, congênitos, hereditários, perinatais ou a eventos ocorridos muito cedo na infância, como infecções, traumatismos, entre outros

10o) Caso o(a) periciando(a) não seja mais deficiente nos termos acima definidos, existiram impedimentos em período anterior à realização desta perícia? Especifique.

Resposta: Prejudicada.

11o) Prestar o(a) Sr(a). Perito(a) outras informações que o caso requeira.

Resposta: Sem mais.

Quesitos do INSS

1. Diante do exame realizado, o Perito considera o Autor incapacitado para o trabalho? .

Resposta: Sim. Vide quesitos do juízo.

2.Trata-se de incapacidade permanente e irreversível?

Resposta: Sim.

3.Quais os achados objetivos de Exame Físico que subsidiaram a conclusão?

Resposta: Vide item "exame psíquico".

4. Considerando os critérios Legais (Decreto 5.296/2004), o Autor pode ser considerado Pessoa Portadora de Deficiência? Por quê? Queira o Sr. Perito informar o CID.

Resposta: Prejudicada.

5. Na atual situação, o Autor pode exercer alguma atividade que lhe garanta subsistência?

Resposta: Não. Vide quesitos do juízo.

Salvador,

FULANO DE TAL
Psiquiatra Forense
Perito do Juízo
CRM

17. LAUDO DE PERÍCIA SOCIAL DO BENEFÍCIO ASSISTENCIAL DE SALÁRIO-MÍNIMO DO DEFICIENTE E IDOSO CARENTE

Cabe ao perito assistente social nomeado pelo juiz apresentar o laudo pericial no prazo fixado com as respostas aos quesitos do magistrado e das partes, que deverá indicar se há ou não miserabilidade do grupo familiar para fins de concessão do benefício de salário-mínimo do idoso ou deficiente carente.

PROCESSO Nº.:
PARTE AUTORA:
PARTE RÉ: INSTITUTO NACIONAL DO SEGURO SOCIAL – INSS
DATA DA PERÍCIA: 20/05/2011   **HORÁRIO:** 08:22
JUIZADO DA   VARA / JEF CÍVEL

Relatório Sócio – Econômico

A realização da visita foi efetuada na presença da parte autora, porém quem relatou as informações solicitadas com objetividade e precisão foi a genitora a Sra. Jeane.
A família da parte autora é composta de 03 pessoas residentes na casa. São elas:

1.COMPOSIÇÃO FAMILIAR

Nº	NOME / IDADE	GRAU DE PARENTESCO
01	FULANA / 13 ANOS.	P. AUTORA
02	BELTRANA /45 ANOS.	GENITORA
03	CICRANA / 20 ANOS.	IRMÃ

2. Conforme verificado em visita pericial, a p. autora não possui idade para realizar atividades laborativas. A Sra. Jeane alega não obter condições para realizar o exercício laborativo em virtude de ter que assistir a filha que se encontra em tratamento médico especializado em decorrência do CA do qual foi acometida. A irmã da p. autora encontra-se desempregada. Por essa razão a família vive atualmente do auxilio do Bolsa família no valor de R$102,00 que a genitora recebe + ajuda de parentes e do namorado da Sra. Jeane que contribui com a quantia de R$200,00 para o pagamento do aluguel da casa onde reside a família requerente.
Apesar da sua limitação física, ainda assim a parte autora não conseguiu a concessão do benefício do Amparo Assistencial junto ao Instituto Nacional do Seguro Social (INSS) onde iniciou o seu processo. E por essa razão a p. autora vive com sérias dificuldades financeiras e passa por graves privações pela ineficiência econômica.

3. COMPOSIÇÃO DA RENDA FAMILIAR

Nº	NOME / IDADE	GRAU DE PARENTESCO	COMPROVANTE	RENDA LÍQUIDA MENSAL
01	FULANA / 13 ANOS.	P. AUTORA		----------
02	BELTRANA /45 ANOS.	GENITORA		R$ 302,00
03	CICRANA / 20 ANOS.	IRMÃ		----------
			TOTAL	R302,00

4. A renda desta família é de aproximadamente R$ 302,00, pois a mesma depende da ajuda de terceiros para tentar prover as despesas e manter os membros.

Escolaridade Familiar:

GRAU DE ESCOLARIDADE

Nº	NOME	GRAU DE PARENTESCO	GRAU DE ESCOLARIDADE	COMPROVANTE
01	FULANA	P. AUTORA	7ª SÉRIE	DECLARAÇÃO PRÓPRIA
02	BELTRANA	GENITORA	2ºGRAU COMP.	DECLARAÇÃO PRÓPRIA
03	CICRANA	IRMÃ	2ºGRAU INCOMP	DECLARAÇÃO DA GENITORA

5. Despesas:

ESPECIFICAÇÃO DAS DESPESAS

DESPESAS	DOCUMENTO BASEADO	REFERENTE	VALOR
ÁGUA	CONTA EMBASA	MENSAL	R$ 39,47
LUZ	DECLARAÇÃO DA GENITORA	MENSAL	-----------
TRANSPORTE	DECLARAÇÃO DA GENITORA	MENSAL	R$300,00
GÁS DE COZINHA	DECLARAÇÃO DA GENITORA	BIMESTRAL	R$ 40,00
ALIMENTAÇÃO	DECLARAÇÃO DA GENITORA	MENSAL	R$150,00
TELEFONE	CONTA OI FIXO	MENSAL	R$ 45,18
MEDICAMENTOS	DECLARAÇÃO DA GENITORA	MENSAL	R$100,00
ALUGUEL (CASA)	RECIBO	MENSAL	R$420,00
VESTUÁRIO	DECLARAÇÃO DA GENITORA	MENSAL	-----------
TOTAL DO RENDIMENTO MENSAL			R$1.092,65

A Sra. Jeane informou que o valor da luz é incluso no aluguel da casa e os familiares estão se reunindo para tentar manter a maior parte das despesas acima descrita, em razão da genitora não ter como arcar com tudo sozinha. Justificou que o valor do transporte é tão alto pela necessidade da p. autora não obter condições de pegar coletivo, apenas táxi pelo menos 3vezes por semana.Quanto ao vestuário,a família vive sob regime também de doações.

6. DESCRIÇÃO DA RESIDÊNCIA

Depois de concluídas informações necessárias, a Sra. Jeane apresentou o lar, possibilitando ser efetuada descrição da residência:
Imóvel alugado, de acesso moderado, impróprio para locomoção da p. autora que se encontra deverasmente debilitada. Em decorrência da escada de acesso a casa. Este esforço aumenta o desgaste físico da menor que tem que realizá-lo diariamente para efetuar o diário acompanhamento a unidade hospitalar.
A localização do imóvel é em área de média periculosidade e o interior do imóvel, encontra-se em bom estado de conservação.
A casa contém 05 cômodos: sala, cozinha, sanitário e 02 quartos. Peto em laje, piso revestido em madeira (tabuado), móveis e eletrodomésticos em bom estado.

Após toda essa descrição, foi encerrada a perícia sócia econômica da residência da parte autora.

7. Conforme descrito anteriormente, a parte autora recebe doação de terceiros.

8. De acordo com relatório médico, a menor Daiane é portadora de Osteossarcoma do úmero (D), com metástase pulmonar. CID: C40.0 Neoplasia maligna da omoplata e ossos longos dos membros superiores.

A genitora informou que a p. autora é avaliada diariamente pela equipe medica assistente da unidade do Hospital Martagão Gesteira e que nos ciclos de 21 em 21 dias, realiza o tratamento quimioterápico da mesma unidade hospitalar. Em breve, a menor será submetida a uma intervenção cirúrgica de endoprótese do MSD e do tórax, a Sra. Jeane explicou que os médicos estão aguardando apenas uma melhora do quadro clinico pra realizar o procedimento. A mesma ainda justificou que a filha se queixa constantemente de intensas dores no MSD e na região das costas,assim como também há grande debilidade para se locomover em decorrência das sessões quimioterápicas que acarretam efeitos colaterais intensos tais como: fraqueza em todo corpo e náuseas.

9. Segundo verificação, a parte autora necessita de acompanhamento por tempo integral para realização de todas as suas atividades cotidianas. Em visita pericial, pôde-se perceber tamanho grau de debilidade no qual se encontra a p. autora.

Perita.

18. FORMULÁRIO DE CÁLCULOS (PARÂMETROS)

Cabe ao magistrado encaminhar o processo à contadoria judicial caso pretenda julgar total ou parcialmente procedente o pedido, hipótese na qual deverá indicar os parâmetros dos cálculos (renda mensal, data de início do benefício, juros de mora e correção monetária).

VARA-JEF CÍVEL

Em face do ato judicial retro, remeto os presentes autos à Contadoria desta Seccional, acompanhado do seguinte formulário (conforme PORTARIA   ).

FORMULÁRIO DE PARÂMETROS DE CÁLCULOS

Nº do Processo: Origem: VARA/JEF
1. Matéria ou Objeto do cálculo/ benefício: RURAL – APOSENTADORIA POR IDADE (ART. 48/51) – BENEFÍCIOS EM ESPÉCIE
2. Período de Apuração:
Inicial: **10/02/2009**
Final: **23/06/2010**
3. Data da citação: **09/06/2009**
4. Taxa de juros: no Manual de Cálculos da Justiça Federal (Resolução n. 267/2013) com incidência, contudo, dos ditames da Lei n. 11.960/2009, desde a sua vigência até 25 de março de 2015.
5. Tipo de correção monetária: no Manual de Cálculos da Justiça Federal (Resolução n. 267/2013), com incidência, contudo, dos ditames da Lei n. 11.960/2009, desde a sua vigência até 25 de março de 2015.
6. Ocorrência de Prescrição:
(x) Sim, prazo prescricional (x) quinquenal; () decenal; ( ) outro _____
( ) Não
7. Indicar as folhas constantes dos autos, contendo os documentos necessários para elaboração dos cálculos (por exemplo: fichas financeiras, contracheques, extratos):
_____
_____

8. Ocorrência de limitação a 60 (sessenta) salários mínimos, na data de ajuizamento da ação:
( ) sim, ( )com inclusão das 12 vincendas: ( ) sim ( ) não
( ) sem inclusão das parcelas vincendas
(x) não
9. Honorários advocatícios:
(x) sim, percentual: **10 %;**
(x) sobre o valor da condenação até **01/06/2010**;
( ) sobre o valor da causa e ( ) com juros ou ( ) sem juros;
( ) sobre o valor exequendo
( ) sobre o valor da causa dos embargos
( ) sobre valor certo: R$ _____ e ( ) com juros ( ) sem juros
( ) não
10. Aplicação de multa:
( ) sim, valor: R$ _____ ou percentual: _____%;
Base de cálculo: _____
Período: _____
(x) não
Obs.1: Nos processos de desapropriação, caso existam, devem ser indicados os juros compensatórios: _____%
Obs.2: Nos processos de poupança devem ser indicados os juros remuneratórios: _____%

SERVIDOR FULANO DE TAL

19. PLANILHA DE CÁLCULOS ELABORADA PELA CONTADORIA DA VARA

Caberá à contadoria da vara federal elaborar a planilha de cálculos com base nos parâmetros fixados pelo julgador.

SEÇÃO JUDICIÁRIA XXXX
SNCJ - Sistema Nacional   de Cálculo Judicial

Processo: XXXXXXXXX   XX Vara - Juizado Especial Federal

Resumo

Parte	Princ. cor/mon	Juros	TOTAL (R$)
1) ANTONIA FULANA DE TAL	2.673,99	0,00	2.673,99
TOTAL DA CONTA	**2.673,99**	**0,00**	**2.673,99**

- Observações:

a) Cálculos atualizados até 10/2014.
b) Correção monetária:
   - Valor(es) cor/mon pela variação mensal, a partir de cada parcela, do(s) indexador(es): INPC até 10/2014
   - Não existe índice deflacionário no período.
c) Juros de mora:
   - Sem juros.
d) Prescrição:
   - Parcelas prescritas anteriores a 19/09/2009.

Importa o presente cálculo em R$ 2.673,99 (dois mil, seiscentos e setenta e três reais e noventa e nove centavos).

Localidade, XX de outubro de XXXX.

FULANO DE TAL
SERVIDOR DA XX VARA JEF

SNCJ - Sistema Nacional de Cálculo Judicial

Processo: xxxxxxx   xx Vara - Juizado Especial Federal

Data	Valor Principal	Coeficiente	Princ. cor/mon	% Juros	Juros	TOTAL (R$)
			1) ANTONIA FULANA DE TAL			
01/06/2014	482,67	1,0106383871	487,80	0,00	0,00	487,80
01/07/2014	724,00	1,0080175415	729,80	0,00	0,00	729,80
01/08/2014	724,00	1,0067088200	728,85	0,00	0,00	728,85
01/09/2014	724,00	1,0049000000	727,54	0,00	0,00	727,54
Total:	**2.654,67**		**2.673,99**		**0,00**	**2.673,99**
		TOTAL DA CONTA				**R$ 2.673,99**

- Observações:

a) Cálculos atualizados até 10/2014.

20. DECISÃO DESIGNATÓRIA DE AUDIÊNCIA

Quando necessária à produção de prova testemunhal o despacho irá designar a audiência de conciliação, instrução e julgamento. Algumas vezes a audiência não é designada *ab initio*, somente sendo constatada a sua necessidade após a apresentação de contestação pelo INSS.

Processo
Juiz Federal
Autor
Réu

TERMO DE MARCAÇÃO DE AUDIÊNCIA

De ordem do MM. Juiz Federal fica **agendada AUDIÊNCIA DE CONCILIAÇÃO, INSTRUÇÃO E JULGAMENTO para o dia   às 15h20min**, a ser realizada na sala de audiências da

Seguem os autos para intimação das partes.

JUIZ FEDERAL

21. DECISÃO DE INTIMAÇÃO DO MINISTÉRIO PÚBLICO FEDERAL

Na hipótese de incapaz ser parte na ação previdenciária, será obrigatória a intervenção do Ministério Público Federal para a lavra de parecer na condição de *custos legis*, sob pena de nulidade da sentença proferida, se prejudicial ao incapaz.

DECISÃO

PROCESSO: XXXXXXX

PARTE AUTORA: XXXXXX REPRESENTADA POR XXXXXXXXXX

PARTE RÉ: INSTITUTO NACIONAL DO SEGURO SOCIAL – INSS

Intimem-se com urgência, notificando inclusive o MPF por tratar-se de interesse de incapaz, ou ainda de acordo com o art. 31 da Lei 8.742/93.

Após, voltem-me os autos, imediatamente, conclusos para apreciação do pedido de antecipação da tutela.

São Paulo (SP), xx de xxxxxxxxxx de 2017.

JUIZ FEDERAL

---

22. PARECER DO MINISTÉRIO PÚBLICO FEDERAL

Após a intimação, cabe ao membro do MPF analisar a demanda e emitir opinião sobre a procedência ou improcedência do pedido.

MINISTÉRIO PÚBLICO FEDERAL

PROCURADORIA DA REPÚBLICA

PROCESSO:
AUTOR:
RÉU: INSTITUTO NACIONAL DO SEGURO SOCIAL - INSS

PRONUNCIAMENTO

Encontram-se presentes, na espécie, os requisitos estabelecidos no artigo 20 da Lei n°. 8.742/93, que ensejam a concessão da tutela reclamada (benefício de prestação continuada/amparo assistencial à pessoa com deficiência).

Com efeito, o exame médico-pericial determinado proceder por esse Juízo atestou a incapacidade total e permanente da requerente - portadora de osteossarcoma de úmero direito aliado a metástases pulmonares - para o trabalho e para vida independente.

De igual sorte, no tocante ao critério de renda, o levantamento sócio-econômico objeto do relatório encartado aos autos demonstra que o grupo familiar da autora possui renda per capita inferior a ¼ salário mínimo – enquadrando-se, pois, nos parâmetros fixados na legislação de regência da matéria.

Ante o exposto, o Ministério Público Federal manifesta-se **pelo deferimento do pedido, pugnando, inclusive, no sentido da imediata antecipação dos efeitos da tutela.**

Procurador da República

23. ATA DE AUDIÊNCIA COM CONCLUSÃO

Após a realização da audiência, muitas vezes o juiz já profere em mesa a sentença. No entanto, por sistemática pessoal de trabalho ou para melhor avaliar o caso a ser decidido, o julgador faz concluso o processo para ulterior lavra da sentença.

PROCESSO N. xxxxxxxxxx
PARTE AUTORA: xxxxxxxxx
PARTE RÉ: INSTITUTO NACIONAL DO SEGURO SOCIAL – INSS
ATA DE AUDIÊNCIA DE CONCILIAÇÃO, INSTRUÇÃO E JULGAMENTO

Aos xx dias do mês de xxxxxxx de 2016, na Seção Judiciária do Estado da xxxxx, onde se encontravam presentes a Juíza Federal xxxxxxxxxxxxx, a autora, bem como o Procurador do INSS, Frederico Amado (SIAPE 1380330), foi aberta a audiência de conciliação, instrução e julgamento, com colheita do depoimento pessoal da parte autora, bem como da testemunha da parte autora, xxxxxxxxxxx (CPF xxxxxxxxxx).

Em seguida, não tendo havido oferecimento de proposta de acordo, a Juíza determinou a conclusão dos autos para sentença. Nada mais havendo, os trabalhos foram encerrados, tendo sido lavrado este termo que segue assinado apenas pela juíza que presidiu a audiência. Eu, xxxxxxx, Técnico Judiciário, o digitei.

FULANA DE TAL
JUÍZA FEDERAL

24. ATA DE AUDIÊNCIA COM SENTENÇA

A atitude mais comum após a conclusão das audiências previdenciárias no JEF é que a sentença já seja prolatada em audiência, com o texto posto dentro da ata de audiência, já saindo as partes da assentada intimados do seu teor.

PROCESSO Nº XXXXXXXXXXX
PARTE AUTORA: XXXXXXXXXXXXXXXXX
PARTE RÉ: INSTITUTO NACIONAL DO SEGURO SOCIAL – INSS

Aos **01/10/2015**, às **11h20min**, na Sala de Audiências da Vara do Juizado Especial Federal desta Seção Judiciária, presente o MM. Juiz Federal Substituto, **XXXXXXXXX**. Presente a parte autora **XXXXXXXX**, acompanhada de seu advogado, **Dr. XXXXXXXX – OAB/BA XXXXXXX**; presente o Procurador do INSS, **Dr. Frederico Amado, Matrícula n. 1380330**. Iniciada a audiência, o MM. Juiz Federal iniciou a fase de conciliação arguindo as partes sobre a possibilidade de transação, o que não foi aceito pelo INSS. Passou-se à instrução do feito, tendo havido depoimento pessoal da reclamante e da oitiva de uma testemunha, cujo conteúdo encontra-se armazenado em arquivo eletrônico (sistema audiovisual). Em seguida, foi proferida a seguinte sentença (tipo A): Dispensado o relatório, conforme autorização do art. 38 da Lei 9.099/1995, cuja incidência foi recepcionada pelo art. 1º da Lei nº 10.259/2001. Pretende a parte autora a concessão de aposentadoria por idade, alegando ser trabalhador(a) rural que exerce sua atividade em regime de economia familiar. Nos termos do art. 39, I da Lei 8.213/91, a aposentadoria por idade, no valor de 1 (um) salário mínimo, é devida aos segurados especiais que exerçam suas atividades, individualmente ou em regime de economia familiar, com ou sem auxílio eventual de terceiros, uma vez comprovados o exercício do labor rural em período igual ao número de meses correspondentes à carência do benefício, nos termos da tabela progressiva do art. 142 da Lei 8.213/91, se for o caso, e a idade mínima exigida (60 ou 55 anos, se homem ou mulher, respectivamente). Como o requisito etário não desperta controvérsia, o ponto nodal do corrente litígio está na caracterização ou não da atividade rurícola, em regime de economia familiar, durante o período necessário à satisfação da carência legalmente estabelecida. No tocante à verificação da atividade rural, desenvolvido em regime de economia familiar, nos moldes do disposto no Enunciado da Súmula 149 do STJ, complementada pelas Súmulas 6 e 14 da Turma Nacional de Uniformização, deve ser demonstrada por meio de início de prova material, ainda que não concomitante a todo período, com corroboração testemunhal. No caso em concreto, muito embora detecte a existência de início de prova material, o autor categoricamente omitiu fatos revelantes que poderiam ser considerados em seu desfavor, tais como a propriedade de veículos automotores (motocicleta e automóvel), conforme extrato de consulta do DETRAN/SE. A testemunha, que conhece o autor há aproximadamente dez anos, também afirmou que nunca o viu na posse de qualquer veículo automotor. Tais omissões comprometeram a credibilidade da prova oral. Além disso, em entrevista perante o INSS, o autor teria afirmado possuir outro imóvel rural no mesmo município (Conde), fora do PA, o que, aliado à informação supra, atenta irremediavelmente contra a sua alegada condição de trabalhador rural, em regime de economia familiar. Desse modo, não ficaram comprovados os requisitos exigidos para a concessão de aposentadoria por idade para segurado especial. Ante o exposto, julgo improcedente o pedido. Sem custas e honorários no primeiro grau. Defiro a AJG. Publicada em audiência. <u>Intimações no ato</u>. Registre-se. Com o trânsito em julgado, arquivem-se os autos.

JUIZ FEDERAL

Advogado do autor –

Parte autora –

Procurador do INSS –

25. SENTENÇA TERMINATIVA (SEM ANÁLISE DE MÉRITO)

Há situações em que o julgador irá extinguir o processo sem o julgamento do mérito nas situações em que verifica a ausência de alguma condição da ação ou pressuposto processual.

Os casos mais comuns no rito do JEF de prolação de sentença terminativa são os seguintes:

a) Abandono da demanda, quando a parte, após intimação, não apresenta documento necessário ou não comparece ao à perícia designada;

b) Ausência de prévio requerimento administrativo;

c) Existência de litispendência ou de coisa julgada;

d) Falta de interesse utilidade de agir, pois há situações em que se verifica que não haverá proveito ao autor;

e) Incompetência do JEF.

Processo nº
Classe: CÍVEL / PREVIDENCIÁRIO / CONCESSÃO DE BENEFÍCIO / JEF
Autor:
Réu: INSTITUTO NACIONAL DO SEGURO SOCIAL - INSS

SENTENÇA

Relatório dispensado na forma do art. 38 da Lei nº 9.099/95.

Devidamente intimada para comparecer a perícia médica, a parte autora quedou-se inerte, de forma que impossibilitou a realização da prova e o desenvolvimento do processo.

Ante o exposto, por não promover a parte autora os atos que lhe competiram durante a marcha processual, **JULGO EXTINTO O PROCESSO SEM RESOLUÇÃO DE MÉRITO**, nos termos do art.51, inciso I, da Lei nº. 9.099/95 e art. 485, inciso III, do CPC.

Defiro o benefício da assistência judiciária gratuita.

Sem custas, nem honorários (art. 55 da Lei nº 9.099/95).

Arquivem-se os autos, oportunamente, com baixa na distribuição e anotações de estilo.

Publique-se. Intimem-se.

Sentença automaticamente registrada no e-CVD.

Salvador,

Juíza Federal Substituta

26. SENTENÇA DEFINITIVA (COM ANÁLISE DE MÉRITO)

Uma vez presentes os pressupostos processuais e as condições da ação, caberá ao julgador proferir uma sentença definitiva, ou seja, que adentrará ao mérito da demanda.

Eis as possibilidades:

a) Sentença com julgamento improcedente do pedido;
b) Sentença com julgamento procedente do pedido;
c) Sentença com julgamento parcialmente procedente do pedido.

Na hipótese de concessão de benefício previdenciário, cabe ao julgador fixar a renda mensal do benefício e terminar a sua implantação (obrigação de fazer), a data de início do benefício, a data de início do pagamento administrativo, o valor das parcelas em atraso devidas (obrigação de pagar), o índice de juros de mora e de correção monetária.

Deverá a sentença consignar, ainda, se há concessão de tutela provisória de urgência ou de evidência no cumprimento de obrigação de fazer ou de não fazer.

Seção Judiciária
Juizado Especial Federal Cível
Vara Federal

Processo nº
Autor:
Réu: INSTITUTO NACIONAL DO SEGURO SOCIAL - INSS
Tipo: A

SENTENÇA

Dispensado o relatório, nos termos do art. 38, da Lei 9.099/95.

Pretende a parte autora a concessão do benefício de aposentadoria especial desde a DER do NB   , em 27.03.2015.

A caracterização de uma atividade como especial, para fins de concessão de aposentadoria especial ou de conversão em tempo de serviço comum – a ser computado na concessão da aposentadoria por tempo de serviço – sofreu sucessivas alterações ao longo do tempo, o que levou a jurisprudência a assentar, em respeito à garantia constitucional do direito adquirido, que "o tempo de serviço é disciplinado pela lei vigente à época em que efetivamente prestado, passando a integrar, como direito autônomo, o patrimônio jurídico do trabalhador. A lei nova que venha a estabelecer restrição ao cômputo do tempo de serviço não pode ser aplicada retroativamente, em razão da intangibilidade do direito adquirido. Se a legislação anterior exigia a comprovação da exposição a agentes nocivos, mas não limitava os meios de prova, a lei posterior que passou a exigir laudo técnico, tem inegável caráter restritivo ao exercício do direito, não podendo ser aplicada a situações pretéritas" (STJ, REsp. 382.318/RS, DJ de 01/07/2002).

Isso significa, em suma, que, para a comprovação da especialidade do labor:

1) até o advento da Lei n. 9.032/95, consoante legislação vigente à época da prestação do serviço (Lei n. 3.807/60; Decs. n. 53.831/64 e 83.080/79; Lei n. 8.213/91, art. 57, em sua redação original), era possível o enquadramento por atividade profissional elencada nos quadros anexos aos Dec. 53.831 e 83.080, bastando a comprovação do exercício dessa atividade – pois havia uma presunção legal de submissão a agentes nocivos –, ou por agente nocivo também indicado nos mesmos quadros anexos, cuja comprovação demandava preenchimento, pelo empregador, dos formulários SB-40 ou DSS-8030, indicando a qual o agente nocivo estava submetido o segurado. Mas, em ambas as hipóteses, a comprovação da nocividade

prescindia de prova pericial, salvo quanto ao agente ruído – para o qual a caracterização como nocivo dependia da averiguação da exposição a um dado limite de decibéis, o que só poderia se dar por avaliação pericial.

2) após a entrada em vigor da Lei n. 9.032/95, que alterou a redação do art. 57 da Lei 8.213, restou afastada a possibilidade de enquadramento por simples exercício de atividade profissional, somente sendo possível, a partir de então, o reconhecimento de um dado tempo de serviço como especial, por submissão aos agentes nocivos, o que continuou a ser comprovado pelos formulários SB-40 ou DSS-8030, sendo desnecessária a prova pericial;

3) A partir de 05/03/1997, com a entrada em vigor do Dec. n. 2.172/97, que regulamentou o § 1°, do art. 58, da Lei de Benefícios – introduzido pela Med. Prov. n. 1.523/96 –, passou a se exigir, para a comprovação da especialidade do trabalho, o preenchimento dos aludidos formulários com base em prova pericial, consubstanciada em laudo técnico de condições ambientais do trabalho (LTCAT), expedido por médico do trabalho ou engenheiro de segurança do trabalho, atestando a submissão habitual e permanente a agente nocivo, dentre os arrolados pelo mesmo Dec. 2.172 e, posteriormente, pelo Dec. 3.048/99 (STJ, AgREsp 493458/RS, DJ de 23.06.2003, p. 425).

4) consoante orientação jurisprudencial predominante, sintetizada na Súmula 29 da AGU, a exposição a ruído enseja o reconhecimento da atividade como especial nos seguintes limites: i) acima de 80 dB, para períodos anteriores a 06/03/1997; ii) acima de 90 dB, de 06/03/1997 a 18/11/2003; e iii) acima de 85 dB, desde 19/11/2003.

Outrossim, no julgamento do ARE 664.335/SC, com repercussão geral reconhecida, o Supremo Tribunal Federal fixou as seguintes teses a respeito da aposentadoria especial e da eficácia do equipamento de proteção individual (EPI) disponibilizado ao trabalhador:

> (...) 10. (...) a primeira tese objetiva que se firma é: o direito à aposentadoria especial pressupõe a efetiva exposição do trabalhador a agente nocivo à sua saúde, de modo que, **se o EPI for realmente capaz de neutralizar a nocividade não haverá respaldo constitucional à aposentadoria especial.** 11. A Administração poderá, no exercício da fiscalização, aferir as informações prestadas pela empresa, sem prejuízo do inafastável judicial review. **Em caso de divergência ou dúvida sobre a real eficácia do Equipamento de Proteção Individual, a premissa a nortear a Administração e o Judiciário é pelo reconhecimento do direito ao benefício da aposentadoria especial. Isto porque o uso de EPI, no caso concreto, pode não se afigurar suficiente para descaracterizar completamente a relação nociva a que o empregado se submete.** (...) 14. Desse modo, a segunda tese fixada neste Recurso Extraordinário é a seguinte: **na hipótese de exposição do trabalhador a ruído acima dos limites legais de tolerância, a declaração do empregador, no âmbito do Perfil Profissiográfico Previdenciário (PPP), no sentido da eficácia do Equipamento de Proteção**

Individual - EPI, não descaracteriza o tempo de serviço especial para aposentadoria. 15. Agravo conhecido para negar provimento ao Recurso Extraordinário" (ARE 664335, Relator(a): Min. LUIZ FUX, Tribunal Pleno, julgado em 04/12/2014, ACÓRDÃO ELETRÔNICO REPERCUSSÃO GERAL - MÉRITO DJe-029 DIVULG 11-02-2015 PUBLIC 12-02-2015). Destaquei.

Depreende-se, ainda, do voto-condutor do citado precedente que, para que a utilização de EPI seja hábil a afastar o reconhecimento de determinado período como especial, deve haver prova **cabal** e **irrefutável** de que ele foi **efetivamente** eficaz, neutralizando ou eliminando a presença do agente nocivo.

Portanto, a dúvida a respeito da real eficácia do EPI milita em favor do segurado, e não basta para elidi-la a singela assinalação, em campo próprio do PPP, contendo resposta afirmativa ao quesito pertinente à utilização de EPI eficaz, sem nenhuma outra informação quanto ao grau de eliminação ou de neutralização do agente nocivo.

Neste mesmo sentido:

"PREVIDENCIÁRIO. INCIDENTE DE JUÍZO DE RETRATAÇÃO. ART. 543-B, §3°, DO CPC. APOSENTADORIA. ATIVIDADE ESPECIAL. EPI. ELIMINAÇÃO TOTAL DO AGENTE NOCIVO NÃO CONSTATADO. DECISÃO RECORRIDA MANTIDA. I. Incidente de juízo de retratação, nos termos do art. 543-B, §3°, do CPC. II. Ao compulsar dos autos, verifica-se que não houve divergência, no presente caso, do entendimento fixado pelo C. Supremo Tribunal Federal no julgamento do Recurso Extraordinário n.° 664.335/SC, que fixou duas teses, quais sejam: 1) "o direito à aposentadoria especial pressupõe a efetiva exposição do trabalhador a agente nocivo à sua saúde, de modo que, se o EPI for realmente capaz de neutralizar a nocividade não haverá respaldo constitucional à aposentadoria especial"; e, 2) "na hipótese de exposição do trabalhador a ruído acima dos limites legais de tolerância, a declaração do empregador, no âmbito do Perfil Profissiográfico Previdenciário (PPP), no sentido da eficácia do Equipamento de Proteção Individual - EPI, não descaracteriza o tempo de serviço especial para aposentadoria". III. Ressalte-se que, **na hipótese de agente insalubre diverso do ruído, o próprio STF ressalvou que "Em caso de divergência ou dúvida sobre a real eficácia do Equipamento de Proteção Individual, a premissa a nortear a Administração e o Judiciário é pelo reconhecimento do direito ao benefício da aposentadoria especial. Isto porque o uso de EPI, no caso concreto, pode não se afigurar suficiente para descaracterizar completamente a relação nociva a que o empregado se submete".** IV. Com efeito, embora o PPP - Perfil Profissiográfico Previdenciário das fls. 92/97 **aponte a existência de EPI eficaz, não consta a eliminação total do agente nocivo, nem comprova a utilização do equipamento de proteção durante todo o tempo em que é executado o serviço, não descaracterizando, portanto, a condição especial da atividade** *exercida. V. Decisão recorrida mantida"* (AMS 00099885120084036109, DESEMBARGADOR FEDERAL NELSON PORFIRIO, TRF3 - DÉCIMA TURMA, e-DJF3 Judicial 1 DATA:24/02/2016 ..FONTE_REPUBLICACAO:.). Destaquei.

Em relação à especialidade do labor em análise nestes autos, adoto, como razões de decidir, os fundamentos que serviram de supedâneo à decisão registrada em   .

In verbis:

*"Segundo consta no processo administrativo anexado aos autos, não houve o enquadramento de qualquer período, cingindo-se a controvérsia ao período de **01.10.88 a 10.03.2015**. Consoante PPP juntado às fls. 08/09 do processo concessório anexo aos autos, referente ao NB   : (DER em 27.03.2015), o autor esteve exposto a ruído na intensidade de **91,5 dB**, sempre acima dos limites de tolerância aplicáveis à época, sendo desinfluente a utilização de EPI eficaz, razão do não enquadramento pela autarquia. Assim, **há de reconhecer a especialidade do período**.*

Assim, tenho que, quando da DER do NB   , a parte autora já havia implementado tempo necessário à concessão do benefício vindicado, conforme se vê da simulação abaixo:

SIMULAÇÃO DE CONTAGEM DE TEMPO DE CONTRIBUIÇÃO							
Ord.	Data inicial	Data final	Índice	Ano	Mês	Dias	Total
1	01/10/1988	10/03/2015		26	5	10	9656
		RESULTADO		26	5	10	9656

*Ante o exposto, determino a remessa dos presentes autos à SECAJ para que proceda ao cálculo das parcelas vencidas, considerando a hipótese da parte autora ter direito à **concessão de aposentadoria especial** desde a **DER (27/03/2015)**. Ademais, ressalto que o aludido cálculo deverá observar o teto vigente quando do ajuizamento da ação, devendo informar se há valores a renunciar."*

Estabelecidas estas premissas, os autos foram encaminhados à SECAJ, diante da possibilidade de ser provida a pretensão da parte autora. Conforme cálculos retro, concluiu aquele Setor que a **RMI** do benefício em apreço, na DER (27.03.2015), corresponde a **R$ 2.711,75**. Em relação aos valores devidos desde então, foi encontrado um saldo no valor de R$ **54.414,37**, atualizado até 09/2016.

Ante o exposto: a) presentes os requisitos legais, consoante fundamentação supra, e face ao caráter inequivocamente alimentar do benefício previdenciário, **concedo a antecipação da tutela, determinando ao INSS a concessão à parte autora, de aposentadoria especial, conforme parâmetros acima indicados, no prazo máximo de vinte dias,** a contar de sua intimação via AADJ; e b) **JULGO PROCEDENTE O PEDIDO,** para condenar o Réu a conceder aludido benefício e a pagar as parcelas vencidas desde a **DER**

(27.03.2015), nos termos do Manual de Cálculos da Justiça Federal, totalizando, conforme cálculos que antecedem esta sentença, **R$ 54.414,37**, em **09/2016**.

Defiro a gratuidade da justiça.

Sem custas nem honorários, por força do art. 55, da Lei 9.099/98.

Após o trânsito em julgado, expeça-se RPV, arquivando-se os autos oportunamente.

Havendo recurso, fica desde logo determinada a intimação da parte recorrida para contrarrazões e, após isso, a remessa à Turma Recursal.

Sentença registrada automaticamente no e-CVD. Publique-se. Intimem-se.

JUIZ FEDERAL

PROCESSO N.:
PARTE AUTORA:
PARTE RÉ:

SENTENÇA

Pretende a parte autora a renúncia de seu atual benefício previdenciário com a finalidade de obter nova aposentadoria, considerando-se para tanto o tempo de serviço prestado após a concessão do benefício anterior.

A situação posta para acertamento recai no que se convencionou denominar, tanto doutrinária, quanto jurisprudencialmente, de "desaposentação".

Decido.

Aplicabilidade, *in casu*, da Súmula n. 85 do Superior Tribunal de Justiça, de modo que se encontram tragadas pela *prescrição* apenas as prestações vencidas antes dos cinco anos que precedem o ajuizamento da ação.

Quanto ao cerne da irresignação, a despeito de posicionamentos jurisprudenciais em sentido contrário, entendo que razão não assiste à parte autora.

Com efeito, a concessão da aposentadoria encerra verdadeiro ato jurídico perfeito, não sofrendo os reflexos de eventual retorno à ativa do aposentado, que deseja ingressar novamente no mercado de trabalho, a fim de complementar a respectiva renda. Explico melhor.

Retornando ao trabalho, mesmo sendo titular de benefício de aposentadoria, exsurge para o segurado a obrigação de recolher as contribuições previdenciárias, pois, como cediço, a vinculação ao sistema é automática e obrigatória, conforme dispõe o artigo 201 da Constituição Federal de 1988, decorrendo do desempenho de atividade remunerada.

Nesse sentido, inclusive, a dicção inserta no artigo 12, §4º da Lei n. 8.212/91: *"§ 4º O aposentado pelo Regime Geral de Previdência Social-RGPS que estiver exercendo ou que voltar a exercer atividade abrangida por este Regime é segurado obrigatório em relação a essa atividade, ficando sujeito às contribuições de que trata esta Lei, para fins de custeio da Seguridade Social".*

As novas contribuições, no entanto, não serão, necessariamente, vertidas em seu favor, já que o Sistema Previdenciário Nacional não adota, ao menos de forma exclusiva, o regime da capitalização, por meio do qual cada segurado constitui, como uma verdadeira poupança forçada, um fundo com vistas à recuperação (restituição) futura daquilo que despendeu.

No Brasil, a Previdência Social abraçou, como regra, o sistema da repartição simples, no qual os recursos recolhidos dos contribuintes atuais são destinados a custear os gastos daqueles que já se encontram aposentados, isto é, as contribuições recolhidas no presente financiam os benefícios igualmente pagos no presente, o que decorre do princípio da solidariedade no custeio da Seguridade Social, insculpido no artigo 195, *caput* do Texto Maior de 1988.

Diante de tal quadro, *"... o trabalhador financia não só a sua Previdência, mas a Seguridade Social como um todo, que compreende um conjunto integrado de ações de iniciativa dos Poderes Públicos e da sociedade, destinadas a assegurar os direitos relativos à Saúde, Assistência Social e Previdência"*, tal como consignou Marina Vasques Duarte (*in* Direito Previdenciário, 5ª edição, Editora Verbo Jurídico, Porto Alegre, 2007, p. 36).

Tanto é assim que, conforme enunciado no artigo 18, §2º da Lei n. 8.213/91, os únicos reflexos previdenciários possíveis decorrentes das novas cifras recolhidas relacionam-se ao salário-família e à reabilitação profissional.

Não há espaço para dúvidas: enquanto em gozo de uma aposentadoria, o segurado da Previdência Social, ainda que continue a verter contribuições para o sistema, não obterá nenhum benefício, salvo o salário-família e a reabilitação profissional. Descabe, por conseguinte, o cômputo das novas contribuições para a concessão de benefício mais vantajoso, tampouco a devolução das contribuições vertidas após o jubilamento.

Em consonância com a orientação aqui preconizada, a decisão proferida pela Segunda Turma Especializada do Tribunal Regional Federal da 2ª Região, na Apelação Cível n. 201351010106071, que segue abaixo transcrita:

> *"DIREITO PROCESSUAL CIVIL E PREVIDENCIÁRIO. DEMANDA QUE VERSA SOBRE O DIREITO À RENÚNCIA DO ATO DE CONCESSÃO DE APOSENTADORIA (DESAPOSENTAÇÃO), COM O FIM DE OBTER NOVA JUBILAÇÃO QUE CONSIDERE O TEMPO DE SERVIÇO E AS CONTRIBUIÇÕES REFERENTES AO PERÍODO DE INATIVAÇÃO. I - O ato de concessão de aposentadoria é irrenunciável dada a evidente natureza alimentar dos proventos, a afastar a alegada disponibilidade desse direito, que decorre da lei e não de mero ato volitivo do beneficiário.* ***II - O custeio do sistema previdenciário é norteado pelos princípios da universalidade, da solidariedade, do equilíbrio financeiro e atuarial (artigos 194, 195 e 201 da Carta da República), razão por que o recolhimento de contribuições posteriores à inativação, por ter retornado a aposentada ao mercado de trabalho, não gera, necessariamente, qualquer direito à prestação pecuniária por parte da Previdência Social ao segurado jubilado, ressalvadas as hipóteses legais, como previsto na parte final do § 2º do artigo 18 da Lei nº 8.213-91.*** *III- O pronunciamento do Colendo Superior Tribunal de Justiça, em sede de recurso repetitivo (artigo 543-C do Código de Processo Civil), no sentido da possibilidade da renúncia do ato de concessão de aposentadoria, não representa óbice a que este órgão fracionário da Corte Regional aprecie a questão e, segundo a sua convicção jurídica, pronuncie entendimento diverso do firmado por aquele Sodalício, tendo em vista que a eventual retratação deste órgão julgador quanto à questão apenas terá lugar na hipótese de futura interposição do recurso especial do acórdão prolatado nestes autos (§ 7º do artigo 543-C do Código de Processo Civil em interpretação conjunta com o § 8º do mesmo artigo). IV - Apelação desprovida".* (E-DJF2R de 18/03/2014) – grifos postos

A pretensão de renúncia à aposentadoria, objetivando a concessão de outra, implicaria, outrossim, em híbrida cumulação de requisitos, inclusive com contagem simultânea do mesmo tempo de serviço, quando a lei de regência da matéria estabelece regras claras e objetivas quanto ao cômputo dos fatores tempo e contribuição para o cálculo do benefício a ser concedido, sem contemplar a possibilidade de revisão para acréscimo de coeficiente por força de labor prestado posteriormente. Situação que, além de atentar contra o princípio da solidariedade, já referido, redundaria em enriquecimento sem causa, com franco prejuízo à autarquia previdenciária.

Face ao exposto, **JULGO IMPROCEDENTE** a pretensão deduzida, extinguindo o feito, com exame do mérito, nos termos do artigo 487, inciso I, do Código de Processo Civil (Lei n. 13.105/2015).

Defiro o benefício da justiça gratuita.

Sem condenação em custas, tampouco em honorários advocatícios, nos termos do artigo 55 da Lei n. 9.099/95.

P.R.I.

Decorrido o prazo de recurso, sem manifestação das partes, arquivem-se os autos com baixa na Distribuição, independente de novo pronunciamento.

SALVADOR (BA),

JUIZ FEDERAL

PROCESSO Nº.
SENTENÇA TIPO A
PARTE AUTORA:
PARTE RÉ:

SENTENÇA

Pretende a parte autora o restabelecimento do benefício de auxílio-doença, em razão da cessação do benefício em **16/05/2016**.

Para a concessão do auxílio-doença é necessária, além da qualidade de segurado, a comprovação de que a parte autora encontra-se incapaz parcial e temporariamente para o exercício de sua atividade laboral. Quanto à aposentadoria por invalidez, deve ser considerado incapaz e insusceptível de reabilitação para o exercício de atividade que lhe garanta a subsistência. Terá direito ao benefício, sem a necessidade de cumprir o prazo mínimo de contribuição, desde que tenha qualidade de segurado, o trabalhador acometido por uma das doenças descritas no art.151 da Lei nº 8.213/91.

Em resposta a quesito específico, o perito nomeado informou que a parte autora **(39 anos, balconista)** é portadora de distúrbio vertebro-discal (CID M79.1), não se encontrando incapacitada para o trabalho.

No caso dos autos, o conjunto probatório não tem o condão de infirmar a conclusão do *expert* quanto à capacidade laboral da parte autora, sendo indevida a concessão ou restabelecimento do benefício pleiteado.

In casu, da leitura do laudo pericial, infere-se que a parte autora não apresenta redução de sua capacidade laborativa, o que desautoriza a concessão do benefício vindicado.

Diante do exposto, **JULGO IMPROCEDENTE O PEDIDO**, extinguindo o processo com resolução de mérito, nos termos do art. 487, inciso I, do CPC.

Defiro o benefício da assistência judiciária gratuita, ante a presunção de veracidade da declaração de hipossuficiência.

Sem custas nem honorários (Art.55 da Lei nº 9.099/95).

Havendo recurso tempestivo pela parte interessada, intime-se a parte contrária para contrarrazões no prazo legal. Em seguida, remetam-se os autos à Turma Recursal, com as cautelas de praxe.

Após o trânsito em julgado, arquivem-se os autos com baixa na

Publique-se. Registre-se. Intimem-se.

JUIZ FEDERAL

27. EMBARGOS DE DECLARAÇÃO CONTRA A SENTENÇA

No prazo de 5 dias, é cabível o recurso de embargos de declaração a ser julgado pelo juiz prolator da decisão a fim de sanar omissão, contradição ou erro material do julgado, que interromperá o prazo para a interposição de recurso inominado desde o CPC/2015.

EXCELENTÍSSIMO SENHOR. JUIZ FEDERAL DA **VARA** – JUIZADO ESPECIAL FEDERAL CÍVEL – DA SEÇÃO JUDICIÁRIA DO ESTADO DA BAHIA.

Processo XXXXXXX

Autor: XXXXX

Réu: INSS

O **INSTITUTO NACIONAL DO SEGURO SOCIAL – INSS**, já qualificado no processo em epígrafe, por intermédio do procurador infrafirmado, mandato *ex lege*, intimado da sentença, vem, tempestivamente, apresentar **EMBARGOS DE DECLARAÇÃO**, conforme se segue:

A decisão rechaçada acolheu a postulação autoral, no sentido da concessão do benefício da aposentadoria por tempo de contribuição mediante conversão de tempo especial em comum.

Contudo, **entende o Embargante que a sentença foi omissa. Conforme consta da CONTESTAÇÃO,** "o formulário PPP deixa claro que, referente ao vínculo mencionado, não houve medição técnica referente aos agentes lesivos ruído e calor. Saliente-se que estes são agentes lesivos de índole quantitativa, e por este motivo só podem sofrer enquadramento especial caso extrapolem um determinado limite de tolerância".

II	SEÇÃO DE REGISTROS AMBIENTAIS							
15	EXPOSIÇÃO A FATORES DE RISCOS							
15.1-Período	15.2-Tipo	15.3-Fator de Risco	15.4-Intens./Conc.	15.5-Técnica Utilizada	15.6-EPC Eficaz (S/N)	15.7-EPI Eficaz (S/N)	15.8-CA EPI
01/12/2003 a	Físico	ruído	quantitativa	NA	N	N	NA
01/12/2003 a	Físico	calor	quantitativa	NA	N	N	NA
01/12/2003 a	tinta	químico	quantitativa	NA	N	N	NA
01/12/2003 a	solvente	químico	quantitativa	NA	N	N	NA

No entanto, em nenhum momento a sentença abordou direta ou indiretamente o argumento do INSS.

> ISTO POSTO, REQUER SEJA SANADA A OMISSÃO *SUSO* APONTADA, IMPRIMINDO-SE OS RESPECTIVOS EFEITOS INFRINGENTES AO JULGADO RECHAÇADO, APÓS O REGULAR EXERCÍCIO DO CONTRADITÓRIO PELA PARTE EX-ADVERSA, EXCLUINDO-SE DO CÔMPUTO ESPECIAL O PERÍODO A PARTIR DE 01/12/2003.
> Pede deferimento.
> **FREDERICO AUGUSTO DI TRINDADE AMADO.**
> *Procurador Federal.*

28. CONTRARRAZÕES AOS EMBARGOS DE DECLARAÇÃO CONTRA A SENTENÇA

Caso a decisão que vá julgar os embargos de declaração possa ter efeitos infringentes, modificando o mérito do julgado, caberá ao juiz abrir prazo de cinco dias para as contrarrazões da parte ex-adversa.

> EXCELENTÍSSIMO SR. JUIZ DA **VARA** FEDERAL – JUIZADO ESPECIAL FEDERAL CÍVEL – DA SEÇÃO JUDICIÁRIA DO ESTADO DA BAHIA.
> **PROCESSO XXXXXXXXXXX**
> **Autor XXXXXX**
> **Réu: INSS**
>
> O **INSTITUTO NACIONAL DO SEGURO SOCIAL – INSS**, já qualificado no processo em epígrafe, por intermédio do procurador infra-firmado, apresentar **CONTRA-RAZÕES aos embargos de declaração ofertados**, conforme se segue:
>
> A parte Embargante busca a fixação da DIB em 12.11.2007, data do requerimento administrativo.
>
> **Todavia, considerando que o mesmo sofre de esquizofrenia paranóide, não há elementos nos autos que comprovem a invalidez na data do requerimento, a fim de desconstituir a presunção de veracidade do ato administrativo do INSS, pois pressupõe incapacidade total e definitiva, não passível de reabilitação profissional.**
>
> Por tudo isso, o INSS requer o improvimento dos embargos, ressalvando que não se opõe às parcelas vencidas no valor de R$ 6.988,16, **tendo pleno interesse de agir para interpor recurso inominado, caso alterada a sentença.**
>
> Pede deferimento.
> Salvador, XXXXXXXXXX
> **FREDERICO AUGUSTO DI TRINDADE AMADO**
> *Procurador Federal.*

29. DECISÃO DOS EMBARGOS DE DECLARAÇÃO CONTRA A SENTENÇA

Após a interposição dos aclaratórios, acompanhados ou não das razões de contrariedade, caberá ao magistrado tomar uma das seguintes decisões:

a) Não conhecer os embargos, por ausência de omissão ou contradição do julgado rechaçado;

b) Conhecer dos embargos, mas negar provimento;
c) Conhecer dos embargos e dar provimento.

PROCESSO Nº.
PARTE AUTORA:
PARTE RÉ: INSTITUTO NACIONAL DO SEGURO SOCIAL - INSS

DECISÃO

A parte ré opôs embargos de declaração contra a sentença proferida nos autos, ao fundamento de que houve omissão deste Juízo que não se pronunciou sobre a possibilidade de revisão administrativa, bem como erro material ao fixar as parcelas atrasadas desde a cessação do benefício, que não foi concedido administrativamente.

Assiste razão em parte ao embargante.

Conforme estipula o art. 48 da Lei 9.099/95, na alteração que lhe foi promovida pelo NCPC, cabem embargos de declaração para esclarecer obscuridade ou eliminar contradição; suprir omissão de ponto ou questão sobre o qual devia se pronunciar o juiz de ofício ou a requerimento; corrigir erro material (art. 1022, NCPC).

Nesse sentido, verifica-se a ocorrência de erro material no que tange a fixação do pagamento de valores retroativos a partir da data da cessação do benefício e não em 07.03.2016, data fixada pelo perito, conforme fundamentação da sentença.

Por outro lado, desnecessária a confirmação deste Juízo de todo regramento legal fixado para as revisões administrativas, a não ser nos casos em que expressamente a norma for afastada por ser inapropriada ao caso ou por inconstitucionalidade, o que não ocorreu.

Sendo assim, a possibilidade de revisão administrativa, já existente em momento anterior à alteração legal, permanece, desde que condicionada à nova avaliação pericial e no prazo regulamentar.

Ante o exposto, acolho em parte os embargos de declaração no que tange a ocorrência de erro material para alterar o dispositivo da sentença, nos seguintes termos:

Ante o exposto, **JULGO PROCEDENTE O PEDIDO** para condenar o INSS: (a) ao cumprimento da obrigação de fazer consistente em conceder o benefício de aposentadoria por invalidez, com DIB em 07/03/2016 e DIP em **09/2016**; (b) ao cumprimento da obrigação de **pagar os valores retroativo**s desde 07/03/2016, que totalizam **R$ 5.290,05 (cinco mil, duzentos e noventa reais e cinco centavos),** conforme planilha anexa, a qual passa a integrar a presente sentença, atualizadas monetariamente e com incidência de juros de mora na forma do Manual de Cálculos da Justiça Federal, aprovado pelo CJF por intermédio da Resolução 267/2013.

Publique-se. Intimem-se.

SALVADOR (BA), 03 de novembro de 2016.

SANDRA LOPES SANTOS DE CARVALHO
Juíza Federal

30. INFORMAÇÃO DE IMPLANTAÇÃO DE BENEFÍCIO DA AADJ

Após a prolação da sentença, mesmo que ainda pendente de interposição de recurso inominado, na hipótese de concessão de tutela provisória de urgência ou de evidência no que concerne a obrigação de fazer (implantação ou revisão de renda de benefício, averbação de tempo de contribuição etc.) ou de não fazer (cessação de descontos em benefício), o juiz intimará o INSS através da Agência de Atendimento a Demandas Judiciais (APS/AADJ) para cumprir a obrigação, devendo a APS/AADJ juntar aos autos do processo o ofício de cumprimento.

Agência de Atendimento à Demandas Judiciais

Salvador, 08 de julho de 2010

Ao(À) M.M. Juiz(íza) Federal da   Vara

Assunto: Processo nº
Autor(a):
NB:
Réu: INSS – Instituto Nacional do Seguro Social

Sr (ª),

Informamos que conforme decisão judicial foi concedida Aposentadoria por Idade rural em favor da parte autora com DIB em 10/02/2009 e DIP em 23/06/2010.

Segue em anexo tela INFBEN / CONBAS.

Respeitosamente,

Agência de Atendimento à Demandas Judiciais

```
           MPAS/INSS Sistema Unico de Beneficios DATAPREV
                   INFBEN - Informacoes do Beneficio
   Acao
         Inicio   Origem   Desvio   Restaura   Fim

NB                                          Situacao: Ativo
CPF:                    NIT:                Ident.:                    BA

OL Mantenedor: 04.0.01.210      Posto   : APS SAO SEBASTIAO DO PASSE PRISMA
OL Mant. Ant.:                  Banco   : 000
OL Concessor : 04.0.01.230      Agencia:       BANCO POSTAL SAO SEBAST

Nasc.: 26/10/1953   Sexo: FEMININO    Trat.: 80    Procur.: NAO    RL: NAO
Esp.:   41 APOSENTADORIA POR IDADE                 Qtd. Dep. Sal.Fam.: 00
Ramo Atividade: RURAL                              Qtd. Dep. I. Renda: 00
Forma Filiacao: SEGURADO ESPECIAL                  Qtd. Dep.Informada: 00
Meio Pagto: CMG - CARTAO MAGNETICO                 Dep. para Desdobr.: 00/00
Situacao: ATIVO                                    Dep. valido Pensao: 00

APR.     :           0,00 Compet : 00/0000   DAT     : 00/00/0000 DIB: 10/02/2009
MR.BASE:             0,00 MR.PAG.:     0,00 DER     : 05/07/2010 DDB: 05/07/2010
Acompanhante:        NAO  Tipo IR: PADRAO   DIB ANT: 00/00/0000 DCB: 00/00/0000


               Window SISBEN/1 at DTPRJCV3

           MPAS/INSS Sistema Unico de Beneficios DATAPREV
                   CONBAS - Dados Basicos da Concessao
   Acao
         Inicio   Origem   Desvio   Restaura   Fim
NB                                          Situacao: Ativo
OL Concessor   : 04.001.230         Renda Mensal Inicial - RMI.:        465,00
OL Conc. Ant1 :                     Salario de Beneficio
OL Conc. Ant2 :                     Base Calc. Apos. - A.P.Base:
OL Conc. Ant3 :                     RMI/Antiga Legislacao....   :
OL Executor    : 04.001.230         Valor Calculo Acid. Trab.   :
OL Manutencao  : 04.001.210         Valor Mens.Reajustada - MR :
Origem Proc.   : CONCESSAO ON-LINE
Trat.: 80      Sit.credito : 02 VALOR CREDITO COMPET NAO PRECISA SER AUD
CNIS:   1 INC. DADOS BASICOS              NB. Anterior    :
Esp.: 41 APOSENTADORIA POR IDADE          NB. Origem      :
Ramo atividade: 8 RURAL                   NB. Benef. Base:
Forma Filiacao: 7 SEGURADO ESPECIAL       Local de Trabalho:  41
Ult.empregador:                           DAT:             DIP: 23/06/2010
Indice Reaj. Teto:                        DER: 05/07/2010 DDB: 05/07/2010
Grupo Contribuicao:                       DRD: 05/07/2010 DIC:
TP.Calculo       :                        DIB: 10/02/2009 DCI:
Desp.: 04 CONCESSAO DECORRENTE DE ACAO JUDICI DO/DR:        DCB:
Tempo Servico       : A   M   D  DPE:  A   M   D     DPL: A   M   D

               Window SISBEN/1 at DTPRJCV3
```

31. PETIÇÃO DO INSS DE DISPENSA DE RECURSO INOMINADO

Vale ressaltar que os representantes judiciais da União, autarquias, fundações e empresas públicas federais, ficam autorizados a **conciliar, transigir ou desistir**, nos processos da competência dos Juizados Especiais Federais, com base no artigo 10, da Lei 10.259/2001.

No âmbito da Advocacia-Geral da União, o tema foi regulamentado pela Portaria 109/2007, especialmente em seu artigo 3º: "Art. 3º A transação ou a não interposição ou desistência de recurso poderá ocorrer quando: I – houver erro administrativo reconhecido pela autoridade competente ou, quando verificável pela simples análise das provas e dos documentos que instruem a ação, pelo advogado ou procurador que atua no feito, mediante motivação adequada; e II – inexistir controvérsia quanto ao fato e ao direito aplicado".

> EXMO. SR. JUIZ DA VARA DO JUIZADO ESPECIAL FEDERAL CÍVEL DA SEÇÃO JUDICIÁRIA DO ESTADO DA BAHIA.
> PROCESSO XXXXXX.
>
> O INSTITUTO NACIONAL DO SEGURO SOCIAL – INSS, já qualificado nos autos em epígrafe, por intermédio do Procurador Federal infra-firmado, vem expor e requerer o que se segue.
>
> A sentença julgou procedente o pedido, concedendo o benefício da **aposentadoria por invalidez, tendo sido fixada a DIB acertadamente em 2/2/2015.**
>
> Logo, considerando que a parte autora é segurada da Previdência Social, tendo recebido o benefício anteriormente, bem como **a perícia médica judicial foi categórica ao afirmar que há incapacidade total e permanente para o trabalho, insuscetível de reabilitação profissional.**
>
> Aduz o INSS, com fulcro no art. 10, parágrafo único, da Lei nº 10.259/2001, combinado com a Portaria AGU 109/2007, assim como em razão da potencial possibilidade da condenação em honorários advocatícios em 2º Grau, o que traria prejuízos ao Erário, que não irá recorrer da sentença que determinou a implantação do benefício, vez que não há elementos de prova nos autos para fundamentar o recurso, ressalvando que deverá ser intimado posteriormente antes da expedição da RPV dos cálculos finais das parcelas vencidas.
>
> Pede deferimento.
> FREDERICO AUGUSTO DI TRINDADE AMADO.
> *Procurador Federal.*

32. RECURSO INOMINADO CONTRA A SENTENÇA DEFINITIVA

Para desafiar a sentença definitiva, ou seja, a que julga o mérito da causa, é cabível a interposição de recurso inominado no prazo de 10 dias, devendo a petição ser endereçada ao juiz prolator da sentença que se incumbirá de fazer subir o recurso para a Turma Recursal, pois este órgão ad quem é que possui competência para aferir a admissão no JEF desde a Resolução CJF 417, de 28 de outubro de 2016.

Conforme estudado no Capítulo II desta obra, a Lei 10.259/2001 somente prevê o manejo do recurso inominado contra sentença definitiva, não permitindo o seu uso contra a sentença terminativa (extingue o processo sem o julgamento do mérito).

No entanto, é necessário sempre analisar a jurisprudência local, pois existem turmas recursais que estão admitindo o recurso inominado, enquanto outras admitem o mandado de segurança como sucedâneo recursal.

A parte privada não beneficiária de assistência judiciária gratuita deverá fazer o preparo do recurso, recolhendo as correspondentes custas processuais.

EXCELENTÍSSIMO SR. JUIZ DA **VARA** FEDERAL – JUIZADO ESPECIAL FEDERAL CÍVEL – DA SEÇÃO JUDICIÁRIA DO ESTADO DA BAHIA.

RECURSO/APOSENTADORIA/TRABALHADORA RURAL/RECOLHIMENTOS COMO CONTRIBUINTE INDIVIDUAL ENTRE 2013 E 2015/SEM APARÊNCIA RURAL/ SEM CALOS NAS MÃOS/CONFESSOU QUE PARA HABITUALMENTE TRABALHADORES A SEU SERVIÇO

NULIDADE DA SENTENÇA/DEMANDA EXCEDEU AO VALOR DE ALÇADA DO JEF/ INEXISTÊNCIA DE RENÚNCIA

Processo nº: xxxxxxxxxxxxxx

Autora: xxxxxxxxxxxxxx

Réu: INSS.

O **INSTITUTO NACIONAL DO SEGURO SOCIAL – INSS**, já qualificado no processo em epígrafe, por intermédio do procurador infrafirmado, mandato *ex lege*, intimado da sentença de fls, vem, tempestivamente, com fulcro no art. 5º da Lei 10.259/2001 e art. 41 e seguintes da Lei 9.099/95 apresentar **RECURSO INOMINADO**, requerendo que, preenchidas as formalidades de estilo, sejam as presentes razões encaminhadas à Egrégia Turma Recursal, a fim de que se produzam os necessários efeitos legais.

Pede deferimento.

FREDERICO AUGUSTO DI TRINDADE AMADO
Procurador Federal.

EGRÉGIA TURMA RECURSAL DO JUIZADO ESPECIAL DA SEÇÃO JUDICIÁRIA DO ESTADO DA BAHIA.

COLENDA TURMA RECURSAL,

RAZÕES DO RECURSO

SUMA DA DEMANDA

A sentença concedeu a aposentadoria por idade na condição de segurada especial, produtora rural

DA REFORMA

No entanto, em audiência, não restou provada a condição de produtora rural em regime de subsistência, pelos seguintes motivos:

- A autora não teve firmeza nas respostas;

- A autora não possui feição física de trabalhadora rural com ausência de desgaste físico típico do rural;

- A autora não possui um calo sequer nas mãos;

- A autora confessou que habitualmente contrata trabalhadores rurais pagando diária, o que a torna contribuinte individual rural.

Ademais, conforme comprovam as anexas consultas constantes da contestação, a autora recolheu por 3 anos (2013/2015) na condição de **CONTRIBUINTE INDIVIDUAL.**

DA ANULAÇÃO

A ação foi proposta em 15/12/2015, quando o valor de alçada do JEF era de R$ 47.280,00.

Sabe-se que no cálculo do valor da causa devem ser consideradas as parcelas vencidas acrescidas das vincendas inerentes a 1 ano.

No caso, a sentença fixou os atrasados em R$ 46.502,71, considerando as vencidas e as vincendas apenas entre 15/12/2015 e 31/03/2016.

Logo, para avaliar o valor de alçada, devem ainda ser consideradas as parcelas vincendas entre 01/04/2016 e 15/12/2016, mais o abono anual, o que equivale a 10,5 salários mínimos (R$ 9.240,00).

Destarte, o valor real da causa (vencidas + vincendas em 1 ano) é de R$ 55.742,51, quando em 15/12/2015 o valor de 60 salários mínimos equivalia a R$ 47.280,00.

Considerando a inexistência de renúncia expressa nos autos, que não poderá ser tácita, nota-se que o JEF é incompetente para julgar esta demanda, devendo ser a sentença anulada e o processo remetido à Vara que opere com rito ordinário.

Isto posto, requer a reforma da sentença. Supletivamente, requer a sua anulação por incompetência absoluta do valor da causa.

Para a análise do mérito, requer o INSS a degravação e a oitiva do depoimento da autora e dos testemunhos.

Pede deferimento.

Salvador, 24 de Abril de 2016.

FREDERICO AUGUSTO DI TRINDADE AMADO.
Procurador Federal.

33. RECURSO INOMINADO CONTRA A SENTENÇA DEFINITIVA COM PEDIDO DE EFEITO SUSPENSIVO AO RELATOR

Na hipótese de prolação de sentença de mérito com a concessão de tutela de urgência, quando a decisão afrontar tese jurídica firmada pelos tribunais superiores ou da situação fática analisada se manifestar evidente equívoco de julgamento, recomenda-se que o recurso inominado contenha pedido de efeito suspensivo ao relator, a fim de reduzir o prejuízo da autarquia previdenciária quando esta for a parte vencida.

Por outro lado, é possível na mesma situação, mas quando a sentença for de improcedência, ou for de procedência sem a concessão de tutela de urgência, que o relator do processo na Turma Recursal antecipe os efeitos da tutela jurisdicional.

EXCELENTÍSSIMO SENHOR JUIZ FEDERAL DA **VARA** – JUIZADO ESPECIAL FEDERAL CÍVEL – DA SEÇÃO JUDICIÁRIA DO ESTADO DA BAHIA.

Processo: XXXXXXXXX

Autor: XXXXXXXXXX

Réu: INSS

O **INSTITUTO NACIONAL DO SEGURO SOCIAL – INSS**, já qualificado no processo em epígrafe, por intermédio do procurador infrafirmado, mandato *ex lege*, intimado da sentença definitiva, vem, tempestivamente, com fulcro no art. 5º da Lei 10.259/2001 e art. 41 e seguintes da Lei 9.099/95 apresentar **RECURSO INOMINADO COM PEDIDO DE EFEITO SUSPENSIVO**

AO RELATOR, requerendo que, preenchidas as formalidades de estilo, sejam as presentes razões encaminhadas à Egrégia Turma Recursal, a fim de que se produzam os necessários efeitos legais.

Termos em que pede deferimento,

FREDERICO AUGUSTO DI TRINDADE AMADO.

Procurador Federal.

EGRÉGIA TURMA RECURSAL DO JUIZADO ESPECIAL DA SEÇÃO JUDICIÁRIA DO ESTADO DA BAHIA.

Réu: INSS.

COLENDA TURMA RECURSAL,

RAZÕES DO RECURSO

Em síntese, alegou a parte recorrida que ostenta incapacidade temporária para o trabalho, postulando, destarte, o restabelecimento do auxílio-doença previdenciário.

O pedido foi julgado procedente, tendo sido deferida antecipação de tutela na sentença.

Sucede que a própria perícia médica judicial convalidou o entendimento do INSS de que não há incapacidade laborativa.

Com efeito, **a concessão da antecipação de tutela é manifestamente impertinente, pois trará prejuízos ao Erário que serão de improvável reparação, ante o caráter alimentar da verba, com base na perícia judicial.**

Logo, **com fulcro no artigo 932, do CPC/2015, deve o relator atribuir efeito suspensivo à decisão**, ante a manifesta inverossimilhança das alegações, além do receio de dano irreparável aos cofres públicos, aplicando-se esta previsão aos Juizados Federais, conforme ratificado pelo Enunciado 29, do FONAJEF:

Enunciado 29, do FONAJEF – "Cabe ao Relator, monocraticamente, atribuir efeito suspensivo a recurso, não conhecê-lo, bem assim lhe negar ou dar provimento nas hipóteses tratadas no artigo 932, IV, 'c', do CPC, e quando a matéria estiver pacificada em súmula da Turma Nacional de Uniformização, enunciado de Turma Regional ou da própria Turma Recursal" (Revisado no XIII FONAJEF).

Ao final, deve ser integralmente provido o recurso, pelos fundamentos acima.

Diante do exposto, **requer a suspensão da antecipação de tutela concedida na sentença e, ao final, o provimento deste recurso, pela não concessão do auxílio-doença previdenciário, com a restituição administrativa parcelada das cotas recebidas até então.**

Pede Deferimento.

FREDERICO AUGUSTO DI TRINDADE AMADO.

Procurador Federal.

34. DESPACHO QUE ENCAMINHA RECURSO INOMINADO CONTRA A SENTENÇA

Até o advento da Resolução CJF 417, de 28 de outubro de 2016, o recurso inominado interposto contra sentença definitiva possuía o juízo de admissão provisório promovido pelo juiz de primeiro grau.

Esta regra, no entanto, foi modificada pela Resolução CJF 417/2016, passando a ser da **atribuição exclusiva da Turma Recursal o juízo de admissão**, cabendo apenas ao juiz de 1º grau fazer subir o recurso inominado, acompanhado das respectivas contrarrazões, se apresentadas pela parte ex-adversa em igual prazo de 10 dias.

PROCESSO Nº XXXXXXX
AUTOR: XXXXXX
RÉU: INSTITUTO NACIONAL DO SEGURO SOCIAL – INSS

DESPACHO

Considerando a interposição de recurso inominado pela parte ré, intime-se a parte autora para apresentar contrarrazões, no prazo de dez dias, bem como para tomar ciência da sentença prolatada.

Decorrido o prazo e não havendo fato novo, remetam-se os autos à Turma Recursal.

SALVADOR (BA), xxxxxxxxxx

xxxxxxxxxxxxxxxxxx
Juiz Federal

---

35. CONTRARRAZÕES AO RECURSO INOMINADO CONTRA A SENTENÇA

Uma vez intimado a respeito da interposição de recurso inominado contra a sentença de mérito pela parte contrária, após a intimação do juiz, é possível a apresentação de petição de razões de contrariedade, sendo pela facultativa.

EXCELENTÍSSIMO SR. JUIZ DA **VARA** FEDERAL – JUIZADO ESPECIAL FEDERAL CÍVEL – DA SEÇÃO JUDICIÁRIA DO ESTADO DA BAHIA.

Processo nº: XXXXXX

Autor: XXXXXXXX

Réu: INSS.

O **INSTITUTO NACIONAL DO SEGURO SOCIAL – INSS**, já qualificado no processo em epígrafe, por intermédio do procurador infra-firmado, mandato *ex lege*, intimado da sentença de fls, vem, tempestivamente, com fulcro no art. 5º da Lei 10.259/2001 e art. 41 e seguintes da Lei 9.099/95 apresentar **CONTRA-RAZÕES AO RECURSO**, requerendo que, preenchidas as formalidades de estilo, sejam as presentes razões encaminhadas á Egrégia Turma Recursal, a fim de que se produzam os necessários efeitos legais.

Pede deferimento.

FREDERICO AUGUSTO DI TRINDADE AMADO
Procurador Federal.

EGRÉGIA TURMA RECURSAL DO JUIZADO ESPECIAL DA SEÇÃO JUDICIÁRIA DO ESTADO DA BAHIA.

CONTRARRAZÕES AO RECURSO.

A sentença julgou improcedente o pedido de concessão e afastamento do fator previdenciário do cálculo do salário de benefício da aposentadoria por tempo de contribuição da parte recorrente.

Com efeito, nota-se que a DIB do benefício data de quando já vigorava integralmente o fator previdenciário, instituído pela Lei 9.876/99, tendo sido validado pelo STF em controle concentrado de constitucionalidade.

Obviamente, esse coeficiente não deve ser afastado nesta hipótese, pois inexiste direito adquirido a novo regime jurídico instituído por lei, não gerando a anterior filiação direito à manutenção do regime jurídico pretérito.

O fator busca manter o equilíbrio atuarial da previdência social ao inibir aposentadorias precoces, sendo uma medida que realiza a Constituição de 1988.

Nesse sentido, a EC 20/1998 só reconheceu o direito adquirido aos segurados que preencheram todos os requisitos para a aposentadoria na data de sua promulgação.

Na mesma linha constitucional, o artigo 6º, da Lei 9.876/99:

Art. 6º É garantido ao segurado que até o dia anterior à data de publicação desta Lei tenha cumprido os requisitos para a concessão de benefício o cálculo segundo as regras até então vigentes.

Diante do exposto, requer seja mantida integralmente a decisão.

Pede deferimento.

FREDERICO AUGUSTO DI TRINDADE AMADO.

Procurador Federal.

36. MANDADO DE SEGURANÇA CONTRA SENTENÇA TERMINATIVA

Embora se reconheça a não pacificação do tema, conforme visto no Capítulo II desta obra, muitas Turmas Recursais vêm admitindo o manejo do mandado de segurança como sucedâneo recursal para desafiar a sentença no JEF que extingue o processo sem o julgamento do mérito (sentença terminativa).

Eis alguns exemplos:

a) Sentença terminativa por coisa julgada;

b) Sentença terminativa por litispendência;

c) Sentença terminativa por incompetência;

d) Sentença terminativa por ausência de interesse-utilidade de agir;

e) Sentença terminativa por ausência de interesse-necessidade de agir, a exemplo da ausência de prévio requerimento administrativo;

f) Sentença terminativa por abandono da causa, como a ausência injustificada à perícia ou a não juntada de documento determinado pelo juiz.

EXMO.(a) SR.(a) DR.(a) JUIZ(a) PRESIDENTE DA TURMA RECURSAL DOS JUIZADOS ESPECIAIS FEDERAIS DE SEÇÃO JUDICIÁRIA DO ESTADO DA XXXXX.

O **INSTITUTO NACIONAL DO SEGURO SOCIAL – INSS**, autarquia federal representada pela *Procuradoria Federal na Bahia*, com fulcro nos arts. 5º, LXIX da CRFB e na Lei 10.016/2009, impetra o presente

MANDADO DE SEGURANÇA

contra **SENTENÇA TERMINATIVA** da Exmª Juíza Federal da XX Vara dos Juizados Especiais Cíveis da Bahia, **XXXXXXXXXXXX**, órgão jurisdicional previsto no art. 98, I da CRFB, com sede no Centro Administrativo do Estado, s/ nº, pelas razões de fato e de direito a seguir expostas.

De início requer o Impetrante a citação da parte autora nos autos do Processo nº YYYYYYYY – FULANO DE TAL, no endereço na XXXXXXXXXXXXX, por ser litisconsorte necessário deste *mandamus*, eis que apto a interferir na sua esfera patrimonial/jurídica.

I – DO CABIMENTO DO MANDADO DE SEGURANÇA COMO SUCEDÂNEO RECURSAL CONTRA SENTENÇA TERMINATIVA

Nos termos do **artigo 5º, da Lei 10.259/2001,** somente será admitido recurso de sentença definitiva. Considerando que a sentença rechaçada extinguiu o processo sem o julgamento do mérito, deve ser aceito o mandado de segurança como sucedâneo recursal.

Veja-se a jurisprudência nesse sentido:

"MANDADO DE SEGURANÇA CONTRA SENTENÇA QUE NÃO APRECIA O MÉRITO. POSSIBILIDADE. NEGATIVA DE PRESTAÇÃO JURISDICIONAL. CABIMENTO. SEGURANÇA CONCEDIDA. VOTO Trata-se de mandado de segurança impetrado por LUZINETE MARIA VASCONCELOS contra ato judicial praticado pelo Juízo Federal da 15ª Vara Federal da Seção Judiciária de Pernambuco nos autos do processo nº. 0516388-46.2015.4.05.8300. A decisão atacada extinguiu o processo, sem resolução do mérito, por reconhecer a existência de coisa julgada em relação ao processo anterior nº 0521622-14.2012.4.05.8300. A sentença teve o seguinte teor, *verbis*: "Vistos, etc. Cuida a hipótese de coisa julgada na qual, consoante informação prestada pela secretaria, observa-se parte, objeto e causa de pedir idênticos ao de demanda com sentença transitada em julgado nestes Juizados Especiais (Proc. n. 0521622-14.2012.4.05.8300), o que caracteriza coisa julgada. Observe-se que no feito anterior foi realizada perícia médica, que concluiu ser a autora portadora de incapacidade parcial e definitiva. Com base em tal laudo o pedido de prestação continuada foi julgado improcedente. Entendeu o juiz sentenciante que a autora, inobstante a limitação de que portadora, tinha condições de exercer atividade que lhe garantisse a subsistência. Nos presentes autos se noticia a mesma patologia, sem qualquer notícia de agravamento, tanto que se pede a utilização do laudo médico pericial elaborado no processo anterior como prova emprestada. Trata-se, pois, de nítida hipótese de coisa julgada material. Diante do exposto, extingo o feito sem resolução de mérito nos termos do art. 267, V, do Código de Processo Civil." (...) O art. 5º da Lei nº 10.259/2001 é claro em dispor que somente será admitido recurso de sentença definitiva. Contudo, tratando-se de sentenças terminativas com caráter definitivo, admite-se o conhecimento do recurso, pois a negativa implicaria a denegação da prestação jurisdicional, tornando algumas decisões irrecorríveis e incorrigíveis. Esse caráter definitivo a que me refiro são aquelas sentenças que impedem o reajuizamento da causa, como ocorre nos casos de reconhecimento da coisa julgada, perempção e litispendência, por exemplo. Os casos de extinção por falta de documentos, inépcia, falta de pressupostos, dentre outros, tornam incabíveis a via recursal, porquanto não existe prejuízo no ajuizamento de uma nova ação. Neste caso, o *writ* deve ser conhecido, tendo em vista que a matéria não poderá ser conhecida em outra oportunidade, em virtude da coisa julgada material reconhecida pela sentença atacada. Tenho por caracterizada a plausibilidade das alegações deduzidas pela autora desde a petição inicial do processo originário, no sentido do agravamento de seu estado de saúde. A tese é corroborada pelos vários atestados médicos apresentados (vide anexos 12/14 do processo originário), todos datados a partir do ano de 2014, ou seja, após a extinção da primeira ação, nº 0521622-14.2012.4.05.8300, transitada em julgado em 23/04/2013. Diante desse cenário, entendo que foi prematura a extinção do feito, sem resolução do mérito, antes mesmo da instauração do contraditório que permitisse aferir a veracidade, ou não, das alegações deduzidas na inicial – as quais, a essas alturas, mostram-se ainda mais verossímeis. Deste modo, conclui-se que, no caso, a extinção do feito, sem resolução de mérito, implicou negativa de prestação jurisdicional a autorizar o manejo do *mandamus* e, por conseguinte, a concessão da ordem. Diante do exposto, CONCEDO A SEGURANÇA para anular a sentença do processo n. 0516388-46.2015.4.05.8300, determinando ainda que a referida ação retome o seu regular processamento. Sem honorários advocatícios (art. 25 da Lei nº. 12.016/09). ACÓRDÃO Decide a 3ª Turma Recursal dos Juizados Especiais de Pernambuco, por unanimidade, CONCEDER SEGURANÇA, nos termos da fundamentação supra. Recife/PE, data do julgamento. JOAQUIM LUSTOSA FILHO Juiz Federal Relator" (**3ª Turma Recursal de Pernambuco, processo 0500078-94.2016.4.05.9830, de 15/3/2016).**

II – DO RESUMO DA CAUSA E DA VIOLAÇÃO DO DIREITO LÍQUIDO E CERTO

A parte autora do processo originário ingressou com ação postulando a concessão do benefício do auxílio-doença, tendo a sentença promovido a extinção do processo sem o julgamento do mérito por existência de litispendência com o processo XXXX.

Sucede que o processo XXXX obteve sentença terminativa por abandono de causa, tendo sido equivocada a prolação de sentença de extinção do processo sem o julgamento do mérito, conforme comprova a documentação anexa.

Na espécie, considerando que a perícia judicial deste processo YYYYYY foi promovida e concluiu pela inexistência de incapacidade laboral, deveria a autoridade impetrada ter proferido sentença definitiva de improcedência do pedido, o que permitiria a formação de coisa julgada material.

III – DA TEMPESTIVIDADE.

O presente *writ* é tempestivo, tendo em conta não terem sido decorridos mais de 120 dias entre a intimação da decisão rechaçada (**XX/XX/XXXX**) e a data da impetração.

IV. DOS REQUERIMENTOS.

Diante do exposto, o Impetrante requer:

a) o recebimento do presente mandado de segurança, e o seu regular processamento, na forma da lei;

b) seja notificada à autoridade impetrada para que preste informações neste processo, e intimada a parte autora no processo originário, em trâmite perante a XX Vara do Juizado Especial Federal, para que, querendo, se manifeste, como interessada;

c) seja oportunizada manifestação ao Ministério Público Federal;

d) ao final, seja concedida a segurança pleiteada nesta demanda, determinando a anulação da sentença de 1º grau para que seja proferida sentença de mérito.

> Valor da causa: R$ XXXXX.
> Pede deferimento.
> Salvador, 24 de março de 2010.
> **FREDERICO AUGUSTO DI TRINDADE AMADO**
> Procurador Federal
>
> DOCUMENTOS QUE ACOMPANHAM O PRESENTE WRIT: cópia integral do processo XXXXXX e do processo YYYYYY.

37. DESPACHO DE CONVERSÃO EM DILIGÊNCIA DO RELATOR NA TURMA RECURSAL

É possível que o Relator do Recurso Inominado verifique que a demanda não está pronta para julgamento, por ter constatado algum vício de procedimento. Quando se tratar de vício insanável, como a ausência de citação de litisconsorte necessário, deverá anular a sentença.

No entanto, em respeito ao Princípio do Aproveitamento dos Atos Processuais, vem se admitindo a saneamento em segundo grau desde que não seja vício ensejador de nulidade absoluta, a fim de evitar a anulação da sentença.

> PROCESSO Nº xxxxxx
> RECURSO INOMINADO
> RECORRENTE: INSTITUTO NACIONAL DO SEGURO SOCIAL – INSS
> RECORRIDO: xxxxxxxx
>
> **DECISÃO**
>
> Trata-se de Recurso Inominado contra sentença que deferiu o pedido de restabelecimento de auxílio-doença.
>
> Noticiou-se nos autos o lançamento extemporâneo das contribuições previdenciárias relativas ao último vínculo empregatício da parte autora.
>
> Ante o exposto determino a conversão do julgamento em diligência para oficiar a empresa responsável pelo último vínculo empregatício mantido pela autora, xxxxxx, inscrita no CNPJ sob o número xxxxxxxx, situada na Rua xxxxxxxxxxxxx, a fim de que apresente documentos pertinentes que comprovem a existência de tal vínculo.
>
> **Juiz Federal**
> Relator

38. JULGAMENTO MONOCRÁTICO DO RELATOR NA TURMA RECURSAL

Conforme a Resolução CJF 393/2016, **ao relator compete negar seguimento a recurso** manifestamente inadmissível, improcedente, prejudicado ou em confronto com súmula ou com jurisprudência dominante da Turma Nacional de

Uniformização, do Superior Tribunal de Justiça ou do Supremo Tribunal Federal, ou em confronto com tese firmada em julgamento em incidente de resolução de demandadas repetitivas.

Outrossim, **ao relator compete dar provimento ao recurso** se a decisão recorrida estiver em manifesto confronto com súmula ou com jurisprudência dominante da Turma Nacional de Uniformização, do Superior Tribunal de Justiça ou do Supremo Tribunal Federal, ou com tese firmada em julgamento em incidente de resolução de demandadas repetitivas.

PROCESSO Nº xxxxxxxxx
RECURSO INOMINADO
RECORRENTE: INSTITUTO NACIONAL DO SEGURO SOCIAL – INSS
RECORRIDO: XXXXXXXXXX

JULGAMENTO MONOCRÁTICO – RELATOR

Trata-se de Recurso Inominado movido pelo INSS contra sentença que determinou a prorrogação do benefício de pensão por morte em favor de filho de segurado até este complementar 24 anos de idade, pois cursa universidade e não possui outra fonte de rendimento.

A sentença é fundamentada no Princípio da Dignidade da Pessoa Humana e sustenta que o rol de dependentes dos segurados do artigo 16, da Lei 8.213/91 pode ser ampliado pelo Poder Judiciário.

Por outro lado, inconformado com a sentença, o INSS requer a reforma integral do julgamento, ao argumento de que tese desfavorável ao Recorrido já foi firmada pela Súmula 37, da TNU, assim como por decisão repetitiva da 1ª Seção do STJ.

É o relato.

Assiste razão ao Recorrente. De acordo com a Súmula 37, da TNU, "a pensão por morte, devida ao filho até os 21 anos de idade, não se prorroga pela pendência do curso universitário"

Esta também foi a tese repetitiva firmada pelo STJ:

> "INFORMATIVO 525 – DIREITO PREVIDENCIÁRIO. PENSÃO POR MORTE NA HIPÓTESE DE FILHO MAIOR DE 21 ANOS. RECURSO REPETITIVO (ART. 543-C DO CPC E RES. 8/2008-STJ).
>
> O filho maior de 21 anos, ainda que esteja cursando o ensino superior, não tem direito à pensão por morte, ressalvadas as hipóteses de invalidez ou deficiência mental ou intelectual previstas no art. 16, I, da Lei 8.213/1991. O art. 16, I, da Lei 8.213/1991 é taxativo, não cabendo ao Poder Judiciário legislar positivamente, usurpando função do Poder Legislativo. Precedentes citados: MS 12.982-DF, Corte Especial, DJe 31/3/08; REsp 771.993-RS, Quinta Turma, DJ 23/10/06; e AgRg no Ag 1.076.512-BA, Sexta Turma, DJe 3/8/11. REsp 1.369.832-SP, Rel. Min. Arnaldo Esteves Lima, julgado em 12/6/2013".

Desta forma, não cabe ao Poder Judiciário alargar o rol de dependentes dos segurados do artigo 16, da Lei 8.213/91, o que violaria a regra de contrapartida e o Princípio da Separação entre os Poderes.

Ante o exposto, com base no artigo 2º, §2º, da Resolução CJF 347/2015, alterada pela Resolução CJF 393/2016, considerando que decisão do juiz de 1º grau afronta súmula da TNU e jurisprudência em tese repetitiva do STJ, NEGO SEGUIMENTO AO RECURSO.

Sem condenação em honorários advocatícios, pois o Recorrente foi vencedor.

Juiz Federal
Relator

39. AGRAVO REGIMENTAL CONTRA DECISÃO MONOCRÁTICA NA TURMA RECURSAL

Da decisão do relator e do presidente da turma recursal caberá agravo regimental no prazo de quinze dias (eram 5 dias até o advento da Resolução CJF 393/2016). Se não houver retratação, o prolator da decisão apresentará o processo em mesa, proferindo voto.

Desta forma, a decisão monocrática do relator poderá ser submetida ao colegiado através do manejo do recurso do **agravo regimental**, a ser interposto no prazo de **15 dias**.

EXCELENTÍSSIMO SENHOR DOUTOR JUIZ FEDERAL COORDENADOR DAS TURMAS RECURSAIS DOS JUIZADOS ESPECIAIS FEDERAIS DA SEÇÃO JUDICIÁRIA DO ESTADO DA BAHIA

Processo: XXXXXXXX

O **INSTITUTO NACIONAL DO SEGURO SOCIAL – INSS**, autarquia federal, representada pela Procuradoria-Geral Federal, nos autos em epígrafe, por sua Procuradora Federal *in fine* assinado, vem, respeitosamente, à presença de V. Ex.ª, em atenção à decisão de fls., apresentar o presente **AGRAVO REGIMENTAL** (art. 66, do Regimento Interno das Turmas Recursais do Tribunal Regional Federal da 1ª Região c/c art. 297, *caput*, do Regimento Interno do Tribunal Regional Federal da 1ª Região), a fim de submeter as razões aqui apresentadas à apreciação dos demais membros desta egrégia Turma Recursal.

1. DA TEMPESTIVIDADE:

Preliminarmente, a respeito da tempestividade do presente recurso, frise-se que a intimação da Autarquia Previdenciária ocorreu através do *e-cint* e que o prazo processual tem início 10 dias após a remessa da intimação.

Logo, comprovada está a tempestividade do presente recurso, que possui prazo de 15 dias.

2. SINOPSE FÁTICA

O INSS foi condenado a revisar a RMI do benefício do autor, a partir de 22/10/2009 (DIB), com a inclusão do período reconhecido na demanda trabalhista de n. xxxxxxxxx, bem como a averbação dos vínculos como decorrentes de atividade especial (profissão de engenheiro). Após a prolação da sentença, o INSS interpôs recurso, que não foi conhecido por esta E. Turma sob a alegação de que era intempestivo.

Ocorre, contudo, que conforme faz prova os documentos acostados aos autos, o prazo recursal do INSS iniciou-se em 04/03/2013. Como o Recurso Inominado foi protocolado em 07/03/2013, manifesta a tempestividade do apelo do réu. O MM. Juiz de piso, entretanto, indeferiu o pedido do INSS de remessa dos autos a esta E. Turma Recursal. É contra essa decisão que o INSS impetrou Mandado de Segurança.

A manutenção da decisão aplica à autarquia gravame maior do que devido, pois não houve apreciação do recurso da ré, o que implica n o pagamento de valores que não são devidos à parte autora e no recebimento a maior e indevido da parte autora.

Contudo, o Exmo. Relator proferiu *decisão* indeferindo a petição inicial ao fundamento de que, para o caso, não seria cabível o manejo *writ*.

3. DO CABIMENTO DO PRESENTE AGRAVO REGIMENTAL

De logo, cumpre-nos ressalvar que o próprio Regimento Interno das Turmas Recursais e Juizados Especiais Federais da 1ª Região, em seu art. 6º, ao tratar da competência das Turmas Recursais, dispõe que **"compete à Turma Recursal processar e julgar: [...] IV – agravo interposto contra decisão monocrática do presidente ou do relator"**. Diz ainda o art. 8º, XII, competir ao relator **"relatar os agravos interpostos de suas decisões, proferindo voto"**. Logo, muito claro se mostra o cabimento do presente agravo.

De igual sorte, o Regimento Interno do Tribunal Regional Federal da 1ª Região, o qual tem aplicação subsidiaria ao Regimento Interno das Turmas Recursais e dos Juizados Especiais Federais da 1ª Região (cf. seu art. 110), **disciplina nos arts. 305 e 306**, o seguinte:

> Art. 305. A parte que se considerar prejudicada por decisão do presidente ou do vice-presidente do Tribunal, dos presidentes de seção ou de turma ou de relator poderá interpor agravo interno para que a Corte Especial, a seção ou a turma sobre ela se pronuncie, confirmando-a ou reformando-a. § 1º Cabe agravo interno contra decisão do: I – presidente ou do vice-presidente do Tribunal que: a) negar seguimento a recurso extraordinário e recurso especial; b) sobrestar o processo em que interposto recurso extraordinário ou especial; c) indeferir o requerimento de exclusão da decisão de sobrestamento do processo, para inadmitir o recurso extraordinário ou especial, sob o fundamento de intempestividade; II – relator que conferir ou negar efeito suspensivo, deferir ou conceder, total ou parcialmente, antecipação da tutela recursal ou qualquer outra tutela provisória em agravo de instrumento; ações cautelares ou pedido de tutela antecedente; III – relator do processo ou do acórdão recorrido que decidir o requerimento de exclusão do processo do sobrestamento, com base nos §§ 7º a 9º do art. 317. § 2º Da decisão que inadmitir os recursos extraordinário e especial não cabe o agravo de que trata o caput deste artigo. § 3º O relator não poderá negar seguimento ao agravo interno, ainda que intempestivo. § 4º Nas hipóteses do caput e do § 3º do art. 321, o prazo será de cinco dias. § 5º O agravo interno não terá efeito suspensivo.

> Art. 306. O agravo interno será submetido ao prolator da decisão, que poderá reconsiderá-la ou submetê-la ao julgamento da Corte Especial, da seção ou da turma, conforme o caso, computando-se também seu voto.

> Parágrafo único. Na hipótese de ser mantida a decisão agravada, o acórdão será lavrado pelo relator do recurso. No caso de reforma, pelo desembargador federal que primeiramente houver votado pelo provimento ao agravo.

O prazo de interposição do Agravo Regimental foi posteriormente elastecido para 15 dias pela Portaria CJF 393/2016.

Mais compreensível ainda é o cabimento do agravo no caso em análise, uma vez que a decisão monocrática do relator está em desalinho com a jurisprudência como adiante se demonstrará.

Ademais, faz-se imprescindível um pronunciamento pelo órgão colegiado da Turma Recursal quanto a reforma do acórdão prolatado e transitado em julgado pela decisão monocrática proferida pelo juízo relator, a fim de que se possa eventualmente questionar através de recurso extraordinário as ofensas constitucionais suscitadas, conforme se pode inferir da jurisprudência do próprio **Supremo Tribunal Federal**, *in verbis*:

> *DECISÃO: Agravo regimental de decisão pela qual, com base em entendimento consolidado deste Tribunal de que é constitucional o artigo 557, § 1º, do CPC, com redação da L. 9.756/98, neguei seguimento ao recurso extraordinário. Alega o agravante que não se questiona a constitucionalidade do referido dispositivo legal, mas, sim, a impossibilidade do reexame, por órgão colegiado, da decisão individual proferida pelo relator. Tem razão a agravante. Reconsidero a decisão de f. 155 e, desde logo, passo ao exame do recurso extraordinário. RE, a, contra acórdão de Turma Recursal do Tribunal de Justiça do Estado do Rio Grande do Sul, que não conheceu de agravo regimental por falta de previsão do recurso na*

*Lei 9.099/95. Alega o RE, em síntese, violação dos artigos 5º, LV, e 93, IX, da Constituição Federal. Decido. **Este Tribunal entende que não pode o** órgão **colegiado se eximir de julgar recurso contra decisão individual proferida por algum de seus membros.** Esse entendimento foi ressaltado no julgamento do RE 311.382, Pertence, RTJ 182/822, oportunidade em que acentuei: "**Só se admite o RE de decisões definitivas da instância a quo**. Dá-se que o reexame das decisões dos Juizados Especiais foi confiado pelo art. 98, I, da Constituição a'turmas de juízes de primeiro grau'. Ainda que induvidosamente não se trate de um tribunal e mesmo que se lhe negue a qualificação de órgão de segundo grau de jurisdição – como sustenta doutrina autorizada – o indiscutível é que a Turma Recursal é um órgão colegiado, como tal previsto na Constituição. **Certo, tal como se tem julgado com relação aos Tribunais, da circunstância de cuidar-se de um colegiado, não se segue que, por norma legal ou regimental, não se possa conferir poder decisório individual aos juízes que o compõem. Essa decisão individual, contudo – tem assentado igualmente o Supremo – não pode ter o selo de definitividade, sequer na instância do** órgão **colegiado que o prolator integre, ao qual não se pode subtrair o poder de revê-la."** A legitimidade da decisão individual do relator está condicionada à **possibilidade de interposição de recurso ao** órgão **jurisdicional o qual aquele integra** (AI 346.665-AgR, 09.10.2001, 1ª T, Pertence). Dou provimento ao recurso extraordinário (art. 557, § 1º-A, do C.Pr.Civil), para determinar o retorno dos autos à instância a quo, a fim de que o agravo interposto seja apreciado pela Turma Recursal competente. Brasília, 14 de agosto de 2007. Ministro SEPÚLVEDA PERTENCE – Relator 1*

Assim, resta patente o cabimento do presente agravo regimental.

4. DA ADMISSIBILIDADE E TEMPESTIVIDADE DO WRIT

É incontroverso na jurisprudência pátria a admissibilidade de mandados de segurança contra decisões judiciais das quais não caiba recurso com efeito suspensivo. Na sistemática dos juizados especiais a matéria foi enfrentada pela Turma Nacional de Uniformização que assim decidiu:

PEDILEF 200571950195536

Relator(a) *JUIZ FEDERAL ÉLIO WANDERLEY DE SIQUEIRA FILHO*

Órgão julgador *Turma Nacional de Uniformização*

Data da Decisão *25/02/2008*

Fonte/Data da Publicação *DJU 04/04/2008*

Decisão

ACÓRDÃO Vistos, relatados e discutidos estes autos, acordam os Juízes da Turma Nacional de Uniformização de Jurisprudência, por maioria, em conhecer do incidente e dar-lhe parcial provimento. Brasília, 25 de fevereiro de 2008. MARCOS ROBERTO ARAÚJO DOS SANTOS Juiz Federal Relator para o Acórdão

EMENTA **MANDADO** DE **SEGURANÇA**. DECISÃO EMANADA NO ÂMBITO DO JUIZADO ESPECIAL. INCIDENTE DE UNIFORMIZAÇÃO ADMITIDO. QUESTÃO DE ORDEM Nº 20. ANULAÇÃO DO ACÓRDÃO.

I. *Cabível a impetração do mandado de segurança contra decisão irrecorrível de Juiz singular do Juizado Especial. É ilógico que, nos casos extremos, em que seja proferida decisão flagrantemente contrária à legislação vigente, ou quando a decisão for notoriamente teratológica, seja a parte obrigada a acatar a ordem judicial, em decorrência do não conhecimento da ação mandamental.*

II. *O mandado de segurança é uma ação civil de rito sumário, expressamente prevista no art. 5º da Constituição Federal e inserida no título das Garantias e Direitos Fundamentais e, por conseguinte, independente do rito próprio dos Juizados Especiais e do mérito da questão discutida, merece relevo a conclusão no sentido de que, toda vez que houver algum ato praticado com ilegalidade ou abuso de poder, o remédio cabível é o mandado de segurança, dado o cunho de garantia constitucional atribuído ao mesmo e em observância ao princípio da supremacia da Constituição.*

III. Questão de Ordem nº 20 – Se a Turma Nacional decidir que o incidente de uniformização deva ser conhecido e provido no que toca a matéria de direito e se tal conclusão importar na necessidade de exame de provas sobre matéria de fato, que foram requeridas e não produzidas, ou foram produzidas e não apreciadas pelas instâncias inferiores, a sentença ou acórdão da Turma Recursal deverá ser anulado para que tais provas sejam produzidas ou apreciadas, ficando o juiz de 1º grau e a respectiva Turma Recursal vinculados ao entendimento da Turma Nacional sobre a matéria de direito.

Como se depreende do julgado acima, há que se exigir maior rigor no critério de admissibilidade do *writ*, contudo, excepcionam-se casos extremos como o que ora se apresenta.

Assim, verificando que a decisão, em sede de liquidação, fora proferida em desacordo com a lei e com a interpretação do Supremo Tribunal Federal, resta ao prejudicado a via extrema do Mandado de Segurança, visto que, nos juizados especiais não há processo de execução e, portanto, não há previsão de recurso ou correição (Súmula 267 do STF).

Ora, uma vez admitido o Mandado de Segurança, segue-se o prazo da Lei 12.016/2009 e tempestiva, portanto, é a presente ação visto que impetrada dentro dos 120 previstos no diploma legal.

5. DO MÉRITO

O INSS pleiteia a análise do recurso tempestivamente interposto.

Compulsando os autos verificou-se que o acórdão proferido pela E. Turma Recursal incorreu em equívoco ao não conhecer o recurso da autarquia sob a alegação de intempestividade.

De fato, na sentença que julgou parcialmente procedente o pedido autoral o MM. Juiz assim determinou:

> "Após, remeter os autos à SECAJ, para fins de apuração do valor das parcelas retroativas, conforme parâmetros acima especificados. Os cálculos integrarão a presente sentença (art. 38 da Lei n. 9.099/95).
>
> Com o retorno, intimar as partes, a partir de quando se iniciará o prazo recursal."

Conforme andamento processual, os cálculos foram elaborados em 27/12/2012, tendo o INSS sido intimado em 04/03/2013. Registre-se que, de acordo com a sentença, nesta data se iniciaria o prazo recursal. Como o Recurso Inominado foi protocolado em 07/03/2013, manifesta a tempestividade do apelo interposto pelo Réu.

O indeferimento do pedido formulado pelo INSS, no sentido de remeter os autos para esta E. Turma recursal, acarretará a ausência de prestação jurisdicional, o que não pode prosperar.

6. DO PEDIDO

Isto posto, requer o INSS que Vossa Excelência reconsidere a decisão, determinando sejam refeitos os cálculos judiciais, nos termos da impugnação formulada pelo INSS; ou, assim não entendendo, receba a presente petição sob a forma de **AGRAVO REGIMENTAL,** a fim de submeter as razões aqui apresentadas à apreciação dos demais membros desta egrégia Turma Recursal.

Conhecido o recurso, requer o agravante que seja declarada a **NULIDADE** da decisão monocrática proferida pelo Exmo. Sr. Dr. Juiz Relator.

Nestes Termos,

Pede deferimento.

Salvador,

FREDERICO AUGUSTO DI TRINDADE AMADO
Procurador Federal

40. ACÓRDÃO DA TURMA RECURSAL

Presentes os pressupostos de admissão recursal, e não sendo hipótese de julgamento monocrático pelo Relator, caberá ao Colegiado julgar o recurso inominado que desafia a sentença definitiva.

Ainda será da competência da Turma Recursal julgar os mandados de segurança contra atos do juiz de 1º grau do JEF, os agravos regimentais e, quando cabível (tema polêmico), os agravos de instrumento (verificar jurisprudência local).

PROCESSO nº : xxxxxx
RELATOR : JUIZ FEDERAL
RECORRENTE : INSTITUTO NACIONAL DO SEGURO SOCIAL – INSS
RECORRIDO : xxxxxxx

VOTO-EMENTA

PREVIDENCIÁRIO. AUXÍLIO–DOENÇA E/OU APOSENTADORIA POR INVALIDEZ. AUSÊNCIA DE INTIMAÇÃO DO LAUDO. CERCEAMENTO DE DEFESA AFASTADO. INCAPACIDADE COMPROVADA. DATA DE INÍCIO DO BENEFÍCIO. CUMULAÇÃO DE BENEFÍCIO POR INCAPACIDADE COM ATIVIDADE REMUNERADA. SÚMULA DA TNU. RECURSO DESPROVIDO.

1. Não merece acolhimento a alegação de nulidade por cerceamento de defesa, suscitada pelo recorrente. Com efeito, há expressa disposição legal afastando a necessidade de intimação das partes para manifestação acerca do laudo pericial (art. 12, da Lei nº. 10.259/2001). No mesmo sentido, o Enunciado 84 do FONAJEF (*"Não é causa de nulidade nos juizados especiais federais a mera falta de intimação das partes da entrega do laudo pericial"*), desta forma não há que se falar em violação ao contraditório e à ampla defesa.

2. O auxílio-doença funda-se no art. 59 da Lei 8.213/91, que garante o benefício ao segurado que esteja incapacitado para o trabalho ou para a sua atividade habitual por mais de 15 (quinze) dias consecutivos, cumprido o período de carência respectivo, equivalente a doze contribuições mensais).

3. A conclusão da perícia médica produzida nos autos indica que o segurado (auxiliar de operação, 31 anos na data da perícia) sofre de transtorno esquizoafetivo tipo maníaco (CID F25.0), razão pela qual possui incapacidade **total** e **temporária** para o exercício das suas atividades laborativas. O perito atesta que o quadro clínico data de 2008, e desde então o autor cursa com crises eventuais tornando-se violento, quebrando carros nas ruas e agredindo pessoas, por isso tem limitações para atividades que impliquem contato social. Assim, em que pese a possibilidade de melhora em determinados intervalos de tempo, mostra-se prudente o afastamento do autor por tempo indeterminado até o controle efetivo da doença, não merecendo acolhimento a alegação do INSS de que a patologia tem períodos de acalmia, pois o desencadeamento das crises é imprevisível. O laudo pericial mostra-se claro, objetivo e conclusivo, não padecendo de qualquer irregularidade.

4. A insurgência da autarquia quanto à DIB não encontra fundamento nos autos. O fato de o autor ter requerido novo benefício após requerimento anterior não implica em desistência tácita do primeiro, conforme entendeu o INSS. Verifica-se que o autor, ainda incapaz, requereu prorrogação do benefício que recebeu até 27/10/2011, que foi indeferida. Diante disto, pleiteou novo requerimento em 12/12/2012, uma vez que sua incapacidade persistia. Desta forma, em atenção ao suporte probatório contido nos autos, principalmente o laudo pericial, mostra-se acertada a fixação da DIB determinada pelo julgador *a quo* ao dia seguinte à cessação do benefício anterior de auxílio-doença (28/10/2011).

5. Também não assiste razão ao INSS quanto ao desconto dos períodos remunerados, tendo em vista que não há óbice legal para a cumulação de recebimento do auxílio-doença com o exercício de atividade remunerada, nos casos em que o benefício não foi concedido por equívoco da administração pública. Isso porque é possível que o segurado, diante da negativa administrativa ao benefício, siga exercendo suas atividades, ainda que sem capacidade laborativa, em razão da necessidade de prover a própria subsistência. Vale conferir o entendimento pacificado na TNU: "1. O trabalho exercido pelo segurado no período em que estava incapaz decorre da necessidade de sobrevivência, com inegável sacrifício da saúde do obreiro e possibilidade de agravamento do estado mórbido. 2. O benefício por incapacidade deve ser concedido desde o indevido cancelamento, sob pena de o Judiciário recompensar a falta de eficiência do INSS na hipótese dos autos, pois, inegavelmente, o benefício foi negado erroneamente pela perícia médica da Autarquia. 3. Incidente conhecido e improvido." (PEDILEF 200650500062090, Relator Juiz Federal Antônio Schenkel do Amaral e Silva, DOU 25.11.2011).

6. No mesmo sentido pontua a Súmula 72 da TNU: "É possível o recebimento de benefício por incapacidade durante período em que houve exercício de atividade remunerada quando comprovado que o segurado estava incapaz para as atividades habituais na época em que trabalhou".

7. Recurso a que se **nega provimento**. Sentença que se mantém por seus próprios fundamentos.

8. Honorários advocatícios à razão de 10% do valor da condenação (excluídas as parcelas vencidas após a sentença – STJ, Súmula 111), nos termos do art. 55 da Lei 9.099/95, c/c art. 1º da Lei 10.259/01.

ACÓRDÃO

Decide a Turma Recursal do Juizado Especial Federal Cível, por unanimidade, conhecer do recurso e **negar-lhe provimento**, nos termos do Voto-Ementa apresentado pelo Juiz Relator.

Juiz Federal Relator

RECURSO: XXXXXXXXX
RELATORA: JUIZ FEDERAL
RECORRENTE: INSTITUTO NACIONAL DO SEGURO SOCIAL – INSS
RECORRIDO: XXXXXXX

SÚMULA DE JULGAMENTO

PREVIDENCIÁRIO. SALÁRIO-MATERNIDADE. TRABALHADORA RURAL. CONDIÇÃO DE SEGURADA ESPECIAL EVIDENCIADA NOS AUTOS NO PERÍODO DA CARÊNCIA DO BENEFÍCIO. RECURSO DO INSS DESPROVIDO. SENTENÇA MANTIDA.

1. À vista das normas insertas nos artigos 25, III, e 39, parágrafo único, da Lei nº 8.213/91, bem como no artigo 93, § 2º, do Decreto nº 3048/99, fica garantida à segurada especial a concessão do salário-maternidade, no valor de um salário mínimo, caso reste comprovado seu exercício em atividade rural, mesmo que de forma descontínua, nos dez meses que antecedem o parto.

2. O efetivo exercício de atividade rural deve ser demonstrado por meio de razoável início de prova material, corroborada por prova testemunhal.

3. Registre-se que a parte autora requer a concessão de salário-maternidade, em decorrência do nascimento de sua filha XXXXXXXXX, ocorrido em 21/02/2014.

4. No caso sob espécie, não há como proceder à reforma do julgamento, visto que existente nos autos início razoável de prova material, consoante: certidão emitida pela Justiça Eleitoral, indicando profissão de agricultora da demandante; contrato de comodato de imóvel rural (Sitio Boa Vista) em que consta o nome da autora como comodatária; declarações de ITR, referentes ao Sítio XXXXX; ficha de inscrição em nome da acionante e declaração de atividade rural fornecida pelo Sindicato dos Trabalhadores Rurais; cartão de admissão da acionante no Hospital Maternidade de XXXXX, apontando a profissão de lavradora da ajuizante. A colheita de prova oral corroborou o início razoável de prova material. Como ponderado pelo juiz sentenciante: *"As testemunhas ouvidas nesta audiência – Sra. XXXXXX e Sr. XXXXX- afirmaram que a autora desenvolveu a atividade de lavradora, mesmo antes do nascimento de sua filha XXXXXXXX, em 21/02/2014. Tais depoimentos harmonizam-se com as declarações da autora, que, apesar da pouca idade, revelou conhecimento com a atividade rural"*.

5. Destaque-se, por fim, que é entendimento assente desta Turma que o convencimento do Juízo *a quo*, em matéria probatória, deve ser prestigiado, dada sua proximidade com os elementos de convicção da causa e o contato direto com as pessoas envolvidas na instrução, devendo ser afastado apenas quando comprovado equívoco na apreciação das provas, o que não é o caso dos autos.

6. Recurso a que se nega provimento. Sentença mantida por seus próprios fundamentos.

7. Acórdão integrativo proferido nos termos do artigo 46 da Lei 9.099/95, e artigo 80 da RESOLUÇÃO PRESI nº 17/2014 do TRF/1ª Região.

8. Condenação da parte recorrente em honorários advocatícios, fixados em 10% (dez por cento) sobre o valor da condenação, observando-se o enunciado da Súmula nº 111, do C. STJ (afastada a condenação na ausência de contrarrazões ou de patrocínio da parte recorrida pela DPU, consoante REsp. 1.199.715/RJ).

ACÓRDÃO

Decide a Turma Recursal do Juizado Especial Federal Cível, à unanimidade, conhecer do recurso e **negar-lhe provimento**, nos termos da presente Súmula de Julgamento.

Juiz Federal Relator

41. ACÓRDÃO DE ADEQUAÇÃO DA TURMA RECURSAL

Cabe ao Presidente da Turma Recursal ou da Turma Regional decidir preliminarmente sobre a admissibilidade do incidente de uniformização.

No caso de incidentes de uniformização idênticos recebidos nas Turmas Recursais ou Regionais estes ficarão sobrestados antes de ser realizado o juízo preliminar de admissibilidade se, sobre o mesmo tema, outro incidente já tiver sido apresentado ou estiver em vias de apresentação na Turma Nacional de Uniformização.

Por sua vez, a decisão proferida pela Turma Nacional de Uniformização, no incidente que versar sobre a questão discutida, deve ser adotada pela turma de origem para fins de adequação ou manutenção do acórdão recorrido.

Logo, uma decisão proferida pela TNU em sentido contrário ao entendimento da Turma Recursal ou Turma Regional de Uniformização fará com que todos os processos com incidentes de uniformização sobrestados tenham a decisão reavaliada pela Turma, para adequá-la ao entendimento da TNU.

Nos termos do Enunciado 104, do FONAJEF, "cabe à Turma de Uniformização reformar os acórdãos que forem contrários à sua jurisprudência pacífica, ressalvada a hipótese de supressão de instância, em que será cabível a remessa dos autos à Turma de origem para fim de adequação do julgado".

Ademais, em conformidade com o art. 14, § 9º, da Lei n. 10.259/2001, cabe ao colegiado da Turma Recursal rejulgar o feito após a decisão de adequação de Tribunal Superior ou da TNU, nos termos do Enunciado 132, do FONAJEF.

EMENTA

PREVIDENCIÁRIO. BENEFÍCIO ASSISTENCIAL. DEFICIENTE. SURDO-MUDEZ. INCAPACIDADE PARCIAL QUE SE CONVERTE EM TOTAL. REQUISITOS DO ART. 20 DA LEI 8.742/93. ATENDIMENTO. ADEQUAÇÃO. RECURSO DO AUTOR PROVIDO.

VOTO

- Cuida-se de adequação de acórdão proferido por esta Turma Recursal (anexo 15), com reexame de provas, em cumprimento à decisão da Turma Nacional de Uniformização (anexo 35), que determinou o retorno dos autos à Turma Recursal de origem para uma nova análise do caso concreto, levando-se em conta as condições pessoais do demandante na avaliação da existência ou não de incapacidade que o impeça de trabalhar e prover a sua subsistência.

- No caso sob exame, o acórdão vergastado, confirmando a sentença de improcedência do pedido, não entendeu cabível o restabelecimento do benefício assistencial à parte autora, NB   , percebido entre **06/03/1997 e 01/08/2006**, na qualidade de deficiente, sob o fundamento de que a enfermidade que apresenta não o incapacita totalmente para o trabalho e para atos da vida independente.

- O art. 203, inciso V, da Carta Federal de 1988, prevê *"a garantia de um salário mínimo de benefício mensal à pessoa portadora de deficiência e ao idoso que comprovem não possuir meios de prover a própria manutenção ou de tê-la provida por sua família, conforme dispuser a lei".*

- Por sua vez, a Lei nº 8.742/93 dispõe, em seu art. 20, caput, que *"O benefício de prestação continuada é a garantia de um salário-mínimo mensal à pessoa com deficiência e ao idoso com 65 (sessenta e cinco) anos ou mais que comprovem não possuir meios de prover a própria manutenção nem detê-la provida por sua família".* (Redação dada pela Lei nº 12.435, de 2011)

- Da análise das normas acima transcritas, ressai a imprescindibilidade de se satisfazerem dois requisitos para o reconhecimento à percepção do benefício assistencial em tela, quais sejam, primeiro, a caracterização da incapacidade do requerente para exercer atividades laborativas, em decorrência de sua deficiência (incapacidade) e, segundo, a situação de penúria em que ele se encontra, de sorte que, da conjugação desses dois pressupostos, transpareça a sua impossibilidade de prover o seu sustento e/ou o de sua família (miserabilidade).

- Nessa perspectiva, oportuno salientar que, não obstante caiba ao legislador ordinário definir os critérios para constatação da miserabilidade, a teor do art. 203, inciso V, da CF/88, e, bem assim, o da incapacidade, deve-se ter em mente que o parâmetro legal apenas estabelece um critério objetivo para sua aferição, mas que não pode ser tido como único, sendo possível, portanto, a concessão do benefício quando o caso concreto demonstre a satisfação dos pressupostos pelo requerente.

- Por tal razão, de acordo com o juízo adotado pela e. TNU, em casos excepcionais, as circunstâncias pessoais do postulante – v.g., idade, família, despesas médicas, escolaridade, local de residência – podem autorizar a concessão do benefício. Melhor dizendo, diante de um contexto fático probatório com o qual se mostre possível inferir-se que as condições circundantes do requerente, associadas à dificuldade oriunda da enfermidade que o assola, dificilmente lhe permitirão inserir-se no mercado de trabalho, de modo a possibilitar que atenda ao próprio sustento, fica caracterizada a sua incapacidade e, consequentemente, satisfeito tal requisito, ainda que a perícia judicial tenha concluído em sentido contrário, ou mesmo que se trate de incapacidade meramente parcial.

- No caso, a incapacidade parcial que ostenta o autor se converte em total. O laudo pericial do juízo atestou que ele, demandante, é portador de perda auditiva sensorioneural bilateral de grau profundo congênita (anexo 08). Esclarece que tal patologia o incapacita parcialmente para exercer atividade laborativa que exija o uso da comunicação (fala e audição) para a sua execução. Por seu turno, a perícia social, recentemente elaborada (05/01/2016), constatou que o autor reside com uma irmã solteira, a qual não exerce atividade remunerada (anexo 46). Residem em uma casa deixada de herança pelo genitor, a ser partilhada entre ambos e mais treze irmãos, estes últimos casados e com família constituída. O imóvel é de taipa, com piso de cimento e telhas mistas (brasilit/canal) com meias paredes, sendo 08 cômodos, divididos em 03 quartos, 01 terraço, 01 sala, 01 cozinha, 01 área de serviço e 01 banheiro na área externa da casa. Possui uma televisão 14 polegadas, 01 geladeira pequena e 01 máquina de lavar roupa tanquinho. O local é de difícil acesso, localizado na zona rural, a 15 km em um sítio de herdeiros (vide fotos anexo 46). Anoto que o recorrente, atualmente com 41 anos de idade, é analfabeto, fato que me convence da inviabilidade de sua (re)inserção no mercado de trabalho, considerando as limitações físicas que ostenta oriundas da surdez que o acomete desde o nascimento. Nesse cenário, entendo que o restabelecimento do amparo assistencial ao autor é medida que se impõe, a partir do dia seguinte ao seu cancelamento administrativo, em **02/08/2006 (DIB),** considerando não haver nos autos elementos que indiquem a alteração das circunstâncias fáticas de modo a justificar seu cancelamento administrativo (cf. anexo 01).

- Precedente desta Turma Recursal: processo

- Quanto aos juros de mora e correção monetária, o Supremo Tribunal Federal, ao reconhecer a repercussão geral desta matéria no RE 870.947-SE, ainda pendente de julgamento, *a contrario sensu* declarou que tal discussão não foi objeto das ADI 4.357 e 4.425. Assim, por ora, é cabível a aplicação do citado art. 1º. - F da Lei nº. 9.494/97, com a redação dada pela Lei nº 11.960/2009.

- Por último, visando evitar descabidos e protelatórios embargos de declaração, ressalte-se que não existe a menor necessidade de manifestação expressa sobre os todos os argumentos jurídicos levantados pelas partes, eis que as razões já expostas neste decisum são suficientes para julgamento de todos os pedidos formulados. Idêntico raciocínio se aplica ao prequestionamento. Não há obrigação de manifestação expressa sobre todas as teses jurídicas apontadas como tal. O único propósito de prequestionar a matéria a ser eventualmente levada ao conhecimento das Cortes Superiores, sem que ocorra, na hipótese, qualquer dos pressupostos elencados no art. 535 do Código de Ritos, não constitui razão suficiente para a oposição dos embargos declaratórios, consoante prega a pacífica jurisprudência do STJ. **De toda forma, a fim de agilizar o andamento dos processos, considero desde já prequestionados expressamente todos os dispositivos legais indicados pelas partes em suas petições durante o trâmite processual. Insta acentuar, por fim, que os embargos de declaração não se prestam para reanálise de pedidos já decididos.**

- **Recurso do autor provido.**

- Sem condenação em honorários advocatícios, eis que ausente a figura do recorrente vencido.

- **Determino que a parte ré cumpra a obrigação de fazer em 30 (trinta) dias, implantando em favor da parte autora, o benefício concedido/confirmado neste julgado, sob pena de aplicação de multa diária de R$ 100,00 (cem reais), independentemente de eventual interesse em recorrer, haja vista que o próprio recurso em julgamento há de ser processado apenas no efeito devolutivo (art. 43 da Lei n.º 9.099/95), o mesmo se aplicando aos demais recursos interponíveis contra este julgado.**

Resultado: Decide a Turma Recursal dos Juizados Especiais Federais de , à unanimidade, **DAR PROVIMENTO AO RECURSO DO AUTOR**, nos termos da ementa supra.

RECURSO N.°:

RECORRENTE: PARTE AUTORA

VOTO-EMENTA

PROCESSO CIVIL E PREVIDENCIÁRIO. REVISÃO DE BENEFÍCIO. ARTIGO 58 DO ADCT E SÚMULA Nº. 260 DO TFR. PEDIDO DE UNIFORMIZAÇÃO DE JURISPRUDÊNCIA. ENTENDIMENTO CONSOLIDADO NA TNU. ADEQUAÇÃO DO JULGADO PROFERIDO POR ESTA TURMA. ADEQUAÇÃO EFETUADA. RECURSO PROVIDO.

1. Após o julgamento do recurso inominado por esta Turma Recursal, o Juiz Presidente, em sede de pedido de uniformização de jurisprudência, por meio de decisão monocrática, entendeu por bem negar seguimento ao pedido de uniformização e devolver os autos a esta Relatoria para decidir acerca da adequação do acórdão ao entendimento uniformizado acerca da matéria pela Turma Nacional de Uniformização – TNU.

2. Em sessão desta Turma Recursal, contudo, foi decidido manter a decisão do órgão, diante da divergência existente entre o entendimento esposado pela TNU e aquele adotado pelo STJ. Contra esta decisão foi interposto Pedido de Uniformização de Jurisprudência, tendo a TNU determinado o retorno dos autos para a Turma de origem para a necessária adequação.

3. A MM Juíza Coordenadora das Turmas Recursais da Bahia, com espeque no art. 7º, XIX e parágrafo único, da Resolução/PRESI/COJEF nº 16/2010, determinou o retorno dos autos a esta Relatoria, para adequação do julgado ao entendimento da TNU, em sentido contrário àquele adotado no Acórdão proferido nestes autos

4. A matéria controvertida nos autos diz respeito à revisão da renda mensal inicial de benefício de aposentadoria por invalidez precedido de auxílio-doença, mediante a aplicação da regra consignada na Súmula nº. 260 do extinto TFR e da equivalência salarial instituída pelo artigo 58 da ADCT.

5. O acórdão desta Turma Recursal negou provimento ao recurso do(a) segurado(a), mantendo a sentença do Juízo de Origem, que reconheceu a prescrição e julgou improcedente o pedido de revisão.

6. De fato, a TNU tem firmado o entendimento de que, quando se tratar de benefícios derivados de outros concedidos antes da Constituição de 1988, deve ser aplicado o índice integral do aumento verificado, por ocasião do primeiro reajuste do benefício originário, incidindo o artigo 58 do ADCT sobre o valor reajustado do benefício, na forma da Súmula nº. 260 do TFR. Ademais, não incide a prescrição total das parcelas devidas, mas apenas daquelas anteriores a cinco anos do ajuizamento da ação, por se tratar de prestações de trato sucessivo (Súmula 85 do STJ). Precedentes: PEDIDO 200563020148759, JUIZ FEDERAL PAULO RICARDO ARENA FILHO, DOU 25/05/2012 e PEDIDO 00466318420074013300, JUIZ FEDERAL JANILSON BEZERRA DE SIQUEIRA, DOU 31/05/2013 pág. 133/154.

7. O seguinte julgado bem elucida a questão: "*EMENTA-VOTO – PREVIDENCIÁRIO. REVISÃO. APOSENTADORIA POR INVALIDEZ PRECEDIDA DE AUXÍLIO-DOENÇA. DIB ANTERIOR À CF/88. SUM. 260 DO TFR. ART. 58 DO ADCT. DIFERENÇAS. PRECEDENTES. 1. "No primeiro reajuste do benefício previdenciário, deve-se aplicar o índice integral verificado, independentemente do mês da concessão, considerado, nos reajustes subseqüentes, o salário mínimo então atualizado" – Súmula 260 do TFR. 2. Para os benefícios concedidos antes da Constituição Federal de 1988, em geral, a aplicação da referida Súmula 260 só gera efeitos até março de 1989, visto que, a partir de abril do mesmo ano, a equivalência com o número de salários mínimos à data da concessão, determinada no art. 58 do ADCT, faz cessar qualquer diferença. E a cobrança de valores devidos até março de 1989 está inegavelmente atingida pela prescrição. 3. Entretanto, **para os benefícios derivados da transformação de benefício anterior concedido antes da Constituição Federal de 1988**, como, por exemplo, aposentadoria por invalidez precedida de auxílio-doença ou pensão por morte precedida de aposentadoria, **a aplicação da primeira parte da Súmula 260 do extinto TFR no reajuste do benefício anterior terá efeitos sobre a renda do benefício derivado e, conseqüentemente, na revisão determinada no art. 58 do ADCT, a qual levou em consideração a renda inicial do benefício em manutenção à data da promulgação da Nova Carta, ou seja, do benefício derivado**. 4. Havendo o cumprimento da primeira parte do enunciado da Súmula 260 do TFR, consistente na aplicação do índice integral quando do primeiro reajuste do auxílio-doença, por exemplo, acarretará reflexos financeiros na RMI da aposentadoria por invalidez decorrente da transformação do referido benefício e, consequentemente, na renda mensal atual. **Isto porque, quando da revisão do benefício previdenciário derivado (aposentadoria por invalidez), mediante a aplicação do art. 58 do ADCT, haverá um acréscimo da renda mensal, em relação à equivalência com o número de salários mínimos originariamente fixados**. 5. Precedentes da TNU (PEDILEF's 200683005090157, 200583005295322 e 200750510007936). 6. Prescrição quinquenal da forma da Súmula n. 85 do STJ. 7. Parcelas em atraso devidamente corrigidas com os índices legais e acrescidas de juros de mora de 1% a partir da citação até o início da correção pelos índices da caderneta de poupança. 8. Incidente conhecido e provido*" (PEDIDO 05020532120074058100, JUIZ FEDERAL ANTÔNIO FERNANDO SCHENKEL DO AMARAL E SILVA, DOU 01/06/2012.).

8. Restando pacificado no âmbito da TNU o entendimento acerca do cabimento da revisão e da não ocorrência da prescrição total das parcelas, imperiosa se afigura a adequação do julgado ao entendimento perfilhado pelo órgão responsável pela uniformização das matérias submetidas ao microssistema dos Juizados Especiais Federais.

9. **Adequação do julgado efetuada**. Decisão modificada para dar provimento ao recurso da parte autora e julgar procedente o pedido de revisão da RMI do benefício, observada a prescrição qüinqüenal, sendo as parcelas em atraso acrescidas de correção monetária, calculada de acordo com o Manual de Cálculos da Justiça Federal, e de juros de mora de 1% ao mês, conforme precedente da TNU (PEDLEF 0003060-22.2006.4.03.6314, JUIZ FEDERAL JOÃO BATISTA LAZZARI), que resultou no cancelamento da Súmula 61 do mesmo Colegiado.

10. Diante da alteração do julgado, afasto a condenação em honorários advocatícios, à míngua de recorrente vencido.

ACÓRDÃO

Decide a Turma Recursal do Juizado Especial Federal Cível da Seção Judiciária XXXXXX, por unanimidade, **adequar a decisão desta Turma**, dando provimento ao recurso interposto, nos termos do Voto-Ementa.

42. ACÓRDÃO DA TURMA RECURSAL QUE JULGA PREJUDICADO INCIDENTE DE UNIFORMIZAÇÃO SUSPENSO

Cabe ao Relator da Turma Recursal pronunciar a prejudicialidade de incidente de uniformização interposto para a TRU ou TNU, quando a questão de direito material previdenciária já tiver sido uniformizada em sentido contrário à tese do requerente.

VOTO-EMENTA: DIREITO TRIBUTÁRIO. IMPOSTO DE RENDA SOBRE TERÇO CONSTITUCIONAL DE FÉRIAS GOZADAS. INCIDÊNCIA. MATÉRIA PACIFICADA NO STJ. JULGAMENTO DO RESP 1.459.779/ MA EM SEDE DE RECURSO REPETITIVO DE CONTROVÉRSIA (TEMA 8814). INCIDENTE DE UNIFORMIZAÇÃO NACIONAL PREJUDICADO.

Trata-se de incidente de uniformização de jurisprudência interposto contra acórdão desta Turma Recursal, pretendendo o recorrente submeter a questão discutida nos presentes autos à apreciação da Turma Nacional de Uniformização, indicando desconformidade entre julgado deste colegiado e precedente da outra turma recursal, súmula ou posicionamento dominante da TNU ou do STJ.

Nos termos do art. 14, caput e parágrafo segundo da Lei 10.259/2001, o pedido de uniformização é cabível para unificar decisões de turmas regionais diversas ou para retificar decisões que se afastem da orientação jurisdicional dominante do Superior Tribunal de Justiça. Também é admissível o incidente de uniformização caso a decisão combatida contrarie súmula ou orientação firmada pela própria TNU (Artigo 8º, X do RITNU), não havendo a possibilidade, em qualquer hipótese, de exame de matéria fática.

A questão jurídica acerca da incidência de imposto de renda sobre terço constitucional de férias gozadas já foi pacificada pelo Superior Tribunal de Justiça, conforme notícia veiculada em seu site oficial, datada em 29.04.2015.

Na oportunidade, a Primeira Seção do STJ, por maioria, no julgamento do REsp 1.459.779/ MA em 22.04.2015, assentou o entendimento de que incide imposto de renda sobre o terço constitucional de férias gozadas.

A decisão foi tomada no julgamento de recurso repetitivo (Tema 881), devendo os processos sobrestados serem examinados pelos tribunais de na hipótese de divergência quanto à orientação do Superior Tribunal de Justiça, nos termos do artigo 543-C, §7º, inciso II, do Código de Processo Civil.

Nos termos normativos, pouco importa, assim, que tenha havido ou não o ato de sobrestamento, nos termos do § 6º do art. 14 da Lei n. 10.259/2001.

Esta posição da Presidência, ora retratada, foi referendada pelo Colegiado em decisão de 27 de maio de 2015, processo nº   , rel. Juiz Federal   , compondo ainda o órgão de julgamento os Juízes Federais   e   .

Pelas razões acima expostas, tendo em vista que a questão jurídica ventilada nos presentes autos foi decidida pelo Superior Tribunal de Justiça no REsp 1.459.779/ MA, e que o acórdão recorrido se posicionou no mesmo sentido, resta prejudicado o incidente de uniformização interposto.

Relator:

Resultado: Vistos, relatados e discutidos os presentes autos, ACORDAM os Juízes da Turma Recursal da Seção Judiciária   , à unanimidade, em JULGAR PREJUDICADO o incidente de uniformização interposto, nos termos do voto do Relator. Em se verificando o trânsito em julgado da decisão, remetam-se os autos ao Juizado Especial Federal Cível.

43. EMBARGOS DE DECLARAÇÃO CONTRA ACÓRDÃO DA TURMA RECURSAL

Para sanar omissão, contradição, obscuridade ou para suprir erro material do julgado, ou ainda para fins de pré-questionamento para encaixar incidente de uniformização de jurisprudência ou recurso extraordinário, é cabível embargos de declaração contra o acórdão proferido pela Turma Recursal, observado o prazo de 5 dias.

EXMO(ª). SR(ª). DR(ª). JUIZ(ª) PRESIDENTE DA TURMA RECURSAL DOS JUIZADOS ESPECIAIS FEDERAIS DA SEÇÃO JUDICIÁRIA DO ESTADO DA BAHIA

Processo:

O **INSTITUTO NACIONAL DO SEGURO SOCIAL - INSS**, autarquia federal, representada pela Procuradoria-Geral Federal, nos autos em epígrafe, por seu Procurador Federal *in fine* assinado, vem, respeitosamente, à presença de V. Ex.ª, com fulcro nos arts. 48 a 50 da Lei 9099/95 c/c art. 1º, parte final, da Lei 10.259/01 e art. 535, incisos I e II, do CPC, opor **EMBARGOS DE DECLARAÇÃO**, pelas razões a seguir expostas:

1. DA TEMPESTIVIDADE

Preliminarmente, a respeito da tempestividade do presente recurso, frise-se que a intimação da Autarquia Previdenciária ocorre com a carga dos autos pela Procuradoria Federal , legítima representante judicial do Instituto, de acordo com o art. 17 da Lei n. Lei nº 10.910, de 15 de julho de 2004 e a Resolução n.º 01/2009 das Turmas Recursais dos Juizados Especiais desta Seção Judiciária.

Desta forma, considerando que a entidade fora intimada via e-cint 21.11.2014 o prazo somente se inicia no dia 04.12.2014, restando demonstrada a tempestividade.

2. DO MÉRITO

Afigura-nos haver a decisão proferida por esta egrégia Turma Recursal incorrido em erro material, o qual pode ser perfeitamente sanado através de embargos de declaração, conforme previsto no art. 48 da Lei n.º 9.099/95.

Isto se afirma em razão de que a parte autora, apesar de intimada, deixou de apresentar contrarrazões ao recurso inominado interposto, conforme se infere da certidão anexa em 13.09.2010.

E, nestas condições, a 2ª Turma Recursal posicionou-se de forma fundamentada pela impossibilidade da condenação da parte recorrente em honorários advocatícios, decisão proferida em 20/06/2011, no Recurso n.º 2009.33.00.707689-4, em que fora Relatora a Juíza Federal OLÍVIA MÉRLIN SILVA, e a seguir colacionada:

> **8.** Por disposição expressa da Lei 9.099/95 (art. 55), no JEF os princípios da sucumbência e da causalidade ganham contornos próprios, somente se aplicando em sede recursal e tendo em conta a própria <u>sucumbência recursal</u>. É que apenas por ocasião do recurso a presença do advogado se faz imprescindível de modo a justificar a condenação em honorários. Assim, não encontrando a tese recursal resistência em contra-razões, não há que se falar em condenação em honorários de advogado.

Assim, forçoso concluir que a condenação da parte recorrente em honorário advocatícios, quando não houve qualquer atuação da parte recorrida em sede recursal, constitui, na realidade, um mero erro material, o qual se espera ver sanado por meio dos presentes embargos declaratórios.

3. REQUERIMENTOS

Ante o exposto, requer o INSS o acolhimento dos presentes embargos de declaração, a fim de que seja sanado o erro material apontado com vistas a afastar a condenação da autarquia em honorários advocatícios.

Nestes termos, pede deferimento.

Salvador,

FREDERICO AUGUSTO DI TRINDADE AMADO
Procurador Federal

44. DECISÃO DA TURMA RECURSAL QUE JULGA EMBARGOS DE DECLARAÇÃO

Uma vez interpostos os embargos de declaração, cabe ao Colegiado o seu julgamento, conhecendo ou não do recurso. Se conhecido, pode ser dado ou negado provimento.

No entanto, é possível ao Relator rejeitar de plano embargos de declaração quando manifestamente incabíveis.

EMENTA - PROCESSO CIVIL – EMBARGOS DE DECLARAÇÃO COM EFEITOS INFRINGENTES – RETRATAÇÃO DE RENÚNCIA DE DIFERENÇAS DE CORREÇÃO MONETÁRIA – IMPOSSIBILIDADE – AUSÊNCIA DE OMISSÃO, CONTRADIÇÃO OU OBSCURIDADE - EMBARGOS IMPROVIDOS.

1. A espécie trata de embargos declaratórios com o escopo de reverter renúncia de parte do direito sobre o qual se funda a ação, notadamente no que diz respeito à diferença entre os índices de correção monetária (INPC e IPCA-E).

2. Sustenta o embargante que a renúncia ao direito de receber diferenças de correção monetária restou inócua, uma vez que o processo ficará sobrestado em razão de outra tese jurídica ventilada no recurso extraordinário, impedindo a celeridade e efetividade do processo.

3. Nos termos do art. 269, V, do Código de Processo Civil "haverá resolução do mérito quanto o autor renunciar ao direito sobre que se funda a ação".

4. Já o art. 503 do mesmo diploma revela que "a parte que aceitar expressa ou tacitamente a sentença ou a decisão, não poderá recorrer".

5. Ocorre renúncia quando, de forma expressa ou tácita, o autor abre mão do direito material que invocou quando da dedução de sua pretensão em juízo.

6. Os embargos de declaração cabem apenas caso exista omissão, obscuridade ou contradição. Não cabem para rediscutir a matéria ou para o embargante ver triunfar o seu ponto de vista derrotado no julgamento com base na apresentação ou na análise de novos argumentos ou no acolhimento de argumentos que se contrapõem à tese sufragada pelo ato judicial embargado.

7. Desta forma, o "defeito" apontado é inexistente, pois, não sendo o Judiciário órgão de consulta dos litigantes, não fica o Juiz obrigado a se manifestar sobre todos os argumentos apresentados pelas partes. Tampouco se admite que o juiz seja obrigado a concordar com a particular visão da questão jurídica defendida pela embargante em sua lógica parcial.

8. Inexistente omissão, contradição ou obscuridade, é de ser negado provimento aos embargos.

Relator:

Resultado: Vistos, relatados e discutidos os presentes autos, ACORDAM os Juízes da Turma Recursal _____, à unanimidade de votos, em negar provimento aos embargos, nos termos do voto do Relator Presidente. Movimentem-se os autos para a pasta de sobrestados ao RE 661256 - tema 503 (desaposentação), até ulterior pronunciamento de mérito pelo STF.

45. INCIDENTE DE UNIFORMIZAÇÃO PARA A TURMA REGIONAL DE UNIFORMIZAÇÃO

Caso a decisão tomada pela Turma Recursal referente ao **direito material** divirja de outra Turma Recursal, poderá a parte prejudicada oferecer **pedido de uniformização de jurisprudência** sobre a aplicabilidade de lei federal, sendo descabido quando versar sobre questão de natureza processual, a exemplo de condições da ação e pressupostos processuais.

Caso o acórdão paradigma seja oriundo de **Turma Recursal da mesma Região**, competirá à **Turma Regional de Uniformização** unificar a jurisprudência.

Nos termos do artigo 3º da Resolução CJF 347/2015, os pedidos de uniformização de jurisprudência serão interpostos no prazo de **15 dias**, a contar da publicação do acórdão recorrido.

O exame da admissibilidade dos pedidos de uniformização compete ao presidente ou ao vice-presidente da turma recursal ou a outro membro designado pelo tribunal regional federal ou mediante previsão no regimento.

O incidente de uniformização dirigido à Turma Regional de Uniformização será suscitado por petição endereçada ao presidente da turma recursal, no prazo de quinze dias, contados da publicação do acórdão recorrido, cabendo ao recorrente fazer a prova da divergência mediante cópia dos julgados divergentes, mencionando as circunstâncias que identifiquem ou assemelhem os casos confrontados.

Com fulcro no artigo 4º, da Resolução CJF 347/2015, compete à turma regional de uniformização processar e julgar:

I – o incidente regional de uniformização de jurisprudência;

II – os embargos de declaração opostos aos seus acórdãos; e

III – o agravo regimental da decisão do relator ou do presidente.

Ademais, competirá ao presidente da turma regional de uniformização a apreciação da admissibilidade de pedidos de uniformização nacional de jurisprudência e de recursos extraordinários interpostos contra seus acórdãos.

Por sua vez, por força da Resolução CJF 417, de 28 de outubro de 2016, **não caberá incidente regional se a decisão da turma recursal estiver em consonância com súmula ou jurisprudência dominante do Superior Tribunal de Justiça ou da Turma Nacional de Uniformização.**

EXMO(ª). SR(ª). DR(ª). JUIZ(ª) PRESIDENTE COORDENADOR DAS TURMAS RECURSAIS DOS JUIZADOS ESPECIAIS FEDERAIS DA SEÇÃO JUDICIÁRIA DO ESTADO DA BAHIA

PRIORIDADE
Competência Territorial.
Inaplicabilidade da Súmula 689 do STF nos JEF's

O **INSTITUTO NACIONAL DO SEGURO SOCIAL - INSS**, por sua Procuradora *ex lege*, nos autos do processo em referência, vem, respeitosamente, com fundamento no art. 14, *caput* e § 2º, da Lei 10.259/2001, apresentar

PEDIDO DE UNIFORMIZAÇÃO

para a **TURMA REGIONAL DE UNIFORMIZAÇÃO**, requerendo seja admitido e remetido, com as anexas razões, em face da divergência entre a decisão ora recorrida e a jurisprudência da Segunda Turma Recursal de Minas Gerais e da Primeira Turma do DF.

Nestes termos, pede deferimento.

FREDERICO AUGUSTO DI TRINDADE AMADO
Procurador Federal

RAZÕES DO PEDIDO DE UNIFORMIZAÇÃO

Eméritos Julgadores,

Colenda Turma,

a) Da tempestividade

Preliminarmente, a respeito da tempestividade do presente recurso, frise-se que a intimação da Autarquia Previdenciária foi encaminhada através do sistema eletrônico "e-cint" no dia 02/05/2014 (sexta-feira), cujo prazo teve início em 15/05/2014.

Logo, resta demonstrada a tempestividade do presente recurso, enviando pelo E-CINT em 20/05/2014.

b) Da exposição do fato e do direito

A parte autora, residente no interior do Estado, em município distante e abrangido por Subseção distinta da Capital, propôs a presente ação no foro da capital visando à concessão de benefício previdenciário.

O M.M. Juiz da Vara Federal desta Seção Judiciária da Bahia reconheceu a incompetência territorial por entender que a Súmula 689 do STF não se aplica a disciplina dos Juizados Especiais Federais, uma vez que a Lei n. 10.259/01 apresenta critérios de competência próprios, bem como que o direito de opção pelo foro é incompatível com os princípios da oralidade, simplicidade, informalidade, economia e celebridade.

A 1ª **Turma Recursal da Bahia**, no entanto, reformou a sentença, entendendo que se aplica a Súmula 689 do STF e reafirmando a Súmula n. 01 das Turmas desta Seção Judiciária no seguinte sentido: *"nas ações de natureza previdenciária, a competência é concorrente, podendo ser ajuizadas tanto no juizado especial federal da Subseção Judiciária que abrange o domicílio do autor, quanto no juizado especial federal da Capital do Estado-Membro"*.

Sucede que o entendimento da 3ª TRBA contraria jurisprudência consolidada na **2ª Turma Recursal de Minas Gerais** no sentido de que *o Enunciado da Súmula 689 do STF não se aplica à especificidade do caso, até porque os JEF's foram* *criados já pensando na facilidade de acesso do segurado ao juizado mais próximo de sua residência*. Diverge ainda da **1ª Turma Recursal do Distrito Federal** que firmou o posicionamento de que, *quando se trata de definição de competência de juizado especial federal, a regra do art. 4º da Lei nº 9.099/95 deve ser conjugada com a do art. 20 da Lei nº 10.259/2001, se no domicílio do autor não houver vara da Justiça Federal. Desse modo, a opção pelo foro do Distrito Federal é válida se este for a sede de juizado especial federal mais próxima do local onde, em princípio, deveria ser proposta a ação.*

c) Da admissibilidade do Pedido de Uniformização
c.1) Da questão de direito material

A questão de direito material envolvida neste Incidente de Uniformização diz respeito ao **direito de opção do segurado que reside no interior do Estado** de postular as prestações previdenciárias no **Juizado Especial Federal da capital** ou na **Subseção do JEF mais próximo de sua cidade**.

Por envolver discussão quanto à competência para processamento da causa, é imperioso destacar que esta questão apresenta contornos de direito material a justificar o cabimento do Pedido de Uniformização. Afinal, constitui **"questão de direito material" toda discussão de direito** que, mesmo se referindo à aplicação de uma regra tipicamente processual, **afete sensivelmente o direito subjetivo em litígio**.

Não é por outro razão, inclusive, que esta Turma Regional e a Turma Nacional de Uniformização, em várias oportunidades, analisaram e uniformizaram temas que, segundo trivial compreensão de nossas Letras Jurídicas, detém contornos processuais, como no caso da admissibilidade de mandado de segurança[1], da falta de interesse de agir por ausência de prévio requerimento[2], da renúncia tácita[3], da intimação pessoal dos

---

[1] PU 2005.71.95.019553-6/RS, Rel. Juiz Élio Wanderley de Siqueira Filho, DJU de 04/04/08.
[2] PU 2004.72.95.007655-7/SC, Rel. Juiz Élio Sílvio Ourem Campos, DJU de 23/05/06; PU 2005.72.95.006179-0, Rel. Juiz Alexandre Miguel, DJU de 26/10/06; PU 2005.63.06014704-3, Rel. Juíza Daniele Maranhão Costa, DJU de 22/01/08; PU 2006.72.95.020532-9/SC, Rel. Juíza Jacqueline Michels Bilhalva, DJU de 08/01/10.
[3] Súmula 17: "Não há renúncia tácita no Juizado Especial Federal, para fins de competência".

representantes judiciais da Fazenda Pública[4], da supressão da prova testemunhal[5] e mais recentemente da ausência de fundamentação[6].

In casu, a controvérsia jurídica discutida neste incidente não é diferente, pois a **inobservância da regra de competência dos JEF's afeta o direito de opção do segurado e o seu próprio direito subjetivo, principalmente se tratando de demandas previdenciárias**, na medida em que irá interferir na instrução do feito e, por conseguinte, no convencimento do magistrado. Tal situação é muito bem caracterizada pelo juízo *a quo* quando na sentença traz as seguintes ponderações:

> Os motivos da supressão da opção de foro residem na **incompatibilidade entre os princípios da oralidade, simplicidade, informalidade, economia processual e celeridade** - determinados no art. 2º, da Lei n. 9.099/95 - e a instrução de feitos distante do local dos fatos e, portanto, **sem que o juiz possa conhecer a peculiaridade da região, da demanda, nem proceder diligências simples para a aclarar a verdade dos fatos**, muitas vezes tendo de valer-se de cartas precatórias que **atrasam, sobremaneira, a prestação jurisdicional e o distanciam do conhecimento direto dos fatos para aplicação equilibrada do juízo de equidade**, determinado pelo art. 3º, da Lei n. 9.099/95.
>
> Em processos de **aposentadoria rural, por exemplo**, que acorrem em grande número a esta Capital, tal incompatibilidade torna-se patente, eis que várias são as condições de inverno, plantio, culturas cultivadas e costumes agrícolas ao longo das diversas regiões da Bahia, **impossibilitando ao Magistrado conhecer desta realidade multifacetada** ou mesmo, na dúvida, tomar diligências de verificação através de oficial de justiça.

Desta forma, a peculiaridade da matéria de direito em análise afasta qualquer caracterização do tema objeto de uniformização como *questão processual*. Afinal, **não é nem razoável que se admita entendimentos tão diferentes no âmbito das Turmas Recursais da 1ª Região**, principalmente tratando-se de uma questão que interfere diretamente na resolução da demanda judicial.

Na mesma linha, convém citar o Enunciado n. 98 do FONAJEF:

> *Cabe incidente de uniformização de jurisprudência quando a questão deduzida nos autos tiver reflexo sobre a competência do juizado especial federal.*

---

[4] PU 2005.71.95.006166-0/RS, Rel. Juiz Hélio Sílvio Ourem Campos, DJU de 18/12/06.
[5] PU 2004.81.10.011721-2/CE, Rel. Juíza Jacqueline Michels Bilhalva, DJU de 13/10/09.
[6] PU 2003.81.10.006556-6/CE, Rel. Juiz José Eduardo do Nascimento, DJU de 08/03/10.

c.2) Da demonstração analítica da divergência. Similitude fática

A **1ª Turma Recursal da Bahia garantiu o direito de opção do segurado pelo ajuizamento da ação na Subseção respectiva ou no juízo da capital**, entendendo que a Súmula 689 do STF se aplica aos Juizados Especiais Federais, conforme ementa a seguir transcrita:

> **PROCESSO CIVIL. EXTINÇÃO DO PROCESSO POR INCOMPETÊNCIA TERRITORIAL. DOMICÍLIO DA PARTE AUTORA ABRANGIDO POR SUBSEÇÃO JUDICIÁRIA. COMPETÊNCIA CONCORRENTE. POSSIBILIDADE DE AJUIZAMENTO NA SUBSEÇÃO E NO JUIZADO ESPECIAL DA CAPITAL. SÚMULA N. 01 DAS TURMAS RECURSAIS DA BAHIA. RECURSO PROVIDO. SENTENÇA ANULADA.**
> **1.** A controvérsia se restringe, *in casu*, à possibilidade da parte autora de ação previdenciária optar entre a subseção judiciária que abrange o seu domicílio e as varas federais da capital do estado-membro.
> **2.** Incidência do entendimento sedimentado pelas Turmas Recursais da Bahia, na Súmula n. 01: *"Nas ações de natureza previdenciária, a competência é concorrente, podendo ser ajuizadas tanto no juizado especial federal da Subseção Judiciária que abrange o domicílio do autor, quanto no juizado especial federal da Capital do Estado-Membro."*
> **3.** Possibilidade de ajuizamento da ação na subseção judiciária que abrange o domicílio da parte autora ou nesta capital.
> **4.** Recurso provido. Sentença anulada. Determinada a continuidade do processamento do feito na vara de origem.
> **5.** Sem honorários, por se tratar de recorrente vencedor.

Por outro lado, a **2ª Turma Recursal de Minas Gerais** decide a mesma questão de maneira diametralmente oposta, firmando o posicionamento de que **os Juizados Especiais Federais já preveem regra de competência que facilita o acesso do segurado ao juizado mais próximo, não sendo, portanto, aplicável a Súmula 689 do STF**, nos termos abaixo:

> **RECURSO Nº: 2009.38.00.711157-0 Nº DE ORIGEM: 2008.38.00.730603-5 RELATOR(A): JADER ALVES FERREIRA FILHO RECORRENTE: MILTON CARLOS VIANA RECORRIDO(A): INSTITUTO NACIONAL DO SEGURO SOCIAL – INSS**

EMENTA – VOTO

JUIZADOS ESPECIAIS FEDERAIS. RECURSO INOMINADO. BENEFÍCIO PREVIDENCIÁRIO. COMPETÊNCIA. INAPLICABILIDADE DA SÚMULA 689 DO STF. RECURSO DESPROVIDO.

A 2ª Turma Recursal/MG pacificou entendimento segundo o qual o Enunciado da Súmula 689 do STF não se aplica à especificidade do caso. "Foi pensado na facilidade de acesso do segurado ao juizado mais próximo do local de sua residência, que o legislador fez prevalecer a competência do juizado especial federal com jurisdição na cidade de sua residência, em detrimento de outro local, inclusive da capital do estado. Instituiu-se, no § 3º do art. 3º da Lei 10.259/01, regra de competência territorial absoluta, ao dizer: *"no foro onde estiver instalada Vara do Juizado Especial, a sua competência é absoluta."* A competência absoluta atende a um critério de política legislativa e não pode ser modificada pelas partes, ainda que estivessem em comum acordo. Assim, não pode a parte segurada escolher a capital do estado para ajuizar a demanda em desfavor ao instituto de previdência; ela deve propô-la no juizado especial com jurisdição na sua cidade ou, no mínimo, no juizado federal mais próximo, por força do art.20 da Lei 10.259/01. E nem se diga que está havendo descumprimento da súmula 689 do Supremo Tribunal Federal. Como visto, ao editá-la, o Excelso Pretório não levou em conta norma específica contida na lei dos juizados Especiais Federais, partindo apenas da interpretação de dispositivo constitucional que não relação com os juizados. Registra-se, ainda, que, ao proferir as primeiras decisões dando pela prevalência da mencionada súmula, acreditava que os poucos casos, cerca de cinco anos eram isolados. Agora é possível perceber que não: são inúmeras demandas ajuizadas na capital do estado, muito longe do domicílio da parte, por conveniência exclusiva de seu procurador, *data venia*. Isso provoca inclusive, ônus excessivo para parte, que tem que trazer suas testemunhas para a vara da capital e aqui comparecer para audiência e para se submeter a exames médicos por sua própria conta, se se tratar de causa envolvendo benefício de incapacidade." (2008.38.00.723283-3 – Juiz Federal Gláucio Ferreira Maciel Gonçalves – 2ª Turma Recursal/MG) Mantém-se a sentença que extingui o processo sem resolução do mérito. Recurso Desprovido. Honorários Advocatícios fixados em 20% sobre o valor da condenação, ficando suspensos, uma vez que a parte se encontra sob o pálio da Justiça Gratuita.

Na mesma linha, a **1ª Turma Recursal do Distrito Federal** entende a opção do segurado pelo foro da capital só é valida se este é o juizado especial federal mais próximo, consoante fundamentação abaixo proferida nos autos n. 2005.34.00.915250-0:

PROCESSUAL CIVIL. AÇÃO DE COBRANÇA. INCOMPETÊNCIA TERRITORIAL DO JUIZADO ESPECIAL FEDERAL DO DISTRITO FEDERAL. ART. 109, § 2º, DA CF E ART. 20 DA LEI Nº 10.259/01. RECURSO IMPROVIDO.
I - O juízo a quo extinguiu o processo, sem julgamento do mérito, em face do reconhecimento da incompetência do Juizado Especial Federal do Distrito Federal para o feito. Asseverou não ser extensivo ao caso a opção de foro prevista no art. 109, § 2º, da Constituição Federal, tendo em vista que a parte autora reside na **cidade de Piracicaba-SP e a ação fora ajuizada contra o INSS**.
II - A opção pelo foro do Distrito Federal, nos termos do art. 109, § 2º, da Constituição Federal, restringe-se às causas intentadas contra a União. As ações em que figura autarquia, fundação ou empresa pública federal no pólo passivo da relação processual devem ser ajuizadas no juizado especial federal mais próximo do foro definido no art. 4º da Lei nº 9.099/95, consoante dispõe o art. 20 da Lei nº 10.259/2001.
III - Quando se trata de definição de competência de juizado especial federal, a regra do art. 4º da Lei nº 9.099/95 deve ser conjugada com a do art. 20 da Lei nº 10.259/2001 se, no domicílio do autor, não houver vara da Justiça Federal. Desse modo, a **opção pelo foro do Distrito Federal somente é válida se este for a sede de juizado especial federal mais próxima do local onde, em princípio, deveria ser proposta a ação**.
IV - Muito embora os **juizados especiais federais tenham sido concebidos para facilitar o acesso à Justiça** - como forma de impor celeridade e economia processual aos feitos -, os princípios que o informam não podem ser utilizados para afastar as regras que fixam sua competência territorial. Pelo contrário, **legitimam nas, no sentido de promover a proximidade do juiz com as partes, elementos de prova e demais fatos e procedimentos relacionados ao processo**, sem prejuízo da especificidade contida no art. 109, § 2º, da Constituição Federal.

A partir do confronto entre os acórdãos, depreende-se que a **SIMILITUDE FÁTICA** está bastante clara, uma vez que, em ambos os casos, discute-se a **opção do segurado para propor a ação previdenciária contra o INSS** no juizado da capital ou no juizado mais próximo de sua cidade que não é sede da Justiça Federal.

Contudo, diante da mesma circunstância fática, as Turmas Recursais adotaram decisões divergentes. Enquanto a 1ª TRBA assegura o direito de opção do segurado sempre para a propositura da ação no foro da capital, as demais Turmas Recursais, especificamente 2ª Turma Recursal de MG e 1ª Turma Recursal do DF, entendem que o segurado somente pode exercer o direito de opção perante o foro da capital se este for o juizado mais próximo.

Deste modo, demonstrada a similitude fática e havendo divergência entre o entendimento da 3ª Turma Recursal da Bahia e a 2ª Turma Recursal de Minas Gerais e a 1ª do Distrito Federal, presentes todos os requisitos para a admissão do Pedido de Uniformização.

d) Da fundamentação do Direito Material

Das razões que motivaram a edição da Súmula 689 do STF

Inicialmente, convém esclarecer que **o art. 109, §3º, da CF/88 não se aplica ao caso em comento**, uma vez que a Turma Recursal da Bahia parte da premissa equivocada de que a faculdade prevista no enunciado da Súmula n.º 689 do STF decorre da interpretação deste diploma constitucional, afastando a legislação específica sobre a matéria.

Para tanto, faz-se necessário trazer a controvérsia jurídica surgida quando da edição da aludida Súmula (*o segurado pode ajuizar ação contra a instituição previdenciária perante o juízo federal do seu domicílio ou nas varas federais da capital do estado-membro*). A divergência existente à época é muito bem caracterizada pelo Ministro Relator Ilmar Galvão no julgamento do RE 293246, conforme trecho a seguir transcrito:

> A **Primeira Turma** desta Corte tem dado ao texto constitucional uma interpretação mais elástica, reconhecendo a "competência dos juízes federais da capital do Estado para o julgamento de causas entre o INSS e segurado domiciliado em município sob jurisdição de outro juiz federal" (REs 227.183, 239.594 e 293.244, todos da relatria do Ministro Sepúlveda Pertence, o último dos quais julgado em 06/03/2001).
>
> A **Segunda Turma**, inicialmente, adotou a mesma orientação, conforme se depreende do acórdão proferido em 26/10/98 no RE 224.799, Relator Ministro Nelson Jobim. Posteriormente, contudo, no Julgamento do AGRRE 227.132, em 22/06/99, relatado pelo Ministro Marco Aurélio, passou a entender que, "cuidando a ação de benefício previdenciário e havendo no domicílio do segurado ou beneficiário vara federal, descabe o

ajuizamento da ação em juízo diverso, a teor do disposto no § 3.º do artigo 109 da Constituição Federal".

De acordo com o respectivo voto condutor, não pode "o próprio jurisdicionado escolher o órgão competente para julgar a demanda. O que o dispositivo constitucional prevê é a atuação da Justiça comum quando não se conta, no domicílio do segurado ou beneficiário, com vara federal".

Em face da divergência, submeto este recurso à apreciação do Plenário, **reafirmando meu entendimento**, manifestado nos precedentes da Primeira Turma de que fui Rel.ator (REs 223.146, 224.101, 225.264, 224.794, 224.930 e 228.190), **no sentido de que, em se tratando de litígio contra instituição de previdência social, o ajuizamento da ação, se não ocorrer na Justiça Estadual, pode ser feito tanto perante o foro da Justiça Federal do domicílio do segurado como das Varas Federais especializadas da Capital do Estado-membro**, tendo em vista que o legislador constituinte, no art. 109, § 3º, conferiu ao segurado um privilégio de foro amplo, não podendo esta disposição ser invocada em seu prejuízo.

A competência, no caso, é territorial - portanto, relativa - cabendo esclarecer que a ação contra entidade autárquica deve ser ajuizada, em princípio – **pelas regras comuns de processo** - no foro de sua sede ou naquele em que se encontra a agência ou sucursal responsável pelos atos que derem origem à causa (CPC, artigos 94 e 100, IV, a e b).

Com respeito à autarquia previdenciária, contudo, a Constituição modificou tais regras, ao dispor, no art. 109, § 3º, que "serão processadas e julgadas na justiça estadual, no foro do domicílio dos segurados ou beneficiário, as causas em que forem parte instituição de previdência social e segurado, sempre a comarca não seja sede de vara do juízo federal..."

A norma, portanto, há de ser interpretada como tendo sido instituída em prol da comodidade processual do segurado que, em face dela, já não se vê compelido a deslocar-se para a sede da autarquia, ou de sua agência obrigada à prestação do benefício, com a finalidade de ajuizar a ação cabível. Inverteu-se, assim, no interesse do autor, a regra da competência de foro, prevista na legislação processual, que beneficiava o réu. Emprestar a esta, portanto, caráter absoluto, ou conferir uma interpretação literal ao texto constitucional, significaria desnaturar o favor maior com que foi o segurado contemplado pelo constituinte nas ações da espécie.

Portanto, se **a competência da Justiça Estadual, no caso, não exclui a da Federal**, conforme assentou esta Corte desde a Constituição de 1969 (REs 117.707, 1ª Turma, Relatar Ministro Moreira Alves, e 104.589, 2ª Turma, Relatar Ministro Francisco Resek), não há, conseqüentemente, obstáculo a que o segurado, com domicílio em comarca que não seja sede de vara federal, ajuíze seu pleito no juízo federal da capital do Estado.

Ao final desta controvérsia, restou assentado a posição do Relator no sentido de que **o art. 109, §3º conferiu apenas <u>mais uma opção</u> para o segurado ou beneficiário em relação ao juízo estadual**, de modo que <u>não poderia ser afastado o seu direito de escolha pelo ente federal</u>, cuja **fixação da competência territorial dentre os órgãos federais continuaria sendo examinada pela lei processual comum**.

Da inexistência de competência concorrente entre foros federais

Com isso, **a competência da Justiça Federal é concorrente apenas em relação à Justiça Estadual**, nos termos do dispositivo constitucional supra transcrito, mas, **optando por propor a ação perante a Justiça Federal**, a questão acerca da competência dos juízos federais será resolvida **com base na legislação processual pertinente**.

Esta conclusão pode ser extraída de outros julgados do STF que **serviram de alicerce para a edição da Súmula do STF**. Vejamos:

AI-AgR 208833/RS, Ministro Otávio Gallotti – (Relator):

Trata, o § 3º do art. 109 da Constituição, de discriminação de competências entre a Justiça Federal e a dos Estados, ao passo que dirimida, no caso, pelo acórdão recorrido, com base na legislação adjetiva comum (artigos 102 e 114 do CPC), controvérsia travada acerca de competência de órgãos da Justiça Federal.
Trata-se, de norma instituída em benefício do segurado, que contra ele não pode ser validamente invocada pelo Instituto.

AI-AgR 208834/RS, Ministro Carlos Velloso

O RE é inviável. A competência absoluta é da Justiça Federal, **dado que não ocorrente a hipótese do § 3º do art. 109 da C.F.** É que no domicílio do segurado há Vara Federal. O segurado, como vimos, ajuizou a ação na Justiça Federal da sede da Seção Judiciária. Tem-se, nesse caso, competência relativa, competência de foro, que pode ser

prorrogada. E foi o que aconteceu, porque a autarquia não excepcionou a Juízo Federal da Capital. A questão se resolve, portanto, com base na lei processual, certo que o réu, INSS tem, agência nos dois foros, o do domicílio do autor e da Capital do Estado, que foi o escolhido (CPC, art. 94, § 1º).
A questão, portanto, repete-se, resolve-se com base na lei processual, tornando indireta a alegação de ofensa à Constituição.

Deste modo, a previsão constitucional contida no art. 109, parágrafo 3º, faculta o seu ajuizamento na justiça estadual de seu domicílio quando a comarca não for sede do juízo federal, com o intuito de evitar que o segurado tenha que se deslocar para outro município para propor a ação contra o Instituto. A competência é concorrente em relação ao juízo federal e estadual, mas, optando o segurado pelo juízo federal, a questão será tratada pelas regras processuais correlatas.

Com isso, **já é possível concluir que o art. 109, § 3º, não se aplica à controvérsia discutida nestes autos, qual seja, competência territorial entre os juizados especiais federais do interior do Estado-membro e o da Capital**.

A respeito deste tema, salutar é a transcrição de parte do texto do Ilustre Juiz Federal Villian Bollmann[7]:

> Ou seja, a origem dos precedentes citados é clara ao distinguir dois temas que são completamente diferentes: (1) competência e incompetência territoriais entre varas federais e (2) foros estadual e federal concorrentes.
>
> Assim, não obstante existir entendimento no sentido de que a presença da autarquia previdenciária implicaria também competência constitucional do foro da Capital, vê-se que, surgida, no plano fático, a situação delineada no §3 do art. 109 da CR ("causas em que forem parte instituição de previdência social e segurado, sempre que a comarca não seja sede de vara do juízo federal"), **existirão dois foros concorrentes** para processar a demanda: (a) justiça estadual do domicílio do autor; (b) vara federal competente de acordo com a legislação aplicável à espécie.
>
> A interpretação gramatical do texto constitucional permite apenas essa conclusão, sendo acompanhada tanto pela exegese sistemática quanto pela teleológica. Com efeito, analisando o dispositivo no contexto normativo em que está inserido, ou seja, na conexão que ele possui com as demais normas do ordenamento (interpretação sistemática), constata-se que o art. 109 trata das hipóteses gerais de competência dos juízes federais e o seu §3o cria uma exceção, permitindo, em certas condições, a

---

[7] Extraído do site do TRF da 1ª Região, no campo de artigos doutrinários atinentes ao Juizado Especial Federal

delegação de parte destas demandas para o juízo estadual. Logo, o referido dispositivo não trata de delegação de competência entre juízes federais com criação de juízos concorrentes, mas sim delegação desta justiça para a estadual. Quanto aos fins desejados pela referida norma (interpretação teleológica), resta claro que a hipótese prevista no §3 do art. 109 da CR visa, diante da realidade então existente de não interiorização da Justiça Federal, permitir que, em face da amplitude geográfica da República Federativa, o segurado não ficasse desamparado, mas que pudesse buscar o seu direito material no local que fosse mais próximo de si.

Ora, ocorre que, desistindo da opção de se socorrer na vara estadual, ao escolher a Justiça Federal para demandar contra a autarquia previdenciária, **o autor submete-se às regras processuais pertinentes**, quais sejam, o CPC para o rito ordinário e a LJEF para as do rito nesta previsto, **sem a incidência do §3do art. 109 da CR**, pois não haverá a delegação para o Juízo Estadual.

Por conseguinte, **o fundamento da faculdade prevista na Súmula 689 do STF em relação aos foros federais** – capital do Estado-Membro ou juízo federal sob jurisdição no domicílio do segurado/beneficiário - **advém das regras processuais, mais especificamente o art. 94, 1°§, do CPC**, no qual prevê que, quando tiver mais de um domicílio, o réu será demandado no foro de qualquer um deles.

Da especificidade do Sistema dos Juizados Especiais Federais

Por outro lado, **tratando-se de demandas oriundas dos Juizados Especiais Federais**, mesmo mantendo a opção pela Justiça Estadual nos termos do art. 109, §3°, **não se aplica esta faculdade em relação aos foros federais, uma vez que a legislação específica prevê disciplina diversa da contida no Código de Processo Civil**.

Isto é, nas causas de valor superior a 60 salários mínimos, aplica-se o CPC, mais especificamente o art. 94, §1° e art. 100, IV, situação da qual originou a edição da súmula 689. Contudo, **tratando de demanda dos Juizados Especiais Federais, aplica-se a legislação especial (Lei 10.259/01) na qual estabelece ser absoluta a competência deste juízo quando no foro** (unidade territorial sobre o qual se exerce o poder jurisdicional) **estiver instalada vara do juizado especial**. Esclareceremos melhor.

Com efeito, em relação à competência territorial dos Juizados Especiais Federais, a Lei 10.259/01 assim dispõe:

Art. 3°

§ 3º **No foro onde estiver instalada Vara do Juizado Especial**, a sua competência é **absoluta**.

Art. 20. **Onde não houver Vara Federal, a causa poderá ser proposta no Juizado Especial Federal mais próximo** do foro definido no art. 4o da Lei no 9.099, de 26 de setembro de 1995, vedada a aplicação desta Lei no juízo estadual.

Estes dois dispositivos indicam a competência em razão do local, ou seja, territorial no âmbito dos Juizados Especiais Federais. Desse conjunto normativo à luz da Constituição Federal, extrai-se a conclusão de que **a) a parte autora que resida em domicílio sob jurisdição de vara do Juizado Especial Federal somente pode propor a demanda neste juízo especial, sendo vedada a opção perante juizado integrante de outra subseção**; b) **se não houver vara federal**, a parte pode propor a ação no Juizado Especial Federal mais próximo do foro previsto no art. 4º, da Lei 10.259/01, ou na **Justiça Estadual do seu domicílio**.

Quando não há juizado especial federal, portanto, no domicílio do autor, resta a opção pela Justiça Estadual respectiva ou o juizado especial federal. Não é dado ao segurado optar por qualquer dos foros federais do Estado, inclusive o JEF da Capital, a não ser que este seja o mais próximo de sua residência.

Este posicionamento reflete a interpretação mais consentânea com os princípios dos Juizados Especiais Federais, tais como os princípios da celeridade, economia processual e da simplicidade, ao passo que favorece a conciliação entre as partes, tudo em consonância com o art. 98 da Constituição Federal.

Neste contexto, transcreve-se trecho da decisão proferida pelo M.M. Juiz Federal Eduardo Gomes Carqueija, nos autos n.º 2008.33.00.700018-0:

> A medida em apreço justifica-se diante da vasta área do Estado da Bahia, a qual contempla diversas paisagens vegetais, traduzindo diferentes realidades, o que a**conselha a condução da instrução pelo Juiz que se encontre mais próximo da situação fática sob análise**.
>
> Ademais, **as dificuldades de deslocamento de boa parte dos acionantes, muitas vezes, acarretam a extinção do processo, em face da ausência do demandante no tocante à realização de perícia médica, audiência, etc**.

Assim, **o Juiz Federal da Subseção** em questão, máxime em se tratando de demandas que necessitam de perícias médica e socioeconômica, assim como audiência, **encontra-se afeito à realidade local**. Dessa forma, p**ode vir de modo mais desenvolto, visando à melhor instrução do processo e propiciando celeridade e economia processual**, critérios norteadores dos Juizados Especiais.

Ademais, **esta ideia** também **se alinha com a exegese das normas constitucionais sobre competência, qual seja, proximidade da relação jurídica a ser dirimida com o órgão julgador**. Os dispositivos abaixo traçam o contorno desta exegese constitucional:

> Art. 5º
> LXXVIII - a todos, no âmbito judicial e administrativo, são assegurados **a razoável duração do processo e os meios que garantam a celeridade de sua tramitação**. (Incluído pela Emenda Constitucional nº 45, de 2004)
>
> Art. 98. A União, no Distrito Federal e nos Territórios, e os Estados criarão:
> I - juizados especiais, providos por juízes togados, ou togados e leigos, competentes para a conciliação, o julgamento e a execução de causas cíveis de menor complexidade e infrações penais de menor potencial ofensivo, mediante os **procedimentos oral e sumariíssimo**, permitidos, nas hipóteses previstas em lei, **a transação** e o julgamento de recursos por turmas de juízes de primeiro grau;
>
> Art. 109
> § 2º - As causas intentadas contra a União poderão ser aforadas na seção judiciária em que for domiciliado o autor, naquela onde houver ocorrido o ato ou fato que deu origem à demanda ou onde esteja situada a coisa, ou, ainda, no Distrito Federal.
>
> § 3º - Serão processadas e julgadas na justiça estadual, no foro do domicílio dos segurados ou beneficiários, as causas em que forem parte instituição de previdência social e segurado, sempre que a comarca não seja sede de vara do juízo federal, e, se verificada essa condição, a lei poderá permitir que outras causas sejam também processadas e julgadas pela justiça estadual.

Depreende-se claramente da leitura destas normas que **o legislador constituinte tinha como premissa para delimitar o juiz competente a sua proximidade** com os fatos a serem discutidos na lide, objetivando facilitar o acesso do cidadão a Justiça e permitir uma prestação jurisdicional mais célere, justa e eficiente.

Afinal, não é por outra razão que o art. 109, §2º faculta o aforamento da ação no local mais próximo da controvérsia jurídica a ser dirimida (domicílio do autor, onde ocorreu o fato ou ato e onde esteja situada a coisa). E o parágrafo 3º do mesmo diploma reforça este preocupação ao assegurar opção pelo foro do seu domicílio, mesmo que esse não seja sede do juízo federal, não só porque isto evita que o cidadão do interior tenha que percorrer uma longa distância para obter sua prestação jurisdicional, mas também para prestigiar o juiz mais próximo do fato.

Nos JEF's, esta proximidade é ainda mais necessária para que seja possível concretizar o comando constitucional contido no art. 98, da CF/88, que prestigia os procedimentos oral e sumaríssimo, além da transação.

Diante deste espírito constitucional, não pode prosperar a interpretação da Turma Recursal no sentido de conceder a opção do segurado de ajuizar uma ação em um juizado que não seja o mais próximo do seu domicílio, deixando de assegurar os meios que garantiriam ao juízo a celeridade na tramitação do feito.

Na realidade, **essa faculdade irrestrita em relação aos segurados/beneficiários da previdência social confronta-se com o princípio do juiz natural**, até porque, em matéria de competência, deve-se sempre prevalecer o interesse público, consubstanciado na prestação jurisdicional célere, adequada e justa.

In casu, a Seção Judiciária da Capital do Estado não é o Juizado Especial Federal mais próximo do domicílio da parte autora, razão pela qual a decisão recorrida deve ser reformada para reconhecer a incompetência territorial deste foro, confirmando a sentença na sua integralidade.

e) Requerimentos

Por todo o exposto, uma vez demonstrada a similitude fática e a divergência entre a decisão recorrida e os acórdãos paradigmas anexo, **requer o INSS seja o presente Pedido de Uniformização conhecido e provido, para declarar extinto o processo, sem resolução do mérito, reconhecendo a incompetência territorial do Juizado Especial Federal da Capital do Estado por não ser o mais próximo da residência da parte**.

Salvador, 20 de maio de 2014.

FREDERICO AUGUSTO DI TRINDADE AMADO
Procurador Federal

RECURSO Nº: 2009.38.00.711157-0 Nº DE ORIGEM: 2008.38.00.730603-5
RELATOR(A): JADER ALVES FERREIRA FILHO RECORRENTE: MILTON
CARLOS VIANA RECORRIDO(A): INSTITUTO NACIONAL DO SEGURO
SOCIAL – INSS

EMENTA – VOTO

JUIZADOS ESPECIAIS FEDERAIS. RECURSO INOMINADO. BENEFÍCIO
PREVIDENCIÁRIO. COMPETÊNCIA. INAPLICABILIDADE DA SÚMULA
689 DO STF. RECURSO DESPROVIDO.

A 2ª Turma Recursal/MG pacificou entendimento segundo o qual o Enunciado da Súmula 689 do STF não se aplica à especificidade do caso. "Foi pensado na facilidade de acesso do segurado ao juizado mais próximo do local de sua residência, que o legislador fez prevalecer a competência do juizado especial federal com jurisdição na cidade de sua residência, em detrimento de outro local, inclusive da capital do estado. Instituiu-se, no § 3º do art. 3º da Lei 10.259/01, regra de competência territorial absoluta, ao dizer: *"no foro onde estiver instalada Vara do Juizado Especial, a sua competência é absoluta."* A competência absoluta atende a um critério de política legislativa e não pode ser modificada pelas partes, ainda que estivessem em comum acordo. Assim, não pode a parte segurada escolher a capital do estado para ajuizar a demanda em desfavor ao instituto de previdência; ela deve propô-la no juizado especial com jurisdição na sua cidade ou, no mínimo, no juizado federal mais próximo, por força do art.20 da Lei 10.259/01. E nem se diga que está havendo descumprimento da súmula 689 do Supremo Tribunal Federal. Como visto, ao editá-la, o Excelso Pretório não levou em conta norma específica contida na lei dos juizados Especiais Federais, partindo apenas da interpretação de dispositivo constitucional que não relação com os juizados. Registra-se, ainda, que, ao proferir as primeiras decisões dando pela prevalência da mencionada súmula, acreditava que os poucos casos, cerca de cinco anos eram isolados. Agora é possível perceber que não: são inúmeras demandas ajuizadas na capital do estado, muito longe do domicílio da parte, por conveniência exclusiva de seu procurador, *data venia*..Isso provoca inclusive, ônus excessivo para parte, que tem que trazer suas testemunhas para a vara da capital e aqui comparecer para audiência e para se submeter a exames médicos por sua própria conta, se se tratar de causa envolvendo benefício de incapacidade." (2008.38.00.723283-3 – Juiz Federal Gláucio Ferreira Maciel Gonçalves – 2ª Turma Recursal/MG)

Mantém-se a sentença que extingui o processo sem resolução do mérito.

Recurso Desprovido. Honorários Advocatícios fixados em 20% sobre o valor da condenação, ficando suspensos, uma vez que a parte se encontra sob o pálio da Justiça Gratuita.

EMENTA-VOTO

JUIZADOS ESPECIAIS FEDERAIS. AGRAVO DE INSTRUMENTO. BENEFÍCIO PREVIDENCIÁRIO. COMPETÊNCIA. INAPLICABILIDADE DA SÚMULA 689 DO STF. LIMINAR REVOGADA. AGRAVO DESPROVIDO.

1 – A 2ª Turma Recursal/MG pacificou entendimento segundo o qual o Enunciado da Súmula 689 do STF não se aplica à especificidade do caso. "Foi pensando na facilidade de acesso do segurado ao juizado mais próximo do local de sua residência, que o legislador fez prevalecer a competência do juizado especial federal com jurisdição na cidade de sua residência, em detrimento de outro local, inclusive da capital do estado. Institui-se, no § 3º do art. 3º da Lei 10.259/01, regra de competência territorial absoluta, ao dizer: *"no foro onde estiver instalada Vara do Juizado Especial, a sua competência é absoluta."* A competência absoluta atende a um critério de política legislativa e não pode ser modificada pelas partes, ainda que estivessem em comum acordo. Assim, não pode a parte segurada escolher a capital do estado para ajuizar a demanda em desfavor do instituto de previdência; ela deve propô-la no juizado especial com jurisdição na sua cidade ou, no mínimo, no juizado federal mais próximo, por força do art. 20 da Lei 10.259/01. E nem se diga que está havendo descumprimento da Súmula 689 do Supremo Tribunal Federal. Como visto, ao editá-la, o Excelso Pretório não levou em conta norma específica contida na Lei dos Juizados Especiais Federais, partindo apenas da interpretação de dispositivo constitucional que não tem relação com os juizados. Registra-se, ainda, que, ao proferir as primeiras decisões dando pela prevalência da mencionada súmula, acreditava que os poucos casos, cerca de cinco, eram isolados. Agora, é possível perceber que não; são inúmeras demandas ajuizadas na capital do estado, muito longe do domicílio da parte, por conveniência exclusiva do seu procurador, *data venia*. Isso provoca, inclusive, ônus excessivos para a parte, que tem a obrigação de trazer suas testemunhas para a vara da capital e aqui comparecer para a audiência e para se submeter a exames médicos por sua própria conta, se se tratar de causa envolvendo benefício de incapacidade." (2008.38.00.723283-3 – Juiz Federal Gláucio Ferreira Maciel Gonçalves – 2ª Turma Recursal/MG).
2 – Revoga-se a liminar que deferiu efeito ativo.
3 – Nega-se provimento ao agravo de instrumento, interposto pela parte autora.

Jurisprudência das Turmas Recursais dos Juizados Especiais Federais

Dados do Acórdão	
Processo	2005.34.00.915250-0
Relator	JUIZ FEDERAL ALEXANDRE MACHADO VASCONCELOS
Órgão Julgador	PRIMEIRA TURMA - DF
Publicação	DJ-DF 22/05/2009
Data da Decisão	14/05/2009
Decisão	A Turma Recursal, por unanimidade, NEGOU PROVIMENTO AO RECURSO.
Ementa	PROCESSUAL CIVIL. AÇÃO DE COBRANÇA. INCOMPETÊNCIA TERRITORIAL DO JUIZADO ESPECIAL FEDERAL DO DISTRITO FEDERAL. ART. 109, § 2º, DA CF E ART. 20 DA LEI Nº 10.259/01. RECURSO IMPROVIDO. I - O juízo a quo extinguiu o processo, sem julgamento do mérito, em face do reconhecimento da incompetência do Juizado Especial Federal do Distrito Federal para o feito. Asseverou não ser extensivo ao caso a opção de foro prevista no art. 109, § 2º, da Constituição Federal, tendo em vista que a parte autora reside na cidade de Piracicaba-SP e a ação fora ajuizada contra o INSS. II - A opção pelo foro do Distrito Federal, nos termos do art. 109, § 2º, da Constituição Federal, restringe-se às causas intentadas contra a União. As ações em que figura autarquia, fundação ou empresa pública federal no pólo passivo da relação processual devem ser ajuizadas no juizado especial federal mais próximo do foro definido no art. 4º da Lei nº 9.099/95, consoante dispõe o art. 20 da Lei nº 10.259/2001. III - Quando se trata de definição de competência de juizado especial federal, a regra do art. 4º da Lei nº 9.099/95 deve ser conjugada com a do art. 20 da Lei nº 10.259/2001 se, no domicílio do autor, não houver vara da Justiça Federal. Desse modo, a opção pelo foro do Distrito Federal somente é válida se este for a sede de juizado especial federal mais próxima do local onde, em princípio, deveria ser proposta a ação. IV - Muito embora os juizados especiais federais tenham sido concebidos para facilitar o acesso à Justiça - como forma de impor celeridade e economia processual aos feitos -, os princípios que o informam não podem ser utilizados para afastar as regras que fixam sua competência territorial. Pelo contrário, legitimam nas, no sentido de promover a proximidade do juiz com as partes, elementos de prova e demais fatos e procedimentos relacionados ao processo, sem prejuízo da especificidade contida no art. 109, § 2º, da Constituição Federal. V - Sentença mantida. Recurso improvido. VI - Honorários pela parte recorrente, fixados em 10% sobre o valor atualizado da causa - litigando o sucumbente, contudo, sob o pálio da justiça gratuita. VII - Julgamento em consonância com o art. 46 da Lei nº 9.099/95.

46. CONTRARRAZÕES AO INCIDENTE DE UNIFORMIZAÇÃO PARA A TURMA REGIONAL DE UNIFORMIZAÇÃO

Recebida a petição do incidente de uniformização pela secretaria da turma recursal, o presidente mandará intimar o recorrido para responder no prazo de quinze dias. Findo o prazo para a resposta, o presidente da turma recursal apreciará a admissibilidade do incidente.

EXMO(ª). SR(ª). DR(ª). JUIZ(ª) PRESIDENTE DA TURMA RECURSAL DOS JUIZADOS ESPECIAIS FEDERAIS DA SEÇÃO JUDICIÁRIA xxxx.

PROCESSO *XXXXX.*

O **INSTITUTO NACIONAL DO SEGURO SOCIAL – INSS**, autarquia federal, representada pela Procuradoria-Geral Federal, nos autos em epígrafe, por seu Procurador Federal *in fine* assinado, vem, respeitosamente, à presença de V. Ex.ª, apresentar **CONTRA-RAZÕES AO PEDIDO DE UNIFORMIZAÇÃO PARA A TRU**, na forma e com fulcro nos fundamentos fáticos e jurídicos explicitados nas razões anexas.

Requer, para tanto, que, uma vez recebido o Incidente e cumpridos os requisitos legalmente exigidos, sejam os autos, com as razões anexas, enviados à consideração da **Turma Regional de Uniformização** da Jurisprudência dos Juizados Especiais Federais.

Nestes termos, pede deferimento.

FREDERICO AUGUSTO DI TRINDADE AMADO
Procurador Federal

CONTRARRAZÕES

Eméritos Julgadores,
Colenda Turma,

1. SINOPSE FÁTICA

Insurge-se a parte Autora, contra decisão colegiada da Turma Recursal da Bahia que indeferiu seu pedido de amparo social tendo em conta a ausência do requisito legal da hipossuficiência econômica.

Segundo o laudo socioeconômico a renda per capita familiar é superior ao requisito legal. Logo, a renda per capita do grupo familiar era muito superior ao limite estabelecido pela Lei 8.742/93 (1/4 do salário-mínimo).

**2. DA INADMISSIBILIDADE DO RECURSO –
AUSÊNCIA DE SIMILITUDE FÁTICA**

Cumpre-nos destacar que não merece sequer ser conhecido o presente recurso, uma vez que a parte autora **não demonstrou a divergência entre a decisão recorrida e o acórdão paradigma**.

Além disso, **o acórdão paradigma apresentado não guarda similitude fática em relação ao presente caso**, circunstância que também corrobora a inadmissão do incidente de uniformização, conforme questão de ordem nº 22:

É possível o não-conhecimento do pedido de uniformização por decisão monocrática quando o acórdão recorrido não guarda similitude fática e jurídica com o acórdão paradigma (Aprovada na 8ª Sessão Ordinária da Turma Nacional de Uniformização, do dia 16.10.2006).

Infere-se do acórdão impugnado que o seu fundamento principal foi o fato de que **a renda familiar per capita excede o percentual de ¼ do salário mínimo**.

Assim, não havendo similitude fática e não demonstrando a existência de divergência de questão de mérito, **discutir novos aspectos por meio deste incidente implicaria em uma mera reanálise dos autos (reexame de provas).**

Conclui-se, portanto, que não há similitude fática entre os acórdãos em confronto e nem há divergência jurisprudencial a ser dirimida pela Turma Nacional, mas tão somente reexame da prova, o que é inadmitido neste momento, consoante precedentes da Turma Regional e Nacional de Uniformização.

3. DO MÉRITO DO RECURSO

O benefício ora pleiteado foi criado pelo Art. 203, inciso V da CF, estando inserido na seção IV "Da Assistência Social", como um auxílio excepcional, uma vez que independe de contribuição, destinando-se a amparar os portadores de deficiência e os idosos incapacitados para o trabalho e sem outros meios de sobrevivência.

Para melhor elucidar a questão transcreve-se abaixo a referida norma constitucional:

> *"Art. 203. A assistência social será prestada a quem dela necessitar, independente de contribuição à seguridade social, e tem por objetivos:*
>
> *...*
>
> *V – a garantia de um salário mínimo de benefício mensal à pessoa portadora de deficiência e ao idoso que comprovem não possuir meios de prover a própria manutenção ou de tê-la provida por sua família, conforme dispuser a lei." (grifamos)*

A regulamentação que viabiliza a aplicabilidade de tal disposição constitucional foi dada através do Decreto n° 6.214/2007 de 08/12/95, estabelecendo as condições de concessão do benefício pela Lei 8.742/93.

A Lei 8.742/93 supracitada teve vigência assegurada a partir de 1°de janeiro de 1996, e visou elucidar os requisitos exigidos para concessão do benefício.

No que se refere ao caso concreto, é imprescindível maiores elucidações acerca do Art. 20 desta lei, que guarda o seguinte:

> Art. 20. O benefício de prestação continuada é a garantia de um salário-mínimo mensal à pessoa com deficiência e ao idoso com 65 (sessenta e cinco) anos ou mais que comprovem não possuir meios de prover a própria manutenção nem de tê-la provida por sua família. (Redação dada pela Lei n° 12.435, de 2011)
>
> § 1° Para os efeitos do disposto no **caput**, a família é composta pelo requerente, o cônjuge ou companheiro, os pais e, na ausência de um deles, a madrasta ou o padrasto, os irmãos solteiros, os filhos e enteados solteiros e os menores tutelados, desde que vivam sob o mesmo teto. (Redação dada pela Lei n° 12.435, de 2011)
>
> § 2° Para efeito de concessão deste benefício, considera-se pessoa com deficiência aquela que tem impedimentos de longo prazo de natureza física, mental, intelectual ou sensorial, os quais, em interação com diversas barreiras, podem obstruir sua participação plena e efetiva na sociedade em igualdade de condições com as demais pessoas. (Redação dada pela Lei n° 12.470, de 2011)
>
> **§ 3° Considera-se incapaz de prover a manutenção da pessoa com deficiência ou idosa a família cuja renda mensal per capita seja inferior a 1/4 (um quarto) do salário-mínimo.** (Redação dada pela Lei n° 12.435, de 2011)

§ 4º O benefício de que trata este artigo não pode ser acumulado pelo beneficiário com qualquer outro no âmbito da seguridade social ou de outro regime, salvo os da assistência médica e da pensão especial de natureza indenizatória. (Redação dada pela Lei nº 12.435, de 2011)

(...)" *(grifamos)*

Assim, a Lei 8.742/93 veio dar eficácia à norma constitucional, estabelecendo os parâmetros para a concessão do benefício. Cabia ao legislador ordinário, em razão da redação do inciso V do art. 203, eleger os beneficiários da assistência social, e este optou por estabelecer um critério objetivo, qual seja, a comprovação de renda familiar inferior a ¼ do salário mínimo *per capita*.

O legislador quando elegeu um critério objetivo, pois não fosse assim, haveria uma margem muito grande de discricionariedade para a concessão do benefício, o que poderia levar à situações de desigualdade, uma vez que cada juiz tem um critério diferente para aferir a possibilidade de uma família prover o sustento do integrante deficiente ou idoso.

Segundo consta dos autos, não é o que ocorre na hipótese vertente, pois não foram atendidos todos os requisitos da Lei, notadamente **a renda *per capita* que, *in casu*, é superior a ¼ do salário-mínimo.**

Verifica-se dos autos que a renda do grupo familiar, composta por três pessoas é superior a um salário mínimo e, portanto, excede ao patamar legal. Além das condições de moradia serem bastante superior a renda declarada.

4. REQUERIMENTOS

Requer, pois, que seja inadmitido o pedido de uniformização, com a condenação da parte autora nos **ônus** da sucumbência, como medida de Justiça.

Por cautela, caso recebido, que esta **egrégia** Turma Regional negue provimento ao recurso contrariado.

Nestes termos, pede deferimento.

FREDERICO AUGUSTO DI TRINDADE AMADO
Procurador Federal

47. DECISÃO DA TURMA RECURSAL QUE INADMITE O INCIDENTE PARA A TURMA REGIONAL DE UNIFORMIZAÇÃO

Não será admitido o incidente que versar matéria já decidida pela Turma Regional de Uniformização ou pela Turma Nacional de Uniformização. Isso porque, neste caso, a uniformização já foi promovida.

Outrossim, somente será admitindo o incidente se houver divergência em direito material sobre questão não uniformizada pela Turma Regional, desde que o paradigma tenha sido lavrado por Turma Recursal da mesma Região.

PROCESSO Nº
RECURSO INOMINADO
RECORRENTE: INSTITUTO NACIONAL DO SEGURO SOCIAL - INSS
RECORRIDO:

DECISÃO

Devidamente intimada do acórdão proferido pela Turma Recursal desta Seção Judiciária, a parte interessada interpôs Pedido de Uniformização de Interpretação de Lei Federal/PUIF Nacional, apontando a existência de divergência em relação à Turma Nacional de Uniformização de Jurisprudência.

Não foram apresentadas contrarrazões.

Aferidos os requisitos da legitimidade, tempestividade e da regularidade da representação processual.

Ao exame das razões recursais, verifica-se que a divergência apontada no incidente leva em consideração a fundamentação do voto vencido, e não o quanto decidido no acórdão lavrado nos autos, claro ao julgar procedente o pedido de concessão de aposentadoria rural, nos termos seguintes; *"Neste contexto, tenho por provados os requisitos necessários à concessão do benefício almejado: idade mínima de 60 anos e labor por 168 meses em atividade rural, fato tornado certo tanto pelos documentos residentes nos autos, como pela prova testemunhal produzida."*

Desta forma, não vislumbro a apontada divergência jurisprudencial, tampouco o interesse recursal da parte recorrente ao pretender o reconhecimento da condição de rurícola com continuidade do pagamento do benefício.

Isto posto, **INADMITO** o pedido de uniformização, determinando, após intimações devidas, a remessa dos autos ao Juízo de origem.

Publique-se. Intimem-se.

Juiz Federal
Coordenador das Turmas Recursais Federais

48. AGRAVO PARA DESTRANCAR INCIDENTE PARA A TURMA REGIONAL

Em caso de **inadmissão preliminar** dos pedidos de uniformização de jurisprudência, a parte poderá interpor **agravo** nos próprios autos, no prazo de **quinze dias** (eram 10 dias até o advento da Resolução CJF 393/2016), a contar de sua intimação, fundamentando-se no equívoco da decisão recorrida, a ser julgado pela TRU.

EXMO (A). SR(A). DR (A). JUIZ FEDERAL PRESIDENTE DA TURMA REGIONAL DE UNIFORMIZAÇÃO

PROCESSO:

O **INSTITUTO NACIONAL DO SEGURO SOCIAL - INSS**, autarquia federal, representada pela Procuradoria-Geral Federal, nos autos em epígrafe, por seu Procurador Federal *in fine* assinado, vem, respeitosamente, à presença de V. Ex.ª, apresentar

AGRAVO

contra a r. decisão que inadmitiu o **incidente nacional de uniformização de jurisprudência**, para que, cumpridas as formalidades legais, sejam os autos remetidos a egrégia **TURMA REGIONAL DE UNIFORMIZAÇÃO**, nos termos da legislação pertinente.

Nestes termos, pede deferimento.

FREDERICO AUGUSTO DI TRINDADE AMADO
Procurador Federal

Egrégia Turma Nacional de Uniformização

1. TEMPESTIVIDADE

Inicialmente, a respeito da tempestividade do presente recurso, frise-se que a intimação da Autarquia Previdenciária fora intimada através do E-Cint com início de prazo em 17.09.2015 restando demonstrada a sua tempestividade.

2. BREVE RESUMO DOS FATOS

A parte autora, residente no interior do Estado, em município distante e abrangido por Subseção distinta da Capital, propôs a presente ação no foro da capital visando à concessão do benefício de aposentadoria por idade rural.

O juízo da capital desta Seção Judiciária da Bahia reconheceu a incompetência territorial por entender que a Súmula 689 do STF não se aplica a disciplina dos Juizados Especiais Federais, uma vez que a Lei n. 10.259/01 apresenta critérios de competência próprios, bem como que o direito de opção pelo foro é incompatível com os princípios da oralidade, simplicidade, informalidade, economia e celebridade.

A **Primeira Turma Recursal da Bahia**, no entanto, anulou a decisão para que a ação tramite na capital, entendendo que se aplica a Súmula 689 do STF e reafirmando a Súmula n. 01 das Turmas desta Seção Judiciária no seguinte sentido: *"nas ações de natureza previdenciária, a competência é concorrente, podendo ser ajuizadas tanto no juizado especial federal da Subseção Judiciária que abrange o domicílio do autor, quanto no juizado especial federal da Capital do Estado-Membro".*

Contra tal entendimento foi interposto o Pedido de Uniformização para a Turma Regional que ora se pretende fazer conhecer.

3. DOS PARADIGMAS E DO COTEJO ANALÍTICO

A matéria impugnada não encontra óbice para ser conhecida nessa instância.

A divergência está perfeitamente demonstrada tendo em vista que enquanto a Turma Recursal da Bahia entende que, no presente caso, é aplicável a Súmula 689 do STF a Turma Recursal do Distrito Federal e a Turma Recursal de Minas Gerais entendem de modo diverso, acolhendo a tese de incompetência territorial quando o Autor intenta ação na Seção Judiciária quando seu domicílio é alcançado pela jurisdição de Subseção Judiciária.

É necessário uniformizar o entendimento, tendo em vista o que a decisão da Turma Recursal da Bahia ofende o princípio constitucional de interiorização da justiça além de vulnerar outras normas legais já invocadas no recurso obstruído.

Ante o exposto, requer seja acolhida a presente impugnação, desobstruindo o julgamento do Pedido de Uniformização Interposto com posterior julgamento do mérito, com o intuito de que, nos moldes do precedente jurisprudencial da Corte em anexo seja declarada a incompetência territorial.

P. Deferimento.
FREDERICO AUGUSTO DI TRINDADE AMADO
Procurador Federal

49. JULGAMENTO DO AGRAVO PELA TURMA REGIONAL DE UNIFORMIZAÇÃO PARA DESTRANCAR INCIDENTE

Uma vez interposto agravo para a TRU contra decisão da Turma Recursal que não admitiu incidente de uniformização para a Turma Regional, caberá o seu julgamento monocrático ao Presidente da TRU (desembargador federal), que admitirá ou não o incidente.

PODER JUDICIÁRIO
TRIBUNAL REGIONAL FEDERAL DA PRIMEIRA REGIÃO

Numeração Única:
PEDIDO DE UNIFORMIZAÇÃO DE INTERPRETAÇÃO DE LEI FEDERAL N.

RECORRENTE : INSTITUTO NACIONAL DO SEGURO SOCIAL - INSS
PROCURADOR :
RECORRIDO :
ADVOGADO :

DECISÃO

Vistos, etc.

1. Trata-se de Pedido de Uniformização de Interpretação de Lei Federal interposto pelo Instituto Nacional do Seguro Social, contra acórdão proferido pela 1ª Turma Recursal do Estado da Bahia, o qual deu provimento ao recurso para anular a sentença, determinando o prosseguimento da ação na Vara de origem, na Capital.

Aponta divergência com o pronunciamento exarado pela 2ª Turma Recursal do Estado de Minas Gerais e pela Turma Recursal do Distrito Federal. Alega que os Juizados Especiais Federais já prevêem regra de competência para facilitar o acesso do segurado, desta forma não se aplica a Súmula 689 do STF, sendo competente para o julgamento da causa a Subseção Judiciária que abrange o município do autor (fls. 51/66).

2. Em contrarrazões, a recorrida pugna pelo não conhecimento do recurso e, no mérito, pelo desprovimento (fls. 77/80).

3. O incidente de uniformização não foi admitido, conforme se observa da decisão de fls. 82.

4. A autarquia previdenciária agravou (fls. 89/92).

5. É o relatório.

6. Decido.

O art. 1º da Resolução/PRESI 600-008, de 05/07/2004 dispõe que:

> *Art. 1º Caberá pedido de uniformização de interpretação de lei federal quando houver divergência, acerca de questões de direito material, entre decisões proferidas pelas Turmas Recursais da Primeira Região na interpretação da lei.*

PODER JUDICIÁRIO
TRIBUNAL REGIONAL FEDERAL DA PRIMEIRA REGIÃO
Numeração Única:
PEDIDO DE UNIFORMIZAÇÃO DE INTERPRETAÇÃO DE LEI FEDERAL N.

No presente caso, versando o incidente sobre a competência territorial, matéria de ordem processual, não há que ser admitido.

7. Ante o exposto, não admito o Pedido de Uniformização de Jurisprudência, mantendo a decisão proferida pelo Juiz Federal Coordenador das Turmas Recursais do Estado da Bahia.

8. Publique-se. Intimem-se.

9. Após o prazo para recurso, devolvam-se os autos ao juízo de origem.

Brasília, 5 de maio de 2016.

Desembargadora Federal
Presidente da Turma Regional de Uniformização de Jurisprudência

50. DECISÃO DE INADMISSÃO MONOCRÁTICA DO RELATOR DO INCIDENTE DE UNIFORMIZAÇÃO NA TURMA REGIONAL

Poderá o Relator do processo na Turma Regional, monocraticamente, inadmitir incidente de uniformização, nos termos do artigo 5º, *caput* e § 1º, da Resolução CJF 347/2015.

Nesta decisão apresentada a seguir, o incidente para a TRU não foi conhecido por ausência juntada de certidão, cópia autenticada, citação do repositório de jurisprudência ou reprodução de página da internet, com indicação da respectiva fonte (endereço URL).

Processo

PEDIDO 289056920134013

PEDIDO de UNIFORMIZAÇÃO de JURISPRUDÊNCIA

Relator(a)

GUILHERME FABIANO JULIEN de REZENDE

Órgão julgador

Turma Regional de UNIFORMIZAÇÃO de JURISPRUDÊNCIA da 1ª Região

Fonte

Diário Eletrônico 08/07/2016

Decisão

DECISÃO MONOCRÁTICA. Trata-se de Pedido de Uniformização de Interpretação de Lei Federal interposto por OLIMPIA JORGE POVOA contra acórdão proferido pela 1ª Turma Recursal da Seção Judiciária de Goiás. O Colegiado de origem considerou válida a retroação dos efeitos financeiros da GDPST a partir da data de publicação da Portaria n. 3.627/10, de 22/11/2010, que veiculou os critérios e procedimentos específicos de avaliação de desempenho individual e institucional no âmbito do Ministério da Saúde. A recorrente defende, em suma, que a GDPST somente perdeu o seu caráter genérico com a publicação do resultado do primeiro ciclo de avaliação de desempenho dos servidores ativos. Foi apontada divergência em face de entendimento firmado pelo STF e por Turma Recursal do Distrito Federal. Nos termos do artigo 95 do Regimento Interno dos JEFs, TRs e TRU da 1ª Região: Compete à Turma Regional de Uniformização da 1ª Região processar e julgar pedido fundado em divergência entre as decisões das turmas recursais da 1ª Região, os embargos de declaração opostos aos seus julgados e o agravo regimental da decisão do relator e do presidente. Todavia, o acórdão reproduzido no corpo do pedido de uniformização é oriundo do Tribunal Regional Federal da 1ª Região, o qual não possui aptidão para demonstrar o dissídio jurisprudencial apontado, o que, por si só, enseja o não conhecimento do incidente. Nesse sentido, vale transcrever o seguinte julgado desta TRU da 1ª Região: EMENTA-VOTO PROCESSUAL. PRESSUPOSTOS RECURSAIS. DISSÍDIO Regional. AUTENTICIDADE DOS PARADIGMAS. ÔNUS. NÃO COMPROVAÇÃO. INCIDENTE NÃO CONHECIDO. 1. A parte autora suscita Incidente de Uniformização de Jurisprudência em face de acórdão prolatado pela 1ª Turma Recursal dos Juizados Especiais Federais da Bahia. 2. **Em atenção às formalidades do recurso para verificar a divergência apontada e as circunstâncias que identificam os casos confrontados, bem como assegurar a autenticidade do conteúdo das decisões reportadas, o alegado dissídio jurisprudencial deve ser comprovado de forma adequada, indispensável a juntada de cópia confiável da íntegra dos paradigmas invocados, sendo insuficiente a mera transcrição no corpo do recurso**. 3. Facultado ao recorrente desincumbir-se desse ônus através da juntada de certidão, cópia autenticada, citação do repositório de jurisprudência ou reprodução de página da internet, com indicação da respectiva fonte (endereço URL). 4. Inteligência do p. único do Art. 86 do Regimento Interno desta Turma Regional de Uniformização de Jurisprudência da 1ª Região (Resolução Presi 17, de 19/09/2014, com as alterações da Resolução Presi 30, de 18/12/2014), como também da aplicação analógica do parágrafo único do art. 541 do CPC (Lei nº 11.341/2006), que disciplina a interposição dos recursos extraordinário e especial. 5. Aptidão de dissídio regional para instaurar o Incidente Regional de Uniformização de Jurisprudência, sendo inservíveis os paradigmas emanados do Supremo Tribunal Federal, Superior Tribunal de Justiça, de Tribunais Regionais Federais ou da Turma Nacional de Uniformização de Jurisprudência dos Juizados Especiais Federais (exegese do art. 14 da Lei nº 10.259/2001). 6. Incidente NÃO CONHECIDO. (PEDIDO 244952520094013, REL. SUPLENTE: – Turma Regional de UNIFORMIZAÇÃO de JURISPRUDÊNCIA, Diário Eletrônico 11/12/2015) **Ante o exposto, considerando a ausência de um dos pressupostos de admissibilidade do pedido de uniformização, consistente na demonstração de divergência entre decisões de Turmas Recursais da 1ª Região, não conheço do presente incidente.** Brasília/DF, 08 de abril de 2016. Juiz Federal Guilherme Fabiano Julien de Rezende. Relator. Publicação: 08/07/2016 – pág. 3534

Data da Decisão

08/04/2016

51. AGRAVO REGIMENTAL CONTRA INADMISSÃO MONOCRÁTICA DA TURMA REGIONAL

Contra a decisão de inadmissão monocrática lavrada na TRU de incidente de uniformização, o recurso cabível é o agravo regimental, no prazo de 15 dias, nos termos do artigo 5º, § 1º, da Resolução CJF 347/2015, alterada pela Resolução 393/2016.

EXCELENTÍSSIMO SENHOR DOUTOR DESEMBARGADOR PRESIDENTE DA TURMA REGIONAL DE UNIFORMIZAÇÃO DA XX REGIÃO.

Processo: XXXXXXXX

O **INSTITUTO NACIONAL DO SEGURO SOCIAL – INSS**, autarquia federal, representada pela Procuradoria-Geral Federal, nos autos em epígrafe, por seu Procurador Federal *in fine* assinado, vem, respeitosamente, à presença de V. Ex.ª, em atenção à decisão de fls., apresentar o presente **AGRAVO REGIMENTAL** (artigo 5º, §1º, da Resolução CJF 347/2015, alterada pela Resolução 393/2016), a fim de submeter as razões aqui apresentadas à apreciação dos demais membros desta egrégia Turma Regional de Uniformização

1. DA TEMPESTIVIDADE:

Preliminarmente, a respeito da tempestividade do presente recurso, frise-se que a intimação da Autarquia Previdenciária ocorreu através do e-cint e que o prazo processual tem início 10 dias após a remessa da intimação.

Logo, comprovada está a tempestividade do presente recurso, que possui **prazo de 15 dias.**

2. DO MÉRITO

O MM. Presidente da TRU inadmitiu o incidente de uniformização ao argumento de que a tese que se busca uniformizar já foi fixada por esta TRU no julgamento do processo YYYYYYYYYYYYY, em EE/EE/2016.

No entanto, compulsando os autos verificou-se que o acórdão proferido pela E. Turma Regional trata de questão de direito material distinta da aqui apresentada, tendo havido erro de julgamento do MM. Presidente da TRU.

Este incidente versa sobre a extensão do auxílio-acompanhante a um aposentado por tempo de contribuição **que continua exercendo atividade laboral remunerada e recolhendo contribuições previdenciárias.**

Já a tese fixada por esta TRU no julgamento do processo YYYYYYYYYYYYY, em EE/EE/2016, trata de um aposentado por tempo de contribuição **que NÃO continua exercendo atividade laboral remunerada e recolhendo contribuições previdenciárias.**

Logo, o apresente agravo deve ser acolhido, devendo esse Turma Regional julgar o mérito do pedido de uniformização, pois a tese ainda não foi apreciada por esse Turma Regional, existindo divergência entre a Turma Recursal XX e a Turma Recursal YY pertencentes à mesma Região.

3. DO PEDIDO

Isto posto, requer o INSS que Vossa Excelência reconsidere a decisão, determinando o prosseguimento da tramitação do incidente de uniformização, ou receba a presente petição sob a forma de **AGRAVO REGIMENTAL,** a fim de submeter as razões aqui apresentadas à apreciação dos demais membros desta egrégia Turma Regional.

Conhecido o recurso, requer o agravante que seja declarada a **NULIDADE** da decisão monocrática proferida pelo Exmo. Sr. Dr. Juiz Presidente da TRU.

Nestes Termos,

Pede deferimento.

Salvador,

FREDERICO AUGUSTO DI TRINDADE AMADO
Procurador Federal

52. DECISÃO DA TURMA REGIONAL QUE JULGA AGRAVO REGIMENTAL CONTRA INADMISSÃO DO INCIDENTE PELO RELATOR

Uma vez interposto agravo regimental contra a decisão monocrática do Presidente da TRU que inadmitiu o incidente de uniformização, caberá ao Colegiado reapreciar a decisão singular, dando ou negando provimento ao recurso.

Ao dar provimento, o incidente terá o seu mérito julgado e a tese deve ser uniformizada pela TRU.

Processo

PEDIDO

PEDIDO de UNIFORMIZAÇÃO de JURISPRUDÊNCIA 2005.38.00.710080-6

Relator(a)

MARIA DIVINA VITÓRIA

Órgão julgador

Turma Regional de UNIFORMIZAÇÃO de JURISPRUDÊNCIA DA 1ª REGIÃO

Fonte

Diário Eletrônico 10/01/2008

Decisão

Decide a Turma Regional de Uniformização, POR UNANIMIDADE, CONHECER DO AGRAVO INTERNO E NEGAR-LHE PROVIMENTO, JULGANDO PREJUDICADO O RECURSO, nos termos do voto da Juíza Relatora.

Ementa

AGRAVO INTERNO. SERVIDOR PÚBLICO. REAJUSTE de 3,17%. PRESCRIÇÃO. MATÉRIA JÁ PACIFICADA. SÚMULA N. 4 da Turma Regional de UNIFORMIZAÇÃO. AUSÊNCIA de DIVERGÊNCIA. 1. A edição da Medida Provisória n. 2.225-45, de 4 de setembro de 2001, implicou renúncia à prescrição das parcelas relativas ao reajuste de 3,17% do IPC-r (Súmula 4 da Turma Regional de Uniformização). 2. Ausência de divergência jurisprudencial. 3. Agravo a que se nega provimento. Recurso prejudicado. INTEIRO TEOR: RELATÓRIO. Trata-se de Agravo Regimental interposto pelo CENTRO FEDERAL de EDUCAÇÃO TECNOLÓGICA – CEFET/MG, em face da decisão monocrática que não admitiu o pedido de uniformização de jurisprudência por ele formulado, em decorrência de já se encontrar pacificada pela Turma Regional de Uniformização a controvérsia jurisprudencial alegada. Em petição de difícil compreensão, ao final desta requereu que seja exercido o juízo de retratação, reconhecendo-se a prescrição qüinqüenal das parcelas vencidas relativas ao reajuste de 3,17% ou, alternativamente, que seja processado o recurso como Agravo de Instrumento. É o relatório, em síntese. VOTO Inicialmente, recebo o recurso como agravo interno, por analogia ao disposto no art. 557, § 1º, do Código de Processo Civil A controvérsia jurisprudencial relativa à renúncia ao prazo prescricional levada a efeito pela Medida Provisória n. 2245-45 encontra-se atualmente superada em face da edição da Súmula 4 desta Turma Regional de Uniformização, com o seguinte teor: Súmula 4. A edição da Medida Provisória n. 2.225-45, de 4 de setembro de 2001, implicou renúncia à prescrição das parcelas relativas ao reajuste de 3,17% do IPC-r. De fato, pacificou-se o entendimento de que a Medida Provisória 2245-45 terminou por reconhecer o direito dos servidores públicos federais ao percentual em questão e, assim sendo, houve renúncia tácita ao prazo prescricional, recomeçando tal lapso a fluir da mencionada Medida Provisória. Nesse sentido, confira-se os seguintes julgados: ADMINISTRATIVO. SERVIDOR PÚBLICO. REAJUSTE de 3,17%. LEI Nº 8.880/94. TERMO INICIAL da PRESCRIÇÃO QÜINQÜENAL. DATA da EDIÇÃO da MEDIDA PROVISÓRIA Nº 2.225/2001. 1. A edição da Medida Provisória nº 2.225/2001, implicou em renúncia tácita à prescrição, uma vez que foi determinado o pagamento, em até sete anos, de todas as parcelas devidas a título do resíduo em questão. Entendimento do Tribunal Regional Federal da 1ª Região e do Superior Tribunal de Justiça. 2. Incidente de uniformização conhecido e improvido (2005.38.00.755850-3 Rel. JUÍZA FEDERAL DANIELE MARANHÃO COSTA.

Turma Regional de UNIFORMIZAÇÃO de JURISPRUDÊNCIA Publicação DJU 26/04/2007) FUNCIONÁRIO PÚBLICO. REAJUSTE de 3,17%. PRESCRIÇÃO. INOCORRÊNCIA. 1. Reconhecido pela Medida Provisória 2.225-45/2001 o direito ao reajuste residual de 3,17% ao funcionalismo público, não há de se falar em prescrição, que foi interrompida na conformidade do art. 172, V, do Código Civil de 1916. 2. Pedido de Uniformização de Jurisprudência provido. (2003.34.00.712212-0. Relator JUIZ FEDERAL EULER de ALMEIDA SILVA JÚNIOR. Turma Regional de UNIFORMIZAÇÃO de JURISPRUDÊNCIA Publicação DJ-DF 02/09/2005). Em face do exposto, conheço do recurso como agravo interno e lhe nego provimento, julgando prejudicado o recurso, nos termos do art. 557 do CPC, com redação dada pela Lei 9.756/98, art. 6º, VII da Resolução/Presi 600-008/2004 do TRF da 1ª Região. É como voto.

Data da Decisão

31/08/2006

53. ACÓRDÃO DA TURMA REGIONAL

Uma vez admitido o incidente de uniformização na TRU, o pedido terá o seu mérito julgado e a tese deve ser uniformizada pela TRU.

INCIDENTE DE UNIFORMIZAÇÃO JEF Nº

RELATOR :
RECORRENTE :
ADVOGADO :
RECORRIDO : INSTITUTO NACIONAL DO SEGURO SOCIAL - INSS
ADVOGADO : Procuradoria Regional da PFE-INSS

EMENTA

INCIDENTE DE UNIFORMIZAÇÃO DE JURISPRUDÊNCIA. PREVIDENCIÁRIO. **REVISÃO** DE **APOSENTADORIA** POR TEMPO DE CONTRIBUIÇÃO. EFEITOS FINANCEIROS.

1. Se o segurado tiver cumprido os requisitos legais para a obtenção do direito à **aposentadoria** por tempo de serviço no percentual máximo por ocasião do requerimento administrativo de concessão, o termo inicial dos efeitos financeiros daí decorrentes será o da respectiva DER.

2. Incidente conhecido e provido.

ACÓRDÃO

Vistos e relatados estes autos em que são partes as acima indicadas, decide a Egrégia Turma Regional De Uniformização do Tribunal Regional Federal da 4ª Região, por unanimidade, conhecer e dar provimento, nos termos do relatório, votos e notas taquigráficas que ficam fazendo parte integrante do presente julgado.

Relator

INCIDENTE DE UNIFORMIZAÇÃO JEF Nº
RELATOR : Juiz Federal
RECORRENTE :
ADVOGADO :
RECORRIDO : INSTITUTO NACIONAL DO SEGURO SOCIAL - INSS
ADVOGADO :

RELATÓRIO

Trata-se de pedido de uniformização interposto por   , com base no art. 14, § 1º, da Lei nº 10.259/2001, contra acórdão proferido pela 2ª Turma Recursal da Seção Judiciária do Rio Grande do Sul.

O autor ajuizou ação requerendo **revisão** do benefício de **aposentadoria** por tempo de contribuição, com reconhecimento de período de atividade rural. O pedido foi julgado parcialmente procedente, fixando os efeitos financeiros da **revisão** na data do ajuizamento da ação, já que a prova material acerca da atividade rural somente foi juntada no processo judicial. A 2ª Turma Recursal do Rio Grande do Sul manteve a sentença por seus próprios fundamentos.

Contra o acórdão insurge-se a Parte Autora, alegando que contraria entendimento da 2ª Turma Recursal do Paraná.

O incidente de uniformização foi admitido em sede de pedido de reconsideração.

O INSS não apresentou contrarrazões.

O Ministério Público Federal opinou pelo provimento do incidente.

Este, o relatório indispensável à análise da questão.

Relator

INCIDENTE DE UNIFORMIZAÇÃO JEF Nº
RELATOR : Juiz Federal.
RECORRENTE :
ADVOGADO :
RECORRIDO : INSTITUTO NACIONAL DO SEGURO SOCIAL - INSS
ADVOGADO :

VOTO

Invoca o Recorrente a manifestação desta Turma Regional de Uniformização, requerendo que a decisão da 2ª Turma Recursal da Seção Judiciária do Rio Grande do Sul seja reformada, de modo que seja reafirmado o entendimento dos JEFs da 4ª Região no que tange à retroação dos efeitos financeiros de pedido de **revisão** de **aposentadoria** por tempo de contribuição à data do pedido administrativo da concessão do benefício.

Admissibilidade

Registre-se, de início, a correspondência existente entre a controvérsia deduzida neste feito e a similar veiculada nos processos apontados como paradigmas de solução do dissenso, haja vista a semelhança dos fatos que embasam as ações (produção extemporânea da prova plena do exercício de atividade rural) e a identidade da questão jurídica colocada à solução (efeitos financeiros do pedido de revisão/concessão do benefício de aposentadoria). A divergência, por seu turno, também se encontra caracterizada, uma vez que a solução adotada no paradigma é substancialmente diversa do que foi decidido pelo juízo recorrido.

Uniformização

Insurge-se o Recorrente contra decisão da 2ª Turma Recursal da Seção Judiciária do Rio Grande do Sul, que reconheceu o direito à **revisão** de **aposentadoria** por tempo de contribuição, de modo a passar a perceber o benefício no percentual de 100% de sua base de cálculo, mas determinando que os efeitos financeiros da **revisão** ocorram a partir do ajuizamento da ação. A sentença, que foi confirmada pelos seus próprios fundamentos no acórdão recorrido assim decidiu:

"Por fim, o acréscimo advindo do reconhecimento do período rural (**05 anos, 07 meses e 09 dias**), somado ao tempo de serviço do autor até 01/06/2001, data do requerimento administrativo, ou seja, 32 anos, 07 meses e 01 dia (carta de concessão da fl. 43 e demonstrativo da fl. 39), perfaz, naquela data, o tempo total de **38 anos, 02 meses e 10 dias**, conferindo ao autor, portanto, o direito à **aposentadoria** por tempo de contribuição com renda mensal inicial de 100% do salário-de-benefício, nos termos da legislação vigente à época da concessão, desde o ajuizamento da ação.

É considerada a data do ajuizamento da ação (31/05/2006), pois o início de prova material do exercício da agricultura referente aos anos ora reconhecidos somente foi apresentado em Juízo (fls. 14/27)."

Em razões de incidente de uniformização, alega o Autor que a decisão da 2ª Turma Recursal da Seção Judiciária do Rio Grande do Sul contraria o entendimento da 2ª Turma Recursal da Seção Judiciária do Paraná (Recurso JEF nº 2004.70.95.012303-8, Rel. José Antonio Savaris, julgado em 25.04.2006). O acórdão utilizado como paradigma adota o seguinte entendimento quanto ao tema sub examine:

"Uma coisa é o cumprimento de todos os requisitos em lei para a obtenção do benefício. Outra coisa, bastante distinta, é o momento em que o titular de um direito existente logra demonstrar sua existência.

Não se deve condicionar o nascimento de um direito (já incorporado ao patrimônio e à personalidade de seu titular) ao momento em que se tem por comprovado os fatos que lhe constituem, por algumas razões elementares:
(...)
De fato, quando "**novos** documentos" são apresentados em Juízo pode-se até presumir que a Administração Previdenciária deles não tomou conhecimento.
(...)
Mas ademais não se pode sequer afirmar que com os **novos** documentos o INSS concederia de pronto o benefício.

Então não merece prevalecer essa noção de que os **novos** documentos apresentados em Juízo implicam a limitação da data de início do benefício.
(...)
As verbas vencidas desde a DER deverão ser atualizadas pelo IGP-DI até dezembro de 2003 e, a partir de então, por força da Lei 10.666/03, pelos mesmos índices que reajustam os benefícios previdenciários. A incidência dos juros moratórios deve seguir o enunciado da Súmula nº 75 do Tribunal Regional Federal da 4ª Região 4ª Região: *Os juros moratórios, nas ações previdenciárias, devem ser fixados em 12% ao ano, a contar da citação*", visto que todos os **elementos** de prova material foram apresentados com a petição inicial."

Compulsando os autos, verifica-se que a documentação relativa ao período rural, que ensejou a majoração obtida pelo Recorrente, só foi trazida à público por ocasião do ajuizamento da demanda judicial de **revisão** do benefício (31/05/2006). Este fato, além de defluir da documentação que instrui o feito, é admitido pelo próprio Recorrente na inicial, quando afirma que, no momento do encaminhamento administrativo, não apresentou ao INSS parte da documentação relativa ao período trabalhado em atividade rural, na condição de segurado especial.

Até recentemente, vinha este colegiado entendendo que, tendo o segurado apresentado documentação indiciária (ou plena) do exercício de atividade em condições especiais/atividade rural somente por ocasião do pedido de **revisão**, os efeitos financeiros daí decorrentes não retroagiriam à data da concessão do benefício, ficando restritos ao período que se inicia com o evento revisional.

A partir da sessão de 13.12.2010, no entanto, esta Turma Regional passou a adotar o entendimento da Turma Nacional de Uniformização no sentido de que, tendo o segurado cumprido os requisitos para a concessão da **aposentadoria** na data do requerimento administrativo, os efeitos financeiros correlatos terão como termo inicial o momento da concessão do benefício e não o da **revisão**.

Isto é o que se depreende do seguinte excerto:

PEDIDO DE UNIFORMIZAÇÃO NACIONAL. DIREITO PREVIDENCIÁRIO. **REVISÃO** DE BENEFÍCIO. EFEITOS FINANCEIROS. CUMPRIMENTO DOS REQUISITOS QUANDO DO REQUERIMENTO ADMINISTRATIVO. COMPROVAÇÃO EM JUÍZO. DISPOSIÇÃO LEGAL EXPRESSA. SÚMULA 33 DA TURMA NACIONAL DE UNIFORMIZAÇÃO. 1. Na dicção da Súmula 33 da TNU, "Quando o segurado houver preenchido os requisitos legais para concessão da **aposentadoria** por tempo de serviço nada data do requerimento administrativo, esta data será o termo inicial da concessão do benefício". 2. Segundo a teoria da norma, uma vez aperfeiçoados todos os critérios da hipótese de incidência previdenciária, desencadeia-se o juízo lógico que determina o dever jurídico do INSS conceder a prestação previdenciária. A questão da comprovação dos fatos que constituem o antecedente normativo constitui matéria estranha à disciplina da relação jurídica de benefícios e não inibem os efeitos imediatos da realização, no plano dos fatos, dos requisitos dispostos na hipótese normativa. 3. A **revisão** de uma **aposentadoria** gera efeitos a partir da data do requerimento administrativo quando os requisitos legais já eram aperfeiçoados pelo segurado desde então, ainda que a sua comprovação somente tenha sido possível em juízo. 4. O pagamento de diferenças desde a data da entrada do requerimento administrativo de **aposentadoria** não constitui instrumento de penalização da entidade previdenciária, mas exigência de norma jurídica expressa concretizadora da cláusula do direito adquirido (Lei 8.213/91, art. 49, II). 5. É inaceitável o sacrifício de parcela de direito fundamental de uma pessoa em razão de ela - que se presume desconhecedora do complexo arranjo normativo previdenciário - não ter conseguido reunir, no âmbito administrativo, a documentação necessária para a perfeita demonstração de seu direito. 6. Pedido de Uniformização conhecido e provido. (PEDILEF 200471950201090, JUIZ FEDERAL JOSÉ ANTONIO SAVARIS, 23/03/2010)

A este passo, importante destacar parte do voto proferido pelo Dr. José Antonio Savaris, Relator do processo na Turma Nacional de Uniformização, cujos fundamentos passo a utilizar como razão de decidir:

"Com efeito, é simplesmente irrelevante, para fins de determinação da data de início do benefício e pagamento das diferenças previdenciárias decorrentes, o momento em que o hipossuficiente econômico e informacional conseguiu demonstrar em juízo que faz jus à prestação de natureza alimentar previdenciária.

É de se lembrar que a única possibilidade - inscrita em norma jurídica válida - para a subtração de valores reconhecidamente devidos ao segurado da Previdência Social é a que decorre da prescrição incidente sobre as parcelas vencidas há mais de cinco anos do ajuizamento da ação (Lei 8.213/91, art. 103, parágrafo único).

Segundo a teoria da norma, uma vez aperfeiçoados todos os critérios da hipótese de incidência previdenciária, desencadeia-se o juízo lógico que determina o dever jurídico do INSS conceder a prestação previdenciária. A questão da comprovação dos fatos que constituem o antecedente normativo constitui matéria estranha à disciplina da relação jurídica de benefícios e não inibem os efeitos imediatos da realização, no plano dos fatos, dos requisitos dispostos na hipótese normativa.

Ora, se ao tempo do requerimento administrativo, o segurado cumpria todos os requisitos para a obtenção de benefício de valor mínimo reputado indispensável para sua subsistência e requereu administrativamente o benefício, opera-se o que se tem por exercício de um direito adquirido, assim compreendido aquele "que já se incorporou definitivamente ao patrimônio e à personalidade de seu titular, de modo que nem lei nem fato posterior possa alterar tal situação jurídica, pois há direito concreto, ou seja, direito subjetivo e não direito potencial ou abstrato" (DINIZ, Maria Helena. Lei de Introdução ao Código Civil Brasileiro Interpretada. São Paulo: Saraiva, 2004. p. 189).

Uma coisa é o cumprimento de todos os requisitos em lei para a obtenção do benefício. Outra coisa, bastante distinta, é o momento em que o titular de um direito existente logra demonstrar sua existência. É indevido condicionar-se o nascimento de um direito e seus efeitos (já incorporado ao patrimônio e à personalidade de seu titular) ao momento em que se tem por comprovado os fatos que lhe constituem.

As razões que amparam este entendimento são elementares:

- primeiro, não há qualquer norma jurídica, em qualquer seara de ordenamento posto sob às luzes de um Estado de Direito, a condicionar os efeitos de um direito adquirido ao momento de sua comprovação; a regra contida no art. 41, § 6º, da Lei 8.213/91, por versar sobre a data de início do pagamento e não data de início do benefício, não guarda

qualquer pertinência com a questão, concessa maxima vênia de quem entende no sentido contrário;

- segundo, seria o caso de enriquecimento ilícito do devedor, que teria todo estímulo para embaraçar a comprovação do fato que lhe impõe o dever de pagar, possibilitando-se a violação de tradicional princípio do direito civil, segundo o qual ninguém pode valer-se da própria torpeza;

- terceiro, restaria fulminado o instituto do direito adquirido, pois, se somente nasce o direito com a comprovação cabal de sua existência, então nada se adquiriu. Neste sentido: "Tendo restado comprovado que ao tempo da reiteração do primeiro requerimento administrativo o segurado já havia preenchido os requisitos para a concessão da **aposentadoria** integral por tempo de serviço, deve ser este o marco inicial do benefício, sob pena de violação ao direito adquirido, constitucionalmente garantido". (Resp 976.483/SP, Rel. Ministro Napoleão Nunes Maia Filho, Quinta Turma, julgado em 09/10/2007, DJ 05/11/2007 p. 371);

- quarto, inexiste raiz hermenêutica que permita a construção de um mecanismo de acertamento de relação jurídica que tenha por dado fundamental o momento em que o

magistrado tem por comprovado determinado fato;

- quinto, estaria criada uma penalização pela inércia na comprovação dos fatos constitutivos de um direito sem qualquer amparo legal.

No domínio do direito da Seguridade Social, tal pensamento causa ainda mais perplexidade, pois a lide previdenciária refere-se a pessoas presumivelmente hipossuficientes, e a valores que lhe foram indevidamente subtraídos de sua esfera jurídico-patrimonial pelo órgão gestor da Previdência Social, de parcelas que eram destinadas à subsistência do segurado e que não perderam esta natureza apenas porque não foram oportunamente pagas.

Na interpretação do direito social ganham realce o plexo de valores destinados à implementação da dignidade da pessoa humana em todas as suas manifestações e as exigências de concretização das normas constitucionais e de iluminação hermenêutica a partir dos princípios fundamentais; ganham destaque, igualmente, valores como Justiça (social), equidade (LICC, art. 5º) e respeito ao ser humano, como valor fonte.

Se o que aprendemos é que o juiz deve ter em conta, na atividade interpretativa, a finalidade social para qual foi produzida determinada norma, não é adequado realizar um "positivismo às avessas", aplicando um direito inexistente contra o hipossuficiente ou operando uma interpretação contra legem (já que há norma expressa, que assumiu determinado valor e disciplinou expressamente o fato (data de início do benefício)."

Ante ao exposto, voto por conhecer e dar provimento ao pedido de uniformização, para reafirmar o entendimento de que, se o segurado tiver cumprido os requisitos legais para a obtenção do direito à **aposentadoria** por tempo de serviço no percentual máximo, por ocasião do requerimento administrativo de concessão, o termo inicial dos efeitos financeiros daí decorrentes será o da respectiva DER.

Determino, assim, o retorno dos autos à Turma Recursal de origem para adequação do julgado.

Relator

54. DECISÃO DA TURMA REGIONAL QUE JULGA EMBARGOS DE DECLARAÇÃO

Contra as decisões da TRU, se omissas, contraditórias ou obscuras, caberá a interposição dos aclaratórios no prazo de 5 dias.

Processo

EMBARGOS 645443201440132

EMBARGOS de DECLARAÇÃO CONTRA JULGAMENTO COLEGIADO (CÍVEL)

Relator(a)

MARIA LÚCIA GOMES de SOUZA

Órgão julgador

Turma Regional de UNIFORMIZAÇÃO de JURISPRUDÊNCIA da 1ª Região

Fonte

Diário Eletrônico 13/05/2016

Decisão

A Turma de Uniformização de Jurisprudência das Turmas Recursais dos Juizados Especiais Federais da Primeira Região, por unanimidade, conheceu e deu provimento aos embargos de declaração para reconhecer contradição no acórdão embargado e proferir voto substitutivo no sentido de conhecer e negar provimento ao agravo. Juíza Federal MARIA LÚCIA GOMES de SOUZA Relatora. Publicação: 13/05/2016 – pág. 3561

Ementa

EMBARGOS de DECLARAÇÃO. CONTRADIÇÃO RECONHECIDA. VOTO SUBSTITUTIVO. NEGA PROVIMENTO A AGRAVO. 1. Trata-se de embargos de declaração interpostos pelo Instituto Nacional do Seguro Social – INSS, em face de acórdão da Turma Regional de Uniformização das Turmas Recursais da 1ª Região, que não conheceu do agravo interposto pela autarquia previdenciária. 2. O embargante defende o cabimento do agravo interno com fundamento no art. 95 do Regimento Interno das Turmas Recursais da 1ª Região (Resolução PRESI n. 17, de 19/09/2014). 3. Inicialmente, cumpre esclarecer que o acórdão embargado adotou a tese da irrecorribilidade da decisão de presidente da TRU com base no art. 88 do Regimento Interno das Turmas Recursais da 1ª Região (Resolução PRESI n. 17, de 19/09/2014). No entanto, não houve decisão emanada pela presidência da TRU nos presentes autos. O agravo suscitado pelo INSS foi interposto contra decisão da presidência da Turma Recursal do Amazonas e Roraima, que manteve a decisão agravada e remeteu os autos à TRU 1ª Região, que distribuiu diretamente o feito ao relator do colegiado. 4. Diante da ausência de decisão do presidente da TRU, é possível concluir que a tese utilizada no acórdão proferido encontra-se equivocada, reconhecendo-se assim a presença de contradição. Assim, assiste razão ao embargante. 5. O Regimento Interno das Turmas Recursais da 1ª Região (Resolução PRESI n. 17, de 19/09/2014) permite a interposição de agravo nos próprios autos contra decisão de presidente de Turma Recursal que nega seguimento a incidente de uniformização regional. A Resolução Presi 33 de 30/09/2015 alterou o art. 88 do Regimento, que passou a ter a seguinte redação. "Art. 88. Não admitido o incidente, a parte poderá interpor agravo nos próprios autos, no prazo de dez dias, contados da publicação da decisão recorrida, conforme o caso, ao presidente da Turma Regional de Uniformização ou da Turma Nacional de Uniformização, que decidirá de modo irrecorrível. Parágrafo único. O julgamento do agravo previsto no caput deste artigo compete à Turma Regional de Uniformização ou à Turma Nacional de Uniformização, conforme seja o destinatário do pedido de uniformização inadmitido". 6. Diante da possibilidade normativa de cabimento de agravo nos próprios autos, conheço dos embargos de declaração interpostos e dou-lhes provimento para conhecer do agravo anteriormente interposto. Sendo assim, passo ao julgamento do agravo nos termos do voto substitutivo a seguir. VOTO SUBSTITUTIVO Trata-se de agravo interposto pelo Instituto Nacional do Seguro Social – INSS contra decisão da presidência da Turma Recursal do Amazonas e Roraima, que inadmitiu o incidente de uniformização regional interposto pela autarquia previdenciária. Tem razão a decisão de inadmissibilidade do incidente. A discussão abordada acerca da aferição de incapacidade dos portadores de HIV, para fins de concessão de benefício previdenciário, já foi analisada pela TNU e pela própria TRU 1ª Região, as quais consolidaram o entendimento no sentido de que, nos pedidos de benefícios por incapacidade, especialmente naqueles em que a patologia seja decorrente do vírus HIV, cabe ao magistrado, para além do resultado da perícia médica, analisar as condições pessoais, sociais, econômicas e culturais, dentre outras, que possam afetar sua reinserção no mercado de trabalho. (PEDILEF 201251531021713, JUIZ FEDERAL WILSON JOSÉ WITZEL, TNU, DOU 23/01/2015 PÁGINAS 68/160) e (PEDILEF 2007.34.00.911964-4, JUIZ FEDERAL RELATOR PARA O ACÓRDÃO HERCULANO MARTINS NACIF, JUIZ RELATOR REGINALDO MÁRCIO PEREIRA, TRU da 1ª REGIÃO, DOU 02/10/2014). Ademais, insta mencionar a orientação firmada pela Turma Nacional de Uniformização no enunciado da Súmula 42: "Não se conhece de incidente de uniformização que implique reexame de matéria de fato". Sendo assim, observa-se que o acórdão da Turma Recursal de origem encontra-se em consonância com o entendimento da Turma Nacional de Uniformização e desta Turma Regional de Uniformização das Turmas Recursais da 1ª Região, devendo ser negado provimento ao agravo interposto pelo INSS, mantendo-se a decisão de inadmissibilidade do incidente. 7. Embargos de declaração do INSS conhecidos e providos para reconhecer a contradição no acórdão embargado e proferir voto substitutivo no sentido de conhecer e negar provimento ao agravo interposto pelo INSS, mantendo-se inteiramente o acórdão proferido pela Turma Recursal de origem. INTEIRO TEOR: RELATÓRIO. Trata-se de embargos de declaração interpostos pelo Instituto Nacional do Seguro Social – INSS, em face de acórdão da TRU 1ª Região que não conheceu do agravo interposto contra decisão da presidência da Turma Recursal do Amazonas e Roraima que inadmitiu o incidente de uniformização regional suscitado pela autarquia previdenciária. Ação: na origem, a autora ajuizou ação no Juizado Especial Federal da Seção Judiciária do Amazonas pleiteando a concessão do benefício previdenciário de auxílio-doença com conversão em aposentadoria por invalidez, bem como o pagamento das parcelas vencidas. Sentença: julgou improcedente a demanda em virtude de o parecer médico ter sido desfavorável. Recurso inominado: interposto pela parte autora alegando que é portadora de HIV e depressão, e que o entendimento da TNU nestes casos é de que a incapacidade deva ser aferida com base nas condições pessoais, sociais e econômicas, pois se trata de doença estigmatizante. Acórdão: a Turma Recursal do Amazonas e Roraima deu provimento ao recurso e concedeu aposentadoria por invalidez à autora, sob o argumento de que ela é portadora do vírus do HIV e, analisando suas condições pessoais, entendeu que presente a incapacidade decorrente da estigmatização social da doença, aplicando a Súmula 78-TNU: "Comprovado que o requerente de benefício é portador do vírus HIV, cabe ao julgador verificar as condições pessoais, sociais, econômicas e culturais, de forma a analisar a incapacidade em sentido amplo, em face da elevada estigmatização social da doença." Incidente de uniformização regional: o Instituto Nacional do Seguro Social ingressou com incidente de uniformização regional apresentando precedente da 1ª Turma Regional de Minas Gerais que preconiza pela descaracterização de pessoa portadora de deficiência, temporária ou permanente, quando perícia médica concluir expressamente pela inexistência de incapacidade para o trabalho, na forma dos arts. 42, 59 e 60 da Lei 8.213/91. Decisão inadmitindo o incidente: a presidência da Turma Recursal do Amazona e Roraima inadmitiu monocraticamente o incidente pela constatação de que o acórdão recorrido encontra-se em consonância com o entendimento adotado pela TNU. Agravo: irresignado o INSS reproduz os mesmos argumentos aduzidos no Incidente de Uniformização sustentando que o acórdão da Turma Recursal do Amazonas e Roraima está em dissonância com os julgados da 1ª Turma Recursal de Minas Gerais, pois enquanto naquela julga-se pela procedência do benefício previdenciário independentemente do perito judicial concluir pela ausência da incapacidade, no colegiado mineiro a prova pericial é idônea e descaracteriza a alegação de deficiência quando o *expert* conclui, expressamente, pela capacidade do segurado para o exercício das atividades laborais. Contrarrazões: em contrarrazões, a autora alega que é portadora do vírus HIV e suas condições pessoais, sociais, econômicas e culturais impedem-na de ter uma vida normal e saudável, sobretudo, em razão do estigma social que a acompanha por ser portadora da Síndrome da Imunodeficiência Adquirida (AIDS). Decisão: a presidência da Turma Recursal do Amazonas e Roraima mantém a decisão agravada pelos seus próprios fundamentos e determina a remessa dos autos à TRU 1ª Região. Acórdão: a TRU 1ª Região proferiu julgamento no sentido de não conhecer do agravo interposto pelo INSS por entender pela irrecorribilidade da decisão emanada pelo presidente da TRU. Embargos de declaração: o INSS interpôs embargos de declaração em face do acórdão proferido pela TRU 1ª Região, que não conheceu do agravo interposto. É o breve relatório. VOTO. Trata-se de embargos de declaração interpostos pelo Instituto Nacional do Seguro Social – INSS, em face de acórdão da Turma Regional de Uniformização das Turmas Recursais da 1ª Região, que não conheceu do agravo interposto pela autarquia previdenciária. O embargante defende o cabimento do agravo interno com fundamento no art. 95 do Regimento Interno das Turmas Recursais da 1ª Região (Resolução PRESI n. 17, de 19/09/2014) que assim dispõe: "Art. 95. Compete à Turma Regional de Uniformização da 1ª Região processar e julgar pedido fundado em divergência entre as decisões das turmas recursais da 1ª Região, os embargos de declaração opostos aos seus julgados e o agravo regimental da decisão do relator e do presidente". Inicialmente, cumpre esclarecer que o acórdão embargado adotou a tese da irrecorribilidade da decisão de presidente da TRU com base no art. 88 do Regimento Interno das Turmas Recursais da 1ª Região (Resolução PRESI n. 17, de 19/09/2014). No entanto, não houve decisão emanada pela presidência da TRU nos presentes autos. O agravo suscitado pelo INSS foi interposto contra decisão da presidência da Turma Recursal do Amazonas e Roraima, que manteve a decisão agravada e remeteu os autos à TRU 1ª Região, que distribuiu diretamente o feito ao relator do colegiado. Diante da ausência de decisão do presidente da TRU, é possível concluir que a tese utilizada no acórdão proferido encontra-se equivocada, reconhecendo-se assim a presença de contradição. Assim, assiste razão ao embargante. O Regimento

Interno das Turmas Recursais da 1ª Região (Resolução PRESI n. 17, de 19/09/2014) permite a interposição de agravo nos próprios autos contra decisão de presidente de Turma Recursal que nega seguimento a incidente de uniformização regional. A Resolução Presi 33 de 30/09/2015 alterou o art. 88 do Regimento, que passou a ter a seguinte redação. Art. 88. Não admitido o incidente, a parte poderá interpor agravo nos próprios autos, no prazo de dez dias, contados da publicação da decisão recorrida, conforme o caso, ao presidente da Turma Regional de Uniformização ou da Turma Nacional de Uniformização, que decidirá de modo irrecorrível. Parágrafo único. O julgamento do agravo previsto no caput deste artigo compete à Turma Regional de Uniformização ou à Turma Nacional de Uniformização, conforme seja o destinatário do pedido de uniformização inadmitido. Diante da possibilidade normativa de cabimento de agravo nos próprios autos, conheço dos embargos de declaração interpostos e dou-lhes provimento para conhecer do agravo anteriormente interposto. Sendo assim, passo ao julgamento do agravo nos termos do voto substitutivo a seguir. VOTO SUBSTITUTIVO Trata-se de agravo interposto pelo Instituto Nacional do Seguro Social – INSS contra decisão da presidência da Turma Recursal do Amazonas e Roraima, que inadmitiu o incidente de uniformização regional interposto pela autarquia previdenciária. Tem razão a decisão de inadmissibilidade do incidente. A discussão abordada acerca da aferição de incapacidade dos portadores de HIV, para fins de concessão de benefício previdenciário, já foi analisada pela TNU e pela própria TRU 1ª Região, as quais consolidaram o entendimento no sentido de que, nos pedidos de benefícios por incapacidade, especialmente naqueles em que a patologia seja decorrente do vírus HIV, cabe ao magistrado, para além do resultado da perícia médica, analisar as condições pessoais, sociais, econômicas e culturais, dentre outras, que possam afetar sua reinserção no mercado de trabalho. (PEDILEF 201251531021713, JUIZ FEDERAL WILSON JOSÉ WITZEL, TNU, DOU 23/01/2015 PÁGINAS 68/160) e (PEDILEF 2007.34.00.911964-4, JUIZ FEDERAL RELATOR PARA O ACÓRDÃO HERCULANO MARTINS NACIF, JUIZ RELATOR REGINALDO MÁRCIO PEREIRA, TRU da 1ª REGIÃO, DOU 02/10/2014). No caso em questão, a Turma de origem seguiu exatamente tal posicionamento. Ademais, insta mencionar a orientação firmada pela Turma Nacional de Uniformização no enunciado da Súmula 42: "Não se conhece de incidente de uniformização que implique reexame de matéria de fato". Sendo assim, observa-se que o acórdão da Turma Recursal de origem encontra-se em consonância com o entendimento da Turma Nacional de Uniformização e desta Turma Regional de Uniformização das Turmas Recursais da 1ª Região, devendo ser negado provimento ao agravo interposto pelo INSS, mantendo-se a decisão de inadmissibilidade do incidente. **Embargos de declaração do INSS conhecidos e providos para reconhecer a contradição no acórdão embargado e proferir voto substitutivo no sentido de conhecer e negar provimento ao agravo interposto pelo INSS, mantendo-se inteiramente o acórdão proferido pela Turma Recursal de origem.** MARIA LÚCIA GOMES de SOUZA JUÍZA FEDERAL

Data da Decisão
08/04/2016

55. INCIDENTE DE UNIFORMIZAÇÃO PARA A TURMA NACIONAL

Caso a decisão tomada pela Turma Recursal referente ao **direito material** divirja de outra Turma Recursal de região distinta ou de jurisprudência dominante do STJ, poderá a parte prejudicada oferecer **pedido de uniformização de jurisprudência para a Turma Nacional de Uniformização** sobre a aplicabilidade de lei federal, sendo descabido quando versar sobre questão de natureza processual, a exemplo de condições da ação e pressupostos processuais.

Nos termos do artigo 3º da Resolução CJF 347/2015, os pedidos de uniformização de jurisprudência serão interpostos no prazo de **15 dias**, a contar da publicação do acórdão recorrido.

EXMO.(a) SR.(a) DR.(a) JUIZ(a) COORDENADOR DAS TURMAS RECURSAIS DOS JUIZADOS ESPECIAIS FEDERAIS DA SEÇÃO JUDICIÁRIA DO ESTADO DA BAHIA

Processo: XXXXXXXX

O *INSTITUTO NACIONAL DO SEGURO SOCIAL – INSS, por seu Procurador ex lege, nos autos do processo em referência, vem, respeitosamente, com fundamento no art. 14, caput e § 2º, da Lei 10.259/2001, apresentar*

PEDIDO DE UNIFORMIZAÇÃO

*para a **TURMA DE UNIFORMIZAÇÃO NACIONAL**, requerendo seja admitido e remetido, com as anexas razões, em face da divergência entre a decisão ora recorrida e a jurisprudência do **Superior Tribunal de Justiça e das 1ª, 2ª, 3ª e 4ª Turmas Recursais da Seção Judiciária do Rio de Janeiro**.*

Termos em que pede deferimento.

FREDERICO AUGUSTO DI TRINDADE AMADO

Procurador Federal

RAZÕES DO PEDIDO DE UNIFORMIZAÇÃO

Eméritos Julgadores,

Colenda Turma,

a) Da tempestividade

Preliminarmente, a respeito da tempestividade do presente recurso, frise-se que a intimação da Autarquia Previdenciária ocorre com a carga dos autos pela Procuradoria, legítima representante judicial do Instituto, de acordo com o art. 17 da Lei n. Lei nº 10.910, de 15 de julho de 2004 e a Resolução nº 01/2009 das Turmas Recursais dos Juizados Especiais desta Seção Judiciária.

Desta forma, resta demonstrada a tempestividade.

b) Da exposição do fato e do direito

O presente recurso é dirigido contra acórdão proferido pela Eg. Turma Recursal, que condenou o INSS a conceder o acréscimo de 25% previsto no art. 45 da lei 8.213/91 sobre o valor da aposentadoria por idade percebida pelo autor.

Ocorre que o Superior Tribunal de Justiça e a 1ª, 2ª, 3ª e 4ª Turmas Recursais da Seção Judiciária do Rio de Janeiro decidem de modo diverso a mesma matéria, **entendendo somente ser possível conceder o referido acréscimo de 25% previsto no art. 45 da lei 8.213/91 ao titular de aposentadoria por invalidez.**

Desta forma, vale-se o INSS do presente Incidente para que seja fixado o entendimento de que não é possível a concessão do adicional de 25% previsto no art. 45 da Lei 8.213/91 para o titular de outro benefício que não seja a aposentadoria por invalidez.

c) Do cabimento do Pedido de Uniformização

c.1) Da questão de direito material

Neste Incidente de Uniformização a questão de direito material a ser enfrentada pela Turma Nacional está relacionada à possibilidade de **conceder o acréscimo de 25% previsto no art. 45 da lei 8.213/91 ao titular de outro benefício que não seja a aposentadoria por invalidez.**

c.2) Da demonstração analítica da divergência jurisprudencial acerca da mesma questão de direito material

A C. Turma Recursal da Seção Judiciária do Estado da Bahia reconheceu a possibilidade de concessão do adicional de 25% sobre a aposentadoria por idade percebida pelo autor, em razão da necessidade de assistência permanente de outra pessoa:

> PREVIDENCIÁRIO. ACRÉSCIMO DE 25% PREVISTO NO ART. 45 DA LEI Nº.8.213/91. TITULAR DE APOSENTADORIA POR IDADE. POSSIBILIDADE. NOVO ENTENDIMENTO DA TNU. RECURSO PROVIDO. SENTENÇA REFORMADA. 1. Trata-se de recurso inominado interposto pela parte autora contra sentença que julgou improcedente o pedido de concessão do acréscimo de 25% sobre o valor de sua aposentadoria, previsto no art. 45 da Lei nº.8.213/91. 2. Inexiste controvérsia acerca da incapacidade total e permanente do autor (82 anos), conforme laudo do expert que atesta ser este portador de Insuficiência Cardíaca (CID-I50), Diabetes Mellitus com neuropatia (CID-E11.4), Diabetes Mellitus com aftalmopatia (CIDE11.3) e Discopatia Degenerativa difusa molar(CID-M54), bem como da necessidade de assistência permanente de outra pessoa para o exercício de suas atividades habituais, em virtude do comprometimento locomotivo e da dificuldade para realizar atividades. 3. Embora anteriormente tenha adotada posicionamento diverso, curvo ao entendimento recentemente esposado pela TNU quando da julgamento do Processo nº 050106693.2014.4.05.8502, que assim decidiu: "9.No caso paradigma (Processo nº 2007.72.59.000245-5, 1ª Turma Recursal/SC, Rel. Juiz Federal Andrei Pitten Velloso, j. 27/08/2009), concedeu-se o adicional previsto no art. 45 da Lei 8.213/91, não obstante a parte autora naquele feito fosse titular de aposentadoria por tempo de contribuição. 10.Portanto, há a similitude fática a permitir o conhecimento do presente incidente de uniformização, uma vez que se partiu do mesmo fato (de mesma natureza/titularidade de aposentadoria que não seja por invalidez) para se chegar a conclusões jurídicas divergentes (substrato do incidente): no caso recorrido entendeu que não fazia o segurado jus ao adicional previsto no art. 45 da Lei 8.213/91; no paradigma concedeu-se o acréscimo de 25% sobre o benefício. 11.Assim, presente a divergência de interpretação, passo ao exame do mérito do pedido de uniformização de interpretação. 12.A controvérsia centra-se no cabimento da extensão do adicional previsto no art. 45 da Lei nº 8.213/91 para a aposentadoria por idade, no caso de o segurado aposentado "necessitar da assistência permanente de outra pessoa". 13.Dispõe a Lei nº 8.213/91: "Art. 45. O valor da aposentadoria por invalidez do segurado que necessitar da assistência permanente de outra pessoa será acrescido de 25% (vinte e cinco por cento). Parágrafo único. O acréscimo de que trata este artigo: a) será devido ainda que o valor da aposentadoria atinja o limite máximo legal; b) será recalculado quando o benefício que lhe deu origem for reajustado; c) cessará com a morte do aposentado, não sendo incorporável ao valor da pensão." 14.Portanto, de acordo com a Lei 8.213/1991, o valor da aposentadoria por invalidez do segurado que necessitar da assistência permanente de outra pessoa será acrescido de 25%. A legislação prevê textualmente sua concessão apenas para os beneficiários da aposentadoria por invalidez. 15.Entretanto, aplicando-se o princípio da isonomia e se utili-

zando de uma análise sistêmica da norma, conclui-se que referido percentual, na verdade, é um adicional previsto para assistir aqueles que necessitam de auxílio de terceira pessoa para a prática dos atos da vida diária. O seu objetivo é dar cobertura econômica ao auxílio de um terceiro contratado ou familiar para apoiar o segurado nos atos diários que necessitem de guarida, quando sua condição de saúde não suportar a realização de forma autônoma. 16.O que se pretende com esse adicional é prestar auxílio a quem necessita de ajuda de terceiros, não importando se a invalidez é decorrente de fato anterior ou posterior à aposentadoria. A aplicação da interpretação restritiva do dispositivo legal, dela extraindo comando normativo que contemple apenas aqueles que adquiriram a invalidez antes de adquirido o direito à aposentadoria por idade ou tempo de contribuição, por exemplo, importaria em inegável afronta ao direito de proteção da dignidade da pessoa humana e das pessoas portadoras de deficiência. 17.Sobre este ponto, importante registrar que o Estado brasileiro é signatário e um dos principais artífices da Convenção Internacional sobre os Direitos das Pessoas com Deficiência, promulgado pelo Decreto Presidencial n. 6.949, de 25 de agosto de 2009, após aprovação pelo Congresso Nacional, por meio do Decreto Legislativo n.186, de 9 de julho de 2008, conforme o procedimento do § 3º do art. 5º da Constituição, detendo, portanto, força de emenda constitucional. 18.A referida Convenção, que tem por propósito "promover, proteger e assegurar o exercício pleno e equitativo de todos os direitos humanos e liberdades fundamentais por todas as pessoas com deficiência e promover o respeito pela sua dignidade inerente", reconhece expressamente a "necessidade de promover e proteger os direitos humanos de todas as pessoas com deficiência, inclusive daquelas que requerem maior apoio", em flagrante busca de minorar as diferenças existentes nos mais diversos ramos da atuação humana em detrimento dos portadores de deficiência, revelando-se inadmissível, portanto, que a lei brasileira estabeleça situação de discriminação entre os próprios portadores de deficiência, ainda mais num campo de extremada sensibilidade social quanto o é o da previdência social. 19.Em seu artigo 5.1, o Diploma Internacional estabelece que "Os Estados Partes reconhecem que todas as pessoas são iguais perante e sob a lei e que fazem jus, sem qualquer discriminação, a igual proteção e igual benefício da lei". Por sua vez, o art. 282 e, estabelece que os "Estados Partes reconhecem o direito das pessoas com deficiência à proteção social e ao exercício desse direito sem discriminação baseada na deficiência, e tomarão as medidas apropriadas para salvaguardar e promover a realização desse direito, tais como: Assegurar igual acesso de pessoas com deficiência a programas e benefícios de aposentadoria". 20.Temos, portanto, comandos normativos, internalizados com força de norma constitucional, que impõem ao art. 45 da Lei n. 8213/91 uma interpretação à luz de seus princípios, da qual penso ser consectário lógico encampar sob o mesmo amparo previdenciário o segurado aposentado por idade que se encontra em idêntica condição de deficiência. 21.Assim, o elemento norteador para a concessão do adicional deve ser o evento "invalidez" associado à "necessidade do auxílio permanente de outra pessoa", independentemente de tais fatos, incertos e imprevisíveis, terem se dado quando o segurado já se encontrava em gozo de aposentadoria por idade. Ora, o detentor de aposentadoria não deixa de permanecer ao amparo da norma previdenciária. Logo, não se afigura justo nem razoável restringir a concessão do adicional apenas ao segurado que restou acometido de invalidez antes de ter completado o tempo para aposentadoria por idade ou contribuição e negá-lo justamente a quem, em regra, mais contribuiu para o sistema previdenciário. 22.Seria de uma desigualdade sem justo discrímen negar o adicional ao segurado inválido, que comprovadamente carece do auxílio de terceiro, apenas pelo fato de ele já se encontrar aposentado ao tempo da instalação da invalidez. 23.Por fim, é de se registrar que, como não há, na legislação de regência, fonte de custeio específico para o adicional de 25% para os próprios casos de aposentadoria por invalidez, possível concluir que o mesmo se reveste de natureza assistencial. Assim, a sua concessão não gera ofensa ao art. 195, § 5º da CF, ainda mais quando se considera que aos aposentados por invalidez é devido o adicional mesmo sem prévio custeamento do acréscimo, de modo que a questão do prévio custeio, não causando óbice aos aposentados por invalidez, também não deve causar aos demais aposentados, posto que, no caso, se trata de equiparação, por critério de isonomia, entre os benefícios de aposentadoria. 24.Aponte-se, ainda, que aqui não se está extrapolando os limites da competência e atribuição do Poder Judiciário, mas apenas interpretando sistematicamente a legislação, bem como à luz dos comandos normativos de proteção à pessoa portadora de deficiência, inclusive nas suas lacunas e imprecisões, condições a que está sujeita toda e qualquer atividade humana. 25.Neste sentido, entendo que a indicação pelo art. 45 da Lei n º 8.213/91 do cabimento do adicional ao aposentado por invalidez, antes de ser interpretada como vedação à extensão do acréscimo aos demais tipos de aposentadoria, pela ausência de menção aos demais benefícios, deve ser entendida como decorrente do fato de ser o adicional devido em condições de incapacidade, usualmente associada à aposentadoria por invalidez, porém, não exclusivamente, tal como na hipótese em que a invalidez se instale após a concessão do benefício por idade ou por tempo de contribuição. 26.Em conclusão, uma vez comprovada a incapacidade total e definitiva do recorrente para o trabalho ou para atividade que lhe garanta a subsistência e a necessidade de contar com a assistência permanente de outra pessoa, faz jus ao adicional previsto no art. 45 da Lei 8.213/91. 27.Porém, tal questão fática (incapacidade e necessidade de assistência de terceiros) não foi enfrentada pelos julgados recorrido, de modo que, implicando o provimento do presente incidente, quanto à matéria de direito, na necessidade de reexame da matéria de fato, devem os autos retornarem à TR de origem para reapreciação das provas (conforme a Questão de Ordem nº 20/TNU). 28.Incidente conhecido e provido, em parte, para firmar a tese de que é extensível à aposentadoria por idade, concedida sob o regime geral da Previdência Social, o adicional previsto no art. 45 da Lei 8.213/91 para a aposentadoria por invalidez, uma vez comprovados os requisitos ali previstos." 4. In casu, o laudo pericial de fls. 20/22 foi taxativo ao atestar a incapacidade do recorrente para a vida independente, necessitando de ajuda contínua de terceiros para se vestir, se locomover e comunicar-se. 5. Registre-se, por oportuno, que a perícia foi empreendida por profissional imparcial e equidistante das partes, sem que se possa nela reconhecer a existência de qualquer vício. 6. Recurso provido. Sentença reformada, para julgar procedente o pedido formulado na inicial, condenando o INSS a conceder ao recorrente o acréscimo de 25% no seu benefício de aposentadoria por idade desde 28/03/2014 (data fixada no laudo médico), e a lhe pagar as parcelas vencidas desde então, atualizadas monetariamente e acrescidas de juros de mora desde a citação, observando-se o disposto art. 1º-F, da Lei nº 9.494/97, com a redação que lhe foi conferida pela Lei nº 11.960/2009. 7. Presentes os requisitos do art. 273, do CPC, consoante fundamentação supra, e atento ao caráter alimentar do benefício, concedo a antecipação da tutela, determinando ao recorrido implantação da aposentadoria por idade em favor da demandante, no prazo de 30 dias. 8. Em consonância com os princípios da celeridade e da economia processual, resta, desde já e especialmente para fins de propositura de recurso especial e extraordinário, expressamente reconhecido o prequestionamento dos dispositivos citados, os quais não restaram violados pela presente decisão. 9. Sem condenação em honorários advocatícios, à míngua de recorrente vencido.

Data vênia, o r. julgamento destoou do entendimento dominante do Superior Tribunal de Justiça e das 1ª, 2ª, 3ª e 4ª Turmas Recursais da Seção Judiciária do Rio de Janeiro, que entendem somente ser possível conceder o referido acréscimo de 25% previsto no art. 45 da lei 8.213/91 ao titular de aposentadoria por invalidez.

Assim, verifica-se, <u>**a toda evidência, a similitude fática entre as hipóteses**</u>.

c.2) Do acórdão paradigma

O Superior Tribunal de Justiça, analisando caso similar, decidiu que o acréscimo de 25% previsto no art. 45 da lei 8.213/91 somente pode ser concedido ao titular de aposentadoria por invalidez:

RECURSO ESPECIAL Nº 1.448.664 – RS (2014/0084956-9)
RELATOR : MINISTRO SÉRGIO KUKINA
R.P/ACÓRDÃO : MINISTRA REGINA HELENA COSTA
RECORRENTE : INSTITUTO NACIONAL DO SEGURO SOCIAL – INSS
ADVOGADO : PROCURADORIA-GERAL FEDERAL – PGF
RECORRIDO : RODRIGO CARASAI ADVOGADO : GUSTAVO BAUERMANN E OUTRO(S)
EMENTA
PREVIDENCIÁRIO. ART. 45 DA LEI N. 8.213/91. ADICIONAL DE 25% (VINTE E CINCO POR CENTO). VIOLAÇÃO AO ART. 535 DO CPC. INOCORRÊNCIA. SITUAÇÃO FÁTICA DIFERENCIADA RECONHECIDA PELO TRIBUNAL DE ORIGEM. INVALIDEZ E NECESSIDADE DE ASSISTÊNCIA DE TERCEIRO. DIGNIDADE DA PESSOA HUMANA. EQUÍVOCO NA CONCESSÃO DE AUXÍLIO-DOENÇA. POSSIBILIDADE DE INCIDÊNCIA. I – A Corte de origem apreciou todas as questões relevantes ao deslinde da controvérsia de modo integral e adequado, apenas não adotando a tese vertida pela Autarquia Previdenciária. Inexistência de omissão. II – O Tribunal a quo concluiu, após análise dos laudos periciais, pela existência de incapacidade e necessidade de auxílio permanente de terceira pessoa desde o equivocado requerimento e deferimento de auxílio-doença. **III – A situação fática diferenciada e o princípio da dignidade da pessoa humana autorizam a concessão do adicional de 25% (vinte e cinco por cento), previsto no art. 45 da Lei n. 8.213/91, durante o período de percepção de benefício diverso, que desde o início deveria ser o de aposentadoria por invalidez.** IV – Recurso especial improvido.

Por sua vez, a 1ª e a 4ª Turmas Recursais da Seção Judiciária do Rio de Janeiro decidem pela impossibilidade de concessão do acréscimo de 25% em favor do beneficiário de aposentadoria por idade. Confira-se:

1ª TURMA RECURSAL DOS JUIZADOS ESPECIAIS FEDERAIS
PROCESSO Nº 0132947-58.2014.4.02.5101/01
RECORRENTE: NAILA DE ASSIS DORIA
RECORRIDO: INSS - INSTITUTO NACIONAL DO SEGURO SOCIAL
JUÍZO DE ORIGEM: 09º JUIZADO ESPECIAL FEDERAL DO RIO DE JANEIRO
RELATORA: DRA. STELLY GOMES LEAL DA CRUZ PACHECO.
EMENTA / VOTO

PREVIDENCIÁRIO. APOSENTADORIA POR IDADE. ACRÉSCIMO 25%. IMPOSSIBILIDADE. SENTENÇA IMPROCEDENTE MANTIDA. RECURSO NÃO PROVIDO.

Trata-se de recurso interposto pelo autor em face de sentença que julgou improcedente o pedido de acréscimo de 25% sobre sua aposentadoria por idade.

Passo a decidir

De acordo com a Lei 8.213/91, em seu artigo 45, o acréscimo de 25% é devido aquele beneficiário da aposentadoria por invalidez que necessitar de assistência permanente de outra pessoa.

Todavia a parte autora pretende que este acréscimo seja concedido sobre o valor de sua aposentadoria por idade, tendo em vista que é portadora de doença que lhe acarretou a condição de cadeirante, fazendo uso de cadeira de rodas e alimentação através de sonda, o que demandaria a ajuda permanente de um acompanhante para suas atividades diárias.

Diante da falta de previsão legal para que tal acréscimo seja concedido sobre o benefício de que autora frui, não vejo possibilidade de acolher o requerido em recurso.

Entendimento corroborado pela jurisprudência:

PREVIDENCIÁRIO. AMPARO ASSISTENCIAL. ACRÉSCIMO 25%. IMPOSSIBILIDADE. CUSTAS. HONORÁRIOS. 1. Não deve ser concedido o acréscimo de 25% (vinte e cinco por cento) a beneficiário de amparo assistencial, ainda que necessite do assistência permanente de terceiro. 2. Benesse devida apenas aos beneficiários de aposentadoria por invalidez. Artigo 45, da Lei nº 8.213/91. 3. Particular isento do pagamento de custas processuais e honorários advocatícios, em face da justiça gratuita deferida. 4. Apelação parcialmente provida. (AC 00034104620124059999, Desembargador Federal Marcelo Navarro, TRF5 – Terceira Turma, DJE – Data: 16/04/2013 – Página: 238.)

Desta forma não merece reforma a sentença.

Isso posto, voto no sentido de CONHECER e NEGAR PROVIMENTO ao recurso pelos motivos expostos, para MANTER integralmente a sentença proferida pelo juízo a quo.

Condeno o recorrente em honorários advocatícios, fixados em R$ 600,00, por se tratar de recorrente vencido na causa (artigo 55, caput, da Lei nº 9.099/95, combinado com artigo 1º da Lei nº 10.259/2001). Todavia, em razão da gratuidade de justiça que ora defiro, suspendo a cobrança dos honorários, por cinco anos, na forma do artigo 12 da Lei nº 1.060/50.

Intimem-se as partes. Passados os prazos recursais, dê-se baixa e remetam-se os autos ao juízo de origem.

É como voto.

ACÓRDÃO

Vistos, relatados e discutidos os autos em que são partes as acima indicadas, acordam os Srs. Juízes Federais da Primeira Turma Recursal dos Juizados Especiais Federais da Seção Judiciária do Rio de Janeiro, por unanimidade, conhecer do recurso e negar-lhe provimento, nos termos da ementa/voto da Relatora. Votaram com a Relatora os Juízes Dr. Wilson José Witzel e Lilea Pires de Medeiros.

Rio de Janeiro, 13 de outubro de 2014.

STELLY GOMES LEAL DA CRUZ PACHECO

Juíza Federal Relatora da 1ª Turma Recursal do Rio de Janeiro

4ª TURMA RECURSAL DOS JUIZADOS ESPECIAIS FEDERAIS

PROCESSO Nº 0021906-67.2013.4.02.5151/01 (2013.51.51.021906-1/01)

RECORRENTE: FERNANDO CAMPOS FERREIRA

RECORRIDA: INSS - INSTITUTO NACIONAL DO SEGURO SOCIAL

RELATORA: JUÍZA FEDERAL DRA. ADRIANA MENEZES DE REZENDE

JUÍZO ORIGINÁRIO: 09º Juizado Especial Federal do Rio de Janeiro

DECISÃO MONOCRÁTICA REFERENDADA

PREVIDENCIÁRIO. PLEITO DE CONCESSÃO DO ADICIONAL DE 25% PREVISTO NO ARTIGO 45 DA LEI 8.213/91. A PARTE AUTORA É BENEFICIÁRIA DE APOSENTADORIA POR IDADE. O MENCIONADO ADICIONAL É DESTINADO AO BENEFICIÁRIO DE APOSENTADORIA POR INVALIDEZ QUE DEPENDA DO AUXÍLIO PERMANENTE DE OUTRA PESSOAL. SENTENÇA DE IMPROCEDÊNCIA EM RAZÃO DA AUSÊNCIA DE AMPARO LEGAL. RAZÕES RECURSAIS APENAS REFORÇAM OS TERMOS DA PETIÇÃO INICIAL. SENTENÇA MANTIDA POR SEUS PRÓPRIOS FUNDAMENTOS, NOS TERMOS DO ARTIGO 46 DA LEI 9.099/95.

Trata-se de recurso interposto pela parte autora em face de sentença que julgou improcedente seu pedido, no qual pretende a extensão ao seu benefício do acréscimo de 25% devido ao segurado aposentado por invalidez que necessite de assistência médica permanente de outra pessoa (artigo 45 da Lei 8.213/91).

Em síntese, o Magistrado sentenciante julgou improcedente o pleito autoral, ante a ausência de previsão legal.

A supramencionada sentença foi prolatada nos seguintes termos:

(...)

Da análise dos autos, verifico que as razões recursais apenas reproduzem os mesmos argumentos apresentados na petição inicial, sem acrescentar, em sede recursal, algum ponto relevante a ser considerado, sendo certo que a tese da parte recorrente, contida na inicial, foi integralmente apreciada pelo Juízo a quo, conforme se depreende pela leitura da sentença recorrida.

Nesse diapasão, não há o que ser modificado na sentença a quo, tampouco acrescentado em sua fundamentação, eis que a mesma não apresenta *error in procedendo* ou *in judicando*, razão pela qual adoto aqueles mesmos fundamentos, os quais passam a integrar este acórdão, nos termos do art. 46, da Lei nº 9.099/95.

É o posicionamento adotado pela remansosa jurisprudência pátria, como se observa do julgado a seguir:

EMENTA: AGRAVO REGIMENTAL EM AGRAVO DE INSTRUMENTO. JUIZADO ESPECIAL. ACÓRDÃO QUE MANTÉM A SENTENÇA POR SEUS PRÓPRIOS FUNDAMENTOS. ALEGADA OFENSA AO ART. 93, IX, DA CF. INOCORRÊNCIA. AGRAVO IMPROVIDO. I – Não viola a exigência constitucional de motivação, a decisão de Turma Recursal de juizados especiais que, em conformidade com a Lei nº 9.099/95, adota como fundamento os contidos na sentença recorrida. Precedentes. II – Agravo regimental improvido. (STF – AI 789441 AgR / AP – AMAPÁ – Relator(a): Min. RICARDO LEWANDOWSKI – Julgamento: 09/11/2010 **Órgão** Julgador: Primeira Turma).

"(...) Afasto, de plano, a pretensão de anulação do acórdão uma vez que encampa, de forma expressa, as razões da sentença prolatada. A faculdade de manutenção da sentença por seus próprios fundamentos **é** prevista no art. 46 da Lei nº 9.099/95, cuja constitucionalidade foi reconhecida pelo eg. Supremo Tribunal Federal no julgamento do AI nº 749969 AgR, Relator Ministro Ricardo Lewandowski, 15/09/2009, no qual se firmou o entendimento de que "não viola a exigência constitucional de motivação a fundamentação de Turma Recursal que adota os fundamentos contidos na sentença recorrida". (...). Incidente não conhecido."
(TNU – PEDILEF 05028273720104058103 – Relator(a) JUÍZA FEDERAL SIMONE DOS SANTOS LEMOS FERNANDES – DJ DOU 01/06/2012).

Destaca-se que não há que se falar em vício de fundamentação em acórdão, que confirma a sentença por seus próprios fundamentos, como se observa do precedente abaixo colacionado:

"EMBARGOS DE DECLARAÇÃO – TURMA RECURSAL DE JUIZADO ESPECIAL – OMISSÃO – ART. 46 DA LEI 9099/95. 1.NÃO SE REVESTE DE OMISSÃO O ACÓRDÃO DE TURMA RECURSAL DOS JUIZADOS ESPECIAIS QUE, APLICANDO O DISPOSTO NO ART. 46 DA LEI 9099/95, CONFIRMOU A SENTENÇA POR SEUS PRÓPRIOS FUNDAMENTOS. 2.EMBARGOS DE DECLARAÇÃO NÃO **É** O RECURSO APROPRIADO PARA REFORMA DE JULGADO, SENDO SEUS EFEITOS INFRINGENTES UMA EXCEÇÃO, QUANDO VERIFICADO ALGUM ERRO MATERIAL QUE CORRIGIDO, CONDUZ A UM OUTRO RESULTADO. 3.NÃO **É** DE BOM ALVITRE

QUE O COLEGIADO INSIRA NA SÚMULA DO JULGAMENTO EXPRESSÕES QUE O RECORRENTE ALEGA SEREM OFENSIVAS À SUA HONRA, SENDO INUSITADO PEDIDO PARA QUE CONSTE EXPRESSAMENTE.4. RECURSO CONHECIDO E REJEITADO. ACJ 821826420068070001 DF 0082182-64.2006.807.0001 – Relatora ANA CANTARINO data 19/05/2009 Primeira Turma Recursal dos Juizados Especiais Cíveis e Criminais do D.F. 25/06/2009, DJ-e Pág. 174"(grifei)

Por fim, conclui-se que a sentença *a quo* observou detalhada e corretamente todos os fatos trazidos à colação, consagrando o princípio da identidade física do juiz, e enfrentou as questões de direito, de forma inconteste. Sendo assim, adoto a **íntegra** da fundamentação da suso referida sentença ora rechaçada, como parte integrante deste voto.

Ante o exposto, CONHEÇO do recurso da parte autora e NEGO-LHE provimento, mantendo a sentença proferida pelo Juízo a quo por seus próprios fundamentos, nos termos do artigo 46 da Lei 9.099/95.

Sem condenação em honorários advocatícios, tendo em vista que a parte autora é beneficiária da gratuidade de justiça, deferida à fl. 27.

Submetida a presente decisão ao referendo desta Turma, intimem-se as partes e após o trânsito em julgado dê-se baixa e remetam-se os autos ao Juízo de origem.

Rio de Janeiro, 11 de junho de 2014.

ADRIANA MENEZES DE REZENDE

3ª Juíza Federal Relatora da 4a. Turma Recursal

Acórdão

Decide a 4ª Turma Recursal da Seção Judiciária dos Juizados Especiais Federais do Rio de Janeiro, por unanimidade, referendar a decisão da relatora, firmando manualmente o respectivo relatório de referendo os juízes federais CYNTHIA LEITE MARQUES e DANIELLA ROCHA SANTOS FERREIRA DE SOUZA MOTTA, para posterior arquivamento no Setor de Jurisprudência e Estatísticas.

Rio de Janeiro, 11 de junho de 2014.

ADRIANA MENEZES DE REZENDE

Juíza Federal Relatora

No mesmo sentido é a jurisprudência das 2ª e 3ª Turmas Recursais da Seção Judiciária do Rio de Janeiro, afirmando impossibilidade de extensão do acréscimo de 25% sobre o valor de outros benefícios que não sejam a aposentadoria por invalidez:

2ª TURMA RECURSAL DOS JUIZADOS ESPECIAIS FEDERAIS

RECURSO INOMINADO Nº 0021800-76.2011.4.02.5151/01

RECORRENTE: MIGUEL AVELINO DOS SANTOS

RECORRIDO: INSTITUTO NACIONAL DO SEGURO SOCIAL – INSS

RELATORA: JUÍZA FEDERAL DRA. ITÁLIA MARIA ZIMARDI ARÊAS POPPE BERTOZZI

EMENTA – VOTO

PREVIDENCIÁRIO. CONVERSÃO DE APOSENTADORIA POR TEMPO DE CONTRIBUIÇÃO EM APOSENTADORIA POR INVALIDEZ COM ACRÉSCIMO DE 25%. PREEXISTÊNCIA DA INCAPACIDADE AO REINGRESSO NO RGPS. NECESSIDADE DE ASSISTÊNCIA PERMANENTE DE TERCEIROS. **CONCESSÃO DO ACRÉSCIMO PREVISTO NO ART. 45 DA LEI Nº 8.213/91 CUMULADO COM OUTROS BENEFÍCIOS. IMPOSSIBILIDADE DE EXTENSÃO DE BENEFÍCIO FORA DAS HIPÓTESES**

LEGAIS SEM A CORRESPONDENTE FONTE DE CUSTEIO. RECURSO CONHECI-
DO E DESPROVIDO. SENTENÇA MANTIDA.

Trata-se de recurso inominado interposto pela parte autora contra sentença que julgou improcedente o pedido de conversão de aposentadoria por tempo de contribuição em aposentadoria por invalidez, com acréscimo de 25%, desde a data do requerimento administrativo.

Com relação **às** razões do recurso inominado interposto, alega o recorrente que faz jus ao benefício pretendido, uma vez que preenche seus requisitos, pugnando pela reforma da sentença a fim de prover o pleito exordial.

Contrarrazões do recorrido pelo desprovimento do recurso.

Conheço do recurso, eis que presentes seus pressupostos de admissibilidade. Passo, portanto, **à** análise do mérito recursal.

Inicialmente, mantenho a conclusão do magistrado sentenciante em relação **à** impossibilidade de concessão do benefício de aposentadoria por invalidez pretendido [...].

Outrossim, passo **à** análise da possibilidade de concessão do acréscimo de 25% ao benefício de aposentadoria por tempo de contribuição, tendo em vista a necessidade de assistência permanente de terceiros pelo autor, constatada pelo perito do Juízo.

O artigo 45 da Lei nº 8.213/91 prevê o acréscimo de 25% na aposentadoria por invalidez para "o segurado que necessitar da assistência permanente de outra pessoa".

Ou seja, os outros segurados, na atual conjuntura, não possuem o direito a este acréscimo, tais como os aposentados por tempo de contribuição, aposentados por idade, aqueles que percebem aposentadoria especial, ou mesmo outros benefícios do Regime Geral de Previdência Social, ainda que dependam de cuidados permanentes e, por isso, precisem dispensar recursos para contratar um enfermeiro, cuidador ou serviços de "home care" hospitalar, ou mesmo designar uma pessoa da família para assisti-lo, que será afastada do mercado de trabalho para cuidar do indivíduo enfermo.

No entanto, a extensão do adicional de 25% aos demais segurados que apresentem necessidade de cuidados permanentes de terceiros, materializada na dependência de outra pessoa para realização de suas atividades da vida diária, encontra **óbice** na necessidade de previsão de fonte de custeio, conforme exige o art. 195, §5º da CF/88.

Cita-se por oportuno o seguinte precedente do TRF da 4ª Região:

PREVIDENCIÁRIO. ACRÉSCIMO DE 25% PREVISTO NO ART. 45 DA LEI 8.213/91. APOSENTADORIA POR INVALIDEZ. INAPLICABILIDADE. 1. O dispositivo do art. 45 da Lei 8.213/91 prevê a possibilidade de acréscimo de 25% ao valor percebido pelo segurado, quando este necessitar de assistência permanente de outra pessoa, apenas nos casos de aposentadoria por invalidez. 2. A extensão do benefício a casos outros que não a aposentadoria por invalidez viola os princípios da legalidade (artigo 5º, II e 37, caput, da Constituição da República) e da contrapartida (artigo 195, § 5º, da Constituição Federal). 3. A falta de igual proteção a outros beneficiários com igual necessidade de assistência não constitui necessária lacuna ou violação da igualdade, pela razoável compreensão de que ao inválido o grau de dependência **é** diretamente decorrente da doença motivadora do benefício – isto não se dando automaticamente nos demais benefícios previdenciários. 4. A extensão do auxílio financeiro pela assistência ao inválido para outros benefícios previdenciários **é** critério político, de alteração legislativa, e não efeito de inconstitucionalidade legal. (AC – APELAÇÃO CIVEL, Processo: 0022944-66.2013.404.9999/RS, SEXTA TURMA, D.E. 12/02/2014, Relator NÉFI CORDEIRO)

Logo, não merece acolhimento o recurso, na forma da fundamentação acima.

Ante o exposto, CONHEÇO DO RECURSO e NEGO-LHE PROVIMENTO, mantendo a sentença por outros fundamentos.

Condeno a parte autora em custas de 1% sobre o valor da causa (Tabela I, "a", Lei nº 9.289/96) e honorários de R$ 300,00, por se tratar de recorrente vencida, com fundamento no art. 55, Lei nº 9.099/95, cujo pagamento se suspende na forma do art. 12 da Lei nº 1.060/50, eis que beneficiária da gratuidade de justiça.

Publique-se. Intime-se.

Após certificado o trânsito em julgado, dê-se baixa ao Juizado de origem.

É como voto.

ACÓRDÃO

Vistos, relatados e discutidos os autos em que são partes as acima indicadas, acordam os Srs. Juízes Federais Itália Maria Zimardi Arêas Poppe Bertozzi, Guilherme Bollorini Pereira (suplente/tabelar) e Luiz Cláudio Flores da Cunha da Segunda Turma Recursal dos Juizados Especiais Federais da Seção Judiciária do Rio de Janeiro, por unanimidade, conhecer do recurso e negar-lhe provimento, nos termos do voto da Relatora.

Rio de Janeiro, 27 de maio de 2014.

ITÁLIA MARIA ZIMARDI ARÊAS POPPE BERTOZZI

Juíza Federal – 2ª Turma Recursal

3ª TURMA RECURSAL DOS JUIZADOS ESPECIAIS FEDERAIS RECURSO INOMINADO

PROCESSO: 0125102-19.2014.4.02.5151/01

RECORRENTE: GERALDO DOS SANTOS VIANA

RECORRIDO: INSS – INSTITUTO NACIONAL DO SEGURO SOCIAL

JUÍZO DE ORIGEM: 9º JUIZADO ESPECIAL FEDERAL DO RIO DE JANEIRO

RELATORA: JUÍZA FEDERAL FLÁVIA HEINE PEIXOTO

EMENTA – VOTO

PREVIDENCIÁRIO. APOSENTADORIA POR TEMPO DE CONTRIBUIÇÃO. PRETENSÃO DE RECEBIMENTO DE ADICIONAL DE 25%, DEVIDO APENAS AOS SEGURADOS QUE RECEBEM APOSENTADORIA POR INVALIDEZ. IMPOSSIBILIDADE. VIOLAÇÃO AOS PRINCÍPIOS INFORMADORES DA PREVIDÊNCIA SOCIAL. SENTENÇA MANTIDA. RECURSO CONHECIDO E NÃO PROVIDO.

Trata-se de Recurso Inominado interposto pela parte autora, externando inconformismo com sentença que julgou improcedente seu pedido de majoração de renda de Aposentadoria por Tempo de Contribuição, com pagamento de adicional reservado à Aposentadoria por Invalidez. Sustenta que não consegue realizar suas atividades normais sem auxílio de outras pessoas e que o adicional pretendido deve ser concedido ao segurado titular de aposentadoria, independentemente de sua natureza.

Não houve apresentação de contrarrazões.

É o relatório do necessário. Decido.

Não merece prosperar a pretensão recursal externada pelo demandante.

Sabe-se que são princípios informadores da Previdência Social a seletividade e a distributividade, analisadas adiante:

A seletividade é princípio voltado para o legislador (...) Cabe ao legislador selecionar as contingências geradoras das necessidades que a seguridade deve cobrir. É opção política que deve levar em conta a prestação que propicie maior proteção social, e, por consequência, maior bem-estar. A distributividade impõe que a escolha recaia sobre as prestações que, por sua natureza, tenham maior potencial distributivo (...) Seletividade e distributividade impedem que a interpretação da legislação conceda ou estenda prestações de forma diversa da prevista expressamente pela legislação (SANTOS, Marisa Ferreira dos. Direito Previdenciário. 4ª ed. São Paulo: Saraiva, 2008, p. 6-7).

Vê-se assim que, por conta dos princípios que devem nortear a exegese do direito previdenciário, descabe cogitação de alargamento do campo de incidência da norma de tutela escolhida pelo legislador, lição que também já teve a oportunidade de ser albergada na jurisprudência, como se pode ler adiante:

O direito previdenciário, sobretudo o direito à aposentadoria, deve ser analisado de acordo com a lei. Não é a ausência de lei que dá direito a uma pessoa no **âmbito** previdenciário, mas sim a existência de alguma lei específica, que regula a situação da pessoa de ver sua pretensão a alguma benefício previdenciário, é que alberga o direito no campo da previdência (STJ, RMS 18.911-RJ, Rel. Min. Maria Thereza de Assis Moura, j. 29/09/2009).

Nesses termos, **verifica-se que o art. 45 da Lei 8.213/1991 é expresso ao reservar a renda majorada unicamente aos titulares de Aposentadoria por Invalidez, não se podendo desvirtuar a limitação eleita pelo próprio legislador, o que afrontaria os retrocitados princípios da seletividade e distributividade.**

Ante o exposto, CONHEÇO do Recurso para NEGAR-LHE PROVIMENTO.

Condeno o recorrente ao pagamento dos honorários advocatícios, que fixo em R$ 800,00 (oitocentos reais), com fulcro no art. 20, § 4º, do Código de Processo Civil. Isento-o, porém de tal pagamento, face à gratuidade de justiça concedida, nos termos da Lei nº 1.060/50.

Publique-se. Intimem-se.

Transitada em julgado, certifique-se e, após, remetam-se os autos ao Juizado de origem, com a devida baixa.

FLÁVIA HEINE PEIXOTO

Juíza Federal Relatora 3ª Turma Recursal/SJRJ

ACÓRDÃO

Vistos, relatados e discutidos os autos em que são partes as acima indicadas, acordam os Srs. Juízes Federais da Terceira Turma Recursal dos Juizados Especiais Federais da Seção Judiciária do Rio de Janeiro, por unanimidade, conhecer do recurso, para negar-lhe provimento, nos termos do voto da Relatora. Votaram a Juíza Federal Dra. Flávia Heine Peixoto, relatora, e os MM. Juízes Federais Fabrício Fernandes de Castro e Marcello Enes Pereira.

Rio de Janeiro, 02 de outubro de 2014.

FLÁVIA HEINE PEIXOTO

Juíza Federal da 3ª. Turma Recursal Seção Judiciária do Rio de Janeiro

Para comprovar a similitude fática, destaque-se que **as circunstâncias em que foram proferidas as decisões divergentes são idênticas: em todos os casos a parte autora pretende a concessão do acréscimo de 25% previsto no art. 45 da Lei 8.213/91, alegando a necessidade de assistência permanente de terceiros, nada obstante seja titular de benefício diverso da aposentadoria por invalidez.**

No entanto, diante de casos semelhantes, a Turma Recursal da Bahia entendeu possível a concessão do mencionado acréscimo, interpretando a legislação pertinente de maneira diversa e julgando a questão em desalinho com a jurisprudência do Superior Tribunal de Justiça e das 1ª, 2ª, 3ª e 4ª Turmas Recursais da Seção Judiciária do Rio de Janeiro, que entendem que somente é possível conceder o acréscimo de 25% previsto no art. 45 da lei 8.213/91 ao titular de aposentadoria por invalidez.

Dessarte, merece reforma o acórdão da C. Turma Recursal do Estado da Bahia.

f) Requerimentos

Requer, pois, em face da orientação do Superior Tribunal de Justiça e das 1ª, 2ª, 3ª e 4ª Turmas Recursais da Seção Judiciária do Rio de Janeiro nos paradigmas apresentados, seja conhecido e provido o Incidente de Uniformização com o fim de reformar o v. acórdão, **para fixar entendimento no sentido da impossibilidade de concessão do acréscimo de 25% previsto no art. 45 da lei 8.213/91 ao titular de benefício diverso da aposentadoria por invalidez.**

Pede deferimento.

FREDERICO AUGUSTO DI TRINDADE AMADO
Procurador Federal

56. CONTRARRAZÕES AO INCIDENTE DE UNIFORMIZAÇÃO PARA A TNU

Uma vez interposto o incidente de uniformização para a TNU, a parte contrária será intimada para, querendo, apresentar razões de contrariedade em igual prazo de 15 dias.

EXMO(ª). SR(ª). DR(ª). JUIZ(ª) PRESIDENTE DA TURMA RECURSAL DOS JUIZADOS ESPECIAIS FEDERAIS DA SEÇÃO JUDICIÁRIA xxxx.

PROCESSO XXXXX.

O **INSTITUTO NACIONAL DO SEGURO SOCIAL – INSS**, autarquia federal, representada pela Procuradoria-Geral Federal, nos autos em epígrafe, por seu Procurador Federal *in fine* assinado, vem, respeitosamente, à presença de V. Ex.ª, apresentar **CONTRA-RAZÕES AO PEDIDO DE UNIFORMIZAÇÃO**, na forma e com fulcro nos fundamentos fáticos e jurídicos explicitados nas razões anexas.

Requer, para tanto, que, uma vez recebido o Incidente e cumpridos os requisitos legalmente exigidos, sejam os autos, com as razões anexas, enviados à consideração da Turma Nacional de Uniformização da Jurisprudência dos Juizados Especiais Federais.

Nestes termos, pede deferimento.

FREDERICO AUGUSTO DI TRINDADE AMADO
Procurador Federal

CONTRA-RAZÕES

Eméritos Julgadores,
Colenda Turma,

1. SINOPSE FÁTICA

Insurge-se a parte Autora, contra decisão colegiada da Turma Recursal da Bahia que indeferiu seu pedido de amparo social tendo em conta a ausência do requisito legal da hipossuficiência econômica.

Segundo o laudo socioeconômico a renda per capita familiar é superior ao requisito legal. Logo, a renda per capita do grupo familiar era muito superior ao limite estabelecido pela Lei 8.742/93 (1/4 do salário-mínimo).

2. DA INADMISSIBILIDADE DO RECURSO – AUSÊNCIA DE SIMILITUDE FÁTICA

Cumpre-nos destacar que não merece sequer ser conhecido o presente recurso, uma vez que a parte autora **não demonstrou a divergência entre a decisão recorrida e o acórdão paradigma**.

Além disso, **o acórdão paradigma apresentado não guarda similitude fática em relação ao presente caso**, circunstância que também corrobora a inadmissão do incidente de uniformização, conforme questão de ordem nº 22:

> É possível o não-conhecimento do pedido de uniformização por decisão monocrática quando o acórdão recorrido não guarda similitude fática e jurídica com o acórdão paradigma (Aprovada na 8ª Sessão Ordinária da Turma Nacional de Uniformização, do dia 16.10.2006).

Infere-se do acórdão impugnado que o seu fundamento principal foi o fato de que **a renda familiar per capita excede o percentual de ¼ do salário mínimo**.

Assim, não havendo similitude fática e não demonstrando a existência de divergência de questão de mérito, **discutir novos aspectos por meio deste incidente implicaria em uma mera reanálise dos autos (reexame de provas)**.

Conclui-se, portanto, que não há similitude fática entre os acórdãos em confronto e nem há divergência jurisprudencial a ser dirimida pela Turma Nacional, mas tão somente reexame da prova, o que é inadmitido neste momento, consoante precedentes da Turma Nacional de Uniformização.

3. DO MÉRITO DO RECURSO

O benefício ora pleiteado foi criado pelo Art. 203, inciso V da CF, estando inserido na seção IV "Da Assistência Social", como um auxílio excepcional, uma vez que independe de contribuição, destinando-se a amparar os portadores de deficiência e os idosos incapacitados para o trabalho e sem outros meios de sobrevivência.

Para melhor elucidar a questão transcreve-se abaixo a referida norma constitucional:

> "Art. 203. A assistência social será prestada a quem dela necessitar, independente de contribuição à seguridade social, e tem por objetivos:
>
> ...
>
> V – a garantia de um salário mínimo de benefício mensal à pessoa portadora de deficiência e ao idoso que comprovem não possuir meios de prover a própria manutenção ou de tê-la provida por sua família, conforme dispuser a lei." (grifamos)

A regulamentação que viabiliza a aplicabilidade de tal disposição constitucional foi dada através do Decreto nº 6.214/2007 de 08/12/95, estabelecendo as condições de concessão do benefício pela Lei 8.742/93.

A Lei 8.742/93 supracitada teve vigência assegurada a partir de 1°de janeiro de 1996, e visou elucidar os requisitos exigidos para concessão do benefício.

No que se refere ao caso concreto, é imprescindível maiores elucidações acerca do Art. 20 desta lei, que guarda o seguinte:

> Art. 20. O benefício de prestação continuada é a garantia de um salário-mínimo mensal à pessoa com deficiência e ao idoso com 65 (sessenta e cinco) anos ou mais que comprovem não possuir meios de prover a própria manutenção nem de tê-la provida por sua família. (Redação dada pela Lei nº 12.435, de 2011)

§ 1º Para os efeitos do disposto no *caput*, a família é composta pelo requerente, o cônjuge ou companheiro, os pais e, na ausência de um deles, a madrasta ou o padrasto, os irmãos solteiros, os filhos e enteados solteiros e os menores tutelados, desde que vivam sob o mesmo teto. (Redação dada pela Lei nº 12.435, de 2011)

§ 2º Para efeito de concessão deste benefício, considera-se pessoa com deficiência aquela que tem impedimentos de longo prazo de natureza física, mental, intelectual ou sensorial, os quais, em interação com diversas barreiras, podem obstruir sua participação plena e efetiva na sociedade em igualdade de condições com as demais pessoas. (Redação dada pela Lei nº 12.470, de 2011)

§ 3º **Considera-se incapaz de prover a manutenção da pessoa com deficiência ou idosa a família cuja renda mensal per capita seja inferior a 1/4 (um quarto) do salário-mínimo.** (Redação dada pela Lei nº 12.435, de 2011)

§ 4º O benefício de que trata este artigo não pode ser acumulado pelo beneficiário com qualquer outro no âmbito da seguridade social ou de outro regime, salvo os da assistência médica e da pensão especial de natureza indenizatória. (Redação dada pela Lei nº 12.435, de 2011)

(...)" *(grifamos)*

Assim, a Lei 8.742/93 veio dar eficácia à norma constitucional, estabelecendo os parâmetros para a concessão do benefício. Cabia ao legislador ordinário, em razão da redação do inciso V do art. 203, eleger os beneficiários da assistência social, e este optou por estabelecer um critério objetivo, qual seja, a comprovação de renda familiar inferior a ¼ do salário mínimo *per capita*.

O legislador quando elegeu um critério objetivo, pois não fosse assim, haveria uma margem muito grande de discricionariedade para a concessão do benefício, o que poderia levar à situações de desigualdade, uma vez que cada juiz tem um critério diferente para aferir a possibilidade de uma família prover o sustento do integrante deficiente ou idoso.

Segundo consta dos autos, não é o que ocorre na hipótese vertente, pois não foram atendidos todos os requisitos da Lei, notadamente **a renda *per capita* que, *in casu*, é superior a ¼ do salário-mínimo**.

Verifica-se dos autos que a renda do grupo familiar, composta por três pessoas é superior a um salário mínimo e, portanto, excede ao patamar legal. Além das condições de moradia serem bastante superior a renda declarada.

4. REQUERIMENTOS

Requer, pois, que seja inadmitido o pedido de uniformização, com a condenação da parte autora nos **ônus** da sucumbência, como medida de Justiça.

Por cautela, caso recebido, que esta **egrégia** Turma negue provimento ao recurso contrariado.

Nestes termos, pede deferimento.

FREDERICO AUGUSTO DI TRINDADE AMADO
Procurador Federal

57. DECISÃO DO PRESIDENTE DA TURMA RECURSAL QUE INADMITE O INCIDENTE PARA A TNU

Nos termos do artigo 15, do Regimento Interno da TNU, alterado e aditado pela Resolução CJF 392/2016, **o pedido de uniformização será inadmitido** quando não preenchidos todos os requisitos de admissibilidade recursal, notadamente se:

I – não demonstrada existência de dissídio jurisprudencial, com cotejo analítico dos julgados e a identificação do processo em que proferido o acórdão paradigma;

II – não juntada cópia do acórdão paradigma, salvo quando proferido pelo Superior Tribunal de Justiça, na sistemática dos recursos repetitivos, ou pela própria Turma Nacional de Uniformização, na sistemática dos representativos de controvérsia;

III – estiver em manifesto confronto com súmula ou jurisprudência dominante da Turma Nacional de Uniformização, ou com súmula, jurisprudência dominante ou entendimento do Superior Tribunal de Justiça em julgamento de recurso repetitivo ou de incidente de uniformização;

IV – estiver em manifesto confronto com súmula, jurisprudência dominante ou entendimento do STF firmado em repercussão geral;

V- estiver fundado em orientação que não reflita a jurisprudência adotada pela TNU, à época o exame de admissibilidade, exceto quando contrária à jurisprudência dominante do STJ *(Inserido pela Resolução CJF 392/2016)*;

VI- o acórdão recorrido da Turma Recursal estiver fundado em incidente de resolução de demandas repetitivas *(Inserido pela Resolução CJF 392/2016)*.

Caberá ao Presidente da Turma Recursal, de logo, inadmitir incidente para a TNU quando ausente algum pressuposto de admissibilidade recursal.

PROCESSO Nº xxxxxxxxx
RECORRENTE: INSTITUTO NACIONAL DO SEGURO SOCIAL – INSS
RECORRIDO: XXXXXXXXXX

DECISÃO – JUIZ PRESIDENTE DA TURMA RECURSAL
INADMISSÃO DE INCIDENTE DE UNIFORMIZAÇÃO DE LEI FEDERAL

Trata-se de Incidente de Uniformização de Jurisprudência interposto pela parte autora para julgamento pela TNU, alegando divergência em questão de direito material previdenciário entre esta Turma Recursal do Amazonas e a Turma Recursal do Rio Grande do Sul.

Alega que esta Turma Recursal determinou a aplicação do fator previdenciário à aposentadoria do professor, ao passo que a Turma Recursal do Amazonas o afastou.

O incidente deve ser inadmitido. Isso porque a tese repetitiva já foi firmada pela TNU em sessão realizada em 20 de outubro de 2016, no julgamento do processo 0501512-65.2015.4.05.8307, em que a Turma Nacional determinou a aplicação do fator previdenciário à aposentadoria por tempo de contribuição do professor.

Desta forma, a decisão proferida por esta Turma está de acordo com o entendimento atual da Turma Nacional.

Ante o exposto, com base no artigo 54, inciso XVI, do Regimento Interno das Turmas Recursais integrantes da 1ª Região, INADMITO O INCIDENTE.

Juiz Federal Presidente

58. AGRAVO PARA DESTRANCAR INCIDENTE PARA A TNU

Em caso de inadmissão preliminar do incidente nacional de uniformização, a parte poderá interpor **agravo nos próprios autos, no prazo de quinze dias (prazo elevado de 10 para 15 dias pela Resolução CJF 392/2016)**, a contar da publicação da decisão recorrida, devendo fundamentar o pleito, demonstrando o equívoco da decisão recorrida e a circunstância de se encontrar em confronto com súmula e jurisprudência dominante da TNU, do STJ e do STF.

EXMO. SR. DR. JUIZ PRESIDENTE COORDENADOR DAS TURMAS RECURSAIS DOS JUIZADOS ESPECIAIS FEDERAIS DA SEÇÃO JUDICIÁRIA XXXXXX.

Questão de direito material:

Garantia de acesso ao Judiciário. Exercício de ampla defesa.

Processo: xxxxxxxxx

O **INSTITUTO NACIONAL DO SEGURO SOCIAL – INSS**, autarquia federal, representada pela Procuradoria-Geral Federal, nos autos em epígrafe, por seu Procurador Federal *in fine* assinado, vem, respeitosamente, à presença de V. Ex.ª, apresentar

AGRAVO

contra a r. decisão que inadmitiu o incidente nacional de uniformização de jurisprudência, para que, cumpridas as formalidades legais, sejam os autos remetidos a egrégia **TURMA NACIONAL DE UNIFORMIZAÇÃO**, nos termos do artigo 6º do Regimento Interno da TNU.

Nestes termos, pede deferimento.

FREDERICO AUGUSTO DI TRINDADE AMADO
Procurador Federal

Egrégia Turma Nacional de Uniformização

1. TEMPESTIVIDADE

Inicialmente, a respeito da tempestividade do presente recurso, frise-se que a intimação da Autarquia Previdenciária ocorre com a carga dos autos pela Procuradoria, legítima representante judicial do Instituto, de acordo com o art. 17 da Lei n. Lei nº 10.910, de 15 de julho de 2004 e a Resolução nº 01/2009 das Turmas Recursais dos Juizados Especiais da Seção Judiciária da Bahia.

Desta forma, considerando que a entidade foi intimada no dia XXXXXXX (sexta-feira), o prazo somente se inicia no dia XXXXXX (segunda-feira), restando demonstrada a tempestividade.

2. BREVE RESUMO DOS FATOS

Trata-se de Pedido de Uniformização no qual se pretende discutir, como questão de direito material, o exercício da ampla defesa, tendo em vista *"a possibilidade de juntada de documentos em fase recursal que, sem prejuízo do contraditório, foi desconsiderado pelo Turma Recursal, sob o fundamento de que não se tratam de documentos novos"*.

Para tanto, demonstrou a autarquia em seu pedido de uniformização de jurisprudência que a 1ª Turma Recursal da Bahia, ao desconsiderar os documentos juntados ao recurso inominado do INSS e que demonstravam cabalmente a inexistência do direito postulado pelo autor, foi de encontro aos entendimentos já pacificados pelo Superior Tribunal de Justiça e por essa C. Turma Nacional de Uniformização de jurisprudência.

Entretanto, o D. Presidente Coordenador das Turmas Recursais da Bahia decidiu por inadmitir o incidente de uniformização por entender que *"a divergência apontada pelo recorrente não se refere* à *questão de direito material e, sim, de direito processual.*

Data máxima vênia, a decisão proferida pelo Presidente Coordenador das Turmas Recursais da Bahia é equivocada, na medida em que tanto essa C. Turma Nacional de Uniformização quanto a Turma Regional já se manifestaram várias vezes sobre o assunto, posto que está relacionado com a garantia de acesso ao Poder Judiciário.

Assim, o pedido de uniformização cumpre os requisitos formais previstos na Lei 10.259/2001. Isto é, assinala a questão de direito material apresentada no acórdão impugnado sobre a garantia de acesso ao Poder Judiciário e o exercício da ampla defesa, transcreve julgados do STJ e dessa E. TNU que o reconhece na hipótese e realiza o confronto analítico.

E para demonstrar ainda mais claramente a questão de direito material em discussão, transcreve-se aqui ementa da decisão proferida pelo STJ, cuja juntada de inteiro teor torna-se desnecessária, na forma do regramento pertinente, *in verbis*:

> *Nas instâncias ordinárias, é lícito às partes juntar documentos aos autos em qualquer tempo (até mesmo por ocasião da interposição de apelação), desde que tenha sido observado o princípio do contraditório.*

(STJ – 3ª T. REsp 660.627, Rel. Ministra Nancy Andrighi, julgado em 07/05/2007, DJU 28/05/2007)

> *Somente os documentos tidos como pressupostos da causa é que devem acompanhar a inicial e a defesa. Os demais podem ser oferecidos em outras fases e até mesmo na via recursal, desde que ouvida a parte contrária e inexistentes o espírito de ocultação premeditada e o propósito de surpreender o juízo.*

No mesmo sentido, decide essa C. TNU:

> FGTS. LEVANTAMENTO EM RAZÃO DO FALECIMENTO DO TITULAR DA CONTA. COMPETÊNCIA DA JUSTIÇA FEDERAL NA HIPÓTESE DE CONFLITO DE INTERESSE. SÚMULA 82 DO STJ. POSSIBILIDADE DO LEVANTAMENTO INDEPENDENTE DE INVENTÁRIO OU ARROLAMENTO (LEI N. 6.858/80). **POSSIBILIDADE DE JUNTADA DE DOCUMENTOS EM SEDE RECURSAL**. RECURSO PROVIDO.

(TNU. Relator: Jefferson Schneider, Data de Julgamento: 19/09/2002, Turma Nacional de Uniformização).

Assim, no mérito, não há dúvidas acerca da possibilidade de juntada de documentos novos em fase recursal, no caso, acostados em conjunto com recurso inominado, pois, além de ter sido possibilitado o contraditório, o sistema dos Juizados Especiais é regido pelos princípios da informalidade e simplicidade.

4. PEDIDO

Ante o exposto, requer a autarquia que seja acolhida a presente impugnação, desobstruindo o julgamento do Pedido de Uniformização interposto, com posterior julgamento do mérito para **reformar a decisão recorrida**.

FREDERICO AUGUSTO DI TRINDADE AMADO

Procurador Federal

59. DECISÃO DA TURMA RECURSAL DE SOBRESTAMENTO DO INCIDENTE PARA A TNU

Competirá ao relator de processo que tramita em Turma Recursal determinar o sobrestamento dos recursos que tratarem de matéria sob apreciação da Turma Regional ou da Turma Nacional de Uniformização, bem como daqueles que versarem matéria cuja repercussão geral tenha sido reconhecida pelo Supremo Tribunal Federal ou decidida em recursos repetitivos pelo Superior Tribunal de Justiça.

Processo N°
RELATOR-1

DECISÃO

Intimada da decisão que inadmitiu o pedido de uniformização, a parte recorrente interpôs agravo, sustentando ser devida a restituição de valores recebidos por força de antecipação de tutela, posteriormente revogada.

Presentes os requisitos da legitimidade, da tempestividade e da regularidade da representação processual.

Em recente decisão, o Presidente da Turma Nacional de Uniformização, nos autos do processo nº 5000711-91.2013.4.04.7120, determinou a afetação do tema como representativo de controvérsia, bem como o sobrestamento dos demais processos que tenham como fundamento a mesma questão de direito (art. 17, incisos I e II, do RITNU).

Isto posto, **RECONSIDERO** a decisão anterior e determino o **SOBRESTAMENTO** do presente feito, até que a referida Corte se manifeste a respeito.

Publique-se. Intimem-se.

Juíza Federal Coordenadora das Turmas Recursais

60. JULGAMENTO MONOCRÁTICO DO RELATOR NA TURMA NACIONAL

Competirá ao **relator do processo** na TNU:

- conceder medidas liminares ou cautelares em feitos de natureza civil ou penal, na forma da lei processual;
- determinar a devolução dos feitos às Turmas de origem para sobrestamento, quando a matéria estiver pendente de apreciação na Turma Nacional de Uniformização, no Superior Tribunal de Justiça, em regime de recurso representativo de controvérsia ou pedido de uniformização ou no Supremo Tribunal Federal, em repercussão geral, de forma que promovam a confirmação ou adaptação do julgado após o julgamento dos recursos indicados; quando suspenso o processo por decisão do STJ ou STF, em sede de incidente de resolução de demandas repetitivas;
- negar seguimento ao incidente manifestamente inadmissível, improcedente, prejudicado ou em confronto com súmula ou jurisprudência dominante

da Turma Nacional de Uniformização, do Superior Tribunal de Justiça ou do Supremo Tribunal Federal; ou ainda contrário à tese firmada em julgamento de incidente de demandas repetitivas do STJ ou do STF;

- dar provimento ao incidente se a decisão recorrida estiver em manifesto confronto com súmula ou jurisprudência dominante da Turma Nacional de Uniformização, do Superior Tribunal de Justiça ou do Supremo Tribunal Federal, podendo determinar o retorno dos autos à origem para a devida adequação.

Processo

PEDILEF 200563060160011

PEDIDO DE UNIFORMIZAÇÃO DE INTERPRETAÇÃO DE LEI FEDERAL

Relator(a)

JUIZ FEDERAL OTÁVIO HENRIQUE MARTINS PORT

Sigla do **órgão**

TNU

Data da Decisão

20/10/2010

Fonte/Data da Publicação

DOU 24/05/2011 SEÇÃO 1

Decisão

Trata-se de pedido de uniformização interposto, tempestivamente, pelo Instituto Nacional do Seguro Social-INSS, com fundamento no § 2º do artigo 14 da Lei nº. 10.259/2001, em face de acórdão da Primeira Turma Recursal do Juizado Federal de São Paulo. O autor postula ação objetivando a concessão de pensão por morte. O acórdão proferido pela Turma Recursal de origem manteve a sentença de procedência do pedido autoral, entendendo que, pela aplicação analógica da Lei nº. 10.666/03 é dispensar o requisito qualidade de segurado nos casos de concessão do benefício de pensão por morte em que o falecido-instituidor contribuiu, em vida, o montante da carência de 15 (quinze) anos. Inconformada com o *decisum* interpôs o INSS o presente pedido de uniformização, no qual sustenta a imprescritibilidade da qualidade de segurado do falecido-segurado para concessão do benefício de pensão por morte aos seus dependentes, uma vez que estes não possuem direito próprio junto à Previdência Social. Invoca, nesse ponto, como paradigmas, julgados do Superior Tribunal de Justiça. Decorreu in albis o prazo para contrarrazões. Incidente de uniformização admitido pelo Presidente da Turma Recursal de São Paulo. Decido. Preliminarmente, o art. 557 do Código de Processo civil autoriza o relator monocraticamente negar seguimento "...a recurso manifestamente inadmissível, improcedente, prejudicado ou em confronto com súmula ou com jurisprudência dominante do respectivo tribunal, do Supremo

Tribunal Federal, ou de Tribunal Superior". Em atenção à aludida norma, o Regimento Interno da Turma Nacional de Uniformização de Jurisprudência dos Juizados Especiais Federais, Resolução nº 22, de 04 de setembro de 2008, do Conselho da Justiça Federal, autoriza o relator a apreciar monocraticamente os seguintes casos: Art. 8º. Compete ao relator: IX: negar seguimento ao incidente manifestamente inadmissível, improcedente, prejudicado ou em confronto com súmula ou jurisprudência dominante da Turma Nacional de Uniformização, do Superior Tribunal de Justiça ou do Supremo Tribunal Federal; X: dar provimento ao incidente se a decisão recorrida estiver em manifesto confronto com súmula ou jurisprudência dominante da Turma Nacional de Uniformização, do Superior Tribunal de Justiça ou do Supremo Tribunal Federal, podendo determinar o retorno dos autos à origem para a devida adequação. Dito isso, passo à análise do mérito. O § 2º do art. 14 da Lei 10.259/2001 prevê a possibilidade de pedidos de uniformização de jurisprudência quando fundados em contrariedade à súmula ou jurisprudência dominante do STJ, bem como, na existência de divergência entre decisões de Turmas Recursais de regiões distintas. Outrossim, é cediço que, para o conhecimento do incidente, faz-se necessário que haja entre o acórdão recorrido e o(s) julgados apontado(s) como paradigma(s), similitude fática e jurídica entre as questões neles abordadas. No caso dos autos, o recorrente sustenta, em apertada em síntese, que a decisão recorrida, ao manter a sentença, contrariou o entendimento do Superior Tribunal de Justiça. Entendo que restou configurada a divergência do acórdão recorrido em face do entendimento do Superior Tribunal de Justiça a respeito da matéria. Conheço, portanto o incidente. Sustenta a recorrente que a qualidade de segurado do falecido-segurado para concessão do benefício de pensão por morte é imprescindível. Nesse sentido, a referida matéria encontra-se pacificada nessa Corte, conforme entendimento sedimentado no pedido de uniformização nº. 2007.83.00.50.3288-5, julgado na sessão desta Turma Nacional ocorrida em 18 de dezembro de 2008, da relatoria do Juiz Federal Sebastião Ogê Muniz, cujas razões invocadas adoto como razão de decidir: "(...) Observo que, à luz do acórdão da Turma Recursal de origem, o óbito de pessoa que, na data que vem a falecer, não é segurada da Previdência Social, nem possui direito adquirido à obtenção de qualquer aposentadoria, não gera, para seus dependentes, direito à pensão por morte. Os paradigmas invocados (julgados da Turma Recursal da Subseção Judiciária de Osasco, processo nº. 2005.63.06.00.8371-5, e da Turma Recursal da Seção Judiciária do Paraná, processo nº. 2005.70.95.00.4933-5) trilham entendimento diverso. Assim, em se tratando de tema de direito material, e estando caracterizada a divergência entre o julgado da Turma Recursal de origem e julgados de Turmas Recursais de outras regiões, cabível o pedido de uniformização (artigo 14, § 2º, da Lei nº 10.259/2001). Dele conheço. No mérito, tenho que, sob a égide da Lei nº. 8.213/91, a pensão por morte somente pode ser concedida ao dependente de quem falece ou na condição de segurado da Previdência Social (artigo 74 da referida Lei), ou na condição de titular de direito adquirido à obtenção de aposentadoria (artigo 102, parágrafo 2º, da Lei nº. 8.213/91 na redação dada pela Lei nº. 9.528/97). Não é este, porém, o caso dos autos. Não vejo como relevar qualquer desses requisitos, em face da mera expectativa de direito do de cujus, quando vivo, à futura obtenção de sua aposentadoria por idade. A mera expectativa de direito não se confunde com o direito adquirido. Também não vejo como relevá-los em face do longo histórico contributivo do de cujus, pois, sob a égide da Lei nº. 8.213/91, não é exigido o preenchimento da carência, para a obtenção pensão por morte, e não é Turma Nacional de Uniformização de Jurisprudência dos Juizados Especiais Federais possível substituir, pela carência, a falta do requisito atinente à condição de segurado, ou mesmo do requisito atinente ao direito adquirido a algum tipo de aposentadoria. Assinalo, a propósito, que a jurisprudência do Superior Tribunal de Justiça já se firmou em sentido oposto à tese da parte que interpôs este pedido de uniformização. Confira-se: "Ementa EMBARGOS DE DIVERGÊNCIA. PREVIDENCIÁRIO. PERDA DA QUALIDADE DE SEGURADO. PENSÃO POR MORTE. SEGURADO QUE NÃO PREENCHEU OS REQUISITOS PARA A OBTENÇÃO DE APOSENTADORIA ANTES DO FALECIMENTO. 1. A perda da qualidade de segurado, quando ainda não preenchidos os requisitos necessários à implementação de qualquer aposentadoria, resulta na impossibilidade de concessão do benefício pensão por morte (AgRgEREsp nº 547.202/SP, Relator Ministro Paulo Gallotti, in DJ 24/04/2006). 2. A perda da qualidade de segurado constitui óbice à concessão da pensão por morte quando o *de cujus* não chegou a preencher, antes de sua morte, os requisitos para obtenção de qualquer aposentadoria concedida pela Previdência Social, tal como ocorre nas hipóteses em que, embora houvesse preenchido a carência, não contava com tempo de serviço ou com idade bastante para se aposentar. 3. Embargos de divergência acolhidos." (EREsp 263005/RS, Relator Ministro HAMILTON CARVALHIDO, DJe de 17/03/2008) Esta Turma, por sua vez, já enfrentou a questão. Confira-se: "EMENTA PEDIDO DE UNIFORMIZAÇÃO. PENSÃO QUE, NA DATA SEU ÓBITO, NÃO ERA SEGURADO DA PREVIDÊNCIA SOCIAL, NEM HAVIA, PREVIAMENTE, ADQUIRIDO O DIREITO À OBTENÇÃO DE BENEFÍCIO PREVIDENCIÁRIO CONTINUADO. Tendo ficado demonstrado que o acórdão Turma Recursal de origem vai de encontro à jurisprudência dominante do Superior Tribunal de Justiça, é cabível o pedido de uniformização. Adoção do entendimento no sentido de que, para que o óbito de alguém gere o direito à pensão por morte, é necessário que, na data de seu óbito, ele revista a condição de segurado da Previdência Social, ou esteja na titularidade de direito adquirido à percepção de benefício previdenciário continuado. Encaminhamento dos autos à Turma Recursal de origem, para exame de pleito recursal remanescente." (PEDIDO DE UNIFORMIZAÇÃO DE INTERPRETAÇÃO DE LEI FEDERAL nos autos do processo: 200470950126866, Relator Juiz Federal Leonardo Safi de Melo, Relator para o acórdão Juiz Federal Sebastião Ogê Muniz, DJU de 11/03/2008)". Pouco temos a acrescentar a esses brilhantes ensinamentos. Extrai-se, em suma, do acima exposto, que, em se tratando de pensão por morte, o falecimento da pessoa não segurada da Previdência Social e não detentora de direito adquirido à percepção de qualquer outro benefício de pensão por morte. A mera expectativa de direito do de cujus não confunde com direito adquirido. **Ante o exposto, conheço do pedido de uniformização e dou provimento ao** incidente, determinando o retorno dos autos à **Turma Recursal de origem para adequação. Após as formalidades legais, dê-se baixa da TNU. Cumpra-se. Intimem-se.**

61. AGRAVO REGIMENTAL CONTRA JULGAMENTO MONOCRÁTICO DO RELATOR NA TURMA NACIONAL

Caberá agravo regimental da decisão do relator no prazo de quinze dias (o prazo era de 5, tendo sido elevado para 15 dias pela Resolução CJF 392/2016). Se não houver retratação, o prolator da decisão apresentará o processo em mesa, proferindo voto.

EXCELENTÍSSIMO SENHOR DOUTOR JUIZ RELATOR DO PROCESSO NA TURMA NACIONAL DE UNIFORMIZAÇÃO JURISPRUDÊNCIA.

Processo: XXXXXXXX

O **INSTITUTO NACIONAL DO SEGURO SOCIAL – INSS**, autarquia federal, representada pela Procuradoria-Geral Federal, nos autos em epígrafe, por seu Procurador Federal *in fine* assinado, vem, respeitosamente, à presença de V. Ex.ª, em atenção à decisão de fls., apresentar o presente **AGRAVO REGIMENTAL** (artigo 32, do Regimento Interno da TNU, alterado pela Resolução 392/2016 CJF), a fim de submeter as razões aqui apresentadas à apreciação dos demais membros desta egrégia Turma Nacional de Uniformização

1. DA TEMPESTIVIDADE:

Preliminarmente, a respeito da tempestividade do presente recurso, frise-se que a intimação da Autarquia Previdenciária ocorreu através do e-cint e que o prazo processual tem início 10 dias após a remessa da intimação.

Logo, comprovada está a tempestividade do presente recurso, que possui **prazo de 15 dias**.

2. DO MÉRITO

O Relator do processo nessa TNU proferiu julgamento monocrático do incidente de uniformização interposto pela parte ex-adversa, provendo-o na sua integralidade.

No entanto, compulsando os autos, verificou-se que não cabia o julgamento monocrática da demanda, pois esta tese (XXXXXXXX) não foi uniformizada por súmula ou jurisprudência dominante da Turma Nacional de Uniformização, do Superior Tribunal de Justiça ou do Supremo Tribunal Federal,

3. DO PEDIDO

Isto posto, requer o INSS que Vossa Excelência reconsidere a decisão, determinando o prosseguimento da tramitação do incidente de uniformização para ser julgado pelo Colegiado, ou receba a presente petição sob a forma de **AGRAVO REGIMENTAL,** a fim de submeter as razões aqui apresentadas à apreciação dos demais membros desta egrégia Turma Nacional.

Conhecido o recurso, requer o agravante que seja declarada a **NULIDADE** da decisão monocrática proferida pelo Exmo. Sr. Dr. Juiz Relator da TNU.

Nestes Termos,

Pede deferimento.

FREDERICO AUGUSTO DI TRINDADE AMADO
Procurador Federal

62. DECISÃO DE INADMISSÃO MONOCRÁTICA DO RELATOR DO INCIDENTE DE UNIFORMIZAÇÃO NA TURMA NACIONAL

Compete ao Relator do processo na TNU negar seguimento ao incidente manifestamente inadmissível, improcedente, prejudicado ou em confronto com súmula ou jurisprudência dominante da Turma Nacional de Uniformização, do Superior Tribunal de Justiça ou do Supremo Tribunal Federal; ou ainda contrário à tese firmada em julgamento de incidente de demandas repetitivas do STJ ou do STF.

Processo

PEDILEF 00134729620064013200

PEDIDO DE UNIFORMIZAÇÃO DE INTERPRETAÇÃO DE LEI FEDERAL

Relator(a)

JUIZ FEDERAL VLADIMIR SANTOS VITOVSKY

Sigla do órgão

TNU

Data da Decisão

05/03/2012

Fonte/Data da Publicação

DOU 13/04/2012

Decisão

DECISÃO MONOCRÁTICA. Trata-se de incidente de uniformização nacional suscitado pelo INSS, em face de acórdão da Turma Recursal do Juizado Especial Federal da Seção Judiciária do Amazonas, que estaria em dissonância com jurisprudência do Superior Tribunal de Justiça, tendo sido admitido na origem. Inicialmente cumpre esclarecer que os acórdãos trazidos para embasar a divergência não se prestam para a uniformização pleiteada porque retratam o mesmo entendimento esboçado na decisão impugnada. É manifesto que a Turma Recursal de origem manteve a sentença de procedência com base no conteúdo probatório dos autos. Restou demonstrada a existência de união estável entre a autora e o de cujus e a dependência econômica daquela. Ressalte-se que o juízo a respeito do vínculo conjugal foi obtido a partir de prova material suficientemente confirmada por prova oral, constatando-se que o ex-segurado permaneceu casado formalmente, porém vivia na companhia da requerente, como bem destacado no acórdão: "(...) pois resta comprovada a existência de justificação judicial promovida na Justiça Estadual declarando união estável entre a requerente e o de cujus, bem como certidão de nascimento dos filhos do casal atestando, desta forma, o vínculo e a dependência econômica da parte autora com o falecido (...)". Da análise dos julgados do E. STJ, trazidos para embasar a divergência, depreende-se que esboçam o mesmo entendimento retratado na decisão impugnada, pois, esclarecem da impossibilidade de rateio de pensão entre viúva e concubina e da proibição de simultaneidade de relação marital, entretanto, elucidam que é perfeitamente concebível, em razão do próprio regramento constitucional e infraconstitucional, o reconhecimento do direito da companheira do homem casado, mas separado de fato, de perceber benefícios previdenciário e patrimonial decorrentes de seu falecimento. Como se vê, não há o que ser uniformizado. Por fim, é evidente que a decisão recorrida fundamentou-se, preponderantemente, na análise fática, de modo que a apreciação do caso em tela importaria o reexame da prova então produzida, matéria esta que não se insere no âmbito do incidente de uniformização, conforme o Enunciado da Súmula nº 42 desta Turma Nacional: "**Não se conhece de incidente de uniformização que implique reexame de matéria de fato**". Pelo exposto, NÃO CONHEÇO DO INCIDENTE DE UNIFORMIZAÇÃO Rio de Janeiro, 05 de março de 2012.

63. AGRAVO REGIMENTAL CONTRA INADMISSÃO MONOCRÁTICA DA TURMA NACIONAL

Caberá agravo regimental da decisão do relator no prazo de quinze dias (o prazo era de 5, tendo sido elevado para 15 dias pela Resolução CJF 392/2016). Se não houver retratação, o prolator da decisão apresentará o processo em mesa, proferindo voto.

EXCELENTÍSSIMO SENHOR DOUTOR JUIZ FEDERAL RELATOR DA TURMA NACIONAL DE UNIFORMIZAÇÃO DOS JUIZADOS ESPECIAIS FEDERAIS.

Processo: XXXXXXXX

O **INSTITUTO NACIONAL DO SEGURO SOCIAL – INSS**, autarquia federal, representada pela Procuradoria-Geral Federal, nos autos em epígrafe, por seu Procurador Federal *in fine* assinado, vem, respeitosamente, à presença de V. Ex.ª, em atenção à decisão de fls., apresentar o presente **AGRAVO REGIMENTAL (artigo 32, do Regimento Interno da TNU, alterado pela Resolução CJF 392/2016)**, a fim de submeter as razões aqui apresentadas à apreciação dos demais membros desta egrégia Turma Nacional de Uniformização

1. DA TEMPESTIVIDADE:

Preliminarmente, a respeito da tempestividade do presente recurso, frise-se que a intimação da Autarquia Previdenciária ocorreu através do e-cint e que o prazo processual tem início 10 dias após a remessa da intimação.

Logo, comprovada está a tempestividade do presente recurso, que possui **prazo de 15 dias**.

2. DO MÉRITO

O MM. Relator da TNU inadmitiu o incidente de uniformização ao argumento de que a tese que se busca uniformizar já foi fixada por esta TNU no julgamento do processo YYYYYYYYYYYY, em EE/EE/2016.

No entanto, em que pese a tese já tenha sido definida pela TNU, as Turmas da 1ª Seção do STJ fixaram tese favorável ao recorrente, conforme os anexos acórdãos.

Logo, o apresente agravo deve ser acolhido, pois a decisão rechaçada viola jurisprudência dominante do STJ, sendo cabível o julgamento por essa TNU mesma que a tese já esteja pacificada nesse Colegiado, pois é necessário esgotar a instância recursal para interpor incidente ao STJ.

> **3. DO PEDIDO**
>
> Isto posto, requer o INSS que Vossa Excelência reconsidere a decisão, determinando o prosseguimento da tramitação do incidente de uniformização, ou receba a presente petição sob a forma de **AGRAVO REGIMENTAL,** a fim de submeter as razões aqui apresentadas à apreciação dos demais membros desta egrégia Turma Nacional.
>
> Conhecido o recurso, requer o agravante que seja declarada a **NULIDADE** da decisão monocrática proferida pelo Relator do processo na TNU.
>
> Nestes Termos,
>
> Pede deferimento.
>
> **FREDERICO AUGUSTO DI TRINDADE AMADO**
Procurador Federal

64. DECISÃO DA TURMA NACIONAL QUE JULGA AGRAVO REGIMENTAL CONTRA INADMISSÃO DO INCIDENTE PELO RELATOR

Caberá ao Relator encaminhar ao Colegiado o agravo regimental contra a sua decisão monocrática, não podendo rejeitar individualmente o agravo, que deve ser apreciado coletivamente.

>Processo
>
>PEDILEF 50023993020134047107
>
>PEDIDO DE UNIFORMIZAÇÃO DE INTERPRETAÇÃO DE LEI FEDERAL
>
>Relator(a)
>
>JUIZ FEDERAL DANIEL MACHADO DA ROCHA
>
>Sigla do órgão
>
>TNU
>
>Data da Decisão
>
>19/11/2015
>
>Fonte/Data da Publicação
>
>DOU 18/12/2015 PÁGINAS 142/187
>
>**Decisão**
>
>**Vistos, relatados e discutidos estes autos, em que são partes as acima indicadas, decide a Turma Nacional de Uniformização de Jurisprudência dos Juizados Especiais Federais NEGAR PROVIMENTO AO AGRAVO REGIMENTAL INTERPOSTO EM FACE DA DECISÃO MONOCRÁTICA QUE NÃO CONHECEU DO PEDIDO NACIONAL DE UNIFORMIZAÇÃO DE JURISPRUDÊNCIA formulado pelo INSS, nos termos do voto-ementa do Relator.**

Ementa

AGRAVO REGIMENTAL INTERPOSTO EM FACE DE DECISÃO MONO-CRÁTICA QUE NÃO CONHECEU DE PEDIDO NACIONAL DE UNIFOR-MIZAÇÃO DE JURISPRUDÊNCIA. REAFIRMAÇÃO DA JURISPRUDÊNCIA DESTA TNU, EMBASADA EM JULGADOS DE NOSSA SUPREMA CORTE, NO SENTIDO DE QUE SÃO IRREPETÍVEIS OS VALORES RECEBIDOS POR FORÇA DE TUTELA ANTECIPADA POSTERIORMENTE REVOGADA. AGRAVO REGIMENTAL A QUE SE NEGA PROVIMENTO. 1. Trata-se de agravo regimental interposto pela parte ré em face de decisão monocrática desta relatoria que não conheceu do seu pleito nacional de uniformização: DECISÃO MONOCRÁTICA INCIDENTE DE UNIFORMIZAÇÃO INTERPOSTO PELA PARTE RÉ. PEDIDO DE DECLARAÇÃO DE INEXIGIBILIDADE DE DÉBI-TO PREVIDENCIÁRIO. ANTECIPAÇÃO DOS EFEITOS DA TUTELA DE MÉRITO. INEXIGIBILIDADE DAS PRESTAÇÕES PAGAS INDEVIDAMEN-TE. BOA-FÉ DO SEGURADO E CARÁTER ALIMENTAR DO BENEFÍCIO PREVIDENCIÁRIO. QUESTÃO JÁ DECIDIDA NA TNU EM REPRESENTA-TIVO DE CONTROVÉRSIA. INCIDÊNCIA DA SÚMULA Nº 51 DA TURMA NACIONAL DE UNIFORMIZAÇÃO. QUESTÃO DE ORDEM 13. INCIDEN-TE NÃO CONHECIDO. 1. Trata-se de Pedido de Uniformização interposto contra acórdão proferido pela 4ª Turma Recursal dos Juizados Especiais Federais da Seção Judiciária do Rio Grande do Sul que negou provimento ao recurso inominado da parte ré, mantendo a sentença de primeiro grau, a qual havia julgado parcialmente procedente o pedido formulado na inicial de declaração de inexigibilidade dos valores recebidos de boa-fé pela parte autora em razão de deferimento de antecipação de tutela posteriormente revogada. Colhe-se do acórdão a fundamentação que segue: "[...] Trata-se de demanda onde a parte autora requer a cessação dos descontos no seu benefício previdenciário, decorrente da revogação da antecipação de tutela obtida no processo nº 5009873-23.2011.404.7107, cujo objetivo era a concessão de aposentadoria por idade rural. Recorre o INSS alegando que a boa-fé não exime a parte autora da devolução dos valores indevidamente percebidos, sob pena de enriquecimento sem causa, sendo que a autarquia tem o dever legal de buscar o ressarcimento Decido. A sentença encontra-se em consonância com o entendimento jurisprudencial deste Colegiado, devendo, por isso, ser confirmada pelos seus próprios fundamentos, nos termos do art. 46 da Lei 9.099/95: Da análise dos autos verifica-se que a parte autora pretende, em síntese, a declaração de inexistência de débito em relação aos valores percebidos a título de benefício previdenciário concedido em sede de antecipação de tutela em processo judicial (aposentadoria por idade rural), conforme cópia da sentença no evento 1, SENT 6, posteriormente revogada quando do julgamento do recurso interposto pelo INSS (evento 1, VOTO 7). No que se refere ao recebimento indevido de prestações de benefícios previdenciários, é pacífico o entendimento no sentido de que, em razão de seu caráter alimentar, são irrepetíveis os valores pagos pelo INSS, sobretudo porque recebidos de boa-fé. Nesse sentido, colaciono os seguintes precedentes: INCIDENTE DE UNIFORMIZAÇÃO. PREVIDENCIÁRIO. RECEBIMENTO DE BOA-FÉ DE

PRESTAÇÕES DE BENEFÍCIOS INACUMULÁVEIS, RELATIVAS AO MESMO PERÍODO. IMPOSSIBILIDADE DE REPETIÇÃO. COMPENSAÇÃO ANTES PAGAMENTO PARA EVITAR A CUMULAÇÃO DE BENEFÍCIOS OU O INDÉBITO. POSSIBILIDADE. UNIFORMIZAÇÕES REITERADAS. 1. Não se admite o desconto na prestação mensal de benefício em manutenção de valores de benefícios pagos indevidamente pelo INSS e recebidos de boa-fé pelo beneficiário, mesmo que decorrente do pagamento de benefícios inacumuláveis. 2. Admite-se, porém, a compensação antes do pagamento, para evitar a cumulação de benefícios ou o pagamento em duplicidade, abatendo-se das prestações vencidas e não pagas os valores já recebidos devida ou indevidamente, relativos ao mesmo período. 3. Uniformizações precedentes que não se contrapõe, mas se complementam. 4. Recurso conhecido e provido. (IUJEF 0003924-12.2009.404.7257, Relatora p/Acórdão Luísa Hickel Gamba, D.E. 28/02/2012) (Grifei) PREVIDENCIÁRIO. MANDADO DE SEGURANÇA. DESCONTOS ADMINISTRATIVOS. CARÁTER ALIMENTAR DAS PRESTAÇÕES PREVIDENCIÁRIAS. AUSÊNCIA DE MÁ-FÉ. 1. Esta Corte vem se manifestando no sentido da impossibilidade de repetição dos valores recebidos de boa-fé pelo segurado, dado o caráter alimentar das prestações previdenciárias, sendo relativizadas as normas dos arts. 115, II, da Lei nº 8.213/91, e 154, § 3º, do Decreto nº 3.048/99. 2. Hipótese em que, diante do princípio da irrepetibilidade ou da não-devolução dos alimentos, deve ser afastada a cobrança dos valores determinada pela Autarquia. (TRF4, AC 5002117-60.2011.404.7107, Quinta Turma, Relator p/ Acórdão Rogerio Favreto, D.E. 14/03/2012) (Grifei) AGRAVO REGIMENTAL NO RECURSO ESPECIAL. PREVIDENCIÁRIO. RESTITUIÇÃO DE VALORES PAGOS ADMINISTRATIVAMENTE. VERBA ALIMENTAR RECEBIDA DE BOA-FÉ. IRREPETIBILIDADE. 1. Segundo posicionamento consolidado por esta Corte Superior, a hipótese de desconto administrativo, nos casos em que a concessão a maior se deu por ato do Instituto agravante, não se aplica às situações em que presente a boa-fé do segurado, assim como ocorre no caso dos autos. 2. Agravo regimental a que se nega provimento. (Superior Tribunal de Justiça. AgRg no Resp 1130034/SP, Sexta Turma, Relator Ministro OG Fernandes, unânime, Dje DE 19.10.2009) (Grifei) PREVIDENCIÁRIO. DESCONTOS ADMINISTRATIVOS. CARÁTER ALIMENTAR DAS PRESTAÇÕES PREVIDENCIÁRIAS. AUSÊNCIA DE MÁ-FÉ. 1. (...). 2. Esta Corte vem se manifestando no sentido da impossibilidade de repetição dos valores recebidos de boa-fé pelo segurado, dado o caráter alimentar das prestações previdenciárias, sendo relativizadas as normas dos arts. 115, II, da Lei nº 8.213/91, e 154, § 3º, do Decreto nº 3.048/99. 3. Hipótese em que, diante do princípio da irrepetibilidade ou da não devolução dos alimentos, deve ser afastada a cobrança dos valores determinada pela autarquia. (TRF4, AC 2009.71.99.000755-4, Quinta Turma, Relator Rogerio Favreto, D.E. 26/01/2012) Conforme os documentos acostados aos autos, em razão da decisão de procedência do recurso do INSS no âmbito do processo judicial nº 5009873-23.2011.404.7107 (evento 1, VOTO 7), os efeitos da antecipação de tutela deferida em sentença (evento 1, SENT 6), restaram revogados. Em consequência, a Autarquia Previdenciária emitiu ofício de cobrança ao autor, notificando-o a pagar o montante de R$ 3.066.26, referente ao período de 01.08.2011 a 31.03.2012, durante o qual o autor percebeu o benefício de aposentadoria por idade, amparado na decisão de antecipação de tutela. Informou, outrossim, que, em caso de não pagamento, o INSS procederia aos descontos mensais de 30% sobre o benefício de auxílio-acidente titulado pelo autor (NB 547.563.836- 1), a fim de ressarcir os cofres públicos. No caso concreto, observo que não há qualquer elemento suficiente para caracterizar má-fé por parte do autor. Com efeito, a percepção da aposentadoria por idade durante o intervalo de tempo supramencionado decorreu de ordem judicial, para a qual não houve qualquer induzimento ou conduta indevida do autor que pudesse levar o Juízo a decisão equivocada. Por conseguinte, a revogação dos efeitos da tutela em razão do provimento do recurso do INSS não pode representar prejuízo ao autor, no sentido de precisar restituir os valores até então recebidos de boa-fé. Em face do exposto, merece acolhida a pretensão da parte autora de declaração de inexistência de débito perante o INSS, relativamente à percepção do benefício de aposentadoria por idade NB 41/152.888.985-9. Antecipação dos Efeitos da Tutela Liminarmente foi deferido o pedido de suspensão dos descontos mensais no patamar de 30% dos valores auferidos em auxílio-acidente (Evento 08). A ré comprovou o cumprimento da decisão (Evento 15). Considerando os termos desta sentença, que reconhece o cabimento da pretensão da parte autora, mantenho a decisão proferida liminarmente, tornando-a definitiva para fins de determinar à Autarquia Previdenciária que se abstenha de descontar do benefício de auxílio-acidente do autor (NB 547.563.836-1) os valores auferidos a título de aposentadoria por idade (NB 41/152.888.985-9). Da indenização por danos morais. A parte autora requer o arbitramento de indenização por danos morais. Conforme moderna construção doutrinária e jurisprudencial, o dano moral é conceituado como o prejuízo derivado de uma efetiva lesão a direito da personalidade, como por exemplo a privacidade, a intimidade, a vida privada, a honra, a imagem ou o nome. Ou seja, a pessoa é afetada em seu ânimo psíquico, moral ou intelectual, em violação de natureza não econômica. Obviamente, a mera ocorrência da situação em tela gera aborrecimentos e incômodos, pelos transtornos oriundos do recebimento do aviso de cobrança, os quais, todavia, não se mostram suficientes para justificar uma reparação pecuniária a título de danos morais. Além disso, o autor não demonstrou a ocorrência de efetivo abalo moral a ensejar o pleito indenizatório, cumprindo lembrar que, em regra, não se pode presumir o dano moral sempre que a parte sofrer um prejuízo material. Improcede, portanto, o pedido de indenização por dano moral. Além disso, segundo Miguel Reale, a boa-fé não constitui um imperativo ético abstrato, mas sim uma norma que condiciona e legitima toda a experiência jurídica, desde a interpretação dos mandamentos legais e das cláusulas contratuais até as suas últimas consequências. Daí a necessidade de ser ela analisada como *conditio sine qua non* da realização da justiça ao longo da aplicação das normas jurídicas. Concebida desse modo, a boa-fé exige que a conduta individual ou coletiva seja examinada no conjunto concreto das circunstâncias de cada caso. A adoção da boa-fé como condição matriz do comportamento humano, pressupõe uma 'hermenêutica jurídica estrutural', a qual se distingue pelo exame da totalidade das normas pertinentes a determinada matéria. Nada mais incompatível com a idéia de boa-fé do que a interpretação atômica das regras jurídicas, ou seja, destacadas de seu contexto (Miguel Reale, http://www.miguelreale.com.br/artigos/boafe.htm, acesso em 25/06/2010, 14:00h). A referência ética a valores se faz, também, em relação à valoração ética do comportamento, que se remete ao plano da boa-fé. Mesmo a vedação normativa ao enriquecimento sem causa é relativizada na presença da boa-fé, caracterizando justificativa que transcende a repetição do indébito e se coloca num plano muito mais ampliado (FACHIN, Luis Edson. Teoria crítica do direito civil. Rio de Janeiro: Renovar, 2003. Pp. 302-304) Assim é que não se mostra exigível que o beneficiário da seguridade social, diante do cipoal de normas relativas à matéria previdenciária, possa perceber que o incremento no benefício não lhe seja devido. Menos ainda que, diante de tal circunstância, dirija-se a uma agência do INSS para reclamar de uma possível irregularidade no valor de seu benefício. A situação de subsistência do beneficiário do INSS pode se ver seriamente comprometida quando, além da regular diminuição do benefício ao seu valor correto, ainda se lhe acrescenta a redução adicional oriunda do desconto administrativo pretendido, oposta de inopino pelo INSS, por seu próprio erro. Compromete, desse modo, orçamento e compromissos financeiros, assumidos de boa-fé pelo segurado. Por tal motivo a jurisprudência tem relativizado a exigência de repetição de valores percebidos no caso de erro administrativo e judicial. Quanto aos servidores públicos, a jurisprudência do STF mostra uma regularidade indiscutível, exemplificada no julgamento do MS 26.085-8/DF, Relatora a Min. Carmen Lúcia (Dje 107, 13/06/2008, Ementário 2323-2): MANDADO DE SEGURANÇA. ATO DE TRIBUNAL DE CONTAS DA UNIÃO QUE CONSIDEROU ILEGAL A APOSENTADORIA E DETERMINOU A RESTITUIÇÃO DE VALORES. ACUMULAÇÃO ILEGAL DE CARGOS DE PROFESSOR. AUSÊNCIA DE COMPATIBILIDADE DE HORÁRIOS. UTILIZAÇÃO DE TEMPO DE SERVIÇO PARA OBTENÇÃO DE VANTAGENS EM DUPLICIDADE (ARTS. 62 E 193 DA LEI N. 8112/90). MÁ-FÉ NÃO CONFIGURADA. DESNECESSIDADE DE RESTITUIÇÃO DOS VALORES PERCEBIDOS. INOCORRÊNCIA DE DESRESPEITO AO DEVIDO PROCESSO LEGAL E AO DIREITO ADQUIRIDO. 1. A compatibilidade de horários é requisito indispensável para o reconhecimento da licitude da acumulação de cargos públicos. É ilegal a acumulação dos cargos quando ambos estão submetidos ao regime de 40 horas semanais e um deles exige dedicação exclusiva. 2. O § 2º do art. 193 da Lei n. 8.112/90 veda a utilização cumulativa do tempo de exercício de função ou cargo comissionado para assegurar a incorporação de quintos nos proventos do servidor (art. 62 da Lei n. 8.112/90) e para viabilizar a percepção de gratificação de função em sua aposentadoria (art. 193, caput, da Lei n. 8.112/90). É inadmissível a incorporação de vantagens sob o mesmo fundamento, ainda que em cargos públicos diversos. 3. O reconhecimento da ilegalidade da cumulação de vantagens não determina, automaticamente, a restituição ao erário dos valores recebidos salvo se constatada a má-fé do servidor, o que não foi demonstrado nos autos. 4. A jurisprudência do Supremo Tribunal Federal tem-se firmado no sentido de que, no exercício da competência que lhe foi atribuída pelo art. 71, inc. III, da Constituição da República, o Tribunal de Contas da União cumpre os princípios do contraditório, ampla defesa e do devido processo legal quando garante ao interessado – como se deu na espécie – os recursos inerentes à sua defesa plena. 5. Ato administrativo complexo, a aposentadoria do servidor somente se torna ato perfeito e acabado após seu exame e registro pelo Tribunal de Contas da União. 6. Segurança parcialmente concedida. Nesse caso, a própria administração pública reconhece a boa-fé como causa jurídica a afastar a exigência de devolução, no Enunciado AGU nº 34, de 16/09/2008: 'Não estão sujeitos à repetição os valores recebidos de boa-fé pelo servidor público, em decorrência de errônea ou inadequada interpretação da lei por parte da Administração Pública'. Quanto ao segurado do INSS que, também por erro administrativo, percebe valores maiores que os devidos em seu benefício, de boa-fé, a argumentação é plenamente aplicável, pois inexiste distinção válida juridicamente que possa assegurar ao servidor público o direito de não restituição e negá-lo ao segurado da seguridade social. É nessa linha a jurisprudência do STJ: PREVIDENCIÁRIO E PROCESSUAL CIVIL. AGRAVO REGIMENTAL EM AGRAVO DE INSTRUMENTO. RECEBIMENTO INDEVIDO DE APOSENTADORIA PELA ESPOSA DO FALECIDO APÓS O ÓBITO. INEXIGIBILIDADE DE DEVOLUÇÃO DOS VALORES RECEBIDOS. INAPLICABILIDADE, NO CASO, DA CLÁUSULA DE RESERVA DE PLENÁRIO. AGRAVO DO INSS DESPROVIDO. 1. Não há que se falar em má-fé da beneficiária que continuou a receber aposentadoria do falecido marido, e deixou de requerer a pensão que, ressalte-se, corresponde a 100 % do valor da aposentadoria, nos termos do art. 75 da Lei nº 8.213/91 (com a redação vigente na data do óbito), por ter o INSS deixado de cancelar o pagamento da aposentadoria quando do conhecimento do óbito do segurado. 2. Assim, em face da boa-fé da pensionista que recebeu a aposentadoria do de cujus após seu óbito, do caráter alimentar da verba, da idade avançada e da hipossuficiência da beneficiária, mostra-se inviável impor a ela a restituição das diferenças recebidas. 3. Não há que se falar em declaração de inconstitucionalidade do art. 115 da Lei 8.213/91 e 273, § 2º e 475-O do CPC, uma vez que, no caso, apenas foi dado ao texto desse dispositivo interpretação diversa da pretendida pelo INSS. 4. Agravo regimental do INSS desprovido. (STJ, AGA 1115362, Rel. Napoleão Nunes Maia Filho, DJE 17/05/2010). Na mesma linha tem entendido da Turma Nacional de Uniformização de jurisprudência, é o que se extrai da Súmula 51 da Turma Nacional de Uniformização: Os valores recebidos por força de antecipação dos efeitos de tutela, posteriormente revogada em demanda previdenciária, são irrepetíveis em razão da natureza alimentar e da boa-fé no seu recebimento. Precedentes: Pedilef nº 2009.71.95.000971-0 (julgamento 29/02/2012), Pedilef nº 2008.83.20.000013-4 (julgamento 13/09/2010), Pedilef nº 2008.83.20.000010-9 (julgamento 16/11/2009). Por derradeiro, na mesma linha a respeito do tema, a Turma Regional de Uniformização assim pacificou entendimento: INCIDENTE DE UNIFORMIZAÇÃO REGIONAL. PREVIDENCIÁRIO. VALORES RECEBIDOS DE BOA-FÉ. DESCONTO NO BENEFÍCIO. IMPOSSIBILIDADE. 1.

É irrepetível o valor recebido a maior pelo segurado, salvo quando comprovada a má-fé de sua parte ou quando houver comprovação de que o mesmo contribuiu, de qualquer forma, para o erro de cálculo da RMI por parte do INSS. 2. Incidente de uniformização conhecido e não provido' (IUJEF 0000145-63.2006.404.7060, Turma Regional de Uniformização da 4ª Região, Relator Rodrigo Koehler Ribeiro, D.E. 08/02/2011). 2. Incidente de uniformização conhecido e provido. (IUJEF 0003574-50.2008.404.7195, Turma Regional de Uniformização da 4ª Região, Relator Joane Unfer Calderaro, D.E. 11/04/2012) A este passo, insta mencionar que o Supremo Tribunal Federal já decidiu que o art. 46 da Lei n. 9.099/95 não ofende o art. 93, IX, da Constituição Federal: AGRAVO REGIMENTAL NO AGRAVO DE INSTRUMENTO. MATÉRIA INFRACONSTITUCIONAL. OFENSA INDIRETA. JUIZADO ESPECIAL. DECISÃO TURMÁRIA QUE REMETE AOS FUNDAMENTOS DA SENTENÇA. AUSÊNCIA DE FUNDAMENTAÇÃO. INOCORRÊNCIA. 1. Não ofende o artigo 93, IX, da Constituição do Brasil a decisão tomada por turma recursal que confirma a sentença por seus próprios fundamentos nos termos do artigo 46 da Lei n. 9.099/95. 2. As alegações de desrespeito aos postulados da legalidade, do devido processo legal, da motivação dos atos decisórios, do contraditório, dos limites da coisa julgada e da prestação jurisdicional, se dependentes de reexame prévio de normas inferiores, podem configurar, quando muito, situações de ofensa meramente reflexa ao texto da Constituição. Agravo regimental a que se nega provimento. (AI 749963 AgR, Relator(a): Min. EROS GRAU, Segunda Turma, julgado em 08/09/2009, Dje-181 DIVULG 24-09-2009 PUBLIC 25-09-2009 EMENT VOL-02375-09 PP-02428, grifo nosso) Impende destacar que '[...] o magistrado, ao analisar o tema controvertido, não está obrigado a refutar todos os aspectos levantados pelas partes, mas, tão-somente, aqueles que efetivamente sejam relevantes para o deslinde do tema.' (STJ, REsp 717265/SP, Rel. Ministro JORGE SCARTEZZINI, QUARTA TURMA, julgado em 03/08/2006, DJ 12/03/2007, p. 239) Dessa forma, refuto todas as alegações que não tenham sido expressamente rejeitadas nos autos, porquanto desnecessária sua análise para chegar à conclusão exposta no julgado. Outrossim, ficam prequestionados os dispositivos constitucionais indicados, para fins do art. 102, III, da Constituição Federal. No que tange ao prequestionamento de dispositivos infraconstitucionais, esclareço que, nos termos da Súmula 203 do Superior Tribunal de Justiça, é incabível a interposição de recurso especial contra decisão proferida por órgão de segunda instância dos Juizados Especiais. Portanto, não há razão para o prequestionamento de regras infraconstitucionais. Condeno a Autarquia ré ao pagamento de honorários advocatícios, os quais fixo em 10% sobre o valor da condenação, apurado de acordo com a Súmula 111 do STJ. Deixo de condenar a parte ré ao pagamento das custas, em face do disposto no art. 4º, I, da Lei n. 9.289/96. Ante o exposto, voto por NEGAR PROVIMENTO ao recurso da parte ré. [...]" 2. Em seu incidente, a parte ré alega que o acórdão recorrido, ao proibir o INSS de cobrar os valores recebidos pela parte autora em razão da liminar concedida, contraria precedentes do STJ (AgREsp Nº 176.900, Resp Nº 988.171, REsp 1.350.804/PR, e REsp 1.384.418). 3. O incidente de uniformização foi inadmitido na origem, com agravo na forma do RITNU. 4. No caso, entendo que o incidente de uniformização não merece ser conhecido. 5. Com efeito, esta Turma Nacional de Uniformização tem entendimento consolidado no sentido de que "Os valores recebidos por força de antecipação dos efeitos de tutela posteriormente revogada em demanda previdenciária são irrepetíveis em razão da natureza alimentar e da boa-fé no seu recebimento", nos termos da Súmula nº 51. 6. Aplicação ao caso da Questão de Ordem TNU n. 13 para não conhecer do pedido de uniformização ("Não cabe Pedido de Uniformização, quando a jurisprudência da Turma Nacional de Uniformização de Jurisprudência dos Juizados Especiais Federais se firmou no mesmo sentido do acórdão recorrido"). 7. Diante dessas considerações, não conheço o pedido de uniformização. Brasília, 17 de abril de 2015. Sustenta, em síntese, que: (a) ao não conhecer do incidente de uniformização, a decisão monocrática divergiu frontalmente da jurisprudência dominante do Superior Tribunal de Justiça (recursos especiais de números 1.384.418/SC e 1.401.560/MT); e (b) a impossibilidade de devolução dos valores indevidamente recebidos afronta inexoravelmente a orientação jurisprudencial desta Corte Superior. 2. Não assiste razão, contudo, à Autarquia Previdenciária. A decisão monocrática foi clara ao assentar que a jurisprudência desta TNU aponta no sentido de que são irrepetíveis os valores recebidos por força de tutela antecipada posteriormente revogada. E é esse mesmo o entendimento deste colegiado, embasado em jurisprudência de nossa Corte Suprema, conforme ementas a seguir transcritas: PREVIDENCIÁRIO. PROVENTOS RECEBIDOS EM DECORRÊNCIA DE DECISÃO ANTECIPATÓRIA DE TUTELA. DECISÃO REVOGADA. OBRIGAÇÃO DE DEVOLUÇÃO DOS VALORES RECEBIDOS NA VIGÊNCIA DA MEDIDA ANTECIPATÓRIA. RECEBIMENTO DE BOA FÉ E EMBASADA EM ORDEM JUDICIAL. SÚMULA N. 51/TNU. DESCABIMENTO DE REPETIÇÃO O QUE FOI PAGO POR FORÇA DE ORDEM EMANDADA DO PODER JUDICIÁRIO. COMANDO ESTATAL GERADOR DE EFEITOS CONCRETOS LÍCITOS. RECURSO NÃO CONHECIDO. ACÓRDÃO MANTIDO INTEGRALMENTE. No caso sob análise, o Acórdão da TR-JEF-SJAM, na parte impugnada, encontra-se em harmonia com a Súmula n 51 desta Turma Nacional, que continua sendo prestigiada em julgados recentes acerca da matéria discutida, conforme se verifica no aresto a seguir reproduzido: "DIREITO PREVIDENCIÁRIO. ANTECIPAÇÃO DE TUTELA. REVOGAÇÃO. RESTITUIÇÃO DOS VALORES RECEBIDOS. BOA-FÉ. VERBA DE NATUREZA ALIMENTAR. IRREPETIBILIDADE. SÚMULA 51/TNU. PRECEDENTES DO STF NO SENTIDO DE IRREPETIBILIDADE DOS VALORES RECEBIDOS EM RAZÃO DE DECISÃO JUDICIAL. JULGADO DA TURMA RECURSAL DE ORIGEM EM SINTONIA COM ESTA JURISPRUDÊNCIA. QUESTÃO DE ORDEM Nº 13 DA TNU. INCIDENTE DE UNIFORMIZAÇÃO NÃO CONHECIDO. 1. Cuida-se de incidente de uniformização movido pelo INSS em face de acórdão proferido pela Turma Recursal dos Juizados Especiais Federais de São Paulo que determinou a irrepetibilidade dos valores recebidos pela parte requerida, em razão de antecipação de tutela posteriormente revogada, sob o fundamento de que se trata de verba alimentar recebida de boa fé. 1.1. Segundo argumenta o requerente, o acórdão recorrido estaria em desacordo com a jurisprudência do Superior Tribunal de Justiça, da Turma Recursal de Santa Catarina e desta Turma Nacional de Uniformização, quanto ao cabimento da restituição de valores recebidos em face de decisão judicial posteriormente revogada. 1.2. Incidente inadmitido na origem, mas remetido a esse Colegiado por força de agravo. Em exame de admissibilidade de competência do Exmo. Ministro Presidente desta Corte, o agravo foi provido e incidente de uniformização admitido. 1.3 Conheço do recurso em virtude da adequada comprovação da divergência jurisprudencial em torno da tese jurídica debatida pelo acórdão recorrido e pelos julgados paradigmas. A questão controvertida radica em torno da possibilidade da restituição de valores de natureza alimentar – no caso, decorrentes de benefício previdenciário – percebidos por força de provimento antecipatório posteriormente revogado. 2. Esta Turma Nacional de Uniformização, ao editar a Súmula 51, firmou o entendimento de que "os valores recebidos por força de antecipação dos efeitos de tutela, posteriormente revogada em demanda previdenciária, são irrepetíveis em razão da natureza alimentar e da boa-fé no seu recebimento." 2.1 O Superior Tribunal de Justiça, contudo, em sede de recurso repetitivo da controvérsia, firmou o entendimento no sentido de que é devida a devolução de valores recebidos em razão de antecipação de tutela posteriormente revogada, a saber: PREVIDENCIÁRIO. AUSÊNCIA DE PREQUESTIONAMENTO. ANTECIPAÇÃO DA TUTELA. REVOGAÇÃO. RESTITUIÇÃO DOS VALORES RECEBIDOS. VERBA DE NATUREZA ALIMENTAR RECEBIDA DE BOA-FÉ PELA PARTE SEGURADA. REPETIBILIDADE. PRECEDENTE DA PRIMEIRA SEÇÃO. 1. A Corte a quo não analisou a controvérsia à luz dos arts. 467 a 468 do Código de Processo Civil. Desse modo, ausente o prequestionamento. Incidência do enunciado da Súmula 211 do Superior Tribunal de Justiça. 2. A Primeira Seção, por maioria, ao julgar o REsp 1.384.418/SC, uniformizou o entendimento no sentido de que é dever do titular de direito patrimonial devolver valores recebidos por força de tutela antecipada posteriormente revogada. Entendimento reafirmado sob o regime do art. 543-c do CPC, no julgamento do REsp 1.401.560/MT (acórdão pendente de publicação). Agravo regimental improvido. (AgRg no REsp 1416294/RS, Rel. Ministro HUMBERTO MARTINS, SEGUNDA TURMA, julgado em 18/03/2014, Dje 24/03/2014). 2.2 Por outro lado, o Supremo Tribunal Federal possui precedentes contrários ao entendimento esposado pelo STJ, in verbis: EMENTA DIREITO PREVIDENCIÁRIO. BENEFÍCIO RECEBIDO POR FORÇA DE DECISÃO JUDICIAL. DEVOLUÇÃO. ART. 115 DA LEI 8.213/91. IMPOSSIBILIDADE. BOA-FÉ E CARÁTER ALIMENTAR. ALEGAÇÃO DE VIOLAÇÃO DO ART. 97 DA CF. RESERVA DE PLENÁRIO: INOCORRÊNCIA. ACÓRDÃO RECORRIDO PUBLICADO EM 22.9.2008. A jurisprudência desta Corte firmou-se no sentido de que o benefício previdenciário recebido de boa-fé pelo segurado em virtude de decisão judicial não está sujeito à repetição de indébito, dado o seu caráter alimentar. Na hipótese, não importa declaração de inconstitucionalidade do art. 115 da Lei 8.213/91, o reconhecimento, pelo Tribunal de origem, da impossibilidade de desconto dos valores indevidamente percebidos. Agravo regimental conhecido e não provido. (ARE 734199 AgR, Relator(a): Min. ROSA WEBER, Primeira Turma, julgado em 09/09/2014, PROCESSO ELETRÔNICO Dje-184 DIVULG 22-09-2014 PUBLIC 23-09-2014) 3. Dessa sorte, a despeito da posição do STJ, esta TNU, considerando o entendimento do STF, bem como os precedentes deste Colegiado, entende por manter a aplicação do enunciado da Súmula 51/TNU no sentido que "os valores recebidos por força de antecipação dos efeitos de tutela, posteriormente revogada em demanda previdenciária, são irrepetíveis em razão da natureza alimentar e da boa-fé no seu recebimento". 4. Verifica-se, assim, que a jurisprudência da TNU se firmou no mesmo sentido do acórdão vergastado, fazendo incidir, na espécie, a aplicação da Questão de Ordem nº 13 da TNU: "Não cabe Pedido de Uniformização, quando a jurisprudência da Turma Nacional de Uniformização de Jurisprudência dos Juizados Especiais Federais se firmou no mesmo sentido do acórdão recorrido." (Aprovada na 2ª Sessão Ordinária da Turma Nacional de Uniformização, do dia 14.03.2005)". (TNU, Questão de Ordem nº 13, DJ 5. Incidente de Uniformização não conhecido" (PREDILEF 5002813-56.2012.4.04.7109, rel. Juiz Federal Bruno Leonardo Câmara Carrá, j. 12.02.2015, DOU 13.04.2015, p. 126/260, unânime). Assim, estando o acórdão impugnado em sintonia com a Súmula n. 51 desta Turma Nacional de Uniformização, o Pedido de Uniformização de Jurisprudência não pode ser conhecido por este Colegiado. Por fim cabe o registro de que o recebimento dos valores reclamados teve respaldo em ordem emanada do Poder Judiciário, no exercício de suas atribuições constitucionais, não se tratando de mera liberalidade. Portanto, não pode a parte autora ser penalizada em virtude de haver provocado o Poder Judiciário e, nessa conduta, obtido êxito, ainda que posteriormente a ordem regulamente emitida tenha sido revogada, após ter gerado seus efeitos lícitos. Pedido de Uniformização de Jurisprudência não conhecido. Acórdão mantido integralmente. Sem honorários advocatícios e custas processuais. (PEDILEF 00154821120094013200, Rel. Juiz Federal RUI COSTA GONÇALVES, DOU 25/09/2015 PÁGINAS 150/199) (grifei) DIREITO PREVIDENCIÁRIO. ANTECIPAÇÃO DE TUTELA. REVOGAÇÃO. RESTITUIÇÃO DOS VALORES RECEBIDOS. BOA-FÉ. VERBA DE NATUREZA ALIMENTAR. IRREPETIBILIDADE. SÚMULA 51/TNU. PRECEDENTES DO STF NO SENTIDO DE IRREPETIBILIDADE DOS VALORES RECEBIDOS EM RAZÃO DE DECISÃO JUDICIAL. JULGADO DA TURMA RECURSAL DE ORIGEM EM SINTONIA COM ESTA JURISPRUDÊNCIA. QUESTÃO DE ORDEM Nº 13 DA TNU. INCIDENTE DE UNIFORMIZAÇÃO NÃO CONHECIDO. 1. Cuida-se de incidente de uniformização movido pelo INSS em face de acórdão proferido pela Turma Recursal dos Juizados Especiais Federais de São Paulo que determinou a irrepetibilidade dos valores recebidos pela parte requerida, em razão de antecipação de tutela posteriormente revogada, sob o fundamento de que se trata de verba alimentar recebida de boa fé. 1.1. Segundo argumenta o requerente, o acórdão recorrido estaria em desacordo com a jurisprudência do Superior Tribunal de Justiça, da Turma Recursal de Santa Catarina e desta Turma Nacional de Uniformização, quanto ao cabimento da restituição de valores recebidos em face de decisão judicial posteriormente revogada. 1.2. Incidente inadmitido na origem, mas remetido a esse Colegiado por força de agravo. Em exame de admissibilidade de competência do Exmo. Ministro Presidente desta Corte, o agravo foi provido e incidente de uniformização admitido. 1.3 Conheço do recurso em virtude da adequada comprovação da divergência jurisprudencial em torno da tese jurídica debatida pelo acórdão recorrido e pelos julgados paradigmas. A questão controvertida radica em torno da possibilidade da restituição de valores de natureza alimentar – no caso, decorrentes de benefício previdenciário – percebidos por força de provimento antecipatório posteriormente revogado. 2. Esta Turma Nacional de Uniformização, ao editar a Súmula 51, firmou o entendimento de que "os valores recebidos por força de antecipação dos efeitos de tutela, posteriormente revogada em demanda previdenciária, são irrepetíveis em razão da natureza alimentar e da boa-fé no seu recebimento." 2.1 O Superior Tribunal de Justiça, contudo, em sede de recurso repetitivo da controvérsia, firmou o entendimento no sentido de que é devida a devolução de valores recebidos em razão de antecipação de tutela posteriormente revogada, a saber: PREVIDENCIÁRIO. AUSÊNCIA DE PREQUESTIONAMENTO. ANTECIPAÇÃO DA TUTELA. REVOGAÇÃO. RESTITUIÇÃO DOS VALORES RECEBIDOS. VERBA DE NATUREZA ALIMENTAR RECEBIDA DE BOA-FÉ PELA PARTE SEGURADA. REPETIBILIDADE. PRECEDENTE DA PRIMEIRA SEÇÃO. 1. A Corte a quo não analisou a controvérsia à luz dos arts. 467 a 468 do Código de Processo Civil. Desse modo, ausente o prequestionamento. Incidência do enunciado da Súmula 211 do Superior Tribunal de Justiça. 2. A Primeira Seção, por maioria, ao julgar o REsp 1.384.418/SC, uniformizou o entendimento no sentido de que é dever do titular de direito patrimonial devolver valores recebidos por força de tutela antecipada posteriormente revogada. Entendimento reafirmado sob o regime do art. 543-c do CPC, no julgamento do REsp 1.401.560/MT (acórdão pendente de publicação). Agravo regimental improvido. (AgRg no REsp 1416294/RS, Rel. Ministro HUMBERTO MARTINS, SEGUNDA TURMA, julgado em 18/03/2014, Dje 24/03/2014). 2.2 Por outro lado, o Supremo Tribunal Federal possui precedentes contrários ao entendimento esposado pelo STJ, in verbis: EMENTA DIREITO PREVIDENCIÁRIO. BENEFÍCIO RECEBIDO POR FORÇA DE DECISÃO JUDICIAL. DEVOLUÇÃO. ART. 115 DA LEI 8.213/91. IMPOSSIBILIDADE. BOA-FÉ E CARÁTER ALIMENTAR. ALEGAÇÃO DE VIOLAÇÃO DO ART. 97 DA CF. RESERVA DE PLENÁRIO: INOCORRÊNCIA. ACÓRDÃO RECORRIDO PUBLICADO EM 22.9.2008. A jurisprudência desta Corte firmou-se no sentido de que o benefício previdenciário recebido de boa-fé pelo segurado em virtude de decisão judicial não está sujeito à repetição de indébito, dado o seu caráter alimentar. Na hipótese, não importa declaração de inconstitucionalidade do art. 115 da Lei 8.213/91, o reconhecimento, pelo Tribunal de origem, da impossibilidade de desconto dos valores indevidamente percebidos. Agravo regimental conhecido e não provido. (ARE 734199 AgR, Relator(a): Min. ROSA WEBER, Primeira Turma, julgado em 09/09/2014, PROCESSO ELETRÔNICO Dje-184 DIVULG 22-09-2014 PUBLIC 23-09-2014) 3. Dessa sorte, a despeito da posição do STJ, esta TNU, considerando o entendimento do

STF, bem como os precedentes deste Colegiado, entende por manter a aplicação do enunciado da Súmula 51/TNU no sentido que "os valores recebidos por força de antecipação dos efeitos de tutela, posteriormente revogada em demanda previdenciária, são irrepetíveis em razão da natureza alimentar e da boa-fé no seu recebimento". 4. Verifica-se, assim, que a jurisprudência da TNU se firmou no mesmo sentido do acórdão vergastado, fazendo incidir, na espécie, a aplicação da Questão de Ordem nº 13 da TNU: "Não cabe Pedido de Uniformização, quando a jurisprudência da Turma Nacional de Uniformização de Jurisprudência dos Juizados Especiais Federais se firmou no mesmo sentido do acórdão recorrido." (Aprovada na 2ª Sessão Ordinária da Turma Nacional de Uniformização, do dia 14.03.2005)". (TNU, Questão de Ordem nº 13, DJ 5. Incidente de Uniformização não conhecido. (PEDILEF 50028135620124047109, Rel. Juiz Federal BRUNO LEONARDO CÂMARA CARRÁ, DOU 13/04/2015 PÁGINAS 126/260) (grifei) **3. Em sendo assim, o agravo regimental interposto pela Autarquia Previdenciária não merece ser provido, devendo ser mantida a decisão monocrática agravada.**

65. DECISÃO IRRECORRÍVEL DO PRESIDENTE DA TURMA NACIONAL

Em **decisão irrecorrível**, nos termos do artigo 16 do Regimento Interno da TNU, antes da distribuição do pedido de uniformização de jurisprudência, o **Presidente da Turma Nacional de Uniformização** poderá:

I – negar-lhe seguimento quando manifestamente inadmissível, improcedente, prejudicado ou em confronto com súmula ou jurisprudência dominante da Turma Nacional de Uniformização, do Superior Tribunal de Justiça ou do Supremo Tribunal Federal; ou deduzir pretensão contrária à tese firmada em julgamento de incidente de resolução de demandas repetitivas;

II – determinar o retorno dos autos à origem para adequação ou dar provimento ao pedido de uniformização quando o acórdão recorrido estiver em manifesto confronto com súmula ou jurisprudência dominante da Turma Nacional de Uniformização, do Superior Tribunal de Justiça ou do Supremo Tribunal Federal, ou em confronto com tese firmada em julgamento de incidente de resolução de demandas repetitivas pelo STJ ou STF;

III – sobrestar ou devolver às Turmas de origem para sobrestamento os feitos que versem sobre tema que estiver pendente de apreciação na Turma Nacional de Uniformização, no Supremo Tribunal Federal, em regime de repercussão geral, ou no Superior Tribunal de Justiça, em incidente de uniformização ou recurso repetitivo, de forma que promovam a posterior confirmação do acórdão recorrido ou sua adaptação à decisão que vier a ser proferida nos recursos indicados;

IV – devolver às Turmas de origem os processos suspensos em face de incidente de resolução de demandas repetitivas.

Processo

PEDILEF 200770640000547

PEDIDO DE UNIFORMIZAÇÃO DE INTERPRETAÇÃO DE LEI FEDERAL

Presidente

PRESIDENTE

Sigla do órgão

TNU

Data da Decisão

16/12/2010

Fonte/Data da Publicação

DOU 29/04/2011 SEÇÃO 1

Decisão

SEONIR GONÇALVES DE LARA suscita incidente de uniformização de jurisprudência dirigido à Turma Nacional de Uniformização, com fulcro no artigo 14, § 2º, da Lei nº 10.259/2001, contra decisão colegiada proferida pela 1ª Turma Recursal da Seção Judiciária do Paraná – 4ª Região, a qual manteve sentença que julgou improcedente o pedido de concessão de pensão por morte, pois entendeu que: a) a postulante não comprovou depender economicamente de seu falecido marido, pois estavam separados desde o ano de 1983; b) inexiste prova de que voltaram a conviver juntos novamente, c) possuía renda econômica própria, proveniente de vários vínculos urbanos mantidos com diversos empregadores; d) a prova testemunhal se mostrou inidônea; e e) a autarquia previdenciária não decaiu do direito de revisar o ato administrativo que concedeu o benefício previdenciário indevidamente à parte, cujo proceder está em consonância com os ditames legais. Opostos embargos de declaração, a estes foi negado provimento. Sustenta a postulante haver divergência com julgados do c. Superior Tribunal de Justiça, dos quais se destaca o seguinte, verbis: PREVIDENCIÁRIO. CÔNJUGE SUPÉRSTITE. PENSÃO POR MORTE. DEPENDÊNCIA ECONÔMICA PRESUMIDA. SEPARAÇÃO DE FATO. ANÁLISE. SÚMULA 7/STJ. PRESCRIÇÃO. EMBARGOS DE DECLARAÇÃO. QUESTÃO NOVA. NÃO-CABIMENTO. 1. É incontroverso que o cônjuge goza de dependência presumida, conforme a própria dicção da lei, desde que não esteja separado de fato e não perceba pensão alimentícia. 2. Contudo, o deslinde da presente controvérsia exige inafastável reapreciação do conjunto fático-probatório carreado aos autos acerca da existência de separação de fato, o que não compete a esta Corte de Justiça, tendo em vista o óbice do enunciado sumular nº 7/STJ. 3. Sobre a prescrição, já decidiu esta Quinta Turma que pode ser alegada em qualquer instância, desde que na contestação ou nas razões de apelação, mas não em embargos declaratórios, que possuem efeito meramente integrativo, sendo defesa a apresentação de questão nova. 4. Recurso especial conhecido, porém improvido (REsp nº 613.986/RJ, Rel. Min. ARNALDO ESTEVES LIMA, DJ de 03/10/2005, p. 315). Sustenta, em síntese, que a dependência econômica do cônjuge é presumida e que não é possível a revisão da concessão do benefício previdenciário, ante a ocorrência da decadência administrativa. O incidente foi inadmitido pela Presidência da 2ª Turma Recursal do Paraná. Por sua vez, a suplicante apresentou requerimento nos moldes do artigo 15, § 4º, do RI/TNU. Relatados. Decido. *In casu*, verifica-se que a irresignação da requerente não tem como prosseguir, senão vejamos. Quanto ao REsp nº 337.280/SP, nota-se que tal *decisum* não guarda a devida similitude fática e jurídica com a hipótese em apreço. Com efeito, no caso em tela, o aresto alvejado resolveu a contenda consignando que: a) a suscitante não comprovou sua dependência econômica em relação ao *de cujus*, haja vista estarem separados desde o ano de 1983; b) não houve a reconciliação do casal; c) a postulante laborou no meio urbano, vindo a auferir renda própria; d) a prova oral colhida em Juízo se apresentou inidônea; e e) é válido o procedimento administrativo de revisão do benefício previdenciário concedido indevidamente pelo INSS. Todavia, o precedente colacionado do STJ se pronuncia em sentido diverso, qual seja, sem comprovação de que houve melhoria econômico-financeira com o amasiamento, sendo presumida a dependência da mulher para com o marido, não é possível a cassação da pensão. Portanto, extrai-se tratar-se de situações que não possuem as mesmas bases fáticas e jurídicas, o que acaba por inviabilizar o processamento da irresignação nesta parte. Já em relação ao REsp nº 613.986/RJ, nota-se inexistir a divergência jurisprudencial apontada, pois este menciona que, embora a dependência do cônjuge seja presumida, tal presunção não prevalece quando esteja separado de fato e perceba pensão alimentícia, uma vez que terá que comprovar sua dependência, cuja orientação está em consonância com o que restou decidido pela Turma Recursal do Paraná. Além disso, quanto à tese da suposta ocorrência da decadência administrativa em revisar o ato concessório do benefício previdenciário, tal questão se encontra totalmente prejudicada, pois os arestos transcritos não se prestam a comprovar dita discrepância, visto serem oriundos de Tribunais Regionais Federais, estando assim em desacordo com o que estabelece o artigo 14, § 2º, da Lei nº 10.259/2001. Por fim, cuida-se, em última análise, de pleito em que se visa ao reexame de prova, com consequente inversão da conclusão a que chegou a decisão impugnada, na dimensão do conjunto probatório do processo, mostrando-se manifestamente incabível o incidente de uniformização de jurisprudência suscitado. **Frente ao exposto, com esteio no artigo 7º, inciso VI, do Regimento Interno da Turma Nacional de Uniformização, não admito o presente incidente de uniformização. Publique-se. Intimem-se.**

PROCESSO: 0065099-33.2006.4.01.3300

ORIGEM: BA – SEÇÃO JUDICIÁRIA DA BAHIA

REQUERENTE: ARLINDO DE GOES DA SILVA

PROC./ADV.: GLAUCO HUMBERTO BORK

OAB: BA 27287

REQUERIDO(A): INSS

PROC./ADV.: PROCURADORIA-GERAL FEDERAL

DECISÃO

Verifico que a questão jurídica constante dos autos está sendo apreciada por esta Turma Nacional de Uniformização no **PEDILEF n. 0004390-58.2009.4.03.6311**, nos seguintes termos:

"Trata-se de incidente de uniformização dirigido à Turma Nacional de Uniformização e suscitado por Clea Pires Tauro com fundamento no art. 14, § 2º, da Lei n. 10.259/2001, contra acórdão da Turma Recursal da Seção Judiciária de São Paulo que decidiu, confirmando sentença anteriormente prolatada, pela inaplicabilidade da Súmula n. 260 do extinto Tribunal Federal de Recursos aos benefícios previdenciários concedidos após 04/10/1988, restando as diferenças salariais pleiteadas atingidas pela prescrição qüinqüenal.

Sustenta a parte recorrente que o acórdão impugnado está em contrariedade com a jurisprudência pátria, sendo devida a revisão dos reajustes aplicados à renda mensal do auxílio-doença, que precedeu a concessão da aposentadoria por invalidez, mediante aplicação da Súmula 260 do extinto TRF, com vista a produzir efeitos reflexos na RMI e nas parcelas sucessivas daquele. Aduz ainda que quanto à prescrição, por consistir em prestação de trato sucessivo, não alcança o próprio fundo de direito, mas apenas as prestações vencidas há mais de cinco anos contados da propositura do feito, conforme jurisprudência que cita.

O incidente foi admitido pelo Presidente da Turma Recursal.

É o relatório. Decido.

Diante da multiplicidade de recursos de mesmo objeto na Secretaria da Turma Nacional de Uniformização, com base no art. 7º, VII, "b", da Resolução n. 22/2008 do Conselho da Justiça Federal, determino:

a) a imediata distribuição deste feito e sua inclusão em pauta na próxima sessão de julgamento;

b) a devolução às turmas recursais de todos os incidentes nacionais de mesmo objeto que já tenham sido remetidos a esta Turma Nacional e o sobrestamento desses e daqueles em trâmite nas turmas recursais;

c) após o trânsito em julgado do presente incidente, a expedição de ofício aos presidentes das turmas recursais e regionais para que, em observância ao disposto no art. 15, § 3º, do supracitado ato normativo, bem como às diretrizes estabelecidas nos arts. 543-B, §§ 1º e 3º, e 543-C, §§ 1º, 2º, 7º e 8º, do CPC e arts. 7º, VII, alíneas "a" e "b", e 15, § 2º, da Resolução n. 22/2008 do Conselho da Justiça Federal, com a redação que lhe foi dada pela Resolução n. 163 de 9/11/2011, sejam readequados ou mantidos os acórdãos recorridos.

Comunique-se aos demais membros da Turma Nacional o teor desta decisão.

Oficie-se aos Presidentes das Turmas Recursais e Regionais."

Dessa forma, levando-se em consideração a sistemática dos recursos representativos da controvérsia, dos repetitivos, dos sobrestados por força de repercussão geral e dos incidentes de uniformização processados na Turma Nacional de Uniformização, em que se devem observar as diretrizes estabelecidas nos arts. 543-B, §§ 1º e 3º, e 543-C, §§ 1º, 2º, 7º e 8º, do CPC e 7º, VII, "b" da Resolução n. 22/2008 do Conselho da Justiça Federal, os autos devem ser devolvidos ao Tribunal de origem para aplicação do entendimento que vier a ser pacificado no âmbito da TNU, do STJ ou do STF, **após o trânsito em julgado**.

Determino, pois, a restituição dos autos à origem.

Publique-se. Intime-se.

66. ACÓRDÃO DA TURMA NACIONAL

Admitido o incidente de uniformização, caberá ao Colegiado uniformizar a tese em questão de direito material previdenciário.

Processo

PEDILEF 50011140220134047204

PEDIDO DE UNIFORMIZAÇÃO DE INTERPRETAÇÃO DE LEI FEDERAL

Relator(a)

JUIZ FEDERAL RONALDO JOSÉ DA SILVA

Sigla do órgão

TNU

Data da Decisão

14/04/2016

Fonte/Data da Publicação

DOU 10/06/2016 PÁGINAS 133/247

Decisão

Acordam os membros da TNU – Turma Nacional de Uniformização CONHECER E PROVER o Incidente de uniformização de Jurisprudência interposto, nos termos do voto-ementa do Juiz Federal Relator.

Ementa

BENEFÍCIO PREVIDENCIÁRIO – CORREÇÃO MONETÁRIA – JUROS NA FORMA DO MANUAL DE CÁLCULOS DA JUSTIÇA FEDERAL A PARTIR DA CITAÇÃO VÁLIDA – APLICAÇÃO DA LEI 11.960/09 – PEDIDO DE UNIFORMIZAÇÃO CONHECIDO E PROVIDO. 1. Trata-se, em suma, de pedido de uniformização interposto pelo INSS, contra acórdão proferido pela Turma Recursal que ao julgar procedente o pleito do requerido, determinou o pagamento de juros capitalizados de forma composta, nos índices oficiais da caderneta de poupança. Contudo, sustenta que a Lei 11.960/09, que deve ser aplicada ao caso, determina a aplicação de juros de forma simples. Ainda que os juros de mora devem incidir a partir da citação válida e não do ajuizamento da ação como consignado no acórdão recorrido. Como paradigma apresentou o acórdão prolatado nos autos 000997852009403603-SP e REsp 1.356.120-RS. O pedido de uniformização foi interposto tempestivamente e admitido na origem. 2. A questão trazida à baila já foi recentemente enfrentada por esta Turma Nacional de Uniformização que entendeu pela aplicabilidade do art. 1º F da Lei 9494/97, na redação dada pela Lei 11960/09, exclusivamente quanto aos juros de mora, conforme se observa do teor do julgado a seguir: "PEDIDO DE UNIFORMIZAÇÃO. PREVIDENCIÁRIO. CORREÇÃO MONETÁRIA. JUROS DE MORA. CONTROLE DE CONSTITUCIONALIDADE. SUPREMO TRIBUNAL FEDERAL. ÍNDICE DE REMUNERAÇÃO DA CADERNETA DE POUPANÇA. INCONSTITUCIONALIDADE. ART. 100, § 12º DA CONSTITUIÇÃO DA REPÚBLICA. SISTEMÁTICA DA CORREÇÃO MONETÁRIA. NATUREZA DA OBRIGAÇÃO. APLICAÇÃO DO ART. 1º-F DA LEI Nº 9494/97. REDAÇÃO CONFERIDA PELA LEI Nº 11.960/2009. LIMITADA À SISTEMÁTICA DE JUROS DE MORA. INCIDENTE CONHECIDO E PARCIALMENTE PROVIDO. 1. Pedido de uniformização proposto pelo INSS, baseado em divergência jurisprudencial entre Turma Recursal de Sergipe e Turma Recursal do Rio Grande do Sul, quanto à aplicabilidade do art. 1º-F da Lei 9494/97, com redação dada pelo art. 5º da Lei nº 11.960/2009. 2. Voto do Relator Sorteado pelo conhecimento do pedido e provimento, firmando a tese de aplicabilidade imediata da Lei nº 11.960/2009. Apresentado voto vista pelo provimento parcial do incidente no sentido de que o índice de remuneração da caderneta de poupança, embora não sirva como instrumento de correção monetária, deve ser aplicado como compensação pela mora. 3. Controle de constitucionalidade exercido pelo Supremo Tribunal Federal que declarou a inconstitucionalidade por arrastamento da expressão "índice de remuneração da caderneta de poupança" prevista no art. 100, § 12º, da Constituição Federal, motivando o cancelamento da Súmula nº 61 da TNU. 4. A jurisprudência do Superior Tribunal de Justiça se consolidou quanto à aplicabilidade imediata da Lei 11960/2009, mantida mesmo após o mencionado controle de constitucionalidade, declarando que a sistemática trazida pela norma se aplica aos juros de mora, ficando a correção monetária regulamentada pela natureza da dívida. 5. Incidente conhecido e parcialmente provido para declarar a aplicabilidade imediata das disposições constantes no art. 1º-F da Lei 9494/97, na redação conferida pela Lei 11960/2009, mas tão somente aos juros de mora. 6. Julgamento nos termos do artigo 7º, inciso VII, alínea a, do RITNU, servindo como representativo de controvérsia". (7/10/2014 PEDIDO DE UNIFORMIZAÇÃO DE INTERPRETAÇÃO DE LEI FEDERAL PEDILEF 05038087020094058501 (TNU) JUIZ FEDERAL WLADIMIR

SANTOS VITOVSKY) Outrossim, a incidência do juros de forma simples, sem a capitalização mensal, está previsto no Manual de Cálculos da Justiça Federal, que reflete a jurisprudência predominante no âmbito do STJ. Neste sentido: PROCESSUAL CIVIL. PAGAMENTO DE VERBAS REMUNERATÓRIAS DEVIDAS A SERVIDOR PÚBLICO. JUROS DE MORA DEVIDOS PELA FAZENDA PÚBLICA, NO PERÍODO ANTERIOR A 24.8.2001, DATA DE PUBLICAÇÃO DA MEDIDA PROVISÓRIA 2.180-35/2001. INCIDÊNCIA DO ART. 3º DO DECRETO-LEI 2.322/1987. EXECUÇÃO. CÁLCULOS. REVISÃO. SÚMULA 7/STJ. IMPUTAÇÃO DE PAGAMENTO. INCIDÊNCIA DO ART. 354 DO CC. INAPLICABILIDADE EM DÉBITOS DA FAZENDA PÚBLICA. JUROS DE MORA E CORREÇÃO MONETÁRIA. MATÉRIA PENDENTE DE TRÂNSITO EM JULGADO NO STF. ADI 4.357/DF E ADI 4.425/DF. SOBRESTAMENTO DO FEITO. DESCABIMENTO. ART. 1º-F DA LEI 9.494/1997. LEI 11.960/2009. INCONSTITUCIONALIDADE PARCIAL POR ARRASTAMENTO DECLARADA PELO STF. PRECEDENTE DA PRIMEIRA SEÇÃO. CORREÇÃO MONETÁRIA. OBSERVÂNCIA DA NATUREZA DA DÍVIDA. JUROS DE MORA. CADERNETA DE POUPANÇA. 1. Tratando-se de condenação imposta à Fazenda Pública, para pagamento de verbas remuneratórias devidas a servidor público, os juros de mora incidirão no percentual de 1% ao mês, nos termos do art. 3º do Decreto-Lei 2.322/1987, no período anterior a 24/8/2001, data de publicação da Medida Provisória 2.180-35, que acresceu o art. 1º-F à Lei 9.494/1997. 2. A jurisprudência do STJ é firme no sentido de que a revisão dos critérios e informações contábeis utilizados para a liquidação da sentença exige incursão deste Tribunal Superior no conteúdo fático-probatório dos autos, mormente em casos em que o objeto dos Embargos é o excesso de execução na conta apresentada, por não ter sido observado o correto abatimento das parcelas pagas administrativamente. Nesse contexto, não comporta conhecimento a presente súplica, ante o óbice da Súmula 7 deste Tribunal. 3. No tocante à interpretação do art. 354 do CC, observo que o decisum impugnado está em consonância com a jurisprudência desta Corte Superior, que entende ser inaplicável às dívidas da Fazenda Pública a regra de imputação de pagamento prevista no mencionado dispositivo. Incide, portanto, a Súmula 83/STJ. 4. Embargos de Declaração opostos pela União posteriormente à interposição do presente Agravo Regimental não conhecidos, em respeito ao princípio da unirrecorribilidade. 5. A partir da declaração de inconstitucionalidade parcial do art. 5º da Lei 11.960/2009: a) aplicam-se às dívidas da Fazenda Pública os índices de correção monetária que reflitam a inflação acumulada no período, observada a natureza do débito, afastando-se a incidência dos índices de remuneração básica da caderneta de poupança; b) os juros moratórios corresponderão aos juros aplicáveis à caderneta de poupança, computados de forma simples, exceto quando a dívida ostentar natureza tributária, para a qual prevalecerão as regras específicas. Nesse sentido: REsp 1.270.439/PR, Rel. Ministro Castro Meira, Primeira Seção, DJe 2.8.2013. 6. No caso dos autos, como a condenação imposta é de natureza não tributária, os juros moratórios devem ser calculados com respaldo nos juros incidentes sobre a caderneta de poupança, nos termos da regra do art. 1º-F da Lei 9.494/1997, com redação dada pela Lei 11.960/2009. Por sua vez, a correção monetária deverá ser calculada de acordo com a natureza da obrigação, sendo o INPC para as dívidas previdenciárias do Regime Geral de Previdência Social (art. 41-A da Lei 8.213/1991) e o IPCA para os demais débitos não tributários. Precedentes: REsp 1.270.439/PR, Rel. Ministro Castro Meira, Primeira Seção, DJe 2.8.2013; AgRg no REsp 1.427.958/SC, Rel. Ministro Benedito Gonçalves, Primeira Turma, DJe 2.6.2014; AgRg no REsp 1.425.305/PR, Rel. Ministro Sérgio Kukina, Primeira Turma, DJe 19.5.2014; AgRg no AREsp 231.080/PE, Rel. Ministro Ari Pargendler, Primeira Turma, DJe 3.6.2014; AgRg no REsp 1.324.934/RS, Rel. Ministro Ari Pargendler, Primeira Turma, DJe 3.6.2014. 7. A pendência de julgamento no STF de ação em que se discute a constitucionalidade de lei não enseja o sobrestamento dos recursos que tramitam no STJ, salvo determinação expressa da Suprema Corte. A propósito: AgRg no REsp 1.359.965/RJ, Rel. Ministro Ricardo Villas Bôas Cueva, Terceira Turma, DJe 31.5.2013. 8. Agravo Regimental dos particulares parcialmente provido. Agravo Regimental da União não provido. (AGARESP 201302512480, HERMAN BENJAMIN, STJ – SEGUNDA TURMA, DJE DATA:27/11/2014 ..DTPB:.) Assim, o Manual de Cálculos da Justiça Federal (http://www.jf.jus.br/phpdoc/sicom/arquivos/pdf/manual_de_calculos_revisado_ultima_versao_com_resolucao_e_apresentacao.pdf), prevê a aplicação de juros simples (item 2.3.2.3), na no percentual de 0,5% ao mês, incidindo uma única vez. Igualmente, assiste razão à Autarquia Previdenciária no tocante ao marco inicial da incidência dos juros de mora, vez que tal questão encontra-se sumulada pelo Superior Tribunal de Justiça (Súmula 204), que dispõe: "Os juros de mora nas ações relativas a benefícios previdenciários incidem a partir da citação válida". De forma que neste ponto dispensa demais explanações. **3. Ante o exposto CONHEÇO do presente incidente de uniformização, e DOU-LHE PROVIMENTO para o fim de determinar que sobre o valor da condenação incidam juros de mora, calculados na forma do Manual de Cálculos da Justiça Federal, com termo inicial de incidência a partir da citação válida do réu no processo. É COMO VOTO.**

67. ACÓRDÃO DA TURMA NACIONAL EM JULGAMENTO DE INCIDENTE REPRESENTATIVO DE CONTROVÉRSIA

De acordo com o artigo 17 do Regimento Interno da TNU, quando houver multiplicidade de pedidos com fundamento em idêntica questão de direito, o pedido de uniformização de jurisprudência será processado com observância deste procedimento (Representativo de Controvérsia):

> I – poderá ser admitido um ou mais pedidos representativos da controvérsia, os quais serão encaminhados à Turma Nacional de Uniformização, ficando sobrestados os demais enquanto não julgado o caso-piloto;

II – não adotada a providência descrita no inciso I deste artigo, o Presidente da Turma Nacional de Uniformização ou o relator, identificando que sobre a controvérsia já existe jurisprudência dominante ou que a matéria já está afeta ao colegiado, poderá determinar o sobrestamento, nas Turmas Recursais ou Regionais, dos pedidos nos quais a controvérsia esteja estabelecida;

III – será publicado edital para que pessoas, órgãos ou entidades com interesse na controvérsia possam apresentar memorais escritos no prazo de dez dias;

IV – o relator poderá solicitar informações, a serem prestadas no prazo de quinze dias, às Turmas Recursais e Regionais a respeito da controvérsia;

V – antes do julgamento, o Ministério Público Federal terá vista dos autos pelo prazo de dez dias;

VI – transcorrido o prazo para o Ministério Público Federal e remetida cópia do relatório e voto do relator aos demais juízes, o processo será incluído em pauta, devendo ser julgado com preferência sobre os demais feitos, ressalvados os que envolvam réu preso e os pedidos *habeas corpus*;

VII – publicado o acórdão da Turma Nacional de Uniformização, os pedidos de uniformização sobrestados na origem:

a) terão seguimento denegado na hipótese de o acórdão recorrido coincidir com a orientação da Turma Nacional de Uniformização; ou

b) serão novamente examinados pela Turma de origem na hipótese de o acórdão recorrido divergir da orientação da Turma Nacional de Uniformização;

VIII – na hipótese prevista na alínea "b" do inciso VII deste artigo, mantida a decisão divergente pela Turma de origem, examinar-se-á a admissibilidade do pedido de uniformização de jurisprudência.

Logo, o julgamento pela TNU de incidente processado como o rito de representativo de controvérsia terá efeito vinculante perante as Turmas Recursais e Turmas Regionais de Uniformização, pois gerará a necessidade de adequação do julgado (se a decisão recorrida sobrestada for contrária à decisão da TNU) ou de negativa de seguimento do pedido de uniformização (se a decisão rechaçada estiver de acordo com a decisão da TNU).

Processo

PEDILEF 50008904920144047133

PEDIDO DE UNIFORMIZAÇÃO DE INTERPRETAÇÃO DE LEI FEDERAL

Relator(a)

JUIZ FEDERAL SÉRGIO MURILO WANDERLEY QUEIROGA

Sigla do órgão

TNU

Data da Decisão

12/05/2016

Fonte/Data da Publicação

DOU 20/05/2016

Decisão

Acordam os membros desta Turma Nacional de Uniformização de Jurisprudência em CONHECER DO PEDIDO DE UNIFORMIZAÇÃO, DANDO-SE PARCIAL PROVIMENTO ao recurso da parte-autora, para determinar o retorno os autos à TR de origem para reapreciação das provas referentes à incapacidade da parte-autora e a sua necessidade de ser assistida por terceiro, condições que, confirmadas, lhe garantirão o recebimento do adicional previsto no art. 45 da Lei 8.213/91, nos termos do voto – ementa do Juiz Federal Relator.

Ementa

PEDIDO DE UNIFORMIZAÇÃO NACIONAL INTERPOSTO PELA PARTE AUTORA. **TEMA AFETADO COMO REPRESENTATIVO DA CONTROVÉRSIA.** PREVIDENCIÁRIO. ADICIONAL DE 25% PREVISTO NO ART. 45 DA LEI 8.213/91. EXTENSÃO À APOSENTADORIA POR IDADE E POR TEMPO DE CONTRIBUIÇÃO. CABIMENTO. APLICAÇÃO AO CASO CONCRETO. QUESTÃO DE ORDEM 20. PROVIMENTO PARCIAL DO INCIDENTE. RETORNO À TR DE ORIGEM PARA ADOÇÃO DA TESE E CONSEQUENTE ADEQUAÇÃO. 1. Trata-se de Incidente de Uniformização suscitado por particular pretendendo a reforma de acórdão oriundo de Turma Recursal dos Juizados Especiais Federais da Seção Judiciária do Rio Grande do Sul que, mantendo a sentença, rejeitou pedido de concessão do acréscimo de 25% (vinte e cinco por cento) previsto no art. 45 da Lei nº 8.213/91 para o benefício de aposentadoria por idade. 2. O aresto combatido considerou que, sendo a parte-autora titular de aposentadoria por idade, não há amparo legal à concessão do acréscimo de 25% (vinte e cinco por cento), previsto no art. 45 da Lei nº 8.213/91, a não ser para aquele expressamente mencionado no dispositivo legal (aposentadoria por invalidez). 3. A parte-autora sustenta o cabimento do pedido de uniformização por entender que o acórdão recorrido estaria contrário a julgado paradigma que, em alegada hipótese semelhante, que entendeu cabível a extensão do adicional previsto no art. 45 da Lei 8.213/91 à aposentadoria por idade. 4. Na decisão de admissibilidade, proferida pela Presidência desta TNU, apontou-se que "há a divergência suscitada", porquanto o acórdão recorrido e os paradigmas teriam tratado da questão de forma contrastante. Na mesma decisão, o eminente Presidente da TNU decidiu pela "afetação do tema como representativo da controvérsia". 5. O Ministério Público Federal opinou, nos termos do art. 17, V, do RI/TNU, no sentido do provimento do incidente de uniformização para considerar "possível a extensão do adicional de 25% para outras modalidades de aposentadorias diversas da concedida por invalidez, desde que se comprove que a incapacidade do requerente, bem como a necessidade de assistência permanente de terceiros". 6. A Lei nº 10.259/2001 prevê o incidente de uniformização quando "houver divergência entre decisões sobre questões de direito material proferidas por Turmas Recursais na interpretação da lei" (art. 14, caput). Caberá à TNU o exame de pedido de uniformização que envolva "divergência entre decisões de turmas de diferentes regiões ou da proferida em contrariedade a súmula ou jurisprudência dominante do STJ" (art. 14, § 4º). 7. Do cotejo entre o acórdão combatido e o julgado paradigma, observo que está caracterizada a divergência de entendimento quanto ao direito material posto em análise nos autos, em razão da ocorrência de similitude fática entre os julgados recorridos e paradigma. 8. Explico: 9. No acórdão recorrido, a Turma Recursal de origem, mantendo a sentença, rejeitou pedido de concessão a aposentado por idade do acréscimo de 25% (vinte e cinco por cento) previsto no art. 45 da Lei nº 8.213/91, sob o seguinte fundamento (da sentença, acolhido sem acréscimo): "Deste modo, o acréscimo de 25% previsto no art. 45 da Lei nº 8.213/91 e no art. 45 do Decreto nº 3.048/99 está expressamente vinculado ao benefício de aposentadoria por invalidez, não alcançado outros benefícios, como, in casu, o benefício de aposentadoria por idade, mesmo que o beneficiário necessite de assistência de outra pessoa. É verdade que a mera extensão do referido acréscimo, previsto para o aposentado por invalidez, aos que percebem outras espécies de benefícios implicaria a atuação do magistrado como legislador positivo, o que não se pode admitir, ainda mais ao arrepio da exigência constitucional de indicação de fonte de custeio para a majoração ou extensão de benefício previdenciário. Tal óbice, porém, não se sustenta quando há reconhecimento de inconstitucionalidade da norma legal, ainda que de forma parcial. Por óbvio que a atuação do legislador infraconstitucional está sujeita à sindicabilidade judicial, não se admitindo que a seletividade na distribuição dos benefícios se dê em desrespeito às disposições constitucionais. No caso, é indispensável verificar se a restrição analisada não ofende ao princípio da isonomia ... Com efeito, ainda que à primeira vista possa se pensar que um aposentado por invalidez e um aposentado por idade (ou por tempo de contribuição) que necessitem de auxílio de terceiros estejam em situação idêntica, não se pode esquecer a diversidade entre as causas pretéritas que os fizeram merecer a tutela do sistema previdenciário. Não há dúvida de que o risco social da invalidez é tratado de forma diferente da idade avançada, uma vez que no primeiro caso é ceifada a possibilidade de o segurado desenvolver suas atividades de acordo com sua própria vontade. Apenas neste caso, para as situações extremas de necessidade de auxílio de terceiros, também chamadas de 'grande invalidez', o legislador previu o direito ao recebimento do acréscimo. Assim, ainda que a opção legislativa possa ser alvo de críticas, não se pode negar que haja um fator juridicamente relevante para a diferenciação." (grifei). 10. No caso paradigma (PEDILEF nº 0501066-93.2014.4.05.8502, TNU, sob minha relatoria, j. 11/02/2015), concedeu-se o adicional previsto no art. 45 da Lei 8.213/91, não obstante a parte autora naquele feito seja titular de aposentadoria por idade. 11. Portanto, há a similitude fática a permitir o conhecimento do presente incidente de uniformização, uma vez que se partiu do mesmo fato (de mesma natureza/titularidade de aposentadoria que não seja por invalidez) para se chegar a conclusões jurídicas divergentes (substrato do incidente): no caso recorrido entendeu que não fazia o segurado jus ao adicional previsto no art. 45 da Lei 8.213/91; no paradigma concedeu-se o acréscimo de 25% sobre o benefício. 12. Assim, presente a divergência de interpretação, passo ao exame do mérito do pedido de uniformização de interpretação. 13. A controvérsia centra-se no cabimento da extensão do adicional previsto no art. 45 da Lei nº 8.213/91 para a aposentadoria por idade, no caso de o segurado aposentado "necessitar da assistência permanente de outra pessoa". 14. Dispõe a Lei nº 8.213/91: "Art. 45. O valor da aposentadoria por invalidez do segurado que necessitar da assistência permanente de outra pessoa será acrescido de 25% (vinte e cinco por cento). Parágrafo único. O acréscimo de que trata este artigo: a) será devido ainda que o valor da aposentadoria atinja o limite máximo legal; b) será recalculado quando o benefício que lhe deu origem for reajustado; c) cessará com a morte do aposentado, não sendo incorporável ao valor da pensão." 15. Portanto, de acordo com a Lei 8.213/1991, o valor da aposentadoria por invalidez do segurado que necessitar da assistência permanente de outra pessoa será acrescido de 25%. A legislação prevê textualmente sua concessão apenas para os beneficiários da aposentadoria por invalidez. 16. Entretanto, aplicando-se o princípio da isonomia e se utilizando de uma análise sistêmica da norma, conclui-se que referido percentual, na verdade, é um adicional previsto para assistir aqueles segurados aposentados que necessitam de auxílio de terceira pessoa para a prática dos atos da vida diária. O seu objetivo é dar cobertura econômica ao auxílio de um terceiro contratado ou familiar para apoiar o segurado nos atos diários que necessite de guarida, quando sua condição de saúde não suporte a realização de forma autônoma. 17. O que se pretende com esse adicional é prestar auxílio a quem necessita de ajuda de terceiros, não importando se a invalidez é decorrente de fato anterior ou posterior à aposentadoria. A aplicação da interpretação restritiva do dispositivo legal, dela extraindo comando normativo que contemple apenas aqueles que adquiriram a invalidez antes de aperfeiçoado o direito à aposentadoria por idade ou tempo de contribuição, por exemplo, importaria em inegável afronta ao direito de proteção da dignidade da pessoa humana e das pessoas portadoras de deficiência. 18. Ademais, como não há na legislação fonte de custeio específico para esse adicional, entende-se que o mesmo se reveste de natureza assistencial. Assim, a sua concessão não gera ofensa ao art. 195, § 5º da CF, ainda mais quando se considera que aos aposentados por invalidez é devido o adicional mesmo sem o prévio custeamento do acréscimo, de modo que a questão do prévio custeio, não sendo óbice à concessão do adicional aos aposentados por invalidez, também não o deve ser quanto aos demais aposentados. 19. Sobre este ponto, importante registrar que o Estado brasileiro é signatário e um dos principais artífices da Convenção Internacional sobre os Direitos das Pessoas com Deficiência, promulgado pelo Decreto Presidencial n. 6.949, de 25 de agosto de 2009, após aprovação pelo Congresso Nacional, por meio do Decreto Legislativo n. 186, de 9 de julho de 2008, conforme o procedimento do § 3º do art. 5º da Constituição, detendo, portanto, força de emenda constitucional. 20. A referida Convenção, que tem por propósito "promover, proteger e assegurar o exercício pleno e equitativo de todos os direitos humanos e liberdades fundamentais por todas as pessoas com deficiência e promover o respeito pela sua dignidade inerente", reconhece expressamente a "necessidade de promover e proteger os direitos humanos de todas as pessoas com deficiência, inclusive daquelas que requerem maior apoio", em flagrante busca de minorar as diferenças existentes nos mais diversos ramos da atuação humana em detrimento dos portadores de deficiência, revelando-se inadmissível, portanto, que a lei brasileira estabeleça situação de discriminação entre os próprios portadores de deficiência, ainda mais num campo de extremada sensibilidade social quanto o é o da previdência social. 21. Em seu artigo 5.1, o Diploma Internacional estabelece que "Os Estados Partes reconhecem que todas as pessoas são iguais perante e sob a lei e que fazem jus, sem qualquer discriminação, a igual proteção e igual benefício da lei". Por sua vez, o art. 28.2. e, estabelece que os "Estados Partes reconhecem o direito das pessoas com deficiência à proteção social e ao exercício desse direito sem discriminação baseada na deficiência, e tomarão as medidas apropriadas para salvaguardar e promover a realização desse direito, tais como: Assegurar igual acesso de pessoas com deficiência a programas e benefícios de aposentadoria". 22. Temos, portanto, comandos normativos, internalizados com força de norma constitucional, que impõem ao art. 45 da Lei n. 8213/91 uma interpretação à luz de seus princípios, da qual penso ser consectário lógico encampar sob o mesmo amparo previdenciário o segurado aposentado por idade/tempo de contribuição que se encontra em idêntica condição de deficiência. 23. Assim, o elemento norteador para a concessão do adicional deve ser o evento "invalidez" associado à "necessidade do auxílio permanente de outra pessoa", independentemente de tais fatos, incertos e imprevisíveis, terem se dado quando o segurado já se encontrava em gozo de aposentadoria por idade. 24. Ora, o detentor de aposentadoria não deixa de permanecer ao amparo da norma previdenciária. É o que dispõe o art. 15, inciso I, da Lei n. 8.213/91 (Mantém a qualidade de segurado, independentemente de contribuições: I – sem limite de prazo, quem está em gozo de benefício). Conceder a cobertura previdenciária ao aposentado por idade ou tempo de contribuição quando do advento de incapacidade qualificada que lhe exija o auxílio permanente de outra pessoa afigura-se-nos encontrar respaldo também naquele dispositivo legal. 25. Logo, não se apresenta justo nem razoável restringir a concessão do adicional apenas ao segurado que restou acometido de invalidez antes de ter completado o tempo para aposentadoria por idade ou contribuição e negá-lo justamente a quem, em regra, mais contribuiu para o sistema previdenciário. 26. Seria de uma desigualdade sem justo discrímen negar o adicional ao segurado inválido, que comprovadamente carece do auxílio de terceiro, apenas pelo fato de ele já se encontrar aposentado ao tempo da instalação da grande invalidez. 27. Aponte-se, ainda, que aqui não se está extrapolando os limites da competência e atribuição do Poder Judiciário, mas apenas interpretando sistematicamente a legislação, bem como à luz dos comandos normativos de proteção à pessoa portadora de deficiência, inclusive nas suas lacunas e imprecisões, condições a que está sujeita toda e qualquer atividade humana. 28. Neste sentido, entendo que a indicação pelo art. 45 da Lei n º 8.213/91 do cabimento do adicional ao aposentado por invalidez, antes de ser interpretada como vedação à extensão do acréscimo aos demais tipos de aposentadoria, pela ausência de menção aos demais benefícios, deve ser entendida como decorrente do fato de ser o adicional devido em condições de incapacidade, usualmente associada à aposentadoria por invalidez, porém, não exclusivamente, tal como na hipótese em que a invalidez se instale após a concessão do benefício por idade ou por tempo de contribuição. 29. Segurados que se encontram na mesma situação de invalidez e necessidade não podem ser tratados de maneira distinta pelo legislador (caráter relativo da liberdade de conformação do legislador ADPF-MC 45/DF), sob pena de se incorrer em inconstitucionalidade por omissão parcial, em sua feição horizontal (Sarlet, Marinoni, Mitidiero, Curso de Direito Constitucional, RT, 1ª Ed. p. 793), onde se tutela, por força de uma mesma condição de invalidez, apenas parcela dos segurados. 30. A mesma essência de entendimento foi aplicada pelo STF quando do julgamento do RE 589.963-PR, no qual foi declarada a inconstitucionalidade parcial, sem pronúncia de nulidade, do art. 34, parágrafo único, da Lei n. 10.741/2003 (Estatuto do Idoso), onde se reconheceu a inconstitucionalidade parcial por omissão do legislador, ante a "inexistência de justificativa plausível para a discriminação dos portadores de deficiência em relação aos idosos, bem como dos idosos beneficiários da assistência social em relação aos idosos titulares de benefícios previdenciários no valor de até um salário mínimo". Neste caso, entendeu a Suprema Corte que o legislador não poderia ter autorizado, para fins de percepção de benefício assistencial, a desconsideração da renda mínima assistencial de outro idoso, deixando de fora do comando normativo a desconsideração da renda mínima assistencial de pessoa deficiente ou de idoso detentor de benefício previdenciário também de um salário mínimo. Reconheceu, portanto, a situação de omissão legislativa inconstitucional, ao se deixar de fora do amparo normativo pessoas que se encontram em idêntica condição de proteção constitucional ou legal. 31. Pela mesma razão, não se de deve interpretar o art. 45 da Lei n. 8.213/91 e entender que sua norma de proteção social ampara exclusivamente o segurado cuja invalidez já se encontrava instalada ao tempo da concessão do benefício, exatamente por ter sido a razão de sua concessão. Tal restrição hermenêutica implicaria em flagrante inconstitucionalidade por omissão do dispositivo legal, assim como incorreu o parágrafo único do art. 34 do Estatuto do Idoso, ao tratar de maneira diferenciada pessoas que devem se encontrar dentro do mesmo espectro protetivo da norma, sendo ainda de se invocar o princípio da proibição da proteção insuficiente (ARE 745745 AgR,

Relator(a): Min. CELSO DE MELLO, Segunda Turma, julgado em 02/12/2014, PROCESSO ELETRÔNICO DJe-250 DIVULG 18-12-2014 PUBLIC 19-12-2014). 32. Na esteira da doutrina pátria, "a interpretação restritiva do art. 45 da Lei n. 8.213/91 implica interpretação que viola, a um só tempo, o princípio da vedação da proteção insuficiente de direito fundamental (Rcl 4374, Rel. Min. Gilmar Mendes, Tribunal Pleno, j. 18/04/2013, DJ 04/09/2013), e o princípio da isonomia (RE 580963, Rel. Min. Gilmar Mendes, Tribunal Pleno, j. 18/04/2013, DJ 14/11/2013). Por essas razões, operando-se interpretação conforme a Constituição, deve-se compreender que o adicional de que trata o art. 45 da Lei n. 8.213/91 tem como pressuposto de concessão o fato de o segurado se encontrar incapacitado de modo total e permanente, necessitando ainda da assistência contínua de outra pessoa, independentemente da espécie de aposentadoria de que seja titular" (Savaris, Direito Previdenciário, Problemas e Jurisprudência, Alteridade, 2ª Ed. p. 134). No mesmo sentido: Castro e Lazzari, Manual de Direito Previdenciário, Gen, 17ª Ed. 33. Nesse mesmo sentido, torno a valer-me da Excelsa Corte, que, no recente julgamento do RE 778889, sob o rito da Repercussão Geral, deu-lhe provimento para "reconhecer o direito da recorrente ao prazo remanescente da licença parental, a fim de que o tempo total de fruição do benefício, computado o período já gozado, seja de 180 dias de afastamento remunerado, correspondentes aos 120 dias de licença, previstos no art. 7º, XVIII, da Constituição Federal, acrescidos dos 60 dias de prorrogação, tal como permitido pela legislação, fixando a seguinte tese: 'Os prazos da licença adotante não podem ser inferiores aos prazos da licença gestante, o mesmo valendo para as respectivas prorrogações. Em relação à licença adotante, não é possível fixar prazos diversos em função da idade da criança adotada'". 34. Na oportunidade, analisando a diferenciação legal existente no serviço público federal, quanto à duração da licença-maternidade entre a mãe-gestante e a mãe-adotante, prevista na Lei nº 8.112/90, a Suprema Corte a considerou "ilegítima", apontando, após considerações de várias ordens (quanto ao histórico próprio das crianças adotadas, sua maior suscetibilidade à doença, dificuldades na adaptação à nova família, autonomia da mulher, etc.), que "não existe fundamento constitucional para a desequiparação da mãe gestante e da mãe adotante, sequer do adotado mais velho e mais novo", fugindo da mera literalidade do dispositivo legal e assentando o julgamento na norma jurídico-valorativa que está subjacente no texto legal. 35. No referido recurso extraordinário, o STF reconheceu a natureza constitucional da questão quanto ao estabelecimento de prazo diferenciado para a licença-maternidade concedida às gestantes e às adotantes, questão esta semelhante a dos presentes autos, quanto ao tratamento diferenciado conferido a aposentados que se encontram em uma mesma situação de invalidez. 36. Note-se que o caso posto sob a análise da Corte Suprema, em suma, versou sobre situações fáticas distintas (maternidade biológica e por adoção), tendo, diante de tal distinção fática, o STF decidido pelo direito constitucional da adotante a ter tratamento legal igualitário ao dispensado à mãe-gestante, levando em consideração dificuldades próprias dos filhos adotados, a necessidade de estímulo à adoção e aspectos culturais que oneram a mulher na maternidade adotiva. 37. Portanto, interpretando-se o julgado do STF (ainda não publicado, mas noticiado no seu Informativo nº 817), conclui-se que a Excelsa Corte entendeu por rejeitar a possibilidade de tratamento diferenciado estabelecido pelo legislador quanto às licenças-maternidade destinadas à gestante e à adotante. 38. Trazendo o raciocínio para o caso dos presentes autos, entendo que com maior força descabe o tratamento diferenciado entre o aposentado por invalidez e aquele que, após aposentar-se por tempo de contribuição ou idade, tornou-se inválido, necessitando de ajuda de terceiro. 39. Aqui, além de superar a mera literalidade da lei, como no caso do julgamento proferido pelo STF, em que se buscou a sua exegese sob o prisma isonômico, trata-se de hipótese em que há a mesma situação fática: ambos (tanto o originalmente aposentado por invalidez quanto o aposentado por idade ou tempo de contribuição) são segurados que estão inválidos e precisando da assistência permanente de terceiro. 40. Ora, está-se falando de segurados que se encontram na mesma situação fática de aposentação e dependência da assistência permanente de terceiro, donde o tratamento diferenciado quanto à concessão do adicional centra-se não no cotejo de situações materiais atuais, mas, sim, da supervaloração da classificação formal do benefício concedido ao segurado. 41. Neste sentido, ou seja, no de que não se deve supervalorizar a situação fática existente à época da concessão do benefício, tome-se o exemplo da possibilidade da concessão *a posteriori* do adicional se, supervenientemente, o aposentado por invalidez passar a depender da assistência de outra pessoa. 42. Isso porque, para a concessão do acréscimo de 25% em favor do aposentado por invalidez, não se exige que a necessidade de assistência permanente de outra pessoa já esteja instalada quando da concessão da aposentadoria, podendo ser requerida e concedida se tal necessidade surgir em momento posterior à concessão do benefício. 43. Logo, não encontro razão plausível para se conceder o adicional ao aposentado inválido que somente passou a depender de assistência de terceiro após a concessão do benefício e negar ao aposentado que apenas supervenientemente ficou inválido, precisando da ajuda de terceiro. 44. Ressalto apenas que a questão fática (incapacidade e necessidade de assistência de terceiros) não foi enfrentada pelo julgado recorrido, de modo que, implicando o provimento do presente incidente, quanto à matéria de direito, na necessidade de reexame da matéria de fato, devem os autos retornar à TR de origem para reapreciação das provas (conforme a Questão de Ordem nº 20/TNU). 45. **Incidente conhecido e provido, em parte, para firmar a tese de que é extensível às demais aposentadorias concedidas sob o regime geral da Previdência Social, que não só a por invalidez, o adicional de 25% previsto no art. 45 da Lei 8.213/91, uma vez comprova a incapacidade do aposentado e a necessidade de ser assistido por terceiro.**

Indexação

REPRESENTATIVO DA CONTROVÉRSIA

68. DECISÃO DA TURMA NACIONAL QUE JULGA EMBARGOS DE DECLARAÇÃO

Contra as decisões da TNU, se omissas, contraditórias ou obscuras, caberá a interposição dos aclaratórios no prazo de 5 dias, em petição dirigida ao relator.

Uma vez interpostos os embargos de declaração, cabe ao Colegiado o seu julgamento, conhecendo ou não do recurso. Se conhecido, pode ser dado ou negado provimento.

Se os embargos forem manifestamente incabíveis, o relator os rejeitará de plano. O relator apresentará os embargos em mesa para julgamento na primeira sessão subsequente, proferindo voto. Se houver possibilidade de emprestar efeito modificativo à súmula aprovada ou acórdão em pedido de uniformização representativo de controvérsia, os embargos de declaração serão incluídos em pauta, a teor do artigo 33 do Regimento Interno da TNU.

Processo

PEDILEF 50044044120124047113

PEDIDO DE UNIFORMIZAÇÃO DE INTERPRETAÇÃO DE LEI FEDERAL

Relator(a)

JUIZ FEDERAL DANIEL MACHADO DA ROCHA

Sigla do órgão

TNU

Data da Decisão

19/11/2015

Fonte/Data da Publicação

DOU 18/12/2015 PÁGINAS 142/187

Decisão

Vistos, relatados e discutidos estes autos, em que são partes as acima indicadas, decide a Turma Nacional de Uniformização de Jurisprudência dos Juizados Especiais Federais CONHECER E PROVER OS EMBARGOS DE DECLARAÇÃO veiculados pelo INSS tão-somente para fins de prequestionamento, nos termos do voto-ementa do Relator.

Ementa

EMBARGOS DE DECLARAÇÃO. CONSECTÁRIOS LEGAIS. PREQUESTIONAMENTO. CONHECIMENTO E PROVIMENTO. 1. Trata-se de embargos de declaração opostos pelo INSS em face de acórdão ementado nos seguintes termos: VOTO-EMENTA INCIDENTE DE UNIFORMIZAÇÃO SUSCITADO PELA PARTE AUTORA. PREVIDENCIÁRIO.

AUXÍLIO-ACIDENTE. DANO MÍNIMO. POSSIBILIDADE. JURISPRUDÊNCIA DO STJ E DA TNU. INCIDENTE DE UNIFORMIZAÇÃO CONHECIDO E PROVIDO. 1. Trata-se de Pedido de Uniformização interposto contra acórdão da 3ª Turma Recursal dos Juizados Especiais Federais da Seção Judiciária do Rio Grande do Sul que negou provimento ao recurso da parte autora, mantendo, pelos seus próprios fundamentos, a sentença de primeiro grau, a qual havia julgado improcedente o pedido formulado na inicial de concessão de auxílio-acidente. Colhe-se do acórdão a fundamentação que segue: "[...] Trata-se de recurso interposto pela parte autora contra sentença que julgou improcedente o pedido de concessão do benefício por incapacidade. Para concessão do benefício por incapacidade, a parte autora deve preencher os requisitos legais, sendo estes: Qualidade de segurado, na data da incapacidade; o número de carência exigido e a constatação da incapacidade. Diante da falta de algum destes é incabível prosperar o benefício. Não restou comprovada a incapacidade da parte autora. Portanto, a sentença deve ser confirmada pelos seus próprios fundamentos, como salienta o juízo a quo: 'Com efeito, segundo o laudo pericial, há redução laborativa apenas residual, não sofrendo o autor prejuízo no seu potencial laboral (evento 34, LAUDPERI1, tópico 12). Para uma maior clareza, transcreve-se a íntegra dos quesitos 1 e 2 do Juízo, bem como das respostas do perito: '1) A sequela de acidente da qual a parte autora alega ser portadora gera a sua incapacidade para as suas atividades profissionais habituais? Em que consistem tais atividades? Essa seqüela reduz a sua capacidade para essa atividade? Nesta hipótese, essa redução de capacidade impossibilita que ele exerça estas atividades? Justificar todas as respostas. Não. Vendedora de produtos de beleza. Apresenta disfunção (redução mínima da capacidade funcional), mas sem extensão ou repercussão na capacidade laborativa. 2) Tal sequela gera redução de capacidade da parte autora para o exercício de qualquer atividade remunerada? Justificar. Se não, que tipo de trabalho pode o(a) autor(a) exercer? Justificar. Apresenta disfunção (redução mínima da capacidade funcional), mas sem extensão ou repercussão na capacidade laborativa.' Ora, a realidade é que não há como deixar de ter o requerente como apto para a realização de seu trabalho habitual. Ao contrário do que defende o procurador da parte autora, a prova pericial que veio aos autos não é no sentido da incapacidade. Logo, como este magistrado não tem parâmetro objetivo outro para julgar esta demanda, que não a constatação técnica do perito-médico para o caso concreto, nem foi produzida prova em sentido contrário nos autos, resta apenas julgar improcedente a demanda. De qualquer sorte, destaca-se, ainda, que a presunção é sempre de imparcialidade e competência técnica do perito, e em não havendo comprovação de que ela não se afirma na realidade, deve prevalecer o resultado do laudo médico. Cumpre ressaltar que o simples fato de haver redução residual não importa necessariamente no enquadramento do autor dentre aqueles segurados merecedores do benefício de auxílio-acidente. E assim é porque a finalidade do benefício é indenizar o segurado naquela parcela de sua capacidade laboral que tenha sido efetivamente reduzida. In casu, acaba restando muito evidente da leitura do laudo que a autora não teve qualquer redução efetiva em sua capacidade laboral, ainda que mínima, uma vez que por diversas vezes o expert informa que o requerente não apresenta prejuízo laborativo. Com efeito, é de se registrar, ainda, que o expert especialista em ortopedia/traumatologia foi categórico ao afirmar que as sequelas estão consolidadas e não se enquadram no Anexo III do Decreto 3.048/99 (evento 34, LAUDPERÍ1, tópico 12), o que só reforça o acerto da conclusão pela improcedência dos pedidos vertidos na inicial.' Importa destacar que 'o magistrado, ao analisar o tema controvertido, não está obrigado a refutar todos os aspectos levantados pelas partes, mas, tão-somente, aqueles que efetivamente sejam relevantes para o deslinde do tema' (STJ, Resp 717265, DJ 12.03.2007, p.239). Ademais, saliento que, nos Juizados Especiais, o processo deve se orientar pelos critérios da oralidade, simplicidade, informalidade, economia processual e celeridade (art. 2º da Lei nº 9.099/95); em sede de recurso em Juizado Especial, o julgamento pode constar apenas da ata, mediante fundamentação sucinta e parte dispositiva, podendo ainda a sentença ser confirmada pelos próprios fundamentos, hipótese em que a súmula do julgamento servirá de acórdão (art. 46 da Lei nº 9.099/95). Assim, refuto todas as alegações que não tenham sido expressamente rejeitadas nos autos, porquanto desnecessária sua análise para chegar à conclusão exposta no julgado. Dou expressamente por prequestionados todos os dispositivos indicados pelas partes nos presentes autos, para fins do art. 102, III, da Constituição Federal, respeitadas as disposições do art. 14, caput e parágrafos e art. 15, caput, da Lei nº 10.259, de 12.07.2001. A repetição dos dispositivos é desnecessária, para evitar tautologia. Mantida a sentença, condeno a recorrente em honorários advocatícios fixados em 10% (dez) sobre o valor da condenação, observado o disposto na súmula 111 do STJ e, na hipótese de não haver condenação, sobre o valor da causa, atualizado desde o ajuizamento pelo IPCA-E, suspensos caso seja beneficiária da AJG. Custas ex lege. Ante o exposto, voto por NEGAR PROVIMENTO AO RECURSO da parte autora. [...]" 2. Em seu incidente, a parte autora alega que o acórdão recorrido contraria a jurisprudência do STJ (Súmula nº 44, REsp 199147/SP, AgRg no Ag 1427123 e AgRg no Ag 1387647/SC), que adotaram o entendimento de que "o nível do dano e, em consequência, o grau do maior esforço, não interferem na concessão do benefício acidentário, bastando, para tanto, a comprovação de existência de lesão que implique a redução de capacidade". 3. O incidente de uniformização foi admitido na origem. 4. Entendo que a divergência restou demonstrada com relação aos paradigmas. 5. Quanto ao mérito, a matéria também já foi tratada no âmbito desta Corte, in verbis: PEDIDO DE UNIFORMIZAÇÃO. PREVIDENCIÁRIO. AUXÍLIO-ACIDENTE. REDUÇÃO DA CAPACIDADE. GRAU MÍNIMO. DIREITO AO BENEFÍCIO. ALINHAMENTO À JURISPRUDÊNCIA DO STJ. RECURSO REPETITIVO (RESP 1.109.591/SC). INCIDENTE CONHECIDO E PARCIALMENTE PROVIDO. 1. Trata-se de Pedido de Uniformização interposto contra acórdão proferido pela 4ª Turma Recursal dos Juizados Especiais Federais do Rio Grande do Sul que negou provimento ao recurso inominado do requerente ao fundamento de que o julgador monocrático amparou-se no laudo do perito para rejeitar o pedido de concessão de auxílio-acidente, em razão da conclusão de que "a redução da capacidade funcional da mão do autor é de grau mínimo, não encontrando enquadramento no anexo III do Decreto n. 3048/99". 2. Sustenta a parte autora que o acórdão recorrido contraria julgado do Superior Tribunal de Justiça (REsp 1109591/SC), em sede de representativo de controvérsia, em que a Terceira Seção daquela Corte consolidou o entendimento de que havendo lesão que implique redução da capacidade para o labor, o benefício previsto no art. 86 da Lei n. 8.213/91 deve ser concedido, ainda que mínima a redução detectada. 3. O incidente de uniformização foi admitido na origem. 4. Entendo que restou comprovada a contrariedade do acórdão recorrido à jurisprudência do STJ, firmada em recurso repetitivo. Enquanto o relator da origem afastou a possibilidade de concessão do auxílio-acidente à parte autora com arrimo na conclusão da perícia médica, no sentido de que a redução da capacidade funcional constatada é de grau mínimo, a Corte Superior assentou que uma vez configurados os pressupostos de concessão do benefício, é de rigor o reconhecimento do direito do segurado ao benefício de auxílio-acidente, sendo descabida a investigação quanto ao grau do prejuízo laboral. 5. Na espécie, entendo pertinente salientar que não se discute a existência, ou não, da redução da capacidade laboral do segurado, pois tal perda, no caso, existe, conforme consignou o acórdão recorrido. Está em discussão apenas os efeitos da extensão ou não da intensidade da redução sofrida para fins de concessão do benefício previsto no art. 86 da Lei n. 8.213/91. [...] 7. Dessa forma, proponho o alinhamento da jurisprudência desta Turma Nacional para que passe a refletir a do STJ, firmada em recurso repetitivo, no sentido de que, configurados os pressupostos para concessão do benefício previsto no art. 86, da Lei n. 8.213/91 (consolidação das lesões decorrentes de acidente de qualquer natureza e existência sequelas que causem redução da capacidade para o trabalho habitual), deve ser concedido o benefício, sendo irrelevante o fato de a redução ser em grau mínimo. 8. Necessidade de retorno dos autos à Turma Recursal de origem para adequação do julgado ao entendimento uniformizado. (PEDILEF 50017838620124047108, Juiz Federal João Batista Lazzari, DOU 16/05/2014) 8. De acordo com o entendimento destacado, o auxílio-acidente é devido ainda que o dano seja mínimo. No caso dos autos, portanto, deve prevalecer a conclusão do laudo pericial apontando que o recorrente apresenta disfunção (redução mínima da capacidade funcional), em decorrência de fratura distal no rádio direito e fratura de fêmur direito. Desse modo, a alegação de que a autora não teve redução efetiva em sua capacidade laborativa, uma vez que o expert informou que a parte autora não apresenta prejuízo laborativo, por si só, não afasta a possibilidade de concessão do benefício requerido, ante a clara constatação de que a consolidação das lesões deixou sequelas que reduzem minimamente a sua capacidade laborativa. 9. À luz dessa compreensão, inegável que a posição adotada na sentença e no acórdão censurados não se harmoniza com o entendimento do STJ e desta TNU, no sentido de que o nível do dano não deve influenciar a concessão do benefício. 10. Ante o exposto conheço e dou provimento ao incidente de uniformização para julgar procedente a pretensão inicial, condenando a Autarquia recorrida a conceder ao recorrente o benefício de auxílio-acidente desde a data de cessação do auxílio-doença (NB 5381735991, DIB 02/11/2009, DCB 27/10/2010). As parcelas vencidas deverão ser corrigidas de acordo com o Manual de Cálculos da Justiça Federal. Fixo os honorários advocatícios em 10%, devendo o respectivo cálculo obedecer ao disposto na Súmula 111 do STJ. Sustenta a Autarquia Previdenciária que os consectários legais devem seguir o disposto no art. 1º-F da Lei nº 9.494/1997, com a redação data pela Lei nº 11.960/2009, e não conforme restou fixado no acórdão embargado: "As parcelas vencidas deverão ser corrigidas de acordo com o Manual de Cálculos da Justiça Federal". 2. Pois bem. Dou por prequestionados os temas e/ou os dispositivos indicados pela Autarquia Previdenciária em seus embargos de declaração. Ainda que tal tema não tenha sido ventilado pelo INSS em eventual recurso inominado ou em eventual pedido de uniformização, não há *reformatio in pejus* na fixação dos consectários legais por esta TNU, porquanto, nos termos da jurisprudência mais recente do STJ, os juros de mora e a correção monetária são matérias de ordem pública, que não se submetem aos institutos da preclusão e da coisa julgada (AgRg no REsp 1427357/PR, Primeira Turma, Rel. Min. NAPOLEÃO NUNES MAIA FILHO, DJe 04/08/2014; AgRg no AREsp 455281/RS, Terceira Turma, Rel. Min. RICARDO VILLAS BÔAS CUEVA, DJe 25/06/2014; AgRg no REsp 1427958/SC, Primeira Turam, Rel. Min. BENEDITO GONÇALVES, DJe 02/06/2014; Resp nº 1.112.524/DF, Corte Especial, Rel. Min. Luiz Fux, DJe 30/09/2010, dentre outros precedentes). **3. Em sendo assim, entendo que os embargos de declaração opostos pela Autarquia Previdenciária devem ser conhecidos e providos, tão-somente para fins de prequestionamento.**

69. INCIDENTE DE UNIFORMIZAÇÃO DE JURISPRUDÊNCIA PARA O STJ

Quando a orientação acolhida pela TNU, em questões de direito material, contrariar súmula ou jurisprudência dominante STJ, a parte interessada poderá provocar a manifestação deste, que dirimirá a divergência.

Considera-se **jurisprudência dominante** o entendimento jurídico adotado reiteradamente em decisões idênticas proferidas em casos semelhantes, nos termos do artigo 51 do Regimento Interno da TNU.

De efeito, nos termos do artigo 34 do Regimento Interno da TNU, quando o acórdão da Turma Nacional de Uniformização for proferido em contrariedade à súmula ou jurisprudência dominante do Superior Tribunal de Justiça, o incidente de uniformização de jurisprudência será suscitado, nos próprios autos, no prazo de **quinze dias**, perante o Presidente da Turma Nacional de Uniformização.

Desde a Resolução CJF 392/2016, caberá, também, incidente de uniformização para o STJ quando o acórdão proferido pela Turma Nacional de Uniformização estiver em contrariedade à tese firmada em julgamento de incidente de resolução de demandas repetitivas.

EXMO.(a) SR.(a) DR.(a) MINISTRO PRESIDENTE DA TURMA NACIONAL DE UNIFOR-MIZAÇÃO DE JURISPRUDÊNCIA - TNU

Processo: XXXXXXXX

O **INSTITUTO NACIONAL DO SEGURO SOCIAL - INSS**, por seu Procurador ex lege, nos autos do processo em referência, vem, respeitosamente, com fundamento no art. 14, caput e § 2º, da Lei 10.259/2001, apresentar

PEDIDO DE UNIFORMIZAÇÃO

para o **SUPERIOR TRIBUNAL DE JUSTIÇA**, requerendo seja admitido e remetido, com as anexas razões, em face da divergência entre a decisão ora recorrida e a jurisprudência da **1ª e 2ª Turmas do Superior Tribunal de Justiça**.

Termos em que pede deferimento.

FREDERICO AUGUSTO DI TRINDADE AMADO
Procurador Federal

RAZÕES DO PEDIDO DE UNIFORMIZAÇÃO

Eméritos Julgadores,

Colendo STJ,

a) Da tempestividade

Preliminarmente, a respeito da tempestividade do presente recurso, frise-se que a intimação da Autarquia Previdenciária ocorre com a carga dos autos pela Procuradoria, legítima representante judicial do Instituto, de acordo com o art. 17 da Lei n. Lei nº 10.910, de 15 de julho de 2004 e a Resolução nº 01/2009 das Turmas Recursais dos Juizados Especiais desta Seção Judiciária.

Desta forma, resta demonstrada a tempestividade, pois observado o prazo de **15 dias.**

b) Da exposição do fato e do direito

O presente recurso é dirigido contra acórdão proferido pela Eg. TNU, que condenou o INSS a conceder o acréscimo de 25% previsto no art. 45 da lei 8.213/91 sobre o valor da aposentadoria por idade percebida pelo autor.

Ocorre que o Superior Tribunal de Justiça (1ª e 2ª Turmas) decidem de modo diverso a mesma matéria, **entendendo somente ser possível conceder o referido acréscimo de 25% previsto no art. 45 da lei 8.213/91 ao titular de aposentadoria por invalidez.**

Desta forma, vale-se o INSS do presente Incidente para que seja fixado o entendimento de que não é possível a concessão do adicional de 25% previsto no art. 45 da Lei 8.213/91 para o titular de outro benefício que não seja a aposentadoria por invalidez.

c) Do cabimento do Pedido de Uniformização

c.1) Da questão de direito material

Neste Incidente de Uniformização a questão de direito material a ser enfrentada pelo STJ está relacionada à possibilidade de **conceder o acréscimo de 25% previsto no art. 45 da lei 8.213/91 ao titular de outro benefício que não seja a aposentadoria por invalidez.**

c.2) Da demonstração analítica da divergência jurisprudencial acerca da mesma questão de direito material

A C. TNU reconheceu a possibilidade de concessão do adicional de 25% sobre a aposentadoria por idade percebida pelo autor, em razão da necessidade de assistência permanente de outra pessoa:

Processo
PEDILEF 05030633520144058107
PEDIDO DE UNIFORMIZAÇÃO DE INTERPRETAÇÃO DE LEI FEDERAL
Relator(a)
JUIZ FEDERAL MARCOS ANTÔNIO GARAPA DE CARVALHO
Sigla do órgão
TNU
Fonte
DOU 27/05/2016
Decisão

A Turma, por unanimidade, conheceu do incidente de uniformização e lhe deu provimento nos termos do voto do(a) Juiz(a) Relator(a).

Ementa

PREVIDENCIÁRIO. EXTENSÃO DO ACRÉSCIMO DE 25% PREVISTO NO ART. 45 DA LEI Nº 8.213/91 PARA OUTRAS APOSENTADORIAS. POSSIBILIDADE. PRECEDENTES DA TNU. PEDILEF CONHECIDO E PROVIDO. 1. Pedido de uniformização de interpretação de lei federal – PEDILEF apresentado contra acórdão de Turma Recursal que negou provimento a recurso inominado, em sede de demanda visando à concessão do acréscimo de 25% previsto no art. 45 da Lei nº 8.213/91 a aposentadoria por idade fruída pela parte autora. 2. O PEDILFE deve ser conhecido, pois há divergência entre a decisão recorrida e o que decidiu esta TNU nos PEDILEF nº 50033920720124047205 e nº 05010669320144058502 (art. 14, § 2º, da Lei nº 10.259/2001). 3. Confiram-se os excertos da ementa do PEDILEF nº 50033920720124047205: "INCIDENTE DE UNIFORMIZAÇÃO NACIONAL. PREVIDENCIÁRIO. EXTENSÃO DO ACRÉSCIMO DE 25% PREVISTO NA LEI 8.213/91 A OUTRAS APOSENTADORIAS (IDADE E CONTRIBUIÇÃO). POSSIBILIDADE. INCIDÊNCIA DA QUESTÃO DE ORDEM Nº 20. RETORNO DOS AUTOS À TURMA DE ORIGEM PARA REEXAME DE PROVAS. PARCIAL PROVIMENTO. (...). "(...) preenchidos os requisitos 'invalidez' e 'necessidade de assistência permanente de outra pessoa', ainda que tais eventos ocorram em momento posterior à aposentadoria e, por óbvio, não justifiquem sua concessão na modalidade invalidez, vale dizer, na hipótese, ainda que tenha sido concedida a aposentadoria por idade, entendo ser devido o acréscimo". (...). Desta forma, DOU PARCIAL PROVIMENTO AO INCIDENTE para determinar a devolução dos autos à Turma Recursal de origem para firmar que a tese de concessão do adicional de 25% por auxílio permanente de terceira pessoa é extensível à aposentadoria da parte autora, uma vez comprovado os requisitos constantes no art. 45 da Lei nº 8.213/91, devendo, por este motivo, a Turma de origem proceder a reapreciação das provas referentes à incapacidade da requerente, bem como a necessidade de assistência permanente de terceiros". (PEDILEF nº 50033920720124047205, Juiz Federal Wilson José Witzel, DOU de 29/10/2015, pp. 223/230, sem grifos no original) 4. No caso concreto, não houve instrução suficiente do processo na instância de origem, razão pela qual deve-se aplicar a Questão de Ordem nº 20 desta TNU. 5. Por isso, deve-se conhecer do PEDILEF, dar-lhe provimento, reafirmar a tese de que a concessão do adicional de 25% por auxílio permanente de terceira pessoa é extensível a outras aposentadorias além daquela por invalidez, uma vez comprovado os requisitos constantes no art. 45 da Lei nº 8.213/91, reformar a decisão recorrida, determinar a devolução do processo à Turma Recursal de origem, para que ele retorne ao juízo monocrático a haja a produção de todas as provas indispensáveis à solução do caso, inclusive pericial. Sem custas e sem honorários (art. 55 da Lei nº 9.099/95).

Data da Decisão

16/03/2016

Data vênia, o r. julgamento destoou do entendimento dominante do Superior Tribunal de Justiça, que entende somente ser possível conceder o referido acréscimo de 25% previsto no art. 45 da lei 8.213/91 ao titular de aposentadoria por invalidez.

Assim, verifica-se, **a toda evidência, a similitude fática entre as hipóteses.**

c.2) Do acórdão paradigma

O Superior Tribunal de Justiça, **através da 1ª e da 2ª Turma**, analisando caso similar, decidiu que o acréscimo de 25% previsto no art. 45 da lei 8.213/91 somente pode ser concedido ao titular de aposentadoria por invalidez:

RECURSO ESPECIAL Nº 1.448.664 – RS (2014/0084956-9)

RELATOR : MINISTRO SÉRGIO KUKINA

R.P/ACÓRDÃO : MINISTRA REGINA HELENA COSTA

RECORRENTE : INSTITUTO NACIONAL DO SEGURO SOCIAL – INSS

ADVOGADO : PROCURADORIA-GERAL FEDERAL – PGF

RECORRIDO : RODRIGO CARASAI ADVOGADO : GUSTAVO BAUERMANN E OUTRO(S)

EMENTA

PREVIDENCIÁRIO. ART. 45 DA LEI N. 8.213/91. ADICIONAL DE 25% (VINTE E CINCO POR CENTO). VIOLAÇÃO AO ART. 535 DO CPC. INOCORRÊNCIA. SITUAÇÃO FÁTICA DIFERENCIADA RECONHECIDA PELO TRIBUNAL DE ORIGEM. INVALIDEZ E NECESSIDADE DE ASSISTÊNCIA DE TERCEIRO. DIGNIDADE DA PESSOA HUMANA. EQUÍVOCO NA CONCESSÃO DE AUXÍLIO-DOENÇA. POSSIBILIDADE DE INCIDÊNCIA. I – A Corte de origem apreciou todas as questões relevantes ao deslinde da controvérsia de modo integral e adequado, apenas não adotando a tese vertida pela Autarquia Previdenciária. Inexistência de omissão. II – O Tribunal a quo concluiu, após análise dos laudos periciais, pela existência de incapacidade e necessidade de auxílio permanente de terceira pessoa desde o equivocado requerimento e deferimento de auxílio-doença. **III – A situação fática diferenciada e o princípio da dignidade da pessoa humana autorizam a concessão do adicional de 25% (vinte e cinco por cento), previsto no art. 45 da Lei n. 8.213/91, durante o período de percepção de benefício diverso, que desde o início deveria ser o de aposentadoria por invalidez.** IV – Recurso especial improvido.

"PREVIDENCIÁRIO. RECURSO ESPECIAL. ADICIONAL DE GRANDE INVALIDEZ. ARTIGO 45 DA LEI 8.213/1991. EXTENSÃO PARA OUTRAS TIPOS DE APOSENTADORIA. NÃO CABIMENTO. CASO CONCRETO: SITUAÇÃO FÁTICA DIFERENCIADA RECONHECIDA PELO TRIBUNAL DE ORIGEM. TRANSFORMAÇÃO DA APOSENTADORIA POR TEMPO EM APOSENTADORIA POR INVALIDEZ. SEGURADO QUE EMBORA APOSENTADO RETORNOU AO MERCADO DE TRABALHO E EM ACIDENTE DO TRABALHO SE TORNOU INCAPAZ. INCIDÊNCIA DO ADICIONAL. CABIMENTO. RECURSO ESPECIAL CONHECIDO E NÃO PROVIDO.

1. O presente caso enfrenta a tese do cabimento do adicional de grande invalidez, previsto no artigo 45 da Lei 8.213/1991, a outros tipos de aposentadoria, além da aposentadoria por invalidez.

2. O acréscimo de 25%, denominado adicional de grande invalidez, a ser concedido em favor do segurado que necessite de assistência permanente de outra pessoa, é exclusivo da aposentadoria por invalidez. Prevalência do princípio da contrapartida.

3. A aposentadoria por invalidez, conforme reza o artigo 42 da Lei 8.213/1991, é o benefício previdenciário concedido ao segurado que, estando ou não em gozo de auxílio-doença, for considerado incapaz e insusceptível de reabilitação para o exercício de atividade que lhe garanta a subsistência, uma vez cumprida, quando for o caso, a carência exigida. Ameniza as necessidades advindas da incapacidade para o trabalho, valor supremo da Ordem Social.

4. No presente caso, o autor, aposentado por tempo de serviço, retornou ao mercado de trabalho, quando então sofreu acidente do trabalho, perdendo as duas pernas, momento em que requereu junto ao INSS a transformação da aposentadoria por tempo em aposentadoria por invalidez com o adicional de 25%. Requerimento indeferido sob o fundamento de que a aposentadoria era por tempo e não por invalidez.

5. A situação fática diferenciada autoriza a transformação da aposentadoria por tempo em aposentadoria por invalidez, com o adicional de 25%, desde o requerimento administrativo, pois, estando em atividade, o trabalhador segurado sofreu acidente do trabalho que lhe causou absoluta incapacidade (REsp 1475512, de 15/12/2015).

Desta forma, não se trata apenas de jurisprudência dominante, e sim de jurisprudência pacífica do STJ pela não extensão do auxílio-acompanhante às demais espécies de aposentadoria.

Para comprovar a similitude fática, destaque-se que **as circunstâncias em que foram proferidas as decisões divergentes são idênticas: em todos os casos a parte autora pretende a concessão do acréscimo de 25% previsto no art. 45 da Lei 8.213/91, alegando a necessidade de assistência permanente de terceiros, nada obstante seja titular de benefício diverso da aposentadoria por invalidez.**

No entanto, diante de casos semelhantes, a TNU entendeu possível a concessão do mencionado acréscimo, interpretando a legislação pertinente de maneira diversa e julgando a questão em desalinho com a jurisprudência do Superior Tribunal de Justiça, que entende que somente é possível conceder o acréscimo de 25% previsto no art. 45 da lei 8.213/91 ao titular de aposentadoria por invalidez.

Dessarte, merece reforma o acórdão da C. TNU.

f) Requerimentos

Requer, pois, em face da orientação do Superior Tribunal de Justiça, seja conhecido e provido o Incidente de Uniformização com o fim de reformar o v. acórdão, **para fixar entendimento no sentido da impossibilidade de concessão do acréscimo de 25% previsto no art. 45 da lei 8.213/91 ao titular de benefício diverso da aposentadoria por invalidez.**

Pede deferimento.

FREDERICO AUGUSTO DI TRINDADE AMADO
Procurador Federal

70. CONTRARRAZÕES AO INCIDENTE DE UNIFORMIZAÇÃO PARA O STJ

Uma vez interposto o incidente de uniformização de jurisprudência para o STJ, a parte contrária será intimada para, querendo, apresentar razões de contrariedade em igual prazo de 15 dias.

EXMO.(a) SR.(a) DR.(a) MINISTRO PRESIDENTE DA TURMA NACIONAL DE UNIFORMIZAÇÃO DE JURISPRUDÊNCIA – TNU

Processo: XXXXXXXX

O **INSTITUTO NACIONAL DO SEGURO SOCIAL – INSS**, por seu Procurador ex lege, nos autos do processo em referência, vem, respeitosamente, com fundamento no art. 14, da Lei 10.259/2001, apresentar

CONTRARRAZÕES AO PEDIDO DE UNIFORMIZAÇÃO APRESENTADO AO SUPERIOR TRIBUNAL DE JUSTIÇA,

conforme anexas razões.

Termos em que pede deferimento.

FREDERICO AUGUSTO DI TRINDADE AMADO
Procurador Federal

CONTRARRAZÕES AO PEDIDO DE UNIFORMIZAÇÃO – STJ

Eméritos Julgadores,

Colendo STJ,

Cuida-se de incidente de uniformização apresentando para o STJ para desafiar decisão da TNU favorável ao INSS que determinou a manutenção do fator previdenciário na aposentadoria por tempo de contribuição do professor.

Isso porque a tese repetitiva já foi firmada pela TNU em sessão realizada em 20 de outubro de 2016, no julgamento do processo 0501512-65.2015.4.05.8307, em que a Turma Nacional determinou a aplicação do fator previdenciário à aposentadoria por tempo de contribuição do professor.

No entanto, o incidente para o STJ não merece ser admitido. Isso porque a jurisprudência majoritária do STJ é da mesma natureza da TNU, pela incidência do fator previdenciário na aposentadoria do professor.

Veja-se precedentes da 2ª e 6ª Turma do STJ:

> PROCESSUAL CIVIL E PREVIDENCIÁRIO. EMBARGOS DE DECLARAÇÃO NO AGRAVO REGIMENTAL NO AGRAVO REGIMENTAL NO RECURSO ESPECIAL. APOSENTADORIA POR TEMPO DE CONTRIBUIÇÃO. FATOR PREVIDENCIÁRIO. ATIVIDADE DE PROFESSOR. OMISSÃO SANADA. EMBARGOS DE DECLARAÇÃO ACOLHIDOS PARA SANAR OMISSÃO SEM EFEITO MODIFICATIVO.
>
> 1. A parte autora, ora embargante, neste momento em sede de embargos de declaração, aduz que a aposentadoria do professor é equiparada à aposentadoria especial, a qual afasta a incidência do fator previdenciário.
>
> 2. No caso específico, a segurada exerceu atividades de magistério no período de setembro de 1994 a novembro de 2010.
>
> 3. A contagem ponderada do tempo de magistério, para fins de obtenção de aposentadoria por tempo de serviço comum, não encontra óbice, uma vez que a atividade era considerada penosa pelo Decreto 53.831/1964, cuja observância foi determinada pelo Decreto 611/1992. Precedentes.
>
> **4. Incide o fator previdenciário no cálculo do salário de benefício da aposentadoria por tempo de serviço de professor quando a segurada não tiver tempo suficiente para a concessão do benefício anteriormente à edição da Lei 9.876, de 1999, como no presente caso, conforme asseverado pelo Tribunal a quo.**

5. Embargos de declaração acolhidos para sanar omissão sem efeito modificativo" (EDcl no AgRg no AgRg no REsp 1490380, de 9/6/2015).

"PROCESSUAL CIVIL E PREVIDENCIÁRIO. **APOSENTADORIA DE PROFESSOR. SALÁRIO-DE-BENEFÍCIO. FATOR PREVIDENCIÁRIO. INCIDÊNCIA.**

1. À luz do Decreto 53.831/64 (Quadro Anexo, Item 2.1.4), a atividade de professor era considerada penosa, situação modificada com a entrada em vigor da Emenda Constitucional 18/81 e, consequentemente, das alterações constitucionais posteriores, porquanto o desempenho da atividade deixou de ser considerada especial para ser uma regra "excepcional", diferenciada, na qual demanda um tempo de serviço menor em relação a outras atividades, desde que se comprove o exclusivo trabalho nessa condição.

2. A atividade de professor não é especial em si, para fins de seu enquadramento na espécie «aposentadoria especial" a que alude o art. 57 da Lei n. 8.213/91, mas regra diferenciada para a aposentadoria que exige o seu cumprimento integral, o que afasta seu enquadramento às disposições do inciso II do art. 29 do mesmo diploma, que não prevê a utilização do fator previdenciário no cálculo do salário-de-benefício.

3. Amoldando-se a aposentadoria do professor naquelas descritas no inciso I, "c", inafastável o fator previdenciário, incidência corroborada ainda pelas disposições do § 9º do art. 29 da Lei de Benefícios, em que foram estabelecidos acréscimos temporais para minorar o impacto da fórmula de cálculo sobre o regime diferenciado dos professores" (REsp 1146092, de 22/9/2015).

Por outro lado, a 5ª Turma do STJ determina o afastamento do fator previdenciário:

"AGRAVO REGIMENTAL. RECURSO ESPECIAL. **PREVIDENCIÁRIO. APOSENTADORIA. PROFESSOR. FATOR PREVIDENCIÁRIO. INAPLICABILIDADE.** RECURSO IMPROVIDO.

1. Não incide o fator previdenciário no cálculo do salário-de-benefício da aposentadoria do professor. Precedentes. 2. Agravo regimental a que se nega provimento "(AgRg no REsp 1251165, de 7/10/2014).

Desta forma, a posição dominante do STJ é pela aplicação do fator previdenciário à aposentadoria do professor, sendo descabido o presente pedido de uniformização.

Isto posto, requer, em face da orientação dominante Superior Tribunal de Justiça, seja **INADMITIDO O INCIDENTE DE UNIFORMIZAÇÃO PARA O STJ**.

Acaso admitido, requer seja o pedido rejeitado.

Pede deferimento.

FREDERICO AUGUSTO DI TRINDADE AMADO
Procurador Federal

71. DECISÃO DO PRESIDENTE DA TNU QUE INADMITE O INCIDENTE PARA O STJ

Caberá ao Presidente da TNU promover o juízo provisório de admissibilidade recursal do incidente de uniformização de lei federal dirigido ao STJ.

Processo

PEDILEF 200735007079520

PEDIDO DE UNIFORMIZAÇÃO DE INTERPRETAÇÃO DE LEI FEDERAL

Presidente

PRESIDENTE

Sigla do órgão

TNU

Data da Decisão

09/11/2009

Fonte/Data da Publicação

DJ 04/12/2009

Decisão

Trata-se de incidente de uniformização de jurisprudência suscitado por ANDREIA BASILIO DE SOUZA ao Superior Tribunal de Justiça, com fundamento no artigo 14, § 4º, da Lei nº 10.259/2001, em face do decisum do Presidente da Turma Nacional de Uniformização de Jurisprudência dos Juizados Especiais Federais (TNU) que inadmitiu incidente endereçado à TNU, por entender que o aresto indicado como paradigma não guarda a devida similitude fática com a hipótese dos autos, além de se tratar de pleito que visa ao reexame de provas, o que é inviável em sede de uniformização de jurisprudência. Relatados. Decido. Verifico não ser cabível o presente incidente de uniformização de jurisprudência dirigido ao STJ por falta de previsão legal. Com efeito, trata-se de incidente interposto contra decisão do Presidente da TNU, proferida em sede de juízo de admissibilidade, que inadmitiu incidente interposto contra decisão da Turma Recursal de Goiás e endereçado à TNU. Contra o referido *decisum*, deveria a parte ter interposto agravo regimental, nos termos do art. 34, I, do RI/TNU, conforme nova redação dada pela Resolução nº 062, de 25 de junho de 2009, viabilizando, assim, a análise do caso pela TNU e eventual incidente ao STJ desta decisão. **Tais as razões expendidas, com fulcro no artigo 7º, inciso IX, do Regimento Interno da Turma Nacional de Uniformização, não admito o presente incidente de uniformização. Publique-se. Intimem-se.**

72. PETIÇÃO PARA DESTRANCAR INCIDENTE PARA O STJ INADMITIDO PELO PRESIDENTE DA TNU

Inadmitido o incidente pelo Presidente da TNU, a parte poderá requerer, nos próprios autos, no prazo de **dez dias**, que o feito seja remetido ao Superior Tribunal de Justiça, a teor do artigo 34 do Regimento Interno da TNU.

EXMO.(a) SR.(a) DR.(a) MINISTRO PRESIDENTE DA TURMA NACIONAL DE UNIFORMIZAÇÃO DE JURISPRUDÊNCIA – TNU

Processo: XXXXXXXX

O **INSTITUTO NACIONAL DO SEGURO SOCIAL – INSS**, por seu Procurador ex lege, nos autos do processo em referência, vem, respeitosamente, com fundamento no art. 34, §3º, do REGIMENTO INTERNO DA TNU, apresentar

PEDIDO DE REMESSA DE INCIDENTE AO SUPERIOR TRIBUNAL DE JUSTIÇA,

conforme anexas razões, para reapreciação das condições de admissão.

Termos em que pede deferimento.

FREDERICO AUGUSTO DI TRINDADE AMADO
Procurador Federal

RAZÕES RECURSAIS

Eméritos Julgadores,

Colendo STJ,

Cuida-se de incidente de uniformização apresentando para o STJ para desafiar decisão da TNU desfavorável ao INSS, que determinou o afastamento do fator previdenciário na aposentadoria por tempo de contribuição do professor.

No entanto, o incidente foi inadmitido pelo Presidente da TNU, ao argumento de que inexiste jurisprudência dominante no STJ sobre o tema, sendo descabível o incidente.

Assim, com base no artigo 34, §3º, do Regimento Interno da TNU, ao dispor que **"inadmitido o incidente, a parte poderá requerer, nos próprios autos, no prazo de dez dias, que o feito seja remetido ao Superior Tribunal de Justiça"**, o INSS apresenta o presente pedido.

O incidente para essa Corte Superior merece ser admitido. Isso porque a jurisprudência majoritária do STJ é pela incidência do fator previdenciário na aposentadoria do professor.

Vejam-se precedentes da 2ª e 6ª Turma do STJ:

> PROCESSUAL CIVIL E PREVIDENCIÁRIO. EMBARGOS DE DECLARAÇÃO NO AGRAVO REGIMENTAL NO AGRAVO REGIMENTAL NO RECURSO ESPECIAL. APOSENTADORIA POR TEMPO DE CONTRIBUIÇÃO. FATOR PREVIDENCIÁRIO. ATIVIDADE DE PROFESSOR. OMISSÃO SANADA. EMBARGOS DE DECLARAÇÃO ACOLHIDOS PARA SANAR OMISSÃO SEM EFEITO MODIFICATIVO.
>
> 1. A parte autora, ora embargante, neste momento em sede de embargos de declaração, aduz que a aposentadoria do professor é equiparada à aposentadoria especial, a qual afasta a incidência do fator previdenciário.
>
> 2. No caso específico, a segurada exerceu atividades de magistério no período de setembro de 1994 a novembro de 2010.
>
> 3. A contagem ponderada do tempo de magistério, para fins de obtenção de aposentadoria por tempo de serviço comum, não encontra óbice, uma vez que a atividade era considerada penosa pelo Decreto 53.831/1964, cuja observância foi determinada pelo Decreto 611/1992. Precedentes.
>
> **4. Incide o fator previdenciário no cálculo do salário de benefício da aposentadoria por tempo de serviço de professor quando a segurada não tiver tempo suficiente para a concessão do benefício anteriormente à edição da Lei 9.876, de 1999, como no presente caso, conforme asseverado pelo Tribunal a quo.**

5. Embargos de declaração acolhidos para sanar omissão sem efeito modificativo" (EDcl no AgRg no AgRg no REsp 1490380, de 9/6/2015).

"PROCESSUAL CIVIL E PREVIDENCIÁRIO. **APOSENTADORIA DE PROFESSOR. SALÁRIO-DE-BENEFÍCIO. FATOR PREVIDENCIÁRIO. INCIDÊNCIA.**

1. À luz do Decreto 53.831/64 (Quadro Anexo, Item 2.1.4), a atividade de professor era considerada penosa, situação modificada com a entrada em vigor da Emenda Constitucional 18/81 e, consequentemente, das alterações constitucionais posteriores, porquanto o desempenho da atividade deixou de ser considerada especial para ser uma regra "excepcional", diferenciada, na qual demanda um tempo de serviço menor em relação a outras atividades, desde que se comprove o exclusivo trabalho nessa condição.

2. A atividade de professor não é especial em si, para fins de seu enquadramento na espécie «aposentadoria especial" a que alude o art. 57 da Lei n. 8.213/91, mas regra diferenciada para a aposentadoria que exige o seu cumprimento integral, o que afasta seu enquadramento às disposições do inciso II do art. 29 do mesmo diploma, que não prevê a utilização do fator previdenciário no cálculo do salário-de-benefício.

3. Amoldando-se a aposentadoria do professor naquelas descritas no inciso I, "c", inafastável o fator previdenciário, incidência corroborada ainda pelas disposições do § 9º do art. 29 da Lei de Benefícios, em que foram estabelecidos acréscimos temporais para minorar o impacto da fórmula de cálculo sobre o regime diferenciado dos professores" (REsp 1146092, de 22/9/2015).

Isto posto, requer seja CONHECIDO E PROVIDO o incidente de uniformização de jurisprudência para o STJ.

Pede deferimento.

FREDERICO AUGUSTO DI TRINDADE AMADO
Procurador Federal

73. INDEFERIMENTO MONOCRÁTICO DO RELATOR NO STJ DO INCIDENTE DE UNIFORMIZAÇÃO

No STJ, é possível o indeferimento liminar do incidente de uniformização com base no artigo 34, inciso XVIII, do Regimento Interno da Corte Superior.

Processo

PUIL 000105

Relator(a)

Ministro SÉRGIO KUKINA

Data da Publicação

22/09/2016

Decisão

PEDIDO DE UNIFORMIZAÇÃO DE INTERPRETAÇÃO DE LEI Nº 105 – AM (2016/0164154-0)

RELATOR: MINISTRO SÉRGIO KUKINA

REQUERENTE: ROSETE PANTOJA DE OLIVEIRA
ADVOGADO: DEFENSORIA PÚBLICA DA UNIÃO

REQUERIDO : INSTITUTO NACIONAL DO SEGURO SOCIAL

DECISÃO

Trazem os autos Pedido de Uniformização de Interpretação de Lei dirigido ao Superior Tribunal de Justiça contra acórdão da Turma Nacional de Uniformização, assim ementado:

PEDIDO DE UNIFORMIZAÇÃO – NÃO CONHECIMENTO – INVOCAÇÃO DE TESE INOVADORA NÃO COGITADA NO ACÓRDÃO RECORRIDO – QUESTÃO DE ORDEM N. 10-TNU – PRETENSÃO INDIRETA DE REVOLVIMENTO DE MATÉRIA FÁTICA – IMPOSSIBILIDADE – SÚMULA N. 42-TNU

Afirma a requerente, em síntese, que "a comprovação de dependência econômica pode ser realizada por prova testemunhal e não se exige a dependência exclusiva em relação ao falecido" (fl.204).

É o relatório.

Dispõe o art. 14, § 4º, da Lei 10.259/2001 que o incidente de uniformização dirigido ao STJ somente é cabível contra decisão da Turma Nacional de Uniformização que, apreciando questão de direito material, contrarie súmula ou jurisprudência dominante no STJ.

Nesse sentido, confira-se o julgado:

AGRAVO REGIMENTAL NA PETIÇÃO. JUIZADOS ESPECIAIS FEDERAIS. INCIDENTE DE UNIFORMIZAÇÃO DE JURISPRUDÊNCIA. DIREITO MATERIAL NÃO APRECIADO NA ORIGEM. INADMISSIBILIDADE DO INCIDENTE.

1. A teor do disposto no art. 14, § 4º, da Lei nº 10.259/2001, "quando a orientação acolhida pela Turma de Uniformização, em questões de direito material, contrariar súmula ou jurisprudência dominante no Superior Tribunal de Justiça – STJ, a parte interessada poderá provocar a manifestação deste, que dirimirá a divergência".

2. Em relação ao tema, asseverou esta Terceira Seção, ao julgar o Agravo Regimental na Petição nº 6.297/RJ, do qual Relatora a em. Ministra Laurita Vaz (DJ 04.08.08), que a remessa do incidente de uniformização de jurisprudência a este Superior Tribunal de Justiça somente será possível quando a decisão da Turma Nacional de Uniformização de Jurisprudência dos Juizados Especiais Federais tratar de questões relacionadas com o direito material e contrariar súmula ou jurisprudência dominante desta Corte.

3. No caso dos autos, todavia, a mencionada Turma Nacional de Uniformização de Jurisprudência inadmitiu o incidente a ela dirigido por motivos

exclusivamente processuais, razão por que não foi apreciada qualquer questão de direito material, tornando-se, nessa extensão, incabível o incidente.

4. Agravo regimental a que se nega provimento. (AgRg na Pet 7.549/PR, 3ª Seção, Min. Og Fernandes, DJe de 8/4/2010) No presente caso, o incidente de uniformização foi apresentado contra acórdão da Turma Nacional de Uniformização que o não conheceu, ao fundamento de que a análise da questão esbarra no óbice da Súmula 42/TNU, porquanto não se admite, na via eleita, o reexame de matéria de fato. Assim, considerando que o pedido de uniformização de jurisprudência somente é cabível de decisão oriunda do colegiado da Turma Nacional que analisou o direito material, na hipótese, não há como conhecer do incidente.

Nesse sentido:

PROCESSUAL CIVIL E PREVIDENCIÁRIO. INCIDENTE DE UNIFORMIZAÇÃO DE JURISPRUDÊNCIA DIRIGIDO AO STJ. ART. 14, § 4º, DA LEI 10.259/2001. TEMA DE DIREITO MATERIAL NÃO ANALISADO PELA TNU. AGRAVO REGIMENTAL NÃO PROVIDO.

1. O requerimento de uniformização dirigido ao Superior Tribunal de Justiça pressupõe o acolhimento da matéria de direito material em confronto com a jurisprudência do STJ, o que não é o caso dos autos, porque a TNU não conheceu do incidente em razão de o pedido à aposentadoria por invalidez exigir reexame de provas.

2. Agravo regimental não provido.

(AgRg na Pet 9.957/SP, Rel. Ministro MAURO CAMPBELL MARQUES, PRIMEIRA SEÇÃO, julgado em 09/10/2013, DJe 17/10/2013) PROCESSUAL CIVIL. AGRAVO REGIMENTAL. PREVIDENCIÁRIO. PEDIDO DE UNIFORMIZAÇÃO DE JURISPRUDÊNCIA DOS JUIZADOS ESPECIAIS. REDISCUSSÃO DE MATÉRIA FÁTICA. IMPOSSIBILIDADE. DIVERGÊNCIA NÃO DEMONSTRADA.

1. Cuida-se de incidente de uniformização de interpretação de lei federal contra acórdão de TNU que não conheceu do incidente, porquanto demandaria o reexame do contexto fático-probatório.

2. Nos termos do art. 14, caput, e § 4º, da Lei n. 10.259/2001, "caberá pedido de uniformização de interpretação de lei federal quando houver divergência entre decisões sobre questões de direito material proferidas por Turmas Recursais na interpretação da lei".

3. O requerimento de uniformização dirigido ao Superior Tribunal de Justiça pressupõe o acolhimento da matéria de direito material em confronto com a jurisprudência desta Corte Superior, que não é o caso dos autos, uma vez que se pretende rediscutir matéria probatória. Agravo regimental improvido. (AgRg na Pet 9.733/SC, Rel. Ministro HUMBERTO MARTINS, PRIMEIRA SEÇÃO, julgado em 24/04/2013, DJe 07/05/2013)

Ante o exposto, não conheço do pedido de uniformização de interpretação de lei, com fundamento no art. 34, XVIII, do RISTJ, combinado com o art. 1º, § 2º, da Resolução nº 10/2007, da Presidência do STJ.

Publique-se.

Brasília (DF), 19 de setembro de 2016.

MINISTRO SÉRGIO KUKINA

Relator

74. AGRAVO INTERNO CONTRA INDEFERIMENTO MONOCRÁTICO DO INCIDENTE PROFERIDO PELO RELATOR NO STJ

Para desafiar a decisão monocrática de indeferimento do incidente é cabível **agravo interno** no prazo de **cinco dias**, nos termos do artigo 258 do RI/STJ, que neste caso será julgado pela 1ª Seção:

> *"Art. 258. A parte que se considerar agravada por decisão do Presidente da Corte Especial, de Seção, de Turma ou de relator, poderá requerer, dentro de cinco dias, a apresentação do feito em mesa, para que a Corte Especial, a Seção ou a Turma sobre ela se pronuncie, confirmando-a ou reformando-a".*

No entanto, nos termos do artigo 4º da Resolução STJ 10/2007, "será de 10 (dez) dias o prazo para agravar das decisões proferidas pelo relator", devendo prevalecer este prazo por se tratar de regra especial.

O agravo regimental será submetido ao prolator da decisão, que poderá reconsiderá-la ou submeter o agravo ao julgamento da Corte Especial, da Seção ou da Turma, conforme o caso, computando-se também o seu voto.

EXCELENTÍSSIMO SENHOR MINISTRO RELATOR DO SUPERIOR TRIBUNAL DE JUSTIÇA

Processo: XXXXXXXX

O **INSTITUTO NACIONAL DO SEGURO SOCIAL – INSS**, autarquia federal, representada pela Procuradoria-Geral Federal, nos autos em epígrafe, por seu Procurador Federal *in fine* assinado, vem, respeitosamente, à presença de V. Ex.ª, em atenção à decisão de fls., apresentar o presente **AGRAVO INTERNO** (artigo 258, do Regimento Interno do Superior Tribunal de Justiça e na Resolução STJ 10/2007), a fim de submeter as razões aqui apresentadas à apreciação dos demais membros da 1ª Seção do STJ.

1. DA TEMPESTIVIDADE:

Comprovada está a tempestividade do presente recurso, pois observado o **prazo de 10 dias**.

2. DO CABIMENTO

Cuida-se de agravo interno contra decisão monocrática que indeferiu incidente de uniformização interposto contra decisão da TNU, a fim de ser apreciada pela 1ª Sessão desse STJ, com base no artigo 258 do RISTJ:

> *"Art. 258. A parte que se considerar agravada por decisão do Presidente da Corte Especial, de Seção, de Turma ou de relator, poderá requerer, dentro de cinco dias, a apresentação do*

> *feito em mesa, para que a Corte Especial, a Seção ou a Turma sobre ela se pronuncie, confirmando-a ou reformando-a".*

Nos termos do artigo 4º da Resolução STJ 10/2007, "será de 10 (dez) dias o prazo para agravar das decisões proferidas pelo relator", devendo ser observado este prazo de 10 dias, por se tratar de regra especial.

3. DO MÉRITO

Cuida-se de agravo que questiona a decisão de indeferimento liminar de incidente de uniformização fundamentada na falta de pré-questionamento da matéria nas instâncias inferior.

No entanto, compulsando os autos, verificou-se que o INSS interpôs embargos de declaração (fls. XX e XX) contra as decisões da Turma Recursal e da Turma Nacional de Uniformização, respectivamente, que não apreciaram expressamente esta tese (XXXXXXXX).

Logo, suprido foi o requisito recursal do pré-questionamento.

4. DO PEDIDO

Isto posto, requer o INSS que Vossa Excelência reconsidere a decisão, determinando o prosseguimento da tramitação do incidente de uniformização para ser julgado pelo Colegiado, ou receba a presente petição sob a forma de **AGRAVO INTERNO,** a fim de submeter as razões aqui apresentadas à apreciação dos demais membros desta 1ª Sessão do STJ.

Ao final, requer o provimento do pedido no incidente de uniformização.

Nestes Termos,

Pede deferimento.

FREDERICO AUGUSTO DI TRINDADE AMADO
Procurador Federal

75. DECISÃO DO RELATOR DA 1ª SEÇÃO DO STJ QUE ADMITIU O INCIDENTE E DETERMINOU LIMINARMENTE O SOBRESTAMENTO NACIONAL DE TODOS OS PROCESSOS COM IDÊNTICA CONTROVÉRSIA

Nos termos do artigo 2º, I, da Resolução STJ 10/2007, admitido o incidente, o relator- poderá, de ofício ou a requerimento da parte, presentes a plausibilidade do direito invocado e o fundado receio de dano de difícil reparação, **deferir medida liminar** para suspender a tramitação dos processos nos quais tenha sido estabelecida a mesma controvérsia.

Eis uma decisão dessa natureza:

Superior Tribunal de Justiça

PEDIDO DE UNIFORMIZAÇÃO DE INTERPRETAÇÃO DE LEI Nº 236 - RS (2016/0296822-0)

RELATORA	: MINISTRA ASSUSETE MAGALHÃES
REQUERENTE	: INSTITUTO NACIONAL DO SEGURO SOCIAL
REQUERIDO	: EUGENIO HEINEN - INTERDITO
REPR. POR	: ROSANE HEINEN
ADVOGADO	: MATHEUS DE CAMPOS - RS076801

DECISÃO

Trata-se de Pedido de Uniformização de Interpretação de Lei, fundamentado no art. 14, § 4º, da Lei 10.259/2001, apresentado, pelo INSTITUTO NACIONAL DO SEGURO SOCIAL, em 13/06/2016, contra acórdão da Turma Nacional de Uniformização de Jurisprudência, tomado por maioria de votos, assim ementado:

"PEDIDO DE UNIFORMIZAÇÃO NACIONAL INTERPOSTO PELA PARTE AUTORA. TEMA AFETADO COMO REPRESENTATIVO DA CONTROVÉRSIA. PREVIDENCIÁRIO. ADICIONAL DE 25% PREVISTO NO ART. 45 DA LEI 8.213/91. EXTENSÃO À APOSENTADORIA POR IDADE E POR TEMPO DE CONTRIBUIÇÃO. CABIMENTO. APLICAÇÃO AO CASO CONCRETO. QUESTÃO DE ORDEM 20. PROVIMENTO PARCIAL DO INCIDENTE. RETORNO À TR DE ORIGEM PARA ADOÇÃO DA TESE E CONSEQÜENTE ADEQUAÇÃO" (fl. 9e).

Sustenta o requerente, em síntese, que o acórdão da TNU diverge da jurisprudência dominante do STJ acerca do tema controvertido, conforme os precedentes que indica – REsp 1.475.512/MG, Rel. Ministro MAURO CAMPBELL MARQUES, SEGUNDA TURMA, DJe de 18/12/2015; REsp 1.505.366/RS, Rel. Ministro MAURO CAMPBELL MARQUES, SEGUNDA TURMA, DJe de 04/05/2016; REsp 1.533.402/SC, Rel. Ministro SÉRGIO KUKINA, PRIMEIRA TURMA, DJe de 14/09/2015; REsp 1.243.183/RS, Rel. Ministro RIBEIRO DANTAS, QUINTA TURMA, DJe de 28/03/2016 –, firmados no sentido de que o acréscimo de 25% (vinte e cinco por cento), previsto no art. 45 da Lei 8.213/91, está limitado à aposentadoria por invalidez, não podendo a sua concessão ser estendida a outras espécies de benefícios.

Assevera que o entendimento da TNU, além de divergir do entendimento do STJ, sobre o acréscimo previsto no art. 45 da Lei 8.213/91, encontra óbice no princípio da contrapartida, consagrado no art. 195, § 5º, da CF/88, e nega vigência ao art. 15 da Lei 10.741/2003 (Estatuto do Idoso), que prevê benefício a ser exigido do SUS, mais abrangente que o percentual pecuniário de 25% do valor da aposentadoria.

Requer, por fim:

"a) que a parte ex adversa seja intimada para contrarrazoar o presente

incidente, encaminhando os autos para processamento perante o STJ;
b) que seja o incidente submetido à apreciação do digno Relator do processo, concedendo-se medida liminar para a suspensão dos processos em que a controvérsia jurídica esteja estabelecida;
c) que, ao final, o presente incidente seja integralmente provido para declarar que o adicional de grande invalidez previsto no art. 45 da Lei 8.213/91 é devido apenas nas hipóteses de aposentadoria por invalidez" (fl. 35e).

Admitido o incidente, pelo Presidente da TNU (fl. 8e), foram os autos encaminhados a esta Corte.

Conforme acima relatado, a controvérsia dos autos consiste na possibilidade, ou não, de se conceder o adicional de 25% (vinte e cinco por cento), previsto no art. 45 da Lei 8.213/91, a outros benefícios além da aposentadoria por invalidez.

Assim dispõe o art. 45 da Lei 8.213/91:

> "Art. 45. O valor da aposentadoria por invalidez do segurado que necessitar da assistência permanente de outra pessoa será acrescido de 25% (vinte e cinco por cento).
> Parágrafo único. O acréscimo de que trata este artigo:
> a) será devido ainda que o valor da aposentadoria atinja o limite máximo legal;
> b) será recalculado quando o benefício que lhe deu origem for reajustado;
> c) cessará com a morte do aposentado, não sendo incorporável ao valor da pensão."

O acórdão proferido pela TNU, objeto deste Incidente, considerou possível a extensão do referido adicional às aposentadorias por idade e por tempo de contribuição, e, firmada essa tese, determinou o retorno dos autos à Turma Recursal de origem, para a reapreciação das provas dos autos, quanto à incapacidade e à necessidade de assistência permanente de terceiros, ao passo que os precedentes do STJ, invocados pelo requerente – REsp 1.475.512/MG, Rel. Ministro MAURO CAMPBELL MARQUES, SEGUNDA TURMA, DJe de 18/12/2015; REsp 1.505.366/RS, Rel. Ministro MAURO CAMPBELL MARQUES, SEGUNDA TURMA, DJe de 04/05/2016; REsp 1.533.402/SC, Rel. Ministro SÉRGIO KUKINA, PRIMEIRA TURMA, DJe de 14/09/2015; REsp 1.243.183/RS, Rel. Ministro RIBEIRO DANTAS, QUINTA TURMA, DJe de 28/03/2016 – limitam a concessão do aludido adicional às aposentadorias por invalidez, revelando-se, assim, a divergência interpretativa:

> "PREVIDENCIÁRIO. RECURSO ESPECIAL. **ADICIONAL DE GRANDE INVALIDEZ. ARTIGO 45 DA LEI 8.213/1991. EXTENSÃO PARA**

Superior Tribunal de Justiça

OUTRAS TIPOS DE APOSENTADORIA. NÃO CABIMENTO. CASO CONCRETO: SITUAÇÃO FÁTICA DIFERENCIADA RECONHECIDA PELO TRIBUNAL DE ORIGEM. TRANSFORMAÇÃO DA APOSENTADORIA POR TEMPO EM APOSENTADORIA POR INVALIDEZ. SEGURADO QUE EMBORA APOSENTADO RETORNOU AO MERCADO DE TRABALHO E EM ACIDENTE DO TRABALHO SE TORNOU INCAPAZ. INCIDÊNCIA DO ADICIONAL. CABIMENTO. RECURSO ESPECIAL CONHECIDO E NÃO PROVIDO.

1. O presente caso enfrenta a tese do cabimento do adicional de grande invalidez, previsto no artigo 45 da Lei 8.213/1991, a outros tipos de aposentadoria, além da aposentadoria por invalidez.

2. **O acréscimo de 25%, denominado adicional de grande invalidez, a ser concedido em favor do segurado que necessite de assistência permanente de outra pessoa, é exclusivo da aposentadoria por invalidez. Prevalência do princípio da contrapartida.**

3. A aposentadoria por invalidez, conforme reza o artigo 42 da Lei 8.213/1991, é o benefício previdenciário concedido ao segurado que, estando ou não em gozo de auxílio-doença, for considerado incapaz e insusceptível de reabilitação para o exercício de atividade que lhe garanta a subsistência, uma vez cumprida, quando for o caso, a carência exigida. Ameniza as necessidades advindas da incapacidade para o trabalho, valor supremo da Ordem Social.

4. No presente caso, o autor, aposentado por tempo de serviço, retornou ao mercado de trabalho, quando então sofreu acidente do trabalho, perdendo as duas pernas, momento em que requereu junto ao INSS a transformação da aposentadoria por tempo em aposentadoria por invalidez com o adicional de 25%. Requerimento indeferido sob o fundamento de que a aposentadoria era por tempo e não por invalidez.

5. A situação fática diferenciada autoriza a transformação da aposentadoria por tempo em aposentadoria por invalidez, com o adicional de 25%, desde o requerimento administrativo, pois, estando em atividade, o trabalhador segurado sofreu acidente do trabalho que lhe causou absoluta incapacidade.

6. Recurso especial conhecido e não provido" (STJ, REsp 1.475.512/MG, Rel. Ministro MAURO CAMPBELL MARQUES, SEGUNDA TURMA, DJe de 18/12/2015).

"PREVIDENCIÁRIO. RECURSO ESPECIAL. **ADICIONAL DE GRANDE INVALIDEZ. ARTIGO 45 DA LEI 8.213/1991. EXTENSÃO PARA OUTRAS TIPOS DE APOSENTADORIA. NÃO CABIMENTO**. RECURSO ESPECIAL PROVIDO.

1. **O presente caso enfrenta a tese do cabimento do adicional de grande invalidez, previsto no artigo 45 da Lei 8.213/1991, a outros tipos de aposentadoria, além da aposentadoria por invalidez.**

Superior Tribunal de Justiça

2. O acréscimo de 25%, denominado adicional de grande invalidez, a ser concedido em favor do segurado que necessite de assistência permanente de outra pessoa, é exclusivo da aposentadoria por invalidez. Prevalência do princípio da contrapartida.

3. A aposentadoria por invalidez, conforme reza o artigo 42 da Lei 8.213/1991, é o benefício previdenciário concedido ao segurado que, estando ou não em gozo de auxílio-doença, for considerado incapaz e insuscetível de reabilitação para o exercício de atividade que lhe garanta a subsistência, uma vez cumprida, quando for o caso, a carência exigida. Ameniza as necessidades advindas da incapacidade para o trabalho, valor supremo da Ordem Social.

4. **O acréscimo de 25%, denominado adicional de grande invalidez, a ser concedido em favor do segurado que necessite de assistência permanente de outra pessoa, nos termos do artigo 45 da Lei 8.213/1991, é exclusivo da aposentadoria por invalidez, não podendo ser estendido aos demais benefício previdenciários.**

5. Recurso especial conhecido e provido" (STJ, REsp 1.505.366/RS, Rel. Ministro MAURO CAMPBELL MARQUES, SEGUNDA TURMA, DJe de 04/05/2016).

"PREVIDENCIÁRIO E PROCESSUAL CIVIL. VIOLAÇÃO AO ART. 535 DO CPC. NÃO OCORRÊNCIA. **ADICIONAL DE 25% (VINTE E CINCO POR CENTO) DE QUE TRATA O ART. 45 DA LEI 8.213/91. INCIDÊNCIA EM BENEFÍCIO DIVERSO DA APOSENTADORIA POR INVALIDEZ. IMPOSSIBILIDADE**.

1. Não ocorre ofensa ao art. 535 do CPC, quando o Tribunal de origem dirime, fundamentadamente, as questões que lhe são submetidas, apreciando integralmente a controvérsia posta nos autos, não se podendo, ademais, confundir julgamento desfavorável ao interesse da parte com negativa ou ausência de prestação jurisdicional.

2. **O art. 45 da Lei n. 8.213/91, ao tratar do adicional de 25% (vinte e cinco por cento), restringiu sua incidência ao benefício da aposentadoria por invalidez, na hipótese de o segurado necessitar de assistência permanente de outra pessoa, cujo acréscimo, entretanto, não poderá ser estendido a outras espécies de benefícios**.

3. Recurso especial provido" (STJ, REsp 1.533.402/SC, Rel. Ministro SÉRGIO KUKINA, PRIMEIRA TURMA, DJe de 14/09/2015).

"PREVIDENCIÁRIO. RECURSO ESPECIAL. **APOSENTADORIA POR TEMPO DE SERVIÇO. NECESSIDADE DE ASSISTÊNCIA PERMANENTE DE OUTRA PESSOA. ADICIONAL DE 25%. ART. 45 DA LEI N. 8.213/1991. IMPOSSIBILIDADE. AUSÊNCIA DE PREVISÃO LEGAL**. DIVERGÊNCIA JURISPRUDENCIAL NÃO DEMONSTRADA.

Superior Tribunal de Justiça

RECURSO CONHECIDO EM PARTE E, NESSA EXTENSÃO, DESPROVIDO.
1. O art. 45 da Lei n. 8.213/1991 estabelece a incidência do adicional de 25% (vinte e cinco por cento) às aposentadorias por invalidez, sendo temerária a extensão a outros tipos de aposentadoria (especial, por idade, tempo de contribuição), sem qualquer previsão legal, sobretudo na hipótese de o Legislador expressamente determinar os destinatários da norma.
2. Para a comprovação da alegada divergência jurisprudencial, deve a recorrente provar o dissenso por meio de certidão, cópia autenticada ou pela citação do repositório, oficial ou credenciado, em que tiver sido publicada a decisão divergente, mencionando as circunstâncias que identifiquem ou assemelhem os casos em confronto, nos termos dos arts. 541, parágrafo único, do CPC, e 255, §§ 1º e 2º, do Regimento Interno do Superior Tribunal de Justiça.
3. Hipótese em que os acórdãos confrontados não conferem interpretação discrepante a um mesmo dispositivo de lei federal, nem sobre uma mesma base fática, uma vez que o aresto paradigma colacionado trata de direito à aposentadoria com proventos integrais, relativo à enfermidade acometida a servidor público regido pela Lei 8.112/1990.
4. Recurso especial parcialmente conhecido e, nessa extensão, desprovido" (STJ, REsp 1.243.183/RS, Rel. Ministro RIBEIRO DANTAS, QUINTA, DJe de 28/03/2016).

No mesmo sentido outros precedentes desta Corte: REsp 1.601.279/RS, Rel. Ministro HERMAN BENJAMIN, SEGUNDA TURMA, julgado em 07/02/2017, pendente de publicação; REsp 1.636.204/RS, Rel. Ministro MAURO CAMPBELL MARQUES, DJe de 23/11/2016; AREsp 1.021.186/SP, Rel. Ministro SÉRGIO KUKINA, DJe de 30/11/2016; REsp 1.614.879/RS, Rel. Ministro HUMBERTO MARTINS, DJe de 08/08/2016; REsp 1.576.350/RS, Rel. Ministro HERMAN BENJAMIN, DJe de 08/03/2016.

Presente, assim, em princípio, a plausabilidade do direito invocado.

A par disso, conforme afirma o requerente, "há inúmeros processos discutindo esta matéria nos Juizados Especiais. O INSS estima que o impacto de concessões de adicional de grande invalidez fora dos casos de aposentadoria por invalidez para benefícios concedidos entre 2015 e 2017 seja da ordem de R$ 456.509.000.00 no ano de 2017" (fl. 34e).

Nesse contexto, admito o Pedido de Uniformização de Interpretação de Lei, e, presente a plausabilidade do direito invocado, bem como o receio de dano de difícil reparação, defiro, com fundamento nos arts. 14, §§ 5º e 6º, da Lei 10.259/2001 e 2º, I, da Resolução 10/2007, do STJ, a medida liminar requerida, para determinar a suspensão dos processos nos quais tenha sido estabelecida a mesma controvérsia.

Superior Tribunal de Justiça

Oficie-se ao Presidente da TNU, bem como aos Presidentes das Turmas Recursais, comunicando-lhes o processamento do presente Incidente e solicitando informações, na forma dos arts. 14, § 7º, da Lei 10.259/2001 e 2º, II, Resolução 10/2007, do STJ.

Publique-se edital, no Diário da Justiça, com destaque no noticiário do STJ, na Internet, para dar ciência aos interessados sobre a instauração do Incidente, a fim de que se manifestem, querendo, no prazo de 30 (trinta) dias.

Após, decorridos os prazos, com ou sem manifestação, abra-se vista ao Ministério Público Federal.

Envie-se, por fim, cópia desta decisão aos Senhores Ministros integrantes das Turmas que compõem a Primeira Seção, para os devidos fins.

I.

Brasília (DF), 22 de fevereiro de 2017.

MINISTRA ASSUSETE MAGALHÃES
Relatora

76. DECISÃO DA 1ª SEÇÃO DO STJ QUE APRECIOU O AGRAVO REGIMENTAL CONTRA A DECISÃO DE INADMISSÃO DO INCIDENTE PROFERIDA PELO RELATOR

Uma vez interposto o agravo interno, caberá à 1ª Seção do Superior Tribunal de Justiça o seu julgamento.

Processo

AgInt na Pet 10231/RS AGRAVO INTERNO NA PETIÇÃO 2013/0400365-7

Relator(a)

Ministro BENEDITO GONÇALVES (1142)

Órgão Julgador

S1 – PRIMEIRA SEÇÃO

Data do Julgamento

26/10/2016

Data da Publicação/Fonte

DJe 08/11/2016

Ementa

PROCESSUAL CIVIL. **AGRAVO INTERNO EM INCIDENTE DE UNIFORMIZAÇÃO DE JURISPRUDÊNCIA DIRIGIDO AO STJ.** ART. 14, § 4º, DA LEI 10.259/2001. CONVERSÃO EM PECÚNIA DE ALIMENTAÇÃO E ALOJAMENTO NÃO PAGOS IN NATURA A MÉDICO RESIDENTE. AUSÊNCIA DE DIVERGÊNCIA JURISPRUDENCIAL ATUAL. PRECEDENTES DO STJ. INCIDENTE DE UNIFORMIZAÇÃO DE JURISPRUDÊNCIA INDEFERIDO LIMINARMENTE (ART. 34, XVIII, DO RI/STJ). PRECEDENTE DO STJ JÁ FIXADO PELA SEÇÃO.

1. Trata-se de incidente de uniformização de jurisprudência que foi indeferido monocrática e liminarmente, ao fundamento de que a questão controvertida já foi pacificada pelo Superior Tribunal de Justiça, no mesmo sentido da decisão da TNU (Turma Nacional de Uniformização de Jurisprudência dos Juizados Especiais Federais) impugnada no incidente.

2. O fato de haver em 2016 decisão monocrática de Ministro integrante de Turma em sentido contrário à prolatada pela Seção em 2015 não altera o fato de que o precedente a ser seguido é o fixado pela Seção, mormente quando ainda pendente de recurso a decisão monocrática apontada.

3. Agravo interno não provido.

Acórdão

Vistos, relatados e discutidos os autos em que são partes as acima indicadas, acordam os Ministros da Primeira Seção do Superior Tribunal de Justiça, por unanimidade, negar provimento ao agravo interno, nos termos do voto do Sr. Ministro Relator. A Sra. Ministra Assusete Magalhães e os Srs. Ministros Sérgio Kukina, Regina Helena Costa, Gurgel de Faria, Francisco Falcão, Napoleão Nunes Maia Filho, Og Fernandes e Mauro Campbell Marques votaram com o Sr. Ministro Relator.

77. ACÓRDÃO DA 1ª SEÇÃO DO STJ JULGANDO O MÉRITO DO INCIDENTE DE UNIFORMIZAÇÃO DE JURISPRUDÊNCIA

Admitido o incidente, o relator no STJ:

I – poderá, de ofício ou a requerimento da parte, presentes a plausibilidade do direito invocado e o fundado receio de dano de difícil reparação, deferir medida liminar para suspender a tramitação dos processos nos quais tenha sido estabelecida a mesma controvérsia (**contra esta decisão cabe agravo** à Seção);

II – oficiará ao Presidente da Turma Nacional de Uniformização e aos Presidentes das Turmas Recursais, comunicando o processamento do incidente e solicitando informações;

III – ordenará a publicação de edital no Diário da Justiça, com destaque no noticiário do STJ na internet, para dar ciência aos interessados sobre a instauração do incidente, a fim de que se manifestem, querendo, no prazo de 30 (trinta) dias;

IV – decidir o que mais for necessário à instrução do feito.

Cumpridos os prazos, com ou sem manifestação das partes, do Ministério Público ou de eventuais terceiros interessados, o feito será incluído na pauta da sessão, com preferência sobre os demais, ressalvados os processos com réu preso, os habeas corpus e mandados de segurança.

Ademais, as partes, o representante do Ministério Público e, por decisão do Presidente da Seção, os terceiros interessados poderão produzir sustentação oral na conformidade do que dispõe o art. 160 do Regimento Interno do Superior Tribunal de Justiça.

Os incidentes eram julgados pela 1ª Seção do STJ sob a sigla **PET**. No entanto, com a Emenda Regimental 22/2016, foi constituída a classe Pedido de Uniformização de Interpretação de Lei (**PUIL**), que compreende a medida interposta contra decisão da Turma Nacional de Uniformização no âmbito da Justiça Federal que, em questões de direito material, contrarie súmula ou jurisprudência dominante no Superior Tribunal de Justiça.

Por fim, o acórdão do julgamento do incidente conterá, se houver, súmula sobre a questão controvertida, e dele será enviada cópia ao Presidente da Turma Nacional de Uniformização.

Processo

Pet 9598/SP PETIÇÃO 2012/0239888-5

Relator(a)

Ministro HERMAN BENJAMIN (1132)

Órgão Julgador

S1 – PRIMEIRA SEÇÃO

Data do Julgamento

09/11/2016

Data da Publicação/Fonte

DJe 29/11/2016

Ementa

PREVIDENCIÁRIO E PROCESSUAL CIVIL. INCIDENTE DE UNIFORMIZAÇÃO. DÉCIMO TERCEIRO. CÁLCULO DO SALÁRIO DE BENEFÍCIO. BENEFÍCIO ANTERIOR À PUBLICAÇÃO DA MP 446/1994, CONVERTIDA NA LEI 8.870/1994. INCLUSÃO.

1. Trata-se de Incidente de Uniformização de Interpretação de Lei Federal (fls. 113-119/STJ), embasado no art. 14, § 4º, da Lei 10.259/2001, com escopo de atacar a decisão da Turma Nacional de Uniformização dos Juizados Especiais Federais (TNU) no sentido de que "é indevida a inclusão da gratificação natalina no período básico de cálculo, para fins de cálculo da renda mensal inicial de benefício previdenciário, seja a DIB do benefício anterior ou posterior à vigência da Lei 8.8870/94" (fl. 111/STJ).

2. O STJ possui jurisprudência sedimentada em sentido contrário ao da TNU, na hipótese, compreendendo que o cômputo do décimo terceiro salário no período básico de cálculo para apuração de salário de benefício é possível para os benefícios em que reunidos os requisitos para concessão em data anterior à Lei 8.870/1994. A propósito: AgRg no REsp 1.352.723/SP, Rel. Ministro Og Fernandes, Segunda Turma, DJe 12.3.2014; AgRg no AREsp 320.194/RS, Rel. Ministro Mauro Campbell Marques, Segunda Turma, DJe 20.8.2013; AgRg no REsp 1.272.242/RS, Rel. Ministra Assusete Magalhães, Sexta Turma, DJe 14.5.2013; AgRg no REsp 1.267.582/SC, Rel. Ministra Laurita Vaz, Quinta Turma, DJe 13.3.2013; AgRg no REsp 1.179.432/RS, Rel. Ministro Marco Aurélio Bellizze,

Quinta Turma, DJe 28.9.2012; REsp 975.781/RS, Rel. Ministra Maria Thereza de Assis Moura, Sexta Turma, DJe 6.2.2012.

3. A compreensão fixada pelo STJ merece pequeno reparo, pois a Lei 8.870/1994 é oriunda da Medida Provisória 446/1994 (D.O.U de 10.3.1994), e esta já previa a vedação do cômputo do décimo terceiro salário no cálculo de benefício (redação dada ao § 7º do art. 28 da Lei 8.212/1991), de forma que tal vedação deve ocorrer a partir da publicação da MP 446/1994.

4. Na hipótese, a data em que se inicia o benefício foi fixada em 10.1.1993, anterior, portanto, a 10.3.1994 (publicação da MP 446/1994, convertida na Lei 8.880/1994), razão por que deve ser restabelecida a sentença para que a recorrente tenha direito à inclusão do décimo terceiro na base de cálculo do salário de benefício.

5. Incidente de Uniformização provido.

Acórdão

Vistos, relatados e discutidos os autos em que são partes as acima indicadas, acordam os Ministros da Primeira Seção do Superior Tribunal de Justiça: "A Seção, por unanimidade, deu provimento ao incidente de uniformização, nos termos do voto do Sr. Ministro Relator." Os Srs. Ministros Og Fernandes, Assusete Magalhães, Sérgio Kukina e Regina Helena Costa votaram com o Sr. Ministro Relator. Ausentes, ocasionalmente, os Srs. Ministros Francisco Falcão, Napoleão Nunes Maia Filho, Mauro Campbell Marques e Gurgel de Faria."

78. RECURSO EXTRAORDINÁRIO

As decisões tomadas pelas Turmas Recursais também poderão ser vergastadas através do **recurso extraordinário**, uma vez demonstrada a sua repercussão geral e umas das hipóteses de conhecimento contidas no artigo 102, incido III, da Constituição.

O recurso extraordinário poderá ser interposto contra a decisão de Turma Recursal, da TRU ou TNU. No entanto, registre-se que **o STF decidiu ser incabível a interposição conjunta de incidente de uniformização e recurso extraordinário**, pois antes do julgamento do incidente não há decisão única definitiva a desafiar o recurso extraordinário:

> "AGRAVO REGIMENTAL NO RECURSO EXTRAORDINÁRIO COM AGRAVO. APLICAÇÃO DA SISTEMÁTICA DA REPERCUSSÃO GERAL PELO TRIBUNAL DE ORIGEM. INTERPOSIÇÃO DO AGRAVO PREVISTO NO ART. 544 DO CPC. NÃO CABIMENTO. PRINCÍPIO DA FUNGIBILIDADE RECURSAL. DEVOLUÇÃO DOS AUTOS AO TRIBUNAL DE ORIGEM. CABIMENTO SOMENTE PARA OS RECURSOS INTERPOSTOS ANTES DE 19/11/2009. INTERPOSIÇÃO SIMULTÂNEA DE INCIDENTE DE UNIFORMIZAÇÃO E RECURSO EXTRAORDINÁRIO CONTRA DECISÃO DE

TURMA RECURSAL DE JUIZADO ESPECIAL FEDERAL. SUPRESSÃO DE INSTÂNCIA. AGRAVO A QUE NEGA PROVIMENTO.

I – Não é cabível agravo para a correção de suposto equívoco na aplicação da repercussão geral, consoante firmado no julgamento do AI 760.358-QO/SE, Rel. Min. Gilmar Mendes.

II – A aplicação do princípio da fungibilidade recursal, com a devolução dos autos para julgamento pelo Tribunal de origem como agravo regimental, só é cabível nos processos interpostos antes de 19/11/2009.

III – A jurisprudência desta Corte considera inadmissível o recurso extraordinário interposto contra decisão proferida por Turma Recursal dos Juizados Especiais Federais antes do julgamento de pedido de uniformização interposto concomitantemente contra essa mesma decisão.

IV – Diante da existência do incidente, pendente de julgamento, não há decisão de única ou última instância, o que daria ensejo a abertura da via extraordinária, circunstância que atrai a incidência da Súmula 281 do STF. Precedentes de ambas as Turmas desta Corte.

V – Agravo regimental a que se nega provimento (STF, ARE 911.738 AgR, Min. RICARDO LEWANDOWSKI, Pleno, DJe 16/12/2015).

Nos termos do artigo 35 do Regimento Interno da TNU, o recurso extraordinário poderá ser interposto, no prazo de **15 dias**, perante o Presidente da Turma Nacional de Uniformização.

EXCELENTÍSSIMA SENHORA DOUTORA JUÍZA PRESIDENTE DA EGRÉGIA TURMA RECURSAL DA SEÇÃO JUDICIÁRIA DA BAHIA

Processo n. XXXXXXX

O **INSTITUTO NACIONAL DO SEGURO SOCIAL – INSS**, autarquia pública federal, representada pela Procuradoria-Geral Federal, nos autos em epígrafe, por seu Procurador Federal *in fine* assinado, vem, respeitosamente, à presença de V.Exª., interpor o presente

RECURSO EXTRAORDINÁRIO

para o **Supremo Tribunal Federal**, com fundamento nas **alíneas "a" e "b", do inciso III, do art. 102 da Constituição da República Federativa do Brasil e art. 15, da Lei nº 10.259/01**, requerendo seja admitido e remetido, com as anexas razões.

Termos em que,

Pede deferimento.

FREDERICO AUGUSTO DI TRINDADE AMADO
Procurador Federal

COLENDA TURMA:

EXCELENTÍSSIMO(A) SENHOR(A) MINISTRO(A) RELATOR(A):

RAZÕES DO RECORRENTE

Concessa venia, a decisão dos Eminentes Senhores Juízes que compõem a Turma Recursal da Seção Judiciária de Pernambuco merece ser reformada, **por ter violado flagrantemente a Carta Magna (art. 2º da CRFB/88 (princípio da separação dos poderes); o art. 5º, *caput*, e XXXVI, violação do princípio da isonomia e do ato jurídico perfeito de concessão de benefício previdenciário; o art. 194, III, da CRFB/88 (princípio da seletividade e da distributividade na prestação dos serviços); o art. 195, § 5º, da CRFB/88 (princípio da preexistência do custeio em relação aos benefícios ou serviços) e o art. 201, *caput*, da CRFB/88 (princípio do equilíbrio financeiro e atuarial que rege a Previdência Social) e § 1º (violação do princípio contributivo e à vedação de critérios não isonômicos na concessão de benefícios) e art. 203, V (violação da prerrogativa do Congresso Nacional em legislar sobre assistência social)**, como se passará a demonstrar.

I – OBJETO DA DECISÃO RECORRIDA E MOTIVOS DE INTERPOSIÇÃO DO EXTRAORDINÁRIO

A parte autora ajuizou a presente ação objetivando a concessão de do acréscimo de 25% previsto no art. 45 da Lei nº 8.213/91 para outro benefício que não a aposentadoria por invalidez.

O juízo monocrático julgou **improcedente** o pedido autoral.

A parte autora recorreu e a Turma Recursal deu provimento ao recurso autoral, aduzindo, em síntese, que a TNU já reconhecera a possibilidade de extensão do referido adicional a outro benefício que não a aposentadoria por invalidez.

Ocorre que a manutenção dessa decisão viola diversos princípios constitucionais (entre outros): **o art. 2º da CRFB/88 (princípio da separação dos poderes); o art. 5º, *caput*, e XXXVI, violação do princípio da isonomia e do ato jurídico perfeito de concessão de benefício previdenciário; o art. 194, III, da CRFB/88 (princípio da seletividade e da distributividade na prestação dos serviços); o art. 195, § 5º, da CRFB/88 (princípio da preexistência do custeio em relação aos benefícios ou serviços) e o art. 201, *caput*, da CRFB/88 (princípio do equilíbrio financeiro e atuarial que rege a Previdência Social) e § 1º (violação do princípio contributivo e à vedação de critérios não isonômicos na concessão de benefícios) e art. 203, V (violação da prerrogativa do Congresso Nacional em legislar sobre assistência social).**

Assim decidindo, o acórdão recorrido contrariou texto expresso da Constituição Federal, tudo conforme se demonstrará no presente recurso.

Inconformado com tal decisório, interpõe agora o recorrente o presente recurso com fundamento na contrariedade a dispositivo constitucional (alínea "a") conforme passa a demonstrar para fins de admissibilidade e julgamento do recurso.

O recurso também é interposto com base na alínea "b", haja vista que, ao estender o acréscimo de 25% (vinte e cinco por cento) a outros benefícios que não a aposentadoria por invalidez, o acórdão recorrido supera os limites da mera interpretação para realizar uma redução parcial do texto, o que depende de reconhecimento de constitucionalidade. Por outras palavras, declarou a inconstitucionalidade da Lei n. 8.213/91, art. 45, *caput*.

II – PRELIMINAR DE REPERCUSSÃO GERAL

A Lei nº 11.418, de 19/12/2006, publicada em 20/12/2006, inseriu no Código de Processo Civil a disciplina da repercussão geral como condição de admissibilidade dos Recursos Extraordinários.

Não obstante, parece evidente ao INSS a repercussão geral no que concerne a questão deduzida no presente recurso, já que a decisão repercutirá em expressivo número de situações que podem ser afetadas pelo julgamento da matéria, porquanto equivale a **conceder um aumento, sem previsão legal, para a quase totalidade de beneficiários do Regime Geral de Previdência Social (RGPS)**, haja vista que é natural e comum ao idoso, com o passar dos anos, depender da assistência e de cuidados de uma terceira pessoa, seja da própria família ou, então, que tenha sido contratada para essa finalidade específica.

Há repercussão geral do ponto de vista *econômico* porque, procedente a tese jurídica vergastada e o INSS haveria de conceder o adicional, como visto, a todo e qualquer aposentado e até pensionista que passasse a depender da assistência e cuidados de terceira pessoa, elevando-se os valores desses proventos, o que consistiria em enorme dispêndio dos recursos necessários à manutenção do sistema de Previdência Social brasileiro.

Do ponto de vista *político*, há repercussão geral porque a adoção da tese em referência causaria dificuldades intransponíveis na manutenção dos pagamentos dos benefícios, uma vez que o sistema previdenciário é ontologicamente pautado nos princípios contributivo e do equilíbrio financeiro e atuarial, consoante se colhe do disposto no art. 195, § 5º, da Lei Maior – *"Nenhum benefício ou serviço da seguridade social poderá ser criado, majorado ou estendido sem a correspondente fonte de custeio total"*.

Em princípio, se revela despiciendo ponderar que ações envolvendo matéria previdenciária, no mais das vezes, ostentam relevância social, econômica e jurídica, **mercê da própria natureza e extensão subjetiva das contingências sociais cobertas pela autarquia previdenciária federal.**

Nesse passo, questões que tais têm revelado, de fato, nítida vocação plurisubjetiva, se subsumindo, pois, ao requisito de admissibilidade erigido – REPERCUSSÃO GERAL, em razão da **transcendência e relevância** que encerram, de sorte a contribuírem, em âmbito recursal, para a tendência de objetivação do controle de constitucionalidade das leis e atos normativos na via difusa, como medida de racionalidade judiciária e segurança jurídica.

Sob o ponto de vista social, há repercussão geral na medida em que se revela premente a necessidade de restar estabelecida uma diretriz segura no que concerne à (im)possibilidade de se estender o acréscimo previsto no art. 45, *caput*, da Lei n. 8.213/91, a todo e qualquer benefício, sobretudo quando é cedido que a Turma Nacional de Uniformização dos Juizados Especiais Federais (TNU), em decisão recentíssima, pacificou o entendimento no sentido de ser extensível o mencionado adicional, uma vez presentes os requisitos da 'invalidez' e 'necessidade de assistência permanente de outra pessoa', ou seja, urge esclarecer quais contingências sociais, em última análise, estariam ao abrigo da Lei Maior e bem assim da legislação infraconstitucional, a qual, como cediço, com esta deve sempre guardar compatibilidade vertical, em prestígio à **"Supremacia da Constituição"**.

Há também repercussão geral do ponto de vista *jurídico*, uma vez que o acolhimento da tese sufragada pela TNU, pelo perfil uniformizador desse órgão de jurisdição, já reflete o **acolhimento de sua aplicação a todos os casos em que a mesma situação se verificar.**

Por fim, a decisão é contrária à reiterada jurisprudência desta Corte acerca da impossibilidade de o juiz atuar como legislador positivo, o que por si só atende ao requisito legal condicionante de um juízo de prelibação recursal positivo.

Assim, o presente recurso atende ao requisito da repercussão geral, pelo que merece ser conhecido. No mérito recursal, de igual sorte, reclama integral provimento. Vejamos.

III - ESGOTAMENTO DE INSTÂNCIAS

A interposição de recurso extraordinário só é possível contra decisão de "única ou última instância" (CF/88, artigo 102, III), sendo que o acórdão da Turma Recursal, ora recorrido, é decisão de última instância no que tange à matéria constitucional.

Ademais, o acórdão recorrido **não** está baseado em fundamento **infraconstitucional** que seja **suficiente** à manutenção do que decidiu. A questão constitucional, sobretudo a referente à isonomia, é prejudicial a qualquer outra: se prevalecer a tese do INSS (impossibilidade de extensão do adicional de 25% (vinte e cinco por cento) a outros benefícios que não a aposentadoria por invalidez), o acórdão recorrido não terá qualquer fundamento que lhe permita subsistir.

Por fim, a questão foi uniformizada contrariamente ao INSS pela TNU que, em decisão recentíssima, decidiu contrariamente ao INSS:

Processo

PEDILEF 05010669320144058502

PEDIDO DE UNIFORMIZAÇÃO DE INTERPRETAÇÃO DE LEI FEDERAL

Relator(a)

JUIZ FEDERAL SÉRGIO MURILO WANDERLEY QUEIROGA

Sigla do órgão

TNU

Data da Decisão

11/03/2015

Fonte/Data da Publicação

DOU 20/03/2015 PÁGINAS 106/170

Decisão

Acordam os membros desta Turma Nacional de Uniformização de Jurisprudência em CONHECER DO PEDIDO DE UNIFORMIZAÇÃO, DANDO-SE PARCIAL PROVIMENTO ao recurso da parte-autora, para determinar o retorno os autos à TR de origem, para reapreciação das provas referentes à incapacidade da parte-autora e a sua necessidade de ser assistida por terceiro, nos termos do voto – ementa do Juiz Federal Relator.

Ementa. PEDIDO DE UNIFORMIZAÇÃO NACIONAL INTERPOSTO PELA PARTE AUTORA. PREVIDENCIÁRIO. ADICIONAL DE 25% PREVISTO NO ART. 45 DA LEI 8.213/91. POSSIBILIDADE DE EXTENSÃO À APOSENTADORIA POR IDADE. CABIMENTO. QUESTÃO DE ORDEM 20. PROVIMENTO DO INCIDENTE. RETORNO À TR DE ORIGEM. EXAME DAS PROVAS.

1. Trata-se de Incidente de Uniformização suscitado por particular pretendendo a reforma de acórdão oriundo de Turma Recursal dos Juizados Especiais Federais da Seção Judiciária de Sergipe que, mantendo a sentença, rejeitou pedido de concessão do acréscimo de 25% (vinte e cinco por cento) previsto no art. 45 da Lei nº 8.213/91. 2. O aresto combatido considerou que, sendo a parte-autora titular de aposentadoria por idade, não há amparo legal à concessão do acréscimo de 25% (vinte e cinco por cento), previsto no art. 45, da Lei nº 8.213/91, a benefícios previdenciários que não aquele expressamente mencionado no

dispositivo legal (aposentadoria por invalidez). 3. A parte-autora sustenta o cabimento do pedido de uniformização por entender que o acórdão recorrido estaria contrário a julgado paradigma que, em alegada hipótese semelhante, entendeu cabível a "aplicação do adicional previsto no art. 45 da Lei nº 8.213, de 1991, mesmo no caso de aposentadoria por tempo de serviço/contribuição". 4. Na decisão de admissibilidade, proferida pela Presidência desta TNU, apontou-se que "há a divergência suscitada", porquanto o acórdão recorrido e os paradigmas teriam tratado da questão de forma contrastante. 5. A Lei nº 10.259/2001 prevê o incidente de uniformização quando "houver divergência entre decisões sobre questões de direito material proferidas por Turmas Recursais na interpretação da lei" (art. 14, caput). Caberá à TNU o exame de pedido de uniformização que envolva "divergência entre decisões de turmas de diferentes regiões ou da proferida em contrariedade a súmula ou jurisprudência dominante do STJ" (art. 14, § 4º). 6. Do cotejo entre o acórdão combatido e o julgado paradigma, observo que está caracterizada a divergência de entendimento quanto ao direito material posto em análise nos autos, em razão da ocorrência de similitude fática e jurídica entre os julgados recorridos e paradigma. 7. Explico: 8. No acórdão recorrido, a Turma Recursal de Sergipe, mantendo a sentença, rejeitou pedido de concessão, a aposentado por idade, do acréscimo de 25% (vinte e cinco por cento) previsto no art. 45 da Lei nº 8.213/91, sob o seguinte fundamento (sem grifos no original): "SENTENÇA. 1.fundamentação: A parte autora pretende adicional de 25% sobre aposentadoria por idade. Rejeito a preliminar de impossibilidade jurídica do pedido, já que o pleito requerido pelo autor envolve análise acerca da possibilidade de interpretação ampliativa da norma que prevê o adicional epigrafado, tratando-se, pois, de análise de mérito. No mérito, entendo que não merece prosperar a pretensão autoral, pois o referido adicional se encontra intrinsecamente vinculado à concessão da aposentadoria por invalidez, nos moldes do que preconiza o art. 45, caput, da Lei nº. 8.213/91. Se a intenção do legislador fosse contemplar todos os titulares de benefício previdenciário que necessitassem de assistência permanente de terceiros, teria expressamente declarado tal propósito no texto legal, no entanto não o fez. Não cabe ao judiciário imiscuir-se na função legislativa através do pretexto de interpretação ampliativa, sob pena de ofensa ao princípio da separação dos Poderes. 2.DISPOSITIVO: Rejeito a preliminar suscitada e julgo improcedente o pedido." "VOTO Relatório que se dispensa, conforme Leis 10.259/2001 e 9.099/95. Tenho por acertada a valoração de provas e a aplicação do direito realizadas pelo D. Juízo de origem, fazendo constar deste voto os mesmos fundamentos, como se transcritos estivessem, tudo nos termos do art. 46, da Lei nº. 9.099/95, aplicável subsidiariamente aos Juizados Especiais Federais, por força do art. 1º da Lei nº 10.259/2001. Não há falar em cerceamento de defesa pela ausência produção da prova pericial, no caso, pois a matéria controvertida envolve apenas questão de direito. Além disso, o laudo médico constante do anexo 6, associado à idade da autora seria suficiente à formação do convencimento quanto à necessidade ou não de assistência constante de terceiro, nos termos do quanto previsto no art. 45, da Lei 8.213/91. Acerca da matéria, este relator, inclusive, já decidiu nos autos do processo nº 0501797-66.2012.4.05.8500, julgado em 13/05/2013, pela impossibilidade de se deferir o acréscimo de 25% previsto no art. 45, da Lei 8.213/91 a outros tipos de aposentadoria diverso da aposentadoria por invalidez. Ante o exposto, voto pelo desprovimento do recurso, mantendo-se integralmente a decisão recorrida. Sem custas e nem honorários advocatícios, já que o autor é beneficiário da Justiça Gratuita.". 9. No caso paradigma (Processo nº 2007.72.59.000245-5, 1ª Turma Recursal/SC, Rel. Juiz Federal Andrei Pitten Velloso, j. 27/08/2009), concedeu-se o adicional previsto no art. 45 da Lei 8.213/91, não obstante a parte autora naquele feito fosse titular de aposentadoria por tempo de contribuição. 10. Portanto, há a similitude fática a permitir o conhecimento do presente incidente de uniformização, uma vez que se partiu do mesmo fato (de mesma natureza/titularidade de aposentadoria que não seja por invalidez) para se chegar a conclusões jurídicas divergentes (substrato do incidente): no caso recorrido entendeu que não fazia o segurado jus ao adicional previsto no art. 45 da Lei 8.213/91; no paradigma concedeu-se o acréscimo de 25% sobre o benefício. 11. Assim, presente a divergência de interpretação, passo ao exame do mérito do pedido de uniformização de interpretação. 12. A controvérsia centra-se no cabimento da extensão do adicional previsto no art. 45 da Lei nº 8.213/91 para a aposentadoria por idade, no caso de o segurado aposentado "necessitar da assistência permanente de outra pessoa". 13. Dispõe a Lei nº 8.213/91: "Art. 45. O valor da aposentadoria por invalidez do segurado que necessitar da assistência permanente de outra pessoa será acrescido de 25% (vinte e cinco por cento). Parágrafo único. O acréscimo de que trata este artigo: a) será devido ainda que o valor da aposentadoria atinja o limite máximo legal; b) será recalculado quando o benefício que lhe deu origem for reajustado; c) cessará com a morte do aposentado, não sendo incorporável ao valor da pensão." 14. Portanto, de acordo com a Lei 8.213/1991, o valor da aposentadoria por invalidez do segurado que necessitar da assistência permanente de outra pessoa será acrescido de 25%. A legislação prevê textualmente sua concessão apenas para os beneficiários da aposentadoria por invalidez. 15. Entretanto, aplicando-se o princípio da isonomia e se utilizando de uma análise sistêmica da norma, conclui-se que referido percentual, na verdade, é um adicional previsto para assistir aqueles que necessitam de auxílio de terceira pessoa para a prática dos atos da vida diária. O seu objetivo é dar cobertura econômica ao auxílio de um terceiro contratado ou familiar para apoiar o segurado nos atos diários que necessitem de guarida, quando sua condição de saúde não suportar a realização de forma autônoma. 16. O que se pretende com esse adicional é prestar auxílio a quem necessita de ajuda de terceiros, não importando se a invalidez é decorrente de fato anterior ou posterior à aposentadoria. A aplicação da interpretação restritiva do dispositivo legal, dela extraindo comando normativo que contemple apenas aqueles que adquiriram a invalidez antes de adquirido o direito à aposentadoria por idade ou tempo de contribuição, por exemplo, importaria em inegável afronta ao direito de proteção da dignidade da pessoa humana e das pessoas portadoras de deficiência. 17. Sobre este ponto, importante registrar que o Estado brasileiro é signatário e um dos principais artífices da Convenção Internacional sobre os Direitos das Pessoas com Deficiência, promulgado pelo Decreto Presidencial n. 6.949, de 25 de agosto de 2009, após aprovação pelo Congresso Nacional, por meio do Decreto Legislativo n.186, de 9 de julho de 2008, conforme o procedimento do § 3º do art. 5º da Constituição, detendo, portanto, força de emenda constitucional. 18. A referida Convenção, que tem por propósito "promover, proteger e assegurar o exercício pleno e equitativo de todos os direitos humanos e liberdades fundamentais por todas as pessoas com deficiência e promover o respeito pela sua dignidade inerente", reconhece expressamente a "necessidade de promover e proteger os direitos humanos de todas as pessoas com deficiência, inclusive daquelas que requerem maior apoio", em flagrante busca de minorar as diferenças existentes nos mais diversos ramos da atuação humana em detrimento dos portadores de deficiência, revelando-se inadmissível, portanto, que a lei brasileira estabeleça situação de discriminação entre os próprios portadores de deficiência, ainda mais num campo de extremada sensibilidade social quanto o é o da previdência social. 19. Em seu artigo 5.1, o Diploma Internacional estabelece que "Os Estados Partes reconhecem que todas as pessoas são iguais perante e sob a lei e que fazem jus, sem qualquer discriminação, a igual proteção e igual benefício da lei". Por sua vez, o art. 28.2.e, estabelece que os "Estados Partes reconhecem o direito das pessoas com deficiência à proteção social e ao exercício desse direito sem discriminação baseada na deficiência, e tomarão as medidas apropriadas para salvaguardar e promover a realização desse direito, tais como: Assegurar igual acesso de pessoas com deficiência a programas e benefícios de aposentadoria". 20. Temos, portanto, comandos normativos, internalizados com força de norma constitucional, que impõem ao art. 45 da Lei n. 8213/91 uma interpretação à luz de seus princípios, da qual penso ser consectário lógico encampar sob o mesmo amparo previdenciário o segurado aposentado por idade que se encontra em idêntica condição de deficiência. 21. Assim, o elemento norteador para a concessão do adicional deve ser o evento "invalidez" associado à "necessidade do auxílio permanente de outra pessoa", independentemente de tais fatos, incertos e imprevisíveis, terem se dado quando o segurado já se encontrava em gozo de aposentadoria por idade. Ora, o detentor de aposentadoria não deixa de permanecer ao amparo da norma previdenciária. Logo, não se afigura justo nem razoável restringir a concessão do adicional apenas ao segurado que restou acometido de invalidez antes de ter completado o tempo para aposentadoria por idade ou contribuição e negá-lo justamente a quem, em regra, mais contribuiu para o sistema previdenciário. 22. Seria de uma desigualdade sem justo discrímen negar o adicional ao segurado inválido, que comprovadamente carece do auxílio de terceiro, apenas pelo fato de ele já se encontrar aposentado ao tempo da instalação da invalidez. 23. Por fim, é de se registrar que, como não há, na legislação de regência, fonte de custeio específico para o adicional de 25% para os próprios casos de aposentadoria por invalidez, possível concluir que o mesmo se reveste de natureza assistencial. Assim, a sua concessão não gera ofensa ao art. 195, § 5º da CF, ainda mais quando se considera que aos aposentados por invalidez é devido o adicional mesmo sem prévio custeamento do acréscimo, de modo que a questão do prévio custeio, não causando óbice aos aposentados por invalidez, também não deve causar aos demais aposentados, posto que, no caso, se trata de equiparação, por critério de isonomia, entre os benefícios de aposentadoria. 24. Aponte-se, ainda, que aqui não se está extrapolando os limites da competência e atribuição do Poder Judiciário, mas apenas interpretando sistematicamente a legislação, bem como à luz dos comandos normativos de proteção à pessoa portadora de deficiência, inclusive nas suas lacunas e imprecisões, condições a que está sujeita toda e qualquer atividade humana. 25. Neste sentido, entendo que a indicação pelo art. 45 da Lei n º 8.213/91 do cabimento do adicional ao aposentado por invalidez, antes de ser interpretada como vedação à extensão do acréscimo aos demais tipos de aposentadoria, pela ausência de menção aos demais benefícios, deve ser entendida como decorrente do fato de ser o adicional devido em condições de incapacidade, usualmente associada à aposentadoria por invalidez, porém, não exclusivamente, tal como na hipótese em que a invalidez se instale após a concessão do benefício por idade ou por tempo de contribuição. 26. Em conclusão, uma vez comprovada a incapacidade total e definitiva do recorrente para o trabalho ou para atividade que lhe garanta a subsistência e a necessidade de contar com a assistência permanente de outra pessoa, faz jus ao adicional previsto no art. 45 da Lei 8.213/91. 27. Porém, tal questão fática (incapacidade e necessidade de assistência de terceiros) não foi enfrentada pelos julgados recorrido, de modo que, implicando o provimento do presente incidente, quanto à matéria de direito, na necessidade de reexame da matéria de fato, devem os autos retornarem à TR de origem para reapreciação das provas (conforme a Questão de Ordem nº 20/TNU). 28. Incidente conhecido e provido, em parte, para firmar a tese de que é extensível à aposentadoria por idade, concedida sob o regime geral da Previdência Social, o adicional previsto no art. 45 da Lei 8.213/91 para a aposentadoria por invalidez, uma vez comprovados os requisitos ali previstos.

Destarte, no caso em tela, a decisão da Turma Recursal é decisão de última instância, contrária a dispositivos da Constituição, o que legitima a interposição do RE, com fundamento no art. 102, III, *a*, da Carta Magna.

IV – PREQUESTIONAMENTO

O acórdão recorrido adotou teses explícitas em relação à matéria constitucional, do que resulta configurado o pressuposto necessário de prequestionamento, conforme dispõem os Enunciados nº 282 e 356 da Súmula de Jurisprudência do Supremo Tribunal Federal.

Atos Processuais das Partes, dos Julgadores e de seus Auxiliares no Rito do JEF

Neste diapasão é o posicionamento desse Excelso Tribunal, como se pode extrair da decisão proferida no julgamento de relatoria do Min. Ricardo Lewandowski no AI 648760 AgR/SP – São Paulo, pela E. Primeira Turma em 30.11.2007:

> *"EMENTA: PROCESSUAL CIVIL. PREQUESTIONAMENTO. SÚMULAS 282 E 356 DO STF. I – "O que, a teor da Súm. 356, se reputa carente de prequestionamento é o ponto que, indevidamente omitido pelo acórdão, não foi objeto de embargos de declaração; mas, opostos esses, se, não obstante, se recusa o Tribunal a suprir a omissão, por entendê-la inexistente, nada mais se pode exigir da parte, permitindo-se-lhe, de logo, interpor recurso extraordinário sobre a matéria dos embargos de declaração e não sobre a recusa, no julgamento deles, de manifestação sobre ela" (RE 210.638/SP, Rel. Min. Sepúlveda Pertence, DJU 19/6/1998). II – Agravo regimental improvido."*

Outrossim, a Colenda Turma Recursal da Bahia se manifestou expressamente acerca dos dispositivos violados e adotou interpretação contrária à Constituição Federal, hipótese que autoriza o manejo de Recurso Extraordinário, conforme a CF/88, art. 102, III, *a*.

V – DAS RAZÕES DO PEDIDO DE REFORMA DA DECISÃO -

V.I – VIOLAÇÃO AOS PRINCÍPIOS DA LEGALIDADE E DA SELETIVIDADE NA PRESTAÇÃO DOS BENEFÍCIOS PREVIDENCIÁRIOS (ART. 194, III), DA ISONOMIA E DO ATO JURÍDICO PERFEITO. AUSÊNCIA DE VIOLAÇÃO AO PRINCÍPIO DA DIGNIDADE DA PESSOA HUMANA.

Como é de sabença geral, como todos os benefícios alcançados pelo sistema de seguridade social se estabelecem nos termos da lei, vale dizer, são regidos pelo princípio da estrita legalidade. Esta é, inclusive, a redação do **artigo 194, parágrafo** único, **da Constituição Federal**, que, ao traçar as vigas mestras do Sistema Seguridade Social, determina que "compete ao poder público, **nos termos da lei,** organizar a seguridade social, com base nos seguintes objetivos" (g.n.).

No mesmo sentido, segue o art. **201,** *caput,* **da Constituição Federal**, ao dispor que "a previdência social será organizada sob a forma de regime geral, de caráter contributivo e de filiação obrigatória, observados critérios que preservem o equilíbrio financeiro e atuarial, e atenderá, **nos termos da lei,** a: (...). (Redação dada pela Emenda Constitucional nº 20, de 1998)." (g.n.).

Reiterando este raciocínio, o próprio **Supremo Tribunal Federal**, no Julgamento da *ADIN 1.232/DF*, asseverou que a atividade do intérprete deve se ater à análise da subsunção do fato à lei quando da concessão de benefícios da seguridade social, em particular, do benefício assistencial, pois **"compete à lei dispor a forma da comprovação**. Se a legislação resolver criar outros mecanismos de comprovação, é problema da própria lei. **O gozo do benefício depende de comprovar na forma da lei,** e esta entendeu de comprovar dessa forma. Portanto **não há interpretação conforme possível** porque, mesmo que se interprete assim, não se trata de autonomia de direito algum, **pois depende da existência da lei, da definição.**". (g. n.).

Por conta disso, cabe ao legislador a tarefa de definir os critérios objetivos da concessão do benefício, o que está afeto ao exercício do juízo de **seletividade e distributividade** sobre o qual se fundamenta o sistema de seguridade social (**art. 194, parágrafo** único, **inciso II, da CF**).

Nesse sentido ensina com propriedade Wagner Balera:

> *"Mediante a seletividade, **o legislador** é chamado a estimar aquele tipo de prestação que, em conjunto, concretize as finalidades da Ordem Social, a fim de fixar-lhes o rol na norma jurídica.*
>
> *Realizada a estimativa, a distributividade faculta a escolha, **pelo legislador**, de prestações que – sendo direito comum a todos as pessoas – contemplam o modo mais abrangente os que se encontram e maior estado de necessidade".* (BALERA, 2003, p. 20-21).

É bem verdade que este juízo de conveniência e oportunidade não é ilimitado, encontrando-se sempre restrições nas máximas da razoabilidade e proporcionalidade.

Porém, no presente caso, a ampliação injustificada do rol de beneficiários implica em violação ao art. 194, III, da CF/88, uma vez que desconsidera a opção legislativa.

Em decorrência desses princípios, o art. 45 da Lei nº 8.213/91 prevê o pagamento de um adicional de 25% apenas no caso de aposentadoria por invalidez e quando o beneficiário necessitar da assistência permanente de outra pessoa, não merecendo guarida a pretensão de sua aplicação para as demais espécies de benefícios previdenciários.

Assim, cabe destacar que a universalidade da cobertura e do atendimento da Seguridade Social deve ser compreendida juntamente com o princípio da seletividade e da distributividade na prestação dos benefícios e dos serviços (art. 194, III, da Constituição da República Federativa do Brasil de 1988 – CRFB/88), o que resulta na taxatividade dos benefícios previdenciários nos estritos termos e nos contornos definidos em Lei.

Vale dizer, a universalização não significa impossibilidade de se fazer diferenciações justificadas quanto aos beneficiários, em especial considerando todas as demandas sociais possíveis e, em contrapartida, as conhecidas limitações financeiras e orçamentárias do Estado, à luz da reserva do possível, inclusive para se evitar prejuízos às **gerações futuras.**

A restrição prevista na cabeça do art. 45 da Lei n. 8.213/91 se faz alicerçada com devida razoabilidade. Com efeito, não há igualdade entre a situação do segurado que desempenhando atividade laborativa se depara com a contingência da incapacidade e a situação do aposentado que tempos após obter sua aposentadoria por idade, tempo de serviço ou contribuição, vem a ficar doente ou sofrer acidente. Diversas as bases fáticas, o legislador não está obrigado a tratá-los de forma idêntica.

Nesse sentido, colhe-se excelente fundamentação de sentença proferida em sede de Ação Civil Pública proferida no processo, a qual será parafraseada e copiada, literalmente, ao longo da petição, haja vista sua correta e plena aplicabilidade ao presente caso. Trata-se da decisão proferida no processo 5016675-53.2014.404.7100/RS (disponível em https://eproc.jfrs.jus.br/eprocV2/controlador.php?acao=acessar_documento_publico&doc=711401466686450811300000000001&evento=711401466686450811300000000001&key=15fc626c1f2aeb01404e508b891d202bd1704c1ffa36c4cdd952434e69712e75): (GRIFOS DO RECORRENTE)

"(...). A pretensão deduzida nesta ACP, de estender para outros benefícios o adicional de 25% previsto no citado artigo da LBPS, já é bem conhecida na Justiça Federal **e, quase unanimemente, não tem encontrado guarida, segundo demonstram os julgados abaixo transcritos originários de todos os Tribunais Regionais Federais:**

PREVIDENCIÁRIO. APOSENTADORIA POR TEMPO DE SERVIÇO. NECESSIDADE DE ASSISTÊNCIA PERMANENTE DE OUTRA PESSOA. ACRÉSCIMO DE 25% (VINTE E CINCO POR CENTO) PREVISTO NO ART. 45 DA LEI 8.213/91. INAPLICABILIDADE.

*1. 'O valor da aposentadoria por invalidez do segurado que necessitar da assistência permanente de outra pessoa será acrescido de 25% (vinte e cinco por cento)'. (art. 45 da Lei 8.213/91). 2. Sendo o autor titular do benefício previdenciário de aposentadoria por tempo de serviço, ele não faz jus ao acréscimo de 25% (vinte e cinco por cento) previsto no art. 45 da Lei 8.213/91, cuja vantagem se destina exclusivamente aos segurados aposentados por invalidez que necessitem da assistência permanente de outra pessoa e não pode ser estendida a outras espécies de benefícios previdenciários, à **míngua de previsão legal**. 3. Apelação desprovida.(TRF1, AC 200438000001962, DESEMBARGADORA FEDERAL NEUZA MARIA ALVES DA SILVA, SEGUNDA TURMA, e-DJF1 DATA:20/04/2012, p. 118)*

I- A DIB do benefício é de 1/7/1969, logo, anterior à promulgação da Constituição e o art. 202 deste diploma legal, pelo princípio da irretroatividade da lei, só se aplica aos benefícios posteriores a outubro de 1988. II- O art. 45, da Lei 8.213/91, ao conceder um acréscimo de 25% ao valor do benefício daqueles que necessitem de assistência permanente, se refere à aposentadoria por invalidez, não sendo possível aplicá-lo nas hipóteses de aposentadoria por tempo de serviço. III- Agravo Interno do Autor desprovido.

(TRF2, AGTAC 200451015371995, Desembargador Federal MESSOD AZULAY NETO, SEGUNDA TURMA ESPECIALIZADA, DJU – Data: 31/10/2007 – p. 265)

PROCESSUAL CIVIL. EMBARGOS DE DECLARAÇÃO. OMISSÃO, CARACTERIZADA. EMBARGOS PARCIALMENTE ACOLHIDOS, SEM EFEITO INFRINGENTE.

- (...). – A denegação do adicional de 25% previsto no artigo 45 da LBPS à parte autora não implica violação aos princípios da isonomia (artigo 5°, caput, da CF) ou mesmo da distributividade e seletividade (artigo 194, § único, III, da CF) ou ainda da uniformidade e equivalência dos benefícios (artigo 194, § único, da CF), pois recebe aposentadoria especial. – Não há que se falar em isonomia ou uniformidade, já que as aposentadorias por invalidez e especial possuem fatos geradores diversos, merecendo por isso tratamento desigual. – Quanto à seletividade e distributividade, a Lei n° 8.213/91 atende a ambos os princípios, pois estabelece em quais situações o segurado fará jus ao adicional de 25%, restringindo-o apenas à hipótese de aposentadoria por invalidez. – Embargos de declaração a que se dá parcial provimento, para declarar o julgado, sem efeito infringente.

(TRF3, APELREEX 00026271120124039999, JUIZ CONVOCADO RODRIGO ZACHARIAS, – NONA TURMA, e-DJF3 Judicial 1 DATA:11/12/2013)

PREVIDENCIÁRIO. ACRÉSCIMO DE 25% PREVISTO NO ART. 45 DA LEI 8.213/91. APOSENTADORIA POR INVALIDEZ. INAPLICABILIDADE.

1. O dispositivo do art. 45 da Lei 8.213/91 prevê a possibilidade de acréscimo de 25% ao valor percebido pelo segurado, quando este necessitar de assistência permanente de outra pessoa, apenas nos casos de aposentadoria por invalidez. 2. A extensão do benefício a casos outros que não a aposentadoria por invalidez viola os princípios da legalidade (artigo 5°, II e 37, caput, da Constituição da República) e da contrapartida (artigo 195, § 5°, da Constituição Federal). 3. A falta de igual proteção a outros beneficiários com igual necessidade de assistência não constitui necessária lacuna ou violação da igualdade, pela razoável compreensão de que ao inválido o grau de dependência é diretamente decorrente da doença motivadora do benefício – isto não se dando automaticamente nos demais benefícios previdenciários. 4. A extensão do auxílio financeiro pela assistência ao inválido para outros benefícios previdenciários é critério político, de alteração legislativa, e não efeito de inconstitucionalidade legal.

(TRF4, AC 0022944-66.2013.404.9999, Sexta Turma, Relator Néfi Cordeiro, D.E. 12/02/2014). (...)."

PREVIDENCIÁRIO. APOSENTADORIA POR TEMPO DE CONTRIBUIÇÃO. ASSISTÊNCIA PERMANENTE DE OUTRA PESSOA. ACRÉSCIMO DE 25%. ART. 45 DA LEI 8.213/91. IMPOSSIBILIDADE. CONVERSÃO EM APOSENTADORIA POR INVALIDEZ. DOENÇA SUPERVENIENTE. IMPOSSIBILIDADE. ATO JURÍDICO PERFEITO. *1. Segundo o art. 45 da Lei n° 8.213/91, o aposentado por invalidez que necessitar da assistência permanente de outra pessoa fará jus a um acréscimo de 25% no valor do benefício. O mesmo acréscimo não foi previsto para os outros tipos de aposentadoria. Daí porque não pode o Judiciário estender a vantagem a outros casos, sob pena de comprometer o equilíbrio atuarial e financeiro do sistema previdenciário. 2. Tampouco é possível converter a aposentadoria* *por tempo de contribuição em aposentadoria por invalidez para, em seguida, conceder o acréscimo. Afinal, **a concessão de aposentadoria se constitui em ato jurídico perfeito, de forma que a autarquia previdenciária não pode ser compelida a rever tal ato sem que seja apontada nenhuma irregularidade**. 3. Apelação a que se nega provimento. (TRF5, AC 00051577520124058400, Desembargador Federal Edílson Nobre, Quarta Turma, DJE – Data: 21/02/2013 – p. 350)*

Em outra passagem, a decisão menciona outra que, por sua clareza e didática, merece também reprodução aqui, pois estabelece diversas justificativas do ponto de vista da isonomia para deferir o adicional apenas na hipótese de aposentadoria por invalidez. Em resumo, com base no princípio da isonomia, a interpretação pela impossibilidade de extensão do adicional a outro benefício destaca os seguintes pontos:

1) ausência de inconstitucionalidade se a lei sequer houvesse previsto o adicional, quanto mais sua extensão a outros benefícios além da aposentadoria por invalidez;

2) a se conceber que a criação da vantagem não poderia ficar restrita à aposentadoria por invalidez, a sua extensão deveria ser feita a todos os benefícios previstos no artigo 201 da Constituição Federal, como o auxílio-doença e a pensão por morte, por exemplo;

3) quanto à convenção sobre os direitos das pessoas com deficiência, inexiste no seu texto previsão específica com determinação para concessão de proteção adicional a segurado aposentado, que, a rigor, já está amparado pelo sistema; e

4) não se trata de mera extensão do benefício, mas sim de desautorizada analogia, uma vez que não há lacuna a ser preenchida. Pelo contrário, há taxatividade da norma, de maneira que estender a vantagem significaria declarar a inconstitucionalidade do dispositivo com redução de seu texto e atuação do juiz como legislador positivo;

A transcrição com os destaques tornará a exposição mais clara:

"(...). Pois bem, apesar dos relevantes fundamentos nos votos do Desembargador Federal Rogerio Favretto e do Juiz Federal Roger Raupp Rios favoráveis à pretensão da aposentada, entendo que a **melhor técnica está com a tradicional solução em sentido contrário já reiteradamente adotada nos cinco TRFs.**

Para justificar tal entendimento, valho-me das precisas razões no voto vencido da Juíza Federal Carla Carla Evelise Justino Hendges nesse mesmo julgado da Quinta Turma do E. TRF da 4ª Região (0023183-70.2013.404.9999), que consistiu na repetição do voto vencido do Desembargador Federal Ricardo Teixeira do Valle Pereira em caso análogo, a AC 0017373-51.2012.404.9999, Quinta Turma, também da relatoria do Desembargador Rogerio Favreto, D.E. 13/09/2013:

O caput do artigo 45 da Lei 8.213/91 estabelece que 'o valor da aposentaria por invalidez do segurado que necessitar da assistência permanente de outra pessoa será acrescido de 25%'.

Parece-me que a concessão da vantagem postulada não decorre de uma simples interpretação da norma. **A norma expressamente deixa de contemplar o benefício de aposentadoria por tempo de serviço ou contribuição.** *De igual maneira, a hipótese não é de analogia, seja ela analogia legis ou analogia juris, na definição de Karl Larenz, que é utilizada também por Carlos Maximiliano.* **A extensão do acréscimo de 25% aos casos de aposentadoria, assim, implica reconhecimento da invalidade parcial da norma. Em outras palavras, acarreta reconhecimento da inconstitucionalidade parcial, com redução de texto, ou seja, a redução para excluir a menção à *aposentadoria por invalidez*.** *Esta constatação, assim, estaria a reclamar o respeito à cláusula do full bench ou cláusula da reserva de plenário, na linha, a propósito, do que estabelece a Súmula Vinculante nº 10 do Supremo Tribunal Federal.*

De qualquer sorte, não diviso inconstitucionalidade na norma.

*Com efeito, estabelecido o pressuposto de que passa a questão pela análise da constitucionalidade da disposição que restringiu a aplicação do acréscimo somente aos casos de aposentadoria por invalidez, resta que se verifique se caracterizada ofensa à Constituição Federal, ou, em um sentido mais amplo, ao ordenamento jurídico vigente – notadamente aquele com status constitucional. E de rigor **o reconhecimento da mácula desta norma somente se justificaria no caso em apreço, em** última **análise, com base em possível afronta ao princípio da isonomia.***

Não me parece, todavia, que haja igualdade de situação entre o caso do segurado que desempenha atividade laborativa se depara com a contingência da incapacidade -e assim tem deferida aposentadoria por invalidez-, e o caso do aposentado que, tempos após obter sua aposentadoria por idade, tempo de serviço ou contribuição, vem a ficar doente ou sofrer acidente. Diversas as bases fáticas, o legislador não está obrigado a tratar os casos de forma idêntica.

Veja-se que a concessão do adicional no caso da denominada 'grande invalidez' não decorre da Constituição; não é determinada pela Constituição Federal. Assim, não ofenderia a Constituição Federal a Lei 8.213/91 se não tivesse sequer criado este acréscimo previsto em seu artigo 45. Não se pode, assim, afirmar que inconstitucional a norma porque não contemplou outros benefícios que não a aposentadoria por invalidez que está prevista expressamente no art. 45.

A propósito, a se entender que a criação da vantagem não poderia se restringir à aposentadoria por invalidez, a sua extensão deveria ser feita a todos os benefícios previstos no artigo 201 da Constituição Federal, que é a regra matriz de tudo o que dispõe no particular a Lei 8.213/91. Não haveria por que deixar de contemplar, por exemplo, o auxílio-doença e a pensão, pois a necessidade de amparo de terceira pessoa pode atingir também, eventualmente, os titulares dos referidos benefícios.

Quanto à convenção sobre os direitos das pessoas com deficiência, não nego sua força normativa. Pelo contrário, tem o referido ato força normativa e isso decorre inclusive do nosso sistema, notadamente após o advento da Emenda 45/2005. Não vejo no referido texto da convenção, disposição que contemple específica determinação para concessão de proteção adicional a segurado aposentado, que, em rigor, já está amparado pelo sistema.

*Por outro lado, a se entender que o acolhimento do pedido não dependeria de declaração de inconstitucionalidade parcial da norma com redução de texto, mas sim decorreria de extensão do direito nela previsto a situação diversa, avultaria, a meu sentir, um outro problema. É que o reconhecimento do direito à vantagem para os casos de aposentadoria por tempo de serviço ou contribuição, não adviria, neste caso, de mera interpretação extensiva, mas sim de processo de integração, mediante analogia, uma vez que partindo de norma existente, que regula caso diverso, se estaria a conceder a vantagem a pessoas que estão em outra situação. Com efeito, no caso não se trataria simplesmente de aplicação de norma a situação concreta, de modo a solver litígio instaurado acerca de bem da vida disputado por dois sujeitos relacionados juridicamente. **A analogia seria utilizada para reconhecer direito no caso de situação que o legislador claramente não contemplou, pois o art. 45, como já disse, é claro, ele estabelece: O valor da aposentadoria por invalidez do segurado que necessitar da assistência permanente de outra pessoa será acrescido de 25% (vinte e cinco por cento). O processo integrativo não se mostra apropriado, parece-me, quando a norma é taxativa.***

Não cabe ao julgador sindicar os fundamentos de política jurídica que levaram o legislador a criar a norma; pode apenas analisar a sua compatibilidade à luz do ordenamento constitucional. Nesse ponto, não só pode como deve. Mas a sua atuação como legislador positivo no caso, conquanto não seja totalmente inviável, até consoante precedentes do Supremo Tribunal Federal, deve se reservada a situações muito especiais, notadamente quando a omissão estatal na produção legislativa esteja a inviabilizar direito que decorre ictu oculi da Constituição Federal.

Não me parece que esta seja a situação em foco, de modo que a atuação como legislador positivo, de toda sorte, não se mostraria adequada. Ou seja: só cogitaria de afastamento da norma se reconhecida a inconstitucionalidade com redução de texto. Não diviso, entrementes, essa inconstitucionalidade e, ainda que se reputasse que seria caso de aplicação analógica da norma, se estaria a criar, na verdade, uma nova norma para contemplar uma situação não prevista pelo legislador, o que não seria possível porque não decorre da Constituição esta determinação no caso concreto.

Ademais, especificamente quanto ao elemento distintivo da norma, a decisão cita outro voto em decisão do Tribunal Regional Federal da 4ª Região, o qual traz várias razões pelas quais o adicional só deve ser concedido em caso de aposentadoria por invalidez (G.R.):

"(...). Oportuna também a transcrição do voto vista proferido pelo Des. Federal Cândido Alfredo Silva Leal por ocasião do julgamento por esta Turma do processo 0020609-17.2008.404.7100:

A norma legal do artigo 45 da Lei 8.213/91 pode discriminar, atribuindo o adicional apenas à *aposentadoria por invalidez porque: (a) em várias outras situações há distinção entre os requisitos e os tipos de benefício de aposentadoria; (b) a própria renda inicial do benefício é diferenciado, conforme o tipo de benefício (sendo que no caso da aposentadoria por invalidez essa renda inicial é de 100%, enquanto em outras aposentadorias é variável).*

Além disso, (c) existe motivo fático que justifique a discriminação porque a aposentadoria por invalidez é algo não-esperado, não se espera a incapacidade, não se pode prevê-la, ao contrário das outras aposentadorias que são relativamente previsíveis (a idade é certa; o tempo de contribuição também é certo). A lei pode discriminar, tratando de forma privilegiada apenas quem tenha se aposentado por invalidez, e não todo e qualquer benefício previdenciário ou toda e qualquer aposentadoria. Pede ser que um aposentado por idade ou por tempo de contribuição também venha a necessitar do benefício adicional, mas a lei não lhe dá esse direito e nisso não há discriminação.

Em suma, tenho que, a despeito dos relevantes fundamentos do eminente Relator, o direito invocado não encontra amparo no ordenamento jurídico. Assim, peço vênia para adotar a linha que norteou precedentes desta Corte. Refiro aqui AC nº 1999.04.01.1053417, da 5ª Turma, Rel. Juíza Ana Paula de Bortoli, AC 2006710006619, 6ª T., Rel. Des. Aurvalle. No mesmo sentido os seguintes precedentes da 1ª e da 2ª Região: AC 200438000001962, 2ª Turma TRF1, Rel. Des. Neuza Maria Alves da Silva e AGTAC 200451015371995, 2ª T Especializada TRF2, Rel. Des. Messod Azulay Neto.

Em suma: o legislador pode estabelecer distinções entre os benefícios e vantagens no sistema da Seguridade Social conforme os requisitos e tipos de aposentadoria; pode discriminar, sem ferir a isonomia, diferenciando a renda inicial dos benefícios e, por fim, relativamente ao próprio fato gerador de cada benefício ou vantagem. Repita-se: não há igualdade entre a situação do segurado que desempenhando atividade laborativa se depara com a contingência da incapacidade e a situação do aposentado que tempos após obter sua aposentadoria por idade, tempo de serviço ou contribuição, vem a ficar doente ou sofrer acidente e, em razão da incapacidade, necessitam da assistência permanente de terceiros.

A diferença entre as situações é patente. Nos outros benefícios, o curso natural da aposentação foi cumprido. Na aposentadoria por invalidez em que há necessidade do adicional, justamente por estar dentro do mercado, o segurado que acometido da incapacidade, repentina ou não, acaba angariando para si um mínimo de proteção que, para aqueles, já se tornou acessível.

Foi justamente para tentar minorar a situação dos segurados que, por razão alheia a sua vontade, deixaram de trabalhar, saindo, pois, do mercado, que o legislador estabeleceu a previsão dos benefícios por incapacidade e, entre esses benefícios, determinou a distinção que legitima o acréscimo em razão do acompanhamento permanente de terceiros restrita à aposentadoria por invalidez.

É bem verdade que a proteção social deveria ser a maior possível. No entanto, nunca se pode deixar de lembrar que direitos sociais exprimem aspirações ideais, pois trazem consigo a idéia de custos e despesas.

O direito social é um direito de prestação ou crédito. Por isto, falar em efetivação de direitos sociais requer falar também de política social e política econômica. Não há como impingir a alguém uma prestação sem antes perquirir se tem efetiva condição de cumpri-la. Assim, a limitação ou a escassez financeira é um limite fático intransponível para a efetivação dos direitos sociais prestacionais do Estado, pois, sem este lastro, não há condições de se fixar a obrigação, quanto mais de impor o seu cumprimento.

Como já asseverou Ana Paula de Barcellos, *"a limitação de recursos existentes é uma contingência que não se pode ignorar. O intérprete deverá levá-la em conta ao afirmar que algum bem pode ser exigido judicialmente, assim como o magistrado, ao determinar seu fornecimento pelo Estado"* (A Eficácia Jurídica dos Princípios Constitucionais, 2002, p. 245 – 246).

Em seguida, para o esgotamento do presente tópico, é inquestionável que a extensão (ou a indevida analogia) do adicional em debate a outros benefícios acaba por ferir o postulado do ato jurídico perfeito.

Ato jurídico perfeito é a manifestação da vontade, tendo por fim um efeito jurídico, com reunião dos requisitos que lhe são substanciais, e que já se consumou segundo a lei vigente ao tempo em que se efetuou (Franzen de Lima). A sua proteção está assim consignada no art. 5º, XXXVI, da Constituição: *a lei não prejudicará o direito adquirido, o ato jurídico perfeito e a coisa julgada.*

A concessão de benefício previdenciário previsto em lei, quando realizada de maneira legal, se constitui em ato jurídico perfeito. Há uma manifestação de vontade (embora a do INSS seja vinculada). É preciso que o requerente preencha os requisitos legais. Há um efeito jurídico, que é aquele estabelecido em lei. E esse efeito se consumou segundo a lei vigente ao tempo em que se efetuou. Já se consumou porque o titular do benefício não precisa fazer mais nada para recebê-lo: basta receber aquilo que lhe foi deferido. Para o INSS, embora tenha de efetuar pagamentos por toda a vida do segurado, sua obrigação já está perfeitamente definida e não depende mais de qualquer condição ou contraprestação futura, ficando sujeita apenas aos reajustes legais.

A concessão de benefício previdenciário, por ocasião do requerimento administrativo, indica que o recorrido reuniu todos os requisitos para obtê-la naquele momento, é a partir dali que se materializa o ato jurídico, que por ter sido realizado de forma completamente lícita, aperfeiçoou-se (cf. voto do Ministro Marco Aurélio nos RREE 416827 e 415454). A relação jurídica previdenciária pode não ser contratual, mas é notório que não é meramente institucional, pois requer a participação constante e onerosa, com aporte de recursos, trabalho e produção, dos seus segurados e de outras pessoas a eles ligadas por vínculos jurídicos (empregador, contratante, tomador dos serviços, adquirente da produção, dependente etc.). O ato jurídico perfeito, nessas condições, deve ser protegido para a segurança de todas as partes envolvidas, bem como da comunidade de segurados contribuintes. Uma autarquia possui direitos frente ao ordenamento jurídico, sim, principalmente se o respeito a esses direitos constitui a única maneira de levar a efeito uma gestão previsível e eficiente dos recursos que são da comunidade dos seus segurados.

O que a garantia constitucional proíbe à alteração pela Lei, também é ilícito ao juiz e, sem sobra de dúvida, à mera vontade de uma das partes.

Ato jurídico perfeito é aquele que não depende de novas etapas ou manifestações dos sujeitos da relação para a sua validade. Isso implica o dever de respeitá-lo e a impossibilidade de sua modificação, exceto por acordo entre todos os sujeitos da relação jurídica (no caso do INSS, esta hipótese está descartada, pois não poderia ele dispor de um patrimônio que pertence à coletividade, sem a expressa determinação/autorização legal).

A consequência mais conhecida da formação de ato jurídico perfeito é a sua imunidade às alterações legislativas. A Constituição diz – "a lei não prejudicará...". Mas existem outras consequências deduzíveis do ato jurídico perfeito. A que interessa mais para o caso dos autos é de que os sujeitos da relação jurídica decorrente do ato não podem simplesmente exigir a sua alteração, principalmente quando a opção feita for onerosa para uma das partes (no caso, para o INSS).

A jurisprudência do egrégio Supremo Tribunal Federal é clara em afastar a possibilidade de alteração unilateral do ato jurídico perfeito. Confira-se:

"CONSTITUCIONAL. PREVIDENCIÁRIO. APOSENTADORIA. I. – Aposentadoria concedida com proventos integrais, tendo em consideração o preenchimento dos requisitos legais exigidos. Pretensão de transformação do benefício com proventos proporcionais: impossibilidade. II. – Negativa de trânsito ao RE. Agravo não provido."

(RE 352.391 AgR / SP – AG.REG.NO RECURSO EXTRAORDINÁRIO; Relator(a): Min. CARLOS VELLOSO; Órgão Julgador: Segunda Turma; Publicação DJ 03-02-2006)

"AGRAVO REGIMENTAL NO RECURSO EXTRAORDINÁRIO. PREVIDENCIÁRIO. **APOSENTADORIA. PROVENTOS INTEGRAIS. TRANSFORMAÇÃO. PROVENTOS PROPORCIONAIS. IMPOSSIBILIDADE.**

1. O beneficiário, ao ter sua aposentadoria concedida com proventos integrais, não poderá requerer que a sua renda mensal seja calculada de acordo com a legislação em vigor na data em que teria direito à aposentadoria proporcional. Precedentes.

2. Agravo regimental a que se nega provimento." [g.n.]

(RE 345.398 AgR / SP – AG. REG. NO RECURSO EXTRAORDINÁRIO; Relator(a): Min. EROS GRAU; Órgão Julgador: Segunda Turma; Publicação DJ 07-12-2006)

Supremo Tribunal Federal
Coordenadoria de Análise de Jurisprudência
DJe nº 222 Divulgação 20/11/2008 Publicação 21/11/2008
Ementário nº 2342 - 4

654

30/09/2008   SEGUNDA TURMA

AG.REG.NO RECURSO EXTRAORDINÁRIO 297.406-4 SÃO PAULO

RELATOR   : MIN. GILMAR MENDES
AGRAVANTE(S)   : MAX HIRSCH
ADVOGADO(A/S)   : ADAUTO CORREA MARTINS   E OUTROS
AGRAVADO(A/S)   : INSTITUTO NACIONAL DO SEGURO SOCIAL -
                   INSS
ADVOGADO(A/S)   : PAULO ROBERTO GOMES DE ARAUJO

EMENTA: Agravo regimental em recurso extraordinário. 2. Aposentadoria com proventos integrais em conformidade com a lei vigente ao tempo da reunião dos requisitos para a concessão. Pretensão do desfazimento do ato de aposentadoria para lavrar-se outro, com proventos proporcionais. Impossibilidade. Precedente. 3. Agravo regimental a que se nega provimento.

A C Ó R D Ã O

Vistos, relatados e discutidos estes autos, acordam os Ministros do Supremo Tribunal Federal, em Segunda Turma, na conformidade da ata do julgamento e das notas taquigráficas, por unanimidade de votos, negar provimento ao agravo regimental, nos termos do voto do relator.

Brasília, 30 de setembro de 2008.

MINISTRO GILMAR MENDES
PRESIDENTE E RELATOR
(RISTF, art. 148, parágrafo único)
Documento assinado digitalmente.

Deste mais recente acórdão, merece destaque o seguinte trecho do voto condutor, da lavra do eminente Relator, Min. Gilmar Mendes:

> "O agravante ao ter sua aposentadoria concedida em 1992, com proventos integrais, teve o seu direito plenamente observado pelo INSS. Portanto, não seria mesmo possível o desfazimento do ato que o aposentou, para lavrar-se outro com proventos proporcionais."

Mutatis mutandis, se inexiste o direito à conversão da aposentadoria de integral em proporcional, o inverso igualmente é vedado, conforme os respeitáveis julgados supramencionados.

O entendimento contrário do v. acórdão regional ofende a garantia constitucional do respeito ao ato jurídico perfeito e ao direito adquirido, inserta no inciso XXXVI do art. 5º da CF/1988, garantia do direito fundamental à segurança jurídica e garantia dos indivíduos frente à retroatividade da lei, ao arbítrio judicial e à vontade unilateral dos indivíduos.

V.II – Da Impossibilidade do Magistrado atuar como Legislador Positivo – VIOLAÇÃO AOS ARTIGOS 2º E 5º, CAPUT DA CF/88 – AUSÊNCIA DE VIOLAÇÃO À DIGNIDADE DA PESSOA HUMANA

O magistrado não pode atuar como legislador positivo. Sua atuação deve limitar-se ao afastamento de normas legais incompatíveis com o ordenamento superior, de sede constitucional, ou seja, como legislador negativo.

Ora, está dentro do espaço de conformidade do **legislador** a ampliação ou não dos direitos garantidos pela norma constitucional, é certo que não poderá restringi-los, mas a sua ampliação é discricionariedade do legislador, não cabendo ao Juiz, sob pena de invasão da atribuição legislativa e desrespeito ao princípio democrático a inclusão de novos direitos, assim como da separação dos poderes.

A doutrina e a jurisprudência pátrias manifestam-se contrariamente à idéia de o Poder Judiciário distanciar-se da lei e, mediante criação do direito, deixar de aplicar a norma que regula o caso concreto que lhes foi submetido. Isto porque a ordem constitucional vigente não conferiu ao órgão judicante a função legislativa, sendo-lhe, pois, vedado modificar o direito que regula a situação jurídica posta.

O que se deve perseguir é evitar que, através de sentença, o magistrado substitua-se ao Congresso Nacional. Qualquer entendimento em sentido diverso significa permitir que O MAGISTRADO ARVORE-SE EM LEGISLADOR POSITIVO para imiscuir-se em políticas públicas, concedendo ou majorando indevidamente benefícios previdenciários, e pior, sem a previsão necessária do custeio.

Por certo, faz-se necessário buscar maneira de realizar direitos, mas que isso não signifique necessariamente tornar o ordenamento pátrio em prisioneiro do universo jurisdicional. Não é possível aceitar a realização de direitos por instrumentos diversos daqueles intrinsecamente relacionados à democracia participativa. O fundamento de validade da atividade do Poder Judiciário, bem como os limites que lhe são afetos, encontra-se no Princípio da Separação dos Poderes, previsto constitucionalmente. Isto porque, no Estado Democrático de Direito, existem limitações a todos os poderes constituídos, e, como não podia ser diferente, também se aplicam ao Judiciário, mesmo enquanto instância garantidora dos direitos fundamentais.

Na obra Judge and Lawmakers, pondera Lord Develin que: *"A partir do momento em que o juiz se transforma em legislador, mina a idéia fundamental da separação dos poderes, trazendo a ameaça talvez mortal à legitimação democrática da função jurisdicional, e definitivamente conduzindo, mais cedo ou mais tarde ao estado totalitário."*[7]

É forçoso, concluir, portanto, que a Turma Recursal, ao julgar procedente a ação **invadiu a esfera de livre discricionariedade do legislador – seu espaço de conformação, emprestando à norma palavras que não estão presentes em seu texto, e dando-lhe aplicação e abrangência diferentes daquelas previstas no próprio texto constitucional e legal.**

No caso em exame, é forçoso concluir que não existe lacuna ou omissão da lei a ser suprida por analogia, a norma é de clareza solar quando afirma que a vantagem prevista no art. 45 da Lei n. 8.213/91 somente é devida aos aposentados por invalidez que necessitem da assistência permanente de terceiros.

Uma outra razão evidencia a opção do legislador em não permitir a incidência cumulativa de fatos geradores ou a percepção de mais de um benefício ou vantagem da Seguridade Social, evitando-se, inclusive, um *bis in idem*. Trata-se da sistemática legal prevista no art. 124 da Lei n. 8.213/91.

---

7. (Lord Develin, Judge and Lawmakers, Modern Law, Rev.39, 1976, p.1 e s).

Atos Processuais das Partes, dos Julgadores e de seus Auxiliares no Rito do JEF

Por outro lado, a bastante citada sentença judicial em Ação Civil Pública demonstra ainda mais claramente pontos relativos à isonomia e refuta o princípio da dignidade da pessoa humana como suporte para o excesso de jurisdição e ampliação de direitos sociais:

"(...). Conforme destacado nesse voto, a **legislação previdenciária contempla múltiplas distinções**, conforme o tipo de benefício, a idade e o sexo do segurado e o trabalho por ele realizado.

Por exemplo, para a aposentadoria por tempo de contribuição é exigido o mínimo de trinta anos de contribuição para a mulher, enquanto o homem deve trabalhar mais cinco anos (Constituição, art. 201, § 7°, I). Já na aposentadoria especial, em virtude de o trabalhador ter ficado exposto a agentes nocivos, tanto do homem quanto da mulher o requisito do tempo de serviço é o mesmo (25, 20 ou 15 anos, conforme o agente nocivo; Lei n° 8.213/1991, art. 57), ou seja, não existe a distinção pelo sexo, favorecendo a mulher.

No auxílio-doença, a renda mensal tem coeficiente de 91% do salário-de-benefício, inferior ao da aposentadoria por invalidez, que é de 100% (LBPS, arts. 61 e 44). Apesar de o auxílio-doença ser devido para casos de invalidez temporária, a prática registra o pagamento desse benefício por muitos anos sem interrupção. Isto é, durante largo período de tempo o segurado incapaz para o trabalho recebe renda inferior à de outro segurado também incapaz, mas titular de aposentadoria por invalidez.

Na pensão por morte, hoje a renda mensal é de 100% do salário-de-benefício (LBPS, art. 74), mas esse coeficiente variou na legislação ao longo dos anos, o que motivou a propositura de milhares de ações judiciais a fim de que o coeficiente maior atual fosse estendido aos benefícios antigos com coeficiente menor. Pretensão que acabou rechaçada no STF, entendendo-se que a lei nova não retroage para regular os benefícios anteriores (RE 415454, Relator Min. Gilmar Mendes, Tribunal Pleno, julgado em 08/02/2007, DJe-131 DIVULG 25/10/2007).

Em todos esses exemplos pode ser invocada a mesma linha de argumentação do MPF na petição inicial a fim de ser ampliada a renda mensal do benefício ou mitigado algum requisito.

Com efeito, a mesma proporcionalidade em favor da mulher no tempo mínimo para a aposentadoria por tempo de contribuição deveria ser observada na aposentadoria especial, sob pena de 'omissão parcial inconstitucional' na legislação, afinal os motivos que justificam a redução do tempo para beneficiar a mulher em comparação ao homem também se fazem presentes na aposentadoria especial.

No auxílio-doença, o simples fato do seu pagamento ser temporário não poderia justificar uma renda mensal inferior à da aposentadoria por invalidez, porque a incapacidade para o trabalho ocorre por motivos alheios à vontade do trabalhador e a necessidade de recursos econômicos para a vida com dignidade é a mesma em ambos os casos.

Já o aumento do coeficiente da pensão na legislação atual (100%) pode ser interpretado como o reconhecimento pelo legislador de que esse é o valor necessário à manutenção da vida digna do trabalhador e sua família, pelo que o coeficiente menor era inconstitucional, ao não propiciar a proteção inscrita no artigo 201, § 2°, da Constituição.

Ademais, o adicional de 25% da aposentadoria por invalidez não é previsto para o auxílio-doença, nem mesmo para o benefício de prestação continuada da Lei Orgânica de Assistência Social – LOAS – Lei n° 8.742/1993, mais uma vez estabelecendo, no pensar de alguns, inconstitucional discriminação.

Por fim, o salário mínimo nacional é de R$ 724,00 (Decreto n° 8.166/2013), mas pesquisas apontam que deveria ser equivalente a R$ 2.748,22 (Dieese,), a fim de satisfazer todos os objetivos previstos no artigo 7°, IV, da Constituição. Diante da evidente insuficiência do salário mínimo legal, pode-se defender a elevação do seu valor por decisão judicial, como corolário direto da citada norma constitucional.

Enfim, foram alegados esses exemplos para ressaltar que **há espaço na argumentação jurídica mais moderna para justificar qualquer providência via atuação do Poder Judiciário**. Aliás, o Supremo Tribunal Federal assim tem procedido declarando a inconstitucionalidade até de Emendas à Constituição sob o manto da aplicação da razoabilidade, da proporcionalidade e da **dignidade da pessoa humana**, não raro invadindo, data vênia, o legítimo espectro confiado ao legislador de escolha entre diferentes opções (cito, *v.g.*, a derrubada pelo STF, nas ADIs 4.357 e 4.425, julg. em 14.03.2013, da compensação prevista no art. 100, § 9°, da Constituição, incluído pela EC 62/2009).

No entanto, a Constituição da República ainda consagra a tradicional doutrina da separação dos Poderes, qualificando-a como harmônica (art. 2°), para o bem do Estado Democrático de Direito. Caso contrário, é instalada a balbúrdia institucional, causando grave insegurança jurídica, resultado sempre indesejado.

Por fim, o adicional previsto no artigo 45 da LBPS tem nítida **natureza previdenciária**, porquanto visa proteger o trabalhador de uma incapacidade agravada, a ponto de requerer o acompanhamento e auxílio permanente de alguém.

Via de regra, não existe fonte de custeio específica para cada benefício, isto é, um tributo exclusivo para fazer frente às despesas da aposentadoria por tempo de contribuição, outro para a aposentadoria por idade, outro para a pensão e assim por diante. Logo, a falta de previsão na lei de contribuição própria para o pagamento do adicional de 25% na aposentadoria por invalidez nada significa quanto à definição da sua natureza jurídica, se previdenciária ou assistencial.

Ao contrário, a pretensão do MPF de ampliar o pagamento do adicional pelo beneficiário do INSS necessitar do acompanhamento permanente de uma pessoa, sem qualquer vinculação ao fato que originou o benefício, resultaria na criação de uma típica medida de **assistência social**. Assim, uma vez que a assistência social não está fundada em bases contributivas e na filiação da pessoa a alguma particular função do Estado, como a Previdência Social, **o adicional também deveria ser pago a todas as pessoas inválidas que necessitem de cuidados permanentes de terceiros, mesmo que não seguradas ou beneficiárias da Previdência Social. Aliás, a pretensão do MPF cria um privilégio, pois esse adicional – de natureza assistencial – seria pago a pessoas que já recebem uma prestação do Estado (aposentadoria ou pensão), deixando desamparadas justamente as mais necessitadas, que igualmente dependem de cuidados especiais, mas não recebem prestação alguma do Poder Público por não serem pobres a ponto de terem direito ao benefício de prestação continuada da LOAS ou recebem tal benefício mas sem o adicional, porquanto igualmente não previsto na respectiva lei.**

Mesmo a extensão desse adicional por ato do legislador implicaria em inconstitucionalidade por idêntico motivo: criação de benefício assistencial cuja premente necessidade material não é um dos seus requisitos, mas sim a vinculação à previdência pública. Nesse cenário, haveria flagrante discriminação imotivada e a ordem judicial ampliando a abrangência do adicional também às pessoas amparadas pela assistência social estaria de acordo com a Constituição, quer dizer, a inconstitucionalidade deveria ser resolvida com provimento jurisdicional ampliativo e não restritivo.

Concluindo, a distinção na lei é adequada, porque a incapacidade para o trabalho é requisito que diferencia a aposentadoria por invalidez, enquanto a necessidade da assistência permanente de uma pessoa está diretamente relacionada a esse fato – ser incapaz para o trabalho, havendo perfeita relação entre a prestação previdenciária e o seu adicional de 25%, a fim de proteger o trabalhador do referido risco social (Constituição, art. 201, I). A universalização dessa cobertura depende, inexoravelmente, de lei.

Especificamente no tocante à dignidade da pessoa humana, está-se diante de um artifício retórico, decorrente da banalização de seu uso nas petições e decisões judiciais.

A tese favorável à extensão da vantagem, seguida pelo acórdão recorrido, defende que o pretendido com o adicional é prestar auxílio a quem necessita de ajuda de terceiros, não importando se a invalidez é decorrente de fato anterior ou posterior à aposentadoria e que a interpretação taxativa e restritiva do dispositivo legal para contemplar apenas os casos de aposentadoria por invalidez significaria inegável afronta ao direito de proteção da dignidade da pessoa humana e das pessoas portadoras de deficiência.

No entanto, como visto, a tese não se sustenta. A proteção à dignidade da pessoa humana já se configura quando da previsão do adicional para aqueles mais necessitados. Repise-se argumento já exposto: se sequer havia obrigatoriedade constitucional de criação, por meio de lei, da referida vantagem, como falar em mínimo existencial para benefício que sequer se coaduna com os requisitos da aposentadoria por invalidez?

O mínimo existencial já foi atendido com a concessão do benefício previdenciário a que fez jus a parte requerente. Em termos de Seguridade Social, as prestações e utilidades elementares já foram satisfeitas com a concessão da aposentadoria. Não se pode falar, aqui, em assistência a um desamparado, porquanto a parte autora já se encontra abrigada pela percepção de prestação positiva, consubstanciada no seu benefício previdenciário.

Ao revés, por meio da interpretação mais restritiva do disposto no art. 45 da Lei n. 8.213/91 preservam-se os direitos de terceiros, seja da comunidade em geral de não ter que suportar um ônus financeiro e tributário para além do exigido pelo princípio constitucional da solidariedade, seja dos beneficiários e segurados do sistema de Seguridade Social de verem os recursos públicos mantidos em equilíbrio, destinados àqueles mais necessitados, que tiveram uma interrupção indesejada de sua capacidade laboral e de sustento e, além disso, necessitam do auxílio permanente de terceiros.

Os fundamentos morais e normativos relativos à dignidade da pessoa humanam não podem alçá-la a sucedâneo mecanismo de aumento ou reajuste de benefícios da Seguridade Social.

V.III – CUSTEIO DA ATIVIDADE ESPECIAL. VIOLAÇÃO AOS PRINCÍPIOS DO EQUILÍBRIO ATUARIAL E FINANCEIRO E DA PRÉVIA FONTE DE CUSTEIO. ART. 195, § 5º e 201, CAPUT, DA CF/88.

A Constituição Federal, em seu art. 195, § 5º, prevê a necessidade de correspondente fonte de custeio para a criação, majoração ou extensão dos benefícios previdenciários, *verbis*:

Art. 195. (...)

§ 5º Nenhum benefício ou serviço da seguridade social poderá ser criado, majorado ou estendido sem a correspondente fonte de custeio total.

Os precedentes mencionados nos tópicos anteriores fazem expressa referência à violação do dispositivo acima transcrito pela extensão da vantagem debatida nos autos a outros benefícios além da aposentadoria por invalidez.

E mais, esse E. STF possui jurisprudência firme no sentido de que a majoração dos benefícios previdenciários está submetida à existência da correspondente fonte de custeio **total** expressamente prevista em lei, o que não aconteceu na hipótese em exame.

Nesse sentido, importante julgado dessa Corte proferido no caso de majoração do percentual de pensão por morte pela Lei 9.032/95, no **RE 415454, Relator(a): Min. GILMAR MENDES,**

Tribunal Pleno, julgado em 08/02/2007, DJe-131 DIVULG 25-10-2007 PUBLIC 26-10-2007 DJ 26-10-2007 PP-00042 EMENT VOL-02295-06 PP-01004.

Nesse sentido, importante julgado dessa eg. Corte proferido no caso de majoração do percentual de pensão por morte, no RE 415454 / SC – SANTA CATARINA, Relator: Min. GILMAR MENDES:

> *"RECURSO EXTRAORDINÁRIO. INTERPOSTO PELO INSTITUTO NACIONAL DO SEGURO SOCIAL (INSS), COM FUNDAMENTO NO ART. 102, III, "A", DA CONSTITUIÇÃO FEDERAL, EM FACE DE ACÓRDÃO DE TURMA RECURSAL DOS JUIZADOS ESPECIAIS FEDERAIS. BENEFÍCIO PREVIDENCIÁRIO: PENSÃO POR MORTE (LEI Nº 9.032, DE 28 DE ABRIL DE 1995). (...) 10. De igual modo, ao estender a aplicação dos novos critérios de cálculo a todos os beneficiários sob o regime das leis anteriores, o acórdão recorrido negligenciou a imposição constitucional de que lei que majora benefício previdenciário deve, necessariamente e de modo expresso, indicar a fonte de **custeio total** (CF, art. 195, § 5º). Precedente citado: RE nº 92.312/SP, 2ª Turma, unânime, Rel. Min. Moreira Alves, julgado em 11.4.1980. 11. Na espécie, o benefício da pensão por morte configura-se como direito previdenciário de perfil institucional cuja garantia corresponde à manutenção do valor real do benefício, conforme os critérios definidos em lei (CF, art. 201, § 4º). 12. Ausência de violação ao princípio da isonomia (CF, art. 5º, caput) porque, na espécie, a exigência constitucional de prévia estipulação da **fonte de custeio total** consiste em exigência operacional do sistema previdenciário que, dada a realidade atuarial disponível, não pode ser simplesmente ignorada. 13. O cumprimento das políticas públicas previdenciárias, exatamente por estar calcado no princípio da solidariedade (CF, art. 3º, I), deve ter como fundamento o fato de que não é possível dissociar as bases contributivas de arrecadação da prévia indicação legislativa da dotação orçamentária exigida (CF, art. 195, § 5º). Precedente citado: julgamento conjunto das ADI´s nº 3.105/DF e 3.128/DF, Rel. Min. Ellen Gracie, Red. p/ o acórdão, Min. Cezar Peluso, Plenário, maioria, DJ 18.2.2005. 14. Considerada a atuação da autarquia recorrente, aplica-se também o princípio da preservação do equilíbrio financeiro e atuarial (CF, art. 201, caput), o qual se demonstra em consonância com os princípios norteadores da Administração Pública (CF, art. 37). 15. Salvo disposição legislativa expressa e que atenda à prévia indicação da fonte de **custeio total, o benefício previdenciário deve ser calculado na forma prevista na legislação vigente** à **data da sua concessão**. A Lei nº 9.032/1995 somente pode ser aplicada às concessões ocorridas a partir de sua entrada em vigor. 16. No caso em apreço, aplica-se o teor do art. 75 da Lei 8.213/1991 em sua redação ao momento da concessão do benefício à recorrida. 17. Recurso conhecido e provido para reformar o acórdão recorrido."*

Todo o sistema da Seguridade Social (que engloba o previdenciário) brasileiro é calcado no princípio contributivo, que tem como diretriz o estabelecimento de critérios para a concessão das suas prestações mediante a busca do equilíbrio financeiro e atuarial, de modo a garantir que as futuras gerações também o desfrutem. Nesse diapasão, importa mencionar as palavras do Ministro Joaquim Barbosa ao deferir liminar em Reclamação Constitucional[8], proposta pelo INSS:

> *"É de se ressaltar, outrossim, que não se está aqui simplesmente a defender o patrimônio da autarquia ré. Isso porque, antes de pertencer à pessoa jurídica da administração descentralizada do Estado, trata-se de patrimônio pertencente a todos os que contribuem para o Sistema de Seguridade e que se encontram por ele protegidos."*

Decorre daí, que o reconhecimento da extensão do adicional em razão da invalidez e da necessidade de assistência permanente de terceiros para outros benefícios além da aposentadoria por

---

8. Reclamação n. 3237, **DJ Nr. 73 – 18/04/2005.**

invalidez, como ocorre no presente caso, culmina na criação de benefício sem a necessária fonte de custeio, pois ausente a indicação de finte de custeio TOTAL.

Data venia, o reconhecimento da referida extensão pretendida pela parte adversa nestas circunstâncias subverteria os princípios constitucionais que informam o sistema previdenciário, na medida em que transformaria o que deveria ser excepcional em regra, como imputaria indevidamente o custo do acréscimo pretendido a todos os integrantes do sistema.

Por certo, a decisão objurgada viola os princípios constitucionais da precedência de custeio e do equilíbrio financeiro e atuarial, previstos nos arts. 195, § 5º e art. 201, § 1º da Constituição Federal.

DO PEDIDO FINAL

Diante do exposto, demonstrada a **violação a dispositivos da Constituição Federal (art. 2º da CRFB/88 (princípio da separação dos poderes); o art. 5º,** *caput,* **e XXXVI, violação do princípio da isonomia e do ato jurídico perfeito de concessão de benefício previdenciário; o art. 194, III, da CRFB/88 (princípio da seletividade e da distributividade na prestação dos serviços); o art. 195, § 5º, da CRFB/88 (princípio da preexistência do custeio em relação aos benefícios ou serviços) e o art. 201,** *caput,* **da CRFB/88 (princípio do equilíbrio financeiro e atuarial que rege a Previdência Social) e § 1º (violação do princípio contributivo e à vedação de critérios não isonômicos na concessão de benefícios) e art. 203, V (violação da prerrogativa do Congresso Nacional em legislar sobre assistência social),** e estando presentes os pressupostos de admissibilidade do **RECURSO EXTRAORDINÁRIO**, requer seja conhecido e dado provimento ao mesmo, para reformar o acórdão recorrido, **julgando-se improcedente a ação e invertendo-se os** ônus **da sucumbência, como medida de Justiça.**

Considerando, ainda, a plausibilidade do direito invocado e ante o fundado receio de dano de difícil reparação, requer, nos termos do art. 14, § 5º, da Lei nº 10.259/2001, seja concedida medida liminar suspendendo todos os processos nos quais a controvérsia esteja estabelecida.

Termos em que,

Pede deferimento.

FREDERICO AUGUSTO DI TRINDADE AMADO
Procurador Federal

79. CONTRARRAZÕES AO RECURSO EXTRAORDINÁRIO

Uma vez interposto o recurso extraordinário, a parte ex-adversa será intimada para, querendo, apresentar contrarrazões em igual prazo de **15 dias**.

EXMO(ª). SR(ª). DR(ª). JUIZ(ª) PRESIDENTE DA TURMA RECURSAL DOS JUIZADOS ESPECIAIS FEDERAIS DA SEÇÃO JUDICIÁRIA DO ESTADO DA BAHIA

Processo: XXXXXXX

O **INSTITUTO NACIONAL DO SEGURO SOCIAL – INSS**, autarquia federal, representada pela Procuradoria-Geral Federal, nos autos em epígrafe, por seu Procurador Federal *in fine* assinado, vem, respeitosamente, à presença de V. Ex.ª, apresentar <u>**CONTRA-RAZÕES**</u> ao **RECURSO EXTRAORDINÁRIO** interposto, na forma e com fulcro nos fundamentos fáticos e jurídicos explicitados nas razões anexas.

Requer, para tanto, que, caso recebido apelo extremo, **o que não se acredita ante a evidente ausência das condições de admissibilidade exigidas**, sejam os autos, com as razões anexas, conduzidos ao egrégio Supremo Tribunal Federal.

Pede deferimento.

FREDERICO AUGUSTO DI TRINDADE AMADO
Procurador Federal

CONTRA-RAZÕES

Eméritos Julgadores,

Colenda Turma,

1. SINOPSE FÁTICA

A parte autora interpôs o presente recurso extraordinário alegando que o seu benefício fora calculado incorretamente, razão pela qual pleiteia a revisão da renda mensal inicial com base no art. 29, §5º, da Lei 8.213/91.

Contudo, a parte autora interpõe agora o presente Recurso Extraordinário sem que para tanto a matéria tenha sido julgado sob uma ótica constitucional e sem que tenha provocado tal discussão sob a oposição de embargos declaratórios para fins de prequestionamento.

2. DA INADMISSIBILIDADE DO RECURSO – Da falta de prequestionamento. Da ausência de questão constitucional.

A Turma Recursal da Bahia julgou a pretensão autoral sob um prisma totalmente infraconstitucional.

Não obstante, a parte autora interpõe agora o presente recurso extraordinário sem que para tanto tenha apresentado a discussão constitucional tão somente aqui suscitada perante a Turma julgadora de origem, o que impede a admissão do apelo extremo. Ressalte-se que sequer foram opostos embargos de declaração para fins de prequestionamento.

Acerca da necessidade do prequestionamento, *in verbis*:

> CONSTITUCIONAL. PROCESSUAL CIVIL. AUSÊNCIA DE PREQUESTIONAMENTO. SÚMULA 282 DO STF. NEGATIVA DE PRESTAÇÃO JURISDICIONAL. INEXISTÊNCIA. REEXAME DE PROVAS. INVIÁVEL NO RECURSO EXTRAORDINÁRIO.
>
> I – **Ausência de prequestionamento da questão constitucional suscitada. Incidência da Súmula 282 do STF.**
>
> II – Matéria que demanda o reexame do conjunto fático-probatório, o que atrai a incidência da Súmula 279 do STF.
>
> III – A alegada violação ao art. 5º, XXXV, da Constituição, não se dá pelo julgamento contrário aos interesses da parte.
>
> IV – A exigência do art. 93, IX, da Constituição, não impõe seja a decisão exaustivamente fundamentada. O que se busca é que o julgador informe de forma clara e concisa as razões de seu convencimento.
>
> V – Embargos convertidos em agravo.
>
> VI – Agravo regimental improvido.
>
> (STF. ED no AI 557.111/PB. Rel. Min. Ricardo Lewandowski. *In* DJe-018 de 31/01/2008)

Deste modo, **deve ter seu seguimento negado esta impugnação, uma vez que inexiste qualquer questão de direito de nível constitucional apreciado pelo acórdão recorrido**, restando desatendido o prequestionamento.

Atos Processuais das Partes, dos Julgadores e de seus Auxiliares no Rito do JEF

Ainda, importa acrescentar que também falta ao recurso interposto outro requisito essencial, sem o qual não merece ser apreciado, a saber, a ofensa direta à norma fundamental. Nesse passo, observa-se que a matéria cinge-se *à* aplicação da Lei 8.213/91, sequer sendo possível alegar a existência de ofensa reflexa. Por fim, a impugnação da parte autora exige o reexame de prova, o que *é* vedado através dos recursos excepcionais.

Ante todo o relatado, o Recurso não deve ser admitido.

3. DO MÉRITO

A parte autora ingressou com a presente ação postulando a revisão do seu benefício previdenciário com base no art. 29, §5º, da lei 8.213/91.

Contudo, a Autarquia Previdenciária, ao calcular a Renda Mensal Inicial do benefício da parte autora, observou rigorosamente os ditames da lei sem incorrer em qualquer irregularidade, razão pela qual as decisões não merecem reparo.

4. REQUERIMENTOS

Requer, pois, que seja inadmitido o recurso extraordinário interposto, mantendo a decisão vergastada.

Por cautela, caso recebido, que esta **egrégia** Corte Extraordinária negue provimento ao recurso contrariado.

Nestes termos, pede deferimento.

FREDERICO AUGUSTO DI TRINDADE AMADO
Procurador Federal

80. DECISÃO QUE INADMITE O RECURSO EXTRAORDINÁRIO

Cabe ao presidente da Turma Recursal exercer o juízo provisório de admissão recursal de recurso extraordinário interposto contra acórdão proferido pelo citado órgão julgador.

O mesmo procedimento se aplica na TRU e na TNU, cabendo aos respectivos Presidentes admitir ou inadmitir o recurso extraordinário quando este desafiar acórdão dos citados colegiados.

Uma vez ausente algum pressuposto recursal, como a inexistência de repercussão geral ou não se tratar de tema constitucional, o Presidente da Turma Recursal, da Turma Regional ou da Turma Nacional deverá inadmitir o recurso extraordinário.

PROCESSO Nº xxxxxxxxx
RECORRENTE: FULADO
RECORRIDO: INSS

DECISÃO – JUIZ PRESIDENTE DA TURMA RECURSAL
INADMISSÃO DE RECURSO EXTRAORDINÁRIO

Trata-se de Recurso Extraordinário interposto pela parte autora para desafiar acórdão desta Turma Recursal que determinou a aplicação do fator previdenciário à aposentadoria por tempo de contribuição do professor.

Alega ofensa ao artigo 201, §8º, da Constituição, que instituiu regras diferenciadas de aposentação aos professores exclusivos do ensino básico, o que geraria, por sua tese, a necessidade de afastamento do fator previdenciário do cálculo do salário de benefício.

O recurso extraordinário deve ser inadmitido.

Isso porque o próprio STF entende que o cálculo do salário de benefício não se cuida de tema constitucional, e sim infraconstitucional, sendo descabido o conhecimento de recurso extraordinário.

Veja-se:

Processo

AI-AgR 822475

AI-AgR – AG.REG. NO AGRAVO DE INSTRUMENTO

Relator(a)

DIAS TOFFOLI

Sigla do **órgão**

STF

Decisão

A Turma negou provimento ao agravo regimental, nos termos do voto do Relator. Unânime. Não participou, justificadamente, deste julgamento, a Senhora Ministra Cármen Lúcia. Presidência do Senhor Ministro Dias Toffoli. 1ª Turma, 26.6.2012.

Descrição

- Acórdãos citados: RE 449232 AgR-AgR, AI 594612 AgR, RE 411859 AgR; – Decisão monocrática citada: ARE 685754. Número de páginas: 8. Análise: 29/08/2012, MJC. DSC_ PROCEDENCIA_GEOGRAFICA: RS – RIO GRANDE DO SUL

Ementa

EMENTA Agravo regimental no agravo de instrumento. **Previdenciário. Aposentadoria especial. Professor. Fator previdenciário. Prequestionamento. Ausência. Ofensa reflexa. Precedentes.** 1. Não se admite o recurso extraordinário quando os dispositivos constitucionais que nele se alega violados não estão devidamente prequestionados. Incidência das Súmulas nºs 282 e 356/STF. 2. **Inadmissível em recurso extraordinário o exame de ofensa reflexa** à Constituição Federal e a análise de legislação infraconstitucional. Incidência da Súmula nº 636/STF. 3. Agravo regimental não provido.

Ante o exposto, INADMITO O RECURSO EXTRAORDINÁRIO.

Juiz Federal Presidente da Turma Recursal

81. AGRAVO PARA DESTRANCAR O RECURSO EXTRAORDINÁRIO

No prazo de 15 dias, cabe agravo contra decisão do presidente ou do vice-presidente do tribunal recorrido que inadmitir recurso extraordinário, salvo quando fundada na aplicação de entendimento firmado em regime de repercussão geral ou em julgamento de recursos repetitivos, nos termos do artigo 1.042 do CPC/2015.

EXMO SR. JUIZ PRESIDENTE COORDENADOR DAS TURMAS RECURSAIS DA BAHIA

Processo: XXXXXX

Recorrente: INSTITUTO NACIONAL DO SEGURO SOCIAL

Recorrido: XXXXXXXXX

O INSTITUTO NACIONAL DO SEGURO SOCIAL – INSS, por seu procurador *ex lege*, nos autos do processo em epígrafe, vem, respeitosamente, com fundamento no art. 544 do Código de Processo Civil, interpor

AGRAVO

contra a decisão que não admitiu o recurso extraordinário.

Requer seja admitido e remetido ao Egrégio Supremo Tribunal Federal, com as razões anexas.

Pede deferimento.

FREDERICO AUGUSTO DI TRINDADE AMADO
Procurador Federal

COLENDA TURMA,
EXCELENTÍSSIMO(A) SENHOR(A) MINISTRO(A) RELATOR(A),
RAZÕES DO RECORRENTE:

RE 567985 RG / MT – MATO GROSSO

REPERCUSSÃO GERAL NO RECURSO EXTRAORDINÁRIO

Relator(a): Min. MARCO AURÉLIO

Julgamento: 08/02/2008

No extraordinário interposto com alegada base nas alíneas "a" e "b" do permissivo constitucional, o recorrente articula com a transgressão dos artigos 203, inciso V, e 205, § 5º, da Carta da República. Aduz que a Turma Recursal contrariou o pronunciamento do Supremo relativo à Ação Direta de Inconstitucionalidade nº 1.232-1/DF, porquanto alargou o âmbito de incidência da Lei nº 8.742/93, ao argumento de a miserabilidade poder ser comprovada por outros critérios. Assevera haver o mencionado diploma legal conferido eficácia ao inciso V do artigo 203 da Constituição Federal, tendo fixado os requisitos mínimos para a concessão do benefício, que, consoante aponta, não foram observados na prolação da decisão recorrida.

Decisão

Decisão: O Tribunal reconheceu a existência de repercussão geral da questão constitucional suscitada, vencido o Ministro Eros Grau. Não se manifestou o Ministro Joaquim Barbosa. Ministro MARCO AURÉLIO Relator.

Discute-se no presente Recurso Extraordinário a aplicação do artigo 203, V da Constituição Federal e a constitucionalidade da Lei 8.742/93 tal como já fora reconhecida por esta E. Tribunal na ADIN 1.232-DF.

Veja-se que a matéria foi debatida e ventilada no acórdão recorrido, tendo sido preenchidos todos os requisitos para a admissibilidade do recurso extraordinário, inclusive o prequestionamento da matéria constitucional.

Ademais, como é sabido, não compete à Vice-Presidência do Tribunal *a quo* julgar o mérito do recurso, sendo tal função exclusiva das Cortes Superiores.

Escreveu **BARBOSA MOREIRA**:

"Não compete ao presidente ou ao vice-presidente examinar o mérito do recurso extraordinário ou especial, nem lhe é lícito indeferi-lo por entender que o recorrente não tem razão: estaria, ao fazê-lo, usurpando a competência do Supremo Tribunal Federal ou do Superior Tribunal de Justiça. Toca-lhe, porém, apreciar todos os aspectos da admissibilidade do recurso." (Comentários ao Código de Processo Civil, Vol. V – 7ª – Ed. Forense, pg. 587)

No mesmo sentido:

"O órgão ad quem, a quem compete definitivamente decidir sobre a admissibilidade do recurso, não fica vinculado ao juízo de admissibilidade positivo proferido no primeiro grau de jurisdição.[9]

O juízo onde foi proferida a decisão recorrida, tem, em regra, competência diferida para o exame da admissibilidade provisória do recurso. Entretanto, em se tratando do recurso de agravo de instrumento o juízo a quo é incompetente para averiguar a admissibilidade, pois é interposto diretamente no tribunal (art. 524, CPC), competindo ao relator apreciar-lhe, preliminar e provisoriamente, a admissibilidade.

Mesmo no sistema do CPC de 1939, onde as hipóteses de cabimento do recurso de agravo em todas as suas modalidades (de instrumento, de petição e no auto do processo) eram exaustivamente enumeradas pela lei, não havendo previsão de recurso para o indeferimento, por inadmissível, do agravo de instrumento, a melhor doutrina já se manifestava no sentido da incompetência do juiz a quo para proferir juízo de admissibilidade neste tipo de agravo. Esta foi a razão por que o legislador de 1973, na redação originária do art. 528, houve por bem explicitar, de modo a não deixar dúvida, a incompetência do juízo de primeiro grau para decidir sobre a admissibilidade do agravo.

Salvo no recurso de agravo (de instrumento ou retido), em nenhuma outra hipótese poderá o juízo a quo manifestar-se sobre o mérito. **Infelizmente tem-se verificado amiúde o mau vezo de os tribunais estaduais e regionais federais indeferirem o processamento do recurso extraordinário, ingressando no exame do mérito. É o que se dá, por exemplo, quando o tribunal entende que o acórdão recorrido 'não violou a Constituição ou a Lei Federal'.**

A efetiva violação da Constituição Federal, que é um dos casos de recurso extraordinário (art. 102, III, a, CF), é o próprio mérito do recurso. *O que cabe ao tribunal examinar é a* **admissibilidade do recurso. Na hipótese ventilada, a tão somente alegação da inconstitucionalidade já preenche o requisito de admissibilidade do recurso extraordinário. Basta, portanto, haver mera alegação de ofensa à Constituição para que seja vedado ao tribunal federal ou estadual proferir juízo de admissibilidade negativo ao apelo extremo[10]"** *(in Princípios Fundamentais – Teoria Geral do Recursos – Nelson Nery Junior – 3ª ed. Ed. Revista dos Tribunais, pp.220/221).*

Ora, a efetiva violação de preceito constitucional é o próprio mérito do recurso, devendo sempre que apontada a contrariedade ser admitido o recurso a fim de seja analisado pelo Supremo Tribunal Federal.

---

9. NESSE SENTIDO, RTJ 86/596; RT 661/231; RJTJSP 50/165, 50/167; JTACivSP 94/291.
10. Esta crítica já era encontrada em doutrina anterior: Matos Peixoto, Recurso Extraordinário, Rio de Janeiro, 1935. Capítulo XI, n. 39, p. 229. No mesmo sentido, Liebman, Notas às Instituições de Chiovenda, cit., 3° v., a regra do ex-art. 528, do CPC, que proibia o juízo *a quo* de negar seguimento ao agravo, no caso de agravo de instrumento contra decisão que indefere, na instância ordinária, o RE ou Resp, não pode o tribunal negar-lhe seguimento, porque isto "caracteriza usurpação de competência do STF (ou do STJ), passível de reparo por meio da medida prevista no art. 102, n. I, "1", da CF (reclamação)" (STF-RT 717/290). Para o Resp, o entendimento do STJ é o mesmo: RSTJ 50/98.

Infere-se, assim, que restou plenamente debatida no Tribunal *a quo* questão constitucional argüida no recurso extraordinário. Realmente, o próprio voto condutor consigna, de maneira explícita, a questão constitucional aventada, embora solucione o caso negando efetividade às normas fundamentais.

Ademais, a v. decisão recorrida está em desalinho com a jurisprudência desta Suprema Corte que já admitiu o processamento do feito nesta instância reconhecendo a repercussão geral (cópia anexa).

DAS RAZÕES QUE SUSTENTAM O RECURSO EXTRAORDINÁRIO
DA PREVALÊNCIA DO CRITÉRIO OBJETIVO

Apesar de há muito pacificado o entendimento de que o critério de cálculo da renda *per capita* é eminentemente objetivo, especialmente após o julgamento da ADI 1232/DF, o v. acórdão utiliza de circunstâncias pessoais da parte Autora para conceder-lhe o pleito.

O mencionado argumento, todavia, não merece prosperar, vez que, tal interpretação da Lei nº 8.742/93 estaria desrespeitando a decisão do E. Supremo Tribunal Federal na Ação Direta de Inconstitucionalidade supracitada.

Com efeito, o próprio STF já se posicionou sobre o tema nesse sentido. Cite-se, a título de exemplo a decisão do Ministro Joaquim Barbosa na Rcl 3890/RN[2], *in verbis*:

> *"Embora a sentença não sustente a inconstitucionalidade da Lei 8.742/1993, ela considera gastos com transporte e medicamentos relevantes no cômputo da renda média familiar. Isso altera sensivelmente o critério previsto pelo legislador no art. 20, § 3º, da Lei 8.742/1993, que se refere a ¼ do salário mínimo, sem referência alguma a descontos por razão de gastos com transporte e medicamentos. Por conseqüência, há ofensa ao que ficou decidido no julgamento da ADI 1.232"*

No mesmo sentido, decisão mais recente do Ministro Cézar Peluso na Rcl 4858/PB[3], *in verbis*:

> *"A espécie aparenta estar abrangida pelo âmbito de eficácia desse julgamento, porque implica, qualquer que seja a fundamentação, concessão do **benefício assistencial** a necessitado cuja renda familiar mensal A espécie aparenta estar abrangida pelo âmbito de eficácia desse julgamento, porque implica, qualquer que seja a fundamentação, concessão do **benefício assistencial** a necessitado cuja renda familiar mensal per capita está além do limite estabelecido pelo § 3º, do artigo 20 da Lei nº 8.742/93, em descompasso com a jurisprudência já assente da Corte (Rcl nº 2.303 – AgRg, Pleno, Rel. Min. ELLEN GRACIE, DJ de 01/04/05; Rcl nº 2.733, Rel. Min. SEPÚLVEDA PERTENCE, DJ de 07/12/2004; Rcl nº 2.298, Rel. Min. GILMAR MENDES, DJ de 04/06/2004, e RcI nº 4.470, Rel. Min. CEZAR PELUSO, DJ de 02/03/2007). **SALIENTO, POR FIM, QUE NÃO HÁ EXCOGITAR A POSSIBILIDADE DE SUBTRAIR-SE DA BASE DE CÁLCULO, QUE SERVE À APURAÇÃO DA RENDA PER CAPITA DE 1/4 DO SALÁRIO MÍNIMO, OS GASTOS COM PENSÃO ALIMENTÍCIA E MEDICAMENTOS (FUNDAMENTO DA DECISÃO RECLAMADA, FL. 61), PELA RAZÃO BREVE DE QUE TAIS DESPESAS NÃO FORAM CONTEMPLADAS PELO LEGISLADOR, PARA ESSE FIM (RCLS Nº S 4.495 E 4.157, REL. MIN. CEZAR PELUSO, DJ DE 01/03/07 E 06/04/06, RESPECTIVAMENTE)"*. Sem grifos no original.

Com efeito, fugir ao critério da renda, como pretende a parte autora, levaria o magistrado que acatasse tal pleito a investir-se na função de legislador positivo, vez que não foi fixada qualquer outra hipótese legal de avaliação da miserabilidade que não a renda familiar *per capita*. Este entendimento encontra-se bem explanado no voto do ilustre Ministro Sepúlveda Pertence na ADI 1232/DF, ao contrapor-se ao Relator[6], *in verbis*:

> *"Sr. Presidente, considero perfeita a inteligência dada ao dispositivo constitucional, no parecer acolhido pelo Relator, **no sentido de que o legislador deve estabelecer outras situações***

caracterizadoras da absoluta incapacidade de manter-se o idoso ou o deficiente físico, a fim de completar a efetivação do programa normativo de assistência contido no art. 203 da Constituição. A meu ver, isso não a faz inconstitucional nem é preciso dar interpretação conforme à lei que estabeleceu uma hipótese objetiva de direito à prestação assistencial do Estado. Haverá aí inconstitucionalidade por omissão de outras hipóteses? A meu ver, certamente sim, mas isso não encontrará remédio nesta ação direta". (sem grifos no original)

Assim, ainda que se queira criar provas que levem ao enquadramento do orçamento familiar no limite de um quarto da renda familiar *per capita*, este último continuaria sendo o único meio de prova da miserabilidade para avaliação do direito ao amparo social, vez que é o único previsto na Lei Orgânica da Assistência Social, especialmente por já ter sido decretada a não auto-aplicabilidade do art. 203, V, da CF/88.

Destarte, desconsiderar qualquer renda quanto ao seu montante ou computar qualquer despesa que não seja essencialmente necessária implica, inexoravelmente, em inevitável utilização de benefício assistencial como forma de complementação de renda; algo inteiramente vedado pelos legisladores constituintes e ordinários.

Pedido

Diante de todo o exposto, conclui-se, pois, que é necessário o posicionamento desta Corte Constitucional uma vez que o aresto deferiu à parte autora benefício assistencial, fundando-se, explicitamente, em elemento fático diverso da hipótese legal. Tendo a Constituição Federal, em seu art. 203, V, submetido a aferição das condições às hipóteses estatuídas em lei, resta visível a ofensa ao disposto na norma constitucional, tendo a decisão guerreada atropelado a reserva legal instituída no dispositivo constitucional.

Sendo assim, o INSS requer que o presente Agravo seja conhecido para que seja conhecido o recurso extraordinário.

Pede deferimento.

FREDERICO AUGUSTO DI TRINDADE AMADO
Procurador Federal

82. DECISÃO DO STF QUE JULGA AGRAVO PARA DESTRANCAR RECURSO EXTRAORDINÁRIO

Caberá ao Relator do processo sorteado no STF julgar o agravo contra a decisão de inadmissão do recurso extraordinário, proferida pelo Presidente da Turma Recursal, da Turma Regional ou da Turma Nacional de Uniformização, podendo dar provimento, quando presentes os pressupostos de admissão, quando haverá reforma da decisão rechaçada, ou negar provimento ao agravo, mantendo a decisão do juízo *a quo*.

DECISÃO: 1. Trata-se de agravo de decisão que deixou de admitir recurso extraordinário de decisão de Relator de Turma Recursal de Juizado Especial Federal. O recurso foi inadmitido porque a apontada violação à Constituição, se houvesse, seria indireta, e dependeria do exame de normas infraconstitucionais. A parte agravante sustenta, em suma, que é constitucional a matéria invocada no recurso extraordinário.

2. Merece ser mantida a inadmissão, ainda que por outros fundamentos. Isto porque o recurso extraordinário propõe-se a atacar a decisão monocrática de Relator que negou provimento ao recurso inominado. Desse modo, tal matéria estava sujeita a recurso de natureza ordinária para o órgão colegiado competente. Diante desse quadro, não se pode conhecer do extraordinário ante o óbice da Súmula 281 do STF ("É inadmissível o recurso extraordinário, quando couber, na Justiça de origem, recurso ordinário da decisão impugnada). Nesse sentido, confira-se:

> DIREITO ECONÔMICO. CADERNETA DE POUPANÇA. EXPURGOS INFLACIONÁRIOS. DECISÃO DE JUIZADO ESPECIAL. NÃO ESGOTAMENTO DAS INSTÂNCIAS. SÚMULA 281/STF. De decisão proferida em Juizado Especial cabe recurso para o órgão colegiado, a teor do art. 557, § 1º, do CPC. Aplicação da Súmula 281/STF: "é inadmissível o recurso extraordinário, quando couber na Justiça de origem, recurso ordinário da decisão impugnada". Agravo regimental a que se nega provimento. (AI 720468 AgR, Relator(a): Min. ROSA WEBER, Primeira Turma, DJe 16-04-2012)

> EMENTA Agravo regimental no agravo de instrumento. Juizado Especial. Recurso inominado não provido por decisão monocrática. Embargos declaratórios rejeitados também monocraticamente. Não esgotamento das instâncias ordinárias. Súmula nº 281/STF. 1. Recurso inominado e posteriores embargos declaratórios julgados por decisões monocráticas do Relator. Julgados que ainda davam margem à interposição de agravo interno (art. 557, § 1º, do Código de Processo Civil). 2. Inadmissível o recurso extraordinário quando não esgotada a prestação jurisdicional pelo Tribunal de origem. Incidência da Súmula nº 281/STF. 3. Agravo regimental não provido. (AI 641627 AgR, Relator(a): Min. DIAS TOFFOLI, Primeira Turma, DJe 25-08-2011)

> EMENTA: Recurso extraordinário: descabimento: decisão monocrática que negou seguimento a recurso interposto junto à Turma Recursal dos Juizados Especiais Federais, da qual ainda era cabível agravo regimental (C. Pr. Civil, art. 557, § 1º): incidência da Súmula 281 (RE 427037 AgR, Relator(a): Min. SEPÚLVEDA PERTENCE, Primeira Turma, DJ 03-12-2004)

3. Diante do exposto, nego provimento ao agravo em recurso extraordinário.

Publique-se. Intime-se.

Brasília, 02 de agosto de 2013.

Ministro **Teori Zavascki**
Relator

Documento assinado digitalmente

83. DECISÃO DO STF DANDO PROVIMENTO À RECLAMAÇÃO CONTRA INADMISSÃO DE AGRAVO PARA DESTRANCAR RECURSO EXTRAORDINÁRIO

Cabe ao Presidente da Turma Recursal, da TRU ou da TNU encaminhar ao STF o agravo de instrumento para destrancar recurso extraordinário, não podendo obstar a remessa.

Nesse sentido, a Súmula 727 do STF dispõe que *"não pode o magistrado deixar de encaminhar ao Supremo Tribunal Federal o agravo de instrumento interposto da decisão que não admite recurso extraordinário, ainda que referente a causa instaurada no âmbito dos juizados especiais".*

Desta forma, é cabível reclamação para o STF para fazer subir o agravo de instrumento.

O agravo poderá ser julgado, conforme o caso, conjuntamente com o recurso extraordinário, assegurada, neste caso, sustentação oral, observando-se, ainda, o disposto no regimento interno do STF.

> **DECISÃO**
> *RECLAMAÇÃO. AGRAVO DE INSTRUMENTO NÃO ADMITIDO PELO PRESIDENTE DE TURMA RECURSAL FEDERAL. ALEGADA USURPAÇÃO DE COMPETÊNCIA DESTE SUPREMO TRIBUNAL FEDERAL. RECLAMAÇÃO JULGADA PROCEDENTE AGRAVO REGIMENTAL PREJUDICADO.*
>
> *Relatório*
>
> **1.** Reclamação, com pedido de medida liminar, ajuizada pela União, em 7.10.2008, contra ato do Juiz Presidente da Turma Recursal do Juizado Especial Federal de Alagoas que, ao inadmitir o Agravo de Instrumento interposto nos autos do Recurso Inominado n. 2007.80.13.500335-0, teria usurpado a competência deste Supremo Tribunal Federal.
>
> *O caso*
>
> **2.** Em janeiro de 2007, Fábio da Costa Cavalcanti, Gláucia Tavares de Melo Fortaleza, Victor Quintella Pacca Luna, Ricardo Patriota de Carvalho e Camila Militão de Carvalho Calheiros, ajuizaram a Ação Ordinária de Obrigação de Fazer n. 2007.80.13.500335-0, objetivando a condenação da União ao *"pagamento da indenização referente aos meses de férias não gozadas nos últimos 05 (cinco) anos, acrescidos da remuneração do 1/3 (um terço) constitucional, calculados sobre os vencimentos (...)* [e, ainda, à obrigação de fazer consistente na] *concessão imediata do direito ao gozo anual de período de 60 (sessenta) dias de férias"* (fl. 197).
>
> Os pedidos foram julgados improcedentes e, em 3.10.2007, a Turma Recursal do Juizado Especial Federal de Alagoas deu provimento ao recurso inominado interposto pelos Autores para *"reformar a sentença, condenando a União a conceder aos autores as pleiteadas férias de 60 (sessenta) dias, pagando-lhes a indenização referente aos meses de férias não gozados nos últimos 05 (cinco) anos, acrescidos da remuneração do 1/3 constitucional, calculados sobre os vencimentos"* (fl. 127).
>
> Contra esse acórdão a União interpôs recurso extraordinário (fls. 13-47), não admitido (fl. 128). Na sequência, interpôs agravo de instrumento com fundamento no art. 544, *caput*, do Código de Processo Civil (fls. 50-65).
>
> Em 18.12.2007, o Juiz Presidente da Turma Recursal do Juizado Especial Federal de Alagoas entendeu ser *"incabível o agravo na forma retida"* (fl. 68) e determinou fosse certificado o trânsito em julgado do acórdão recorrido, que ocorreu em 18.12.2007 (fl. 69).
>
> Em pedido de reconsideração a União sustentou ter interposto agravo de instrumento na forma eletrônica, e não agravo retido como asseverou o Juiz Federal Presidente da Turma Recursal no Estado de Alagoas (fls. 70-73).
>
> Sustentou que, se a autoridade reclamada *"entendesse que o recurso interposto virtualmente pela União deveria ter sido interposto através de forma 'física', poderia intimar este ente público a fim de que adotasse a forma procedimental adequada e não receber o recurso em modalidade diversa almejada"* (fl. 71).
>
> Pleiteou, por fim, fosse determinada *"suspensão da execução em seus efeitos financeiros e administrativos"* (fl. 73).

Em 17.3.2008, o Juiz Presidente da Turma Recursal no Estado de Alagoas indeferiu o pedido de reconsideração e salientou que, *"no dia 24.01.2008, a requerente [teria se] manifest[ado] nos autos, na fase de execução, praticando ato judicial incompatível com a pretensão de impugnar a decisão que inadmitira o processamento do agravo"* (fl. 75).

Contra a negativa de seguimento de seu agravo de instrumento a União ajuíza a presente Reclamação.

3. A União argumenta que o Juiz Presidente da Turma Recursal do Juizado Especial Federal de Alagoas teria usurpado a competência deste Supremo Tribunal Federal, pois *"não cabe[ria] ao juízo a quo obstar o processamento do agravo de instrumento para a subida do apelo extraordinário, uma vez que a análise dos requisitos do citado recurso [seria] de competência exclusiva desse Supremo Tribunal Federal"* (fl. 7).

Ressalta que *"a impossibilidade de o juízo a quo analisar quaisquer dos requisitos de cabimento do agravo de instrumento, destinado à subida de recurso extraordinário, já est[aria] devidamente pacificada no âmbito desse Supremo Tribunal Federal, consoante se verifica[ria] da Súmula nº 727 dessa Corte"* (fl. 5).

Pede *"seja cassada a decisão proferida nos autos do mencionado processo, confirmando-se (...) a remessa daqueles autos a esse Supremo Tribunal Federal, para que o mesmo seja processado e julgado"* (fl. 8).

4. Em 8.10.2008, deferi medida liminar para determinar fosse o "<u>Agravo de Instrumento (Processo n. 2007.80.13.500335-0) interposto pela União remetido a este Supremo Tribunal</u>" (fl. 85), sem prejuízo da continuidade do processo de execução.

5. Em 22.10.2008, o Juiz Presidente da Turma Recursal do Juizado Especial Federal de Alagoas prestou informações (fls. 94-95).

6. Em 23.10.2008, os Interessados interpuseram agravo regimental (fls. 221-224).

7. Em 29.1.2009, por meio da Petição STF n. 6.707, o agravo de instrumento interposto pela União foi recebido neste Supremo Tribunal e apensado aos autos desta Reclamação.

8. Em 17.6.2009, a Procuradoria-Geral da República manifestou-se pela procedência desta Reclamação e pelo prejuízo do Agravo Regimental interpostos pelos ora Interessados (fls. 292-296).

Examinados os elementos havidos nos autos, **DECIDO**.

9. O que se põe em foco na presente Reclamação é se seria possível, juridicamente, valer-se a Reclamante desse instituto para questionar eventual usurpação de competência deste Supremo Tribunal Federal, decorrente da decisão do Juiz Presidente da Turma Recursal no Estado de Alagoas que teria impedido o regular processamento do agravo de instrumento interposto pela Reclamante por meio eletrônico.

O ato reclamado está assim fundamentado:

"*Interpõe a União Federal petição de agravo contra decisão que negou seguimento a recurso extraordinário.*

Incabível o agravo na forma retida, nos termos do caput *do art. 544, do CPC: 'Não admitido o recurso extraordinário ou o recurso especial, caberá agravo de instrumento, no prazo de 10 (dez) dias, para o Supremo Tribunal Federal ou para o Superior Tribunal de Justiça, conforme o caso.'*

O agravo de instrumento, como o próprio nome evidencia, difere do agravo retido porque neste último o recurso é interposto no bojo dos autos, que, adiante, serão encaminhados ao tribunal destinatário do agravo para a apreciação de recurso, enquanto que, no primeiro, há necessidade de apresentação de cópia das peças processuais obrigatórias, com vistas à formação do instrumento a ser encaminhado ao juízo competente para apreciação.

Tem-se admitido, entretanto, a apresentação do agravo perante a Secretaria da Turma Recursal, hipótese em que esta funciona como protocolo de extensão. Nada obstante, é imprescindível, neste caso, que as respectivas peças processuais sejam apresentadas em autos físicos, pelo interessado, sem o que não há como deferir-se a formação do agravo para encaminhamento ao STF, eis que não dispõe este último Órgão de sistema informatizado compatível com Creta, que possibilite a remessa eletrônica dos autos.

Mercê do exposto determino que a Secretaria certifique o trânsito em julgado da decisão proferida nos presentes autos, remetendo o feito à 6ª Vara Federal, para adoção das providências que se fizerem necessárias" (fl. 68).

Em apertada síntese, a autoridade judiciária Reclamada deixou de remeter o agravo de instrumento interposto pela União ao Supremo Tribunal Federal, por entender ser necessária a sua formação em meio físico, com as peças de traslado obrigatório, uma vez que a incompatibilidade dos sistemas de processamento eletrônico de documentos utilizados no Tribunal de origem e de destino não permitiria a remessa eletrônica dos autos.

10. A impossibilidade de se obstar o processamento de agravo de instrumento, interposto contra decisão que não admite recurso extraordinário, não é nova neste Supremo Tribunal Federal. Na assentada de 13.9.2007, no julgamento da Reclamação n. 2.826/RS, Relator o Ministro Marco Aurélio, o Plenário deste Supremo Tribunal decidiu:

"RECLAMAÇÃO – AGRAVO DE INSTRUMENTO – AUSÊNCIA DE REMESSA AO SUPREMO. O agravo visando à subida de recurso extraordinário, pouco importando o defeito que apresente, há de ser encaminhado ao Supremo, para o exame cabível" (DJ 14.11.2007, grifos nossos).

No mesmo sentido:

"AGRAVO DE INSTRUMENTO – JUÍZO PRIMEIRO DE ADMISSIBILIDADE – INADEQUAÇÃO. O agravo de instrumento protocolado visando à seqüência de recurso extraordinário não passa por crivo de admissibilidade na origem, cabendo a remessa automática ao Supremo" (Rcl 4.484/SP, Rel. Min. Marco Aurélio, Tribunal Pleno, DJ 23.11.2007).

"EMENTA: RECLAMAÇÃO. CONSTITUCIONAL. JUIZ-PRESIDENTE DA 3ª TURMA RECURSAL DO JUIZADO ESPECIAL CÍVEL DA COMARCA DE UBERLÂNDIA -MG. O Supremo Tribunal Federal sedimentou o entendimento de que os acórdãos proferidos pelas Turmas Recursais dos Juizados Especiais Cíveis e Criminais, quando versantes sobre matéria constitucional, comportam impugnação por meio de apelo extremo -- Súmula 640/STF. Exatamente por essa razão é que a jurisprudência desta colenda Corte também rechaça a obstância, na origem, de agravo de instrumento manejado contra decisão que inadmite recurso extraordinário. Precedentes. Reclamação julgada procedente para determinar a remessa do agravo de instrumento a esta egrégia Corte, uma vez que somente ao Supremo Tribunal Federal compete decidir se esse recurso é passível de conhecimento" (Rcl 2.453/MG, Rel. Min. Carlos Britto, Tribunal Pleno, DJ 11.2.2005, grifos nossos).

"EMENTA: RECLAMAÇÃO. PROCESSUAL CIVIL. RECURSO EXTRAORDINÁRIO INADMITIDO. AGRAVO DE INSTRUMENTO NEGADO SEGUIMENTO PELO PRESIDENTE DA TURMA RECURSAL CÍVEL. ANÁLISE DOS REQUISITOS DE CABIMENTO DO AGRAVO DE INSTRUMENTO COMPETE AO TRIBUNAL 'AD QUEM'. USURPAÇÃO DE COMPETÊNCIA DO STF. PRECEDENTES. RECLAMAÇÃO JULGADA PROCEDENTE" (Rcl 1.574/ES, Rel. Min. Nelson Jobim, Tribunal Pleno, DJ 13.6.2003).

E, ainda, Rcl 1.155/SP, Rel. Min. Nelson Jobim, Tribunal Pleno, DJ 13.6.2003; Rcl 2.132/MG, Rel. Min. Celso de Mello, Segunda Turma, DJ 25.10.2002; Rcl 459/GO, Rel. Min. Celso de Mello, Tribunal Pleno, DJ 8.4.1994; Rcl 5.031/SP, Rel. Min. Cezar Peluso, decisão monocrática, DJ

25.5.2007; Rcl 4.932/SP, de minha relatoria, decisão monocrática, DJ 26.4.2007; Rcl 3.845/RS, Rel. Min. Joaquim Barbosa, decisão monocrática, DJ 2.2.2006; Rcl 3.032/TO, Rel. Min. Carlos Velloso, decisão monocrática, DJ 17.11.2005; e Rcl 3.402/SP, Rel. Min. Carlos Britto, decisão monocrática, DJ 20.9.2005.

A decisão reclamada usurpou, assim, a competência deste Supremo Tribunal, mormente pela clareza do enunciado da Súmula n. 727:

"Não pode o magistrado deixar de encaminhar ao Supremo Tribunal Federal o agravo de instrumento interposto da decisão que não admite recurso extraordinário, ainda que referente a causa instaurada no âmbito dos juizados especiais".

11. Pelo exposto, **julgo procedente a presente Reclamação, ficando, por** óbvio, **prejudicado o exame do agravo regimental.**

À **Secretaria Judiciária do Supremo Tribunal Federal para que desentranhe a Petição STF 6.707/2009 e proceda a sua autuação como agravo de instrumento.**

Arquive-se.

Publique-se.

Brasília, 20 de agosto de 2009.

Ministra **CÁRMEN LÚCIA**
Relatora

84. ACÓRDÃO DO STF EM RECURSO EXTRAORDINÁRIO

Admitido o recurso extraordinário, caberá ao STF o seu julgamento.

Ressalte-se que as decisões tomadas pelas Turmas Recursais também poderão ser vergastadas através do **recurso extraordinário**, uma vez demonstrada a sua repercussão geral e umas das hipóteses de conhecimento contidas no artigo 102, inciso III, da Constituição.

O recurso extraordinário poderá ser interposto contra a decisão de Turma Recursal, da TRU ou TNU.

Nos termos do artigo 35 do Regimento Interno da TNU, o recurso extraordinário poderá ser interposto, no prazo de 15 dias, perante o Presidente da Turma Nacional de Uniformização, sendo a parte contrária será intimada para apresentar contrarrazões no mesmo prazo, findo o qual os autos serão conclusos ao Presidente da Turma Nacional de Uniformização para juízo de admissibilidade, observado o disposto na Constituição da República, na lei processual e no Regimento Interno do Supremo Tribunal Federal.

ARE 664335/SC – SANTA CATARINA

RECURSO EXTRAORDINÁRIO COM AGRAVO

Relator(a): Min. LUIZ FUX

Julgamento: 04/12/2014 Órgão Julgador: Tribunal Pleno

Publicação

ACÓRDÃO ELETRÔNICO
REPERCUSSÃO GERAL - MÉRITO
DJe-029 DIVULG 11-02-2015 PUBLIC 12-02-2015

Ementa

Ementa: RECURSO EXTRAORDINÁRIO COM AGRAVO. DIREITO CONSTITUCIONAL PREVIDENCIÁRIO. APOSENTADORIA ESPECIAL. ART. 201, § 1º, DA CONSTITUIÇÃO DA REPÚBLICA. REQUISITOS DE CARACTERIZAÇÃO. TEMPO DE SERVIÇO PRESTADO SOB CONDIÇÕES NOCIVAS. FORNECIMENTO DE EQUIPAMENTO DE PROTEÇÃO INDIVIDUAL - EPI. TEMA COM REPERCUSSÃO GERAL RECONHECIDA PELO PLENÁRIO VIRTUAL. EFETIVA EXPOSIÇÃO A AGENTES NOCIVOS À SAÚDE. NEUTRALIZAÇÃO DA RELAÇÃO NOCIVA ENTRE O AGENTE INSALUBRE E O TRABALHADOR. COMPROVAÇÃO NO PERFIL PROFISSIOGRÁFICO PREVIDENCIÁRIO PPP OU SIMILAR. NÃO CARACTERIZAÇÃO DOS PRESSUPOSTOS HÁBEIS À CONCESSÃO DE APOSENTADORIA ESPECIAL. CASO CONCRETO. AGENTE NOCIVO RUÍDO. UTILIZAÇÃO DE EPI. EFICÁCIA. REDUÇÃO DA NOCIVIDADE. CENÁRIO ATUAL. IMPOSSIBILIDADE DE NEUTRALIZAÇÃO. NÃO DESCARACTERIZAÇÃO DAS CONDIÇÕES PREJUDICIAIS. BENEFÍCIO PREVIDENCIÁRIO DEVIDO. AGRAVO CONHECIDO PARA NEGAR PROVIMENTO AO RECURSO EXTRAORDINÁRIO. 1. Conduz à admissibilidade do Recurso Extraordinário a densidade constitucional, no aresto recorrido, do direito fundamental à previdência social (art. 201, CRFB/88), com reflexos mediatos nos cânones constitucionais do direito à vida (art. 5º, caput, CRFB/88), à saúde (arts. 3º, 5º e 196, CRFB/88), à dignidade da pessoa humana (art. 1º, III, CRFB/88) e ao meio ambiente de trabalho equilibrado (arts. 193 e 225, CRFB/88). 2. A eliminação das atividades laborais nocivas deve ser a meta maior da Sociedade - Estado, empresariado, trabalhadores e representantes sindicais -, que devem voltar-se incessantemente para com a defesa da saúde dos trabalhadores, como enuncia a Constituição da República, ao erigir como pilares do Estado Democrático de Direito a dignidade humana (art. 1º, III, CRFB/88), a valorização social do trabalho, a preservação da vida e da saúde (art. 3º, 5º, e 196, CRFB/88), e o meio ambiente de trabalho equilibrado (art. 193, e 225, CRFB/88). 3. A aposentadoria especial prevista no artigo 201, § 1º, da Constituição da República, significa que poderão ser adotados, para concessão de aposentadorias aos beneficiários do regime geral de previdência social, requisitos e critérios diferenciados nos "casos de atividades exercidas sob condições especiais que prejudiquem a saúde ou a integridade física, e quando se tratar de segurados portadores de deficiência, nos termos definidos em lei complementar". 4. A aposentadoria especial possui nítido caráter preventivo e impõe-se para aqueles trabalhadores que laboram expostos a agentes prejudiciais à saúde e a fortiori possuem um desgaste naturalmente maior, por que não se lhes pode exigir o cumprimento do mesmo tempo de contribuição que aqueles empregados que não se encontram expostos a nenhum agente nocivo.

5. A norma inscrita no art. 195, § 5º, CRFB/88, veda a criação, majoração ou extensão de benefício sem a correspondente fonte de custeio, disposição dirigida ao legislador ordinário, sendo inexigível quando se tratar de benefício criado diretamente pela Constituição. Deveras, o direito à aposentadoria especial foi outorgado aos seus destinatários por norma constitucional (em sua origem o art. 202, e atualmente o art. 201, § 1º, CRFB/88). Precedentes: RE 151.106 AgR/SP, Rel. Min. Celso de Mello, julgamento em 28/09/1993, Primeira Turma, DJ de 26/11/93; RE 220.742, Rel. Min. Néri da Silveira, julgamento em 03/03/98, Segunda Turma, DJ de 04/09/1998. 6. Existência de fonte de custeio para o direito à aposentadoria especial antes, através dos instrumentos tradicionais de financiamento da previdência social mencionados no art. 195, da CRFB/88, e depois da Medida Provisória nº 1.729/98, posteriormente convertida na Lei nº 9.732, de 11 de dezembro de 1998. Legislação que, ao reformular o seu modelo de financiamento, inseriu os §§ 6º e 7º no art. 57 da Lei nº 8.213/91, e estabeleceu que este benefício será financiado com recursos provenientes da contribuição de que trata o inciso II do art. 22 da Lei nº 8.212/91, cujas alíquotas serão acrescidas de doze, nove ou seis pontos percentuais, conforme a atividade exercida pelo segurado a serviço da empresa permita a concessão de aposentadoria especial após quinze, vinte ou vinte e cinco anos de contribuição, respectivamente. 7. Por outro lado, o art. 10 da Lei nº 10.666/2003, ao criar o Fator Acidentário de Prevenção-FAP, concedeu redução de até 50% do valor desta contribuição em favor das empresas que disponibilizem aos seus empregados equipamentos de proteção declarados eficazes nos formulários previstos na legislação, o qual funciona como incentivo para que as empresas continuem a cumprir a sua função social, proporcionando um ambiente de trabalho hígido a seus trabalhadores. 8. O risco social aplicável ao benefício previdenciário da aposentadoria especial é o exercício de atividade em condições prejudiciais à saúde ou à integridade física (CRFB/88, art. 201, § 1º), de forma que torna indispensável que o indivíduo trabalhe exposto a uma nocividade notadamente capaz de ensejar o referido dano, porquanto a tutela legal considera a exposição do segurado pelo risco presumido presente na relação entre agente nocivo e o trabalhador. 9. A interpretação do instituto da aposentadoria especial mais consentânea com o texto constitucional é aquela que conduz a uma proteção efetiva do trabalhador, considerando o benefício da aposentadoria especial excepcional, destinado ao segurado que efetivamente exerceu suas atividades laborativas em "condições especiais que prejudiquem a saúde ou a integridade física". 10. Consectariamente, a primeira tese objetiva que se firma é: o direito à aposentadoria especial pressupõe a efetiva exposição do trabalhador a agente nocivo à sua saúde, de modo que, se o EPI for realmente capaz de neutralizar a nocividade não haverá respaldo constitucional à aposentadoria especial. 11. A Administração poderá, no exercício da fiscalização, aferir as informações prestadas pela empresa, sem prejuízo do inafastável judicial review. Em caso de divergência ou dúvida sobre a real eficácia do Equipamento de Proteção Individual, a premissa a nortear a Administração e o Judiciário é pelo reconhecimento do direito ao benefício da aposentadoria especial. Isto porque o uso de EPI, no caso concreto, pode

não se afigurar suficiente para descaracterizar completamente a relação nociva a que o empregado se submete. 12. In casu, tratando-se especificamente do agente nocivo ruído, desde que em limites acima do limite legal, constata-se que, apesar do uso de Equipamento de Proteção Individual (protetor auricular) reduzir a agressividade do ruído a um nível tolerável, até no mesmo patamar da normalidade, a potência do som em tais ambientes causa danos ao organismo que vão muito além daqueles relacionados à perda das funções auditivas. O benefício previsto neste artigo será financiado com os recursos provenientes da contribuição de que trata o inciso II do art. 22 da Lei nº 8.212, de 24 de julho de 1991, cujas alíquotas serão acrescidas de doze, nove ou seis pontos percentuais, conforme a atividade exercida pelo segurado a serviço da empresa permita a concessão de aposentadoria especial após quinze, vinte ou vinte e cinco anos de contribuição, respectivamente. O benefício previsto neste artigo será financiado com os recursos provenientes da contribuição de que trata o inciso II do art. 22 da Lei nº 8.212, de 24 de julho de 1991, cujas alíquotas serão acrescidas de doze, nove ou seis pontos percentuais, conforme a atividade exercida pelo segurado a serviço da empresa permita a concessão de aposentadoria especial após quinze, vinte ou vinte e cinco anos de contribuição, respectivamente. 13. Ainda que se pudesse aceitar que o problema causado pela exposição ao ruído relacionasse apenas à perda das funções auditivas, o que indubitavelmente não é o caso, é certo que não se pode garantir uma eficácia real na eliminação dos efeitos do agente nocivo ruído com a simples utilização de EPI, pois são inúmeros os fatores que influenciam na sua efetividade, dentro dos quais muitos são impassíveis de um controle efetivo, tanto pelas empresas, quanto pelos trabalhadores. 14. Desse modo, a segunda tese fixada neste Recurso Extraordinário é a seguinte: na hipótese de exposição do trabalhador a ruído acima dos limites legais de tolerância, a declaração do empregador, no âmbito do Perfil Profissiográfico Previdenciário (PPP), no sentido da eficácia do Equipamento de Proteção Individual – EPI, não descaracteriza o tempo de serviço especial para aposentadoria. **15. Agravo conhecido para negar provimento ao Recurso Extraordinário.**

Decisão

Preliminarmente, o Tribunal, por unanimidade, deu provimento ao agravo para o processamento do recurso extraordinário. Em seguida, após o voto do Ministro Luiz Fux (Relator), dando provimento ao recurso, pediu vista dos autos o Ministro Roberto Barroso. Falaram, pelo recorrido Antonio Fagundes, o Dr. Luiz Hermes Brescovici, OAB/SC nº 3683; pelo *amicus curiae* Confederação Brasileira de Aposentados e Pensionistas – COBAP, o Dr. Gabriel Dornelles Marcolin; pelo *amicus curiae* Instituto Brasileiro de Direito Previdenciário – IBDP, a Dra. Gisele Lemos Kravchychyn; pelo *amicus curiae* Sindicato dos Trabalhadores nas Indústrias Siderúrgicas, Metalúrgicas, Mecânicas, de Material Elétrico e Eletrônico e Indústria Naval de Cubatão, Santos, S. Vicente, Guarujá, Praia Grande, Bertioga, Mongaguá, Itanhaém, Peruíbe e S. Sebastião, o Dr. Sérgio Pardal Freudenthal; pelo *amicus curiae* Sindicato dos Trabalhadores no Comércio de Minérios, Derivados de Petroleo e Combustiveis de Santos e Região e pelo *amicus curiae* Sindicato dos Trabalhadores nas Indústrias do Papel, Papelão e Cortiça de Mogi das Cruzes, Suzano, Poá e Ferraz de Vasconcelos, o Dr. Fernando Gonçalves Dias. Presidência do Ministro Ricardo Lewandowski, Vice-Presidente no exercício da Presidência. Plenário, 03.09.2014. Decisão: O Tribunal, por unanimidade, negou provimento ao recurso extraordinário. Reajustou o voto o Ministro Luiz Fux (Relator). O Tribunal, por maioria, vencido o Ministro Marco Aurélio, que só votou quanto ao desprovimento do recurso, assentou a tese segundo a qual o direito à aposentadoria especial pressupõe a efetiva exposição do trabalhador a agente nocivo a sua saúde, de modo que, se o Equipamento de Proteção Individual (EPI) for realmente capaz de neutralizar a nocividade, não haverá respaldo constitucional à aposentadoria especial. O Tribunal, também por maioria, vencidos os Ministros Marco Aurélio e Teori Zavascki, assentou ainda a tese de que, na hipótese de exposição do trabalhador a ruído acima dos limites legais de tolerância, a declaração do empregador, no âmbito do Perfil Profissiográfico Previdenciário (PPP), da eficácia do Equipamento de Proteção Individual (EPI), não descaracteriza o tempo de serviço especial para aposentadoria. Ausente, justificadamente, o Ministro Dias Toffoli. Presidiu o julgamento o Ministro Ricardo Lewandowski. Plenário, 04.12.2014.

85. RECLAMAÇÃO PARA A TURMA NACIONAL DE UNIFORMIZAÇÃO

Na Turma Nacional de Uniformização de Jurisprudência dos Juizados Especiais Federais, admite-se reclamação contra decisão da turma recursal que recusa adaptar acórdão à jurisprudência consolidada[9].

Para preservar a competência da Turma Nacional de Uniformização ou garantir a autoridade das suas decisões, caberá reclamação da parte interessada ou do Ministério Público, **no prazo de quinze dias**, a contar da intimação da decisão nos autos de origem.

De acordo com o artigo 46 do Regimento Interno da TNU, não cabe reclamação, sendo a inicial desde logo indeferida quando:

I – fundamentada em decisões proferidas em outros autos;

II – fundamentada em negativa de admissibilidade de incidente nacional por parte do juiz responsável pela admissibilidade;

III – fundamentada em negativa de seguimento, pelo Presidente da TNU ou pelo seu colegiado, de incidente de uniformização manifestamente inadmissível ou em confronto evidente com súmula ou jurisprudência dominante;

IV – impugnar decisão do Presidente da TNU que devolve à turma de origem os processos suspensos e os para sobrestamento;

---

9. Questão de Ordem 16, de 06.06.2005.

V – impugnar decisão de sobrestamento em juízo provisório de admissibilidade, em aguardo à decisão de processo paradigmático ou representativo de controvérsia;

VI – impugnar decisão do magistrado responsável pelo juízo preliminar de admissibilidade nos casos previstos no art. 14, §§ 2º e 3º10, do Regimento Interno da TNU.

A reclamação, dirigida ao Presidente da Turma Nacional de Uniformização e instruída com as provas documentais pertinentes, será autuada e distribuída ao relator da causa principal, sempre que possível único.

Ademais, não caberá reclamação fundada em descumprimento de decisão proferida pela Turma Nacional de Uniformização em outro processo. Ao despachar a reclamação, o relator:

I – requisitará informações da autoridade a quem foi imputada a prática do ato impugnado, as quais deverão ser prestatso ou do ato impugnado, caso seja necessário para evitar dano irreparável.

Ademais, o Ministério Público, nas reclamações que não houver formulado, terá vista do processo, por cinco dias, após o decurso do prazo para informações.

EXCELENTÍSSIMO SENHOR MINISTRO-PRESIDENTE DA TURMA NACIONAL DE UNIFORMIZAÇÃO DOS JUIZADOS ESPECIAIS FEDERAIS

INSTITUTO NACIONAL DO SEGURO SOCIAL – INSS, Autarquia Federal, criada pela Lei nº 8.029, de 13.04.90, no gozo das prerrogativas e imunidades da União, por seu Procurador "ex lege", vem, com fundamento no artigo 45 e seguintes do Regimento Interno da TNU, vem propor a presente

RECLAMAÇÃO

com pedido de liminar, em face de decisão proferida pelo **JUIZ TITULAR DA XX VARA DO JEF DA SEÇÃO JUDICIÁRIA DA BAHIA** no processo XXXXXXXXX, pelos motivos de fato e de direito a seguir aduzidos.

I – DO CABIMENTO E DA TEMPESTIVIDADE

A presente reclamação é apresentada com base no artigo 45 do RITNU, por ter o juiz singular violado decisão dessa Turma Nacional no processo em epígrafe:

---

10. § 2º O magistrado responsável pelo juízo preliminar de admissibilidade encaminhará o processo à Turma Recursal ou Regional para juízo de retratação, caso o acórdão recorrido esteja em manifesto confronto com súmula ou jurisprudência dominante da Turma Nacional de Uniformização, do Superior Tribunal de Justiça ou do Supremo Tribunal Federal.

§ 3º O feito deverá ser devolvido à Turma de origem quando o acórdão recorrido contrariar julgamento proferido em incidente de resolução de demandas repetitivas, para aplicação da tese firmada.

> "Art. 45. Para preservar a competência da Turma Nacional de Uniformização ou garantir a autoridade das suas decisões, caberá reclamação da parte interessada ou do Ministério Público, no prazo de quinze dias, a contar da intimação da decisão nos autos de origem".

Ademais, o INSS interpõe a presente reclamação em observância ao prazo de 15 dias a contar da intimação da decisão vergastada, da lavra do Juiz Titular da XX Vara do JEF da Seção Judiciária do Estado da Bahia, conforme anexa certidão de intimação.

II – DO MÉRITO

Essa Turma Nacional proveu incidente de uniformização interposto pelo segurado autor desta demanda, determinando a concessão do BPC/LOAS deficiente.

No Acórdão, restou consignado que haveria a incidência da Lei 11.960/2009 no cálculo dos juros de mora e da correção monetária das parcelas vencidas, regra que determina a incidência do índice de caderneta de poupança (0,5% de juros de mora e correção monetária pela TR), conforme anexa decisão.

Todavia, na fase de execução, o juízo *a quo* pronunciou a inconstitucionalidade desta regra da Lei 11.960/2009, determinado a aplicação do Manual de Cálculos da Justiça Federal, que possui índices mais gravosos para o INSS.

Desta forma, no capítulo de sentença dos juros e correção monetária houve afronta à decisão dessa Turma Nacional, pois descabe ao juiz de 1º grau em execução a declaração incidental de inconstitucionalidade desta passagem da Lei 11.960/2009, o que somente poderia ter ocorrido na fase de conhecimento.

Ademais, o tema sequer foi definido pelo STF, estando pendente de julgamento o Recurso Extraordinário, com julgamento suspenso pelo Plenário da Suprema Corte.

III – DA LIMINAR

Considerando que o juiz singular executor da decisão determinou a expedição de requisição de pequeno valor, que é paga rapidamente (de 40 a 90 dias, em média) e que a diferença entre a aplicação da Lei 11.960/2009 e o Manual de Cálculos da Justiça Federal é de **R$ 8.750,02** no caso concreto, nota-se que o pagamento dificilmente será revertido, não possuindo o segurado patrimônio para suportar a reversão da execução.

Daí a urgência na concessão de medida liminar para sobrestar a expedição ds RPV, ou, ao menos, permitir a expedição somente no valor incontroverso.

IV– DOS PEDIDOS

Face a todo o exposto, pede-se o INSS, **_liminarmente_**, a suspensão da decisão impugnada, para o fim de suspender a expedição de RPV ou, ao menos, limitar ao valor incontroverso com a incidência da Lei 11.960/2009 no cálculo dos juros de mora e correção monetária.

Pede-se, ainda, (i) que sejam requisitadas informações do D. Juiz relator da decisão atacada, no prazo de 10 dias; (ii) que o Ministério Público seja intimado para competente acompanhamento e manifestação no prazo de 5 dias e, por fim, (iii) que a presente reclamação seja julgada procedente para sustar a decisão rechaçada, determinando a incidência da Lei 11.960/2009 no cálculo dos juros de mora e correção monetária.

Dá-se à causa o valor de R$ 8.750,02

Salvador, 2 de fevereiro de 2017.

Frederico Augusto Di Trindade Amado
Procurador Federal – AGU

> **DOCUMENTOS ANEXOS:**
> Petição inicial, contestação, sentença, recurso inominado, decisão da Turma Recursal, incidente para a TNU, acórdão da TNU, impugnação do INSS, planilha de cálculos, decisão do juiz singular da execução e certidão de intimação.

86. DECISÃO DA TNU JULGANDO RECLAMAÇÃO

Uma vez julgando procedente a reclamação, a Turma Nacional de Uniformização cassará a decisão impugnada, no todo ou em parte, ou determinará medida adequada à preservação de sua competência, cabendo ao Presidente da Turma determinara o imediato cumprimento da decisão, lavrando-se o acórdão posteriormente.

Caso impertinente, por julgar que o juízo *a quo* não violou decisão da TNU, deverá a reclamação ser julgada improcedente.

Processo

PEDILEF 00000168320154900000

RECLAMAÇÃO

Relator(a)

JUIZ FEDERAL DOUGLAS CAMARINHA GONZALES

Sigla do órgão

TNU

Data da Decisão

19/11/2015

Fonte/Data da Publicação

DOU 22/01/2016 PÁGINAS 83/132

Decisão

Acordam os membros da TNU – Turma Nacional de Uniformização JULGAR IMPROCEDENTE a Reclamação ajuizada, nos termos do voto-ementa do Juiz Federal Relator.

Ementa

RECLAMAÇÃO. AUSÊNCIA DE RECUSA À ADAPTAÇÃO DO JULGADO À JURISPRUDÊNCIA CONSOLIDADA DA TNU. RECLAMAÇÃO IMPROCEDENTE. 1. Prolatado acórdão pela Turma Recursal do Rio Grande do Norte, o qual, em sede de juízo de adequação, negou provimento ao recurso do ora reclamado, ao argumento de que, não obstante os parâmetros estabelecidos pelo STF (RE nº 567.985/MT e RE 580.963/PR), à luz dos elementos probatórios presentes nos autos, a parte autora não preenche o requisito da miserabilidade para a concessão do benefício assistencial. 2. Intimado do teor do acórdão, a parte autora protocolou petição informando que a decisão do E. Presidente da TNU, o qual determinou o retorno dos autos à Turma Recursal para adequação, encontra-se equivocada na medida em que fez referência exclusivamente ao requisito não controvertido nos autos, qual seja, miserabilidade. Por conseguinte, alega equivocado o acórdão proferido pelo Colegiado pois, baseada na decisão da Presidência, deixou de analisar a matéria em discussão – incapacidade. 3. A Turma Recursal do Rio Grande do Norte rejeitou o pedido formulado na petição sob o argumento de que: i) "não cabe o manejo de agravo de instrumento contra decisão da Turma Recursal que, em cumprimento ao disposto no § 3º do art. 543-B, do CPC, aplica decisão de mérito do STF em questão de repercussão geral, admitindo-se sua conversão em agravo interno desde que manejados até 19/11/2009, data de publicação do acórdão, a ser julgado pelo tribunal de origem (ARE 774064AGR/DF)"; ii) que "o agravo interno presta-se apenas e tão somente para combater decisão monocrática, não servindo como ferramenta processual de revisão de decisões do próprio colegiado, de modo que, no caso concreto, o acórdão tornou-se irrecorrível", e iii) que "eventual irresignação contra decisão da TNU que determinou o retorno deveria ter sido objeto de impugnação no instante em que foi proferida e perante aquele órgão jurisdicional, providência que, aparentemente, não foi adotada, pois não registrada neste feito virtual". 4. Dito isto, decido. 5. Fiel à mesma simetria de cabimento da reclamação perante os Tribunais Superiores, a TNU tem admitido Reclamação "contra decisão da turma recursal que recusa adaptar acórdão à jurisprudência consolidada" (Questão de Ordem nº 16), destinando-se este remédio processual a "preservar a competência do Tribunal ou garantir a autoridade das suas decisões", conforme o art. 13 da Lei nº 8.038/90, que institui normas procedimentais perante o STJ e STF (aplicável aqui por analogia, ante a ausência de previsão específica no Regimento Interno da TNU). 6. Portanto, a Reclamação só é cabível quando a recusa à adequação do julgado contrariar decisão prolatada em caso específico (lide subjetiva), de modo a garantir-se a autoridade do que decidido por este Colegiado de Uniformização de Jurisprudência, com eficácia inter partes. Pois, segundo a jurisprudência do Superior Tribunal de Justiça, "A reclamação não integra o rol das ações constitucionais destinadas a realizar o controle concentrado e abstrato de constitucionalidade das leis e atos normativos. É medida processual que somente opera efeitos inter partes, não ostentando efeito geral vinculante." (REsp 697.036/RS, Rel. Min. CASTRO MEIRA, SEGUNDA TURMA, DJe 4/8/2008). 7. No caso sob luzes, mantenho os fundamentos da decisão que rejeitou o pedido de saneamento do erro apontado na decisão da Presidência da TNU e no acórdão prolatado em juízo de adequação, razão pela qual reputo como inexistente o descumprimento à decisão da TNU. **8. Patente, pois, a rejeição da reclamação. 9. Reclamação improcedente.**

87. DESPACHO DE INTIMAÇÃO DE CÁLCULOS NA EXECUÇÃO

Em havendo condenação do INSS no pagamento de parcelas vencidas após a formação da coisa julgada, cabe ao autor apresentar planilha com os valores atualizados, ou então à contadoria da Vara elaborar a atualização, para, em seguida, intimar as partes para aquiescência ou discordância fundamentada.

ATO ORDINATÓRIO

PROCESSO: XXXXXXXXX

AUTOR: XXXXXXXXXXX

RÉU: INSTITUTO NACIONAL DO SEGURO SOCIAL – INSS

De ordem do MM Juiz da XX Vara Federal, nos termos da Portaria n° XXXXX procedi à remessa dos presentes autos ao setor competente para:

- **INTIMAÇÃO DO AUTOR ACERCA DA SENTENÇA**;
- **INTIMAÇÃO DO RÉU PARA MANIFESTAÇÃO**, NO PRAZO IMPRORROGÁVEL DE CINCO DIAS, **ACERCA DOS CÁLCULOS JUDICIAIS**, com vistas à expedição de RPV.

DATA

SERVIDOR X

---

88. IMPUGNAÇÃO AOS CÁLCULOS NA EXECUÇÃO

Caso alguma parte discorde dos valores apresentados pelo juiz ou pela parte contrária das parcelas vencidas da execução, caberá uma impugnação por incidente processual no rito do JEF, que não admite embargos à execução.

De acordo com o Enunciado 13, do FONAJEF, não são admissíveis embargos de execução nos JEFs, devendo as impugnações do devedor ser examinadas independentemente de qualquer incidente.

EXMO. SR. JUIZ DA <u>XX VARA</u> DO JUIZADO ESPECIAL FEDERAL CÍVEL DA SEÇÃO JUDICIÁRIA DO ESTADO DA BAHIA

PROCESSO N°   : XXXXXXXXXX

Réu: INSTITUTO NACIONAL DO SEGURO SOCIAL – INSS.

O **INSTITUTO NACIONAL DO SEGURO SOCIAL – INSS**, já qualificado nos autos em epígrafe, por intermédio do Procurador Federal infra-firmado, vem, diante V. Exa., expor e requerer o que se segue:

Conforme anexa manifestação técnica devidamente instruída no NECAP/INSS, que integra esta petição para todos os fins de direito, nota-se que os cálculos devem ser reduzidos de **R$ 28.521,11** para **R$ 23.618,27**, tendo em conta a inobservância do novo patamar dos juros e correção monetária fixados pela Lei 11.960/2009, que transitou em julgado, assim como da Súmula 111, do STJ, pois na base de cálculo dos honorários advocatícios não incidem as prestações vencidas após a sentença.

Pede deferimento.

Salvador, xxxxxxxxxxxxxx

FREDERICO AUGUSTO DI TRINDADE AMADO.

Procurador Federal.

ANEXOS: Parecer NECAP INSS e planilha de cálculos

89. DECISÃO DO INCIDENTE NA EXECUÇÃO

Caso apresentada na fase de execução incidente pelo INSS ou pelo segurado/dependente, impugnando o valor das parcelas vencidas ou mesmo o valor da renda mensal do benefício previdenciário, caberá ao juiz que preside a execução proferir decisão interlocutória observado o direito ao contraditório da parte ex--adversa.

PROCESSO xxxxxxxxx

xxxxxxxxxxxxxxxx

VERSUS

INSTITUTO NACIONAL DO SEGURO SOCIAL – INSS

DECISÃO

Cuida-se de impugnação aos cálculos ofertada pelo INSS que busca a reforma dos valores apresentados pela Contadoria desta Vara Federal, a fim de reduzir o valor dos atrasados de R$ 33.150,01 para R$ 28.181,30.

Argumenta a autarquia previdenciária que o correto valor da renda mensal atual da aposentadoria especial implantada é de R$ 3.550,00, mas a decisão transitada em julgado equivocadamente a fixou em R$ 3.601,50.

A impugnação do INSS não merece ser acolhida, pois a sentença que transitou em julgado e que neste ponto não foi alvo de recurso inominado pela autarquia previdenciária fixou a renda mensal atual da aposentadoria especial em R$ 3.601,50, sendo que o acolhimento da impugnação importaria em violação à coisa julgada formada neste processo.

Isto posto, REPILO A IMPUGNAÇÃO.

SÃO PAULO (SP), xxxxxxxxxxx.

JUIZ FEDERAL

90. MANDADO DE SEGURANÇA COMO SUCEDÂNEO RECURSAL NA EXECUÇÃO

Quando as decisões não são impugnáveis via recurso, a exemplo da decisão de incidente processual na execução do julgado, deverá a parte prejudicada interpor **mandado de segurança** para a respectiva Turma Recursal (órgão *ad quem*), conforme entendimento consolidado do STJ[11], sendo este também o posicionamento do STF (RE 586.789, de 16.11.2011).

Também nesse sentido a Súmula 376 do STJ:

> **Súmula 376** – "Compete a turma recursal processar e julgar o mandado de segurança contra ato de juizado especial".

No entanto, conforme visto no Capítulo 2 desta obra, o tema é polêmico e o leitor deve avaliar o Regimento Interno da Turma Recursal da sua localidade e a jurisprudência local, pois descabe incidente de uniformização sobre questões processuais.

EXMO.(a) SR.(a) DR.(a) JUIZ(a) PRESIDENTE DA TURMA RECURSAL DOS JUIZADOS ESPECIAIS FEDERAIS DE SEÇÃO JUDICIÁRIA DO ESTADO DA BAHIA.

O **INSTITUTO NACIONAL DO SEGURO SOCIAL – INSS**, autarquia federal representada pela *Procuradoria Federal na Bahia*, com fulcro nos arts. 5º, LXIX da CRFB e na Lei 10.016/2009, impetra o presente

MANDADO DE SEGURANÇA

com pedido liminar

contra ato da Exmª Juíza Federal da xx Vara dos Juizados Especiais Cíveis da Bahia, xxxxxxxxxxxxxx, órgão jurisdicional previsto no art. 98, I da CRFB, com sede no Centro Administrativo do Estado da Bahia, s/ nº, pelas razões de fato e de direito a seguir expostas.

De início requer o Impetrante a citação da parte Autora nos autos do Processo nº xxxxxxxxx– AUTOR, ENDEREÇO, por ser litisconsorte necessário deste *mandamus*, eis que apto a interferir na sua esfera patrimonial/jurídica.

I – DO RESUMO DA CAUSA E DA VIOLAÇÃO DO DIREITO LÍQUIDO E CERTO

A parte autora do processo originário ingressou com ação postulando a revisão de seu benefício previdenciário de auxílio doença com fundamento no art 29 II da Lei 8213/91, tendo conseguido a tutela jurisdicional já trânsita em julgado.

Ocorre que, no cálculo das parcelas vencidas, a decisão fez incidir a variação pelo INPC a partir da competência 07/2009, e não da TR, descumprindo decisão da lavra do STF.

---

11. EDROMS 200501035527, de 09.02.2010.

Para o Juízo, incabível o acolhimento da impugnação formulada pelo INSS tendo em vista que foram realizados em consonância com o novo Manual de Cálculos da Justiça Federal, aprovado pela Resolução 267/2013 do CJF, que determina a utilização do INPC para fins de correção monetária.

Assim, o Impetrante aduz ter direito líquido e certo à incidência do novo regramento inaugurado pela Lei 11.960/2009, devendo ser fixado o valor das parcelas vencidas em R$ 8.779,83, e não em R$ 10.803,98 como quer a autoridade coatora.

II – DA TEMPESTIVIDADE.

O presente writ é tempestivo, tendo em conta não terem sido decorridos mais de 120 dias entre a intimação da decisão rechaçada **(20/01/2015)** e a data da impetração.

III. DO MÉRITO.

Impõe-se, ainda, a reforma parcial do *decisum* no ponto em que determina a utilização do IPCA-E como **índice** de correção monetária das diferenças vencidas após entrada em vigor da Lei 11.960/2009, ao arrepio do quanto previsto no artigo 1º-F da lei 9.494/97, com redação dada pela Lei 11.960/2009.

O Juízo *a quo* entendeu, no particular, não se aplicar às condenações impostas à Fazenda Pública o disposto no artigo 1º-F da lei 9.494/97, com redação dada pela Lei 11.960/2009, com fundamento da declaração de sua inconstitucionalidade, por arrastamento, pelo Supremo Tribunal Federal, no recente julgamento das ADIs 4.357/DF e 4.425/DF, redator para o acórdão Min. Luiz Fux (relator original Min. Ayres Britto), ocorrido em 13/04/2013.

No entanto, a decisão ora recorrida não pode prevalecer, haja vista que o tema está pendente de julgamento pelo STF no RE 870.947.

Veja-se notícia publicada no site do STF em 8 de maio de 2015:

"**Notícias STF** Sexta-feira, 08 de maio de 2015

Correção e juros de mora em precatórios são tema de repercussão geral

O Supremo Tribunal Federal (STF) reconheceu a repercussão geral de um recurso relativo à incidência de juros e correção monetária em precatórios. O tema é abordado no Recurso Extraordinário (RE) 870947, de relatoria do ministro Luiz Fux. Segundo a decisão, além de evitar que outros casos cheguem à Corte, o julgamento do recurso em repercussão geral permitirá ainda esclarecer aspectos não abordados no julgamento do tema nas Ações Diretas de Inconstitucionalidade (ADIs) 4357 e 4425.

Segundo a manifestação do relator, acompanhado por maioria no Plenário Virtual do STF, é oportuna a reiteração das razões que orientaram o julgamento sobre a Emenda Constitucional (EC) 62/2009, relativa aos precatórios, realizado nas ADIs 4357 e 4425. "A um só tempo, contribuirá para orientar os tribunais locais quanto à aplicação do decidido pelo STF, bem como evitará que casos idênticos cheguem a esta Corte", afirmou.

Juros em relações não-tributárias

O caso servirá ainda para esclarecer duas "sutilezas" pendentes de um pronunciamento explícito pela Corte. A primeira delas é relativa à declaração de inconstitucionalidade por arrastamento do artigo 1-F da Lei 9.494/1997, com redação dada pela Lei 11.960/2009. O dispositivo diz que nas condenações impostas à Fazenda Pública, os índices relativos à correção monetária, juros remuneratórios e de mora são os índices de remuneração básica e juros aplicados à caderneta de poupança.

A previsão foi considerada inconstitucional por vulnerar o princípio da isonomia, uma vez que o Código Tributário Nacional (CTN) prevê juros de mora de 1% ao mês para a dívida do contribuinte com o fisco. **Assim, a declaração de inconstitucionalidade proferida pelo STF se refere a dívidas de natureza tributária. Quanto aos juros moratórios incidentes sobre condenações oriundas de relação jurídica não-tributária, a decisão prevê que sejam observados os critérios fixados pela legislação infraconstitucional, "notadamente os índices oficiais de remuneração básica e juros aplicados à caderneta de poupança".**

Entretanto, o acórdão recorrido, oriundo do Tribunal Regional Federal da 5ª Região (TRF-5) e relativo à disputa entre o Instituto Nacional do Seguro Social (INSS) e um beneficiário, ampliou o alcance da decisão proferida pelo STF, afastando a aplicação da legislação infraconstitucional para relações de natureza não tributária, tendo por base o julgamento das ADIs sobre precatórios. "Não se trata de caso isolado. Em outros recursos que chegaram ao STF esta mesma circunstância estava presente", afirmou o ministro Luiz Fux.

Correção monetária

O outro aspecto pendente de esclarecimento pelo STF é incidência da correção monetária das condenações impostas à Fazenda Pública na fase anterior à expedição do precatório. Segundo o ministro Luiz Fux, o STF se manifestou apenas quanto às regras para a atualização dos valores de precatórios, faltando ainda um pronunciamento expresso quanto às regras de correção monetária na fase anterior, relativa às condenações.

O debate não se colocou no julgamento das ADIs, uma vez que elas abordaram apenas a constitucionalidade do parágrafo 12 do artigo 100 da Constituição Federal, o qual se refere unicamente à correção monetária após a expedição dos precatórios. A despeito disso, vários tribunais locais vêm estendendo a decisão do STF nas ADIs de modo a abarcar também a correção monetária das condenações".

Considerando que a condenação contra o INSS a respeito dos benefícios previdenciários é matéria não tributária, caberá ao STF definir essa confusão que criou no julgamento do Recurso Extraordinário 870.947, dando a entender na notícia acima colacionada que irá manter a Lei 11960/2009.

O Relator, Ministro Fux, acompanhado pelos Ministros Edson Fachin, Roberto Barroso e Rosa Weber, votaram pela atualização monetária a ser procedida segundo o IPCA-E, desde a data fixada na sentença e pela aplicação de juros moratórios fixados segundo a remuneração da caderneta de poupança, na forma do art. 1º-F da Lei 9.494/1997, com a redação dada pela Lei 11.960/2009.

Por outro lado, o Ministro Teori Zavascki votou pela incidência de juros de mora e correção monetária pelos índices de poupança (6% de juros e TR), que é o entendimento da União e do INSS. Já o Ministro Marco Aurélio votou pela aplicação da Taxa SELIC. Veja-se

"Informativo 811 – Condenação contra a Fazenda Pública e índices de correção monetária – 1

O Plenário iniciou julgamento de recurso extraordinário em que se discute a validade da utilização dos índices oficiais de remuneração básica da caderneta de poupança para a correção monetária e a fixação de juros moratórios incidentes sobre condenações impostas à Fazenda Pública, conforme determina o art. 1º-F da Lei 9.494/1997, com a redação dada pela Lei 11.960/2009 ("Nas condenações impostas à Fazenda Pública, independentemente de sua natureza e para fins de atualização monetária, remuneração do capital e compensação da mora, haverá a incidência uma única vez, até o efetivo pagamento, dos índices oficiais de remuneração básica e juros aplicados à caderneta de poupança"). Na espécie, o ora recorrido ajuizara ação ordinária em face do INSS com pedido de concessão do benefício assistencial previsto no art. 203, V, da CF. O juízo de primeiro grau, então, julgara procedente o pedido e determinara que o INSS instituísse, em favor do autor, benefício de prestação continuada, na forma do art. 20 da LOAS. O pagamento das prestações vencidas deveria ser acrescido de correção monetária pelo IPCA, a partir de cada parcela, e juros de mora de acordo com o índice oficial de remuneração básica da caderneta de poupança. Interposta apelação pela autarquia previdenciária, a sentença fora mantida. O Ministro Luiz Fux (relator), acompanhado pelos Ministros Edson Fachin, Roberto Barroso e Rosa Weber, deu provimento parcial ao recurso extraordinário para: a) assentar a natureza assistencial da relação jurídica em exame (caráter não-tributário) e b) manter a concessão de benefício de prestação continuada (Lei 8.742/1993, art. 20) ao recorrido, obedecidos os seguintes critérios: 1) atualização monetária a ser procedida segundo o IPCA-E, desde a data fixada na sentença e 2) juros moratórios fixados segundo a remuneração da caderneta de poupança, na forma do art. 1º-F da Lei 9.494/1997, com a redação dada pela Lei 11.960/2009. Destacou, inicialmente, que as decisões proferidas pelo STF na ADI 4.357/DF (DJe de 26.9.2014) e na ADI 4.425/DF (DJe de 19.12.2013) não teria fulminado por completo o art. 1º-F da Lei 9.494/1997, na redação dada pela Lei 11.960/2009. Nesses julgados fora declarada a inconstitucionalidade da correção monetária pela TR apenas quanto ao intervalo de tempo compreendido entre a inscrição do crédito em precatório e o efetivo pagamento. Isso porque a norma constitucional impugnada nas ADIs (CF, art. 100, § 12, incluído pela EC 62/2009) referia-se apenas à atualização do precatório e não à atualização da condenação após a conclusão da fase de conhecimento. A redação do art. 1º-F da Lei 9.494/1997, como fixada pela Lei 11.960/2009, seria, porém, mais ampla, englobando tanto a atualização de precatórios quanto a atualização da própria condenação. Não haveria, contudo, qualquer motivo para aplicar critérios distintos de correção monetária de precatórios e de condenações judiciais da Fazenda Pública. **RE 870947/SE, rel. Min. Luiz Fux, 10.12.2015. (RE-870947)**

Condenação contra a Fazenda Pública e índices de correção monetária – 2

O relator ressaltou que a finalidade básica da correção monetária seria preservar o poder aquisitivo da moeda diante da sua desvalorização nominal provocada pela inflação. Esse estreito nexo entre correção monetária e inflação exigiria, por imperativo de adequação lógica, que os instrumentos destinados a realizar a primeira fossem capazes de capturar a segunda. Índices de correção monetária deveriam ser, ao menos em tese, aptos a refletir a variação de preços que caracterizaria o fenômeno inflacionário, o que somente seria possível se consubstanciassem autênticos índices de preços. Os índices criados especialmente para captar o fenômeno inflacionário seriam sempre obtidos em momentos posteriores ao período de referência e guardariam, por definição, estreito vínculo com a variação de preços na economia. Assim, no caso, estaria em discussão o direito fundamental de propriedade do cidadão (CF, art. 5º, XXII) e a restrição que lhe teria sido imposta pelo legislador ordinário ao fixar critério específico para a correção judicial das condenações da Fazenda Pública (Lei 9.494/1997, art. 1º-F). Essa restrição seria real na medida em que a remuneração da caderneta de poupança não guardaria pertinência com a variação de preços na economia, sendo manifesta e abstratamente incapaz de mensurar a variação do poder aquisitivo da moeda. Nenhum dos componentes da remuneração da caderneta de poupança guardaria relação com a variação de preços de determinado período de tempo, como disciplinado pelo art. 12 da Lei 8.177/1991. Assim, a remuneração da caderneta de poupança prevista no art. 1º-F da Lei 9.494/1997, na redação dada pela Lei 11.960/2009, não consubstanciaria índice constitucionalmente válido de correção monetária das condenações impostas à Fazenda Pública. O Ministro Teori Zavascki, em divergência, deu provimento ao recurso e assentou a constitucionalidade do dispositivo em comento. Asseverou que não decorreria da Constituição a indispensabilidade de que os indexadores econômicos legítimos fossem apenas os medidos pela inflação. O legislador deveria ter liberdade de conformação na matéria. O Ministro Marco Aurélio, preliminarmente, não conheceu do recurso, porquanto este estaria consubstanciado na apreciação de matéria estritamente legal. No mérito, negou-lhe provimento tendo em conta que, no tocante aos débitos para com a Previdência Social, haveria incidência da Selic, como previsto no art. 34 da Lei 8.212/1991. Tratando-se, no caso em comento, de credor previdenciário, o índice aplicável, relativamente aos juros moratórios, deveria ser o mesmo aplicável à Fazenda. Em seguida, pediu vista dos autos o Ministro Dias Toffoli. **RE 870947/SE, rel. Min. Luiz Fux, 10.12.2015. (RE-870947)**".

Posteriormente, o Ministro Toffoli seguiu a divergência iniciada pelo Ministro Teori Zavascki no sentido de dar provimento ao recurso, no que foi acompanhado pela Ministra Cármen Lúcia (Informativo 833, de agosto de 2016), tendo o julgamento sido suspenso por pedido de vista do Ministro Gilmar Mendes.

IV – PREQUESTIONAMENTO

Caso não seja provido o presente mandado de segurança, o que se admite tão-somente por força de argumentação, eis que a decisão estaria negando vigência a dispositivo de lei federal e afrontando o princípio constitucional da tripartição dos poderes, a matéria deverá ser enfrentada na decisão, para efeito de futura interposição de Recurso Especial, segundo o permissivo constitucional previsto na alínea "a" do inciso III do artigo 105 da Constituição Federal, e, ainda, manifestação expressa desse r. Juízo sobre o artigo 1º-F da Lei nº 9.494/97 e os artigos artigo 100, § 12, e 102, inc. I, alínea "l", e **§2º,** todos da Constituição Federal.

A matéria fica, portanto, desde logo, preqüestionada para fins recursais.

V – DA DECISÃO LIMINAR PRETENDIDA.

O problema apresentado reclama uma tutela de urgência acauteladora, que impeça o Impetrado de receber os créditos por meio de alvará decorrente de expedição de RPV.

Havendo fundada divergência quanto à legitimidade do pagamento do valor determinado pela autoridade impetrada, "ad cautelam", é necessária a concessão de medida cautelar, *inaudita altera parte*, com o objetivo de suspender o pagamento imediato do precatório a ser expedido pela execução da sentença.

O perigo de dano irreparável é evidente; trata-se de valor sobremaneira elevado, cuja integral recuperação será muito difícil, ou mesmo impossível, em caso de realização do pagamento logo de imediato, haja vista que, por certo, seriam consumidos impossibilitando a reversão do provimento.

O *fumus boni iuris*, por sua vez, consolida-se no fato que é incontroverso que não cabe a complementação neste caso.

Presentes os requisitos legais, impõe-se a concessão da liminar para que seja expedido ofício ao Juízo originário suspendendo o pagamento da RPV até decisão final deste mandado de segurança, bem como permita o sobrestamento da revisão administrativa já perpetrada.

<u>Supletivamente, seja expedida a RPV do valor incontroverso.</u>

VI. DOS REQUERIMENTOS.

Diante do exposto, o Impetrante requer:

a) o recebimento do presente mandado de segurança, e o seu regular processamento, na forma da lei;

b) a concessão da medida liminar *inaudita altera parte*, determinando-se a imediata suspensão da expedição de RPV, ou, supletivamente, que se limite ao valor incontroverso;

c) seja notificada à autoridade impetrada para que preste informações neste processo, e intimada a parte autora no processo originário, em trâmite perante a XX Vara do Juizado Especial Federal, para que, querendo, se manifeste, como interessada;

d) seja oportunizada manifestação ao Ministério Público Federal;

e) ao final, seja concedida a segurança pleiteada nesta demanda, para determinar a incidência dos juros e correção da Lei 11.960/2009 às parcelas após 30.06.2009.

Valor da causa: R$ 2.024,15

Pede deferimento.

Salvador, XXXXXXXXX

FREDERICO AUGUSTO DI TRINDADE AMADO

Procurador Federal

DOCUMENTOS QUE ACOMPANHAM O PRESENTE WRIT: inicial, todos os cálculos; impugnação do INSS ; documento que atesta a data da intimação.

91. DECISÃO LIMINAR DO RELATOR DA TURMA RECURSAL EM MANDADO DE SEGURANÇA NA EXECUÇÃO

Acaso o mandado de segurança que desafiou decisão do juiz de 1º grau que julgou incidente processual na execução possua pedido de liminar, caberá ao Relator do processo na Turma Recursal apreciar o pedido de urgência monocraticamente.

Processo nº
Classe: MANDADO DE SEGURANCA CIVEL/TR
Autor: JUIZO FEDERAL DA   VARA DO JUIZADO ESPECIAL CIVEL DA SECAO JUDICIARIA DO ESTADO DA BAHIA
Réu: INSTITUTO NACIONAL DO SEGURO SOCIAL - INSS

DECISÃO MONOCRÁTICA

Trata-se de Mandado de Segurança impetrado pelo INSS, contra ato do Juizo Federal da   Vara do JEF da Seção Judiciária da Bahia, que indeferiu o pedido de impugnação dos cálculos apresentados pela contadoria judicial na fase de execução.

Já foi cristalizada a premissa de que a ação de mandado de segurança não se presta a servir de sucedâneo recursal, de modo que, no presente caso, a via adequada para impugnar decisão judicial decorrente da atividade regular de jurisdição, que causa alteração ou gravame à esfera de direito da parte é o agravo. O direito à recorribilidade de decisões tem sede constitucional, concernente ao devido processo legal, com recursos inerentes, conforme art.5º, LV, da CF.

Ressalte-se que a Turma Recursal é instância revisora por natureza, fugindo à regularidade de suas atribuições julgar mandados de segurança ordinariamente, instaurando-se uma nova relação processual, com rito impróprio à celeridade, à informalidade e à instrumentalidade que permeiam as ações nos Juizados Especiais Federais. Ademais, permitir-se-ia, teratologicamente, que a parte tivesse o prazo de 10 (dez) dias para impugnar sentença e o prazo de 120 (cento e vinte) dias para impugnação de decisões interlocutórias ou decisões em sede de execução, demandando ainda a oitiva de autoridade coatora e a intervenção do Ministério Público Federal.

Assim, em observância aos princípios da fungibilidade e da recorribilidade das decisões, recebo o presente mandado de segurança como recurso de agravo, determinando a necessária retificação da autuação do presente feito.

Desta forma, considerando que o decêndio legal previsto no artigo 42 da Lei n. 9.099/95, aplicável aos Juizados Especiais Federais, por força do artigo 1º da Lei n. 10.259/01, conta-se a partir da ciência da decisão impugnada, que se deu com a intimação realizada em 12/12/2015, é tempestivo o instrumento interposto em 07/01/2016, tendo em vista que o prazo legal é de 10 dias e outro suspensão de prazo no recesso judicial de dezembro/janeiro.

Adentrando o mérito, cumpre verificar que o acórdão proferido no bojo do feito que originou a presente demanda manteve a sentença, julgando desprovido o recurso. Por outro lado, a sentença transitada em julgado é explícita em determinar que seja observado o artigo 1º-F da Lei nº 9.494/97 para cálculo dos juros e da devida correção monetária.

Destarte, asseverado que a sentença se tornou coisa julgada imutável, não há que se cogitar em cálculo procedido de forma diversa da que preconizada.

Em sendo assim, diante das circunstâncias do caso concreto, considerando que, em análise preambular, o ato judicial revela-se contrário ao teor de decisão transitada em julgado e que, se for processado pagamento, poderá haver risco ao erário, à luz de irrepetibilidade de verba de natureza alimentar, recebida de boa-fé, concedo a liminar, para conceder efeito suspensivo ao ato judicial impugnado.

Publique-se. Intimem-se, comunicando a decisão ao Juízo da Vara, bem como intimando a parte contrária, para oferecimento de contrarrazões, no prazo de 10 (dez) dias. Após, voltem os autos conclusos para julgamento.

Juíza Federal Substituta

92. DECISÃO COLEGIADA DA TURMA RECURSAL EM MANDADO DE SEGURANÇA NA EXECUÇÃO

Caberá ao Colegiado julgar o mandado de segurança que desafiou decisão interlocutória em execução proferida pelo juiz de 1º grau, podendo conhecê-lo ou não.

Acaso conhecido, no mérito, o julgará procedente, parcialmente procedente ou improcedente.

RECURSO CONTRA SENTENÇA Nº xxxxxxxxx
RECORRENTE   : INSTITUTO NACIONAL DO SEGURO SOCIAL – INSS
ADVOGADO (A) : FREDERICO AUGUSTO DI TRINDADE AMADO
RECORRIDO   : JUÍZO FEDERAL DA xxxx VARA DO JUIZADO ESPECIAL CÍVEL DA SEÇÃO JUDICIARIA DO ESTADO DA BAHIA
ADVOGADO (A) :

RELATÓRIO

Cuida-se de Mandado de Segurança impetrado contra ato do Juiz Federal da XX Vara do JEF da Seção Judiciária do Estado da Bahia, que, na fase executória de ação de revisão de renda mensal inicial de benefício previdenciário titularizado por ex-ferroviário indeferiu o pleito do Impetrante para declaração de inexistência da obrigação de pagar supostas parcelas vencidas, determinando o prosseguimento da execução,

Aduz o impetrante que, na hipótese em comento, o complemento do dito benefício já é pago pela União, razão pela qual o comando judicial obtido não gera efeitos patrimoniais em seu favor.

Em decisão monocrática, determinou-se a suspensão execução, até a decisão final do *mandamus*.

Manifestou-se, ainda, o Ministério Público Federal pela ausência de interesse do *Parquet* na lide em questão.

Citada, a parte autora não se manifestou.

É o relatório.

VOTO

Inicialmente, é mister destacar que o Mandado de Segurança é, na espécie, o único remédio possível, haja vista inexistir, no microssistema dos Juizados Especiais, recurso apto a cobrir a presente situação, já em fase de pagamento, não se podendo excluir da apreciação do Judiciário lesão ou ameaça de lesão, nos termos da dicção constitucional, ainda que inexistente outro recurso cabível e vez que preenchidos os requisitos para a utilização do *writ*. Em assim sendo, entendo, na esteira do posicionamento assente nos Tribunais Regionais Federais, que a competência para o julgamento de Mandado de Segurança contra ato judiciário no âmbito do JEF cabe à Turma Recursal, razão porque admito a presente ação.

No que tange ao mérito então aduzido, tenho que assiste razão ao impetrante.

Com efeito, tratando-se de benefício referente a ex-ferroviário, é fato a complementação dos valores pagos ao setor pela União Federal, de modo que por esta foram suportadas as alegadas diferenças financeiras. Nesse sentido, o seguinte aresto da Turma Nacional de Uniformização:

> PREVIDENCIÁRIO – FERROVIÁRIO – COMPLEMENTAÇÃO DA APOSENTADORIA PAGA PELA UNIÃO – REVISIONAL – IMPROVIMENTO EM FACE DA INOCUIDADE DE EVENTUAL REAJUSTE DE BENEFÍCIO.

I – Acórdão que indeferiu o pedido de reajuste da aposentadoria percebida do INSS pelo autor, ex-ferroviário, uma vez que o mesmo recebe complementação paga pela União.

II – A complementação de aposentadoria paga pela União tem por fim tornar o seu valor igual ao percebido pelo pessoal da ativa, razão pela qual seria inócuo o deferimento dos reajustes pleiteados em benefício do autor.

III – Pedido de uniformização conhecido e improvido.

(PU n. 2005.35.00.718973-1/GO. Relator Juiz Federal Hermes Siedler da Conceição Júnior. Turma Nacional de Uniformização. Unânime. DJU 14/12/2006).

Observe-se, ademais, que o INSS comprovou o cumprimento da obrigação de fazer – revisão do benefício com aplicação do IRSM de fevereiro de 1994 –, aumentando o pagamento de proventos pagos pelo INSS e reduzindo o complemento da UNIÃO.

Encontra-se, assim, presente, a relevância do fundamento jurídico invocado, tendo em vista a disciplina jurídica do benefício percebido pelo segurado, na medida em que a complementação paga pela União torna ausente o interesse processual na fase executória, já que por esta foram suportadas as alegadas diferenças financeiras.

Diante do exposto, **concedo a segurança,** declarando a inexigibilidade da obrigação de pagar diferenças ao autor.

Sem custas, em razão da isenção prevista no art. 4°, inciso I, da Lei n° 9.289, de 04.07.1996, e sem honorários advocatícios (Súmula 512 do STF e 105 do STJ).

É como voto.

EMENTA

PROCESSUAL CIVIL. MANDADO DE SEGURANÇA. CABIMENTO DO *WRIT* NA ESPÉCIE. REVISÃO DA RENDA MENSAL INICIAL. FERROVIÁRIO. COMPLEMENTAÇÃO FINANCEIRA PAGA PELA UNIÃO, A ENSEJAR AUSÊNCIA DE REFLEXO CORRECIONAL PARA O SEGURADO. SEGURANÇA CONCEDIDA.

1. Ante a ausência de recurso cabível contra a decisão prolatada em fase executória nos Juizados Especiais Federais, admissível a interposição de mandado de segurança na hipótese.

2. Considerando a complementação de aposentadoria paga pela União à classe, a fim de tornar o seu valor igual ao percebido pelo pessoal da ativa, é inócuo para o autor o deferimento dos reajustes pleiteados no âmbito previdenciário, os quais apenas reduzirão o valor complementado pela União, sem majorar o montante final do benefício do autor.

3. Segurança concedida para declarar a inexigibilidade da obrigação de pagar diferenças ao autor.

4. Sem custas, em razão da isenção prevista no art. 4°, inciso I, da Lei n° 9.289, de 04.07.1996. Sem honorários advocatícios (Súmula 512 do STF e 105 do STJ).

ACÓRDÃO

Decide a 1ª Turma Recursal do Juizado Especial Federal Cível da Seção Judiciária do Estado da Bahia, **por maioria, conceder a seg**urança, nos termos do voto do Juiz Relator.

Salvador, 09 de setembro de 2011.

Juiz Relator

93. REQUISIÇÃO DE PEQUENO VALOR – RPV

Nos termos do artigo 17, da Lei 10.259/2001, tratando-se de obrigação de pagar quantia certa, após o trânsito em julgado da decisão, o pagamento será efetuado no prazo de sessenta dias, contados da entrega da requisição, por ordem do Juiz, à autoridade citada para a causa, na agência mais próxima da Caixa Econômica Federal ou do Banco do Brasil, independentemente de precatório.

Desta forma, os valores exequendos de até sessenta salários mínimos serão pagos via RPV (requisição de pequeno valor), ao passo que valores acima deste serão honrados no regime do precatório, salvo se a parte na fase de execução renunciar ao excedente a sessenta salários mínimos para fugir do precatório.

De efeito, dispõe o § 4º do artigo 17 da Lei 10.259/2001 que se o valor da execução ultrapassar o estabelecido no § 1º (60 salários mínimos), o pagamento far-se-á, sempre, por meio do precatório, sendo facultada à parte exequente a renúncia ao crédito do valor excedente, para que possa optar pelo pagamento do saldo sem o precatório, da forma lá prevista.

Trata-se de **novo ato de renúncia**, não se confundindo com a renúncia que poderá ser necessária no processo de conhecimento para manter a competência do JEF para julgar a causa com valor de até 60 salários mínimos (parcelas vencidas acrescidas das 12 vincendas). Sobre o tema, colaciona-se o Enunciado 71 do FONAJEF:

> Enunciado 71- "A parte autora deverá ser instada, na fase da execução, a renunciar ao excedente à alçada do Juizado Especial Federal, para fins de pagamento por Requisições de Pequeno Valor, não se aproveitando, para tanto, a renúncia inicial, de definição de competência".

Ademais, são vedados o fracionamento, repartição ou quebra do valor da execução, de modo que o pagamento se faça, em parte via RPV, e, em parte, mediante expedição do precatório, e a expedição de precatório complementar ou suplementar do valor pago.

Nº 2016

Status : 8 - Requisição Salva no Sistema

Tipo de Requisição : Geral

Data de Cadastro da Req: 04/10/2016

Requisição de Pagamento

Requisito o pagamento em favor do(s) credor(es) e no(s) valor(es) individualizado(s), em virtude de decisão transitada em julgado, proferida na Ação Originária _____, segundo as informações abaixo indicadas. Informo, outrossim, que não existe qualquer recurso pendente quanto aos valores contidos na presente Requisição.

Requerente / Credor :	
Advogado / OAB :	**CPF:**
Requerido / Devedor : FUNDO NACIONAL DE ASSISTÊNCIA SOCIAL	

ESPÉCIE DE REQUISIÇÃO	
(x) Requisição de Pequeno Valor - RPV	(x) 1. Originário
	( ) 2. Complementar
( ) Precatório	

NATUREZA DO CRÉDITO	
Alimentar	Comum
( ) 11 - Salários, Vencimentos, Proventos, Pensões e indenizações por morte e invalidez fundadas na responsabilidade civil (§ 1º - A do art. 100 da CF)	( ) 21 - Não-alimentar
(x) 12 - Benefícios Previdenciários	
Doença Grave : ( ) Sim (x)Não	

Outros:

Indicação da Apuração e Tributação de Rendimentos Recebidos Acumuladamente - RRA
Valor Total do Beneficiário: R$ Dedução para a Base de Cálculo do IR (PRC e RPV): R$
Quantidade de parcelas dos Exercícios Anteriores: Total de Valores de Exercícios Anteriores: R$
Quantidade de Meses Exercício Corrente (Somente RPV):
Total de Valores do Exercício Corrente (Somente RPV): R$

NATUREZA DA OBRIGAÇÃO A QUE SE REFERE À REQUISIÇÃO
Descrição: (04.01.13.00) BENEFÍCIO ASSISTENCIAL (ART. 203,V CF/88) - BENEFÍCIOS EM ESPÉCIE

INCIDENTES
Sem Incidente

OUTRAS INFORMAÇÕES
Data do ajuizamento da ação: 25/10/2010
Data do trânsito em julgado da sentença ou acórdão: 23/06/2016

Assinatura do(a) juiz(íza) requisitante

JUIZADO ESPECIAL FEDERAL - Especialização - JEF
Requisição de Pagamento

BENEFICIÁRIOS					REQ. COMPLEMENTAR, SUPLEMENTAR ou PARCIAL	
Nome Completo	CPF/CNPJ	Expressa Renúncia	Data Base	Valor(R$)	Data Base Créd. Exec.	Valor Total Créd. Exec.
		NÃO	08/2016	12.040,06	******	*************
Principal(R$) 9.469,95		Juros (R$) 2.570,11				

Condição do Servidor:
Valor PSS: R$

HONORÁRIOS CONTRATUAIS					REQ. COMPLEMENTAR, SUPLEMENTAR ou PARCIAL	
Nome Completo	CPF/CNPJ	Expressa Renúncia	Data Base	Valor(R$)	Data Base Créd. Exec.	Valor Total Créd. Exec.
		NÃO	08/2016	3.010,02	******	*************
Principal(R$) 2.367,49		Juros (R$) 642,53				

Justificativa: DESTAQUE HON CONTRATUAIS (20%).

VALOR TOTAL REQUISITADO: R$ 15.050,08

Assinatura do(a) juiz(íza) requisitante

94. CERTIFICAÇÃO DE COISA JULGADA E ARQUIVAMENTO

Uma vez transitada em julgado a sentença, caberá ao servidor da Vara promover a certificação da coisa julgada. Em havendo condenação, será aberta a fase de execução.

Por outro lado, caso a pretensão do autor tenha sido rejeitada totalmente, inexistirá fase de execução e o processo deverá ir ao arquivo.

VARA FEDERAL
JUIZADO ESPECIAL FEDERAL
Processo nº xxxxxxxxxxxxxx
CERTIDÃO
Certifico que a sentença proferida transitou em julgado.
Nesta data, remeto o presente processo ao arquivo.
Salvador, xxxxxxx .
Servidor XXXX

Apêndices

Nesta última parte da obra apresenta-se os Regimentos Internos da TNU (apêndice 1), o regramento geral do CJF sobre os regimentos das turmas recursais e turmas regionais (apêndice 2) e os regimentos internos gerais das turmas recursais e regionais das cinco Regiões (apêndices 3 a 8).

Todos foram extraídos das fontes oficiais (www.trf-1, 2, 3, 4 ou 5-.jus.br) com acesso em fevereiro de ano de 2017. No entanto, vale destacar que existem alguns regimentos que ainda não foram atualizados, especialmente pelas Resoluções CJF 392/2016, 393/2016 e 417/2016, a exemplo da 1ª, 2ª, 4ª e 5ª Regiões, estando atualizado o Regimento da 3ª Região, pois modificado em agosto de 2016, devendo o leitor ficar atento para perceber os pontos defasados.

Ainda existe a possibilidade de que cada Turma Recursal aprove o seu regimento interno para detalhar peculiaridades locais, o que é bem típico das Turmas Recursais pertencentes à 5ª Região, por não possuir um regramento geral lavrado pelo TRF da 5ª Região, diferentemente do que ocorre nas outras quatro Regiões.

1. REGIMENTO INTERNO DA TNU (RESOLUÇÃO CJF 345/2015 E ALTERAÇÕES)

RESOLUÇÃO N. CJF-RES-2015/00345, de 2 de junho de 2015.

> Dispõe sobre o Regimento Interno da Turma Nacional de Uniformização dos Juizados Especiais Federais.

O PRESIDENTE DO CONSELHO DA JUSTIÇA FEDERAL, usando de suas atribuições legais, e

CONSIDERANDO os procedimentos a serem adotados no processamento de feitos para a Turma Nacional de Uniformização dos Juizados Especiais Federais;

CONSIDERANDO o decidido no Processo n. CJF-PPN-2014/00046, aprovado na sessão realizada no dia 25 de maio de 2015,

RESOLVE:

Art. 1º Aprovar e editar o Regimento Interno da Turma Nacional de Uniformização dos Juizados Especiais Federais em anexo.

Art. 2º Revogar as Resoluções n. 22, de 4 de setembro de 2008, 163, de 9 de novembro de 2011, e 311, de 14 de outubro de 2014.

Art. 3º Esta resolução entra em vigor na data de sua publicação.

MINISTRO FRANCISCO FALCÃO

REGIMENTO INTERNO
TURMA NACIONAL DE UNIFORMIZAÇÃO
DOS JUIZADOS ESPECIAIS FEDERAIS

PARTE I
DA COMPOSIÇÃO, ORGANIZAÇÃO E COMPETÊNCIA

TÍTULO I
DA TURMA NACIONAL DE UNIFORMIZAÇÃO
DOS JUIZADOS ESPECIAIS FEDERAIS

CAPÍTULO I
DA COMPOSIÇÃO E ORGANIZAÇÃO

Art. 1º A Turma de Uniformização, em âmbito nacional, com sede na Capital Federal e jurisdição em todo o território nacional, tem a designação de Turma Nacional de Uniformização dos Juizados Especiais Federais – TNU.

§ 1º A Turma Nacional de Uniformização funciona em Plenário junto ao Conselho da Justiça Federal, onde ocorrerão as sessões de julgamento, que podem ser realizadas fora da sede, em caso de necessidade ou conveniência, a critério do Presidente.

§ 2º A Turma Nacional de Uniformização, presidida pelo Ministro Corregedor-Geral da Justiça Federal, é composta por dez juízes federais como membros efetivos.

§ 3º Cada tribunal regional federal indicará dois juízes federais como membros efetivos e dois como suplentes, os quais serão escolhidos entre os integrantes de turmas recursais, para mandatos de dois anos, permitida uma recondução.

§ 4º A condição de membro de turma recursal é pressuposto para designação do juiz como membro, efetivo ou suplente, da Turma Nacional de Uniformização, e não para sua permanência em caso modificação superveniente de lotação.

§ 5º Os juízes federais terão assento segundo a ordem de antiguidade na Turma ou, subsidiariamente, na carreira da magistratura federal.

CAPÍTULO II
DAS SUBSTITUIÇÕES

Art. 2º O Presidente será substituído, nas ausências, impedimentos ou suspeições, pelos demais ministros do Superior Tribunal de Justiça que compõem o Conselho da Justiça Federal, respeitada a ordem de antiguidade.

Art. 3º O membro efetivo será substituído, em suas ausências, impedimentos ou suspeições, por suplente da respectiva Região, conforme indicado pelo tribunal regional federal.

Art. 4º Concluído o mandato do relator, seu acervo processual será atribuído ao juiz que lhe suceder.

Art. 5º Em caso de vacância anterior ao término do biênio, o suplente assumirá como membro efetivo da Turma para conclusão do mandato, sendo-lhe atribuído o acervo processual de seu antecessor, cabendo ao tribunal regional federal indicar um novo suplente.

Parágrafo único. Caso o tribunal regional federal tenha indicado os suplentes sem vinculá-los aos membros efetivos, a sucessão prevista neste artigo respeitará a ordem de antiguidade na suplência ou, subsidiariamente, na carreira da magistratura federal.

CAPÍTULO III
DA COMPETÊNCIA

Art. 6º Compete à Turma Nacional de Uniformização processar e julgar pedido de uniformização de interpretação de lei federal, quanto à questão de direito material:

I – fundado em divergência entre decisões de Turmas Recursais de diferentes Regiões;

II – em face de decisão de Turma Recursal proferida em contrariedade à súmula ou jurisprudência dominante do Superior Tribunal de Justiça ou da Turma Nacional de Uniformização; ou

III – em face de decisão de Turma Regional de Uniformização proferida em contrariedade à súmula ou jurisprudência dominante do Superior Tribunal de Justiça ou da Turma Nacional de Uniformização.

~~Parágrafo único. Havendo interposição simultânea de pedidos de uniformização dirigido à Turma Regional e à Turma Nacional de Uniformização, primeiramente será julgado aquele.~~

§ 1º Havendo interposição simultânea de pedidos de uniformização dirigido à Turma Regional e à Turma Nacional de Uniformização, primeiramente será julgado aquele. (NR) (Alterado pela Resolução n. 392, de 19/04/2016)

§ 2º A admissão de incidente de resolução de demandas repetitivas por tribunal regional federal não impede o regular processamento de pedido de uniformização já admitido pela Turma de origem, exceto quando a suspensão abranger todo o território nacional. (NR) (Alterado pela Resolução n. 392, de 19/04/2016)

Art. 7º A Turma Nacional de Uniformização poderá responder à consulta, sem efeito suspensivo, formulada pelos coordenadores dos Juizados Especiais Federais, pelas Turmas Recursais ou Regionais sobre matéria processual, quando verificada divergência no processamento dos feitos.

CAPÍTULO IV

DAS ATRIBUIÇÕES

SEÇÃO I

DO PRESIDENTE

Art. 8º Compete ao Presidente da Turma Nacional de Uniformização:

I – presidir a distribuição dos feitos aos juízes da Turma;

II – praticar atos de gestão necessários ao funcionamento dos serviços administrativos da Turma, podendo delegá-los ao Secretário;

III – apresentar ao Presidente do Conselho da Justiça Federal relatório anual das atividades da Turma, no mês de dezembro de cada ano;

IV – convocar os juízes para as sessões ordinárias e extraordinárias;

V – dirigir os trabalhos da Turma, presidindo as sessões de julgamento;

VI – manter a ordem nas sessões, adotando, para isso, as providências necessárias;

VII – proferir voto de desempate em feito cível ou criminal, salvo em caso de *habeas corpus*, quando o empate beneficiará o réu;

VIII – ~~julgar o agravo interposto de decisão que inadmite pedido de uniformização de jurisprudência dirigido à Turma Nacional de Uniformização;~~

VIII – julgar o agravo interposto de decisão que inadmite pedido de uniformização de jurisprudência dirigido à Turma Nacional de Uniformização, observando o disposto no § 2º do art. 15 deste Regimento; (NR) (Alterado pela Resolução n. 392, de 19/04/2016)

IX – proferir quaisquer das decisões previstas no art. 16 anteriormente à distribuição do pedido de uniformização de jurisprudência;

X – decidir sobre a admissibilidade do incidente de uniformização dirigido ao Superior Tribunal de Justiça e do recurso extraordinário ao Supremo Tribunal Federal;

XI – prestar informações solicitadas pelo relator em pedido de uniformização de jurisprudência dirigido ao Superior Tribunal de Justiça e em recurso extraordinário;

XII – dirimir as dúvidas relacionadas a questões de ordem e demais incidentes processuais, submetendo-os à apreciação do Plenário, quando for o caso.

SEÇÃO II
DO RELATOR

Art. 9º Compete ao relator:

I – ordenar e dirigir o processo;

II – submeter à Turma as questões de ordem;

III – pedir dia para julgamento dos feitos;

IV – apresentar em mesa para julgamento os feitos que independem de pauta;

V – requisitar informações;

VI – colher a manifestação do Ministério Público Federal, quando for o caso;

VII – conceder medidas liminares, antecipatórias ou cautelares, conforme o caso, em feitos de natureza cível ou penal, na forma da lei processual;

~~VIII – determinar a devolução dos feitos às Turmas de origem, para sobrestamento, quando a matéria estiver pendente de apreciação na Turma Nacional de Uniformização, no Superior Tribunal de Justiça, em regime de recurso representativo de controvérsia ou pedido de uniformização, ou no Supremo Tribunal Federal, em repercussão geral, de forma que promovam a confirmação ou adaptação dos acórdãos após julgamento dos recursos paradigmas;~~

VIII – determinar a devolução dos feitos às Turmas de origem:

a) Para sobrestamento, quando a matéria estiver pendente de apreciação na Turma Nacional de Uniformização, no Superior Tribunal de Justiça, em regime de recurso representativo de controvérsia ou pedido de uniformização, ou no Supremo Tribunal Federal, em repercussão geral, de forma que promovam a confirmação ou a adequação dos acórdãos após julgamento dos recursos paradigmas; e

b) Quando suspenso o processo por decisão do Superior Tribunal de Justiça ou do Supremo Tribunal Federal, em sede de incidente de resolução de demandas repetitivas; (NR) (Alterado pela Resolução n. 392, de 19/04/2016)

~~IX – negar seguimento ao incidente manifestamente inadmissível, improcedente, prejudicado ou em confronto com súmula ou jurisprudência dominante da Turma Nacional de Uniformização, do Superior Tribunal de Justiça ou do Supremo Tribunal Federal;~~

IX – negar seguimento ao incidente de uniformização manifestamente inadmissível, improcedente, prejudicado ou em confronto com súmula ou jurisprudência dominante da Turma Nacional de Uniformização, do Superior Tribunal de Justiça, do Supremo Tribunal Federal ou, ainda, contrário à tese firmada em julgamento de incidente de resolução de demandas repetitivas do Superior Tribunal de Justiça ou do Supremo Tribunal Federal. (NR) (Alterado pela Resolução n. 392, de 19/04/2016)

X – dar provimento ao incidente se a decisão recorrida estiver em manifesto confronto com súmula ou jurisprudência dominante da Turma Nacional de Uniformização, do Superior Tribunal de Justiça ou do Supremo Tribunal Federal, podendo determinar o retorno dos autos à origem para a devida adequação;

XI – redigir o acórdão quando seu voto for o vencedor no julgamento;

XII – homologar as desistências, ainda que o feito se ache em pauta ou em mesa para julgamento.

§ 1º Quando for o caso, o relator ordenará o encaminhamento dos autos ao Ministério Público Federal, que disporá do prazo de dez dias para oferecer parecer.

§ 2º O relator disponibilizará o inteiro teor de seu voto aos demais membros da Turma Nacional de Uniformização com antecedência mínima de dez dias da data da sessão de julgamento.

SEÇÃO III

DO MINISTÉRIO PÚBLICO FEDERAL

Art. 10. Oficiará como fiscal da lei, perante a Turma Nacional de Uniformização, membro do Ministério Público Federal.

Parágrafo único. O Ministério Público Federal, como fiscal da lei, manifestar-se-á no prazo de dez dias, salvo se outro não for fixado pelo Presidente da Turma ou pelo relator.

SEÇÃO IV

DA SECRETARIA

Art. 11. São atribuições da Secretaria da Turma Nacional de Uniformização:

I – adotar as providências necessárias ao uso do meio eletrônico para o trâmite de autos virtuais entre a Turma Nacional de Uniformização e as

Turmas Recursais ou Regionais, bem como ao devido processamento desses recursos;

II – disponibilizar no portal da Justiça Federal recurso tecnológico que permita o recebimento eletrônico dos autos de processos e o acompanhamento de sua tramitação;

III – executar as atividades relacionadas à publicação dos expedientes e atos processuais, à expedição de mandados e cartas de intimação, à carga dos autos e ao recebimento e juntada de petições dirigidas à Turma;

IV – cumprir as rotinas inerentes à organização dos autos dos processos destinados à distribuição, bem como aquelas relativas à sessão de julgamento;

V – publicar edital previsto no art. 17, inciso III, em caso de pedido de uniformização representativo de controvérsia;

VI – publicar no Diário da Justiça, ou por outro meio legalmente eficaz, as decisões da Turma Nacional de Uniformização e as de seu Presidente.

Art. 12. Compete ao Secretário da Turma Nacional de Uniformização:

I – supervisionar, coordenar e dirigir as atividades administrativas da Secretaria e as relacionadas à tramitação dos feitos;

II – secretariar as sessões de julgamento da Turma e lavrar as respectivas atas;

III – proceder à distribuição dos processos, por determinação do Presidente;

IV – assessorar o Presidente e os juízes da Turma nos assuntos relacionados à Secretaria;

V – submeter à consideração e apreciação do Presidente da Turma matérias administrativas ou processuais relativas às Turmas Regionais, Recursais e aos Juizados Especiais Federais;

VI – expedir atos ordinatórios em cumprimento às determinações do Presidente da e dos demais membros da turma nacional de uniformização.

PARTE II

DO PROCESSO

TÍTULO I

DO INCIDENTE DE UNIFORMIZAÇÃO DE JURISPRUDÊNCIA

CAPITULO I

DO PROCESSAMENTO

Art. 13. O pedido de uniformização de jurisprudência pela Turma Nacional de Uniformização será interposto perante a Turma Recursal ou Regional de origem no prazo de quinze dias, a contar da intimação do acórdão recorrido.

Parágrafo único. O requerido será intimado pela Turma de origem para, no mesmo prazo, apresentar contrarrazões.

~~Art. 14. O juízo preliminar de admissibilidade do pedido de uniformização será exercido pelo Presidente ou Vice-Presidente da Turma que prolatou o acórdão recorrido.~~

Art. 14. O juízo preliminar de admissibilidade do pedido de uniformização será exercido pelo Presidente ou Vice-Presidente da Turma prolatora do acórdão recorrido. (NR) (Alterado pela Resolução n. 392, de 19/04/2016)

§ 1º Em se tratando de Turma Recursal, a competência prevista no *caput* pode ser outorgada a membro, que não o Presidente, mediante ato do Tribunal Regional Federal ou previsão no regimento interno das turmas recursais diretamente afetadas pela medida.

~~§ 2º O magistrado responsável pelo juízo preliminar de admissibilidade poderá devolver o feito à Turma Recursal ou Regional para eventual adequação, caso o acórdão recorrido esteja em manifesto confronto com súmula ou jurisprudência dominante da Turma Nacional de Uniformização, do Superior Tribunal de Justiça ou do Supremo Tribunal Federal.~~

§ 2º O magistrado responsável pelo juízo preliminar de admissibilidade encaminhará o processo à Turma Recursal ou Regional para juízo de retratação, caso o acórdão recorrido esteja em manifesto confronto com súmula ou jurisprudência dominante da Turma Nacional de Uniformização, do Superior Tribunal de Justiça ou do Supremo Tribunal Federal. (NR) (Alterado pela Resolução n. 392, de 19/04/2016)

§ 3º O feito deverá ser devolvido à Turma de origem quando o acórdão recorrido contrariar julgamento proferido em incidente de resolução de demandas repetitivas, para aplicação da tese firmada. (NR) (Alterado pela Resolução n. 392, de 19/04/2016)

§ 4º A instauração de incidente de resolução de demandas repetitivas por tribunal regional federal não suspende os pedidos de uniformização nacional já admitidos pela Turma de origem, exceto quando a suspensão abranger todo o território nacional. (NR) (Alterado pela Resolução n. 392, de 19/04/2016)

~~Art. 15. O pedido de uniformização será inadmitido quando não preenchidos todos os requisitos de admissibilidade recursal, notadamente se:~~

Art. 15. O pedido de uniformização não será admitido quando desatendidos os requisitos de admissibilidade recursal, notadamente se: (Alterado pela Resolução n. 392, de 19/04/2016)

~~I – não demonstrada existência de dissídio jurisprudencial, com cotejo analítico dos julgados, e identificado o processo em que proferido;~~

I – não demonstrada a existência de dissídio jurisprudencial, mediante cotejo analítico dos julgados e a identificado do processo em que proferido o acórdão paradigma; (NR) (Alterado pela Resolução n. 392, de 19/04/2016)

II – não juntada cópia do acórdão paradigma, salvo quando proferido pelo Superior Tribunal de Justiça, na sistemática dos recursos repetitivos, ou pela própria Turma Nacional de Uniformização, na sistemática dos representativos de controvérsia;

~~III – estiver em confronto com súmula ou jurisprudência dominante da Turma Nacional de Uniformização, do Superior Tribunal de Justiça ou do Supremo Tribunal Federal;~~

III – estiver em manifesto confronto com súmula ou jurisprudência dominante da Turma Nacional de Uniformização, ou com súmula, jurisprudência dominante ou entendimento do Superior Tribunal de Justiça firmado em julgamento de recurso repetitivo ou de incidente de uniformização; (NR) (Alterado pela Resolução n. 392, de 19/04/2016)

~~IV – estiver fundado em orientação que não reflita a jurisprudência atual da Turma Nacional de Uniformização.~~

IV – estiver em manifesto confronto com súmula, jurisprudência dominante ou entendimento do Supremo Tribunal Federal firmado em repercussão geral; (NR) (Alterado pela Resolução n. 392, de 19/04/2016)

V – estiver fundado em orientação que não reflita a jurisprudência adotada pela Turma Nacional de Uniformização, à época do exame de admissibilidade, exceto quando contrária à jurisprudência dominante do Superior Tribunal de Justiça; (NR) (Alterado pela Resolução n. 392, de 19/04/2016)

VI – o acórdão recorrido da Turma Recursal estiver fundado em incidente de resolução de demandas repetitivas. (NR) (Alterado pela Resolução n. 392, de 19/04/2016)

~~§ 1º Inadmitido na origem o pedido de uniformização, a parte poderá interpor agravo nos próprios autos, no prazo de dez dias, a contar da publicação da decisão, fundamentando-se no equívoco da decisão recorrida.~~

§ 1º Inadmitido na origem o pedido de uniformização, a parte poderá, no prazo de quinze dias a contar da publicação da decisão, interpor agravo nos próprios autos a ser dirigido à Turma Nacional de Uniformização, observados a necessidade de indicação do equívoco da decisão recorrida de inadmissão e o disposto no § 2º deste artigo. (NR) (Alterado pela Resolução n. 392, de 19/04/2016)

§ 2º Reconsiderada a decisão que inadmitiu o pedido de uniformização, o agravo será julgado prejudicado, devendo os autos ser remetidos à Turma Nacional de Uniformização.

§ 2º Contra decisão de inadmissão de pedido de uniformização fundada em representativo de controvérsia ou súmula da Turma Nacional de Uniformização, caberá agravo interno, no prazo de quinze dias a contar da respectiva publicação, o qual, após o decurso de igual prazo para contrarrazões, será julgado pela Turma Recursal ou Regional, conforme o caso, mediante decisão irrecorrível. (NR) (Alterado pela Resolução n. 392, de 19/04/2016)

§ 3º Reconsiderada a decisão que inadmitiu o pedido de uniformização, o agravo será considerado prejudicado, devendo os autos ser remetidos à Turma Nacional de Uniformização. (NR) (Alterado pela Resolução n. 392, de 19/04/2016)

Art. 16. Antes da distribuição do pedido de uniformização de jurisprudência, o Presidente da Turma Nacional de Uniformização poderá:

I – negar-lhe seguimento quando manifestamente inadmissível, improcedente, prejudicado ou em confronto com súmula ou jurisprudência dominante da Turma Nacional de Uniformização, do Superior Tribunal de Justiça ou do Supremo Tribunal Federal;

I – negar-lhe seguimento quando:

a) manifestamente inadmissível, improcedente, prejudicado ou em confronto com súmula ou jurisprudência dominante da Turma Nacional de Uniformização, do Superior Tribunal de Justiça ou do Supremo Tribunal Federal; ou

b) deduzir pretensão contrária à tese firmada em julgamento de incidente de resolução de demandas repetitivas; (NR) (Alterado pela Resolução n. 392, de 19/04/2016)

II – determinar o retorno dos autos à origem para adequação ou dar provimento ao pedido de uniformização quando o acórdão recorrido estiver em manifesto confronto com súmula ou jurisprudência dominante da Turma Nacional de Uniformização, do Superior Tribunal de Justiça ou do Supremo Tribunal Federal;

II - determinar o retorno dos autos à origem para adequação ou dar provimento ao pedido de uniformização quando o acórdão recorrido estiver em manifesto confronto com súmula ou jurisprudência dominante da Turma Nacional de Uniformização, do Superior Tribunal de Justiça, do Supremo Tribunal Federal, ou em confronto com tese firmada em julgamento de incidente de resolução de demandas repetitivas pelo Superior Tribunal de Justiça ou pelo Supremo Tribunal Federal; (NR) (Alterado pela Resolução n. 392, de 19/04/2016)

III – sobrestar ou devolver às Turmas de origem para sobrestamento os feitos que versem sobre tema que estiver pendente de apreciação na Turma Nacional de Uniformização, no Supremo Tribunal Federal, em regime de repercussão geral, ou no Superior Tribunal de Justiça, em incidente de uniformização ou recurso repetitivo, de forma que promovam a posterior confirmação do acórdão recorrido ou sua adaptação à decisão que vier a ser proferida nos recursos indicados.

IV - devolver às Turmas de origem os processos suspensos em face de incidente de resolução de demandas repetitivas. (NR) (Alterado pela Resolução n. 392, de 19/04/2016)

§ 1º As decisões prevista neste artigo são irrecorríveis.

~~§ 2º A devolução dos autos às Turmas de origem, prevista nos incisos II e III deste artigo, poderá ser realizada por ato ordinatório da Secretaria, desde que se reporte a decisão anterior do Presidente da Turma que haja determinado idêntica solução para feito similar.~~

§ 2º A devolução dos autos às Turmas de origem poderá ser realizada por ato ordinatório da Secretaria, desde que se reporte à decisão anterior do Presidente da Turma que haja determinado idêntica solução para feito similar." (NR) (Alterado pela Resolução n. 392, de 19/04/2016)

Art. 17. Quando houver multiplicidade de pedidos com fundamento em idêntica questão de direito, o pedido de uniformização de jurisprudência será processado com observância deste procedimento:

I – poderá ser admitido um ou mais pedidos representativos da controvérsia, os quais serão encaminhados à Turma Nacional de Uniformização, ficando sobrestados os demais enquanto não julgado o caso-piloto;

II – não adotada a providência descrita no inciso I deste artigo, o Presidente da Turma Nacional de Uniformização ou o relator, identificando que sobre a controvérsia já existe jurisprudência dominante ou que a matéria já está afeta ao colegiado, poderá determinar o sobrestamento, nas Turmas Recursais ou Regionais, dos pedidos nos quais a controvérsia esteja estabelecida;

III – será publicado edital para que pessoas, órgãos ou entidades com interesse na controvérsia possam apresentar memoriais escritos no prazo de dez dias;

IV – o relator poderá solicitar informações, a serem prestadas no prazo de quinze dias, às Turmas Recursais e Regionais a respeito da controvérsia;

V – antes do julgamento, o Ministério Público Federal terá vista dos autos pelo prazo de dez dias;

VI – transcorrido o prazo para o Ministério Público Federal e remetida cópia do relatório e voto do relator aos demais juízes, o processo será incluído em pauta, devendo ser julgado com preferência sobre os demais feitos, ressalvados os que envolvam réu preso e os pedidos *habeas corpus*;

VII – publicado o acórdão da Turma Nacional de Uniformização, os pedidos de uniformização sobrestados na origem:

a) terão seguimento denegado na hipótese de o acórdão recorrido coincidir com a orientação da Turma Nacional de Uniformização; ou

b) serão novamente examinados pela Turma de origem na hipótese de o acórdão recorrido divergir da orientação da Turma Nacional de Uniformização;

VIII – na hipótese prevista na alínea "b" do inciso VII deste artigo, mantida a decisão divergente pela Turma de origem, examinar-se-á a admissibilidade do pedido de uniformização de jurisprudência.

§ 1º Na hipótese do inciso I deste artigo, o Presidente da Turma Recursal ou Regional comunicará à Presidência da Turma Nacional de Uniformização o recebimento do pedido de uniformização como representativo de controvérsia, indicando os dados do respectivo processo e daqueles que ficaram sobrestados.

§ 2º Sendo admitido pedido de uniformização representativo de controvérsia, a Secretaria da Turma Nacional de Uniformização dará ciência às Turmas Recursais e Regionais para que seja sobrestada a remessa de processos que versem sobre a mesma matéria.

§ 3º Publicado o acórdão proferido no pedido de uniformização representativo de controvérsia, a Secretaria da Turma Nacional de Uniformização remeterá cópia às Turmas Recursais e Regionais.

TÍTULO II

DISPOSIÇÕES GERAIS

CAPÍTULO I

DO REGISTRO DOS FEITOS

Art. 18. As petições e os processos serão recebidos no protocolo do Conselho da Justiça Federal ou por meio eletrônico, na forma prescrita em lei específica.

Art. 19. A Secretaria da Turma Nacional praticará os atos necessários ao registro dos feitos, observadas as classes e a individualização dos assuntos, bem como procederá à divulgação do andamento processual no portal da Justiça Federal.

CAPÍTULO II

DA DISTRIBUIÇÃO

Art. 20. A distribuição dos processos será feita em sessão pública e realizada por sorteio em meio eletrônico ou manual.

Art. 21. A distribuição far-se-á entre os juízes que componham a Turma Nacional de Uniformização como membros efetivos, observado o critério da proporcionalidade.

§ 1º A distribuição observará as leis processuais aplicáveis à espécie.

§ 2º Não serão distribuídos processos para os membros da Turma Nacional de Uniformização nos últimos quarenta e cinco dias de seus mandatos.

§ 3º A redistribuição ocorrerá nos casos de conexão, continência, impedimento ou suspeição.

CAPÍTULO III
DA PAUTA DE JULGAMENTO

Art. 22. Caberá ao relator selecionar e preparar os processos a serem incluídos em pauta.

Art. 23. A pauta de julgamento será publicada na imprensa oficial, afixada em lugar acessível ao público na sede da Turma Nacional de Uniformização e disponibilizada no portal da Justiça Federal na rede mundial de computadores.

Parágrafo único. A pauta deverá ser publicada com antecedência mínima de quarenta e oito horas da sessão de julgamento, o que deverá ser certificado nos autos.

Art. 24. As sessões realizadas por meio eletrônico serão precedidas da publicação de edital, com prazo de dez dias, no qual constarão os locais onde estarão os membros da Turma Nacional de Uniformização, bem como aqueles para onde serão realizadas as transmissões ao vivo.

Art. 25. Independem de pauta:

I – o julgamento dos embargos declaratórios, dos pedidos de reconsideração e dos agravos;

II – os processos incluídos em pauta, mas não julgados, se apresentados em mesa nas duas sessões subsequentes;

III – os *habeas corpus*;

IV – as questões de ordem sobre o processamento de feitos.

CAPÍTULO IV
DA SESSÃO DE JULGAMENTO

Art. 26. A Turma Nacional de Uniformização reunir-se-á com a presença de, no mínimo, sete juízes, além do Presidente, e deliberará por maioria simples.

§ 1º As sessões e votações serão públicas, observada, quando for o caso, a restrição à presença de terceiros, nos termos no art. 93, inciso IX, da Constituição da República;

§ 2º As sessões de julgamento poderão ser realizadas por meio eletrônico, observada a legislação própria.

Art. 27. É facultado às partes, por seus advogados, apresentar memoriais e produzir sustentação oral, por dez minutos, prorrogáveis por igual tempo, a critério do Presidente da Turma.

§ 1º A exclusivo critério do Presidente, eventuais interessados que não sejam partes no processo poderão fazer sustentação oral por ocasião do julgamento.

§ 2º Nos pedidos de uniformização representativos de controvérsia, poderão fazer sustentação oral as quatro primeiras pessoas, órgãos ou entidades que tenham formulado requerimento nesse sentido, ficando a critério do Presidente assegurar a outros interessados o direito de fazê-la.

§ 3º As sustentações orais serão realizadas nesta ordem: parte requerente, parte requerida, terceiros interessados e Ministério Público Federal na condição de fiscal da lei.

Art. 28. A Turma Nacional de Uniformização poderá converter o julgamento em diligência, quando necessário à decisão da causa.

Art. 29. O relator fará a exposição do caso e proferirá o seu voto, seguido pelos demais juízes, em ordem decrescente de antiguidade.

§ 1º Se o relator ficar vencido, exceto se em parte mínima, o acórdão será lavrado pelo juiz que proferiu o primeiro voto vencedor, ainda que votos anteriores sejam reconsiderados.

§ 2º O juiz vencido na preliminar deverá votar no mérito e, se seu voto nessa última parte prevalecer, redigirá o acórdão.

§ 3º Em caso de pedido de vista, os juízes que se considerarem habilitados ao julgamento poderão antecipar seu voto.

§ 4º Na hipótese de pedido de vista, o julgamento prosseguirá na sessão seguinte, independentemente da presença do relator, com prioridade sob os demais processos, assegurando-se a prerrogativa de não votar aos juízes que não presenciaram a leitura do relatório e não se considerem aptos a participar do julgamento.

Art. 30. O acórdão assinado pelo relator e os demais votos serão encaminhados à Secretaria da Turma no prazo de cinco dias, a contar da sessão de julgamento.

Parágrafo único. Caso os votos vogais não sejam encaminhados no prazo previsto no *caput* deste artigo, o acórdão será publicado sem considerar seus fundamentos.

CAPÍTULO V
DOS PRAZOS

Art. 31. As decisões da Turma Nacional de Uniformização serão publicadas na imprensa oficial ou em outro meio legalmente eficaz.

~~Parágrafo único. Os prazos na Turma Nacional de Uniformização correrão da publicação dos atos na imprensa oficial, da intimação pessoal ou da ciência por outro meio eficaz previsto em lei.~~

§ 1º Os prazos na Turma Nacional de Uniformização correrão da publicação dos atos na imprensa oficial, da intimação pessoal ou da ciência por outro meio eficaz previsto em lei. (NR)

§ 2º Na contagem de prazo em dias, computar-se-ão somente os dias úteis." (NR) (Alterado pela Resolução n. 392, de 19/04/2016)

TÍTULO III
DOS RECURSOS

CAPÍTULO I
DO AGRAVO REGIMENTAL

~~Art. 32. Cabe agravo regimental da decisão do relator, no prazo de cinco dias. Se não houver retratação, o relator apresentará o processo em mesa, proferindo seu voto.~~

Art. 32. Cabe agravo regimental da decisão do relator, no prazo de quinze dias. Se não houver retratação, o relator apresentará o processo em mesa, proferindo seu voto." (NR) (Alterado pela Resolução n. 392, de 19/04/2016)

CAPÍTULO II
DOS EMBARGOS DE DECLARAÇÃO

Art. 33. Cabem embargos de declaração, no prazo de cinco dias, a contar da data da intimação do julgado, em petição dirigida ao relator, na qual será indicado o ponto obscuro, contraditório, omisso ou duvidoso.

§ 1º Os embargos de declaração terão como relator o juiz que redigiu o acórdão embargado.

§ 2º Ausente ou afastado temporariamente o relator do acórdão embargado, o processo será encaminhado ao suplente que o substituir.

§ 3º Se os embargos forem manifestamente incabíveis, o relator os rejeitará de plano.

§ 4º O relator apresentará os embargos em mesa para julgamento na primeira sessão subsequente, proferindo voto.

§ 5º Se houver possibilidade de emprestar efeito modificativo à súmula aprovada ou acórdão em pedido de uniformização representativo de controvérsia, os embargos de declaração serão incluídos em pauta.

CAPÍTULO III

DO INCIDENTE DE UNIFORMIZAÇÃO DE JURISPRUDÊNCIA

DIRIGIDO AO SUPERIOR TRIBUNAL DE JUSTIÇA

Art. 34. Quando o acórdão da Turma Nacional de Uniformização for proferido em contrariedade à súmula ou jurisprudência dominante do Superior Tribunal de Justiça, o incidente de uniformização de jurisprudência será suscitado, nos próprios autos, no prazo de quinze dias, perante o Presidente da Turma Nacional de Uniformização.

~~§ 1º A parte contrária será intimada para apresentar manifestação em igual prazo, findo o qual os autos serão conclusos ao Presidente da Turma Nacional de Uniformização para juízo de admissibilidade.~~

§ 1º Caberá, também, incidente de uniformização quando o acórdão proferido pela Turma Nacional de Uniformização estiver em contrariedade à tese firmada em julgamento de incidente de resolução de demandas repetitivas. (NR) (Alterado pela Resolução n. 392, de 19/04/2016)

~~§ 2º Inadmitido o incidente, a parte poderá requerer, nos próprios autos, no prazo de dez dias, que o feito seja remetido ao Superior Tribunal de Justiça.~~

§ 2º A parte contrária será intimada para apresentar manifestação em igual prazo, findo o qual os autos serão conclusos ao Presidente da Turma Nacional de Uniformização para juízo de admissibilidade. (NR) (Alterado pela Resolução n. 392, de 19/04/2016)

§ 3º Inadmitido o incidente, a parte poderá requerer, nos próprios autos, no prazo de dez dias, que o feito seja remetido ao Superior Tribunal de Justiça." (NR) (Alterado pela Resolução n. 392, de 19/04/2016)

CAPÍTULO IV

DO RECURSO EXTRAORDINÁRIO

Art. 35. O recurso extraordinário poderá ser interposto, no prazo de 15 dias, perante o Presidente da Turma Nacional de Uniformização.

§ 1º A parte contrária será intimada para apresentar contrarrazões no mesmo prazo, findo o qual os autos serão conclusos ao Presidente da Turma Nacional de Uniformização para juízo de admissibilidade, observado o disposto na Constituição da República, na lei processual e no Regimento Interno do Supremo Tribunal Federal.

§ 2º Admitido o recurso, os autos serão encaminhados ao Supremo Tribunal Federal; inadmitido, pode a parte interpor agravo nos próprios autos, respeitadas as regras processuais pertinentes.

TÍTULO IV

DA JURISPRUDÊNCIA DA TURMA

NACIONAL DE UNIFORMIZAÇÃO

CAPÍTULO I

DA SÚMULA

Art. 36. A jurisprudência firmada pela Turma Nacional de Uniformização poderá ser compilada em súmula, cuja aprovação dar-se-á pelo voto de pelo menos sete de seus membros, cabendo ao relator propor-lhe o enunciado.

Parágrafo único. Somente poderá ser objeto de súmula o entendimento adotado em julgamento tomado pelo voto da maioria absoluta dos membros da Turma e que represente sua jurisprudência dominante.

Art. 37. Os enunciados da súmula, datados e numerados, com indicação do assunto, do teor do enunciado, da legislação pertinente e dos julgados que lhe deram suporte serão publicados três vezes na imprensa oficial, em datas próximas, e divulgados no Portal da Justiça Federal.

Art. 38. Os enunciados da súmula prevalecem sobre jurisprudência anterior, aplicando-se a casos não definitivamente julgados, e serão revistos na forma estabelecida neste Regimento Interno.

§ 1º Durante o julgamento do incidente de uniformização, qualquer dos membros poderá propor a revisão da jurisprudência compendiada em súmula, caso a maioria dos presentes admita a proposta de revisão, procedendo-se ao sobrestamento do feito, se necessário.

§ 2º A alteração ou o cancelamento do enunciado de súmula será aprovado pelo voto de pelo menos sete membros da Turma.

§ 3º Ficarão vagos, com a nota correspondente, para efeito de eventual restabelecimento, os números referentes aos enunciados que a Turma Nacional de Uniformização cancelar ou alterar, tomando os que forem modificados novos números da série.

§ 4º A Secretaria da Turma Nacional adotará as providências necessárias à ampla e imediata divulgação da alteração ou cancelamento do enunciado da súmula.

CAPÍTULO II

DA DIVULGAÇÃO DA JURISPRUDÊNCIA

Art. 39. A jurisprudência da Turma Nacional de Uniformização será divulgada pelas seguintes publicações:

I – na imprensa oficial;

II – ementário de jurisprudência da Turma Nacional de Uniformização;

III – periódico da Turma Nacional de Uniformização;

IV – bases de dados de jurisprudência;

V – repositórios autorizados.

Art. 40. As decisões e os acórdãos da Turma Nacional de Uniformização serão publicados na imprensa oficial.

Parágrafo único. Quando de idêntico conteúdo, as decisões e os acórdãos poderão ser publicados com única redação, indicando-se o número dos autos dos respectivos processos.

Art. 41. No ementário de jurisprudência da Turma Nacional de Uniformização serão publicadas as ementas de acórdãos ordenadas por matéria, evitando-se repetições.

Art. 42. Nos periódicos da Turma Nacional de Uniformização serão publicados em seu inteiro teor:

I – os acórdãos selecionados pelos juízes;

II – os atos normativos expedidos pelo Conselho da Justiça Federal inerentes à Turma Nacional de Uniformização;

III – os enunciados das súmulas e questão de ordem.

Parágrafo único. A Secretaria da Turma Nacional de Uniformização poderá propor a seleção dos acórdãos a publicar, dando preferência aos que forem indicados pelos respectivos relatores.

Art. 43. A base de dados divulgará a jurisprudência da Turma Nacional de Uniformização, no Portal da Justiça Federal.

Art. 44. São repositórios autorizados as publicações de entidades oficiais ou particulares, habilitadas na forma do ato normativo próprio.

TÍTULO V

DA RECLAMAÇÃO

Art. 45. Para preservar a competência da Turma Nacional de Uniformização ou garantir a autoridade das suas decisões, caberá reclamação da parte interessada ou do Ministério Público, no prazo de quinze dias, a contar da intimação da decisão nos autos de origem.

Art. 46. Não cabe reclamação, sendo a inicial desde logo indeferida quando:

I – fundamentada em decisões proferidas em outros autos;

II – fundamentada em negativa de admissibilidade de incidente nacional por parte do juiz responsável pela admissibilidade;

III – fundamentada em negativa de seguimento, pelo Presidente da TNU ou pelo seu colegiado, de incidente de uniformização manifestamente inadmissível ou em confronto evidente com súmula ou jurisprudência dominante;

~~IV – contra decisão do Presidente da TNU que devolve às turmas de origem os processos para sobrestamento;~~

IV - impugnar decisão do Presidente da TNU que devolve à turma de origem os processos suspensos e os para sobrestamento; (NR) (Alterado pela Resolução n. 392, de 19/04/2016)

~~V – contra decisão de sobrestamento em juízo provisório de admissibilidade, em aguardo à decisão de processo paradigmático ou representativo de controvérsia;~~

V - impugnar decisão de sobrestamento em juízo provisório de admissibilidade, em aguardo à decisão de processo paradigmático ou representativo de controvérsia; (NR) (Alterado pela Resolução n. 392, de 19/04/2016)

~~VI – contra decisão do juiz responsável pelo juízo preliminar de admissibilidade no caso de devolver o feito à Turma Recursal ou Regional para eventual adequação, nos termos do art. 14, § 2º, deste Regimento Interno.~~

VI - impugnar decisão do magistrado responsável pelo juízo preliminar de admissibilidade nos casos previstos no art. 14, §§ 2º e 3º, deste Regimento Interno." (NR) (Alterado pela Resolução n. 392, de 19/04/2016)

Parágrafo único. A reclamação, dirigida ao Presidente da Turma Nacional de Uniformização e instruída com as provas documentais pertinentes, será autuada e distribuída ao relator da causa principal, sempre que possível.

Art. 47. Não cabe reclamação fundada em descumprimento de decisão proferida pela Turma Nacional de Uniformização em outro processo.

Art. 48. Ao despachar a reclamação, o relator:

I – requisitará informações da autoridade a quem foi imputada a prática do ato impugnado, as quais deverão ser prestadas no prazo de dez dias;

II – determinará a suspensão do processo ou do ato impugnado, caso seja necessário para evitar dano irreparável.

Art. 49. O Ministério Público, nas reclamações que não houver formulado, terá vista do processo, por cinco dias, após o decurso do prazo para informações.

Art. 50. Julgando procedente a reclamação, a Turma Nacional de Uniformização cassará a decisão impugnada, no todo ou em parte, ou determinará medida adequada à preservação de sua competência.

Parágrafo único. O Presidente da Turma determinara o imediato cumprimento da decisão, lavrando-se o acórdão posteriormente.

TÍTULO VI

DISPOSIÇÕES FINAIS

Art. 51. Para fins deste Regimento Interno, considera-se jurisprudência dominante o entendimento jurídico adotado reiteradamente em decisões idênticas proferidas em casos semelhantes.

Art. 52. O sobrestamento de processos, a fim de aguardar julgado do Supremo Tribunal Federal, do Superior Tribunal de Justiça ou da Turma Nacional de Uniformização, nos termos deste Regimento, precederá o juízo de admissibilidade, salvo quanto à tempestividade.

Art. 53. Por determinação do Presidente da Turma Nacional de Uniformização, poderá ser obrigatória a utilização de sistema informatizado para prática e comunicação de atos processuais, nos termos da lei.

Art. 54. Não são devidas custas pelo processamento do pedido de uniformização e jurisprudência dirigido à Turma Nacional de Uniformização.

Art. 55. Os casos omissos serão resolvidos pelo Presidente da Turma Nacional de Uniformização, que poderá submetê-los à deliberação do Plenário.

MINISTRO FRANCISCO FALCÃO

2. RESOLUÇÃO CJF 347/2015 (APROVA REGRAS SOBRE OS REGIMENTOS DAS TURMAS RECURSAIS E REGIONAIS)

RESOLUÇÃO N. CJF-RES-2015/00347, de 2 de junho de 2015.

> Dispõe sobre a compatibilização dos regimentos interno das turmas recursais e das turmas regionais de uniformização dos juizados.

O **PRESIDENTE DO CONSELHO DA JUSTIÇA FEDERAL**, no uso de suas atribuições legais e

CONSIDERANDO a competência do Conselho da Justiça Federal para expedir normas destinadas a padronizar procedimentos e condutas no âmbito da Justiça Federal de primeiro e segundo graus, visando ao aprimoramento da atividade judiciária;

CONSIDERANDO as propostas apresentadas, na reunião de 15 de agosto de 2014, pela Comissão Permanente dos Juizados Especiais Federais, instituída pela Resolução n. 315, de 23 de maio de 2003, do Conselho da Justiça Federal, acerca das diretrizes para a uniformização dos regimentos internos das turmas recursais e regionais de uniformização, com o objetivo, inclusive, de facilitar o andamento dos feitos na Turma Nacional de Uniformização;

CONSIDERANDO a proposta apresentada pela comissão composta para revisão da Resolução n. 61, de 25 de junho de 2009, instituída pela Portaria n. CJF-POR-2014/00385, de 19 de setembro de 2014;

CONSIDERANDO o fato de que o respeito às peculiaridades regionais dos juizados especiais federais e à autonomia das diversas unidades judiciárias que os integram, condição essencial ao seu melhor funcionamento, não pode ir ao ponto de permitir discrepâncias capazes de afetar a harmonia do sistema;

CONSIDERANDO o decidido no Processo n. CJF-PPN-2014/00045, aprovado na sessão realizada em 25 de maio de 2015,

RESOLVE:

Art. 1º Compatibilizar os regimentos internos das turmas recursais e das turmas regionais de uniformização dos juizados especiais federais e a atuação dos magistrados integrantes dessas turmas com exclusividade de funções, que obedecerão às diretrizes estabelecidas nesta resolução.

Art. 2º Compete às turmas recursais dos juizados especiais federais processar e julgar:

I – em matéria cível, os recursos interpostos de sentenças ou de decisões que apreciam pedidos de medidas liminares, cautelares ou antecipatória dos efeitos da tutela;

II – em matéria criminal, as apelações interpostas de sentenças ou de decisões que rejeitam denúncias ou queixas;

III – os embargos de declaração opostos aos seus acórdãos;

IV – os mandados de segurança contra ato de juiz federal no exercício da competência dos juizados especiais federais e contra os seus próprios atos e decisões;

V – os *habeas corpus* contra ato de juiz federal no exercício da competência dos juizados especiais federais e de juiz federal integrante da própria turma recursal;

VI – os conflitos de competência entre juízes federais dos juizados especiais federais vinculados à turma recursal;

VII – as revisões criminais de seus próprios julgados e dos juízes federais no exercício da competência dos juizados especiais federais.

§ 1º O prazo para interposição do recurso previsto no inciso I deste artigo, bem como para o recorrido apresentar a respectiva resposta, é de dez dias.

§ 2º ~~Ao relator compete negar seguimento a recurso manifestamente inadmissível, improcedente, prejudicado ou em confronto com súmula ou com jurisprudência dominante da Turma Nacional de Uniformização, do Superior Tribunal de Justiça ou do Supremo Tribunal Federal.~~

§ 2º Ao relator compete negar seguimento a recurso manifestamente inadmissível, improcedente, prejudicado ou em confronto com súmula ou com jurisprudência dominante da Turma Nacional de Uniformização, do Superior Tribunal de Justiça ou do Supremo Tribunal Federal, ou em confronto com tese firmada em julgamento em incidente de resolução de demandas repetitivas. (NR) (Alterado pela Resolução n. 393, de 19/04/2016).

§ 3º ~~Ao relator compete dar provimento ao recurso se a decisão recorrida estiver em manifesto confronto com súmula ou com jurisprudência dominante da Turma Nacional de Uniformização, do Superior Tribunal de Justiça ou do Supremo Tribunal Federal.~~

§ 3º Ao relator compete dar provimento ao recurso se a decisão recorrida estiver em manifesto confronto com súmula ou com jurisprudência dominante da Turma Nacional de Uniformização, do Superior Tribunal de Justiça ou do Supremo Tribunal Federal, ou com tese firmada em julgamento em incidente de resolução de demandas repetitivas. (NR) (Alterado pela Resolução n. 393, de 19/04/2016).

~~§ 4º Da decisão do relator e do presidente da turma recursal caberá agravo regimental no prazo de cinco dias. Se não houver retratação, o prolator da decisão apresentará o processo em mesa, proferindo voto.~~

§ 4º Da decisão do relator e do presidente da turma recursal caberá agravo regimental no prazo de quinze dias. Se não houver retratação, o prolator da decisão apresentará o processo em mesa, proferindo voto. (NR) (Alterado pela Resolução n. 393, de 19/04/2016).

§ 5º Caso a decisão do relator tenha sido submetida à turma recursal e por ela confirmada, não será cabível a interposição de agravo regimental.

§ 6º A admissão de incidente de resolução de demandas repetitivas por tribunal regional federal suspende o processamento de pedido de uniformização regional, no âmbito de sua jurisdição." (NR) (Alterado pela Resolução n. 393, de 19/04/2016).

Art. 3º Os pedidos de uniformização de jurisprudência serão interpostos no prazo de 15 dias, a contar da publicação do acórdão recorrido, sendo o requerido intimado perante o juízo local para, no mesmo prazo, apresentar contrarrazões.

§ 1º O exame da admissibilidade dos pedidos de uniformização e dos recursos extraordinários compete ao presidente ou ao vice-presidente da turma recursal ou a outro membro designado pelo tribunal regional federal ou mediante previsão no regimento interno das turmas recursais diretamente afetadas pela medida.

~~§ 2º O juiz responsável pelo juízo preliminar de admissibilidade poderá devolver o feito à turma recursal para eventual adequação, caso o acórdão recorrido esteja em manifesto confronto com súmula ou jurisprudência dominante da Turma Nacional de Uniformização, do Superior Tribunal de Justiça ou do Supremo Tribunal Federal.~~

§ 2º O juiz responsável pelo juízo preliminar de admissibilidade devolverá o feito à turma recursal para adequação, caso o acórdão recorrido esteja em manifesto confronto com súmula ou jurisprudência dominante da Turma Nacional de Uniformização, do Superior Tribunal de Justiça ou do

Supremo Tribunal Federal. (NR)(Alterado pela Resolução n. 393, de 19/04/2016).

§ 3º Em caso de inadmissão preliminar dos pedidos de uniformização de jurisprudência, a parte poderá interpor agravo nos próprios autos, no prazo de dez dias, a contar de sua intimação, fundamentando-se no equívoco da decisão recorrida.

§ 3º O feito deverá ser devolvido à Turma de origem quando o acórdão recorrido contrariar julgamento proferido em incidente de resolução de demandas repetitivas, para aplicação da tese firmada. (NR) (Alterado pela Resolução n. 393, de 19/04/2016).

§ 4º O julgamento do agravo previsto no § 3º deste artigo compete à turma regional ou à Turma Nacional de Uniformização, conforme seja o destinatário do pedido de uniformização inadmitido.

§ 4º Em caso de inadmissão preliminar dos pedidos de uniformização de jurisprudência, a parte poderá interpor agravo nos próprios autos, no prazo de quinze dias, a contar de sua intimação, fundamentando-se no equívoco da decisão recorrida. (NR) (Alterado pela Resolução n. 393, de 19/04/2016).

§ 5º Inadmitido recurso extraordinário, a parte pode interpor agravo nos próprios autos, respeitadas as regras processuais pertinentes.

§ 5º O julgamento do agravo previsto no § 4º deste artigo compete à Turma Regional ou à Turma Nacional de Uniformização, conforme seja o destinatário do pedido de uniformização inadmitido, observados os §§ 6º a 8º. (NR) (Alterado pela Resolução n. 393, de 19/04/2016).

§ 6º Inadmitido recurso extraordinário, a parte poderá interpor agravo nos próprios autos, dirigido ao Supremo Tribunal Federal, respeitadas as regras processuais pertinentes. (NR) (Alterado pela Resolução n. 393, de 19/04/2016).

§ 7º Contra decisão de inadmissão de pedido de uniformização regional fundada em julgamento do Supremo Tribunal Federal, proferido na sistemática de repercussão geral, ou em súmula da Turma Regional de Uniformização, caberá agravo interno, no prazo de quinze dias, o qual, após o decurso de igual prazo para contrarrazões, será julgado pela Turma Recursal, mediante decisão irrecorrível. (NR) (Alterado pela Resolução n. 393, de 19/04/2016).

§ 8º Contra decisão de inadmissão de pedido de uniformização nacional fundada em julgamento do Supremo Tribunal Federal, proferido na sistemática de repercussão geral, ou em súmula ou representativo de controvérsia da Turma Nacional de Uniformização, caberá agravo interno, no prazo de quinze dias, o qual, após o decurso de igual prazo para contrarrazões, será julgado pela Turma Recursal, mediante decisão irrecorrível." (NR) (Alterado pela Resolução n. 393, de 19/04/2016).

Art. 4º Compete à turma regional de uniformização processar e julgar:

I – o incidente regional de uniformização de jurisprudência;

II – os embargos de declaração opostos aos seus acórdãos; e

III – o agravo regimental da decisão do relator ou do presidente.

Art. 5º Compete ao presidente da turma regional de uniformização a apreciação da admissibilidade de pedidos de uniformização nacional de jurisprudência e de recursos extraordinários interpostos contra seus acórdãos.

~~Parágrafo único. Aplicam-se à turma regional as regras previstas nos §§ 1º a 5º do art. 3º.~~

§ 1º Aplicam-se à Turma Regional as regras previstas nos §§ 3º, 4º e 6º do art. 3º. (NR) (Alterado pela Resolução n. 393, de 19/04/2016).

§ 2º Contra decisão de inadmissão fundada em julgamento do Supremo Tribunal Federal, proferido na sistemática de repercussão geral, ou em súmula ou representativo de controvérsia da Turma Nacional de Uniformização, caberá agravo interno, no prazo de quinze dias, o qual será julgado pela Turma Regional, mediante decisão irrecorrível." (NR) (Alterado pela Resolução n. 393, de 19/04/2016).

Art. 6º Revogar a Resolução n. 61, de 25 de junho de 2009, e a Resolução n. CJF-RES-2014/00312, de 14 de outubro de 2014.

Art. 6º-A Na contagem de prazo em dias, computar-se-ão somente os dias úteis." (NR) (Alterado pela Resolução n. 393, de 19/04/2016).

Art. 7º Esta resolução entra em vigor na data de sua publicação.

MINISTRO FRANCISCO FALCÃO

3. REGIMENTO INTERNO DAS TURMAS RECURSAIS E TRU DA 1ª REGIÃO

RESOLUÇÃO PRESI 17/2014 - CONSOLIDADA

Resolução Presi 17 de 19 de setembro de 2014 - Original
Resolução Presi 30 de 18 de dezembro de 2014 - Altera a Resolução Presi 17/2014
Resolução Presi 33 de 30 de setembro de 2015 - Altera a Resolução Presi 17/2014

> Dispõe sobre o Regimento Interno dos Juizados Especiais Federais, das Turmas Recursais e da Turma Regional de Uniformização de Jurisprudência dos Juizados Especiais Federais da 1ª Região.

O PRESIDENTE DO TRIBUNAL REGIONAL FEDERAL DA 1ª REGIÃO, no uso de suas atribuições legais e tendo em vista a decisão da Corte Especial Administrativa, nos autos do Processo Administrativo 3.444/2014, em sessão realizada no dia 11 de setembro de 2014,

CONSIDERANDO:

a) o advento da Lei 12.665, de 13/06/2014, que criou estrutura permanente para as Turmas Recursais do Juizados Especiais Federais;

b) a necessidade de adequação do Regimento Interno das Turmas Recursais, dos Juizados Especiais Federais e da Turma de Uniformização dos Juizados Especiais Federais da 1ª Região, conforme disposto no art. 16 da Resolução PRESI/COGER/COJEF 5 de 22/03/2014;

c) o trabalho de consolidação e atualização realizado pela Comissão instituída por meio da Portaria COJEF 01 de 06/02/2014,

RESOLVE:

Art. 1º APROVAR o Regimento Interno dos Juizados Especiais Federais, das Turmas Recursais e da Turma Regional de Uniformização de Jurisprudência dos Juizados Especiais Federais da 1ª Região, na forma do Anexo I, que integra esta Resolução.

Art. 2º Esta Resolução enta em vigor na data de sua publicação, revogando-se as Resoluções 14 de 29/05/2002, 600-023 de 22/08/2005, 600-11 de 19/12/2006, 600-15 de 03/07/2008, 16 de 10/06/2010, 15 de 15/08/2011 e 9 de 12/04/2012.

Desembargador Federal **CÂNDIDO RIBEIRO**
Presidente

Anexo TRF1-SECGE 0006821

Regimento interno dos juizados especiais federais, das turmas recursais e da turma regional de uniformização de jurisprudência dos juizados especiais federais da 1ª Região.

ANEXO I

Resolução Presi 17 (0006321)

Regimento Interno dos Juizados Especiais Federais, das Turmas Recursais e da Turma Regional de Uniformização de Jurisprudência dos Juizados Especiais Federais da 1ª Região.

PROPOSTA DE ALTERAÇÃO

Regimento Interno dos Juizados Especiais Federais, das Turmas Recursais e da Turma Regional de Uniformização

COORDENAÇÃO DOS JUIZADOS ESPECIAIS FEDERAIS DA 1ª REGIÃO
DESEMBARGADOR FEDERAL REYNALDO FONSECA

TÍTULO I
DOS JUIZADOS ESPECIAIS FEDERAIS DA 1ª REGIÃO

CAPÍTULO I
Da composição e organização

Seção I – Da composição e organização

Art. 1º São órgãos judiciais dos Juizados Especiais Federais da 1ª Região:

I – as varas de Juizado Especial Federal cível, ou cível e criminal, com competência especializada – Vara JEF;

II – os Juizados Especiais Federais adjuntos – JEF adjunto;

III – os Juizados Especiais Federais autônomos – JEF autônomo;

IV – as turmas recursais – TRs e

V – a Turma Regional de Uniformização – TRU.

§ 1º As varas especializadas em juizado especial federal serão instaladas com a estrutura organizacional de uma vara, conforme ato do Tribunal.

§ 2º Os Juizados Especiais Federais adjuntos são unidades que funcionarão em varas especializadas ou em varas de competência geral.

§ 3º Os Juizados Especiais Federais autônomos funcionarão como serviço destacado, com estrutura física e quadro de pessoal cedido, a critério da Presidência do Tribunal, ouvidas a Coordenação Regional e a Corregedoria Regional.

§ 4º Nas seccionais onde não houver vara especializada em matéria criminal, os Juizados Especiais Federais criminais funcionarão na mesma vara do Juizado Especial Federal cível; naquelas onde houver a especialização, funcionarão exclusivamente como adjuntos.

Art. 2º São órgãos administrativos dos Juizados Especiais Federais da 1ª Região:

I –a Coordenação Regional dos Juizados Especiais Federais da 1ª Região – Cojef;

II –as coordenações locais dos Juizados e das turmas recursais.

Seção II – Da Coordenação Regional

Art. 3º Os Juizados Especiais Federais da 1ª Região serão coordenados por um desembargador federal, indicado pelo presidente do Tribunal.

Art. 4º Compete ao coordenador regional:

I – exercer a coordenação administrativa dos Juizados Especiais Federais e das turmas recursais da 1ª Região;

II – realizar o planejamento estratégico e global da atuação dos Juizados Especiais, estabelecendo as metas a serem atingidas;

III – cumprir e fazer cumprir os regulamentos acerca dos Juizados e turmas recursais, editando normas complementares relativas à padronização dos procedimentos;

IV – promover e coordenar encontros e grupos de estudo ou de trabalho sobre os Juizados Especiais, com a colaboração da Escola de Magistratura Federal da 1ª Região – Esmaf, de entidades universitárias e do Ministério Público, mediante convênios que poderão ser celebrados na respectiva seção judiciária;

V – sugerir ao presidente do Tribunal ou ao corregedor regional, conforme o caso, estudos e melhorias de sistemas informatizados específicos para o funcionamento dos Juizados Especiais;

VI – encaminhar ao presidente proposta para que o Tribunal adote critérios para a instalação de novos Juizados Especiais Federais e turmas recursais;

VII – sugerir ao presidente normas complementares referentes a estrutura, organização, funcionamento e horário de expediente dos Juizados Especiais, para encaminhamento e deliberação do órgão fracionário competente do Tribunal, ouvido, quando for o caso, o corregedor regional;

VIII – criar e promover o banco de dados da jurisprudência dos Juizados Especiais Federais para permanente manutenção e atualização pelo setor competente da Secretaria do Tribunal;

IX – exercer a presidência da Turma Regional de Uniformização;

X – opinar em procedimento administrativo de interesse dos Juizados Especiais;

XI – elaborar proposta de atualização do Regimento Interno dos Juizados Especiais Federais e das Turmas Recursais, propondo emendas ao texto em vigor e emitindo parecer quando a proposta não for de sua iniciativa.

XII – tomar outras deliberações necessárias ao funcionamento dos Juizados Especiais Federais que não sejam de competência da Presidência ou da Corregedoria Regional.

Art. 5º O coordenador poderá acompanhar as correições ordinárias feitas pelo corregedor regional nas turmas recursais e nos Juizados Especiais Federais da 1ª Região, convocando servidor para auxiliá-lo.

Art. 6º A Coordenação Regional dos Juizados Especiais Federais da 1ª Região – Cojef será estruturada em ato próprio do Tribunal Regional Federal da 1ª Região.

Seção III – Da coordenação local dos Juizados

Art. 7º Nas seções e subseções judiciárias da 1ª Região, os Juizados Especiais Federais terão um coordenador e um vice-coordenador local, escolhidos pelo presidente do Tribunal, após manifestação da Coordenação Regional dos Juizados e da Corregedoria Regional.

§ 1º A escolha dar-se-á entre os juízes titulares de varas de Juizado Especial Federal ou em exercício em Juizado Especial Federal adjunto ou autônomo, para o exercício de mandato de dois anos, coincidindo, sempre que possível, seu início e término com o mandato do coordenador regional.

§ 2º Não havendo possibilidade de indicação de juízes federais para exercer as funções de coordenador e de vice-coordenador local dos Juizados Especiais Federais, serão designados temporariamente juízes federais substitutos.

§ 3º Nas subseções judiciárias de vara única, a coordenação do Juizado Especial Federal será exercida pelo juiz federal titular e, na sua ausência, pelo substituto legal, independentemente de ato formal de designação.

Art. 8º Incumbe ao coordenador local dos Juizados Especiais Federais:

I – propor normas para regulamentar e aprimorar o funcionamento dos Juizados Especiais Federais, ouvidos os magistrados que atuam em Juizados Especiais cíveis e criminais da seccional, observando as normas existentes;

II – coordenar e supervisionar os serviços de atendimento e atermação da seccional;

III – conjuntamente com o diretor do foro, organizar e coordenar os serviços de protocolo, distribuição, perícias, contadoria e informações processuais das ações de competência dos Juizados, onde houver estrutura administrativa própria;

IV – conjuntamente com o diretor do foro, elaborar proposta de realização de Juizados itinerantes, observado o disposto neste Regimento;

V – tomar as providências necessárias para a realização de todas as etapas dos itinerantes aprovados pela Coordenação Regional;

VI – propor e coordenar regime de auxílio em caráter emergencial ou mutirões nas varas dos Juizados Especiais da seccional;

VII – propor a celebração de convênios com entidades públicas e/ou privadas para a otimização e o aprimoramento dos serviços prestados pelos Juizados Especiais Federais;

VIII – propor outras medidas com o objetivo de reduzir os valores das despesas processuais em geral, no âmbito dos Juizados Especiais Federais.

Seção IV – Da coordenação local de turmas

Art. 9º Nas localidades com mais de uma turma, haverá um coordenador designado pela Presidência do Tribunal em sistema de rodízio, para o exercício de mandato de dois anos, coincidindo, sempre que possível, seu início e término com o mandato do coordenador regional, devendo recair a escolha sobre o presidente de turma.

§ 1º Nas férias, afastamentos, impedimentos ou ausências do coordenador por qualquer motivo, assumirá a coordenadoria da secretaria única o presidente mais antigo em exercício em turma da mesma localidade.

§ 2º Para aferição da antiguidade nas turmas da seccional, considerar-se-á a data de publicação do ato de provimento dos cargos de juiz federal de turma recursal, desconsiderando-se os períodos anteriores.

§ 3º Em caso de empate, prevalecerá o tempo na carreira da magistratura federal.

Art. 10. Competem ao coordenador de turma a coordenação da secretaria única das turmas da localidade e as atribuições estabelecidas no art. 54.

CAPÍTULO II
Da distribuição

Art. 11. Na distribuição de feitos nos Juizados Especiais Federais cíveis e criminais, observar-se-á o estabelecido em provimento da Corregedoria Regional.

Art. 12. Nas ações de competência dos Juizados Especiais Federais cíveis, as partes poderão designar, por escrito, representantes para a causa, advogado ou não, quando comprovarem a impossibilidade de comparecimento pessoal aos atos do processo.

Parágrafo único. Poderão figurar como representantes das partes perante os Juizados Especiais Federais cíveis:

I – parentes na forma da lei civil;

II – cônjuge, companheiro ou companheira;

III – assistentes sociais identificados, representando a instituição onde a parte se encontrar internada, albergada, asilada ou hospitalizada;

IV – outras pessoas em situações análogas de representação, desde que com a devida justificativa.

CAPÍTULO III
Dos itinerantes, dos auxílios emergenciais e
das unidades avançadas de atendimento

Seção I – Dos Juizados Especiais Federais itinerantes

Art. 13. Os Juizados Especiais Federais itinerantes – JEFITs serão organizados para alcançar população com dificuldade de acesso à Justiça Federal, de acordo com programação anual elaborada pela Coordenação Regional, com base em proposta das coordenações locais, que será feita por intermédio da diretoria do foro.

Art. 14. Os municípios abrangidos pelo JEFIT devem pertencer, preferencialmente, à mesma jurisdição da respectiva seção/subseção judiciária, em observância à competência territorial estabelecida em ato do Tribunal.

§ 1º A Coordenação Regional poderá aprovar a realização de JEFIT com abrangência a municípios de mais de uma seccional, desde que as seccionais envolvidas estejam de acordo com a realização conjunta.

§ 2º Desde que preservada a área de abrangência constante da programação anual, poderá ocorrer alteração do município-sede do JEFIT, devendo a proposta ser submetida à Coordenação Regional para análise da conveniência da modificação.

Art. 15. É facultada a inclusão, na fase de audiência, de processos em tramitação nas sedes das seções e/ou subseções, desde que as partes residam na área abrangida pelo JEFIT e a Coordenação Regional seja comunicada para análise da conveniência da inclusão.

Seção II – Da distribuição de feitos recebidos nos itinerantes

Art. 16. Na distribuição dos processos oriundos dos itinerantes, será observada a competência territorial, conforme o disposto no art. 14 e seus parágrafos.

§ 1º O cadastro de Juizado Especial Federal itinerante será feito previamente à distribuição dos processos, devendo nele constar os dados referentes ao período, à localidade e aos juízes participantes, obrigatoriamente, além de outras observações complementares não obrigatórias.

§ 2º Na impossibilidade de cadastro dos juízes participantes no ato da distribuição de processos do JEFIT, o magistrado coordenador será cadastrado para fins de registro, realizando-se posteriormente a devida atribuição dos feitos aos juízes designados para o evento.

Art. 17. Os processos recebidos durante os juizados itinerantes geram prevenção com feitos anteriormente ajuizados.

Art. 18. Nas localidades com mais de um juizado especial federal em funcionamento, os processos serão distribuídos equitativamente entre os Juizados.

Parágrafo único. Na distribuição dos processos oriundos do JEFIT, observar-se-á a compensação normal e automática dos processos para os Juizados Especiais Federais, exceto quando o processo for atribuído a um juiz que compõe um dos juizados. Nesse caso, o processo deverá ser distribuído ao juizado em que o juiz atua, mantendo-se a compensação automática em relação aos outros processos.

Seção III – Dos auxílios emergenciais

Art. 19. Os auxílios em caráter emergencial ou mutirão nos Juizados Especiais Federais ocorrerão mediante a identificação de acúmulo considerável de processos, para prolação de sentença, realização de procedimentos cartorários ou realização de audiências.

Seção IV – Das unidades avançadas de atendimento

Art. 20. O Tribunal poderá criar unidades avançadas de atendimento dos Juizados Especiais como modalidade de Justiça itinerante, em quaisquer dos municípios da respectiva seção ou subseção judiciária, ouvidas a diretoria do foro, a Coordenação Regional e a Corregedoria Regional.

§ 1º Os processos das unidades avançadas serão distribuídos às varas de origem a que estiverem vinculadas territorialmente, na sede da seção ou subseção.

§ 2º Sempre que possível, um servidor da Justiça Federal deverá integrar as unidades avançadas de forma a manter a adequação dos procedimentos e serviços prestados pela Justiça Federal no posto avançado.

§ 3º A unidade avançada poderá ser vinculada, administrativamente, à direção do foro da respectiva seção ou subseção judiciária.

§ 4º As unidades avançadas poderão funcionar como pontos de realização de audiências por videoconferência.

Seção V – Do processo seletivo de magistrados

Art. 21. A Coordenação Regional poderá abrir processo seletivo, por meio de edital simplificado, para escolha de magistrados para atuarem em regime de auxílio emergencial e/ou na fase de audiências dos Juizados Especiais Federais itinerantes, quando o número de juízes interessados for superior à necessidade do evento.

§ 1º Por medida de economicidade, terão preferência, em regra, os magistrados domiciliados na unidade da federação ou na localidade mais próxima da cidade onde se realizará o evento, ou naquela que representar o menor custo de deslocamento.

§ 2º Outros critérios objetivos que assegurem a impessoalidade da escolha poderão ser previamente definidos por ato próprio da Coordenação Regional.

§ 3º A lista com os magistrados selecionados será encaminhada à Corregedoria Regional para manifestação antes da designação por ato do presidente do Tribunal.

Seção VI – Da atuação dos magistrados em regime de auxílio emergencial e no itinerante

Art. 22. O magistrado designado para atuar em regime de auxílio emergencial e/ou no itinerante deverá:

I –sentenciar todos os processos em audiência sempre que possível;

II –fazer constar na sentença, no mínimo, os parâmetros necessários para liquidação e cumprimento do julgado;

III –comunicar à coordenação do evento, por meio de relatório resumido, as atividades realizadas.

§ 1º O processo deve permanecer atribuído ao juiz participante do evento até que seja lançada a sentença, com ou sem resolução do mérito.

§ 2º A vinculação poderá ser mantida até o julgamento de eventuais embargos de declaração, desde que conste do ato de designação.

§ 3º Na impossibilidade de se proferir sentença durante o período programado para a realização de evento, o processo será remetido à vara de origem do magistrado, o qual deverá proferir a decisão no prazo máximo de 30 dias.

§ 4º Após o julgamento, caso o juiz não mais atue no mesmo juizado a que coube o processo por distribuição, o feito deverá ser novamente atribuído a um dos juízes do juizado, observando-se as regras de atribuição automática fixadas pela Corregedoria Regional.

Seção VII – Da coordenação de itinerante e do auxílio emergencial

Art. 23. A atividade de coordenação do auxílio emergencial ou mutirão e dos Juizados Especiais Federais itinerantes ficará sob a responsabilidade do juiz federal coordenador dos Juizados Especiais Federais da seção ou da subseção judiciária onde os trabalhos forem realizados.

Parágrafo único. Em caso de impossibilidade, essa atribuição, por delegação do juiz federal coordenador local dos Juizados Especiais Federais, recairá sobre magistrado de vara de Juizado Especial da seção judiciária onde for realizado o evento, podendo este, excepcionalmente, pertencer à outra unidade jurisdicional.

CAPÍTULO IV

Dos conciliadores

Art. 24. Cabe aos conciliadores promover a conciliação entre as partes e a instrução das causas, em matérias específicas, realizando atos de instrução previamente definidos, sob a supervisão do juiz federal, sem prejuízo da renovação do ato pelo juiz que apreciar o processo.

Art. 25. Os conciliadores serão designados pelos coordenadores dos Juizados Especiais Federais em cada seção ou subseção.

Art. 26. Os interessados na atuação como conciliadores deverão ser bacharéis em direito ou estudantes universitários do curso de direito, consoante regulamentação do Conselho Nacional de Justiça.

Parágrafo único. O prazo de validade do termo de adesão é de dois anos, podendo ser prorrogado por igual período.

Art. 27. A divulgação da seleção ficará a cargo de cada coordenador local de JEF na seccional ou na subseção judiciária e será feita pela internet e por publicação de edital.

Art. 28. Os interessados deverão encaminhar currículo e preencher formulário próprio.

Art. 29. Incumbe à Secretaria de Tecnologia da Informação do Tribunal a disponibilização do formulário eletrônico de inscrição para as atividades de conciliação, definido por este regimento.

Parágrafo único. Cabe à secretaria da coordenação local do JEF da seccional ordenar e arquivar os currículos e encaminhá-los, se necessário, aos respectivos juizados.

Art. 30. Na seleção dos candidatos, a entrevista caberá ao juiz federal do Juizado Especial Federal selecionado pelo conciliador para o exercício das atividades, dispensando-se qualquer ato formal de designação.

Art. 31. O resultado da seleção será apenas *apto* ou *não apto*.

§ 1º O candidato poderá interpor recurso da decisão do juiz federal que o considerar não apto, solicitando nova entrevista ao coordenador do Juizado local.

§ 2º Da decisão do coordenador quanto à segunda entrevista não cabe novo recurso.

§ 3º O prazo para que o interessado considerado *não apto* por decisão do coordenador do Juizado local possa candidatar-se novamente é de seis meses.

Art. 32. Os conciliadores atuam sempre, e em qualquer caso, sob orientação e supervisão do juiz federal do JEF local, nos limites previstos em lei.

Parágrafo único. Os conciliadores ficarão vinculados à coordenação do juizado especial local.

Art. 33. Os conciliadores atuarão conforme a necessidade do juizado, podendo atuar perante um ou mais juízos, de acordo com a exigência do serviço.

Parágrafo único. Cabe ao juiz federal, mediante reuniões periódicas, orientar os conciliadores que exercerem as atividades em sua unidade jurisdicional.

Art. 34. Aplicam-se aos conciliadores as hipóteses de impedimento e suspeição previstas nos Códigos de Processo Civil e de Processo Penal.

Art. 35. Os conciliadores ficam impedidos de exercer a advocacia perante os juizados especiais na seção judiciária em que atuam.

Art. 36. A função de conciliador poderá ser exercida, em caráter excepcional, por servidor do Poder Judiciário, observando-se o disposto nos parágrafos seguintes.

§ 1º O desempenho da atividade por servidor dar-se-á apenas até que seja possível a seleção de interessado sem vínculo com o Poder Judiciário, em horário compatível com as atividades do cargo.

§ 2º A atuação de servidor será em caráter de voluntariado, não implicando nenhum tipo de acréscimo remuneratório ou indenização.

Art. 37. A atividade de conciliador será gratuita e sem vínculo funcional, empregatício, contratual ou afim, vedada qualquer espécie de remuneração, contudo assegurados os direitos, prerrogativas e deveres previstos em lei.

Art. 38. Quando a conciliação for realizada na Central de Conciliação da Justiça Federal, a seleção e a atuação dos conciliadores seguirão as diretrizes do SISTCON/1ª Região.

TÍTULO II

DAS TURMAS RECURSAIS

CAPÍTULO I

Da composição e organização

Seção I – Da composição

Art. 39. As turmas recursais dos Juizados Especiais Federais da 1ª Região serão compostas, cada uma, por três juízes federais titulares dos cargos de juiz federal de turma recursal e por um juiz federal suplente.

Seção II – Da organização

Art. 40. As turmas recursais dos Juizados Especiais Federais da 1ª Região serão instaladas e terão sua localidade definida por ato do Tribunal, correspondendo cada cargo a uma relatoria.

Art. 41. Cada turma recursal será equiparada, no que couber, a uma vara federal, inclusive para fins de inspeções e correições.

Seção III – Da competência

Art. 42. Compete às turmas recursais dos Juizados Especiais Federais da 1ª Região processar e julgar os recursos cíveis e criminais interpostos nos processos em tramitação nos Juizados Especiais Federais, conforme estabelecido em lei.

§ 1º Compete às turmas recursais processar e julgar originariamente:

I – a exceção de impedimento e de suspeição de seus membros, do representante do Ministério Público que oficiar perante a Turma Recursal, bem como de juízes e representantes do Ministério Público que atuarem nas varas dos Juizados Especiais Federais;

II – o conflito de competência entre juízes de Juizados Especiais Federais, sob a jurisdição da turma;

III – o habeas corpus e o mandado de segurança impetrados contra decisões dos juizados especiais federais, observados os procedimentos específicos.

§ 2º A substituição do juiz arguido no julgamento das exceções de impedimento ou de suspeição observará o disposto no art. 45 deste Regimento.

Seção IV – Da presidência de turma

Art. 43. Cada turma recursal terá um presidente designado pelo prazo de dois anos entre os titulares dos cargos de juiz federal de turma recursal que a compõem.

Art. 44. Os presidentes das turmas recursais serão designados por ato do presidente do Tribunal Regional Federal da 1ª Região, ouvidas a Corregedoria Regional e a Coordenação Regional dos Juizados Especiais, preferencialmente pelo critério de antiguidade no efetivo exercício do cargo de juiz federal de turma recursal.

§ 1º Nas férias, afastamentos, impedimentos e ausências do presidente, assumirá a presidência da turma recursal o juiz federal que há mais tempo nela estiver em efetivo exercício.

§ 2º Em caso de empate na aferição da antiguidade do presidente, prevalecerá a antiguidade na carreira da magistratura federal.

§ 3º Para aferição da antiguidade na turma recursal, considerar-se-á a data de publicação do ato de provimento dos cargos de juiz federal de turma recursal, desconsiderando-se os períodos anteriores.

Seção V – Das substituições e dos plantões nas turmas recursais

Art. 45. Na ausência do relator, os pedidos urgentes serão decididos pelos outros membros da turma, observando-se a numeração ordinal subsequente das relatorias, sendo que o segundo relator substitui o primeiro, o terceiro relator substitui o segundo e o primeiro relator substitui o terceiro.

§ 1º Havendo mais de uma turma, a substituição referida no *caput* poderá ser feita por membro de outras turmas, iniciando-se pela mesma numeração da relatoria do substituído.

§ 2º Os servidores do gabinete do relator, com suas respectivas funções, ficarão à disposição do magistrado que o substituir.

Art. 46. Os juízes federais de turma recursal participam normalmente das escalas de plantão conforme diretriz da Corregedoria Regional.

Seção VI – Dos juízes federais suplentes

~~**Art. 47.** Para cada turma recursal será designado pelo presidente do Tribunal um juiz federal suplente, que poderá atuar com ou sem prejuízo de sua jurisdição de origem.~~

Art. 47. Para cada turma recursal será designado pelo presidente do Tribunal um juiz federal suplente, sem prejuízo de sua jurisdição de origem. (Redação dada pela Resolução Presi 33 de 30 de setembro de 2015)

§ 1º Será indicado como suplente o juiz federal, titular ou substituto, mais antigo que tenha manifestado interesse em integrar as turmas recursais, nessa qualidade.

§ 2º Nas localidades onde houver mais de um suplente, a Coordenação Regional, ouvida a Corregedoria Regional, poderá estabelecer regras de rodízio em suas atuações.

§ 3º O suplente atuará apenas para compor quórum.(Incluído pela Resolução Presi

33 de 30 de setembro de 2015)

~~**Art. 48.** Quando a suplência se der em caráter eventual, a substituição dar-se-á sem prejuízo das funções.~~ (Revogado pela Resolução Presi 33 de 30 de setembro de 2015)

~~§ 1º Considera-se eventual o afastamento não superior a 15 dias.~~ (Revogado pela Resolução Presi 33 de 30 de setembro de 2015)

~~§ 2º Na situação prevista no *caput*, o suplente atuará apenas para compor quórum.~~ (Revogado pela Resolução Presi 33 de 30 de setembro de 2015)

Art. 49. Onde houver mais de uma turma recursal, poderá ser constituído banco de suplentes, composto por suplentes em número igual ao de turmas.

§ 1º Os suplentes do banco serão ordenados conforme a antiguidade na carreira e responderão pelas substituições em quaisquer das turmas.

§ 2º O controle do período de substituição será feito pela diretoria do foro, que adotará as medidas em razão do afastamento dos suplentes de suas atividades na origem.

§ 3º A Coordenação Regional poderá propor incremento no quantitativo da composição do banco de suplentes em número superior ao estipulado no *caput* deste artigo.

Art. 50. Havendo necessidade de convocação extraordinária para compor quórum em sessão de julgamento da turma recursal, o presidente da turma providenciará a convocação entre os membros das turmas recursais ou suplentes na mesma localidade.

~~*Parágrafo único.* Não sendo possível a convocação de que trata o *caput*, o presidente da turma convocará magistrado da seccional, preferencialmente de juizado especial federal, para a substituição temporária.~~ (incluído pela Resolução Presi 30 de 22 de dezembro de 2014)

Parágrafo único. Não sendo possível a convocação de que trata o *caput*, o presidente da turma convocará magistrado da seccional, preferencialmente de juizado especial federal. (Redação dada pela Resolução Presi 33 de 30 de setembro de 2015)

~~**Art. 51.** A atuação do suplente, se assim se manifestar, poderá ser sem prejuízo de suas funções de origem, desde que evidenciado que o acúmulo não acarrete prejuízo a qualquer das unidades jurisdicionais envolvidas.~~

Art. 51. Independentemente da existência de suplente indicado, outro juiz poderá ser designado pelo tribunal para responder por acervo, por prazo determinado, na ausência do membro efetivo de turma, por período prolongado, a pedido do presidente ou do coordenador da turma. (Redação dada pela Resolução Presi 33 de 30 de setembro de 2015)

~~*Parágrafo único.* A Coordenação Regional, conjuntamente com a Corregedoria Regional, poderá rever, a qualquer tempo, a atuação estabelecida no *caput* deste artigo.~~ (Revogado pela Resolução Presi 33 de 30 de setembro de 2015)

§ 1º O pedido ser encaminhado à Cojef, por intermédio da Direção do Foro da localidade da turma recursal. (incluído pela Resolução Presi 33 de 30 de setembro de 2015)

§ 2º A designação prevista no *caput* será realizada pela Presidência do Tribunal, ouvidas a Coordenação Regional e a Corregedoria Regional. (incluído pela Resolução Presi 33 de 30 de setembro de 2015)

§ 3º A atuação do magistrado designado para responder por acervo, se assim se manifestar, poderá ocorrer sem prejuízo de suas funções de origem, desde que evidenciado que o acúmulo não acarreta prejuízo a qualquer das unidades jurisdicionais envolvidas. (incluído pela Resolução Presi 33 de 30 de setembro de 2015)

§ 4º A Coordenação Regional, conjuntamente com a Corregedoria Regional, poderá rever, a qualquer tempo, a atuação estabelecida no caput deste artigo. (incluído pela Resolução Presi 33 de 30 de setembro de 2015)

Seção VII – Da secretaria de turma

Art. 52. Cada turma recursal terá uma secretaria, com estrutura própria definida por ato da Presidência do Tribunal.

Art. 53. Nas seções judiciárias onde houver mais de uma turma recursal, o processamento dos feitos será realizado por secretaria única.

Parágrafo único. A administração da secretaria única da turma recursal caberá ao juiz federal presidente da turma; nas seções judiciárias onde houver mais de uma turma recursal, a administração da secretaria única caberá ao juiz federal coordenador.

CAPÍTULO II

Das atribuições

Seção I – Do presidente

Art. 54. Compete ao presidente da turma recursal:

I – representar a turma;

II – presidir as reuniões do respectivo órgão, com direito a voto;

III – convocar as sessões da turma, ordinárias e extraordinárias;

IV – manter a ordem nas sessões, adotando, para isso, todas as providências necessárias;

V – executar e fazer executar as ordens e as decisões da turma;

VI – resolver as dúvidas que se suscitarem na classificação de feitos e de papéis registrados na secretaria da turma, baixando as instruções necessárias;

VII – submeter questões de ordem à turma;

VIII – proclamar o resultado do julgamento;

IX – presidir e supervisionar a distribuição dos feitos aos membros da turma e assinar a ata respectiva, quando for o caso;

X – mandar expedir e subscrever comunicações e intimações;

XI – velar pela exatidão e regularidade das publicações do quadro estatístico mensal dos feitos, que será elaborado pela secretaria;

XII – organizar e orientar a secretaria quanto aos atos praticados nos processos em andamento na turma;

XIII – receber processos por distribuição na qualidade de relator;

XIV – superintender os serviços administrativos da turma;

XV – integrar a Turma Regional de Uniformização na condição de membro titular, por indicação do presidente do Tribunal, conforme disposto no art. 96 deste Regimento.

XVI – apreciar a admissibilidade do incidente regional de uniformização de jurisprudência, do incidente nacional de uniformização de jurisprudência e do recurso extraordinário;

~~XVII – determinar o sobrestamento dos incidentes de uniformização e recursos extraordinários que tratarem de matéria sob apreciação das Turmas Regional ou Nacional de~~

~~Uniformização e STF, bem como dos que versarem matéria cuja repercussão geral tenha sido reconhecida pelo Supremo Tribunal Federal, a fim de aguardar a decisão a ser proferida;~~

XVII - determinar o sobrestamento dos incidentes de uniformização e recursos extraordinários que tratarem de matéria sob apreciação da Turma Regional ou da Turma Nacional de Uniformização e do Superior Tribunal de Justiça – STJ, bem como dos que versarem matéria cuja repercussão geral tenha sido reconhecida pelo Supremo Tribunal Federal – STF ou decidida em recursos repetitivos pelo STJ, a fim de aguardar a decisão a ser proferida; (Redação dada pela Resolução Presi 30 de 22 de dezembro de 2014)

XVIII – remeter ao relator os autos dos processos em que houver pedido de uniformização ou recursos extraordinários, se a decisão da turma recursal estiver em confronto com a proferida pelas Turmas Regional e Nacional de Uniformização ou pelo STF, a fim de que a turma proceda à adequação do julgado à decisão superior;

XIX – apreciar a prejudicialidade do pedido de uniformização ou recursos extraordinários, se a decisão superior veicular tese não acolhida pelo STF e/ou STJ;

~~XX – determinar o sobrestamento dos processos quando a matéria tratada no recurso estiver em regime de repercussão geral ou na sistemática de recursos repetitivos do STJ, aguardando decisão;~~ (Revogado pela Resolução Presi 30 de 22 de dezembro de 2014)

~~XXI – apreciar a prejudicialidade do recurso, se veicular tese não acolhida pelo STF e/ou STJ em julgamento de recursos submetidos ao rito da repercussão geral ou recursos repetitivos, pelos STF ou STJ, respectivamente;~~ (Revogado pela Resolução Presi 30 de 22 de dezembro de 2014)

~~XXII – negar seguimento aos pedidos de uniformização sobrestados e recursos extraordinários, julgando-os prejudicados, quando a decisão da turma recursal estiver em conformidade com o entendimento das Turmas Regional ou Nacional de Uniformização ou do Supremo Tribunal Federal;~~

XXII - negar seguimento aos pedidos de uniformização sobrestados e recursos extraordinários, julgando-os prejudicados, quando a decisão da turma recursal estiver em conformidade com o entendimento das Turmas Regional ou Nacional de Uniformização, do Superior Tribunal de Justiça ou do Supremo Tribunal Federal; (Redação dada pela Resolução Presi 30 de 22 de dezembro de 2014)

XXIII – apreciar a admissibilidade de recurso extraordinário ao Supremo Tribunal Federal, interposto contra decisão proferida pela turma recursal, quando, concomitantemente, não houver pedido de uniformização de interpretação de lei federal dirigido à Turma Regional;

XXIV – definir a escala anual da inspeção, na forma das normas da Corregedoria Regional;

XXV – executar, por ocasião da inspeção anual, o exame das atividades administrativas da secretaria da turma recursal, bem como dos processos afetos à sua relatoria.

XXVI – exercer outras atribuições não reservadas ao coordenador de turmas.

Parágrafo único. ~~Nas seções judiciárias em que houver mais de uma turma recursal, caberá ao coordenador da secretaria única o exercício das competências previstas nos incisos V, VI, IX, X, XI, XII, XIV, XV, XVI, XVII, XVIII, XXIII, XXIV e XXV.~~

Parágrafo único. Nas seções judiciárias em que houver mais de uma turma recursal, caberá ao coordenador da secretaria única o exercício das competências previstas nos incisos V, VI, IX, X, XI, XII, XIV, XV, XVI, XVII, XVIII, XIX, XXIII, XXIV e XXV. (Redação dada pela Resolução Presi 30 de 22 de dezembro de 2014)

Seção II – Do relator

Art. 55. Compete ao relator:

I – ordenar e dirigir o processo;

II – submeter questões de ordem à turma;

III – submeter à turma medidas cautelares necessárias à proteção de direito suscetível de grave dano de incerta reparação ou ainda destinadas a garantir a eficácia da ulterior decisão da causa;

IV – determinar, em caso de urgência, as medidas do inciso anterior ad referendum do colegiado;

V – homologar a desistência ou a transação, ainda que o feito se ache em mesa ou em pauta para julgamento;

VI – determinar a inclusão dos feitos que lhe couberem por distribuição em pauta para julgamento, apresentando voto;

VII – colocar em mesa, para julgamento, os feitos que independem de pauta, apresentando voto;

VIII – redigir ementa ou acórdão, quando seu voto for o vencedor no julgamento;

IX – determinar a correção da autuação, quando for o caso;

X – decretar a extinção da punibilidade nos casos previstos em lei;

XI – relatar os agravos regimentais interpostos de suas decisões, proferindo voto;

XII – determinar a remessa dos autos ao juízo competente em caso de manifesta incompetência da turma recursal;

XIII – julgar, de plano, o conflito de competência quando houver jurisprudência dominante da turma, do Tribunal Regional Federal da 1ª Região, do Superior Tribunal de Justiça ou do Supremo Tribunal Federal sobre a questão suscitada;

XIV – julgar prejudicado pedido ou recurso que haja perdido o objeto;

XV – dar efeito suspensivo a recurso ou suspender o cumprimento da decisão recorrida, a requerimento do interessado, até o pronunciamento definitivo da turma, casos dos quais possa resultar lesão grave e de difícil reparação, sendo relevante a fundamentação, e deferir, em antecipação de tutela, total ou parcialmente, a pretensão recursal (art. 527, III, do Código de Processo Civil);

XVI – elaborar e assinar os acórdãos dos processos de sua relatoria que tiverem sido julgados;

XVII – julgar a habilitação incidente, quando esta depender de decisão;

XVIII – determinar às autoridades judiciárias e administrativas providências relativas ao andamento e à instrução do processo;

XIX – apreciar pedido de medida cautelar em feitos de natureza criminal;

XX – rejeitar de plano embargos de declaração quando manifestamente incabíveis;

XXI – requisitar informações;

~~XXII – determinar o sobrestamento dos recursos que tratarem de matéria sob apreciação das Turmas Regional ou Nacional de Uniformização, bem como daqueles que versarem matéria cuja repercussão geral tenha sido reconhecida pelo Supremo Tribunal Federal;~~

XXII – determinar o sobrestamento dos recursos que tratarem de matéria sob apreciação da Turma Regional ou da Turma Nacional de Uniformização, bem como daqueles que versarem matéria cuja repercussão geral tenha sido reconhecida pelo Supremo Tribunal Federal ou decidida em recursos repetitivos pelo Superior Tribunal de Justiça; (Redação dada pela Resolução Presi 30 de 22 de dezembro de 2014)

XXIII – negar seguimento a recurso manifestamente inadmissível, improcedente, prejudicado ou em confronto com súmula ou com jurisprudência dominante da Turma Nacional de Uniformização de Jurisprudência, do Superior Tribunal de Justiça ou do Supremo Tribunal Federal;

XXIV – dar provimento ao recurso, se a decisão recorrida estiver em manifesto confronto com súmula ou com jurisprudência dominante da Turma Nacional de Uniformização, do Superior Tribunal de Justiça ou do Supremo Tribunal Federal;

XXV – executar, por ocasião da inspeção anual, o exame dos feitos afetos à sua relatoria;

XXVI – baixar os autos em diligência quando verificar nulidade suprível, ordenando a remessa dos autos ao Juizado Especial Federal para os fins de direito;

XXVII – proceder à adequação do julgado após decisão dos pedidos de uniformização de jurisprudência e recurso extraordinário;

XXVIII – analisar e decidir pedido de assistência judiciária;

XXIX – outras deliberações em processos de sua relatoria.

§ 1º Publicada a decisão, no caso do inciso XXII deste artigo, caberá ao relator proceder nos termos dos incisos XXIII e XXIV também deste artigo.

§ 2º O relator é substituído, em caso de interposição de incidente de uniformização ou recurso extraordinário, pelo presidente da turma recursal.

CAPÍTULO III

Do processo nas turmas recursais

Seção I – Da distribuição

Art. 56. A distribuição dos processos de competência da turma recursal dos Juizados Especiais Federais far-se-á conforme disciplinado pela Corregedoria Regional.

Art. 57. Nos casos de impedimento ou suspeição do relator, a redistribuição ocorrerá, mediante compensação:

I – para outro membro da turma;

II – para um dos membros de outra turma, nas localidades onde houver mais de uma turma recursal.

Art. 58. A distribuição de recursos ou de procedimentos incidentes torna preventa a competência do relator e da respectiva turma recursal.

§ 1º Se o relator deixar a turma recursal, a prevenção será mantida na relatoria original.

§ 2º O relator, verificando a possibilidade de prevenção, encaminhará os autos, para o devido exame, ao respectivo juiz federal. Aceitando este a prevenção, ordenará a distribuição. Não aceitando, determinará o retorno dos autos ao relator, que, mantendo seu entendimento, suscitará o conflito de competência.

§ 3º A prevenção, se não for reconhecida de ofício, poderá ser arguida por qualquer das partes ou pelo Ministério Público Federal.

Art. 59. As demais hipóteses de competência por prevenção serão disciplinadas, no que couber, pelas normas específicas contidas no Regimento Interno do Tribunal Regional Federal da 1ª Região.

Art. 60. Não haverá revisor nos processos submetidos a julgamento perante a turma recursal.

Seção II – Das pautas de julgamento

Art. 61. Caberá à secretaria da turma recursal organizar e publicar as pautas de julgamento, submetendo-as à aprovação do seu presidente ou do coordenador, conforme o caso.

Parágrafo único. Caberá a cada relator a seleção dos processos de sua relatoria a serem incluídos em pauta.

Art. 62. A pauta de julgamento deverá ser publicada com antecedência mínima de 48 horas da sessão em que os processos serão julgados, sem prejuízo de eventuais aditamentos.

Art. 63. Independem de inclusão em pauta:

I – o julgamento de habeas corpus e embargos declaratórios;

II – as questões de ordem apresentadas em mesa;

III – o agravo regimental;

IV – os processos adiados por indicação do relator e aqueles com pedido de vista.

Art. 64. O paciente poderá requerer que ele ou seu procurador seja cientificado da data da realização do julgamento do *habeas corpus,* o que se dará por qualquer via.

Parágrafo único. Adiado o julgamento, se este não se realizar no prazo de 60 dias, deverá ser renovada a intimação das partes.

Art. 65. É dispensada a juntada de certidão de inclusão em pauta nos autos físicos ou virtuais, considerando-se suficiente o registro da movimentação processual nos sistemas informatizados.

Seção III – Das sessões de julgamento

Art. 66. As turmas recursais da 1ª Região reunir-se-ão, ordinariamente, ao menos uma vez por semana e, extraordinariamente, quando se fizer necessário, por convocação de seu presidente, com antecedência mínima de 48 horas.

§ 1º O número de sessões mensais poderá ser reduzido onde houver mais de uma turma recursal, observadas as condições de trabalho da secretaria única, ouvidas a Coordenação e a Corregedoria Regionais.

§ 2º O calendário de sessões semestrais de julgamento será elaborado pela presidência da turma, até o dia 5 de dezembro e 5 de junho, respectivamente.

§ 3º As turmas recursais dos Juizados Especiais Federais da 1ª Região reunir-se-ão com a presença de três juízes.

§ 4º Em caso de férias, afastamentos, ausências ou impedimentos de juízes titulares da turma recursal, a substituição ocorrerá conforme previsto nos arts. 48, 49 e seus parágrafos.

Art. 67. Nas sessões de julgamento, será observada a seguinte ordem:

I – verificação do número de juízes presentes;

II – leitura, discussão e aprovação da ata da sessão anterior;

III – apresentação em mesa dos processos não sujeitos a inclusão em pauta;

IV – julgamento dos processos incluídos em pauta.

Parágrafo único. A sessão não será realizada se o quórum não se completar em tempo razoável, lavrando-se termo que mencionará os juízes presentes e os que não compareceram e as justificativas, quando houver.

Art. 68. As sessões e votações são públicas, ressalvadas as exceções legais.

Art. 69. É facultada a sustentação oral no julgamento dos recursos de sentenças, nos *habeas corpus* e mandado de segurança, devendo o pedido ser apresentado ao secretário da sessão com antecedência mínima de 10 minutos de seu início.

Art. 70. O julgamento dos processos seguirá a seguinte ordem, observada a antiguidade dos relatores na respectiva turma recursal:

I – processos apresentados em mesa;

II – processos com pedidos de sustentação oral, observando-se a precedência de requerimento;

III – processos cujo julgamento se tenha iniciado na sessão anterior;

IV – pedidos de preferência apresentados até o início da sessão de julgamento;

V – demais processos incluídos em pauta.

Art. 71. Após anunciado o julgamento, se houver inscrição para sustentação oral, o presidente da turma recursal dará a palavra, pelo prazo de 15 minutos, sucessivamente, ao autor, recorrente ou impetrante, e ao réu, recorrido ou impetrado.

§ 1º O Ministério Público Federal terá prazo igual ao das partes. Nas ações em que for apelante, terá a palavra para sustentação oral antes do réu. Nos *habeas corpus*, fará a sustentação oral depois do impetrante. Nos demais feitos, só quando atuar, exclusivamente, como fiscal da lei, poderá proferir sustentação oral depois dos advogados das partes.

§ 2º Havendo litisconsortes não representados pelo mesmo advogado, o prazo será contado em dobro e dividido igualmente entre os advogados do mesmo grupo, se diversamente não o convencionarem.

§ 3º Intervindo terceiro para excluir autor e réu, terá prazo próprio para falar igual ao das partes.

§ 4º Havendo assistente na ação penal pública, falará depois do Ministério Público Federal, a menos que o recurso seja dele.

§ 5º O Ministério Público Federal falará depois do autor da ação penal privada.

§ 6º Se, em processo criminal, houver recurso de corréus em posição antagônica, cada grupo terá prazo completo para falar.

§ 7º Nos processos criminais, havendo corréus com diferentes defensores, o prazo será contado em dobro e dividido igualmente entre os defensores, salvo se convencionarem outra divisão.

Art. 72. Se não houver sustentação oral, ou após o término dos debates, o presidente da turma recursal tomará os votos do relator e dos juízes que se lhe seguirem na ordem de antiguidade na turma.

§ 1º Após o voto do relator, os demais membros da turma recursal poderão, excepcionalmente, sem nenhuma manifestação de mérito, solicitar esclarecimentos sobre fatos e circunstâncias relativas às questões em debate que não possam aguardar o momento do seu voto. Surgindo questão nova, o próprio relator poderá pedir a suspensão do julgamento.

§ 2º Não se considerando habilitado a proferir imediatamente seu voto, a qualquer relator é facultado pedir vista dos autos, devendo colocar em mesa o processo até a quarta sessão ordinária subsequente. O julgamento prosseguirá independentemente de nova publicação em pauta e computando-se o voto já proferido pelo relator, mesmo que não compareça ou haja deixado o exercício do cargo.

Art. 73. As questões preliminares serão julgadas antes do mérito e poderão ser suscitadas independentemente da obediência à ordem de votação, após o que se devolverá a palavra ao relator e ao juiz que, eventualmente, já tenham votado, para que se pronunciem sobre a matéria.

§ 1º Quando a preliminar versar nulidade suprível, converter-se-á o julgamento em diligência, e o relator, se for necessário, ordenará a remessa dos autos ao Juizado Especial Federal para os fins de direito.

§ 2º Se for rejeitada a preliminar ou, se acolhida, não vedar a apreciação do mérito, seguir-se-ão a discussão e o julgamento da matéria principal e sobre ela também proferirá voto o juiz vencido na anterior conclusão.

Art. 74. Os processos conexos poderão ser objeto de um só julgamento.

Art. 75. Encerrada a votação, o presidente proclamará o resultado do julgamento.

~~Art. 76. O secretário da turma recursal lavrará a ata da sessão de julgamento, contendo tão somente a indicação dos presentes, a relação das sustentações orais porventura ocorridas, a relação dos processos julgados, com o respectivo resultado, dos pedidos de vista, dos processos adiados e dos retirados de pauta.~~

Art. 76. O secretário da turma recursal registrará em ata resumidamente os atos essenciais da sessão de julgamento. (Redação dada pela Resolução Presi 30 de 22 de dezembro de 2014)

~~Parágrafo único. Por determinação do presidente da sessão de julgamento, poderão ser incluídos outros dados na ata, que será submetida à votação na sessão seguinte da turma recursal e, após aprovada, assinada apenas pelo presidente e publicada no *Diário Eletrônico da Justiça Federal da 1ª Região* – e-DJF1.~~

Parágrafo único. Por determinação do presidente da sessão de julgamento, poderão ser incluídos outros dados no registro, que será submetido à aprovação dos membros da turma recursal e, após aprovado, assinado apenas pelo presidente.(Redação dada pela Resolução Presi 30 de 22 de dezembro de 2014)

Art. 77. A intimação dos julgados das turmas recursais poderá ser realizada:

I – mediante a publicação da ementa ou do acórdão;

II – pela publicação da ata de julgamento, com o respectivo resultado proclamado durante a sessão de julgamento, desde que disponibilizado o acórdão correspondente;

III – na própria sessão de julgamento, quando constar do ato de intimação previsão expressa nesse sentido;

IV – por qualquer outro meio idôneo de comunicação dos atos processuais.

§ 1º A data da intimação será registrada em cada processo, por meio de certidão ou outro meio igualmente eficaz.

§ 2º A intimação das partes poderá ser considerada realizada na própria sessão de julgamento, desde que conste, obrigatoriamente, previsão expressa nesse sentido, quando da publicação da pauta.

Art. 78. As deliberações da turma seguirão, naquilo em que forem cabíveis e não contrariarem os princípios expressos no art. 2º da Lei 9.099, de 26 de setembro de 1995, as prescrições dos arts. 547 a 565 do Código de Processo Civil.

Seção IV – Dos acórdãos

Art. 79. O acórdão será lavrado pelo relator, devendo conter a indicação do processo, data do julgamento, fundamentação sucinta e parte dispositiva, bem como assinatura do relator ou, se vencido este, do prolator do primeiro voto vencedor.

Art. 80. Confirmada a sentença proferida em primeiro grau de jurisdição por seus próprios fundamentos, a súmula do julgamento servirá de acórdão.

Art. 81. Os relatores indicarão, por ocasião da entrega de seus votos vencedores, aqueles representativos do entendimento da turma recursal para que sejam remetidos ao serviço de jurisprudência, conforme procedimentos a serem estabelecidos pela Coordenação Regional.

Art. 82. Havendo divergência entre as notas manuscritas ou a gravação da sessão de julgamento e a redação do acórdão, prevalecem as primeiras.

Art. 83. Além do acórdão, da certidão do julgamento deverá constar:

I – a natureza e o número do processo;

II – o nome do presidente e dos juízes que participaram do julgamento;

III – o resultado proclamado.

Seção V – Da assistência judiciária

Art. 84. O requerimento de assistência judiciária gratuita nas turmas recursais poderá ser apresentado ao presidente ou ao relator, conforme o estado da causa, na forma da lei.

Parágrafo único. Salvo decisão em sentido contrário, prevalecerá, nas turmas recursais, a assistência judiciária concedida em primeira instância.

CAPÍTULO IV

Dos recursos e da competência originária

Seção I – Do agravo regimental

Art. 85. Caberá agravo regimental, no prazo de cinco dias, das decisões dos juízes da turma recursal que:

I – negar seguimento a recurso manifestamente inadmissível, improcedente, prejudicado ou em confronto com súmula ou com jurisprudência dominante da Turma Nacional de Uniformização de Jurisprudência, do Superior Tribunal de Justiça ou do Supremo Tribunal Federal;

II – der provimento ao recurso se a decisão recorrida estiver em manifesto confronto com súmula ou com jurisprudência dominante da Turma Nacional de Uniformização, do Superior Tribunal de Justiça ou do Supremo Tribunal Federal;

III – indeferir liminarmente pedido de habeas corpus ou de mandado de segurança;

IV – decidir liminarmente conflito de competência.

§ 1º Caso a decisão do relator tenha sido submetida à turma recursal e por ela confirmada, não será cabível a interposição de agravo regimental.

§ 2º Interposto o agravo regimental, o relator poderá revogar a decisão recorrida, hipótese na qual o feito retomará sua tramitação.

§ 3º Se não houver retratação, o relator apresentará o processo em mesa, podendo a turma julgadora, conhecendo do agravo regimental:

I – confirmar a decisão agravada, por seus próprios fundamentos;

II – cassar a decisão agravada, restabelecendo a tramitação do recurso inominado, do *habeas corpus* ou do mandado de segurança, conforme o caso.

§ 4º Na hipótese do inciso II do parágrafo anterior, será designado para redigir o acórdão o juiz que tiver proferido o voto prevalecente. A substituição do relator para o acórdão não implicará redistribuição do processo, permanecendo o relator originário competente para o processamento ulterior do feito.

Seção II – Do procedimento de uniformização

Art. 86. O incidente de uniformização dirigido à Turma Regional de Uniformização ou à Turma Nacional de Uniformização será suscitado por petição endereçada ao presidente da turma recursal, no prazo de dez dias, contados da publicação do acórdão recorrido.

Art. 86. O incidente de uniformização dirigido à turma Regional de Uniformização ou à Turma Nacional de Uniformização será suscitado por petição endereçada ao presidente da turma recursal, no prazo de quinze dias, contados da publicação do acórdão recorrido. (Redação dada pela Resolução Presi 30 de 22 de dezembro de 2014)

Parágrafo único. O recorrente fará a prova da divergência mediante cópia dos julgados divergentes, mencionando as circunstâncias que identifiquem ou assemelhem os casos confrontados.

Art. 87. Recebida a petição pela secretaria da turma recursal, o presidente mandará intimar o recorrido para responder no prazo de dez dias.

Art. 87. Recebida a petição pela secretaria da turma recursal, o presidente mandará intimar o recorrido para responder no prazo de quinze dias. (Redação dada pela Resolução Presi 30 de 22 de dezembro de 2014)

§ 1º Findo o prazo para a resposta, o presidente da turma recursal apreciará a admissibilidade do incidente.

§ 2º Não será admitido o incidente que versar matéria já decidida pela Turma Regional de Uniformização ou pela Turma Nacional de Uniformização.

§ 3º Os autos do incidente admitido serão enviados à secretaria da Turma Regional de Uniformização ou da Turma Nacional de Uniformização, conforme o caso.

§ 4º Quando houver multiplicidade de incidentes de uniformização com fundamento em idêntica controvérsia, caberá ao presidente da turma recursal selecionar até três feitos representativos da divergência e encaminhá-los à Turma Regional de Uniformização ou à Turma Nacional de Uniformização, sobrestando os demais até o pronunciamento definitivo pelo respectivo órgão julgador.

Art. 88. Não admitido o incidente, a parte poderá requerer, nos próprios autos, no prazo de dez dias, contados da publicação da decisão recorrida, que seja o feito submetido, conforme o caso, ao presidente da Turma Regional de Uniformização ou da Turma Nacional de Uniformização, que decidirá de modo irrecorrível.

Art. 88. Não admitido o incidente, a parte poderá interpor agravo nos próprios autos, no prazo de dez dias, contados da publicação da decisão recorrida, conforme o caso, ao presidente da Turma Regional de Uniformização ou da Turma Nacional de Uniformização, que decidirá de modo irrecorrível. (Redação dada pela Resolução Presi 33 de 30 de setembro de 2015)

Parágrafo único. O julgamento do agravo previsto no *caput* deste artigo compete à

Turma Regional de Uniformização ou à Turma Nacional de Uniformização, conforme seja o destinatário do pedido de uniformização inadmitido. (Incluído pela Resolução Presi 33 de 30 de setembro de 2015)

CAPÍTULO V

Das súmulas de jurisprudência

Art. 89. As turmas recursais poderão editar, mediante proposta de qualquer de seus juízes, súmulas de sua jurisprudência predominante, no que concerne às decisões unânimes e reiteradas sobre a interpretação da legislação constitucional e infraconstitucional federal.

Parágrafo único. As turmas de mesma localidade reunir-se-ão, ao menos uma vez por semestre, sem competência jurisdicional, para elaborar súmulas dominantes, podendo, também, discutir questões administrativas, submetendo suas deliberações à Coordenação Regional.

Art. 90. Os enunciados da súmula, seus adendos e emendas, datados e numerados em séries separadas e contínuas, serão publicados três vezes no Diário da Justiça, em datas próximas, e nos boletins da respectiva seção judiciária.

Art. 91. A súmula poderá ser cancelada por meio de procedimento idêntico ao de sua edição, depois de reiterados julgamentos unânimes em sentido contrário ao seu conteúdo.

Art. 92. A divulgação dos julgados dar-se-á por meio eletrônico, na forma disciplinada por ato da Coordenação Regional.

CAPÍTULO VI

Do auxílio emergencial nas turmas recursais

Art. 93. A Coordenação Regional poderá propor à Presidência do Tribunal, ouvida a Corregedoria Regional, a realização de auxílio para atendimento de situação emergencial, mediante a constituição de turmas recursais auxiliares ou suplementares, podendo ser integradas, inclusive, por juízes de turmas de seções ou subseções judiciárias diversas.

Art. 94. As turmas auxiliares ou suplementares, sempre que possível, funcionarão sob a presidência de um juiz titular de turma recursal.

TÍTULO III

DA TURMA REGIONAL DE UNIFORMIZAÇÃO

CAPÍTULO I

Da competência e da composição

Seção I – Da competência

Art. 95. Compete à Turma Regional de Uniformização da 1ª Região processar e julgar pedido fundado em divergência entre as decisões das turmas recursais da 1ª Região, os embargos de declaração opostos aos seus julgados e o agravo regimental da decisão do relator e do presidente.

Seção II – Da composição

Art. 96. A Turma Regional de Uniformização será composta por um representante de cada seção ou subseção judiciária sede de turma recursal, recaindo a escolha sobre o presidente de turma, ou sobre o coordenador de secretaria única na localidade onde houver mais de uma turma recursal.

~~*Parágrafo único.* Na impossibilidade de comparecimento do membro efetivo da Turma de Uniformização, este será substituído pelo juiz federal titular de turma mais antigo entre os seus componentes.~~

Parágrafo único. Na impossibilidade de comparecimento do membro efetivo da Turma de Uniformização, este será substituído pelo juiz federal titular de turma mais antigo entre os seus componentes, ou pelo presidente de turma mais antigo em exercício em turma da mesma localidade, nas seções ou subseções judiciárias com mais de uma turma recursal. (Redação dada pela Resolução Presi 33 de 30 de setembro de 2015)

Art. 97. Na Turma Regional de Uniformização, o relator será substituído:

I – no caso de ausência ou obstáculos eventuais, pelo juiz federal indicado no parágrafo único do artigo anterior;

II – quando vencido, em sessão de julgamento, pelo juiz federal designado para redigir o acórdão;

III – em caso de término de mandato, aposentadoria, exoneração ou morte:

a) pelo juiz federal que preencher a sua vaga na turma;

b) pelo juiz federal que tiver proferido o primeiro voto vencedor, condizente com o do relator, para lavrar ou assinar os acórdãos dos julgamentos anteriores à abertura da vaga.

Parágrafo único. A Turma Regional de Uniformização será presidida pelo coordenador regional dos Juizados Especiais Federais da 1ª Região.

Art. 98. O julgamento do processo originário em 1ª instância ou a participação do magistrado no julgamento do recurso na turma recursal de origem, ou em juízo de retratação ou adequação, não geram impedimento na Turma Regional de Uniformização.

Art. 99. A reunião de juízes domiciliados em cidades diversas poderá ser realizada por meio eletrônico.

Seção III
Das atribuições do presidente da Turma Regional de Uniformização

Art. 100. Compete ao presidente da Turma Regional de Uniformização:

I – distribuir os incidentes de uniformização regional;

~~II – apreciar, a requerimento da parte, a admissibilidade do processamento do incidente de uniformização que tenha sido indeferido pelo juiz federal coordenador ou presidente de turma recursal ou pelo relator na turma regional;~~

II – julgar o agravo interposto de decisão que inadmite pedido de uniformização de jurisprudência dirigido à Turma Regional de Uniformização; (Redação dada pela Resolução Presi 33 de 30 de setembro de 2015)

III – julgar prejudicados os incidentes de uniformização regional não distribuídos que versarem matéria já julgada;

IV – sobrestar os incidentes de uniformização ainda não distribuídos quando tratarem de questão sob apreciação da turma regional ou estiverem aguardando julgamento de incidente de uniformização nacional distribuído à Turma Nacional de Uniformização ou ao Superior Tribunal de Justiça ou for reconhecida a existência de repercussão geral pelo Supremo Tribunal Federal, na forma da lei processual;

V – dar vista ao Ministério Público Federal, quando for o caso, antes da distribuição do incidente ao relator;

VI – designar data e horário das sessões ordinárias e extraordinárias;

VII – mandar incluir em pauta os processos e assinar as atas das sessões;

VIII – presidir a sessão para edição de súmula da Turma Regional de Uniformização;

IX – manter a ordem nas sessões;

X – submeter à Turma Regional questões de ordem;

XI – proferir voto de desempate;

XII – proclamar o resultado dos julgamentos;

XIII – assinar e mandar expedir as comunicações e intimações;

XIV – apreciar a admissibilidade de incidentes e recursos dirigidos à Turma Nacional de Uniformização e recursos extraordinários dirigidos ao Supremo Tribunal Federal interpostos contra decisões e acórdãos proferidos pela Turma Regional de Uniformização;

XV – selecionar um ou mais incidentes ou recursos representativos de controvérsia e determinar o encaminhamento à Turma Nacional de Uniformização, ao Superior Tribunal de Justiça e ao Supremo Tribunal Federal, sobrestando-se os demais, na forma da lei processual;

XVI – devolver os processos à origem, na hipótese dos incisos IV e XV, após o julgamento de mérito pela Turma Nacional de Uniformização, pelo Superior Tribunal de Justiça e pelo Supremo Tribunal Federal, para adequação do julgado;

XVII – julgar prejudicados, nas hipóteses dos incisos IV e XV, os incidentes de uniformização e recursos extraordinários interpostos de acórdãos que tenham seguido a mesma orientação adotada no julgamento de mérito proferido pela Turma Nacional de Uniformização, pelo Superior Tribunal de Justiça e pelo Supremo Tribunal Federal.

CAPÍTULO II

Do incidente de uniformização perante a

Turma Regional de Uniformização

Seção I – Da ordem dos processos na Turma de Uniformização

Art. 101. Os recursos serão distribuídos ao relator pela área de autuação e distribuição.

Art. 102. Far-se-á a distribuição entre todos os juízes federais integrantes da turma, inclusive os licenciados por até 30 dias.

§ 1º Em caso de impedimento ou suspeição do relator, será feita nova distribuição, mediante a devida compensação.

§ 2º A arguição de impedimento ou de suspeição de juiz federal integrante da turma será levada à livre distribuição e processada nos termos da legislação em vigor.

§ 3º A área de distribuição promoverá a compensação quando o processo tiver de ser distribuído, por prevenção, a juiz federal integrante da turma.

§ 4º Os embargos declaratórios e as questões incidentes terão como relator o do processo principal, com direito a voto.

Art. 103. A publicação da pauta de julgamento antecederá em 48 horas, pelo menos, a sessão em que os processos possam ser chamados a julgamento e poderá ser comprovada por qualquer meio legal.

§ 1º Em lugar acessível do Tribunal Regional Federal da 1ª Região, ou do local onde será realizada a sessão de julgamento, será afixada a pauta de julgamentos.

§ 2º Sempre que, encerrada a sessão, restarem, em pauta ou em mesa, feitos sem julgamento, o presidente poderá convocar uma ou mais sessões extraordinárias, destinadas ao julgamento daqueles processos.

Art. 104. A vista às partes transcorre na secretaria, podendo o advogado retirar os autos nos casos previstos em lei, mediante o competente recibo e observadas as formalidades da lei.

Art. 105. As atas serão submetidas à aprovação na sessão seguinte da turma respectiva.

Art. 106. A publicação do acórdão e ementa far-se-á, para efeito de intimação às partes, no *Diário de Justiça* ou por qualquer outro meio idôneo de comunicação de atos processuais.

Art. 107. Os processos que versem a mesma questão jurídica, ainda que apresentem aspectos peculiares, que, todavia, não prejudiquem a sua análise, poderão ser julgados conjuntamente.

Art. 108. Os julgamentos sem prioridade serão realizados segundo a ordem de antiguidade do relator.

Art. 109. Nos julgamentos, o presidente da turma, após a leitura do relatório, dará a palavra, se for o caso, sucessivamente, ao autor do incidente e ao réu para sustentação de suas alegações.

Parágrafo único. O representante do Ministério Público terá prazo igual ao das partes.

Art. 110. Cada integrante da turma poderá falar duas vezes sobre o assunto em discussão e mais uma vez, se for o caso, para explicar eventual modificação de voto.

Art. 111. Os juízes que não tenham assistido ao relatório ou aos debates somente participarão do julgamento na hipótese de se sentirem para tanto habilitados.

Art. 112. Concluído o debate oral, o presidente tomará os votos do relator e dos outros juízes que se lhe seguirem na ordem de antiguidade na turma.

§ 1º Após o voto do juiz mais novo na ordem de antiguidade, proferirá voto o juiz mais antigo, prosseguindo-se o julgamento, se for o caso, na forma do *caput* deste artigo.

§ 2º Se o relator for vencido, será designado para redigir a ementa o primeiro juiz que tiver proferido o voto prevalecente.

§ 3º Encerrada a votação, o presidente proclamará a decisão.

Seção II – Das deliberações da Turma Regional de Uniformização

Art. 113. As deliberações da Turma Regional de Uniformização seguirão, naquilo em que forem cabíveis e não contrariarem os princípios expressos no art. 2º da Lei 9.099, de 26 de setembro de 1995, as prescrições dos arts. 547 a 565 do Código de Processo Civil, respeitadas as seguintes disposições:

I – distribuição de cópias do relatório e dos acórdãos divergentes aos membros da Turma Regional de Uniformização;

II – observância do período mínimo de 48 horas entre a publicação da pauta e a sessão de julgamento, ressalvada a possibilidade de aditamento;

III – intimação dos advogados da pauta mediante publicação no órgão oficial ou por qualquer outro meio idôneo de comunicação de atos processuais.

Art. 114. Havendo pedido de vista, os processos com a mesma tese jurídica ficam sobrestados na Turma Regional de Uniformização, salvo deliberação do colegiado em sentido contrário.

Art. 115. Por convocação do presidente, poderá ser realizada reunião previamente à sessão pública de julgamento, com os membros da Turma Regional de Uniformização, para discussão das matérias objeto da divergência.

CAPÍTULO III

Do recurso extraordinário

Art. 116. O prazo para a interposição do recurso extraordinário será contado a partir da publicação da decisão recorrida, observado o disposto na Constituição, na lei processual e no Regimento Interno do Supremo Tribunal Federal.

Art. 117. Quando houver multiplicidade de recursos extraordinários, com fundamento em idêntica controvérsia, caberá ao presidente da turma proceder conforme prevê o art. 543-B, caput e § 1º, do Código de Processo Civil.

Art. 118. Nas seções judiciárias onde houver mais de uma turma recursal, competirá ao juiz federal coordenador da secretaria única das turmas recursais exercer o juízo de admissibilidade, consoante o disposto no art. 54, parágrafo único, deste Regimento.

Art. 119. Quando a decisão da turma recursal tiver sido impugnada por pedido de uniformização de jurisprudência, o prazo para a interposição do recurso extraordinário ao Supremo Tribunal Federal somente começará a correr a partir da publicação do acórdão ou da decisão da Turma Regional de Uniformização que decidir aquele incidente.

TÍTULO IV

DAS DISPOSIÇÕES GERAIS

Art. 120. O processo orientar-se-á pelos critérios da oralidade, simplicidade, informalidade, economia processual e celeridade, buscando a conciliação ou a transação, sempre que possível.

Art. 121. Os atos processuais deverão ser realizados, prioritariamente, pelo sistema eletrônico, na forma prevista pela legislação.

Art. 122. As comunicações dos atos processuais deverão ser realizadas prioritariamente pelo sistema eletrônico, sem prejuízo da utilização de qualquer outro meio idôneo de comunicação.

Art. 123. Apenas os atos considerados essenciais serão registrados resumidamente. Os demais atos serão registrados por sistema seguro de gravação, que poderá ser inutilizada após o trânsito em julgado.

Art. 124. Não haverá tratamento diferenciado no que se refere às intimações dos atos processuais dos representantes judiciais das pessoas jurídicas de direito público em processos de competência dos Juizados Especiais Federais.

Art. 125. Aplicam-se, subsidiariamente, as disposições do Código de Processo Civil, do Código de Processo Penal e do Regimento Interno do Tribunal Regional Federal da 1ª Região, naquilo em que não forem incompatíveis com os princípios das Leis 9.099/1995, 10.259/2001 e 11.419/2006.

Art. 126. O horário de funcionamento e de atendimento ao público externo nos Juizados Especiais Federais, inclusive nas turmas recursais, observará o padrão estabelecido para a 1ª Região.

Art. 127. Nas turmas recursais dos Juizados Especiais Federais, o recolhimento de custas processuais observará o estabelecido em lei e nas normas do Tribunal Regional Federal da 1ª Região.

Art. 128. A Presidência do Tribunal poderá convocar juiz federal para prestar auxílio à Coordenação Regional dos Juizados Especiais Federais da 1ª Região, observadas as diretrizes fixadas pelo Conselho Nacional de Justiça.

Art. 129. As normas deste Regimento poderão ser alteradas, por maioria simples, pela Corte Especial administrativa do Tribunal Regional Federal da 1ª Região.

Art. 130. Aplica-se a este Regimento o Provimento Geral Consolidado da Corregedoria Regional da Justiça Federal da 1ª Região e seus anexos quanto às estatísticas da Turma Regional de Uniformização de Jurisprudência.

Art. 131. Os casos omissos serão resolvidos pelo coordenador regional dos Juizados Especiais Federais da 1ª Região, ouvida a Corregedoria Regional, sempre que necessário.

Art. 132. Este Regimento entra em vigor na data de sua publicação, revogando-se as disposições em contrário, em especial as Resoluções 14 de 29/05/2002, 600-023 de 22/08/2005, 600-11 de 19/12/2006, 600-15 de 03/07/2008, 16 de 10/06/2010, 15 de 15/08/2011 e 9 de 12/04/2012.

Resolução Presi 17 de 24 de setembro de 2014 assinada eletronicamente por **Cândido Ribeiro**, **Presidente do TRF - 1ª Região**, em 24/09/2014, às 10:07 (horário de Brasília), conforme art. 1º, III, "b", da Lei 11.419/2006. A autenticidade do documento pode ser conferida no site http://portal.trf1.jus.br/portaltrf1/servicos/verifica-processo.htm informando o código verificador 0006321 e o código CRC 63AB9166.

Resolução Presi 30 de 22 de dezembro de 2014 assinada eletronicamente por **Cândido Ribeiro**, **Presidente do TRF - 1ª Região**, em 22/12/2014, às 14:53 (horário de Brasília), conforme art. 1º, III, "b", da Lei 11.419/2006. A autenticidade do documento pode ser conferida no site http://portal.trf1.jus.br/portaltrf1/servicos/verifica-processo.htm informando o código verificador 0164387 e o código CRC 4CA2F1FF.

Resolução Presi 33 de 30 de setembro de 2015 assinada eletronicamente por **Cândido Ribeiro**, **Presidente do TRF - 1ª Região**, em 30/09/2015, às 14:06 (horário de Brasília), conforme art. 1º, III, "b", da Lei 11.419/2006. A autenticidade do documento pode ser conferida no site http://portal.trf1.jus.br/portaltrf1/servicos/verifica-processo.htm informando o código verificador 1197832 e o código CRC B4222B6B.

4. REGIMENTO INTERNO DAS TURMAS RECURSAIS DA 2ª REGIÃO

RESOLUÇÃO Nº TRF2-RSP-2015/00007 de 24 de março de 2015

> Dispõe sobre o Regimento Interno das Turmas Recursais da 2ª Região.

O PRESIDENTE DO TRIBUNAL REGIONAL FEDERAL DA 2ª REGIÃO, no uso das atribuições que lhe conferem os artigos 21 e 26 da Lei nº 10.259/2001 e o artigo 22, XXI do seu Regimento Interno, resolve aprovar, ad referendum do Órgão Especial deste Egrégio Tribunal, o Regimento das Turmas Recursais dos Juizados Especiais Federais da 2ª Região, na forma abaixo:

REGIMENTO DAS TURMAS RECURSAIS DA 2ª REGIÃO

CAPÍTULO I

COMPOSIÇÃO E COMPETÊNCIA

Art. 1º As Turmas Recursais dos Juizados Especiais Federais das Seções Judiciárias do Rio de Janeiro e do Espírito Santo são compostas de Juízes Federais de primeira instância, investidos por ato do Presidente do Tribunal Regional Federal da 2ª Região, nos termos da lei.

§ 1º Cada Turma será presidida pelo Juiz nela mais antigo e, se houver recusa, pelo Juiz que lhe seguir na ordem decrescente de antiguidade dentre seus membros, mediante rodízio bienal, coincidindo sempre com o mandato da Administração do Tribunal Regional Federal da 2ª Região.

§ 2º Havendo cargo vago a ser provido nas Turmas Recursais, serão observados os critérios gerais de remoção e promoção, sendo vedada a remoção entre Turmas de mesma especialidade, ressalvado o disposto no § 2º do art. 247, do Regimento Interno do Tribunal Regional Federal da 2ª Região.

§ 3º Cada Turma Recursal terá um Juiz Suplente, designado pelo Presidente do Tribunal, por indicação do Coordenador dos Juizados Especiais Federais da 2ª Região, mediante publicação de edital e observância do critério da antiguidade na carreira.

§ 4º Independentemente da existência de suplente indicado na forma da lei, outros juízes poderão ser designados pelo tribunal para auxiliar por prazo determinado em turma recursal, desde que essa medida seja necessária ou conveniente ao regular funcionamento desse órgão.

§ 5º A designação prevista no parágrafo anterior será realizada pelo

Corregedor-Regional mediante indicação do Coordenador.

Art. 2º A Secretaria e demais unidades administrativas das Turmas Recursais serão dirigidas por Juiz Gestor, nomeado pelo Coordenador para mandato bienal, coincidindo com o mandato da Administração do Tribunal Regional Federal da 2ª Região, admitida recondução, em caráter excepcional, por igual período.

§ 1º Nas ausências e impedimentos do Juiz Gestor, assumirá o Juiz Vice-Gestor, nomeado pelos mesmos critérios e período; ou, sucessivamente, um dos integrantes das Turmas, na ordem decrescente de antiguidade na carreira, preferencialmente Presidente de Turma, sem prejuízo de sua regular distribuição.

§ 2º Havendo vacância, o Juiz Vice-Gestor assumirá as funções de Gestor pelo prazo remanescente do mandato, sendo possível, excepcionalmente, sua recondução.

§ 3º A Coordenadoria poderá estabelecer que o juízo de admissibilidade dos recursos extraordinários, dos pedidos de uniformização regional e nacional, assim como outras atribuições específicas, sejam exercidos, em conjunto ou separadamente, por um ou mais juízes dentre os integrantes das Turmas Recursais.

§ 4º A Corregedoria-Regional poderá autorizar, mediante proposta da Coordenadoria, a redução ou suspensão da distribuição ordinária a integrante das Turmas Recursais que acumule qualquer outra competência ou atribuição, quando necessária à racional distribuição dos trabalhos.

§ 5º O Juiz não integrante de Turma da mesma Seção Judiciária que, em virtude de remoção ou promoção, assumir relatoria com distribuição diferenciada sem, contudo, acumular as competências ou atribuições que a motivaram, sujeitar-se-á a compensação de distribuição, se necessária à equalização de acervos, a critério da Corregedoria-Regional, mediante indicação da Coordenadoria.

§ 6º O Tribunal Regional Federal da 2ª Região poderá, mediante proposta da Coordenadoria, estabelecer a especialização de turmas recursais em razão da matéria.

Art. 3º As Turmas Recursais reunir-se-ão, em cada Seção Judiciária, em colegiado composto por seus membros efetivos, Juiz Suplente, juiz tabelar ou outro juiz designado, nos termos deste regimento.

§ 1º O conjunto das Turmas Recursais de cada Seção Judiciária poderá se reunir, preferencialmente, sob a forma virtual, presidido pelo Juiz Gestor, para deliberar sobre:

I - questões administrativas, exceto as de competência do Tribunal Regional Federal da 2ª Região, por qualquer de seus órgãos, e da Direção do Foro;

II - edição, alteração e cancelamento de enunciados, mediante proposta de qualquer de seus membros;

III - retratação de decisões de Turma Recursal, para adequá-las a julgamentos supervenientes do Supremo Tribunal Federal, das Turmas Nacional e Regional de Uniformização de Jurisprudência, dependendo para tanto de unanimidade.

§ 2º Para instalação da Sessão e decisão, nas matérias indicadas nos incisos I e II, será observado o quorum de maioria absoluta dos integrantes das Turmas Recursais da respectiva Seção Judiciária, excluídos os suplentes.

§ 3º Não alcançada unanimidade de votos, a retratação a que se refere o inciso III será realizada pela Turma Recursal competente.

Art. 4º Compete a cada Turma Recursal processar e julgar:

I - os recursos de sentenças cíveis proferidas nos Juizados Especiais Federais;

II - as apelações de sentenças penais e de decisões que rejeitam a denúncia ou queixa;

III - as revisões criminais;

IV - os recursos de decisões que deferem ou indeferem medidas cautelares ou antecipatórias dos efeitos da tutela no âmbito dos Juizados Especiais Federais;

V - os embargos de declaração interpostos dos seus julgados;

VI - os mandados de segurança e habeas corpus impetrados contra ato de Juiz Federal de Juizado Especial Federal, ou de Turma Recursal e contra seus próprios atos e decisões, ressalvada a competência do Tribunal Regional Federal da 2ª Região;

VII - os conflitos de competência entre Juizados Especiais Federais da respectiva Seção Judiciária;

VIII - as exceções de impedimento e suspeição de Juiz Federal e de auxiliares da Justiça em processos de competência de Juizado Especial Federal;

IX - as demais ações, recursos e incidentes em processos submetidos à Turma Recursal.

§ 1º Aos conflitos de competência entre Juizados Especiais de diferentes Seções Judiciárias, entre Turmas Recursais, entre Turmas Recursais e seus integrantes, e os incidentes de exceção de impedimento e suspeição desses órgãos jurisdicionais, aplicam-se as regras do regimento interno do Tribunal Regional Federal da 2ª Região ou, na ausência de norma expressa, as do Código de Processo Civil e do Código de Processo Penal.

§ 2º As arguições de nulidade absoluta de decisão de Turma Recursal, ainda que transitada em julgado, serão remetidas aos respectivos Relatores ou, em caso de Turma extinta, redistribuídas a novo Relator, para exame e decisão pela respectiva Turma.

CAPÍTULO II

MEMBROS DAS TURMAS

SEÇÃO I

JUIZ GESTOR

Art. 5º Ao Juiz Gestor das Turmas Recursais, além da presidência e composição da respectiva Turma, compete:

I - exercer a administração da Secretaria e das demais unidades das Turmas Recursais, à exceção dos gabinetes, baixando as instruções e ordens de serviço necessárias ao seu regular funcionamento, ressalvada as de competência do Tribunal por qualquer de seus órgãos e da Direção do Foro da respectiva Seção Judiciária.

II - delegar, nos termos da lei, ao servidor responsável pela direção da Secretaria, a prática de atos de expediente;

III - velar pela regularidade e exatidão de todos os atos, termos e publicações realizados no âmbito das Turmas Recursais, inclusive dos dados estatísticos;

IV - conduzir a inspeção anual da Secretaria e das unidades administrativas das Turmas;

V - coordenar a edição do boletim informativo de jurisprudência das Turmas;

VI - convocar e presidir reuniões conjuntas das Turmas da respectiva Seção Judiciária, fazendo cumprir suas deliberações;

VII - atuar, em conjunto com os órgãos competentes, na organização e realização de mutirões de conciliação;

VIII - praticar todos os demais atos de gestão necessários ao funcionamento dos serviços administrativos;

IX - exercer as atribuições de Juiz Distribuidor, observadas as normas editadas pelo Tribunal Regional Federal da 2ª Região por qualquer de seus órgãos;

X - examinar a admissibilidade de recursos extraordinários contra decisões das Turmas;

XI - examinar a admissibilidade de pedidos de uniformização regional e nacional de jurisprudência, observados os regimentos das Turmas Regional e Nacional de Uniformização de Jurisprudência dos Juizados Especiais Federais;

XII - julgar pedidos de habilitação na fase de exame de admissibilidade de recurso extraordinário ou de pedido de uniformização;

XIII - julgar prejudicados ou submeter ao Conjunto das Turmas da respectiva Seção Judiciária, para retratação, os recursos extraordinários ou pedidos de uniformização, à vista de decisão paradigma do Supremo Tribunal Federal ou das Turmas Nacional ou Regional de Uniformização, respectivamente;

XIV - conceder medidas de urgência e decidir questões incidentais em fase de exame de admissibilidade de recurso extraordinário ou de pedido de uniformização;

§ 1º. O Coordenador poderá atribuir as competências estabelecidas nos incisos X a XV deste artigo a outros órgãos das Turmas Recursais.

§ 2º. As atribuições administrativas do Juiz Gestor são exercidas, mediante delegação do diretor do foro, observando, no que couber, as competências do diretor de subseção judiciária, definidas por resolução do Conselho da Justiça Federal.

SEÇÃO II

PRESIDENTE DE TURMA

Art. 6º Compete ao Presidente de Turma Recursal:

I - dirigir os trabalhos, presidindo suas sessões;

II - alterar as datas de sessões ordinárias com anuência dos integrantes da respectiva Turma e, se for o caso, dos demais Presidentes de Turma;

III - convocar sessões extraordinárias;

IV - manter a ordem nas sessões;

V - autorizar sustentação oral, quando cabível;

VI - comunicar, para cumprimento, as decisões da Turma;

VII - prestar informações requisitadas por outros órgãos do Poder Judiciário, relativas a processos e julgamentos da respectiva Turma;

VIII - praticar todos os demais atos necessários ao cumprimento das decisões da Turma.

SEÇÃO III

RELATOR

Art. 7º Compete ao Relator:

I - ordenar e dirigir o processo;

II - adotar as providências necessárias ao andamento e instrução do processo, bem como ao cumprimento de suas decisões;

III - julgar prejudicado pedido ou recurso com perda de objeto;

IV - requisitar os autos originais, quando necessário;

V - promover, sempre que possível, a conciliação das partes, bem como encaminhar processos de sua relatoria para mutirões de conciliação;

VI - determinar, por decisão monocrática, em caso de urgência, medidas necessárias a evitar danos irreparáveis ou de difícil reparação;

VII - diligenciar a inclusão de processos em pauta de julgamento, observando os procedimentos adotados na respectiva Seção Judiciária;

VIII - lavrar acórdão de voto vencedor e julgar habilitação incidente nos processos de sua relatoria ainda pendentes de julgamento, ou de remessa ao Juiz Gestor na hipótese de interposição de recurso extraordinário ou de pedido de uniformização de jurisprudência;

IX - decidir monocraticamente, com base em enunciado das Turmas Recursais, das Turmas Regional e Nacional de Uniformização ou em súmulas do Superior Tribunal de Justiça ou do Supremo Tribunal Federal, submetendo a decisão a referendo da Turma, independentemente de inclusão em pauta;

X - prestar ao Presidente da Turma, em 3 (três) dias, as informações requisitadas por instâncias superiores do Poder Judiciário referentes a decisões de sua relatoria;

XI - conduzir a inspeção anual do respectivo gabinete, determinar a renovação ou realização de ato processual para suprir nulidade sanável e ordenar diligências julgadas necessárias.

Parágrafo único. As decisões submetidas a referendo somente terão eficácia em caso de unanimidade.

SEÇÃO IV

SUBSTITUIÇÕES NAS TURMAS RECURSAIS

Art. 8° Salvo determinação expressa em sentido diverso, em lei ou norma regulamentar, nos impedimentos, férias e demais ausências não superiores a trinta dias, observar-se-á o seguinte:

I - substituirá o Presidente, em todas as suas competências e atribuições, o Juiz que lhe seguir na ordem de antiguidade decrescente na Turma;

II - o membro titular será substituído pelo juiz que lhe seguir na ordem de antiguidade decrescente na Turma, seguindo-se ao mais novo o mais antigo e, se necessário, pelo juiz de Turma tabelar.

§ 1º O tabelamento de Turmas dar-se-á em ordem sequencial numérica crescente, seguindo-se à última a 1ª Turma; observada a ordem crescente de antiguidade do juiz na Turma tabelar, iniciando-se pela mesma numeração da relatoria do substituído.

§ 2º No caso do inciso II, a atuação do Juiz tabelar restringir-se-á à composição de quorum e ao exame de medidas de urgência, hipóteses em que os autos ser-lhe-ão encaminhados pelo gabinete do Relator, sem redistribuição do processo.

§ 3º Excepcionalmente, não havendo Juiz tabelar nas condições estabelecidas neste artigo, atuará o Juiz Suplente da Turma, ou, na sua falta, o Juiz Suplente de Turma tabelar, em ambos os casos, sem prejuízo de sua jurisdição e mediante solicitação do Presidente da Turma, nos termos deste regimento.

§ 4º Nas substituições de que trata este artigo, toda e qualquer ausência deverá ser certificada nos autos, pelo gabinete do Juiz ausente, antes da prolação de decisão pelo juiz que o substituir ou, em se tratando de participação em sessão de julgamento, o registro deverá constar da respectiva ata.

Art. 9º Salvo determinação expressa em sentido diverso, em lei ou norma regulamentar, nos afastamentos superiores a 30 dias, atuará o Juiz Suplente, o qual não ficará vinculado aos processos em que atuar.

Parágrafo único. Sempre que necessária a substituição na forma do *caput*, o Presidente da Turma Recursal informará ao Coordenador, que indicará Juiz Suplente ou outro Juiz sobre o qual, preferencialmente, deverá recair a designação pela Corregedoria-Regional.

Art. 10. Nos períodos de afastamento a que se referem os artigos 8º e 9º, bem como em hipótese de vacância, será mantida a distribuição de processos à respectiva relatoria.

CAPÍTULO III

UNIDADES DAS TURMAS RECURSAIS

SEÇÃO I

SECRETARIA

Art. 11. São atribuições da Secretaria:

I - processar petições, expedientes, recursos, incidentes e ações originárias, dirigidos às Turmas Recursais;

II - receber e dar início ao processamento dos pedidos dirigidos às Turmas Regional e Nacional de Uniformização de Jurisprudência, observadas as normas procedimentais daquelas Turmas;

III - processar os recursos interpostos das decisões das Turmas Recursais, nos limites de sua competência;

IV - elaborar e publicar as pautas das sessões de julgamento, com antecedência mínima de 48 (quarenta e oito) horas, bem como secretariá-las;

V - publicar, intimar e comunicar os atos, despachos, decisões monocráticas e acórdãos, adotando as providências necessárias ao seu cumprimento;

VI - lavrar certidões nos processos de competência das Turmas Recursais;

VII - atender ao público interno e externo.

§ 1º. Caberá à Secretaria cumprir as normas, bem como as orientações e determinações do Juiz Gestor.

§ 2º. O Juiz Gestor poderá, a fim de atender às peculiaridades da respectiva Seção Judiciária, editar normas e rotinas de processamento, inclusive destacando atribuições da Secretaria para outras unidades integrantes da estrutura das Turmas Recursais, à exceção dos gabinetes.

Art. 12. São atribuições da Direção da Secretaria:

I - supervisionar e dirigir as atividades administrativas da Secretaria e as relacionadas à tramitação dos processos;

II - coordenar as atividades pertinentes às sessões de julgamento;

III - assessorar o Juiz Gestor, os Presidentes de Turma e Relatores nos assuntos relacionados à Secretaria;

IV - submeter à consideração e apreciação do Juiz Gestor as matérias administrativas ou processuais relativas à Secretaria.

SEÇÃO II

DISTRIBUIÇÃO E REGISTRO

Art. 13. A distribuição, sujeita às normas da lei processual e àquelas editadas pelo Tribunal Regional Federal da 2ª Região, por qualquer de seus órgãos, será equitativa entre os Juízes Federais Relatores, fazendo-se compensações, quando houver prevenção, impedimento ou suspeição, ressalvadas as distribuições diferenciadas a órgãos integrantes das Turmas Recursais, estabelecidas pelas autoridades competentes do Tribunal.

Art. 14. Fixa-se a prevenção por órgão monocrático e colegiado, devendo ser conhecida de ofício ou arguida pelas partes até o início do julgamento.

§ 1º O recebimento do primeiro recurso ou ação originária previne a competência do Relator para os demais, relativos à mesma causa, sem prejuízo da reunião dos processos pendentes de julgamento, quando houver conexão ou continência.

§ 2º O Relator não ficará vinculado aos processos que incluir em pauta antes de permuta ou remoção.

CAPÍTULO IV

RECURSOS

SEÇÃO I

DISPOSIÇÕES GERAIS

Art. 15. Aplicam-se aos recursos dirigidos às Turmas Recursais os princípios da celeridade, da informalidade, da simplicidade e da economia processual, regendo-se o seu processamento pelas normas das leis especiais que lhe são próprias e aplicando-se, subsidiariamente, as normas do Código de Processo Civil e do Código de Processo Penal, somente se compatíveis com tais princípios.

Parágrafo único. Sempre que for possível o acesso aos autos virtuais originários, será dispensada a juntada de cópias de peças neles contidas.

Art. 16. Toda e qualquer impugnação apresentada contra ato do Relator será resolvida pela respectiva Turma.

Art. 17. A interposição de recurso para as Turmas Recursais não obsta a tentativa de conciliação das partes.

SEÇÃO II

RECURSOS EM MATÉRIA CÍVEL

Art. 18. O recurso de sentença cível deverá ser interposto no prazo de 10 (dez) dias, observando-se o disposto na legislação que rege o rito especial.

Art. 19. Não cabe recurso de sentença que não aprecia o mérito em sede de Juizado Especial Federal, salvo quando o seu não conhecimento acarretar negativa de jurisdição.

Art. 20. Se o recurso for inadmitido na origem, a parte interessada poderá requerer, por simples petição, no prazo de 5 (cinco) dias, a remessa dos autos à Turma Recursal, onde se procederá ao juízo definitivo de admissibilidade.

Art. 21. O recurso contra decisão de Juizado Especial Federal que defere ou indefere medida cautelar ou antecipatória dos efeitos da tutela deverá ser interposto no prazo de 10 (dez) dias contados da intimação da decisão.

SEÇÃO III

RECURSOS EM MATÉRIA PENAL

Art. 22. Da decisão de rejeição da denúncia ou queixa e da sentença caberá apelação, no prazo de 10 (dez) dias, contados da ciência da decisão recorrida.

Art. 23. Aplicam-se subsidiariamente as disposições do Código de Processo Penal, no que não forem incompatíveis com as normas que regulam o sistema dos Juizados Especiais Federais Criminais.

SEÇÃO IV

EMBARGOS DE DECLARAÇÃO

Art. 24. Caberão embargos de declaração de qualquer decisão proferida no âmbito das Turmas Recursais, em matéria cível ou criminal, no prazo de 5 (cinco) dias contados da intimação, para sanar omissão, contradição, obscuridade ou dúvida.

Parágrafo único. O Relator do acórdão, inclusive quando proferir o voto condutor, será Relator dos embargos e os apresentará para julgamento em mesa, na sessão seguinte, salvo nos afastamentos legais, hipótese em que atuará o respectivo substituto.

SEÇÃO V

RECURSO EXTRAORDINÁRIO

Art. 25. Será negado seguimento a recurso extraordinário que não preencha os requisitos de admissibilidade, inclusive a repercussão geral já apreciada e negada pelo Supremo Tribunal Federal.

Art. 26. Tratando-se de recursos repetitivos, relativos a matéria ainda não decidida em recurso extraordinário, caberá ao Juiz competente para o exame de admissibilidade selecionar um ou mais recursos representativos da controvérsia e encaminhá-los ao Supremo Tribunal Federal, sobrestando os demais até o julgamento definitivo daquela Corte.

§ 1º Negada a existência de repercussão geral, os recursos sobrestados considerar-se-ão, automaticamente, não admitidos.

§ 2º Julgado o mérito do recurso extraordinário, os recursos sobrestados serão declarados prejudicados, quando a decisão recorrida estiver no mesmo sentido da decisão paradigma.

§ 3º Proferida decisão paradigma em sentido diverso daquela recorrida, o teor da retratação será submetido ao órgão colegiado competente, nos termos deste regimento.

CAPÍTULO V

PEDIDOS DE UNIFORMIZAÇÃO DE JURISPRUDÊNCIA REGIONAL E NACIONAL

Art. 27. Das decisões proferidas no âmbito das Turmas Recursais é cabível pedido de uniformização de jurisprudência para as Turmas Regional e Nacional de Uniformização, nos casos previstos em lei.

Art. 28. Os pedidos de uniformização de jurisprudência serão processados em conformidade com a legislação especial vigente e com as normas regimentais das Turmas de Uniformização Regional e Nacional, conforme o caso.

Art. 29. Será negado seguimento a pedido de uniformização que não preencha os requisitos de admissibilidade.

Parágrafo único. Se o pedido não for admitido, a parte poderá requerer reexame nos termos previstos no regimento da Turma de Uniformização à qual dirigido.

Art. 30. Tratando-se de pedidos de uniformização repetitivos, relativos a matéria ainda não decidida pela Turma de Uniformização Regional ou Nacional, conforme o caso, caberá ao Juiz competente para o exame de admissibilidade selecionar um ou mais pedidos sobre o tema e encaminhá-los à Turma de Uniformização, sobrestando os demais até o julgamento definitivo daquela Corte.

§ 1º Serão declarados prejudicados os pedidos de uniformização contrários a súmula das Turmas Regional ou Nacional de Uniformização, a súmula do Superior Tribunal de Justiça ou do Supremo Tribunal Federal, ou a decisão proferida em recurso repetitivo.

§ 2º Proferida decisão paradigma em sentido diverso daquela impugnada, o teor da retratação será submetido ao órgão colegiado competente, nos termos deste regimento.

Art. 31. Havendo pedidos de uniformização regional e nacional simultâneos, será julgado, em primeiro lugar, o pedido dirigido à Turma Regional, contando-se os prazos de ambos da intimação do acórdão proferido pela Turma Recursal.

Parágrafo único. Se for interposto recurso extraordinário e pedido de uniformização de jurisprudência, este será processado antes do recurso extraordinário, salvo se houver questão prejudicial de natureza constitucional.

CAPÍTULO VI

SESSÕES DE TURMA

Art. 32. A Turma Recursal reunir-se-á, ordinariamente, nos dias e horários previamente estabelecidos em calendário elaborado, em conjunto, pelos Presidentes de Turma e pelo Juiz Gestor; e, extraordinariamente, mediante convocação do respectivo Presidente.

Parágrafo único. As sessões serão públicas, ressalvadas as exceções legais, sendo obrigatório o uso da toga.

Art. 33. As pautas de julgamento serão publicadas na imprensa oficial, com antecedência mínima de 48 (quarenta e oito) horas do início da sessão, sem prejuízo da adoção de outro meio mais célere, inclusive eletrônico, para a intimação das partes interessadas.

§ 1° A pauta indicará a data, hora e local da sessão, com a advertência de que os prazos recursais das decisões proferidas e publicadas na sessão de julgamento iniciar-se-ão a contar do terceiro dia útil subsequente à sessão.

§ 2° Nas hipóteses de intervenção obrigatória, o Ministério Público Federal será intimado com a necessária antecedência, podendo fazer uso da palavra em sessão.

§ 3° Até a véspera de cada sessão, o Presidente da Turma Recursal determinará a afixação da respectiva pauta de julgamento em quadro próprio, em local visível ao público.

§ 4° A inclusão de processos em pauta observará os quantitativos máximos de processos, conforme deliberação da Turma ou do Conjunto de Turmas da Seção Judiciária, observando-se as prioridades legais.

§ 5°. Serão apresentados em mesa:

a) pedidos de vista realizados na sessão antecedente e julgamentos adiados para data certa;

b) conflitos de competência;

c) embargos de declaração, até a segunda sessão subsequente à interposição;

d) exceções de suspeição e impedimento, até a segunda sessão subsequente à oposição;

e) decisões monocráticas submetidas a referendo da Turma;

f) questões de ordem;

§ 6º A não apresentação do processo em mesa na forma e prazos fixados no parágrafo anterior, implicará sua obrigatória reinclusão em pauta.

§ 7º No caso de retratação para adequação de acórdão de Turma Recursal aos termos de decisão proferida pelo Supremo Tribunal Federal ou Turma de Uniformização, em que couber reapreciação de matéria probatória, o processo deverá ser reincluído em pauta de julgamento da respectiva Turma.

§ 8º O relator poderá retirar o processo de pauta, antes de iniciar-se o respectivo julgamento, hipótese em que deverá ser reincluído oportunamente.

§ 9º A intimação das decisões monocráticas submetidas a referendo da Turma dar-se-á mediante publicação no meio eletrônico oficial.

Art. 34. As Turmas poderão adotar o sistema de votação em sessão mediante destaque, hipótese em que cada juiz deverá disponibilizar seus votos aos demais, com antecedência mínima estabelecida pela Turma, restringindo-se os debates aos processos destacados, assim como àqueles em que haja interessado presente.

Art. 35. O Presidente tem assento à mesa de julgamento na parte central, o Ministério Público Federal à sua direita, o Secretário à esquerda e os demais Juízes, pela ordem decrescente de antiguidade na Turma, nos lugares laterais a começar pela direita.

Parágrafo único. Se houver mais de um Juiz em substituição simultânea a membros efetivos da Turma, observar-se-á, quanto a eles, a antiguidade na carreira para os fins do caput.

Art. 36. Os advogados constituídos no processo ocuparão a tribuna para formular requerimento, produzir sustentação oral, por até 5 (cinco) minutos em processo cível e 10 (dez) minutos em processo criminal, ou, sem limite de tempo, para responder às perguntas que lhes forem feitas pelos julgadores.

Parágrafo único. Ressalvada a possibilidade de manifestação do advogado para esclarecimentos por solicitação de integrante da Turma, poderá haver sustentação oral no julgamento de recursos de sentença, restrita à matéria de fato.

Art. 37. No julgamento, o Presidente integra o colégio votante e tomará o voto dos demais juízes, na ordem de antiguidade decrescente na Turma, a partir do Relator, seguindo-se ao menos antigo o mais antigo.

Art. 38. Computar-se-ão separadamente os votos, com relação a cada uma das questões preliminares ou prejudiciais e, no mérito, quanto a cada parte do pedido e a cada causa de pedir, se mais de uma houver.

§ 1º Se for rejeitada preliminar ou, se acolhida e disto não resultar vedação à apreciação do mérito, seguir-se-ão a discussão e o julgamento da matéria principal e sobre ela também proferirá voto o Juiz vencido na anterior conclusão.

§ 2º O Relator vencido na preliminar mantém-se Relator quanto ao mérito; se for vencido no mérito, o primeiro Juiz que tiver proferido o voto vencedor será designado para redigir o acórdão, facultado ao vencido apresentar seu voto por escrito, até o primeiro dia útil subsequente ao encerramento da sessão.

§ 3º O julgamento poderá ser convertido em diligência, quando necessário.

Art. 39. No caso de empate, sendo a divergência quantitativa, prevalecerá o voto médio. Sendo a divergência qualitativa, serão postas em votação 2 (duas) dentre as soluções apresentadas, sobre as quais terão de se manifestar obrigatoriamente todos os votantes, eliminando-se a que obtiver menor número de votos. Em seguida, serão submetidas a nova votação a solução vencedora e a remanescente, proclamando-se vencedora a solução que obtiver a preferência na última votação.

Art. 40. As decisões das Turmas Recursais serão fundamentadas de forma objetiva e sucinta, podendo ser adotado o formato de ementa e acórdão.

Parágrafo único. Se o Relator votar no sentido de negar provimento ao recurso, poderá tomar como razão de decidir os fundamentos da sentença então confirmada, devendo tal aspecto constar do acórdão.

Art. 41. Considera-se publicado o resultado do julgamento, com a proclamação da decisão pelo Presidente, iniciando-se os prazos recursais a contar do terceiro dia útil subsequente à sessão.

Art. 42. O pedido de vista não impede que votem os juízes que se tenham por habilitados a fazê-lo, computando-se os votos já proferidos, mesmo que, qualquer que seja o motivo, os votantes não compareçam à sessão de continuação do julgamento.

Art. 43. Será lavrado acórdão ou certidão contendo a identificação do processo, data do julgamento, parte dispositiva, nome do Presidente e dos Juízes que participaram do ato.

Parágrafo único. Os relatores terão prazo de dois dias úteis, subsequentes ao encerramento da sessão, para remeter os votos assinados à Secretaria.

CAPÍTULO VII

DO ENUNCIADO DE JURISPRUDÊNCIA

Art. 44. O Conjunto das Turmas Recursais de cada uma das Seções Judiciárias da 2ª Região poderá editar enunciados de sua jurisprudência dominante, mediante aprovação nos termos deste regimento.

§ 1º Os Enunciados serão datados, numerados sequencialmente e publicados no Diário Eletrônico da Justiça Federal da 2ª Região ou em outro meio eletrônico disponível. A indicação dos precedentes ou fundamentos adotados na aprovação do enunciado constará da ata da respectiva sessão, que será arquivada e encaminhada à Coordenadoria dos Juizados Especiais Federais.

§ 2º Qualquer uma das Turmas Recursais poderá propor a criação, alteração ou cancelamento de enunciado, que será objeto de deliberação pelo Conjunto das Turmas da respectiva Seção Judiciária, excluídos os suplentes, exigindo-se para aprovação o quorum de 2/3 de seus integrantes.

§ 3º Havendo cancelamento de enunciado, seu número de ordem será mantido com a anotação do cancelamento e respectiva data. Novo número de ordem será adotado na hipótese de eventual restabelecimento ou de simples alteração de redação.

Art. 45. Caso haja julgamento das Turmas Regional ou Nacional de Uniformização, do Superior Tribunal de Justiça ou do Supremo Tribunal Federal, em sentido diverso de enunciado das Turmas Recursais, qualquer Juiz ou interessado poderá suscitar a divergência, a fim de que o Conjunto das Turmas da respectiva Seção Judiciária delibere sobre a matéria, nos moldes do artigo anterior.

CAPÍTULO VIII

EMENDAS AO REGIMENTO

Art. 46. O presente regimento poderá ser alterado por decisão do Tribunal Regional Federal da 2ª Região, mediante provocação do Coordenador.

§ 1° Poderá ser apresentada ao Coordenador proposta de emenda regimental que tenha sido aprovada por quorum qualificado de 2/3 (dois terços) da totalidade dos integrantes das Turmas Recursais de ambas as Seções Judiciárias da 2ª Região, excluídos os suplentes.

§ 2° Compete ao Coordenador a avaliação da proposta apresentada pelas Turmas Recursais e a elaboração, se aprovada, da minuta de proposta final a ser submetida ao Tribunal.

CAPÍTULO IX

DISPOSIÇÕES FINAIS E TRANSITÓRIAS

Art. 47. O mandado de segurança, o habeas corpus, os conflitos de competência, assim como qualquer outro incidente da competência das Turmas Recursais processar-se-ão conforme a legislação pertinente.

Art. 48. Os juízes de Turma Recursal participarão das escalas de plantão, conforme as normas e diretrizes fixadas pela Corregedoria-Regional.

Art. 49. Ficam mantidas a organização, as designações e os critérios de distribuição vigentes no âmbito das Turmas Recursais da 2ª Região, até que ato das autoridades competentes do Tribunal Regional Federal da 2ª Região determine alterações, nos termos deste regimento.

Art. 50. Os casos omissos serão resolvidos pelas autoridades do Tribunal Regional Federal da 2ª Região, conforme as respectivas competências.

Art. 51. Este regimento entra em vigor na data de sua publicação.

PUBLIQUE-SE. REGISTRE-SE. CUMPRA-SE.

SERGIO SCHWAITZER
Presidente

5. REGIMENTO INTERNO DA TRU DA 2ª REGIÃO

RESOLUÇÃO 10/2009

O PRESIDENTE DO TRIBUNAL REGIONAL FEDERAL DA SEGUNDA REGIÃO, no uso de suas atribuições,

CONSIDERANDO a necessidade de promover alterações no processamento e julgamento dos incidentes regionais de uniformização de jurisprudência das Turmas Recursais dos Juizados Especiais Federais da Segunda Região, no âmbito da Coordenadoria Regional dos Juizados Especiais Federais, na forma do art. 14, caput e § 1º, da Lei nº 10.259/2001, resolve:

TÍTULO I
DA UNIFORMIZAÇÃO DE JURISPRUDÊNCIA

CAPÍTULO I
DO PEDIDO

Art. 1º. Caberá pedido de uniformização de interpretação de lei federal quando houver divergência, acerca de questões de direito material, entre decisões proferidas pelas Turmas Recursais da Segunda Região.

Art. 2º. O pedido fundado em divergência entre as Turmas será julgado em reunião conjunta das Turmas Recursais em conflito, sob a presidência do Coordenador Regional dos Juizados Especiais Federais da Segunda Região.

§ 1º. O pedido de que trata o caput deste artigo será interposto no prazo de 10 (dez) dias, a contar da intimação da decisão recorrida, dirigido ao Presidente de Turma Recursal competente para o exame de admissibilidade, com cópia dos julgados divergentes, devendo o requerente transcrever os trechos dos acórdãos que configurem o dissídio, mencionando as circunstâncias que identifiquem ou assemelhem os casos confrontados.

§ 2º. Recebida e protocolizada a petição pela Secretaria da Turma Recursal, será intimado o requerido, abrindo-se-lhe vista para apresentar contra-razões no prazo de 10 (dez) dias.

§ 3º. Findo esse prazo, após a conferência, juntada das contra-razões ou certificação de sua ausência, serão os autos conclusos ao Presidente da Turma Recursal para exame da admissibilidade do pedido de uniformização.

§ 4º. Havendo mais de uma Turma Recursal na Seção Judiciária, será competente para o exame de admissibilidade o Presidente de Turma menos antigo.

§ 5º. Poderá o Presidente, no exame de admissibilidade, declarar prejudicados os pedidos de uniformização contrários à súmula da jurisprudência da Turma Regional, da Turma Nacional ou do Superior Tribunal de Justiça, ou ainda de decisão do Plenário do Supremo Tribunal Federal.

Art. 3º. Admitido o pedido, o Presidente encaminhará o processo ao Relator do acórdão que, após elaboração do voto, o remeterá, com relatório, à

Coordenadoria Regional dos Juizados Especiais Federais da Segunda Região, por intermédio da Secretaria de Atividades Judiciárias, pedindo a designação de dia para julgamento.

§ 1º. Caso existam outros pedidos de uniformização idênticos, entre as mesmas Turmas, recebidos subseqüentemente, ficarão retidos nos autos, por deliberação do Presidente ou do Coordenador, aguardando pronunciamento da Turma de Uniformização.

§ 2º. Se o incidente não for admitido, a parte poderá requerer, no prazo de 05 (cinco) dias, que os autos sejam remetidos ao Coordenador Regional dos Juizados Especiais Federais para reexame do pedido.

§ 3º. O processo em que for suscitado incidente de uniformização de jurisprudência será cadastrado no sistema de acompanhamento processual – SIAPRO e passará a tramitar na Coordenadoria dos Juizados Especiais Federais, a partir do pedido de designação de dia para julgamento ou do requerimento de reexame do pedido, onde serão feitas todas as intimações e publicações.

CAPÍTULO II
DA COMPETÊNCIA

Art. 4º. Compete ao Coordenador Regional dos Juizados Especiais Federais da Segunda Região:

I – designar data e presidir as sessões de julgamento;

II – manter a ordem nas sessões;

III – mandar incluir em pauta os processos;

IV – proferir voto de desempate;

V – submeter questões de ordem à Turma;

VI – decidir, a requerimento da parte, sobre a admissibilidade do incidente de uniformização que tenha sido indeferido;

VII – decidir sobre a admissibilidade do incidente de uniformização dirigido à Turma Nacional de Uniformização de Jurisprudência e do Recurso Extraordinário, interpostos contra decisão da Turma Regional de Uniformização de Jurisprudência.

§ 1º. Da decisão prevista no inciso VI caberá agravo regimental, no prazo de 5 (cinco) dias.

§ 2º. Se não houver retratação, o Coordenador apresentará o processo em mesa, na primeira sessão subseqüente, proferindo voto

Art. 5º. Ao relator incumbe:

I – ordenar e dirigir o processo;

II – submeter à Turma questões de ordem;

III – homologar a desistência, ainda que o feito se encontre em pauta para julgamento;

IV – pedir dia para julgamento dos feitos;

V – redigir o acórdão, quando for vencedor nos julgamentos;

VI – apresentar em mesa para julgamento os feitos que independam de pauta;

VII – julgar prejudicado pedido ou recurso que haja perdido o objeto;

VIII- julgar a habilitação incidente, quando esta depender de decisão;

IX – proferir decisão monocrática, dando ou negando provimento, nos incidentes de uniformização que tratarem de matéria já sumulada pelo Supremo Tribunal Federal, pelo Superior Tribunal de Justiça, pela Turma Nacional de Uniformização de Jurisprudência dos Juizados Especiais ou pela Turma Regional de Uniformização de Jurisprudência da 2ª Região.

X – requisitar informações;

§ 1º. Da decisão do relator caberá agravo regimental, no prazo de 5 (cinco) dias. Se não houver retratação, o prolator da decisão apresentará o processo em mesa, proferindo voto na sessão subseqüente.

Art. 6º. O Juiz cujo mandato na Turma Recursal terminar continuará Relator dos processos já incluídos em pauta.

Parágrafo único. O Relator será substituído:

I – no caso de ausência ou obstáculos eventuais, pelo Juiz Federal da Turma, que o suceder em ordem decrescente de antiguidade, sucedendo-se ao de menor antiguidade, o mais antigo;

II – quando vencido, em sessão de julgamento, pelo Juiz Federal designado para redigir o acórdão;

III – em caso de aposentadoria, exoneração ou morte:

a) pelo Juiz Federal que tiver proferido o primeiro voto condizente com o do Relator, para lavrar ou assinar os acórdãos dos julgamentos anteriores à abertura da vaga.

b) pelo Juiz Federal que preencher a sua vaga na Turma, nos demais casos.

CAPÍTULO III
DA ORDEM DOS PROCESSOS NA TURMA DE UNIFORMIZAÇÃO

Art. 7º. Os processos em que for suscitado incidente de uniformização de jurisprudência, salvo nos casos de impedimento ou suspeição, não serão redistribuídos.

§ 1º. Em caso de impedimento ou suspeição do Relator, será feita distribuição entre os membros da mesma Turma. O relator da exceção decidirá sobre eventual medida de urgência requerida pela parte.

§ 2º. A argüição de impedimento ou de suspeição de Juiz Federal integrante de uma das Turmas em conflito será levada à livre distribuição entre os juízes da respectiva turma e processada nos termos da legislação em vigor.

§ 3º. Aos acórdãos poderão ser opostos embargos de declaração, no prazo de 5 (cinco) dias, em se tratando de matéria cível, ou no prazo de 2 (dois) dias, em se tratando de matéria penal, contados de sua publicação, em petição dirigida ao Relator, observadas as disposições do art. 535 do Código de Processo Civil e dos artigos 619 e 620 do Código de Processo Penal.

§ 4º. Se os embargos forem manifestamente inadmissíveis, o Relator a eles negará seguimento.

§ 5º. Os embargos declaratórios terão como Relator o juiz prolator do voto condutor, quando o relator originário ficar vencido.

§ 6º. O Relator colocará os embargos em mesa para julgamento na sessão seguinte em que as Turmas que prolataram a decisão participarem, proferindo voto.

§ 7º. Quaisquer outros incidentes argüidos após o julgamento serão resolvidos pelo relator originário.

Art. 8º. A reunião de juízes domiciliados em foros diversos poderá ser feita por meio eletrônico.

Art. 9º. A publicação da pauta de julgamento antecederá 48 (quarenta e oito) horas, pelo menos, à sessão em que os processos possam ser chamados a julgamento e será certificada nos autos.

§ 1º. Em lugar acessível da sede das Turmas Recursais e do local onde irá se realizar a sessão de julgamento, será afixada a pauta de julgamentos.

§ 2º. Sempre que, encerrada a sessão, restarem em pauta ou em mesa feitos sem julgamento, o Presidente poderá convocar uma ou mais sessões extraordinárias, destinadas ao julgamento daqueles processos.

Art. 10. A vista às partes transcorre na Coordenadoria, podendo o advogado retirar autos nos casos previstos em lei, mediante o competente recibo e observadas as formalidades de Lei.

Art. 11. As atas serão submetidas à aprovação na mesma sessão ou na sessão seguinte da Turma respectiva.

Art. 12. Contra erro contido em ata poderá o interessado reclamar, dentro de 48 (quarenta e oito) horas, em petição dirigida ao Presidente da Turma.

§ 1º. Não se admitirá a reclamação quando importar modificação do julgado.

§ 2º. A reclamação não suspende o prazo para recurso.

§ 3º. Se o pedido for julgado procedente, far-se-á a retificação da ata e nova publicação.

§ 4º A decisão que julgar a reclamação será irrecorrível.

Art. 13. A publicação do acórdão far-se-á, para efeito de intimação às partes, no Diário de Justiça, Seção II.

§ 1º. Os prazos correrão a partir da publicação.

§ 2º. A contagem dos prazos será feita com obediência ao que dispuser a lei processual.

CAPÍTULO IV
DA SESSÃO DE JULGAMENTO

Art. 14. A Turma reunir-se-á mediante convocação do Coordenador Regional dos Juizados Especiais Federais da Segunda Região, que presidirá as sessões.

Parágrafo único – As sessões serão realizadas na sede do Tribunal Regional Federal da 2ª Região, em sala de sessão a ser indicada no ato de publicação da respectiva pauta, podendo eventualmente serem realizadas em outro local, por determinação do Coordenador Regional dos Juizados Especiais Federais.

Art. 15. Nas sessões, o Presidente tem assento na parte central da mesa de julgamento, ficando o representante do Ministério Público à sua direita. Os demais membros sentar-se-ão, pela ordem de antigüidade na carreira, alternadamente, nos lugares laterais, a começar pela direita.

Art. 16. As sessões terão início na hora designada e serão encerradas quando cumprido o fim a que se destinaram, observando-se os horários para a prática dos atos processuais.

Art. 17. As sessões e votações são públicas, ressalvadas as exceções legais.

Parágrafo único. Os advogados poderão ocupar a tribuna para formular requerimento, produzir sustentação oral, pelo prazo de 10 (dez) minutos, ou para responder às perguntas que lhes forem formuladas pelos membros da Turma.

Art. 18. Nas sessões da Turma, observar-se-á a seguinte ordem:

I – verificação do número de membros presentes;

II – leitura, discussão e aprovação da ata da sessão anterior, se for o caso;

III – julgamento dos processos.

Art. 19. Os processos que versem sobre a mesma questão jurídica, ainda que apresentem aspectos peculiares que, todavia, não prejudiquem a sua análise, poderão ser julgados conjuntamente.

Art. 20. Os julgamentos que não gozarem de prioridade serão realizados segundo a ordem de antigüidade do Relator.

Art. 21. Nos julgamentos, o Presidente da Turma, feito o relatório, dará a palavra, se for o caso, sucessivamente, ao autor do incidente e ao réu, para sustentação de suas alegações, observado o disposto no parágrafo único do art. 17.

Parágrafo único. O representante do Ministério Público terá prazo.

Art. 22. Nos julgamentos será admitido o pedido de vista, que não impede possam votar imediatamente os Juízes que se tenham por habilitados a fazê-lo.

Parágrafo único. O Juiz que pedir vista deverá apresentar o processo, em mesa, na sessão seguinte em que as Turmas em dissídio participarem, para prosseguir-se com o julgamento.

Art. 23. Os Juízes que não tenham assistido ao relatório ou aos debates, somente participarão do julgamento na hipótese de se sentirem para tanto habilitados.

Art. 24. O Presidente tomará os votos do Relator e dos outros Juízes que se lhes seguirem na ordem de antigüidade decrescente.

§ 1º. Após o voto do Juiz mais moderno, proferirá voto o Juiz mais antigo, prosseguindo-se o julgamento, se for o caso, na forma do caput deste artigo.

§ 2º. Se o Relator for vencido, será designado para redigir a ementa o primeiro Juiz que tiver proferido o voto prevalecente.

§ 3º. Encerrada a votação, o Presidente proclamará a decisão.

Art. 25. Havendo necessidade, por decisão da Turma, será o julgamento convertido em diligência.

TÍTULO II
DA SÚMULA DA JURISPRUDÊNCIA DA TURMA REGIONAL DE UNIFORMIZAÇÃO

Art. 26. A jurisprudência firmada pela Turma Regional de Uniformização será compendiada na Súmula da Turma.

§ 1º. Concluído o julgamento, o relator poderá apresentar proposta de súmula, a ser submetida à Turma Regional de Uniformização.

§ 2º. Poderá ser objeto de súmula a proposta aprovada pelo voto da maioria absoluta da totalidade dos membros das Turmas Recursais da Região, não sendo computado no desempate o voto do Presidente.

§ 3º. Caso não estejam reunidas todas as Turmas Recursais da Região, somente poderá ser editada súmula se a proposta for aprovada por quantidade de votos igual ou superior à maioria absoluta da totalidade dos membros das Turmas Recursais da Região.

Art. 27. Os enunciados da súmula, datados e numerados seqüencialmente, serão consignados na ata da sessão e divulgados pela Coordenadoria, por publicação no Diário Oficial e no meio eletrônico disponível, com indicação de seu inteiro teor e do(s) precedente(s) que serviu(ram) de suporte.

Art. 28. A alteração ou o cancelamento de enunciado de súmula poderão ser propostos em sessão da Turma Regional, por qualquer um de seus membros, devendo-se observar o mesmo quorum estabelecido para aprovação.

§ 1º. Havendo alteração ou cancelamento de enunciado, seu número de ordem será mantido vago, com a anotação indicativa de alteração ou cancelamento e respectiva data.

§ 2º. Será adotado novo número de ordem na hipótese de eventual restabelecimento de enunciado cancelado ou de simples alteração de redação de enunciado.

TÍTULO III
DAS DISPOSIÇÕES FINAIS

Art. 29. Os juízes das Turmas Recursais serão cadastrados no Sistema de Acompanhamento Processual – SIAPRO.

Art. 30. Concluído o processamento do incidente de uniformização de jurisprudência regional, os autos serão devolvidos à Secretaria da Turma Recursal de origem, para prosseguimento dos trâmites de pedido de uniformização nacional ou de recurso extraordinário, se for o caso, ou para baixa do processo ao Juizado de origem.

Art. 31. Os processos que forem objeto de incidentes de uniformização de jurisprudência, quando de seu retorno ao Juizado de origem para a execução da decisão, terão prioridade de tramitação.

Art. 32. As normas desta Resolução poderão ser alteradas, por maioria simples, pelo Órgão Especial do Tribunal Regional Federal da Segunda Região, por proposição do Coordenador Regional dos Juizados Especiais Federais.

Art. 33. Os casos omissos serão dirimidos pelo Coordenador Regional dos Juizados Especiais Federais da Segunda Região.

Art. 34. As alterações do Regimento Interno da Turma Regional de Uniformização de Jurisprudência disposto na presente Resolução serão aprovadas por ato do Coordenador dos Juizados Especiais Federais da 2ª Região.

Art. 35. Esta Resolução entra em vigor na data de sua publicação, revogada a Resolução nº 10, de 18 de abril de 2006.

JOAQUIM ANTÔNIO CASTRO AGUIAR
VICE-PRESIDÊNCIA
ASSESSORIA DE RECURSOS

6. REGIMENTO INTERNO DAS TURMAS RECURSAIS E TRU DA 3ª REGIÃO

RESOLUÇÃO CJF3R Nº 3, DE 23 DE AGOSTO DE 2016.

Atualiza o Regimento Interno das Turmas Recursais e da Turma Regional de Uniformização dos Juizados Especiais Federais da 3ª Região

A PRESIDENTE DO CONSELHO DA JUSTIÇA FEDERAL DA TERCEIRA REGIÃO, no uso de suas atribuições regimentais,

CONSIDERANDO a decisão proferida na 399ª Sessão Ordinária do Conselho da Justiça Federal da 3ª Região (CJF3R), de 18 de agosto de 2016;

CONSIDERANDO o advento da Lei n.º 13.105, de 16 de março de 2015, que trata do Código de Processo Civil;

CONSIDERANDO a Resolução n.º 392, de 19.04.2016, do Conselho da Justiça Federal, que alterou a Resolução n.º 345, de 02.06.2015, que dispõe sobre o Regimento Interno da Turma Nacional de Uniformização dos Juizados Especiais Federais;

CONSIDERANDO a Resolução n.º 393, de 19.04.2016, do Conselho da Justiça Federal, que alterou a Resolução n.º 347, de 02.06.2015, que dispõe sobre a compatibilidade dos regimentos internos das turmas recursais e das turmas regionais de uniformização dos juizados;

CONSIDERANDO a necessidade de revisar e atualizar os termos do Regimento Interno constante da Resolução n.º 526, de 06.02.2014, alterado pelas Resoluções n.º 532, de 30.04.2014, e n.º 533, de 23.05.2014, todas do Conselho da Justiça Federal da 3ª Região,

R E S O L V E:

Art. 1º Editar o Regimento Interno das Turmas Recursais e da Turma Regional de Uniformização dos Juizados Especiais Federais da 3ª Região, conforme anexo.

Art. 2º Esta Resolução entra em vigor na data de sua

publicação e revoga as Resoluções n.º 526, de 06.02.2014, nº 532, de 30.04.2014, e nº 533, de 23.05.2014, todas do Conselho da Justiça Federal da 3ª Região.

Publique-se. Registre-se. Cumpra-se.

Cecília Marcondes
Desembargadora Federal Presidente

Documento assinado eletronicamente por **Cecília Maria Piedra Marcondes**, **Desembargadora Federal Presidente**, em 23/08/2016, às 13:58, conforme art. 1º, III, "b", da Lei 11.419/2006.

ANEXO DA RESOLUÇÃO CJF3R Nº 3, DE 23 DE AGOSTO DE 2016

REGIMENTO INTERNO DAS TURMAS RECURSAIS E DA TURMA REGIONAL DE UNIFORMIZAÇÃO

DOS JUIZADOS ESPECIAIS FEDERAIS DA 3ª REGIÃO

ÍNDICE:

TÍTULO I

DAS TURMAS RECURSAIS

Capítulo I – Da Estrutura e Composição – arts. 1º a 5º

Capítulo II – Da Competência – art. 6º

Capítulo III – Das Atribuições

Seção I – Do Juiz Coordenador das Turmas Recursais – art. 7º

Seção II – Do Juiz Presidente da Turma Recursal – art. 8º

Seção III – Do Juiz Relator da Turma Recursal – art. 9º

Seção IV – Do Juiz Competente para a admissibilidade dos recursos – art. 10

Seção V – Da Secretaria Única das Turmas Recursais – arts. 11 e 12

Capítulo IV – Do Processo

Seção I – Do Registro, Classificação e Distribuição – arts. 13 a 17

Seção II – Dos Atos e Formalidades – arts. 18 e 19

Seção III – Das Sessões de Julgamento das Turmas Recursais – arts. 20 a 27

TÍTULO II

DA TURMA REGIONAL DE UNIFORMIZAÇÃO

Capítulo I – Da Estrutura e Organização – arts. 28 e 29

Capítulo II – Da Competência – art. 30

Capítulo III – Das Atribuições

Seção I – Do Presidente da Turma Regional – art. 31

Seção II – Do Relator na Turma Regional – arts. 32 a 33

Capítulo IV – Do Processo, Do Registro, Classificação e Distribuição – arts. 34 a 39

TITULO III

DO PROCEDIMENTO DE UNIFORMIZAÇÃO

Do Procedimento de Uniformização – arts. 40 a 43

TÍTULO IV

DO RECURSO EXTRAORDINÁRIO

Do Recurso Extraordinário – arts. 44 e 45

TÍTULO V

DAS SÚMULAS

Das Súmulas – arts. 46 a 48

TÍTULO VI

DAS DISPOSIÇÕES FINAIS

Das Disposições Finais - arts. 49 e 50

TÍTULO I

DAS TURMAS RECURSAIS

CAPÍTULO I

DA ESTRUTURA E COMPOSIÇÃO

Art. 1º As Turmas Recursais dos Juizados Especiais Federais das Seções Judiciárias de São Paulo e Mato Grosso do Sul são compostas por 03 (três) Juízes Federais, cada um responsável por um Gabinete, numerado sequencialmente, nos termos da Lei n.º 12.665/2012.

Parágrafo único. Todas as Turmas Recursais deverão funcionar de acordo com os sistemas e métodos de trabalho desenvolvidos por todos os integrantes das Turmas Recursais, sob supervisão geral do Juiz Federal Coordenador das Turmas Recursais, visando à padronização dos métodos de triagem, às boas práticas e à otimização dos recursos materiais e humanos disponíveis para a entrega da prestação jurisdicional no tempo e modo devidos.

Art. 2º Os cargos de Juízes efetivos das Turmas Recursais serão ocupados por Juízes Federais em decorrência de remoção ou, na falta de candidatos, por promoção de Juízes Federais Substitutos, alternadamente, pelos critérios de antiguidade e merecimento.

§1º Nas férias e afastamentos superiores a trinta dias de qualquer membro das Turmas Recursais, ou no caso de Gabinete vago, enquanto assim permanecer, será designado, pela Presidência do Tribunal, Juiz Federal, Titular ou Substituto, para responder pela titularidade plena do respectivo Gabinete, observados os critérios regulamentares pertinentes.

§2º Nas ausências de qualquer membro das Turmas Recursais por prazo não superior a trinta dias, ou nos casos de impedimento e suspeição, ocorrerá substituição automática, em sistema de rodízio quinzenal, de acordo com a Tabela a ser expedida por ato da Coordenadoria dos Juizados Especiais Federais da 3ª Região.

Art. 3º Será Juiz Presidente de Turma Recursal o Magistrado escolhido em rodízio, para mandato anual, por antiguidade na Turma Recursal.

Art. 4º O Juiz Federal Coordenador das Turmas Recursais será indicado pelo Desembargador Coordenador dos Juizados Especiais Federais dentre os Juízes das Turmas Recursais, para designação pela Presidência do Tribunal, por um mandato de 02 (dois) anos, permitida a recondução, por igual período.

§1º O Juiz Coordenador atuará sem prejuízo de suas atribuições na Turma Recursal que integra.

§2º No caso de impedimentos ocasionais, ausências e férias, o Coordenador será substituído pelo Juiz Coordenador Substituto, juntamente com ele designado, em idênticas condições, que atuará sem prejuízo de suas atribuições.

§3º Nas circunstâncias do parágrafo anterior, ausentes o Coordenador e seu Substituto, a substituição será exercida pelo Presidente de Turma Recursal, em ordem decrescente de antiguidade, que atuará sem prejuízo de suas atribuições.

Art. 5º As Turmas Recursais das Seções Judiciárias de São Paulo e Mato Grosso do Sul funcionarão com Secretaria Única, subordinada administrativamente ao Juiz Coordenador das Turmas Recursais da Seção Judiciária de São Paulo.

Parágrafo único. O Desembargador Federal Coordenador dos

Juizados Especiais Federais poderá, atendidos os critérios de conveniência e oportunidade, estabelecer Secretaria Única para cada Seção Judiciária, subordinadas, cada qual, ao respectivo Coordenador.

CAPÍTULO II
DA COMPETÊNCIA

Art. 6º Às Turmas Recursais compete processar e julgar:

I – em matéria cível, os recursos interpostos contra decisões e sentenças, nas causas de competência absoluta dos Juizados Especiais Federais de sua respectiva jurisdição, excetuando-se a sentença homologatória de decisão ou laudo arbitral;

II – em matéria criminal, os recursos interpostos contra decisões e sentenças de competência do Juizado Especial Federal;

III – os embargos de declaração opostos a seus acórdãos;

IV – demais recursos e incidentes previstos no Código de Processo Civil, quando aplicáveis aos Juizados Especiais Federais;

V – os pedidos de tutelas provisórias de urgência e de evidência;

VI – habeas corpus contra ato de Juiz Federal no exercício dos Juizados Especiais Federais e contra os seus próprios atos e decisões, inclusive em preliminar de admissibilidade de recursos às instâncias superiores, ressalvados os casos que versarem sobre competência;

VII – as revisões criminais de seus próprios julgados e dos juízes federais no exercício da competência dos Juizados Especiais Federais;

VIII – as exceções de suspeição ou impedimento de juízes federais e representantes do Ministério Público Federal que atuarem em feitos de competência do Juizado Especial Federal, sob sua jurisdição;

IX – os agravos interpostos contra decisões que inadmitir recursos.

§1º A 1ª Turma Recursal, nas Seções Judiciárias de São Paulo e Mato Grosso do Sul, terá competência cumulativa em matéria criminal, com os incidentes e recursos que lhe são correlatos.

§2º Compete, ainda, às Turmas Recursais, remeter às autoridades competentes, para os devidos fins, cópias autenticadas de peças de autos eletrônicos de que conhecerem, quando verificarem indícios de crime de responsabilidade ou de crime comum em que caiba ação penal pública ou de infrações administrativas, cometidas por servidores públicos, e também outras providências que demandem a atuação do Ministério Público, Federal ou Estadual, ressalvada a competência do Relator.

§3º A Turma que primeiro conhecer de um processo, incidente ou recurso, terá o seu Relator prevento para o feito, para novos incidentes ou para recursos, ainda que relativos à execução das respectivas decisões.

§4º A prevenção de que trata o parágrafo anterior também se refere às ações penais reunidas por conexão e aos feitos originários conexos.

§5º A prevenção, se não for reconhecida de ofício, poderá ser arguida por qualquer das partes ou pelo Ministério Público Federal, até o início do julgamento por outra Turma.

§6º Caso o Relator venha a integrar outra Turma ou tenha se removido ou promovido, a prevenção remanescerá na pessoa do Juiz que o substituir ou suceder na Turma Julgadora da qual ele saiu.

CAPÍTULO III

DAS ATRIBUIÇÕES

SEÇÃO I

DO JUIZ COORDENADOR DAS TURMAS RECURSAIS

Art. 7º O Juiz Federal Coordenador das Turmas Recursais, além de suas atividades como membro efetivo de sua Turma, terá as seguintes atribuições:

I – coordenar os trabalhos da Secretaria Única das Turmas Recursais, organizando e orientando a prática de atos de impulso processual e, ainda, diligenciar perante os órgãos da Administração o fornecimento de suporte administrativo necessário ao exercício das atividades dos respectivos juízes;

II – decidir os pedidos relativos às questões administrativas e de servidores da Secretaria Única;

III – indicar os servidores que exercerão os cargos em comissão, constantes da estrutura da Secretaria Única, ao Presidente do Conselho da Justiça Federal da 3ª Região, bem como as demais funções comissionadas ao Juiz Federal Diretor do Foro da respectiva Seção Judiciária;

IV – determinar a abertura e realização de inspeção geral ordinária na Secretaria das Turmas, consoante determinado no Regimento Interno do Conselho da Justiça Federal da 3ª Região, propondo à Corregedoria Regional a conversão da inspeção em correição, na hipótese de se verificar a ocorrência de fatos justificadores da medida, circunstância que deverá ser comunicada à Coordenadoria dos Juizados Especiais Federais;

SEÇÃO II

DO JUIZ PRESIDENTE DA TURMA RECURSAL

Art. 8º Os Juízes Presidentes das Turmas, além de suas atividades como membros efetivos de suas respectivas Turmas, as quais representam, terão as seguintes atribuições:

I – designar data e horário das sessões ordinárias e

extraordinárias;

II – presidir as sessões, delas participando, na condição de relator;

III – manter a ordem nas sessões;

IV – proclamar o resultado dos julgamentos;

V – admitir os pedidos de edição e cancelamento de súmulas apresentados pelos juízes integrantes da Turma nos julgamentos dos recursos, e encaminhá-los, em caso de admissibilidade, ao Presidente da Turma Regional de Uniformização.

SEÇÃO III

DO JUIZ RELATOR DA TURMA RECURSAL

Art. 9º São atribuições do Relator:

I – mandar incluir os processos em pauta de julgamento;

II – ordenar e dirigir o processo, desde a distribuição do recurso até o trânsito em julgado do acórdão ou a interposição de recurso para a Turma Regional de Uniformização, para a Turma Nacional de Uniformização ou para o Supremo Tribunal Federal, no caso de recurso extraordinário;

III – determinar às autoridades sujeitas à sua jurisdição providências referentes ao andamento e à instrução do processo;

IV – submeter à Turma questões de ordem para o bom andamento dos feitos;

V – submeter à Turma, nos processos de sua competência, medidas preventivas necessárias à proteção de qualquer direito suscetível de perecimento ou, ainda, destinadas a garantir a eficácia da ulterior decisão da causa;

VI – determinar, em caso de urgência, as medidas previstas no inciso anterior, *ad referendum* da Turma;

VII – homologar as desistências, ainda que o feito esteja incluído em pauta para julgamento;

VIII – pedir dia para julgamento dos feitos que lhe couberem por distribuição;

IX – redigir o julgado quando seu voto for vencedor no julgamento;

X – julgar prejudicado pedido ou recurso que manifestamente haja perdido o objeto;

XI – negar seguimento a pedido ou recurso manifestamente intempestivo ou incabível ou, ainda, quando incompetente a Turma;

XII – converter o julgamento em diligência, quando for

suscitada preliminar relativa a nulidades supríveis e, se necessário, ordenar a remessa dos autos à origem;

XIII – julgar a habilitação incidente, quando esta depender de decisão;

XIV – indicar os servidores que exercerão as funções comissionadas no Gabinete, nos termos da resolução que verse sobre sua estrutura;

XV – julgar os recursos submetidos à Turma, por decisão monocrática, nos casos previstos no Código de Processo Civil, ou quando a matéria tiver sido sumulada pela Turma Regional de Uniformização, Turma Nacional de Uniformização, Superior Tribunal de Justiça, Supremo Tribunal Federal, ou houver entendimento firmado em julgamento em Incidente de Resolução de Demandas Repetitivas;

XVI – suscitar o incidente de questão relevante ou assunção de competência quando verificar divergência de entendimento entre as Turmas Recursais no julgamento de recursos, o qual será submetido à Turma Regional de Uniformização.

Parágrafo único. Restando vencido o relator, caberá ao juiz vencedor a prolação do acórdão, bem como a apreciação de eventuais embargos de declaração, não havendo redistribuição do feito.

SEÇÃO IV

DO JUIZ COMPETENTE PARA A ADMISSIBILIDADE DOS RECURSOS

Art. 10. As decisões relativas ao recebimento de incidentes de uniformização dirigidos à Turma Regional de Uniformização e à Turma Nacional de Uniformização, assim como os pertinentes aos recursos extraordinários, serão de competência dos Juízes Relatores das Turmas, na ordem inversa da Tabela que dispõe o art. 2º, §2º desta Resolução, em sistema de rodízio quadrimestral, iniciando-se pelo Juiz Presidente, seguido pelos demais Juízes que integram a respectiva Turma, observado o critério de antiguidade decrescente na Turma, sem prejuízo das competências e atribuições que lhe são conferidas na qualidade de relatores de seus feitos, com a supervisão geral do Juiz Federal Coordenador das Turmas Recursais, incumbindo-lhes:

I – decidir sobre a admissibilidade dos recursos para a Turma Regional de Uniformização e para a Turma Nacional de Uniformização, bem como dos recursos extraordinários, quando interpostos de julgados proferidos pelas Turmas Recursais;

II – negar seguimento a incidente de uniformização ou recurso extraordinário quando:

a) não demonstrada a existência de dissídio jurisprudencial, mediante cotejo analítico dos julgados e a identificação do processo em que proferido o acórdão paradigma;

b) não juntada cópia do acórdão paradigma, salvo quando proferido pelo Superior Tribunal de Justiça, na sistemática dos recursos repetitivos, ou pela própria Turma Nacional de Uniformização, na sistemática dos representativos de controvérsia;

c) o julgado tiver seguido a mesma orientação adotada no julgamento de mérito proferido pela Turma Nacional de Uniformização em pedido de uniformização;

d) o julgado estiver em manifesto confronto com súmula ou jurisprudência dominante da Turma Nacional de Uniformização, ou com súmula, jurisprudência dominante ou entendimento do Superior Tribunal de Justiça firmado em julgamento de recurso repetitivo ou de incidente de uniformização;

e) houver discussão de questão constitucional à qual o Supremo Tribunal Federal não tenha reconhecido a existência de repercussão geral ou a recurso extraordinário interposto contra acórdão que esteja em conformidade com entendimento do Supremo Tribunal Federal exarado no regime de repercussão geral;

f) o julgado estiver em manifesto confronto com súmula, jurisprudência dominante ou entendimento do Supremo Tribunal Federal firmado em repercussão geral.

g) contrário a tese firmada em julgamento em Incidente de Resolução de Demandas Repetitivas;

III – suspender, de ofício ou a requerimento da parte, o processamento dos recursos extraordinários e dos incidentes de uniformização quando a matéria estiver pendente de apreciação:

a) na Turma Nacional de Uniformização, em regime de recurso representativo de controvérsia ou pedido de uniformização;

b) no Superior Tribunal de Justiça, em regime de recurso representativo de controvérsia ou pedido de uniformização;

c) no Supremo Tribunal Federal, em repercussão geral;

d) de Incidente de Resolução de Demandas Repetitivas;

IV – selecionar um ou mais incidentes ou recursos representativos de controvérsia e determinar o encaminhamento à Turma Nacional de Uniformização e ao Supremo Tribunal Federal, sobrestando-se os demais, na forma de lei processual;

V – devolver o processo ao relator na hipótese de o julgado divergir de orientação firmada pela Turma Nacional de Uniformização, pelo Superior Tribunal de Justiça em incidente de uniformização ou recurso repetitivo, e pelo Supremo Tribunal Federal em regime de repercussão geral, ou, ainda, na hipótese de tese firmada em julgamento de Incidente de Resolução de Demandas Repetitivas, para que proceda à adaptação do julgado.

§1º As rotinas administrativas destinadas ao melhor funcionamento dos serviços, inclusive as relativas à distribuição e ao sistema de rodízio previsto no *caput*, podem ser disciplinadas e atualizadas por ato normativo do Desembargador Federal Coordenador dos Juizados Especiais Federais da 3ª Região, admitida a fixação de critérios diferenciados para a Turma Recursal da Seção Judiciária de Mato Grosso do Sul.

§2º Contra decisão de inadmissão de pedido de uniformização ou recurso extraordinário fundada nas alíneas "d", "e" e "f" do inciso II e alíneas "b" e "c", do inciso III, a parte poderá interpor agravo interno, por meio de petição, a ser cadastrada em autos apartados pelo representante processual da parte interessada, que deverá colacionar as peças processuais dos autos principais, no prazo de 15 (quinze) dias, o qual, após o decurso de igual prazo para contrarrazões, não havendo retratação, será distribuído entre os juízes que compõem a Turma subsequente à Turma do Relator do processo originário, observando-se a ordem inversa da Tabela que dispõe o art. 2º, §2º desta Resolução, para julgamento pelo colegiado.

§3º No caso do inciso II, alíneas a), b) c) e g), e do inciso III, alíneas a) e d), a parte poderá interpor agravo nos próprios autos, nos termos do art. 1042 do Código de Processo Civil, o qual, após o decurso do prazo para contrarrazões, não havendo retratação, será encaminhado à Corte competente para o seu julgamento.

SEÇÃO V
DA SECRETARIA ÚNICA DAS TURMAS RECURSAIS

Art. 11. São atribuições da Secretaria Única das Turmas Recursais:

I – receber e processar os recursos dirigidos às Turmas Recursais e Turma Regional de Uniformização;

II – processar os incidentes de uniformização dirigidos à Turma Regional de Uniformização;

III – receber os incidentes de uniformização dirigidos à Turma Nacional de Uniformização e os recursos extraordinários;

IV – secretariar as sessões das Turmas Recursais e da Turma Regional de Uniformização;

V – publicar as pautas das Turmas Recursais e da Turma Regional de Uniformização com antecedência mínima de 48 (quarenta e oito) horas;

VI – publicar, intimar e comunicar as decisões das Turmas Recursais e da Turma Regional de Uniformização;

VII – distribuir, por correio eletrônico, entre os membros da Turma Regional de Uniformização, o relatório dos feitos incluídos em pauta de julgamento e a cópia dos julgados divergentes;

VIII – lavrar a certidão de julgamento nos feitos julgados pela Turma Regional de Uniformização, contendo a identificação do processo, data do julgamento, parte dispositiva e nome do Presidente e dos Juízes que participaram do julgamento;

IX – certificar o trânsito em julgado das decisões das Turmas Recursais e da Turma Regional de Uniformização e encaminhar os autos para baixa ao Juizado de origem ou arquivamento.

Art. 12. Incumbe aos servidores das Turmas Recursais, entre outras atribuições, a organização das pautas de julgamento e o suporte às sessões, além de colaborar na elaboração e adaptação de acórdãos e votos, devendo sua atuação administrativa ser coordenada pelo Diretor da Secretaria Única das Turmas Recursais, na Seção Judiciária de São Paulo.

CAPÍTULO IV
DO PROCESSO

SEÇÃO I
DO REGISTRO, CLASSIFICAÇÃO E DISTRIBUIÇÃO

Art. 13. Os feitos originários de Turmas Recursais serão cadastrados pelos usuários externos na internet, conferidos e distribuídos pela Secretaria das Turmas Recursais, em numeração contínua, obedecida a ordem de recebimento, ressalvados os casos urgentes.

Art. 14. Os processos com recurso de sentença serão remetidos pelos Juizados Especiais Federais para as Turmas Recursais por meio do sistema eletrônico.

Parágrafo único. Distribuído o recurso, independentemente de qualquer determinação, abrir-se-á vista ao Ministério Público Federal para emissão de parecer, em 5 (cinco) dias, nos processos em que tenha oficiado em primeira instância. Após a anexação do parecer, os autos serão conclusos ao Relator.

Art. 15. A distribuição dos processos de competência das Turmas Recursais dos Juizados Especiais Federais far-se-á por meio da rotina de distribuição eletrônica, entre os membros efetivos da Turma Recursal, observando-se a impessoalidade.

§1º Será observada a proporcionalidade na distribuição dos feitos, respeitadas as respectivas classes.

§2º A cada membro efetivo corresponderá um Gabinete no sistema, numerado eletronicamente, do menor para o maior, obedecendo-se a ordem de implantação das Turmas Recursais.

Art. 16. No caso de impedimento, a distribuição ou redistribuição do processo será feita na rotina de distribuição eletrônica.

§1º Na hipótese de verificação de impedimento, não identificado automaticamente pelo sistema ou de o Juiz Relator declarar-se suspeito, este determinará a redistribuição do processo.

§2º Caberá ao Relator determinar a anotação de impedimento ou suspeição no sistema de autos eletrônicos em relação a outros membros da Turma.

§3º Aplicam-se aos casos de impedimento e de suspeição as disposições contidas na lei processual e no Regimento Interno do Tribunal

Regional Federal da 3ª Região.

Art. 17. Nos processos submetidos a julgamento perante a Turma Recursal não haverá Revisor.

SEÇÃO II
DOS ATOS E FORMALIDADES

Art. 18. A publicação de pauta de julgamento antecederá em, no mínimo, 48 (quarenta e oito) horas a sessão em que os recursos possam ser levados a julgamento, fazendo-se a competente anotação no sistema eletrônico processual.

Parágrafo único. A pauta de julgamentos será publicada no Diário Eletrônico da Justiça Federal da 3ª Região.

Art. 19. Independem de pauta:

I – o julgamento de *habeas corpus;*

II – a propositura e julgamento de questão de ordem;

III – o julgamento de embargos de declaração;

IV – o julgamento de processos adiados de sessões anteriores;

SEÇÃO III
DAS SESSÕES DE JULGAMENTO DAS TURMAS RECURSAIS

Art. 20. As sessões das Turmas Recursais, presenciais ou virtuais, nos termos de regulamentação específica a respeito, serão realizadas com quórum mínimo de 3 (três) membros, em data e horário estabelecidos em calendário elaborado pelos Presidentes das Turmas Recursais, em conjunto com o Juiz Federal Coordenador das Turmas Recursais, em periodicidade preferencial de 7 (sete) dias.

§1º As sessões de julgamento poderão ser gravadas exclusivamente para fins de apoio aos trabalhos da Turma Recursal.

§2º As sessões poderão ser realizadas por videoconferência ou outro recurso tecnológico de transmissão de sons e imagens em tempo real.

Art. 21. As sessões e votações serão públicas, salvo quando decretado o segredo de justiça.

Art. 22. Nas sessões de julgamento observar-se-á a seguinte ordem:

I – verificação do número de Magistrados presentes;

II – leitura, discussão e aprovação da ata da sessão anterior;

III – indicações e propostas;

IV – debates e julgamento dos processos.

Art. 23. Processos conexos poderão ser objeto de um só julgamento.

Parágrafo único. Aplica-se o disposto no *caput* aos processos de matéria repetitiva que não contenham peculiaridades que justifiquem julgamento individual.

Art. 24. A sessão de julgamento obedecerá à seguinte ordem:

I – processos com impedimentos;

II – processos criminais;

III – processos com sustentação oral;

IV – questões de ordem;

V – processos com julgamento suspenso;

VI – processos com pedido de vista;

VII – processos adiados de sessões anteriores;

VIII – embargos de declaração;

IX – processos pautados.

Parágrafo único. O julgamento, uma vez iniciado, será concluído na mesma sessão, salvo a existência de pedido de vista.

Art. 25. A ordem de votação na sessão de julgamento obedecerá ao critério de antiguidade decrescente na Turma, a partir do Relator.

Art. 26. O Advogado, o Procurador ou o membro do Ministério Público Federal atuante fora da sede das Turmas Recursais poderá inscrever-se para a realização de sustentação oral, mediante o uso de sistema de videoconferência, por meio de correio eletrônico endereçado à Secretaria das Turmas, em dia útil, observado o prazo mínimo de 24 (vinte e quatro) horas antes do horário previsto para início da sessão de julgamento, em que terá preferência na ordem de sustentações. Havendo pedido verbal antes da abertura da sessão, caberá ao Relator decidir pela manutenção ou não do feito na pauta de julgamento.

§1º Para aferição de sua validade, considerar-se-á o horário de entrada da inscrição na caixa de correio eletrônico institucional, sendo de inteira responsabilidade do Advogado o correto encaminhamento, informando o número do processo, bem como o acompanhamento da confirmação do recebimento, que será expedida até às 19hs (dezenove) horas do último dia útil que anteceder a data da sessão de julgamento.

§2º Todos os Advogados inscritos devem comparecer meia hora antes do horário de início da sessão ao local indicado na inscrição para participação.

§3º O tempo máximo para a sustentação oral nas Turmas Recursais será de 10 (dez) minutos, prorrogáveis por igual tempo, a critério do Presidente da Turma.

Art. 27. Não haverá sustentação oral no julgamento de recursos de decisão e de embargos de declaração, bem como no de juízo de adequação, retratação e agravo interno.

TÍTULO II

DA TURMA REGIONAL DE UNIFORMIZAÇÃO

CAPÍTULO I

DA ESTRUTURA E ORGANIZAÇÃO

Art. 28. A Turma Regional de Uniformização dos Juizados Especiais Federais da 3ª Região, com sede na Subseção Judiciária de São Paulo, competente para julgar os incidentes de uniformização regional, é formada pela reunião de todos os Juízes das Turmas Recursais sob a presidência do Desembargador Federal Coordenador dos Juizados, na forma da lei.

Art. 29. A Turma Regional de Uniformização reúne-se, mediante convocação de seu Presidente, com quórum de instalação de 2/3 de seus membros e julgamento por maioria simples.

CAPÍTULO II

DA COMPETÊNCIA

Art. 30. À Turma Regional de Uniformização – TRU compete processar e julgar:

I – o incidente de uniformização, quando apontada divergência, em questão de direito material, entre julgados de diferentes Turmas Recursais da 3ª Região;

II – os embargos de declaração opostos a seus acórdãos;

III – as arguições de falsidade e tutelas de urgência, nas causas pendentes de sua decisão;

IV – o agravo interno interposto contra a decisão monocrática do Juiz Relator, ou do Presidente da TRU, no que tange à matéria de sua competência;

V – o incidente de questão relevante ou assunção de competência, suscitado na forma do art. 9º, inc. XVI, deste Regimento.

CAPÍTULO III

DAS ATRIBUIÇÕES

SEÇÃO I
DO PRESIDENTE DA TURMA REGIONAL DE UNIFORMIZAÇÃO

Art. 31. São atribuições do Presidente da Turma Regional de Uniformização:

I – determinar a distribuição dos incidentes de uniformização regional;

II – julgar prejudicados os incidentes de uniformização regional não distribuídos que versarem sobre matéria já julgada;

III – sobrestar os incidentes de uniformização ainda não distribuídos que tratem de questão sob a apreciação da Turma Regional de Uniformização ou que estiverem aguardando julgamento de incidente de uniformização distribuído à Turma Nacional de Uniformização ou ao Superior Tribunal de Justiça ou, se for reconhecida a existência de recurso representativo de controvérsia, pelo Superior Tribunal de Justiça, de repercussão geral pelo Supremo Tribunal Federal ou, ainda, objeto de Incidente de Resolução de Demanda Repetitiva, cuja suspensão abranja todo o território nacional, na forma da lei processual;

IV – dar vista ao Ministério Público Federal, quando for o caso, antes da distribuição do incidente ao Relator;

V – designar data e horário das sessões ordinárias e extraordinárias;

VI – mandar incluir em pauta os processos e assinar as atas das sessões;

VII – presidir a sessão, inclusive para edição de súmula da Turma Regional de Uniformização;

VIII – manter a ordem nas sessões;

IX – submeter à Turma Regional questões de ordem;

X – proferir voto de desempate;

XI – proclamar o resultado dos julgamentos;

XII – decidir sobre a admissibilidade do processamento de incidentes e recursos dirigidos à Turma Nacional de Uniformização, ao Superior Tribunal de Justiça e ao Supremo Tribunal Federal, interpostos contra julgados proferidos pela Turma Regional de Uniformização;

XIII – suspender, de ofício ou a requerimento da parte, o processamento dos incidentes de uniformização nacional e dos recursos extraordinários quando estiverem aguardando o julgamento da matéria na Turma Nacional de Uniformização, no Superior Tribunal de Justiça, em incidente de uniformização ou recurso repetitivo, ou for reconhecida a existência de repercussão geral pelo Supremo Tribunal Federal, na forma da lei processual;

XIV – selecionar um ou mais incidentes ou recursos representativos de controvérsia e determinar o encaminhamento à Turma Nacional de Uniformização, ao Superior Tribunal de Justiça e ao Supremo Tribunal Federal, sobrestando-se os demais, na forma de lei processual;

XV – devolver os processos à origem, na hipótese dos incisos III, XIII e XIV, após o julgamento de mérito pela Turma Nacional de Uniformização, pelo Superior Tribunal de Justiça, pelo Supremo Tribunal Federal, e pelo Tribunal Regional Federal desta Região, em Incidente de Resolução de Demandas Repetitivas, para adequação do julgado;

XVI – julgar prejudicados, nas hipóteses dos incisos III, XIII e XIV, os incidentes de uniformização e recursos extraordinários interpostos de julgados que tenham seguido a mesma orientação adotada no julgamento de mérito proferido pela Turma Nacional de Uniformização, pelo Superior Tribunal de Justiça e pelo Supremo Tribunal Federal.

SEÇÃO II

DO RELATOR NA TURMA REGIONAL DE UNIFORMIZAÇÃO

Art. 32. São atribuições do Relator na Turma Regional de Uniformização:

I – ordenar e dirigir o processo;

II – requisitar informações;

III – dar vista ao Ministério Público Federal, quando for o caso;

IV – submeter à Turma Regional, nos processos de sua competência, medidas preventivas necessárias à proteção de qualquer direito suscetível de perecimento ou, ainda, destinadas a garantir a eficácia da ulterior decisão da causa;

V – determinar, em caso de urgência, as medidas previstas no inciso anterior, *ad referendum* da Turma.

VI – submeter à Turma questões de ordem;

VII – determinar a suspensão do processo quando:

a) sobre o mesmo tema ou questão prejudicial, aguardar-se julgamento de incidente pela Turma Regional de Uniformização, ou Turma Nacional de Uniformização, de incidente de uniformização suscitado perante o Superior Tribunal de Justiça, de recurso representativo da controvérsia, pelo Superior Tribunal de Justiça, ou, o julgamento de recurso extraordinário, quando reconhecida a repercussão geral pelo Supremo Tribunal Federal;

b) tal medida já tiver sido adotada em decisão do Superior Tribunal de Justiça, Supremo Tribunal Federal ou Tribunal Regional Federal desta Região, em sede de Incidente de Resolução de Demanda Repetitiva;

VIII – indeferir, por decisão monocrática, o pedido ou julgá-lo prejudicado quando a matéria já tiver sido objeto de uniformização pela Turma Regional ou pela Turma Nacional ou de decisão do Superior Tribunal de Justiça ou do Supremo Tribunal Federal, na forma da lei processual, podendo, nessas hipóteses, determinar o retorno dos autos à origem para que se faça a devida adequação.

Parágrafo único. Nas hipóteses previstas nos incisos VII e VIII, caberá agravo, nos termos das regras processuais pertinentes.

Art. 33. O Relator na Turma Regional de Uniformização é substituído:

I – pelo Juiz que lhe seguir em antiguidade na Turma Regional de Uniformização, no caso de impedimento, ausência ou obstáculos eventuais, quando se tratar de medidas urgentes;

II – pelo Juiz designado para redigir o julgado, quando ficar vencido em sessão de julgamento.

CAPÍTULO IV

DO PROCESSO, DO REGISTRO, CLASSIFICAÇÃO E DISTRIBUIÇÃO

Art. 34. Os incidentes de uniformização são processados pela Secretaria Única das Turmas Recursais da Seção Judiciária de São Paulo.

Art. 35. Os feitos originários propostos pelo Peticionamento Eletrônico serão recebidos pelo setor competente para cadastramento e distribuição em numeração contínua, obedecida a ordem de recebimento.

Art. 36. Os processos com pedido de uniformização serão remetidos pelas Turmas Recursais para a Turma Regional de Uniformização, por meio do sistema de autos eletrônicos.

Art. 37. Os pedidos de uniformização dirigidos à Turma Regional de Uniformização serão distribuídos eletronicamente, de maneira aleatória e equânime, entre os integrantes das Turmas Recursais.

§1º A redistribuição, decorrente do término de designação de Magistrado então atuante na Turma Regional de Uniformização, dar-se-á por sucessão.

§2º Será observada a proporcionalidade na distribuição dos feitos, respeitadas as respectivas classes.

§3º Os gabinetes serão numerados eletronicamente, em sequência numérica que obedecerá a ordem de implantação das Turmas Recursais.

§4º O registro dos Magistrados das Turmas Recursais nos Gabinetes da Turma Regional de Uniformização considerará a mesma ordem adotada nas Turmas Recursais de São Paulo, no que será seguida pela ordem dos Gabinetes da Turma Recursal de Mato Grosso do Sul, tal como demonstrado na seguinte tabela de correspondência:

GABINETE DA TURMA RECURSAL:	GABINETE DA TURMA REGIONAL:
1º Juiz Federal da 1ª TR SP	1º Juiz Federal da TRU
2º Juiz Federal da 1ª TR SP	2º Juiz Federal da TRU
3º Juiz Federal da 1ª TR SP	3º Juiz Federal da TRU
4º Juiz Federal da 2ª TR SP	4º Juiz Federal da TRU

5º Juiz Federal da 2ª TR SP	5º Juiz Federal da TRU
6º Juiz Federal da 2ª TR SP	6º Juiz Federal da TRU
7º Juiz Federal da 3ª TR SP	7º Juiz Federal da TRU
8º Juiz Federal da 3ª TR SP	8º Juiz Federal da TRU
9º Juiz Federal da 3ª TR SP	9º Juiz Federal da TRU
10º Juiz Federal da 4ª TR SP	10º Juiz Federal da TRU
11º Juiz Federal da 4ª TR SP	11º Juiz Federal da TRU
12º Juiz Federal da 4ª TR SP	12º Juiz Federal da TRU
13º Juiz Federal da 5ª TR SP	13º Juiz Federal da TRU
14º Juiz Federal da 5ª TR SP	14º Juiz Federal da TRU
15º Juiz Federal da 5ª TR SP	15º Juiz Federal da TRU
16º Juiz Federal da 6ª TR SP	16º Juiz Federal da TRU
17º Juiz Federal da 6ª TR SP	17º Juiz Federal da TRU
18º Juiz Federal da 6ª TR SP	18º Juiz Federal da TRU
19º Juiz Federal da 7ª TR SP	19º Juiz Federal da TRU
20º Juiz Federal da 7ª TR SP	20º Juiz Federal da TRU
21º Juiz Federal da 7ª TR SP	21º Juiz Federal da TRU
22º Juiz Federal da 8ª TR SP	22º Juiz Federal da TRU
23º Juiz Federal da 8ª TR SP	23º Juiz Federal da TRU
24º Juiz Federal da 8ª TR SP	24º Juiz Federal da TRU
25º Juiz Federal da 9ª TR SP	25º Juiz Federal da TRU
26º Juiz Federal da 9ª TR SP	26º Juiz Federal da TRU
27º Juiz Federal da 9ª TR SP	27º Juiz Federal da TRU
28º Juiz Federal da 10ª TR SP	28º Juiz Federal da TRU
29º Juiz Federal da 10ª TR SP	29º Juiz Federal da TRU
30º Juiz Federal da 10ª TR SP	30º Juiz Federal da TRU
31º Juiz Federal da 11ª TR SP	31º Juiz Federal da TRU
32º Juiz Federal da 11ª TR SP	32º Juiz Federal da TRU
33º Juiz Federal da 11ª TR SP	33º Juiz Federal da TRU
1º Juiz Federal da TR MS	34º Juiz Federal da TRU
2º Juiz Federal da TR MS	35º Juiz Federal da TRU
3º Juiz Federal da TR MS	36º Juiz Federal da TRU

§5º Na hipótese de instalação de novas Turmas Recursais em São Paulo ou em Mato Grosso do Sul, gabinetes da Turma Regional de Uniformização serão acrescidos em ordem sequencial ao 36º Juiz Federal da TRU, correspondente ao gabinete do 3º Juiz Federal da Turma Recursal da Seção Judiciária de Mato Grosso do Sul.

§6º A ordem de votação obedecerá à ordem de antiguidade nas Turmas Recursais de São Paulo em conjunto com a Turma Recursal de Mato Grosso do Sul.

Art. 38. No caso de impedimento, será observado o disposto no art. 16 deste Regimento Interno.

Art. 39. Nos processos submetidos a julgamento perante a Turma Regional não haverá Revisor.

TÍTULO III

DO PROCEDIMENTO DE UNIFORMIZAÇÃO

Art. 40. O incidente de uniformização será apresentado no prazo de 15 (quinze) dias ao Juiz Federal Presidente da Turma ou, em caso de julgamento proferido pela Turma Regional, ao Presidente da Turma Regional de Uniformização, com cópia dos julgados divergentes e demonstração sucinta do dissídio.

Parágrafo único. O Requerido será intimado para apresentar contrarrazões no mesmo prazo.

Art. 41. O Juiz Federal competente na forma do art. 10, ou, se for o caso, o Presidente da Turma Regional de Uniformização, decidirá sobre a admissibilidade do incidente, atendendo à sua tempestividade e demonstração suficiente da divergência.

§1º Em caso de admissão, o pedido fundado em divergência entre Turmas Recursais da mesma Região será encaminhado à Turma Regional de Uniformização.

§2º Será encaminhado à Turma Nacional de Uniformização o incidente, devidamente admitido, fundado em contrariedade à súmula ou jurisprudência dominante do Superior Tribunal de Justiça ou, ainda, em divergência entre decisões de Turmas de diferentes Regiões.

§3º Não será admitido o incidente que versar sobre matéria já decidida ou sumulada na Turma Regional, Turma Nacional de Uniformização, Superior Tribunal de Justiça, Supremo Tribunal Federal ou em confronto com tese firmada em julgamento em Incidente de Resolução de Demandas Repetitivas.

§4º Em caso de inadmissão do incidente, caberá agravo, nos termos das regras processuais pertinentes.

Art. 42. Será sobrestado o incidente ainda não distribuído se outro sobre o mesmo tema já tiver sido distribuído na Turma Regional de Uniformização ou na Turma Nacional de Uniformização.

Parágrafo único. Publicada a decisão da Turma de Uniformização, os pedidos sobrestados serão apreciados pela Turma Recursal, que poderá exercer juízo de retratação ou declará-los prejudicados.

Art. 43. Na Seção Judiciária de Mato Grosso do Sul competirá ao Presidente da Turma Recursal as atribuições previstas no art. 41.

TÍTULO IV
DO RECURSO EXTRAORDINÁRIO

Art. 44. O recurso extraordinário, nos casos previstos na Constituição Federal, será apresentado ao Juiz Federal competente na forma do art. 10, quando interposto de julgado de Turma Recursal, ou ao Presidente da Turma Regional de Uniformização, quando interposto de seus julgados, no prazo de 15 (quinze) dias.

Parágrafo único. O Recorrido será intimado para apresentar contrarrazões no mesmo prazo.

Art. 45. Interpostos recurso extraordinário e pedido de uniformização de jurisprudência, este será processado antes do recurso extraordinário, salvo se houver questão prejudicial de natureza constitucional.

TÍTULO V

DAS SÚMULAS

Art. 46. As súmulas para consolidação de jurisprudência poderão ser editadas, alteradas ou canceladas pela Turma Regional de Uniformização, inclusive mediante proposta de qualquer Juiz de Turma Recursal em incidente de questão relevante ou assunção de competência no julgamento de qualquer recurso.

§1º No julgamento de um ou mais recursos, independentemente do resultado da votação, os membros efetivos da Turma Recursal, incluindo o suplente a que se refere o art. 2º, §2º, poderão, por unanimidade, formular proposta de edição, alteração ou cancelamento de súmula, a qual será enviada ao Desembargador Federal Presidente da Turma Regional de Uniformização, juntamente com o enunciado sugerido pela Turma Recursal ou referência ao número da súmula a ser cancelada, conforme o caso, e expressa menção aos julgados que lhe derem suporte.

§2º Recebida a proposta, o Desembargador Federal Presidente da Turma Regional de Uniformização fará divulgar o seu teor, por meio eletrônico, a todos os membros efetivos das Turmas Recursais, conforme o caso, assim como aos Juízes que estiverem respondendo por Gabinete, facultando-lhes desde logo, em prazo não superior a 10 (dez) dias, por simples resposta à mensagem enviada, rejeitá-la, aprová-la ou oferecer redação substitutiva ou aditiva, inclusive em favor de tese contrária. O silêncio quanto à manifestação configura aceitação tácita da proposta.

§3º Verificando-se a rejeição pela maioria absoluta dos Juízes, a proposta será considerada sumariamente rejeitada sem necessidade de reunião ou sessão formal.

§4º Não havendo rejeição sumária da proposta, a deliberação ocorrerá em sessão oportunamente marcada para esse fim na Turma Regional de Uniformização, com quórum mínimo de instalação de 2/3 de seus membros.

§5º Os Juízes decidirão contra ou a favor da tese defendida na proposta e escolherão um dos enunciados sugeridos para a tese vencedora, sempre pelo voto da maioria absoluta dos Juízes.

Art. 47. A Turma Regional de Uniformização, por indicação do Presidente, no julgamento de incidente de uniformização, poderá editar, alterar ou cancelar súmula por deliberação da maioria absoluta de seus integrantes.

Art. 48. As súmulas serão registradas, em ordem numérica, pela Secretaria Única das Turmas Recursais, com a indicação do assunto, do teor do enunciado, da legislação pertinente e dos julgados que lhe derem suporte.

§1º Havendo cancelamento de Súmula, seu número de ordem será mantido com a anotação do cancelamento e respectiva data.

§2° Será adotado novo número de ordem na hipótese de eventual restabelecimento de Súmula cancelada ou de alteração de redação de enunciado.

TÍTULO VI
DAS DISPOSIÇÕES FINAIS

Art. 49. Aplicar-se-á, no que couber, nos casos omissos, o Regimento Interno da Turma Nacional de Uniformização de Jurisprudência dos Juizados Especiais Federais e o Regimento Interno do Tribunal Regional Federal da 3ª Região.

Art. 50. Este Regimento produzirá efeitos na data da sua publicação.

7. REGIMENTO INTERNO DAS TURMAS RECURSAIS E TRU DA 4ª REGIÃO

DIÁRIO ELETRÔNICO DA JUSTIÇA FEDERAL DA 4ª REGIÃO
Ano X – nº 126 – Porto Alegre, quinta-feira, 18 de junho de 2015

TRIBUNAL REGIONAL FEDERAL DA 4ª REGIÃO

PUBLICAÇÕES ADMINISTRATIVAS

COORDENADORIA DOS JUIZADOS ESPECIAIS FEDERAIS DA 4ª REGIÃO

RESOLUÇÃO Nº 63, DE 17 DE JUNHO DE 2015.

> Dispõe sobre o regimento das Turmas Recursais e da Turma Regional de Uniformização dos Juizados Especiais Federais da 4ª Região.

TÍTULO I

DAS TURMAS RECURSAIS

CAPÍTULO I

DA COMPOSIÇÃO, ORGANIZAÇÃO, FUNCIONAMENTO, COMPETÊNCIA E ATRIBUIÇÕES

SEÇÃO I

DA COMPOSIÇÃO E ORGANIZAÇÃO

Art. 1º As turmas recursais terão sedes nas localidades definidas pelo Tribunal Regional Federal da 4ª Região.

Art. 2º Cada turma recursal será composta por 3 (três) juízes titulares de cargos de juiz federal de turmas recursais e 1 (um) juiz suplente.

§ 1º Os cargos de juiz federal de turmas recursais serão providos por concurso de remoção entre juízes federais, observado, no que couber, o disposto nas alíneas *a*, *b*, *c* e *e* do inciso II do artigo 93 da Constituição Federal ou, na falta de candidatos, por promoção de juízes federais substitutos, alternadamente pelos critérios de antiguidade e merecimento.

§ 2º Será indicado como suplente o juiz federal, titular ou substituto, mais antigo na carreira que tenha manifestado interesse em integrar uma das turmas recursais, nessa qualidade.

Art. 3º Em cada seção judiciária, as turmas recursais terão uma secretaria única, cuja administração caberá ao titular designado pelo presidente do Tribunal, dentre os que nelas atuam, por indicação da Coordenadoria dos Juizados Especiais Federais, para um período de 2 (dois) anos, com início e término coincidentes com o mandato do coordenador regional.

Art. 4º O exame preliminar de admissibilidade de pedidos de uniformização de jurisprudência e recursos extraordinários caberá ao presidente da turma recursal ou outro membro designado pelo presidente do Tribunal, por indicação da Coordenadoria dos Juizados Especiais Federais.

Parágrafo único. No âmbito dos juizados especiais federais da 4ª Região, poderá funcionar gabinete de apoio às turmas recursais, vinculado à Coordenadoria dos Juizados Especiais Federais, cabendo a sua coordenação a juiz federal de turma recursal designado pelo coordenador regional.

SEÇÃO II

DO FUNCIONAMENTO

Art. 5º As turmas recursais realizarão sessões de julgamento ordinárias e, quando necessário, extraordinárias.

Art. 6º A presidência da turma recursal será exercida pelos juízes que a integram, por um período de 02 (dois) anos, em sistema rotativo, observada a antiguidade no órgão.

§ 1º É vedada a recondução enquanto houver integrante que não tenha exercido a presidência.

§ 2º Nos afastamentos, férias, ausências e impedimentos do presidente, assumirá a presidência o titular que o suceder na ordem de antiguidade no colegiado.

Art. 7º Os suplentes atuarão, com ou sem prejuízo de sua jurisdição originária, em qualquer turma recursal da mesma seção judiciária, substituindo os titulares em afastamentos, férias, ausências ou impedimentos e participando de regimes de mutirão. A recusa injustificada à convocação será comunicada à Corregedoria Regional.

§ 1º A critério da Administração, os titulares poderão ser substituídos por juízes federais indicados pela Corregedoria Regional, ouvida a Coordenadoria dos Juizados Especiais Federais.

§ 2º O afastamento de suplente, para desempenho de atividade ou função administrativa em outro órgão do Poder Público, atendimento a qualquer convocação ou realização de curso de aperfeiçoamento, com prejuízo de jurisdição, por período superior a 90 (noventa) dias, somente será autorizada, mediante prévia renúncia da suplência.

§ 3º O suplente poderá exercer suas atividades na sede da vara de origem, sendo-lhe autorizado o deslocamento para a sede da turma recursal para participar de sessões de julgamento.

Art. 8º Nas ausências ocasionais do relator, os pedidos urgentes serão apreciados por outro integrante da turma recursal, observada a sequência de votação na sessão de julgamento.

§ 1º Havendo mais de uma turma recursal na seção judiciária, o relator poderá ser substituído por titular de outra turma recursal, respeitado o critério da alternância.

§ 2º Os servidores vinculados ao relator ficarão à disposição do titular que vier a substituí-lo.

Art. 9º Nos casos impedimentos ou suspeição de um dos integrantes da turma recursal, o presidente solicitará diretamente a um juiz da turma recursal de numeração ordinal subsequente da mesma seção judiciária para participar do julgamento.

Parágrafo único. A regra prevista no *caput* aplica-se nos casos em que o juiz for arguido em exceção de suspeição ou impedimento ou apontado como autoridade coatora.

Art. 10. Nos afastamentos, férias, ausências ou impedimentos do juiz responsável pela secretaria e do coordenador do gabinete de apoio às turmas recursais, quando houver, a Coordenadoria dos Juizados Especiais Federais indicará um titular para substituí-lo.

Art. 11. Os titulares e suplente integrantes de uma mesma turma recursal deverão marcar suas férias de modo a assegurar a realização de, no mínimo, 12 (doze) sessões anuais de julgamento. A preferência na escolha dos períodos deverá obedecer ao critério da rotatividade, iniciando-se pelo juiz mais antigo na carreira.

Art. 12. Os titulares das turmas recursais participarão de escala de plantão da subseção judiciária em que estão sediados, conforme as diretrizes estabelecidas pelo diretor do foro local e pela Corregedoria Regional.

SEÇÃO III

DA COMPETÊNCIA E ATRIBUIÇÕES

Art. 13. Compete às turmas recursais processar e julgar:

I - em matéria cível, os recursos interpostos contra sentenças, excetuadas as homologatórias de conciliação ou laudo arbitral, e decisões que deferem ou indeferem medidas liminares, cautelares ou antecipatórias de efeitos da tutela jurisdicional;

II - em matéria criminal, as apelações interpostas contra sentenças e decisões que rejeitam denúncias ou queixas;

III - os embargos de declaração opostos aos seus acórdãos;

IV - os mandados de segurança contra atos de juiz federal no exercício de competência dos juizados especiais federais e contra os seus próprios atos e decisões, inclusive em juízo preliminar de admissibilidade de recursos às instâncias superiores, ressalvados os casos que versarem sobre competência;

V - os *habeas corpus* contra atos de juiz federal no exercício de competência dos juizados especiais federais;

VI - os conflitos de competência entre juízes federais dos juizados especiais federais, sob sua jurisdição;

VII - as revisões criminais de julgados de juízes federais no exercício de competência dos juizados especiais federais;

VIII - as exceções de suspeição ou impedimento de juízes e representantes do Ministério Público que atuarem em varas de juizados especiais federais, sob sua jurisdição;

IX - os agravos interpostos contra decisões proferidas por juiz federal em juízo preliminar de admissibilidade, com fundamento nos artigos 543-A, 543-B e 543-C do Código de Processo Civil.

§ 1º As turmas recursais de uma mesma seção judiciária reunir-se-ão, sem competência jurisdicional, para deliberação sobre questões administrativas, a serem submetidas à apreciação da Coordenadoria dos Juizados Especiais Federais.

§ 2º As súmulas serão elaboradas pelas turmas recursais de uma mesma seção judiciária, observada a respectiva especialização.

§ 3º As hipóteses de competência por prevenção serão disciplinadas, no que couber, pelas normas específicas previstas no Regimento Interno do Tribunal Regional Federal da 4ª Região.

Art. 14. Ao presidente da turma recursal incumbe:

I - representar a turma recursal e presidir as respectivas sessões;

II - convocar as sessões ordinárias e extraordinárias da turma recursal, designando data e horário para sua realização;

III - manter ordem nas sessões, adotando as providências necessárias, inclusive a sua suspensão, se for o caso;

IV - proclamar o resultado do julgamento;

V - mandar expedir e subscrever comunicações e intimações;

VI - solicitar a convocação de suplente ou outro juiz federal, quando necessário;

VII - solicitar diretamente a juiz de outra turma recursal para participar de julgamento nos casos de impedimento, suspeição ou ausência de um de seus integrantes;

VIII - receber processos por distribuição na qualidade de relator;

IX - editar portarias conjuntas, versando sobre matérias de interesse das turmas recursais;

X - executar e fazer executar as ordens e decisões da turma recursal;

XI - zelar pela exatidão e regularidade das publicações de dados estatísticos referentes à turma recursal;

XII - supervisionar os serviços administrativos da turma recursal;

XIII - definir a escala anual de inspeção nos gabinetes integrantes da turma recursal;

XIV - integrar a Turma Regional de Uniformização, na condição de membro titular, e receber processos por distribuição na qualidade de relator.

Art. 15. Ao relator incumbe:

I - ordenar e conduzir o processo;

II - determinar às autoridades judiciárias e administrativas as providências relativas à tramitação e instrução do processo, bem como o cumprimento de suas decisões;

III - homologar desistências, transações e renúncias de direito;

IV - determinar a inclusão em pauta de processo ou apresentá-lo em mesa para julgamento;

V - submeter questão de ordem à turma recursal;

VI - lavrar o acórdão quando seu voto for vencedor no julgamento;

VII - decidir, de ofício ou a requerimento das partes, sobre provimentos liminares, cautelares, antecipatórios de efeitos da tutela jurisdicional e de tutelas específicas, submetendo a decisão ao referendo da turma recursal;

VIII - determinar, de ofício ou a requerimento das partes, a suspensão e/ou sobrestamento do processo;

IX - negar seguimento a recurso manifestamente inadmissível, improcedente, prejudicado ou em confronto com súmula ou jurisprudência dominante da Turma Regional de Uniformização, da Turma Nacional de Uniformização, do Superior Tribunal de Justiça ou do Supremo Tribunal Federal;

X - dar provimento ao recurso se a decisão recorrida estiver em manifesto confronto com súmula ou jurisprudência dominante da Turma Regional de Uniformização, da Turma Nacional de Uniformização, do Superior Tribunal de Justiça ou do Supremo Tribunal Federal;

XI - julgar prejudicado pedido ou recurso, por perda de objeto;

XII - relatar os agravos interpostos contra suas decisões, proferindo voto;

XIII - julgar, de plano, o conflito de competência, quando houver jurisprudência dominante sobre a questão suscitada;

XIV - requisitar informações;

XV - determinar o sobrestamento de recursos que versem sobre tema submetido à apreciação da Turma Regional de Uniformização, da Turma Nacional de Uniformização, do Superior Tribunal de Justiça ou do Supremo Tribunal Federal;

XVI - analisar e decidir sobre pedidos de concessão de assistência judiciária gratuita ou habilitação incidente;

XVII - inspecionar os processos sob sua jurisdição;

XVIII - propor a adequação do julgado à turma recursal, quando houver determinação de instância recursal superior ou juiz federal no exercício de juízo de admissibilidade;

XIX - outras deliberações em processos de sua relatoria.

Art. 16. Ao juiz responsável pela secretaria incumbe:

I - coordenar os serviços administrativos da secretaria e respectivos servidores;

II - verificar a regularidade das atividades administrativas e inspecionar os processos que se encontram na secretaria;

III - designar servidores para exercerem funções gratificadas na secretaria;

IV - convocar e presidir as reuniões administrativas das turmas recursais da seção judiciária.

Art. 17. Ao juiz federal responsável pelo juízo preliminar de admissibilidade recursal incumbe:

I - exercer o juízo preliminar de admissibilidade de recursos extraordinários e pedidos de uniformização de jurisprudência para a Turma Regional de Uniformização e a Turma Nacional de Uniformização, quando interpostos contra acórdãos e decisões proferidas pelas turmas recursais;

II - exercer eventual juízo de retratação em agravos interpostos contra suas decisões;

III - apreciar pedidos formulados em processos sob sua jurisdição e embargos de declaração opostos às suas decisões;

IV - decidir, de ofício ou a requerimento das partes, sobre provimentos liminares, cautelares, antecipatórios de efeitos da tutela jurisdicional e de tutelas específicas em processos sob sua jurisdição;

V - homologar desistências, transações e renúncias de direito;

VI - julgar prejudicado pedido ou recurso, por perda de objeto;

VII - determinar, de ofício ou a requerimento das partes, a suspensão e/ou sobrestamento de processo;

VIII - determinar o sobrestamento de recursos que versem sobre tema submetido à apreciação da Turma Regional de Uniformização, da Turma Nacional de Uniformização, do Superior Tribunal de Justiça ou do Supremo Tribunal Federal;

IX - reconhecer prejudicados os recursos que versem sobre tema já apreciado pela Turma Regional de Uniformização, pela Turma Nacional de Uniformização, pelo Superior Tribunal de Justiça ou pelo Supremo Tribunal Federal, na sistemática de representativo de controvérsia, recurso repetitivo ou repercussão geral, ou devolver à turma recursal de origem para eventual juízo de retratação;

X - encaminhar ao órgão competente os agravos interpostos contra suas decisões;

XI - selecionar um ou mais recursos representativos de controvérsia e encaminhá-los à Turma Regional de Uniformização, à Turma Nacional de Uniformização e ao Supremo Tribunal Federal, sobrestando os demais até ulterior pronunciamento definitivo da instância recursal;

XII - comunicar às unidades competentes sobre o encaminhamento de representativo de controvérsia às instâncias superiores, para fins de registro e controle;

XIII - coordenar o acervo de processos sobrestados sob sua jurisdição;

XIV - inspecionar os processos que se encontram sob sua jurisdição.

Art. 18. À secretaria das turmas recursais incumbe:

I - registrar o recebimento de processos, petições e demais expedientes, providenciando o imediato encaminhamento aos gabinetes ou às presidências e efetuando a juntada de documentos e outros procedimentos que lhe sejam determinados;

II - secretariar as sessões das turmas recursais, lavrar as respectivas atas e certidões, manter em dia seus registros e expedir correspondência;

III - proceder à intimação de pauta de julgamento;

IV - providenciar as publicações e intimações que se fizerem necessárias;

V - encaminhar recursos interpostos contra decisões proferidas pelas turmas recursais;

VI - certificar o trânsito em julgado e encaminhar os processos para baixa no juízo de origem ou arquivamento;

VII - adotar as providências necessárias ao cumprimento de despachos, decisões e acórdãos das turmas recursais, bem como de despachos e decisões de admissibilidade recursal;

VIII - prestar atendimento ao público;

IX - executar atos ordinatórios ou de secretaria.

CAPÍTULO II

DO PROCEDIMENTO

SEÇÃO I

DA DISTRIBUIÇÃO

Art. 19. A distribuição dos processos de competência das turmas recursais far-se-á em conformidade com as normas estabelecidas pela Corregedoria Regional.

§ 1º Nos casos de impedimento ou suspeição do relator, o processo será redistribuído, mediante compensação, para outro membro da turma recursal ou, existindo na localidade outras turmas recursais com a mesma competência, para um dos membros de outra turma recursal.

§ 2º Nos casos de impedimento ou suspeição de todos juízes que compõem uma turma recursal especializada única, a designação do relator ficará a cargo da Corregedoria Regional.

§ 3º A distribuição de recursos ou incidentes torna preventa a competência do relator e respectiva turma recursal. Se o relator deixar a turma recursal, a prevenção será mantida na relatoria original.

§ 4º O relator, verificando a possibilidade de eventual prevenção, encaminhará os autos, para o devido exame, ao respectivo titular, que, aceitando a prevenção, determinará a redistribuição. Recusada a prevenção, os autos retornarão ao relator, que poderá suscitar conflito de competência.

§ 5º A prevenção, se não for reconhecida de ofício, poderá ser arguida pelas partes ou pelo Ministério Público Federal.

SEÇÃO II

DAS PAUTAS

Art. 20. Cada gabinete deverá selecionar os processos e incluí-los em pauta, cabendo à secretaria providenciar a respectiva publicação.

§ 1º Sendo selecionados para julgamento processos que tramitam pelo meio físico, estes corresponderão a uma segunda pauta, com numeração distinta e da qual as partes terão ciência pela publicação oficial.

§ 2º Independem de inclusão em pauta:

I - os processos adiados por indicação do relator e aqueles com pedido de vista, desde que o julgamento seja retomado na sessão subsequente;

II - os embargos de declaração;

III - o *habeas corpus*;

IV - o mandado de segurança;

V - o recurso interposto contra medida liminar, cautelar ou antecipatória de efeitos da tutela jurisdicional;

VI - o conflito de competência;

VII - a exceção de suspeição ou impedimento;

VIII - o agravo interposto contra decisão monocrática do relator;

IX - a questão de ordem.

Art. 21. O fechamento de pauta dar-se-á com antecedência mínima de 16 (dezesseis) dias da data da sessão de julgamento.

Parágrafo único. As minutas de votos de processos pautados e apresentados em mesa deverão ser disponibilizadas aos demais juízes e à secretaria, com antecedência de 5 (cinco) dias úteis da data da sessão de julgamento.

CAPÍTULO III

DAS SESSÕES DE JULGAMENTO

Art. 22. As sessões de julgamento, ordinárias e extraordinárias, serão realizadas em datas e horários previamente estabelecidos pelo presidente da turma recursal, com a devida publicidade.

Art. 23. As sessões e votações serão públicas, com a proclamação dos resultados dos julgamentos, ressalvadas as exceções legais.

Art. 24. Os pedidos de sustentação oral ou preferência no julgamento deverão ser requeridos, antecipadamente, por meio de formulário eletrônico, disponibilizado no Portal da Justiça Federal da 4ª Região, ou até o início da sessão de julgamento.

§ 1º Havendo viabilidade técnica, a sustentação oral poderá ser realizada por videoconferência, desde que requerida por meio de formulário eletrônico, disponibilizado no Portal da Justiça Federal da 4ª Região, com antecedência de 48 (quarenta e oito) horas da data da sessão de julgamento.

§ 2º Na data designada para a realização da sessão de julgamento, as sustentações orais por videoconferência terão preferência sobre as audiências designadas pelas varas nas subseções judiciárias em que houver advogado inscrito para sustentação.

§ 3º O disposto no parágrafo anterior não prejudica a preferência na realização das sustentações orais em processos do Tribunal em sessão de julgamento designada para a mesma data.

§ 4º A Coordenadoria dos Juizados Especiais Federais fará publicar, em âmbito regional, com a periodicidade que se fizer necessária, cronograma de datas para realização das sessões de julgamento das turmas recursais.

§ 5º A alteração de data prevista no cronograma a que se refere o parágrafo anterior, por ato do presidente da turma recursal, implicará a perda de preferência a que se refere o §2º deste artigo.

Art. 25. As sustentações orais terão duração máxima de 5 (cinco) minutos nas turmas recursais e de 10 (dez) minutos na Turma Regional de Uniformização.

Art. 26. Nos pedidos de uniformização de jurisprudência representativos de controvérsia, as 4 (quatro) primeiras pessoas, órgãos ou entidades que formularem requerimento específico poderão fazer sustentação oral, ficando a critério do presidente da Turma Regional de Uniformização assegurar a outros interessados o direito de fazê-la.

Art. 27. Não haverá sustentação oral no julgamento de agravos, embargos de declaração, exceções de suspeição ou impedimento, conflitos de competência, questões de ordem e recursos contra medidas liminares, cautelares ou antecipatórias de efeitos da tutela jurisdicional, sendo cabível em todos os demais feitos submetidos ao julgamento das turmas recursais.

Art. 28. A ordem de votação na sessão de julgamento observará a ordem decrescente de antiguidade na carreira entre os titulares, a partir do relator.

Parágrafo único. Se, no curso da votação, algum juiz pretender suscitar questão preliminar, poderá fazê-lo sem obediência à ordem de votação, após o que será devolvida a palavra ao relator e a quem já tenha votado, para que se pronunciem. Rejeitada a preliminar, todos os juízes, inclusive os vencidos nesse tópico, proferirão voto sobre o mérito da lide.

Art. 29. A secretaria da turma recursal lavrará certidão, com a identificação da natureza e número do processo, a data do julgamento, o resultado proclamado, os nomes do presidente e demais juízes participantes e, quando for o caso, a confirmação da sentença pelos próprios fundamentos, hipótese em que a súmula do julgamento servirá de acórdão.

Parágrafo único. Encerrada a sessão de julgamento, os gabinetes terão o prazo máximo de 48 (quarenta e oito) horas para a disponibilização dos votos à secretaria, salvo na hipótese em que houver a designação de relator para o acórdão, quando o prazo será de 05 (cinco) dias úteis, a contar da data da sessão.

Art. 30. O acórdão será lavrado pelo relator, devendo conter a indicação do processo, a data de julgamento, a fundamentação sucinta e a parte dispositiva, bem como a sua assinatura, e, se vencido, assim procederá o prolator do primeiro voto vencedor.

§ 1º Os acórdãos serão publicados com a decisão e respectiva ementa, se houver, certificando-se em cada processo a data de intimação.

§ 2º No caso de autos físicos, consideram-se intimadas as partes na própria sessão de julgamento, desde que haja previsão expressa nesse sentido no ato de publicação da pauta.

§ 3º A publicação de acórdãos relativos a processos que tramitam pelo meio eletrônico será feita no próprio sistema.

Art. 31. Os atos essenciais da sessão de julgamento serão registrados, resumidamente.

Art. 32. Após o julgamento e a disponibilização dos votos, os relatores indicarão aqueles que representam o entendimento da turma recursal, para serem encaminhados ao serviço de jurisprudência.

CAPÍTULO IV

DOS RECURSOS E DA COMPETÊNCIA ORIGINÁRIA

SEÇÃO I

DISPOSIÇÕES GERAIS

Art. 33. Recebidos os autos por distribuição, o relator determinará a abertura de vista ao Ministério Público Federal para manifestação, nos casos em que a sua intervenção for obrigatória.

Art. 34. Não haverá revisão nos recursos interpostos nos processos de competência dos juizados especiais federais.

Art. 35. O erro material em voto, acórdão ou decisão poderá ser corrigido, a qualquer tempo, pelo seu prolator, de ofício ou a pedido por simples petição.

Parágrafo único. Se o processo não se encontrar na turma recursal, poderá ser avocado.

Art. 36. O relator será substituído, quando vencido, pelo juiz designado para lavrar o acórdão, que ficará prevento para relatar os embargos de declaração e eventual juízo de adequação, bem como apreciar os pedidos de provimento liminar, cautelar, antecipatório de efeitos da tutela jurisdicional ou de tutela específica.

SEÇÃO II

DO RECURSO INTERPOSTO CONTRA DECISÃO QUE DEFERE OU INDEFERE MEDIDA LIMINAR,

CAUTELAR OU ANTECIPATÓRIA DE EFEITOS DA TUTELA JURISDICIONAL

Art. 37. Caberá recurso contra decisão que defere ou indefere medida liminar, cautelar ou antecipatória de efeitos da tutela jurisdicional.

§ 1º O prazo para interposição do recurso e apresentação de contrarrazões é de 10 (dez) dias.

§ 2º O recurso deverá ser apresentado diretamente às turmas recursais da seção judiciária em que estiver localizada a vara de juizado especial federal em que tramita a ação originária.

SEÇÃO III

DO AGRAVO

Art. 38. Da decisão monocrática do relator, caberá agravo no prazo de 05 (cinco) dias. Se não houver retratação, o prolator da decisão apresentará o processo em mesa, proferindo voto.

SEÇÃO IV

DO MANDADO DE SEGURANÇA

Art. 39. 0. O mandado de segurança, quando admitido, será processado nos termos da Lei n.º 12.016, de 7 de agosto de 2009.

SEÇÃO V

DOS EMBARGOS DE DECLARAÇÃO

Art. 40. Poderão ser opostos embargos de declaração ao acórdão proferido pela turma recursal ou à decisão monocrática do relator, para supressão de omissão, contradição ou obscuridade, no prazo de 5 (cinco) dias, contados da respectiva intimação.

Art. 41. Os embargos de declaração interrompem o prazo para a interposição de outros recursos, por qualquer das partes, ressalvada a hipótese prevista no art. 50 da Lei n.º 9.099/95.

SEÇÃO VI

DOS PEDIDOS DE UNIFORMIZAÇÃO DE JURISPRUDÊNCIA

Art. 42. O pedido de uniformização de jurisprudência endereçado à Turma Regional de Uniformização será interposto no prazo de 15 (quinze) dias, a contar da intimação da decisão proferida pela turma recursal.

§ 1º O recorrente deverá demonstrar a existência de dissídio jurisprudencial entre turmas recursais da região ou entre estas e a Turma Regional de Uniformização, mediante o cotejo analítico dos julgados, com a identificação dos processos em que proferidos.

§ 2º O recorrido será intimado para apresentar contrarrazões no prazo de 15 (quinze) dias, independentemente de despacho.

§ 3º Apresentadas ou não as contrarrazões, os autos serão conclusos ao juiz competente para o exame preliminar de admissibilidade recursal.

Art. 43. Havendo a interposição simultânea de pedidos de uniformização de jurisprudência dirigidos à Turma Regional de Uniformização e à Turma Nacional de Uniformização, será apreciado o regional antes do nacional.

§ 1º O prazo para a interposição de pedidos de uniformização nacional e regional é único e inicia-se com a intimação do acórdão proferido pela turma recursal.

§ 2º Se houver a interposição de recurso extraordinário e pedido de uniformização de jurisprudência, este será processado antes daquele, salvo se envolver questão prejudicial de natureza constitucional.

Art. 44. Em caso de inadmissão preliminar do pedido de uniformização de jurisprudência regional, o recorrente poderá interpor agravo nos próprios autos, no prazo de 15 (quinze) dias, a contar de sua intimação, devendo demonstrar, fundamentadamente, o equívoco da decisão recorrida. (Artigo alterado pela Resolução nº 100, de 2016)

Parágrafo único. Interposto o agravo a que se refere o caput, os autos serão distribuídos imediatamente à Turma Regional de Uniformização, cabendo ao relator designado a apreciação integral do feito.

Art. 45. Admitido preliminarmente o pedido de uniformização de jurisprudência regional pelo juiz competente, o processo será distribuído ao relator da Turma Regional de Uniformização para apreciação integral, inclusive quanto aos seus pressupostos de admissibilidade e conhecimento. (Artigo alterado pela Resolução nº 100, de 2016)

Art. 46. O pedido de uniformização de jurisprudência direcionado à Turma Nacional de Uniformização será processado em conformidade com as normas estabelecidas no Regimento Interno da Turma Nacional de Uniformização de Jurisprudência dos Juizados Especiais Federais.

Parágrafo único. O recorrido será intimado para apresentar contrarrazões no prazo de 15 (quinze) dias, independentemente de despacho.

SEÇÃO IV

DO RECURSO EXTRAORDINÁRIO

Art. 47. Interposto o recurso extraordinário, o recorrido será intimado para apresentar contrarrazões, no prazo de 15 (quinze) dias, independentemente de despacho.

Parágrafo único. Apresentadas ou não as contrarrazões, os autos serão encaminhados ao juiz responsável pelo juízo preliminar de admissibilidade do recurso, respeitadas as normas processuais pertinentes.

CAPÍTULO V

DA EXCEÇÃO DE IMPEDIMENTO E SUSPEIÇÃO

Art. 48. Aplicam-se as regras previstas no Regimento Interno do Tribunal Regional Federal da 4ª Região para o processamento de exceção de suspeição ou impedimento e, subsidiariamente, as do Código de Processo Civil.

Parágrafo único. Dada a natureza essencialmente objetiva dos pedidos de uniformização de jurisprudência, a prolação de sentença no processo originário ou a participação no julgamento de recurso na turma recursal, ou em juízo de retratação ou readequação, não gera o impedimento do juiz na Turma Regional de Uniformização.

CAPÍTULO VI

DA DIVULGAÇÃO DA JURISPRUDÊNCIA

Art. 49. A Coordenadoria dos Juizados Especiais Federais fará a divulgação da jurisprudência das turmas recursais e da Turma Regional de Uniformização em veículos oficiais, sem prejuízo de outras formas de publicação.

Parágrafo único. A Coordenadoria dos Juizados Especiais Federais deverá manter disponível no Portal da Justiça Federal da 4ª Região o cadastro de pedidos de uniformização de jurisprudência representativos de controvérsia e pedidos de vista em processos da Turma Regional de Uniformização, para fins de controle de sobrestamento.

TÍTULO II

DA TURMA REGIONAL DE UNIFORMIZAÇÃO

CAPÍTULO I

DA COMPOSIÇÃO, ORGANIZAÇÃO E FUNCIONAMENTO

Art. 50. A Turma Regional de Uniformização é composta pelos presidentes das turmas recursais da região e presidida pelo desembargador federal, Coordenador dos Juizados Especiais Federais, que vota apenas no caso de empate.

Parágrafo único. O integrante da Turma Regional de Uniformização será substituído, em afastamentos, férias, ausências ou impedimentos, pelo titular mais antigo na carreira da respectiva turma recursal.

Art. 51. A Turma Regional de Uniformização reunir-se-á em sessão ordinária ou extraordinária, convocada pelo presidente, em qualquer das sedes das seções judiciárias da região ou, em sessão itinerante, em subseção judiciária do interior, autorizada a realização de sessão de julgamento, por meio de videoconferência.

§ 1º A Turma Regional de Uniformização realizará sessão extraordinária para revisão e proposição de súmulas.

§ 2º As sessões de julgamento poderão ser especializadas por matéria, com a participação dos presidentes das respectivas turmas recursais.

CAPÍTULO II

DA COMPETÊNCIA E ATRIBUIÇÕES

Art. 52. Compete à Turma Regional de Uniformização processar e julgar: (Artigo alterado pela Resolução nº 100, de 2016)

I - os pedidos de uniformização de jurisprudência regional;

II - os embargos de declaração opostos aos seus acórdãos;

III - os agravos interpostos contra decisão monocrática de relator da Turma Regional de Uniformização;

IV - os conflitos de competência entre juízes de juizados especiais federais de seções judiciárias diversas ou entre turmas recursais;

V - as revisões criminais de julgados de turmas recursais;

VI - as exceções de suspeição ou impedimento de juízes e representantes do Ministério Público que atuarem perante turma recursal;

VII - o agravo previsto no art. 44 deste regimento.

Art. 53. Ao presidente da Turma Regional de Uniformização incumbe: (Artigo alterado pela Resolução nº 100, de 2016)

I - presidir as sessões de julgamento da Turma Regional de Uniformização;

II - convocar os juízes para as sessões ordinárias e extraordinárias;

III - manter a ordem nas sessões de julgamento, adotando as providências necessárias;

IV - proferir o voto de desempate;

V - decidir sobre a admissibilidade de pedido de uniformização de jurisprudência, dirigido à Turma Nacional de Uniformização, interposto contra decisão da Turma Regional de Uniformização;

VI - decidir sobre a admissibilidade de recurso extraordinário interposto contra decisão da Turma Regional de Uniformização;

VII - gerenciar os serviços administrativos da Turma Regional de Uniformização.

Art. 54. Ao relator incumbe: (Artigo alterado pela Resolução nº 100, de 2016)

I - determinar o sobrestamento dos processos que versem sobre tema que estiver pendente de apreciação na Turma Nacional de Uniformização, no Superior Tribunal de Justiça ou no Supremo Tribunal Federal, em regime de representativo de controvérsia ou de repercussão geral, para posterior confirmação do acórdão recorrido ou sua adaptação à decisão que vier a ser proferida nos recursos paradigmas;

II - determinar o sobrestamento dos processos que versem sobre tema que estiver pendente de apreciação na Turma Regional de Uniformização;

III - negar seguimento a recurso manifestamente inadmissível, improcedente, prejudicado ou em confronto com súmula ou jurisprudência dominante da Turma Regional de Uniformização, da Turma Nacional de Uniformização, do Superior Tribunal de Justiça ou do Supremo Tribunal Federal;

IV - apreciar, inclusive de ofício, pedidos de provimento liminar, cautelar, antecipatório de efeitos da tutela jurisdicional e tutela específica em processos sob sua jurisdição;

V - julgar prejudicado pedido ou recurso, por perda de objeto;

VI - homologar desistência, transação ou renúncia de direito;

VII - submeter à Turma Regional de Uniformização as questões de ordem;

VIII - apreciar o agravo previsto no art. 44 deste regimento.

CAPÍTULO III

DO PROCEDIMENTO

Art. 55. O pedido de uniformização de jurisprudência, admitido na turma recursal ou o agravo a que se refere o artigo 44 deste regimento, será remetido à Turma Regional de Uniformização e distribuído ao relator, que incluirá o processo em pauta para julgamento pelo colegiado.

Art. 56. Havendo pedido de vista, os pedidos de uniformização de jurisprudência regional que versarem sobre a mesma tese jurídica ficarão sobrestados na Turma Regional de Uniformização, salvo deliberação em contrário do colegiado.

Art. 57. Se o relator, por ausência ou outro motivo relevante, não puder lavrar o acórdão, este será redigido pelo juiz que vier a substituí-lo na Turma Regional de Uniformização, se o substituto tiver participado do julgamento. Caso o substituto não tenha participado do julgamento, o acórdão será lavrado pelo primeiro juiz que tiver votado no mesmo sentido do relator.

Art. 58. Aplicam-se as disposições dos capítulos II, III, IV, V e VI do Título I, deste regimento, à Turma Regional de Uniformização, no que couber.

TÍTULO III

DAS DISPOSIÇÕES FINAIS E TRANSITÓRIAS

Art. 59. Os juízes federais que estiverem no exercício da presidência das turmas recursais na data de publicação deste regimento permanecerão na função, nos termos previstos do artigo 6º supracitado.

Art. 60. Aplicam-se subsidiariamente às turmas recursais e à Turma Regional de Uniformização as disposições do Regimento Interno do Tribunal Regional Federal da 4ª Região.

Art. 61. Os casos omissos serão resolvidos pelo Plenário do Tribunal Regional Federal da 4ª Região.

Art. 62. Este regimento revoga a Resolução n.º 43, de 16 de maio de 2011, a Resolução n.º 32, de 03 de abril de 2012 e as disposições em contrário.

PUBLIQUE-SE. REGISTRE-SE. CUMPRA-SE.

8. REGIMENTO INTERNO DAS TURMAS RECURSAIS E TRU DA 5ª REGIÃO

RESOLUÇÃO Nº 13, DE 11 DE JULHO DE 2007

Dispõe sobre a Turma Regional de Uniformização de Jurisprudência dos Juizados Especiais Federais da Quinta Região.

O TRIBUNAL REGIONAL FEDERAL DA 5ª REGIÃO, no uso de suas atribuições regimentais,

CONSIDERANDO a necessidade de regulamentar o processamento e julgamento dos pedidos regionais de uniformização de jurisprudência das turmas recursais, na forma do artigo 14 da Lei nº 10.259, de 12 de julho de 2001,

CONSIDERANDO o disposto na Resolução nº 390, de 17 de setembro de 2004, do Conselho da Justiça Federal,

RESOLVE:

Art. 1º Fica criada a Turma Regional de Uniformização de Jurisprudência dos Juizados Especiais Federais da 5ª Região composta do conjunto dos Presidentes das Turmas Recursais da 5ª Região e presidida pelo Coordenador Regional dos Juizados Especiais Federais.

§ 1º Serão convocados os Juízes Federais suplentes dos Presidentes de Turmas Recursais em caso de ausência ou impedimento.

§ 2º O Presidente da Turma Regional de Uniformização de Jurisprudência será substituído, nas eventuais ausências ou impedimentos, pelo desembargador que o substituir na função de Coordenador Regional dos Juizados Especiais Federais.

Art. 2º A Turma Regional de Uniformização de Jurisprudência reúne-se, mediante convocação do Presidente, realizando-se a sessão de julgamento com a participação, além dele, de, no mínimo, 3 (três) Juízes.

Art. 3º São admissíveis taxativamente, conforme Resolução nº 328, de agosto de 2003, do Conselho de Justiça Federal, as seguintes classes processuais válidas para autuação perante a Turma Regional de Uniformização:

I – Petição;

II – Incidente Regional de Uniformização de Jurisprudência;

III – Agravo em Recurso Extraordinário.

§1º Os recursos cabíveis e demais requerimentos serão autuados como Petição, exclusivamente nas seguintes hipóteses:

I – Recurso Extraordinário;

II – Contra Razões;

III – Embargo de Declaração;

IV – Requerimento de encaminhamento à Turma Nacional de Uniformização;

V – Petição diversa.

Art. 4º São atribuições do Presidente da Turma Regional de Uniformização de Jurisprudência:

I – distribuir os incidentes de uniformização;
II – coordenar os serviços administrativos da Turma Regional e praticar todos os atos necessários para isso;
III – convocar e presidir as sessões;
IV – determinar a devolução, mesmo antes da distribuição, dos feitos que versarem sobre questão já julgada, bem como sobrestar os que tratarem de questão sob apreciação da Turma Regional ou Nacional de Uniformização;
V – decidir, a requerimento da parte, sobre a admissibilidade do incidente que tenha sido indeferido pelo presidente da turma recursal, regional ou pelo relator;
VI – decidir sobre a admissibilidade do processamento de recurso extraordinário ao Supremo Tribunal Federal;
VII – apresentar ao presidente do Tribunal Regional Federal, no mês de dezembro de cada ano, sucinto relatório anual e estatístico das atividades da Turma;
VIII – resolver dúvidas, questões de ordem e demais incidentes processuais;
IX – proferir voto de desempate, quando necessário;
X – prestar informações ao ministro-relator dos incidentes de uniformização submetidos à Turma Nacional de Uniformização, ao Superior Tribunal de Justiça, e dos recursos extraordinários ao Supremo Tribunal Federal, bem como acompanhar seu processamento e inclusão em pauta;

XI – Decidir nos casos omissos ou controversos referentes ao procedimento dos feitos, aplicando, subsidiariamente, o Regimento Interno da Turma Nacional de Uniformização.

Art. 5º São atribuições do relator:

I – ordenar e dirigir o processo;

II – requisitar informações;

III – submeter à Turma questões de ordem;

IV – dar vista ao Ministério Público, quando for o caso;

V – determinar a suspensão do processo que lhe tenha sido distribuído aguardando-se julgamento:

a) nos caso em que versarem sobre o mesmo tema ou questão prejudicial;
b) de recurso extraordinário enviado ao Supremo Tribunal Federal;
c) de incidente de uniformização suscitado perante a Turma Nacional.

VI – proferir decisão monocrática indeferindo o pedido ou julgando prejudicado aquele cuja matéria já tenha sido objeto de uniformização, podendo, nesse caso, determinar o retorno dos autos à origem, para que seja realizada a devida adequação.

§ 1º Em caso de indeferimento, a parte poderá requerer nos próprios autos, em dez dias, a contar da publicação da decisão recorrida, que a decisão seja submetida ao Presidente da Turma Regional, o qual decidirá de modo irrecorrível.

§2º O relator, cujo mandato terminou, continuará competente para o julgamento dos feitos já incluídos em pauta.

Art. 6º As sessões de julgamento da Turma Regional de Uniformização de Jurisprudência serão realizadas na sede da Coordenadoria dos Juizados, na sede de Juizado previamente indicada ou, ainda, por meio eletrônico, virtual ou por vídeo conferência.

Art. 7º Os pedidos de uniformização dirigidos à Turma Regional de Uniformização serão distribuídos, manual ou eletronicamente, de maneira aleatória e equânime, entre seus integrantes, exceto o Presidente.

Parágrafo único. A redistribuição, decorrente do término de designação de magistrado então atuante na Turma Regional de Uniformização, dar-se-á por sucessão.

Art. 8º Compete à Secretária da Turma Regional de Uniformização de Jurisprudência e Apoio a Coordenação dos Juizados Especiais Federais da 5ª Região, dentre outras atribuições:

I – secretariar as reuniões da Turma Regional de Uniformização;

II – publicar, no *site* da Coordenadoria dos Juizados Especiais Federais da 5ª Região , as decisões da Turma Regional de Uniformização e comunicá-las às Turmas Recursais da 5ª Região;

III – publicar a pauta de julgamento no *site* da Coordenadoria dos Juizados Especiais Federais, com edital afixado em lugar de acesso ao público, com antecedência de pelo menos 48 (quarenta e oito) horas;

IV – processar os pedidos de uniformização dirigidos à Turma Nacional de Uniformização, bem como os recursos extraordinários dirigidos ao Supremo Tribunal Federal, remetendo-os, após, ao Coordenador.

Art. 9º Aplicar-se-á subsidiariamente o regimento interno deste Tribunal no que se refere à Jurisprudência e Súmula da Turma Regional de Uniformização.

Art. 10º Esta Resolução entra em vigor na data de sua publicação.

PUBLIQUE-SE, REGISTRE-SE. CUMPRA-SE.

Desembargador Federal JOSÉ BAPTISTA DE ALMEIDA FILHO
Presidente

Desembargador Federal RIDALVO COSTA

Desembargador Federal PETRUCIO FERREIRA

Desembargadora Federal MARGARIDA CANTARELLI

Desembargador Federal PAULO ROBERTO DE OLIVEIRA LIMA

Desembargador Federal MARCELO NAVARRO RIBEIRO DANTAS

Desembargador Federal ROGÉRIO DE MENESES FIALHO MOREIRA
(CONVOCADO)

Desembargador Federal FREDERICO JOSÉ PINTO DE AZEVEDO
(CONVOCADO)

Desembargadora Federal JOANA CAROLINA LINS PEREIRA
(CONVOCADA)

Desembargador Federal RICARDO CÉSAR MANDARINO BARRETO
(CONVOCADO)

Desembargador Federal IVAN LIRA DE CARVALHO
(CONVOCADO)

Desembargador Federal ÉLIO WANDERLEY DE SIQUEIRA FILHO
(CONVOCADO)

Desembargador Federal CÉSAR ARTHUR CAVALCANTI DE CARVALHO
(CONVOCADO)

RESOLUÇÃO N° 20 , DE 29 DE JULHO DE 2009.

Altera a Resolução n° 13, de 11 de julho de 2007, deste Tribunal, que dispõe sobre a Turma Regional de Uniformização de Jurisprudência dos Juizados Especiais Federais da Quinta Região.

O TRIBUNAL REGIONAL FEDERAL DA 5ª REGIÃO, no uso das atribuições regimentais,

CONSIDERANDO a necessidade de regulamentar o processamento e julgamento dos pedidos regionais de uniformização de jurisprudência das turmas recursais, na forma do artigo 14 da Lei n° 10.259, de 12 de julho de 2001,

CONSIDERANDO o disposto na Resolução n° 061, de 25 de junho de 2009, bem assim o que estabelece a Resolução n° 390, de 17 de setembro de 2004, e alterações posteriores, ambas do Conselho da Justiça Federal,

RESOLVE:

Art. 1°. O artigo 3° da Resolução n° 13, de 11 de julho de 2007, deste Tribunal, passa a vigorar com a seguinte redação:

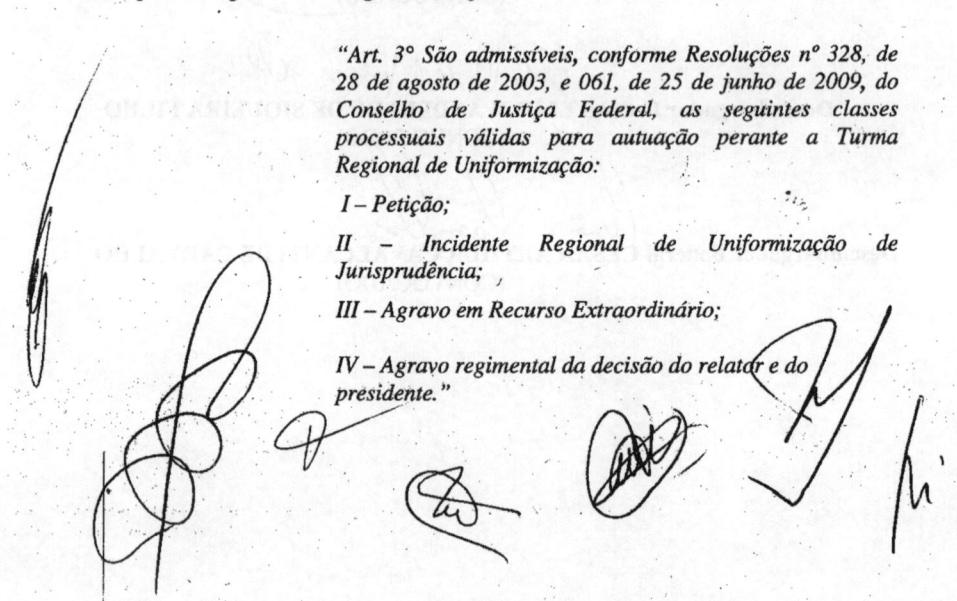

"Art. 3° São admissíveis, conforme Resoluções n° 328, de 28 de agosto de 2003, e 061, de 25 de junho de 2009, do Conselho de Justiça Federal, as seguintes classes processuais válidas para autuação perante a Turma Regional de Uniformização:

I – Petição;

II – Incidente Regional de Uniformização de Jurisprudência;

III – Agravo em Recurso Extraordinário;

IV – Agravo regimental da decisão do relator e do presidente."

Art. 2º Esta Resolução entra em vigor na data de sua publicação.

PUBLIQUE-SE. REGISTRE-SE. CUMPRA-SE.

DESEMBARGADOR FEDERAL MARCELO NAVARRO RIBEIRO DANTAS
VICE-PRESIDENTE NO EXERCÍCIO DA PRESIDÊNCIA

DESEMBARGADOR FEDERAL JOSÉ MARIA DE OLIVEIRA LUCENA

DESEMBARGADOR FEDERAL FRANCISCO GERALDO APOLIANO DIAS

DESEMBARGADOR FEDERAL MARGARIDA DE OLIVEIRA CANTARELLI

DESEMBARGADOR FEDERAL JOSÉ BAPTISTA DE ALMEIDA FILHO

DESEMBARGADOR FEDERAL PAULO ROBERTO DE OLIVEIRA LIMA

DESEMBARGADOR FEDERAL PAULO DE TASSO BENEVIDES GADELHA

DESEMBARGADOR FEDERAL MANOEL DE OLIVEIRA ERHARDT
CORREGEDOR-REGIONAL

DESEMBARGADOR FEDERAL ROGÉRIO DE MENESES FIALHO MOREIRA
COORDENADOR DOS JUÍZES ESPECIAIS FEDERAIS

DESEMBARGADOR FEDERAL FRANCISCO BARROS DIAS

EDITORA jusPODIVM
www.editorajuspodivm.com.br

Pré-impressão, impressão e acabamento
GRÁFICA SANTUÁRIO

grafica@editorasantuario.com.br
www.graficasantuario.com.br
Aparecida-SP